憲法の
普遍性と歴史性

辻村みよ子先生古稀記念論集

山元　一
只野雅人
蟻川恒正
中林暁生
［編］

日本評論社

謹んで古稀をお祝いし
辻村みよ子先生に捧げます

執筆者一同

辻村みよ子先生近影

憲法の普遍性と歴史性

辻村みよ子先生古稀記念論集

目　次

第1部　憲法総論

国の政治のあり方を最終的に決定する力⋯⋯⋯⋯⋯⋯長谷部恭男　**3**
　　──リチャード・タック『眠れる主権者』について

憲法を解釈する権力⋯⋯⋯⋯⋯⋯⋯⋯⋯⋯⋯⋯⋯⋯⋯⋯蟻川恒正　**25**

「自己統治」と「尊厳」⋯⋯⋯⋯⋯⋯⋯⋯⋯⋯⋯⋯⋯⋯⋯松田　浩　**61**
　　──ジョゼフ・タスマン研究序説

アレクシーの原理理論における形式的原理と立法裁量⋯⋯毛利　透　**81**

J.M.バルキンの「枠組みとしてのオリジナリズム」に関する一考察
　　──法理学の視座からみたアメリカ合衆国の憲法解釈論におけるその位置づけ
　　⋯⋯⋯⋯⋯⋯⋯⋯⋯⋯⋯⋯⋯⋯⋯⋯⋯⋯⋯⋯⋯⋯早川のぞみ　**103**

「漸進主義の立憲政治」覚書⋯⋯⋯⋯⋯⋯⋯⋯⋯⋯⋯⋯⋯田村　理　**127**
　　──明治初期の立憲主義と「建国の体」

第2部　ジェンダー平等と家族・ポジティヴ・アクション

家族をめぐる観念と法手続に関する一考察⋯⋯⋯⋯⋯⋯⋯水野紀子　**153**

婚姻の自由の憲法理論的研究に関する覚書⋯⋯⋯⋯⋯⋯佐々木くみ　**173**

「憲法と家族法」関係論⋯⋯⋯⋯⋯⋯⋯⋯⋯⋯⋯⋯⋯⋯⋯糠塚康江　**195**
　　──辻村憲法24条論の問題提起を受けて

憲法学における「家族」の位置づけに関する一試論⋯⋯⋯田代亜紀　**221**

裁判実務から法理論への還流⋯⋯⋯⋯⋯⋯⋯⋯⋯⋯⋯⋯佐藤雄一郎　**241**
　　──辻村憲法学の新たな可能性と課題

「家族」と日本国憲法⋯⋯⋯⋯⋯⋯⋯⋯⋯⋯⋯⋯⋯⋯⋯⋯若尾典子　**257**
　　──牧野英一の「家族保護」論

性の売買をめぐる権利と法……………………………中里見　博　281

性刑法と憲法………………………………………………齊藤笑美子　311
　　──刑法ポピュリズムかジェンダー平等の展開か？

ストーカーの法対策…………………………………………小島妙子　333
　　──ハラスメント法制の視点から

ジェンダーの視点から見た刑務所………………………矢野恵美　357
　　──男性刑務官の執務環境、セクシャル・マイノリティ受刑者の処遇

平等の領域における第二次内紛…………………………安西文雄　387
　　──間接差別に関わる理論のゆくえ

厳格審査の変遷………………………………………………茂木洋平　407
　　──敬譲型の厳格審査と Affirmative Action

差別法をめぐる研究序説……………………………………新村とわ　425
　　──ポジティヴ・アクションも視野に

第3部　自由・個人の尊重

表現の自由に関する「アメリカ・モデル」の意味再考
………………………………………………………………阪口正二郎　451

パブリック・フォーラム論の限界？………………………中林暁生　473

公務員の政治的行為の制限に関する一考察………………稲葉　馨　491
　　──「憲法改正手続法」を素材として

宗教法人でない「宗教団体」に対する政教分離原則の適用
　　──久米孔子廟訴訟の問題を中心に
………………………………………………………………西山千絵　513

暴力団排除条項とその運用をめぐる憲法的課題…………新井　誠　535

個人の尊重とゲノム（遺伝）情報保護……………………建石真公子　561
　　──フランスにおける個人情報保護制度を例に

「働き方改革」と「勤労の権利」の再検討……………清野幾久子　579
　　──「働く権利」を国民の側に

第4部　政治・選挙権・司法

政治制度と代表性………………………………………只野雅人　601
　　──近時のフランスでの制度改革論をめぐって

レファレンダムにおける「問い」について………………井口秀作　625

自治体国際協力に対する適法性統制の日仏比較…………大津　浩　645

インターカルチュラリズムとしての多文化共生…………近藤　敦　669

「1票の較差」訴訟としての「公選法204条の憲法訴訟」・考

　………………………………………………………佐々木弘通　691

選挙権年齢の引き下げの意味と課題……………………関沢修子　715

「裁判官の市民的自由」と「司法に対する国民の信頼」の間
　　──三件の分限事件から

　………………………………………………………渡辺康行　735

行政機関による「前審」的裁判…………………………佐藤寛稔　765

カナダにおける照会制度と司法…………………………河北洋介　787

第5部　比較憲法・グローバル憲法

EU 離脱問題後のイギリス憲法学における政治的憲法論
　　──その意義と課題、そしてその行方を注視する意味
　　……………………………………………………………愛敬浩二　811

ヴィシー政権下の法的効力とフランス国家の責任………伊藤純子　833

憲法院構成員任命手続への事前聴聞制導入について……江藤英樹　847

ポスト国民国家における「市民」……………………………大藤紀子　865

「グローバル人権法」の可能性………………………………江島晶子　885
　　──2019 年 1 月 23 日最高裁判決補足意見を契機として

グローバル化に向き合うフランス公法学………………山元　一　909

辻村みよ子先生略歴　937

辻村みよ子先生著作目録　943

あとがき　967

執筆者紹介　969

第1部　憲法総論

国の政治のあり方を最終的に決定する力

——リチャード・タック『眠れる主権者』について

長谷部恭男

I　はじめに

　自然状態で暮らす人々が結集して政府を樹立したとする社会契約論は、二つの類型に区別することができる。一段階モデルと二段階モデルである。

　一段階モデルの代表は、トマス・ホッブズである。『リヴァイアサン』第13章以下の論述によれば、過酷で危険極まりない自然状態から逃れ出て、平和で安全な暮らしを確保するため、人々は各自の自然権を第三者たる主権者（あるいは主権議会）に譲渡する契約を互いに交わす。単一の契約によって国家（commonwealth）が構成されると同時に、政府も樹立される。主権者は国家の人格を担い、国家として結集した人々を代表して行動し、平和で安全な社会生活を供与する。

　他方、ジョン・ロックやジャン–ジャック・ルソーは、二段階の政府樹立を想定する。ロックによれば、自然状態で暮らす人々は、各自の生命・自由・財産のより確実な保障を目指して政治社会を設立し、自然法に関する各自の判断権と執行権、つまり政治権力を結集する（『統治二論』第II篇第123-124節）。結集された政治権力は、政治社会の多数決で直接に行使されることもあるが（直接民主政）、多くの場合は、多数派の決定によって、より少数の人々からなる政府に信託される（『統治二論』第II篇第132節）。

　ルソーによれば、国家を設立するのは全員一致の社会契約であるが、その後

の立法にあたっては、多数派の意思が少数派を拘束する（『社会契約論』第4篇第2章）。国家の意思形成にあたるのが立法であり、立法権は人民のみに属し、人民が直接に行使する。他方、法の執行にあたる権限（執行権）は、その対象が一般的ではなく特殊的であるため、立法権とは区別される。法の執行にあたるのは、政府である（『社会契約論』第3篇第1章）。

　主権者たる人民が、自ら統治の職務を遂行することも理論的にはあり得る。これが民主政である。ただし、真の民主政はこれまで存在しなかったし、これからも決して存在しないと彼は言う（『社会契約論』第3篇第4章）。民主政を採用するためには、その人民は神々のごとくである必要がある。そのため、執行権は少数者に委託されることになるが、この委託は人民が政府に服従する旨の契約ではなく、委任もしくは雇い入れである。主権者は政府に委託した権限を好きなときに制限し、変更し、取り戻すことができる（『社会契約論』第3篇第1章）。

　以上が広く行き渡っている社会契約論に関する見方であろう[1]。リチャード・タックは、近著『眠れる主権者 *The Sleeping Sovereign*』[2]において、こうした通念に対する修正を提唱している。第Ⅱ節、第Ⅲ節では、タックの議論を概観し、第Ⅳ節、第Ⅴ節では、タックの議論に対する疑問点をいくつか述べる。

Ⅱ　主権者の眠りと目覚め——ホッブズの『市民論』

1　原初的統治形態としての民主政

　社会契約論を中心とする近代初期の国家論の中核にあるのは、主権（sovereignty）と統治（government）の区別、言い換えれば主権者（sovereign）

---

1)　プーフェンドルフが二段階論をとったことも広く知られている（Samuel Pufendorf, *Le droit de la nature et des gens,* traduction de Jean Barbeyrac, édition de Bâle, 1732（Presses universitaires de Caen, 2009）, Livre VII, Ch. Ⅱ §§ 7-8; ditto, *On the Duty of Man and Citizen,* ed. James Tully（Cambridge University Press, 1991）, Book Ⅱ, Chapter 6, Sections 7-9）。しかし、彼の場合、第二段階は、人民が主権者に対して主権を委託し、服従を誓約する契約である。以下で説明する主権と統治の区別は前提とされていない。

2)　Richard Tuck, *The Sleeping Sovereign: The Invention of Modern Democracy*（Cambridge University Press, 2016）. 以下、*Sleeping Sovereign* と略す。

国の政治のあり方を最終的に決定する力　5

と政府（government）の区別である。

　二段階モデルの社会契約論において、この区別が重要な意義を持つことは、自然なことである。そしてタックは、一段階モデルの主唱者とされるホッブズも、大きな影響力を及ぼした著作『市民論 De Cive』では、ある種の二段階モデルを描いていることを指摘する（Sleeping Sovereign, pp. 86 ff.）。

　問題のテクストは『市民論』の第Ⅶ章である。そこでホッブズは、主権が何者に帰属するかに応じて民主政、貴族政、君主政の３種の統治形態を区別するが（『市民論』Ch. VII §1）、その中でも民主政が原初形態であるとする。

　ホッブズがまず指摘するのは、自然状態で暮らす人々が結集する以前には、そこには主体としての人民は存在しないことである。そして、人々が結集して人民となり、国家（commonwealth）として行動し得るためには、その結集の契約は、個々のメンバーは多数派の意思に従うという内容のものでなければならない（他のメンバーも同様に従うという条件の下で）。つまりそこで成立するのは、多数決によって行動する民主政である。「私は私の権利をあなたの利益となるよう人民に譲り渡す。それは、あなたも私の利益のためにあなたの権利を人民に譲り渡すという条件の下においてだが」というわけである（『市民論』Ch. VII §§5 & 7）。一体の人民として行動するという決定が、すでに多数決の結論に従うという意思を含意していることになる。

　貴族政は、民主政から生まれる。名声や家系等で他に抜きん出た人々が人民の多数決によって選挙され、全人民の権利がそうした少数者に譲り渡されたとき、選出された人々の合議体が、人民がかつて正当になし得たことを今や正当になし得るようになる。そうなれば主権は少数者の手に移り、人格＝団体としての人民はもはや存在しない（『市民論』Ch. VII, §8）。

---

3)　テクストとしては、On the Citizen, eds. Richard Tuck and Michael Silverthorne（Cambridge University Press, 1998）を用いた。なお、古典文献の訳は、筆者による。

4)　ホッブズは、民主政、貴族政、君主政に対置される衆愚政、寡頭政、専制政は、独立の統治形態ではなく、被治者の評価を示すにすぎないと言う（『市民論』Ch. VII §2）。同一の統治形態を肯定的に評価する者は貴族政と呼び、否定的に評価する者は寡頭政と呼ぶ等である。

5)　See also Thomas Hobbes, The Elements of Law, Part II, Chapter XXI, Sections 1-2. テクストとしては、Thomas Hobbes, Human Nature and De Corpore Politico, ed. J.C.K. Gaskin（Oxford University Press, 1994）を用いた。

民主政と貴族政の共通点は、いずれも、合議体（あるいは一個の人格）が集会する時間と場所が予め設定され公示されていない限り、もはや合議体が存在するとは言えず、主権を失ったバラバラの群衆が存在するだけだということである（『市民論』Ch. VII §§ 5 & 10）。

　君主政も民主政から生まれる。名声や家系等で他に抜きん出た個人が人民により多数決で選挙され、全人民の権利が何の条件も期限もなく単純に彼に譲り渡されたとき、民主政は君主政へと移行する。主権を失った人民はもはや一個の人格（person）ではなく、群衆となる。それは主権を保持することで一個の人格たり得たのであるから（『市民論』Ch. VII §§ 11 & 15）。この場合、人民は再び、人民として集会することはない。君主政への移行は完全である。

　主権を譲り受けた君主は、人民との約定によって縛られることはない。約定をした人民は主権を失うと同時に人格を失い、姿を消す。人格でなくなった、何者でもない者との約定には誰も縛られない。人々が君主への服従義務を負うのは、君主に服従することを人々が相互に約束したからである（『市民論』Ch. VII § 12）。したがって、君主は統治活動を通じて悪をなすことはない。悪とは、約定違背にほかならないからである。君主はしかし、自然法に違背して罪（sin）を犯すことはあり得る（『市民論』Ch. VII § 14）。

2　君主政への移行の各種

　ところがホッブズは、民主政から君主政への移行には、他にもいくつかの類型を区別することができるとする。それらの類型では、人民は依然として主権者であり続ける。君主は主権の行使（統治）を一定期間、委ねられただけである（『市民論』Ch. VII § 16)。

　第一に、人民は任期の定めのある君主を選任するとともに、彼の死後、定められた時点、定められた場所で集会することを予め決定する。この場合、君主

---

6) 『法の原理』にも同旨の論述がある（Hobbes, *The Elements of Law*, Part II, Chapter XXI, Sections 10-11)。なお、『リヴァイアサン』には、「選挙で選任される王の権力は、キリスト教世界の多くの地で今日そうであるように、彼の一生の間か、あるいはローマの独裁官と同様数年ないし数箇月に限られている」との記述がある（Thomas Hobbes, *Leviathan*, ed. Richard Tuck (Cambridge University Press, 1996), p. 134 [Chapter 19]）。

の死後の主権は人民にあることが確実であるし、君主の在任中も、主権は人民にある。君主は使用権者（usufructuary）として主権を行使するに過ぎない。

第二に、人民は君主を選任した後、君主の在任中（生存中）に、定められた時点、定められた場所で集会することを予め決定する。この場合、被選任者は実は「君主 Monarch」ではなく、人民の「首相 primo ministro」にすぎない。人民は、君主の任期終了前に、彼からその権限を取り上げることもできる。

第三に、人民が君主を選任した後、君主によって召集されるまでは集会しないと決定したとすれば、人民は解体され、群衆に帰したものとみなされる。君主によって召集されない限り、もはや民主政体が復活することはないからである。君主が召集を約束したか否かは、この際、問題とならない。約束した相手の人格は、もはや存在しないからである。

ホッブズは、以上のすべての事例を通して、当初の人民の地位は、未だ後継者を指定しない絶対君主（absolute monarch）の地位と比較可能であるとする。絶対君主と同様、主権者たる人民は、自らが後継者を指定しない限り、主権者であり続ける。ホッブズはさらに比喩を延長し、集会と集会の間の人民は、睡眠中の君主と同じだと言う。何らの命令を下さない眠る絶対君主も、主権者であり続ける。他方、再び集会しないとの条件で散会すること、および、召集されない限り集会しないとの条件で散会することは、人民の死である。眠りについたまま目覚めないことが、人の死であることと同様である。

もし君主が後継者を定めることなく眠りについたまま再び目覚めることがなく、かつ、睡眠中の主権の行使を誰かに委ねたとすれば、主権そのものもその者に譲り渡したことになる。同様に、人民が任期の定めのある君主を選任すると同時に、再び集会しないことを決議したとすれば、国の主権は君主に移行する。さらに、睡眠中の主権の行使を誰かに委ねた君主が、目覚めたときにまたそれを回復するように、一時的な君主を選任した人民も、一定の時機と場所で再び集会したときは、主権を回復する。覚醒中に他者に主権の行使を委ねた君主が望むときにそれを回復することができるように、任期の定めのある君主の在任中でも適式に集会し得る人民は、望むのであれば、君主から主権を取り戻すことができる。最後に、主権の行使を他者に委ねて眠りについた君主が、その者の同意なくしては再び覚醒しないとすれば、その生命と権力を失うように、任期の定めのある君主を選任した人民が、その君主に召集されない限り、再び集

会しないと決めたとすれば、人民は根本的に破壊され、その権力は選任された者に移行する（『市民論』Ch. VII § 16）。

タックは、ホッブズがここで行っている議論の根幹にあるのは、主権と統治の区別であると指摘する（*Sleeping Sovereign*, pp. 90-91）。主権者であり続ける人民が任期付きの君主に委ねるのは、統治権であって、主権ではない。[7]しかし、任期付きの君主のつもりで選任した場合でも再び集会しないと決定すれば、または君主に召集されるまでは集会しないこととすれば、人民は統治権のみならず主権も失う。

君主に委ねられる統治権の範囲は、見た目には主権と同様である。立法も行政もすべて、君主が行う。人民の集会の間隔はきわめて長期にわたるかもしれないし、再び集会した人民は、次の君主を選んで再び眠りにつくかもしれない。それでも君主は、人民が定められた時・場所で再び集会すると決定している限り、主権者ではない。主権者たる人民が保有しているのは、国の政治（統治）のあり方を最終的に決定する力としての主権であり、[8]それにとどまる。ホッブズは、主権（imperium）とは可能態としての力（potentia）であり、統治は具体の行為であるとする（『市民論』Ch. X § 16）。したがって、主権はすべての国について同一であるが、統治のあり方は国によって異なる。主権者たる君主が女性や子どもであることは、統治にあたる諸大臣や公務員が有能である限り、善き統治の障害とはならない。

また、人民が統治を委ねる相手は、単一君主のような単純なものとは限らず、

---

7) タックは、同様の主権と統治の区別を行った先駆者として、ジャン・ボダンの存在を挙げる（*Sleeping Sovereign*, pp. 9 ff.）。ボダンは『国家論六篇』の中で、「国制の類型を決めるのは、誰が統治者（magistrats）の地位にあるかではなく、誰が主権を保有し、為政者（officiers）を任免し、万人に法を与えるかだけだ」とする（Jean Bodin, *Les six livres de la République*, Livre II, chapitre 7, Fayard edition. (1986 (1576)), p. 120; cf. *Sleeping Sovereign*, p. 19)。別の言い方をするならば、ボダンは統治者としての君主が常に主権者でもあるという単純な主張をしていたわけではない。ローマ共和国の独裁官のように、一定期間、独裁権限を行使しながら、任期が終われば一私人に戻ることもある。独裁官は絶対的な統治権を永続的に（perpétuel）保持しているわけではない（*Les six livres*, Livre I, chapitre 8, Fayard ed., pp. 180-81)。ボダンによれば、元首制の下のローマでさえ、皇帝に主権はなく、その実質は貴族政または民主政である（ibid., Livre II, chapitre 1, p. 29)。

8) 宮沢俊義『全訂日本国憲法』芦部信喜補訂（日本評論社、1978年）33頁、芦部信喜『憲法〔第7版〕』（岩波書店、2019年）40頁等、日本の憲法学界で広く共有されている主権の理解と通じるものである。

より複雑な組織体でもあり得る。たとえば、ローマ共和国は民主政であり、主権は人民にあったが、貴族から構成される元老院を置き、任期の定めのある独裁官の指揮の下で戦争を遂行することもあった。各国の統治体制は多様であり、そのあり方は、主権の所在とは別に考察し、議論することができる[9]。

3　ホッブズの議論の含意

　ホッブズの議論の含意は深く広い。彼の言う主権は、現代の憲法学の言葉づかいで言えば、憲法制定権力にあたる。それを原初的に行使するのは、あらゆる国家において人民である。ホッブズの言う人民は合議体である。それは、国家（commonwealth）とは区別される。つまり国家の統治形態を決定する力は、人民という合議体が行使する。合議体たる人民は、単一の意思を決定する手続を必要とする（『市民論』Ch. XII §8）。それは多数決である。人民は具体の統治にあたる組織を多数決によって設定すると、眠りにつく。再び定められた集会のときに至るまで、または、統治組織が崩壊し、新たに人民が結集して新たな国家を設立し、統治組織を設定するときが来るまで。目覚める時と所が予定されなければ、人民は解体されて群衆と化し、主権は指定された統治者へと移行する。

　民主政において、人民が主権を保有し、それを合議体での多数決を通じて行使すると言うとき、ホッブズが意味しているのは、全人民からなる合議体としての人民が、多数人から構成される国家の代表（機関）であるということのように思われる。合議体が意思決定をなし得る能力を備えたとき、はじめて人々の集合体は人格を備えた人民となる。同様に、君主政においては、国家は君主の人格（person）に存する。その事態を指してホッブズは、君主政では「君主が人民である the King is the people」と述べる（『市民論』Ch. XII §8）。ここでの「人民」は明らかに、法人としての「国家」を指している。

　こうした叙述を額面通りに受け取る限りでは、ホッブズにとって人民とは、国家にほかならないということになる（*Sleeping Sovereign*, p. 104; see also pp. 98-99）。なぜこのような同一視にいたるのか、その理由は、国家の原初形態にお

9）　Hobbes, *The Elements of Law*, Part II, Chapter XX, Section 17; cf. *Sleeping Sovereign*, p. 95.

いては、社会契約の全参加者から構成される人民という合議体（機関）が最高権力としての主権を行使することを重視した点にあるかもしれない。『法の原理』でホッブズは、あらゆる民主政について、人民からなる合議体が、「事実上［国家］全体そのものである which is virtually the whole body」と述べているが[10]、これも民主政では、合議体の構成員と国家の構成員とが事実上一致することを述べているのであろう。株式会社において、株主総会の構成員と会社自体の構成員とが事実上一致するように。

　ただし、原初の合議体の構成員たる人民と、法人たる国家を構成する人民とを観念上も同一視することには理論的な困難がつきまとう[11]。かつてはカレ・ドゥ・マルベールが指摘し、現代ではクェンティン・スキナーも指摘するように[12]、人民と国家とが同一であるという主張は、スローガンとしての意味はともかく、法学的国家論として筋が通り得ない[13]。支配者や被支配者と区別された法人としての国家を前提としなければ、公権力の性質について整合的な分析を行うことは不可能となる。

　タックは、ホッブズは『リヴァイアサン』においてはじめて、国家を主権者と区別された、しかも自身で行動することの不可能な抽象的人格であるとする危険な思考法に接近したとする（*Sleeping Sovereign*, p. 107）。しかし、抽象的な人格である国家を具体的な主権者が代表するという思考様式は、論理必然に危

---

10) Hobbes, *The Elements of Law*, Part II, Chapter XXI, Section 5. ただし、同じ章の第 11 節では、「人民」ということばの多義性に触れ、多数人の集合体が人格を備えたものを「人民」と呼ぶべきだとする。

11) ルソーの『社会契約論』が国家を法人として観念していることは周知のところであるし、ホッブズの『法の原理』も主権を与えられた君主ないし合議体と、人々が人格として結集した国家とを区別している（Hobbes, *The Elements of Law*, Part I, Chapter XIX, Sections 8-10）。同様の区別は『市民論』Ch. Ⅴ§6-9 にも見られる。

12) Raymond Carré de Malberg, *Contribution à la théorie générale de l'État*, tome II（CNRS, 1962 (1922)）, pp. 164-65; Quentin Skinner, 'The Sovereign State: A Genealogy', in *Sovereignty in Fragments*, eds. Hent Kalmo and Quentin Skinner（Cambridge University Press, 2010）, p. 45. もっとも、緊急事態においてまず救出すべきなのは、法人たる国家の生命であるとのスキナーの主張（ibid., p. 46）には賛同しかねる。

13) この点は、後注 24) で扱う、国家の永続性をいかに説明するかという問題と関連する。『市民論』が国家と主権者とを混同するものとして当時、批判されたことは、タック自身も指摘している（*Sleeping Sovereign*, p. 108）。もっとも、ルソーをある種の団体実在論者として理解する可能性も存することについては、長谷部恭男『憲法の円環』（岩波書店、2013 年）第 7 章第 2 節参照。

険性を帯びるわけではない。危険性の有無は、具体の統治にあたる機関による権限濫用を抑制する政治組織のありように依存する。原初的な代表である人民が君主に暫定的に主権の行使を委ねるという図式は、国家そのものである人民が君主に暫定的に主権の行使を委ねる図式と比べて、より危険であるわけではない。また、「朕は国家なり」というスローガンに見られるように、主権者と国家とを同一視する思考法がつねに安全であるわけでもない。[14]

　ロックの『統治二論』をどのように位置付けるべきかは、タックが指摘するように（*Sleeping Sovereign*, pp. 118-20）、微妙な問題を提起する。ロックは政府に対して政治権力を信託した後の人民も、政府が信託に反して権力を行使した際には抵抗権を発動して政府を打倒することが可能だとしている点で、人民になお政治権力が残存していると主張しているかのようである。しかし、ロックは人民に残存する権力は「統治が崩壊するまでは発動し得ない」と言う（『統治二論』第Ⅱ篇第149節）。ホッブズの言う任期付き君主政のように、君主の統治が継続中であるにもかかわらず、人民が集会して君主の権限を取り上げることができるとまで述べているわけではない。人民の憲法制定権力が眠っているにすぎない可能性を認める点で、『市民論』のホッブズはロックよりもラディカルである。

Ⅲ　ルソーの loi は法律か？

1　ルソーによる主権と統治の区別

　ホッブズが『市民論』で強調した主権と統治の区別は、その後必ずしも広く受け入れられたわけではない。モンテスキューが『法の精神』で論じているのは、主権ということばが使われている場合でさえ、もっぱら統治の形態とその分類である。「共和政体（gouvernement républicain）とは、人民全体あるいはそ

---

14) タックは、世代を超えて永続する団体としての主権者とその時々に最高権力を行使する主権者を区別するグロチウスの議論について、前者は統治客体にとどまり、きわめて稀にしか主権を行使することはないと指摘するが（*Sleeping Sovereign*, pp. 84-85）、第Ⅲ節で描かれるルソーの人民集会が、憲法を制定して統治形態を設定するとともに為政者を選任するにとどまることを勘案すると、グロチウスとルソーの距離がどれほど遠いかは、評価が分かれる論点のように思われる。

の一部が主権（souveraine puissance）を保有する政体である」という言明で始まる『法の精神』第2篇第1章冒頭の政体分類論は、その典型である。アリストテレスの政体分類論の影響下で、主権と統治とを渾然一体として理解し、多数者、少数者、単独者のいずれに主権があるかによって統治形態を分別する思考法は、当時、広く流布していた。

　ホッブズによる主権と統治の区別を継承し、それを基礎として議論を展開した代表的論者として、タックはジャン＝ジャック・ルソーを挙げる（*Sleeping Sovereign*, p. 124）。ルソーが主権の所在と統治の形態とを区別したことは広く知られている。[15] 第Ⅰ節「はじめに」で描いたように、ルソーは立法権にあたる主権と法の執行にあたる統治とを区別し、統治の形態として民主政、貴族政、君主政を区別した。[16] ただ、ルソーの議論には解釈の余地がある。

　日本の憲法学界では、ルソーの言う「立法権 puissance législative」は、現代で言うところの「法律」を制定する権限であると受け取られてきた。だからこそ、この意味での立法権は代表によって専権的に行使されるべきではなく、命令委任等の制度を通じて、主権者たる人民が行使すべきであると、ルソーを典拠としながら主張されることがある。これは、ナシオン主権とプープル主権とを区別するフランスの古典学説においても、受け入れられているルソー理解であろう。[17]

2　新たなルソー像

　タックは異なるルソー理解を提供する。関連するルソーのテクストを見てみよう。第一に『社会契約論』第2篇第2章「主権は分割できないこと」である。

　　主権は譲り渡すことができないというその同じ理由により、主権は分割できない。
　　意思は一般的であるか、そうでないかのいずれかであるから。つまり、意思は

---

15) See, for example, Helena Rosenblatt, *Rousseau and Geneva* (Cambridge University Press, 1997), pp. 186–87.

16)『山からの手紙』第8書簡でルソーは、「民主体制（constitution démocratique）は、これまで適切に吟味されてこなかった。……誰も、主権者と統治者、立法権と執行権とを十分に区別してこなかった」と指摘する。

17) フランスの古典学説の理解については、さしあたり、長谷部・前掲『憲法の円環』第7章第1節参照。なお、ルソーの言う「立法」を法律の制定として、立法権と執行権との関係を法律制定者とその執行者の関係として受け取る理解も、日仏両国で蔓延している。

人民全体の意思であるか、その一部の意思にすぎないかのいずれかである。人民全体の意思である場合、この意思の表明は主権の行使であり、法（loi）となる。人民の一部の意思である場合、それは特殊意思であり、政府の行為（acte de magistrature）にすぎず、せいぜい政令（décret）である。

　ところが政治理論家たちは、主権をその根本において分割することができないので、対象において分割する。力と意思に、立法権と執行権に、課税権・司法権・戦争権限に、国内行政権と外交権限に、という具合である。彼らはときにすべてを混ぜ合わせ、ときに区分する。主権を雑多な部品からなる空想上の存在にしている。それは、バラバラの眼や口や腕や足から人間を造るようなものである……主権が分割されているかに見えるのは幻想である。主権の一部とされるのは、実際にはすべて主権に従属する権限、最高意思の存在を前提としつつ、それを執行するにとどまる権限である。

ルソーはこうして、分割し得ない主権と分割され得る統治権限とを明確に区別する。分割し得ない主権は人民に帰属する。人民は、ホッブズと同様、合議体としての人民である。合議体としての人民は、主権を行使して法（loi）を制定する。法の執行が統治である。第Ⅰ節で見たように、ルソーは、当初の政治社会の形成とその後の統治形態の設定とを区別する。ただし、後者は契約ではない。ルソーは、『社会契約論』第3篇第1章「政府一般について」で次のように述べる。

　立法権が人民に属し、人民以外には属し得ないことはすでに見た。これに対して、すでに確定した原理によって[18]、執行権は、立法的ないし主権的な一般性には属し得ないことがたやすく判明する。なぜなら執行権は個別行為（actes particuliers）であり、それは法の管轄には属し得ないからである。したがって、そのすべての行使が法となる主権者の管轄にも属し得ない。

主権者が立法権を独占することとともに、主権者がなし得ることは立法のみであることが分かる。法の執行は主権者がなし得ることではない。ところで、主権者は法を執行し得ないのみでなく、法の執行に当たる者を立法を通じて指定することもできない。主権者がなし得るのは、立法によって統治形態を定めるところまでである。「法は、君主統治（gouvernement royal）と世襲制（succession héréditaire）を定めることはできるが、君主を選任したり王家を定めたりする

18）第2篇第4章および第6章参照。

ことはできない」(『社会契約論』第2篇第6章)。

　君主にせよ、他の統治形態を採用した場合の政府の構成員にせよ、彼らを選任する行為は主権者による主権の行使(立法)ではない。またそれは契約でもない(『社会契約論』第3篇第1章)。国家の設立に関わる契約はただ一つ、政治社会を構成する結合契約のみである(『社会契約論』第3篇第16章)。

　とすると、政府はいかにして設立されるのかという問題が生ずる。ルソーは、政府の成立を二つの段階に分ける(『社会契約論』第3篇第17章)。一つは、立法による統治形態の決定である。第二は、その法に基づく、人民による政府構成員の選任である。ところで、政府構成員の選任は立法ではなく、個別行為であるから、主権者はこれをなし得ず、執行権者のみがこれをなし得る。人民はそれをなし得るのであろうか。

　ルソーが与えている回答は、政府の選任に関しては、人民は執行権者として行動するというものである(『社会契約論』第3篇第17章)。つまり、政府の選任にあたっては、一時的に統治形態は、ルソーの言う民主政(人民全体が法の執行にあたる統治形態)となる。神々のごとくでない人民も、政府の選任はなし得る[19]。

　このように主権の行使である立法と、法の執行である統治とは区別されるが、その具体的な線引きはどこに所在するのであろうか。この点では、ホッブズとルソーとの間に見解の違いを見てとることができる。ホッブズは、主権者の制定する法は、特殊な対象のみを扱うものも含まれるとする(『リヴァイアサン』第26章)。

　　誰もが分かることだが、法の中にはすべての臣民を対象とするものもあれば、特定の地域、特定の職業、特定の人々を対象とするものもある。つまり主権者の命令であれば、それが誰に向けられたものであろうと、法である。

他方、ルソーによれば、法は一般的対象しか持ち得ない。法が個別・特殊の対象を持つことはない。このため、「戦争を宣言し、講和する行為は主権的行為と考えられてきたが、そうではない。これらの行為は法を成すものではなく、法の適用、法がいかに適用されるかを決定する個別行為にすぎない」(『社会契

---

19) 前注7)でのボダンの主権観念を参照。なお、こうした想定の背後にあるルソーの前提──余暇がなく、仕事と稼ぎに明け暮れる現代社会の市民が常時、公事に関わることは不可能──については、後出Ⅲ3参照。

約論』第2篇第2章）。

3 憲法のみを制定する人民

こうしたルソーの論述を受けて、タックは、ルソーが考えていた法 (loi) と
政令 (décret) の区分[20]は、当時の憲法体制とも、また現代のいずれの国家の憲
法体制とも対応しない独特のものであるとする (*Sleeping Sovereign*, p. 133)。た
しかに現代国家における立法の多くは、特定の地域、特定の職業、特定の人々
を対象とするものであり、それはルソーの厳密な法概念からすれば、法ではな
い。タックはまた、『社会契約論』第3篇第4章での「民主政 démocratie」に
関するルソーの論述にも注意を向ける。

> [民主政という] このことばを厳密に理解するならば、真の民主政はこれまで決
> して存在しなかったし、今後も存在しないことになる。大多数の者が統治し、
> 少数者が統治されることは、自然の秩序に反する。人民が間断なく集会して公
> 共の事項に時間を捧げることは想定しがたいし、委員会を設営するならば、統
> 治の形態は変更されることになる。

こうしたルソーの論述からうかがわれるのは、ルソーの想定する人民は、ホッ
ブズの人民と同様、時間をおいて間歇的にのみ集会することである (*Sleeping
Sovereign*, p. 135)。さらに、『社会契約論』第3篇第13章「主権はいかにして
維持されるか（続）」で、ルソーは次のように言う。

> 人民が集会して一連の法 (loix) を承認し、憲法を定めた (fixé la constitution de
> l'État) だけでは十分ではない。継続的な政府を設営し、政府構成員の選任につ
> いての定めを置いただけでは十分ではない。予期せぬ状況に応ずるための非常
> の集会に加えて、廃止したり延会したりすることのできない定期の集会、人民
> が形式的な招集の必要なく法に基づいて定められた日に適式に参集し得る集会
> が予定されるべきである。

つまり、ルソーの言う「法 loi」とは、一般に受け取られている「法律」では
なく、むしろ統治形態を設定する憲法に対応するものであることがうかがわれ
る。また、『社会契約論』第3篇第18章は、ルソーの言う招集手続なくして人
民が参集する定期の集会は、統治者による憲法違反の行為を防止する目的を持

---

20) ボダンにおける loix と edicts の区別を参照 (Bodin, *Les six livres de la République*, Livre I,
chapitre 10, pp. 300-01 & 306)。ボダンによれば、loix を発するのは主権者のみである。

つことを明らかにしている。定期の集会にあたっては、常に以下の二つの議案が提出されるべきだとルソーは述べる。

第一：主権者［人民］は、現在の統治形態の維持を望むか
第二：人民は現在の統治担当者に今後も統治を委任するか

人民集会の役割が、憲法の設定とその維持ならびに政府担当者の選任とその罷免の可否を決することにあることが分かる。ルソーはこの論述に続いて同じ章で、人民集会が社会契約そのものをも廃棄し得る旨を述べているが、ルソーの議論の枠組みからすれば、社会契約とそれに基づく憲法の設定および統治者の選任とは、厳密に区別される必要がある。引用された二つの提案は、後者に関わるものであって、社会契約そのものの可否を問うものではない。

　タックは、こうした人民集会の役割の限定の背後には、日常政治の遂行にまで人民集会が関与する古代の民主政は、彼の時代の民主政の適切なモデルにはなり得ないとのルソーの想定があったことを指摘する（*Sleeping Sovereign*, pp. 1-3）。そのことをルソーが明確に述べているのは、『山からの手紙』第9書簡においてである。ジュネーヴ程度の規模の国家にとってさえ、古代の都市国家はモデルとならない。

> 古代の人民は、もはや現代の人民にとってのモデルとはならない。前者は後者とはあらゆる点で異なっている。……あなた方ジュネーヴ市民は、ローマ人でもなければスパルタ人でもない。アテネ人でさえない。……あなた方は商人、職人、ブルジョワで、私的な利益、仕事、取引や稼ぎで頭が一杯だ。自由でさえ、あなた方にとっては、差し障りなく安全に物を獲得し所有するための手段にすぎない。……古代の人民のように余暇を持ち合わせないあなた方は、統治に間断なく関わるわけにはいかない。だからこそ、政府による策謀を監視し権限濫用に備えるよう政府を設定する必要がある。あなた方のためである公的な務めは、あなた方にとって負担となり、あなた方がやりたがらないものであるから、それだけ簡便に遂行できるようにする必要がある。

ギリシャの都市国家は奴隷労働が支えていた。人民集会で熱心な討議が行われたのは戦争と平和の問題である。一旦敗戦すれば自らが奴隷となり、自由と財産のすべてを失うからである。奴隷が退場し、市民が分業して経済を支える近代社会で、古代ギリシャと同様の直接民主政治はあり得ない。『社会契約論』

---

21) このルソーの言明は、前注7）で紹介したボダンの指摘と対応している。

において、執行権が人民集会に委ねられる民主政は、神々のごとき人民にとってのみ可能だとルソーが主張するのも、そのためである[22]。

タックのこうしたルソー解釈は、第1節で紹介した『市民論』におけるホッブズの議論の一部と対応しているだけではなく、プーフェンドルフの社会契約論の一部とも対応する。プーフェンドルフによれば、社会契約によって政治社会を構成した人民は、続いて統治の形態（la form du Gouvernement）を多数決で定める。人民はその後、定められた統治形態に応じて統治者を選任しそれに服従する第二の契約を締結する[23]。統治者の選任が契約と言えるか否かを除けば、ルソーの議論との類似は明らかである。

『市民論』のホッブズとルソーの違いは、前者が人民が主権を行使する民主政こそが原初的統治形態であるとしながら、主権が人民から貴族または君主へと決定的に移行する可能性を認めていた点にある[24]。『社会契約論』によれば、主権は不可譲である（第2篇第1章）。主権者が自己の主権に基づいて、それを他者に移譲することができるという議論は、解決不能のパラドックスをもたらす[25]。この点では、ルソーの方が論理的に筋が通っていると言うべきであろう。主権移譲の可能性が閉ざされたとき、ホッブズの議論は、人民会議の憲法制定権力を基礎付け、憲法制定以外の事項に関わる統治を人民の選任した政府に委ねるという、現代民主国家においても十分に実現可能なルソーの構想へと変容する（*Sleeping Sovereign*, pp. 141-42）。

---

22) 古代と近代の相違に関するルソーのこうした観察は、シィエスにも受け継がれている。長谷部・前掲『憲法の円環』121 頁注 48）参照。

23) Pufendorf, *Le droit de la nature et des gens,* op. cit., Livre VII, Ch. II §§ 7-8: *On the Duty of Man and Citizen,* op. cit., Book II, Chapter 6, Sections 7-9.

24) 主権が合議体たる人民から君主へと完全に移行し、人民が消滅したとき、君主の統治する国家（群衆から構成されるはずの団体）は、いかにして構成員の変動にもかかわらず永続し得るかという難問に逢着するはずである。それは君主の主権が君主の交代にもかかわらず、いかにして継承され得るのかという問題と直結している。『リヴァイアサン』でホッブズは、人々が契約によって構成する国家は構成員の変動にもかかわらず継続する人格であり、君主はその代表であるという理論を構築することで、これらの問題を解決した。法学的構成としては、『リヴァイアサン』は『市民論』に優る。

25) たとえば、長谷部恭男『権力への懐疑』（日本評論社、1991 年）160-61 頁参照。

Ⅳ 新たなルソー像への疑問

1 イギリス議会

　前節で紹介したタックのルソー解釈に対しては、いくつもの疑問が提起されるであろうことが予想される。直ちに想起されるのは、ルソーが『社会契約論』第3篇第15章で行っているイギリスの国制への否定的評価である。

> 主権は不可譲であるが、その同じ理由によって主権は代表され得ない。主権は本質的に一般意思に存するが、一般意思は代表され得ない。一般意思はそのものであるか別物であるかどちらかである。中間は存在しない。人民の代議員は、したがって、人民の代表ではあり得ない。彼らは使者（commissaires）でしかなく、何一つ決定し得ない。人民が自ら承認しない法のすべては無効であり、法ではない。イギリス人民は、自由だと信じているが、彼らは自らを欺いている。彼らが自由なのは議員を選挙している間だけで、選挙が終われば、人民は奴隷であり、何者でもない。

この有名な一節は、ルソーが国会議員に対する命令委任を要求した根拠としてしばしば援用される。[26)] しかし、タックは、代表され得ないとされているのは「主権」であることに注意を喚起する（*Sleeping Sovereign*, p. 137）。統治権の行使が代表され得ないとされているわけではない。そして、ルソーが主権の行使とする「立法」が、統治形態の決定等の国制の基本事項に関わる真に一般的なものに限定されるのであれば、現代の民主国家において、ルソーが国会議員への命令委任を要求したか否かは、さほど明確な答が得られる問題ではない。

　むしろ注意されるべきなのは、制定憲法の存在しないイギリスでは、議会は通常の立法権のみならず、憲法制定権力をも行使し得ることである。英国議会は立法議会であるだけではなく、常駐する憲法制定会議でもある。つまり、イギリスの統治形態に対するルソーの否定的評価は、それが主権と統治とを画然と区別せず、本来の主権者であるはずの人民による明示の意思決定なくして、議会が主権を簒奪して行使し、統治形態をも変更してしまう点にあったと考え

---

26) 国会議員に対する命令委任を提唱した『ポーランド統治論』第7章でも、イギリス議会に対する批判は繰り返されている。

ることができる。統治形態が主権者たる人民の意思表示なしには変更し得ないという保障の下で、具体の統治作用を人民が政府に委託することについては、ルソーは異議を唱えていない（*Sleeping Sovereign*, p. 138）。

つまり、ルソーが「立法権において人民は代表され得ない」と言うとき（『社会契約論』第3篇第15章）、そこで彼が否定しているのは、憲法制定権力を人民以外の他者が行使することであったと理解することができる。彼が続いて「物事をよく検討してみれば、法（loix）を有する国民はごく少数だ」と述べていることも、こうした理解に符合する。ルソーの生きていた当時、統治者によって変更され得ない憲法を持つ国民は、ごく稀であったであろう。

タックのルソー理解が正しく、ルソーが『社会契約論』において、人民集会の固有の権限としているのが憲法制定権力であり、それにとどまるのだとすると、ルソーの政治哲学を根拠として直接民主政の実現を志向する現代憲法学の潮流には根本的な反省が迫られることになる。通常法律の制定について、国会議員に対する命令委任が許容される、あるいはそれが要請されるとの主張が、ルソーの主権理論に確実な根拠を持っているとは言えなくなるからである。

そのコロラリーでもあるが、タックのルソー理解が正しいとすると、現代民主政国家における「法律」を一般意思の表明として受け取る現代憲法学に広く見られる理解にも、深刻な打撃が与えられることになる。現代国家の議会が行う立法は、ルソーの想定していた「立法」とは根底的に異なり、統治形態の基本を定める憲法ではないからである。

もっとも、こうした解釈に対して異論はなお提起され得るであろう。少なくとも国会議員に対する命令委任を提唱するルソーの議論は、『ポーランド統治

---

27) それ以前に、選挙権が自由土地保有者（freeholder）に限定され、庶民院のメンバーが貴族階級と上層の紳士階層に限定されていたイギリス議会を「人民の代表」と呼ぶことにそもそもどれほどの意義があるかという問題も、もちろんある。

28) これはタックが指摘していない点であるが、人民が統治形態を定めるにあたって、人民の精神を陶冶し、人民による立法を指導する天才的人物をルソーが「立法者législateur」と呼んでいることも（『社会契約論』第2篇第7章）、タックの理解を裏付けているように思われる。

29) 同じ理由によって、たとえば、法律がせいぜい議会または有権者の多数の意思にすぎないことを根拠に、法律が一般意思の表明であるとは限らないと指摘するモーリス・オーリウの批判も（Maurice Hauriou, *Principes de droit public*, 2nd ed. (Sirey, 1916), p. XVII）、ルソーに対する批判として的が外れていることになる。

論』等、ほかの文献にも見られるし[30]、それらの著作での議論をすべて主権と統治の区別に基づいて説明し切ることが可能かについては、即断を許さないところがある[31]。

2　人民は自由なのか

タックの描くルソー像については、より根底的なレベルで疑問を提起することもできる。憲法を制定し、為政者を選任するという、きわめて限定された役割のみを果たす人民の姿と、ルソーが『社会契約論』第2篇第7章で描く「立法者」による人民の指導とを掛け合わせると、人民が政治の最終的なあり方について自律的に決定していると言えるか否かがはなはだ疑わしくなるのではないかという疑問である。

ルソーの描く「立法者 législateur」は、リュクルゴス、モーゼ、モハメッド、カルヴァン等がその例で、天才的な資質を備え、人民に政治制度の枠組みを提供し、それを通じて彼らの人間性そのものを変革する。「立法者」の論理は深遠で、社会全体の長期的な利益に関わるため、ことばによって人民を説得しようとしても、目先の利害にとらわれがちな人民には理解されず、挫折に終わる。そこで「立法者」は、神の権威を借りて人民を心服させ、宗教の装いの下に、人民が自身の長期的利益に従うよう、彼らに制度の軛を課す。「宗教は政治の道具」である[32]。

つまり、人民が統治形態を定め、為政者を選任すると言っても、その統治形態の根本は「立法者」によって予め提供されたものであり、しかも「立法者」の教える宗教によって、人民の選択は予め方向づけられている。そうだとすると、政治の最終的なあり方について人民が決定すると言っても、それはきわめ

---

30)『ポーランド統治論』第7章。ルソーはそこで、少なくとも国会の頻繁な開催と立法権による行政権の監視を提唱している。

31) 少なくとも、『ポーランド統治論』での国会の役割が憲法制定に限定されていると理解することは困難であろう。

32) なお、ルソーの言う「立法者」とマキァヴェッリが『君主論』で描く「新たな君主」との相応関係も注目に値する。マキァヴェッリによると、後者の具体例はモーゼ、キュルス、ロムルス、テセウスで、神の恩寵を受けつつ、逆境にある人民に新たな法と新たな制度を与えることで栄誉を獲得する（『君主論』第6章および第26章参照）。ルソーはマキァヴェッリの『君主論』を「共和主義者の教典 le livre des républicains」として称揚する（『社会契約論』第3篇第6章）。

て希薄で名目的な「決定」であり、人民は国家の下でも自然状態で暮らした「以前と同じように自由である」（『社会契約論』第1篇第6章）とは、もはや言えないのではなかろうか。

こうした『社会契約論』の根本に関わる疑念が浮かび上がることは、必ずしも、タックの描くルソー像が誤っている——ルソーの真意に忠実ではない——ことを意味するわけではない。ルソーを首尾一貫して解釈することで、もともと『社会契約論』に内在していた論理の歪みが浮き彫りになっただけなのかもしれない。

『社会契約論』でルソーの描く人民像は、必ずしもバラ色のものではない。立法者は、彼が法を与えようとする人民が、提案される法にふさわしい人民であるか否かをまず吟味する（『社会契約論』第2篇第8章）。適性のない人民に、彼は法を与えない。革命的激動が人民の精神を覚醒させ活力を回復させることはあるが、それは例外的事象である。活力の枯渇した人民は、革命によっても再建されることはない。法の鉄鎖が破壊され、解き放たれた人民は、ばらばらになり消滅する。その後の人民に必要なのは支配者であって、解放者ではない。もはやそこに自由な個人は存在しない（『社会契約論』第2篇第8章）。

V　ハート法理論との無用な対決

本稿は、リチャード・タック著『眠れる主権者』を主な素材として、ホッブズおよびルソーにおける主権と統治の区別と、その憲法論上のいくつかの帰結について検討を行った。本書でのタックの行論については、そのほかにも疑問を提起することが可能である。

たとえば、彼は結章のかなりの部分を割いて、H.L.A ハートの『法の概念』における主権論批判に対する反批判を行っているが（*Sleeping Sovereign*, pp. 269 ff.）、筆者の見るところ、この反批判は説得力に欠けているだけでなく、遂行の必要性がそもそも欠けている。本書におけるタックの主要な議論は、現代民主主義国家において、統治形態の根本を定める憲法の制定にあたって、主権者たる人民の参加が必要であり、ホッブズやルソーの著作をその根拠——レトリカルな論拠にとどまるであろうが——として援用することが可能であるとする

点にあるが、こうした主張とハートの法理論は完全に両立可能である。

　ハートの法理論の要点は、近代国家の法秩序は、人々の行動のあり方を枠付ける一次ルールと、一次ルールの認定・変更および紛争の解決のあり方を定める二次ルールとからなっている事実を指摘する点にある。統治形態の根本的なあり方を設定する際に人民（有権者）の関与を求めることが望ましい統治形態を実現する上で適切であることをハートが否定するとは考えがたいし、主権概念を使用しない限り、そうした有権者の関与が不可能となるわけでもない。ホッブズやルソーの描く想像上の社会契約を持ち出さずとも、憲法制定にあたって有権者の意向や願望を反映すべきことの合理性と必要性は、十分に基礎付けることができる。もちろん、有権者の意向を全く無視した憲法の制定や法秩序の運営がなされた場合にも、ハートはそこに実定法が存在することを否定はしないであろうが、望ましい憲法秩序や法秩序が実現されているか否かと、そこに現に実定法があるか否かは別問題である。

　さらに、ハートが『法の概念』の前半部分で批判の対象としているオースティンの法命令説は、各国の統治形態の内部構成に関する理論であり、法命令説を復活させても、タックにとって得られるものはない。オースティンの言う「主権者」は、統治形態を設定する憲法制定権力ではなく、人々の行動のあり方を枠付ける実定法の定立者だからである。レックス王が君主政そのものを自らの主権に基づいて変更し得るとの議論は、ホッブズと同様の主権のパラドックスに陥る。レックス王の権限は、憲法体制を変更する権限を含み得ないはずである。

　民主国家であっても、統治形態の根本的な組み換えに遭遇することは稀である。そうした組み換えが当該国家の統治をより善い方向へと導くか否かは、組み換えの内容のみならず、政治状況や社会状況、周囲の国際状況等に依存する問題であって、当該国家の有権者が組み換えの過程に関与したか否かのみが決する問題ではない。また、筆者が別稿で指摘したように、[33]一国の憲法の妥当性も正当性も、憲法制定権力という概念に頼ることなく、十分にこれを検討することが可能である。

33）長谷部恭男『憲法の境界』（羽鳥書店、2009 年）第 1 章「われら日本国民は、国会における代表者を通じて行動し、この憲法を確定する」。

全体にわたってきわめて示唆深い内容を含むものではあるものの、本書が憲法学にとって持ち得る意義については、慎重に吟味を加える必要がある。

（はせべ・やすお　早稲田大学教授）

憲法を解釈する権力

蟻川恒正

序

　本稿が試みるのは、憲法を解釈する権力（authority to interpret the Constitution）についての考察である。憲法を解釈する権力（憲法解釈権力）とは、憲法解釈を自己の権限ないしそれに随伴するものとして職務上課せられている主体、もしくは、その職務上の責務の内容を指す。憲法を制定する権力（憲法制定権力）との類比で私が仮設した概念である。

　旧体制の憲法秩序の破壊を意味する近代市民革命を導き、それを正当化した憲法制定権力は、新たな憲法秩序を決定する始原的権力として、国民のみが持つ権力であるとされる。これに対し、憲法を解釈する権力は、憲法制定権力によって決定された憲法秩序に服し、個別の場面で法を適用する従属的な執行権力にとどまる。

　だが、ここに、ひとつの逆説が働く。

　憲法の意味に関して紛議があるとき、その意味を決定するのは解釈である。法の執行権力は、憲法を解釈するその職務を通じて、憲法の意味を変えることができ、憲法秩序の意味をも変えることができる。従属的権力が始原的権力に取って代わるという逆説である。

　憲法解釈権力が自らに与えられた法階層秩序上の位置を乗り越え、法階層秩序そのものを宙吊りにするこの逆説の基底にあるのは、テクストを解釈する人

間の行為がテクストに対して負っている制約とそれにもかかわらず有している
テクストに対する自由とが産み出す固有の創造的潜在力である。

　法（憲法）の文言の意味が明確でない場合、法解釈（憲法解釈）以前に法（憲法）はなく、真の立法者（憲法制定権力）は法の解釈者（憲法解釈権力）である。この理解を延長すると、解釈以前にはそもそも権限もないことになるから、憲法解釈を自己の権限ないしそれに随伴するものとして行使する憲法解釈権力は、同時に、自らを実質的な憲法制定権力とする自己授権を行っていることになる。[1]真の憲法制定権力は憲法解釈権力であるという命題は、この自己授権の論理の内在的帰結である。この理解は、法階層秩序に占める憲法解釈権力の存在感とその比重の大きさを傍証する。

　けれども、これまでの日本の憲法学では、憲法解釈権力がそれ自体として考察の対象とされることは少なかった。最高裁判所が憲法についての有権的解釈機関であるという通念が社会的にも憲法学説上も補強され続け、裁判所以外の機関による憲法解釈が憲法学上の考察の主題とされることは余り見られなかった。[2]

　憲法解釈権力は、だが、司法過程にのみ発現するものではない。それは、政治過程全般にわたって姿を現わし、憲法の意味を不断に定義し、確認し、変更し続けているといってよい。とりわけ憲法の危機の時代にあっては、新たな憲法を制定する政治的コストを支払うことなく新憲法の制定と実質的には同等の効果をもたらしうる力を有する憲法解釈権力は、それが如何に行使され、あるいは、行使されないかによって、一国の憲法秩序の死命を制する力にさえなる。

　現在の日本において、私が非力を顧みず、憲法解釈権力についてのささやかな考察を試みようとする所以である。

---

1) この理解をとるミシェル・トロペールの憲法理論の紹介と批判については、長谷部恭男『権力への懐疑——憲法学のメタ理論』（日本評論社、1991 年）9-13 頁、25-28 頁、同「憲法典における自己言及——A・ロスの謎」『憲法訴訟と人権の理論——芦部信喜先生還暦記念』（有斐閣、1985 年）823 頁が特に参照されるべきである。

2) 例外的に裁判所以外の機関による憲法解釈を主題化し、特に日本におけるそれら憲法解釈実例への憲法学説の向き合い方について吟味したのが内野正幸である。参照、内野正幸『憲法解釈の理論と体系』（日本評論社、1991 年）161-181 頁、同「政府の憲法解釈の位置づけ」法律時報 75 巻 2 号（2003 年）92 頁。内野は、現実に日々生産され続ける憲法解釈実例に対して憲法解釈学として責任をとろうとしたと同時に、憲法解釈学それ自身を（再）確立しようとしたのである。

I　憲法違反回避義務

1

公権力の発動に責任を有する者は、公権力の発動それ自体に責任を負うのに付随して、憲法の解釈を職務として行うことがある。公権力の発動に責任を有する者が憲法の解釈を職務として行うのは、そこでの公権力の発動が憲法に違反するおそれがある場合である。

このことを日本国憲法の条文に即して確認しておこう。

公権力の発動は、憲法に違反するものであってはならない。

この命題が、以下の考察の出発点となる。

日本国憲法は、この命題を根拠づける規定として、憲法98条1項を有している。憲法98条1項は、「この憲法は、国の最高法規であつて、その条規に反する法律、命令、詔勅及び国務に関するその他の行為の全部又は一部は、その効力を有しない。」と述べ、いかなる公権力の発動も憲法に違反することができない旨定める。

けれども、憲法98条1項は、憲法違反の公権力の発動は国法上の効力を有しないと宣言するにとどまるのであって、そのような公権力の発動を行わせないことを確保する手立てまでを規定しているわけではない。

そうであるとすれば、憲法の最高法規性といっても、その意味は控え目なものというほかない。たとえ憲法違反の公権力の発動は遡及的に無効となるにせよ、憲法違反の公権力の発動を前もって抑止することができないとしたら、憲法の最高法規性は、その名に値するとは言い難いからである。

だが、憲法の最高法規性は、憲法98条1項のみによって定められているのではない。憲法の最高法規性は、憲法「第十章　最高法規」を構成する憲法97条・98条1項・99条の相互連関のなかで捉えられるべきであり、さらにいえば、違憲審査制を規定した憲法81条をも含めて、より広い裾野のもとで捉えられるべきである。

一般的にいって、憲法の最高法規性を直截的に規定する憲法98条1項のような定めは、憲法の最高法規性を憲法自身が宣言する、その限りで憲法の自己

言及というべき性格を強く有するから、単にそうした規定を設けるだけでは、憲法の最高法規性が画餅に帰すのは、むしろ当然である。だからこそ、憲法は、「人類の多年にわたる自由獲得の努力の成果」であり、「現在及び将来の国民に対し、侵すことのできない永久の権利として信託された」基本的人権を「この憲法」が保障するものであることを明記して、憲法の最高法規性に内容上の根拠を提供した上で（97条）、憲法の最高法規性を担保する憲法保障の定めを、一方では事後的保障としての裁判所による違憲審査制（81条）として、他方では事前保障としての公務員の憲法尊重擁護義務（99条）として、用意しているのである。

　このように、日本国憲法による憲法の最高法規性の宣言は、憲法違反の公権力が発動されることから憲法を守るための事前・事後の保障制度を伴い、決して単なる宣言にとどまるものではない。けれども、それらの保障がはたして自らの宣言する最高法規性を十全に保障するものといえるかは、それぞれの制度の実効性如何による。

　以下では、憲法の最高法規性を保障すべく憲法自身が用意した上記の制度のうち、事前保障の制度である公務員の憲法尊重擁護義務を取り上げて検討することとする。公務員の憲法尊重擁護義務は、従来、現実政治の過程においては憲法保障の手段として事実上力を有しないとみなされることが多く、そのせいでもあろう、憲法学の主要な研究対象として選ばれることは少なかったように思われる。にもかかわらず本稿が公務員の憲法尊重擁護義務を取り上げるのは、この義務が。憲法を持つ国家の統治システムにおいて、目に見える現実の憲法運用には殆ど影響を与えていないかに見えて、憲法運用の質をその根底において左右する、統治システムにとっての要石ともいうべきものであると考えるからである。

2

　憲法99条は、「天皇又は摂政及び国務大臣、国会議員、裁判官その他の公務員は、この憲法を尊重し擁護する義務を負ふ。」と規定している。ある公権力の発動に憲法違反のおそれがある場合、当該公権力の発動に責任を有する者が当該公権力の発動が憲法違反となることを回避する義務が負うべきことは、憲

法99条による公務員の憲法尊重擁護義務から導出されると解される。

この義務を仮に憲法違反回避義務と呼ぶ。公権力の発動に責任を有する者が負う憲法違反回避義務は、憲法99条による公務員の憲法尊重擁護義務の最も直截的な内容というべきものである。

けれども、憲法違反回避義務の義務内容そのものは必ずしも自明ではない。公権力の発動に責任を有する者が、今まさに行われようとする公権力の発動に対して、憲法違反回避義務を履行するには、どのような方法が考えられるであろうか。

ひとつの方法は、憲法違反のおそれがある公権力の発動を違憲と判断し、違憲の嫌疑がある当該公権力の発動それ自体を抑止するというものである。では、公権力の発動に責任を有する者による憲法違反回避義務の履行方法はこれのみにとどまるのであろうか。

憲法違反のおそれがある公権力の発動を合憲として正当化し、当該公権力の発動に対する違憲の嫌疑を払拭することは、先の方法とは対極をなし、一見すると、憲法違反回避義務の履行とは認められないようにも思われる。前者は憲法違反のおそれがある公権力の発動を許さないのに対し、後者はそれを許すから、前者の観点からすると、後者は憲法違反回避義務の履行とは認め難いであろうし、逆に、後者の観点からすると、前者は、憲法違反回避義務の履行とは認め難いであろう。

けれども、一般論としていえば、後者の方法も、前者の方法と同様、憲法違反回避義務の履行と認められる余地があるように見える。なぜなら、前者の方法にあっても、また、後者の方法にあっても、憲法違反の公権力の発動はされず、したがって、いずれの場合も、憲法の最高法規性が毀損される結果は回避されているといえるからである。

互いの方法から見て他の方法の帰結が憲法違反回避義務の履行とは認め難いのは、憲法違反のおそれがある当該公権力の発動を結局のところ違憲と見るか（前者）、合憲と見るか（後者）の違いの故であり、違憲と見る立場からは合憲とする立場が、合憲と見る立場からは違憲とする立場が、ともに正当な憲法違反回避義務の履行とは認め難いということに過ぎない。

それならば、憲法違反回避義務が履行されたといえるために必要なものは、

つまるところ何であると考えるべきなのであろうか。

3

　ありうべきひとつの解は、憲法を解釈することであるというものである。

　先のふたつの方法に即していえば、両者を分けているのは、対象である公権力の発動を憲法違反と見るか否かの違いであり、いずれの方法にあっても共通して行われているのは、憲法の解釈である。前者の方法では、当該公権力の発動が憲法違反であると判定する際に、後者の方法では、当該公権力の発動が憲法違反ではないと判定する際に、憲法を解釈していることが認められる。

　すなわち、もし憲法違反のおそれがある公権力の発動が、実際にも憲法に違反するものであり、しかも、当該公権力の発動に責任を有する者がそのことを認識しているのであれば、その者にとっては、当該公権力の発動が憲法違反であると判定することが、憲法違反回避義務の履行のために不可欠である。反対に、もし憲法違反のおそれがある公権力の発動が、実際には憲法に違反するものではなく、当該公権力の発動に責任を有する者がそのことを認識しているのであれば、その者にとっては、当該公権力の発動が憲法には違反しないと判定することが、憲法違反回避義務の履行のために必要である。

　前者の場合における当該公権力の発動に対する違憲の判定、後者の場合における当該公権力の発動に対する合憲の判定は、憲法解釈をすることなしには行うことができないはずのものである。憲法違反回避義務の履行の前提には、当該公権力の発動に責任を有する者による憲法解釈があることになる。

　公権力の発動に責任を有する者の憲法違反回避義務は、憲法99条が規定する公務員の憲法尊重擁護義務の最も直截的な内容である。公権力の発動に責任を有する者がこの義務を履行するとき、その者は憲法解釈を行っているはずである。そうでなければ、当該公権力の発動に責任を有する者は憲法違反回避義務を履行することはできないはずだからである。

4

　だが、公権力の発動に責任を有する者が憲法違反回避義務を履行していることの論理的前提として当該公権力の発動に責任を有する者が憲法解釈を行って

いることを想定するここに見たような考え方には、固有の落とし穴がある。

　例解する。

　2019年5月28日、来日中のアメリカ合衆国大統領ドナルド・トランプを海上自衛隊横須賀基地に案内した安倍晋三内閣総理大臣は、自衛隊・アメリカ軍約500名に向けた異例の訓示のなかで、「かが」を含む「いずも」型護衛艦を改修して、これをF35Bステルス戦闘機を搭載できる事実上の「空母」として運用することを明言した。戦後日本の国是である専守防衛と抵触する可能性がある護衛艦のそのような運用は、憲法9条に違反するおそれがある。そうである以上、安倍内閣は、この運用が憲法9条に違反するという嫌疑を払拭しなければならず、違憲の嫌疑を払拭できない場合は、これを国策として遂行することを断念しなければならない。それが、憲法尊重擁護義務が課せられている国務大臣によって構成され、違憲の嫌疑がかけられている護衛艦の運用に関して責任を有する内閣が負うべき憲法違反回避義務の論理的帰結であるはずである。

　これを逆にいえば、前記護衛艦の事実上の「空母」化を進める現内閣は、そうした「空母」化を進めることそれ自体において、そのような護衛艦の運用が憲法9条に違反しないと判定していることになる。

　以上のことを憲法解釈が位置づけられている次元に降ろして点検するならば、そこには落とし穴が口を開けていることが分かる。

　まず第一に、内閣は、この運用が憲法9条に違反せず合憲であるとの憲法解釈を行うことができない場合は、この運用を断念しなければならないはずであるから、この運用を進めていること自体がこの運用を合憲であるとする憲法解釈を行っていることになり、内閣において憲法違反回避義務は履行されていることになる（当該運用は断念しなくてよいことになる）という論理上の逆説がある。憲法違反のおそれがある護衛艦の運用を憲法上の正当化を施すことなく進めることは認められないから、内閣が憲法違反のおそれがある護衛艦の運用を進めているということは、それ自体、内閣が当該運用を合憲と解釈していることを意味せざるをえず、そうであるとすれば、内閣において憲法違反回避義務は履行されていると解するほかはないという逆説である。

　加えて第二に、この局面での内閣には護衛艦の当該運用を合憲とする憲法解釈を行っていることが想定されているから、それにもかかわらず内閣がそもそ

も憲法解釈を行っていないと断定することは通常はできず、したがって、内閣における憲法違反回避義務の不履行を証し立てることが現実には著しく制約されているという実践上の困難がある。

ここに見た論理上の逆説と実践上の困難が、公務員の憲法尊重擁護義務の落とし穴をかたちづくっている。

従来、公務員の憲法尊重擁護義務が現実政治の過程において無力であるとされてきたのは、煎じ詰めれば、ここに見たような論理上の逆説と実践上の困難がもたらした副作用である可能性がある。このような論理上の逆説と実践上の困難とを再点検することを通じて、それらを別の意味連関のもとに置くことができれば、公務員の憲法尊重擁護義務をそれが現実政治の過程において陥っている隘路から救出するための手懸かりを獲得しうる可能性がある。

公務員の憲法尊重擁護義務が、もし憲法を持つ国家の統治システムにとっての要石ともいうべきものであるとすれば、前記の論理上の逆説と実践上の困難とを再点検することは、この統治システムの運用改善のための課題たりうると解される。

Ⅱ　憲法尊重擁護宣誓義務

1

この課題に取り組むためには、憲法99条をめぐる起草経緯を確認しておく必要がある。

日本国憲法制定過程における憲法99条の前身は、連合国総司令部案「第十章　至上法」91条1項である。同91条1項は、「皇帝皇位ニ即キタルトキ並ニ摂政、国務大臣、国会議員司法府員及其ノ他ノ一切ノ公務員其ノ官職ニ就キタルトキハ、此ノ憲法ヲ尊重擁護スル義務ヲ負フ」と定める[3]。

憲法99条と総司令部案91条1項は、基本的には同一の定めといいうるが、ここで取り上げるのは、義務を負う時点の記述の有無である。総司令部案91条1項では、それぞれの主体が憲法尊重擁護義務を負う時点がそれぞれの公職

---

3)　森清監訳『憲法改正小委員会秘密議事録——米国公文書公開資料』（第一法規出版、1983年）514頁、523頁。

に就く時点として記述されているのに対し、憲法 99 条では、そうした記述が
ない。この点につき、連合国側の資料を用いた日本国憲法制定過程の代表的研
究には、次のような指摘がある。「最高法規に関する規定として、第一次試案
には、また、天皇その他の公務員に対し、この憲法を受け容れるという宣誓を
求める条文が置かれていたが、討議において削除された」。／「第二次試案にお
いては、これに代えて、憲法擁護の義務を定める、『天皇が皇位を継承したと
き、および摂政、国務大臣、国会議員、裁判官その他一切の国の公務員が就任
したときは、この憲法を支持する義務を負う。』という条文が書かれた」。／
「『皇位を継承したときは』、『就任したときは』という文言に、宣誓について定
めた第一次試案の余韻が残っているわけである」(傍点原文)[4]。

　第二次試案における「支持」(「この憲法を支持する義務を負う」)と総司令部案
における「尊重し擁護」(「此ノ憲法ヲ尊重擁護スル義務ヲ負フ」)との異同、およ
び、前者が後者に変形した経緯については、ここでは問題としない。本稿が着
目するのは、第一次試案において「この憲法を受け容れるという宣誓を求める
条文が置かれていた」という記述である。

　「討議において削除された」その条文の仔細は不明だが、それぞれの公務員
に対し、公職に就任するときに「この憲法を受け容れるという宣誓」を義務づ
ける規定が条文化されていたことは事実であるようである。総司令部案におけ
る「皇位を継承したとき」および「就任したときは」が示す義務を負う時点は、
第一次試案においては、「この憲法を受け容れるという宣誓」、すなわち、憲法
支持ないし憲法尊重擁護の宣誓をする時点を指すものであったことが窺われる。

　憲法支持ないし憲法尊重擁護を宣誓する義務を、以下では、憲法尊重擁護宣
誓義務と呼ぶ。憲法 99 条における公務員の憲法尊重擁護義務は、第一次試案
における公務員の憲法尊重擁護宣誓義務が変容したものと推測される。

2

　第一次試案における公務員の憲法尊重擁護宣誓義務は、アメリカ合衆国憲法
を参考とした発案であった。

---

4)　高柳賢三＝大友一郎＝田中英夫編著『日本国憲法制定の過程 II 解説——連合国総司令部側の記録
　　による』(有斐閣、1972 年) 282-283 頁。

アメリカ合衆国憲法は、ふたつの条文に、公務員の憲法尊重擁護宣誓義務に[5]ついての定めを置いている。

ひとつは、合衆国憲法2条1節8項である。同条項は次のように規定している。「大統領は、その職の遂行を開始する前に、次の宣誓または確約を行わなければならない。──『私は、合衆国大統領の職務を誠実に遂行し、全力を尽くして、合衆国憲法を維持し、保持し、擁護することを厳粛に誓う（または確約する）。』」。[6]

もうひとつは、合衆国憲法6条3項である。同条項は次のように規定している。「先に定める上院議員及び下院議員、各州の議会の議員、並びに合衆国及び各州のすべての執行府及び司法府の公務員は、宣誓または確約により、この憲法を擁護する義務を負う。ただし、合衆国のいかなる公職または公の信任に基づく職務についても、その資格要件として宗教上の審査を課してはならない。」。

ここでも、「維持し、保持し、擁護」（合衆国憲法2条1節8項）ないし「擁護」（合衆国憲法6条3項）と「尊重し擁護」（憲法99条）との関係については問わないこととする。アメリカ合衆国憲法のこのふたつの規定、とりわけ6条3項の規定を参考にして、第一次試案における憲法尊重擁護宣誓義務の規定が起案されたことは確かであると思われる。

だが、第一次試案における憲法尊重擁護宣誓義務の規定は、「討議において削除された」。削除の理由は、先の研究によれば、「このような規定を設けることは、憲法よりも上にある権威の存在を前提とするものであるばかりでなく、日本にアングロサクソンのやり方を輸入するだけのことにすぎない」と考えられたからであるとのことらしい。[7]

---

5)　以下、アメリカ合衆国憲法の条文の邦訳は、高橋和之編『新版世界憲法集』（岩波文庫、2007年）66頁、73頁〔土井真一訳〕の訳文に従った。

6)　この条項と大統領の憲法解釈については、大林啓吾「大統領の憲法解釈権の淵源──憲法の宣誓条項の意味」社会情報論叢13号（2009年）99頁が参照されるべきである。また、現代アメリカにおける大統領の憲法解釈をめぐる諸問題については、参照、横大道聡「執行府の憲法解釈機関としてのOLCと内閣法制局──動態的憲法秩序の一断面」法学論集（鹿児島大学）45巻1号（2011年）1頁、同「大統領の憲法解釈──アメリカ合衆国におけるSigning Statementsを巡る論争を中心に」鹿児島大学教育学部研究紀要59巻（2007年）81頁。

憲法尊重擁護について公務員に宣誓を求めることそれ自体がキリスト教文化圏に属するイギリス・アメリカの立憲主義の伝統に法思想史上の背景を有していることは間違いなく、そうした法思想史上の背景に神を典型とする超越者への信仰が切り離し難く付着していることも否定できない。そのような超越者の観念を良かれ悪しかれこれまで国家的にも社会的にも育んでこなかった日本に憲法尊重擁護宣誓義務の観念を無媒介に移植すれば、「アングロサクソンのやり方」はそれにふさわしい受け皿を見出すことができず、「憲法よりも上にある権威」の不「存在」は、憲法尊重擁護宣誓義務を単に有名無実化するだけに終わると予測し、その移植を断念するに至ったのは、それとして条理に適ったことといえる。

　だが、仮にそうであるとしても、アメリカ合衆国憲法が6条2項において合衆国憲法を the supreme Law of the Land とし、これに続く6条3項において「合衆国及び各州のすべての執行府及び司法府の公務員」に対し憲法尊重擁護宣誓義務を課しているのと全くパラレルに、総司令部案が「第十章　至上法」を構成しておきながら、90条で憲法を「国民の至上法」とした上で、しかし、これに続く91条では「一切ノ公務員」に対し憲法尊重擁護義務を課すにとどめ、憲法尊重擁護宣誓義務を課さなかったことが、アメリカ合衆国憲法6条2項および6条3項を参照した起草過程の選択として得心のいくものであるといえるためには、憲法尊重擁護義務であっても憲法尊重擁護宣誓義務と同様の憲法保障上の役割を果たすことができるかについて何らかの補足的説明がなされて然るべきであったように思われる。

　合衆国憲法6条2項と6条3項とは一対のものとしてアメリカの統治システムを形成してきたはずであり、その一方につき異なる定めをしながら、全体としてアメリカの統治システムと同様の統治システムが実現可能であると（説明なしに）判断することは合理的でない。公務員に対し、当初起案していた憲法尊重擁護宣誓義務（第一次試案）に替えて、あえてアメリカ合衆国憲法とは異なる憲法尊重擁護義務を課すと決断したことは、総司令部案が、合衆国憲法6条2項と6条3項とが形成する統治システムの採用を——そのことの自覚がは

---

7)　高柳ほか・前掲注4) 282-283頁。

たしてまたどれだけあったかにかかわらず——実質的には断念したと解さざる
をえない。それは、総司令部が、日本の憲法に関して、アメリカ合衆国憲法が
6条2項と6条3項とを通じて形成してきた統治システムとは別の統治システ
ムの形成に向かって舵を切ったことを意味する。

3

それならば、憲法の最高法規性の観念につきアメリカ合衆国憲法が6条2項
と6条3項とを通じて形成してきた統治システムとはどのようなものであった
のか。以下において、アメリカ憲法史における憲法尊重擁護宣誓義務（合衆国
憲法2条1節8項および6条3項）の機能ぶりをごく掻い摘んで振り返ることと
する。

はじめに、アメリカにおける裁判所による違憲審査制の成立について見てお
こう。

アメリカ合衆国憲法制定当初、アメリカにおける憲法保障の働きを担ったの
は、もっぱら憲法尊重擁護宣誓義務であった。事後保障としての裁判所の違憲
審査制は存在していなかったからである。違憲審査制の運用は、合衆国最高裁
判所による1803年の記念碑的判決 Marbury 判決を以て嚆矢とする。[8]

ここでの立役者は、第4代合衆国最高裁判所長官ジョン・マーシャルである。
1800年の大統領選挙で反対党のトマス・ジェファーソンに敗北を喫した現職
の第2代合衆国大統領ジョン・アダムズは、1801年司法権法を制定して、ジ
ェファーソンに政権を明け渡すまでの期間に司法府に自党の勢力を伸ばすべく、
判事の任命を精力的に進めた。だが、アダムズが正式に署名した判事の辞令の
なかには、その送達が間に合わなかったものがいくつかあった。辞令送達の任
に当たったのは、当時国務長官であったマーシャルその人である。遅れた辞令
の送達は、後任の国務長官ジェイムズ・マディソンの役割となった。だが、ジ
ェファーソンは、1801年司法権法を廃止へと追い込み、マディソンは、辞令
の送達をしなかった。そこで、アダムズにより合衆国治安判事に任命されなが
ら辞令が送達されなかった一人、ウィリアム・マーベリーが、マディソンを相

---

8)　Marbury v. Madison, 5 U.S. 137 (1803).

手どり、自身への辞令送達を求める訴えを合衆国最高裁に提起した。Marbury
判決の事案である。このとき、マーシャルが合衆国最高裁長官の任にあったこ
とは、歴史の皮肉である。

　マーベリーが合衆国最高裁に訴えを提起したのは、1789 年司法権法 13 条が
職務執行命令の発布を求める訴えの第一審管轄権を合衆国最高裁に付与してい
たからである。1801 年司法権法が廃止されたことで、それ以前の 1789 年司法
権法が有効な法となっていたのである。

　ところで、アメリカ合衆国憲法 3 条 2 節 2 項は、「最高裁判所は、大使その
他の外交使節及び領事に関係するすべての事件、並びに州が当事者であるすべ
ての事件について、第一審管轄権を有する。[9]」と規定している。合衆国憲法の
この規定が、合衆国最高裁が第一審管轄権を有する事件を当該規定が定める事
件に限定する規定であるとすれば、1789 年司法権法 13 条は、この規定と抵触
する。このとき、マーベリーの訴えに対し適用すべき法は何であろうか。
Marbury 判決においてマーシャルが対峙したのは、この問いである。

　「法が何であるかを言うのは、司法府（the Judicial Department）の職権であり、
義務であることが強調されなければならない[10]」とマーシャルは述べ、憲法と法
律の優先関係について次のような原理的考察を展開する。

　本件に適用されるべき法の候補はふたつある。ひとつは、合衆国憲法 3 条 2
節 2 項、もうひとつは、1789 年司法権法 13 条である。このうちのいずれを法
と宣言すべきかは、二者択一の問いであり、中間的解決はない。ここで懸けら
れているのは、憲法とは通常の法律では変更することのできない最高の法であ
るのか、それとも、立法府が通常の法律によって変更しうるものであるのか、
という窮極の選択である。もし前者の命題が真であるとしたら、憲法に違反し
た立法行為は法ではなく、逆に、もし後者の命題が真であるとしたら、成文憲
法はその性質において制限することのできない権力を制限しようとする国民の
側の馬鹿げた企てでしかない。

　もう殆ど答えは導かれているといえよう。だが、Marbury 判決におけるマ
ーシャルは、ここから直ちに、本件で自らが適用すべき法は合衆国憲法 3 条 2

---

9)　高橋編・前掲注 5) 68 頁。

10)　5 U.S. 177.

節2項であって1789年司法権法13条ではないというもはや殆ど歴然たる答え
を下すことには向かわない。その代わりにマーシャルが向かったのは、憲法と
司法府ないし裁判官との関係の考察であった。たとえ宣言されるべき法が合衆
国憲法3条2節2項であることが（自身の推論によって）歴然たる答えになって
いるとしても、合衆国憲法はこの窮極の選択の権限までを本当に司法府に付与
していると言い切れるのかをなお追究しなければならないと考えたためである。

　マーシャルにとってネックとなっていたのは、合衆国憲法の名宛人は司法府
ではなく立法府なのではないかという懸念であった。この懸念を払拭するため
だけに、と言ってよいであろう、マーシャルは、合衆国憲法の厖大な規定のな
かから、司法府ないし裁判官がそれを適用しないでは済まないと目される条項
を虱潰しに抜き出し始める。

　最初に取り上げたのは、「いかなる州から輸出される物品に対しても、租税
または関税を賦課してはならない。」とする規定（合衆国憲法1条9節5項）[11]であ
る。マーシャルは問う。もし綿や煙草や小麦粉に対し課税がされ、これを回復
する訴えが提起された場合に、裁判官は合衆国憲法のこの規定に目を覆い、も
っぱら法律のみを見て判決を下さなければならないのだろうか。

　次に取り上げたのは、「私権剥奪法または遡及処罰法を制定してはならな
い。」とする規定（合衆国憲法1条9節3項）[12]である。もしこの規定によって禁止
された法案が議会を通過し、誰かがその法律により起訴された場合、裁判所は
その被告人に死刑の非難を与えなければならないのだろうか。

　さらに取り上げたのは、「何人も、同一の外的行為について二人の証人の証
言があるとき、または公開の法廷で自白をした場合でなければ、反逆罪で有罪
とされない。」とする規定（合衆国憲法3条3節1項）[13]である。マーシャルは、こ
の規定はとりわけ裁判所に向けられた規定であると述べた上で、問うている。
もし議会がこの規定から逸脱した証拠法上の規律を定立し、たった一人の証人
の証言によってでも、また、法定外の自白によってでも、反逆罪で有罪にでき
るとの定めが設けられたとしても、憲法原則が立法行為の前に屈するのを裁判

---

11) 高橋編・前掲注5) 61頁。
12) 高橋編・前掲注5) 61頁。
13) 高橋編・前掲注5) 69頁。

所は甘んじて受け入れなければならないのだろうか。

このようにして三つの規定を合衆国憲法から抜き出し、三つの反語を立て続けに発したマーシャルは、これら諸規定に徴するとき、合衆国憲法が立法府のための法であるだけでなく裁判所のための法でもあることは明らかであると結論する。[14]

そうして、最後にマーシャルが取り上げた規定が、裁判官に対し憲法尊重擁護宣誓義務を課す規定（合衆国憲法6条3項）であった。

合衆国憲法が裁判所のための法でもあると結論したマーシャルは、続けて次のように歎じている。「そうでなければ、どうして憲法は、自らを擁護する旨の宣誓を裁判官たちに命ずるというのか。この宣誓が特別の方法で（in an especial manner）裁判官たちの職務上の地位における行動に適用されることは確かである。もし彼らが、自分たちが擁護すると誓っているもの［合衆国憲法］に違反するための道具（the instruments）、それも、故意の道具（the knowing instruments）として利用される運命にあるとしたら、彼らに宣誓を課すことは何と非道徳的（immoral）なことか」。[15]

合衆国憲法が裁判官に憲法尊重擁護宣誓義務を課しながら裁判官が自ら憲法違反と考える法律を適用するのを放置するとしたら。裁判官が憲法尊重擁護宣誓を行いながら自ら憲法違反と考える法律を適用するとしたら。マーシャルは言う。「宣誓を命ずることも、行うことも、ひとしく罪（a crime）になる」。[16]

ここまで追究して、はじめて、マーシャルは、本件で自らが適用すべき法は1789年司法権法13条ではなく合衆国憲法3条2節2項であると断ずることができたのである。

これが、アメリカにおける裁判所による違憲審査制の成立の消息である。

だが、縷々引用したマーシャルの行論を総括して、違憲審査制という国家の統治機構の根本的制度の成立にとって裁判官の憲法尊重擁護宣誓義務が憲法上の正当化のための最後の一押しをしたと見るのは、正確ではない。

上記四つの合衆国憲法の規定を引証した時点では、先に述べたように、国家

14）5 U.S. 179–180.

15）5 U.S. 180.

16）*Id.*

法秩序において憲法が通常の法律に優先することは既に論証済みであり、憲法の最高法規性の保障が客観的に確保されるべきであることを前提とした上で、ほかならぬ裁判所ないし裁判官がはたしてその憲法保障を担当する者としての主観的要件を満たすか否かの論証に進んでいた。憲法の最高法規性の客観的保障と裁判所ないし裁判官による主観的要件の充足とは差し当たり独立の問題であるから、一口に違憲審査制の憲法上の正当化といっても、この両者は論証の次元を異にする。その上で、しかし、裁判所による主観的要件が充足されているか否かを見るために選ばれた四つの憲法規定への引証の内部にも、前三者と最後の一者の間に分割線がある。すなわち、前三者の規定が裁判所ないし裁判官が憲法を適用せざるをえない個別条項であるのに対し、最後の憲法尊重擁護宣誓義務の規定は、裁判官による憲法の適用を「特別の方法で（in an especial manner）」嚮導する、統治システムの在り方それ自体にかかわる規定として突出した意味づけが付与されているのである。

　裁判官の憲法尊重擁護宣誓義務がアメリカにおける裁判所による違憲審査制の成立に対して他を以てしては替え難い役割を担ったことがここに理解されるであろう。

4

　次に、アメリカ合衆国憲法 2 条 1 節 8 項の憲法尊重擁護宣誓義務により合衆国大統領がそれぞれの就任時にした憲法尊重擁護宣誓が当の大統領をいかなる統治行動へと導いたかを、19 世紀前半と 20 世紀後半のふたりの大統領を取り上げて概観し、裁判所による違憲審査制とは異なる憲法の最高法規性の保障のかたちについて考察しよう。

　その考察に先立ち、アメリカにおける憲法の最高法規性の保障（憲法保障）について、今日大きくふたつの主張があることを手短に紹介しておく。ひとつは、司法の優越（judicial supremacy）、もうひとつは、ディパートメンタリズム（departmentalism）という主張であり、それぞれ、有力な先例と論客とを擁し、歴史事象の説明や現下の実践的争点をめぐって、対抗し合っている。[17]

　前者は、憲法の意味についてのラスト・ワード（the last word）を持つのは合衆国最高裁であり、他の統治機関は合衆国最高裁の憲法解釈に従わなければ

ならないとの見解をとる。これに対し、後者は、憲法の意味についてラスト・ワードを持つ者は存在せず、統治機関はそれぞれ原則として独立に憲法解釈をすることができるとの見解をとる。それぞれの主張の射程は、憲法が扱う分野全般に広くわたっているほか、統治機構の実態や国民意識の評価等にも及び、簡単に要約することを許さない。大づかみにいえば、前者にあっては、憲法の意味についての紛議を収拾するためには確定（settlement）の権限の所在が定まっていることが不可欠であるという信念、後者にあっては、権威ある合衆国最高裁といえども憲法解釈を「誤る」ことはある以上、司法の優越を留保なく受け入れることは憲法の発展の妨げになるという（人間の）可謬性（fallibility）への信念が、重要な役割を演じていると思われる。

　これを踏まえた上で、大統領が就任時にした憲法尊重擁護宣誓が大統領をいかなる統治行動へと導いたかについてのふたつの例を取り上げたい。

　第一の例は、第二アメリカ合衆国銀行に対して合衆国第7代大統領アンドリュー・ジャクソンが採った行動である。

　第二アメリカ合衆国銀行は、1817年に合衆国議会により公認された銀行である。公認期間は20年とされ、1836年に更新を迎えることになっていたが、ジャクソンは更新に反対し、1832年の大統領選挙の綱領でそれを主張しただけでなく、1833年には、同銀行に対する政府資金の預託を終わらせるための執行命令を発するなどした。ジャクソンが第二アメリカ合衆国銀行を敵視したのは、同銀行が各州の財政自治権を侵害していると考えたからであった。自らの政治生命を懸けて同銀行の閉鎖を目指したジャクソンは、1832年7月、公認延長を求める法案に対して拒否権を発動する。

　本稿が着目するのは、この拒否権発動に当たって発表した声明のなかで、ジャクソンが第二アメリカ合衆国銀行の憲法適合性に対する挑戦を鮮明にしたことである。連邦議会の法案に対する拒否権の発動は、当時、法案に憲法違反の

---

17) ディパートメンタリズムと司法の優越については、大林啓吾「アメリカにおける憲法構築論と三権の憲法解釈——ディパートメンタリズムからみる司法審査の位置づけ」社会情報論叢12号（2010年）71頁、同「ディパートメンタリズムと司法優越主義——憲法解釈の最終的権威をめぐって」帝京法学25巻2号（2008年）103頁、安西文雄「憲法解釈をめぐる最高裁判所と議会の関係」立教法学63号（2003年）61頁を参照されたい。

瑕疵がある場合に限って行われていたが、アメリカ合衆国銀行の憲法適合性に関しては、合衆国最高裁がこれを合憲とする判断を既に下していた[18]。ジャクソンが、にもかかわらず、異例というべき拒否権発動の挙に出たのは、たとえ合衆国最高裁による合憲判決が出されているとしても、自分が違憲と考える法案に対し拒否権発動もせず漫然とその法律化を許すとしたら、それは自らが大統領就任時にした憲法尊重擁護宣誓に悖る振舞いであると考えたからである。

拒否権発動に当たっての声明で、ジャクソンは、次のように述べている。「憲法を擁護する宣誓を行う個々の公務員は、自身がこれが憲法だと理解する憲法を擁護すると誓約しているのであって、他者によってこれが憲法だと理解された憲法を擁護すると誓約しているのではない[19]」。

拒否権発動を覆す特別多数を確保することに失敗した反ジャクソン派は、打つ手を失う。ジャクソンの諸政策によりその経営基盤を寸断された第二アメリカ合衆国銀行は、1836年の公認更新が叶わなかったのち、別銀行となり、1841年、破産した。

自らの名を冠したデモクラシーの標語にもその名をとどめる反権威主義の大統領といえども、合衆国憲法2条1節8項によって課された憲法尊重擁護宣誓を行っていなかったならば、合衆国最高裁が判決を以て合憲とした政府行為を違憲と断ずることはできなかったはずである。ジャクソンが最高法規として尊重擁護したのは、合衆国最高裁によって解釈された憲法ではなく、宣誓をした自らが解釈した憲法であった。

第二の例は、公立学校で黒人と白人の統合教育を開始するに当たり、黒人生徒の安全が脅かされる事態を招いたある地区での騒動に対して合衆国第34代大統領ドゥワイト・D・アイゼンハワーが講じた措置である。

人種別学の公教育体制を撤廃するために、合衆国最高裁は、まず1954年のBrown判決において、公立学校における人種別学は憲法に違反するとの画期的判断を全員一致で下し[20]、翌1955年のBrown II判決では、人種別学解消訴訟[21]の管轄権を合衆国地方裁判所に付与して、人種統合教育を「可及的速やかに

---

18) McCulloch v. Maryland, 17 U.S. 316 (1819).

19) 1832年7月10日の声明。THE ANNALS OF AMERICA, Vol.5: 1821-1832 STEPS TOWARD EQUALITARIANISM 528 (Mortimer J. Adler ed., 1987).

（with all deliberate speed)」実施することを求めた。だが、およそ摩擦なしに統合を推進することは、南部諸州では困難であった。アーカンソー州リトル・ロックでは、合衆国最高裁の判決を受け、白人校であった公立高等学校に新たに入学することになった黒人生徒たちに対して、通学路での妨害行動に出る勢力が現われ、1957 年 9 月、アーカンソー州知事は、秩序維持を名目に、州兵を学校周辺に出動させて、黒人生徒たちの入校を阻止する動きを見せるに至った。

　事ここに及んで、アイゼンハワーは、黒人生徒たちの生命を守るため、合衆国軍隊の投入を決断する。第 101 空挺師団を派遣して、黒人生徒たちを校門までエスコートさせたのである。

　もともとアイゼンハワーは、州の事項への連邦権力の介入には消極的であった。同年 7 月には、この問題では合衆国軍隊を出動させない旨を声明で公表していたほどである。

　そのアイゼンハワーに翻意を迫ったのは、他の何ものでもない。大統領就任時に自らが行った憲法尊重擁護宣誓であった。ある私信のなかで、アイゼンハワーは、「憲法に対する尊敬がなければならない。憲法──それが意味するのは、合衆国最高裁の憲法解釈である。そうでなければ、我々は、混沌状態（chaos)に陥る」と書いている[22]。さらに公の場でも、彼は、次のように述べている。「[Brown 判決に対して私がどのような見解を有しているかなどは関係がない。なぜなら、判決は] 合衆国最高裁が語ったものなのだから。そして、私は誓ったのだ。この国の憲法過程（the constitutional processes) を擁護すると。だから、私は［それに］従う」[23]。

　アイゼンハワーは、Brown 判決に対し、必ずしも好意的ではない私的見解を有していたようであるが、憲法尊重擁護宣誓をしたからには、この国の憲法過程、すなわち、合衆国最高裁がこれが憲法であると言ったものに従うのが、宣誓をした者の務めだとしたのである。

---

20) Brown v. Board of Education of Topeka, 347 U.S. 483. (1954).

21) Brown v. Board of Education of Topeka, 349U.S. 294 (1955).

22) 1957 年 7 月 22 日のエヴァレット E. ハズレット宛書簡。ELMO RICHARDSON, THE PRESIDENCY OF DWIGHT D. EISENHOWER 116, 200 (1979).

23) 1954 年 5 月 19 日のニュース・コンファレンスでの発現。RICARDSON, *supra* n.22, at110, 200.

合衆国最高裁が憲法について何を言おうとも憲法を尊重擁護すると宣誓した自分がこれが憲法であると考えるものに従うのが宣誓をした者の務めだとしたのがジャクソンであるとすれば、ジャクソンとともに時に反知性主義の大統領としてその名を挙げられることもあるアイゼンハワーが示したのは、それとは正反対の選択であったといえよう。

けれども、どちらの選択も合衆国憲法2条1節8項が彼らに課した大統領の憲法尊重擁護宣誓義務をこれ以上なく重く受け止めたが故の選択であることは間違いない。

ジャクソンの選択をディパートメンタリズムと呼ぶか、アイゼンハワーの選択を司法の優越の主張と呼ぶかは、ここでの問題ではない。合衆国憲法6条3項が裁判官に課す憲法尊重擁護宣誓義務が「特別の方法で（in an especial manner）」1803年のマーシャルの職務上の地位における行動に作用したのと同じように、合衆国憲法2条1節8項が大統領に課す憲法尊重擁護宣誓義務が、1832年のジャクソンと1957年のアイゼンハワーというふたりの大統領の統治行動を確かに「特別の方法で（in an especial manner）」嚮導したということが、ここで押えておくべき事柄である。

5

われわれは、あらためて1803年のMarbury判決におけるマーシャルの思考の地点にまで歩を戻す必要があるように思われる。なぜなら、私の憶度するところでは、1832年のジャクソンと1957年のアイゼンハワーが、それぞれ独立に、その心底で対質していたのは、Marbury判決でのマーシャルの思考であったに違いないからである。

Marbury判決におけるマーシャルの思考には、二点において、奇妙な二重性がある。

ひとつは、憲法の最高法規性に対する事前保障と事後的保障との二重性である。

1803年のMarbury判決が切り拓いたのは、たしかに憲法の最高法規性の事後的保障としての裁判所による違憲審査制である。けれども、それを理論的に導出し、憲法上の正当化を施したマーシャルにとっては、憲法の最高法規性の

事前保障としての裁判官の憲法尊重擁護宣誓義務の履行（をなぞったもの）がそ
のまま違憲審査制となったのである。憲法の最高法規性に対する事前保障と事
後的保障が、そこでは二重写しになっている。

　もうひとつは、あえてその語を用いるなら、ディパートメンタリズムと司法
の優越との二重性である。

　Marbury 判決でのマーシャルの論理は、司法の優越の主張の援護に使用さ
れることが一般には多い。「何が法であるかを言う職権と義務」を持つ裁判所
が、論理の紆余はあるものの、だからこそ「何が憲法であるかを言う職権と義
務」をも持つとするのがマーシャルの論理であるのだから、そうした成り行き
も当然かもしれない。けれども、Marbury 判決の行論を仔細に辿るならば、
そこに浮かび上がるのは、巧まずして選ばれたディパートメンタリズムの語彙
である。「法が何であるかを言うのは、司法府（the Judicial Department）の職権
であり、義務である」という司法の優越の主張の中核的命題それ自体からして、
ディパートメンタリズムを暗示させる言葉の選択になっているほか、「自分た
ちが擁護すると誓っているもの［合衆国憲法］に違反するための道具、それも、
故意の道具として利用される運命にあるとしたら、彼らに宣誓を課すことは何
と非道徳的なことか」というマーシャルの言葉は、裁判官のみに当て嵌まるも
のではない。全ての公務員が等しく憲法尊重擁護宣誓義務を課され、宣誓を行
っているのであるとしたら、「自分たちが擁護すると誓っている合衆国憲法に
違反する」と目される政府行為に手をこまねいているのでは義務を果たしたこ
とにはならない。独自に憲法違反回避義務の履行に向かうことは、全ての公務
員にとって必要なことといえる。憲法の最高法規性を守るのは司法府であると
の主張の制度化が裁判所による違憲審査制であるとすれば、憲法の最高法規性
を守るのは司法府であるとするその論理の裏面で、憲法尊重擁護宣誓を行った
全ての公務員には等しく憲法の最高法規性を守る「職権と義務」があると示唆
しているのが、Marbury 判決におけるマーシャルの思考であったように見える。

　1836 年のジャクソンにとって、マーシャルが合衆国最高裁判所判例集に残
したこの思考以上に励ましとなったものは他になかったはずである。1803 年
のマーシャルの思考の二重性を、その襞を分け入って、最も正確に読んだのは、
実はジャクソンであった可能性がある。

また、アイゼンハワーは、司法の優越の主張者であるといえるだろうか。む
しろ、大統領という「最も危険な (the most dangerous)[24]」統治部門——ディパ
ートメント——が真に実現すべきは、合衆国最高裁の憲法判断に敢えて自らを
服従させることだという自前の憲法解釈を選択したという意味で、謂わばディ
パートメンタリズムのひとつの発現として司法の優越を進んで選びとったので
はないか。アイゼンハワーのなかでは、ディパートメンタリズムと司法の優越
の主張との間で、1803 年のマーシャルとは裏返しの二重性が、葛藤を孕みつつ、
演じられていたのではないか。

　以上、アメリカ憲法史における憲法尊重擁護宣誓義務（合衆国憲法2条1節8
項および6条3項）の機能ぶりの一端を眺めた。合衆国憲法が大統領を含め全て
の公務員に課す憲法尊重擁護宣誓義務がそれら公務員の統治行動を「特別の方
法で (in an especial manner)」嚮導していることは、もはや疑いがないであろう。

III　憲法尊重擁護義務

1

　先に、本稿は、アメリカ合衆国憲法は、憲法の最高法規性についての6条2
項と公務員の憲法尊重擁護宣誓義務についての6条3項を通じて、固有の統治
システムを形成してきたと述べた。より正確には、憲法の最高法規性について
の6条2項、ならびに、大統領を含めた全ての公務員の憲法尊重擁護宣誓義務
についての2条1節8項および6条3項を通じて、というべきであろう。

　日本国憲法が憲法の最高法規性についての98条1項と公務員の憲法尊重擁
護義務についての99条とを通じて形成してきた統治システムは、アメリカ合
衆国憲法が6条2項、6条3項、2条1節8項を通じて形成してきた統治シス
テムと、どこが同質で、どこが異質であるのだろうか。

---

24)「最も危険な」は、以下の論文のタイトルから採った。Michael Stokes Paulsen, *The Most
Dangerous Branch: Executive Power to Say What the Lawis*, 83 GEO.L.J.217 (1994-1995). このタイト
ルは、合衆国最高裁を「最も危険でない」統治部門という鍵概念のもとに論じた ALEXANDER M.
BICKEL, THE LEAST DANGEROUS BRANCH: THE SUPREME COURT AT THE BAR OF POLITICS (1986) の タイ
トルをもじったものである。

憲法を解釈する権力　**47**

　以下に記すのは、この、これまで殆ど主題化されることのなかった比較憲法
上の論題について考えるための基礎前提のひとつにすぎない。

　憲法が公務員に対し憲法尊重擁護宣誓義務をおよそ課していないことは、既
に見た通りである。

　それならば、公務員はそもそも憲法尊重擁護宣誓義務とみなす余地のある義
務を全く負っていないのかといえば、そうとはいえないようにも見える。なぜ
なら、一部の公務員には、法律上、憲法尊重擁護宣誓義務らしき義務が負わさ
れていると見ることができないわけでもなさそうだからである。

　それは、公務員の服務の宣誓といわれるものである。

　一般職国家公務員については、国家公務員法97条が、「職員は、政令の定め
るところにより、服務の宣誓をしなければならない」と規定している。国家公
務員法97条にいう「職員」は、職員の服務の宣誓に関する政令1条1項によ
り、同政令が別記様式として定める「宣誓書」に署名して、任命権者に提出し
なければならない。「宣誓書」の内容は、「私は、国民全体の奉仕者として公共
の利益のために勤務すべき責務を深く自覚し、日本国憲法を遵守し、並びに法
令及び上司の服務上の命令に従い、不偏不党かつ公正に職務の遂行に当たるこ
とをかたく誓います。」と定められている。

　一般職地方公務員については、地方公務員法31条が、「職員は、条例の定め
るところにより、服務の宣誓をしなければならない。」と規定しており、宣誓
文の様式は、各自治体ごとの条例により定められている。

　警察職員については、特に警察法3条が、「この法律により警察の職務を行
うすべての職員は、日本国憲法及び法律を擁護し、不偏不党且つ公平中正にそ
の職務を遂行する旨の服務の宣誓を行うものとする。」と規定している。

　特別職国家公務員には、原則として国家公務員法の適用がなく、特別職国家
公務員全体に適用される規定もない。

　防衛省職員は、自衛隊法2条5項および自衛隊法施行令により自衛隊員から
除外されている者を除き、自衛隊員とされている。自衛隊員については、自衛
隊法53条が、「隊員は、防衛省令で定めるところにより、服務の宣誓をしなけ
ればならない。」と規定し、自衛隊法施行規則39条が、「隊員（自衛官候補生、
学生、生徒、予備自衛官等及び非常勤の隊員（法第44条の5第1項に規定する短時間勤

務の官職を占める隊員を除く。第46条において同じ。）を除く。以下この条において同じ。）となつた者は、次の宣誓文を記載した宣誓書に署名押印して服務の宣誓を行わなければならない。自衛官候補生、学生、生徒、予備自衛官等又は非常勤の隊員が隊員となつたとき（法第70条第3項又は第75条の4第3項の規定により予備自衛官又は即応予備自衛官が自衛官になつたときを除く。）も同様とする。」と定めている。「宣誓書」は、「私は、我が国の平和と独立を守る自衛隊の使命を自覚し、日本国憲法及び法令を遵守し、一致団結、厳正な規律を保持し、常に徳操を養い、人格を尊重し、心身を鍛え、技能を磨き、政治的活動に関与せず、強い責任感をもつて専心職務の遂行に当たり、事に臨んでは危険を顧みず、身をもつて責務の完遂に務め、もつて国民の負託にこたえることを誓います。」と定められている。

裁判所職員については、裁判所職員臨時措置法により、国家公務員法97条が準用される。裁判所職員は、裁判所職員の服務の宣誓に関する規程の別紙様式に定められている、「私は、日本国憲法を遵守し、法令及び上司の職務上の命令に従い、国民全体の奉仕者として、公共の利益のために誠実かつ公正に職務を行うことを誓います。」という内容の「宣誓書」に署名押印しなければならない。

国会職員については、その服務に関して、国会職員法17条が、「国会職員は、国会の事務に従事するに当り、公正不偏、誠実にその職務を尽し、以て国民全体に奉仕することを本分とする。」と規定し、同18条が、「国会職員は、その職務を行うについては、上司の命令に従わねばならない。但し、その命令について意見を述べることができる。」と規定しているが、服務の宣誓についての規定はない。

内閣総理大臣を含む全ての国務大臣、国会議員、裁判官については、法律上、服務の宣誓についての規定はない。

2

公務員の服務の宣誓に関する以上に瞥見した日本法の仕組みからは、差し当たり、次の三点を指摘することができそうである。

第一点は、日本では、憲法尊重擁護宣誓とみなす余地のある宣誓が義務づけ

られているのは、原則として一般職公務員に限られているということである。

　第二点は、その憲法尊重擁護宣誓とみなす余地のある宣誓を一般職公務員その他に義務づけているのは、法律であって、憲法ではないということである。

　第三点は、その憲法尊重擁護宣誓とみなす余地のある宣誓の義務づけは、憲法尊重擁護宣誓義務とは別の義務と考えるのが適当である可能性があるということである。

　第一点について。

　日本では、憲法尊重擁護宣誓とみなす余地のある服務の宣誓が義務づけられているのは、特別職国家公務員である自衛隊員、裁判所職員などの例外はあるものの、原則として一般職公務員に限られている。

　これが何を意味するかにつき、簡単に断定することはできない。なるほど、物理的な実力行使を伴う職務遂行が職務の内容として予定されている類型の公務員の場合に、一般職（警察職員）・特別職（自衛隊員）の別を超えて、憲法尊重擁護宣誓とみなす余地のある宣誓が義務づけられていることは、違法な実力行使やその威嚇が憲法秩序に対する基本的な脅威となりうることに対する法的対処であると捉えることができる。とはいえ、そういう趣旨が徹底されているとも必ずしも言い難い。例えば、そういう趣旨からここでの義務が設けられているのであれば、ここで義務を課されている公務員に職務上の命令を発する立場にある公務員（先に言及した自衛隊法２条５項で「自衛隊員」から除外され、したがって、防衛省職員でありながら「服務の宣誓」を義務づけられない「防衛大臣、防衛副大臣、防衛大臣政務官、防衛大臣補佐官、防衛大臣政策参与、防衛大臣秘書官」等の政治任用の防衛省職員）にこそ、命令を受ける立場の「自衛隊員」と同様に「服務の宣誓」を義務づけて然るべきではないか。[25]

　第二点について。

25）ある政党幹部宅に警察によって盗聴器が仕掛けられた事件があった。上官の職務上の命令に従い実際に盗聴器を仕掛けた警察職員は、「通信の秘密」を侵害する違憲違法な行為を行ったといえる。だが、当該警察職員がそれを違憲の行為と判断しても、警察の一体性の要請があるため、自己の憲法解釈に従い命令を拒むことができない。一般に、指揮命令系統の下にある警察職員は、自分ではない誰かが考えた「これが憲法だ」という憲法解釈に従わなければならない。この問題に関しては、参照、蟻川恒正「自由をめぐる憲法と民法」同『尊厳と身分──憲法的思惟と「日本」という問題』（岩波書店、2016 年）253 頁、260-262 頁。

日本では、憲法尊重擁護宣誓とみなす余地のある宣誓を一般職公務員その他に義務づけているのは、国家公務員法その他の法律であって、憲法ではない。

　既に瞥見した総司令部での起草過程で憲法規定として憲法尊重擁護宣誓義務を設けることは断念されたのであるから、憲法尊重擁護宣誓義務と同種の義務を導入するとしたら、それが法律以下のレヴェルでなされるのは当然であるともいえよう。けれども、一般に義務を法律に取り込むとすれば、取り込まれた義務は、取り込んだ法律の立法目的と整合的なものとして成文化される必要があるから、法律に取り込まれた憲法尊重擁護もまた、その必要に合わせて再構成されることになる。国家公務員法を例にとれば、97条は、「第七節　服務」を構成する諸条項のなかに位置づけられ、「法令」および「上司の職務上の命令」(98条)「に従」うことと一体のものとして憲法尊重擁護を義務づけるような恰好になっている。「法令」と憲法とが抵触すると公務員が考えたとき、どちらに「従う」かという問題が切実であるが（98条の「法令」に「従う」義務の基盤には、近代法治主義における議会制定法優位の思想がある）、この規定の名宛人は、この規定の故に、かえってダブル・バインドに陥る可能性さえある。

　第三点について。

　日本では、憲法尊重擁護宣誓とみなす余地のある服務の宣誓の義務づけは、憲法尊重擁護宣誓義務とは別の義務であると考えるのが適当である可能性がある。

　第二点に即して見たことは、憲法尊重擁護宣誓を法律で義務化する場合の不可避的な技術的帰結である。だが、憲法尊重擁護宣誓を法律により義務化する場合の最大の問題は、その原理的帰結にある。法律による義務化は、憲法保障、すなわち、憲法の最高法規性の保障としての憲法尊重擁護宣誓義務の本質を著しく減殺する。なぜなら、法律に取り込まれた憲法尊重擁護宣誓義務では、仮に公務員に憲法を守らせることはできても、憲法そのものを守ることはできないからである。法律の助けによってはじめて憲法の最高法規性が守られるなら、その憲法は最高法規というに値しない。日本における各種公務員が負う服務の宣誓義務は、憲法尊重擁護宣誓義務とは異なる別の義務である可能性がある。

3

しかも、以上に概観した日本法の仕組みにおいては、憲法尊重擁護宣誓義務とは異なるものであるとしてもともかくも服務の宣誓によって憲法遵守の宣誓が義務づけられているのは、一般職国家公務員、一般職地方公務員、自衛隊員、裁判所職員等に限られている。これに対して、内閣総理大臣を含む全ての国務大臣、国会議員、裁判官は、服務の宣誓もしくはそれに準ずる憲法尊重擁護の宣誓に相当する宣誓をそもそも義務づけられていない。

憲法の最高法規性を脅かすおそれのある統治行動をとる蓋然性が相対的に高く、また、そうした統治行動がとられた結果もたらされる憲法の危機の度合いが相対的に高いのは、一般職公務員等よりは、内閣総理大臣を含む全ての国務大臣、国会議員、裁判官である。それにもかかわらず前者の公務員に対しては、服務の宣誓により法律上ではあれともかくも憲法遵守の宣誓を義務づけ、後者の公務員に対しては、憲法尊重擁護宣誓義務はおろか前者の公務員には課している法律上の憲法遵守の宣誓義務さえ課さないのが、日本法の仕組みにほかならない。

アメリカ合衆国憲法が、憲法の最高法規性についての6条2項、ならびに、大統領を含めた全ての公務員の憲法尊重擁護宣誓義務についての2条1節8項および6条3項を通じて形成してきた統治システムと、それを最も参照しながら、日本国憲法が、憲法の最高法規性についての98条1項、ならびに、全ての公務員の憲法尊重擁護義務についての99条を通じて形成してきた統治システムとが、一見したところの類似性にもかかわらず、別の統治システムというほかないものであることは、ここまで述べてきたところから明らかであろう。

以下に述べるのは、ここに見るようなアメリカと日本の統治システムの違いが具体的にいかなる違いを意味するのかについての私の所見である。

両国のこの点での統治システムの違いは、端的に、憲法尊重擁護宣誓義務（合衆国憲法2条1節8項および6条3項）と憲法尊重擁護義務（日本国憲法99条）との違いに集約される。

憲法尊重擁護宣誓義務と憲法尊重擁護義務との違いは、憲法尊重擁護の義務づけ方の違いである。それは、憲法尊重擁護宣誓義務が憲法尊重擁護を宣誓という形式によって義務づけるのに対し、憲法尊重擁護義務は憲法尊重擁護を宣

誓という形式によらずに義務づけるという違いである。

宣誓という形式による義務づけにおいては、憲法尊重擁護の義務づけ方が独特である。宣誓時は、憲法尊重擁護宣誓義務を課す憲法規定による義務づけのように見えるが、同時に早くも、宣誓の事実を受け止めた宣誓者自身による拘束が加わる。自己義務づけである。[26]

憲法尊重擁護宣誓義務を憲法尊重擁護義務から分かつのは、この自己義務づけの有無である。自己義務づけがあるとないとの違いは、自己の主観的係り合い（commitment[27]）が生まれるのと生まれないのとの違いである。憲法尊重擁護宣誓においては、宣誓した自らの言葉への忠実の要求が宣誓者を縛る。そこでは、憲法尊重擁護は、憲法規定により外面的に要求されるだけのものであることをやめ、宣誓という行動により自己自身が係り合ったものとなって内面化する。憲法尊重擁護に反する統治行動をとることは、宣誓後の宣誓者にとって、単に憲法尊重擁護宣誓義務を課す憲法規定に違反するだけでなく、憲法を尊重擁護すると宣誓した自己自身を裏切る意味を持つこととなる。[28]

憲法尊重擁護宣誓義務の根底にあって憲法尊重擁護の義務づけ方を支えるのは、そうした裏切りに進もうとする自己の行動を抑止し、自己自身への忠実を恢復しようとする宣誓者の内面的要求である。これに対し、憲法尊重擁護義務における憲法尊重擁護の義務づけは、どこまでも憲法規定による外面的要求である。自分が一度も憲法の尊重擁護に主観的係り合いを持たずとも課せられう

26）憲法尊重擁護宣誓義務については、何よりも石村修『憲法の保障——その系譜と比較法的研究』（尚学社、1987年）第二章（89-128頁）が参照されなければならない。石村は、ドイツ近代における憲法宣誓の起伏ある歴史のなかから、その意義と重要性、今日における危険と留意点を探り、重厚に論じている。とりわけ、コンラート・ヘッセを引いて、憲法「秩序が思考法則のように、人間の意欲から独立したものではなく、意思的行為によってのみ妥当し、維持されるという意識」の制度化として憲法宣誓の特質を見出し、それが創出する「秩序形成への」持続的「努力」の契機を重視する件り（125-127頁）は、ドイツ史が経験した影の部分の総括の必要と表裏の指摘であり、憲法尊重擁護宣誓義務の構想に対して可能性と同時に重い課題を提起している。

27）合衆国憲法につき、ある論者は、「憲法は、宣誓をしていない者に対しては同じ種類の義務を課さない」と説いている。H. Jefferson Powell, Constitutional Conscience : The Moral Dimension of Judicial Decision 120 (2008).

28）憲法尊重擁護宣誓に私が論及したものに、蟻川恒正「〈通過〉の思想家——サンフォード・レヴィンソンの憲法理論」藤田宙靖＝高橋和之編『憲法論集——樋口陽一先生古稀記念』（創文社、2004年）687頁、とりわけ724-732頁がある。

るのが憲法尊重擁護義務である。

　もっとも、宣誓をしても憲法尊重擁護への主観的係り合いが生じないという
宣誓者もいるだろう。だが、そういう宣誓者であっても、自らのした宣誓に対
する忠実への要求が未来永劫どんな状況に至っても自己の内面的要求となって
自らの統治行動を決定する駆動因になることはないと断じられる人は少ないは
ずである。たとえ全ての公務員が宣誓によりそうした主観的係り合いを感じな
かったとしても、それでもそう感じるときが将来その宣誓者に訪れるその僅か
な可能性に賭けて憲法尊重擁護宣誓義務を憲法に定めたのが、憲法の最高法規
性についてアメリカ合衆国憲法が形成してきた統治システムであると私は考え
る。

　その僅かな可能性に賭けるかどうかが、憲法尊重擁護義務を以て満足するか、
それとも憲法尊重擁護宣誓義務を憲法上要請するかの憲法的選択の違いを帰結
する。これは、日本国憲法の統治システムとアメリカ合衆国憲法の統治システ
ムとを分かつ憲法的選択の違いである。

　その選択の分水界は、憲法の最高法規性の客観的保障を主観的義務に変換し
ようとする制度的意思の強度にあると考えられる。

　一般に憲法尊重擁護を公務員に義務づける憲法構想は、客観的保障である憲
法の最高法規性の保障を——それだけでは憲法自身の自己言及にすぎず、公権
力の発動に責任を有する者による協働が伴わなければ画餅に帰すことから——
公権力の発動に責任を有する者の主観的義務として再構成しようとするところ
に生まれたものである。主観的係り合いを動機形成に利用して公務員を憲法尊
重擁護へと嚮導する憲法尊重擁護宣誓義務は、こうした憲法構想に照らして合
理的な制度設計といえる。これに対し、公務員を憲法尊重擁護へと嚮導する固
有の要素をそれ自身のうちに内在化させていない憲法尊重擁護義務の前記の意
味での合理性は、必ずしも高いものとはいえないように見える。

　4

　先に見たジャクソンとアイゼンハワーの例に徴するならば、それぞれの政策
判断の当否やディパートメンタリズム・司法の優越双方の主張に対する評価な
ど、究明すべき論点はなお多いものの、主観的係り合いを憲法尊重擁護の動機

形成に利用した憲法尊重擁護宣誓義務の制度設計がアメリカでの憲法運用を生気あるダイナミックなものにしてきた事実は疑う余地がない。

けれども、硬貨には裏面がある。

憲法運用のダイナミズムは、その不安定さと背中合わせである。ひとりの英雄的大統領が自分自身に誓ってとった統治行動は、それを支える憲法解釈への主観的係り合いが強ければ強いほど、国家の憲法秩序を危殆に陥らせる蓋然性を大きくする。国民の面前で宣誓した。自らの宣誓した憲法の意味にどこまでも忠実であることが国民との特別の約束の履行である。こうした自覚が昂進した場合、憲法尊重擁護のエネルギーが暴発しないとどうしていえよう。そこには、主観的係り合いと一対の、憲法の意味を属人化する危険が常につきまとう。大統領の国民的基盤の強さと憲法秩序の安定性が反比例する。アメリカ合衆国は、その憲法運用の生気あるダイナミズムを、こうしたリスクと引き換えに手にしたのである。

これを反転させれば、日本の憲法運用を評価するに当たっての参照軸となる。内閣総理大臣を含む全ての国務大臣、国会議員、裁判官のような、重大な公権力の発動に責任を有する者に対して憲法尊重擁護宣誓義務を課さず、それらの者の憲法解釈が主観的係り合いによって動機づけられることを憲法上要求しない日本法の下で、この国の憲法運用は、総じて活力に乏しいスタティックなものであった。しかし、そのような制度設計であったからこそ、戦後日本の政治過程は、一握りの政治指導者が情熱に任せて自らの憲法観を奔騰させるなどして憲法秩序に不安定要因を持ち込むようなことにはなりにくかった。

とはいえ、名宛人に主観的係り合いを求めない憲法99条の憲法尊重擁護義務は、義務づけ方において弱い。主観的義務の形はとっているものの、憲法の最高法規性の客観的保障に実質的には回収されているといってもよいくらいである。もし客観的保障としての憲法の最高法規性を公権力の発動に責任を有する者の主観的義務に再構成する憲法構想がそれ自体として採用に値するものであるとすれば、アメリカ合衆国憲法の統治システムにおけるそれとは異なるにしても、なお憲法尊重擁護義務の主観的義務としての実質化を図る方途を摸索すべきである。

私が考えるその方途は、単純なものである。公務員の憲法尊重擁護義務の基

底に憲法解釈を示す責務を据えるというものである。

　単に憲法解釈を前提要件に置くのでは足りない。憲法違反回避義務としての憲法尊重擁護義務の論理的前提に憲法解釈があるとするだけではこの義務が現実政治の過程において力を有しないことは既に見た。ある公権力の発動に憲法違反のおそれがある場合、当該公権力の発動に責任を有する者に対し、それが憲法違反ではないとの憲法解釈を示すことを責務として課すことが必要である。なお、公権力の発動に責任を有する者に責務として課すのであるから、その憲法解釈は、法律学の標準的方法に則り、学問としての法律学の水準と憲法運用過程における合理的な先例の蓄積とをともに尊重したものでなければならないと解される。[29]

　そのような憲法解釈を示すことなく内閣総理大臣を含む国務大臣その他が政府行為を合憲と断ずることは、憲法尊重擁護義務に違反し、許されないというべきである。憲法違反のおそれがある公権力の発動を合憲として正当化し、当該公権力の発動に対する違憲の嫌疑を払拭することも、憲法違反回避義務としての憲法尊重擁護義務の履行となりうるが、それが憲法尊重擁護義務の履行となるためには、そこにいう「合憲としての正当化」、「違憲の嫌疑の払拭」が前示の意味での憲法解釈の結果である場合に限られると解すべきである。

　従来、公務員が憲法尊重擁護義務を履行することの具体的意味内容については議論されることが少なかった。国務大臣が憲法改正の主張を行うことや国会

---

29) 但し、この点を前提とした上でいえば、責務として課される憲法解釈の在り方は、憲法尊重擁護義務の名宛人の別によって異なることを指摘しなければならない。警察職員については、注25で触れた。天皇については、樋口陽一の次の指摘が決定的に重要である。「天皇自身に憲法の解釈権をみとめることは、天皇を「国政に関する権能を有しない」（4条）ものとした憲法の基本的選択に反することとなる。天皇が99条の憲法尊重擁護義務に従おうとすればするほど実は憲法に反する行為をもしなければならなくなる、という逆説的な可能性を、憲法自身が定めているのである。一般に、君主の憲法秩序維持機能への期待が持たれることがあるが、日本国憲法は、よかれあしかれ、そのような deus ex machina（急場にあらわれる救いの神）の役目を、天皇にみとめていない」（樋口陽一『憲法Ⅰ』（青林書院、1998年）120頁）。この指摘は、内閣が助言と承認をした「天皇の国事行為――および、それ以外のなんらかの公的行為を天皇が行うことを認める見解からすればそれらの行為」が天皇自身によって憲法に違反すると考えられた場合、天皇は当該行為をすることを「そのまま受け入れなければなら」ない（と解釈すべき）ことについて説明したものである（同119-120頁）。違憲行為への歯止めと天皇の政治利用への歯止めを同時に失う内閣が現われたとき、憲法秩序の危機は修復し難いものとなる。それでも天皇に憲法解釈権力を行使させないとする「憲法の基本的選択」を貫けるかは、今日、空想上の問題ではない。

議員が憲法改正の適式な手続を逸脱して改憲を発案することなど、限られた主体が限られた場面で限られた行為をすることの憲法 99 条適合性の検討に議論が集中した。そのことには理由がある。公務員の行為の憲法違反性を問うとすれば、行為が憲法の個別条項に違反したか否かを判定すれば足り、通常は行為が憲法 99 条に違反したか否かを問題とする余地がない上、仮に憲法 99 条違反の存否を固有に判定する必要がある場合でも、憲法を尊重擁護することの意味内容を一般的に定義するよりは、憲法尊重擁護義務に反する行為の意味内容を特定的に定義するほうが思考経済上効率的といえるからである。そのような従来の憲法尊重擁護義務論の前提にあるのは、憲法の尊重擁護を基本的に公務員の内面的な活動と捉え、内面的活動であると捉えられた憲法尊重擁護の意味内容を一般的に定義することは内心の自由保障の見地からして問題であるとする、憲法尊重擁護の一般的定義に対する正当な抵抗感である。けれども、そうして憲法尊重擁護という行為の性格を過度に内面的活動に引き寄せた余り、公務員の憲法尊重擁護義務をかえって無用の長物にしてしまった憾みがないとはいえない。

　だが、公務員の憲法尊重擁護義務は、それほどまでに内面的活動を要求する義務であったろうか。むしろ逆である。憲法尊重擁護義務の起草過程で憲法尊重擁護宣誓義務でなく憲法尊重擁護義務が選ばれたのは、（そのことの当否は別として）憲法尊重擁護への主観的係り合いを必要としない義務を課す憲法的選択が——どこまで意識されていたかはともかく客観的には——されたからである。

　そうである以上、公務員の憲法尊重擁護義務に内面的活動性を過剰に読み込むのは適当でない。憲法尊重擁護の意味内容から過剰に想定されている内面的活動性を引き剥がすと、最後に残るのは憲法を解釈するという行為である。ある政府行為に憲法違反の疑いがあるとき、それを遮二無二合憲であると強弁するのも、また、自分の直感で違憲と断ずるのも、どちらも憲法を尊重擁護したことにはならない。先に述べたような仕方で然るべく憲法を解釈し、それを示し、その結果違憲となれば、当該政府行為を排除することが憲法尊重擁護となるし、合憲となれば、当該政府行為を有効としても憲法尊重擁護に反することにはならない。然るべき憲法解釈を示した上での行動であるか否かが、憲法尊

重擁護義務を履行しているか否かの限界を画すると考えるべきである。

　私が公務員の憲法尊重擁護義務の基底に憲法解釈を示す責務を据えるのは、このような形で、憲法尊重擁護義務を客観的に討議可能な主観的義務にする必要があると考えるためである。

跋

　憲法 96 条 1 項は、「この憲法の改正は、各議院の総議員の三分の二以上の賛成で、国会が、これを発議し、国民に提案してその承認を経なければならない。この承認には、特別の国民投票又は国会の定める選挙の際行はれる投票において、その過半数の賛成を必要とする。」と規定している。

　この規定において、憲法改正をするかしないかを最終的に決定するのは、国民である。けれども、憲法改正を国民に提案できるのは、国会議員である。憲法改正に当たり、国会議員は、単に憲法改正の発議をして国民に提案すればよいのではない。国会議員には憲法尊重擁護義務が課せられている。憲法尊重擁護義務の基底には憲法解釈を示す責務が存している。憲法改正の発議に当たり、何よりも国会議員がなすべきことは、以下に提起するような憲法解釈を示すことである。

　憲法改正にはふたつの場合がある。ひとつは、当該改正を行っても憲法の基本的同一性が失われない場合であり、もうひとつは、当該改正を行うと憲法の基本的同一性が失われる場合である。改正を行っても憲法の同一性が失われない場合は、憲法改正の発議をしても、それが国会議員の憲法尊重擁護義務に違反することにはならない。これに対し、それまで尊重擁護の対象としてきた憲法の基本的同一性を失わせる憲法改正を後述のような憲法解釈を示すことなく発議することは、国会議員の憲法尊重擁護義務に違反すると解するのが相当である。

　後者の場合を敷衍する。

　憲法の基本的同一性を失わせる憲法改正がそもそも許されるかどうかについては、憲法改正権限の根拠や憲法改正限界説無限界説などの立場によっていろいろな考え方がありうるが、本稿では立ち入らない。[30)] 以下では、便宜上客観的

には後者の憲法改正も不可能ではないと仮定して議論を進める。

憲法の基本的同一性とは、その憲法をその憲法たらしめている内容上枢要な特質を指し、その特質を損なうような変更が加えられる場合には、変更後の憲法は、変更前の憲法とは別の憲法になったと認めるほかないものをいう。

そのような憲法の基本的同一性を失わせるおそれのある憲法改正を発議しようとする国会議員は、国会議員が負う憲法尊重擁護義務の基底に存する憲法解釈を示す責務を履行しなければならない。具体的には、第一に、当該憲法改正により改正の対象とされる憲法条項が、その憲法をその憲法たらしめている内容上枢要な特質を形成しているといえるか否か、形成していると認めない場合は、当該条項が果たしている役割を過小評価することなく、形成しているとする批判に対して反論を提出できるか、形成していると認めた場合は、形成しているにもかかわらず当該条項を改正することを正当化するに足る憲法次元での目的ないし必要性を提出できるか、第二に、当該憲法改正により、当該改正によって変更されない他の条項の憲法解釈は改正前のその条項の憲法解釈から変更されるか否か、変更されると認めない場合は、後法優位の原則（これにより同条項の憲法解釈は変更される可能性が極めて高い）がこの場合には妥当しないとする正当な理由はあるか、変更されると認めた場合は、新たな憲法解釈は、その憲法をその憲法たらしめている内容上枢要な特質を損なわないといえるかを、憲法解釈を示すことを通じて国民に説明した上でなければ、当該憲法改正を発議することは認められないと解すべきである。

憲法の基本的同一性を失わせるおそれのある憲法改正は、一国の憲法秩序の帰趨を左右する、国民にとって最も重大な政治的決定である。このような重大な決定を国民投票に付すことが認められるためには、それを発議しようとする国会議員は、単に憲法改正案を説明し、国民に提案するのでは足りず、上記のような仕方で、自らが負う憲法解釈を示す責務を果たすのでなければならない。

同様に、憲法の基本的同一性を失わせるおそれのある憲法改正の発議に反対する国会議員は、単にその憲法改正案を批判し、反対の意思表示をするのでは

---

30) これらについては、木庭顕「日本国憲法９条改正の歴史的意味」同『憲法９条へのカタバシス』（みすず書房、2018 年）205 頁が特に参照されるべきである。木庭の主張の骨子は、憲法改正手続は徹底して知的なものとして組み立てられなければならないという点にあると思われる。

足りず、当該憲法改正がその憲法をその憲法たらしめている内容上枢要な特質を損なうこと、改正後には既存の憲法条項の解釈も維持されないこと等を、憲法解釈を示す責務を果たすことによって、国民に説明する義務を負う。

　発議しようとする者、発議に反対する者のそれぞれに対し課されるこれらの義務は、ひとりで「全国民を代表する」（憲法43条1項）国会議員に憲法（96条1項、99条）が課した主観的義務である。この主観的義務が尽くされないままなされる憲法改正の発議は、最も重大な政治的決定を国民に委ねるために必要な最低限の憲法上の資格を欠く。

（ありかわ・つねまさ　日本大学教授）

「自己統治」と「尊厳」

——ジョゼフ・タスマン研究序説

松　田　　浩

I　二つの「尊厳」論から

　近年の日本憲法学において、精力的に「個人の尊厳」論を展開しているのが蟻川恒正である。蟻川は、法哲学者ジェレミー・ウォルドロンの所説を要約して[1]、次のようにいう。

　　「『尊厳』は元来において『高い身分』ないし『公職』と不可分に結びついた観念であるから、全ての成員が『尊厳』ある存在としてあつかわれるべきであるとされる社会は、『身分』が廃棄された社会としてよりは、むしろ『高い身分』が普遍化した社会……として叙述する方がより適当である[2]」。

　この命題を「高い身分の普遍化仮説」と名づける蟻川は、この仮説が示す事象が法制度において遂行されようとするとき、「当の高い身分に属さない個人が、当該制度からの信頼を受けて、その信頼に応えようと意欲し、押し寄せる万難を振り払ってでもその信頼に応えるべく行為すること……が必要である[3]」との一般的議論を提出し、これを憲法上の権利一般について波及させる。

　　「高い身分の普遍化としての個人の憲法上の権利は、新たにその権利主体となろうとする者に対し、立憲主義の『法システム』の期待する行為を行う意思と能力を有していることの一般的証明を要求しているはずである〔傍点・原文[4]〕」。

---

1) *See*, Jeremy Waldron, *Dignity, Rank, and Rights* 13-76 (Oxford University Press, 2012).

2) 蟻川恒正『尊厳と身分——憲法的思惟と「日本」という問題』（岩波書店、2016 年）6 頁。

3) 蟻川・前掲注 2) 46 頁。

こうして、蟻川に拠れば、権利保障とともに「公共の福祉の実現」をも企図している立憲主義の「法システム」の下で、「(かつての高い身分なき) 個人に対しても、社会公共のための義務の履行が権利行使の目的ないし性質として要請されるべきこととなる」。

一方、アンシャン・レジームの歴史経験をもたず、そのゆえに普遍化されるべき高い身分の「尊厳」を実体としては知らないはずのアメリカ合衆国において、第二次世界大戦後、「尊厳」概念を憲法論のなかで用いていた一人に、哲学者アレグザンダー・ミクルジョンがいる。

「同胞の市民 (fellow citizen) が『尊重されねばならない尊厳』をまったくもたないというとしたら、……それは憲法を無視するばかりか、否定するものだ〔傍点・原文イタリック〕。〔オリバー・W・〕ホームズ氏は、その発言によって、われわれの自己統治のプランが依拠している道徳的契約を端的に否認している」。

ここでミクルジョンの「自己統治」観念は、たんに合衆国憲法修正一条の根拠論であるに止まらず、「われら人民 (We the People)」に始まる合衆国憲法に定められた政体そのものを表象していることに注意しなければならない。

「根本的なポイントは、人間がみずからの統治者の身分 (status) に就く社会を創ろうとわれわれが共に誓約させられているということにある。……もし、われわれが現在のようにその創造に失敗するなら、『良心の咎め』を感じなければならない。もし、後悔も良心の咎めもなく、失敗に屈するならば、憲法を捨てたことになる。わが共同体を、尊厳をもつ『われら』と尊厳をもたない『彼ら』に分断したことになる」。

「高い身分」と「尊厳」の密接不可分性は、ミクルジョンにおいても明瞭にみてとれる。蟻川の「高い身分の普遍化仮説」は疑いもなく、ここにも妥当するだろう。しかし、ミクルジョンは、現実の「自己統治」社会――「われら」

---

4) 蟻川・前掲注2) 55頁。

5) 蟻川・前掲注2) 55-56頁。なお、以上に関連して蟻川恒正「『個人の尊厳』と『個人の尊重』」東北学院大学法学政治学研究所紀要25号 (2017年) 1頁以下も参照。

6) Alexander Meiklejohn, *Political Freedom: The Constitutional Powers of the People* 70 (Harper & Brothers, 1960).

7) 参照、松田浩「『自己統治』の原意と現意――パブリック・フォーラムの条件」辻村みよ子ほか編『『国家と法』の主要問題――Le Salon de théorie constitutionnelle』(日本評論社、2018年) 178-181頁。

8) Meiklejohn, *supra* note 6, at 70.

すべてが「尊厳」をもつ社会——の到来に、悲観的である。そして、その根源
にある問題は、ホームズに代表される過剰個人主義であった。

> 「ホームズ氏は人間社会を、社会的に競争的独立のかたちで各々がおのれの生
> 存を賭けて闘争し、おのれの生活を追求し、おのれの魂を救おう（救うべき魂が
> あればだが）とする諸個人の群れとみる。したがって彼はいつも、同じ共同体に
> 属する過去と将来の世代も含めて、一億数千万のアメリカ人の憲法による協力
> 関係を、あたかも根本的な目的をもつ共同体などどこにも存在しないかのように、
> 解釈する傾向がある」[9)10)]。

ミクルジョンの社会契約論が、同胞性（brotherhood, fellowship）という実体
概念によって充填された特殊なものであることは、かつて蟻川が怜悧に解析し
たとおりである。

> 「治者と被治者の自同性という『自己統治』が孕む特殊近代的パラドクスを、
> 〈個と全体〉の観念的統一をめぐる、哲学史とともに古い主題に移調することに
> より、ミクルジョンは、『自己統治』を、brotherhood とそれを基盤とする人類
> の common enterprize という概念形象とによって簡単に説明づけたのである。
> ……ミクルジョンは『社会契約』を、friendship を表現するところの、common
> purpose 達成に向けた協働的試行と呼ぶが、……市民相互の連帯と協調とを培
> う場としての『教育』は、……『社会契約』のアナロジーとしての位置を占め
> るに至る[11)]」。

ミクルジョンが、「おのれの得られるもののため（だけ）に闘う者」を蛇蝎
の如く蔑み、おのれのためだけでなく「共通の福祉に熱心かつ寛大に奉仕する
善き人間」を社会契約＝「自己統治」の主体——したがってまた「尊厳」の主
体——と考えるに至った消息[12)]は、以上から明らかであろう。そして、「教育」
によってそうした「善き人間」を創り出すことは、おそらくどこまで行っても
未完の「永続革命」としてプランされていたはずである。

ここに一個の問題を提出しよう。ミクルジョンは、「個人の尊厳」という観

---

9) *Id.,* at 62.

10) なお、Lee C. Bollinger, *The Tolerant Society* 162-163（Oxford University Press, 1986）の分析に
拠れば、ホームズとミクルジョンの差異は、言論への寛容が知的能力を発達させるあり方について
の違い——個人主義と自己懐疑の力（ホームズ）vs 共同体と信条共有の力（ミクルジョン）——だ
とされる。

11) 蟻川恒正『憲法的思惟——アメリカ憲法における「自然」と「知識」』（創文社、1994 年）99 頁。

12) Meiklejohn, *supra* note 6, at 66.

念自体をはたしてどう考えただろうか？　さきにみた過剰個人主義への憎悪に
も近い論難を考えれば、一般的にこの観念を肯定することには躊躇を覚えたで
あろうことは疑いないが、しかし、ことはそう単純ではない。

> 「被治者の同意によって運営される政府において、いかなる市民も統治者かつ
> 被治者である。……統治者として、彼は政治決定の作成と執行に与かる。被治
> 者として、そうしてなされた決定に服する。しかし、個人のこの二つの役割は、
> 性質において著しく異なる。そして、個人主義的な社会理論の誤りは、この二
> つを混同することにある。被治者としての人間に、統治者としてのみ属する権
> 利を要求する。統治者としての人間に、服従者である限りにおいてのみ否定さ
> れうる尊厳を否定する[13]」。

個人は「尊厳」をもちうるが、それは統治者として行動している限りにおい
てのみである。では、いかなる場合に統治者として「尊厳」をもつことになる
のか。

> 「人間が何であるかの判断は、彼が属する人民の全体的 enterprise への態度に
> よって評価される。自分以外の利益に配慮ができるか？　それらの大きな諸利
> 益の客観的評価において公平かつ公正であるか？　共通の大義への献身におい
> て勇気をもち、自己を犠牲にできるか？　これらが人間に尊厳を与える性質で
> ある[14]」。

以上の検討から知られることは、次の二点である。第一、「尊厳」が本来
「高い身分」に不可分に結びついた概念であるとする点で、蟻川とミクルジョ
ンは一致する。第二、そうした「高い身分の普遍化」として個人が「尊厳」を
もちうる可能性を認める点でも、両者は一致する（ただし、「尊厳」の主体たりう
る資格として、「『法システム』の期待する行為を行う意思と能力」、「社会公共のための
義務の履行という（人権行使の）目的ないし性質」（蟻川）を挙げるか、「人民の全体的
enterprise への（協力的な）態度」、「共通の福祉に熱心かつ寛大に奉仕する善き人間」
（ミクルジョン）を挙げるかの違いはもちろん残る）。

こうして図らずも、蟻川とミクルジョンの「個人の尊厳」をめぐる境位はあ
る程度接近することとなっているが、本来、「近代立憲主義」をめぐって両者

---

13) Alexander Meiklejohn, *Education Between Two Worlds* 267-268（Aldine Transaction Publisher, 2006 [1942]）.

14) *Id.*, at 269.

は相容れない立場に立っていたはずである。蟻川の分析に拠れば、ミクルジョンの社会契約説は「一方では、人類の同胞性という人間的実体に『社会契約』を還元し、他方では、教育という日常的具体的実体の内に、『社会契約』の更新を見出す」ものであったが、蟻川がそこに「近代立憲主義」の結晶を見出すBarnette 判　決（West Virginia State Board of Education v. Barnette, 319 U. S. 624 (1943)）法廷意見（ジャクソン裁判官）の社会契約説は、「実体的基盤から乖離した言説上の仮構」であった。[15]「圧倒的現実に対する逆接続であるにも拘らず、かえってそのことを強みとなし、現実を機制せんとする論理に力を注ぎ込む『知識』として存在して」いたはずの「近代立憲主義」[16]論は、「高い身分の普遍化」としての「個人の尊厳」論に進出することによって——「専門家の職責」論が特定職能にのみ関わっていたのを超え、いよいよ文字どおり人一般（homme）の——「身分」というきわめて実体的な社会事象を呼び込み、その限りで純粋性を減じつつあるのであろうか。

　　しかし、本稿の主たる関心は「近代立憲主義」論の帰趨ではない。以下では、ミクルジョンの「自己統治」論の延長線上にどのような「尊厳」論の可能性が開かれているかを、彼の弟子ジョゼフ・タスマンの思想と実践のなかに探って[17]みることにしたい。タスマンは Barnette 判決を「馬鹿げた」意見と言い切り、

15）蟻川・前掲注 11）102-103 頁。

16）蟻川・前掲注 11）294 頁。

17）タスマン（1914-2005）は、1933 年にウィスコンシン大マディソン校に入学し、ミクルジョンの「哲学入門」のコースを受講した。それは 1927-32 年の間、ミクルジョンが主宰した前期 2 年間の特別プログラム「実験カレッジ」（*See*, Alexander Meiklejohn, *The Experimental College* (The University of Wisconsin Press, 2001 [1932]).）が閉鎖された直後のことであり、タスマンはこのことを生涯悔やむことになる。同大学卒業後、引退してバークレーに居を定めたミクルジョンのあとを追って、カリフォルニア大バークレー校の大学院に進み、哲学を専攻する。第二次大戦中に 4 年半の軍役に服したあとバークレーに戻り、博士論文（「トマス・ホッブズの政治理論」）を完成させた。その後、同大学で教員生活を開始し、1949 年の教員忠誠宣誓問題に遭遇する。タスマンは、ミクルジョンと同様に「共産主義者も大学で教える資格を有する」という立場に立って宣誓署名反対運動の中心となるが、最終的には経済的理由から深い挫折感とともに署名を受け入れた。1955 年に業績不足でテニュアを拒否され、数年間シラキューズ大等で教鞭を採ったあと、1963 年には再び哲学部教授としてバークレーに戻り、1982 年の退職まで在籍する。1964 年のミクルジョン逝去に至るまで 30 年余りにおよぶ交友の軌跡については、*See*, Joseph Tussman, *The Beleaguered College: Essays on Educational Reform* 139-163 (Institute of Governmental Studies Press, University of California, 1997).

蟻川によって「反動」の烙印を押された哲学者であるが、ここでいう「反動」とは「『近代』の action としてのリベラリズムに対する re-action の範型として」の、リパブリカニズムという意味である[18]。タスマンを本稿が取り上げる主旨は、蟻川とはまったく別系統に属する「尊厳」論の魅力と限界を探り、「尊厳」論の今後の展開にささやかな道標を提供しようとすることに尽きる。

II ジョゼフ・タスマンの「尊厳」論

1 統治者の「尊厳」

タスマンの「尊厳」論を考察するにあたって、まず、事実上最後の著書といってよい『公職の重荷』(1989)[19]を検討してみたい。蟻川の指摘するように、「高い身分」と「公職 (office)」の二つは「尊厳」との関係で、本来ほぼ同義だからである。

『公職の重荷』は、直接的には民主政＝「自己統治」をテーマとしていない。ギリシア悲劇、シェークスピア、聖書に材を採り、タスマンみずから再構成した五つのエピソードによって、政治リーダーの「公職」に伴う悲劇的な苦難から統治者一般に必要な教訓を引き出そうとする創作短編集である。事実として「高い身分」にある統治者にのみ「尊厳」を認めるミクルジョン＝タスマン型の「尊厳」論としては、ここに最も劇的な形でその理念型が説かれているといえるだろう。

> 「どちらも馴染み深い、統治者の公職に組み込まれている二種類の緊張または対立を区別しよう。第一は、統治者の私的利益と、彼の公的義務、すなわち彼が統治する集団の公的利益に仕える義務との〔対立である。〕……もう一つの根深い対立の源は、公共善が要求するものと、公衆がたまたま欲するものとの対立である[20]」。

統治者は、おのれの私益との葛藤だけでなく、公衆の私欲との衝突をも克服して、公的義務を果たし、公共善の実現に努めなければならない。タスマンに

---

18) 蟻川・前掲注11) 44頁、52-53頁（注6、9）、105-106頁（注31）。

19) Joseph Tussman, *The Burden of Office: Agamemnon and Other Losers* (Talonbooks, 1989).

20) *Id.*, at 15-16.

拠れば、この「公職の重荷」こそが、悲劇の根源である。アガメムノーンは無辜の娘の命（私的願望）と遠征の成功（公的義務）を秤にかけ、やむなく後者を採ったことからその後の壮大な悲劇の展開が始まった（『アガメムノーン（オレステイア三部作）』）。指導者と追随者の間でめざす目標とビジョンは往々にして共有されず、追随者から畏怖され、禁圧的になってゆく指導者の苦悩は、モーゼと金の仔牛の格闘が象徴している（『出エジプト記』）。

　しかし、「公職の重荷」にはパッションの抑制というもう一つの重大な局面がある。力強い人間的パッションは一方で必要だが、他方で破壊的でもある。エロス、義憤、好奇心、物欲、プライドは、強すぎれば身を滅ぼすもとである。オレステイア三部作はアガメムノーンに発した復讐の連鎖劇が、最終的にアテーナーの法の裁きに復讐の女神（Furies＝憤激）が抑えつけられることによって大団円を迎える物語であった（『慈しみの女神たち』）。

　　「オレステイアは、道徳的パッションを法の枠組みのなかで文明化し、憤激を適正手続に従わせることを言祝ぐことで、はっきりと自覚的である。裁判所に行き、その判断に服するという習慣が、怒りに駆られた道義心（righteousness）の生（と死！）に取って代わるべきこととなる」[21]。

　タスマンに拠れば、パッションと法による制度化の間には、三つの基本的態度がありうる。第一に、ロマンティシズムは、パッションを人工的な制度と慣行の抑制から解放することが救済を導くものとみなす。リア王の三女コーディリアは、自然で正直であることを素朴に信仰し、姉たちの儀礼とお追従の世界を軽蔑するロマンティストであったが、その無思慮な愛娘の反抗によって法と秩序の善き守護者であったリアは錯乱し、世界は自然界の嵐のなかに突如として飲み込まれていく（『リア王』）。これと反対に、パッションに深い不信の眼差しを向け、争いのもとになるパッションをできる限り根絶しようとするのが第二のピューリタニズムであるが、タスマンはこれら両極端を排して、第三の態度を善しとする。

　　「私が古典的な見方と呼ぼうとするものは、……パッションを尊重し、適切なパッションであれば否定しようとはしない。……古典的な精神は、大きな力のもろ刃の剣的性質を認識し、相応しい制度の中にそれらが埋め込まれ、制度の

---

21) *Id.*, at 21.

儀礼が敬意をもって遇されねばならないことを認める。……それは文明とは諸々の困難に直面して達成されたもの、実に危なっかしい達成であることを認める。それはブルブル震えながら自分の行使する力を呼び起こし、儀式を誤ったら自分の呼び覚ますものは自らを破滅に導くだろうと知っている魔術師の心の状態である。ロマンティックでもピューリタンでもない、思慮深い（sensible）だけである[22]」。

パッション（自然）と制度（法）の対立は、一片の法令によって反抗的な自然児アンティゴネー初め一族縁者をことごとく死に追いやったクレオーン王の悲劇のテーマでもあった（『アンティゴネー』）。タスマンは「クレオーンは、大きな問題に心を砕いた唯一の人物であったとみえる。他はすべてもっと特殊な心配——兄弟、姉妹、恋人——を抱えた。……〔彼は〕自己中心的で自分に甘い世界に生きる一人の公共精神をもった男、子供だらけの世界のなかのたった一人の大人だった[23]」、と評している。かくして、私利を顧みず公的義務を果たしながら、なお悲劇的結末を懼れることなく、かつ又、未熟者たちのパッションを抑えてたった一人でも文明の法＝制度＝儀礼を擁護せんとする者（＝大人）こそ、タスマンが信奉する統治者の理想像である。これほどの厳しさと孤独に耐えられる者にして初めて「尊厳」ある存在に値する、ということになるだろう。

このように私欲と公的義務の対立、自然（パッション）と法（制度）の対立、子供と大人の対立といった一連の dichotomy が、タスマン晩年の「公職」論に深く刻印されていることが、まず確認できるだろう。重要なことは、タスマンがいずれの dichotomy においても決して前者を否定しないことである。むしろ後者を優越させる「公職の重荷」に耐えねばならないことの方が、本来あってはならない異常事（「悲劇」）ともいえる。しかし、西欧の古典古代に起源をもつ近代政治社会は、必ず誰かがこの重い「公職」を担わざるを得ない構造を本質的にもっていることを、タスマンは訴えているように思われる。

---

22) *Id.*, at 24-25.
23) *Id.*, at 112.

2 「自己統治」の理論

近代以前までは基本的に独任の統治者が担ってきたはずの「公職の重荷」を、アメリカでは人民全体が担わなければならないとしたら、それはどのような条件と方法においてなら可能なのか。「狂暴民主主義者（a rabid democrat）」[24]をみずから名乗るタスマンが、生涯をかけて追求した理論と実践の中心課題はまさにこのアポリアであった。

タスマンの処女出版である『義務と政治体』(1960)[25]は、ミクルジョンの「自己統治」論に説かれた、人民が統治者かつ被治者であるというパラドクスを解きほぐすことから始まる。タスマンに拠れば、政治関係を生みだす根本的な同意（consent, agreement）[26]は、——伝統的な結合契約（a pact of association）と統治契約（a pact of government）の二段階論が説いてきたように——二つの側面からなる。第一に、ある人間集団は自発的同意によって政治体（body politic）を創り、その「構成員（member）」となる。第二に、この政治体が行為するための道具として政府（government）が創られ、その「機関（agent）」に権限が与えられる。この「構成員」がすなわち被治者（subject）、「機関」にあたるものが統治者（ruler, political official）ということになる。[27][28]「構成員」であることと

---

24) Tussman, *supra* note 17, at 5.

25) Joseph Tussman, *Obligation and the Body Politic* (Oxford University Press, 1960).

26) タスマンは、同意のほかに政治関係の基礎になりうるものとして、①強制権力（たんに同一の権力者・支配者の命令に服する集団としての政治体）、②慣習の共有（言語グループのように偶然に同じ慣習を共有している集団としての政治体）、をあげるが、いずれも「政治生活のための教育」を生みだす理論的条件を満たさないという理由で排斥される。これらの政治関係では、共通善の観念や権威・義務・権利の正統性が明瞭に成り立たないばかりか、最も重要な「法のもとの自由」が成立しない。自ら参加した同意に基づく法でないかぎり、「法のもとにあること」と「自由であること」は齟齬を来す。政治教育は、法の服従者ばかりか、法の制定者のためのものであり、同意を基礎とした政治関係が大前提となる。*Id.*, at 3-10.

27) *Id.*, at 10, 23-24.

28) のちにタスマンは、共同体（community, society）・国家（state）・政府の相互関係を改めて明らかにしている。それに拠れば、共同体とは社会学的な概念であり、さまざまな制度的環境における人間集団を意味し、国家もまたその政治構造に照らして観念された一つの共同体にほかならない。他方で、政府とは共同体がそれをつうじて行為する一つの道具にほかならず、また共同体の一つである国家にとっては the instrument ということになる。*See*, Joseph Tussman, *Government and the Mind* 142 (Oxford University Press, 1977). ここにいう国家は政治体と同義であろう。政府が、政治体（＝国家＝一つの共同体）の道具にすぎないことは一貫している。

「機関」であることとは、それぞれ全く異なる権利、権限、責任、義務を伴う[29]。

　このように「同意による統治」の政治体は、そもそも自発的結社をモデルとしており、政府は政治体の組織化とは論理的に別個に、その道具として設立される。これがタスマンの「社会契約」論であった。したがって、人民の意義は二つに分離し、「私的人間の集合体であって、その声は私的なおしゃべりの囁きにすぎない」ところの人民Ａ（「構成員」の集合）と、「主権的な公的官府（tribunal）に就く同僚たちの集団であって、団体の能力において行為する」ところの人民Ｂ（「機関」）に別れる[30]。こうして、人民Ｂが人民Ａを支配するのが「自己統治」である。

　「機関」になるものは、もちろん人民Ｂだけではない。裁判所、行政機関、立法府、選挙人団、憲法修正権力……といったそれぞれの官府に「機関」が就任し、その官府独自の目的、法、手続に則って統治作用を遂行する。だが、タスマンはこうした官府体系論を純理論的に追究するよりも、人民Ｂ（≒選挙人団）を第四権力と位置づけたミクルジョンの説を引き継いで[31]、「われわれには、選挙人官府の、活動する人民の、もっと明瞭な洞察が必要だ」という[32]。「機関」に内在する政治的義務に関心を集中させるのは、「構成員」の権利との混交を戒めるためであり、主権者市民がこの義務の要求に正しく応えることが「尊厳」を与えることになる。

　　「人生には政治を超えるものがある。……しかし、私的な幸福の追求を超えるものも、また、ある。……民主主義者は、人々を幸福の追求者と責任の担い手に区分けしようとする誘惑に決然と背を向ける。あらゆる人間を公共フォーラ

---

29) たとえば「構成員」の重要な憲法的権利が平等保護と適正手続だとされる。Tussman, *supra* note 25, at 30. しかし、これらの憲法原理は「機関」の選挙権などにも適用があるはずであり、このようなミクルジョン＝タスマン流のラフな二元的峻別論が憲法学界で支持を得られなかったのも十分な理由がある。

30) Tussman, *supra* note 25, at 21.

31) 参照、松田・前掲注7) 180頁。なお、この旧稿ではミクルジョンの書き物に頻出する mind を（これとほぼ同義の spirit と併せて）「精霊」と訳した。この概念の核心性は、ミクルジョンからタスマンに直接引き継がれているが（*See*, Tussman, *supra* note 28, at 3-4)、本稿では「精神」と訳すことにする。タスマンに拠れば、この「精神」は Barnette 判決が「わが憲法修正一条の目的は、知性と精霊（intellect and spirit）の領域をあらゆる公職のコントロールから留保することだ」と述べたときの「知性と精霊」ともまったく同義である。

32) Tussman, *supra* note 25, at 119.

ムの場に召喚する。民主主義者は、『生命、自由、幸福追求』に加えて、『尊厳』を掲げる。それは、人間の都市の支配者たちの同僚的な生活の共有のなかにみいだされる[33]」。

ここでタスマンが、遥か古典時代における都市国家（Polis）の民主政的な市民生活を想起していることは疑いがない。プラトンの場合、支配者は公共の生活、被支配者は私生活、各々は一つの役割しかもたなかった。競争原理の支配する現代の市場的民主主義も、各人に一つの役割（私生活）しか与えない。これに対して、真の民主政は私有財産の私的追求から手を引くように求めはしないが、一人ひとりを二つの隔絶した別個の役割に引き込む。この二重性が困惑の大もとである[34]。

3　市民政治の教育学

この困難な二重性をすべての市民が引き受けるためには、「機関」として政治を担うことを一つの専門職能とみて、これを育成する特殊な教育制度を創設しなければならない。タスマンは、アメリカの現状においてこれを植民地時代から伝統のあるリベラル・カレッジのなかに求めた[36]。リベラル教育は、民主政

---

33) *Id.*, at 121.

34) したがって、「民主政は最も容易なのではなく、最も困難な政府の形態である」。Joseph Tussman, The Office of the Citizen (Lecture at Syracuse University in 1960, https://josephtussman.wordpress.com).この講演記録に拠れば、同僚生活を送るべき市民が責任を果たすカギは、「信じられるべき正当性（a right）のある事柄のみを信じることへ向かって常に努力する」ことにある。そのためには特殊な精神態度（論点を明確化すること、証拠となる事実を提示すること、首尾一貫して有効な議論を構築すること、問題に対して適切な関連性（relevance）をもった答えを与えること）が涵養されねばならない。これらの精神能力は、「われ何をなすべきか」という実践命題の同僚的な決定にあたり、「われわれはこうすべきだと私は思う」という形で議論を提出しなければならない政治生活において――決定圧力がないため孤立して真理主張する意義も認められるべき学問生活と比較しても――、独特な重要性をおびる。「穏当な立場にみずから到達したとしても、その洞察を他者に効果的に伝えられなければまったく不十分である。したがって、市民は不可避的に意見交換（communication）に関わることになる」。これと関連して、「機関」の判断提出の特殊性――信条そのものの主張（assertive mood）から信条の正当性の主張（claiming mood）への転換――と、これによる紛争の文明的解決の意義について、*See*, Tussman, *supra* note 25, at 76-81.「機関」には主張の目的、原理、手続への習熟が常に求められる。

35) *See*, Joseph Tussman Interview, Education and Citizenship (Conversations with History, Institute of International Studies, UC Berkeley, 2000). https://josephtussman.wordpress.com/conversations-with-history/

のもとで万人に必要な政治職の技能に関わるべきだとされる。

タスマン自身、ミクルジョンの「実験カレッジ」に倣って、1965年から4年間カリフォルニア大バークレー校で主宰した「実験カレッジ・プログラム[37]」は、その実践の試みであった。この新入生対象の2年間連続プログラムでは、通常の科目選択制を一切廃止し、タスマンの指定した大古典（ホメーロス、トゥキディデス、ギリシア悲劇、プラトン、欽定訳聖書、シェークスピア、ミルトン、ホッブズ、アーノルド、ヘンリー・アダムス、フェデラリスト、米最高裁判例[38]……）を教員と学生が共に読み、議論し、考察をまとめることに専念する。そのカリキュラムは、現代のアメリカ政治社会の底流にある文脈と基本問題を理解するために、これに影響を与え続けてきた古典の精髄をその歴史的文脈や各専門ディシプリンの分析的解釈から切り離し、それ自体で完結した世界として内在的に把握することをめざしていた。

　　「書物それ自体、プログラムの文脈、われわれの時代の文脈、これらが本質的な事柄だ。彼は何と言っているか？　彼は正しいか？　それが問いである。……唯一の問題は、読み方を身につけること、ホメーロスを自分のなかに取り込むことだ。……言葉を読むのではない。精神を読むのだ[39]」。

こうしてタスマン自身、古典の精神を読み解いた成果の一端が、すでに検討した『公職の重荷』の統治者論であったことは、もはや指摘するまでもないだろう[40]。

それでは、なぜタスマンが権威的に決めた統一的な書物リストを、学生の興

---

36) なぜリベラル・カレッジなのか、タスマンが語るところは少ないが、アマースト・カレッジの出身であり、学長でもあったミクルジョンの影響は甚大であろう。タスマンは1942年、セント・ジョンズ・カレッジ（メリーランド州アナポリスを本拠とする全米最古級の小規模リベラル・アーツ校）でミクルジョンに邂逅したとき、彼は「いちばん幸せそうで寛いでみえ、……私自身もあの愛おしい世界を初めてみた」と述懐している。Tussman, *supra* note 17, at 150.

37) Joseph Tussman, *Experiment at Berkeley* (Oxford University Press, 1969); Tussman, *supra* note 17, at 1-47. *See also*, Katherine Bernhardi Trow, *Habits of Mind: The Experimental College Program at Berkeley* (Institute of Governmental Studies Press, University of California, Berkeley, 1998).

38) タスマンは、1960年代に2冊の教育用判例集を編纂している。Joseph Tussman ed., *The Supreme Court on Church & State* (Oxford University Press, 1962); Joseph Tussman ed., *The Supreme Court on Racial Discrimination* (Oxford University Press, 1963).

39) Tussman, *supra* note 37, *Experiment*, at 61-62.

40) *See*, Tussman, *supra* note 17, at 27.

「自己統治」と「尊厳」　73

味や選択を無視し、完全必修で押しつけなければならないのか。消極的な理由
は、これまでの前期教育が相互に繋がりが薄く、競合する諸科目の自由選択制
で、学習が散漫になり、統合的な理解を学生に与えることに失敗してきたから
である。しかし、積極的な理由は、つまるところタスマンの次のようなある意
味で「危険」な自由観にあるだろう。

　　「〔自由な人間とは〕実際に善きものを達成する力を備えた人間〔のことであ
　　る。〕……教育に関係性をもつのは、この積極的な意味の自由のみである。……
　　それは、精神というものが、物理的な抑制（または障害）という観念が当てはま
　　るたぐいの物、プロセスではないからである。……健康な精神、機能する精神、
　　自由な精神とは、自分の好きなように信じる精神ではない。……精神が自由で
　　あるとは、精神がみずからのなすべきことをなす力をもち、実際にできること
　　である。……学生はみずからの創造主である文化の力をみずからのうちに取り
　　込まなければならない[41]」。

　人間の精神は、個として無干渉のなかで育まれるのではなく、生まれ落ちた
社会に蓄えられた文化を吸収することによって力をつけ、その力が善きことを
なす自由を与える。これがタスマンの教育観であった。「プログラム全体のポ
イントは、ある特殊な性格をもった共同の知的生活にコミットさせることにあ
り、このコミットがまさにその共同性そのものによって、より深い個性を育む
のである[42]」。この構想のもとでは、学生の選択権ばかりか個々の教員の自律権
も有害無益になるばかりだろう[43]。

　また、タスマンはなぜアメリカを理解するのにギリシアから始めるのか、と
いう疑問も生じるかもしれない。そこには、西欧文化の歴史的伝播という系譜
論以上に、たんに過去を伝承するだけでなく「継受された法を批判的に検証し、
理性の審判に委ねる」という批判精神がギリシア文化に発することへの信奉が
あるだろう。

41）Tussman, *supra* note 37, *Experiment*, at 30-31.
42）Tussman, *supra* note 17, at 19. 別のところでは、「われわれがいかに個性と差異をもっているかを
　　発見するのは、同じものを読んで議論し、同じ課題と格闘するときだけである。……個人や個性を
　　欲するなら、共同体を作れ〔！〕」といっている。Tussman, *supra* note 37, *Experiment*, at 41.
43）事実、ある教員が「ホッブズの説く内容ではなく、レトリック技法にだけ注意して読め」と指導
　　したことをめぐってタスマンは大激怒し、1巡目の2年間は相当の苦労を強いられたと告白している。
　　Tussman, *supra* note 17, at 20-21.

「ギリシアのエピソードは、探求と統治と（悲劇的に、ほとんど不可抗的に自
　　己崩壊に至った）自己統治の技法を発展させ、自由と権威、法と良心、利己主
　　義・野心と公共善への無私な献身を理解しようと格闘した一つの共同体のテー
　　マであり、このエピソードは……われわれの現在の生活がその一つの変奏曲に
　　すぎない巨大な主題を深く、明晰に語っている[44]」。

　政治専門職の教育が、ギリシア悲劇からダイレクトに実践道徳を引き出そう
とする共同の読書体験に委ねられた理由もここに潜んでいる[45]。

4　精神を／精神が統治すること

　タスマンの教育観にみられる共同体の文化が個人を育むというテーゼと、政
治体の「社会契約」的説明には強い緊張関係がある。共同体が個人より先に存
在するならば、「同意による統治」の初発にあるべき政治体（共同体）形成の自
発的同意は空疎な絵空事と化すだろう。しかし、タスマンはこのアポリアにほ
とんど無自覚である[46]。

　　「社会〔＝共同体〕は、平等の、同じレベルの『権限』と『権利』をもった個
　　人たちの等質なかたまりではない。それは、続いていく存在であり、持続的に
　　再生成されてゆき、常に妊娠中で、常に地獄の辺土（limbo）にある世代を抱え、
　　常にその一部分は被後見人である。未成年者と成人の区別は、……根本的であり、
　　不可避である[47]」。

44）*Id.,* at 136. この発言は多文化主義以後の世界では、度し難い西欧中心主義のレッテルで片付けら
　れるかもしれないが、タスマンは根本的な知恵の問題の普遍性を語り、次のような可能性を示唆す
　る。「共通の人間性は西欧であれどこであれ、あらゆる文化においてみずからを表現する。われわれ
　自身の文化を理解するにつれ、他の理解も始まるが、われわれ自身の文化を理解しなければ、他の
　文化を理解することは決してないだろう」。*Id.,* at 137.

45）ともあれタスマンは、このプログラムを 4 年間（2 巡）で閉じなければならなかった。その主た
　る原因は教員確保の困難であり、タスマン自身はたんに恒久制度化に失敗しただけで成果はあった
　と強調する。バークレーのような競争的で個人主義的な研究者が大部分を占め、大学院教育にシフ
　トした大規模なユニヴァーシティでは、ある意味でディレッタント的な市民教育の共同的実践は難
　しく、タスマンはユニヴァーシティがカレッジを殺したと繰り返し呪詛することになる。*Id.,* at
　1-47.

46）「『政治体』は時間横断的特徴をもっていて、産まれる前のわれわれの子供まで構成員として考慮
　に入れる。……国（country）は完全に生者に属しているのではない」。Tussman, *supra* note 25, at
　60. また、政治体からの脱退の権利も「政治体と個人の双方のインテグリティーを保護するために設
　定される一定の限界に服す」。*Id.,* at 40.

47）Tussman, *supra* note 28, at 53.

「自己統治」と「尊厳」　75

　『公職の重荷』にみられた子供と大人の dichotomy は、こうして共同体主義にまっすぐ接続している。タスマンの共同体は、共時的にも通時的にも多層的な複合体であって、特定の文化によって濃密な内容が与えられている。人間は生を得るだけで大人にはならない。

　　「われわれは大人として産まれるとき、第二の子宮である共同体から産まれる。共同体は文化を与えることによってわれわれの感覚に回復される──それがわれわれの精神、われわれの性格である──。この共同体の行為によってのみわれわれは真に産まれ、真の創造の親に恩返しの孝養を尽くす義務を負う[48]」。

　共同体（政治体）の道具である政府が、諸個人の適切な精神状態の維持に正統な役割をもつと主張する論争の書[49]『政府（統治）と精神』(1977) が登場するのは、タスマンの思考の軌跡からすれば必然であった[50]。この著作の基本構図は、子供は学校の教育権力に服させ、大人は政府の構築するフォーラムに帰属させるという、民主政を支える意識形成制度の段階的な輪郭を描きだすことにあった。批判の制度であるフォーラムは、批判の技術を磨く学校の存在を前提とするからである。この認識はそれなりに尤もであるが、一つの重大な問題はタスマンにおいて、フォーラムに参加する大人が果たして真に大人としての扱いを与えられているかにあるだろう。

　　「政府は、第一に、保護された機会の憲法構造の維持者として、第二に、『時間、場所、方法』の規制者として、フォーラムに関与する。……〔だが政府は〕これらを超えて、公的および私的な判断を支援、保護する役割をもつ。……政府はフォーラムの生活に入り込み、たんなる〔議論の終了を告げる〕ベルの鳴らし手ではない[51]」。

　このフォーラム生活への政府の参加という視点は、憲法学に衝撃を与え、「思想市場」における政府行為の抑制を考察する「政府言論」理論の本格展開

48）Tussman, *supra* note 17, at 135. 念のため改めて注記すれば、西欧ではギリシア以来の批判精神を文化の本質内容としてもっているため、この孝養の義務は滅私奉公にはならない。教育権力の発動についても、共同体への導入機能を果たす所与へのコミットと並んで、超越的な文化批判的高次法理念（論理、合理性、徳、客観性、自由な精神）へのコミットによって制約をされ、「危険」性は低減するとタスマンは考える。*See*, Tussman, *supra* note 28, at 82.

49）参照、蟻川・前掲注11）44頁。

50）この基本認識は、すでに1960年代初頭に示されていた。*See*, Tussman, *supra* note 25, at 50; Tussman, *supra* note 17, at 157.

51）Tussman, *supra* note 28, at 110.

を促すことに繋がる。[52]

　　「政府と世論との関係の正しい姿は、『人民への奉仕者』である政府が主人の
　　命令を受動的に立って待っているというようなものではない。そうではなく、
　　政府がリードし、必要を見分け、定式化し、提案し、説得し、共同体の熟議生
　　活への能動的パートナーとして、われわれが心（minds）を決めるプロセスに参
　　入すべきことを認めるものだ」。[53]

　この宣告は、「同意による統治」を決定的に動揺させることは否定できない。
だが、タスマンの解する言論の自由は、いにしえの和平の使者のごとく「危険
なコミュニケーション生活に従事する者に与えられた『特権』」であって、17
世紀イギリスで国王の助言者である議会に与えられた免責特権へと発展し、こ
れが「議論の時代」（バジョット）にフォーラムにおける選挙人たちに拡大され
たものであった。その本質は、「正当な役割の遂行のために正直な見解表明が
必要なとき、助言者を一定の制裁から免責して保護すること」にある。[54]

　「大人」であるべきは統治者のみである。タスマンの場合、君主なきあと統
治者の地位に就くものは、あえていえば「政治体の精神」であろう。この大き
な精神が、フォーラムに参加する小さな精神をも陶冶（＝統治）するのは当然
であり、理想的に陶冶された小さな精神のみが大きな精神に「助言」すること
を許される。ここには精神が精神を統治するという循環構造が成立し、人間の

---

52) Mark G. Yudof, *When Government Speaks: Politics, Law, and Government Expression in
　　America* 38-42（University of California Press, 1983）に拠れば、タスマンは政府が市民の精神に影
　　響を与える利点を強調しすぎる一方で、民主政およびリベラルの諸価値との潜在的衝突を過小評価
　　している。そのため、マーク・ユードフの関心は「自己コントロールされた市民」の独立した判断
　　能力を確保し、民主政における「同意の偽造（falsification of consent）」を回避する法的・制度的枠
　　組みの探求へ向かうことになった。*See e.g.,* Steven Schiffrin, Government Speech, 27 UCLA L. Rev.
　　565（1980）; Abner S. Greene, Government of the Good, 53 Vand. L. Rev. 1（2000）; Randall P.
　　Bezanson and William G. Buss, The Many Faces of Government Speech, 86 Iowa L. Rev. 1377
　　（2001）; Gia B. Lee, Persuasion, Transparency, and Government Speech, 56 Hastings L. J. 983
　　（2005）; Joseph Blocher, Government Property and Government Speech, 52 Wm. & Mary L. Rev.
　　1413（2011）. 邦語文献としては、蟻川恒正「政府と言論」ジュリスト 1244 号（2003 年）91 頁以下、
　　横大道聡『現代国家における表現の自由——言論市場への国家の積極的関与とその憲法的統制』（弘
　　文堂、2013 年）219-300 頁のみを挙げておく。
53) Tussman, *supra* note 28, at 115.
54) *Id.,* at 93-95. なお、こうした「助言の権利」の拡大・発展は、ウォルドロンの「高い身分の普遍
　　化仮説」の一つの根拠にもなっている。*See,* Waldron, *supra* note 1, at 35-36.

「自己統治」は精神の「自己統治」の影絵となって目鼻の形を失っている[55]。『政府と精神』を締めくくる次の言葉は、きわめて意味深長である。

「精神の生活の規範的研究は、精神を／精神が統治すること（the government of mind）[56]の理論的土台を与えなければならない。そして、これがおそらく哲人王の観念によってプラトンが遠い昔に暗示したところである。……民主政にとって、そこに導きの糸がある。正気が支配的であることは必要であるが、それでは十分ではない。公共精神は主権者の精神と<i>みられなければならず</i>（must be seen）、その公職の尊厳に相応しいものに涵養されなければならない〔傍点・松田〕」[57]。

「みられる」のではなく「<i>みられなければならない</i>」、のである。「民主政は、議会主義的な精神の状態を普遍化しようとする。それは何かをなすことを要する。そしておそらくは、結局のところ、実際にそれが成されることはできない」[58]。この醒めた認識と、にもかかわらず／であるがゆえに、秘められた情熱的な希望がタスマンを支えた信条であっただろう[59]。

---

55) 自己統治する共同体は、もちろん多様な形を取りうる。たとえば、ロナルド・ドゥオーキンの場合、政治共同体の真正の構成員といえるためには道徳的構成員性の条件が満たされねばならず、その中には道徳的に独立な主体であること——政治共同体は政治的・倫理道徳的判断の問題について市民がどう考えるかを指図することはできず、市民自身の反省的で最終的には個人的な確信によって考えを得られる状況を提供しなければならない——が含まれる。Ronald Dworkin, *Freedom's Law: The Moral Reading of the American Constitution* 23-26 (Harvard University Press, 1996). 参照、小泉良幸『リベラルな共同体——ドゥオーキンの政治・道徳理論』（勁草書房、2002年）133-153頁。タスマンの場合、この条件が確保されているとはいい難い。

56) もとより「精神を」が素直な解釈であるが、にもかかわらずタスマン説を全体として読み解けば、両義的解釈が成り立つ可能性は否定できないだろう。

57) Tussman, *supra* note 28, at 133.

58) *Id.,* at 143. タスマンが愛用した公共精神の鳥瞰図の比喩に、『イーリアス』における三つの意識の描かれ方がある。一つ目は、テルシーテースによって表現される平民意識であり、戦争は延々と続く不愉快な混乱にすぎない。二つ目は、英雄の意識であり、単純に事態が自己の栄達と名声にどんな意味をもつかを意識の中心におく。三つ目は、オリュンポスの神々の意識であり、そこにおいて初めて真の政治問題が現れる。「われわれは、テルシーテース的意識の時代において、どんな大義のための遠征においても、ある否定しようのない生活の現実について否定しようのない意識をもっている。しかし、それは重大なポイントを見逃している。……政治の究極のポイントである自由、尊厳、正義である」。最下層にとってあらゆる「高次」の事柄が真実にみえないという究極の盲目性が、タスマンにとって民主政の核心問題であった。*Id.,* at 148-149; *see also,* Tussman, *supra* note 19, at 29-31. したがって、感覚器官の機能不全、注意の方向づけの誤り、焦点合わせの不適切さ、体系的な認知の歪み、視界の不良などによって生じる「意識の失敗」から公共精神をいかにして救うかが「自己統治」の最優先課題となる。

Ⅲ　おわりに——「個人の尊厳」論への小さな示唆

　タスマンの認識では、「尊厳」に値する人間は、戦争や巨大な災害、事件に遭遇してその解決を迫られる統治者として、尋常ならぬ重い負担を耐え得る人間でなければならない。政治体の道具である統治者（＝政府）は、政治体の存亡をかけた危機に際して、「構成員」の大部分の私的欲求を抑えてでも「正しい」決断を下す公的義務を負い、公共善に仕えなければならない。もちろんこれは誰にでも担える負担ではないが、共同の企てとして政治体が存在する以上、誰かが負わなければならない「悲劇」的な重荷であろう。

　近代市民革命以降の共和国において、この重責に応えるべく生まれ落ちた世襲の君主や貴族は居なくなったが、誰かの必要性が消えたわけではない。タスマンの「機関」は、この誰かである。「政治体の精神」を永遠不変の所与と解する必要はないが、政治体の文化が分厚く蓄積してきたこの精神を、後天的な練磨によって「第二の自然」として身につけた者のみが「機関」の地位に就く資格をもつ。そして、その者にはかつての「高い身分」に与えられた「尊厳」が認められる、ということになるだろう。

　もとより本稿は、このような「自己統治」の「尊厳」論が日本国憲法下において妥当性をもつことを直ちに主張するものではないが、この「尊厳」論が「高い身分の普遍化仮説」の——おそらくそれを最も「真に受けた（taking seriously）」ものともいいうる——一つの解釈であることは否定できない。そして、この「尊厳」論が抱える理論上の危険（共同体に埋没する個人）や実践上の隘路（政治専門職の確立如何）は、「高い身分の普遍化仮説」に基づく「個人の尊厳」論が、なお取り組むべき課題の在り処を暗にさし示しているように思われる。[60]

　　　「われわれはかなり高位の地位（それは「尊厳」といえるほど十分に高い）を標

---

59) *See,* Tussman Interview, *supra* note 35.「私は敗北主義者ではない。……兆しはあると思う。政治生活を諦めてはいない。私はアメリカ憲法の大信者だ。それは柔軟でもてなしのよい（flexible and hospitable）、しかも実際に実行できる決断を共同体として一緒に下すための一連の制度やプログラムを提供していると思うし、私たちはこの憲法のフレームワークのもとで行動できてとても幸運だと思う。だから私は諦めていない」。以上は、タスマン最晩年の発言である。

準としてきた。人民の標準的な地位は、今や農夫の地位というより伯爵の地位に近い。…何百万という人民の各々が、彼・彼女自身（そしてすべての他者）を尊重に値する場を占める者として、法的・道徳的主張を自ら生み出す源泉として認めるとき、高い地位は普遍化でき、なおかつ依然として高いままでありうる」[61]。

　ウォルドロンの「高い身分の普遍化仮説」は、こうして「平等な高い地位」論（今やマリー・アントワネットのみならず、万人がケーキを食すことができる！）を含んでいるがゆえに、蟻川の「個人の尊厳」論に順接続している。しかしそこには、―タスマンの「尊厳」論が露呈するように―「個人」が「統治の論理」に呑み込まれる危険性が潜んでいることは否定しがたい。また、「平等な高い地位」が決して人間の本来的自然ではないことも、タスマンと共により深刻に考える必要があるだろう。

（まつだ・ひろし　成城大学教授）

60）タスマンが「尊厳」の主体に求める要素は、ミクルジョンと比べてもウォルドロン＝蟻川に近接しているとみることが可能である（参照、蟻川・前掲注2)）。「理性と知性の保持者」、「制度からの信頼に応える意思と能力」、「社会公共のための義務の履行」といった蟻川の挙げる諸要素は、すべてタスマンにも多かれ少なかれ認められる。目につく違いは少なくとも二つある。第一、タスマンは「機関」として行為する以外の一切の私的自由を「尊厳」対象から外す。蟻川は「法（制度）の適用を受ける」場合などに行使される「憲法上の権利のなかの主要なもの」に「尊厳」対象を絞っているかにみえるが、その範囲があまり明確ではない（樋口陽一ほか『憲法を学問する』（有斐閣、2019年）178-179頁（蟻川発言）も参照）。これがもし（たとえば生存権等も含む）憲法上の権利全般を対象とするのであれば、そこまで「個人に無理を強いないのが、ひとつの見識である」のかもしれない。第二、「尊厳」主体たりうる能力をどう磨くかの方法論が蟻川の場合には明示されない。「専門職の職責」論の延長で考えているとみられる節もあるが、citoyen や homme が、どのように「身分」としての自覚と能力を獲得するのかは不明である。同僚的紐帯に基づく共同体が citoyen の能力養成にも必要であることをタスマンは教えているが、蟻川は「個人の尊厳」を「ひとりひとりがそれぞれに発見するものである」と説くばかりである。「個人の尊厳」概念は、「取扱いを誤れば極めて危険な帰結となる主張を含んでいる」だけに、妥当する権利領域の限定とともに、義務履行の法的・倫理的妥当性を認証かつ担保する何らかの同僚共同体（少なくとも一過性ではなく客観的実体のある紐帯意識）は必要ではないのか。なお、「全市民の地位がかつての貴族の地位まで引き上げられた」ものとして「高い身分の普遍化仮説」に賛意を示す長谷部恭男「個人の尊厳」岡田信弘ほか編『憲法の基底と憲法論――思想・制度・運用（高見勝利先生古稀記念）』（信山社、2015年）5頁以下は、「他の人と同等の道徳的判断・行為主体である地位」という「尊厳」根拠がどういう経路で現実に獲得されるのか、示すところはない。

61）Waldron, *supra* note 1, at 59-60.

アレクシーの原理理論における
形式的原理と立法裁量

毛利　透

I　はじめに

ロバート・アレクシーの提唱する原理理論とそれに基づく比例原則理解については、日本でもしばしば論じられてきた[1]。ここで議論の前提として、その内容をごく簡単にまとめると、アレクシーによれば、法規範はその構造上、確定的命令としてのルールと、最適化命令としての原理の二つに区分される。両者の違いは適用の仕方に現れる。適用に際し、ルールは充足されるかされないかのどちらかであるのに対して、原理は「事実的および法的可能性との関係で、できるだけ高い程度の現実化」を求める。原理が対立原理との関係で完全には

---

1)　以下の原理理論のまとめについては、Robert Alexy, Theorie der Grundrechte, 1985, S.70-125（以下 Theorie として引用）のほか、ders., Die Gewichtsformel, in: Gedächtnisschrift für Jürgen Sonnenschein, 2003, S.771, 771f.（以下 Gewichtsformel として引用）など参照。管見の限り、アレクシーの原理理論に対する最も根本的な批判はラルフ・ポッシャーによってなされているが、本稿はこの批判について検討するものではない。Vgl. Ralf Poscher, Einsichten, Irrtümer und Selbstmissverständnis der Prinzipientheorie, in: Jan-R. Sieckmann (Hrsg.), Die Prinzipientheorie der Grundrechte, 2007, S.59; ders., Theorie des Phantoms – Die erfolglose Suche der Prinzipientheorie nach ihrem Gegenstand, Rechtswissenschaft 2010, S.349. アレクシーについて論じる日本語文献は非常に多くあるが、形式的原理に言及するものとして渡辺康行「憲法学における「ルール」と「原理」区分論の意義」『日独憲法学の創造力　上巻　栗城壽夫先生古稀記念』（信山社、2003 年）1 頁、19-21 頁の他、比較的近年のものとして柴田憲司「憲法上の比例原則について（二・完）」法学新報 116 巻 11・12 号（2010 年）185 頁、218-43 頁、早川のぞみ「アレクシーの原理理論をめぐる近年の議論展開」法学 77 巻 6 号（2013 年）929 頁のみを挙げておく。

実現できない場合、衡量が必要になる。

アレクシーは、基本権の保障を、基本的に衡量によって適用される原理であると理解し[2]、その衡量が最適化命令を実現するための比例原則というかたちでなされると主張する。適合性、必要性、狭義の比例性（相当性）という比例原則の部分原則は、前2者が事実的可能性との関係での最適化を求め、最後が法的可能性との関係での最適化を求める役割を果たす。こうして、「原理としての性格は、比例原則を含意する[3]」。

比例原則は、事実の問題として目的を達成するために他により権利制約的でない手段がないことを求め、しかも法益の均衡を要請するのであるから、それが積極的に用いられれば、基本権保障のために極めて強力な武器となる。ドイツでは、連邦憲法裁判所が実際に比例原則を用いて、私人間の法関係に関する紛争も含め、多くの違憲判断をなしているのは周知のところである。これに対し、当然のことながら、比例原則の適用は立法者の権限を制限しすぎるとの批判がなされている。この批判は、比例原則それ自体だけでなく、それを理論的に正当化する（と主張する）アレクシーの原理理論に対しても向けられること

---

2) あらゆる（これから永久に人為的につくられ続ける）法規範がルールと原理に二分されるという主張の怪しさはともかく、原理理論にとって、個別の法規範がルールなのか原理なのかをどうやって判断するのかは重要な問題であるが、アレクシーはまさにこの問いに答えていないという批判が有力になされている。Matthias Jestaedt, Die Abwägungslehre － ihre Stärken und ihre Schwächen, in: Festschrift für Josef Isensee, 2007, S.253, 261-65; Jan Henrik Klement, Vom Nutzen einer Theorie, die alles erklärt, JZ 2008, S.756, 760f. ただし、アレクシーが主として検討対象とした基本権保障については、それが条文の文言どおりの内容の実現を求める意味の規範ではないという理解は、さほどおかしなものではない（だからといって、それが「最適化命令」だという結論が正当化されるわけではないが、この点は本稿では論じない）。むろん、判例上衡量を許さない絶対的保障とされている人間の尊厳保障（基本法1条1項）をどう位置づけるかは問題となる。アレクシーは近年の論文で、判例が絶対的に保障されると言っている「人間の尊厳」は、「すべての人が人格として真剣に扱われなければならない」という意味の原理としての人間の尊厳が、他の原理との衡量の結果優越する場合に侵害されたと判定されるにすぎないものであって、ルールとしての「人間の尊厳」には独自の意味はない、という理解を示している（基本的に Alexy, Thorie S.95-97 の見解を維持するもの）。Robert Alexy, Menschenwürde und Verhältnismäßigkeit, AöR 140 (2015), S.497, 508f.

3) Alexy, Theorie, S.100. アレクシーは、逆に比例原則は自分のいう最適化命令としての原理を含意するものでもあるともいう。Klement, ebd., S.757, 762 は、アレクシーによるこの原理理論と比例原則の同義化を、比例原則を前提にせざるを得ない法律家に自説を受け入れるよう迫る「脅し」であるとし、比例原則は原理理論でなくても説明できるとしてこの脅しからの解放を図っている。

になる。たとえば、エルンスト＝ヴォルフガング・ベッケンフェルデの著名な批判は以下のように言う。アレクシーによれば、基本権は「不明確性、流動性、動態性」をもち、衡量によって創造的に「具体化」される「事例法（case law）」になる。この case law は憲法解釈として「憲法ランク」とされ、立法者と法形成の場面で競合することになるが、最終的には憲法裁判所が優越する。こうして、「議会による立法国家から憲法裁判所による裁判国家への滑らかな移行」が生じる。[4] マティアス・イェシュテットも、アレクシーの求める個別事例ごとの衡量によって「議会による法律の代わりに『状況法（lex situationis）』が生じる」とする。また、衡量結果が憲法ランクの要請とされることで、合憲ということと憲法ランクの規範ということの区別が失われ、立法者が自由に権限を行使できる余地は消滅する。[5]

　しかし、実はアレクシーは、原理理論を提唱した当初から、民主的立法者の権限を擁護するための理論も同時に提唱していた。それが、「民主的な立法者が共同体にとって重要な決定を行うべきである」という原理であり、アレクシーは、これを決定の実体的内容にかかわらず妥当する原理として形式的原理と呼ぶ。[6] しかし、この形式的原理は立法者の権限を示すものであって、基本権やその制約理由といった実体的原理とは異質である。それが実体的原理の対立にともなってなされる衡量に際してどのように作用するのかは、理論的に難しい問題をはらんでおり、実際にも多くの批判が寄せられている。さらにアレクシー自身が、この形式的原理の説明において改説している。しかも、特に改説後のアレクシーの説明は率直にいって理解困難な内容を含み、原理理論の批判者からだけでなく、自らの弟子筋を中心とするその支持者（「キール学派」）[7] からも賛同が得られていない。こうして、形式的原理は、原理理論の中で「奇妙に謎めいた」部分として残っていると言われたりしている。[8]

---

4) Ernst-Wolfgang Böckenförde, Grundrechte als Grundsatznorm, in: Staat, Verfassung, Demokratie, 1991, S.159, 185-91. この箇所については同内容の E.-W. ベッケンフェルデ「基本法制定四〇周年を経た基本権解釈の現在」（鈴木秀美訳）同『現代国家と憲法・自由・民主制』（初宿正典編訳、風行社、1999 年）345 頁、373-76 頁を参考にした。

5) Jestaedt, Anm.2, S.269-71, 274. Vgl. auch Ralf Poscher, Grundrechte als Abwehrrechte, 2003, S.82f.

6) Alexy, Theorie, S.120.

7) 「キール学派」については、vgl. Jestaedt, Anm.2, S.253.

違憲審査基準の厳格さの差異が、主に立法者の合憲性判断への尊重の度合いの相違を示すものであるのとは異なり、比例原則は、それ自体の中に立法者の権限への配慮を含んでいない[9]。しかし、実際に憲法裁判所が比例原則の判断をすべて更地から行うわけではなく、立法者の判断をある程度尊重して評価するのは、その能力的限界だけからしても当然である。だが、だとすれば、各々の事案において立法裁量がどの程度尊重されるべきかという考慮は、比例原則自体とは別の視点から比例原則の適用の中に注入されることになる。この視点は、比例原則、つまりは問題となる基本権制約の実体的な合憲性判断と関連づけられる必要はないのか。アレクシーの試みについては、すでに「基本権という実質的原理と権力分立・民主政という形式的原理との衡量を、通常の基本権的議論における衡量全体にとっての一部として取り込むもの」という性格づけがなされている[10]。あらかじめ結論を述べれば、本稿は、この評価が正しいことを示すとともに、その試みが失敗に終わることを示す。

II 『基本権の理論』段階での形式的原理

アレクシーは、その原理理論を全面的に展開した『基本権の理論』において、形式的原理を上記のとおり、「民主的な立法者が共同体にとって重要な決定を行うべきである」というかたちで定式化した。しかし注意しておくべきなのは、これは法律による基本権制約の合憲性が問われているという場面で問題となる形式的原理であって、その他の形式的原理もあるということである。同書中では、「正統な権威によって制定されたルールは従われるべきであり、定着した

---

8) Martin Borowski, Formelle Prinzipien und Gewichtsformel, in: Matthias Klatt (Hrsg.), Prinzipientheorie und Theorie der Abwägung, 2013, S.151.

9) 高橋和之『憲法訴訟』(岩波書店、2017 年) 245-47 頁参照。なお、アレクシーの基本権論は、当初はドイツの判例を説明する解釈論として示されたが、その後の彼の学説への国際的注目と比例原則の国際的広まりにより、次第に基本権についての一般的理論として扱われるようになり、本人もそのようなものとして自説を提唱するようになった。そのこともあり、想定されている裁判所も必ずしもドイツ連邦憲法裁判所に限らない。そのため、本稿では違憲審査を行う機関を単に「裁判所」と表記することが多い。もちろん、法律についての違憲審査権を有する裁判所のことを意味している。

10) 宍戸常寿『憲法裁判権の動態』(弘文堂、2005 年) 279 頁。

実践からは理由なく離れるべきではない」という形式的原理にも言及がある[11]。このような形式的原理がなぜ法規範として妥当しているといえるのか、気になるところであるが、説明はない。そういえば、前者の形式的原理についても、基本法の民主政原理（20条1項）からして直感的に理解しうるところではあるが、条文上の根拠づけはない[12]。

　話を戻して、立法者権限を擁護する形式的原理は、基本権およびそれを制約する原理とどのような関係に立つのか。アレクシーは次のようにいう。「この形式的原理は、相対的な公益にのみ仕える内容的原理とともに、個人の権利を保障する基本権原理と衡量されうる。さらに、その形式的原理は、連邦憲法裁判所が立法者に認める多くの場合の裁量（Spielräume）の根拠となる。裁量の許容が、それがなかったとした場合よりも低い基本権保護を導く限りで、その原理は独自の制約根拠と性格づけることができる[13]」。

　つまり、裁判所が法律による基本権制約の合憲性審査を行う場合には、基本権に対して、単に制約原理だけではなく、それと立法者の権限を尊重すべしという形式的原理とがともに対抗する法益として現れ、衡量の対象とされるということになる。しかし、形式的原理が比例原則の3部分原則の適用において具体的にどのように働くのかは定かでない。ただ、適合性・必要性において形式的原理を対抗利益として観念することは困難であり（立法者は、自らの権限を守ることを目的として基本権を制約するわけではない）、おそらく念頭に置かれている

---

11) Alexy, Theorie, S.89. その後、アレクシーは自らの法概念論についての非実証主義（毛利透「アレクシーとケルゼンはどう異なるのか」『戸波江二先生古稀記念　憲法学の創造的展開　上巻』（信山社、2017年）31頁など参照）を説明する中で、法安定性の要請を、やはり内容を問わない原理として形式的原理だと述べ、ある規定が有効な法といえるかどうかの判断にあたっては正義の実体的原理との衡量が求められるとしている。Robert Alexy, Rechtssicherheit und Richtigkeit, in: Gedächtnisschrift für Winfried Brugger, 2013, S.49, 53f. このように、アレクシーの学説において形式的原理という術語が用いられるのは基本権論に限らないが、本稿では、法律の合憲性審査の場面で主な検討対象となる立法者の権限についての形式的原理のみを取り上げる。

12) Matthias Jestaedt, Grundrechtsentfaltung im Gesetz, 1999, S.223.

13) Alexy, Theorie, S.120. 具体例として、vgl. S.267. Spielraum, Spielräume は、ドイツ行政裁量論において Ermessen と区別される Beurteilungsspielraum が「判断余地」と訳されることから、立法者との関係でも「余地」と訳されることが多いが、アレクシーは自ら執筆する英語論文で、この語に対応する単語として discretion を用いている。また、彼が立法者についてこの語を用いる場合、意味的にもまさしく立法裁量のことを指しているといえるので、本稿では「裁量」と訳している。

のは狭義の比例性の審査において、形式的原理が権利制約理由の方の重みを増すということであろう[14]。

　だとすると、この段階でのアレクシーは、形式的原理が基本権制約の合憲性判断の結論を変化させることを許容していることになる。形式的原理は上記のように定式化されているが、基本権制約に必要とされる法律は、議会で可決されるという点ではみな同様の民主性を有するのであるから、政治的に重要でないならその民主性への尊重は不要だという理屈は奇妙である。したがって、形式的原理は法律の合憲性審査において常に働くはずである。つまり、法律による基本権制約の合憲性が裁判所で審査される場合には、形式的原理が考慮される結果、常に、実体的原理どうしの衡量結果よりも基本権制約がいくらか広めに認められるのである。

　これは、通常の比例原則の考え方に対して重大な修正を迫る主張であるが、ただちにいろいろな疑問が浮かぶ。形式的原理と実体的原理は衡量することができる関係にあるのだろうか。比較衡量において、形式的原理が基本権への対抗原理の方にどれだけの重みを加えることになるのか、どうやって判断できるのだろうか[15]。アレクシーは、衡量においては「ある原理が充足されない程度、あるいは侵害される程度が大きいほど、他の原理が充足される重要性はより大きなものでなければならない」という「衡量法則」が妥当するとする[16]。これを、基本権への対抗原理が形式的原理である場合に当てはめると、基本権への制約度合いが大きいほど、それを正当化するには、議会の決定権を維持することの重要性が示されなければならない、ということになる。しかし、その重要性をどう計ればいいのか。もし、上記の形式的原理の定式化から連想して、共同体にとって重要な問題ほど、立法者によって決定される必要性が大きいといえるとしたら、それは結局衡量において、基本権制約の目的が政治的に重要であれ

14）アレクシーは衡量という語を、原理が適用される際の比例原則全体を指す広義で用いる場合と、狭義の比例性の審査で行われる比較衡量のことを指す狭義で用いる場合とがある。ルールと原理の区別といった大きな話ではなく、原理の適用過程の細かな話について論じる際には、狭義で用いていることが多い。本稿でアレクシーの主張として衡量という語を用いる場合にも、以後は基本的に狭義で使われていると考えてよい。

15）Jestaedt, Anm.12, S.224f.; Karl-E. Hain, Die Grundsätze des Grundgesetzes, 1999, S.136f.

16）Alexy, Theorie, S.146; Gewichtsformel, S.772.

ば、実体的原理の衡量結果よりもかなり広範な制約を法律によって課すことが認められるということを意味することになる。そのような帰結が妥当だとは思えない。

　そもそも立法者も憲法に拘束されているのであって、違憲な法律を制定する権限はない。実体的衡量からは違憲となる基本権制約を、立法者の権限の尊重を理由に合憲とするという論理は、したがって非常に奇妙である[17]。アレクシーは、形式的原理が、連邦憲法裁判所が立法者に認める裁量の根拠であるという。たしかに、次節で説明するとおり、特に立法に際しての将来予測について、同裁判所は立法者の判断を一定程度尊重する枠組みをとってきた。しかしそれは、比例原則の主に事実に関する要素についての立法者の判断を一定程度で尊重し受け入れるということであって、衡量に際して実体的利益とは異なる、立法者の権限尊重という形式的原理を一方にプラスして、その衡量結果自体を変化させるというものではないはずである。

　形式的原理の主張は、このように裁判所による比例原則の適用について非常に重大な問題を提起するものであったが、『基本権の理論』におけるその扱いは軽く、理論的重要性とのバランスがとれていたとはいえない。アレクシー自身がその重要性に気づいていなかったのだと思われる。その後、彼は、衡量メカニズムの数式による説明を図る「重みづけ定式」の提唱とともに、形式的原理について異なった説明を行うことになる。これが『基本権の理論』段階の説明を放棄するものなのかどうか、彼はしばらく明言しなかったが、近年の論文で、それを誤りであったと認めた。理由の説明は簡単なもので、原理間衡量において形式的原理を一方に加えることで衡量結果が変わり、違憲の結論が合憲となってしまうのでは「憲法の通常の議会立法に対する優位を掘り崩す」からである[18]。こんな簡単な反論が当たっていると自ら認めざるをえない主張がなぜ行われていたのかという疑問が生じるほど、あっけない幕引きであったが、これは形式的原理についての新説への彼の自信を示すものなのかもしれない。本

---

17) Jestaedt, Anm.12, S.226; Hain, Anm.15, S.137; Shu-Perng Hwang, Verfassungsgerichtliche Abwägung: Gefährdung der gesetzgeberischen Spielräume?, AöR 133 (2008), S.606, 620f.

18) Robert Alexy, Formal Principles: Some Replies to Critics, 12 I・CON 511, 519 (2014). (以下 Formal Principles として引用)

稿も新説の検討に移ろうと思うが、そのためにはまず彼の提唱する「重みづけ定式」を説明しなければならない。

Ⅲ 「重みづけ定式」と「確実性」変数 S

アレクシーは 21 世紀に入るころから、衡量に合理性が欠けているという批判に対する反論として、「重みづけ定式（Gewichtsformel）」なるものを提唱するようになった。この定式自体は本論の主たる検討対象ではないので、ここではかいつまんで説明する。重みづけ定式は基本的に、個別事例に際しての衡量を、そこでの基本権保護の重要性と対抗原理実現の重要性の比として考えようとするものである。まず、当該事例において権利侵害の重大さと他原理が実現される重要さを文字 I（強度 Intensität の頭文字）で表す。権利の側を I_i、対抗原理の側を I_j と表すことにする。しかし、適切な衡量のためには、当該事例での両原理充足の重要性だけを比較するのではなく、両原理の抽象的重要性も考慮に入れる必要がある。これを G_i と G_j で表す（G は重要性 Gewicht の頭文字。英語版では Weight の W が使われている）。すると、重みづけ定式はとりあえず、

$$G_{i,j} = \frac{I_i \cdot G_i}{I_j \cdot G_j}$$

と表記できる。$G_{i,j}$ は（G_i、G_j と紛らわしいが）両原理の比であり、これが 1 より大きければ基本権の重要性の方が勝るので、当該制約は違憲となる。ただ、比を計算するには、当然ながら各変数の値を定めなければならない。アレクシーは、大中小 3 段階の重みづけであれば、それぞれの変数に合理的理由づけをともなって行うことが可能であるとし、それぞれに $2^2 = 4$、$2^1 = 2$、$2^0 = 1$ を対応させることを提唱する。等差でなく等比であるのは（$G_{i,j}$ が引き算でなく割り算で求められる理由でもあるが）、こうすることが、限界代替率逓減の法則に基づき、原理は侵害される程度が増すほどに抵抗力を増す（つまり、侵害程度が大きい場合には、そこからさらに侵害度を増すことを正当化するには、他原理の方の重要性が、侵害程度が低いときに侵害度を増すために必要な分よりも大きく増えなければならない）ことをうまく示すとされるからである。[19]

このような重みづけ定式には、分母と分子の数字の単位が同じであることはどうやって保証できるのかとか、なぜIとGは掛け算されるのかとか、即座にいろいろな疑問が浮かんでくるが[20]、それはさておいて話を進めると、アレクシーは、これだけでは「重みづけ定式」は未完成であるという。問題となる措置が基本権、対抗原理双方に与える影響には不確実なところが残るため、「経験的想定の確実性の度合い」も計算に入れるべきだというのである。予測には不確実性が残る以上、立法者は、制定する法律によって確実に目的が達成できるといえなければ基本権を制約してはいけない、ということはない。「連邦憲法裁判所は共同決定判決において、正当にも以下のように確認した。立法者が自らの比例性評価において基礎に置いた経験的予測については、常に確実性が求められるわけではなく、また不確実性がいかようにでも許されるわけでもない」。求められる確実性は、当該事案での基本権の重要性との関連で決まってくるのであり、「基本権への介入が重大であればあるほど、介入を支持する前提の確実性は高くなければならない」という「認識論的衡量法則」が成立する[21]。形式的原理は、まさにこの、不確実な想定に基づく基本権制約を許容する根拠として論じられることになるのだが、その根拠論は「重みづけ定式」の説明を一応終えてから行うことにする。

　アレクシーは、この「認識論的衡量法則」と、連邦憲法裁判所が共同決定判

---

19) Alexy, Gewichtsformel, S.777-89.

20) Vgl. Niels Petersen, Verhältnismäßigkeit als Rationalitätskontrolle, 2015, S.61-64. アレクシーは、原理間でそれぞれの憲法にとっての重要性を比較することは可能であるというが（Alexy, Gewichtsformel, S.781f.）、それで衡量の可能性は示せても、この数式の成立を保証することはできないだろう。さらに、衡量の合理性を示すためにこんな数式を創作する必要がなぜあるのか、という根本的な疑問が浮かぶ。Jan-Reinard Sieckmann, Zur Prinzipientheorie Robert Alexys, in: Matthias Klatt（Hrsg.）, Prinzipientheorie und Theorie der Abwägung, 2013, S.271, 280-88, 294f. は、衡量の合理化とは衡量者自身が自らの判断を合理的に説明しようとすることであって、この過程を計算にし、衡量者の確信を不要にする「重みづけ定式」はその説明として誤っているとする。ジークマンはさらに、これにより衡量と包摂、原理とルールに質的区別がなくなり、アレクシーは「自らの子どもを食らう父親」になったと厳しく批判する。実際、アレクシーは重みづけ定式のねらいを、衡量過程を包摂に類似する「形式的構造」をもったものとして描くことにあると明言している。Robert Alexy, On Balancing and Subsumption. A Structural Comparison, 16 Ratio Juris 433, 448 (2003). 衡量への合理性欠如という批判がよほど気に障っていたのであろうが、その解決を衡量過程の数式化に求めようとしたところで、そもそも道を誤ってしまったのではないかという気がする。

21) Alexy, Gewichtsformel, S.789.

決で立法者の予測についての審査強度について示した3区分、つまり「強化された内容審査」、「主張可能性審査」「明白性審査」の区分、とを結びつける。そこに、「確実」、「もっともらしい」、「明白に誤りではない」、という「認識論的3段階」が現れていると考えるからである。そして、問題となる措置が各原理に与える影響についての経験的想定の確実さを S_i, S_j（確実性 Sicherheit の頭文字。英語版では Reliability の R が使われているが、Sicherheit との意味のずれは否定できない。ここで問題になっているのが客観的確実性のことなのか、立法者の判断の信頼度のことなのかが不明確だということを示唆している[22]）で表し、「重みづけ定式」の完成型を

$$G_{i,j} = \frac{I_i \cdot G_i \cdot S_i}{I_j \cdot G_j \cdot S_j}$$

だとする。ただし、S は I、G とは異なり、「確実」なら $2^0 = 1$、「もっともらしい」は $2^{-1} = 1/2$、「明白に誤りはでない」は $2^{-2} = 1/4$ となり、「確実」でないかぎりその原理の重みを減らす効果をもつ[23]。

　しかし、実はこれで終わりではない。アレクシーは後に、「認識論的衡量法則」は「経験的前提」だけでなく「規範的前提」についても働くと述べ、S を二つに分割している[24]。この「規範的前提」とは、問題となる措置が各原理に与える影響の評価のことであり、つまり I の値の決定のことである[25]。この評価についても、立法者の判断の確実性に応じて3段階が区別できるとされ、結局 S

---

22) アレクシーはこの点の疑問に対し、後者の意味だと答えている。Robert Alexy, Thirteen Replies, in: Law, Rights and Discourse 333, 345f. (George Pavlakos ed., 2007). しかし、この疑問を提起した Julian Rivers, Proportionality, Discretion and the Second Law of Balancing, in: Law, Rights and Discourse 167, 182f (George Pavlakos ed., 2007) が言うように、アレクシーが書いている内容から判断すれば、彼は実際には「確実性」を客観的確率の意味で用いていると理解する方が適切であろう。

23) Alexy, Gewichtsformel, S.789f. Vgl. Robert Alexy, Die Konstruktion der Grundrechte, in: Laura Clérico/Jan-Reinard Sieckmann (Hrsg.), Grundrechte, Prinzipien und Argumentation. 2009, S.9, 16-19. 基本権の側にも S_i が加わるのであるが、基本権制約は法的に定められれば確実に生じるはずである。たしかに、その強度を判断するために必要な事実については、将来の予測にわたる面があるため確実性が問題となる場合はありうるだろう。ただ、対抗原理について後述するのと同様、そのような場合でも、その問題は基本権制約の大きさに吸収して論ずべきである。

24) Alexy, Formal Principles, at 514f.

は「経験的前提」も「規範的前提」も確実な場合の1から、両方とも「明白に誤りではない」場合の1/4×1/4 = 1/16までの値をとるとされる。

こうしてアレクシーは、かつての形式的原理に代えて、「確実性」変数Sを衡量に加えることにしたのである。しかし、形式的原理についての旧説を検討した箇所で述べたのと同様の疑問が生じる。つまり、Sの導入は実際の比例原則の使われ方に対応していないのではないか。「経験的前提」についてであれ「規範的前提」についてであれ、その確実性の高低が比例原則の衡量の要素自体として扱われているわけではない。

アレクシーは「確実性」の3段階区分に際して、1979年の共同決定判決を持ち出している。この判決についてもすでに多くの紹介があるから詳述は避けるが、そこで上記の審査強度の区分が示された文脈は、アレクシーの「重みづけ定式」とは全く異なる。同判決では、共同決定法が将来どのような影響を与えるかについて不確実性が大きいところ、同法が目的を達成でき、かつ企業経営や全体経済に悪影響を及ぼさないという立法者の予測について、「立法者が予測をするために憲法上求められる要求を満たしていなかったという場合にのみ、連邦憲法裁判所は他の評価を出発点とすることができる」としたうえで、その憲法上の要求が場合によって3段階に分けられるとしたのである。[26] 同判決では、主張可能性審査と明白性審査のどちらが適用されるべき事案かは明言されなかったが、実際になされた主張可能性審査に即していえば、立法者の上記予測にこの審査をパスする程度の根拠があると認定できれば、連邦憲法裁判所はその予測を法的判断の根拠にするということであり、そうでなければ、その予測を根拠にしない、ということになる。当然ながら、この3段階論は、比例原則において「確実でない」とされる予測に基づく主張の重みを減らす効果をもつものではない。アレクシーの定式に当てはめていえば、Iの値を決めるための作業において、立法者の予測をどのように取り扱うかという段階での話で

---

25) Robert Alexy, Postscript, in: A Theory of Constitutional Rights 388, 415f. (2002).（以下 Postscript として引用）ただし、アレクシーはGについても確実性は問題となりうるとしている。Alexy, Formal Principles, at 513.

26) BVerfGE 50, 290 (332f.).同判決については、近年の検討として山本真敬「ドイツ連邦憲法裁判所における主張可能性の統制（Vertretbarkeitskontrolle）に関する一考察（2・完）」早稲田大学大学院法研論集155号（2015年）301頁参照。

ある[27]。また、立法者の予測に対して求められる根拠づけの程度は事案によって
定まるのであり、事案にかかわらず「予測が確実なら1だが明白に誤りでない
だけなら1/4」として衡量過程に計上される（したがって、常に、「明白に誤りで
ない」だけの予測でも合憲となる可能性を開く）ような性質のものでもない。

　アレクシーは、Sが実際に意味をもった事例として、大麻製品の取引などを
処罰する法律の合憲性についての1994年の「大麻」決定を挙げる。ここで、
連邦憲法裁判所が、大麻製品の刑罰による禁止が国民の健康保持という目的の
ために必要だという立法者の見解は「主張可能（vertretbar）」だと述べたこと[28]
を、アレクシーは同裁判所がS_jを1/2だと評価したのだととらえ、さらに他
の変数も推定して合憲の結論に合う数式を作り上げている[29]。これも、まったく
無理筋の判例利用だといわざるをえない。そもそも、決定が立法者の判断を
「主張可能」と評価したのは、狭義の比例性審査ではなく必要性審査に関して
である。処罰の効果などについて不確実性が残る状況では、立法者の必要性判
断が「憲法上受け入れられるべきだ」とされたのである[30]。これに対し、狭義の
比例性審査においては、法益侵害の程度の判断にあたっての不確実性への言及
はない[31]。審査段階の違いを除外しても、ここでも立法者の判断が「主張可能」
との判示は、本事案ではそれを合憲性判断の根拠として受け入れてかまわない
という意味で用いられているのであって、衡量にあたってその価値を割り引く
含意など少しもない。

　さらにアレクシーは、「規範的前提」についても確実性の高低を問題にする。
これは、裁判所による比例原則の適用が、各法益の重みを立法者とは独自に評

---

27) Rivers, supra note 22, at 182f. は、アレクシーのいう「確実性」を裁判所にとっての立法者の判断
　の信頼性と理解する立場から、共同決定判決は立法者の判断を受け入れるべき事案であったからそ
　れが「信頼できる」とされたのだとする。同判決は立法者の予測を「主張可能」としたものであっ
　たが、それはともかく、Rivers の見解によれば、信頼性と理解された「確実性」は、立法者の判断
　の根拠によってではなく、当該事案が立法者の判断を尊重すべき事案かどうかで決まってくること
　になる。アレクシーは、この Rivers の提唱に対して、それがSと認識論的不確実性との関連を断ち
　切るものだとして、自説との相違を指摘している。Alexy, supra note 22, at 346.
28) BVerfGE 90, 145 (182). 工藤達朗「薬物酩酊の権利？」『ドイツの憲法判例Ⅱ〔第2版〕』（信山社、
　2006年）42頁参照。
29) Alexy, Gewichtsformel, S.790f.; supra note 20, at 447f.
30) BVerfGE 90, 145 (182f.).
31) BVerfGE 90, 145 (183-94).

価するという作業ではなく、立法者の評価を受け入れつつそれが疑わしいときにはその重みを割り引くというかたちで行われるという理解を意味する。しかし、こちらは「経験的前提」の場合よりもさらに輪をかけて、比例原則の実際の使われ方とは異なっていると言わざるをえないだろう。アレクシーは、規範的不確実性が問題となった事例として、解雇制限法が一部規定を従業員5人以下の企業には適用せず、したがって、そのような小企業の従業員が解雇制限の保護から排除されていることの合憲性が問題となった1998年の連邦憲法裁判所判決を取り上げる[32]。同判決は、同法の基本法12条1項の職業の自由保障との関係での合憲性について審査する際、法の効果の予測だけでなく、「利益状況の評価」についても立法者の「政治的責任」に属する事項であるとし、「基本権地位が、他の契約当事者の利益に対して、問題となる基本権の意義と射程にかんがみて、もはや適切な調整がなされているとはいえない程度に従属させられている場合」にのみ違憲となると述べた。そして、立法者は小企業とその労働者の利益をともに考慮したとして、小企業の利益を優先させて解雇制限の対象から除外する立法者の判断に憲法上の瑕疵はないとしたのである[33]。

　本判決は、共同決定判決と同様の経済政策に関する事案であり、問題となる法益の重みについて立法者の判断を尊重する立場が示されたといえる。しかし、本事案で立法者の判断が尊重されたことは、問題となっている利益の規範的評価の確実性とは関係ない。判決は、まず「これらの利益を適切な調整へともたらそうとする立法者には、広い内容形成の自由余地が認められる」としたうえで、事実および規範双方の面において立法者の判断を尊重すると述べているのである[34]。立法者の自由を尊重すべき事案であったから、尊重したということである。アレクシーの枠組みに従うなら、立法者の規範的評価をふまえた上で、その「確実性」変数Sを決めなければならない。確実でない想定なら、その価値を割引く必要があるからである。だが、本件で立法者の規範的評価が割り引かれなかったのは、それが確実だったからではない。衡量において明白な瑕

---

32) Alexy, Postscript, at 415f. ここでの説明はSと関連づけられていないが、規範的不確実性についても経験的不確実性と同じ論理が当てはまるというのが、アレクシーの立場である。Id. at 420f.

33) BVerfGE 97, 169 (176-80).

34) BVerfGE 97, 169 (176).

疵がない限り、その評価をそのまま受け入れるという枠組みがとられたからである。ここでも、問題は裁判所として立法者の判断を受け入れるための基準をどこに設定するかであって、常に受け入れるが不確実な場合にはその重みを割り引くというような審査が行われているのではない。

　そもそも、法律は未来を規律するものである以上、その内容は常に予測に基づく。基本権を制約する理由も、一般論としては他の法益が侵害される危険があることである。危険自体が基本権を制約する理由となるのだから、Ｉとは独立のＳが必要だとは思えない。まさに「大麻」決定では、大麻使用を解禁することがもたらす「危険」の大きさについての立法者の判断が肯定されたが、ここには当然国民の健康が害されることの「確実性」についての立法者の判断も含まれているはずである。しかし、その判断を受け入れるかどうかが危険の大きさの判断と独立の項目として考慮されるわけではない。確実性の高低は、危険の本来的内容をなすからである。したがって、原理が実現される「確実性」を独自の要素として衡量に組み込むことは、余計な混乱を招くだけであり、実際にも行われていないのである。[35]

Ⅳ　認識論的裁量と形式的原理

　このように、アレクシーの「重みづけ定式」における「確実性」変数Ｓは、ＩやＧよりもはるかに理解に苦しむものであったが、アレクシーはさらに、そのＳと関連づけて、新たなかたちで形式的原理を定式化しようとする。彼は、この段階でも、「民主的に正統化された立法者が、社会にとって重要な決定をできるだけ多くなすべきである」という形式的原理が妥当するとし、これと最適化要請としての基本権との調整を図ろうとする。[36]　彼はまず、立法裁量には実質的あるいは構造的裁量と認識論的裁量があるとする。前者は憲法上命じられても禁じられてもいない規範定立について認められる。当然である。[37]　形式的原理は、実際には認識論的裁量との関係で論じられる。これは、憲法上の判断に必要な知識が確実には得られない場合に問題となる。[38]

---

35) Sieckmann, Anm.20, S.284f. は、Ｓの導入が衡量を歪め、奇妙な帰結をもたらすと指摘する。

36) Alexy, Postscript, at 416f; Formal Principles, at 516f.

アレクシーの原理理論における形式的原理と立法裁量　　95

　基本権の最適化要請を認識面でも求めると、立法者は確実な前提を有する判断に基づいてしか基本権制約ができないということになる。しかし、予測には不確実性が伴わざるをえない以上、これでは立法者の権限が制約されすぎであろう。「まさにここで、立法者の民主的に正統化された決定権限という形式的原理が働く[39]」。つまり、不確実な状況でも、過大な制約になるかもしれないというリスクをとってでも制約を認める根拠となるのが、形式的原理であり、その結果認められるのが認識論的裁量だということになる。「重みづけ定式」に即していえば、立法者のいうIの値が不確実な前提に基づく場合であっても、その判断を受け入れることを可能にするのが形式的原理の効果だということである。ただし、上記の「認識論的衡量法則」が妥当することから、変数Sが加わることにもなる。

　しかし、アレクシーはさらに奇妙なことを主張する。実質的原理と形式的原理は、変数の値を定めるメタレベルで衡量されている、というのである。たしかに、形式的原理が立法者の認識論的裁量を認める根拠だとすると、「重みづけ定式」で実体的原理と形式的原理の衡量は行われていない。Sは確実性の値であって、形式的原理の重みではない。では、メタレベルの衡量とは何か。この点についてのアレクシーの説明は難解であるが、私なりに理解したかぎりでいえば、次のようになる。まず、経験的想定が「確実」だといえる場合には、実体的衡量に影響はない。しかし、それが「もっともらしい」あるいは「明白に誤りではない」にとどまる場合には、「第2階の衡量において形式的原理が実体的原理に優越する」結果、「これらの想定は衡量から排除されない」。ただ

37）アレクシーの理解は、実はさほど当然ではない。彼は、「重みづけ定式」の帰結 $G_{i,j}$ が1にあたる場合のみを構造的裁量と呼んでいるからである。Alexy, Postscript, at 408-14; Robert Alexy, Verfassungsrecht und einfaches Recht – Verfassungsgerichtsbarkeit und Fachgerichtsbaekeit, VVDStRL 61（2002）, S.7, 18-26. 当該基本線制約が憲法上求められている場合にはたしかにそうだが、そうでない場合には、値が1以下ならすべて構造的裁量に該当するはずである。

38）認識における不確実さと立法裁量の関係について、アレクシーは自ら指導した博士論文、Marius Raabe, Grundrechte und Erkenntnis, 1998 に大きな刺激を受けたようで、この関連で同書をしばしば引用する。「認識論的衡量法則」や経験的不確実性と規範的不確実性の区別などにおいて、たしかに同書の影響は感じられるが、さすがにアレクシーは弟子説の受け売りではなく、独自の体系に練り上げた自説を展開している。

39）Alexy, Postscript, at 416f.

し、実体的原理の値を割り引くための変数Sが導入されることになる。そして彼は、「この（メタレベルの—引用者注）衡量結果と、認識論的変数とその値の重みづけ定式への導入により、形式的原理はこの定式に従う第1階の衡量に代表されているのである」という[40]。旧説においては、形式的原理は衡量に直接算入されていたが、それは違憲なものを合憲にするとして退けられた。新説においては、形式的原理は衡量に間接的に作用するとされ、この欠点が除去されたわけである。

　彼のいうメタレベルの衡量とは、経験的想定の確実性が「もっともらしい」や「明白に誤りではない」の場合にも、それに基づいて評価されたIの値を重みづけ定式に導入してよい理由を示すものであると理解することができる。しかし、この「衡量」は、あらゆる基本権制約にとって同じ結果、つまり明白に誤りでない以上、衡量での考慮を否定されない、という結果を導くのであるから、およそ「衡量」といえるものなのか、疑問である[41]。憲法解釈として、基本権制約の根拠に含まれる経験的想定に「明白に誤りではない」以上の確実性がある場合には、それに基づく評価を衡量に導入してよいというルールが導けるというだけであろう[42]。このレベルでは、彼のいう「認識論的衡量法則」は何ら働いていない。メタレベルの衡量結果に、単に重みづけ定式への導入が許されるかだけではなく、Sによる実体的原理の重みの割引という条件つきかどうかということまで含められるとしても、やはり「認識論的衡量法則」は働いていない。Sは、基本権の重要性とは関係なく、単に経験的想定の確実性によって決まる変数なのだから。それが「衡量法則」にかかわる意味をもつのは、あくまでも他原理との衡量、「重みづけ定式」における総合的な比 $G_{i,j}$ の計算に際してである。また、まさにメタレベルで衡量が行われていないからこそ、アレ

---

40) Alexy, Formal Principles, at 521f.

41) Vgl. Borowski, Anm.8, S.182f.

42) Vgl. Matthias Klatt/Johannes Schmidt, Spielräume im Öffentlichen Recht, 2010, S.63. Hwang, Anm.17, S.623-25 は、アレクシーのいう形式的原理は、その重みをどう計ればいいのか全く分からず、立法裁量を合理的に限定することができないと批判する。たしかにそのとおりなのだが、アレクシーがそれが作用する場をメタレベルに移したことにより、むしろ形式的原理は衡量において常に同じことしか要求しない内容のものとなったといえる。いずれにせよ、アレクシーのいう最適化命令としての意味での原理とは解せない。

クシーによれば、どんな基本権侵害であっても、立法者の予測は明白に誤りでないかぎり法的評価の前提とされてしまう。しかし、これは連邦憲法裁判所の判例とは一致しないし、比例原則の理解としても妥当なものとはいえない。

　アレクシーが、形式的原理がメタレベルにおける衡量で働くという理解困難な主張をなすのは、結局、どうして「明白に誤りではない」想定であれば衡量に入れてよいことになるのか、その理由をうまく説明できないからであろう。それを、立法者の権限尊重という形式的原理の直接の要請だとは言いにくいので、実体的原理との衡量が行われた結果そうなったのだという説明がなされることになる。ここでは、「衡量」がきちんとした理由なく自らの結論を何でも正当化する道具であるという、アレクシーが何としても退けようとしている批判が当てはまっているように思われる。

V　弟子の批判

　こうして提唱された、アレクシーの形式的原理についての新説は、その原理理論を基本的に受け入れている「キール学派」内でも賛同を得られていない。最大の批判者は、一番弟子といってよいマルティン・ボロフスキである。まず、ボロフスキは、変数Ｓの導入が、裁判所による経験的前提の調査義務を免除するものだと「誤解」されてはならないという。事態を解明するために相当といえる手段が尽くされてもなお不確実性が残るときにのみ、不確実性を衡量で考慮することが許される[43]。上記した内容からして、はたしてここでいう「誤解」がアレクシーの理解として誤解かどうかは疑問であり、ボロフスキもそれが誤解とはかぎらないと分かっているからこそ、このように言うのであろう。

　そのうえでボロフスキは、変数Ｓは立法裁量と無関係ではないかという。Ｓは衡量結果を変えるだけである。形式的原理は、立法者の権限を尊重するという内容からして、裁判所にとってのみ意味のある原理のはずであるが、Ｓを入れた「重みづけ定式」のどこにも、この「視点の相違」は表されていない[44]。むしろ、Ｓを入れた「重みづけ定式」は立法裁量の存在を隠す働きをしている。

---

43) Borowski, Anm.8, S.173f.

つまり、それが衡量主体を問わない衡量の計算式そのものとされることで、実体的原理の衝突の理想的解決とは異なる立法がなされていたとしても裁判所は立法裁量を尊重してその結果を承認するという、「裁量の真髄」が隠されてしまうのである[45]。

　さらに、マティアス・クラットとヨハネス・シュミットの共著は、ボロフスキの批判を受けるかたちで形式的原理を原理理論から実質的に放逐する。彼らは、アレクシーが衡量の際のIの値として、常に「審査される機関によって主張されている侵害の強さ」を使っているとして、これは正しい衡量の仕方ではないと批判する。認識論的不確実性がある場合には、まさにこの値をどう定めるかが問題となるのであって、アレクシーのようにこの点で立法者に完全な自由を認める立場は「立法者の憲法への拘束に合致しない」。クラット／シュミットは、侵害強度と確実性の積が最大となる場合の侵害強度をIの値として採用すべきだと提唱する[46]。この提唱自体の当否はともかく、アレクシーによる「重みづけ定式」理解の欠陥の指摘は適切である。だが、アレクシーの新説によれば、形式的原理は立法者の評価を、それが明白に誤りでないかぎり「重みづけ定式」にそのまま入れることを正当化する根拠であった。彼らがこの要請を否定する以上、「形式的原理は裁量を構成するために必要ない」ということになるのは当然である[47]。

　では、立法裁量と衡量とはどのような関係にあることになるのか。衡量はまずは実体的原理どうしで行われるべきである。立法者はこの衡量で自らの法律を正当化できなければならない。これに対し、その合憲性審査にあたっては、

44）Ebd., S.177; Martin Borowski, Alexys drittes Modell formeller Prinzipien, in: Martin Borowski u.a. (Hrsg.), Rechtsphilosophie und Grundrechtstheorie, 2017, S.449, 459-61. Vgl. Peng-Hsiang Wang, Formal Principles as Second Order Reasons, in: Martin Borowski u.a. (Hrsg.), Rechtsphilosophie und Grundrechtstheorie, 2017, S.429, 435.

45）Borowski, Anm.44, S.466. ただし、ボロフスキはアレクシーの旧説が基本的に正しいとしている。アレクシーの自己批判については、形式的原理は不確実性があり合憲性判断が明確には行えないときに問題になるのだから、違憲な基本権制約を合憲にするわけではないと反論している。Ebd., S.465f, 475. Martin Borowski, Grundrechte als Prinzipien, 3.Aufl., 2018, S.189f. ただ、アレクシー旧説は、特に認識論的不確実性とは関連づけられていなかったのであり、ボロフスキ説はそれを修正した独自説と理解すべきであろう。

46）Klatt/Schmidt, Anm.42, S.22-25.

47）Ebd., S.65.

必ずしも審査機関に更地での衡量が認められるわけではない。たしかに、考慮されるべき事項が考慮されているか、「重みづけ定式」における計算が誤っていないかについては、謝りは見逃されず違憲とされる。しかし、憲法裁判所が個々の変数の値を入れ替えてよいかどうかは、立法者と裁判所の間の権限分配の問題であり、一概に決まってくるものではない。「ここでは、さまざまの形式的原理やルールが考えうる」。つまり、立法裁量の範囲は、基本権論において理論的に決められるものではなく、機関間の権限関係において様々である。こうして、衡量のレベルと審査のレベルを分けることにより、基本権についての実体的理論としての衡量論を普遍的な理論として示せるとともに、審査機関との権限関係で立法裁量が様々の範囲で認められることになることを、それとは独立に示すことができる。[48]

　結局、クラット／シュミットによれば、立法者が採用した変数の値にどの程度裁判所が拘束されるかは、機関間の実定法上の権限関係によって決まるものだとされる。だとすれば、これは別に認識論的不確実性がある場合に限った話ではない。様々の場合に、憲法裁判所がどの程度の審査密度で立法者の判断を審査すべきかという、ドイツで広く論じられてきた議論そのものである。アレクシーの奇妙な形式的原理論は、弟子の手によって通常の憲法学の議論へと変質させられたことになる。[49]

---

48) Ebd., S.65-69. ジークマンも類似した理論構成を示す。彼は、実体的憲法解釈とは別に「最終的決定権をどの機関が有するべきか」を定める際に、立法者の憲法解釈を考慮せよとする形式的原理が作用するとし、「形式的原理はさまざまの文脈でさまざまの重さを有しうるし、さまざまの程度で問題になる」とする。ただし、ジークマンは、裁判所の審査の程度が基本権侵害の程度と理論的に関連すると考えているようであり、だから形式的原理という用語の理論的有用性を肯定している。Jan Sieckmann, Recht als normatives System, 2009, S.194, 200-04. Wang, Anm.44, S.445-47 も同様の立場を示す。この点で、立法裁量は機関間の権限をどう定めるかの問題だと割り切ってとらえているクラット／シュミットの説との間には相違が見られる。むろん、クラット／シュミットも裁判所の審査権限が基本権侵害の程度と関連しうることを否定しないが、これは実定法（解釈）——むろん、判例による形成を含む——でそう定めることが可能だということである。

49) ただし、ボロフスキもクラット／シュミットも、「重みづけ定式」を意味のある数式だと評価し、さらにその中に「確実性」変数Sを入れることも承認している。Borowski, Anm.45, S.129f., 141. Klatt/Schmidt, Anm.42, S.11. しかし、「重みづけ定式」を受け入れるとしても、Sが不要であることは既述のとおりである。

Ⅵ　おわりに

　アレクシーは、クラット／シュミットに対し、形式的原理を衡量に間接的に結びつける自らの主張の方が、通常の衡量法則と「認識論的衡量法則」とが基本権侵害の程度という共通の条件節によって組み合わさっていることを示せる点で優れていると述べている[50]。これも、そのことがなぜアレクシー説の優位を示すのか理解困難な主張であるが、とにかく「認識論的衡量法則」なるものが妥当するとしても、それは各変数に立法者の主張する値を当てることを正当化する根拠にはならない。この点での、クラット／シュミットによるアレクシーの形式的原理論への批判の正しさは、明らかである。

　アレクシーは、裁判所が基本権制約の合憲性を考えるにあたって立法者の裁量をどの程度考慮すべきかという問題を、原理としての基本権の適用にあたって必要となる衡量の枠内で説明しようと試みた。しかし、立法者の権限を尊重する形式的原理を衡量にそのまま持ち込むことは、裁判所に対し、実体的に許される制約よりも大きな基本権制約を常に合憲と判断することを求めることになる。これが問題だと気づいたアレクシーは、次に形式的原理を、立法者の事実・規範両面での評価を、それが明白に誤りでないかぎりそのまま衡量に持ち込むことを正当化する論理として用いることにした。しかしこれも、一面で立法者の判断を尊重しすぎるものであって、たとえばその確実性が「明白に誤りではない」にとどまる場合にどうして常に裁判所独自の評価が許されないことになるのか、説明困難である。他方で、「確実性」変数Ｓによって実体的原理の重みを割り引くという作業は、法律による基本権制約は常に何らかの利益が害される危険を理由にしており、その危険の大きさを判断する際には必然的にその確実性についての判断も必要になるという事情を無視している。したがって必然的に、実際の比例原則の用いられ方にも対応していない。結局、立法裁量の範囲という問題を、強引に基本権制約の合憲性についての実体的審査の枠内で論じようとすることに、根本的問題点が存在したように思われる。

---

50) Alexy, Formal Principles, at 522.

裁判所が立法者の判断をどの程度尊重すべきか判断するにあたっては、たしかに基本権制約の度合いは一つの有力な考慮要素となるだろう。しかし、その範囲は単純にこの関係だけで決まるものではない。共同決定判決がすでに、「詳細にいえば、立法者の評価特権は、さまざまの種類の要因によって決まってくる。とりわけ、問題となっている事項領域の特性、自ら十分に確実な判断ができる可能性、危険にさらされている法益の意義が問題になる」と述べていた[51]。だとすれば、この問題は比例原則自体とは切り離して論ずるべきだろう。その意味で、裁判所の違憲審査権を論じる際には、機能法的考察は欠かせない。アレクシーは『基本権の理論』の中で、連邦憲法裁判所の審査権限を論ずるにあたって「機能論的次元」よりも「実質論・方法論的次元」の方が優位しなければならないと述べていたが[52]、彼はこの立場を一貫して維持しているのだといえよう。しかし、両者はどちらが優位ということはなく、併存すべきものであろう[53]。

（もうり・とおる　京都大学教授）

---

51) BVerfGE 50, 290 (332f.).

52) Alexy, Theorie, S.497.

53) したがって、（アレクシーのいう意味ではなく通常の）比例原則と違憲審査基準とは、違うレベルの準則であり、本来両者間の選択が問題となるような話ではない。小山剛『『憲法上の権利』の作法〔第3版〕』（尚学社、2016年）72頁以下の叙述を参照。比例原則を裁判所がどのように用いるかについての予測可能性を高めるには判例の蓄積が必要であるが、アメリカの違憲審査基準はまさに判例の蓄積によって生み出されたのである。日本では、判例の蓄積がないのに違憲審査基準が輸入された（しかし、そのことは日本の憲法学・憲法判例の展開にとって重要な貢献となった）ために、他国にはない問題状況が生じているのだといえよう。

J.M. バルキンの「枠組みとしてのオリジナリズム」に関する一考察

──法理学の視座からみたアメリカ合衆国の憲法解釈論におけるその位置づけ

早川のぞみ

I 問題の設定

1 アメリカ合衆国における現代の憲法解釈論の構図

アメリカ合衆国（以下、アメリカ）における現代の憲法解釈論の争点の一つは、憲法解釈の主たる目的を憲法制定権者の意思の解明にあるとする「オリジナリズム（originalism）」の評価をめぐって争われる。この点、元アメリカ合衆国連邦最高裁判所判事である A. スカリアは、オリジナリズムの著名な論者であるが、彼は制憲者意思説の立場から、一つの明確な理論的な立場を示した。彼は、憲法を制憲者が定めた確定的なルールを中心に捉えて、憲法の解釈とはそのルールの適用の問題であると考える。他方では、憲法の実践的・動態的な側面にも着目しつつ、憲法の解釈とは現在における憲法それ自体の目的を明らかにすることにあるとする理論的な立場がある。例えば、法哲学者である R. ドゥオーキンは、憲法を道徳的な原理を中心に捉えて、憲法の解釈とは道徳的原理の実現であるという道徳的解釈論を提唱した。[1]

本稿で取り上げる憲法学者である J.M. バルキンは、一方で、制憲者意思を重視するオリジナリズムと、他方で、諸状況の変化を憲法に取り込もうとする

---

1) スカリアとドゥオーキンの理論の特徴と違いについては、拙稿「ドゥオーキンの道徳的解釈論の意義と課題──オリジナリズムとの対比から：中絶事例を手掛かりに」法哲学年報（2006 年）（有斐閣、2007 年）158 頁以下、を参照されたい。

「生ける憲法主義（living constitutionalism）」という二つの見方は両立すると言い[2]、独自の憲法解釈の方法論を提唱する。この理論は、オリジナリズムの見解に親和的でありながらも、憲法の解釈は、テキストの基礎にある「原理（principle）」を実現することにあると論ずる（「テキストと原理（text and principle）」論）。バルキンは、アメリカの憲法秩序に現れる憲法上の変化の正統性を説明できる憲法理論として「枠組みとしてのオリジナリズム（framework originalism）」を提唱しており、これはオリジナリズムを発展的に継承しようとする憲法解釈論として注目される[3]。

　憲法解釈の方法論は、一つには、憲法の目的は何か、また、憲法規範（特に基本権規範）の性質とは何かに関する憲法理論の問題があり、もう一つには、その憲法理論を支える法それ自体（例えば、法と道徳の関係）をどのように理解するのかという法理論の問題がある。

　本稿では、バルキンの憲法解釈の方法の基礎にある憲法理論と法理論を分析し、その理論的な特徴を明らかにしたい。その上で、現代のアメリカにおける憲法解釈論の中でのバルキンの理論の位置づけを確かめたい[4]。

2　憲法解釈をめぐる法的問題

(1)　憲法に列挙されていない権利

　現代アメリカでは、20世紀後半に、公民権運動やフェミニズム等の社会運動を背景として、黒人の平等な権利、避妊の自由、中絶の自由、同性愛者の権利などが次々に主張され、アメリカ合衆国連邦最高裁判所（以下、連邦最高裁）は、これらの権利や自由の中でも特に重要なものをアメリカ合衆国憲法（以下、

---

2)　Jack. M. Balkin, *Living Originalism* 3 (Harvard University Press 2011).

3)　バルキンの憲法解釈論については、川鍋健「テクスト解釈とその目的——ジャック・M・バルキンの「生ける原意主義」、そして「憲法の救贖」という物語について」一橋法学16巻1号（2017年）165頁以下、大林啓吾「司法裁量——原意主義と生ける憲法の接合は可能か？」大沢秀介、大林啓吾編著『アメリカの憲法問題と司法審査』（成文堂、2016年）267頁以下、淺野博宣「ジャック・バルキンの原意主義」辻村みよ子＝長谷部恭男編『憲法理論の再創造』（日本評論社、2011年）229頁以下、など参照。

4)　筆者は、これまで法理学上の問題関心から、法におけるルールと原理という性質の異なる規範を区別した上で、ルール中心の法理論と原理中心の法理論の特徴と違いについて考察してきた。本稿でも、このルールと原理を区別する理論的視座から、バルキンの憲法解釈論を分析する。

憲法）の基本的権利として保護する一連のリベラルな判決を下してきた。ここでは、制憲当時に認識されなかった「新しい人権」[5]を、裁判所が憲法解釈によって認め得るのか、そして、その法的な正当性を如何に理論づけるのかが問われる。その中でも、憲法解釈の理論的な正しさを検証する一つの試金石として、Roe v. Wade（410 U.S. 113（1973））（以下、Roe 判決）がしばしば取り上げられる。Roe 判決は、中絶の自由に対する憲法上の実質的な保護を認めたが、この判決以降も、胎児の生命保護等との関係で中絶の自由を認めるべきか否かに関する議論が継続している。この Roe 判決の法的正当性の問題は、バルキンにとっても問題関心の一つである[6]。

(2) スカリアのオリジナリズム

スカリアは、基本的権利を確固としたルールのようなものとして捉えており[7]、「（憲法）全体の目的は、（その内容が）変化することを防ぐことにある。すなわち、特定の諸権利について、将来の世代が容易く奪い去ってしまうことを出来なくするような仕方で、これらを（憲法の中に）埋め込むことある[8]」と言う。スカリアは、基本的権利を制憲者が将来に渡って憲法によって保護すべき個人の基本的な価値である、と理解する。

スカリアにとって憲法の解釈は、制憲者が定めた特定の基本的な価値の内容を突き止めることにある。それ故、スカリアは、連邦最高裁が、修正第14条の実体的デュー・プロセスの法理を援用することで、憲法に列挙されていない中絶の自由を基本的権利として保護した Roe 判決を強く批判する。その理由は、この修正条項を批准した当時、制憲者が中絶の自由を基本的な権利であると認めていなかったからであり、それ故、中絶の自由の問題は諸州の市民による民主的な選択に委ねられるべき、とする[9]。スカリアからすると、中絶の自由が憲

---

5)　「新しい人権」について、辻村みよ子『憲法〔第6版〕』（日本評論社、2018年）15頁、参照。

6)　Cf. Jack M. Balkin, "Abortion and Original Meaning", 24 *Const. Comm.* 291, 294（2007）.

7)　See Antonin Scalia, "Originalism : The Lesser Evil", 57 *U. Cin. L. Rev.* 849, 854（1989）.

8)　Antonin Scalia, "Common-Law Courts in a Civil-Law System : The Role of United States Federal Courts in Interpreting the Constitution and Laws", in *A Matter of Interpretation : Federal Courts and the Law* 40（Amy Gutmann ed., Princeton University Press 1997）.（括弧内の記述は筆者による。）

法上の権利か否かという問題は、本来的に憲法改正手続に依るべきなのである。

(3) バルキンの問題関心

バルキンは、オリジナリズムの立場から、新たに憲法上の権利を認める連邦最高裁の一連の判決を説明することは特に難しいと言う。というのも、制憲当時と現代の間には、社会的諸事情や一般の意識などに、大きな乖離が認められるからである。そこで、バルキンは、一方で、制憲者意思を重視しつつも、また同時に、アメリカにおける憲法の移り変わりの正しさを適切に説明できる憲法解釈論を提唱しようと試みている。

Ⅱ 「超高層的なオリジナリズム」と「オリジナルに期待された適用」論

バルキン自身が重視し、また同時に批判の対象とするのが、スカリアのオリジナリズムである。バルキンは、スカリアのオリジナリズムの特徴を次のように分析する。

1 「オリジナルに期待された適用」論

バルキンは、スカリアが解釈の目的とする憲法のオリジナルな意味とは、起草者や批准者たちの個々の具体的な心理意図に依拠することではなく、そのテキストが制定された当時に公衆の間で共有された一般的な意味に依拠することにあると分析する[10]。そして、憲法の解釈とは、「そのテキストが採択された当時の人々が、その言語（と全ての法律用語）を通常の意味で適用したならば、何を期待したであろうかを問うこと[11]」であると言う。

例えば、スカリアは、修正第8条（残虐で異常な刑罰の禁止）の規定が、哲学者たちによって将来に渡って論じられるべき「残虐さ」についての道徳的な原理ではなくて、この規定が制定された1791年当時の社会が、何を残虐なものと評価したのかを定めていると言う[12]。それ故、同条項を解釈する際には、この制憲当時に社会が評価した「残虐さ」についての基準を特定し、それと同じよ

---

9) See e.g., Planned Parenthood of Southeastern Pennsylvania v. Casey, 505 U.S. 833, 979-981 (1992) (Scala, J., concurring in the judgment in part and dissenting in part).

うな仕方で適用すべきこととなる。[13]

バルキンは、スカリアが提示する、この解釈方法を「オリジナルに期待された適用（original expected application）」論と呼ぶ。

2　超高層的なオリジナリズム

バルキンは、スカリア型のオリジナリズムには、次のような特徴があると言う。[14]このタイプのオリジナリズムは、まず、①憲法を多かれ少なかれ完成された計画と捉える。憲法は国家に対して、将来の要求に応えるために、民主的な立法の余地を認めるが、これは憲法の範囲で許された立法行為に限られる。また、②憲法の内容を変える唯一の方法は、憲法改正規定に基づいた憲法改正手続だけである（憲法改正）。③一方で、政治部門には（自発的な憲法改正以外に）憲法を創造する権限はないが、他方で、裁判所には憲法が規定する制憲当時の規約を行使する限りにおいて、司法審査の民主的正統性がある（司法審査の民主的正統性）。そして、④裁判官は憲法のオリジナルな規約のとおりに適用しなければならない。さもなければ、裁判官はもはや憲法に拘束されるとは言えず、ただ自分の信念に基づいて判決を形成することになる（裁判官に対する憲法の拘束）。

---

10) See Balkin, *Living Originalism*, supra note 2, at 102-103. 初期のオリジナリズムには、起草者の意図を探求する「オリジナルな意図」説や批准者の言述を手掛かりに理解しようとする「オリジナルな理解」説があるが、これらに対しては、憲法制定会議等の立法過程において、個々の制憲者や批准者の具体的心理意思はまとまりがなく、その特定は困難であるといった批判が向けられた。例え ば、Paul Brest, "The Misconceived Quest for the Original Understanding", 60 *B.U.L. Rev.* 204 (1980)、参照。スカリアは、制憲当時の公衆によって共有された一般的な意味を「オリジナルな意味」と理解する説に立つが、これは、制定法の審議に際して、その起草者たちがテキストに託した立法理由の中で表明された意味を、採択者たちがそのまま承認するという、いわゆる協約説（取り込み説）に当たる（参照、青井秀夫『法理学概説』（有斐閣、2007 年）481 頁）。他方で、R. H. ボークやドゥオーキンが登場させた「ハーミーズ」という空想上の裁判官は、制憲者や批准者のオリジナルな意図や理解を重視する説に近い。See Robert H. Bork, "The Constitution, Original Intent and Economic Rights", 23 *San Diego L. Rev.* 823, 823 (1986); Ronald Dworkin, *Law's Empire* 318-337, 361 (Harvard University Press 1986).

11) Balkin, *Living Originalism*, supra note 2, at 7.（括弧内の記述は原文のまま。）

12) See Antonin Scalia, "Response", in *A Matter of Interpretation*, supra note 8, at 145 .

13) See Balkin, *Living Originalism*, supra note 2, at 7.

14) See id., at 21-22.

バルキンによれば、このタイプのオリジナリズムは、憲法の目的とは、制憲当時の世代が憲法で保護すると約束した具体的な価値を、将来の世代が放棄するのを防ぐことにあると理解し、憲法とは何らかの確定的なルールのようなものが幾重にも積み重なって築かれた強固な法秩序であると捉えている[15]。バルキンは、これを「超高層的なオリジナリズム（skyscraper originalism）」と呼ぶ。

3　限界

「オリジナルに期待された適用」論に従えば、一方で、例えばテレビやラジオといった制憲以降に発達した技術であっても、これを、制憲当時に存在した現象や技術と類推的に解釈することで、前者を後者に含めて解釈することができる[16]。しかし、他方で、現実の憲法上の実践が、制憲時の世代の期待する内容とは異なることが多く、この「オリジナルに期待された適用」論から導かれるはずの解釈と明らかに食い違う場合がある、とバルキンは指摘する[17]。

実は、スカリア自身、自分のオリジナリズムの解釈方法からすると逸脱した判決に至る場合があることを認めている、とバルキンは言う[18]。例えば、スカリアは、ニュー・ディール期に一連の経済規制を打ち立てた連邦政府の権限が、制憲時には想像できないほど強大なものであり、制憲者意思からすれば当然に否定されるべきであっても、これを合憲と解している[19]。スカリアの説明は、仮にオリジナルに期待された適用とは相容れない「非‐オリジナリスト」な解釈であっても、既に重要な先例として確立している以上、それを受け入れなければならない、というものである。すなわち、先例拘束性の原則の要請として、「非‐オリジナリスト」な先例を「プラグマティックな例外」として扱うことが、解釈上、必要であると言うのである[20]。

バルキンは、このようなアプローチが、もはやオリジナリズムの目的から外れていると指摘する[21]。すなわち、そもそもその先例が憲法の解釈として間違っ

---

15) See id., at 32.

16) See id., at 7; Scalia, "Response", supra note 12, at 140-141.

17) See Balkin, *Living Originalism*, supra note 2, at 8.

18) See id., at 8-10.

19) See id., at 8, 340 nt. 8（quoting Gonzales v. Raich, 545 U.S. 1, 17（2005）（Scalia, J., concurring））.

20) Scalia, "Response", supra note 12, at 139-140.

ているならば、むしろその間違いを是正すべきである。結局のところ、採用する先例と、採用しない先例とを操作することによって、解釈者が自分の好きな（政治的選好と結びつく）結論を生み出している、とバルキンは言う。例えば、スカリアは、先のニュー・ディール期の政策を合憲とする先例を採用する一方で、個人の中絶の自由といった新しい憲法上の権利を実体的デュー・プロセスの法理に基づいて保護する先例を退けている。「オリジナルに期待された適用」論が、一方の先例を「プラグマティックな例外」とし、もう一方の先例を例外と見做さない適切な理由を説明できないと、バルキンは批判する。

　以上のような批判は、バルキン自身が、憲法の内容が正統に変容していくと捉えていることに由来する。すなわち、バルキンは、アメリカにおける憲法の実践を振り返ると、制憲当時には想像し得ない様々な事象（女性の権利の平等、より広範な表現の自由、環境保護のための連邦権限の強化、市民的権利に関する法律の連邦議会の制定権の拡大など）が起きたが、現代のアメリカ社会は、これらを「間違っているもの」とは見做しておらず、むしろ自由や民主主義をより「達成するもの」であると観ている、と言う。[22]バルキンからすると、新しい人権をめぐる連邦最高裁の一連の判決もまた、「アメリカの憲法の体系で起きた正統な憲法上の変化」[23]であって、スカリアが主張するような単なる「プラグマティックな例外」ではないのである。[24]

　そこで、バルキンは、「枠組みとしてのオリジナリズム」という憲法理論の下で、「テキストと原理」という方法論を提唱する。

Ⅲ　「枠組みとしてのオリジナリズム」と「テキストと原理」論

1　「テキストと原理」論

　バルキンは、憲法の解釈は、憲法上のルール（rule）、規準（standard）、原理（principle）に関する、憲法のオリジナルな意味を忠実に解釈することだと言う。

---

21) See Balkin, *Living Originalism*, supra note 2, at 8-9, 110-112.
22) See id. at 9-10.
23) Id., at 3.
24) See, id., at 12.

すなわち、「それは、テキストの基礎にある諸原理を確かめて忠実であることを要求し、また、現実の諸状況の中で憲法のテキストとそれに関連する諸原理を最善に適用する憲法上の構築を要求する」[25]と言う。彼は、この解釈の方法論を「テキストと原理」論と呼ぶ。

(1) 解釈と構築

バルキンは、憲法の「解釈」には、二つの側面があると言う[26]。一つには、(i)「確認としての解釈 (interpretation-as-ascertainment)」がある。例えば、合衆国憲法の修正第1条「言論」は、発話のみを指すのか、それとも、文書、音楽、絵画といったより一般的な表現のカテゴリーを含むのかが問われる場合には、そのテキストの「意味」に何が含まれるかを確かめる。このように、狭義の解釈とは、この「確認としての解釈」を指す。もう一つには、(ii)「構築としての解釈 (interpretation-as-construction)」がある。ここでは、様々な解釈の様式（歴史、構造、倫理感（エートス）、帰結、先例など）を使って憲法を如何に実現ないし適用するのかが問われる。バルキンは、一般的に「解釈」という場合に、上記の(i)と(ii)を含むと言う。そして、特に裁判官が憲法を解釈する場合に、彼らは往々にして(ii)の憲法の「構築」を行っていると言う[27]。

(2) ルール・規準・原理
(a) 3つの規範の区別

憲法の規範的性質という観点から、バルキンは、憲法をルール・規準・原理の3つの種類に区別して論じている[28]。

一つに、(i)「ルール」がある。憲法が確定的なルールを規定する場合、そのルールの内容のとおりに適用しなければならない。例えば、大統領の資格（年齢要件）を定めた第2条第1節⑤（「年齢35歳に達しない者……は、大統領になる資

---

25) Id., at 3.

26) See id., at 4.

27) See id., at 5-6. バルキンは、また、裁判所だけでなく、立法府や行政府も、憲法上の権限を行使することで憲法の目的を実現していると言い、これを「国家による構築 (state-building constructions)」と呼ぶ。

28) See id., at 6-7, 14-16, 43-45, 259-273, 348-352 nt.12.

格を有しない。」）がある。このような明確で具体的なルールの場合には、同条項の目的が「大統領の人格的な成熟性」にあったとしても、それを理由に35歳という年齢を逸脱できないとする。二つに、(ii)「規準」がある。例えば、修正第4条「不合理な捜索および逮捕・押収（unreasonable searches and seizures)」や修正第6条「迅速な（speedy)」裁判を受ける権利などがこれに該当する。そして三つに、(iii)「原理」がある。原理の例としては、憲法の基本的人権（信教の自由、表現の自由）や平等保護原則、また、憲法全体の構造から導出される権力分立や民主主義といった国家統治の一般原則などがある。さらに、憲法制定時の制憲者意思、および、制定以降に憲法上の議論に影響を与えたその他の素材（人々の憲法のコモン・センスに影響を与える政治運動や社会運動、裁判所内外で築かれる先例）が、憲法の内容の具体化を補う機能をもつと解されている[29]。

　バルキンは、一方で、憲法のテキストが明確で確定的なルールである場合には、そのテキストの背後にある原理や目的が、そのルールを無効にすることはできないと言う。他方で、テキストが抽象的な規準や原理である場合には、そのテキストの基礎にある整合的な原理を決定しなければならず、これは憲法上の構築の問題になると言う[30]。

　また、バルキンは、制憲者がどのようなテキスト——ルール・規準・原理——を選択したのか（それとも意図的に沈黙しているのか）、また、その理由は何故かにも注目しなければならないと言う。すなわち、制憲者が確定的なルールを規定したならば、彼は、解釈者の評価的判断を限定したいと考えており、そのルールの内容のとおりに適用しなければならない。これに対して、制憲者が、規準や原理を規定したならば、彼は、その「特定の手掛りとなる概念を通して政策的な指針を示しつつ、その具体的な中身については将来の世代へ委任したい（delegate)[31]」と考えており、それ故、「我々は、現在における我々自身の状況に鑑みて、それらを適用しなければならない[32]」とバルキンは言う[33]。

---

29) See id., at 14-15.
30) See id., at 14.
31) Id., at 7.（強調は筆者による。）
32) Ibid.（強調は筆者による。）

(b) 基礎にある規範理論

　バルキンは、憲法の規範的性質に関する区別を、ドゥオーキンとR.アレクシーの「ルールと原理」の理論に基本的に依拠している[34]。すなわち、一方で、ルールは、ある法的問題を決定する際に確定的に適用されるのに対して、他方で、原理は、「重み」を有する性質をもち、法的問題は関連する諸条件の下で、他の原理との衡量を経て決定される。バルキンは、ルールと原理の間に「規準」という中間的な規範を設定するが、規準は、その性質上、確定的に妥当するか妥当しないかという次元で捉えられている点では、ルールと基本的に同じであると解される[35]。バルキンは、ルールと規準が、いずれも具体的な状況で確定的に適用されるが、その際に、解釈者の評価的な判断が入る余地に違いがあることを強調する。すなわち、ルールは確定的な内容をそのまま適用するという点で、解釈者の判断の余地が限定的であるのに対して、規準は解釈者に対して個別の諸状況に鑑みてより実質的な理由付けを要求する点で、より広い評価的判断を求めている。また、その内容の具体化を将来へ向けて委任する程度も、ルールよりも規準の方が大きい[36]。

(c) ドゥオーキンの「原理」との違い

　ドゥオーキンは、個人の権利を実現する道徳的論拠である原理と、経済的・政治的な目標を定める政策を区別した上で、原理が裁判官に対して道徳的な方向性を指示するので、ハード・ケースにおいても裁判官は法に含まれる原理を

---

33) See also Jack M. Balkin and Reva B. Siegel, "Principles, Practices, and Social Movements", 154 *U. Pa. L. Rev.*, 927, 927-928, 930-933 (2006).

34) See Balkin, *Living Originalism*, supra note 2, at 349-352 n.12; see also, Ronald Dworkin, *Taking Rights Seriously* 22-27 (Harvard University Press 1978); Robert Alexy, *A Theory of Constitutional Rights* 47-48 (trans. by J. Rivers, Oxford University Press 2002). ドゥオーキンとアレクシーのルールと原理の区別については、亀本洋「法におけるルールと原理──ドゥオーキンからアレクシーへの議論の展開を中心に(1)」法學論叢 122 巻 2 号（1987 年）18-38 頁も参照されたい。

35) See Balkin, *Living Originalism*, supra note 2, at 349 n.12. ドゥオーキンは、例えば法の一般条項や不当利得の原則が、一見するとルールのようだが、それを適用する上で、実質的には原理として扱われるとする。See Dworkin, *Taking Rights Seriously*, supra note 34, at 28. この点、バルキンは、かかる法の一般条項を規準として分類するが、「ルールと原理」の理論からすると、ルールや規準の背後にある原理に遡って他の諸原理と衡量する可能性が理論上開かれている点を看過ごしてはならないだろう。Cf. Balkin, *Living Originalism*, supra note 2, at 14, 350-351 n.12.

36) See id., at 14, 349 n.12.

援用することで道徳的に正しい解釈を導かなければならない、とする[37]。これに対して、バルキンは、憲法上の原理は、必ずしも正義や道徳的価値を記述する規範である必要はないと言う[38]。バルキンは、例えば、統治に関する一般原則や政府の掲げる政策や目標も、裁判官の判決の論拠となり得るのであって、それ故、ドゥオーキンのいう政策もまた広い意味で原理として理解すべきだと言う。そして、それ故、裁判官の決定は、ハード・ケースであろうがなかろうが、政策と対比された道徳的原理や正義の原理に必ずしも論拠づけられなくともよいとする。バルキンは、原理とは、むしろ憲法が発展的に構築される過程で、憲法を適用する将来の世代に対して、その内容を具体化する権限を授権する規範であると理解している。そして、憲法の発展は、裁判官だけでなく、憲法の実践に参加する全ての人々（法律家・行政官と市民）によって成し遂げられると言う[39]。

2　枠組みとしてのオリジナリズム

このような「テキストと原理」の方法論を提示するバルキンの憲法理論には、前述した「超高層的オリジナリズム」とは異なる次のような特徴がある[40]。まず、①憲法は政治を作動させる統治のための主要な枠組みであって、それは将来の世代が憲法を構築することによって時代を越えて実現していかなければならない。また、②憲法の内容は、憲法改正手続よりも、むしろ司法および他の政治部門（立法と行政）が憲法を構築することで変化していく（憲法の変化）。③司法と政治部門は、それぞれに与えられた権限の枠組みの中で、連動して憲法を構築するが、その正統性は、終局的には、憲法の枠組みを長い時間をかけて実践していく世論に対する責任によって裏付けられる。それ故、各部門は変化する社会の要求を必ず反映し、これに応えなければならない（憲法の発展的構築の正統性）。そして、④裁判官は、歴史的な制憲者の意味に忠実でなければならな

37）See Dworkin, *Taking Rights Seriously*, supra note 34, at 22; Ronal Dworkin, *Law's Empire*, supra note 10, 221-224.

38）See Balkin, *Living Originalism*, supra note 2, at 351 n.12.

39）See id., at 351 n.12.

40）See id., at 21-23.

いが、憲法が曖昧な規準や抽象的な原理を採用しているときには、現代の諸状況を考慮して憲法を構築しなければならない。その際には、スィング・ジャッジの存在や連邦裁判所判事の候補者選定、司法に対する世論等の社会的・文化的影響、司法の役割に関する法文化などが、制度上の拘束として裁判官の判断に作用する（裁判官に対する憲法および制度上の拘束）。

　バルキンは、自身の理論を「枠組みとしてのオリジナリズム」と呼ぶ。この理論は、憲法とは、基本的権利と統治機構についての頑丈な枠組みを定めているものの、その基本的な枠組みにどのような肉付けを具体的に施すかについては、将来の世代に対して、その具体化を委ねている一つの社会計画である、と捉えている[41]。

3　憲法の民主的正統性

　バルキンは、この「枠組みとしてのオリジナリズム」の憲法の正統性が、その根底において、国民主権の原則の下で、この憲法は「自分たちの法」であると受け入れる社会的な実体にあると捉えており（「民主的正統性（democratic legitimacy）[42]」）、これは、憲法の正統性を、特定の社会的権威が過去に交わした何らかの形式的な合意に根拠づける憲法理論とは本質的に異なっていると考えられている[43]。また、憲法は、過去も現在も決して完成されてはおらず、時には不正義な内容さえも含む場合があり、アメリカの政治的な伝統は、市民の自由に対する強い信念の下で、憲法に対して、常に批判的に挑み続けているとも言う[44]。それでも、なお、市民が自分たちの憲法を正統と見做すのは、その憲法が、何世代にも渡る集合的な計画であり、そして、歴史の中で永遠に自分たちを救済し続けることを約束していると、人々が理解しているからだとバルキンは言う[45]。彼は、これを「救済としての憲法主義（redemptive constitutionalism）」と呼

41）バルキンは、自身の憲法理論が拠って立つ法の理論的な観念を J. シャピロの「社会計画としての法」論から引用する。See id., at 36, 347 n.2; See also Scott J. Shapiro, *Legality* (Harvard University Press 2011).

42）See Balkin, *Living Originalism*, supra note 2, at 60-61, 64-67.

43）Cf. id., at 61-62.

44）See id., at 75.

45）See id., at 76-77.

ぶ。

Ⅳ　「テキストと原理」論の実践

バルキンは、「テキストと原理」論を具体的な憲法問題に当て嵌めながら、その実践的可能性を検証している。以下では、憲法に列挙されていない権利をめぐる憲法問題に焦点を当てて、観ていきたい。

1　個人の権利や自由を保障する中心的な担い手

連邦最高裁は、憲法に列挙されていない権利や自由を、修正第14条第1節のデュー・プロセス条項（実体的デュー・プロセスの法理）と、その一部を平等保護条項に依拠して、憲法上の基本的な権利として保護する。[46]

修正第14条第1節は、特権免除条項、デュー・プロセス条項そして平等保護条項を含むが、バルキンは、憲法のオリジナルな意味からすると、憲法に列挙されていない権利を保護する中心的な担い手は、特権免除条項にこそあると主張する。[47]

バルキンは、修正第14条が制定された歴史的な背景や、同条項の元々の草案が連邦議会内の議論を経て現在の条文の形や文言に書き換えられていく過程を追いながら、そのオリジナルな意味を読み解いている。[48]バルキンによると、修正第14条の主な目的は、一つには、特権免除条項に基づいて、全ての州に対して、侵すことのできない市民の基本的自由があることを明確化すること、そしてもう一つには、デュー・プロセス条項と平等保護条項に基づいて、いかなる人も法の下の平等を侵されないことを定めることにあった。そして、この市民の基本的自由を保護するための手段として、連邦議会だけでなく、連邦裁判所にも権利保障のための司法権限を与えようとした、と彼は分析する。[49]

注目される点としては、まず、修正第14条が追加された歴史的経緯を観る

46）樋口範夫『アメリカ憲法』（弘文堂、2011年）第10章、491-494頁、参照。

47）See Balkin, *Living Originalism*, supra note 2, at 190-192.

48）See id., at 184-190. その詳細については、紙幅の関係上、省略する。

49）See id., at 195.

と、南北戦争の下で、アメリカ南部の諸州が、奴隷制を維持するために、黒人の自由だけでなく一般の自由人である市民の自由も繰り返し抑圧してきたことから、同条項の起草者たちが、解放奴隷だけでなく、全ての市民の自由を、州による侵害から保護しようと企図したことが挙げられる。[50]また、1868 年当時、「特権」と「免除」が「権利」の同義語に解されており、これらの意味を明確に区別することなく使用されていた、とするバルキンの指摘も興味深い。[51]

　バルキンは、また、起草者の一人である J. ハワード上院議員が 1866 年 5 月 23 日に連邦議会の上院で行った発言の中で、市民の特権や免除について、「その完全な内容を定義づけその性質を特定することはできない」[52]と述べており、憲法には、未だ列挙されていない市民の特権や免除があることを示唆していると言い、これらの権利をすべて包括的に表す文言が、修正第 14 条にいう「市民の特権および免除」であったと考察する。[53]

　連邦最高裁は、1873 年の Slaughter-House Cases（83 U.S.（16 Wall.）36（1873））（以下、Slaughter-House 判決）において、特権免除条項で保護される「特権および免除」を、合衆国市民の権利と、州の市民の権利とに区別した上で、同条項の名宛人を前者のみとし、その保護の範疇を連邦政府に対する特定の特権や免除（例えば、首都へ旅行する権利など）に限定する先例を打ち立てた。ただし、特権免除条項をこのように狭く限定的に解釈することに対しては、上述した同条項の歴史的経緯に照らして、疑問も提起されている。[54]バルキンもまた、この Slaughter-House 判決とその 2 年後の 1875 年に下された United States v. Cruikshank（92 U.S. 542（1875））こそが、憲法の間違った解釈であると論じている。[55]これらの判決以降、連邦最高裁は、デュー・プロセス条項や平等保護条項に基づいて、市民の基本的な自由を保護するようになるが、バルキンからす

---

50) See id., at 184-185. このような観方については、Akhil R. Amar, *The Bill of Rights : Creation and Reconstruction*, 160-162（Yale University Press 1998）にも言及されている。

51) See Balkin, *Living Originalism*, supra note 2, at 192-193; see also Amar, *The Bill of Rights*, supra note 50, at 166-169.

52) *Cong. Globe*, 39th Cong., 1st Sess., 2765（cited by Balkin, *Living Originalism*, supra note 2, at 196）.

53) See id., at 196-197.

54) 樋口・前掲注 46）225-229 頁、参照。

55) See Balkin, *Living Originalism*, supra note 2, at 190-192.

ると、特権免除条項の方が、憲法に列挙されていない自由に対して、はるかに多くの論理的な源となると言う[56]。

　以上のような修正第14条の特権免除条項の解釈が、いわゆる学説の主流派からすれば「突飛なもの[57]」であることを、バルキン自身は自覚している。その一方で、連邦最高裁の中には、C.トーマス裁判官のように、特権免除条項に個人の銃器所持権を保護する根拠があると主張した例もあり[58]、かかる立場は現在では学説上の少数説であるとはいえ、今後、同条項の意義が再考される可能性があるという見方もある[59]。

2　憲法に列挙されていない権利

　このように、特権免除条項において、制憲者は、全ての州に対して、侵すことのできない合衆国市民の基本的権利を包括的に保護するような、基本的な原理を定めようと企図しており[60]、それ故、制憲以降の世代は、憲法で保護すべき権利や自由の中身を具体化し明確化していく役割を担っている。

　また、バルキンは、特権免除条項が「宣言的」な性質を持っていると言い[61]、その文言は、制憲者が合意した憲法で保護する特定の権利のリストを指すのではなくて、「「我々人民」が常に享受している（あるいは享受するべき）権利であることをただ主張する[62]」ものだと言う。かかる権利は、国家や政府より以前から存在するという想定に立つが、それは、実定法や過去の慣習、実践といった人々が築いてきた伝統、あるいは、少なくとも現在における伝統の解釈によって確かめられ得ると言う[63]。

　バルキンは、連邦裁判所が、列挙されていない権利や自由を憲法上の特権や免除として保護する際には、その権利や自由の重要性を実質的に理由づける必

56）See id., at 209.

57）Id., at 131.

58）See McDonald v. City of Chicago, 130 S. Ct. 3020 (2010), at 3058, 3083 (Thomas, J., concurring).

59）参照、樋口・前掲注46）231-233頁。

60）Cf. Balkin, *Living Originalism*, supra note 2, at 208-210.

61）See id., at 199-200, 209-210.

62）Id., at 209.（括弧内の記述は、いずれも原文のまま。）

63）See id., at 199.

要があると言う。すなわち、連邦裁判所は、合衆国のほとんどの州が、立法等によってその権利が保護に値すると同意しており、そして、州に属す人々が、その権利を自分たちの基本的人権であると承認する実体があれば、その権利には全ての政府が保護すべき憲法上の特別な価値がある、と解することが出来るとする。

このように、憲法に列挙されていない権利は、連邦最高裁を頂点とする連邦裁判所と、州およびその州に属する人々の一般の意思といった諸々の相互作用の中で、いわばボトム・アップのアプローチでその実用性が図られながら創造されると、バルキンは考えている。

以下では、バルキンが検証する連邦最高裁判決の具体例を観てみたい。

3　具体例

(1)　列挙されていない権利が実現された例

(a)　避妊の自由：Griswold v. Connecticut（381 U.S. 479（1965））（以下、Griswold 判決）。

バルキンによると、避妊の自由が認められた背景には、一つには、20 世紀を通して避妊の権利を求めた社会運動があり、また、もう一つには、この判決時、婚姻カップル間の避妊具の使用を禁止する州はコネティカット州だけであったことがある。社会運動や人々の意識の変化、さらに諸州の立法による非犯罪化の帰結として、1965 年の Griswold 判決が下されたと言う。なお、その後も性の意識改革が進み、連邦最高裁は、避妊の自由をすべての個人の権利として認めるに至っている。

(b)　同性愛者の権利：Lawrence v. Texas（539 U.S. 558（2003））（以下、Lawrence 判決）。

Lawrence 判決は、同性間のソドミー行為を禁止する州法の違憲性が判断された事案である。この Lawrence 判決に先立って、1986 年の Bowers v. Hardwick（478 U.S. 186（1986））（以下、Bowers 判決）で、連邦最高裁は、ジョー

---

64) See id., at 209-210.

65) See id., at 212.

66) Eisenstadt v. Baird, 405. U.S. 438（1972）; Carey v. Population Services Int., 431 U.S. 678（1977）.

ジア州のソドミー法を合憲と判断したが、これは、この判決時、アメリカの半分の州がソドミー法を廃止していたものの、なお非犯罪化へ向けて途上にあったからだとバルキンは分析する。また、1980年代初期のエイズに対する高い危機感も、この判決に影響したとする。他方で、2003年のLawrence判決時には、13の州に未だソドミー法が存在した（ただし、その実効性はほぼ失われていた）が、先のBowers判決以降、同性愛者の権利についての議論が活発化し、2003年には、ほぼ全てのアメリカ人が同性愛者間の性的関係性を非犯罪化すべきとの認識に至っていたことが、判決の変更に大きく作用したと考察している[67]。

(c) 中絶の自由：Roe v. Wade（410 U.S. 113（1973））

バルキンは、中絶の自由を、一つには平等保護条項で保護する性的平等の要請として、もう一つには、特権免除条項で保障する個人の自由の問題として考察している[68]。Roe判決以前の社会情勢を見ると、1960年には、ほぼ全ての州が中絶を原則犯罪としていた。ところが、1970年代に入って、性の意識改革の下、フェミニズム運動や避妊の自由を求める社会運動などが連動して、各州の中絶規制に変化をもたらしたと言う。もっとも、1973年のRoe判決時に、妊娠前期に女性の中絶を認める州は4州しかなく、母体の生命保護を目的とした例外的な中絶を認める法改正が13州で行われるに過ぎなかった。それ故、州の立法状況だけを見ると、少なくとも判決時点では、連邦最高裁が中絶の自由を特権免除条項に基づく憲法上の権利と認める十分な論拠が必ずしも整っていなかったと、バルキンは分析する[69]。その一方で、バルキンは、社会運動の結果、当時、女性には中絶を選択する自由があるという観方へと大きく変化しつつあったとする。それにも拘わらず、Roe判決は、中絶の自由を専ら医療行為を受ける女性の権利と医師の権限の問題として扱っており、女性の自由と平等の問題として十分に捉えておらず、この意味でもRoe判決で示された解釈は不十分であったと指摘する[70]。

---

67) See Balkin, *Living Originalism*, supra note 2, at 212-214.
68) See Id., at 214-218; see also Balkin, "Abortion and Original Meaning", supra note 6, at 319.
69) See Balkin, *Living Originalism*, supra note 2, at 216.
70) See ibid.

(2) 流行と衰退を繰り返した列挙されていない権利：契約の自由

　上記はいずれも、制憲時には認識されなかった自由を、政治や社会運動の働き掛けによって、憲法上の権利として保護するに至った例である。これに対して、バルキンは、列挙されていない基本的権利のリストは、時代とともに移り変わると言い、政治的・社会的な運動が、裁判所に対して、それまで基本的とされていた憲法の列挙されていない権利を、反対に制限する方向性へ向かわせる場合もあると言う。[71]こうした流行と衰退を繰り返した権利として、バルキンは、契約の自由を例示する。[72]いわゆる Lochner 時代（1897 年～ 1937 年）にかけて、連邦最高裁は、自由放任主義的な経済観の下、契約の自由をデュー・プロセス条項の下で広範に保護する解釈を示し、[73]労働時間規制立法などが契約の自由を侵害し違憲であると判示した。ところが、その後、数十年の間の社会的・政治的な激変を経て、ニュー・ディール全盛期に、連邦最高裁は、反対にこの契約の自由を制限する様々な経済的立法を合憲と判断するに至っている。

　この例に見られるように、バルキンの「テキストと原理」論からすると、列挙されていない基本的権利に含まれるかどうかは、終局的に、一般の人々がその権利を重要と認識しているのかどうか、そして、州の立法等によりその権利を保護する法制度が確立しているかにかかっている。それ故、「今日、裁判所で認められている列挙されていない基本的権利のいくつかが、50 年あるいは100 年後にはもはや基本的ではないと考えられることもあり得る。もしこれらの権利を保持しようと欲するならば、永続的にこれらを護り続けなければならない」[74]とバルキンは言う。

---

71) See id., at 210.

72) See id., at 210-211.

73) 契約の自由については憲法上の明文規定がなく、連邦最高裁は、修正第 14 条の実体的デュー・プロセスの法理によって憲法上保護される権利として解釈してきたが、これに大きな役割を果たしたのが 1905 年の Lockner v. New York, 198 U.S. 45（1905）とされる。田中英夫『デュー・プロセス』（東京大学出版会、1987 年）165 頁以下、参照。

74) Balkin, *Living Originalism*, supra note 2, at 211.

V　若干の考察

1　憲法解釈の方法論としての理論的可能性

バルキンの「テキストと原理」論は、オリジナリズムの原則に立ちながら、また同時に、制憲後の社会の諸事情や人々の意識の変化にも応えようとする。とりわけ、ルールと原理を区別した上で、法における原理の役割を重視するタイプの理論の特徴は、困難な事例であっても、法のルールの背後にある原理に遡って法的問題を解決することが理論上可能な点にあるが、他方では、その可能性が開かれているが故に、裁判官の解釈が憲法を変えてしまうといった批判が向けられる。[75]この点、バルキンの理論は、憲法が確定的なルールを規定している場合には、制憲者意思に従うことを求める一方で、それが曖昧な規準や抽象的な原理を規定する場合には、憲法の発展的な法形成を認めようとする。このように、制憲者が定めた個々の規範的性質に則して、その歴史的な意味を読み解きながら解釈していく彼の理論は、原理を重視する憲法解釈論の在り方に対しても、多くの示唆を与えてくれる。

その一方、バルキンの「枠組みとしてのオリジナリズム」の「テキストと原理」の方法論は、一つにはスカリア型のオリジナリズムと、もう一つにはドゥオーキンの道徳的解釈論とも、それぞれ次のような理論上の相違がある。

2　防御権としての基本的権利を保護する憲法解釈論との違い

バルキンの理論は、基本的権利を将来世代に対してその実現を委任した原理であると捉えており、現在の社会の一般の人々が重要であると認める権利や自由を憲法の基本的な権利として取り込んで解釈しようとする。しかし、このことが、反対に、スカリアのオリジナリズムが重視する、基本的権利は将来に渡って憲法で保護されるべき防御権である、という憲法の目的を弱める可能性がある。

バルキンは、憲法に明示的に列挙されている基本的権利も、原理としての性

---

75) Cf., Mattias Klatt ed., *Institutionalized Reason: The Jurisprudence of Robert Alexy*, (Oxford University Press, 2012).

質を有すると論じている。その一例として、彼は、修正第2条をめぐって個人の武器所持権を憲法上の権利として初めて認めた District of Columbia v. Heller（554 U.S. 570（2008））（以下、Heller 判決）を取り上げている。バルキンは、まず、1791年における修正第2条の歴史的な制憲者意思を探求すると、同条項の主な目的が連邦に対して州の民兵を維持することにあり、他方で、当時の社会が、個人の武器の所持をコモン・ロー上の自己防衛権の一種として捉えて、これを憲法上の基本的な権利と認める兆しは、非常に些少であったと分析する。ところが、この観方が、南北戦争後の1868年の修正条項改正時には大きく変化し、解放奴隷と彼らの政治的支持者たちをその敵対者たちから守るべく、人々は個人の武器を所持する権利を憲法で保護すべきと認識するようになったと言う。さらに、現在では、昨今の武器の使用を求める保守的な運動やその他の社会的要因が、人々に武器所持を認める考え方を促進させた結果、連邦最高裁は、修正第2条に基づく個人の武器所持権を憲法上の権利として認めるに至った、とバルキンは解している[76]。

　この例にみられるように、バルキンの憲法解釈論においては、憲法に列挙されている基本的権利の内容と範囲もまた、制憲以降、人々が憲法に対して何を望むのかという信念や意思を基礎に、歴史の中で変容し得る特徴を備えている。かかるバルキンの理論は、スカリアのオリジナリズムのように、基本的権利を確定的なルールとして捉えて、制憲者が憲法で保護すると約束した特定の価値を、将来の世代が安易に放棄するのを防ごうとするタイプの憲法解釈論とは、本質的に異なっている。この点、憲法は制憲者が定めた確定的なルールであるという理解を堅持しながらも、社会の変化の中で憲法の動態的な性質を説明しようとする憲法解釈論があり[77]、また別に検討する余地がある。

---

76) See Balkin, *Living Originalism*, supra note 2, at 205-207. See also, Jack M. Balkin, "Is Heller an Original Meaning Decision?", *Balkinization*, July 2, 2008, at balkin.blogspot.com/2008/07/is-heller-original-meaning-decision.html. バルキンは、この Heller 判決を憲法の「生ける」実践の一つと捉えている。彼はまた、スカリアが法廷意見の中で、1791年の制憲者のオリジナルな意味を読み間違っており、19世紀に成立した価値観にも依拠している点で、スカリアの示した解釈もまた「生ける」特徴を帯びていると指摘する。Cf. also, Reva B. Siegel, "Heller & Originalism's Dead Hand—In Theory and Practice", 56 *UCLA L. Rev.* 1399, 1412-1419 (2009).

3 個人の道徳的な権利の実現を探求する憲法解釈論との違い

　バルキンの理論は、憲法解釈によって、一般の人々が重要と認め、州立法による制度的裏付けがある権利を実用的に実現していこうとする。それ故、憲法に列挙されていない権利は、政治的・社会的な運動の働き掛けによって、憲法で保護すべき基本的権利のリストに付け加えられることもあれば、また反対に、その運動が衰退することでそのリストから放棄されることもある。[78]これに対して、ドゥオーキンの道徳的解釈論は、基本的権利を道徳的な原理と捉えて、憲法に内在する個人の道徳的権利を実現しようとする。道徳的解釈論に従えば、個人の道徳的な権利は、例えそれが憲法に明記されていなくとも、実定化されたルールの背後にある原理を援用することで正しく導出できるとされる。[79]このように、普遍的人権や正義といった道徳的な価値を実現しようとするタイプの解釈論からすると、バルキンの憲法解釈論は、憲法で保護されるべき基本的権利をむしろ危うくする危険性すらあると考えられる。

VI　現代の憲法解釈論の中での位置づけ

　現代のアメリカにおける憲法解釈論は、一方には、スカリアのオリジナリズムのように、憲法が採択された当時の制憲者意思が規定したルールの内容をそのまま適用しようとする立場があり、もう一方で、ドゥオーキンの道徳的解釈論のように、基本的権利を道徳的原理と捉えて、憲法を道徳的に解釈することによって正義を実現しようとする立場がある。これらに対して、バルキンの理論は、基本的権利を制憲者から将来の世代に委任された原理と捉えて、解釈時の社会で憲法上重要であると認められる権利を実用的に実現していこうとする解釈的な立場である。J.E. フレミングは、このバルキンの立場を「プラグマティックな憲法主義」と呼び、これをオリジナリズムやドゥオーキンの道徳的解

77）例えば、L. レッシグは、制憲者の定めたテキストのルールに、時代の中で変容する社会的事実をそのテキストに「翻訳する」憲法解釈論を提示する。See e.g. Lawrence Lessig, "Fidelity in Translation", 71 *Tex. L. Rev.* 1165, (1993).

78）See, Balkin, *Living Originalism*, supra note 2, at 211.

79）See, Dworkin, *Law's Empire*, supra note 10, at 225-258.

釈論と比較・分析している。フレミングは、近年、一方で、オリジナリズムの側が憲法の「生ける」側面を、もう一方で、プラグマティックな憲法主義の側が制憲者の意思や目的を、それぞれの理論に取り込んだことで、解釈の方法論が総じて近づきつつあると分析し、その上で、バルキンの「生けるオリジナリズム」が、オリジナリズムよりも道徳的解釈論の特徴をより強く有していると考察する。[80]

　筆者は、フレミングが、バルキンの憲法解釈論がプラグマティックであると分析する点では支持する。しかしながら、筆者は、バルキンの憲法解釈論が、スカリアのオリジナリズムともドゥオーキンの道徳的解釈論とも、本質的に異なる法理論を基礎としているのではないかと考える。現在の社会における人々の一般の意思と、それを裏付ける立法状況などから、憲法で保護される基本的権利は何かを実用的に解釈していこうとするバルキンの憲法解釈論は、プラグマティックな憲法理論に立っていると思われる。また、彼の憲法理論では、将来の世代にその具体化を委ねた原理が重要な役割を担っており、これによって憲法は何世代にも渡る集合的な計画であると理解されている。これは、一方ではH.L.A. ハートやH. ケルゼンのように法を何らかの社会的権威により創設された規約とみる法実証主義的な法理論とも、もう一方では、法における道徳的原理の役割を重視することで正義を実現しようとするドゥオーキンのような非法実証主義的な法理論とも異なっている。[81]このことは、バルキンが、自らの憲法の理論が拠って立つ法理論的立場を説明する際に、J. シャピロの「社会計画としての法」論から引用していることからも伺える。[82]

---

80) See James E. Fleming, "Living Originalism and Living Constitutionalism as Moral Readings of the American Constitution", 2012 *Bu. L. Rev.* 1171; James E. Fleming, "The Balkinization of Originalism", 2012 *U. Ill. L. Rev.* 669; James E. Fleming, "The Balkanization of Originalism", 67 *Md. L. Rev.* 10 (2007).

81) アレクシーは、ドゥオーキンのように道徳性を帯びた原理を中心とする法理論は、法と道徳の間に一定の必然的関連性がある理解する点で、非法実証主義的な法理論であると考察する。Robert Alexy, *The Argument from Injustice : A Reply to Legal Positivism*, (trans. by Bonnie L. Paulson and Stanley L. Paulson, Oxford University Press 2010); 拙稿「原理中心の法理論の特徴と可能性──法実証主義とドゥオーキンの対比から」宇佐美誠＝濱真一郎編著『ドゥオーキン：法哲学と政治哲学』（勁草書房、2011 年）129 頁以下、も参照。

82) See Balkin, *Living Originalism*, supra note 2, at 36, 347 n.2; see also Shapiro, *Legality*, supra note 41.

現代アメリカの憲法解釈論の展開において、バルキンの「生けるオリジナリズム」は、一方では、法を実証主義的に捉えるスカリアのようなオリジナリズムとも、また他方では、憲法の道徳的な正しさを追求しようとするドゥオーキンの道徳的解釈論とも異なるタイプの理論であると思う。

（はやかわ・のぞみ　桃山学院大学准教授）

「漸進主義の立憲政治」覚書

――明治初期の立憲主義と「建国の体」

田村　理

I　はじめに

1　本稿の課題

　「憲法創設の精神は、第一に君権を制限し、第二に臣民の権利を保護するにあり。」

　伊藤博文が枢密院での大日本帝国憲法第二章「臣民権利義務」の審議の中でそう述べたことは、フランス 1789 年人権宣言 16 条に示された近代的・立憲的意味の憲法の表明として知られている[1]。しかし、伊藤の宣言は「専断的権力を制限して広く国民の権利を保障する[2]」立憲主義、「個人の権利・自由を確保するために国家権力を制限することを目的とする[3]」近代立憲主義憲法と一致するのだろうか。

　言葉は柔軟で、様々な意味を飲み込む。「君権の制限」「権利の保護」に人が込める意味も、それらから人が理解する意味も千差万別であり得る。日本は欧米から近代憲法を輸入した。constitution をはじめ liberty も right も、憲法上のキーワードの多くは日本語には対応する語がなく、そもそも日本の実社会に存在しない観念であった。新しい観念で社会と国家を作り直すことが容易なら

---

1)　例えば、樋口陽一『いま、「憲法改正」をどうするか』（岩波書店、2013 年）17 頁参照。

2)　芦部信喜（高橋和之補訂）『憲法』第 6 版（岩波書店、2015 年）5 頁。

3)　同書 13 頁。

ざる作業であることを考えれば、もとの言葉と輸入された後の言葉の意味が違うのは当然である。

憲法の輸入の仕方について、それを担う明治政府の人々から示された原理は「漸進主義」[4]だった。伊藤博文は、岩倉使節団の一員として欧米にでかけ、憲法の必要性を実感した木戸孝允や自国の人情、風俗にしたがって政体を建てよとする大久保利通の憲法意見を振り返り、次のように述べている。

> 「急激なる変動を之に與うることは勿論国を保つ所以でない。併し将来に期する所は我が人情、風俗、時勢に循って立憲の基を樹つることでなければならぬというのである。詰まり、漸進主義の立憲政治であった」[5]。

同じ文書では、明治維新以来列国に肩を並べようとしてきたが、政治は「専制の体を存して」おり、「人民は封建の圧政に慣れ、千年の久しき之が習性となって居る」という現状認識がしめされている。漸進主義は、欧米近代の立憲政体を採り入れるにあたって旧習を一気に捨て去るのでなく日本の伝統に根ざしたもにするためにゆっくりと進歩すべきだという考え方である。それは、現状をふまえた現実主義的理念という面もある一方で、国体、人情、風俗などを掲げた改革の「先送り」[6]という面もあり、いきすぎれば進歩すべき方向とは逆方向への推進力にさえなり得た。

自由民権運動や板垣退助、大隈重信らがしめした急進主義との対抗の中で漸進主義の立憲政治はどこに行き着いたのか、それによって「君権の制限」「権利の保護」、つまり欧米発の立憲主義はどのような意味変化を受けたのかを確認することが本稿の課題である。

そのあり様は現在の私たちの憲法観にも影響を及ぼしているはずである。樋口陽一は「戦後かえって『立憲主義』という言葉が人によっては『耳なれない』といわれるほどになっただけに……、戦前のことを知るのはいっそう大切である」[7]と指摘する。日本国憲法9条の下で集団的自衛権の行使を容認する安保法案をめぐる攻防を頂点に、「立憲主義」は政治の一つのシンボルになった。

---

4) 瀧井一博『文明史のなかの明治憲法』（講談社選書メチエ、2003年）54頁以下、82頁参照。

5) 『大久保利通文書』第5（侯爵大久保家蔵版、昭和3年）206頁。

6) 坂野潤次は『帝国と立憲』（筑摩書房、2017年）31頁で、1975年（明治8年）の「漸次立憲政体樹立の詔」から6年後の81年（明治14年）、明治23年に国会を開設するとする詔勅が出されたことについて15年にもおよぶ「先送り」と評した。

7) 樋口前掲書9-10頁。

にもかかわらず、この法案の可決以降、憲法に対する関心は急激に薄れていないだろうか。自民党が2012年に発表した憲法改正草案は、例えば天賦人権説を名指しで批判して「日本の固有性」を押し出すと言う意味で立憲主義が示す普遍的な価値に対する挑戦だった。しかし、その後の憲法改正論議はそうした原理的問題を回避し、自衛隊の容認、緊急事態条項、参院合区の解消、教育の無償化といった「改正しやすそうな」問題に絞られている。そのような状況では、ますます戦前の歴史を振り返る必要があるだろう。[8]

2　本稿の対象と時期区分──constitution の訳語に着目して

　本稿では、五箇条の誓文が発せられ、日本が新たな政体を模索し始めた1868年（明治元年）から大日本帝国憲法が成立する1889年（明治22年）までの約20年間の憲法論議を対象とする。

　その際、constitution の観念が明治の人々にどのように捉えられていたか、最終的に定着した憲法の語はどのように選ばれたのか、またそこでは「君権＝天皇」と「人民（臣民）の権利」との関係はどう捉えられていたか、それらと漸進主義との関係如何を追うことを課題としたい。

　constitution は当初「政体」「政規」など様々な訳語があてられていた。しかし、岩倉使節団が帰国し、政変が起こる1873年（明治6年）以降、「国憲」「憲法」の二つの語が、「立憲」と共に定着していく。そして、明治14年の政変と前後して「国憲」ではなく「憲法」の語が選ばれていく。この時期には、自由民権運動がピークを迎えていた。また、大隈重信が国会開設とイギリス流の政党政治を主張し、北海道開拓使官有物払下げ事件に関与しているとして罷免された。同時に明治23年に国会を開設する旨の詔勅が出され、伊藤博文が立憲政体調査のためにヨーロッパに派遣された。そして、その後は彼をリーダーと

---

8)　こうした政治状況・歴史状況の中、法制史学者瀧井一博の前掲『文明史のなかの明治憲法』をはじめとする一連の作品、政治史を専門とする小川原正道の「福澤諭吉の憲法論──明治憲法観を中心に」『法学研究』（84巻3号、2011年）、『福沢諭吉の政治思想』（慶應義塾大学出版会、2012年）などの作品、日本史家川口暁弘の『明治憲法制定史』（北海道大学出版会、2007年）などの作品を筆頭に優れた研究が出されている。しかし、憲法学の領域では明治憲法の制定史には必ずしも関心は高くないように思われる。そのような状況の中で出版された高橋和之編『日中における西欧立憲主義の受容』（岩波書店、2014年）は貴重である。

して明治憲法起草が行われていく。この時期以降、「憲法」の語が公式に採用され、定着していく。constitution の訳語の変化は、例えば利谷信義が「一方における解放と、他方における制約ないし弾圧の交錯」する「明治維新以後憲法の発布および施行に至る人権史」を「人権にたいする国家権力の対応の観点から」四つに分けた時期区分とほぼ対応する。[9] 本稿では、constitution の訳語の変遷に着目して時期区分をし、憲法発布前の法体制整備を対象としないため、利谷の第三期と第四期の区別は行わず、三つに区分する。

constitution の訳語が定まらない第一期は欧米列強と対等の関係を築くために早急にその政治制度の導入をすべきことが強調されていた。しかし、「憲」の字が定着する第二期においては、岩倉使節のメンバーは欧米各国の伝統と歴史に根ざした立憲政体にふれ、日本もそうあるべきだと考え、漸進主義を唱えはじめる。そして国約憲法を意味した国憲と区別された欽定憲法を意味する憲法が定着する第三期は、漸進主義による憲法起草が確立していく時期である。

II　五箇条の誓文と岩倉具視の「建国の体」──定まらぬ訳語

1　五箇条の誓文と「政体」

公式の文書で最初に使われた costitution に相当する言葉は「政体」であった。1868 年 3 月、明治天皇は五箇条の誓文を発し、「広く会議を興し万機公論に決すべし」とした。これをうけて、6 月には、政治組織の基本を示す太政官布告「政体」が公布された。これは、副島種臣、福岡孝弟がアメリカ合衆国憲法に学び、福沢諭吉の『西洋事情』などを参考にしながら起草した。「政体」という訳語はアメリカ人ブリッジマンの『聯邦志略』が constitution の訳語として用いたのにならったものだろうと清水伸は述べている。[10] 五箇条の誓文を冒頭に掲げ、「国是を定め、制度規律を建つる」ことを目的とした上で、「天下の権力、総てこれを太政官に帰す。則ち政令二途に出るの患無らしむ。太政官の権力を分かつて、立法、行政、司法の三権とす。則、偏重の患無らしむなり」[11] と定め

---

9)　利谷信義「明治前期の人権と明治憲法」東京大学社会科学研究所編『基本的人権 2　歴史 I』（東京大学出版会、1968 年）128 頁。同論文同頁以下も参照。

10)　清水伸『明治憲法制定史』上（原書房・昭和 46 年）146 頁。

ている。大政官に権力を集中しつつも、その下に三権をおいたのである。

2 岩倉具視の「建国の体」と伊藤博文

(1) 岩倉の「建国の体」──国体と上下の通義

右大臣三条実美の補佐役として大納言に就任した岩倉具視は、1870年（明治3年）8月、「建国の体を昭明にして以て施政の基礎を確定する朝議」に意見書を提出した。

> 「上古天神は諾冊二尊に勅して国土を経営し億兆を生々す。既に億兆を生々す亦之を統治するの道なかる可からず。天神乃ち天孫を降臨せしめ神胤をして国土の主たらしむ。是に於て乎、万世一系の天子統治するの国体建つ。……天子は億兆をして各其業に安んじ各其所を得せしむるは即ち天神に事ふるの努なり。億兆も亦各其業を励み各其生を保つは即ち天子に事ふるの努なり。是を上下の通義と曰ふ。是を以て天子は億兆を愛して王者の大宝と曰ひ、億兆は天子を尊んで上御一人と曰ふ。是れ即ち我が建国の体にして宇宙之間決して其等倫の国あらざるなり。[12]」

こうして、大改革の基準とすべき「建国の体」が明示された。「万世一系の天子統治するの国体」とともに、「上下の通義」にも注目したい。「通義」という言葉は「広く一般に通じる道義や意義」という意味だが、福沢諭吉等によりrightの訳語として使われたこともある言葉である。[13]「統治と人権」に関する岩倉の基本的な考え方がここに示されている、とも言えるだろう。

(2) 急進的な革新官僚

1871年（明治4年）、伊藤博文は岩倉使節団の副使として渡米するにあたり、何をなすべきかを明確にするため、「天皇陛下の期望豫図の眼目」を書いている。[14] 冒頭、伊藤は次のように宣言する。

> 「第一　天皇陛下は我東洋諸州に行はるる所の政治風俗を以て我国の善美を盡

---

11)『法令全書　慶応三年』（内閣官報局、明治20年）138頁。

12) 岩倉具視「具視建国策を朝議に付する事」多田好問編『岩倉公実記　下巻1』（皇后宮職、明治39年）822-823頁。

13) 柳父章『翻訳語成立事情』（岩波新書、1982年）153頁以下参照。

14) 新井勝紘「明治政府の憲法構想」江村栄一『自由民権と明治憲法』（吉川弘文館、1995年）129-132頁参照。

すに足れりとせず、何ぞや欧米各国の政治制度、風俗、教育、栄生、守産概ね我東洋に超絶するを以てなり。此に於いて開明の風を我国に移し、我国民をして速やかに同等の化域に進歩せしめることを志し、夙夜励精黽勉するを事務とせり。[15]」

　伊藤は、東洋に超絶する欧米各国の政治制度等について、「速やかに」同等に進歩させることを志すと述べている。次の項目では、まだ成功していないものも多いとしながら、欧米各国にならって導入しようとしている制度を確認している。その中には、「封建制」の廃止、「人民の権利」の尊重、「公明の政治」、「公論を取るための議院」等も列挙されている。

　この段階では、日本の「国体人情」をかかげて、欧米の立憲主義を採り入れるのは「漸進」的でなければならないという主張はみられない。既にイギリス、アメリカへの留学経験がある伊藤博文は岩倉使節団の副使として視察に出るまでは「文明の理念にいささか浮かされた急進的な革新官僚だった[16]」という。

3　定まらない constitution の訳語

(1)　様々な訳語

　この時期、しばらくの間は「政体」の他に、福沢諭吉の『西洋事情』（1866-70 年・慶応 2-明治 3 年）による「定律」「律例」「国律」、津田真道『泰西国法論』（1863 年・明治元年）の「根本律法」「国綱」など様々な訳語で constitution は表現されていた。constitution なるもののイメージが固まらず、それをどのようなものと捉えるべきか、人々が様々な視点から試行錯誤していた時期である。

(2)　憲法は法律

　いくつも試みられた訳語なかでも、加藤弘蔵（弘之）の『立憲政体略』（1868年・明治元年）における「国憲」という訳語、そしてタイトルにある「立憲」の語はこのあと広く用いられるようになる。加藤は「国憲」について次のように書いている。

15）伊藤博文「天皇陛下の期望豫図の眼目」伊藤博精『滄浪閣残筆』（八洲書房、昭和 13 年）29-30 頁。
16）瀧井一博『伊藤博文　知の政治家』（中公新書・2010 年）28 頁。

「国憲とはすなわち治国の大憲法にして、都て此政体制度の大綱悉く之に録載して万機此に則て施行するものにして、政府敢えて恣に変更すること能はず。……其の他憲法数類あり皆この国憲の枝葉なり。」[17]

この枝葉にあたるものに関して、例えば「施政権柄」についても「既に君主と立法府両院と相共に商議して制立せる憲法を施行し或いはこの憲法によって万機の政をなす権柄を称して施政権柄又は行法権柄と言う[18]」と書かれている。今日行政権が執行する法律がやはり憲法と表現されている。

こうした言葉の使い方は、穂積陳重が『法窓夜話』第50話で「憲法」をとりあげ、次のように述べていることと一致する。憲法という語は「昔から広く用いられて」いたが、「近年に至るまでは、現今のように国家の基本法と云ふ意義には用いられて居らなかった[19]」のであり、「Gesetz 即ち成文法に当ててある[20]」。

このような用語法は明治7年に出された議院憲法頒布の詔のなかでもみられる。「先ず地方長官を召集し人民に代えて協同公議せしむ、すなわち議院憲法を頒布す」とされているのである。

Ⅲ　岩倉使節団と明治6年の政変──「憲」の定着

1　留守政府の急進主義と征韓論──民撰議院設立建白書へ

(1)　留守政府と明治6年の政変

1871年（明治4年）11月、新たな政府の樹立をアピールし、不平等条約改定の予備交渉を行うべく欧米に使節団が派遣された。岩倉具視を全権大使とし、大久保利通、木戸孝允、伊藤博文など46名で構成されるこの使節団が帰国するのは1873年（明治6年）である。

岩倉らの留守を預かった西郷隆盛、板垣退助らの留守政府は、岩倉等が帰国するまでは大きな制度改革は行わないことになっていた。しかし、徴兵制や地

---

17)　加藤弘蔵『立憲政体略』（谷山楼・紀伊國屋源兵衛、1868年）6-7頁。

18)　同書 12-13 頁。

19)　穂積陳重『法窓夜話』（岩波文庫、1980年）176頁。

20)　同書 178 頁。

租改正などの改革が進められた。さらに、依然として国交を拒否している朝鮮に対して武力で開国しようとするいわゆる「征韓論」が強まっていた。

欧米視察から帰国した岩倉や大久保は内政優先を主張し、西郷らの動きを阻止した。これに反発した西郷、板垣、江藤新平、副島種臣らは参議の職を辞任した。

(2) 民撰議院設立建白書

政府を離れた板垣退助らは 1874 年（明治 7 年）はじめに愛国公党を結成して「民撰議院設立建白書」を発表、明治 6 年の政変後内務省を設置して内務卿となった大久保利通らの政治を批判した。

> 「人民政府に対して租税を払ふの義務ある者は、乃ち政府の事を与知可否するの権理を有す。……今民撰議院を立るの議を拒む者曰く、我民不学無智、未だ開明の域に進まず故に今日民撰議院を立る尚応さに早かる可しと。臣等以為く、若し果して真に其謂ふ所の如き乎、則之をして学且智、而して急に開明の域に進ましむるの道、即ち民撰議院を立るに在り。何となれば則ち今日我人民をして学且智に、解明の域に進ましめんとするには、先づその通義権理を保護せしめ之をして自尊自重、天下と憂楽を共にするの気象を起こさしめんばある可らず。[21]」

2　岩倉使節団の漸進主義と漸次立憲政体樹立の詔──「国体人情」の強調

(1)　岩倉使節団が得た憲法政治観──多様性と漸進主義

(a)　久米邦武──自主力の養成と漸進

岩倉使節団に同行していた歴史学者久米邦武は、「自主力」つまり自律した個人の「競争」に「西洋文明の精髄をとらえた[22]」という。そして、『米欧回覧実記』のなかで、ベルギーでの見聞をもとに次のように書いている。

> 「白耳義人は又みな謂う。国に自主の民乏しければ国力衰弱し、国を保存しがたしと。政体法規みな自主力を養うを目的となして協定し、上下心を合わせ、互いに粋励風をなして自主の業を植え……[23]」

久米は、ベルギー人は政体法規 = constitution の目的を自主力を養うことに

---

21) 板垣退助監修『自由党史』上巻（五車楼、明治 43 年）88 頁。
22) 瀧井前掲『文明史の中の明治憲法』59 頁。

おいているのだとした。同時に久米はヨーロッパ諸国の政治の多様性を目の当たりにし、「習慣に従い治めて、矯揉抑制しないのは、欧州の政治の大要である」と述べ、「進歩が旧習の徒な廃棄ではなく、伝統を維持しなかがら『漸を以て進む』こと」を体得した。こうしてヨーロッパの近代憲法の理念を導入して自主力を養うと同時に、日本の現実に適した段階を踏んだ改革すなわち漸進主義が課題とされた。こうした発想は、この使節団で欧米に出向いた他の人たちとも共有されていく。

(b) 木戸孝允——同治憲法の根種と天皇の独裁

1873 年（明治 6 年）7 月、使節団に同行した木戸孝允は、憲法に関する意見書をまとめ、政府に提出する。

> 「権利を張って天賦の自由を保ち、負責を任して一国の公事に供する等亦人民存生の目的である。細かにその条目を記載し、盟約してその制に違反する事を禁じ、相互に従事すべきものは即ち典則なり。蓋し政規なるものは典則中の本根にして一切の枝葉悉くこれより分出せざるべからず。」

木戸は、全てのルール（典則）は政規 = constitution から導き出されるとした。しかし、この時点の日本には五箇条の誓文しかなく、これだけではうまくいかないから、政規を定めることが急務だと主張した。木戸のこの意見書は賛否を巻き起こし混乱をきたした。2 ヶ月後の 9 月、批判に応えるべく木戸は補足の文書を記した。木戸は、君民同治の憲法が理想だとしながらも次のように述べた。

> 「天皇陛下励精整治而て維新の日未だ浅く知識昇進して人民の会議を設くるに至るは自ら多少の歳月を費やさざるを得ず。故に今日に於いては政府の有司万機を論議し天皇陛下夙に独裁せらるるは固より言を待たざるなり。……天皇陛下の英断を以て民意を迎え国務を條例し其裁判を課して以て有司の随意を抑制し、一国の公示に供するに至らば、今日に於いては独裁の憲法と雖も他日人民の協議起こるるに至り、同治憲法の根種となり、大いに人民幸福の基となる必せり。」

木戸も、君民同治の憲法を理想としつつも、その実現はすぐには無理だという認識をもっており、「同治憲法の根種」となる憲法の早期の制定を切望して

23）久米邦武『米欧回覧実記』第三篇（博聞社、明治 11 年）174 頁。
24）瀧井前掲書 63 頁。
25）『木戸孝允文書』第八（木戸公伝記編纂所、昭和 6 年）124 頁。

いた。

(c) 大久保利通──「新たに構成するべきものでない」

同じ年に政体に関する意見書を書いた大久保利通も同様である。大久保も「君民共治」を目指しており、「国憲を制定し、万機を之に取る」ことを主張していた。しかしその「政の体」は新たに創り出すものであってはならないと考えていた。

「政の体たる君主民主の異なるありと雖も、凡そ土地風俗人情に随て自然にこれを成立する者にして、敢て今より新たにこれを構成すべきものに非ず。[27]」

そのように主張する背景には、「其の政は依然たる舊套に因襲し、君主擅制の体を存す」けれども、「将来以て此を固守すべからざるなり」。しかし、「政体以て民主に帰すべきか」といえばそうではない。

「天下暫く郡県に帰し政令今一途に出づると雖も人民久しく封建の圧政に慣れ、長く偏僻の陋習以て性をなす。ほとんど千年豈に風俗人情以て之に適用するくにならんや。民主固より適用すべからず。君主も亦固守すべからず。[28]」

大久保はこのように述べて、日本の土地、風俗、人情にあった立憲政治を徐々に成立させることを主張した。

(d) 伊藤博文の変化

この視察の間に木戸等との関係などをきっかけとして伊藤博文は変化をみせる。[29] 例えば、ヨーロッパに赴いた伊藤は、フランスの共和制の不安定やビスマルクが宰相を辞任する様をみて、「文明の政治の意外な脆さ[30]」を実際にみた。こうした経験の中で綿密な制度を伴う漸進主義の思考が生まれてきたという。

帰国後、伊藤は政体取調専任の役に就き、漸進主義の憲法制度確立に尽力する。そして、漸次立憲政体樹立の詔が形になっていく。

(2) 漸次立憲政体樹立の詔

大久保利通は、板垣退助、台湾出兵に反対して政府を追われていた木戸らと

---

26) 同書 128 頁。
27) 『大久保参議起草政体に関する意見書』（明治 6 年）。
28) 同書。
29) その様子については、瀧井前掲『伊藤博文 知の政治家』28-44 頁参照。
30) 同書 39 頁。

いわゆる大阪会議で会談する。大久保は彼らの主張を部分的に受け入れ、政府に復帰させる。そして、1875年（明治8年）4月漸次立憲政体樹立の詔を発する。

> 「朕、今誓文の意を拡充し、茲に元老院を設け以て立法の源を広め、大審院を置き以て審判の権を鞏くし、又地方官を召集し以て民情を通し公益を図り、漸次に国家立憲の政体を立て、汝衆庶と倶に其慶に頼んと欲す。」

五箇条の誓文を充実させるために、元老院を設けて立法府を拡大し、大審院を作って裁判権を確立するなど、「漸次に国家立憲の政体を立て」ることが宣言された。「立憲」という言葉が公式に使われた。

(3) 国憲起草の詔と元老院の国憲案

翌年、1876年（明治9年）の9月、天皇は元老院に対して国憲起草の詔を発し、岩倉らの重視した「我建国の体に基づき」、「国憲」を定めることを宣言し、海外各国の法を考慮した上で憲法の草案をつくることを元老院に求めた。元老院はすぐに国憲取調局をつくり、国憲案の起草にとりかかった。イギリス、アメリカ、フランス、プロシア、オランダなどの憲法を比較して、わずか1ヶ月で案をまとめた。この第一次国憲案の復命書では次のような方針が示されていた。

> 「開明旺盛の諸国倣ふて政を施さんと欲する立憲君主の政に非ざれば不可なりとす。君主の国は、君権の盛にすぐる者なり。君権盛にすぐるときは民権伸びざるところあり。民権の伸びざるは即ち分崩離拆の源となりて、君獨り其の権を享くることを得ず。故に君民の権は分かたざる可からずして君民の権を剤して之をその中に適せしめんとするは亦国憲を定むるに非ざれば不可なりとす。」[31]

この国憲案では天皇ではなく「皇帝」が定められ、立法権は皇帝と帝国議会がもつとされた。また、17ヶ条におよび国民の権利義務の規定がおかれた。しかし、この案は、元老院議長に提出されたものの、2ヶ月後に16カ条におよぶ修正を施された後、それ以上の進展をみることはなかった。

(4) 国憲案の廃棄——国体人情論の台頭

岩倉具視はこうした早急な憲法制定が国体を一変してしまう恐れがあるとし

---

31) 家永三郎＝松永昌三＝江村栄一『新編　明治前期の憲法構想』（福村出版、2005年）178頁。

て反対の立場にあり、三条実美に辞表を出したが、却下された。

この頃から政府への不満がたかまり、西南戦争、大久保暗殺など政治情勢は悪化する。国憲案の起草作業は中断され、第二次案ができたのは1878年の夏頃だと推測されている。そして、国憲案（第三次案）が完成し、天皇に奉呈されたのは1880年（明治13年）2月28日のことであった。

自由民権運動の高まりと私擬憲法起草の動きの中で作られたこの草案は「まさに欧米の憲法政治にならい、飛躍的な近代化を企図したもの[32]」と後に評されるほど急進的な内容が盛り込まれた。例えば第一篇第二章「皇位継承」の第4条は次のように定め、皇帝も国憲の定めに服すべき事が明確にされた。

　　「皇帝即位の礼を行うときは、両院の議員を召集し、国憲を遵守するを誓う。」

第三篇には「国民及其権利義務」が定められ、「国民の自由の権は犯すべからず。法律に掲ぐる所の常規に由るに非ざれば拘引、拿捕、若しくは囚禁等の事を行うことを得ず」（第7条）とする人身の自由が保障され、他にも居住移転の自由（第8条）、住居の不可侵（第9条）、財産権（第10条）、信書の秘密（第11条）、出版の自由（第12条）、信教の自由（第13条）、集会団結の権利（第14条）等も定められた。

しかし、この第三次国憲案は元老院の全体会議にかけられることなく廃棄された。岩倉はこれを「我が国体と相符わざる」ところがあるとして、不採用とする方針を決めたのである。第三次国憲案が完成する約2ヵ月前の1879年（明治12年）、伊藤博文も岩倉に宛てた手紙に、草案を内々に入手して熟読したとして、次のように書いている。

　　「各国の憲法を取集、焼直し候迄にて、我国体人情等には、聊も注意致候ものとは察せられず、畢竟、欧州の制度模擬するに熱中し、将来之治安、利害如何を顧候ものに無之様、奉存候。[33]」

岩倉や伊藤がこのような反応をせざるをえなかったのは、彼らには無謀にしか思えない急進主義が猛威を振るっていたためでもある。大久保利通が内務省による民衆支配を強め、新聞紙条例・讒謗律、集会条例を定めて言論統制を試みても、自由民権運動はとどまるところを知らなかった。

32）清水前掲書181頁。

33）同書182頁。

3 「憲」の定着

(1) 「憲」の字の意味

　この間に「立憲」の語も定着していく。また constitution を表す訳語は国憲、憲法に収斂していく。

　では、ここで使われる「憲」という漢字はもともとどのような意味だったのか。白川静の『字統』では、憲の字は目の上に入れる入れ墨用の大きな把手のある針からきているとされている。「すなわち刑罰の意であるから、のち法の義となった」のであり、「刑罰を加えることから、憲法・憲令の意となったものである」と白川は述べている。また『広辞苑』の解字によれば、心より上の部分は、目の上にかぶせる、勝手な言動をおさえることを意味し、「目や心の行動をおさえるわく」の意味だとされている。他者を害さない限り人を自由にし、権力を持つ王が恣意的に刑罰を科さないようにすることが欧米近代のconstitution の存在意義であると考えると、真逆の意味をもった字をconstitution にあてたことになる。

(2) 箕作麟祥『仏蘭西法律書　憲法』

　穂積陳重によれば、「憲法」の語が初めて constitution の訳語として使ったのは、政府から翻訳を命じられて 1873 年（明治 6 年）に 8 月に『仏蘭西法律書憲法』を出版した箕作麟祥だとされている。箕作は、この本で 1851 年 12 月ルイ・ナポレオンによって国民投票に付され、1852 年に 1 月に公布された憲法を翻訳紹介した。

　箕作は本書の冒頭、「例言」で、「仏蘭西法律書は、憲法、民法、訴訟法、商法、治罪法、刑法」とりあげることを示して、それぞれの法の定義を示す。憲法については次のように書かれている。

　　「憲法は建国定制の大基本を記せし者なり。」

　穂積陳重は「当時は学者は概ね皆憲法とは通常の法律を指すものであって、箕作博士の訳語は当たって居らぬと云うて居った」と述べている。上記の箕作

34）白川静『字統』（平凡社、2007 年）274 頁。
35）穂積陳重『法窓夜話』（岩波文庫、1980 年）178 頁。
36）箕作麟祥『仏蘭西法律書　憲法』（文部省、明治 6 年）。

の例言では「書中原名の邦語に訳し難き者或いは邦語に訳すると雖も其義に通暁ならざる者は初出の條に於て嵌註を加へ以てこれを釋き再出の條に於いて復せざる者其煩を省くが為なり[38]」とされているが、「憲法」の語への註は見当たらない。民法等と並べて六法と呼ぶには政体、政規、国憲などのそれまでの用語はたしかに違和感があり、憲法はおさまりがよい。しかし、箕作がconstitution にこの語を当てた理由は示されなかった。だが、この頃から「憲法」の訳語が使われるようになる。先に紹介した木戸孝允は 1973 年（明治 6年）7 月の意見書では「政規」の言葉が使っていたが、箕作の『仏蘭西法律書憲法』が世に出た翌月に書いた補足意見では「憲法」を用いていた。

こうして、「立憲」「国憲」とともに「憲法」という欧米近代の constitutionとは真逆の含意をもつ「憲」の字を用いた語が定着していく。

(3)　なぜ「憲」法か──いくつかの推測

いくつもの訳語の中からなぜ「憲法」「国憲」「立憲」など「憲」の字が定着していくのかについては、確固たる根拠のある結論は今のところはない。しかし、いくつかの推測をしてみたい。

1936 年（昭和 11 年）に穂積陳重の名で出版された『続法窓夜話』でも「憲法」の語は論じられている。古代中国では憲法は「懸け示されたる法」「掲示法[39]」という意味にも使われたこと、「顕」すなわち「著しく」または「明らかなる[40]」という意味に用いた例もあること、日本でも「日本書紀」などで憲法の語がみられ、「厳しき法」「明らかなる法」「顕しき法」という意味で用いられていることも示されている[41]。通常の法令の中でも特に顕示すべき重要なものというような意味で「憲法」は選ばれたのかもしれない。

また、柳父章は次のように述べている。一貫して翻訳受け入れ国であった日本では、「長い間の私たちの伝統で、むずかしそうな漢字には、よく分からな

37）穂積前掲書 178 頁。

38）箕作前掲書。

39）穂積陳重『続法窓夜話』（岩波文庫、1980 年）同書 28 頁。

40）同書 28 頁。

41）同書 30 頁。

いが、何か重要な意味があるのだ、と読者の側でもまた受け取ってくれるのである」。こうした難しそうな「四角張った字」の効果を、柳父は人を魅了してやまない小さな宝石箱という意味の cassette からとって「カセット効果」と名付けている。穂積は「憲法という重々しい漢語を用いると、あるいは重要なる法律を指すように聞こえぬでもない」がそうではないと述べている。しかし、「憲」の字には多くの人々を惹き付けるカセット効果があったのかもしれない。

IV　明治14年の政変と憲法大綱領——「国憲」ではなく「憲法」

1　伊藤博文の憲法意見と大隈重信の国会開設要求

(1)　伊藤博文の憲法意見

　西南戦争などの政情不安が一段落した1880年（明治13年）、伊藤は「元老院を更張し、元老院議官を華士族に選ぶ」ことを提案する意見書を示す。そこで維新以来廃藩置県などで財産を失った全国幾十万の人々について次のように述べている。

> 「是皆新政を悦ばずしてともすれば舊慣を慕ひ不平等を鳴し、不祥を訴ふるの情あることを免れず。其極、一変して急激の論を唱へ、政府に抵抗し世変を激成し、以て自快くするに至て而して後に已まんとす」。

そしてつぎのように提案する。

> 「唯国会を起こして以て君民共治の大局を成就するは、甚だ望むべきことなりと雖も、事苟も国体の変更に係わる。実に曠古の大事、決して急躁を以て為すべきものにあらず。……
> 　臣窃に以為く、今の時に当たり、漸進の道に由り、以て時変を制し、徐々に釐革する所あらんと欲せば、先づ元老院を更張して名実相副はしむるに若しくはなき也。」

---

42) 柳父章前掲書36頁。
43) 同書37頁。
44) 穂積前掲『法窓夜話』177頁。
45) 清水前掲書211頁。
46) 同書212-213頁。

(2) 大隈重信の立憲政治論

　自由民権運動が進展する中、政府側からも参議大隈重信は 1881 年（明治 14年）3 月、国会開設、憲法制定を求める声が高まっているとして、早期の国会開設と憲法制定を求めた。

　大隈はイギリスの政党政治、議会政治と議院内閣制をモデルとする構想を示した。「立憲の政治」においては国民の意思を示すのは議会であり、議会の過半数の意思は国民の意思であり、過半数をもつ政党の首領は国民が政治をたくすべき人である。加えて 1881 年（明治 14 年）中に憲法を欽定し、翌年 1882 年（明治 15 年）末には議員を召集、1883 年（明治 16 年）のはじめには国会を開くという、明確なスケジュールも提案した。

　ここでは次のような大隈の人権への言及に注目したい。

> 「憲法は二様の性質を具備せんことを要す。二様とは何ぞ。其の第一種は治国政権の帰するところを明らかにする者なり。その第二種は人民各自の人権を明らかにする者なり。政党の政行われて而て人権を堅固にする憲章在らずんば、其の間言う可らざるの弊害あらん。是れ則ち人権を詳明するの憲章を憲法に添付せんと欲する所以なり。」[47]

2　憲法大綱領──プロシア・モデルの欽定憲法

(1) 大隈の罷免と国会開設の詔勅

　いわゆる北海道開拓使官有物払下げ事件が報じられると、政府は世論の厳しい批判に晒された。岩倉と伊藤はこうした世論の動きに大隈が関与したとして参議を罷免した。

　しかし、同時にこれに妥協せざるを得なくなる。1881 年（明治 14 年）7 月、岩倉は、井上毅に憲法に関する大綱領を起草させて岩倉具視の名で天皇に上奏する。そして、10 月 12 日、「将に明治 23 年を期し、議員を召し国会を開き、朕が初志を成さんとす」とする「国会開設の勅諭」が発せられる。

(2) 岩倉具視の大綱領

　19 項目からなる大綱領には、華士族からの公選による元老院と民撰院の二

47）「大隈重信の上奏書（写）」（明治 14 年 3 月）『伊藤博文関係文書（その 1）』。

院制による立法権、天皇の議院開閉および解散権などとともに「欽定憲法の体裁を用いらるるの事」、「臣民一般の権利義務を定める事」が定められた。[48]

　岩倉は特に重要な11項目について補足を加え、起草者の参考にする目的で「綱領」も添えている。この綱領には大綱領に明記されていない事項が二つある。一つは「欽定、国約の差別は別紙を以て具陳すべし[49]」とする点であり、もう一つは「漸進の主義を失わざること。欧州各国の成法を取捨するに付いては孛国の憲法尤も漸進の主義に適する事[50]」である。

　別紙として添えられた「欽定憲法考」で岩倉は、欽定憲法とは何かを論じて次のように書いている。

　　　「立憲政体の憲法を頒布するに二様の異なる所あり。一は国君の詔勅の体裁を用うる者、一は立憲代議士の名を以て公布し、或いは国君と代議士と合同して公布する者なり。[51]」

　そして、国憲と欽定憲法の違いを次のように述べている。

　　　「欽定憲法の主義は、勅令を以て人民に権利を授与すると云うに在り、此れ国憲と同じからざる所以なり。
　　　所謂国約憲法に至ては、立君国の決して行うべき所に非ざるなり。[52]」

　漸進主義については、それに適した憲法起草のモデル国として孛国＝プロイセンが明示された。岩倉は大隈らがモデルとしていたイギリスとの決別を主張する。例えば、国会の権限を論じた「意見第一」でも、「国王は国民を統ふるのみならず且実に国政を理し立法の権は議院と之を分かつと雖も、行政の権は専ら国王の手中にありて敢えて他に譲予せず。国王は議院政党の多少に拘わらずして其の宰相執政を選任するものとす[53]」としている。イギリスとプロイセンの異同については学者の間で意見は一定ではないが、「各国の国体人情に従い

48）多田好問編『岩倉公実記』下巻2（皇后宮職蔵版・印刷局、明治39年）1765-1766頁。
49）同書1767頁。
50）同書1767頁。
51）同書1777-1778頁。
52）同書1779頁。
　　なお、この後、欽定憲法も通常民議を経るのであって、そこが国約憲法との違いではないと述べられていたこととその歴史的意味については川口暁弘『明治憲法制定史』（北海道大学出版会、2007年41頁以下参照。
53）同書1770頁。

同一なることあたはずというに帰せり」と述べ、次の様に主張した。

　　「立憲の大事方に草創に属し、未だ実際の徴験を経ず、其の一時に急進して事
　　後の悔を胎し、或いは與へて後に奪うの不得已あらしめんよりは、むしろ普国
　　に倣い、歩々漸進して後日の余地を為すに若かずと信ずるなり。」

3 「憲法」とは欽定憲法である

　1881 年（明治 14 年）の東京日日新聞による「国憲意見」をみてみたい。東京
日日新聞は政府系の新聞であり、主宰である福地源一郎の手になる草案も全体
としては保守的な内容のものである。しかし、欽定憲法をしりぞけ、「君民同
治」とともに国約憲法であるべきことをかかげ、議会も上下両院と天皇の「三
部同権」を求め、権利規定も充実している。この意見の冒頭、次のように述べ
られている。

　　「国憲とは何ぞや、国約憲法なり。……国憲何を以て今日に制定せざるべから
　　ざるか、国憲制定せざれば国会以て興起するを得ざればなり。未だ国憲を制定
　　せずして先ず国会を興起するはなお柱石を固めずして家屋を築かんとするがご
　　とし。何を以て国約を要するか、その帝勅憲法のごとき民議憲法のごとき倶に
　　憲法の体要を具備するもの非ず。ただ国約にして初めて上下の分定まり君臣の
　　義明にして以て百世にあふる。」

　国憲とは、先述の岩倉による「欽定憲法考」の表現と併せて考えると、国民
の代表からなる議会が憲法を起草し君主に承認させることによって成立する国
約憲法である。そして、政府が主導して定められた憲法は、これを排除して天
皇が勅令により人民に権利を与える欽定憲法である。

　1882 年（明治 15 年）3 月、「立憲政体調査に付特派理事欧州派遣の勅書」が
出され、伊藤博文等が憲法調査のためにヨーロッパの立憲国家に派遣される。
その第一条は次のように定められている。

　　「一、欧洲各立憲君治国の憲法に就き、其淵源を尋ね、其沿革を考へ、其現行
　　の実況を視、利害得失の在る所を研究すへき事。」

54）同書 1770 頁。

55）同書 1772-1773 頁。

56）家永他前掲書 264-265 頁。

57）同書 257-258 頁。

こうして、ヨーロッパの立憲君主国の行政・立法・司法の組織や皇室の権限などを研究するべきことが明確にされると同時に、天皇の名による勅書でも、constitution に憲法の語があてられ、公式に憲法の語が採用された。その憲法とは国約憲法、欽定憲法の上位概念では無く、国約憲法を排した欽定憲法以外ではありえなかった。

V 伊藤博文の立憲政体調査と大日本帝国憲法の起草

1 立憲政体調査

大隈重信の憲法意見に伊藤博文が「実に意外な急進論[58]」だと驚いている一方で、これに対抗する憲法構想を大綱領などで岩倉具視の名で形にしたのは井上毅だった。憲法制度の創設に尽力してきた伊藤の立憲政体調査は、岩倉と井上による大綱領とそれに付された意見書によって基本的な方向を定められていたと言ってもよい。

1882 年春にベルリンに着いた伊藤は、ベルリン大学の憲法学者グナイスト等に学んだが思う成果を上げられなかった。しかし、その後ウィーンに渡り、国家学者シュタインに学び自信をつけたという[59]。伊藤は岩倉に宛てた手紙で「一片の憲法のみ取調候何にも以て用相立てざる儀に御座候のみならず、決して憲法を了解する能わざる事に古座候[60]」と書き、綿密な制度の調査等「骨折れ仕事」が必要だと書いた。つづけて伊藤は述べている。

> 「日本にてヘボクレ書生が、物質の如何を辨ぜずして只書中の字義を翻訳して、是が何国の憲法なり、政府の組織なりと衆愚を誤らしむるが如きにあらず。[61]」

2 草案の起草作業──国体に憲法政治をはめ込む

1885 年（明治 18 年）夏、伊藤博文は夏島の別荘に移り、憲法起草に取り組んだ。井上毅の甲案・乙案の二草案とドイツ人法学者ロエスレルの草案をもとに、

58）多田好問編前掲『岩倉公実記』下巻 2　1747 頁。

59）このプロセスについては瀧井前掲『文明史の中の明治憲法』81 頁以下参照。

60）久米正雄『伊藤博文伝』（改造社、1931 年）226 頁。

61）同書 227 頁。

伊東巳代治、金子堅太郎らによって草案が練られた。井上は欽定憲法である以上、天皇が臣下に与えるものでなければならず、起草者の名前が分かっては憲法の尊厳が保てないと書いていた。そのため、起草作業は秘密裏に行われた。

藤井新一『帝国憲法と金子伯』によれば、1884年（明治17年）4月から1885年（明治18年）12月の間に、伊藤博文は憲法の起草方針として次のように述べていたという。

> 「日本の国体、日本の皇室、大宝令の施行から今日までの政治の有様、それらの歴史を研究した後、その歴史を本にして各国憲法政治の模範を取捨選択してはめ込むべきだ。
>
> そのはめ込む程度も、彼らが十分だから我が国も十分でなければならぬ理由はなく、国体が違うのだから、我が国は七分でも差し支えない。彼の国が民権七分・君権三分であって、我が国が君権七分・民権三分になっても、やはり憲法政治であることに違いはない。……」[62]

3 枢密院での審議──憲法政治は君主権の制限

(1) 君権の「幾部分」の制限──憲法とは

3年弱の年月をかけてまとめられた草案は1888年（明治21年）6月18日、天皇の諮問機関として設けられた枢密院で議論され、1889年（明治22年）2月11日、大日本帝国憲法として発布された。伊藤博文は内閣総理大臣の職を辞して、枢密院の議長となり、憲法制定作業を主導した。

この6月18日の午後、伊藤は憲法政治とは何かについて明確に語っている。第4条が、天皇は国の元首でると同時に統治権を総攬し「この憲法の条規によりてこれを行う」と定めていることが問題となった。天皇の大権は天皇が固有にもっている権限であるのに、これでは憲法によって与えられたもののようだとの批判に対して、伊藤は次のようにこたえます。

> 「本条はこの憲法の骨子なり。抑も憲法を創設して政治を施すと云うものは、君主の大権を制規に明記し、其の幾部分を制限するものなり。……故に、憲法政治といえば即ち君主権制限の意義なること明らかなり。」[63]

---

62) 藤井新一『帝国憲法と金子伯』（大日本雄弁会講談社、昭和17年）267頁。

63)『憲法草案　枢密院会議筆記』。

(2) 臣民の権利の保護

1888年（明治21年）6月22日午後の「臣民の権利義務」についての議論では、文部大臣の森有礼は「臣民の分際」に修正すべきではないか、と疑問をなげかけた。分際とは英語の「レスポンシビリティー」だと森が答えているとおり、責任という意味である。なぜ、そう改めるべきだと考えているのか。

> 「権利義務なる字は法律においては記載すべきものなれども、憲法にはこれを記載することすこぶる穏当ならざるが如し。何となれば臣民とは英語にて『サブジェクト』というものにして、天皇に対する語なり。臣民は天皇に対しては獨り分限と責任を有するものにして、権利にあらざるなり。」[64]

これに対して議長の伊藤博文は森の説を「憲法及び国法学に退去を命じるの説と言うべし」と応答し、次のように述べる。

> 「憲法創設の精神は、第一に君権を制限し、第二に臣民の権利を保護するにあり。故に若し憲法に於いて臣民の権利を列挙せず、只責任のみを記載せば、憲法を設くるの必要なし。……（森の）修正説は憲法に反対する説というべきなり。もし憲法より権利義務を除くときには、憲法は人民の保護者たること能はざるなり。」[65]

(3) 誰に対する権利か

さらに続けて森は、財産や言論の自由は人民が自然に有する権利であるから憲法ではじめて保障するかのように定めるべきでないと主張する。さらにつづけて、ここで定められた権利義務は「誰に対する権利義務か」と問う。

> 「西洋各国に於いては其の歴史上の沿革に依り国家と帝王の思想及び区別は分明なるが故に、臣民は帝王に対し若干の権利を有し、又国家に対して若干の権利を有すると云うのこと明瞭なり。然るに本邦と西洋とは大いに異なるところなりて、日本の臣民は天皇に対し権利義務を有すと云う語は語をなさざるのみならず、又これを有すべきものにあらざるなり。……」[66]

伊藤は森に対して次のように応える。

> 「この憲法に権利と記すときには、臣民は天皇に対して権理を有するという説

---

64) 同書。

65) 同書。

66) 同書。

あれども、これ然らず。只臣民はこの憲法の効力により法律に対して法律の範囲内において権利を有するものなり」[67]。

伊藤も、臣民の権利は天皇に対するものではないと断言している。伊藤は憲法を定める目的は君権の制限と臣民の権利の保護だと述べたが、臣民の権利の保障と天皇の権力の制限は別物と考えられている。

(4) 権利義務を定めた趣旨――『憲法義解』

翌年1889年（明治22年）6月に伊藤の名で出版された『帝国憲法皇室典範義解』では、次のように書かれている。

> 「第二章は第一章に次ぎ臣民の権利義務を掲ぐ。蓋し祖宗の政は専ら臣民を愛重して名くるに大宝の称を以てしたり。……下に在ては大君に服従し自ら視て以て幸福の臣民とす。是れ我国の典故舊俗に存する者にして、本章に掲ぐる所の臣民の権利義務亦此の義に源流するに外ならず」[68]。

岩倉の「建国の体」で述べられたあの観念が明治憲法の第二章なのである。「憲法は臣民の権利の保護者である」ということは、権利は天皇と国家によって与えられるものであるという意味であった。

Ⅵ まとめにかえて

明治憲法の制定にいたる過程において、憲法という日本語は、成文法という意味から天皇が権利を人民に与える法という意味に変化した。そして、欽定された大日本帝国憲法においては、君権の制限は「幾部分」にとどまり、臣民の権利は天皇に対する権利ではないことが明らかにされた。それでも、伊藤博文は憲法創設の精神は君権制限と臣民の権利保護だと述べた。

こうした考え方を支えたのが「漸進主義」である。そして、その基礎は岩倉が1870年（明治3年）に示した「建国の体」、「万世一系の天子統治するの国体」と「上下の通義」であった。ここを出発点に、日本の国体人情に合わせて欧米の立憲主義を採り入れることが目指された。

---

67) 同書。
68) 伊藤博文『憲法義解』（岩波文庫、昭和15年）45-46頁。

この漸進主義を、現実的対応と捉えるか、先送りとみるか、漸進を名乗った後退とみるかは大きな問題ではない。この事実から何を学び取るかが重要である。

第一に、漸進主義は、漸次進むべき目標が明確でなくなれば現実主義ではなく先送りや後退の原理とになり得る。岩倉使節団の帰国直後の1876年（明治3年）には、久米邦武は自主の権利をもつ自律した個人の競争による国力の増強を立憲主政治の目標だと認識されていた。君民同治のための君権制限もそうであった。木戸孝允は今は独裁の憲法で仕方ないが、それが「同治憲法の根種」になるのだとのヴィジョンを示していた。しかし、大隈が国会開設と立憲政治のあり方を表明する直前の1800年に示された伊藤博文の意見書では、君民同治の成就は大いに望ましいことだとしつつ、国体にかかわることだから急いではならないと述べるにとどまっている。久米がかかげた自主の権利による国力の強化は目的には挙げられなかった。そして、明治憲法に定められた臣民の権利は天皇によって与えられるものになった。その基礎となる原理は岩倉が語った「上下の通義」であることが伊藤による『憲法義解』で確認された。

第二に、現実のとらえ方、特に人民の能力についての認識の問題である。板垣退助は、民撰議院を創設するべきなのは、それが人民の能力を高め、権利を保護して自尊自重と国家への関心を高めるためだと述べていた。人民への信頼を基礎にそれを高めるには政治参加が必要だと主張しているのである。これに対して、漸進主義を唱える人々は人民への能力への信頼が薄い。明治6年の木戸は維新からまだ日が浅く知識が十分でなく、会議を設けるには多少の歳月が必要だと述べていた。しかし、大久保は旧習になれてしまった人民には民主制も君主制も無理だと述べられていた。1800年の伊藤もまた人々が旧習を慕って新政を悦ばないことを漸進主義の根拠としていた。乱暴な議論であるとはいえ板垣が人民の進歩の筋道を示したのに対して、漸進主義を唱える人々は人民の能力を必要な域に引き上げる筋道をこれらの議論では明確に示すことができていない。

立憲主義はもはや私たちの社会に定着した当然の理念である。国民は当然に民主主義と立憲主義を担う能力をすでに備えている。そうした観念を今私たちが持ってしまっているとすれば、どこを目標に、どのような政治を行い、その

担い手をどのように育てるのかを考えるためのヒントを漸進主義の歴史から得るべきだろう。もちろん、明治の漸進主義と私たちは何が同じで何がちがうのかを知るには、自由民権運動をはじめとするこの時代の立憲政治のあり方とその後の歴史の展開を追わなければならない。

　穂積陳重の『法窓夜話』62話では、箕作からフランス語の droit civil の訳語として「民権」を提示された民法編纂会では、「民に権があるとは何の事だ」[69]という議論が起こり、その議論は沸騰し容易におさまらなかったという。しかし、江藤新平会長は、民権という言葉を「活かさず殺さず、しばらくこれを置け、他日必ずこれを活用するの時あらん」[70]と述べ、皆を納得させたという。公権力の制限と権利の保障を本質とする「立憲主義」も活かささず殺さずしばらくおかれているのだろうか。言葉の定着に満足するのでなく、これをどう活用すべきかを考えなければならない。言葉は柔軟で、様々な意味を飲み込むのだから。

（たむら・おさむ　明治大学准教授）

69）穂積前掲『法窓夜話』214頁。
70）同書214頁。

第2部　ジェンダー平等と家族・ポジティヴ・アクション

家族をめぐる観念と法手続に関する一考察

水野紀子

I　家族の観念と相続法改正

　第二次世界大戦が終わって2年後の1947年に、まだ30代半ばの若さだった野田良之は、ポルタリスの『民法典序論』を翻訳し、はしがきで次のように述べた。[1]「フランス革命の歴史を繙いて見た人は、人間の自由と平等の確立のために人類の解放を宣言したこの輝かしい事件の最頂期にあたって、人間がかくも同胞に対して非人間的になりうるものかと驚きの眼をみはらせられるような恐嚇政治の残虐な事実の出現するのを見て、眼を背けざるを得ないであろう。〈中略〉理性がその本性たる自己批判能力を喪失して唯無制限にその進展を図るときには、一層恐るべき極端な抽象に陥り、人間性を見失って一個の怪物と化することを免れない。〈中略〉法というものはむしろ歴史的な基礎の上に築かれねばならず、あらゆる基本原則に関して一定の節度……を缺くことが出来ない。〈中略〉《大東亜共栄圏》とか《聖戦》とか色々な熟語を使うことが好きであったこの国の人々は今また《民主主義》とか《平和国家》とかいう短い言葉を担ぎまわってよろこんでいる。しかしわれわれにとって必要なのはそういうものにこずきまわされないしっかりした自律的精神即ち真性の精神の自由である。〈中略〉反民主主義的とののしられようと、われわれにとってレッテル

---

1)　ポルタリス／野田良之訳『民法典序論』（日本評論社、1947年）。引用は、はしがき1-3頁。

はどうでもよいことである。ただ砂上楼閣でない基礎工事が一歩でも進められ《人類の革命》が少しでも現実となってくれればよい。私は本訳書をそういう意欲をもった人々に贈りたいと思う。」と。そしてこういう思いを込めて訳されたポルタリス『民法典序論』を読み返しながら、民法学を勉強してきた者の一人として、日本の家族法の現状は、ともすれば観念ないし理念が過剰になるように思われる。

　平等と自由が典型的にそうであるように、「短い言葉」による正義の理念は、実際には相互に矛盾することが少なくない。しかし民法は、両立しない正義間を矛盾なく体系化しなければならない。そして、それぞれに一定の正当性があると同時に相互矛盾する各人の法益の間を妥協させて、人々が共存するためのルールを現実に形成する役目を負う法である。そこでは観念のみならず、法手続が重要になる。具体的にどのような手続で法が実行されるのか。矛盾なく共存するためのルールである民法は、果たして実効的に適用されているのか。しかし日本の家族法の議論では、観念ないし理念に関する議論は活発であったけれども、法手続に関する考察は、相対的に手薄であったように思われる。本稿では、そのような問題意識から、家族法における観念と法手続について考察してみたい。

　生まれたばかりの赤ん坊が典型的にそうであるように、人は一人では生きていけず、必ず集団での財とケアによる相互扶助を必要とする。核家族（単親家族を含む）はその最小限の単位であるが、核家族のみではあまりに脆弱であるため、より大きな集団の支援を必要とする。その支援の提供者は、親族や地域共同体であったり、近代以降は国家による社会福祉であったりする。また資本主義社会では、財があれば、ケアを市場で購入することも可能である。

　民法は、家族間の相互扶助を義務づける法、つまり最低限の相互扶助を定める法である。そして民法は、西欧社会で成立した法であり、基本は個人主義、つまり個人財産制をとる。もちろん家族間には相互に扶養義務が課せられるが、それは個人財産制を前提として、当事者個人間に個人財産を利用した扶養義務を命じるものである。そして相続には、被相続人が負っていた家族間扶養義務を、被相続人の死後まで敷衍する側面がある。したがって相続法の改正が家族の観念にかかわるのも、当然のことなのかもしれない。

観念と法手続の議論のありさまを、2018 年の相続法改正の経緯を例に振り返ってみよう。2018 年の相続法改正は、非嫡出子の相続分差別を違憲と判断した最決 2015〈平 25〉．9．4．民集 67 巻 6 号 1320 頁を契機として、生存配偶者の老後の居住権保護などを図ることを目指したものであった[2]。最高裁判断に従って民法の非嫡出子相続分は嫡出子と平等に改正されたが、相続分を平等化するだけでは婚姻家族の保護がはかれないとする政府の判断によって、平等化する改正を受け入れる条件として、今回の相続法改正が提起された。この改正の経緯から明らかなように、婚姻家族の尊重に対して非嫡出子の平等化を対置する観念的対立が引き金になった改正であったといえる。しかしそれを越えて、法制審議会の議論の中で改正点が付け加わり、自筆証書遺言の方式緩和や保管制度、預貯金遺産の仮払い制度、遺言執行者の権限の明確化、遺留分減殺請求権の債権化、親族の特別寄与料請求権など、多くの領域で改正が行われることとなった。

国会で最も大きな争点となったのは、特別寄与料制度についてであった。相互扶助の単位となる家族をどのように理解するかという点が、イデオロギー的な対立点となるのは必然的であったのかもしれない。もっとも法制審の部会でも特別寄与料が争点とならなかったわけではないが、相続法の抱える構造的な問題点と比べるとそれほど大きな論点ではなく、また法制審と国会では、対立軸が異なっていた。法制審の部会では、主に長男の嫁の寄与分が意識されて「家」意識の残滓を問題視するかどうかが対立点であったが、国会では、事実婚や同性カップルが親族ではないために特別寄与料の請求権者となれないことが問題視された。しかしいずれにせよ、現在の実務における寄与分算定で一般化しているような詳細な費用証明を必要とするものであれば、実際的な意義は、特別寄与料制度がなくても認められる不当利得請求権とそれほど変わりのないものとなろう。

日本相続法は、構造的な難問を抱えている[3]。明治民法立法前の日本社会は、個人財産制ではなく家産制の社会であり、財産の帰属する法主体は、個人ではなく、ある種の法人ないし機構である家であって、家の当主は、いわば代表取

---

2) 相続法改正については、詳しくは、堂薗幹一郎ほか『一問一答・新しい相続法』（商事法務、2019 年）、潮見佳男ほか編『Before ／ After 相続法改正』（弘文堂、2019 年）など。

締役にすぎなかった。近代民法の相続法は、個人財産制のもとで、法主体である個人の死による消失を「清算」する過程である。明治民法は、個人財産制を採用して家産を戸主の個人財産としたが、家督相続は、戸主の地位がそのまま引き継がれるため、「清算」が不要な相続であった。本来なら戦後の民法改正時に、「清算」過程である遺産分割手続が安定的に行われるように制度設計すべきであったろう。しかしドイツ法や英米法のように遺産裁判所が、あるいはフランス法のように公証人が関与する、遺産分割の制度的構築は、あまりにも困難であったため、すべてを相続人の私的な合意に委ねる遺産分割にとどめた。このことは、日本の相続法運営に構造的難問をもたらしている。

　2018年の相続法改正によっても、この日本法の構造は、基本的に変化していない。被相続人の死亡から間もない時期に清算手続つまり遺産分割を実効的に行う制度的準備がない相続法がもたらす構造的難問は、そのままである。2018年の改正は、日本の相続法を抜本的に立て直すものとはいえず、気づいた点を場当たり的にリストアップした印象のもので、現状の実務の困難に若干の改善をもたらそうとする弥縫策が主であるといえよう。また信託法と相続法の相克を解消するものでもない。清算手続を行う制度がなかった代わりに、日本社会にあった戸籍と不動産登記を利用して解決を図ってきた従来の判例の延長線上にある改正である。

　相続法の構造的困難に関する議論よりも、特別寄与料をめぐる議論が主となった国会審議は、日本家族法の議論の現状と抱える課題を象徴するように思われる。近代法を継受して120年あまりを経ているとはいえ、日本社会は、母法国には民法の前提として存在していた、民法を実効的に運用する法的インフラを欠いている。それゆえに家族に実際に社会が介入する手続が不備なまま、家族のあり方は、家族の私的自治に委ねられる。しかるに民法学説においても、自己決定として行われる家族の私的自治に対する疑念を抱くことなく、一般に手続に関する関心が薄く、むしろ家族の概念・理念に関する議論のほうが活発

---

3)　被相続人の遺産の清算手続を欠くという日本相続法の抱える構造的欠陥については、水野紀子「日本相続法の形成と課題」水野紀子編著『相続法の立法的課題』（有斐閣、2016年）3-23頁、同「相続法の分析と構築――企画の趣旨」法律時報89巻11号（2017年）7頁以下、同「相続法改正と日本相続法の課題」法律時報90巻4号（2018年）1頁以下など。

であったのではなかろうか。相続法改正の際の議論におけるように、一方では旧来の「家」制度的家族観念への警戒心が強調されるとともに、他方では事実婚や同性婚への多様化が追求される。

「家族・家族法の憲法化・人権化は現代の著しい傾向である」(大村敦志)[4]といわれるように、とりわけ児童の権利条約などの国際条約や欧州人権裁判所の判決が家族法領域に及ぼす影響は大きく、たとえばフランスにおいても、家族法領域における公序の危機が語られたり[5]、家族法の契約化が分析されたりする[6]。しかし日本の憲法学においては、欧米におけるほど、家族に関するこのような議論は活発には行われてこなかったように思う。

日本の憲法学界の状況で、家族の問題について業績を蓄積してきた代表的一人が辻村みよ子である。辻村みよ子『憲法と家族』[7]は、次のような家族モデルを提示する。まず、Ⅰ個人主義的家族モデルは、個人の人権保障と自立の重視、平等の徹底を目指す立場(「家族の個人化」を追求する立場)である。次にⅡ国家による家族の保護と家族構成員への強制を求める国家主義的家族モデルは、(ア)国民統合・国家統制のための(強制を伴う)保護：社会主義国型および明治憲法下の天皇制国家型家族、ナショナリズムに通じる血族的共同体型家族の保護など、(イ)発展と救済(救貧)のための保護：途上国型、(ウ)社会権(母子の健康等)を実現するための保護：社会国家型、(エ)権利保障やパターナリズムに由来する国家介入・保護(子どもの保護やドメスティック・ヴァイオレンス防止等)：社

---

4)　大村敦志「家族の起源と変遷——問題状況」河上正二＝大澤彩編『廣瀬久和先生古稀記念・人間の尊厳と法の役割——民法・消費者法を超えて』(信山社、2018年) 273-287頁。引用部分は、287頁。大村敦志は、この論文で、家族論の現状を人類学・歴史学・霊長類学・発達心理学・精神分析・フェミニズム・社会学などを概観したうえで、今後のシナリオとして、①汎家族化(＝弱い精神的・生活的結合体としての家族)、②非家族化(＝私事としての家族)、③再家族化(＝子育ての器としての家族)を挙げ、「上記の三つのシナリオは、『家族形成の自由・権利』を人権カタログの中にどのように位置づけるのかという問題を惹起するだろう。この議論は、三つのシナリオの整序とも密接に関連することになろう」287頁とする。

5)　たとえば、Charles MASSON, "L'ordre public familial en peril ?", RTDCiv., 4,2018, pp.809 et suiv.

6)　たとえば、Stéphanie MORACCHINI-ZEIDENBERG, "La contractualisation du droit de la famille", RTDCiv., 4, 2016, pp.773 et suiv. この論文は、家族の契約化をつきつめても、子の養育義務への介入は残り、裁判官が養育費に関する当事者の私的合意を承認したとしても、それは合意を認可するだけではなく、同時にその正当性を与えていると論じる。

7)　辻村みよ子『憲法と家族』(日本加除出版、2016年) 58-60頁。

会国家型など、様々な形態があるとする。Ⅲ共同体的家族モデルは、国家と個人の二極対立構造における家族モデルとは異なって、国家と個人の中間に、中間団体としての家族の（社会・共同体に対する）責務を重視する三極対立構造型の家族モデルである。そして日本国憲法24条は、Ⅰ型を選択したものであったと考えられるが、Ⅱ型に含まれる社会権保障を否定するものではないとする。

　Ⅲ型の展望は詳しくは語られておらず、育児という課題を第一義的に家族に委ねる構想とすれば、子を育てる繭としての家族の再構築とも考えられる。しかし、「子どもの権利保護や家庭教育の問題も、基本的には、法律による国家の保護は必要最小限にすべきであり、家族の自律性が重視される必要があると考える。[8]」と述べるように、辻村の大きな関心事は、Ⅲ型の展望ではなく、国家の介入を最小限にしてⅠ型が保障する自由を日本に確立しようとする立場であろうと思われる。

　国家介入に対して家族の自由化・多様化を対峙させる発想は、辻村に限らず、日本ではことに強いように思われる。フランスにおける家族の自由化・多様化の論者であるイレーヌ・テリーの著書、『フランスの同性婚と親子関係』を翻訳した訳者（石田久仁子・井上たか子）は、フランスと対比して日本の状況について次のように述べる。「LGBT の人々が社会に受け入れられるにつれて、フランスにおける宗教右派のような、同性婚嫌悪に満ちた勢力が活気づくことは十分予想できる。自民党の二四条改憲案が如実に示しているように、日本にも伝統的家族観を脈々と受け継ぐ勢力が存在するからだ。周知のように、彼らは、保育所増設、選択制夫婦別姓、LGBT などの性的マイノリティ支援等が『日本の家族を崩壊させる』として、強く反対してきた。（中略）二〇〇〇年代初頭から半ばにかけてジェンダー・フリーや性教育への暴力的で組織的なバッシングが行われたことを思い出せば、彼らの攻撃に足をすくわれることなく、冷静な議論ができるように、日本でも今から準備しておくことが重要であるように思える。[9]」と。

　筆者は、このような総括は、日本とフランスの相違を十分に考慮していない

---

8)　辻村・前掲注7) 61頁。

9)　イレーヌ・テリー／石田久仁子＝井上たか子訳『フランスの同性婚と親子関係』（明石書店、2019年）202-203頁。

ように思う。もとよりジェンダーバッシングのバックラッシュが多大な弊害を
もたらしたことは否定しがたく、選択的夫婦別姓も早急な立法が必要であり、
失われた「家」制度の幻影を求める反動の主張には到底同意できないけれども、
日本の家族法・家族政策の最大の問題点は、あまりにも貧弱な公的介入にある
と考えるからである。

　この日本法の問題点について、近作で、筆者は次のように述べた。「日本国
憲法は、戦後民法改正の基準となったが、そのときは自由と平等を機械的に要
求するだけであって、合意を至上とする家族法の欠陥を是正する力を持たなか
った。形式的な自由と平等は、他人間の関係においては基準となるルールであ
ったとしても、家族には妥当しない。家族内部は、実際には決して平等ではな
く、意思すら抑圧する力関係の差があり、当事者の相互依存はきわめて強く、
そこから離脱することは容易ではない。法による弱者の保護がなければ、実質
的な平等が保たれないどころか、悲惨な抑圧や収奪も生じうる。（中略）日本
社会の秩序運営は、自由の領域の具体的な限界を法が設定することなく、人々
の生活実態を無視した無理のある行政規制と『世間』の圧力に依存して行われ
る傾向があった。このような運営は、法のもとで、自由と人権を守りつつ、弱
者保護のために適切な公的介入が行われるように、変革されねばならないだろ
う。日本の家族法に必要なのは、家族への支援という公的介入であって、むき
出しの力関係のなかに放置される家族への道徳的教化ではない。しかし復古的
な道徳的強化を求めるアンチモダンや、戸籍制度が体現してきた管理の発想に
対抗するために、スローガン的に唱えられる自由や多様化という正義もまた、
矛盾対立する諸法益を見極められずになされるときは、危険である。多様な価
値観と自由な生き方を許容するとともに、法と社会が守らなくてはならない弱
者の人権を擁護しなければならない。」と。ここで述べた日本法の問題点につ
いて考察する前に、家族の自由化・多様化へと、フランスの流れをたどってみ
たい。

10）水野紀子「家族への公的介入――企画の趣旨」法律時報 90 巻 11 号（2018 年）4-9 頁、引用は 9
　　頁から。また、水野紀子「家族の自由と家族への国家介入」法律時報 89 巻 9 号（2017 年）53-59 頁
　　も参照されたい。本稿は、これらの論文と一部重複する。

II　家族の多様化、そして「自由」と「平等」

　本項の冒頭で野田良之によるはしがきを引用した『民法典序論』の著者ポルタリスは、1804年に制定されたナポレオン法典と呼ばれるフランス民法の起草者である。ポルタリスが起草したナポレオン法典は、もちろん現在では大きく姿を変えている。

　2004年は、1804年にフランス民法が制定されてから2世紀が経過した記念の年であった。この2004年前後の時期、フランスでは、フランス民法の200年を振り返るさまざまな企画や論文が、実施・公刊された。とりわけ民法典のうち、二世紀のうちに大きく姿を変えたのは、家族法であり、国民議会に設けられたフランス民法200年の回顧展でも、展示内容の主たる部分は、家族法領域の変化をたどるものであった。[11]

　日本においても、北村一郎編『フランス民法典の200年』が、2006年に出版された。筆者は、この論文集に「家族」と題した論文を寄稿し、[12]フランス家族法が自由化と平等化という方向に変化してきた経緯を概略した。それはナポレオン法典が強制した家族モデル「離婚しない夫婦とその間の子によって形成される嫡出家族モデル」が崩壊していく過程であった。ジャン・カルボニエが主導した、1965年の夫婦財産制改正、1972年の親子法改正、1975年の離婚法改正と続く一連のカルボニエ改革は、「一人一人にその家族があるように、それぞれにその法を。A chacun sa famille, à chacun son droit」と主張するカルボニエの自由化と多元化志向によった改革であり、[13]これがフランス家族法の支配的潮流となっていく。夫ないし父親の決定権限を定めていた条文は、平等な内容に改められたが、夫婦が一致しない場合の決定方法として裁判官の関与が必要となり、「平等化は司法化を伴う」と言われた。

---

11) 2004年3月12日から5月15日までの期間、国民議会と破毀院によって主宰され、国民議会で開催された「200Ans de Code Civl, Des lois qui nous rassemblent」と題する回顧展である。筆者はこれを見る機会があり、家族法の掲示が、財産法のそれと比較して、圧倒的に多くの場所を割り当てられていたことが印象的であった。

12) 水野紀子「家族」北村一郎編『フランス民法典の200年』（有斐閣、2006年）159-176頁。

13) Jean CARBONNIER, Essais sur les lois, Defrénois, 1979, p.167 s.

この多元化志向は、その後、嫡出家族モデルの相対化にとどまらず、性的志向、性自認の多元化に及んだ。LGBTQIといわれる、女性同性愛者（レズビアン、Lesbian）、男性同性愛者（ゲイ、Gay）、両性愛者（バイセクシュアル、Bisexual）、トランスジェンダー（Transgender）、クィア（Queer）、インターセックス（半陰陽、Intersex）などの人々の人権問題として、家族法の変革が語られるようになった。フランス民法典が二百周年を迎える2004年以前に、すでにフランス法は、1999年11月15日法で、法律婚と事実婚の他にもうひとつの選択肢、民事連帯契約（Le Pacte civil de solidarité = Le Pacs ないし PACS）、パックスを立法していた。パックスは、同性愛者のみならず異性愛者も利用できる制度とされ、異性愛者のカップルは、事実婚・パックス・結婚の選択肢をもつことになった。立法された当時、民法学者には、カップルを公認する以上の効果については漠然としており法的効果が乏しいことから、異性愛家族の保護が失われることを危惧する意見が強かったが[14]、その後、パックスのみならず事実婚が増加して、婚姻からの逃避が進んだ。それは、フランス法の婚姻の重い効果を避けることもあったようである。

　そして、ついにフランスは、2013年5月17日法によって同性婚を承認するに至った[15]。もっとも公衆衛生法典（Code de la santé publique）L. 2141条の2は同性カップルによる生殖補助医療の利用を排除しており、同性婚を承認してもこの点は維持されたままである。フランスにおいても同性カップルによる生殖補助医療の利用を要求する声は強く、レズビアンカップルがAIDの利用によって子をもつことが禁止されている点が問題になっており、国立倫理諮問委員会（Comité consultatif national d'éthique）は、2018年9月18日にこの規制を撤廃する方向の意見を明らかにした[16]。一方、反対説も強く、その10日後には、国

---

14) パックスへの批判的な評価を含む、サビーヌ・マゾー＝ルブヌール／大村敦志訳「個人主義と家族法」ジュリスト1205号79-83頁（2001年）。この講演記録へのコメントとして、水野紀子「カップルの選択」同84-86頁参照。

15) フランスにおける同性婚承認については、田中通裕「フランスの（同性婚を承認する）2013年5月17日の法律について」法と政治67巻1号（2016年）17頁以下などの紹介がある。またイレーヌ・テリー・前掲注9）にも、背景も含めて、この「みんなのための結婚」改革についての詳しい紹介がある。

16) CCNE, avis, 18 sept.2018, p.120.

務院（le Conseil d'Etat）は、この条文を憲法問題とすることを拒絶した[17]。しかし政府は、レズビアンや独身女性の生殖補助医療を認める法改正を進めている。もっとも、平等則を適用して、レズビアンカップルのみならずゲイカップルにも認めるとなると、代理懐胎が必要となるが、代理懐胎は、フランス民法16条の7が禁止する親子関係の不可処分性、人体の不可処分性にも抵触することになる。

　この生殖補助医療の利用可否は、大きな対立点となっている。イレーヌ・テリーは、同性愛者への生殖補助医療の利用を認めるべきだと次のように述べる[18]。「いまから一〇年前にはまだ、大多数の同性愛の親は、自分たちが子どもの二人の父親あるいは二人の母親になることなど考えもしなかっただろう。そうしたことを考え得ること、実現可能なこと、そして最終的には望ましいことにしたのは、もちろん同性愛者の生活様式の変化であり、とりわけ彼らの家族としての実践経験である。〈中略〉こうした変遷を認めようとしないのは、フランス的特殊性にほかならない。フランスの法的伝統において、結婚の儀式はフランス革命以後、民事婚と宗教婚の二つに分離している。このことは、同性婚を考えることを他の諸国よりも容易にしている一方で、逆に、同性愛の親との親子関係を考えることは容易ではない。」と。

　欧米では、同性婚の承認は、宗教婚すなわちキリスト教の婚姻概念と絶えず対比して意識される。アメリカ合衆国連邦最高裁判所2015年6月26日判決は、州が同性婚を禁止することは、合衆国憲法に反すると判示した。その判旨は、次のように述べる。「婚姻ほど深遠な結びつきはない。婚姻は、愛、貞節、献身、自己犠牲及び家族の最高の理想を内包するからである。婚姻という結びつきを形成することによって、ふたりの人間が、それ以前の一人ひとりの自分とは異なるより大きな存在となる。本件上告人らの一部が示すように、婚姻は、死を超えてもなお存続する愛を内包する[19]。」と。この婚姻の美しい表現には、宗教婚の名残が見られるように思われる。

17）CE 28 sept.2018, no421899.
18）筆者は、イレーヌ・テリーが来日した折に、日仏会館で共同の講演会を行ったことがある。その際の筆者の講演内容は、水野紀子「多様化する家族と法的課題：日本」日仏文化86号（2017年）114-125頁。

近世の日本社会は、離婚・再婚が非常に多く、このような宗教婚の伝統とは遠い社会であった。また、同性愛に寛容な社会であり、男色は禁忌ではなく、男がバイ・セクシュアルであることはありふれていた。しかしキリスト教社会では、同性愛は人倫に反する宗教的な禁忌として刑事罰の対象であり、同性愛の非刑罰化は、比較的近年のことである。フランスでは、早く1791年刑法から除かれたが、「社会的良識に対する罪」として取り締まられることが19世紀まで続いた。イギリスは1861年まで死刑が科されており、1967年にイングランドおよびウェールズで合法とされ、スコットランドでは1980年に、北アイルランドでは1982年にそれぞれ合法となった。ドイツでは、1994年になってようやく非刑罰化した。世界的に見れば、まだ現在でも同性愛処罰国は少なくなく、2017年5月現在で犯罪化しているのは72カ国、死刑を設けているのは13カ国、うち死刑を執行した国は8カ国となっている。[20]

　このような刑事罰の存在に想像がつきにくいほど同性愛に寛容な伝統をもつ日本であるとはいえ、現代の日本社会に同性愛者差別が生じているならば、それは是正されねばならない。そしてLGBTへの差別を否定することが、同性婚と生殖補助医療承認へと一直線に結びつけられる議論が日本でも少なくない。[21]しかしイレーヌ・テリーが「一〇年前にはまだ……考えもしなかった」という生殖補助医療によって将来世代を設けるべきだろうか。筆者は、共存のルールを育んできたフランス法の英知が同性愛者カップルの生殖補助医療利用禁止を維持していると評価する。[22]そして「『親になる計画』だけを子供のアイデンティティの排他的な基盤として、子供の生物学的な存在は親たちの願望を成就するための単なる物質的な土台であるとみなすような、技術的妄想」というアラン・シュピオの評価に共感する。[23]

---

19) 同性婚人権救済弁護団編『同性婚　だれもが自由に結婚する権利』（明石書店、2016年）251頁。またアメリカでは、すでに同性愛者たちが生殖補助医療を利用して生まれた子どもたちが存在し、その存在も大きかったであろう。判旨は次のようにも述べる。「婚姻する権利を保障する第三の根拠は、婚姻する権利が子供と家族を保護するからである。その意味で、婚姻する権利の意義は、関連する権利である子の養育、生殖及び教育の権利にも由来するのである。」同238頁。
20) 同性婚人権救済弁護団編・前掲注19) 208-209頁に「性的指向と法に関する世界地図」がある。
21) 特集「LGBTと法」法学セミナー753号（2017年）にまとめられた諸論文などが、その例である。
22) 水野紀子「性同一性障害者の婚姻による嫡出推定」松浦好治＝松川正毅＝千葉恵美子編『市民法の新たな挑戦（加賀山茂先生還暦記念）』（信山社、2013年）601-629頁。

アラン・シュピオは、自由化・多様化の傾向について、次のように述べる。「個人のレベルにおいては、私生活を尊重する権利が援用されて、民籍の不可処分性の原則が後退させられ、各人が自分のアイデンティティを自分で決めることが可能となった。『自己のための法律』や『法律のための自己』という個人的形式による、属地性から属人性への法律の移行は、西洋文化の最新状況を特徴付けるナルシシズムの法的な表れである。欧州人権裁判所（CEDH）が、『各人が自らの人間としてのアイデンティティの詳細を確立する権利』を厭わないのはこのためである。[24]」と。

しかし日本法と比較したとき、フランス民法の伝統は、このような「ナルシシズムの法的な表れ」の影響に抗して、いまだに多くの法益を守っているように思われる。たとえば手続的に提訴権者と提訴要件を制限することによって、法的な実親子関係を構築してきた親子法である。もちろんフランス親子法にもDNA鑑定が利用可能になったために親子関係を争いやすくなった傾向はあり、労働法学者であるアラン・シュピオは、「親子関係についての肉処理的な概念」を「労働者階級の身体状態に対して襲いかかった産業化の猛威」と対照させて、同様に法の保護の必要性を描くが、より深刻だと評価する。「これは特定の社会階層に関わる問題ではない。人間の同一性をいわゆる『生物学的真理』に還元することで、真っ先に脅かされるのは、労働者たちの身体的な構成ではなく、諸個人の精神的なバランスであるからだ[25]」とシュピオは批判する。しかし、戸籍訂正の必要から生まれた、提訴要件の制限のない親子関係存否確認請求訴訟が、法的な親子関係を長年覆してきた日本法から見ると、現在でも身分占有などの法手続に守られたフランス法の法的親子関係の安定性は、いまだに学ぶべき対象である。[26]

また「平等化は司法化を伴う」といわれたように、フランス民法の一連の平

---

23) アラン・シュピオ／橋本一径＝嵩さやか訳『法的人間ホモ・ジュリディクス』（勁草書房、2018年）180頁。

24) アラン・シュピオ／橋本一径訳／嵩さやか監訳『フィラデルフィアの精神』（勁草書房、2019年）106-107頁。

25) アラン・シュピオ・前掲注23）179頁。

26) 水野紀子「実親子関係法の展開と位置づけ」野村豊弘ほか編『日本民法学の新たな時代（星野英一先生追悼）』（有斐閣、2015年）985-1011頁。

等化改革が司法負担を増加させてきたが、司法現代化法といわれる 2016 年 11 月 18 日法により、すべての離婚を裁判離婚とする長年の伝統を、フランス法はついに廃棄した。フランス民法新 229-1 条は、夫婦がそれぞれの弁護士の補佐の下、合意書にサインをし、それぞれの弁護士が副署して公証人に寄託される私署証書によって、相互同意離婚が成立することを承認した。そして 2017 年 1 月 1 日から、フランスでも、裁判によらずに離婚が成立することになった。しかしこの合意による離婚も、日本の協議離婚制度とはほど遠いところにある。

　日本の協議離婚制度は、最高裁まで争う過酷な私的戦争を避けたいと思えば、離婚を希求する側はバーゲニングパワーをもたない。また財産分与や慰謝料という離婚給付は、当事者の合意次第でいかようにもなる内容である。親権の帰属さえ、第三者の関与しない合意のみで決定できる。そして児童虐待や DV という家庭内暴力への対策は、きわめて貧弱である。したがって夫婦の交渉と力関係ですべての離婚条件が決まるので、DV 被害者が離婚効果を不当に譲っても、離婚合意を得ようとすることは珍しくない。しかしフランスでは、夫婦財産制の清算を担当するのは、改正前から公証人であったのであり、公証人が関与することによって財産的な争いは、法に従って処理される。子の養育費も離婚の有無にかかわらず、取立には直接税取立手続を利用できるなどの公的支援がある。

　要するに、個人財産制を動かすためには、扶養や相続や後見や夫婦財産制という諸制度を機能させる必要がある。そして、それらを機能させるためには、裁判所や公証人などの司法インフラが必要であり、それらが個人の意思を確認し、個人に財産管理権限を与え、財産の移動をチェックすることによって、個人財産制が機能する。しかし 121 年前までは、日本には、個人財産制をとる民法はなく、家産制の社会であったのであり、個人は家の中に包摂されていた。その残滓がまだ日本には残っており、それが日本法の特徴と構造的欠陥をもたらしているように思われる。

---

27) 2016 年 11 月 18 日の法律による離婚法改革については、ジャック・コンブレ／小柳春一郎＝大島梨沙訳「フランスの離婚手続と公証人―裁判官なしの離婚の導入を踏まえて」ノモス 40 号（2017年）1 頁以下、シャルル＝エドゥアール・ビュシェ／大島梨沙訳「家族法の脱裁判化」法政理論 51巻 3・4 号（2019 年）56 頁以下などの紹介がある。

III　日本法の特徴とその構造的欠陥

　明治民法の家族法部分つまり第4編親族法と第5編相続法は、母法と大きく異なっている。母法は、離婚をすべて裁判離婚とするなど、公的セクターが関与することによって、個人主義の民法が弱肉強食の規範にならないように運営するものであった。しかし明治民法は、このような公的セクターの関与を極力排除することによって、運営可能な家族法を創設した。具体的には、裁判所を経由しない協議離婚、養子縁組や離縁を立法して、「家」同士のメンバーのやりとりを当事者に委ね、戸籍はそれを受け付けるだけとした。また、親権者は、子の財産の処分行為にも裁判所の許可を要さない、広範な権限の親権をもつこととした。要するに、「家」の私的自治にほぼすべてを委ねたのであった。

　明治民法立法時、旧民法の制定過程でこの傾向は決定していた。当時の時事新報の記事は、次のように元老院の議論を紹介する。「人事編修正の目的は、我国慣例の実際に戻らざるを主とし、西洋宗教的の事は一切之を除き、無益の手続を要することを省き、親子訴訟を為す可きことを削除し、既に全く原案を削りたるもの五十余条にして、其他少しづつの修正は殆ど各条にあり。近頃実に果断なる修正にして、草案とは全く面目を一新したる有様なり」[28]と。

　わずかに残った公的介入規定も、裁判所の敷居があまりに高いことや、検察官が民事では働かないことなどで、実際には機能しないものが少なくなかった。たとえば、禁治産・準禁治産者制度はほとんど利用されなかった。現行法の成年後見制度も、その利用しにくさによって、認知症高齢者のごく一部にしか利用されていない。不在者財産管理制度なども、同様である。明治民法の起草過程で、醇風美俗に反するという保守的な反対意見を抑えて立法された親権喪失規定も、母法のフランスにおけるのと異なり、検察官が現実には親権喪失を申し立てることがなかったために、機能しなかった。禁治産者の強制入院に裁判所の許可を要する規定も機能していなかったが、実際には精神病患者の強制入

---

28)　手塚豊「明治二十三年民法（旧民法）における戸主権㈡」法学研究 27 巻 6 号（1953 年）42 頁より引用。旧民法の制定過程と戸籍法との関係について、水野紀子「親子関係存否確認訴訟の生成と戸籍訂正(2)」名大法政論集 136 号（1991 年）87 頁以下参照。

院は必要であったので、家族同意で強制入院させられる医療保護入院制度が精神衛生法で立法されて活用され、この制度と矛盾する条文として、民法の強制入院の許可規定は、成年後見立法の際に削除された。

明治民法では、母法の規定より家族の権限や責任を重くする日本的修正も加えられた。親権者に子の財産の処分権さえ認める大きな権限を与え、代理の原則から不可能なはずの親子間の利益相反行為でさえ、特別代理人を選ぶことで可能とすることにした。もっとも裁判所で特別代理人を選ぶことは大きな負担であったので、実際には特別代理人選任制度が機能しなかったため、皮肉なことに、逆に子の財産を保護する条文として機能することになった。

戦後の民法改正も明治民法の特徴を変更するものではなく、「家」の私的自治が「当事者」の私的自治に横滑りしただけで、離婚や養子縁組の成立・解消も私的合意に委ねられた結果、日本家族法は、現実の家族に対して実効力をもたない法となっている。つまり婚姻保護、弱者保護のための国家介入が保障されない家族法である。[29]

家族間紛争には、通常の民事紛争と異なる特徴がある。当事者間の精神的葛藤が深く、脆弱な当事者には、近づき易い親切なガイドが必要である。民事紛争の裁判所が通常行っている過去の裁断より、子どもの保護という問題を内包しているために、未来の構築のほうが重要となる判断が少なくない。

家庭裁判所は、家事紛争を扱う特別な裁判所として戦後創設された。家庭裁判所は、憲法32条と82条の要求する公開対審の判決手続ではないために、裁判所ではあるものの、その下した裁判に既判力がないという不思議な裁判所である。そのため遺産分割の前提条件である遺産の範囲に争いがあると、いったん既判力のある地裁に遺産確認の訴えを提起しなくてはならない等の不都合が生じている。最高裁判例は、この裁判所としての致命的な欠陥を補うために、家庭裁判所の専属管轄という技法によって、事実上の既判力をもたせてきた。過去の扶養料に関する最判1967〈昭42〉．2．17民集21巻1号133頁、婚姻費用分担に関する最判1968〈昭43〉．9．20民集22巻9号1938頁、子の養育

29）民法の前提となる裁判所や検察官や公証人などの司法インフラが、母法国と日本とで異なっているためにもたらされた問題について広く論じた近作として、水野紀子「民法と社会的・制度的条件」公証法学47号（2018年）1頁以下参照。

費請求に関する最判 1969〈昭 44〉. 2. 20 民集 23 巻 2 号 399 頁などの判例は、権利の存否そのものは訴訟で、権利の内容形成は審判で決定するという論理で、これらの争点を家裁の専決事項としたのである。この論理に対しては、権利の存否と主張すれば訴訟で出来ることになるという学説による批判があったように、無理のある理屈であった。人事事件の家裁移管を可能にするために、人事訴訟法 22 条は、公開対審の条件緩和を定めたが、家事紛争の多くは裁判の性質上、公開される必要はないのではなかろうか。

　家庭裁判所で紛争解決の中核を担っているのは、家事調停である。家事調停は、大正 8 年の臨時法制審議会で「特別ノ制度」として発想された制度が母胎となっている。調停制度は、大正 13 年小作調停法、昭和 14 年人事調停法を経て、戦争中拡大の一途を辿った。戦後は、これらの多くは整理されたが、家庭裁判所における家事調停が制度化されて、活用されている。

　家族に問題の解決を委ねてしまい、家族の出す結論を公的にチェックしない制度設計は、日本民法の家族法全体を貫く傾向である。まず当事者間の協議にまかせ、合意が成立しない場合は、家庭裁判所の調停により話し合いを強く勧め（調停前置主義）、それでも合意が成立しないと裁判所の判断になるという設計である。家族当事者の「協議」に委ねることは、家族の自由を認める一方で、家族のむき出しの力関係のなかに家族内の弱者を放置することでもある。

　おそらくこの制度設計の背景には、日本の近世における秩序の影響があったように思われる。徳川日本では、「お上」による治安維持は、刑法・行政法によるものが主であり、民事紛争は、治安を乱した相手方への「処分ないし説諭を求める訴え」として現れた。それに対して「お上」は、当事者間できちんと処理するようにという「内済」へ向けた教導による解決をはかった。[30] 紛争の存在そのものは秩序を害するものであるが、結論がいかなるものであれ当事者間で「内済」されれば、秩序は保たれるのであり、そこには「法」ないし「権利」という概念はなかった。

　家事調停についての評価は、分かれる。批判説は、家庭内の病理についての訓練を積んでいない素人による介入の危険さ、弱い交渉力しか持たない当事者

---

30) 新田一郎「歴史的考察——『法の実現はお上の仕事か』」佐伯仁志編『現代法の動態 2 法の実現手法』（岩波書店、2014 年）29 頁以下。

があきらめる結論を正当化してしまう点などを挙げる。これに対して肯定説の、「親子夫婦の情に基づく身分関係の非合理性」（中川善之助・我妻栄）をいうかつての通説の論拠は、あまり説得力がないが、調停委員が裁判官不足を補い、家庭裁判所の敷居を低くしている機能が評価できることは間違いないだろう。また調停制度のもたらす弊害の多くが、合意にすべてを委ねる家族法の実体法規定に起因することは、否定できない。さらに合意の前提として必要な、弱者を保護する行政的介入の不十分さも、大きな弊害の要因となっている。養育費等の執行手続に行政的な強制執行援助や不履行への刑事罰がないことも、そのひとつである。さらに深刻な問題は、本来ならば家事紛争として家庭裁判所に現れる前に、社会が介入して被害者を守っていなければならないはずの、家庭内の暴力への対処が、日本では著しく貧弱なことである。

　閉ざされた家庭内の暴力は、エスカレートしがちである。肉体的暴力はもちろん、経済的暴力や精神的暴力も、被害は大きい。家庭の中にこのような暴力による支配の関係があると、子どもの健康な共感能力の育成不全が生じる。欧米諸国の家族法は、婚姻中でも家庭内暴力被害者が求めれば別居命令を下し、扶養料を取り立て、扶養料債務の不履行には刑事罰を科し、不当な親権行使には積極的に介入するという支援や強制を準備している。ハーグ子奪取条約の背景には、このような国内体制が前提とされている。国内で公権力に求めれば必ず救済する、したがって、自分で子を連れて逃げるな、という自力救済を封じる体制である。翻って日本では、支援と強制が乏しく、DVや児童虐待などの家庭内暴力対策が極めて貧弱である。しかし扶養料の取立手続も不備な日本では、子どもに高等教育をつけるために、被害者は暴力のある家庭にとどまろうとする。そして、いよいよ限界をさとった被害者に残されているのは、逃げる自由しかない。自ら逃げて別居を実現することによって離婚が具体化するという、自力救済を前提とした家族法なのである。したがって離婚後の共同親権の立法提案も、日本の現状では、その果たす機能に不安がある。もとより離婚後も両親が継続的に子どもと面会交流できるほうが望ましいが、そのための不可欠の条件は、面会交流の際に子どもの安全を図ることができる公的支援である。それが確保できていない現状では、被害が永続化することを意味しかねず、子どもの基本的人権保障という観点から、共同親権の強制には消極的にならざる

をえない。[31]

　戦後改正の基準となった日本国憲法は、改正にあたって自由と平等を機械的に要求するだけであって、基本的人権の保障という観点から家族への介入を正当化することが出来なかった。戦前の警察権力による過剰な市民生活の介入から免れたばかりであった当時は、それもやむを得なかったのかもしれない。しかし協議離婚制度も基本的人権の保障という観点からは、十分に違憲の疑いがある制度である。児童虐待などの場合の行政的・福祉的援助介入の不十分さについても、この観点から、憲法学からの発信が必要であろう。欧米諸国と異なる司法インフラの不備ゆえに、行政的強制介入における司法との連携の困難という課題を抱えている日本ではあるが、現状は、あまりに深刻な事態となっている。平等な共同親権の行使のためには、虐待の心理などに詳しいプロフェッショナルが介入して子どもの人権を守れる手続を伴う必要がある。

Ⅳ　おわりに

　本稿の最初に野田良之のはしがきの引用を行ったが、最後にも、観念と法手続について、いくつかの引用を行いたい。児童の権利条約は、その観念において、誰にも否定できない条文が並んでいる。しかしアラン・フィンキエルクロートは、次のように述べて、この条約を批判する。「現実と条約のずれには、なにか胸の悪くなるものがある。そこには、同時に二つの無視がある。ひとつは現実の悲惨を天使のように無視することである。つまり、非難するわけではなく、なんの効果も持たないことを知りながら、敬虔な意図で覆ってしまう。もう一つの無視は、法の無視である。法は、権力に限界を画し、欲望に限界を画することを目的とする。法とは、限界の表明である。ここでは、法を限界として考えるかわりに、欲望を現実と考えることを《法＝権利 droit》と呼んでいると考えられる。言い換えると、現実の原則によって欲望や感情に画されたすべての制限をなくしてしまうことである」と。[32]

　法は、現実にまんべんなく適用されるべき、共存のための正義のルールであ

---

31) 水野紀子「『離婚しても子に会いたい』は親のエゴか」プレジデントオンライン（2019 年 1 月 21 日）。https://president.jp/articles/-/27273

る。フランス語の droit は、法と同時に権利を意味する。すなわち権利は、法がその者に認めた、その者が主張できる割当分であるにすぎない。しかし同時にその者がその権利を主張することは、その者のためだけではなく、誰がその立場に立っても適用されるべき正義の割当分の主張である。したがって「権利主張するばかりのわがまま者」という非難は、権利の構造上、成り立ち得ない。村上淳一は、このような法のありかたと、日本社会の相違を次のように描く。「社会における対立・構想がノーマルな事態と考えられ、これを法／不法のコードに乗せて処理してゆくことによってはじめて社会秩序が保たれる西洋（とくにその近代）においては、各自の規範的主張も、法／不法のコードに乗る限りでのみ『権利』と考えられるのであり、逆に、その『権利』の主張によって法／不法のコードの内容が満たされてゆくことになる。専門の法律家（法学者ないし法実務家）によって制定法ないし判例法の体系が整備されると同時に、それをマスターした専門の法律家が裁判を担当する（裁判の拒否は許されない）。西洋の近代的な『権利意識』は、まさにこうした構造の上に生まれたものなのである。これに対して、対立・抗争がアブノーマルな事態とされた日本の伝統社会においては、法／不法のコードが独立の枠組みとして成り立つに至らず、『世間と人間についての知識』に基づく漠然たる『理非』によって紛争の解決が図られる。各自の規範的主張の対立（どちらに『理』があるか）は、客観的なルールによって判定されるのではなく、人間と世間の機微に通じた『上位の第三者』の判断に委ねられる。その判断をあらかじめ読むことが難しいとすれば（大岡裁きは意外性をもつ）、どんな主張でも、とにかく理屈をつけて訴えでようということになり、自己の主張の実現によって社会秩序を形成しようという責任感が醸成されない。[33]」と。

　「上位の第三者」＝裁判所に訴え出ることは、離婚訴訟がそうであるように、日本人にとっては、あまりにもハードルが高い。トム・ビンガム『法の支配』

---

32) Alain FINKIELKRAUT, La mistification des droits de l'enfant, Les Droits de l'enfant: actes du colloque européen, 8-9 et 10 novembre 1990, Amiens / sous le patronage Ministère de la solidarité et de la protection social et de MadameLalumiere.: CRDP Amiens, Centre national de documentation pédagogique: Conseil general de la Somme, 1991. pp.66-67.

33) 村上淳一『〈法〉の歴史』（東京大学出版会、1997 年）11-12 頁。

は、法の支配といえるための7つのルールを列挙している。その第2のルール
は「法的な権利と責任の問題は裁量に依らず法の適用によって解決されなけれ
ばならない」というものであり、第6のルールは「当事者同士では解決できな
い民事紛争を法外な費用や過度の遅延なくして解決するための手段が提供され
なくてはならない」というものである[34]。これらのルールは、日本ではまだ実現
できているようには思われない。それゆえにかえって、主張するときには、
「自由」や「多様化」を根拠に、強い自己決定権を主張することに結びつくの
かもしれない。

　大村敦志は、自己決定権について次のように分析する。「強い自己決定権は、
本人の自己決定を尊重することにつながるか。答は必ずしもイエスではない。
個人の決定をその決定がなされる文脈から切り離し、それのみを尊重すること
によって、その背後に働く諸力が捨象されてしまうからである。（中略）では、
弱い自己決定権はどうか。そこでは『他者』や『普遍的な価値』の存在が考慮
に入れられる。その限度では自己決定は貫徹しない。しかし、ここでは『法』
はより広い射程を持っており、個人の決定に影響を及ぼす諸力を広く考慮に入
れることが可能になる[35]。」と。

　自由や平等という観念は、法とその定める手続が、歪んだものとなっていな
いかをチェックする重要な機能を持つ。しかしそれらの観念が法とその手続に
とって代われるものではないであろう。

（みずの・のりこ　東北大学教授）

34）Tom BINGHAM, The Rule of Law, Allen Lane 2010, Penguin Books 2011. 第2のルールは、
　　pp.48-54、第6のルールは、pp.-85-89、引用頁は、Penguin Books 版による。
35）大村敦志「民法等における生命・身体――「子どもへの権利」を考えるために」法社会学56号
　　（2002年）190-191頁。

婚姻の自由の憲法理論的研究に関する覚書

佐々木くみ

はじめに

　1990年代以降進展を見せるまで全体として十分ではなかった「家族に関する憲法理論的研究[1]」を牽引してきたのは、辻村みよ子教授である。

　辻村教授によれば、憲法24条は、「憲法13条が保障する……個人の人格的自律権、ないし家族に関する自己決定権（婚姻・離婚・妊娠・出産・堕胎の自由等）」を具体化し、「『両性の合意』のみを要件とする婚姻の自由、およびその消極面としての非婚・離婚の自由を個人に保障」しており、「これらへの不当な国家介入は排除される[2]」。また、「家庭生活の（経済的）保障を排除するものではないが、その場合にも、個人の婚姻・離婚等の自由を侵害するものは許されない」。というのも、「憲法13条を根拠にライフスタイルについての自己決定権を最大限に認める場合には、24条との抵触が避けられないことがあ[3]」るが、日本国憲法は、「2つの『現代家族』の選択肢——家族に対する国家保護の徹底（いわば家族の社会化）の方向と、団体主義・家族主義に対抗する個人の自律と平等の徹底（いわば家族の個人化）の方向——」のうち、後者を選択したからである[4]。

---

1)　辻村みよ子『憲法と家族』（日本加除出版、2016年）88頁。

2)　辻村・前掲注1）121-122頁。

3)　辻村・前掲注1）125-126頁。

このような憲法13条や24条に照らし合憲性が疑わしい「家族法規定」として、辻村教授は民法731条の婚姻適齢や733条の再婚禁止期間規定などと並べて、さらに、「直系姻族間および養親子関係者間の婚姻を禁止する民法735条・736条」を挙げる。辻村教授によれば、「734条のような優生学的な理由でなく、親子関係の秩序維持や社会倫理上の配慮を立法趣旨とすることは、秩序や倫理を理由に個人の婚姻の自由や自己決定権を侵害することを認めるものであり、憲法24条・13条の趣旨からして違憲である」。

　ところが、これを批判する声が家族法学にはある。家族法学の第一人者である水野紀子教授である。水野教授は、近親婚を禁止する理由として、遺伝病の防止といった優生学的な理由の他に、「家族の中では認められたカップル以外の異性を性的な対象としてみない」という「根源的規範」であるインセスト・タブーが家族という集団を形成するには不可欠であることを指摘し、「そもそも婚姻とは何なのかという本質的な問題も考えなくてはならない」と主張する。

　両教授の対立は何に起因しているのか。辻村教授と水野教授は、戦前の家族制度を志向する「復古主義的」な家族観に批判的であるという点では対立してはいない。この点、辻村教授は、水野教授の「嫡出家族擁護論」を、国家権力に対する防波堤としての家族の機能を強調して、戸籍制度などによる国家の強制には批判的であると的確に評価している。また、これらを根拠に、辻村教授が区別する、「個人の人権（幸福追求権・自己決定権・家族形成権など）保障と自立の重視、平等の徹底をめざす」「個人主義的家族モデル」と、「国家による家族の保護と家族構成員への強制を求める国家主義的家族モデル」のうち、後者に位置付けられることもある水野教授の主張について、「国家主義的家族モデル……とは区別すべき点があるようにもみえる」とも述べている。

---

4)　辻村・前掲注1）87頁。

5)　辻村・前掲注1）130-143頁。

6)　辻村・前掲注1）136頁の脚注136。

7)　水野紀子「家族の自由と家族への国家介入」法律時報89巻9号（2017年）59頁。

8)　辻村みよ子『憲法とジェンダー』（有斐閣、2009年）252頁の脚注533）。

9)　辻村・前掲注8）248-249頁。

10)　辻村・前掲注8）252頁の脚注533）。そこでは、水野教授の立場を国家主義的家族モデルと位置付けるものとして、二宮周平「家族の個人主義化と法理論—家族法理論の再検討」法律時報74巻9号（2002年）29頁による分類が紹介されている。

しかし、復古的な家族像が「家族構成員の保護を理由とする権利保障型の外見を持って提示されている点で、注意が必要である」とする辻村教授とは異なり、水野教授は、「復古主義に対する批判として、家族への国家介入を問題視する主張」に対する「違和感」を隠さない。そこで、本稿では、家族の中でも主として「婚姻の自由」をめぐる両者の対立点を明らかにすべく（→Ⅲ）、その準備作業として、婚姻の自由についての憲法理論的研究の分析視点に関わる二つの問題を整理する。1つは、婚姻の自由とは何かという問題（→Ⅰ）であり、もう1つは、秩序や倫理を理由とした婚姻の自由の規制は許されるかという問題（→Ⅱ）である。

Ⅰ　婚姻の自由

1　婚姻

そもそも婚姻とは何か。辻村教授によれば、「婚姻や家族は、社会秩序の維持や人口政策等の国家目的のためではなく、個人の自己実現や幸福追求の場として、重要な意義・機能を有するものと解されるようになっている」が、「憲法学のみならず、家族法学でさえ、婚姻の目的や本質を踏まえた確定的な定義はないようにみえる」。そこで、辻村教授と水野教授の対立の具体的な素材として選ばれた近親婚の禁止を同じく1つの素材としつつ、総体的にみると両者の中間的な主張を展開している、Martha Nussbaum による婚姻の分析を見てみたい。

Nussbaum は、婚姻が多義的であることを指摘した上で、婚姻を「中身（content）」と「意義（meaning）」とにわけて次のような整理を試みる。まず、何が婚姻かという婚姻の中身としては、性的関係、友情と親密な交際、愛、親交（conversation）、生殖と子育て、相互責任という要素を挙げることができる。

---

11) 辻村・前掲注1) 58-59頁。

12) 水野・前掲注7) 54頁。

13) 辻村・前掲注1) 124頁。

14) Martha Nussbaum, *A Right to Marry*, 98 Calif. L. Rev. 667 (2010).

15) *Id.* at. 668-672.

これらの要素を欠いていても婚姻たり得るし、婚姻によらなくともこれらの要素は実現し得るが、婚姻の中身について問われたとき、これらの要素の集まりであるというのが典型的な回答になる。

次に、婚姻の意義としては、①民事上の権利（civil rights）としての側面、②表象的（expressive）な側面、③宗教的な側面がある。③の宗教的側面とは、信仰する宗教の権威によって正式に執り行われなければ婚姻は成立しないというアメリカの多数派とされる考えを前提としており、「冠婚葬祭に際しても異なる宗教を使いわけてさしたる矛盾を感ずることがないというような宗教意識の雑居性が認められ、国民一般の宗教的関心度は必ずしも高いものとはいいがたい」日本では、婚姻の宗教的意義の重要度は概して大きくはないと思われる。これに対し、婚姻の①②の意義は日本においても確認できるものである。

①の民事上の権利としての意義とは、婚姻しなければ受けられない、婚姻した人々だけが国から与えられる様々な利益（benefit）を指す。例えば、税制・相続制上の優遇措置、在留資格、養子縁組や監護に関する権利、医療上の決定権などがある。一方、②の表象的な意義とは、自由に婚姻できるということが成人としての決定的な要素と捉えられたり、婚姻したカップルにはある種の「尊厳（dignity）」や「公認（public approval）」が与えられると、婚姻が捉えられていることを指す。

Nussbaum によれば、今日、これらすべての婚姻の意義について国家が重要な役割を果たしている。民事上の権利を認めるのも、尊厳や公認を与えるのも、国家である。すべての人に「婚姻の自由」が憲法上の権利として保障され、また、婚姻するにあたって、当事者は自らが善人であることを示す必要もなく、身辺調査などが国家によって行われているわけでもないにもかかわらず、婚姻することで国家によって公認されたり尊厳が認められたりすると、意識されているのである。

16）最大判 1977〈昭 52〉．7．13 民集 31 巻 4 号 533 頁。

17）水野紀子「カップルの選択——サビーヌ・マゾー＝ルブヌール教授講演『個人主義と家族法』コメント」ジュリスト 1205 号（2001 年）84-86 頁も、Pacs に関して、「公認」と「法的効果」の両側面から論じている。

2 婚姻の自由

(1) intimate な関係を結ぶ自由と婚姻制度へ参加する自由

　では、婚姻の自由とは何か。婚姻の自由とは何かを明らかにするにあたって、まず注意しなければならないのは、「ある行為について憲法上許されるとか、自由な行為を制限してはいけないとかいう問題と、その行為の結果、法的にどういう身分ないし地位を与えるかという問題は、いままで憲法では一般に分けて議論してきた」という点である。[18]　この点、婚姻の自由についても、婚姻の中身の諸要素を含む「intimate な関係を結ぶ自由」と、「その行為の結果、法的にどういう身分ないし地位を与えるか」は、わけて考える必要がある。「intimate な関係に対して法的な身分ないし地位を求めること」は、「法的な身分ないし地位と結びついた婚姻をすること」と言い換えることができるが、現行法によって規定されている婚姻制度は様々な intimate な関係から特定の関係を選び出し、それに法的な身分ないし地位を与えるものであるから、「法的な身分ないし地位と結びついた婚姻をすること」は、「婚姻制度へ参加する自由」の行使とみなすことができる。こうして、婚姻の自由には、「intimate な関係を結ぶ自由」と「婚姻制度へ参加する自由」の２つの自由が観念できることになる。

　Intimate な関係を結ぶ自由に対する規制としては、例えばアメリカの Loving 事件[19]で違憲とされた異人種婚の禁止がある。これは異人種間で intimate な関係を結ぼうとする者に州の婚姻制度への参加を認めないというよりも、他州で異人種婚したことをもって刑事罰を科すものであり、intimate な関係を結ぶ自由に対するより深刻な規制と言えるものであった。かつてアメリカで禁止されていた同性愛も同様である。これに対し、現在の日本では、これに類する規制として、児童買春・児童ポルノ処罰法による児童買春の処罰や青少年保護育成条例による青少年との淫行処罰、児童福祉法上の児童淫行罪などがあるが、婚約中であったり婚約に準ずる真摯な交際関係にある青少年との間の性行為は

---

18) 井上典之他・座談会「日本国憲法研究第4回・生殖補助医療」ジュリスト 1379 号（2009 年）77-78 頁〔宍戸常寿発言〕。その上で宍戸教授は、「法律上の子供をもつ権利が、行為の問題として、憲法 13 条の議論としてありうるのか〔傍点—引用者〕」を問題にしている。

19) Loving v. Virginia, 388 U.S. 1 (1967).

淫行には含まれないとされ[20]、いわゆる「結婚」に相当するような intimate な関係を結ぶ自由に限っては、規制はほとんどみられないように思われる。近親婚を禁止する民法 735 条・736 条も、直系姻族間等における intimate な関係に対し法的な身分ないし地位を与えることを否定するにとどまり、直系姻族間でintimate な関係を結ぶことそれ自体を禁止するわけではない[21]。したがって、近親婚の禁止によって婚姻の自由が侵害されているとすれば、それは、「intimateな関係を結ぶ自由」ではなく、「婚姻制度へ参加する自由」であるということになる。

　これらの自由を明確に区別するのが水野教授である。水野教授は、婚姻と（intimate な関係の一つといえる）同棲とはカップルにとって平等な「選択」の対象たり得るとしており[22]、婚姻の自由が婚姻制度へ参加する自由だけでなく、intimate な関係を結ぶ自由をも含むものであることを強調する[23]。これに対し、辻村教授は、婚姻の自由を「法律婚をし、あるいはしないことに関して国家による干渉を受けない自由［傍点─引用者］」、すなわち本稿で言う「婚姻制度へ参加する自由」と定義する。この自由が「intimate な関係を結ぶ自由」から区別されているかは明らかではないが、辻村教授は婚姻の自由を「国家からの自由」と位置付ける[24]。しかし、intimate な関係を結ぶ自由は国家からの自由に分類できるとしても、「婚姻制度へ参加する自由」は国家からの自由とは位置付けられない側面を有している。

(2)　婚姻制度へ参加する自由

　この点を考察する上でも興味深いのが Nussbaum である。Nussbaum によ

20）例えば、最判 1985〈昭 60〉. 10. 23 刑集 39 巻 6 号 413 頁。

21）安念潤司「家族形成と自己決定」江橋崇・他編『現代の法 14 自己決定権と法』（岩波書店、1998年）136 頁。

22）水野・前掲注 17) 85-86 頁。

23）ただし、水野教授によれば「日本では、婚姻と同棲が、カップルにとって平等な『選択』の対象となる社会基盤は、まだ存在していない」（水野・前掲注 17) 85 頁）。水野教授は、日本における「世間」の圧力の強さをその原因の一つに挙げ、日本では、「『世間』の規制力に多くをゆだねることによって……法が規制しない領域での自由が確立していない」と指摘している（水野紀子「公権力による家族への介入」同編『社会法制・家族法制における国家の介入』（有斐閣・2013 年）181 頁）。

24）辻村・前掲注 1) 122 頁。

れば、今日の同性婚の要求は、国家が重要な役割を担う「婚姻の表象的な意義」を対象とする[25]。つまり、「intimate な関係を結ぶ自由」ではなく、国家が関与する「婚姻制度へ参加する自由」が関心対象とされている。しかし、Nussbaum は、婚姻の自由は婚姻した人々に民事上の諸利益を与える義務を国家に課すものではないとし、また、婚姻の自由によって国家は「結婚」と称される関係に尊厳や地位といった表象的な利益を与えるよう義務付けられるかという問いを立て、それに対し、国家が婚姻の表象的意義の付与から撤退するという決断をした場合にそれを阻止することは難しいと答える[26]。ここから、Nussbaum は婚姻制度へ参加する自由を否定し、婚姻の自由をもっぱら「intimate な関係を結ぶ自由」と捉えているようにもみえるが、そうではない[27]。Nussbaum は、いったん国家が婚姻制度の下で表象的ないし民事上の諸利益を与えるという選択をした場合には、そのような地位を求めるすべての者が、差別されることなく、婚姻制度に参加できなければならないと主張する[28]。また、婚姻の自由は、憲法上の基本的自由であるから[29]、婚姻制度への参加において他の人々と差別されることなく等しく扱われるだけでなく、すべての人に婚姻制度への参加を禁じたり、離婚を一切認めないといった制度設計は違憲の可能性が高いとされる。

　つまり、Nussbaum は、「婚姻制度へ参加する自由」が婚姻制度を所与のものとすることに疑問を提起しているのである。婚姻制度が所与のものでないとすると、婚姻制度へ参加する自由は「国家からの自由」とは言い切れないことになる。他方で、Nussbaum によれば、婚姻制度の内容ないし意義について、対抗できないような規制理由（some overwhelming reason）もなしに特定の集団だけに婚姻制度への参加を認めないことは許されない[30]。

---

25) Nussbaum, *supra* note 14, at 671.

26) *Id.* at 686-688.

27) 婚姻の自由について Nussbaum が示唆を受けたとする Sunstein も（*Id.* at 685）、婚姻の自由には、プライベートな領域における intimate な関係の権利と、国家が提供する婚姻制度へ参加する権利とが含まれるとする（Cass R. Sunstein, *The Right to Marry*, 26 CARDOZO L. REV. 2096 (2005) 参照）。

28) Nussbaum, *supra* note 14, at 686.

29) 婚姻の自由について辻村教授が自己決定権的側面と平等保護的側面の両面から論じるのと同様に（辻村・前掲注 1）89-149 頁）、Nussbaum も、アメリカ合衆国憲法第 14 修正に関して、実体的デュープロセスと平等保護の両面から婚姻の自由を分析している（*Id.* at 685-688.）。

さらに Nussbaum は、そのような婚姻の自由の享有主体は誰かを問い、婚姻の自由に対する伝統的な規制とそれへの対応を検討する。[31] まず、伝統的に禁止されている重婚は、その規制理由は十分ではないが、明らかに憲法上の伝統として認められてきたし、近親婚の禁止も合理的な規制の典型と考えられてきた。一方、婚姻の自由の享有主体は、潜在的に子どもを作ることができる者に限定されてはいない。これらの婚姻の自由に関する伝統を、Nussbaum は、「婚姻の相手方の選択」に応じた婚姻の自由の享有主体性の否定というよりも、「婚姻の相手方の選択の自由」の享有主体性は肯定した上での、対抗できないような規制理由に基づく規制と解し、誰もが婚姻の自由の享有主体たり得ると強調する。

(3) 婚姻の相手方の選択の自由の要求内容

Nussbaum の分析で注目すべきは、まず、婚姻の自由に関する伝統の中から、「婚姻の相手方の選択の自由」を摘出している点である。その上で、重婚であれ近親婚であれ、さらには異人種婚であれ同性婚であれ、これらの規制が、婚姻制度へ参加する自由の享有主体性の否定としてではなく、享有主体性が肯定された上での規制理由の有無の問題として位置づけられている。ここから、婚姻制度へ参加する自由の要求内容には、参加する婚姻制度の内容ないし意義に関する要求 α と、婚姻制度へ参加する自由の享有主体であることの要求 β とがあり、婚姻の自由の規制は要求 β ではなくむしろ要求 α の問題として論じられることが確認できる。

これらの点は、従来の議論では必ずしも十分には論じられてこなかったように思われる。だからこそ、要求 α の問題であれば考慮する必要のある、婚姻制度全体から見た婚姻の自由の規制理由の合理性について、Nussbaum が指摘するように、十分な注目が集まることはなかった可能性がある。[32] もちろん、実際には、要求 α と要求 β の間に明確な線が引けるとは限らない。例えば、「婚姻

---

30) *Id.* at 688.

31) *Id.* at 688–689.

32) Nussbaum, *Id.* at 695 ; *Reply*, 98 CALIF. L. REV. 733-734 (2010) は、特に、同性婚の実現要求が要求 α として展開されていないことを問題とする。

の相手方の選択」とは無関係に年齢や犯罪歴等を理由におよそ婚姻の当事者た
ることを認めないという規制は要求βに関連するが、同じく要求βに関わると
言える日本における同性婚の要求は、「婚姻の相手方の選択」という婚姻制度
の内容にかかわる要求という側面もあり、要求αにも関連する。しかし、だか
らこそ、単純に要求βが否定されていることだけをとらえて、「国家からの自
由」の問題を議論すれば足りるとは言えないということもできる。こうして、
婚姻制度へ参加する自由の規制について論じるには、婚姻制度全体から規制の
合理性を検討する作業が不可欠であることになる。

3　婚姻制度の内容に踏み込んだ検討

　このような Nussbaum と共通の問題意識が水野教授にはみられる。水野教
授によれば、「家族の団体性」が論じられるときには、「夫婦間の権利義務と親
子間の権利義務」の「内容について具体的に議論されることはあまりな」く、
「むしろ、家族の団体の範囲をどのように設定するかということが問題となっ
た〔傍点—引用者〕」[33]。水野教授によって「家族の団体の範囲」の議論とされて
いるのは、家族法が守るべき家族は「拡大家族」よりも「嫡出家族」[34]であると
する、戦後の民法改正以降主流であった立場と、それに対し生じている批判で
ある[35]。この「家族の団体の範囲」の問題を「婚姻」に限定すれば、誰が婚姻と
いう団体の範囲に含まれるのかという、Nussbaum が摘出した「婚姻の相手方
の選択の自由」の問題といえよう。この問題が、水野教授によれば、夫婦間の
権利義務と親子間の権利義務についての具体的な検討なしに論じられてきた[36]。
つまり、参加する婚姻制度の内容ないし意義に関する要求αとしてよりも、婚
姻制度へ参加する自由の享有主体であることの要求βとして論じられてきたの
である。水野教授は、このことを、婚姻制度については「相続制度にしろ、親
子関係の決定にしろ、それぞれの制度がどのような法益調整の仕組みとしてで
きあがっているのかということを、少なくとも十分に吟味する作業をした上で

---

33)　水野紀子「団体としての家族」ジュリスト 1126 号（1998 年）72 頁。

34)　水野・前掲注 33）72 頁は、夫婦と未成熟子の形成する核家族を、「嫡出家族」と呼んでいる。

35)　水野・前掲注 33）72 頁。

36)　水野・前掲注 33）72 頁。

議論する必要があ」ると一貫して批判している。

これに対し、辻村教授は、憲法 24 条には「公序」を擁護する役割も含まれるとし、民法 731 条の婚姻適齢や 733 条の再婚禁止期間規定の合憲性を検討する際も、規制の「合理性」を問い、違憲審査基準を用いて「合理的な根拠」や規制手段の審査に踏み込んでいる。近親婚の禁止の違憲性の主張も「立法趣旨」に着目したものであるから、婚姻制度へ参加する享有主体の拡大を単純に求めている訳では決してない。しかし、婚姻制度について、「いくつもの複雑な法益が絡み合った問題を慎重に考えて、対立する法益間を調整する一定の線を見出し、思いがけない副作用ができるだけない答えを実際に出すこと」が不可欠であるとする水野教授の立場からは、婚姻制度全体から規制の合理性を再検討する作業が十分ではなく、婚姻制度の内容ないし意義の問題（要求 a）から切り離された、婚姻制度へ参加する自由の享有主体の拡大要求（要求 β）と捉えられているおそれがある。水野教授は、「自由と平等と基本的人権の尊重というその三者の間にも、相互に矛盾が存在するため、限界が重要になる」にもかかわらず、とかく憲法学における婚姻の自由の規制をめぐる議論は、「矛盾と限界を自覚しない自由と平等の形式的な適用」の感がぬぐえないものとなっていると批判するのである。

---

37) 水野紀子「子どもの平等権——非嫡出子問題を中心に」家族〈社会と法〉10 号（1994 年）159 頁。

38) 辻村、前掲注 1) 132 頁。

39) 辻村、前掲注 1) 134 頁。

40) 水野紀子「生殖補助医療を契機に日本実親子関係法をふりかえる」法曹時報 61 巻 5 号（2009 年）1441 頁。

41) 憲法理論的に、婚姻の中身と意義についてより踏み込んだ検討を行っているのが安念潤司教授の「契約的家族観」である。安念教授は、婚姻の中身を、当事者間の合意によって決定できるものと「当事者間の自由な合意だけに委ねることが本来的に不可能な事項」とに分ける。前者として、婚姻の期間、婚姻継続の条件、婚姻の相手方、同居の有無、共同生活の費用負担者、婚姻の当事者の財産関係、性的関係の頻度、子を作るか、貞操義務の有無、婚姻解消の要件・効果、扶養義務が（安念・前掲注 21）135-138 頁）、後者として、胎児や未成年の子も含めた「第三者との法律関係」があげられている（安念・前掲注 21）139-140 頁）。辻村教授は、この契約的家族観を家族の多様性を認めるものとして好意的に紹介するが、安念教授による婚姻制度の中身の検討には言及していない。なお、安念教授は、婚姻制度に関する民法の規定は「夫婦間の権利義務について極めて抽象的で、しかも実効性の疑わしい規定しかおいてこなかった」（安念・前掲注 21）140 頁）という認識も、水野教授と共有している。

II　秩序や倫理を理由にした規制の取扱い

　では、婚姻制度全体から婚姻の自由に対する規制の合理性を検討する場合、秩序や倫理といった規制理由はどのように扱われるべきなのか。辻村教授は、「親子関係の秩序維持や社会倫理上の配慮を立法趣旨とすることは、秩序や倫理を理由に個人の婚姻の自由や自己決定権を侵害することを認めるもの」であるとし[43]、秩序や倫理は婚姻の規制理由とはならないとの立場に立つように見える。これに対し、水野教授は、「正義の不可知性」と「歴史的存在の安定性」だけでは婚姻制度の説得力は弱いとし[44]、「その社会にある常識や『公序』感覚にはとくに批判的な視点で注意を払わなければならず、公序感覚によって支えられている制度をたえず人権の原則によって洗い直す必要がある」としつつも[45]、同時に、「制度化されていない程度の多数者の単なる習慣」と「長い年月を経て安定した制度」とを区別すべきであると主張する[46]。この点でも両者の中間的立場にあるのが、Nussbaum である。

1　「秩序や倫理」と「根源的規範」の関係

　Nussbaum は、まともな（decent）社会では倫理はおよそ婚姻の自由の規制理由たり得ない、とは考えない。倫理的な主張の中にも、規制理由たり得るものはある。婚姻の自由の規制を正当化しうる根拠と言えるのか、あるいは、特定の人々の道徳的・宗教的反感の表明に過ぎないのかを、見極める必要があるのである[47]。

　そこでまず、倫理的な主張が、宗教上の教条的な主張ではないかが問題にな

---

42) 水野・前掲注 23) 180 頁。なお、水野教授は「自由」と「基本的人権」とを区別して用いており、水野教授の「自由」は安念潤司「『人間の尊厳』と家族のあり方――『契約的家族観』再論」ジュリスト 1222 号（2002 年）21-22 頁の「乙種」自由主義的な自由に、「基本的人権」は国家による保障をも要求し得るドイツの「基本権」に近い。

43) 辻村・前掲注 1) 136 頁の脚注 136)。

44) 内田貴他・特別座談会「家族法の改正に向けて(下)――民法改正委員会の議論の現状」ジュリスト 1325 号（2006 年）177 頁〔水野紀子発言〕。

45) 水野・前掲注 37) 161-162 頁。

46) 水野・前掲注 40) 1461 頁。

る。宗教上の教条的な主張は、倫理的主張が多元的に存在する社会では、規制理由たりえないからである。また、倫理的な主張が、怒りや反感、憎しみなどの発露でないかも問う必要がある。そのような主張も、党派的な主張に過ぎず、規制理由たりえない。Nussbaum によれば、例えば、同性婚や異人種婚を不道徳で自然の摂理に反する（unnatural）とする主張は、教条的で党派的な主張そのものである。

　ただし、倫理的な主張が婚姻の自由の規制根拠たりうるには、それが党派的、教条的でないだけでなく、さらに、平等な保護をすべての市民に与えるという社会の中心的価値と両立するものでなければならない。例えば、人種差別や性差別の歴史に依拠した規制理由は、教条的な理由というよりは社会倫理であったとは言えるかもしれないが、社会倫理であったというだけで違憲審査を通過することにはならないと Nussbaum は主張する。

2　インセスト・タブーという規制根拠の取扱い

　では、近親婚の禁止はどうか。Nussbaum 自身は、近親婚の禁止について、その合理性が絶えず検討される必要があると指摘しつつも、現状では違憲とまでは言えないとするにとどまり[48]、近親婚の具体的な規制理由に踏み込んだ検討は行っていない。これに対し、水野教授によれば、近親婚の禁止は、「血の濃さがもたらす遺伝病のみが存在理由ではな」く、「家族という集団を形成して生活を始めた人類」には、「その家族の中では認められたカップル以外の異性を性的な対象として見ないという規範が不可欠であった[49]」とされる。「家族の中では認められたカップル以外の異性を性的な対象として見ないという規範」としてのインセスト・タブーは、「秩序維持や社会倫理」とみなしうるとしても、Nussbaum によれば、社会倫理というだけで婚姻の自由の規制理由たり得ないということになるわけではない。

---

47) Nussbaum, *supra* note 14,at 678-685. 倫理がどの程度まで法規制の根拠足りうるかに関する
　　Nussbaum の議論の詳細は、マーサ・ヌスバウム（河野哲也他・訳）『感情と法—現代アメリカ社会
　　の政治的リベラリズム』（慶應義塾大学出版会、2010 年）参照。

48) *Id.* at 688-689.

49) 水野・前掲注 7）58 頁。

では、インセスト・タブーは、教条的な主張や、特定の集団に対する怒りや憎しみの発露ではないか。この点については、インセスト・タブーは、「親族関係において、ある範疇の人々との性的関係を忌み嫌い、それを禁止する慣習、あるいは制度[50]」と定義されることもあり、判断が分かれるかもしれない。

仮にインセスト・タブーが党派的、教条的ではないとされた場合には、平等な保護をすべての市民に与えるという社会の中心的価値と両立するかが次に問題になる。さらに、インセスト・タブーを理由に婚姻が認められない親族の範囲についても、規制理由との関係でその合理性が審査されることになろう。その際には、近親婚が婚姻制度外のintimateな関係としては禁止されていない点も考慮する必要がある。

3 「正しい生き方」?

ところで、水野教授は、「自分が正しいと信ずる家族の形態[51]」である法律婚に基づく家族像を、高尚な目的や善として「推奨」していると批判されることがある。安念教授の「契約的家族観」からの批判である[52]。安念教授は、近親婚の禁止については、その最大の規制根拠として医学的な理由を取り上げて論じるにとどまるが[53]、安念教授が婚姻制度に投げかける次のような批判は、インセスト・タブーという社会倫理による近親婚の禁止にも応用可能である。

安念教授によれば、婚姻制度は、「個人の自己決定に影響を与えることは明らか」であるが、法律婚の利用を強制していないし、国家が特定の個人や団体に褒賞を与えることは一般に違憲とは考えられていないから、婚姻の自由の保障に「違反すると解することは困難[54]」である。近親婚の禁止も、婚姻制度に参加する自由の規制にとどまり、intimateな関係を結ぶ自由の規制ではないとされる。しかし、婚姻制度へ参加せずにintimateな関係を結んだ者も、自らの関係が「なぜ法律婚に比して劣位の法的待遇しか受け得ないのか」深刻な疑問

---

50) 比較家族史学会『事典家族』(弘文堂、1996年) 59頁〔川崎一平〕。
51) 安念・前掲注42) 22頁。
52) 安念・前掲注21) 135頁。
53) 安念・前掲注21) 136頁。
54) 安念・前掲注21) 135頁。

をもつ。安念教授は、婚姻制度は「正規化すべきもの」と「正規化すべきでないもの」の切り分けが「純然たる主観的選好でなされてしまう」とし、この[56]「切り分け」を正当化する理由が得られる見込みはないことから、intimate な関係を結ぶ自由を尊重するのであれば、「法律の役割は、最小限に止まるべきであり」、特定の関係にのみ「特別の法規制を加えることを断念すべき」であると主張するのである。こうして、「家族形成を契約自由の原則に委ね」る契約的家族観では、「法律の役割は、あるべき、あるいは標準的な家族の形成を慫慂することではなく、自由な合意を（無条件ではなく、選別的にもせよ）エンフォースすることに尽きる」として、いわば婚姻からの国家の撤退が提案される。[57]

4 家族内の弱者の保護

しかし、水野教授は、現行の婚姻制度を正しい生き方として強制することを擁護してはいない。むしろ、水野教授は、「個人の尊厳を守ることがなにより重要な原則であるという現代の前提に立てば、嫡出家族についても実際にどのような家族生活を送るかという側面について民法は謙抑的でなければならない」とし、家族法が「家族間の権利義務を強制するにあたっては、道徳が法の領域に入り込みすぎないように謙抑的に規制」することを自覚している。[58]インセスト・タブーを擁護するのも、同様に、それが「正しい生き方」だからではない。水野教授はインセスト・タブーがなぜ不可欠であるかまでは詳述していないが、「婚姻は子どもを育てる枠組み」であるとし、[59]「婚姻制度に対する攻撃」に対する反論として、「育児環境の安定性」の確保を掲げ、[60]「自由の領域を守るためには、子の保護を契機にしないと介入の正当性が図れない」とも述べている。[61]したがって、インセスト・タブーは家族という集団を形成し維持するために必要であったと水野教授が述べるときにも、家族内の弱者、とりわけ

---

55) 安念・前掲注 21) 135-136 頁。

56) 安念・前掲注 42) 26 頁。

57) 安念・前掲注 21) 135-136 頁。

58) 水野・前掲注 33) 76 頁。

59) 二宮周平他・座談会「親子法のあり方を求めて」法律時報 87 巻 11 号 13 頁（2015 年）〔水野紀子発言〕。

婚姻の自由の憲法理論的研究に関する覚書　*187*

「子ども」の保護という、水野教授が婚姻制度の存在意義とするものが前提とされていると推測される。

　婚姻制度による弱者保護、とりわけ、子の福祉の実現のあり方についても、子に対する親の「覚悟」や「責任感」が「法律上の形式」や「法律婚を選択するという行動」によって供給できるとするほど水野教授は「ナイーブ」ではない。水野教授が婚姻制度によって「子の幼い日々を守る暖かい繭」を提供するというときに想定されているのは、親の内心における覚悟や責任の醸成というよりも、「国家関与」によって「親に責任を果たさせる」ためのシステムであろう。責任感のない親の下でも子の福祉が実現されるために、国家が「婚姻関係にある家族間に立ち入ってすべての夫婦や親子の関係に実効的な法の保護をもたらすことが必要［傍点―引用者］」とされるのである。だからこそ、日本

---

60) 内田他・前掲注44) 177-178頁〔水野発言〕。安念教授も、「法律婚の根拠は、子の福祉に求められる」と述べており（安念・前掲注21) 142頁）、婚姻制度の存在意義が子の福祉にあること自体は否定していない。Nussbaum もまた、子の養育が婚姻の自由の正当な規制理由たり得ることを認めている（Nussbaum, *supra* note 14, at 679)。なお、Nussbaum は、婚姻制度を維持する国家目的は多様であるとし、子の養育の他に、市民の尊厳と福利の促進も婚姻制度の目的であったとする（Nussbaum, *supra* note 32, at 741)。

61) 内田他・前掲注44) 177-178頁〔水野発言〕。さらに、水野紀子「当事者の『願望』を叶えるのが法の役目ではない」中央公論2014年4月号41頁は、インセスト・タブーがなければ「家族で子どもを育て、次の世代へと継承していくことはできない」とする。

62)「親が親であろうとする意思は、子の生存にとってなにより必要であり、その意思は法によって強制される社会的な義務感によっても維持される」（水野紀子「嫡出推定・否認制度の将来」ジュリスト1059号（1995年）118頁）と水野教授は述べているが、それは家族法の「行為規範としての意義」（大村敦志『家族法〔第三版〕』（有斐閣、2010年）377頁）を示唆するにとどまっているように思われる。これに続けて水野教授は「生まれた子には、できるだけ速やかにこのような義務〔義務感ではない―引用者〕を持つ親を確保してやる必要がある」と述べている（水野・同118頁）。実際には家族法の行為規範としての効果は大きいとしても、日本の婚姻制度に関する議論は「制度と社会的圧力の区別」がなされていないという水野教授による批判も看過すべきでない（水野・前掲注17) 86頁）。

63) 水野・前掲注40) 1458頁の脚注20)。ただし、「日本の家族法に必要なのは、家族への支援という公的介入なのであって、むき出しの力関係の中に放置されている当事者への義務づけではない」（水野・前掲注7) 59頁）点には注意しなければならない。

64) 大村敦志教授も、水野教授は「裸の概念」として「子の利益」が何かを追求しているのではなく、「子の利益を図るのに、望ましいと思われる標準的な制度」を用意しているにすぎず、その「標準的な制度を示す言葉」が「繭」であるとする（内田他・前掲注44) 169頁〔大村敦志発言〕）。この点は、久保野恵美子「親子の養育関係」ジュリスト1384号（2009年）87頁も参照。

65) 水野・前掲注37) 159頁。

の婚姻制度の「最大の欠陥は、公的な育児支援や介入がなさすぎる点[66]」である
との評価が下される[67]。インセスト・タブーについて言えば、刑罰権の行使より
はソフトな規制を通じて、家族という密室の中で、弱者が望まない関係を強要
されることを少しでも防ぐことが期待されているといえよう[68]。

Ⅲ 辻村教授と水野教授の対立点

1 婚姻の自由の課題——国家か？ 社会か？

以上を踏まえ、最後に、辻村教授と水野教授の対立点を整理したい。辻村教
授と水野教授の対立点として、まず、現代の日本における婚姻の自由の課題に
ついての認識の違いを確認しておく必要がある。辻村教授は、戦前の「家制
度」の弊害を、国民統合のための家族の利用（「天皇制国家型家族」の保護）に見
出し、「家族内部の問題に国家が介入してはならないという意味での[69]」いわゆ
る「国家からの家族の保護」を強調する[70]。だからこそ、婚姻の自由も国家から
の自由として語られる[71]。

これに対し、水野教授は、戦前の家族法のうち、家族への国家の不介入によ
って家族内の弱者が放置され続けてきたことを・より問題とする。このことは、
「家族法は私法であって、公法ではない[72]」という水野教授の言葉に端的に表れ
ている。水野教授によれば、明治民法が「身分行為を家の私的自治」に任せた

---

66) 二宮他・前掲注59) 16頁〔水野発言〕。

67) この点、Nussbaum *supra* note 14, at 694 によれば、アメリカにおいても、子の養育に関する国家
の保護は十分ではない。

68) 関連して、2017年の刑法改正によって、監護者わいせつ及び監護者性交等罪が新設された点も検
討する必要がある。

69) 辻村みよ子「憲法二四条と夫婦の同権——『夫婦の平等』論再構成の試み」法律時報66巻12号
（1994年）43頁。

70) 辻村・前掲注1) 59頁。

71) 婚姻制度からの国家の撤退を主張する契約的家族観は、これを突きつめたものといえよう。契約
的家族観の代表的論者である安念教授は、さらに、日本政府の能力に対する懐疑から、「政府に期待
するのは、各人が自らの尊厳を追求する営みを邪魔しないことに尽きる」と述べ（安念・前掲注
42) 22頁）、私人間への国家介入におよそ否定的である。

72) 水野・前掲注33) 76頁。ただし、水野教授が、同時に、「私法がつまり民法が、家族を守るとい
う認識は、国家に対して家族を守ることをも意味する」と述べていることも忘れてはならない。

影響が現行法に維持され、「民法の家族法としては、私的自治ないし自由が過剰にあった」[73]結果、「家庭内においては弱肉強食が生じ」[74]ていた。水野教授が懸念するのは、「当事者の合意成立を至上とする家事紛争の解決基準」が、「実際には強者の決定と自己実現に対する弱者のあきらめを認証するものに堕する可能性」[75]なのである。[76]

　辻村教授も、「国家による家族の保護」には様々な形態があるとして、「社会権（母子の健康等）を実現するための保護」と「子どもの保護やドメスティック・ヴァイオレンス防止等」については、「国民統合・国家統制のための（強制を伴う）保護」からは区別され、否定されるものではないとする。[77]しかし、辻村教授にとって徹底されるべきはあくまで「個人主義的家族モデル」であって、「国家による家族の保護」はいずれも一律に「国家主義的家族モデル」に分類されている。[78]これに対して、水野教授にとって、国民統合のための家族への介入と家族内の弱者を保護するためのそれとは決定的に異なっている。この対立の背後に婚姻の自由が抱える課題についての認識の違いがあることは疑いないだろう。

2　「制度（公序）としての家族」の含意

　婚姻制度に対する認識にも違いがある。辻村教授は、家族モデルの展開について、家族の位置づけが「制度（公序）としての家族から、契約としての家族、個人の幸福追求権や性的指向をも充足させる共同生活空間としての家族へと展開した」という認識を示している。[79]これに対し、水野教授は、「婚姻制度の枠

---

73) 二宮他・前掲注59) 15頁〔水野発言〕。

74) 二宮他・前掲注59) 19頁〔水野発言〕。

75) 水野・前掲注37) 168頁。

76) だからこそ、婚姻制度の現在の喫緊の課題は、「家族の多様化と自由の限界の設定問題」よりも、「あまりに無力な日本家族法がもたらしている諸問題である」とされる（水野・前掲注7) 58頁）。憲法学における同様の主張として、横田光平「国家による家族への介入と国民の保護」公法研究70号（2008年）119頁は、「ブラックボックス化した『家族の自律』が必要以上に国家介入を制限し、『国民の保護』が犠牲になる危険性」を示唆する。

77) 辻村・前掲注1) 59頁。

78) 辻村・前掲注1) 60-61頁。ただし、前掲注10) に対応する本文も参照。

79) 辻村みよ子『ジェンダーと人権』（日本評論社、2008年）235-236頁。

内」にとどまって家族の多様性や少数者の選択を正面から捉えようとしないと批判されることもあるが、婚姻制度を「個人の幸福追求権や性的指向をも充足させる共同生活空間としての家族」と対立するものとは捉えていない。水野教授によれば、婚姻制度によって「嫡出家族として法に権利義務を課される拘束を好まずに子育てをする家庭を作りたいという者の自由は束縛されるものではない[81]」のであり、Iで確認した通り、多様な家族や少数者の選択は、intimateな関係を結ぶ自由として保障されている。このような両者のズレの要因の1つが、「制度（公序）としての家族」についての認識の違いである。

「制度（公序）としての家族」が意味するところを辻村教授は明示してはいないが、憲法24条が公序としての家族の尊重の要素を内包し、また、そこでの家族は「正規」の嫡出家族（法律婚）を指すものとされており[82]、辻村教授に限らず憲法学に対しては、法律婚の保護それ自体を24条の目的としてとらえる傾向があるとの指摘がある[83]。

これに対し、水野教授は、婚姻制度をいかなるものとするかは「公事」であるが、家族法それ自体は「家族の登録法」として機能するような「公法」では本来なく、「家族の保護法」として機能する「私法」であると明言する。しかも、水野教授によれば、家族法は「家族間の権利義務を規律することを通じて……国家が強制できる権利義務を自覚的に制限している」のである。このように、水野教授が家族の公序について語るときには、婚姻制度へ参加する自由に課される制約の正当化根拠として語られており[84]、制度（公序）が存在することで「個人の幸福追求権や性的指向をも充足させる共同生活空間としての家族」が否定されるわけではないのである。

---

80) 二宮・前掲注10) 29頁。

81) 水野・前掲注33) 76頁。

82) 辻村・前掲注1) 58頁、辻村・前掲注79) 233-234頁。

83) 野崎綾子『正義・家族・法の構造変換——リベラル・フェミニズムの再定位』（勁草書房、2003年）73頁参照。また、辻村教授の言う「制度（公序）としての家族」とは、「国家法によって強行法的に定められる公的事項」として、「一つの家族モデルを社会に押し付けようとした」近代国家（吉田克己「家族における〈公私〉の再編」法哲学年報2000巻（2001年）49頁）を念頭に置くものということもできよう。

84) この点で、野崎・前掲注83) 141-142頁が求める、婚姻への「公的介入」に対する「正義に基づく理由づけ」による正当化を、水野教授も否定していないことがわかる。

3 婚姻制度の存在理由

では、婚姻制度の存在理由を嫡出家族の保護それ自体に求めない水野教授にとって、婚姻制度の存在理由は何か。水野教授にとって、婚姻制度の存在理由は、家族内の弱者の保護、とりわけ子の福祉の実現である[85]。だからこそ、水野教授は内縁準婚理論を批判する一方で、フランスにおける多様化した家族形態への子どもの保護を目的とした国家介入については肯定的である[86]。したがって、近親婚の禁止についても、子を中心とした家族内の弱者を保護するために必要な規制といえるかが問われるべき問題となる。

これに対し、辻村教授は憲法 24 条の「国家保護請求権保障の側面を排除」しないが、目指すのは「個人主義的家族モデル」の徹底であり、子の福祉と切り離して婚姻制度が形成・維持されることを認めるタイプの契約的家族観もまた、排除していない[87]。だからこそ、近親婚の禁止も、要求 β に主眼が置かれた形で論じられることになる。

この点、近年、家族法学においても、婚姻関係における親子関係の位置づけについては再考の動きがある[88]。家族法学上の婚姻に関する議論では、Jean Carbonnier が嫡出推定こそが「結婚の心臓をなす」と述べたとされるように[89]、婚姻制度の効果としての親子関係（とりわけ父子関係）の確定が決定的な重要性

---

85) 水野・前掲注 23) 170 頁。

86) 水野・前掲注 7) 54 頁。

87) 野崎・前掲注 83) 73、119-143 頁。野崎綾子教授は、水野教授の「子の幼い日々を守る暖かい繭」としての家族の機能を果たすための国家介入は認めつつ、それを「嫡出家族」を中心に規律する必然性はないとし、契約関係で形成される夫婦関係と信託関係で形成される親子関係とを切り離すタイプの契約的家族観を提示する。

88) 例えば、イレーヌ・テリー（石田久仁子他・訳）『フランスの同性婚と親子関係——ジェンダー平等と結婚・家族の変容』（明石書店、2019 年）、久保野・前掲注 64) 87 頁。久保野教授は、婚姻関係と親子関係を「どのように理解するのかは一義的に定まるものではな」いとする（久保野・同 89 頁）。

89) 大村敦志「パクスその後——私事と公事の間で」水野編・前掲注 23) 129 頁が引用する Irène Théry, Couples de même sexe, mariage et filiation : par delà la critique des apories de la rhétorique antidiscriminatoire, in H. Fulchiron (dir.), *Mariage-Conjugalité, Parenté-Parentalité* (Dalloz, 2009), p. 274 では、Carbonnier の発言の原典は示されていないが、テリー・前掲注 88) 83 頁でも、「結婚の中枢はカップルではない。父子関係の推定だ」という Carbonnier の言葉が紹介されている。また、大村教授自身も、「婚姻という制度は、本来的には子どもを持つことを想定した制度である」と述べている（大村・同 134 頁の脚注 41)）。

を持ってきた。しかし、近年、婚姻関係と親子関係とを切り離す主張が登場している[90]のである[91]。

　家族法学におけるこのような動きは、婚姻の意義をめぐる「根本的変化」とも位置づけられるが、それこそが問題の核心であるにもかかわらず、見過ごされがちであるとの指摘がある[92]。この指摘は、婚姻の自由の憲法理論的研究にもあてはまるように思われる。そもそも憲法学では、婚姻制度における親子関係の意義が十分に検討されることなく婚姻の自由が語られてきたきらいがある[93]。婚姻関係を親子関係から切り離した制度を模索するにしても、親子関係への視座を欠いてはならない。また、家族には「国家権力から個人を保護する防波堤」としての役割があるとしても、親子関係から婚姻関係を切り離した場合には、様々なintimateな関係の中から婚姻関係を切り出す意義は薄められることになり[94]、「『超（脱）近代的』で多様な現代型家族」を目指すのであれば、婚[95]

90）ただし、水野・前掲注62）116頁によれば、日本では、家族法学においても、「嫡出否認・推定制度という法的技術の存在意義についての理解」は十分ではなかった。

91）テリー・前掲注88）116頁は、「社会生活全体における婚姻制度の地位と役割の重要な再定義」が行われ、婚姻は「父を（したがって家族を）つくる制度から、徐々にカップルの関係の制度へと変わってきた」（同・110頁）とする。テリーの主張については、齊藤笑美子「婚姻・家族とフランス憲法——解釈論への示唆」憲法理論叢書26（2018年）20-21頁参照。日本の家族法学でも、親子関係については、例えば、「婚姻関係を出発点とする見方」と、両親の婚姻関係とは別に「母子関係と父子関係を出発点とする見方」とを示した上で、後者を前提とする窪田充見『家族法〔第2版〕』（有斐閣、2013年）152-153頁がある。また、これに関連する憲法理論的研究として、春名麻季「憲法学における人権論からみた親子関係の諸要素——『実の母』をめぐる議論を中心に」神戸法学雑誌58巻3号（2008年）25頁。

92）テリー・前掲注88）113頁。テリーはこのような動きを「静かな革命」とも評し、政教分離原則の確立と並ぶ重要な意義があるとする（同・116頁）。

93）ただし、辻村みよ子「家族・国家・ジェンダーをめぐる比較憲法的考察」水野紀子編『家族——ジェンダーと自由と法』（東北大学出版会、2006年）19頁は、「フランス憲法下の家族モデル」に関しては、Pacsによって大きく変容した「家族の機能」として、婚姻と家族とが結合された、「生殖を要素とする男女間の結婚に基づいた『公序ないし制度としての家族』」を摘出している。また、憲法24条を、「将来世代の育成を期待できる人的結合関係を保護・支援するためのインフラ［傍点—引用者］」の整備を国家に義務付けるものと捉える近時の憲法理論的研究として、篠原永明「婚姻・家族制度の内容形成における考慮事項とその具体的展開」甲南法学58巻3・4号（2018年）43-47頁。

94）同様の指摘として、篠原・前掲注93）44頁の脚注12）。また、安念潤司「家族の『変容』と憲法」憲法問題7号（1996年）44頁は、「憲法は、他の結社・団体とは異なる特殊性を家族に付与するように立法者には命じてはいない」とする。Nussbaumも、後に撤回はするものの、婚姻制度からの国家の撤退を示唆していた（Nussbaum, *supra* note 32, at 731）。

95）辻村・前掲注79）233頁。

姻制度の存在理由についても、さらなる探求が求められよう。[96]

4 婚姻の自由の憲法理論的研究に関する覚書

水野教授が、インセスト・タブーという「規範が不可欠であった」と強調する背後には、婚姻の自由が抱える問題のうち、国家介入による弱者保護の不足よりも、婚姻制度へ参加する自由の享有主体の拡大要求βに力点を置くことへの苛立ちが伺える。婚姻の自由の要求の多くは、婚姻によって得られる利益よりも婚姻が有する表象的な側面に向けられているという Nussbaum の指摘が[97]正しいとすれば、国家によって「婚姻」として「公認」されることが、近親婚の禁止批判論でも求められているのかもしれない。しかし、水野教授にとって、国家が関与する婚姻制度の存在意義は、国家による「公認」という婚姻の果たす表象的意義よりも、実践的な弱者保護のための国家介入にある。近親婚の禁止は、「新しい家族形態を国家が容認」[98]しないまでも、intimate な関係を結ぶ

---

96) テリー・前掲注88) 117 頁は、婚姻関係に代わって、「理念的には無条件で解消不可能な絆」である「親子関係が家族に関する一般法の軸になる」とする。しかし、水野・前掲注62) 119 頁は、「婚姻制度を利用しないで強い推定力を持つ父性推定を設定することに、基本的な困難がある」と指摘している。なお、辻村教授は明言していないが、家族制度の改革のあり方をめぐっても、水野教授と辻村教授との間には違いがあるように思われる。水野教授は、婚姻制度は「そう簡単に権利に分解して一から再構築できるものではな」く（内田他・前掲注44) 177 頁〔水野発言〕）、婚姻「制度が失われたときの不都合を想像しながら、現実に適用したときの問題点を解消すべく、修正と発展を続けていくしかない」（水野・前掲注40) 1464 頁）と述べる。水野教授は、「世の中の法益は多くが矛盾対立する」もので、「非常に微妙な線引き」が必要になるが、「例外を原則にして、新たなる概念でお手本を全部作り直すことは無謀なこと」と手厳しい（二宮他・前掲注59) 23 頁〔水野発言〕）。家族法学においては、「漸進主義という意味での保守主義」も１つの「原則」とされるのである（大村・前掲注62) 376 頁）。これに対し、「多数派の選好とは独立に少数派の自由が認められてはじめて、自由がある」（安念・前掲注42) 26 頁）とする憲法学では、違憲審査による斬新な改革への抵抗が少ない。また、安念教授の契約的家族観は、家族法の役割を「全面的に消滅」させるものではなく、法律婚という自明視されてきた概念を解体することがその「最大のインパクト」とされるが（安念・前掲注21) 139-140 頁）、Nussbaum が、婚姻を構成要素に分解して検討するアプローチ（disaggregated approach）を肯定的に評価するように（Nussbaum, *supra* note 14, at 695）、婚姻制度に結びつく「さまざまな権利義務の束を一旦解体」することも、婚姻制度の中身について議論するための「思考実験」（安念・同135-136 頁）としては否定されないと、憲法学では受け止められよう。ただし、Nussbaum, *supra* note 32, at 734 は、婚姻によって与えられる民事上の諸利益の束について再考することの重要性を指摘しつつも、婚姻制度については「ゆっくりと漸進的（slowly and incrementally）に改正することがおそらく賢明である」とする。

97) Nussbaum, *supra* note 14, at 670-672.

自由が保障されていることを前提に、婚姻制度へ参加する自由の中でも婚姻制度の内容ないし意義に関する要求 a について、家族内の弱者、とりわけ「子の福祉」を中心に規制理由が問われなければならない。[99]

　近親婚の禁止は一つの例にすぎない。国家が婚姻制度から撤退するか、もしくは国家があらゆる intimate な関係を公認するのでもない限り、公認それ自体が「正規化すべきもの」の国家による切り分けとなることは避けられないのであり、「個人の幸福追求の場としての家族」[100]を維持しつつ、同時に、intimate な関係を結ぶ自由の保障とは別に婚姻制度が存在する理由を踏まえて、婚姻の自由の憲法理論的研究をすすめていく必要があろう。[101]

(ささき・くみ　東北学院大学教授)

---

98) 辻村・前掲注79) 236 頁。

99) 水野教授が、同性婚に刑事罰が科されていた国における同性婚の自由化に関する議論と、同性婚が必ずしも規制されてこなかった日本における議論を同列に扱うことに批判的なのは（水野・前掲注7) 54 頁）、第一に、水野教授が「intimate な関係を結ぶ自由」と「婚姻制度へ参加する自由」とを区別し、しかも第二に、「公認」という婚姻制度の意義を本来的に重視せず、逆説的にも、婚姻制度を一貫して自由に対する公的な規制と捉えていることが大きい。婚姻制度自体を婚姻の自由に対する規制と捉える姿勢は、「無限の多様性をもって存在しているであろう個人間の性的な結合関係のうちで、一人の女性と一人の男性との間のある種の性的結合関係だけを抽出して、それに、他の性的な結合関係にはない特別の法規整を加えること〔傍点—引用者〕」（安念・前掲注21) 134-135 頁）という安念教授の「法律婚」の定義にも共通する。

100) 辻村・前掲注1) 61 頁。

101) Nussbaum, *supra* note 14, at 694 は、婚姻の自由がいかなるものであるべきかの詳細な答えは政治の領域に委ねられるが、その際に考慮すべき選択肢を憲法理論的研究は制限することはできるとする。

「憲法と家族法」関係論

——辻村憲法 24 条論の問題提起を受けて

糠塚康江

I　はじめに

1　辻村みよ子の憲法 24 条論

　辻村みよ子は、憲法研究者として、フランス 1793 年憲法研究を起点とした[1]フランス憲法研究を背景に、「市民主権論[2]」、「選挙権論[3]」をはじめとする骨太の理論を構築する一方、1976 年にオランプ・ドゥ・グージュに関する日本初の論文発表[4]以来、ジェンダー法学の牽引者の一人であり続けている。そうした複合的研究視座の成果として多くの理論的著作を公刊しているが、それまで手薄であった憲法 24 条（家族規定）解釈[5]に取組んだことも、特筆に値する。

　辻村の 24 条解釈の特徴は、24 条が「個人の尊厳と両性の本質的平等」を含んでいることに注目し、憲法 13 条（個人の尊重・幸福追求権）・14 条（法の下の

---

1)　『フランス革命の憲法原理——近代憲法とジャコバン主義』（日本評論社、1989 年）。

2)　『市民主権の可能性——21 世紀の憲法、デモクラシー、ジェンダー』（有信堂、2002 年）。

3)　『「権利」としての選挙権——選挙権の本質と日本の選挙問題』（勁草書房、1989 年）、『選挙権と国民主権　政治を市民の手に取り戻すために』（日本評論社、2015 年）。

4)　「フランス革命と『女権宣言』」法律時報 48 巻 1 号（1976 年）69-77 頁。

5)　『女性と人権』（日本評論社、1997 年）、『ジェンダーと法』（不磨書房、2005 年）、『ジェンダーと人権』（日本評論社、2008 年）、『憲法とジェンダー——男女共同参画と多文化共生への展望』（有斐閣、2009 年）、『ポジティヴ・アクション——「法による平等」の技法』（岩波書店、2011 年）、『代理母問題を考える』（岩波書店、2012 年）、『人権をめぐる十五講——現代の難問に挑む』（岩波書店、2013 年）など。

平等）と 24 条との関係を問いながら、24 条の「時代先取り的性格」を明らか
にした点にある。だが、辻村の関心はそこにとどまっていない。家族社会学や
家族史研究の成果を摂取しつつ、精力的に諸外国の憲法動向を渉猟した上で、
憲法学からみた家族モデルを提示し、学際的な対話を試みている[6]。辻村は、先
進資本主義国・社会国家型憲法である日本国憲法は、近代家族の矛盾を克服す
るための 2 つの「現代家族」の選択肢——家族に対する国家保護の徹底（いわ
ば家族の社会化）の方向と、団体主義・家族主義に対抗する個人の自律と平等
の徹底（いわば家族の個人化）の方向——のうち、後者を選択したことを導き出
した[7]。それは、「同等の権利を持った夫婦を単位とする家族」を、個人の人権
の徹底によって内部的に崩壊させるものなのか。辻村は、憲法 24 条と 13 条の
関係解明に向けた、理論的により高次の検討課題を掲げている。

2　本稿の課題

　憲法 24 条にいう「個人の尊厳」と「両性の本質的平等」がどのように受容
され、社会の変容の中で法の機能にいかなる変化を及ぼし、今後及ぼし得るの
か、という問題がある。憲法 24 条を基本理念とする現行の家族法は、想像を
超える大転換を日本社会に求めるものであった。それが半世紀をかけて定着し
たのち、社会の変容の中で、今やその基本的枠組みが問われる状況にある。家
族法の規定が憲法判断の俎上に上せられ、そのうち 2 つの規定が「違憲」判断
を受け、改正を余儀なくされた。こうした動向から、憲法判例を素材に、憲法
24 条の掲げる理念が、現実の問題状況の中で持ちうる意義について検討する
論考が近年多く発表されている。本稿は、こうした「未来志向」からするとそ
れとは「逆向き」の関心から、辻村の問題提起に接近を試みるものである。
　「個人の尊厳」と「両性の本質的平等」を家族の公序とする憲法 24 条は、一
義的には、1947 年まで民法上存在した「家」制度を否認するものとしてとら
えられている[8]。吉田克己の整理によれば、日本の「家」制度は、家父長家族と

---

6)　辻村みよ子『憲法と家族』（日本加除出版、2016 年）58-60 頁を参照。

7)　辻村・前掲注 6) 86-87 頁を参照。

8)　吉田克己「家族における〈公私〉の再編」法哲学年報（2000 年）『〈公私〉の再構成』（2001 年）
　　51-52 頁。

いう意味で典型的な近代家族であった。もっとも、①市民社会構成員というより家族を通じた国家臣民の育成の観点が前面に出ている点、②典型的な近代家族が核家族であるのに対して複数の世帯を含むことがありうる団体主義的性格を有していた点で、異なっていた。そして何より、③〈私的領域としての家族〉が未発達で、「家族」＝「いえ」は構成員との関係では公的存在であった。その上位に〈公私〉の重層構造が成立し、より上位の団体＝「公」との関係では、「家」は「私」として一段階劣ったものとみなされ、家長は、より上位の「公」の利害を体現して（政治権力のいわば下請けとして）家内の個人を抑圧する主体として現れた。

　「家」制度の否定の意味は、上記①～③の独自性の否定にとどまったのか、近代家族に共通した家父長制を克服しえたのか。この検討のため、本稿では、旧民法法典編纂時代に遡り、「戸主制」と対決した小野梓の家族制度論を取り上げる（→Ⅱ）。「広ク海外各国ノ成法ヲ斟酌シ」た時代に、19世紀の西欧の「近代家族」に接し、それを知的養分にして構想された家族制度を明らかにすることが狙いである。そのうえで、20世紀半ばに、「家」制度と対決した憲法24条の意義を改めて問い、「個人の尊厳」と「両性の本質的平等」という憲法上の要請が実際の民法・戸籍法改正でいかなる意味をもちえたのか、考えてみたい（→Ⅲ）。

　なお、本稿にいう「家族」であるが、「いわゆる家族」という謂いがされるように、「家族」の定義は困難である。辻村は、大村敦志の『家族法』の教科書から「血縁によってつながる親族集団」という説明を引用するものの、「家族の観念が、…複数の要素によって規定されるため、複合的・多面的な家族概念を前提せざるを得ない」としている。[9]本稿にいう「家族」は、この辻村の立場に従っている。

---

9)　辻村・前掲注6）1頁。大村は、定義自体を断念し、㋐血縁と婚姻、㋑同居と協力、㋒意識と制度の観点から、複合的に家族概念をとらえている（大村敦『家族法〔第3版〕』（有斐閣、2010年）9-10頁）。

II 小野梓の家族制度論——父権からの独立／夫権への従属

1 翻訳の時代

(1) 自由民権運動と翻訳

明治維新前後の 30 〜 40 年間に、量的にも、領域においても膨大な、西欧の文献が日本語に訳された。訳者の文化に概念のない中、正確に翻訳できたことは「奇跡に近い偉業」であった。まことに「方今訳書出版ノ盛ナルヤ、其ノ数幾万巻、啻ニ汗牛充棟ノミナラザルナリ。是レ誠ニ好事ナリト云ウベシ。然レドモ利弊相ヒ伴フハ数ノ免レザル所ニシテ、訳書ノ数随テ多ケレバ世人モ亦タ随テ之ヲ読ムノ先後ニ迷ヒ、或ハ其ノ題名ノミヲ知ルモ其ノ書中ノ事柄ヲ知ラズ。何レノ事ヲ知ルニハ如何ナル書ヲ読ムベヤ、又如何ナル書ガ其ノ類ノ書籍中ニテ最モ有益ナルヤヲ知ル能ハザルニ至レリ」という有り様であったから、『訳書読法』(1883〈明 16〉年) のような、訳書本の読書案内本が必要とされたのだろう。

「自由」という言葉は、freedom、liberty の訳語としてより以前に存在し、「我儘」、「自由自在」という意味をもっていたが、早くから liberty の訳語として用いられた。福沢諭吉『西洋事情』(1870〈明 3〉年) は、この在来の意味と峻別して、「一身を自由にして自らを守るは、万人に具はりたる天性にて、人情に近ければ、家財富貴を保つよりも重きことなり」「政事の自由と言へば、其国の住人へ天然自然の通義を行はしめて邪魔をさせぬことなり」と説明し、「自由」概念の更新と定着に貢献した。J.S. ミルの *On Liberty* (1869) が、早くも、『自由之理』(1871〈明 4〉年) という表題の下で、中村敬宇によって翻訳・出版された。また、箕作麟祥によるフランス民法典翻訳過程で、Droit civil の

---

10) 加藤周一「明治初期の翻訳——何故・何を・如何に訳したか」加藤周一＝丸山真男校注『翻訳の思想』(岩波書店、1991 年) 342 頁。

11) 矢野文雄 (竜渓)『訳書読法』「序」。加藤＝丸山『翻訳の思想』・前掲注 10) 269 頁の解題引用による。

12) 加藤・前掲注 10) 366 頁。

13) 中村雄二郎「自由民権論の法思想」野田良之＝碧海純一編『近代日本法思想史』(有斐閣、1979 年) 116 頁。

訳語に「民権」を宛て、「民に権があるのは何の事だ」という騒動があったと伝えられている。これが「自由」の導入と結びついて、「自由」「民権」が唱えられ、もっぱら政治的・公法的意味をもったという[14]。さらに J.S. ミルの *The Subjection of Women*（1869）も、第 1 章・第 2 章だけではあるが、深間内基によって『男女同権論』（1878〈明 11〉年）の表題の下で訳出された。もっとも深間自身は、「家中心の伝統的な結婚観にとらわれていた[15]」。ルソーの *Du contrat social*（1762）が、中江兆民訳・註解で『民約論』（1882〈明 15〉年）として公刊され、ルソー思想が本格的に導入された。急進的な自由民権運動の理論家の一人として活躍した植木枝盛は、翻訳書を通して西洋の理論を学び、思想的な教養の基礎を築いたことで知られている[16]。「民撰議院設立」、憲法の制定という政治課題の下、「よしやシビルはまだ不自由でも、ポリチカルさえ自由なら[17]」と謡われたように、個人的な自由は顧みられていなかった。

(2) 法典編纂と小野梓

この風潮にあって、「民人交通の権利義務を解釈明示するを以て其目的[18]」とする民法こそ「法制の第一基礎[19]」であると説き、個々人の権利・義務を定める

---

14) 中村・前掲注 13) 118 頁。

15) 金子幸子「明治期における西欧女性解放論の受容過程——ジョン・スチュアート・ミル *The Subjection of Women*（女性の隷従）を中心に」社会科学ジャーナル 23 巻 1 号 80 頁。金子は、深間の訳出の意図は「天賦人権論」にあり、「男女同権」にはなかったという見方を示している（同 81 頁）。

16) 丸山真男は、植木枝盛について、「翻訳で読むからラディカルになる」という安岡章太郎の言葉を伝えている（丸山＝加藤『翻訳と日本の近代』（岩波書店、1998 年）53 頁）。

17)「よしや武士」の一節。https://www.youtube.com/watch?v=KPKnnFylegI（土取利行（唄・演奏））で視聴可能である（2018 年 12 月 21 日最終アクセス）。

18) もっとも、福島正夫は、自由民権論者がもっぱら政治に重きをおく者ばかりではなかったと指摘する。小野を中心としたロンドン留学生の啓蒙文化団体「共存同衆」の機関誌『共存雑誌』では、馬場辰猪、三好泰三、大内青巒、広瀬健一、肥塚竜らが 1875 年以来、家族制度批判に関し盛んに論陣を張っていたという。福島正夫「青年小野梓の家族制度論——『羅瑪律要』纂訳附註を通じて」早稲田法学 49 巻 1 号（1973 年）58 頁参照。

19)「民法之骨」早稲田大学大学史編集所編『小野梓全集第 2 巻』（早稲田大学出版部、1979 年）252 頁。以下での小野梓全集からの引用は、（Ⅱ 252）と、巻号とページ数を略記する。小野梓の民法論と国権論の関係に焦点を当てた政治思想を分析するものとして、大久保健晴「小野梓と法典編纂の時代——『国憲』と「民法」を巡る歴史的淵源からの問い」日本思想史学 42 号（2010 年）4 頁以下を参照。

民法論に強い関心を示した小野梓（1852〜1886年）は、異彩を放っている[20]。土佐藩の軽格の武士の家の次男であった小野は、自己の見聞を広めようと上京し、旧幕府の昌平黌で学んだ。これが藩邸の忌避にふれ、事にかこつけて帰国を命じられた。これに憤って封建の身分制たる士分を脱して、平民となった[21]。この反封建の信条が彼の生涯を貫くことになる。1870年、18歳で上海に渡り、欧米列強の侵略を受けて半植民地状態にあった清国の姿を目の当たりにした。1871年、好機を得て欧米留学の途に上り、ニューヨークで法理および憲法・行政法を学び、1873年初め、大蔵省官費留学生としてロンドンに渡った。小野は、昼間は銀行・財政制度の調査にあたり、夜間は、法律家の個人指導で、ローマ法、ベンサム、ミルから仏独の碩儒に至るまで、法律の原理を学修した。政府の留学生総引揚令により、1874年5月に帰国した折には、有益な経済法律文献をできるだけ多く入手して持ち帰り、研鑽に努めたという。

　元老院に対して憲法の制定を求めた明治9年の勅命（1876年）に「我建国ノ体ニ基キ、広ク海外各国ノ成法ヲ斟酌シ、以テ国憲ヲ定メントス」とあったように、社会の編成のために、政府は西欧法制の体系的導入を図った。社会そのものの基本法たる民法典についても、1873年に来日したボワソナードの指導の下で草案が作成されていた。小野は、帰国後、一時民法編纂委員を務めたが、法律原理の探求に努めた小野の目には、法典編纂作業にあたっていた当時の法曹官僚は、「その精密さに目をうばわれた堂々たるフランス諸法典の模倣摂取に汲々として、その根本である近代法の精神を把握しようとする態度はほとんど欠けた」（I 599 [福島解題]）ものに映り、わずか十数日で辞職した。元老院内閣委員を経て、開設間もない会計検査院に移ったが、いわゆる明治14年の政変（1881年）で大隈重信とともに下野し、立憲改進党、東京専門学校の創設・運営にたずさわりながら、精力的に執筆活動を行った。その中から二大著作、『国憲汎論（上・中・下巻）[22]』（1882・1883・1885年）と『民法之骨（上篇）』

20）このことを教えてくれたものとして、樋口陽一『加藤周一と丸山眞男——日本近代の〈知〉と〈個人〉』（平凡社、2014年）132-133頁。

21）小野の来歴については、福島正夫「解題」（I 595以下）、中村吉三郎「小野梓の人と学問」法学セミナー314号（1981年4月号）98頁以下、小池正行「小野梓の生涯とその法思想の軌跡上・中・下」岐阜大学教育学部研究報告人文科学46巻2号（1998年）276頁・47巻2号（1999年）358頁・48巻2号（2000年）154頁を参照。

（1884 年）が、生み出された。

『民法之骨』の冒頭には、『国憲汎論』の冒頭部分と共通の文章で始まる「引言」が置かれている。それに「顧みて近時邦人の泰西の法を講ずる者を見るに、往々之を欣慕するに失し其玉石を択ぶに遑なきが如し。其弊や漸く将さに深からんとす。今にして之を匡さずんば其毒遂に流れて本邦の法制を乱るに至らむ。是れ此著の已むを得ざる所以にして、蓋し之を以て泰西の誤謬を指摘し、之を移伝して本邦の法制を乱るの弊を万一に防がんと欲す」（Ⅱ 236）と続け、ヨーロッパの法の直訳的導入を批判し、法理を解明する二大著書の執筆の意図を明らかにしている。このまえがきの中で、小野は、1875（明治 8）年に『民法之骨』の執筆を開始したが、途中で『国憲汎論』の著作を先行させた（1876 年 9 月に執筆開始）旨を述べている。「法制の第一基礎」である民法を制定するために、憲法を先行させる必要があったからである。憲法は、「主治者の職分権力を明示し其暴政非治を防禦し被治者の安堵を謀るもの」（Ⅰ 9）である。たとえ民法で「民人相互の交通」の権利を定めても、憲法がなければ、「多数の利益を放ち少数の侵掠に任す」ものになり、被治者は主治者に奴隷視され、財産所有はもとより、生命も自治も奪われてしまう（Ⅰ 10）。1884 年 12 月にようやく『民法之骨上篇』が公刊された。こちらも 3 巻本となる予定であったが、『国憲汎論』完成 4 か月後の 1886 年 1 月に小野が病没したため、未完である。

2 『民法之骨』における家族制度論

『民法之骨上篇』は 7 章から成り、第 4 章「一箇人の位地」の一部と第 5 章「家庭の制を論ず」で、家族制度論を展開している。記述は簡潔で、法制の細部にわたってはいないが、その反面、小野の考えを明瞭に示している。[23]

22）「国憲」は constitution の訳語であるが、小野自身はこれをよしとしていたわけではなかった。というのは、国憲という文字の通常の意義は国法の謂で、民法、刑法、軍法など一国の法はすべて国憲だからである。小野自身は、constitution の訳語として「建国法」をあてている。しかし、「国憲」という訳語がすでに定着しており、いたずらな混乱を避けるために、「国憲」を用いるとしている（Ⅰ 9）。

23）福島・前掲注 18）93 頁。小野の家族制度論については、福島の整理に示唆を得た。

(1) 戸主制の廃止

家庭の制を論ずる前提として、小野は「一国は宜しく一段の家族を以て其基礎と為すべき乎、将た衆一箇人を以て其要素と為すべき乎」を問うている（Ⅱ 299）。一団の家族を以て社会の基礎とするのは、「族長若しくは戸主の類を置き其一家族を統治せしめ、之を以て一国を組織するもの」である。諸個人から社会を組織するというのは、「人々をして各箇に自治せしめ、之を以て直に其社会を組織し」、族長もしくは戸主の監督を受けさせないものをいう。後者だとすれば、民法上の家庭の制で論ずべきは、親子関係にとどまる。

小野は、「奴隷を蓄へ以て之を組織する社会」と「独立自治の良民からこれを組織する社会」を比べた場合、後者のほうが強い社会であるという（Ⅱ 300）。なぜなら社会は布帛のようなもので、奴隷を蓄え組織する社会は不斉の組糸で織られた布帛で、破裂しやすいからである。精選の組糸で組織する社会こそ強い社会なのである。

上記のことから、小野は、「庶々成人の卑属を駆て之を一家の中に籠め、既に独立し得べき人を抑へて之を族長の治下に置くは、其結果殆んど奴隷を蓄ふる者に均し」い（Ⅱ 300）として、日本の戸主制の廃止を主張する。その理由はこうである。

「曰く許多の眷属を駆て之を一戸主の治下に置き、数人自治の能力を抑制し以て一人の左右する所に任す。是なり。惟ふに、全戸の中咸く幼者にして皆な普通の保傅を要すべきもののみに非ざるべし。必ずや其中丁年を越へ既に自治の能力を具備するものあらむ。然るを今ま之を一人の治下に置き其能力を抑制し数人の幸福を放て之を一人の左右する所に任す。是れ豈に人間交際の宜しきを失するものに非らざんや。是れ豈に生民経済の術を誤るものに非らざるんや。蓋し人丁年の期を過ぎ己れ既に自治の能力を有するも尚ほ且つ族長の統御を免るるを得ざれば、内に自から不満の心を抱き家庭の交通依て以て和同せざるべく、又之にして自主たるを得ず随て其労力の結果を自得するを得ざれば、其所有の権利自ら鞏固ならず、遂に其力を生業に用うるの意を薄からしむべければなり」（Ⅱ 301）。

小野にとって、「人間交際」[24]が妨げられることこそ、封建的戸主制の弊であった。士格を捨てて海外に赴いた小野の姿と重なる。人は他者との交わりの中

で生きる存在で、「交際」によって全人格的発展が可能となる[25]。戸主制を廃止したなら、親子、夫婦、兄弟の関係が乱れることを憂え、戸主制の維持を望む人たちに対しては、「是れ婆心の惑なり。惟ふに、論者にして社会の軟弱幼稚を冀ひ其進化を忌むあらば、余れ又之を言はず。苟も文明の進歩を冀ひ斯社会の永存を望むあらば、断じて斯悪制を廃絶せざるを得ざるを知るなり」（Ⅱ302）と反駁している。

(2)　父子関係と隠居制度批判・養子制度廃止・「私生子[26]」論

　親の子に対する本分は、「掬育・保護・教養」である（Ⅱ303）。しかし、子が一人前に達したとき、子に対する自分の本分を「子に貸与せるものと為し」、親が子の扶養を受け安逸に日を過ごす東洋の通弊（隠居制度）は、痛烈に批判されている。50歳、場合によっては40歳で隠居するというのは、その個人にとって損失はなくとも、社会全体からすれば経済的損失があると論じている。この弊習は断固一蹴しなければならない（Ⅱ305-307）。

　関連して、養子制度の廃止が主張されている。「養父母の束縛圧制を悪で養子を禁ずるは、猶政府の束縛圧制を悪で人民の政府に属するを禁ずるがごときなり」という（Ⅱ319）。

　「所謂野合私通の子」である私生子については、3つの論点がある。①母については捜索を認めるが、父については認めない。「証の徴すべきもの無く、

---

24) このくだりでは「交際」の語を用いているが、小野は、民法の目的について「民人交通の権利義務を解釈明示する」ことに求めている（Ⅱ252）。「交際」と「交通」は同義で用いていると思われる。『国憲汎論』では、「自主とは交際上の自由」（Ⅰ71）としたうえで、「民人自主の最大主要と称すべきものは実に交通の自由」といっている。「人文の進化する一に皆」、この「他人と交通往来」し、「之と会話談論する自由」の発達によるもので、「斯自由あるが故に先進の智移して之を後進に授くべく、今人の識遺して之を後人に伝ふべきなり」（Ⅰ81-82）としている。「交際」の語は、福澤諭吉がsocietyの意で用いていたことはよく知られている。福澤における「交際」と小野における「交際」（ないし「交通」）の異同・それぞれの理論体系における位置づけは興味深い論点ではあるが、筆者の能力を超えているし、本稿の当面の主題も超えている。

25)「自己の選択するところに従い社会の様々な事物に触れ、人と接しコミュニケートすることは、人が人として生存する上で決定的重要性を有する」（熊本地判2001〈平13〉. 5. 11判時1748号30頁）からである。

26) 旧民法人事編、明治民法は「私生子」なる用語を含んでいたが、現行法制では「嫡出でない子」と表現されている。「私生子」は今日では差別語であり使用を控えるべきであるが、小野自身が「私生子」という語を用いていることから、本稿ではそのまま使用している。

其実を得るの難き大に世風を乱」（Ⅱ 315）すおそれがある。②相続については
フランス民法に従い、嫡出子の３分の１、尊属または兄弟姉妹の２分の１とす
る。③保育責任者は、母の責任にせざるを得ない（Ⅱ 315-316）。私生子がある
のは社会の不利であるが、私生子が生まれたなら、その子の利益を法律で保護
する必要がある。

(3) 男女同権と夫婦殊権

「独立自治の良民からこれを組織する社会」においては戸主制は廃止される
べし、というのであれば、そのような社会では「男女平等」が論理的に導かれ
る。

「人の位地とは他人に対する有り様を云ひ」、それにより権利を享有し、義務
を負う（Ⅱ 276）。小野によれば、国事上の区別（女性選挙権の否認）は今日やむ
をえない[27]としても（Ⅱ 287）、民法上の権利義務の本質を見るに、成年女性でそ
の任に当たる能力のない者はいないので、民事上の権利で男女を区別する必要
はない、という。今や日本の制度も女性の権利を認め、相続を許し、証人能力
を認めるなど、旧時の束縛から解放している。「未婚の女子をして男子と其権
利を同ふせしめ、性の雌雄を問ふて之を左右せざるは、義理の穏当にして人間
の修行を勧る甚だ大なり」（Ⅱ 289）である。

『民法之骨上篇』には婚姻制度そのものについての詳しい記述はないが、帰
国直後に執筆されたとされる『羅瑪律要』（1876 年）には記述がある。民権に
おける男女同権は、女性が成人未婚の時に限られる。ここから、小野は父母の
命で決められた配偶者と婚姻することを厳しく批判して、婚姻について当事者
の選択[28]に任せるとしている。婚姻の方式は、自由な意思に基づく婚姻であるこ

---

27) 未成人・女性に選挙権が認められないという点について、「社会某々部局の人を定め之を撰挙人と
　為さば果して社会全般と其利益を同じふするや否や」の問題であるとして、「其利益にして他人の利
　益に包含し己れ直接に之を享有せざるも、他人之を享有するを以て間接に之を亨くるを得るものは、
　咸（み）な撰挙の権利を有せしめずして不可なきを知る、是を以て婦女及び幼年の子弟は撰挙の権
　利を享有せしめずして共に妨げなきが如し、蓋し幼年子弟の利は毎（つね）に父母の利中に包含し
　婦女の利益は殆ど皆な双親良人の利中に包含し、彼此共に間接に之を享有するを得べければなり」
　（Ⅰ 236）として正当化している。ジェームズ・ミルに依拠した議論である。
28) ただし、婚姻の認められない法定の範囲を挙げている（Ⅱ 200-206）。

との証を公示する必要がある（Ⅱ 223）。もっとも、婚姻契約に両親の同意とい
う要件（成人前は親の「阻止権」、成人後は（冷静な判断を紛うための冷却期間として）
親による「契約完成を遅らせる期間」の設定）を付している（Ⅱ 218）。これはベン
サムの議論に依拠したものである[29]。一夫一婦制を当然の原則として（Ⅱ 222）、
さらに婚姻年齢は婚姻契約の意味を理解できる能力[30]が必要だとして、「21 歳婚
姻適齢説」を主張した（Ⅱ 215）。離婚制度についてもベンサムに従い、夫の一
方的意思で妻を離婚してはならないが、正当な事由による離婚の権利は、男女
双方とも有していなければならない、とされた（Ⅱ 207-213）。次に相続権につ
いてもベンサムの「相続の適正な諸原理」にしたがい、未亡人が遺産の半分、
残余を子女間で均分する制度を提案した（Ⅱ 170）。家督相続制を直接に批判し
ていないが、小野が長子単独相続制度を全面的に否認したことは間違いない。
さらに相続順位は、「卑属あらん限りは必ず之を択び以て尊属傍親に先んずべ
し」（Ⅱ 169）として、直系卑属を優先させている。

　かように妻の権利強化を図る一方で、『民法之骨』では、男女同権を拡充し
て夫婦の間に及ぼすことに異を唱え、「夫婦殊権」（夫婦不平等）を論じた（Ⅱ
289）。「一人之を択び一人之に従ふに非ざれば二人相依て活度すること能はざ
る」ところ、「撰ぶ者と従ふ者とを定知するは世間唯だ体力の強弱によるの一
術あるのみ」（Ⅱ 290）ゆえに、夫の指揮・妻の服従が基本原理となる、という。
これを正当化するために、小野はここでもベンサムを引用する。

　「契約としてとらえられる婚姻は、もっとも過酷な、もっとも屈辱的な隷従
から女性を解放した…家族の長官（domestic magistracy）の地位を生み出し、市
民を形成した[32]」というベンサムの記述には、父や夫の優越が濃厚である。ベン
サムは、婚姻の条件を 5 つ挙げた[33]。すなわち、①妻は、裁判に訴える場合を除

---

29) *Bentham's theory of legislation: being principes de législation and traités de législation, civile et pénale* / translated and edited from the French of Étienne Dumont by Charles Milner Atkinson, Vol.1, Humphrey Milford Oxford University Press, 1914, p.306.

30) 小野は、成年を 21 歳が適当しているが、「自治の精神は知識の開達に依て発起し、知識の開達は職としての教育の斉整に依る者なれば、未だ一概に斯の年歯少長の理を推して之を論説し去るべからざるなり」（Ⅱ 70）として、立法政策に委ねている。

31) Bentham, *supra* note 29, p.292 *seq.*

32) *Ibid.*, p.283.

33) *Ibid.*, p.303-305.

いて、夫のルールに従う、②財産管理は夫のみに属する、③財産の享有権は夫婦二人に共通である、④妻は婚姻上の誠実（貞操）を守らなければならない、⑤夫も同様に婚姻上の誠実（貞操）を守らなければならない。①で「裁判に訴える場合を除いて」としたのは、「夫を暴君にし、弱者故に法律の保護を必要とする女性を奴隷的受け身状態に置きたくない」からである。夫婦平等とすると、夫は権力的に妻を抑え、妻は夫に権力を以て対抗し、究極的には双方が権力を失って、家庭が崩壊してしまう。「其妻をして夫に従わしむる所以は、決して弱の肉を以て強の食に供するの意に出るに非ず、実に強の勢を以て弱の及ばざるを済すものなり。能く強を以て弱を済す。故に夫婦の殊権は之を真利の趣旨に照して戻らざるのみならず、若し果して二者をして之を殊にせしめざれば、琴瑟の和せざる、鐘鼓の調はざる、世上終に夫妻の交際を空ふし人間社会是より絶ゆるに至らん」（Ⅱ 291）というわけである。婚姻においては夫婦殊権なのだから、夫として従う相手だけでもせめて女性に選択させようというのが、「婚姻の自由」の意味である。

　19世紀のイギリスにおけるベンサム理論が示すことは、個人主義の原理を家庭内にまで及ぼすことがいかに困難であったかということに尽きる。『女性の隷従』の著者であるミルですら、「結婚した男女が法の前に平等」であるとしながら性別役割分業を当然とし、家庭責任を負っているゆえに、才能ある女性が社会的に評価される業績を発表できないでいることの損失に言及しながらも、妻に忍従を強い、夫が妻に手を貸す発想すら持ち得なかった時代である。立法理論家としてのベンサムの名声は知れ渡っており、小野が日本改革の道具立てとしてベンサムの著作の着目したこと自体には、不思議はない。[34] 小野の翻訳の的確さに舌を巻いた関嘉彦は、小野がベンサムの難解な思想を内在的に理解していたであろうことを指摘している。[35] それゆえ、かえってベンサムの思考から抜けきれなかったとも考えられる。

　翻訳書から西欧の思想に接近した同時代の植木枝盛は、家庭平和のために夫の命令に妻が従うべしとするベンサムのごとき理論は、「圧制以テ威伏スルヲ

---

34) 関嘉彦「ベンサムとミルの社会思想」同責任編集『世界の名著49　ベンサム J.S.ミル』（中央公論新社、1979年）14-22頁、61-64頁。

35) 関・前掲注34）62-63頁。

平和トスル」「奇怪千万ノ論理」と痛罵し、「同権ナルトキハ互ニ相圧セズ相侵サズシテ相敬シ相守レバ即以テ平和ヲ得」と喝破した。男女は本質的に異なることを以て不同権を主張する論があるが、どうして権利上不平等とすべきなのか。「男女ハ已ニ其天稟ニ異質ヲ有テリ故ニ此上同権ナルトキハ相合和スベシ然シテ異質相合和スルトノ道理ヲ推シテ之ヲ男女ノ権利上ニ施サントスルハ至レルノ太甚シキ也」と言い切った。男女同権の論理という面からすれば、徹底している。もっとも自由民権運動は、民法典編纂にほとんど力を及ぼすことはなかった。

　小野は、憲法が治者と被治者の関係、民法が水平な個人関係を規律すると理解したうえで、「独立自治の良民」の「相互の交通」「交際」を憲法と民法に共通した権利と捉える思考を示しており、興味深い。この思考から、「家族」から子を解放する家族論を展開したのであった。だが、既婚の女性は、この自由を享受しない。小野が、家族生活が「男女不平等」の上にしか成り立たないと結論づけたのは、ベンサム理論に依拠したゆえに、19世紀の家長個人主義の枠を超えられなかったからだと説明できるだろう。当時の技術水準では、家事労働は人力に頼らざるを得ず、きわめて多くの時間を家事に費やさなければならなかった。労働力を再生産するためには、ケア労働に専心する労働力を家長は必要とした。このシャドーワークの担い手＝妻なくしては、家長の経済・市民社会での活動は困難であった。他方、「家」のために労働市場に追いやられた女性は、低賃金で過酷な職に従事せざるをえなかった。かかる時代の制約の下で、女性にとっての功利主義的な解が、結婚であると小野が推論したとも考えられる。男女の社会的な力関係の違い、肉体的な強さの違いに言及することで、夫と妻は対等な関係ではなく、あえて妻を弱者と規定することで、妻の権利の強化と保護のルールを正当化し、漸進主義的改良を企図したという読み取りもできるかもしれない。もっとも現実には、合理的経済人として市場で自己

---

36) 植木枝盛「男女同権ニ就キテノ事」（1879年6月13日）外崎光広編『植木枝盛　家庭改革・婦人解放論』（法政大学出版局、1971年）468-471頁。

37) もっとも植木には、「遊郭通い」という影が付きまとう。「男女同権」実現のための具体的な道筋を描いていたわけではなかった。

38) 富田哲「明治期における家族思想の展開——植木枝盛をめぐって」行政社会論集30巻4号（2018年）73頁。

利益を追求する個人が、私的領域で「愛他的」贈与者として振舞うことは幻想であって、内に向かっても自己の利益を追求する家長であったことは、ジェンダー理論が明るみに出している。小野の家族論は、兄弟間の平等と息子たちの父権からの独立、妻の夫権への従属によって特徴づけられる。これはロック的な社会契約論の想定する家族像に通底する。このことと全方位的な権利を想定していることと併せ、小野の思考は近代法のプロトタイプをなぞるものであることが確認される。

III　憲法 24 条は家父長制を克服したか——未踏の地平

1　憲法の制定

(1)　シロタ草案

　現行憲法 24 条は、ベアテ・シロタによって起草された草案（以下「シロタ草案」という）18 条[39]を起源とし、総司令部案 23 条を経由して、政府原案 22 条[40]として帝国議会の審議にかけられた。このことは、事実関係の正確さに欠ける部分もあるようだが、シロタによる回想[41]によってよく知られている。当時 22 歳であったシロタが、日本女性の権利獲得・地位向上のために、渾身の思いで草案作成に挑んだことは間違いなかろう。シロタ草案は 18 条のほか、妊婦および幼児を持つ母親に対する国の保護、婚外子（非嫡出子）に対する法的差別の

---

39) 第 18 条　家族は人間社会の基礎であり、その伝統は、よきにつけ悪しきにつけ、国〔全体〕に浸透する。それ故、婚姻と家族（marriage and the family）とは法の保護を受ける、〔そして、婚姻と家族とは、〕争いなく認められている法的かつ社会的平等（the undisputed legal and social equality of both sexes）に基礎を置き、親の強制ではなく相互の合意に基づき、かつ男性の支配ではなく両性の協力にもとづくべきことを、ここに定める。これらの原理に反する法律は廃止され、それにかわって配偶者の選択、財産権、相続、住居の選択、離婚並びに婚姻及び家族（family）に関するその他の事項を、個人の尊厳（individual dignity）と両性の本質的平等（the essential equality of the sexes）の見地に立って定める法律が制定されるべきである。

40) 第 22 条　婚姻は、両性の合意のみに基づいて成立し、夫婦が同等の権利を有することを基本として、相互の協力により、維持されなければならない。
　　配偶者の選択、財産権、相続、住居の選定、離婚並びに婚姻及び家族に関するその他の事項に関しては、法律は、個人の権威と両性の本質的平等に立脚して、制定されなければならない。

41) ベアテ・シロタ・ゴードン（平岡磨紀子構成／文）『1945 年のクリスマス——日本国憲法に「男女平等」を書いた女性の自伝』（柏書房、1995 年）を参照。

禁止と婚外子の権利の保障、長子単独相続の廃止、児童の医療の無償化など、豊富な規定を用意していた。GHQ 内部の審議で、社会福祉的な規定については、法で思想を他国に押し付けることは不可能、あるいは後に民法で規定すべきだという判断から採用されず、結局、18 条だけが残った。

日本国憲法の注釈書として、定番の地位をいち早く獲得した『註解日本國憲法』は、24 条とヴァイマル憲法 119 条 1 項（「婚姻は、家族生活および民族の維持・増殖の基礎として、憲法の特別の保護を受ける。婚姻は両性の権利の平等に基礎を置く。」）の文言上の類似性を指摘している[42]。もっともシロタは、ヴァイマル憲法の当該規定がどのような意義を有していたかを承知していたわけではなく、「日本における家制度の下での不平等を変革する」目的達成手段としての「ヴァイマル憲法の文言」を利用したにとどまる[43]。

日本政府側の修正・枢密院審議を経て、憲法改正草案は 1946 年 6 月 20 日に衆議院に提出され、審議が始まった。

(2) 帝国議会での審議

(a) 家制度の廃止

当初、政府は、「家」制度の廃止を念頭に置いていなかった。6 月 26 日の衆議院本会議[44]で、原夫次郎の質問に対して、吉田茂内閣総理大臣は、「［現行 24 条 2 項の］目指す所は所謂封建的遺制と考えらるる、或いは封建的遺制と解せらるるものを払拭することが主眼」で、「戸主権、家族、相続等の否認は致しませぬ」、「日本の家族制度、日本の家督相続制度は日本固有の一種の良風美俗であ」ると考えていた。また金森徳次郎憲法改正担当国務大臣も、新しい憲法は、「所謂個人の人格を尊重する、人間そのものの尊さを眼目とすると云うところから出発して」いるが故に、「婚姻なども両性の尊重と云うところから起こって」おり、「家族制度、相続制度にも相当の変化のあることは予見出来」

---

42) 法學協會編『註解日本國憲法上巻』（有斐閣、1953 年）475 頁。

43) この指摘については、鈴木敦「ヴァイマル憲法における婚姻・家族条項——GHQ 民政局原案への影響とその限界をめぐって」毛利透ほか編『初宿正典先生古稀祝賀　比較憲法学の現状と展望』（成文堂、2018 年）135 頁による。また、若尾典子「女性の人権と家族——憲法 24 条の解釈をめぐって」法政論集 213 号（2006 年）113 頁以下も参照。

44) 清水伸編著『逐条日本国憲法審議録第 2 巻』（有斐閣、1962 年）501-503 頁。

るが、「これに依って直ちに戸主権とか親権とか云うものがなくなると云う前提は執って」いないと答弁している。

この立場を明確に変更するのが、8月28日の貴族院本会議での木村篤太郎司法大臣の発言である。「…戸主を中心とする家族制度は、如何にも封建的色彩を帯びて居り、幾多の弊害を生ずる」から、「今度の憲法改正に於て、個人の尊厳と両性の本質的平等［…に…］立脚［して］、…家族制度を無くしようとした[45]」と明言したのである。この変化は、当時並行して進行していた民法改正作業に携わっていた民法学者からの働きかけがあったからだという指摘があるが[46]、家制度の廃止過程を分析した和田幹彦によれば、8月16日の司法法制審議会と、同23日の臨時法制調査会の、法的制度としての「家」を廃止する、という内容をもつ決議の影響が大きいという[47]。9月19日の貴族院帝国憲法改正特別委員会で、木村は、憲法24条の当然の解釈として、「戸主を中心とする家族制度と云うものはなくなる」「民法の所謂戸主家族、あの章はなくなる」とし、「所謂夫婦中心の、…親子関係も包含［した］…戸主を払拭した残りの家族」「所謂夫婦…その間に親子関係が生じ、兄弟関係が生ずる、その協同体は依然として残る」と断じた[48]。もっとも「夫婦の上に親子がある…夫婦を中心にして上に親を眺める、下に子を眺める」ということでよいかという質問に対しては、「主として戸籍法上の問題」と答弁し、明言を避けている。

「父母に孝に兄弟に友に夫婦相和し」が家族生活の本質と考える牧野英一は、憲法24条1項に婚姻規定を設けるのであれば、親子ないし家族生活全体にわたる規定も必要であるとして、「家族生活は、これを尊重する」という一文を入れるよう、10月16日、貴族院本会議で修正案を提出した。165票対135票（投票総数300票）で規定の200票に届かず、否決された[49]。こうして保守派は、憲法論レベルでの「家」の存続に頓挫した。

---

45) 清水・前掲注44) 515頁。
46) 我妻栄編『戦後における民法改正の経過』（日本評論新社、1956年）15-16頁。
47) 和田幹彦『家制度の廃止──占領期の憲法・民法・戸籍法改正過程』（信山社、2010年）66頁。
48) 清水・前掲注44) 526-528頁。
49) 清水・前掲注44) 612-617頁。

（b）「個人の尊厳」

政府案では当初「個人の権威」という文言が使われていたが、衆議院芦田小委員会で「個人の尊厳」とする修正が提案され、了解された[50]。その折、保守派の議員が「相互の敬愛」とする修正案を出したが、芦田自身が「『個人の尊厳』」と云ふ字を取つて、『相互の敬愛』」と云ふやうな言葉に置き換へることは、此の條文の精神を半分以上ふいにしてしまふと云ふ結果に陥る」として取り上げなかった[51]。

22条にいう「個人の尊厳」の意味について、金森は、「故無く之に對して、普通に申しまする意味の人格を認めないやうな行き方がいけないと云ふことを言つて居る」、「此の條文の檢討で申して見…れば、戸主權等の内容の中に…、可なり行き過ぎたものがあり…、謂はば封建的なる氣持のするものが多いので…、さう云ふものが『個人の尊厳』と云ふことと打突かつて來て、研究の課題になる」と答弁した。戸主權とのかかわりで「個人の尊厳」が法的意味をもつことを、質問者の大河内輝耕は確認している[52]。草案12条（現行13条）の「個人の尊重」については、「集団的ではない、国民と云うものは、国家を構成して居る単位としての人間として大いに尊重されると云う原則をここで表明した」訳で、「そう特別に深い意味ではない、この原則の発展として、これから出て来る具体的な規定が生まれてくる」とし、「国家が国民に対する心構え」かという佐々木惣一の問いに、「その通り」と応答するにとどまった[53]。

（c）　両性の本質的平等

「両性の本質的平等」に関して、衆議院の女性議員が、社会権的な文脈で質疑を試みている点が注目される。これらの女性議員たちはシロタ草案の存在を知らないはずであったが、シロタと同様の発想で母性保護の必要を指摘していた。加藤シヅエは、「両性の本質的平等」を「男女が人格として平等である」と理解するとしたうえで、女性は、「妊娠と出産及び育児と云う特殊にして重大な使命を持って居る」ゆえに、「法律的に平等が認められて居るのと同時に、

50）1946年8月1日。引用は、国会図書館帝国議会議事録検索システムによる。

51）1946年7月29日。引用は、国会図書館帝国議会会議録検索システムによる。

52）貴族院帝国憲法改正案委員会1946年9月18日、清水・前掲注44）489-490頁。

53）貴族院帝国憲法改正案委員会1946年9月16日、清水・前掲注44）274頁。

母性の保護と云うこの思想が条文の中にはっきり認められて居なければならない」とする。勤労の権利の場面、あるいは経済的な支持を失った寡婦になった場合に、女性には二重の負担があるから、「条文の上には機械的に男女が平等である」としても、「本当の意味に於て、実際の生活に於て平等であり得ない」という認識を示し、「母子の利益を保護し、寡婦の生活の国家的な保障」を、基本的人権の条文として設ける必要性を指摘した。河合良成厚生大臣は、憲法の規定に基づく法律、行政の面で個別に対応する旨を答弁した。[54]

　武田キヨは、「父親の立場は外で仕事をする立場」「母親のほうは家庭で子供を養育し生活を預かる立場」という性別役割分業論を前提に、老年になって妻が夫から虐待されることに対する憲法上の保護の必要を説いた。木村司法大臣は、民法で対応するとし、母性は結婚から出て来るのだから、憲法は母性を閑却していないと反論した。そこで武田はさらに踏み込み、「母である為に、子供を持って居ります為に、唯一個人として行動することができない」、婚姻に至らず「私生児」を設けた場合、寡婦となった場合には、「その養育の負担は全部母親に掛る」として、女性の解放のために、「国家の方で積極的な法律或いは施策の下に保護をせられることが当然である」と食い下がった。母子保護の問題は、越原はるもとりあげ、「憲法に入れることに依って基盤がしっかりと」し、その上に立法すれば、「全国の女性が望むような民法が出来る」と主張した。政府は、そうした根本原理は「第23条〔現行第25条〕の如き、社会の福祉、生活の保障と云うような方面のこの立法標準の中に盛り込まれて居り」、「もっと広くは第12条の如きものの中に包容せられて」いるとして母性保護条項の必要性を否定し、法律によって具体化すると回答した。[55]

　修正案作成のための芦田小委員会では、「両性の本質的平等」という文言自体が問題となった。[56]北れい吉は、「本質的平等」という文言に異を唱えた。「女の體質は性生活を中心にして居るから、性的に堕落する女は全人格が堕落し易い、男は性的生活は末梢的生活である、性的に少々穢れて居つても人格は堕落して居らぬ」などという説を紹介し、「〔男女の〕本當の本質は平等ではない、

54）衆議院帝国憲法改正案委員会 1946 年 7 月 6 日、清水・前掲注 44）492-493 頁。

55）衆議院帝国憲法改正案委員会 1946 年 7 月 17 日、清水・前掲注 44）494-498 頁。

56）1946 年 7 月 29 日。引用は、国会図書館帝国議会会議録検索システムによる。

併し人格者として、人間として、平等に取扱つて行くと云ふことなら賛成」だとした。森戸辰雄は、婦人は「性生活が中心で男と非常に違ふと云ふことは其の通りだと私は思ふ」と北に応じつつ、22条にいう「『エッセンシャル』と云ふのは、寧ろ機械的とか、平面的とかの平等と云ふことに對して、其の人格と言ふか、論理的な高い方面では同じである、併し實際の生活の現象的な方面では違ふし、又機械的に誰でも男と同じやうだと云ふ意味の平等ではない、さう云ふ意味を中に含んで居る」という理解を示した。

　男女はどこまでも違うが「平等」だという理解なら、①「両性の基本的平等」にしたらどうか、②「本質的」をとつてしまつて「兩性の平等に立脚して」にしたらどうか、③「婦人は婦人として男子の及ばない尊さを持つて居る、さればとて男子も亦女子の及ばない尊さを別個に持つて居る、さう云ふやうに互ひに本質の尊いものを持つて居る所から」、「的平等」をとり「本質に立脚して」としたらどうかという意見が出された。

　③については、「『本質的』と云ふのは形容詞であつて、場合に依つては『本質的』と云ふ字こそ或は要らないのかも知れない、それ程に『平等』と云ふことが重くなつて居る」と芦田自身が異論を唱えた。②については、法制局の佐藤達夫が「何が本質的か基本的かは知りませぬけれども、さう云ふ言葉は是非残して置かないと、結果は非常に違つて來やしないかと思」うとして難色を示した。委員長の芦田は、「本質的平等」という言葉が与える印象が疑念を招くとして①案に固執した。鈴木義男は、「『本質的平等』と云ふのは、差別ある平等と云ふ意味で…本質は平等であるが、生理的、心理的相違は認める、…差別を認めつつ平等に扱ふ」という意味だとして、修正に反対した。これに同調して修正に反対する委員もあり、「両性の本質的平等」への修正は見送られた。[57]

　「個人の尊厳」・「両性の本質的平等」の意義と立法への拘束力など、十分に深まつた議論がなされることはなかつた。衆議院の委員会での女性議員の発言は、母性保護条項への関心に傾きすぎたきらいがあつた。性別役割分業の下で女性が個人としての自由を享受できないことに当事者として気づきながら、それを十分に議論の俎上にのぼせることができなかつた。さらに、芦田小委員会

57）1946 年 8 月 1 日。引用は、国会図書館帝国議会会議録検索システムによる。

には、女性議員がそもそも参加しておらず、男女の本質的違いが男性議員の間で不適切に論じられていたことは、記憶にとどめておいてよいだろう。男女の実質が異なるゆえに、その異なる「母性」の部分に国家の保護を求める女性議員の主張と、男女の実質が異なるにもかかわらず形式的に「人格」的に平等に扱おうとする男性議員の主張の間には、大きな隔たりがあったことが確認できよう。

2 民法・戸籍法の改正

(1) 民法上の「家」制度の廃止

民法典の改正作業は、憲法改正草案要綱の公表直後に開始され、草案審議と並行して進められた。憲法の個人の尊厳、両性の本質的平等という観点に立ったとき、「家を廃止しないで戸主の権利を非常に少なくする案」と「家を廃止するならどういう改正をすべきかという案」が考えられた[58]。この難問については、7月13日、起草委員・幹事の最初の会合で、「『民法上の家』を廃止」するという要綱案基本方針が打ち出された[59]。大村敦志によれば、明治民法制定以降敗戦に至るまでの家族法の歴史は、「『家』制度崩壊に向かう歴史」であった。戦前・戦中にイデオロギー的強化はあったものの、「少なくとも判例・学説の大勢が『家』制度の緩和」に向かっていた。戦前の民法改正作業もこの方向で進んでいたことからすれば、民法学者たちが主導した起草委員会の結論は、当然であった。

1947年4月19日に、1947年末までの時限立法として、「日本国憲法の施行に伴う民法の応急的措置に関する法律」が公布された。この法律は、新民法の骨子を示すものであった。新民法は、「日本国憲法の施行に伴い、…個人の尊厳と両性の本質的平等に立脚する…措置を講ずることを目的とする」(同法1条)。戸主権の廃止(3条、4条)、夫婦間の権利義務における平等化(2条、5条、6条)、長子単独相続の均分相続への転換(7条、9条)が図られた。これらは、実質的

---

58) 我妻・前掲注46) 12頁。

59) 我妻・前掲注46) 16頁、大村敦志「日本民法の展開(1)民法典の改正——後二編」(広中俊雄=星野英一編『民法典の百年I』(有斐閣、1998年) 144頁。

60) 大村・前掲注9) 17-18頁。

に「家」制度を廃止するものであるが、憲法制定過程で確認したように、法制度としての「家」を廃止することが、事実としての「家」の否定を意味するわけではないとする見解は根強かった。そのため、民法制定過程において、保守派からの巻き返しを許すことになった。

　司法法制審議会の第2回総会において、牧野英一の提案を受け、「民法の戸主及家族に関する規定を削除し親族共同生活を現実に即して規律すること」と要綱案基本方針が改められた（1946〈昭21〉. 8. 15）[61]。これを受けて、臨時法制調査会の第2回・第3回総会で、牧野は、「親族共同生活を現実に即して規律する」の内容は何か、厳しく追求した。「親子の関係に付いての現実に即して家族生活の平和を完うするという意味からは規定が少し足らない」。婚姻について定める憲法との関連で夫婦の間に協力扶助関係を決めているが、「親との関係では扶養の義務だけ」になっている。親が困った時に子供が扶ければよく、「そうでない時には子供は親を世話しなくてよいという如くに解され」る。「子のことは考えるが、親のことは第二次だというのでは民法の道徳的意味、社会的通念が抹消され」る、「協力扶助の関係に於て親の方はまず女房よりも先にしろと私はいいたい位」と主張した[62]。起草委員の中川善之助は、「憲法が夫婦のことだけをいっている」からというよりも、「扶養の義務というものの本質的な面から」、扶養関係の中で法律上の強い義務を認めてよいものは夫婦間および親と未成熟子との関係であり、親子の関係を一律に強い義務を法律に規定することはできない、親子のことは家事審判所に委ねていると反論した[63]。結局、「直系尊属及同居の親族は互に協力扶助すべきものとすること」という「希望条件」が改正要綱に入れられ、これが現行家族法730条となった[64]。

　祭祀継承に関する特則も、起草者の中には削除論もあったが、保守派を納得させる手段として存置した（現897条）[65]。氏については、当初、保守派の懐柔のために用いられたふしがある。起草委員の我妻栄は、「理念としての家族制

61）我妻・前掲注46）63-66頁。
62）我妻・前掲注46）244頁、265頁、267頁、273-274頁。
63）我妻・前掲注46）270-272頁、274-275頁。
64）我妻・前掲注46）299頁。
65）我妻・前掲注46）135-137頁、175-176頁。

度」と「現在の民法に現れている法律的な意味における家族制度」を区別し、廃止されるのは後者であるとする。これを前提に、「氏を同じうするか、しないかということが現実の共同生活が一緒になる、ならぬという所を抑える一つの拠り所」にする考えを披歴した。氏を旧来の家制度の生まれ変わりにするがごときこの考えに批判が集まり、祭祀継承の場合を除いて、少なくとも民法典レベルでは、氏に法的効果を結びつけないとされた[67]。氏は個人の呼称の一部にすぎないことが確認された。

　夫婦の氏については、当初、基本要綱で「夫婦は共に夫の氏を称するものとすること、但し当事者の意思に依り夫が妻の姓を称するを妨げざるものとすること」と定めていた。起草者は、「当事者の意思は夫の氏を称するのが通常だから、特に妻の氏を称するといわなければ夫の氏になるというだけのことで、どちらでも自由に選べるのだから、それが憲法の男女平等の精神に反するというようなことは夢に思わなかった」が、GHQ から問題視され、氏は全く自由で、「結婚のときもどちらの氏も名乗れるということでいいのではないか」と指摘があり、現行 750 条となった[68]。

(2)　戸籍法の改正

　明治民法は、戸籍を利用して「家」を創設した。戸籍制度は、国民登録と住民登録と親族登録を兼ね備えた存在であり、他に例を見ない完璧な身分登録簿である[69]、といわれる。「家」廃止は、戸籍法の廃止を含めた改正を必然化した。

　幹事として家・相続・戸籍法を分担した川島武宜は、「家制度を全廃するのだから戸籍も総て廃止し、個人個人で別々にカード式の身分登録にすればよい」という個人別編製「カード式」アイデアを持っていた[70]。この案は起草委員会では採用されず、公表された要綱・草案には一度も成文化されなかったが、これに興味を示す GHQ 関係者がいたようである。司法省は、費用、労力、実

---

66)　我妻・前掲注 46) 248-251 頁。
67)　大村・前掲注 59) 151 頁、和田・前掲注 47) 168-176 頁。
68)　我妻・前掲注 46) 131-133 頁。
69)　水野紀子「民法と社会的・制度的条件」公証法学 47 号（2017 年）6 頁。
70)　「川島武宜・東京大学名誉教授インタビュー」「来栖三郎・東京大学名誉教授インタビュー」和田・前掲注 47) 472-473 頁、482-483 頁。

務上の困難を挙げてカード式の採用に反対した[71]。起草委員会では、「二世代戸籍編製」を原則（夫婦・親子同一戸籍の原則）に、法律条文外（戸籍という形）で、実質上戸主＝戸籍筆頭者を残すという案が取られた。

戸籍法9条にいう「戸籍は、その筆頭に記載した者の氏名及び本籍でこれを表示する。」とは、戸籍簿の容易な検索のためのインデックスとしての「戸籍筆頭者」欄を意味する。婚姻後の「戸籍筆頭者」は、「夫婦が、夫の氏を称するときは夫、妻の氏を称するときは妻」（戸14条1項）である。それ自体技術的な要請であるが、ほとんどの夫婦が夫の氏を称している状況で、夫＝「筆頭者」は「戸主」に模され易い効果を持った。戸籍に記載されるのは同一の氏の者で、戸籍を同じくする家族は同一の氏を称する。氏は個人の呼称だけではなく、「家族」の呼称となっている[72]。

(3) 個人の尊厳・両性の本質的平等と民法の白地規定

以上のような限界はあったが、1947年の民法改正によって、旧来の「家」は基本的に否認された。民法はそれに代わる新しい家族像を明示しなかったが、戸籍法によって夫婦と未成熟子から構成される「核家族」像が可視化された。中川の扶養理論は、子の世代家族の親世代家族からの移動の自由を正当化し、均分相続制が直系家族以外の者を家族の外に排出し、高度の労働力の創出につながった[73]。この家族は、夫を「内助の功つき労働者」として社会的労働力の担い手とし、妻と子がこれに従う産業社会の基礎単位となった。

新しい家族法は、個人の尊厳と両性の本質的平等に立脚し（2条で解釈原理としても採用し）、妻の地位の向上も図った。現行家族法の内容は「形式的には最も先端的なものであった」（家族法の先取り性[74]）。水野紀子は、こうした見方は「主にイデオロギー的効果に着目した見方である」として一蹴する。機械的・形式的平等が貫徹できているのは、当事者間の「協議」に委ねる、決定権限を書かない白地規定のお陰だという[75]（家族法の柔軟性）。法は何も決めていない。

---

71) 和田・前掲注47) 292-297頁。
72) 大村・前掲注9) 315頁。
73) 利谷信義「家族間の変遷と家族法」法律時報65巻12号（1993年）37頁。
74) 利谷・前掲注73) 38頁。

結果、例えば、婚姻の効果としての夫婦同氏規定は、どちらの姓にするか意見が不一致の場合の決定権限が書かれておらず、婚姻が不可能になる。あるいは協議離婚制度は、当事者の合意による解決が至上であって、それが強者の自己決定と弱者のあきらめによる不当な結論でも、合法となる。

　要するに、家族法分野にあって、社会規範と当事者の力関係が協議における重要なモメントとなるので、法的保障の予測可能性が弱く、弱者に不利に働くのである。[76]平等な協議、自己決定という形式の下で、性別役割分業が正当化される。「対等な個人」の「自己決定」を尊重した「協議による決定」という形式が取られるために、この不平等は見えにくくなる。

　「自己決定」は、支配されないための・他者によって決められないための権利であるはずが、実のところは逆向きに作用する構造になる。憲法24条が約束した地平は、今も未踏である。

Ⅳ　むすびにかえて

　家族関係には、時間軸からみれば、婚姻による水平の関係と、親子という垂直の関係がある。近代家父長制家族のプロトタイプに倣った小野の家族論は、兄弟関係の平等とともに息子たちの父からの独立を追求した。戸主権との戦いを垂直関係からとらえるならば、1947年の民法学者たちより、小野の戦いはより徹底していた。出生に始まる垂直関係は、「選べない」。他方、「婚姻の自由」を前提に、水平の関係は「選べる」関係である。小野の構想では、未成熟子が「垂直関係から自由」になるまで、親は一方的に義務を負う。小野は、親がそれを以て、子にその「恩を返す」ことを求めることを厳しく否定し、報恩道徳を法の世界から放逐した。子が親に親子の情愛で「恩を返す」ことは個人の内心の問題である。1947年の法学者たちは、この峻別に至らなかった。親子の嫡出関係が重要な関心事であって、伝統的な家族からの脱却に冷淡な対応となった。垂直関係の個人主義的清算がならなかったことから、子に対する親の所有意識が残り、別人格を有する子の「個人の尊厳」が、家族関係の中で埋

75）水野・前掲注69）15頁。
76）利谷・前掲注73）38頁。

没され、老親の介護を子の世代の義務として強要する風土を温存したのではないか。社会保障制度の貧困が家族の責任に転嫁される余地を残したといえる。

19世紀の家父長制論の磁場にとらわれていた小野の家族論は、近代家父長制家族に特徴的な女性を男性に従属させる構造を、「婚姻の自由」＝「同意」に始まる婚姻関係の中に維持していた。劈頭の問いに戻るなら、夫婦の同権、両性の本質的平等を要請する憲法24条は、近代の婚姻家族に共通した家父長制を見かけ上は克服するはずであった。制憲過程で男女平等の観点から母性保護論が説かれたが、その議論は、母性が一方的にケアを負うことを前提にしていた。婚姻制度は、「産む性」としての女性＝母性による子のケア責任を当然に含意していたのである。民法の改正に際して、アトム化された個人を想定して、男女平等を説き、「自己決定」「協議」「同意」というツールを用意しても、国家、市民社会＝経済社会、家族が家父長制で接合されたままでは、民法のツールは、家族内の「支配―被支配」関係の磁場が働いた「結論」を「正当化」するだけである。

近代立憲主義が基礎を置いた公私区分論の告発は、第二波フェミニズムの抬頭をまたなければならない。性別役割分業から自由なパートナー間の平等の上に成立する同性婚をめぐる昨今の動向は、性別役割分業の上に成立した家父長制家族の根底を覆す婚姻制度の再定義を求めている。検討は他日に期したい。[77]

（ぬかつか・やすえ　東北大学教授）

---

77) 部分的には、糠塚「個人と家族――公私の関係」憲法研究4号（2019年）117頁以下で、検討を試みた。

憲法学における「家族」の位置づけに関する一試論

田代亜紀

はじめに

近年、「家族」については、様々な学問領域から論じられている。例えば、家族の親密性は自明のものとされてきたが、それは決して自明のものではなく、むしろ、親子関係や家族関係には、難しさやこじれがあると論じるものも少なくない。そこでは、家族も1つの私的結社であることが示されている。他方、憲法学において、家族について論じることはそう簡単ではない。なぜなら、第一に、家族は自律性を重んじられるべき私的結社であり、公権力からの干渉を排除すべきであると同時に、家族という私的領域に封じ込められた不正義を公的問題として議論すべき必要もあるという両極性がある。第二に、家族はその果たす役割から公権力の関心事であることを踏まえて、そうした関心に警戒心を持つべきであるという複雑性がある。

そうしたなかで、近年、日本の最高裁において、非嫡出子の法定相続分や再婚禁止期間[2]、夫婦別姓[3]などについての判断が示されたこともあり、従来に比べて圧倒的に、憲法学において家族を論じることへの関心が高まっている。しかしながら、上記のような、家族の理論的困難性も無視しえない。こうした状況

---

1) 最大決平 2013〈平 25〉. 9. 4 民集 67 巻 6 号 1320 頁。
2) 最大判平 2015〈平 27〉. 12. 16 民集 69 巻 8 号 2427 頁。
3) 最大判平 2015〈平 27〉. 12. 16 民集 69 巻 8 号 2586 頁。

の下、憲法学において家族を論じる際には、家族が私的領域に封じ込められた
ことを批判する公私二分論や、性別役割分業といった家庭内に封じ込められた
不正義を告発するフェミニズムの議論、ジェンダーの観点などを参照しなけれ
ば、問題の本質を見過ごす恐れがあるように思われる。すなわち、近年のアメ
リカにおける me too 運動に象徴されるように、性に基づく差別や被害を告発
する動きが国際的な潮流として認められつつある現在、こうした潮流も視野に
入れなければ現実に即した議論とはなり難く、それは家族に関する憲法解釈に
も同様に当てはまるのではないだろうか。

　本稿は、以上のような問題意識から夫婦別姓訴訟を 1 つの素材とした上で
（Ⅰ）、憲法学において家族をどのように論じるべきかというテーマに取り組む
ことにする。そうした本稿の目的からすれば、憲法学において家族の問題に先
駆的に取り組んできた研究者の 1 人で、フェミニズムの議論やジェンダーの視
点にも目配りをしながら議論をしてきた辻村みよ子教授の一連の業績は特別な
意味を持つ。そこで、憲法学において家族をどのように考えるべきかという点
について、辻村教授の議論を適宜参照しながら、議論を進めることにする（Ⅱ）。
そして、そこに既に現時点での妥当な結論は示されていることを確認しながら、
憲法学においてなお家族を語る理論的余地があるのかを探りたいと思う。その
出発点として、現代フェミニズム理論の古典であるスーザン・M・オーキン
（Susan Moller Okin）の議論から基本的論点を抽出し、それを踏まえた現代アメ
リカにおける家族についての議論を参照する（Ⅲ）。こうした検討を通じ、憲
法学において家族を論じること、すなわち憲法 24 条を解釈する上での背景的
議論の一端を示すことを目指したい。

Ⅰ　夫婦別姓訴訟から問われる問題

　さて、本稿は、近年の家族に関する最高裁の判断のなかで、とりわけ夫婦別

---

4)　辻村教授の家族やジェンダー法学に関する業績は枚挙に暇がないが、さしあたり、例えば、辻村
みよ子『概説　ジェンダーと法〔第 2 版〕』（信山社、2016 年）、同『代理母問題を考える』（岩波書
店、2012 年）同『憲法とジェンダー』（有斐閣、2009 年）などを挙げておく。本稿では、基本的に
は、同『憲法と家族』（日本加除出版、2016 年）を参照することにしたい。

姓訴訟に注目する。というのは、同訴訟には、憲法学から検証すべき争点が多く含まれていると考えられるからである。いくつか例を挙げれば、本件において婚姻の際に氏を変更することが争われているが、憲法 13 条を根拠とする人格権としての氏名権を重んじるべきであったという議論が憲法学においても民法学においても続いている[5]。または、民法 750 条が夫婦のどちらかに氏の変更を求めている以上、文面的には性中立的であるが、現実に氏を変更する大多数が女性であるという実態に着目すれば、憲法 14 条違反と言えるのではないかということも問われている。または、むしろ、この点は夫婦のどちらかに氏の変更を迫る点で、両者の間の平等が保てていないのだから、憲法 24 条 1 項違反と言えるのではないかと捉えることも可能である。そうして、氏の変更をどちらかがしなければ婚姻ができないのだから、それは婚姻の自由（憲法 24 条 1 項）を妨げる制度ということもできる[6]。さらには、本件は氏を変えることを厭わないカップルとそれを苦痛とするカップル間の不平等（憲法 14 条違反）であると指摘する論者もある[7]。

　このように夫婦別姓訴訟は非常に多くの論点を内包しているが、本稿はその中でも、判決が家族に関する制度構築について、憲法 24 条 1 項を前提としながら、2 項の「個人の尊厳と両性の本質的平等」が立法裁量の限界を画すと示した点に着目したい。というのは、この判示は一方でその憲法解釈自体は妥当であると頷けるものの、他方において、実際には結論において憲法 24 条が定める憲法規範に従って立法裁量を画したとは思われないからである。

　前者の点について、すなわち同判決がそのように憲法 24 条 2 項が家族制度に関する立法裁量を画するとした点は、制度に人権概念を反映することができ

---

5)　憲法学において、本件で氏名権を重視する立場として、戸波江二「夫婦同氏を要求する民法 750 条の違憲性(1)（2・完）」早稲田法学 90 巻 4 号（2015 年）25-81 頁、91 巻 2 号（2016 年）1-35 頁。民法学において、例えば二宮周平「家族法と戸籍を考える⒇人格権から見た選択的夫婦別氏制度(1)（2・完）」戸籍時報 687 号（2012 年）52-63 頁、690 号（2012 年）2-16 頁。

　　夫婦別姓訴訟に関する判例評釈や解説は非常に多くあり、全てを挙げることができないが、本稿注で挙げたものの他については、以前に、田代亜紀「夫婦同氏制度と『家族』についての憲法学的考察」早稲田法学 93 巻 3 号（2018 年）104-105 頁の注 4 などに挙げた。

6)　以上の問題の整理について、参照、辻村・前掲注 4)『憲法と家族』137 頁。

7)　木村草太「夫婦同姓合憲判決の意味――何の区別が問題なのか？」自由と正義 2016 年 6 月号 110-117 頁。

るという意味で評価することできる。個人が家族制度の中で人格的側面に関係する場面は多く、家族制度には人権理念の反映が強く要請されると考えるからである。この意味で、憲法24条2項の独自性を判決が認めたことで、立法府による家族制度の構築について、憲法上の権利に対する制約があるのか、あるいは現行制度が立法裁量の枠を超えるものであるのか否か、裁判所が憲法上の正当化を求めることによって統制の道が開かれる可能性が示されたものであり、それが今後の解釈論上の課題[8]になるものと受け止めることができる。こうした論旨は評価に値するだろう。

後者の点について、そのように憲法24条2項が立法裁量を画するとしておきながら、実際には、判決は夫婦同氏を定める民法750条を、個人の氏名権や人格権、婚姻の自由や平等権など、様々な人権侵害が疑われるにもかかわらず合憲としており、この結論からは判決が実際に憲法24条2項の定める「個人の尊厳と両性の本質的平等」に従って、民法750条に関する立法裁量を画したとは評価することができない。実際にも様々に批判的評価がなされているところである[9]。

この二つの点のもつギャップ、すなわち憲法24条2項が立法裁量を画するという独自性を持つというそれ自体は妥当な憲法解釈と、しかしそれが結論に連動しなかったと思われるギャップについては、様々に論じることができようが、本稿は、このギャップの一因に同判決が依拠する家族観があると考える。そして、最高裁判所が論じた家族観が憲法24条を解釈するうえで適当なものであるのかについて問題としたい。

では、夫婦別姓訴訟最高裁判決の家族観とはどのようなものだろうか。それが窺える判旨を抜粋すれば、以下のようなものがある。

「家族は社会の自然かつ基礎的な集団単位であるから、このように個人の呼称

---

8) 辻村みよ子＝山元一編『概説 憲法コンメンタール』（信山社、2018年）157頁〔糠塚康江執筆〕。

9) 例えば、広範な立法裁量が認められることが、およそ違憲問題を生じないということにつながるわけではないという戸波・前掲注5）「夫婦同氏を要求する民法750条の違憲性（2・完）」25頁の指摘や、制度が人権を実現するために存在することからすれば、本件は本末転倒のそしりを免れないという辻村みよ子「『個人の尊重』と家族──憲法13条論と24条論の交錯」法律時報増刊『戦後日本憲法学70年の軌跡』（日本評論社、2017年）の指摘もある。この点については、田代・前掲注5）117-120頁で触れた。

の一部である氏をその個人の属する集団を想起させるものとして一つに定めることにも合理性がある」。

「氏は、家族の呼称としての意義があるところ、現行の民法の下においても、家族は社会の自然かつ基礎的な集団単位と捉えられ、その呼称を一つに定めることには合理性が認められる」。

「夫婦が同一の氏を称することは、上記の家族という一つの集団を構成する一員であることを、対外的に公示し、識別する機能を有している。特に、婚姻の重要な効果として夫婦間の子が夫婦の共同親権に服する嫡出子となるということがあるところ、嫡出子であることを示すために子が両親双方と同氏である仕組みを確保することにも一定の意義があると考えられる」。

ここでは、家族という1つの集団を1つの氏で示すことの意義が述べられ、この家族は夫婦とその子からなる形態が前提とされている。

これに対しては、同判決の岡部喜代子意見が正しく述べるように、「世の中の家族は多数意見の指摘するような夫婦とその間の嫡出子のみを構成員としている場合ばかりではな」く、「民法が夫婦と嫡出子を原則的な家族形態と考えていることまでは了解するとしても、そのような家族以外の家族の出現を法が否定しているわけではない」。多数意見が論じる家族観には、家族という集団の中の個人を低く見積もっているように思われる点や家族の形態として夫婦と嫡出子という1つの形態にこだわる向きが窺われる。

そうした個人主義や多様性を排した家族モデルは、現代社会において憲法24条が念頭に置くべき家族モデルとしては、妥当とは言えないように考える。本稿は、これについて端的に述べる「『家』制度の伝統故に氏が家族団体の名称としかなりえていない現状を克服し、氏を真に個人のものとして規定し直すことは、社会の根底を個人主義のレベルで把握し直すことにつながり、戦後の民法改正がめざした『家』の解体がそれによってはじめて理論的に貫徹されることになる[10]」という指摘に賛同する。この論者は、同趣旨のことを、「氏の改革を通して、わが国の家族法が氏名権に基礎を置く個人主義の論理をより明確にすることは、今後の日本社会にとって不可欠の基礎づけとなるはずである。……夫婦別氏の導入によって家名の歴史を背負ったわが国の氏の団体性が克服

---

10) 滝沢聿代「選択的夫婦別氏制——その意義と課題」成城法学43号22-23頁。辻村教授もこの指摘を重要であるとしている。辻村・前掲注4)『憲法と家族』140頁。

されることは、戦後の課題であった「家」の解体がはじめて遂げられるべき目標に到達したことを意味する[11]」とも表現していて、同じく首肯しうる。

　以上が、夫婦別姓訴訟最高裁判決が示した家族観が憲法24条を解釈する上で妥当といえるかどうかという問に対する直接的な結論であるが、この結論を論証する上では、憲法24条解釈が前提とする家族観、すなわち憲法学において家族についてはどのように考えるべきかという議論が不可避であろう。こうした問いへの示唆の1つとして、以下、辻村教授の議論を参照し、検討していきたい。

II　憲法学において家族はいかに語られるか

1　辻村教授による議論

　辻村教授は、家族概念がどのような経緯を辿ってきたかのかという点について、以下のように説明する。家族は一面では、近代国民国家の成立時における国民統合の装置であり、それとともに他面では、国家権力の介入を防ぐ防波堤の機能を果たしていた。すなわち、家族は、国家対個人の二極構造における中間団体として、一方では国家によって1つの公序として法的に制度化され、他方では、公私二元論によって、権力の立ち入るべきでない私的領域として保護されるという2つの面をもっていた。しかし、私的領域とされた家族の内部では、家父長支配と性支配が確立し、こうした女性の隷従の固定化と隠蔽がフェミニズムの公私二元論批判によって告発されるようになる。その批判について辻村教授は、多くの女性が家事やケアなどの役割を担い、男性が公的な役割を担うという旧来の役割分業論に対する批判を超えて、近代家族の本質（近代家父長制のもとで女性が性支配をうけ内なる差別が内包されていた特質）、あるいは近代人権論の限界（個人の自由・平等を説いた近代個人主義人権論が、家族の外に対する自由・平等にとどまって、内では不平等を内包して家長個人主義にすぎなかったという限界）を鋭く指摘するものであったと評価する[12]。

　このような家族の位置づけについての経緯を踏まえ、辻村教授は、家族につ

11）滝沢・前掲注10）10頁。

12）以上、辻村・前掲注4）『概説　ジェンダーと法』107頁。

いて、①個人主義的家族モデル、②国家主義的家族モデル、③共同体的家族モデルという3つのモデルを提示する。[13]①の個人主義的家族モデルは、幸福追求権や自己決定権など個人の人権保障と自律の重視、平等の徹底を目指す立場である。このモデルでは、家族は個人主義的原理に支えられた人的結合となり、憲法13条を根拠に個人の自己決定権やプライヴァシーなどの幸福追求権を最大限に認めることになる。[14]

②の国家主義的家族モデルは、国家による家族の保護と家族構成員への強制を求めるもので、社会主義国で見られる形態や、日本国憲法制定過程で示された天皇制絶対主義型家族モデルや、改憲論で示される「行き過ぎた個人主義を是正し」「文化や伝統を尊重する」という名目で国家による家族保護を求める、伝統的・復古的な家族像も含まれる。すなわち、実態的には団体主義的ないし前近代的・家父長的家族の復活という復古的意味合いを含めた伝統的・国家主義的家族像で、そうした家族像を復活させる目的（天皇制強化やナショナリズム、個人主義の抑制など）と表裏一体になっているにもかかわらず、家族構成員の保護を理由とする権利保障型の外見を持って提示されている点で、注意が必要とされる。

③の共同体的家族モデルは、①、②のモデルのように国家と個人の二極対立構造における家族モデルとは異なって、国家と個人の中間に共同体という観念をおき、（国家ではなく）社会ないし共同体の名のもとに、中間団体としての家族の（社会・共同体に対する）責務を重視する三極対立構造型の家族モデルである。なお、最近の改憲論議で言及されている共同体的発想は、共同体的家族モデルに適合的なものではなく、むしろ②国家主義的家族モデルのカモフラージュ版であり、注意が必要である。[15]

---

13) 以下の説明については、辻村・前掲注4)『憲法と家族』58-62頁を参照。なお、辻村教授は、家族ついての権利モデルや契約モデル、さらに国家体制ごとについての家族モデルの整理も示している。

14) しかし、その結果、家族を「公序」と捉えてその法的規律を重視する立場と対立関係が生じるため、「公序」尊重の要素を内包する憲法24条との間で、対抗関係を問題とせざるを得ない場面が出現すると考えられる。同58頁。

15) 昨今の議論の実際は、憲法13条の個人主義に対する批判や義務強化論、性別役割分業肯定論に示されるように、日本国憲法制定過程に提起された種々の家族モデル（天皇制家父長家族、国家保護のもとにある血族的共同体家族など）の中の血族的共同体論に近いという。同60頁。

以上のような説明中に既に表れているように、理論的には三類型が考えられるものの、日本の改憲論における家族のあり方からすれば、②の国家主義的モデルに対しても、③の共同体的家族モデルに対しても、警戒すべきとされる。辻村教授は、日本国憲法①の個人主義的家族モデルを現時点では妥当とし、その徹底を図るべきだと述べる[16]。

2　改憲論における家族の論じられ方

　確かに、以下に見るように、現在進行している改憲論において、憲法24条や家族が論じられるとき、上記②の国家主義的家族像を採っていることが疑われ、しかも外見上は家族の「保護」や権利を保障する姿をまとっている。そして、こうした政治状況と切り離して家族モデルの検討を行うことは、机上の空論になりかねない。

　そこで、近年の家族をめぐる公権力の動きや介入に危機感や懐疑を示す文献を参照してみることにしよう[17]。こうした文献においては、自由民主党が提示する憲法24条の改正案や、政府から提示される家族に関する法案や施策を見れば、国家が家族の望ましい姿を強固に定め、直接的に人々の行動を変容させようとするものである点で、異例・異常な事態であることが指摘されている[18]。そこでは、自民党憲法改正案が「家族は互いに助け合わなければならない」とすること[19]や、内閣府婚活支援策が結婚の奨励をすること等は、「家族の内部に踏み込んだ特定のあり方を法律や制度で1つの型にはめようとしている」と理解[20]

---

16) 同61頁。

17) ごく最近のものとして以下を挙げる。本田由紀＝伊藤公雄編著『国家がなぜ家族に干渉するのか——法案・政策の背後にあるもの』（青弓社、2017年）。中里見博ほか『右派はなぜ家族に介入したがるか——憲法24条と9条』（大月書店、2018年）。早川タダノリ編著『まぼろしの「日本的家族」』（青弓社、2018年）。

18) 本田・前掲注17) 12頁。

19) この点については多くの指摘や批判があるが、ここではその1つとして、若尾典子「自民党改憲草案24条の『ねらい』を問う」・前掲注17)『国家がなぜ家族に干渉するのか——法案・政策の背後にあるもの』148頁の「こうした『訓示』は、家族のなかで、女性として男性として、あるいは親として子どもとして、それぞれがどのように生きるべきかといった『家族の絆』のありようについての自律性を侵す」という指摘を挙げておく。同論者によれば、「家族の絆」を強化するために家族に自助努力を要求すれば、家族を営むための負担は増大するばかりで、この改憲草案24条は家族「保護」規定ではなく、家族「解体」規定である。

できるとされている。また、そうした法案や施策の非合理性も同時に指摘されている。自民党改正案については、既に困窮状態にある家族に対して、「互いに助け合う」ことを要請しても、それは家族の内閉性と社会的孤立をむしろ悪化させることにしかならない。さらに例えば家庭教育支援法案では、法律の目的に、家族構成員の減少や家族がともに過ごす時間の減少などの問題に対し、家庭教育の支援が重要な課題になっていることが挙げられているが、家族構成員の減少は、少子高齢化に伴う単身世帯や夫婦のみ世帯の減少が原因であり、家族がともに過ごす時間の減少は長時間労働の蔓延に起因すると考えられる。仮にこれらが問題だとして、家庭教育がその解決策になるのか、極めて疑問であると指摘されている[21]。

　以上のような議論を踏まえれば、改憲論による情緒的な「家族の絆」を強調し、家族を「支援」する試みには、個人主義を否定して日本の伝統的家族制度（明治憲法下の家制度）への復古傾向を強めようとする潮流が読み取れる[22]。ここでの国家からの保護は、一見すると、本来は国家の責務である社会権（母子の健康等）を実現するための保護や権利保障、日本国憲法が必要最小限度の介入を認めているパターナリズムに由来する国家保護（子どもの保護やドメスティック・バイオレンス防止等）であるように思われるが、根底には、国民統合・国家統制のための（強制を伴う）保護が内包されていることが危惧される[23]。

　このことは、次のような指摘とも重なろう。すなわち、「日本の家族をめぐる政策は、旧来の国家秩序の基盤としての家族の保護という視座がいまだに維持され、かつ、（国家が本来担うべき）福祉領域の多くを家族に依存し、国家の負担を家族に押しつける形で展開してきた。そのため、日本の戦後の家族政策は、政府の福祉負担をできるだけ軽減させる（実際の家族へのサポートを回避しながら、ケア領域の責任を家族＝女性に押しつける仕組み）ために実行されてきた一方で、秩序形成の場としての精神論的家族イデオロギー（『家族は助け合うべき』はその典型だろう）だけが強調されてきたのである[24]」。

20）本田・前掲注17）10頁。

21）同11頁。

22）辻村・前掲注4）『憲法と家族』354頁。

23）同上。59頁も参照。

関連して、こうした事態を「家族主義に基づく日本民族主義復権の土壌」と表現して、日本においては、憲法24条の規定にもかかわらず選択的夫婦別姓制度の導入が阻止されたまま、夫権の維持・強化がもくろまれる一方で、国会議員の男女比のような公的領域のジェンダーギャップが国際的に突出し、そうした土壌が「公私における両性の平等保障の遅れ」を生み出したとの指摘もある。[25]

3　小括

以上のように考えてくれば、辻村教授の日本国憲法24条解釈と家族モデル、すなわち同条は、近代家族に内在する家父長制的な性差別などの限界を克服して、個人の尊厳と両性の本質的平等を基調とした点で先進性をもっており、先進資本主義憲法型（社会国家型）の現代憲法における個人主義的家族モデルを採用したものとして大きな意義を持っているという議論の説得力は大きい。[26]そして、個人主義的原理に支えられた人的結合としての家族について憲法13条を根拠に、個人の自己決定権やプライヴァシーなどの幸福追求権を最大限に認めつつ、制度（公序）から幸福追求の場へという家族機能の展開に即して制度構築するという見解も首肯できる。[27]辻村教授は、個人主義的モデルではなく、共同体的家族モデルに移行することも否定はしないものの、いずれせよ現状について、ジェンダーの視点から両性間の性差別・不平等をなくし、対等な当事者・契約主体として男女の役割を改変し、シャドーワークや性別役割分業を改廃してゆくことが前提となると述べる。現実的には、国家主義型家族モデルが依然として重要な位置を占めているため、公序ないし国民統合装置としての家族から個人の幸福追求の場としての家族への現代的変容が重視されるとする。[28]

以上をまとめれば、現在の日本において、憲法24条の下で家族モデルを論じるには、家族を構成する個人に焦点を当て、自己決定権やプライヴァシー権

24）伊藤公雄「イデオロギーとしての『家族』と本格的な『家族政策』の不在」前掲注17）『国家がなぜ家族に干渉するのか——法案・政策の背後にあるもの』164-165頁。

25）若尾・前掲注19）123頁。

26）辻村・前掲注4）『憲法と家族』60-61頁。

27）同355頁。

28）同61頁。

を実現する場として家族を捉え、国家が家族に対して申し出る「保護」が、実際には、伝統的・復古的家族像に基づく「介入」ではないかと警戒することが重要であるといえよう。このように考えれば、上で示したような夫婦別姓訴訟が前提とする家族観は、個人に焦点を当てて、その自己決定権や氏名権・人格権を尊重するような個人主義的な家族モデルとは必ずしも言えない。しかし、同訴訟は、そこから家族観を個人主義的に転換することによって、憲法24条2項が民法750条についての立法裁量を画する働きをなす良い機会であったのではないかという結論に至ることができる。このように、同訴訟の家族観とその帰結に対しては、理論的な解消を図ることができる。

　しかし、以上で、憲法24条の背景的議論としての国家と家族の関係性についての議論は尽きるのだろうか。

　確かに、家族を個人主義的に捉えた上で、国家からの保護について、不必要・不合理な「介入」か否かを見極めながら、母子の健康や子どもの保護など、本当の意味で必要かつ合理的な保護を社会権やそのほかの政策で補うという考え方が、現状においては適合的で合理的であると考えられる。しかし、このように考えるのは、現実の政治状況が考慮要素として大きく働くからであり、政治状況から離れて理論的に、国家がなぜ家族を保護しなければならないのか、どのような保護をすべきなのかといった点について検討すること自体は、なお必要なことであるように思われる。それは、辻村教授の議論にあった、家族内での性的不平等や性別役割分業といった不正義の問題や、それが私的領域に封じ込められていることの問題性を考慮すれば、その必要性も一層高まるだろう。そこで以下では、家族という私的領域に封じ込められた不正義という議論が、憲法学において国家と家族を論じる上でどのように影響するのかという点を考えたい。そのためにまず、現代フェミニズム理論の古典であるオーキンの議論に立ち返り、基本的な論点を確認することにしよう。

Ⅲ　国家と家族を論じることについての理論的余地

1　オーキンの議論

オーキンは、現代の政治理論家が語る正義論においては、多少の例外はあれ

ど、公私二分論を基礎として家族を議論の対象としておらず、家族内のジェンダー化された構造については無関心であるとする。そして、そうした正義論における「個人」は伝統的な世帯における男性家長を想定しており、女性は入っていない。しかし、こうした正義論は、家族を議論の対象から外しておきながら、実は、家族を議論の前提にしている。というのは、正義論は議論の主体として成熟し独立した人間を前提にしながら、その人間がいかにして成熟し独立した人間になったのかについて、言及していないからである。オーキンによれば、家族が成熟し独立した人間を形成する役割を果たしているのは周知のことであるし、それは女性のアンペイドワーク、つまり女性による沢山のケアと重労働によってなされている。このように家族の中はジェンダー化され、子ども達の養育と社会化、安息の場である親密な領域を提供していることを、正義論は考慮に入れるべきであり、これらの労働がなければ、正義論に登場する道徳的主体は存在し得ない。[29]

　オーキンは、ジョン・ロールズ（John Rawls）の議論は家族を議論の対象とし、かつ真摯に扱う「めずらしい」理論家であると取り上げているが、そのロールズにおいても、家族とはいまだ全面的にジェンダー構造化されている制度であるという事実に言及していないとする。[30]すなわち、オーキンは、ロールズの議論においても、家族生活は理論の前提になっており、そればかりか公平なものと想定され、家族内のジェンダー化された性別分業は、性別分業と結びついた権力と責任と威信の配分と同様に、無視されていると述べる。[31]

　ロールズが家族についてどのように語っているかについて、オーキンによれば、ロールズの議論は、社会のメンバーが正義の感覚を発達させ続けることによってのみ、公正で秩序だった社会は安定するのだと主張するものであるが、その正義の感覚を獲得する上で、家族が基礎的な役割を果たしているとロールズは述べているという。[32]ロールズは、家族はわたしたちが参加する一連の「集

---

29) SUSAN MOLLER OKIN, JUSTICE, GENDER, AND THE FAMILY, Basic Books,1989, at 8-20. 山根純佳ほか訳　スーザン・M・オーキン『正義・ジェンダー・家族』（岩波書店、2013年）9-11頁。

30) *Id*. at 21.（邦訳 28 頁。）

31) *Id*. at 9.（邦訳 10 頁。）

32) *Id*. at 21.（邦訳 28-29 頁。）

団」の最初のものであり、そのなかでわたしたちは正義の感覚にとって重要な、他者の視点から物事をみる能力を獲得するものだと述べるのである。

　オーキンによれば、ロールズの議論の問題点は、家族制度は正義に適っているという説明されていない前提に依拠している点であり、家族が正義に適った個人と市民を育成するのだとすれば、間違いなく家族そのものが正義に適っていなければならないと述べる[33]。オーキンは、続けて、公正な社会の家族構造と実践は、男性と同じように女性にも、自らの能力を発達させ、政治的権力や影響力のある社会的選択に参加し、経済的に保障される機会を与えるべきであり、さらに、家族は子ども達の道徳的発達に重要な影響力をもっているのだから、正義に適っている必要があると述べる。敷衍すれば、社会が、すべてのメンバーを平等に尊重し、恩恵と責任を公正に配分する社会ならば、家族を無視することもないし、現在のジェンダーに基づいた構造と実践のような、これらの規範に反する家族の構造と実践が認められることはない。

　以上のようなオーキンの議論は、ロールズの議論の問題点を指摘した上で、その正義論を家族にまで及ぼそうとする修正を試みていると理解することができそうである。もちろん、オーキンによるロールズの批判がそもそも妥当なものかという検証や、またはオーキンは、性別役割分業やアンペイドワークといった家族内部の事柄がジェンダーに基づいた構造の問題であると認識するが、同事象について、オーキンとは異なる認識を示すフェミニストの議論との比較検討も、本来避けることはできない。しかし、ここでは紙幅の都合から、オーキンが示した基本的な論点、すなわち、正義に適った社会を設計する上で、ジェンダーに基づく不平等が家族内部にあることは、理論的な（または実践的な）不整合が生じることを確認しておきたい。なお、オーキンが議論の俎上に上げた正義論は、日米の憲法理論や政治理論に多大な影響力を持つものばかりであり、そうした正義論に対して、その説得性は女性が十全に包摂されることで担保されるという主張は、この議論から40年ほど経った今もなお、真剣に受け止めるべき必要を感じる。というのは、男女の賃金格差や女性の社会進出の状況といった家族外のジェンダー平等にしても、性別役割分業や女性の経済的依

---

33) *Id.* at 22.（邦訳29頁。）

存といった家族内のジェンダー不平等にしても、従来に比べ進展しているのは疑いないが、解消していると胸を張れる状況にはほど遠いからである。

では、家族内の不正義にどのように対応すれば良いのか。この検討には、国家と家族の関係性を考えざるを得ないが、さりとて家族の私的結社性や家族が国家からの防波堤であることも念頭に置かねばならない。こうした問題状況に示唆を与えてくれそうなのが、リンダ・マクレーン（Linda C. McClain）の議論[34]である。以下、彼女の議論の一端に留まらざるを得ないが、参照することにする。

2 問題への1つのアプローチ——リンダ・マクレーンの議論

マクレーンによれば、家族は、能力や責任を持ち、自己統治する市民として個人を形成する試みにおいて重要なものであるとして、家族をそうした意味で再構成する試みを "formative project" と呼ぶ。そして、家族をどのように位置づけるかは、このプロジェクトにおける家族と市民社会と政府の間の責任配分の問題に関わるものであるという。マクレーンの基本的な立場として、この "formative project" においては、①政府は民主的・個人的自己統治のための能力の促進のために積極的措置を行う責任がある一方で、②一定の範囲の決定と行動に関する強制を控える責任がある[35]。すなわち、家族に一定の特性が認められるがゆえに、政府は家族に関して作為と不作為がともに必要だということである[36]。以下で、政府の作為と不作為の両面について、彼女の議論を参照してみることにしよう。

(1) 作為

まず、作為については、マクレーンは、社会において可能な選択肢を十分に手に入れるための能力や資源を享受できるようにするための家族への政府の介入を認めている。マクレーンは、議論の前提である家族の特性について、家族

---

34) LINDA C. MCCLAIN, THE PLACE OF FAMILIES — FOSTERING CAPACITY, EQUALITY, AND RESPONSIBILITY, HARVARD UNIVERSITY PRESS, 2006.

35) *Id.* at 15.

36) *Id.* at 16.

は民主的自己統治と個人的自己統治の双方の「自己統治」を促進するものであるとしている[37]。前者の民主的自己統治は、熟議民主政と重なり、正義の概念について熟議し、政治的共同体の命運を形成することを意味するとされ、後者の個人的自己統治は、熟議をする上での自律、各人の善の観念についての熟議の能力であると説明される。家族は、以上のような自己統治の能力を促進するものであり、それは、家族が①公民的特性の苗床であり、②ケアの提供がなされるからであるという[38]。①公民的特性の苗床とは、家族において、良き市民の形成による自己統治の促進がなされ、善き生の概念の教化による良きコミュニティメンバーの形成がなされることを意味している。これについては、後述するように政府権限に対する抑制があると説明されている。②ケアの提供については、家族によって養育やケア、食事、シェルターなどの物質提供がなされることである[39]。

　以上のような特性を持つ家族は、私的生活の領域であると同時に公的に重要な機関であるとマクレーンは述べ、家族を政府の介入から自由な「私的」生活としてのみ理解するのは、政府の積極的役割を見逃すことになるという。例えば、家族や共同生活に関する女性の選択が自律の行使ではなく不平等やジェンダーの社会化となっている状態では、政府が私的生活から手を引いている限り、女性が自由かつ平等で自己統治可能な存在となるための手助けには失敗することになる。こうした状態では、家族や市民社会内の他の制度のなかでの関係は、家族内成員の自己統治の能力を涵養するよりも妨げることになる。そこに、（能力の促進や能力の保護についての）政府の責任があるべきだとマクレーンは主張する。彼女は、こうした性的不平等の下での女性の自己統治を幻想であるとして、批判している。

　さて、マクレーンは、家族に関する政府の介入については、義務教育や経済支援などを挙げるが、政府だけではなく、市民社会の機関である職場や自発的団体、宗教なども、多様性の促進や支持をして、個人と国家の間の重要な緩衝帯になると述べている。すなわち、マクレーンによれば、憲法秩序は、家族に

---

37) *Id.* at 18.
38) *Id.* at 20-21.
39) *Ibid.* 他方で、市民社会によるケアの認識や支援も必要だと論じられている。

子どもの健全な発達の促進と民主的自己統治への備えについて排他的な責任を
課しているわけではないのである。

(2) 不作為

　次に、マクレーンが政府に対して求める抑制、不作為について参照する。こ
れは、「尊重としての寛容 (toleration as respect)」として論じられ、この根拠と
して3つのことを挙げる。[40] 1つ目は、政府による強要や強制は信念や選択を損
ない、個人の自律に反するから妥当ではないという「反強要」の根拠、第2は、
政府は個人の信念や選択、行動の領域に立ち入るべきではないという規制範囲
の適切さについての「管轄あるいは個人の主権的領域 (sovereignty)」の根拠、
第3は人々は自由に道徳の力を行使して様々な生を選択追求するべきで、政府
による画一化を図ること、すなわちオーソドキシー (orthodoxy) を課すことは
反対すべき政府の強制であるという「多様性」の根拠である。

　この「尊重としての寛容」について、本稿ではふたつの点に着目する。第1
点は、マクレーンが「空虚な寛容」と「尊重としての寛容」という2つの寛容
の違いを述べ、後者の「尊重としての寛容」を選択している点である。[41] 前者の
「空虚な寛容」とは、リベラルな寛容とも言い換えられ、例えば同性愛行為を
道徳的価値ではなく私的性質を理由に保護するような態度である。これは合意
に基づく同性愛行為を私的領域で行われることや害悪がないことを理由に保護
するものであるが、それは二級市民としてそうした行為を行わせていることと
同義であると、マクレーンは批判する。そうした「空虚な寛容」すなわち、同
性愛行為を非犯罪化することのみで寛容の要求は尽きるものではないのである。
確かに、こうした比較で、彼女が考える「尊重としての寛容」がどのようなも
のかが浮かび上がってくる。

　注目すべきもう1点は、このような「尊重としての寛容」にコミットするこ
とは、「私的」生活への政府の不介入という管轄の原則を完全に支持するもの
ではないという主張である。[42] マクレーンによれば、寛容によって守られる消極

---

40) *Id.* at 16.
41) *Id.* at 39.
42) *Id.* at 41.

的自由は女性の福祉にとって必要ではあるが十分ではなく、政府権限の際限ない行使は女性の自己統治的な生の追求に重大な脅威となるものの、政府が家庭の内外で女性の平等な市民的地位と基本的な自由を確保するために権限を行使することは適切だと述べる[43]。これは、先ほどの政府の介入で述べている議論と重なるものである。

　マクレーンの議論は、家族の特性を認めた上で、それを促進する公権力の役割（作為）と家族の自律を重んじる役割（不作為）を論じるもので、一般論としては首肯できる。法哲学の議論に立ち入る余裕は無いが、マクレーンの議論は、オーキンが示していたロールズの議論の修正可能性の具体的現れと評価することもできそうである。すなわち、家族の自律を重んじながらも家庭内の不正義を政府が修正する議論は、日本の文脈にあるような政治的議論を抜きにして考えれば、重要であると考える。他方で、今後の課題となるのは、マクリーンが考える政府の役割が具体的にどのような形になるのか、それが理論としても実践としても、または日本の文脈においても実現・受容可能なものかの検証であろう。

3　類似する議論

　さて、以上のように、家族に対する公権力の積極的な役割を論じるマクレーンの議論は特殊なものではなく、近年のアメリカの家族法論において政府の役割を考察する議論は他にも挙げることができる。例えば、"The Supportive State[44]"という著書のタイトルからも、その立場を推察することができるマキシン・アイクナー（Maxine Eichner）は、自分の立場をリベラルと説明しながら、家族に対する国家の役割を重要なものとして積極的に評価する。以下で、彼女の議論も少し見ることにしたい。

　アイクナーは、現代のリベラリズムの議論においては、市民が「能力のある成人」として独立していることが過度に強調されているが、市民の人生のほとんどの時間は、多かれ少なかれ相互に依存に過ごしているとして、人の置かれ

43）*Id.* at 42.

44）MAXINE EICHNER, THE SUPPORTIVE STATE — FAMILIES, GOVERNMENT, AND AMERICA'S POLITICAL IDEALS, OXFORD UNIVERSITY PRESS, 2010.

た状況としての依存性に焦点を当てて議論をする[45]。そうすると、家族において、ケアが提供され、人間開発がなされることが非常に重要なものになり、それは政府にとっても追求すべき目的とならなければならない[46]。すなわち、ケアの提供と人間開発を支持するのに、最も重要な手段が家族への支持なのである。

アイクナーは、自身が「リベラル」の立場、すなわち、全ての人の平等な尊厳、政府の抑制の重要性、個人が抱く自己の生の送り方についての見解への尊重、正当な政府は人民の同意に基づくといったことにコミットするとしながら[47]、上記のように人間の依存性に目を向け、依存性に取り組む社会政策については、リベラリズムのように我々の生き方に反すると批判せずに、積極的に取り組むべきであると考える[48]。アイクナーは、そうした依存性を盲点とすることは、ジェンダーの不平等も永続化させると述べている[49]。

したがって、アイクナーにとって、家族と国家の関係は、リベラルな民主政の理論において中心的な位置を占めるべきであり[50]、政府は、家族内におけるケアの提供と人間開発に対して、他の形態の責任と同様に経済的責任も大きく負うべきことになる[51]。つまり、家族は日々のケアを行い、国家は家族がケアのニーズに応えることを助けたり、人間開発をするような制度の構築に責任がある[52]。同時に、国家は、個人と家族が決定する事柄についての自律も保護し続けなければならない[53]。敷衍すれば、そうした "supportive state" は、家族生活から完

---

45) *Id.* at 4.
46) *Id.* at 4,9.
47) *Id.* at 7.
48) *Ibid.* アイクナーは、リベラリズムとフェミニズムの関係性についても論じており、ロールズ理論の修正に可能性を見出すオーキンについても言及している。アイクナーは、オーキンとは異なり、ロールズ理論はその特質から家族を無視することは不可避であるとしており（*Id.*20）、ロールズの議論に対しては消極的な評価のようである。ロールズ理論に対するフェミニズムによる評価が異なることは、そのこと自体、興味深いテーマであるが、ここではこれ以上立ち入ることはできない。アイクナーは、フェミニズムがケアの議論ばかりを強調することも、権利主体である女性という視点が後退する点で妥当ではなく、リベラリズムの正義の議論とともに、バランスが重要だと述べている。*Id.* at 51.
49) *Id.* at 6.
50) *Id.* at 5.
51) *Id.* at 10.
52) *Id.* at 61.
53) *Id.* at 63.

全に撤退するのではなく、家族が重要な決定をするための手段と資力を確保する一方で、個々の家族が機能するやり方については家族に任せ、やむにやまれぬ理由がなければ、国家は家族で生ずる事柄に指図することはできないとされている。[54]

おわりに

以上のようなアイクナーの議論は、少なくともここで見た限りはマクレーンの議論と親和的である。実際に、アイクナーは "supportive state" が家族への強制的介入を伴わずに家族を性的平等の方向へ導くことのできる様々な方法はあるとして、マクレーンを引用している。[55] アイクナーとマクレーンの両者の議論を現代アメリカ家族法でどう位置づけることができるかについては、本稿を超える課題であるが、さしあたり両者の議論は家族に関するフェミニズムの批判を踏まえた上で、リベラリズムと調和しうる議論が展開されていると考えることができよう。そして、家族に関する不正義を是正する上で、公権力の役割が肯定的に捉えられていることを確認できる。

さて、公権力への懐疑という近代立憲主義の大原則からすれば、家族に関する政府の介入については抑制的な態度で臨むべきなのは確かであろう。また、本稿で参照した、家族に対する政府の役割を積極的に捉えるマクレーンやアイクナーの議論は、憲法に家族条項を持たない米国の議論であることも、一定程度、差し引いて考えなければならない。つまり、公権力の役割を肯定的に論じるレベルが、憲法の次元なのか、例えば子どもに対する保護を規定するような民法や社会保障法の次元であるのか、ということである。仮に、憲法レベルで論じるということであれば、上記のことを憲法24条の解釈において論じることになるし、同時に憲法24条と25条の関係性についても論じることになる。

そうした難しい理論的岐路があるにせよ、家庭内の不正義を、国家と家族の関係においていかに考えるべきかという問題があることもまた事実である。家庭内の不平等が家庭外の不平等にもつながるというオーキンやマクレーンの問

---

54) *Id.* at 64.
55) *Id.* at 69.

題意識は肯定できるもので、一般論としては広く共有可能なものではないだろうか。その先の議論、すなわち、マクレーンの議論のように、その不正義を是正する役割を政府に期待すること、すなわち家族と国家の関係性を積極的に描くことについては、見解が分かれるところかもしれない。つまり、先にみた日本における改憲論などを思えば、マクレーンの議論を受容することは難しいともいいうる。この点については、マクレーンの議論をより詳細に検討することが必要であるし、そのこと自体の学問的意義は大きく認められるはずであり、今後の課題としたい[56]。他方で、受容が本当に不可能ということであれば、日本独自の処方箋を考える必要もあろう。

　以上のことは、憲法における家族モデルの論じ方にも関わるものであり、どのような位相で家族モデルを捉えるか、家族モデルの論じ方は複数あり得るものの、それぞれがどのように関係するのかについても考える必要がある。例えば、本稿では大きく取り上げることができなかったけれども、家族についての権利アプローチや契約アプローチなど、家族内部の関係性についての法的構成の検討[57]と、本稿の議論とはどのように関わるのかといったことである。また、本稿の問題意識は、公私二分論批判を憲法学における家族論でどのように消化するかということにつながる可能性もあり、その観点からの検討も必要であろう[58]。

(たしろ・あき　専修大学教授)

---

56) 近年のマクレーンの著作においても、本稿と基本的には同一の立場で家族が論じられている。Linda C. McClain, *Formative Projects, Formative Influences: Of Martha Albertson Fineman and Feminist, Liberal, and Vulnerable Subjects*, 67 EMORY L.J. 1175 (2018).

57) 参照、野崎綾子『正義・家族・法の構造変換──リベラル・フェミニズムの再定位』(勁草書房、2003 年)、安念潤司「『人間の尊厳』と家族のあり方──『契約的家族観』再論」ジュリスト 1222 号 (2002 年) 21-29 頁、同「憲法問題としての家族」ジュリスト 1022 号 46-51 頁 (1992 年)、齊藤笑美子「自己決定と親密圏」ジェンダー法学会編『ジェンダーと法 (第 9 号)』日本加除出版 (2012 年) 94-104 頁。憲法と家族に関する文献は数多いが、差しあたり上記の各文献と、米沢広一「憲法と家族法」ジュリスト 1059 号 6-11 頁を挙げておく。最近のものとしては、蟻川恒正「家族への法的介入と憲法──夫婦同氏強制を素材として」法律時報 1130 号 (2018 年) 10-17 頁。法律時報同号の特集は、「家族への公的介入」であり、様々な法分野から同テーマが論じられている。

58) 参照、巻美矢紀「公私区分批判はリベラルな立憲主義を超えうるのか」岩波講座『憲法 1　立憲主義の哲学的問題地平』(岩波書店、2007 年) 151-175 頁。高井裕之「家族をめぐる憲法理論の分析──公序再編論の立場から」京都産業大学論集 11 巻 (1994 年) 90-111 頁。

裁判実務から法理論への還流

――辻村憲法学の新たな可能性と課題

佐藤雄一郎

はじめに

これまでの研究活動において「憲法の科学的検討に際して、歴史的方法や比較憲法的方法を重視」[1]してきた辻村みよ子教授が、昨年7月に弁護士登録を行い、弁護士としての活動も開始された[2]。この事実は、歴史的方法や比較憲法的方法を重視して「一般的法理の探究」[3]や「体系的な解釈理論の構築を志向」[4]してきた辻村憲法学が、裁判実務において活用され、（良い意味で）より実践的な内容に変化していく可能性を秘めていると思われる[5]。

では、歴史的方法や比較憲法的方法を重視してきた辻村憲法学が「裁判所に働きかけて、憲法価値をよりいっそう実現するような判例法理の形成を促す[6]」

---

1) 辻村みよ子『憲法〔第6版〕』（日本評論社、2018年）3頁。ちなみに、第3版のはしがきでは、法科大学院時代の到来を受けて、本書は「基本原理軽視の傾向に抗して、あえて『科学的・動態的・比較憲法史的視座』にたって、『世界の憲法変動を見渡す広い視野から日本の憲法問題を主体的に学ぶ』ことをめざした」と述べている。
2) 所属された弁護士事務所のHPにおいて辻村教授は、「別姓訴訟などの家族問題や女性に対する暴力、選挙権等をめぐる訴訟実務等に参加させて戴き、これまでの経験をわずかでも活かすことができれば幸いです。」とコメントされている。さかきばら法律事務所HP　http://sakakibara-law.com/company.html#lawyer（2019年5月19日最終閲覧）
3) 藤田宙靖『裁判と法律学　「最高裁回想録」補遺』（有斐閣、2016年）86頁。
4) 佐々木弘通「憲法学説は政教分離判例とどう対話するか」法律時報82巻8号（2010年）84頁（辻村みよ子＝長谷部恭男編『憲法理論の再創造』（日本評論社、2011年）に所収）。

ためには、憲法学者・辻村みよ子と弁護士・辻村みよ子のそれぞれにおいて、どのような課題が存在しているのだろうか？　このような漠然とした疑問に対し本稿は、憲法と家族法、特に憲法24条に関する辻村教授の論稿等を素材に、ささやかな検討を試みるものである。

I　辻村教授の憲法24条論

辻村教授自身が指摘しているように、「2015年最高裁判決以降は確かに変化が認められる」が、それまで「日本の憲法研究者は13条と24条の関係や私的生活に関わる訴訟支援等に必ずしも大きな関心を払ってこなかった[7]」。そのような状況の中で辻村教授は、米沢広一教授ら[8]ともに、憲法24条の重要性を主張し、1990年代から憲法24条と憲法13条・14条との関係について検討してきた。1997年に出版した著書においては、憲法24「条の位置づけと家族に関する憲法理論的研究は十分ではない[9]」とした上で、「近代型家族の矛盾ないし

---

5)　この点につき辻村教授は、「最近は、論争がなくなっていますし、戦後第1世代の清宮、宮澤先生の時代に出された問題が、だんだん矮小化といいますか、スケールが小さくなっているのではないかという議論がされていると思います。もちろん、芦部先生中心の憲法訴訟研究が一世を風靡したのは非常に重要なことでした。これに対して70年代主権論争や選挙権論争もあり、一応、70年代80年代までは、論争もあり、一定の方法論もあったのですね。しかし、だんだんと（小さな憲法学）と言われるようになり、そして2004年から法科大学院がはじまって、ますます、基礎原理ではなくて、訴訟技術といいますか、判例中心の教育に変わってきた。そういう流れをどう評価するか。」（辻村みよ子＝山元一＝只野雅人＝愛敬浩二＝毛利透「憲法変動と憲法研究──『憲法研究』創刊に寄せて」辻村みよ子責任編集「憲法研究」創刊第1号（信山社、2017年）145頁）と厳しく指摘している。そのため本稿自体が、辻村教授にとっては「小さな憲法学」そのものであり、「余計なお世話」であることは、本稿筆者も重々承知しているが、ただ、重々承知の上であえて指摘することから始まる形の「論争」もあってもよいのではないかと思われる。
6)　佐々木・前掲注4）78頁。
7)　辻村みよ子「『個人の尊重』の現在──憲法13条・14条・24条の関係を問う」辻村みよ子責任編集「憲法研究」第4号（信山社、2019年）5頁。また、同1頁では「とくに近年では、夫婦別姓訴訟（夫婦同氏強制違憲訴訟）など家族をめぐる多くの訴訟において、憲法13条（個人の尊重）と24条（個人の尊厳と両性の本質的平等）、14条（差別禁止）との関係も問題になってきた。こうして『個人の尊重』の現状を、憲法13条・14条・24条の原則を総合する視座から再検討する必要性が増しているといえる」とも指摘している。
8)　米沢広一『子ども・家族・憲法』（有斐閣、1992年）、同「憲法と家族法」ジュリスト1059号（1995年）6頁以下など。

限界の克服（いわば、現代憲法下での現代型家族の構築）の処方としての二つの
『現代型家族』の選択肢——家族に対する国家保護の徹底（いわば家族の社会化）
の方向と、団体主義・家族主義に対抗する個人の自立と平等の徹底（いわば家
族の個人化）の方向——のうち、日本国憲法が後者を選択したことを重視して、
憲法二四条と一三条の関係について理論的検討を深めることが求められる[10]」と
指摘していた。

　では、辻村教授の憲法 24 条論とはどのような内容なのか。辻村教授の論稿
からすると、以下の 5 点から構成されていると言えるだろう[11]。

① 　憲法 24 条 1 項は、憲法 13 条が保障する幸福追求権の一環としての人格
　的自律権ないし家族に関する自己決定権の具体化として、両性の合意のみ
　を要件とする婚姻の自由、およびその消極面としての非婚・離婚の自由を
　個人に保障している。
② 　憲法 24 条 1 項は、夫婦の同等の権利とそれに基づく婚姻維持の自由を
　保障する。夫婦の同等の権利については、婚姻に関する場合や女子差別撤
　廃条約に明記された諸権利については、同一の権利が要請されている。婚
　姻の維持の自由については、憲法 13 条の保障内容（妊娠・出産・子どもの
　養教育・生計の維持等に関する自由）とも重なり合い、立法府・行政府の侵
　害についての違憲判断の根拠となりうる。
③ 　憲法 24 条 2 項は、配偶者の選択・財産権・相続・離婚等のほか「婚姻
　及び家族に関するその他の事項」に関する法律が、すべて「個人の尊厳」
　と両性の本質的平等に立脚して制定されなければならないことを、立法府
　の義務として定めていて、家族法の制定・改廃に関する立法府の義務違反
　の問題はこの規定から直接導かれる。
④ 　憲法 25 条の生存権保障の一環としての家庭生活の（経済的）保障を排除

---

9) 　辻村みよ子『女性と人権　歴史と理論から学ぶ』（日本評論社、1997 年）213 頁、同『ジェンダー
　と人権　歴史と理論から学ぶ』（日本評論社、2008 年）231 頁。
10) 　辻村・前掲注 9)（『女性と人権』）215 頁、同・前掲注 9)（『ジェンダーと人権』）233 頁。
11) 　辻村・前掲注 9)（『女性と人権』）218-219 頁、同・前掲注 9)（『ジェンダーと人権』）241-242 頁、
　辻村みよ子『憲法〔第 2 版〕』（日本評論社、2004 年）197 頁、辻村みよ子『憲法と家族』（日本加除
　出版、2016 年）121-130 頁。

するものではないが、その場合にも、憲法13条・24条に基づく個人の尊
厳や自己決定権（非婚・離婚等の自由や堕胎の自由、シングル・マザー等の選
択）を侵害することは許されない。
⑤　憲法13条を根拠にライフスタイルについての自己決定権を最大限に認
める場合には、24条との抵触は避けられないものとなり、13条と24条と
の対抗関係を問題とせざるをえないことになる。[12]

II　最高裁による憲法24条の解釈

では次に、最高裁による憲法24条1項と2項の解釈をそれぞれ見ていくこ
とにする。最高裁はいくつかの判例において、憲法24条の解釈を示している
が、重要なものは以下に記載する4つの最高裁判決における解釈だと思われる。

1　憲法24条1項に関する最高裁の解釈

まず、所得税審査決定取消事件（最大判1961〈昭36〉. 9. 6民集15巻8号2047
頁）において最高裁は、「憲法二四条の法意を考えてみるに、同条は、「婚姻は
……夫婦が同等の権利を有することを基本として、相互の協力により、維持さ
れなければならない。」、「配偶者の選択、財産権、相続、住居の選定、離婚並
びに婚姻及び家族に関するその他の事項に関しては、法律は、個人の尊厳と両
性の本質的平等に立脚して、制定されなければならない。」と規定しているが、
それは、民主主義の基本原理である個人の尊厳と両性の本質的平等の原則を婚
姻および家族の関係について定めたものであり、男女両性は本質的に平等であ
るから、夫と妻との間に、夫たり妻たるの故をもつて権利の享有に不平等な扱
いをすることを禁じたものであつて、結局、継続的な夫婦関係を全体として観
察した上で、婚姻関係における夫と妻とが実質上同等の権利を享有することを

---

12) この点につき工藤達朗教授は、「『13条と24条の緊張関係』を見る必要はない。というのは、13
条と個別的自由権は一般法と特別法の関係にあり、13条は個別的自由権が適用されない場合に初め
て補充的に適用されるにすぎない。この点はほとんどすべての学説の認めるところである。この場
合、仮に2つの規範が両立しえない内容を規定していても、両者が同時に適用されるわけではないの
だから、矛盾も緊張関係もないのである。」と指摘している。赤坂正浩＝井上典之＝大沢秀介＝工藤
達朗『ファーストステップ憲法』（有斐閣、2005年）153頁。

期待した趣旨の規定と解すべく、個々具体の法律関係において、常に必らず同一の権利を有すべきものであるというまでの要請を包含するものではないと解するを相当とする。」と述べ、辻村教授が重視していた夫婦の同等の権利について、憲法 24 条は「婚姻関係における夫と妻とが実質上同等の権利を享有することを期待した趣旨の規定」であるから、「常に必らず同一の権利を有すべきものであるというまでの要請」は含まれないことを明らかにしている。

　次に、夫婦別姓訴訟最高裁判決（最大判 2015〈平 27〉．12．16 民集 69 巻 8 号2586 頁）は、憲法 24 条 1 項について、「憲法 24 条は、1 項において『婚姻は、両性の合意のみに基いて成立し、夫婦が同等の権利を有することを基本として、相互の協力により、維持されなければならない。』と規定しているところ、これは、婚姻をするかどうか、いつ誰と婚姻をするかについては、当事者間の自由かつ平等な意思決定に委ねられるべきであるという趣旨を明らかにしたものと解される。」との判断を示した。また、同日に出された再婚禁止期間規定違憲訴訟最高裁判決（最大判 2015〈平 27〉．12．16 民集 69 巻 8 号 2427 頁）においても、同様の判示の後、「婚姻は、これにより、配偶者の相続権（民法 890 条）や夫婦間の子が嫡出子となること（同法 772 条 1 項等）などの重要な法律上の効果が与えられるものとされているほか、近年家族等に関する国民の意識の多様化が指摘されつつも、国民の中にはなお法律婚を尊重する意識が幅広く浸透していると考えられることをも併せ考慮すると、上記のような婚姻をするについての自由は、憲法 24 条 1 項の規定の趣旨に照らし、十分尊重に値するものと解することができる。」との判断を示した。

2　憲法 24 条 2 項に関する最高裁の解釈

　まず、尊属傷害致死事件（最大判 1954〈昭 29〉．1．20 刑集 8 巻 1 号 52 頁）において最高裁は、「憲法二四条二項は、配偶者の選択、財産権、相続、住居の選定、離婚、その他婚姻及び家族に関する事項に関しては、個人の尊厳と両性の本質的平等に立脚して、立法されなければならないといつているだけで、所論のごとき親族間の処罰事項等に関する立法まで包含する規定ではない。」と述べ、親族間の処罰事項等に関する立法は、個人の尊厳と両性の本質的平等に立脚して立法されなければならない内容には含まれないことを明らかにした。

次に、再婚禁止期間規定違憲訴訟最高裁判決（最大判 2015〈平 27〉. 12. 16 民集 69 巻 8 号 2427 頁）では、「婚姻及び家族に関する事項は、国の伝統や国民感情を含めた社会状況における種々の要因を踏まえつつ、それぞれの時代における夫婦や親子関係についての全体の規律を見据えた総合的な判断を行うことによって定められるべきものである。したがって、その内容の詳細については、憲法が一義的に定めるのではなく、法律によってこれを具体化することがふさわしいものと考えられる。憲法 24 条 2 項は、このような観点から、婚姻及び家族に関する事項について、具体的な制度の構築を第一次的には国会の合理的な立法裁量に委ねるとともに、その立法に当たっては、個人の尊厳と両性の本質的平等に立脚すべきであるとする要請、指針を示すことによって、その裁量の限界を画したものといえる。」と述べ、上記尊属傷害致死事件の判断と反対に、格段に憲法 24 条 2 項による立法裁量に対する規律密度を強める方向での判断を行った。

そして、夫婦別姓訴訟最高裁判決（最大判 2015〈平 27〉. 12. 16 民集 69 巻 8 号 2586 頁）においては、「憲法 24 条は、2 項において『配偶者の選択、財産権、相続、住居の選定、離婚並びに婚姻及び家族に関するその他の事項に関しては、法律は、個人の尊厳と両性の本質的平等に立脚して、制定されなければならない。』と規定している。婚姻及び家族に関する事項は、関連する法制度においてその具体的内容が定められていくものであることから、当該法制度の制度設計が重要な意味を持つものであるところ、憲法 24 条 2 項は、具体的な制度の構築を第一次的には国会の合理的な立法裁量に委ねるとともに、その立法に当たっては、同条 1 項も前提としつつ、個人の尊厳と両性の本質的平等に立脚すべきであるとする要請、指針を示すことによって、その裁量の限界を画したものといえる。そして、憲法 24 条が、本質的に様々な要素を検討して行われるべき立法作用に対してあえて立法上の要請、指針を明示していることからすると、その要請、指針は、単に、憲法上の権利として保障される人格権を不当に侵害するものでなく、かつ、両性の形式的な平等が保たれた内容の法律が制定されればそれで足りるというものではないのであって、憲法上直接保障された権利とまではいえない人格的利益をも尊重すべきこと、両性の実質的な平等が保たれるように図ること、婚姻制度の内容により婚姻をすることが事実上不当

に制約されることのないように図ること等についても十分に配慮した法律の制定を求めるものであり、この点でも立法裁量に限定的な指針を与えるものといえる。」と述べ、婚姻に関する立法に当たって、憲法 24 条 2 項の要請・指針が憲法上直接は保障されているとはいえない利益を考慮することにも及ぶことを認めた。ただし最高裁は同時に、「婚姻及び家族に関する法制度を定めた法律の規定が憲法 13 条、14 条 1 項に違反しない場合に、さらに憲法 24 条にも適合するものとして是認されるか否かは、当該法制度の趣旨や同制度を採用することにより生ずる影響につき検討し、当該規定が個人の尊厳と両性の本質的平等の要請に照らして合理性を欠き、国会の立法裁量の範囲を超えるものとみざるを得ないような場合に当たるか否かという観点から判断すべきものとするのが相当である。」と述べ、憲法 24 条 2 項の要請・指針があくまで考慮要素の 1 つにとどまることを明らかにしている。[13]

Ⅲ　弁護士と学説

　上記のような最高裁による憲法 24 条論に対し、弁護士・辻村みよ子としてはどのように向き合うべきなのだろうか。清水正憲弁護士は、弁護士が学説に向き合う（出会う）場面として、①判例変更を試みる場合、②判例評釈を見る場合、③判例研究を見る場合、④判例の欠缺を学説で埋めたい場合、⑤知的関心（実務に不断の刺激を送り込むために「勉強する」場面）の 5 つを挙げている。[14]その上で清水弁護士は、弁護士が学説を最も頼りにする場面として、①の場面を挙げる。具体的には、「従来の判例理論では依頼人の要求を満たせない場合、学説を拠り所に判例の変更を試みる[15]」場面である。

　しかし、判例はそう簡単には変更されないし、特に、最高裁判例が変更されるには、藤田宙靖元最高裁判事が指摘するように、「基本的には、やはりそれ

---

13) 石埼学「夫婦同氏訴訟」新・判例解説 Watch Vol.18（2016 年）34 頁、篠原永明「『婚姻の自由』の内容形成——夫婦同氏制合憲判決を参考に」甲南法学 57 巻 3・4 号（2017 年）620 頁。
14) 清水正憲「弁護士から見た実務と学説」法律時報 79 巻 1 号（2007 年）75 頁。
15) 清水・前掲注 14）75 頁。清水弁護士は、判例変更された例として有責配偶者の離婚請求を挙げ、「その背後には、時代の変化とそれを受けた学説の変遷があった。」と指摘している。清水・前掲注 14）78 頁。

なりの条件が揃い機が熟することが必要[16]」であろう。まして憲法24条に関して言えば、平成27年12月16日に上記2つの最高裁判決（再婚禁止期間規定違憲訴訟最高裁判決と夫婦別姓訴訟最高裁判決）が同時に出された（ばかり）だけに、これら2つの判決で示された（憲法24条の解釈を含めた）最高裁の判断が変更されるには、やはり相応の時間が必要であろう。立法的な解決は別にしても、辻村憲法学を拠り所に弁護士・辻村みよ子がこれら2つの最高裁判決で示された（憲法24条の解釈を含めた）最高裁の判断を変更に導くことは容易ではない。

　ただ、「最高裁が出す枠組みは抽象的な枠組みではなく、その事件に固有に対応するもの[17]」であって、「最高裁は、この事件を処理するために説明が必要だから、一般論を示す。しかし、それはあくまでもこの事件を処理するために示されたものである。この一般論がそのまま後の枠組みになるかどうは、その後の判例を見て、後からしか分からない[18]」のが実情である。上記2つの最高裁判決（再婚禁止期間規定違憲訴訟最高裁判決と夫婦別姓訴訟最高裁判決）が示した憲法24条1項・2項についての解釈も「その事件に固有に対応するもの」であって、これをどのように発展させていき、「憲法価値をよりいっそう実現するような判例法理の形成を促す」かは、憲法学者・辻村みよ子と弁護士・辻村みよ子の協働作業となろう。

　そこで以下では、上記IIとIIIで見てきた辻村教授による憲法24条論と、最高裁による憲法24条1項・2項に関する解釈を比較検討することで、上記2つの最高裁判決（再婚禁止期間規定違憲訴訟最高裁判決と夫婦別姓訴訟最高裁判決）が示した憲法24条1項・2項についての解釈の発展可能性を検討してみたい。

---

16) 藤田宙靖『最高裁回想録　学者判事の七年半』（有斐閣、2012年）154頁。

17) 藤田宙靖＝蟻川恒正＝中川丈久「藤田宙靖先生と最高裁判所（2）」法学教室401号（2014年）43頁（藤田・前掲注3）『裁判と法律学　「最高裁回想録」補遺』271頁に所収）。

18) 藤田宙靖＝蟻川恒正＝中川丈久・前掲注17）44頁（藤田・前掲注3）274頁）。中川丈久教授のこの問い掛けに対し藤田宙靖元最高裁判事も「そうだと思います。……一般的な枠組みが独り歩きすることもあるし、下級審などはそれに則ってやりますし、最高裁自身もまたそれに似たようなことをやることはあるのです。」と応答している。また、この対談に参加された蟻川恒正教授も、猿払事件を例にして「猿払も、当時はそんなに事例判断のつもりではなかったかもしれませんけれども、当時の最高裁判事たちが徹底してその事例に即して判断したことによって、後になっても、あれは事例判断だったのだと言って矛盾のない形になっている。」と指摘している。

Ⅳ　最高裁による憲法 24 条の解釈の発展可能性

1　憲法 24 条 1 項に関する解釈について

　第一に、最高裁による憲法 24 条 1 項に関する解釈についてであるが、夫婦別姓訴訟最高裁判決が「婚姻をするについての自由は、憲法 24 条 1 項の規定の趣旨に照らし、十分尊重に値するものと解することができる。」との判断を示したことについて、辻村教授は「明確な形で『憲法上の権利』と位置付けることはせず、……、保障レヴェルを一段下げる見解を示した[19]」と指摘しているところではあるが、同時に辻村教授は「従来の最高裁判例が、憲法 24 条 1 項から明示的に婚姻の自由を導いてこなかったことと比べれば、本判決の特徴として評価することができ[20]」、上記 2 つ（再婚禁止期間規定違憲訴訟最高裁判決と夫婦別姓訴訟最高裁判決）の「最高裁判決も、憲法 24 条論として『婚姻することの自由』の尊重を保障したことから、立法裁量による同性家族の容認をも『許容』しうる立場と解される[21]」として、その解釈の発展可能性を認めている。

　この点について篠原永明講師は、夫婦別姓訴訟最高裁判決「で問題にされた『婚姻』とは、法制度によって承認され、様々な法的効果を付与された人的結合関係としての『婚姻』であるといえよう。差し当たり、夫婦同氏制合憲判決では、社会において他者と親密な人的結合関係を取り結ぶ自然的自由は問題にされていないと考えられる[22]。」と指摘している。篠原講師と同様に、佐々木くみ教授も夫婦別姓訴訟最高裁判決の法廷意見は寺田逸郎裁判官の補足意見を前

---

19) 辻村みよ子「憲法から見た家族の動向と課題」月報司法書士 543 号（2017 年）8 頁。田代亜紀教授も「多数意見においても、憲法 24 条 1 項の婚姻の自由は憲法上の権利としての位置づけはなく、それなりの保護に値するとされ、博多駅事件における取材の自由のような、憲法上の自由・利益の保護の程度にグラデーション付けする発想が採られている」と指摘している。田代亜紀「夫婦同氏制度と『家族』についての憲法学的考察」早稲田法学 93 巻 3 号（2018 年）118 頁。

20) 辻村・前掲注 11)（『憲法と家族』）243 頁。

21) 辻村みよ子「『個人の尊重』と家族——憲法 13 条論と 24 条論の交錯」法律時報増刊『戦後日本憲法学 70 年の軌跡』（2017 年）116 頁。木村草太教授も夫婦別姓訴訟最高裁判決が示した憲法 24 条 1 項の解釈について、「同性婚排除規定とはせず、婚姻当事者の意思決定を尊重すべきものと定めた規定だと解釈している」と指摘している。木村草太『憲法の急所——権利論を組み立てる〔第 2 版〕』（東京大学出版会、2017 年）80 頁。

22) 篠原・前掲注 13) 612-613 頁。

提にしていると解した上で、「寺田補足意見によれば、憲法24条が保障する婚姻の自由は『法律制度』としての婚姻の自由であって、憲法13条によって裏付けられる、『およそ人同士がつながりを持って暮らし、生きていくか』を当人同士が決める自由とは区別される。法廷意見も同様に、憲法24条1項によって保障される婚姻の自由を、前国家的自由としての婚姻そのものから区別して、法制度としての婚姻の自由に限定している、と読むことができるように思われる。[23]」と指摘している。

　前述したように、辻村教授が1990年代から憲法24条と13条との関係について指摘・考察をしてきたことを考えると、辻村教授の憲法24条と13条との関係に関する検討が上記最高裁判決に幾ばくかの影響を与えたと評価することも可能であろう。[24] こうした点を総合すると、憲法学者・辻村みよ子としては、たとえ学界でその認識が共有されなくとも、憲法13条と14条との関係を明らかにしつつ「憲法24条の保障内容と権利構造の解明[25]」に向けて、さらに研究を進展させていく必要があるだろう。その際、憲法学者・辻村みよ子としては、憲法13条が保障する（婚姻の自由を含む）家族に関する自己決定権と、憲法24条が保障する（法律制度としての）婚姻の自由の差異を明らかにしつつ、憲法24条が保障する（法律制度としての）婚姻の自由の意義・限界をより明確化する必要がある。また、辻村教授が夫婦同氏制を憲法24条1項の「夫婦の同権

23）佐々木くみ「制度審査——制度審査とは何を審査するのか？」大林啓吾＝柴田憲司編『憲法のエニグマ』（成文堂、2018年）225-226頁。なお、寺田裁判官の補足意見は「およそ人同士がどうつながりを持って暮らし、生きていくかは、その人たちが自由に決められて然るべき事柄である。憲法上も、このことを13条によって裏付けることができよう。これに対して、法律制度としてみると、婚姻夫婦のように形の上では2人の間の関係であっても、家族制度の一部として構成され、身近な第三者ばかりでなく広く社会に効果を及ぼすことがあるものとして位置付けられることがむしろ一般的である。現行民法でも、親子関係の成立、相続における地位、日常の生活において生ずる取引上の義務などについて、夫婦となっているかいないかによって違いが生ずるような形で夫婦関係が規定されている。このような法律制度としての性格や、現実に夫婦、親子などからなる家族が広く社会の基本的構成要素となっているという事情などから、法律上の仕組みとしての婚姻夫婦も、その他の家族関係と同様、社会の構成員一般からみてもそう複雑でないものとして捉えることができるよう規格化された形で作られていて、個々の当事者の多様な意思に沿って変容させることに対しては抑制的である。民事上の法律制度として当事者の意思により法律関係を変容させることを許容することに慎重な姿勢がとられているものとしては、他に法人制度（会社制度）や信託制度などがあるが、家族制度は、これらと比べても社会一般に関わる度合いが大きいことが考慮されているのであろう、この姿勢が一層強いように思われる。」と述べている。

違反」として把握するならば[26]、「最高裁をはじめ日本の裁判所では、条約に定める人権に直接依拠して事件を処理することを敬遠する傾向が依然として強い[27]」中でも、夫婦の同等の権利について、婚姻に関する場合や女子差別撤廃条約に明記された諸権利については、同一の権利が要請されているとする論拠をより明確に示すべきであろう。加えて辻村教授は、子が父を知る権利や親子関係の確定を求める権利は憲法13条から導き出せ、母に嫡出否認権が認められないのは憲法24条1項の「夫婦の同権」に違反し得る点をも指摘している[28]。ならば、憲法学者・辻村みよ子としては、子が父を知る権利や親子関係の確定を求める権利が憲法13条に含まれ、また憲法24条1項がいう「夫婦の同権」には嫡出否認権が含まれることを論証すべきであろう[29]。ただし、藤田宙靖元最高裁判事が指摘するように、「裁判官の判断は、何よりも眼の前の具体的な事

---

24) 学説が最高裁の判断形成に対しどのような意義を持ちうるのかという点について藤田宙靖元最高裁判事は、「法解釈学説は、もはや裁判、とりわけ最高裁における判断形成について、基本的には、その『導きの糸』ともなり得なければマニュアルとしての機能をも果たし得ないというべきでしょう。しかし、それは裁判官の『良識』をいかに適切な『法の言葉』で表現するかにつき重要な支えを与えるものとして、機能し得るように思います。」と指摘していたが、小田中聰樹名誉教授からの厳しい批判を受け、その後、「学説は、実務と同様の視点に立って個別的な事件の解決法にあれこれ指示をするのではなく、例えば、実務が自らのやり方で行き詰って新たな解決の途を探すときにその考察を敷衍することによって、新たな解決の糸口を見つけることを可能とするような、『体系的考察』を示すことこそ、その任務とすべきである、ということです。法解釈学説は、個別的事件の解決に関してこれを『教導』することはできなくとも、少なくともこの意味において、実務一般に対する『参考』ないし（状況によっては）ある種の『導きの糸』となることはできるし、またそれが学説が本来担うべき任務である」と述べ、自らが用いた用語の適切さを欠いていたことを認めている。藤田・前掲注17)（『裁判と法律学』）60頁、88-94頁。
25) 辻村・前掲注21) 119頁。
26) この点につき蟻川恒正教授は、辻村教授の「立場は夫婦同氏制が憲法24条1項後段の『同等の権利』の保障に違反し、違憲であると」して、憲法24条1項後段に着眼する点で自らの立場と軌を一にするが、民法750条が夫婦に『同等の権利』を保障していないと見る点では考えを異にすると指摘している。蟻川恒正「家族への法的介入——夫婦同氏強制を素材として」法律時報90巻11号（2018年）15頁。
27) 薬師寺公夫「国際人権法から見た憲法規範の『限界』と可能性」法律時報84巻5号（2012年）17頁。園部逸夫元最高裁判事は、「国際人権規約の適用を主張する側としては、訴訟上は、日本国憲法の人権に関する規定の適用のみでは人権の救済根拠規定として不十分であることについて、裁判所を説得できるかどうかが鍵である。」と指摘している。園部逸夫「日本の最高裁判所における国際人権法の最近の適用状況」芹田健太郎＝棟居快行＝薬師寺公夫＝坂元茂樹編『講座国際人権法I 国際人権法と憲法』（信山社、2006年）23頁。
28) 辻村・前掲注11)（『憲法と家族』）318頁。

件について『最も適正な紛争解決』を行うことを目指してのものであって、一般的法理の探究にあるわけではないから、具体的な事件についての判断の積み重ねである判例がその最も便利な手掛かりとなることは、自明のことである」ため、このような検討を行う際に学説や弁護士に求められるのは、「一般的法理の探究」や「体系的な解釈理論の構築」と同時に、「個別事件における結果の妥当性、すなわち、具体的な事件における当事者間の公平、他の類似事件の処理との整合性、今後の実務に与える影響などを総合考慮して妥当な結論を導こうとする」裁判官に受け入れられる論理を構築することにある。[30]

その観点から見ると、「子が父を知る権利や親子関係の確定を求める権利」が憲法 13 条に保障されるかについては、最高裁は京都府学連事件において、憲法 13 条「は、国民の私生活上の自由が、警察権等の国家権力の行使に対しても保護されるべきことを規定しているものということができる。そして、個人の私生活上の自由の一つとして、何人も、その承諾なしに、みだりにその容ぼう・姿態を撮影されない自由を有するものというべきである。」と述べた上で（最大判 1969〈昭 44〉. 12. 24 刑集 23 巻 12 号 1625 頁）、その後の指紋押捺事件では、「個人の私生活上の自由の一つとして、何人もみだりに指紋の押なつを強制されない自由を有する」（最三判 1995〈平 7〉. 12. 15 刑集 49 巻 10 号 842 頁）、そして住基ネット事件においても「個人の私生活上の自由の一つとして、何人も、個人に関する情報をみだりに第三者に開示又は公表されない自由を有する」と述べている（最一判 2008〈平 20〉. 3. 6 民集 62 巻 3 号 665 頁）。最高裁が憲

---

29) 辻村教授は出演されたテレビ番組において、「明治 31 年（1898 年）に民法が作られたんですけど、この民法は家制度の考え方に立っていて、子は父の家に入るというきまりがありましてね、それで（親子関係否認の）訴えについても、この法律が作られたときは、（夫以外の）第三者が介入して、本当の親かどうかを争うようになると、家庭の平和が乱れるということが言われて、家庭の平和のためにもこの立法の目的は正しいと説明された。ところが、子の利益にもなっていませんし、家庭の平和も DV などによって壊れているわけで、そうすると目的はいいとしても手段としての関係で、訴える資格を夫しか認めないというのは憲法違反じゃないか、という問題がでてきたわけです。」と発言されている（「ETV 特集 暮らしと憲法 第 1 回男女平等は実現したのか」2017 年 5 月 6 日放送）。

30) 辻村教授も「憲法学の方では、人権の基礎である個人の生活や自律、平等を重視して研究するなかで、社会生活に密着した（地に足が着いた）研究視座・方法や学際的研究が十分に確立されず、家族や個人、とくに女性やマイノリティーの権利などを軽視する傾向が強かったといえる。」と指摘されているが（辻村・前掲注 21）120 頁）、そうした視点を裁判官に受けられるように構築する作業が、弁護士・辻村みよ子には求められている。

法 13 条で保障されるとした「国民の私生活上の自由」の具体的内容と見られる「承諾なしに、みだりにその容ほう・姿態を撮影されない自由」、「みだりに指紋の押なつを強制されない自由」、「個人に関する情報をみだりに第三者に開示又は公表されない自由」はいずれも自己情報に関する消極的自由と言えるが、辻村教授が憲法 13 条で保障されるとする「子が父を知る権利や親子関係の確定を求める権利」は自己情報に関する積極的自由と言え、これらが共に憲法 13 条で整合的に保障されると言えるのか、更なる検討が必要であろう。[31]

　また、母に嫡出否認権が認められないのは憲法 24 条 1 項の「夫婦の同権」に違反し得る点については、既に二宮周平教授が紹介・検討しているように、[32]現在までに 4 つの下級審判決が出されているが、いずれも立法裁量の問題として請求を棄却している。[33]下級審判例が「夫と妻でみる限り、嫡出否認権を夫にのみ認めるという区別には、直接の法的権利義務関係の有無、夫以外の生物学上の父を生じさせる機会の管理の可能性の有無という点で、一応の合理性がある」（大阪高判 2019〈平 30〉. 8. 30 裁判所 HP）との判断を示している中で、憲法学者・辻村みよ子としては、妻の嫡出否認権を憲法 13 条や 24 条 1 項の問題として再構成し（ここでも憲法 24 条 1 項にいう夫婦同権の内容を具体的に示す必要がある）、また憲法 24 条 2 項により立法裁量を狭めていく検討も求められている（この点は下記 2 で触れる）。

　そして、上記の検討で得られた研究成果を、裁判官に受け入れやすいように、個々の具体的事例において弁護士・辻村みよ子が適切に活用していくことが求

---

31) その際、最高裁がいう「国民の私生活上の自由」とその具体的内容と見られる「承諾なしに、みだりにその容ほう・姿態を撮影されない自由」等との関係が、「単に前者が後者を包含するというものとは違う関係を取り結んでいる可能性があることを排除してはいないと解釈すべきである。」という蟻川教授の指摘が参考になる。蟻川恒正「起案講義憲法　第 19 回行為『禁止』事案の起案（1）」法学教室 414 号（2015 年）114 頁。

32) 二宮周平「夫のみの嫡出否認権規定を合憲とした 2 つの裁判——原告の問題提起に応えたか」ジェンダー法研究 5 号（信山社、2018 年）175 頁以下、同「家族法と憲法」辻村みよ子責任編集「憲法研究」4 号（信山社、2019 年）161-162 頁。「家族法と憲法」165 頁で二宮教授は、夫のみの嫡出否認権制度は憲法 13 条、14 条、24 条に違反するとした上で、「その中心は 13 条『個人の尊重』である」、「誰を子の共同養育のパートナーとするのかは、個人の意思、判断に委ねられるべきであ」ると指摘している。

33) 神戸地判 2017〈平 29〉. 11. 29、大阪高判 2018〈平 30〉. 8. 30、東京地判 2018〈平 30〉. 3. 13、東京高判 2018〈平 30〉. 9. 27。

められると言えるだろう。

2 憲法24条2項に関する解釈について

　第二に、最高裁による憲法24条2項に関する解釈についてであるが、夫婦別姓訴訟最高裁判決が「憲法24条が、本質的に様々な要素を検討して行われるべき立法作用に対してあえて立法上の要請、指針を明示していることからすると、その要請、指針は、単に、憲法上の権利として保障される人格権を不当に侵害するものでなく、かつ、両性の形式的な平等が保たれた内容の法律が制定されればそれで足りるというものではないのであって、憲法上直接保障された権利とまではいえない人格的利益をも尊重すべきこと、両性の実質的な平等が保たれるように図ること、婚姻制度の内容により婚姻をすることが事実上不当に制約されることのないように図ること等についても十分に配慮した法律の制定を求めるものであり、この点でも立法裁量に限定的な指針を与えるもの」と判断したことについては、「憲法24条2項の文言について、客観法原則として一定の規範力を認めつつ、守備範囲を拡大した[34]」という積極的な評価もなされている。この点については、管見の限り、辻村教授の論稿でも具体的に明確化されていないと思われるので、憲法24条2項の要請・指針が立法裁量をどこまで狭めることができるのか、憲法学者・辻村みよ子としては詳細に詰めていく必要があるだろう。また、夫婦別姓訴訟最高裁判決が「婚姻及び家族に関する法制度を定めた法律の規定が憲法13条、14条1項に違反しない場合に、さらに憲法24条にも適合するものとして是認されるか否かは、当該法制度の趣旨や同制度を採用することにより生ずる影響につき検討し、当該規定が個人の尊厳と両性の本質的平等の要請に照らして合理性を欠き、国会の立法裁量の範囲を超えるものとみざるを得ないような場合に当たるか否かという観点から判断すべき」としている点から見て、「再婚禁止期間違憲判決とは異なり、『慎重な検討』を求めていないものの、『著しい不合理性』まで要求していないことから、極めて緩やかな審査基準とまではいえない[35]」という点から、「ある権利が制度構築に依存していることを認めることが、『制度優先思考』を直線的

34）石埼・前掲注13) 34頁。
35）佐々木・前掲注23) 234頁。

に導くわけではない。権利に対する制限と構成できる場面であれば、制度構築の裁量を枠づける場面もある。夫婦同氏合憲判決は、そのような方向で発展させる余地を含んでいる、と受け止めたい[36]」との評価もなされている。

最高裁としての初の判断であり、今後、「婚姻及び家族に関する法制度を定めた法律の規定が憲法13条、14条1項に違反しない場合に、更に憲法24条にも適合するものとして是認されるか否かは、当該法制度の趣旨や同制度を採用することにより生ずる影響につき検討し、当該規定が個人の尊厳と両性の本質的平等の要請に照らして合理性を欠き、国会の立法裁量の範囲を超えるものとみざるを得ないような場合に当たるか否かという観点から判断すべき」とする際の考慮要素等が、辻村教授を含めた憲法学者および最高裁（を含む裁判所）自身によって提示されていき[37]、最高裁（を含む裁判所）が個々の事例の判断に際して、提示された「考慮要素が現に適切に考慮されたかを個々の考慮要素に即して跡付けるように審査すれば[38]」、立法裁量の幅を狭めていけることになろう。憲法学者・辻村みよ子には、こうした研究も期待されており、そして、そこで得られた研究成果を、弁護士・辻村みよ子が具体的事例において、適切に活用していくことが求められるのである。

おわりに

雑駁な検討のむすびに代えて、2点、指摘したい。

第一に、清水弁護士は「実務はそれまでの延長戦上での処理は得意であるが、先例のないことには手探りで望むしかないし、その手探りも確かなものである

---

36) 渡辺康行「憲法判例のなかの家族——尊属殺重罰規定違憲判決と婚外子法定相続分規定違憲決定」駒村圭吾編『テクストとしての判決 「近代」と「憲法」を読み解く』（有斐閣、2016年）107頁。

37) 安念潤司教授は「事案が集積していけば判断過程を示す『作文』が良くも悪くも精緻化するのが普通のローヤーの性ともいうべき傾向であって、このこと自体は、洋の東西を問わぬ現象であるように思われる。」、「同種の事案が増えれば、それらに同種の理論・基準を適用しようとするのはこれまた普通のローヤーの性であり、同種の理論・基準を適用しようとすれば、事案を相互にdistinguishする必要性も増し、結局は、基準定立と判決文の長文化とが形影相伴って進行することになる。」と指摘している。安念潤司「憲法訴訟論とは何だったのか、これから何であり得るのか」論究ジュリスト1号（2012年）134頁。

38) 亘理格「最高裁の行政法解釈——解題と試論」法律時報90巻8号（2018年）9頁。

かどうかについて、過去の実務に照らしても検証のしようがない。やはり、実務に先んじて、これらの問題について、学説の側から十分な研究に基づく解決の方向付けがあると、実務にとってもきわめて示唆深いものとなろう[39]」と指摘し、福田剛久裁判官も「日常的な事件処理には実務家の所説が役立つことが多いが、本当に困難なあるいは新しい法律問題に遭遇したときは、学者の所説を頼りにすることになる。優れた学者の所説は、基礎理論をもとに体系的な考察がされており、その考察を敷えんすることによって新しい法律問題を解決する糸口がみつかることが多い。新しい法律問題を含む事件では学者の比較法的な研究も参考になることが少なくない。法律審である最高裁では、当然のことながら下級審におけるよりも学説の果たす役割が大きい[40]。」と指摘している。

　こうした指摘を参考にすると、歴史的方法や比較憲法的方法を重視してきた辻村憲法学としては、今後も歴史的・比較法的見地から、家族法分野における新たな憲法問題を検討し続け、それを解決する糸口を実務（弁護士・辻村みよ子）に提供し続けることが期待されていると言えよう。

　第二に、学説と実務との関係について、民事手続法の本間靖規教授は「筆者の知る何人かのドイツの教授は、同時に高裁の裁判官を兼ねている。ある教授の言によると、これは経済的にはあまり意味はないが、実務において生の事件に接することにより、学問的な刺激が与えられることが忙しい中でも裁判官を続ける動機となっているとのことであった[41]。」と指摘されている。

　弁護士・辻村みよ子の活動が、憲法学者・辻村みよ子に新しい学問的刺激を与え続け、辻村憲法学が更なる進化（深化）を遂げていくことを期待してやまない[42]。

（さとう・ゆういちろう　熊本県立大学准教授）

---

39) 清水・前掲注 14) 77 頁。

40) 福田剛久「裁判官から見た実務と学説」法律時報 79 巻 1 号（2007 年）73 頁。

41) 本間靖規「民事手続法分野における実務と学説」法律時報 79 巻 1 号（2007 年）68 頁。

42) その点において、民法再婚禁止期間規定違憲訴訟で一部違憲判決を勝ち取った作花知志弁護士や、夫婦別姓訴訟の弁護団長として活躍されている榊原富士子弁護士、そして無戸籍問題を考える若手弁護士の会の代表である高取由弥子弁護士等との知的交流が、弁護士・辻村みよ子だけでなく、憲法学者・辻村みよ子にどのような学問的刺激を与え（てい）るのかという点は、本稿筆者としては大変興味深く注視している。

「家族」と日本国憲法
── 牧野英一の「家族保護」論

若尾典子

I　はじめに

　いま「家族」をめぐる政治的な動きが活発化している。その端的な現れが、2012 年自民党改憲草案であろう。草案は、「個人の人権尊重」にかわる「家族」主義を前面に押し出しているからである。まず草案前文は「基本的人権の尊重」を、「和」の尊重とともに、「家族や社会全体」の「助け合い」の原理としており、「家族道徳」へと変質させている。この「個人の人権」から「家族道徳」への転換は、草案 13 条で日本国憲法 13 条の「個人」を「人」へ変更する一方で、草案 24 条は日本国憲法 24 条の「個人」を維持するという対照的な対応に、明確に示されている。しかも草案 24 条は、新設の 1 項で「家族は…尊重される」「家族は、互いに助け合わなければならない」と規定している。これは「家族」に「自助努力」を強制する「家族解体」規定である。にもかかわらず、「家族保護」規定と称されるところに、「家族」主義の恐ろしさがある。[1]とはいえ「家族保護」論の主張は、日本国憲法制定過程でも 1950 年代改憲運動においても登場した。だが、そのたびに「イエ制度復活」論として否定された。それなのに、なぜ 21 世紀のいま「家族保護」論が浮上するのか。あまりに「時代錯誤」ではないか。

---

1)　以上は若尾典子「自民党改憲草案 24 条の「ねらい」を問う」本田由紀＝伊藤公雄編著『国家がなぜ家族に干渉するのか──法案・政策の背後にあるもの』（青弓社、2017 年）122-154 頁で検討した。

しかし、「家族」の政治化は、日本に「特殊」な動向ではない。とくに1990年代後半以降、国連を舞台に「家族の価値」を掲げる運動が活発化してきた。[2]その担い手は、カトリック系、プロテスタント系、モルモン教、イスラム教、あるいはユダヤ教のなかで、保守的な宗派のゆるやかな連携にあり、キリスト教右派（Christian Right）と呼ばれる。キリスト教右派はアメリカで1970年代以降、政治活動を展開しており、国連では1995年北京で開催された世界女性会議への参加から活動を始めた。異なる教義をもつ宗派を結びつけるのは「プロ・ファミリー」という「自己規定」にある。「我らアブラハムの子」として「自然の家族」の擁護が、一致点である。「自然の家族」とは、妻と夫の関係が性別役割分担にもとづき、子どもにたいする監護・教育権（とくに宗教教育の自由）が親に保障されることである。したがって「家族の価値」運動は、1979年女性差別撤廃条約の「性別役割分担論の打破」や1989年子どもの権利条約にある「子どもの最善の利益」保障など、国連を中心に展開されている人権保障政策を「家族解体」を進めるものだとして反対する。しかも「家族の価値」運動は、国連での活動をテコに、それぞれの国・地域で女性・子どもの権利保障政策に反対し、「自然の家族」保護政策を要求する。女性・子どもの人権保障を掘り崩す動きが、保守的宗教団体によって「グローカル」に進展している。

　「家族の価値」運動と「家族保護」運動には、提示する家族像や主張の法的根拠に大きな違いがある。だが、双方ともに宗教右派による「時代錯誤」な主張であるにもかかわらず、21世紀の政治に一定の影響力をもって立ち現われている。いずれも、冷戦終結後に展開するグローバリゼーションのなかで、各国が直面している「戦争と貧困」という「安全保障」の課題に対する、1つの「応答」として登場しているからではないか。第2次世界大戦の反省・克服という共通理解のうえにたつ戦後の先進諸国の立憲主義が、いま揺らいでいる。その1つが日本では、9条とともに24条をもつ日本国憲法を攻撃する動きであり、そこに「家族保護」論の「現代」的な性格があるように思われる。

　このような問題意識にたつとき、第2次世界大戦直後、日本国憲法制定過程において、憲法24条に「家族保護」規定を挿入する修正案を提起した牧野英

---

2)　この点は若尾「平和主義と日本国憲法24条——なぜ『家族保護』論は『平和主義』に敵対するのか？」平和研究50号（2018年）39-57頁で検討した。

一が、あらためて注目される。第 90 回帝国議会貴族院で展開された牧野の
「家族保護」論は、自らもいうように「国家理念を問う」立場から提起されて
いたからである。ただ、「家族保護」論に限定するとはいえ、長期間にわたる、
かつ民法・刑法・法理学と広範囲におよぶ、さらに比較法という手法による、
牧野の膨大な研究業績を視野に入れた検討が必要であるが、それは筆者の能力
をはるかに超える。本稿では、憲法審議過程で牧野が主張した「家族保護」論
を「国家理念」との関係で確認するにとどまる。この作業により、戦後 70 年
を経て三度、浮上した「家族保護」論の理論的源流を探ることが、本稿の課題
である。

II　第 90 回帝国議会貴族院本会議における牧野の「家族保護」論

1　「小さい立場」から問う「国家理念」

　1946 年 8 月 27 日帝国議会貴族院本会議で、牧野は冒頭、次のように述べる[3]。
「この憲法改正案に対し、私は唯極小さい、狭い、そうして細かい立場から…
基本的人権に関する部分に付いて」質問するが、それは「憲法改正案全体の精
神に瓦る」もの、すなわち「改正案の中に現れて居る国家理念が果たしてどう
云うものであるか」を問題にする、と。そして彼は、改正草案第 3 章の基本的
人権に関し、①総論的な問題、②家族に関する問題、そして③刑法に関する問
題に言及する。この「総論」と「家族」に、すでに牧野の基本的な立場が表明
されている。「総論」で「新しい憲法」のあるべき理念を論じた牧野が、「家
族」では心情に訴える主張をしており、「進歩的」法学者と「心情的」イエ制
度支持者に分裂しているかのようにもみえる。しかし、この対比的な語りのう
ちに、牧野が「小さい立場」から「国家理念」を問う意味が浮かび上がる。

2　20 世紀憲法という国家理念

　牧野はまず、改正案の基本的人権規定が、伝統的な 19 世紀憲法に基づく消
極的な自由を列挙するにとどまっていることを問題にし、20 世紀憲法の特質

---

3)　以下、牧野らの貴族院本会議での発言は『帝国憲法改正審議録第七編』の「貴族院本会議昭和 21
　年 8 月 27 日」参照。

をもつよう要請する。彼のいう19世紀憲法とは、①自由平等の原則、②罪刑法定主義、そして③所有権不可侵の原則からなる。これに対し20世紀憲法には①生存権の原則、②改善刑、そして③所有権における公共性の確保が必要である、とする。

　牧野の主張は、次の3点にある。第1に大日本帝国憲法の改正は、19世紀憲法から20世紀憲法への転換とみる。第2に、この転換の理念は、第1次世界大戦後に登場した20世紀憲法の「社会問題にたいする国家の積極的な関与」にある。とくに労働問題について「企業の国家的、社会的性質ないし使命に関する規定」や「労働の国家的保護に関し、基本となるべき原則」が必要である。したがって第3に20世紀憲法には、所有権不可侵の原則を保障する「自由平等の原則」から、所有権の制限を明確にする「生存権」への転換を宣言する必要がある、と。

　政府は、牧野の主張を社会権の強化にあるとみて、次のように答弁した。河合良成国務大臣は、「『ソ』聯の憲法のように、…国家が勤労の機会を与えると云うことを保障して居る譯ではありませんから、自由権と考えております」といい、続けて、25条（条文は改正案審議過程で変動しているため、本稿では以下、現行憲法の条文を示す）の規定により「国の力のある限りは失業對策なり、或いは其の他の社会政策、生活保障と云うことに邁進しなくちゃならぬことは疑いないことであります」と強調した。金森徳次郎国務大臣も改正案に列挙されている社会権をあげ、これらによって「積極的」で「相当の用意をいたして居る」と回答した。しかし、牧野の関心は、改正草案の社会権規定、とりわけ生存権規定にはなかった。

3　「文化国家」の要請

　牧野が改正草案の「消極性」を問題にするのは、「総論」規定である。12条「自由及び権利は、国民の不断の努力によって、これを保持しなければならない」は、国民に権利の行使を強調しているが、このような規定は自由競争にたいする警察的任務を国家に認める、19世紀的なものにすぎない、という。それにたいし13条「国民の権利は立法その他国政の上で最大の尊重を必要とする」の「最大の尊重」は、「国家が進んで国民の総ての者に対し其の生存権の

充実に付て積極的な責務を負うという意味が十分でない」とする。牧野のいう20世紀憲法は、国民の権利の強調を退け、国家の積極的関与を明らかにするものである。そのため牧野は、第3章の最初に総則的な規定をおくことを提案する。「第三章の初の所、劈頭第一に、国家の文化的任務というものが明らかに」される必要がある、と。牧野のいう20世紀憲法の要とは、「労働と所有権とを適当に結合し配合して、産業の発展、充実というものを図」る「文化国家」の宣言にある。

　この「文化国家」は、「信義誠実の原則を国家と個人の関係に適用」することによって行われる、と牧野はいう。「小さな」立場から明らかにされる「国家理念」とは、民法上の「信義誠実の原則」を憲法上の原則とすることにある。憲法と民法・刑法は、19世紀憲法にあっては放任主義によって無関係だったが、20世紀憲法においては「相交渉する所が甚だ密接」になっている、と牧野はいう。そして、この傾向はすでに憲法改正草案にも見出され、「更に大いに日常生活の法律であることになって居ります」と評価する。具体的には①「権利は濫用されてはならぬ」、②「権利は公共の福祉の為に利用せられねばならぬ」、③「個人人格の尊重」、④男女両性の平等の4点にみられ、ここに「自由平等の原則」から新しい「信義誠実の原則」への転換が示されている、という。したがって牧野にとり社会権規定は「社会問題」の所在を示すものにすぎず、これら社会問題に「文化国家」が「信義誠実の原則」にもとづいて「積極的に関与配分する」ことが、20世紀の「国家理念」とされる。「信義誠実の原則が憲法上の問題として国家と個人との関係に適用せられた時に、国家は其の全力を挙げて生存権の保持に努めなければなら」ない、と。

4　「夫婦」と「親子」

　次いで牧野は「家族」の問題に入る。冒頭、「合意による夫婦のことは書いてありまするけれども、親子のことは一つも見えて居らぬ。…どうも寂しい」と情緒に訴え、「新しい憲法が夫婦だけを書いて、而も我々の家と云うものを除外したのはどう云うものでありましょうか」と呼びかける。「親子」から「家」、そして「家族協同体」と言い換えて牧野は「家族協同体というものは、我々の生活の現実であります。…それは放って置けば今日の産業関係の結果と

してどう云う運命に接するかも知れない状況にあるのです。それでやはり夫婦というものを法律上なんとかしておかねばならぬということであるならば、やはりこの家族共同体と云うことを少なくともそれと同等に憲法上明らかにして置いて然るべきことではないか」と訴える。

5 「家族協同体」と戸主権

　家族保護規定の必要性は、牧野によれば次の3点である。第1に「家族制度における民主主義」の要請である。憲法改正案の趣旨からみて「政治上の民主主義、産業上の民主主義…に附け加えて、…家族制度に於ける民主主義」が求められており、「現実に営んで居る家族協同体の生活を基本として、此の家族協同体と云うものを法律上適当に保護し、奨励し、その発展を促進するということは、やはり憲法上の問題としても重要」だ、という。

　もちろん「家及び戸主権の制度と云うものはどうもまずい」とする。その理由は、明治31年制定の明治民法の戸主権は、明治34年の大審院判例で「統制」に服するとされ、「実施日ならずして既に破綻」しており、さらに戦時中に戸主権は「重大な制限」を受けたため、「形式上民法に規定せられて居る戸主権の制度を維持」する必要はないからである。

　とはいえ家族法に必要な規定として牧野が例示するのは、家の氏を称する権利・義務、住所・居所・相続・家督相続における統合責任者の地位など、戸主権と変わらない。したがって、これらの規定を法律に確保することは「技術上相當に骨の折れること」だと述べる。そして牧野は、ここで論理を逆転させる。法律に規定することが困難だからこそ「先ず憲法に於て原則を明らかに」することが必要だ、という。なぜ牧野は「逆転の論理」を主張できるのか。この点を明らかにするのが、家族保護規定の必要性の第2の理由である。

　すなわち第2は「20世紀憲法」の要請である。牧野は、家族協同体の保護規定を民法に確保することは、20世紀憲法の原則たる「信義誠実の原則」の要請にあるとする。「家族関係と云うものは、主として道徳的な関係であるにも拘わらず、法律の上に規定せられて居る所の関係は、観な権利と義務との…誠に情けない潤いのないものになっている…。併し所有権及び契約の関係においても、既に信義誠実の原則と云うものを明らかにせねばならぬと云うことに

なりますれば、況や親族関係においておや」と。

19世紀憲法の「自由平等の原則」すなわち「所有権の不可侵」と「契約の自由」から、20世紀憲法の「生存権」すなわち「信義誠実の原則」への転換により、家族法も「信義誠実の原則」の下におかれることになる、とする。しかし、20世紀憲法の要請たる生存権保障としての「家族保護」を、牧野は戦前すでに日本の判例に見出していた。「妻の借財に対する夫の許可権」に関する大正9年大審院判決である[4]。明治民法において妻の無能力制度の下、妻の借財には夫の許可が必要だったが、この事案において大審院は1つには妻の借財が一家の生計を維持するためだったこと、いま1つには海外に出稼ぎ中の夫からは送金がなかったことを認め、妻の借財には、あらかじめ夫の許可があったものと判断した。この判例を「条理」に基づく判断を行ったとして評価するなかで、牧野は次のように述べた。「生存権の前には夫権は沈黙せねばならぬ。妻は生存権の範囲に於いては夫権から全く独立することになる」と。20世紀憲法の要請は、イエ制度に採用されていた。牧野のいう憲法改正は、20世紀憲法への「転換」というより、大日本帝国憲法下で形成されていた20世紀憲法の「確認」であり、ここに「逆転の論理」が成立する。

しかも牧野は、逆に、「法律の倫理化ということは、先ず親族法から始まる訳であります」とも述べ、「倫理」を親族法に適用すべきとすると同時に、親族法が「倫理」の出発点だともいう。牧野にとり憲法（＝「文化国家」）と家族法（＝「家族協同体」）は、生存権保障、すなわち「信義誠実の原則」を基本原理とする点で一体化しているようである。そして、この一体性を保障する「倫理」法が当時、まだ存在していた。それが「教育勅語」である。

6　教育勅語と生存権

したがって第3は「教育勅語」の要請である。牧野は「憲法に於ても夫婦相和しと云う原則の外に、父母に孝に、兄弟に友にと云う原則が何かの形を以て適当にあらわされて欲しい」と述べ、「夫婦相和し」が24条1項の夫婦の「相

4）　この判例に牧野は繰り返し言及するが、ここでは牧野英一「法律に於ける具體的妥當性」法学志林第24巻第10号（1922年）『法律に於ける具體的妥當性』（有斐閣、1925年）44-47頁、所収による。

互の協力」に規定されている以上、「父母に孝」もまた当然、憲法に規定されるべきだ、という。

しかし、なぜ1890年「教育勅語」が「20世紀憲法」と並んで提示できるのか。ここにも、牧野の「逆転の論理」がある。牧野は「資本主義の発展にともなう家族協同体の崩壊」を「先進諸国に共通する危機感」とする。そして、この危機感はすでに先進諸国において第1次世界大戦という形で現実化し、その反省から「20世紀憲法」が登場したという。牧野は日本が、第1次世界大戦に関与しなかったこと、すなわち家族崩壊の危機感を先進諸国と共有しつつも、その現実化（＝戦争）から免れたところに、20世紀憲法に先んじた日本の憲法体制の「先駆性」を見出した。1919年、大日本帝国憲法30年の記念講演「憲法三十年[5]」において、牧野は次のように論じた。

第1に、19世紀文明の問題は個人主義と進化論にある。たしかに個人主義により成文憲法、所有権そして契約の自由が掲げられ、資本主義の発展をみた。だが同時に、資本家と労働者という階級対立を生み出し、組合、政党、社会主義など「團體運動」が展開した。その「最も大きなのは国家で、其の争いの最も激しかったのが」第1次世界大戦である。

また進化論は生存競争・自然淘汰説として流布し、「争いに依る繁栄が…19世紀文明の特色」となった。生存競争説は、「我人の生活は常に競争を以て終始する」事実を指摘するが、しかし「生存は意識的に争うことに依りて経営せらるるもの…とするのは不當」である。生活は「意識的には争って居ても、無意識的には協同して居る事実が大きい」のであり、「我人の進化は生存協同に依りて営ま」れると考えるべきである。「此の事實を意識し、擴充せんとするところに進化論に對する二十世紀の解釈の帰趨を窺うことが出来る」。

したがって第2に国家の役割が転換しつつある。19世紀文明は、国家の任務を個人の自由の保障とする「自由主義、放任主義」だった。しかし、これからは国家の積極的活動、とくに社会政策に重点をおく「協同主義、連帯主義」という「新しい解放手段」へと転換する必要がある。20世紀文明の国家は「個人の生活を保全し指導し之に命令」する「国家の権利」をもつ。「国家主権と

---

5) 牧野「憲法三十年——将来の法律に於ける進化的基調」『法律に於ける正義と公平』（有斐閣、1920年）203-260頁、所収。

いう法律観念を構成する必要ありとするならば、…吾人が国家の一員として相互に有機的に結び付けられて生活するということの自覚を促す」点にある。

結論として第3に20世紀文明の法律の課題は「先ず社会に應化し、社会の理想を理解し、その理想を攪充することに依って、又實に社会其者を指導するものなること」にある。この点からみれば、大日本帝国憲法の「先駆性」は明らかである。「我憲法は欽定憲法である。我憲法の欽定たる所以の特色は、憲法が自ら進んで、社会を理解し、社会の理想の為に先駆者であった貼に存する」と。

20世紀文明の課題を「生存競争」から「生存協同」への転換にあるとみた牧野は、この転換が1889年に制定された大日本帝国憲法に先駆的に示されている、と考えた。この「逆転の論理」から、戦時体制下には「日本法理論」からの攻撃にたいし「五箇条の御誓文」を示すことで、あくまで明治維新以降の近代日本法の国際的先駆性を語った。[6]この立場を第2次世界大戦後も維持して牧野は、「生存協同」を示す20世紀憲法として「教育勅語」を掲げた。牧野にとり「家族保護」規定は、大日本帝国憲法の2大支柱であったイエ制度と教育勅語を、戦後もなお維持・確保するための橋頭堡としての役割を担うものだった。

これにたいし田中耕太郎国務大臣は、次のように答弁した。24条に婚姻だけが規定されているのは「婚姻が契約関係」であり「世界観の差異に立脚して参る問題」であるのにたいし、「親子関係は、是は人間の自然的関係」であり、「世界観的の差異を超越する人倫の大本に立脚している」ため「特に憲法に…規定する必要はない、詰り民法に任せておいて宜いのである」と。田中は「自然の家族」論により、憲法から「家族」の問題を排除し、民法の問題とした。しかし、それは牧野にとり19世紀憲法の枠組に止まるものだった。大日本帝国憲法は「家族」・「教育」に言及しない「近代的性格」すなわち19世紀憲法であり、これを利用して田中は「親子関係」の問題を、民法の議論へと「先送り」した。「親子関係」が、明治民法と教育勅語により、天皇主権の成立に不可欠な「臣民」養成、すなわち「忠孝」精神の涵養を確保する「人倫の大本」

---

6) この点は牧野『日本法的精神の比較法的自覚』（有斐閣、1944年）。牧野の立場を批判的に指摘するのは、白羽祐三『刑法学者　牧野英一の民法論』（中央大学出版部、2003年）36頁。

とされてきた憲法問題は、「回避」された。

Ⅲ　第90回帝国議会貴族院特別委員会における牧野の「家族保護」論

1　再度の「国家」論と「家族保護」論

9月5日貴族院特別委員会で牧野が取り上げたテーマは、①文字の使い方、②基本的人権の全体の組立、そして③三権分立の制度の3点である。貴族院本会議と同様、牧野は①で「国家」を、②で「家族」を論じるが、よりリベラルな論調になっている[7]。

まず「文字の使い方」で牧野は「天皇」の規定を問題にする。英文をより正確に日本語に翻訳すると、「我ら」・「象徴」そして「助言及び承認」という3用語は「天皇を中心とする我ら日本国民」、「表象、シルシ、ミシルシ」そして「輔弼」となる、という。その理由は、改正草案の「天皇の地位」を、大日本帝国憲法と変化はないことを示すためとする。ただ、牧野の意図は大日本帝国憲法への単なる復帰とはいえない。天皇を「文化国家」の頂点におくという牧野の主張からみれば、天皇を「統合の象徴」と規定する改正案をより一層、強化することが狙いだったように思われる。

次いで基本的人権に入り、「労働」について労働者の義務を力説する一方で、「家族保護」については民主主義の要請という点を強調する。前者は、20世紀憲法の特徴の1つとして「所有権には義務が伴う」に関連づけ、「兵役は権利にして義務であるように、…勤労は権利にして義務である、国家の必要に應じては、俺はそういう勤労は厭だからしないと云うような自由を主張することの許されない場合も将来出て来ないとも限りますまい。…労働者に於ては勤労の義務と云うものを考えて徒らに争いをこととすべきではないと云うことになる」と述べる。

「家族保護」規定については「家族の民主主義」が強調される。まず「親子と夫婦とを少なくとも本質的平等な地位に置いて考えたい」と述べたうえで、自分は24条の内容を了解するが、世間には誤解もあるため、「此の憲法の規定

---

7)　以下、『貴族院帝国憲法改正案特別委員会議事速記録第五号』「貴族院帝国憲法改正特別委員会昭和21年9月5日」参照。

が誤解を招くようなことのないようにしたい」という。さらに牧野は「家族保護」という「訓示規定」は、「母子保護」および「児童養護」を想定している、という。「母子保護」については「母子保護法、母体保護法と云うような形でもって国家が此の問題に付て自由競争に事を委ねないということを示」すものであるとする。また「児童養護」は「児童の酷使と云うことだけは規定になっておりますが、例えば不当に待遇せられ、或いは道徳的に遺棄せられたる子供に対して適当に処置すると云うことが比較法には考えられて居ります。それに付て憲法の規定は僅かに教育のことに関して 26 条の 2 項があるだけでございますが、…誠に物足りないことに考えるのであります」と主張する。

　牧野の主張のなかで、「家族の民主主義」と「母子保護」は、衆議院においてすでに提起されていた。特別会での牧野の主張は、この衆議院での議論と類似しているようにも思われる。ここで衆議院における二つの主張を確認しておきたい。

2　もう一つの「家族保護」論

　衆議院では、二つの提案が行われた。[8]一つは「家庭生活保護」規定である。7 月 2 日衆議院小委員会で、黒田寿男（日本社会党）は「家庭生活」に関する規定を検討する必要はないかと質問して、次のように述べた。「単に婚姻に於る男女間の平等の規定だけでなく、更に我が国民生活の実情に基き、家庭生活に付きましても、国家としてこれが円滑に遂行し得られるように保障する必要がある…。この点に付きまして、本草案には何らの規定がない…。親子の関係…兄弟の関係…につきましても…今後の民主的な生活に適合するような改革をなすべき諸種の事項がある…かつ…国家として国民の家庭生活の保障をなす必要がある」と。これにたいし政府は 24 条 2 項で保障されている、と回答した。

　いま一つは「母子生活保護」規定である。7 月 6 日衆議院小委員会で加藤シズエ（日本社会党）は、妊娠・出産・育児の問題とともに、寡婦・母子の生活の国家的保障を憲法に規定することを提案した。「公共の福祉」ではなく「両性の本質的平等」を活かすためには「基本的人権の上に更に…別の条文として

---

8)　以下、清水伸『逐条日本国憲法審議録第二巻』（日本世論調査研究所、1962 年）481-512 頁。

挿入」する、と。また、7月17日衆議院小委員会では、二人の女性議員が意見を述べた。越原ゑる（協同民主党）は、24条3項として「母と子供の生活権はこれを保障する」規定を提起した。彼女は、「ヴァイマル憲法並びに現行ソ聯憲法」にも規定されており、「この憲法に母子に関しましたことを一項目入れることに依って基盤がしっかりと致して参ります。そのしっかりした基盤の上に立法していただきますときに、本当に全国の女性の望むような民法ができるのではないか」と主張した。また同日、武田キヨ（日本自由党）は、寡婦であったり「二重の負担」をもつ女性が受ける「生活の脅威」を保護するために、「婚姻生活と云うものに対して憲法がはっきりこれを保護すると云うことを…付け加えることが当然ではないか」と述べた。武田はまた「母性と云うものにたいする御考慮は別にないのでございましょうか」といい、さらに「私生児」問題にもふれ、「妊娠、産婦、と云う者については、…唯婚姻から発する母と云う状態と云うのではな」い者にたいしも、法律・政策によって保護されることになるのか、問いただした。これらにたいし、政府側は25条や27条において考慮されると回答した。

3 「家庭保護」論

　二つの提案は、いずれも政府の回答で決着をみたかに思われたが、前者に関して7月29日衆議院小委員会で、再度、鈴木義（日本社会党）が修正案として[9)]提案した。「家族制度というと封建的家族制度と直ぐに結び着」くが、それは「家という集団的団体を1つの対象として保護している」ところに問題がある。しかし、「親子、兄弟、姉妹の関係等を調整」する必要があるので「家族」ではなく「家庭」の生活の保護規定を要求する、と。政府がすでに回答済みであることを伝えると、あわてた鈴木は、女性議員から「実に細かい規定」を渡され、困惑してヴァイマル憲法を参考に「簡潔な一行」として「家族保護」規定を見出し、これを提案したと弁解した。イエ制度の廃止に賛成する立場からも、「家族保護」の必要性は感じられていた。

　この不安を森戸辰夫（日本社会党）も提起した。彼は「両性の本質的平等」

---

9)以下、7月29日および30日の憲法改正小委員会の議論は、衆議院事務局編「第90回帝國議會　衆議院帝國憲法改正案委員小委員會速記録」（衆栄会、1995年）参照。

の規定に関する議論において「日本の国家を民主主義化すると言うことと同じ
ように、家族生活を民主主義の精神でやっていく」ことを強調しつつ、「ただ
欠陥と思うのは、余りに個人の平等が重視され、新しい家族制度も集団生活で
あって、其の集団生活に関する顧慮が何かたらないような感じがする」とし、
「封建的な集団生活ではダメである、ばらばらな個人生活でも良くない、其の
点家庭生活は保護されるように表現されて居るけれども、適切に現はれて居な
い憾みがあると思われるのです」と訴えた。翌7月30日、金森の出席をえて、
森戸は再び「個人の平等という建前が非常に強くて、共同生活という方面が背
後に隠れて居るように読める」ことを心配する質問をした。金森は、「この憲
法は兎に角当面の欠点、日本における当面の社会秩序の中の欠点と云う所に特
に留意」したものにすぎず、「協同生活そのものの立場から来る原則を此の憲
法が動かそうというように考え」ていないと答えた。

　金森の保護規定排除の一貫した姿勢は、すでにGHQ草案にたいし家族保護
規定を提案し、拒否された経験にあった。[10]これにたいし芦田委員長は金森の発
言によって「日本の家族主義の特色とする所を特に排除する意味ではない」こ
とが明らかになったが、なお「家庭生活保護」規定を提案するかと社会党に質
問した。鈴木が「明日までに考えておきます」と回答したが、その後、提案は
なかった。

4　生存権の登場

　社会党は「家庭生活の保護」規定とともに、「生活を営む権利」規定と「労
働の義務」規定を考えていた。したがって「家庭生活の保護」規定を提案した
同じ7月29日の小委員会で、社会党は「生活を営む権利」を提案した。「家庭
生活の保護」規定のときとは異なり、森戸らは、多くの反対意見にもかかわら
ず、まったく譲ることなく主張を続け、8月1日の小委員会で議論の末、生存
権を明記する修正案を成立させた。この生存権は、個人の権利として明記され

---

10)　スーザン・ファー「女性の権利をめぐる政治」坂本義和田編『日本占領の研究』東京大学出版会、
　　1987年、459-504頁。同時に、GHQのこの方針はベアテ・シロタ草案にも貫ぬかれ、同草案に含ま
　　れていた「家族保護」主義は排除された。両者へのGHQの対応について、若尾「戦後民主主義と
　　憲法24条──ジェンダーに敏感な視点から」憲法問題18号（2007年）94-95頁。

た点で、「経済生活の秩序」として生存権を提示するヴァイマル憲法とは異なっていた。ただし、この違いに社会党が自覚的であったかは疑問である。ヴァイマル憲法に倣い、生存権をプログラム規定とする発言をしている。にもかかわらず生存権が個人主義的に構成されたのは、改正草案25条の規定の不鮮明さに加えて、24条の影響も考えられる。社会党は、24条の個人主義的構成に不安をもち「家庭保護」規定を構想したが、イエ制度の関係から踏み切れなかった。その逡巡のなか、当時の家族が直面する貧困への対応として提起された生存権も個人主義的にならざるをえなかったのではないか。

さらに社会党は、生存権提案後の7月30日の小委員会で、27条に「労働の義務」を挿入することを提案した。「労働の義務」は協同民主党も提案していたこともあり、この修正はすぐに合意を得て、生存権より一日早く成立した。協同民主党は「法律上の義務」を主張したが、これに反対して社会党は、ヴァイマル憲法の「道徳規定」を継承したものだと述べた。

社会党は、ヴァイマル憲法に倣い「家庭保護」規定、「生存権」規定そして「労働の義務」規定を構想した。だが日本にはイエ制度の問題があり、ヴァイマル憲法の規定を忠実に継承するわけにはいかなかった。そこに日本国憲法の社会権規定が、24条を総則規定として個人主義的に構成された理由の1つがある。そして「生存権」と「労働の義務」は改正案に盛り込まれたが、「家庭保護」は取り残された。牧野の主張は、社会党が意図したヴァイマル憲法の継承を試みるもの、といえるかもしれない。

5 『最後の一人の生存権』

事実、牧野はヴァイマル憲法を高く評価していた。それは「家族保護」規定の内容として唯一人、「児童養護」を提起した点にも示されていた。牧野には、家族に居場所をもたない少年らが「生存権としての家族保護」を最も必要とする存在として「みえていた」。戦前の著作『最後の一人の生存権』[11]は、「児童養護」の現場、現在の児童自立支援施設の出発点といわれる留岡幸助による「家庭学校」[12]を牧野が訪れたことから始まる。牧野は、留岡校長がラスキンになら

---

11) 以下は牧野『最後の一人の生存権』（人道社、1924年）。

「家族」と日本国憲法　271

い、北海道の自然の中で家族制度を軸とする教育を行っていることに注目した。しかもラスキンについては、河上肇が労使関係に家族的感情を適用する提案者として紹介していた。ラスキンに触発された留岡や河上が親子関係に注目して「生存競争から生じる社会問題」に取組むことに共鳴した牧野は、法律学の課題とすることをこの著作の目的とした。ラスキン『この最後の者にて』に倣うかのように『最後の一人の生存権』という題名が選択されている。

　この著作で牧野は、1919年ヴァイマル憲法を、1789年人権宣言に匹敵する、20世紀の憲法として高く評価し、その重要性を3点指摘した。1つは151条1項「経済生活の秩序は、各人をして人間に値する生活を得しむることを目的とし、正義の原則に適合することを要す。…」である。「生存競争の敗北者の最後の者といえども『人間たるに價ひする生活』だけは保障されねばならぬのである」。2つ目の153条3項「所有権は義務を伴ふ。所有権の行使は同時に公共の福祉の為に為さるることを要す」は、20世紀の法律思想の「標語」とすべきことである。そして3つ目が152条2項「…善良の風俗に反する法律行為は之を無効とす」との規定であり、ついに「憲法は其の民法上の原則を更に憲法上のものとしたのである」、と。

　これらは、改正草案審議の貴族院本会議で牧野が主張した20世紀憲法の基本原則である。1点目の生存権は、牧野が「自由平等の原則」からの転換として提示したが、ヴァイマル憲法もまた「経済生活の秩序」すなわち「自由平等の原則」の修正として「生存権」を規定する。2点目の所有権の制限も、牧野が「所有権の不可侵」からの転換とした。3点目の「善良の風俗」規定は、牧野が「信義誠実の原則」という民法上の原則の憲法化として提示した。

　この3点をふまえて牧野は、ヴァイマル憲法の家族に関する条文に言及する。119条「婚姻は家族生活及び民族の保持並に増殖の基礎なるを以て、憲法上特別の保護を受ける…」は、19世紀の憲法にはなかったことが強調される。さらに、120条の子の養育に関する「両親の最高の義務であって、且自然の権利である」という規定、121条の「私生子差別の禁止」規定、そして122条「少

---

12)「家庭学校」については、二井仁美『留岡幸助と家庭学校——近代日本感化教育史序説』(不二出版、2010年) が詳しい。
13) 牧野・前掲注12)、18頁。

年の保護」規定が紹介される。とくに122条について「少年問題は、国家の重要政策に属するのである」とする。

119条において「家族生活」は、憲法上の価値としては結婚より自明とされており、牧野の「家族保護」論の根拠といえる。牧野が共感する「家庭学校」の取組みも122条「少年問題」に根拠づけられる。問題は、親子関係に関する120条である。120条は子の養育を「親の義務および自然の権利」としており、教育勅語の「父母に孝」とは逆方向である。だが同時に、120条「自然の権利」規定はキリスト教的倫理観の表明である。憲法規定として浮上したキリスト教倫理に対応する日本の倫理が「教育勅語」であったといえよう。しかも、牧野に倣えば、120条「親権」の強調は「生存競争」原理であり、逆に「父母に孝」すなわち「子の服従」は「生存協同」にふさわしい倫理規定となろう。

6 「生存協同」としての生存権

したがって、この著作の目的はヴァイマル憲法の紹介ではなく、その「利用」を示すことにあった。牧野はいう。人権宣言もヴァイマル憲法も革命の成果だが、社会の発展に必ずしも革命が必要ではない。大日本帝国憲法は平和のうちに制定されたが、これはフランス革命の「利用」ともいえる。「我が最近の判例と立法との趨向が、また新しく二十世紀の革命たるドイツの事例を巧妙に利用して居るものと解すべきではなかろうか」と。

そして牧野は、ヴァイマル憲法の「利用」として留岡の取組みをも念頭に「社会事業[14]」を取り上げた。ヴァイマル憲法の特色は「従来の憲法を自由主義としてみると、…団体主義である。個人主義に対する意味に於ての社会主義である。若し社会主義といふのに誤解があるならば、社会政策的と謂ふことを得よう」と。そして日本も、文明の贅沢仕事とされた「慈善事業」から、所有階級の温情の発露とみる「救済事業」へ、そして「社会事業」と呼ばれる段階にある。それは「独立自尊ではなく、その独立に代へて共同連帯を意味し、その自尊に代えて相互扶助を意味する。…社会全体の為に、社会の各自が總がかり

---

14) 牧野の社会事業について初期に限定されているが「国家統制主義」として検討されている。宿谷晃弘「大日本帝国期における統制主義的法理学の形成に関する覚書：牧野英一の思想的営みを中心に」東京学芸大学紀要人文社会科学系Ⅱ 66（2015年）113-145頁。

で経営する事業であるといふ意味に帰着する…。それは、やがて、社会が、其の最後の一人の為に生存権を保全せんとするの理想を意味する…。社会事業乃至社会政策といふことは、20世紀の国家に於ては、憲法上の事項でなければならぬことになる」と。

　牧野のいう、20世紀憲法の「社会事業」とは、「最後の一人の為に生存権を保全する」ことを「社会」の役割とすることである。「社会」の前に「独立自尊」の個人は、もはや存在しない。社会事業は、「共同連帯」し「相互扶助」する「社会の各自」が総がかりで取り組むものである。それゆえ「最後の一人の為に最後の一人にまで勤め得しめ、最後の一人の為に最後の一人にまで節し得しめること」が要請される、という。

　したがって「憲法三十年」でみたように、ここに「社会事業」を「社会の各自」が「総がかり」で行うよう「統制」する「国家」が浮上する。社会のなかですでに解体されている個人は、当然に国家の前に存在しない。かくして「最後の一人の生存権を保全することに因って、最後の一人までを必要の場合に於て国家の犠牲たらしめることを得るのである。国家は最後の一人の生存権を惜しむことに因って、最後の一人までを戦はしめ得るのである。最後の一人の生存権といふ原理は、最後の一人までを戦はしめるの原理を包容して、更に高次に位する原理である」と。

　牧野の「生存権」は「家族の倫理」をテコに「生存の義務」をすべての国民に課すものであり、国家総動員体制の論理である。ヴァイマル憲法を、家族制度を基本とする社会組織に国家改造することを示す「20世紀憲法」として、牧野は「利用」した。その「利用」はヴァイマル憲法の「親権」にたいする、教育勅語の「父母の孝」の提示にあったように思われる。これにより牧野は「生存権」を「生存の義務」へと「逆転」させ、「臣民」の義務の徹底化を提起した。

　牧野の「利用」を可能にしたのは、ヴァイマル憲法にキリスト教倫理が浮上したことにある。ヴァイマル憲法の家族保護規定は生存権と連動して、ソ連に対抗して登場したことを牧野は見逃さなかった。ソ連における社会主義的労働と非キリスト教的結婚制度の登場に対抗してヴァイマル憲法は、資本主義的経済秩序の統制原理としての生存権と、キリスト教倫理にもとづく一夫一妻制の

結婚理想を掲げた。二つの体制によって、「労働」領域で生存原理か労働保障
か、「家族」領域でキリスト教的結婚制度か否か、という違いが提示された。
牧野は、この二つの体制がいずれも「労働」と「家族」に分離されてきた二つ
の領域を、「生存協同」の理念の下で統一して「国家統制」すること、その国
家統制主義の基軸が「家族」にはらまれる「倫理」性と「敵対」性にあると受
け止めた。とくに牧野が重視したのは、ヴァイマル憲法の家族保護規定が、職
住分離によって「労働」と分離する「家族」すなわちキリスト教倫理に基づく
「近代家族」を「解体の危機」から救う課題を担って登場した[15]ことであった。
牧野にとり「家族保護」規定は、ヴァイマル憲法の生存権の支柱だった。

Ⅳ　牧野の24条修正案の提案

1　否決された修正案

　牧野は、残された会期、「家族保護」規定を加える修正案の成立をめざす。
その決意は、まず貴族院特別会で「政府への打診」として表明される。9月19
日[16]、牧野は修正案を提案することについて、政府側の了解を得たいと述べる。
「家族生活の健全なる発達を保障し、保護すると云う精神で規定を設けるとい
う試みを致しましたならば、それは此の憲法改正案の全体に瓦って不都合を生
じずることでございませうか」と。

　これにたいし政府側からは、国会の審議権であり、政府当局として「何とも
申し上げることはできない」との答弁を得た。そして10月2日、貴族院小委
員会において、田所美治（同和会）が牧野の作成した家族保護規定の修正案を
提案したが、起立者少数で否決された。だが牧野は、あきらめなかった。

　1946年10月7日、第90回帝国議会貴族院本会議において憲法改正案は第
二読会の議論の最終局面に入っていた。そのなかで、牧野英一と田所美治の2
名の発議により、憲法改正案24条1項に「家族生活はこれを尊重する」との

15）以下の点は、若尾「近代家族の暴力性と日本国憲法24条」名古屋大学法政論集第255号（2014
　　年）590-592頁。

16）以下、『貴族院帝国憲法改正案特別委員会議事速記録第十六号』「貴族院帝国憲法改正案特別委員
　　会昭和21年9月19日」参照。

文言を加える修正案が提示された。

2　最後の提案

　牧野は、それまでに展開してきた主張を、端的に次のように述べる。改正案[17] 24条には、婚姻関係はあるが「親子ないし家族生活全体に瓦る規定」がない。教育勅語にある「父母に孝に兄弟に友に夫婦相和し」という「家族生活の本質」を憲法に規定する必要がある。もちろん現行民法の「封建的な色彩の濃厚」な点や「甚だ実情に副わない点」を改正することは当然である。しかし同時に、「家庭生活…を平和的に、…民主的に保持」するためには「我が国の美風」として、また「人類普遍の法則」として、家族生活に関する規定を置くべきである、と。

　これにたいし金森も再度、24条が婚姻に限定している理由を、次のように説明した。第一に、婚姻に関しては、従来とは違うため権利を憲法に明確に書く必要がある。「従来の思想と…異なる所の権利をはっきりと憲法に決める」ところに「非常に意味がある」と。第二に、家族制度の尊重は、自然な変化に委ねられてきたもので、憲法に書きこむより、法律などによって対応すべきである。「日本在来の考が伝統的に変化はありまするにしても変化の仕方を自然に適ふように維持しつつ自ら適当なる所に行くものであ」り、「将来の国民思想に対し確乎たる標準を与ふるだけの具体性はありませぬ。…法律その他の方法」が妥当であり、「憲法に特に採入れる迄の必要はない」と。そして第三に、教育勅語のような徳目は、家族生活にととまらず守るべきことは当然であり、「憲法にははっきり規定致して居りません」。もし類似の規定を憲法に挿入することになれば、憲法改正案の内容を変えなければならなくなる。そして第四に、衆議院においても「家族生活」と内容は異なるが、「家庭生活を保護する」という規定について議論され、法律によることで合意されたから、同じ対応にすることが「政府としては都合が好い」と。

　牧野は貴族院小委員会での提案は「極めて少数の差」で否決されたため、「其趣旨に於いては各委員の方々から厚意を持って戴けたと私は信じて居る」

---

17)　以下、10月7日の議論については、『官報号外　貴族院議事録第四十号』参照。

として本会議での再度の提案をした。そして、彼の予想通り、他の修正案とは異なり、賛否が拮抗し記名投票にもつれ込む、という緊迫したものとなった。もちろん修正案が採択されれば憲法の成立に影響する可能性があることは、十分考えられていた。それゆえ提案者の牧野も、反対する金森徳次郎国務大臣も、この点を最後に強調した。牧野は提案理由の説明を次のように締めくくり、吉田茂総理大臣の回答を求めた。「心を配らねばならぬ方面のことも十分考えねばなりませぬがこの点については心配をいたす必要なしと信ずる理由を持っておりまする」と。これにたいし、吉田に代り登壇した金森は、「是から先の憲法の成立に付きましての手順等から申しましても、非常に願わしい次第である、つまり此の儘御通しを願ったら政府としては都合が好い、都合ばかり申し上げては恐縮でございますが」と述べた。

　そして記名投票の結果、賛成165名、反対135名と、過半数の支持を得たが、3分の2に届かず、修正案は否決された。修正案は、教育勅語の内容を採用することが憲法改正案の趣旨に反し、それゆえ占領軍の意向に反するのではないかという金森の示唆の影響もあってか、かろうじて否定された[18]。その後の第二読会は、前文、15条、59条、66条の修正案とそれら修正箇所を除いた残りの改正案が「起立者多数」したがって「3分の2以上」と認められ、簡単に終了した。そして、すぐ第三読会が開催され、第二読会で成立した憲法改正案は一括して「起立者多数」すなわち「3分の2以上」の賛成で成立し、審議はすべて終了した。10月7日に行われた牧野の修正案についての記名投票は、日本国憲法草案にたいする最後の「対立」を示したものであり、その後の「改憲」のハードル「3分の2」をめぐる闘いを象徴するかのような出来事だった。

V　おわりに

　日本国憲法24条は「家族保護」規定を排除して成立した。第90回帝国議会貴族院本会議において提案された「家族保護」規定の挿入は、記名投票により

---

18)　したがって家族保護条項の排除は「妥協」ではなく「GHQへの配慮」にあり、この点に反発して南原繁は修正案に賛成したように思われる。「妥協」については辻村みよ子『憲法と家族』（日本加除出版、2016年）82-83頁。

議会自らが否決した。しかも、「家族保護」規定に込められたイエ制度と教育勅語の維持は、制定過程の議論では法律に委ねるとして「先送り」されたが、新民法と教育基本法の成立により打破された。牧野が述べたように、「戦後改革」において「小さい…立場」すなわち「家族」から「国家理念」が問われたが、それゆえに牧野の家族保護論は排除された。

　しかし、「家族」の政治化が進展しているいま、あらためて牧野の「家族保護」論は重要な示唆を与えているように思われる。1つは、牧野の「家族保護」論が、日本の戦争責任を「放免」するものだった点である。日本の改憲運動もまた戦争責任を不問に付す「日本を取り戻す」動きであり、ここに「家族保護」論が繰り返し浮上する理由がある。

　牧野は、生存権が戦前すでに、イエ制度に関する判例や教育勅語で保障されており、しかもこれを「大日本帝国憲法の先駆性」と評価していた。この立場は帝国議会においても維持され、「家族保護」規定の挿入を提案した。大日本帝国憲法下にあって、イエ制度の夫権を「解釈」によって制限することが可能であることを示した牧野の自由法学は、憲法改正という政治課題に直面したとき、イエ制度の維持を要求した。日本政府も、「親子関係」を「憲法」ではなく「民法」の問題とし、「教育勅語」のような「徳目」は「守るべきことは当然」だが、憲法には規定しないと、牧野の主張に迎合する答弁をした。そして日本政府は「家族保護」規定に反対する理由を、その内容ではなく「政府の都合」すなわち背後のGHQの意向にあるとした。イエ制度・教育勅語が臣民に「生存の義務」を課し、戦争へと動員した問題は、帝国議会における憲法審議では回避され、「家族保護」論復活の土壌となった。

　しかも、いま1つ、牧野の「家族保護」論は国際比較の観点から提示されていた点である。牧野は「家族保護」規定を「我が国の美風」だけでなく同時に「人類普遍の法則」と主張した。そこにはヴァイマル憲法の存在があった。ヴァイマル憲法の特色である生存権は、「自由平等の原則」を「経済秩序の維持」の観点から修正すること、すなわちソ連の成立に対抗する、資本主義経済への国家統制原理として登場した。この国家統制主義を支える精神的基盤として重視されたのが「家族」だった。「家族保護」にはキリスト教的倫理による国家秩序の確保が期待された。そこに牧野は、イエ制度（＝祖先崇拝）を軸と

する大日本帝国憲法との共通性を見出した。この牧野の「家族保護」論は、いま宗教右派が「家族の価値」運動を活発化させていることに通じているように思われる。

「家族保護」規定を排除した日本国憲法とは異なり、第2次世界大戦後、西ドイツ基本法も世界人権宣言[19]も「家族保護」規定を掲げた。ナチスによる民族差別的結婚政策を「家族秩序の破壊」として否定し、あらためて「戦争と貧困」により崩壊した家族の復興・再建を目指すことが、「家族保護」規定に込められた。日本において「家族保護」規定に、イエ制度の維持が意図された事態とは対照的だった。

しかし、この「家族保護」規定は、1979年女性差別撤廃条約が「性別役割分担論の打破」を、1989年子どもの権利条約が「子どもの最善の利益」保障を掲げることにより、新たな取組みを迫られるようになった。「家族保護」論は、多様な家族という「生活の現実」に対応せず、特定の家族像（＝近代家族）の維持を「公序」として維持することを重視しており、未婚・離婚女性や親による保護を受けられない子どもを「救貧」の対象にとどめ、「権利保障」からは排除している、と。

女性・子どもの権利保障が進むなか、これを「家族解体」とみなす「家族の価値」運動が活発化している。「家族解体」という用語そのものに、「特定の家族」だけが保護の対象となるべきであり、それ以外の家族を生きる人々が直面する困難さを「逸脱家族」「自己責任」とみなす発想がある。問われているのは、「家族」を特定の家族像として強制するか、それとも現実の多様な家族を前提に個人の人権保障を進展させるか、である。牧野の提示した「生存権保障としての家族保護」にはらまれる国家主義（＝「家族」主義）が、政治の争点になっている。

あらためて日本国憲法24条が家族保護規定を排除し、社会権の総則規定として構成されている「画期性」が浮上する。もちろん「戦後改革」の時期に、

19）世界人権宣言の「家族保護」規定については、その制定過程の検討から「家族」ではなく「子ども」の保護であったとされている。Morsink,Johannes,The Universal Declaration of Human Rights and the Challenge of Religion,University of Missouri Press,2017,p.194-209. なお、この点は若尾・前掲注2）で検討した。

近代家族像からの解放が構想されたわけではない。しかし当時、イエ制度の廃止にとどまらず、近代家族像の克服の方向への模索も始まっていた。家族法改正に関わって川島武宜は、近代家族にはらまれる性差別の問題と格闘した[20]。その川島の提案により家族法改正に発言する機会を得た日本の女性たちは、近代家族の核である夫権の廃止に努力した[21]。なにより児童福祉法は当初、保育所を労働女性の子どもに限定することなく、「すべての子ども」に開放した。提案した日本政府も、これを児童福祉法の「画期性」とみなしていた。子どものケア保障は、生存に不可欠な権利であり、それゆえ憲法 25 条の「最低限度」ではなく、児童福祉法にいう「ひとしく」保障されなければならないからである。「ひとしく」とは、子どもの家族、すなわち親が「共働き」か否かによって「保育」（care and education in early childhood）に「区別」すなわち「差別」があってはならないことを意味する。多様な家族を受け止め、家族によって区別されることなく「ひとしく」子どものケア保障を考えることは、国際社会では 21 世紀に入ってから提起されているが、日本では「戦後改革」期に登場していた。そこに、社会権の総則規定としての 24 条を活かす試みが示されていた[22]。

　特定の家族像（性別役割分担家族）の維持を「公序」としてきた 20 世紀の「家族保護」論の克服が、いま始まっている。まずは現実に、家族が多様であることを率直に認め、多様な家族に生きる個人の権利保障、とくにケア保障を進めることである。それは、家族に依存させられ「見えない」存在とされてきた「女性・子ども・若者・高齢者」の権利保障、とりわけ彼らの「貧困」への取組みでもある。この取組みを「家族解体」と言いつのり、「家族保護」主義の維持・強化を要求することが、宗教右派の運動である。宗教右派は「家族秩序」の強制、すなわち多様な家族の存在を認めない「敵対」性と、これを宗教

20）川島武宜『結婚』（岩波新書、1954 年）。戦後改革期、近代家族にはらまれる性差別の問題と格闘した川島の研究は、日本国憲法 24 条の画期性、すなわち女性差別撤廃条約の「先取り」を示している。若尾「『女性の人権』への基礎視角──川島武宜氏と渡辺洋三の家族論をめぐって」名古屋大学法政論集第 109 号（1986 年）267-286 頁。

21）この点は若尾「女性運動と日本国憲法──家族法をめぐる本土と沖縄の女性運動」杉原泰雄他編『戦後法学と憲法──歴史・現状・展望』（日本評論社、2012 年）384-405 頁。

22）この点は若尾「子どもの人権としての『保育』──ケアと日本国憲法」佛教大学福祉教育開発センター紀要 14 号（2007 年）133-150 頁。

教義とみなす「倫理」性（「自然の家族」あるいは「伝統のイエ」）を強化し、性差別とケアの不平等を要求する。牧野のいう「20世紀憲法」としての「家族保護」主義が再び、政治の争点となっている。性差別を克服し、ケアに人権の光をあてる試みは、その第一歩が女性差別撤廃条約と日本国憲法24条に始まっており、その歩みを積み重ねるところに、「戦争と貧困」すなわち「恐怖と欠乏」から免れ平和的生存権を確立していくことへの希望がある。

〔付記〕　本稿は、文部科学省研究費補助金交付（平成28〜30年度基盤研究費 (C) 課題番号16K03453「社会的養護における子どもと女性の人権保障——ケアの倫理の視点から」研究代表　若尾典子）に基づく研究成果の一部である。

（わかお・のりこ　元佛教大学教授）

性の売買をめぐる権利と法

中里見　博

はじめに

　かつて有泉亨と団藤重光は、『売春』と題する著書の「はしがき」で次のように述べた。

　　　売春というものがこの世にあってよいものだろうか。まして、売春を食い物にして哀れな女性たちをさく取している業者の存在が許されてよいものだろうか。売春は人身売買につながる。……売春の問題はまさしく人権の問題であり人道の問題である。[1]

　しかし「売春の問題はまさしく人権の問題」だという問題意識は、その後、法学界にも社会にも根づかなかったのではないだろうか。その背景には、日本社会に独特の「買春体制」──客と性交をさせる売春業者等の処罰（売春防止法）と、それ以外の性行為をさせる営業の合法化（風俗営業等適正化法）の共存という体制──が確立されたこと、およびその結果成立した性の売買に関するダブルスタンダードがあるように思われる。

　有泉・団藤の同書が出版されてから数カ月後、売春防止法が成立し、売春をさせる目的の前貸しや管理売春等が処罰されるようになった。経済的理由による人身売買も、高度経済成長を経て目立たなくなった。ところが、売春防止法が成立してからほどなく、同法で禁止された性交以外の性行為をさせる営業が

---

1)　有泉亨＝団藤重光『売春（法学新書）』（河出書房、1956年）3頁。

隆盛を誇るようになる。これに対して政府は、売春防止法を改正・強化してそれを取り締まることをせず、逆に合法的に営めるようにする法改正を行った（1984年風俗営業等取締法改正[2]）。性風俗産業の中で性交をさせる売春も半ば公然と行われており、女性の性を買いたい男性のニーズはかなりの程度満たされるという今日の買春制度が整えられた。

　その結果、日本では、性の売買に関して以下のようなダブルスタンダードが成立した。すなわち、売春防止法により「日本では売買春は違法」という原則（建前）を維持しつつ、他方で一定のリスクを負えば性交をする買春も可能な性風俗営業を認めることにより広く例外（本音）を公認するというものである。そのようなダブルスタンダードは、一方で性の売買の人権侵害性と性差別性を主張する側の矛先を鈍らせ、他方で性の売買の解禁と合法化を求める側のニーズを吸収したと考えられる。

　社会一般そして法学全般の関心の低さを反映し、性の売買は、従来、憲法学さらにはジェンダー法学においてすら取り上げられることが少ないテーマであった。もっとも、その原因には法学特有の問題も指摘されている。早くから性の売買について論じてきた弁護士の角田由紀子は、「女性と性をめぐる問題への、法律学という男性の権威によりかかってきた学問がもつ拒否感があるようだ[3]」という。また、性の売買がフェミニズムの分断をもたらしてきた「難問」であることも原因としてあろう。辻村みよ子は、「現代の人権をめぐる15の『難問』を厳選して提示」したという著書で、性の売買を「難問」の1つとして取り上げている。性の売買は、「女性の性的自律や人格権と、職業選択の自

---

2)　岩切大地「売春法制と性風俗法制の交錯──個室付浴場業規制の法的性質をめぐって」陶久利彦編著『性風俗と法秩序』（尚学社、2016年）29頁以下、中里見博「性風俗営業の人権侵害性──『性交類似行為』をさせる営業等の違法性に関する諸判決」福島大学行政社会論集23巻3号（2011年）88頁などを参照。

3)　角田由紀子「売買春と女性の人権を法律はどのように扱っているか」ジェンダーと法2号（2005年）74頁。「性に関することは『汚い』という暗黙の了解がこの世界にはあるようだ」とも指摘する。キャサリン・マッキノンは、男性の性的衝動から純潔な女性を守るために売春する女性が必要だという古今広く流布されてきた「売春婦＝安全弁論」の文献を縷々挙げた上で、こう問うている。「こうした論者の“水硬性”に関する暗黙の前提によれば、性の売買は女性に関する問題だろうか、それとも男性のセクシュアリティに関する問題だろうか」。Catharine A. MacKinnon, Sex Equality, 3rd ed., Foundation Press, 2016, p.1551.

由とのかかわりで、いわゆる単純売春等を規制すべきかが問題」であり、「代理出産やポルノ規制問題と同様に、フェミニズムの分断」をもたらしたと述べ、「リベラリズムとフェミニズム、リベラル・フェミニズムとラディカル・フェミニズム等の対抗問題」としてこの問題を描いた[4]。

だが近年、憲法学においても性の売買の問題についての論考がいくつか登場した。「売春行為と憲法」と題する論考において、松井茂記はカナダの最高裁判所が刑法売春関連規定を違憲と判断した判決を手がかりに検討を加えている[5]。また、複数の憲法学者が寄稿した『性風俗と法秩序』と題する著書も刊行された[6]。筆者はこれまで性の売買について検討してきたが[7]、本稿であらためて問題を整理し、筆者に向けられた批判に応答を試みたい。

I　性の売買をめぐる5つの考え方

倫理学の田村公江は、性の売買に関する「観点」、「考え方」、「方針」の違いを分類し、それぞれについて批判的に検討している[8]（図参照）。田村が析出した性の売買に関する5つの考え方は以下である。

　　①保守的性道徳主義（売買春処罰主義）　　売買春は性道徳の問題である。

---

4)　辻村みよ子「第8講　セックスワーカーの権利と自由とは」同『人権をめぐる15講——現代の難問に挑む』（岩波書店、2013年）133頁。辻村は次のように述べている。性の売買をめぐる自己決定論はグローバリゼーションや性支配論などの「根底的な構造論を踏まえて検討」される必要があるのと同時に、法理論的課題として「セックスワーカー論における自己決定能力の基準や自己決定が許される環境（単純売春と組織売春を区別する境界線）」などの検討が必要である（同135頁、138頁）。リベラリズムに回収されない構造論的分析を踏まえ、当事者の自己決定を保障、支援ないし制約する現実的な法理論を作り上げていくべきだという主張であろうか。

5)　松井茂記「売春行為と憲法」松井茂記＝長谷部恭男＝渡辺康行編『自由の法理（阪本昌成先生古稀記念論文集）』（成文堂、2015年）969頁。

6)　陶久・前掲注2)。

7)　筆者の論考を掲げると、「性をめぐる権利と希望——労働から人格権へ」東大社研＝玄田有史＝宇野重規編『希望のはじまり——流動化する世界で』（東京大学出版会、2009年）249頁、「『セックスワーク』・性的自己決定権・人格権」憲法理論研究会編『憲法学の最先端』（敬文堂、2009年）21頁、「女性の売買・売春からの搾取の禁止」国際女性の地位協会編『コンメンタール女性差別撤廃条約』（尚学社、2010年）165頁、「性売買規制法の国際的動向——北欧モデルの可能性」大島和夫＝楜澤能生＝佐藤岩夫編『民主主義法学と研究者の使命（広渡清吾先生古稀記念論文集）』（日本評論社、2015年）315頁。

道徳的に悪いことは法律によって犯罪とされるべきである。売春は性的堕落であるから法律によって取り締まられるべきである。

②性的リベラリズム（売買春非処罰主義）　売買春は性道徳の問題であるが、法律は道徳の問題に介入すべきではない。性は個人的な問題であるから、売春も買春も当事者の自己決定に委ねられるべきである。

③規制主義　公序良俗、性感染症予防という公衆衛生の観点から、売買春制度を規制すべきである。適切な規制のもとに売買春制度の存続を認める。

④セックスワーク論（改良主義）　売春せざるを得ない女性たちが、搾取や社会的烙印や刑事処分を受けることなく売春できるように、売春女性をとりまく社会環境を改良すべきである。

⑤性的人格権論（廃止主義）　買春は女性の性的人格権を侵害する許されない行為であるから、売買春という制度は廃止されるべきである。

①の保守的性道徳主義は、何らかの宗教的影響が反映していることが多いであろう。田村はこの考え方が、「性の二重基準の論理」（男性が婚前・婚外の性交をすることは当たり前だが、女性にはそれが許されない）を伴っており、「貞淑な女（娘、妻）＝生殖用」と「堕落した女（売春婦）＝性的快楽用」という分断をもたらすと指摘する。ただ今日では、これを露骨に唱える者は減少している[9]。

③の規制主義は、かつての日本を含む各国の公娼制が該当しよう。この考えの下では、性の売り手に対して、登録制や移動の自由の制限、強制的な性病検診など、厳しい人権制約を伴うことが多かった。

そうした①や③に代わり、今日大きな影響力を持っているのが、②の性的リベラリズムであるという。

④のセックスワーク論と⑤の性的人格権論は、ともに女性の人権の観点から出てきたものと位置づけられているが、法規制のあり方について正反対の主張

---

8)　田村公江「性の商品化——性の自己決定とは」『岩波講座哲学12　性／愛の哲学』（岩波書店、2009年）178頁以下。田村の整理は、若尾典子「買売春と法制度」浅倉むつ子＝若尾典子＝戒能民江『フェミニズム法学——生活と法の新しい関係』（明石書店、2004年）を参考に作ったとされている。なお田村自身は、「成人女性の自己決定に基づく性売買に対してもノーと言える論理を作ること」を課題設定し、考察している（187頁以下）。

9)　田村・前掲注8) 179-180頁。

図

観点	考え方	売春女性の位置づけ	基軸的な性に関する人権	方針	法規制
性道徳	①保守的性道徳主義 売買春は道徳的罪であり、法律で取り締まるべきである。	堕落・転落した存在		処罰主義	売春：処罰 買春：処罰 業者：処罰
	②性的リベラリズム 売買春は性道徳の問題であるが、法律が介入すべきではない私的問題、個人の自由に属する。	自由な個人	プライバシー権 性的自己決定権	非処罰主義	売春：自由 買春：自由 業者：明確でない
公衆衛生	③規制主義 売買春は公序良俗を乱し、性感染症の温床となり得るから、社会に悪影響を及ぼす。	特殊な労働者		規制主義	売春：管理 買春：自由 業者：管理
女性の人権	④セックスワーク論 売春は労働である。	労働者	性的自己決定権 職業の自由	改良主義	売春：自由 買春：管理 業者：管理
	⑤性的人格権論 買春は女性への人権侵害である。	被害者	性的人格権 平等権	廃止主義	売春：エンパワメント 買春：処罰 業者：処罰

出典：田村・注8）179 頁に修正を加えた。

をしている。基軸的な性に関する人権の捉え方が異なることに起因しているといえる。田村は、性的リベラリズムとセックスワーク論は互いに相性がいいと指摘する。他方、性的人格権論と性的リベラリズムは相容れない。

　もっとも、性の売買の「考え方」と、「方針」または「法規制」とは、必ずしも分類通りの組み合わせにはならない。例えば、今日欧米諸国で例外的に売買春処罰主義を採用する合衆国諸州は、パブリックニューサンスを規制根拠にしており、その点では③の規制主義の考え方に依りつつ、法規制としては①の

10）大林啓吾「売春規制と自己決定——アメリカにおける売春規制の理由」陶久・前掲注2）139 頁。

売買春処罰主義を取っていることになる。

また日本の売春防止法も、「売春の防止を図ること」の根拠を、売春が「人としての尊厳を害」することに加えて「性道徳に反し、社会の善良の風俗をみだす」ことに求めている（1条）。つまり規制根拠の考え方としては⑤性的人格権論、①保守的性道徳主義、③規制主義（公序良俗の観点）が混在している。法規制では、売春行為そのものは処罰しないものの、売春者の勧誘罪（5条）と5条違反の「満20歳以上の女子に対して」のみ厳しい補導処分（第3章）を定めており、⑤廃止主義を基本としつつも①性売買処罰主義を脱し切れていない。

それでもなお、田村による性の売買の考え方に関する分類と分析の多くは公平で的を射ていると評価しうる。そこで以下では、田村の分析に拠りつつ、法学分野での代表的論者の諸説を、この分類にあてはめて検討してみる。ただし、保守的性道徳主義は今日ではほとんどみられず、規制主義も、とりわけ売り手の人権制約を容認することが表明されることは少ない。そこで今日支配的な性的リベラリズムと、セックスワーク論、そして筆者を含めて一部の論者が主張する性的人格権論についてみていく。

II　性的リベラリズムによる売買春非処罰主義

1　性的リベラリズムとは

田村によると、性的リベラリズムの特徴は、「売る側と買う側を対等な個人と捉える」ところにあり、「売る売らない」も「買う買わない」も、個人が信奉する性道徳的価値観に基づき自由に決定されるべき問題だとみなす。欺罔や強制の場合を除き、それぞれの自由意思に基づく自己決定を他者が批判するのは、特定の性道徳的価値観の押し付けとなり、売春や買春を法で禁止することは、国家権力による個人の自由への不当な介入となる。[11]

こうした性的リベラリズムは、一見すると男女を平等に扱い、自由を尊重しているように見えるのだが、田村は2点疑問を呈している。1つは、男女には「解剖学的差異に由来する不均衡」と「経済的不均衡」があるが、「性的リベラ

11）田村・前掲注8）180-181頁。

リズムは男女を均等な個人と捉えるため、結局男性側の有利を助長することになってしまうのではないか」という点である。2つ目は、性的リベラリズムに伴う「自己決定―自己責任」の論理が、「性的場面で傷つけられた経験を語る回路を閉ざし、加害を隠蔽しないか」という点である[12]。

田村の疑問は、自己の体験を踏まえつつ具体的で説得力に富んでおり、近年改めてセクシュアルハラスメント被害などをめぐって #MeToo 運動が焦点化した性被害における権力関係を的確に衝いていると評価できる。

2 性的リベラリズムの主張：金城説の検討

性的リベラリズムの立場の典型的な主張は、日本で最も早くから「法女性学」を法の領域全般にわたって展開した1人、金城清子にみられる。金城は、売春が「モラル」の問題であること、プライバシーに属するがゆえに国家権力が介入すべき事柄ではないことを言明している。

> 性のモラルに関する事柄に国家権力が介入することには疑問があります。売春行為そのものはプライバシーに関することとして国家権力は介入すべきではないでしょう[13]。

金城は、性の売買が生じる原因を男女の経済的格差と二重基準の性モラルに求めているが[14]、モラルの問題である以上、それを法律で処罰しても無駄であり、むしろ逆効果だという。

> 売買春を共に処罰したからといって、男女の経済的格差や、二重基準の性モラルが存在するかぎり、売春を根絶することにはならず、国外での買春行為を増加させたり、売春をかくれたところではびこらせたりするにすぎないからです[15]。

性の売買を処罰によって無くすというのは「法に対する過大評価でもある」とし、次のように厳しく批判している。「法律で禁止し、処罰さえすれば、売買春がなくなると考える法万能主義・法依存主義は、法に対する誤解にもとづ

---

12) 田村・前掲注8) 181-182頁。
13) 金城清子『法女性学のすすめ――女性からの法律への問いかけ』（有斐閣、1983年）211頁。以下の引用を含めて1997年刊の第4版まで記述に基本的な変化はない。
14) 金城・前掲注13) 210頁。
15) 金城・前掲注13) 211頁。

く」と。「売春行為そのものはプライバシーに関すること」であり「国家権力は介入すべきではない」という原則からすれば、売春防止法3条のように、不処罰であっても性の売買を法律で禁止することはプライバシーへの不当な干渉になるであろう。また、「性行又は環境に照して売春を行うおそれのある女子」に対する「保護更生」（第4章）も不要な国家介入となろう。

このように金城は、性の売買の処罰に強く反対するが、二重基準の性モラルについては批判的であり、「売春の根絶」にも言及している。性の売買に対して金城が提案する主な対策は、「売春による搾取」をなくすことである。「女性の性を利用し、搾取するセックス産業に対する対策」こそ、「売春対策の要とされなければならない」という。具体的には、売春防止法第2章の業者等の処罰規定を「十分に活用するならば、現在のようなセックス産業の隆盛に、ある程度の歯止めをかけることが可能であろう」と述べる。

興味深いことに、金城の最後の体系的書物、『ジェンダーの法律学』では、性の売買に関する記述そのものがなくなっている。金城が性の売買の根本原因の1つと考える性の二重モラルこそ、「歴史的、文化的に形成されてきたジェンダー」の典型例であろう。しかし性の売買は、金城の「ジェンダーの法律学」——「ジェンダーにとらわれない、ジェンダー・フリーな法や制度のあり方を考察する」法律学——にとって、もはや問題ではなくなったようである。

金城が性の売買の問題に触れなくなった理由は定かではないが、その性的リベラリズムの立場に起因しているように思われる。日本が経済的に豊かになり

---

16) 金城清子『法女性学——その構築と課題』（日本評論社、1991年）264頁（1996年刊の第2版も同じ）。

17) 金城・前掲注13）211頁。

18) 金城・前掲注16）267頁。

19) 金城・前掲注16）266頁。このように金城は、売買春を個人的なモラルとプライバシーの問題としながらも、その「根絶」をいい、売春防止法の業者処罰規定を「活用」することによる「セックス産業の歯止め」を主張している点で、純粋な意味で性的リベラリズムとはいえないかもしれない。ただ、性的リベラリズムは「産業」としての性売買、とりわけ業者に対する態度——自由放任なのか、公衆衛生上・風紀上の管理を求めるのか、金城のように売春防止法の厳しい業者処罰も認めるのか——が必ずしも明確でないように思われる。田村の分類においても、性的リベラリズムが業者をどう捉えるのかについては言及がない。

20) 金城清子『ジェンダーの法律学』（有斐閣、2002年）4頁（2007年刊行の第2版も同じ）。

21) 金城・前掲注13）4頁。

強制売春が影をひそめ、性を売る側も貧困からではなくより豊かな消費生活を送るために"自由意思"でそれを選択しているように見えてくると、元来「個人のプライバシー」の問題である性の売買は金城の考える法の問題ではなくなっていったのではないかと考えられる。

Ⅲ　セックスワーク論による改良主義

1　セックスワーク論の意義と問題性

セックスワーク論の核心的主張を田村は、「売春を労働であると認めよ、売春者を労働者であると認めよ」という点に見出している。セックスワーク論は、「売春者が労働者として認められれば、社会的烙印と逮捕から解放され、買春者の暴力から身を守ることができ、労働組合を結成して労働条件を改善することができる[22]」と主張していると田村はいう。

田村は、セックスワーク論が、「売春者を取り巻く過酷な状況をなんとかして改善したいという思い」から出ており、「他者によるネガティブな定義を拒絶して、自尊心に満ちた自己定義を掲げる」点において、「これまでの売買春対策とは根本的に異なるプラス面を持っている[23]」と評価する。

その上で田村は、2つの問題点を指摘している。第1に、「買春ニーズへの問題意識を後退させることにならないか」という点である。「社会に買春保障制度が存在していることに関しては、ノータッチになってしまう」と指摘する。また、「『売春は労働である』という基本テーゼそのもの」にも「違和感を覚え

---

22) 田村・前掲注8) 183頁。なお、セックスワーク論の主張については、フレデリック・デラコステ＝プリシラ・アレキサンダー編『セックス・ワーク——性産業に携わる女性たちの声』（パンドラ、1993年）Ⅲ部「団結すれば勝利し、分裂すれば破滅する——組織された性労働者たち」参照。最近の主張の一例は、Global Network of Sex Work Projects (NSWP), Policy Brief: Sex Work as Work, 2017, https://www.nswp.org/sites/nswp.org/files/policy_brief_sex_work_as_work_nswp_-_2017.pdf 社会学における論考に、浅野千恵「混迷するセックスワーク論」現代思想26巻8号（1998年）117頁、江原由美子「『労働』概念に何がかけられているのか」姫岡とし子＝池内靖子＝中川成美＝岡野八代編『労働のジェンダー化——ゆらぐ労働とアイデンティティ』（平凡社、2005年）89頁、青山薫「セックスワーカーの人権・自由・安全——グローバルな連帯は可能か」辻村みよ子編『かけがえのない個から——人権と家族をめぐる法と制度』（岩波書店、2011年）135頁など。またセックスワーカーの支援団体が編集したSWASH編『セックスワーク・スタディーズ』（日本評論社、2018年）。

23) 田村・前掲注8) 183頁。

る」という。なぜなら売春者は、「業者にとっては『女の子という商品』であり、買春者は、決められた時間内ではあれ、『商品』を自由に使用する権利を買い取る」のが実態だからである。「女性を性欲処理の道具として使用することを当然とする男性セクシュアリティの問題は、どうなってしまうのだろうか」と率直に疑問を呈している。こうして「売春者は労働者であるというテーゼ」は「そのような非人間性を呼び込むのではないだろうか」と問う。[24]

　田村の指摘は、いずれもセックスワーク論の保守性を鋭く衝いていると思われる。セックスワーカーにとっても業者にとっても、買春者は大切な客であり、「買春ニーズ」はむしろ称揚され喚起されるべきものである。男性が女性を「性欲処理の道具として使用すること」も、それによって商売と産業が成り立つのである以上、逆に歓迎すべき消費行動であり、それ自体何も批判されるべきものではない、ということになるだろうからである。

　男性のセクシュアリティ——男性の性的欲望の現在のあり方——への問題意識を欠くという点では、性的リベラリズムも同様である。だが、性的リベラリズムが性の売買を個人的で私的な問題として、基本的に国家や社会にいわば不作為の放任を求めるのに対して、セックスワーク論は、性の売買を積極的に社会の中に制度化することを求める点で大きく異なっている。女性の性をモノ化（objectify）し、暴力的に奪ったり、所有したり、購入したりしようとする男性の権力的セクシュアリティのあり方——つまり性暴力の原動力となるセクシュアリティ——が公認されるレベルは、セックスワーク論において格段に強まると考えられる。

2　自営業としてのセックスワーク論：若尾説の検討

(1)　性的自己決定権論

　セックスワーク論に明確に立つ憲法、ジェンダー法学者は、いまのところまだ見られないようである。ここでは、事実上それに最も近い議論を展開している若尾典子の議論を検討したい。

　若尾は自らをセックスワーク論とは規定していない。それどころか、セック

---

24) 田村・前掲注8) 183-184 頁。

スワーク論一般に対して重要な批判を行ってもいる。例えば、先述したセックスワーク論が男性のセクシュアリティを不問にするという問題に関わって、若尾はセックスワーク論が「ジェンダー問題に消極的」であり、「男性の性行動や性業者の問題に踏み込」まず、「性の二重基準を批判するものではない[25]」と指摘している。若尾自身は、買春者の暴力性を鋭く批判する立場である。また、業者こそ性を売る女性の人権の侵害者であるという認識のもと、性の売買に業者の介在を一切認めない点でも、一般のセックスワーク論と大きく異なる。それゆえ若尾を、限定された意味においてであれセックスワーク論に分類することには躊躇を覚える。

だがそれでも、自営業としての性の販売を女性の性的自己決定権として保障すべきとする点において、また女性の提供する「性的サービス労働」を、それが「固定的女性像」の「解体・変化の可能性をもはらんで」おり、「女性労働の１つの場として、職場環境の整備を最重要課題としている[26]」（強調点引用者）と、むしろ積極的に評価していることなどにおいて、「自営業としてのセックスワーク論」、「批判的セックスワーク論」と位置づけることができると考える。

若尾の出発点は、「第二期女性運動の特質は、女性自身の自己定義力を確立する点にある[27]」という認識のもと、女性の「性的自己決定権」を議論の核心に据えることである。若尾によると、

> 性的自己決定権の核は、「性的欲望において、自分の身体と他人の身体と直接に接触する性行為」をどのようにしていくのかの決定にある。この狭義の自己決定権は、いかなる契約によっても、奪い得ない女性の基本的な権利、すなわち人権である[28]。

若尾は、「売春を自己決定する女性の存在は、事実として認める以外にない[29]」とした上で、「売春するか否かは、当の女性の自己決定として尊重される」という。なぜなら、「性の領域において、女性の性的自己決定権は基本的人権」であり、「買売春の領域においても、例外とされてはならない[30]」からで

---

25) 若尾典子「買売春と法制度」浅倉＝若尾＝戒能・前掲注8）346頁。
26) 若尾典子「性の自己決定権と性業者・買春者」浅倉＝若尾＝戒能・前掲注8）358頁。
27) 若尾・前掲注26）376頁。
28) 若尾・前掲注26）360頁。
29) 若尾・前掲注26）353頁。

ある。

　このように若尾は、女性が性を売ることを個人事業として仕事にすることは、本人の性的自己決定権という人権の行使として保障されなければならないと説く。そのことの重要な法的効果として、若尾は3点主張する。

　1つは、性を売る者と業者の関係は雇用関係であってはならないとする点である。なぜなら、もし両者の関係が雇用関係であるなら、それは性を売る者に対して、「どの人といかなる性行為を取り結ぶのかについて、雇用者の指揮・命令に従うことを要請する」関係となり、「売春者の性的自己決定権を、あらかじめ雇用者である性業者にたいし、放棄することを意味する」からだという[31]。

　第2に、若尾はさらに議論を進めて、性の売買に業者が介在することは一切禁止されるという。若尾は、本人が自分の意思で「売春をする行為」と、第三者が他人に「売春をさせる行為」を区別する。その上で、前者は売春者の「性的自己決定権の行使」であるが、後者は「売春者の性的自己決定権を侵害する」というのがその根拠とされる。「性的自己決定権の保障として、性業者処罰は不可欠だと考えられる[32]」とし、現行売春防止法第2章の業者等の処罰規定は正当化されるという。

　3つ目に、「提供する性行為の内容を決定するのは、売春女性の権利」であり、「買春男性は彼女に従う義務がある[33]」ことである。また、「性的自己決定は、個別の性行為について、その都度、行使されるものである[34]」ことから、性を売る者は客を拒否する権利、客を選ぶ権利があることになる。現実問題として、男性の買春行為は暴力に発展し、その暴力は社会に容認される可能性が高いがゆえに、買春側は「売春側の意思を最大に尊重する義務を負う」という。「強姦罪は、買春行為において、より積極的に適用される必要」があり、「買春側

30）若尾・前掲注26）375頁。

31）若尾・前掲注26）360頁。雇用関係が否定されるとなると、団体交渉権や社会保険給付など、性を売る者の雇用労働者としての権利は保障されないおそれがある。若尾はそもそも業者の介在を一切認めないという立場だが、それが実現していない場合にまで雇用関係を否定すると、セックスワーク論が主張する「他のすべての労働者と同じ権利」が保障されないことになりかねない。

32）若尾・前掲注26）369頁。

33）若尾・前掲注26）373頁。

34）若尾・前掲注26）361頁。

は、よほど注意しないと『脅迫又は暴力』に該当することになる[35]」という。

これらの主張を実現するための法改正を、若尾は大きく２つ主張する。第１に、「性と生殖に関する健康・権利」の保障法の制定である。ただし、これは売春に従事している女性に特定化されるものではなく、すべての女性・少女の性活動についての相談・支援業務を提供する法であるという。なぜなら、「単純売春は拡大の一途をたどっており、売春にともなうリスクを受ける女性の幅は広がっている[36]」からである。売春防止法第４章の「保護更生」は削除され、性を売る者だけに対象を限定しない新法の制定が必要となろう。

第２に、売春防止法と風俗営業等適正化法（風適法）の改正である[37]。まず、風適法によって合法化されている性的サービス労働における「安全な職場環境の整備」が最優先課題とされる。次に、売春防止法の業者処罰の「維持・強化」である。「買春者の範囲は性交・性交類似行為である」と明記されているから、売春防止法の業者処罰規定を風適法上の業者にも拡大するという意味であろう。性風俗営業においても業者の関与は排除されることになる。さらに、買春者の暴力の禁止・処罰規定を設けることであり、最後に、売春防止法の「『売春』規定は放棄し、『買春』規定を中心とする」という。自由意思による単純売春は女性の性的自己決定権の行使であるから、売春（および買春）の違法規定は撤廃されることになる。

以上みてきた若尾の議論は、通常のセックスワーク論と大きく異なるものの、女性が自己決定に基づき性を売る営業を行うことを性的自己決定権の行使として強力に保障し、ジェンダー関係を変革する可能性をも秘めたものとして肯定的に認めるものである。その特徴的な主張を再度掲げるなら、①性を売る者と業者は雇用関係にあってはならない、②そもそも性の売買に業者は一切介在してはならない、③性を売る者は客を選ぶ権利と、提供する性行為の内容を決定する権利を有する、ということになる。

不特定の相手に個人事業として性を売ることを性的自己決定権として強く擁

35）若尾典子「女性の自己決定権——買売春における性的自己決定権を考える」齊藤豊治＝青井秀夫編『セクシュアリティと法』（東北大学出版会、2006年）58頁。

36）若尾・前掲注26）373頁。

37）若尾・前掲注26）374頁。

護する点で筆者とは相容れないが、業者や買春者の暴力等を鋭く問う主張には共感する。このような若尾の主張が、セックスワーク論において現在最も高く評価されているニュージーランドの法律に、どこまで取り入れられているかいないかを検証する。次いで「業者の介在の全面的な禁止」という、若尾の説の中で最もラディカルな主張の理論的な妥当性を検討し、それに対する1つの反論を提供しているカナダの最高裁判所判決をみる。

(2) ニュージーランド法との異同

ニュージーランドの「性の売買改革法」（2003年）は、業者の存在を認め（5条）、その登録制度を採用し（第3章）、衛生・安全管理義務を負わせている（8条）。したがって同法は、若尾の主張②（業者の介在の全面禁止）は採用していない。

その一方で、立法目的の1つに、「セックスワーカーの人権を擁護し、搾取から保護する」（3条(a)）ことを掲げ、セックスワーカーに性的サービス提供の契約をしてもなお実際の提供を拒否することを認めている（17条1項）ことが注目される[38]。業者もセックスワーカーの意に反して性的サービスの提供を強要できないことになろう[39]。若尾の主張③（客を選ぶ権利と、性行為の内容を決定する権利）のうち、客を選ぶ権利は、民事上の責任を問われるリスクは負うものの、一定認められている。

若尾の主張①（雇用関係の否定）はどうだろうか。業者を定義した5条の1項(b)(i)～(iii)で業者の決定事項が次のように列挙されている。「セックスワーカーの就業時間または就業場所」、「当該事業におけるセックスワーカーの労働条件」、「性の販売に対する報酬としてセックスワーカーが受け取る金額またはそ

---

38) 性的サービス提供の契約はしたが、実際には性的サービスの提供に同意しなかった場合、刑法上の同意を構成しないとされている（17条2項）。つまり客が提供を強要した場合には性犯罪が成立する。ただし客の契約取消や解除、損害賠償請求権等は認められている（17条3項）。同法は以下で閲覧可 http://www.legislation.govt.nz/act/public/2003/0028/latest/DLM197815.html 同法の邦訳および詳細な解説に、西島太一「ニュージーランドの2003年売春改革法について」および「ニュージーランドの2003年売春改革法及び同施行令」オーストラリア研究紀要33号（2007年）139頁および225頁。

39) 16条2項(a)(i)(ii)も参照。

の割合」。セックスワーカーが提供する性的サービスの内容は、「労働条件」に含まれる可能性がある。ニュージーランド法は、これらの点においてセックスワーカーが業者の決定に従わされている現状を追認するものであろう。同法は、業者とセックスワーカーの関係が、基本的な労働条件において雇用関係＝指揮命令にあることを排除していない。しかし、その結果、セックスワーカーが雇用労働者としての権利を業者に対して主張できる可能性は存在することになるだろう。

　このように、セックスワーク論者によって高く評価されているニュージーランド「性の売買改革法」では、若尾の主張③（客の選択権、性行為の内容の決定権）は、客の選択権のみ一定実現しているが、①（雇用関係の否定）と②（業者の介在の全面否定）は実現していない。

(3)　業者の介在全面禁止説の検討

　ここで、若尾の業者の介在の全面禁止説の妥当性を検討する。業者の介在の全面禁止の根拠は、「他人に売春をさせる行為」が「売春者の性的自己決定権を侵害する」という点にある。その結果、売春防止法の業者等処罰規定はすべて正当化されるようにいわれている。

　若尾のいう他人に売春を「させる」行為とは、暴力や脅迫によって他人に売春を「強制する」行為よりも広い概念だと考えられる。もし「強制」と同義であれば、売春防止法の業者等処罰規定で強制に該当するのは、「困惑等による売春」（7条）だけである。そのほかの多くは、「強制」そのものとはいえないが、事実上強制につながる可能性が高い行為である。「周旋」（6条）、「対償の収受等」（8条）、「前貸等」（9条）、「売春をさせる契約」（10条）、「売春をさせる業」（12条）がそれにあたる。若尾は、明白な「強制」とはいえないこうした業者の関与も、女性の性的自己決定権の侵害とみなすことに特徴がある。

　しかし業者等の介在には、強制よりも広い意味での「他人に売春をさせる」（事実上強制につながる可能性が高い）とすらいえない介在の仕方があるように思われる。売春防止法の業者等処罰規定でいえば、「情を知つて、売春を行う場所を提供」する（それを業とする）という「場所の提供」（11条）と、場所を提供する業者に「資金、土地又は建物を提供」するという「資金等の提供」（13

条1項）がそれである。それらは、個人が自己決定に基づき自営業として性を売ることに対して第三者（業者）が場所を提供する行為、場所提供業者に資金・土地・建物を提供する行為を含むが、それは、他人が「売春するのを助ける（助長する）」行為とはいえても、「他人に売春をさせる」行為とまではいえないだろう。それは12条で禁止された「売春をさせる業」（他人を自己の管理する場所等に居住させ売春させる業）とは異なる。この点で、性的自己決定権の侵害を根拠に業者の介在を全面的に禁止することには難点があるように思われる。

　自営業としての性の販売に対して第三者（業者）が場所を提供することを禁止することについては、カナダのベッドフォード事件判決[40]が反論を提供している。同判決でカナダ最高裁判所は、「性を売る者の安全性の確保」という観点から、刑法の売春店禁止規定等を違憲無効とした。

　カナダでは、単純売春の禁止規定はなかった。それゆえ個人が自ら性を売る営業行為は合法であった。その一方で、刑法で売春店の経営、他人の売春の収入に生計を依存すること、売春幇助や売春店への輸送、さらに公の場所での勧誘等の売春関連行為が広く処罰されていた。

　これに対して、性を売っている者たちが次のように訴え、刑法の売春関連行為処罰規定が、「権利と自由憲章」7条の身体の安全性の保障に違反するとして提訴した。すなわち、売春店の経営やそこで働くことが禁止されている結果、性を売る者は路上や客の呼び出しによって営業するしかないこと、また他人の売春収入に生計を依存することが禁止されている結果、性を売る者は警護や運転手等を雇うことができないこと、さらに公の場での勧誘行為が禁止されている結果、客の安全性をじっくり見極めることができないこと、これらのことよって客の暴力や不払いなどにあう危険が高まり、安全に性を売る営業ができないと訴えた。カナダ最高裁判所は、売春店の禁止や他人の売春収入への生計依存の禁止、公の場での性の売買の勧誘等の禁止が、売春する者が諸被害にあう危険性を高め、身体の危険を高めているとして違憲と判断した。[41]

　このカナダ最高裁の判断は、個人営業としての性の販売者の安全を担保するために売春店の存在を禁止してはならないというものである。若尾も、性の売

---

40) Canada (Attorney General) v. Bedford, [2013] 3 SCR 1101. 以下で閲覧可 https://scc-csc.lexum.com/scc-csc/scc-csc/en/item/13389/index.do.

り手にとって、買い手の暴力が恐怖であることを指摘している。「彼女〔セックスワーカー〕らの現実は、買春者とむきあうとき、ときとして性的自己決定権を放棄してまで、自らの安全を性業者によって保障される方向へとむく。それほどに買春者は、売春者からみて、恐怖をもたらす、暴力的な性格をおびている[42]」。しかし若尾は、通常のセックスワーク論が、業者によって売春女性の性的自己決定権が侵害されている事実を見落としていると批判する。「性業が合法化されている地域においても、強制売春はなくなっていない。性業者と人身売買業者を区別する根拠を示すことなく、性業者の合法化を要求するかにみえるところに、セック・ワーカー運動の『落とし穴』が潜んでいる[43]」と。カナダ最高裁のベッドフォード事件判決に対して、廃止主義に立つ論者は、路上売春よりも店舗売春の方が安全とはいえないと反論している[44]。業者の暴力性の認識においては、若尾はセックスワーク論よりも、むしろ廃止主義と共通している。

Ⅳ　性的人格権論による廃止主義

1　性的人格権論

　この説は、筆者を含む一部の論者が唱えてきたものである。田村は、性的人格権論の特徴を次のように指摘している。「『性の商品化は制度的性支配である』という観点のもと、買い手と業者の加害性を、『性的人格権の侵害』として際立たせる」。"買い手と業者の加害性を際立たせる"という点を、田村は繰り返し指摘している。「性的人格権論は、女性を性欲処理の道具として使用す

41）詳細は、松井・前掲注5）972-977頁、手塚崇聡「売春規制における『メイド・イン・カナダ』モデルと憲法上の問題——2013年ベッドフォード事件最高裁判所判決とその後の展開」陶久・前掲注2）108-119頁。違憲判決後、カナダは業者と買い手を処罰するスウェーデン方式の法律を制定した。詳しくは手塚・119頁以下。

42）若尾・前掲注26）371頁。

43）若尾・前掲注26）353頁。

44）Catharine A. MacKinnon, Trafficking, Prostitution, and Inequality, Harvard Civil Rights-Civil Liberties Law Review, vol.46, 2011, pp.283-285, 最高裁判決の詳細な分析と反論に Max Waltman, Assessing Evidence, Arguments, and Inequality in Bedford v. Canada, Harvard Journal of Law & Gender, vol.37, 2014 , p.459.

ることの加害性をもっとも鋭く追及している」、「性的リベラリズムが捉えよう
としない男性性欲の加害性を……明確化している」と。そして、性的人格権論
が性的自己決定権に加えて「性的人格権という新しい権利概念」を立ち上げる
理由を次の5点にまとめている。女性の性的自己決定権が性支配の正当化に利
用されてしまう構造を崩すため；性的行為の場合、女性側の自己決定は男性側
がそれを妨げない場合にしか実現しないから；加害性を明確にするため；自己
決定権という概念が「自己決定—自己責任」の論理によって加害を隠蔽するか
ら；性は人格のもっとも深いところにあり、人格と切り離すことのできない領
域であると考えているから。[45]

　すでに述べたように、田村はセックスワーク論と性的人格権論がともに「女
性の人権という観点」から出てきたものと位置づけるが、両説は基軸となる性
に関する人権についての理解が異なり、法規制のあり方も正反対になっている。
ここでは、性的人格権論に立つ角田由紀子の議論をみていく。

　角田の出発点は、「性的人格権は人間の尊厳の核にある」という認識であり、
「性的自由」ないし「性的人格権」を基軸に据える。[46] 性的自由は、憲法13条に
根拠のある基本的人権たる性的人格権に由来するという。[47] 角田は「性的自由と
いうのは、どういう性質の基本的人権なのか」と問い、次のように述べている。

　　思想及び良心の自由は、憲法の中でも最高の保障をされている自由ですが、
　私は、性的自由はこれと並ぶものである、あるいはこれ以上であるかもしれな
　いし、少なくとも19条が保障している思想とか良心の自由以下のものでは決し
　てありえないと思っております。なぜならば、性というものは、精神とからだ
　両方に関わるものですが、その中でもきわめて精神に深く関わる問題ではないか。
　……性というのは優れて精神の問題であると私は思っておりますから、性的自
　由というものは、精神の自由であり内心の自由であると位置づけていいのでは
　ないでしょうか。[48]

---

45) 田村・前掲注8) 184-186頁。
46) 角田由紀子『性差別と暴力』（有斐閣、2001年）139頁。ちなみに法律家の中で最も早い時期に
　　「性は人格の一部であり、したがって人格権の内容をなすものと考える」と主張したのは、弁護士の
　　井田恵子である。井田恵子「女性と法」法学セミナー増刊女性と法（1984年）207頁。
47) 角田・前掲注46) 137頁。
48) 角田由紀子「女性にとって性的自由・自立とは」東京・強姦救援センター編『レイプ・クライシ
　　ス——この身近な危機』（学陽書房、1990年）35頁。

角田は、性を売る行為は、「金銭で性的自由を売り渡すこと[49]」になるという。なぜなら、性の売買で「現実に行われることは、俳優の演技とは異なり、生身の女性の肉体と精神を使っての客の実際の性行為（女性の性器への挿入行為の有無にかかわらず）」である。そこでは、客の男性は「女性の気持ちなどとは無関係に自分のことのみを考えて、他では犯罪として許されないことや、女性にとって屈辱でしかありえない行為をも求めることができる」からである。性を売る女性は、「お金が支払われる」からそれに応じるのであり、そうでなければ「そのような行為の相手をすることなどありえない[50]」。

こうして角田は、「性的自由、性的人格権を金銭によって放棄することはできないと考えるべきではないか」と提起する。「買春」は「性的自由の放棄を金銭で求めること」であり、それを「犯罪であるということを明確にする」スウェーデンの買春者処罰法を、角田は買春「需要」を減らすのに有効であろうと肯定的に評価している[51]。この議論の筋道で考えれば、次に引用する角田の主張の中の「売春行為」「売春」は、それぞれ「買春行為」「買春」とされるべきであっただろう——「金銭と引替えでも放棄できないはずの性的自由の放棄を求める売春行為は、人間の尊厳への挑戦」であり、「売春は、たとえ女性が主観的に『自由意思』で行うものであっても、売り渡せないものを、もぎとろうとすることには変わりない[52]」（強調点引用者）。

「人間の尊厳への挑戦」であるのが「売春」なのか「買春」なのかの違いは重要である。売春防止法の文言は前者だが、それは「売春者」非難と結びつきやすい。それに対して、後者は「買春者」に非難が向けられる。性的人格権論は性売買制度の「廃止」を求めるが、それは「売春」の禁止によってではなく、「買春」と「業者」の行為の禁止によってである。その点で性的人格権論は、日本の売春防止法にみられるような古い廃止主義と決定的に異なる[53]。そして、

---

49) 角田・前掲注46) 136頁。

50) 角田・前掲注46) 138頁。角田のこの指摘がきわめて現実的な主張であることは、本来「セックスワーク」に含めて議論されるべきアダルトビデオ出演において出演者に何が行われているかをみればただちに了解できるであろう。

51) 角田・前掲注46) 147頁。

52) 角田・前掲注46) 139頁。角田・前掲注3) 82頁では、「買春行為は、人が売り渡すことのできないものを、無理やり売らせようとする行為である」（強調点引用者）とされている。

性の買い手と業者を処罰し、売り手は一切の法的制裁から解放され支援の対象になるという 1998 年にスウェーデンで成立した法律を求める新しい廃止主義を支持している。

2　性的人格権論への批判

このような性的人格権論について、田村は「誤解を受けやすい」と指摘する[54]。それは、性的「人格」権の侵害という表現が与えるニュアンスから生じる誤解であるという。まず、性を売る者には、それが「売春している自分は人格が損なわれている」という意味に受け取られかねず、「売春者の心を傷つけてしまうことがあり得る」と指摘する。性的人格権論は、「自分が傷ついていると認めることが、自分を惨めにすることもある」ような「デリケートな問題には、もう 1 つ寄り添えないところがある」という。

また、一般的にも「人格が損なわれている」という意味に受け取られると「道徳的非難のニュアンス」も感じられ、「保守的道徳主義の改訂版」や「売春者を保護と管理のもとに置き、従属させる思想」であると誤解されてしまうだろうと指摘する。

ここでは、性的人格権論が「売春者の心を傷つけてしまうことがあり得る」という前者の批判について考えたい。たしかに、「人格権」という名称のゆえ、それが侵害されたとの指摘を当事者が「人格を損なわれた」と受け取り、深く傷つくことがあるというのはその通りであろう[55]。

では人格権という言葉さえ用いなければよいのだろうか。例えば性的人格権を性的自由権といいかえれば、問題は解決するのだろうか。たとえそのようにいいかえたとしても残る問題として、第三者に自分の何らかの被害や権利侵害

53）従来の処罰主義や規制主義だけでなく廃止主義も含むすべてが、「性を売る女性への差別を内包しており、性の売買の問題の男性側の要因（需要要因）を無視し、問題の表層のみを扱い根本原因に取り組まないという欠点を共有していた」とするものに、Laura Reanda, Prostitution as a Human Rights Question: Problems and Prospects of United Nations Action, Human Rights Quarterly, v. 13, 1991, p.213.

54）田村・前掲注 8) 186-187 頁。

55）「売春は人格破壊をもたらす」という教育者の表現に傷つけられた当事者の経験を考察するものに、浅野千恵「セックスワーカーを搾取しないフェミニズムであるために」河野貴代美編『セクシュアリティをめぐって』（新水社、1998 年）137 頁以下。

を一方的に認定されることによって傷つけられる、という問題があるように思われる。そのことを性の売買についていえば、自分の意思で性を売っており、性を売ったことで自分は何も傷ついていないと考えている当事者が、第三者によって一方的に「○○権を侵害されている」「被害を受けている」と認定されることから生じうる傷つきである。

　この問題は、性的人格権論が、自発的に性を売る者の同意ないし自己決定に法的効力をもたせない（同意や自己決定が存在しないといっているわけではない）ことから生じうる問題ということができる。性的人格権論に対するパターナリズム批判もここから生じる。

　そもそも性的人格権論者が、性的自己決定権に加えて「性的人格権」という新たな権利を提唱した理由は、たとえ売る側の同意があっても「他人の性を買う行為」を違法と評価しうる権利を提出するためであった。本人の同意を基礎に据え、性を売ることを性的自己決定権として保障する説からは、性を買う行為の処罰を引き出すことはできないだろう。買い手を処罰してしまうと、性を売る権利を行使できなくなるからである。性の買い手の処罰を引き出すためには、性を売る者の同意の法的効力を覆し、性を売る自由の制限を正当化できなければならない。

　性を売る者の「同意」を基準にして権利侵害の有無を判断すると、権利侵害は本人の同意がない場合にしか生じないことになる。だが性の領域で、そのようなリベラリズム的発想をすることの問題点は、前述した田村の批判が的を射ていよう。

　性を売る者の同意がある場合においてまで、性を買う行為を違法化しようする発想の背景には、いうまでもなく、性の不平等と女性に対する暴力の蔓延がある。「すべての女性は、魚が水の中で生きるのと同じように、性的モノ化（sexual objectification）の中で生きている[56]」という社会状況と、経済的に不利な状況の中で、性の売買の現場では、ときに「犯罪として許されないこと」や「屈辱でしかありえない行為」をやらされている。本人の同意はそうした社会・経済的な構造的要因によって水路づけられており、悲惨な性体験の自己責

---

56) Catharine A. MacKinnon, Toward a Feminist Theory of the State, Harvard University Press, 1989, p.149.

任化のために利用されている。

　本人の同意の法的効力を疑うもう1つの理由は、この問題がまさに「自分が傷ついていると認めることが、自分を惨めにすることもある」問題だからである。そうであるがゆえに、傷ついている感情を抑圧している可能性が考えられるのである。そこで、なぜ「自分が傷ついていると認めることが自分を惨めにする」ということが生じるのかという問題を考えてみたい。その理由を「性が人格と結びつけられているから」と考え、「性と人格の切り離し」という主張も唱えられたが、これにはすでに批判的検討がなされている。[57]ここでは別の議論の筋で考えてみたい。「自分が傷ついていると認めることが自分を惨めにする」場合というのは、性の問題に限られないと思うからだ。

　筆者は2011年3月11日、福島市に在住していて東日本大震災に伴う東京電力福島原発事故の被害者となった。だが、自分が「傷ついている」と認めることに強い抵抗があった。それはなぜなのかを省察したとき、自分が傷つけられた＝被害者であると認めることが、「自立した一人前としての自分」という自己イメージ、自立した個人といういわば「強者」としての自己イメージを棄損するからではないかと考え、そのことを発表した。[58]これを社会学者の上野千鶴子は、「被害者であることを認めるのは、自分が弱者であることを認めることと同じだから、できるだけ自分の受けた被害を過小評価する機制が働く」という主張だと評した。[59]何か辛く悲惨な体験をした者が、自分を被害者と認められないのは、その被害者が「弱者」の状態に置かれているからだというのである。

　ここでいわれている「弱者」とは何か。社会的な意味での弱者とは一般的に、何らかの属性に基づき当該社会から「排除」されている人々のことを指して使

---

57) 浅野千恵「『性＝人格論批判』を批判する」現代思想26巻12号（1998年）172頁、杉田聡『レイプの政治学――レイプ神話と「性＝人格原則」』（明石書店、2003年）第4章「反『性＝人格』論批判」。

58) 中里見博「原発と憲法――第三の生存権へ」憲法問題24号（2012年）148頁以下。

59) 上野千鶴子「当事者になることの困難（ちづこのブログ No.24）」（2012年5月5日）https://wan.or.jp/article/show/4428　関連してキャサリン・マッキノンの次の言葉が想起される。「体面を傷つけられ、丸め込まれ、無理強いされ、騙され、脅迫され、あるいはあからさまに強制されて性行為を強要された女性たちは……言葉に言い表せない屈辱に対して、セクシュアリティは自分自身のものだと主張することによって対処しようとする。他に取るべき手段がないとき、自尊心とプライドを確保する方法はこうだ――私はそれを選んだ」MacKinnon, supra note 56, p.149.

われる。「排除」とは、本人のハンディキャップや、不利な状況や、受けた被害等によって生じる不足や欠乏（ニーズ）がそれとして「正当なもの＝権利」の侵害と認められておらず、無権利状態に置かれていることといえるのではないか。福島原発事故の被害者についていえば、事故によって生じた放射能被曝の健康影響リスクが否定ないし過小評価されていること、避難のための公的支援が権利として認められていないことなどが、「無権利」状態を形づくっていると考えられる。

　そのように考えるならば、性を売った者が、「自分が被害者であることを認めることで惨めになる」のは、性を売ったことで生じうる辛い体験、被害性を伴う体験が、社会によって正当なもの＝権利の侵害として承認されていないことから生じると考えることができる。だとすれば、そのような状況を変えるには、性を売ったことによって生じうる被害の実相を明らかにし、それが「権利侵害」であるとの社会的合意を獲得していくことが不可欠となる。

　ここまでの考察は、セックスワーク論の主張と区別がつかないかもしれない。性的人格権論がセックスワーク論と分かれるのはここから先であろう。つまり、不特定の相手に性を売ることを、当人の権利と考える（セックスワーク論）のか、それとも逆に権利侵害と考える（性的人格権論）のかの違いである[61]。

V　「不特定の相手に性を売る権利」をめぐって

1　職業活動としての「不特定の相手に性を売る行為」

　そこで最後に検討したいのは、「不特定の相手に性を売る行為[62]」はいかなる権利であり、それを制約する根拠をどう考えるかについてである。

　性的人格権論は、不特定の相手に性を売る行為については、性的自己決定権の行使としては絶対的には保障されず、何らかの理由によって、その行使の制限は正当化されるとしてきた。角田は、「自分の意思による行為はすべて肯定することができると単純にはいえない」と述べ、「自己決定権を行使できる場面にも内在的な制約があるはずだ[63]」とする。内在的制約に服する基準は、「人

---

60) 例えば、黒川みどり「『排除』と『包摂』／表象と主体化」黒川編著『〈眼差される者〉の近代――部落民・都市下層・ハンセン病・エスニシティ』（解放出版社、2007 年）6 頁。

間の尊厳に深くかかわる[64]」かどうかであり、性はまさにそうであると角田が考えていることはすでに述べた。哲学者の杉田聡も「売春が、仮に至上の性的自己決定権の行使と見なしえたとしても、その行使が、女性を性化し、モノ化し、男性の女性認識をゆがめ、男権主義的イデオロギーの強化に加担するかぎり、それは明確な制約をこうむらざるをえない[65]」と指摘する。

---

61) 筆者はほかに社会学の青山薫から多岐にわたる批判を受けている。批判の核心には筆者がセックスワーカー当事者の経験と切実な要求に無関心で、それらを無視しているという青山の判断から生じた怒りと苛立ちがあることを読み取れる。筆者に対する主な批判点は以下（青山・前掲注22）参照）——児童売春をもセックスワークと認めよと迫っている；女性らしさの偏見的規範の責任をセックスワーカーに転嫁している；禁止される性の売買の範囲が曖昧で、それと結びついた一切の表現行為を公共空間から排除するディストピアをもたらしかねない；禁止されたものに魅力を感じる危険な客や業者を性の売買に呼び込む可能性がある；業界の安全化への道を断つ危険性がある、など。筆者からすれば誤解に基づく批判や争うべき主張ばかりであるが、批判が正当かどうかは文献を読み比べれば比較的容易に判断できると思われるので、ここでは文献からだけでは判定しづらい次の批判に対してのみ反論する。それは筆者が「セックスワーカーを名乗る人びととの経験を一顧だに」せず（青山・前掲注22）142頁）、「当事者の現状から発せられた、切実な……改善への希求」を無視している（同140頁）という論難である。だがそれは事実に反する。筆者は1999年からポルノ・買春問題研究会で、2009年からNPO法人ポルノ被害と性暴力を考える会（法人格の取得は2017年）で活動してきたが、前者には初期の数年を除き常に性産業で働く現役および元の当事者が参加しており、彼女たちの経験と要求とともに運動および理論を形成してきた。後者は毎年100件を超えるアダルトビデオや性風俗で働く当事者の相談を受け、被害救済と権利擁護に奔走している（性的人格権論に基づくこうした活動も、当事者に「寄り添う」1つの方法ではなかろうか）。性の売買に反対する廃止主義者が「当事者の声を無視している」というのは常套の批判だが（例えばMaggie O'Neill, Prostitution & Feminism: Towards a Politics of Feeling, Polity Press, 2011, p.19)、誤りだ。キャサリン・マッキノンがポルノグラフィや性の売買に反対するのは当事者からの相談を受けたことが始まりであり、常に当事者とともに活動してきたことはよく知られた事実である（ポルノ・買春問題研究会翻訳・編『マッキノンと語る——ポルノグラフィと売買春』不磨書房、2003年、18頁、27頁、59頁以下参照）。ちなみに廃止主義の象徴的存在である故アンドレア・ドウォーキン自身、数年間性を売っていた元「セックスワーカー」である。青山は「セックスワーカーの側に立つ」（青山・前掲注22）143頁）自分こそが当事者の経験と声を尊重する存在であるかのように示唆する。だが筆者や廃止主義者が一部の当事者の経験と声（多くは被害を訴える声）に依拠しているのと同じように、青山もまた別の一部の当事者の経験と声を代弁しているにすぎない。両者の間にある違いは、性産業の当事者の、どういう階層のどういう経験を重視して人権論等の論を組み立て、政策を提言するかの違いである。それをあたかも批判の相手方は当事者の経験等に一切基づかず、自分だけが当事者の正当な代弁者であるかのようにいうのはフェアではない。

62) 「性を売る行為」とは金銭その他の経済的利益を得て性行為を行うことであり、性行為の範囲としては、諸外国の性売買規制法における一般的理解と同様、性交に限定されないが直接身体を接触させる性的な行為を念頭に置いている。

63) 角田・前掲注3) 81頁。

64) 角田・前掲注3) 82頁。

筆者はこの点について以前次のように述べた。いわゆる「自由売春」をも「主観的・手続的な性的自己決定権の侵害と構成することは困難であり、適切でもない」。しかし、「自由売春」においても買い手や業者は売り手の「客観的・実体的な権利としての性的人格権を侵害している」と評価できる。性の人格的価値に鑑みれば、実体的な権利としての性的人格権が手続的な権利としての性的自己決定権に「優位」し、性的自己決定権の「制約」が肯定される[66]。これに対しては、「女性が自己決定権を行使して売春をしていても、買春がその女性の性的人格権の侵害となるというのは、憲法の保障する基本的人権の理解として疑問であろう[67]」との指摘を受けた。改めて検討したい。

松井茂記は、「売春行為と憲法」で次のような考察を行っている。職業選択および遂行の自由（以下「職業の自由」）を保障した日本国憲法のもとでは、「売春の自由は、職業選択の自由として保護を受けるものと思われる」としつつ、「さらに売春する自由さらには買春の自由は、性的自己決定権として保護を受ける可能性もある[68]」という。そして、職業の自由として保障される場合と、性的自己決定権として保障される場合のそれぞれについて、司法審査基準の厳格さに応じた保護のされ方を検討している[69]。

ここで改めて「売春行為」つまり「不特定の相手に性を売る」という行為は、そもそも性的自己決定権の行使といえるのかを考えてみたい。「だれといかなる性行為を行うかを、自ら決定できる権利[70]」としての性的自己決定権は、典型的には同性同士など少数の性的指向（sexual orientation）に基づく性行為や、逸脱的な性的嗜好（sexual preference）に基づく性行為を正当化する権利として主

---

65) 杉田聡『男権主義的セクシュアリティ——ポルノ・買売春擁護論批判』（青木書店、1999年）180頁。より詳しい検討に、杉田・前掲注57）第3章「性の自由と『性＝人格原則』」。なお杉田は、森田成也の説を参照し、自己決定権の制約根拠としてジェンダー的法益としての平等権があるとする。杉田・本注149頁以下、杉田・前掲注57）179頁以下。重要な指摘だが、本稿では検討できなかった。

66) 中里見・前掲注7）「『セックスワーク』・性的自己決定権・人格権」34-35頁。

67) 松井・前掲注5）1007頁注83。

68) 松井・前掲注5）992頁。

69) 松井・前掲注5）993-994頁。

70) 不特定の相手と金銭の授受なしに性行為をすることは、本人の性的自己決定権に含まれるといえるだろう。特定の相手と金銭を得て性行為することは、プライバシー権として保護されるように思われる。これに対する異論に、宮川基「買春不処罰の立法史」陶久・前掲注2）79頁。

張されてきた。しかし、不特定の相手に性を売ることの最大の動機は経済的動機であるから、金銭を得られなければしない行為である。つまり「金銭と引き換えに不特定の相手と性行為をする」という「性的指向」が存在するわけではないし、そのような「性的嗜好」があってそうしているわけでもない。[72]

　金銭を得るために不特定の相手に性を売るということは、営業行為ないし職業として性を売るということにほかならない。それは性行為であるとともに——あるいはそれ以上に——経済行為である。「職業行為として性行為をする」という「自己決定」は確かにしているし、「性」はさまざまな社会的権力関係に置かれてきたため、とりわけ「自己決定権」の保障が必要な領域ではある。しかし不特定の相手に性を売るという行為を、それが不可避的に職業活動であるという性質を捨象して、性的自己決定権の文脈でのみ検討することは適切ではないように思われる。この点の認識は、筆者のこれまでの議論においても十分ではなかった。

2　職業活動としての「不特定の相手に性を売る行為」の制約根拠

　こう考えると、不特定の相手に性を売る行為は、職業選択・遂行の自由として捉えられ、それが「性行為」であるがゆえに生じうるさまざまな影響に即して制約が検討されるべきことになる。[73]筆者は、不特定の相手に性を売る自由を制約できる根拠として次の3点を提起した。性の脆弱性、性の人格性、ジェンダー不平等との関連性である。[74]ここでは、それらに加えて「性交は生殖行為でもある」という忘れられがちな事実を指摘する。

　「性」のもつ脆弱性＝傷つきやすさとは、性的部位の身体的脆弱さ、性行為の身体的接近性や密室性、孤立性のゆえに、性行為は人権侵害（暴力や虐待な

---

71) さしあたり、角田由紀子『性と法律——変わったこと、変えたいこと』（岩波書店、2013年）233頁以下。

72) この点の指摘に、Sheila Jeffreys, The Idea of Prostitution, Spinifex Press, 1997, p.95, p.130.

73) 陸路順子は次のように指摘している。「売春の違法性は、その社会性にあると考える。不特定の相手方と性の取引をすることを業とし……、衛生とか、風紀といった面で社会的な問題となってくる。さらにそのような営業には人身売買的現象も伴い易く、社会的影響は増大し、必然的に行動の社会性を帯びてくる」。陸路『法の中の男女不平等——売春防止法・優生保護法・皇室典範』（信山社出版、1993年）37-38頁。

74) 中里見博「企画趣旨および性の売買をめぐる理論状況」ジェンダーと法16号（2019年刊行予定）。

ど）と結びつきやすいということである。2つ目の性の人格性とは、性は、人の身体と精神の両方と深く結びつき、個々人の「人格」の一部を構成しているということである。それゆえ、性に対する暴力的な——あるいはより広く権力的な——侵害は、しばしば被害者の心身に深い傷を負わせ、重大な法益侵害を生じさせる。

　3つ目は、性を職業的に売ることは、歴史的にみて女性に対する差別や重大な人権侵害を伴うものであったこと、それだけでなく今日においてもジェンダー不平等な男女関係と社会構造を維持、再生産する機能を果たしている可能性があることである[75]。

　このように、脆弱性と人格性を特徴とする性は、性の売買が職業として認められることによって暴力的・権力的に侵害される危険性が高くなり、一度侵害されたら深刻な被害を生じさせることになる。さらに性の売買の職業としての公認は、ジェンダー不平等を維持し、強化する可能性が高い。

　最後に、異性間の性交は、単なる性行為ではなく同時に生殖行為でもあるという点を付加したい[76]。異性間で性交を行う性の売買においては女性が妊娠する可能性があり、避妊措置を取っても、避妊の失敗による妊娠の可能性は一定程度常に残る。しかし、買い手の男性の生殖責任を追求する議論はほとんど聞かれず、セックスワーカーの人権擁護を目的にしたニュージーランド法も、セックスワーカーが妊娠した場合の顧客の生殖責任を追及していない。妊娠のリスクと妊娠した場合の中絶の負担、あるいは出産した場合の育児・養育責任は、もっぱら女性にのみ負わされている[77]。女性である性の売り手が妊娠した場合に、買い手の男性の再生産責任を追及する仕組みを性産業に制度化することは、そのエンターテイメント産業としての存在理由や経済的コストなどから考えて、

---

75) 性売買が歴史的に女性の重大な人権侵害を伴い、現在でもその危険性が高いことを「売春禁止の根拠にすべき」とするものに、宮川基「売春禁止の根拠と売春を助長する行為等の罪の処罰根拠」東北学院法学 75 号（2014 年）69 頁。

76) この点は、大阪で継続的に開催している「マッキノン研究会」において提起し、論の立て方や文献の所在まで参加者からさまざまな指摘を受けた。記して感謝する。

77) 社会学の永田えり子は、「再生産責任という見地から売買春市場」をみると、それは「男性の生殖責任免除システム」であると指摘している。同『道徳派フェミニスト宣言』（勁草書房、1997 年）299 頁。

ほぼ不可能だろう。それゆえ職業としての性の売買は、女性の売り手にとって、生殖に関する健康と権利への重大な侵害をもたらすものである。

これら相互に関連した4つを根拠に、職業的に不特定の相手に性を売ることに対する禁止を含めた国家規制は正当化可能であると考える[78]。ただし「禁止」といっても、性を売る者をさまざまな権利侵害から保護し、性差別の亢進を防ぐための禁止であるから、性を売る者へのいかなる法的制裁や非難も認められるべきではない。性の売買の禁止は、業者と買い手の処罰によるべきであり、性を売ることに対する（罰則を伴わない）禁止規定も置かれるべきでない。それは性を売る者を脆弱な立場に追いやるからである。

おわりに

以上、田村公江による性の売買の考え方等の分類に依拠して、法学分野での代表的論者の諸説を検討してきた。

本稿の最後で提示した制約根拠の多くは、方向性や考え方を提示するにとどまっており、十分な論証を伴うものではない。とりわけ性の人格性やジェンダー不平等の関連性については、疑問や反対論が根強い。松井は、先の論文において、従来からの売春の自由の制約根拠の妥当性を広く検討し、性の人格性（性が人間の尊厳と深く結びついているとする考え）やジェンダー不平等との関連性について、さまざまな角度から疑問を投げかけている[79]。

諸外国ではすでに、性の売買を全面的に合法化した国や、逆に業者だけでなく買い手をも処罰し、買春需要の抑制に乗り出した国もある。本稿で提示した性の売買の制約根拠が妥当であるかどうかは、それらの国々で、それぞれの法

---

78) 異性間の性の売買だけでなく同性間の性の売買をも、同じ4つの理由で禁止しうるかは議論の余地があろう。4つの理由のうち、ジェンダー不平等との関連性と性交が生殖行為でもあるという点は異性間の性の売買にしかあてはまらないからである。この点、次の2つの理由から同性間の性の売買もあわせて禁止できる、と考えることも可能だろう。性の脆弱性と人格性は女性だけでなく男性にもあてはまると考えられること、異性間の性の売買のみ禁止し、同性間の性の売買を禁止しない場合、同性間の性売買制度が異性間の性の売買の温床となり、異性間の性売買禁止政策の実効性が失われるおそれがあることである。その前提には、職業活動として行われる限り、同性間の性の売買も広範な国家規制に服すべきであるという考えがある。

政策が、売り手の権利侵害をどのように改善したか、ジェンダー不平等にどの
ような影響を与えたかなどを事実に即して検討することによって、検証するこ
とができるであろう。もはや紙幅も尽きており、本稿で論じることはできない
が、残された最重要の検討課題である。[80]

（なかさとみ・ひろし　大阪電気通信大学教授）

---

79) 松井・前掲注 5) 998-1002 頁。その上で松井は結論的にこう述べている——売春が人間の尊厳に
反するか搾取かどうかにかかわらず、売春婦の立場に立って安全性をどう確保できるかを考えざる
をえないのではないか（同 1002-1003 頁）。性を売る者が安全に働ける環境の法的整備を求める点に
おいて、これは性的リベラリズムを超えてセックスワーク論に接近しているのではないかと思われ
る。なお、性の売買と人間の尊厳の関係を考察するものに、玉蟲由樹「性風俗営業と人間の尊厳」
陶久・前掲注 2) 82 頁、陶久利彦「売買春の法的規制と根拠づけ」陶久・前掲注 2) 219 頁。

80) 中里見・前掲注 7)「性売買規制法の国際的動向」はそのような問題意識から書かれた。また、筆
者も企画担当の 1 人であったジェンダー法学会 2018 年度学術大会シンポジウム I「性売買と人権・
平等」も同様の意図のもと、合法化したオランダと買い手を処罰するスウェーデンの状況を検討す
る報告が立てられた。前掲注 74) ジェンダーと法 16 号参照。

性刑法と憲法

――刑法ポピュリズムかジェンダー平等の展開か？

齊藤笑美子

I　はじめに

　2017 年はハリウッドの有名映画プロデューサーの長年にわたる性暴力が明らかになり、それに端を発して女性達が自らが受けた性的被害を告発する #Me too 運動が世界的な広がりを見せた。日本では、このような被害告発運動はあまり広がりを見せず、政権に近いとされるジャーナリストから受けた性被害を公にして処罰を求めた女性に対するバッシングが猛威を振るう事態が起きた[1]。

　このように北米やヨーロッパでのリアクションと日本でのそれは非常な好対照をなしているが、性暴力の焦点化は、近年なお女性のセクシュアリティに対する支配がジェンダー問題の核心であることを象徴している。自己の身体の使用に関する自己決定や暴力からの自由という最も基本的な権利の確立が、ジェンダーの文脈では未だに難しいという事実を突きつけられているのである。

　ほぼ時を同じくして、日本では刑法の性犯罪規定の大幅な改正が行われた。課題はあるものの、強姦罪を改め強制性交罪とし、被害者の性別を不問とするなど、貞操を保護法益としていた旧強姦罪の家父長制的性格がある程度払拭された。性犯罪の保護法益に関して一定の進歩があったと評価してよいだろう[2]。

---

1) この女性は日本でのバッシングに耐え兼ねて、海外で暮らしている。朝日新聞電子版 2018 年 9 月 18 日。

性犯罪規定の保護法益を性的自己決定や性的自由ととらえること自体には異論を差し挟む余地はない。しかしこうした改正は、本稿で扱うフランスなどに比して30年以上の遅れをとっていると言われ[3]、また、性的自己決定に限定した性犯罪規定の保護法益の理解は、当地では完全に揺らいでいるとの印象を個人的には抱いている。

そうした印象を強めるのは、フランスにおける性刑法の近年の展開である。「性犯罪との闘いにおいて、改革の風が刑事法規定に吹いている[4]」と言われる。2016年には、買春処罰の導入があった[5]。これについてはすでに別稿で検討を行ったが、買春客の処罰導入は、「同意」ある買売春において客のみを罰するという点で、狭い意味での性的自由の保護から大きくはずれる。実のところ、刑法を通じて人々の性的な振る舞いに影響を与え、ジェンダーの不平等を是正しようとする野心を持つ立法であった。

さらに2018年には性的および性差別的暴力との闘いを強化する法律[7]（以下、「2018年の法律」とする）によって、性犯罪が見直され、「ストリート・ハラスメント」を処罰する「性差別的侮辱罪」が新設された。2018年の法律にも、法改正によって個人の性的自由を守るというだけでなく、ジェンダーに関する人々の振る舞いを変えさせるという道徳的考慮があると考えられる。しかしながら、こうしたジェンダー平等の刑法による考慮は、他者の自由や憲法上の原

---

2) 同改正についての論評は骨子段階のものであるが、島岡まな「性犯罪の保護法益及び刑法改正骨子への批判的考察」慶應法学37（2017年）19-37頁。

3) 前掲同書21頁。

4) Audrey Darsonville, «Brèves remarques sur le projet de loi contre les violences sexistes et sexuelles», *AJ Pénal* 2017, p. 534. フランスにおける性刑法の概要については、島岡まな「フランスにおける性刑法の改革」大阪弁護士会人権擁護委員会性暴力被害検討プロジェクトチーム編『性暴力と刑事司法』（信山社、2014年）178頁以下。

5) Loi n° 2016-444 du 13 avril 2016 visant à renforcer la lutte contre le système prostitutionnel et à accompagner les personnes prostituées.

6) 齊藤笑美子「フランスの買春処罰法をめぐる論争」阪口正二郎ほか編『憲法の思想と発展——浦田一郎先生古稀記念』（信山社、2017年）225-239頁。

7) Loi n° 2018-703 du 3 aôut 2018 renforçant la lutte contre les violences sexuelles et sexistes. この法律の紹介・論評は、他で挙げるもののほか、Philippe Bonfils, «Entre continuité et rupture : la loi du 3 août 2018 sur les violences sexuelles et sexistes» *JCP éd G* 2018, 975; Charlotte Claverie-Rousset «Commentaire des principales dispositions de la loi n° 2018-703 du 3 août 2018 renforçant la lutte contre les violences sexuelles ou sexists», *Droit pénal* n° 10, Octobre 2018, étude 23.

則との深刻な衝突を引き起こさずにはおかない。本稿は主に、2018年の法律の背景を概観した上で、それが引き起こした憲法に関する論争などを検討し、性刑法と憲法の関係について他の法律に関する憲法院判決も参考にして考察を行いたい。

Ⅱ　2018年の法律──背景

フランスの2018年は、その破壊行為がクローズアップされた「黄色ベスト運動」の盛り上がりに見られたように庶民のフランスとマクロン大統領が象徴するような都市エリートのフランスとの対立が鮮やかに照射された一年であった。同大統領は、富裕層に課される連帯富裕税の廃止や労働市場の柔軟性を高める労働法改革など新自由主義的政策を推し進めてきた。他方でジェンダー問題については、ジェンダー平等の推進に親和的な態度を示す傾向がある。現政権のその側面を象徴するのが2018年の法律の成立であろう。同法は、性犯罪被害者、特に未成年の法的利益の保護の強化や公共空間での性差別的行為に対する処罰などを定めるが、これにはいくつかの時事的な背景があった。

1　未成年の保護

2018年の法律では未成年の保護が大きな焦点となっており、性交に同意できる年齢、つまりそれ以下の年齢の未成年との性交が同意の有無にかかわらず犯罪となる年齢の設定と未成年に対する性犯罪の時効の延長が問題となった。

(1)　性交同意年齢

メディアで大きく報道され、反響を呼んだのが未成年の性交同意年齢の問題である。日本刑法では13歳未満の未成年者との性交があった場合、暴行脅迫の有無にかかわらず、強制性交罪が成立する（177条）。この年齢設定が妥当か否かはともかく、性交を行ってはならない相手方の年齢が決まっている。これに対しフランスの強姦罪（仏刑法典222-23条）は、「暴力、強制、脅迫、不意打ち」によるあらゆる性質の性的挿入を強姦と定めるのみで、これらの有無に関係なく不同意が推定される年齢の設定はない。したがって、低年齢の未成年者

が相手方となっている場合でも同意がありうることになり、その同意の有無は
ケースバイケースで裁判所が判断することになる。

　15歳未満の未成年に対する性的侵害罪（同227-25条）は、同意の有無を問わ
ず年齢のみを要件として成立するが、2018年の法律による重罰化がなされる
までの法定刑は5年以下の拘禁刑および7万5千ユーロ以下の罰金であった
（2018年の法律による改正後は、7年以下の拘禁刑および10万ユーロ以下の罰金）。未
成年に対する強姦罪の20年以下の懲役（同222-24条2項）に比べると圧倒的に
軽い。

　2017年、いずれも事件発生時20代の男性が11歳の少女と性交した別個の
2件のケースが、波紋を呼んでいた。

　公共放送の報道によれば[8]、一つ目のケースでは建物の中庭で遊んでいた少女
に被告が声をかけ、少女が被告について公園まで行って性交したケースで、セ
ーヌエマルヌ重罪裁判所は、「暴行、強制、脅迫、不意打ち」という強姦罪の
構成要件が満たされていないとして、被告男性を無罪とした（ただし、控訴審で
は有罪が言い渡されている[9]）。

　やはり11歳の少女が相手方となったもう一つのケースで、ポントワーズ検
察は20代の男性を強姦罪ではなく、より軽い性的侵害罪で起訴することを決
めた。たしかに、15歳未満の未成年者に対する性的侵害罪であれば、暴力等
はその構成要件ではないが、法定刑は、前述のように未成年に対する強姦に比
して軽い。報道では、被害者側の弁護士が、そもそも11歳の子どもに不同意
を示す抵抗を求めるこのような議論が起きること自体がおかしいと憤慨してい
る。

　これらの事件をきっかけに、未成年についてはそれを下回る場合には不同意
が推定される年齢を導入するべきではないかという議論が起きたのであった。
マクロン大統領も法改正を約束していた[10]。

---

8)　www.francetvinfo.fr/faits-divers/justice-proces/l-acquittement-d-un-homme-juge-pour-viol-sur-
　　une-mineure-de-11-ans-fait-polemique_2463480.html.

9)　france3-regions.francetvinfo.fr/paris-ile-de-france/seine-et-marne/viol-fille-11-ans-acquitte-cour-
　　assises-seine-marne-homme-condamne-appel-1582769.html.

10)　女性に対する暴力に関して、マクロン大統領が2017年11月25日に行った演説。

(2) 未成年に対する性犯罪の時効

さらに遡って 2016 年、テレビ番組の司会などで知られる女性タレント（Flavie Flament）が、13 歳の時にイギリス人の著名写真家（David Hamilton）からレイプされたことを自伝的小説の中で明らかにした。[11] 彼女がこの事実を公にするまでに 30 年もの時間を要したことから、未成年に対する性犯罪の時効の問題がクローズアップされていた。2018 年の法律によって、未成年に対する性犯罪の時効が 30 年に延長されている（刑事訴訟法典新 7 条）。

2 ストリート・ハラスメント

法案が閣議に提出されたのは、上記の #Me Too 運動が世界的に広まる直前であった。自らが被ったジェンダーに基づく暴力を告発する動きは、フランス国内でも「豚野郎を暴け（Balance Ton Porc）」のハッシュタグで広がりを見せ、これに加え、女性が街角で日常的に受ける「ストリート・ハラスメント」を告発する動きも活発化していた。ストリート・ハラスメントとは、主に女性が街頭や公共交通機関などの公共空間において受ける外見や服装に関する冷やかし、性的なからかい、凝視、しつこい誘いなどを指し、セクシュアル・ハラスメントや性的攻撃に当たる痴漢行為とは異なって、従来刑罰の対象とはなっておらず、社会的に上品な行為とはみなされないが重大な行為ともされてこなかったふるまいを指している。これが、「性差別的侮辱罪」の新設につながった。

背景には、数年来ストリート・ハラスメントがクローズアップされてきたことがある。ベルギーで制作された「街頭の女性たち（Femmes de la rue）」（2012年）というドキュメンタリーは、ブリュッセルの街角を女性が歩くだけで、ジロジロ見られ、つきまとわれ、性的な意味合いのある言葉で侮辱される様子を映し出して議論を喚起した。公共交通機関での性差別的ハラスメントに焦点を当てた 2015 年の「女性と男性の平等に関する高等評議会」（Haut Conseil à l'égalité entre les femmes et les hommes）の意見では、「公共空間での性差別的ハラスメントとは、現実のものであれ、想定されたものであれ、ある人の性別、性的指向、またはジェンダーアイデンティティを理由として、威嚇的、屈辱的、

---

11) Flavie Flament, *La consolation*, JC Lattès, 2016.

品位を汚す、または侮辱的な状況を作り出す効果があり、それゆえに尊厳を侵害する発言や行動を押し付けること」と定義されている。[12]

　問題は、これらが単なる迷惑行為であるという以上に、マチスモの表出であり性差別的であるということにある。一部の公共空間は男性によって占拠されており、女性はこれらハラスメントを避けるために、通る道を変える、服装を変える、外出を避けるなどの行動を余儀なくされる。一見意味のない軽微な行動に見えるが、他者の移動の自由を制限し、その公共空間での居場所を狭め、結果的に社会の性差別を維持促進する行いであることが問題なのである。ストリート・ハラスメントは、労働の場でのセクシュアル・ハラスメントとパラレルの関係にあると言えるだろう。

　このようにここ数年のフランスでは、性暴力および性差別的暴力が社会的な関心事となっており、2018年の法律はこうした関心の高まりを背景に制定されたものである。それでは、次にどのような議論を経て、こうした関心が2018年の法律へと結実したのかを見ていく。

Ⅲ　議論の焦点

　2018年の法律が特に話題となったのは、上記の社会的背景のためである。これらの点のうち、性交への不同意が推定される年齢とストリート・ハラスメントの処罰の導入は、最も意見の対立が激しかった点である。この二つに絞り、どのような点が焦点となっていたのかを見ておきたい。

1　不同意推定導入の頓挫

　未成年の保護についての議論のうち、もっとも議論を呼んだのが、性交への不同意が推定される年齢を設定することであったが、後に見るようにこれは結局挫折する。2018年の法律による改正を経た刑法典新222-22-1条は、被害者の低年齢から不同意の立証を容易にしようとするにとどまったのである。日本を含め、未成年保護のために性的関係を持つことが禁じられる年齢を定める国

---

12) *Avis n° 2015-04-16-VIO-16*, 16 avril 2015, p.5.

が多数ある中で、これは意外な結果にも思える。不同意推定の導入に待ったを
かけたのは、コンセイユデタであり、その理由は憲法違反の疑いであった。

(1) コンセイユデタの意見

　コンセイユデタの諮問に付された法案は、15歳未満の未成年に対して性的
行為を行った成人が被害者の「年齢を知っていたか、知らずにいることはでき
なかった」ときに性的攻撃の罪が成立し、さらに行為が性的挿入を含む場合に
は強姦罪が成立するとしていたようである[13]。これに対してコンセイユデタは、
強姦罪の構成要件を変更することについて憲法上の疑義を提示した。それは以
下のようなものである。

　他の条件を考慮せず、成人と未成年者の性的関係があったことだけから有罪
を推定することは、憲法院の判例とは相いれない。憲法院は、違警罪を除くと
「例外的に」のみこのような推定を認めており、これが憲法に適合するとされ
るためには、推定は覆せないものであってはならず、被告が反証する権利が尊
重されなければならない[14]。そしてこの要請は、重罪の場合にはより強くなる。
コンセイユデタは、さらにヨーロッパ人権裁判所の判例との衝突も指摘する[15]。

　さらに「年齢を知っていたか、知らずにいることはできなかった」ことを強
姦罪の構成要件とすることは、違法性の意識に関する憲法上の要請に応えてい
ない[16]、性的侵害罪と強姦罪の構成要件が等しくなることで、同じ行為にまった
く重みが異なる刑罰が科される可能性があり、これが平等原則に反する[17]、構成
要件の一つである年齢が同時に加重事由（刑法典222-24条2項）ともなってい
ることが、罪刑法定主義に反する[18]との指摘が続いた。

---

13) Conseil d'Etat, *Avis n° 394437 sur un projet de loi renforçant la lutte contre les violences
sexuelles et sexistes contre les mineurs et les majeurs*, 16.

14) *Ibid*. 21.　その判例とは、Déc n° 99-411 DC du 16 juin 1999. 辻村みよ子編集代表・フランス憲法
判例研究会編『フランスの憲法判例』（信山社、2002年）33事件〔石川裕一郎執筆〕; Déc n° 2009-
580 DC du 10 juin 2009 ; Déc n° 2011-625 DC du 10 mars 2011; Déc n° 2011-164 QPC du 16
septembre 2011.

15) *Ibid*. 21.

16) *Ibid*. 23.

17) *Ibid*. 24.

18) *Ibid*. 25.

コンセイユデタは、このように不同意推定が憲法違反であると述べた上で、強姦罪に構成要件を追加するのではなく、被害者が未成年の場合には既存の構成要件が満たされやすくなるような改正を提案した。政府提出法案はこれに従い、重罪である強姦罪への一定年齢下での不同意推定の導入を諦めたが、他方で、15歳未満の未成年に対する性的挿入を伴う性的侵害罪を創設し、10年以下の拘禁刑および15万ユーロ以下の罰金の軽罪とすることで、大人が性交をすることが禁じられる未成年の年齢を定めようとした。

そのため、法案2条IおよびIIは以下のようになった。

I 222-22-1条は、以下の項によって補われる。

この行為が15歳未満の人に対して行われた場合、精神的な強制または不意打ちは、これらの行為への同意に必要な成熟または分別を有さない被害者の無知の濫用から生じうる。

II 227-26条は、以下の項によって補われる

227-25条に定義された犯罪〔暴力などを構成要件としない15歳未満への性的侵害罪〕も、成人が15歳未満の人に性的挿入を行った場合には、10年以下の拘禁刑および15万ユーロ以下の罰金に処す。

(2) 国民議会の審議

政府提出法案のうち、国民議会で特に問題とされたのは、上述のように強姦罪への不同意推定導入を諦めたことであった。国民議会内の「女性の権利および男女の機会平等議員代表団」(la Délégation aux droits des femmes et à l'égalité des chances entre les hommes et les femmes) は、国民議会での審議に先立って報告書を提出し、これに言及している[19]。

この報告書では、法案が、未成年と成人の間の年齢差によって強制の立証を容易にしていること、15歳未満への性的侵入には強制の有無を問わず性的侵害罪の成立を認め、通常の性的侵害よりも重く罰していることを歓迎する。他方で同報告書は、13歳未満の未成年とのいかなる性質の性交をも禁じ、20年以下の懲役が科される重罪とすべきことも勧めている[20]。

---

19) La délégation parlementaire aux droits des femmes et à l'égalité des chances entre les hommes et les femmes, *Rapport d'information*, n° 895.

20) *Ibid.* pp. 20–25.

同様に、「女性と男性の平等に関する高等評議会」も、2条への否定的意見を出している。こちらも議員代表団と同様に、13歳未満の未成年と成人との性交に未成年の不同意を推定し、同様に法定刑を20年以下の懲役とすることを勧奨する。[21]

この問題は繰り返し問われることになる。国民議会の憲法的法律・法律・国家行政全般委員会（以下、法律委員会）でも中心的論争点となる。

例えば、15歳未満の未成年に対する性的侵入を伴う性行為にすべて不同意を推定する修正案に対し、法律委員会の報告者であるA・ルイ（Alexandra Louis）は、①15歳未満の未成年者との性行為について一律に不同意推定を適用することはできないので、異なる年齢設定が必要になる、②合意の上で性的関係を持っていた未成年者同士の場合、一方が成年に達したとたんに不同意が推定されるという不合理の問題が考慮されていないなどの理由で、これを退けた。[22] 委員会に出席していたM・シアッパ（Marlène Schiappa）女性と男性の平等担当大臣補佐も、コンセイユデタに指摘された憲法違反の問題を挙げ修正に否定的な態度を示した。[23] これに対しては、野党議員から憲法違反のリスクをとってでも、立法を前進させるべきだとの反論などが出る。[24]

その後13歳未満の未成年との性交につき、強制の有無を問わずに強姦とする修正も提出される。13歳から15歳の間では、不同意が立証されやすくするにとどめておき、13歳未満については不同意を推定しようとするものである。与党は、13歳未満ではなく15歳未満の子どもをすべて保護するのだという建前で、13歳での線引きも受けいれなかった。[25]

ここで、強姦罪の本質の問題にたどり着く。15歳未満の未成年との性行為に不同意を推定することが、なぜ無罪推定に反するとされるのか。未成年と性

---

21) Haut Conseil à l'égalité, *Note de positionnement sur le projet de loi renforçant la lutte contre les violences sexuelles et sexistes*, 16 avril 2018.

22) AN *Rapport* n° 938 PDF 版 p.91.

23) *Ibid.* p.92.

24) 本会議において、S・オコニ（Sophie Auconie）議員は、憲法違反か否かを知るための唯一の方法は、不同意推定を取り入れた法案を採択し、憲法院の判断を仰ぐことであり、憲法改正も考えると述べた（*JOAN* du 16 mai 2018 p.3833）。

25) シアッパ大臣補佐の発言 AN, *op.cit.* pp.41-42.

行為を行ったとされる成人は、相手方の未成年は15歳未満ではない、未成年の年齢を知る術がなかったなどの反証を挙げてこの推定を退けることができるのであり、これを覆せない推定ではないと理解することは不自然ではないように思われる。

　しかし、これが覆せない推定とされるのは、強姦罪の構成要件の核心が、同意の不在であり、さらに同意の存否は、強制の存否から個別具体的に判断されるからであろう。つまり、一定年齢未満で同意の不存在を推定すれば、構成要件の核心をなす同意の存否そのものを、年齢から自動的に決定してしまうことになる。このジレンマを脱するためには、同意の不在を核心とする強姦罪ではなく、相手方の年齢そのものを構成要件とする重罪が強姦罪とは別に必要ということになる[26]。

　ところで、15歳未満の未成年に対する性的侵害罪は、強制の有無を問わずに成立する。政府提出法案は、この強制の有無を問わない15歳未満に対する性的侵害罪において、性的行為が挿入を伴う場合を加重事由とし、10年以下の拘禁刑を科そうとした。また、強姦の証拠が不十分な場合に、単に無罪とされないように、裁判官が義務的に性的侵害罪に罪状を変更することを定めた。これによって15歳未満の未成年との性的関係を持った者が、必ず咎を受けるようにしようとしたわけである。シアッパ大臣補佐は、これは大人が15歳未満の未成年と性的関係をもってはならないという禁忌を明確にするためのものと説明している[27]。ここでは、不同意の推定が許されていることになるが、この強制の有無を問題としない性的侵害罪が、軽罪でありながら、憲法院によって定義される無罪推定に反しないことの説明はない。

　結局のところ、コンセイユデタの意見によって政府は完全に振り回されており、政府のぶれた態度に批判が噴出した。「自分の知る限り違憲審査を行うのは憲法院だけであり、コンセイユデタではない」と政府を批判する議員も出た[28]。

　このような議論は、現行の強姦罪では、年齢に関係なく、同意がそもそも推

---

26) Philippe Conte, «Lutte contre les violences sexuelles et sexistes. À propos de l'article 2 du projet de loi», *JCP éd G* 2018, 596.

27) AN *rapport, op.cit.* p.106.

28) N. エリマス (Nathalie Elimas) 議員の発言。*Ibid.* p.110.

定されてしまっているという問題をも白日のもとに晒している。強姦罪の本質は同意の不存在であるとされるが、同意の存否は、被害者に同意があったか否かそのものではなく加害者の行為に着目して判断される。不同意の存在を裏付けるのが、加害者側の暴行、強制、脅迫、不意打ちであるとされ、加害者側にこれらの行為があったか否かが争点となる。つまり、フランス刑法もこれらの行為が立証されない限り、同意が推定されてしまうという問題を抱えている。このため、同意についての定義を導入しようとする修正案が法律委員会で複数提出されている[29]。政府は、同意は、従来の4つの要素を通じて同意は考慮されているという立場を崩さず、修正は否決された。

(3) 元老院

元老院での審議についても、簡単に振り返る。

政府与党は元老院では多数を擁しておらず、共和党が最大会派である。元老院の法律委員会の報告では、強姦を「軽罪化」（Correctionnalisation）[30]するという理由で、15歳未満の未成年との性交を通常の性的侵害罪より重く処罰する加重規定（上記法案2条Ⅱ）を削除している[31]。軽罪と重罪では、刑罰の軽重が異なるだけでなく、刑事手続の面でも象徴的な面でもその相違が大きいようであり、国民議会での審議の時点から、強姦が軽罪として扱われることは、受け入れがたいこととして批判されていた。その後、両院同数委員会で、両院の妥協として、同意の有無を問わずに成立する性的侵入をともなう性的侵害罪は法案から削除されることが決定的となった[32]。

また元老院は、不同意推定も取り入れなかった。不同意が推定される年齢を導入しない理由はやはり、未成年の性的成熟の程度には個人差があり、不同意の推定を13歳未満に設定して、13歳以上15歳未満の未成年を保護の外におくべきではないというものである[33]。しかし、法による線引きとはそもそもその

---

29) *Ibid.* pp.117 et s.

30) 本来重罪である強姦が、立証の難しさ、手続の重さなどから、より法定刑の軽い軽罪である性的侵害罪として刑事手続上処理される傾向を指す言葉。

31) Sénat *Rapport* n° 589, p.41.

32) *Projet de loi renforçant la lutte contre les violences sexuelles et sexistes.* Texte éléboré par la commission mixte paritaire.

ようなものではないか、年齢という客観性を持つ要素ではなく裁判官の個別判断に任せる方がよほど罪刑法定主義に反するのではないかとの所感を筆者には抱かせる。

　元老院でも、コンセイユデタによる憲法違反の疑いの指摘が引き合いに出され、不同意推定は、13歳未満の未成年と性的関係を持ったあらゆる成人に対して覆せない推定を設定し、無罪推定原則と防御権を過剰に侵害するものと考えられた。元老院法律委員会報告は、強姦罪に年齢を基準とした構成要件を加えるだけでなく、強姦罪とは別であっても、一定の年齢を下回る未成年に対する性的挿入を罰する重罪自体が、無罪推定原則に反すると理解しているようである[34]。元老院は、コンセイユデタのいう反証できない推定の禁止をさらに拡大して解釈しているように見える。元老院本会議の審議では、強姦罪の延長上に未成年との性交禁止を位置づけることはできないと理解したグループから、13歳未満の未成年との性交の罪を強姦罪とは別に新設する修正が提案されていた[35]が、これも退けられている[36]。

　12歳以下の子どもと成人の間の性交に合意があり得ることを前提とする法文を変更することが、フランスにおいてここまで難しいことは驚くべきことである。特に後に見るように、日本であればよほど憲法上の問題が指摘されそうな性差別的侮辱罪の新設が、学説はともかく、政治的には比較的容易に実現されたことを考えると余計にそうである。未成年を含んだ個人の性的自由に配慮しているとも考えられるが、これだけ子どもの性的虐待が問題となっている社会で、ここまで法改正が難航する原因は社会的には解明を要する問題であるように思われる[37]。

---

33) Sénat, *op.cit.* p.43.

34) Sénat, *op.cit.* pp.43-44.

35) *JO Sénat* du 5 juillet 2018, p.9142.

36) *Ibid.* p.9150.

37) L. ロシニョル（Laurence Rossignol）家族・子ども・女性の権利前大臣は、これについて「ロリータの犠牲者である無実の行為者を重罪裁判所に引き出す恐れ」が反対者の中に見られると指摘している。そして、「ナボコフのロリータは、まさに性的暴力の被害者」なのであり、「憲法や刑事法の一般原則は、子どもに対する性暴力の加害者を重罪裁判所で裁くことに抵抗する活発な少数派のアリバイ」とまで述べている。*Ibid.* pp.9096-9097.

2 「性差別的侮辱罪」の新設

もう一つ議論を呼んだのは、ストリート・ハラスメントを処罰する性差別的侮辱罪の新設である。改正後の刑法典 621-1 条は、「性的または性差別的な意味の言動を人に行い、その言動の迷惑もしくは侮辱的な性質によって尊厳を傷つける、または威圧的、敵対的もしくは気分を害するような状況を作り出すこと」を「性差別的侮辱」と定義する。これに対する批判と同罪新設の意義を検討する。

(1) 憲法上の疑義

学説の反発は、不同意推定よりこちらに対する方が強いようだが[38]、議会での審議では新設すること自体にほとんど異論が出ていない。元老院の法律委員会では、違警罪ではなく軽罪とすべきであるとの修正をしているが[39]、立法の必要性自体は否定されなかった。またコンセイユデタの意見は、第4級、第5級の違警罪は命令事項であると指摘しているのだが[40]、違警罪としての性差別的侮辱罪を法律によって新設することが問題視されることは審議においてはほとんどなかった[41]。

学説は、ストリート・ハラスメントが受け入れがたい行為であることは認めており、公共空間に在り、公共空間を気ままに歩き、あるいはそこで足を止める者の権利を他の者が侵害するときは、この者は、違反調書の対象になり得るのであり、邪魔されずに誰もがそぞろ歩くことのできる公共空間の保護は刑事法の保護に値する価値たりうると述べる説もある[42]。

38）例えば、Darsonville, p.532 は、「不同意推定は現状支持すべき措置」としつつ、性的侮辱罪の新設に反対する ; Véronique Tellier-Cayrol, «Loi du 3 août 2018 renforçant la lutte contre les violences sexuelles et sexistes. Des objectifs respectables, une efficacité incertaine», *AJ pénal*, 2018 p.400 ; Véronique Tellier-Cayrol, «Non à l'outrage sexiste!», *D*. 2018, p.425 ; Pierre-Jérôme Delage, «Outrage sexiste : les décevantes réponses du législateur à un réel enjeu de société. À propos de la loi n° 2018-703 du 3 août 2018», *JCP éd G*. 2018, 947.

39）Sénat *Rapport, op.cit.* pp.66 et s.

40）Conseil d'Etat, *op.cit.* 34.

41）学説は憲法違反の可能性を指摘している。例えば、Arnaud Casado, «On fait du symbole, mais pas uniquement" ou pas. Brèves observations sur la loi renforçant la lutte contre les violences sexuelles et sexistes», *Bulletin de Joly Travail*, nov. 2018, n° 3, p. 190.

しかし、そうした立場でも刑事的な解決策には消極的である。学説の反対の理由は、主に同罪新設と刑事法上の憲法原則との抵触である。犯罪の新設は、既述のように罪刑法定主義、刑罰の必要性といった憲法上の要請を満たす必要があり、これは人権宣言8条から導かれる。

性差別的侮辱罪の構成要件は、セクシュアル・ハラスメント罪に類似しているが、その違いは、セクシュアル・ハラスメントが主に繰り返された行為を問題にしていたのに対し、公共空間で行われるストリート・ハラスメントは一回きりの行為であるという点である。したがって、ストリート・ハラスメントは、セクシュアル・ハラスメント罪によってはカバーされていないと見られていた。

これに対し学説は、性差別的な侮辱はすでに侮辱罪でカバーされており[43]、同罪の新設は必要性の原則を満たしていないと指摘する[44]。

罪刑法定主義の観点からも当然に問題が指摘される。「威嚇的」「侮辱的」といった文言が、「超主観的」であり、法律によって十分に明確にされていないというのである[45]。性差別的侮辱罪の対象となる行為の多くが既存の規定によって対処可能な上、「しつこく見ること」のように現在処罰の対象となっていない行為を、憲法の要請する明確性を満たしつつ定義することは、ほとんど不可能だという批判もある[46]。

(2) 法の教育的効果

実効性の問題もある。違警罪であることから違法行為を現認し調書（PV）をとる官憲の存在が必要となるが、公共空間には常に当局者がいるわけではなく、多くの性差別的侮辱は放置される可能性が高い[47]。監視カメラを増やせばよいと

---

42) Claire Saas «Harcèlement de rue ou le droit à être dans l'espace public», *Gaz. Pal.* n° 16, 2018, p.81.

43) 1881年7月29日のプレスの自由に関する法律29条は、「あらゆる侮辱的表現、軽蔑的言葉遣いあるいは罵倒」を「侮辱」とする。性別等を理由とした侮辱は、第5級の違警罪である（刑法典R625-8-1条）。

44) Darsonville, *op. cit.* p.534.

45) Patrice Le Maigat, «Loi Schiappa: un nouvel exemple de soumission d'une politique pénale à l'idéologie victimaire ?», *Gaz. Pal.* n° 35, 2018, p.14

46) Jean-Claude Planque, «Ne créez pas le délit d'outrage sexiste ! », *JCP éd. G.* 2017, 1314 P.2264.

47) Darsonville, *op. cit.* p.534.

いう議論は、今日のフランスではそこまで反発を受けることはないだろうが、日本であれば「監視社会」との批判を必ず受けるであろう。実効性を欠く刑事規定は、政治的なコミュニケーションの道具であり、法の禁止表明機能を濫用していると批判される[48]。

新設への懐疑は、上記のような刑事法に要求される諸原則を考えれば当然ではある。性交への不同意推定にあれだけ憲法論が振りかざされたのに比して、性差別的侮辱罪への憲法上の疑義が、国会審議でほとんど示されなかったことは不可解でもある。

ただ、ストリート・ハラスメントは、他愛のない孤立した行動であるように見えても、マチスモ・性差別意識の表出であり、女性の行動や自由を制限する効果を持つ構造的問題でもある。さして重大性を持たない偶発的個別的な経験と考えられてきたものでも、名付けられることによって、その個人的偶発的次元を超えた側面が明確になる。セクシュアル・ハラスメントやドメスティック・バイオレンスも呼称を与えられ、法的規制が及ぼされることによって、少なくともその一部は処罰され、一般的に「アウト」な行為であることが共有された。そのように社会にポジティブな影響を与える可能性はある。

政府提出法案と共に提出される「影響評価」(Etude d'impact)では、性差別的侮辱罪の新設によって、「これらの行為が不作法として目こぼしをされることはもはやなく、刑事法によって規制されるということを示して、社会的禁止を明らかにする」ことができると述べている[49]。このような法の教育機能の利用は、ジェンダー平等を目的とする立法の特徴ともなっているように思われる。

筆者は、ジェンダー平等の課題を刑事法に託すことには、ある程度まで意義があると考えるが、本来の「教育」が行われず刑事的解決策のみが採用されるのでは意味がない。禁止の法的な表明には、教育や公的な議論を通じたコンセンサスの形成が随伴する必要があろう。

3 小括

以上、2018年の法律に関する議論を振り返ってみた。フランスでも性犯罪

---

48) *Ibid.*
49) Etude d'impact, *Projet de loi renforçant la lutte contre les violences sexuelles et sexistes*, p.53.

を規制するいわゆる「性刑法」は近年大きく展開しており、今回の性差別的侮辱罪の新設などが続いている。しかし、刑事法を通じたジェンダー平等や未成年保護の実現は、人身の自由や財産を奪う刑罰を科すことが問われるがゆえに、常に一定の危うさが伴う。特に、刑事手続に関する憲法上の原則は厳格に貫かれなければならないため、刑罰を科す必要性が精査される必要がある。

　上述のとおり、憲法上の無罪推定原則との衝突をコンセイユデタに指摘されたことによって、性交への不同意が推定される年齢を導入することは頓挫した。無論、仮に未成年保護を目的とする不同意推定年齢が導入されていたとして、憲法院がこれをどのように判断したかは想像するよりなく、コンセイユデタの指摘するとおりになったとは限らない。しかし、性刑法が現代的な要請に応じて展開していき、特に単に個人の性的自由を保護するだけでなく、ジェンダーやセクシュアリティに基づくふるまいに対して社会的な影響を与えようとするとき、憲法との衝突は避けがたく顕在化する。このような観点から、次章では、近年 QPC（合憲性優先問題）の活性化に伴って、性刑法の規定の憲法適合性が問題となった例を検討する。

Ⅳ　憲法の試練を受ける性刑法

　QPC の導入は、フランス憲法の風景を大きく変えつつあるが、ジェンダー平等などの要請を受けて展開を見せる性刑法もその影響を当然に受ける。ここでは、セクシュアル・ハラスメント（以下、セクハラ）罪、インセストの定義、買春処罰規定についての憲法判断を簡単にとりあげたい。

1　セクハラの定義の合憲性

　2018 年の法律の立法者にとって大きな心理的プレッシャーとなったのが、セクハラ罪規定を違憲即無効とした 2012 年の判決である。[50] 当時のセクハラ罪

---

50) Déc. n° 2012-240 QPC du 4 mai. この判決については、Béatrice Lapérou-Scheneider, «L'éclipse du harcèlement sexuel», *Droit social* 2012 p.714 ; Agathe Lepage, «À propos de l'abrogation de l'article 222-33 du Code pénal», *JCP éd. G.* 2012 662; Didier Guérin, «Le harcèlement sexuel : une copie à refaire pour le législateur», *Droit pénal* n° 6, Juin 2012, étude 12.

（刑法典旧222-33条）は、「性的性質の恩恵を受けようとする目的で他者に嫌がらせを行うこと」をセクハラとして定義していた。憲法院は、「憲法34条及び、1789年人権宣言8条から生じる罪刑法定主義によって、刑事法の適用領域を自ら決定し、罪と罰を十分に明白かつ明確な文言で定義する義務を負っている」（Cons.4）と述べた上で、同222-33条は、犯罪の構成要件が十分に定義されることなくセクハラが処罰されることを許しており、罪刑法定主義を尊重していないために憲法違反であるとした（Cons.5）。

また、憲法62条は、憲法院に違憲判決の効果がどの時点で発生するかを決定する権限を憲法院に与えているが、憲法院は、同規定を判決公表後から廃止されたものとすることを決めた（Cons.7）。2018年の法律の制定過程では、この即時違憲無効の再来の恐れが不同意推定の導入を抑止する方向に働いていることは明らかであった。

ところで、セクハラ罪規定は初めからこのように簡潔な定めであったわけではない。1992年にセクハラ罪が新設された時点では、「自らの職務によって与えられた権威を濫用する者」が、「性的性質の恩恵を受けるために、命令、脅迫、または強制を使用して、他者に嫌がらせをする行為」と定義されていた。1998年には、命令等に加えて「重大な圧力」が追加された。しかし、2002年にはハラスメントに用いられる手段を定義することは放棄され、権威の濫用の要件も削除され、「性的性質の恩恵を受けるために他者にいやがらせをする」という2012年時点で違憲と判断されるに至る簡潔な文言となった。

この改正の理由は、憲法院の解説によれば、モラル・ハラスメントの定義とセクハラの定義を調和させること、刑事法と労働法を調和させようとする立法者意思の表れであったようである[51]。指揮命令関係を前提とした労働関係へのセクハラの限定を取り払うためであると説明されている[52]。すなわち、ここでも性刑法の変更によってジェンダー平等に貢献しようとする意図があったのではないかと推測できるが、刑事法である以上は憲法上の罪刑法定主義の要請から厳しく精査される必要があり、まさにその障壁にぶつかったことになる。一時的とはいえセクハラ罪は刑法典から消えることになってしまった。

---

51) *Commentaire* de la décision n° 2012-240 QPC du 4 mai, p.2.
52) *Ibid.*

2 インセストの定義の合憲性

2011年のQPCでは、大人が「家族」内の未成年者に行った強姦や性的攻撃を「インセスト（近親姦罪）」とする規定が憲法違反とされた。[53] 肝心の「家族」という文言がどの範囲の人々を包含するのかが示されていなかったため、罪刑法定主義に反するとされたのである。インセストであるとされることは罪名の決定だけに関わり、加重事由ではなかった。したがってインセストであるとされても、通常の強姦や性的攻撃より重く処罰されるわけではなかったが、憲法院は単なる罪の性質決定の問題であるとする政府の主張を受け入れなかった。翌年、15歳未満の未成年に対して暴力等を用いずに行われた性的侵害について、「家族内」で行われた場合に「インセスト」とすることを定めていた規定も論理必然的に憲法違反であると判断された。[54]

3 買春禁止規定の合憲性

1および2は、法文の不明確さが憲法の要求する罪刑法定主義と相容れないケースであった。こうしたケースでは、構成要件の明確化を図る等によって、元々の規定の意図するところを救い出すことが可能である。実際に、セクハラ罪については構成要件の明確化[55]、インセストの罪名が付される家族メンバーについても明確化が図られて、それぞれ規定が復活している。[56] これらは問題となった規定がいわば「形式的な」憲法上の要請に抵触したケースであったのに対し、より実質的に衝突する場合はジェンダー平等の展開にとってより深刻な障害となろう。

---

53) Déc n° 2011-163 QPC du 16 septembre 2011, Michel Véron, «La définition déclarée contraire à la constitution», *Droit pénal* n° 11, novembre 2011, comm. 130.

54) Déc n° 2011-222 QPC du 17 février 2012. Yves Mayaud «Aux même causes les mêmes effets : l'inceste à nouveau censuré mais en lien avec les atteintes sexuelles» *RSC*, 2012, p.146.

55) 2012年8月6日法律954号によって新たな定義が与えられ、セクハラは、「性的な意味合いのある言葉またはふるまいを繰り返し人に押し付け、その言動の迷惑もしくは侮辱的な性質によって尊厳をきずつける、または威圧的、敵対的もしくは気分を害するような状況を作り出すこと」とされた。さらに2018年の法律によって、「性的な意味合い」という文言が、「性的または性差別的な意味合い」と改正された上、複数の者が加害者となって一人の被害者に嫌がらせを行う場合などもセクハラとなることが明示された（刑法典新222-33条1項の2）。

56) 刑法典227-27-2-1条、同222-31-1条。後者のインセスト的強姦および性的攻撃の罪名の復活は2018年の法律2条によってなされている。

このような観点から注目を引いたのが、2016年に導入された買春処罰に対して、2018年にQPCが申し立てられたことである[57]。この規定は、買売春が人身売買の温床となっていること、買春は身体の非財産性を犯す暴力であり、売春する人は買売春システムの被害者であるという認識の下に、買売春のニーズに働きかける目的で、買春客の処罰を定めている。これに対して、現場を知る世界の医師団などのNGO、セックス・ワーカーの組織などがQPCを申し立てていた。他方、やはり同じように現場を知るNGOが同規定の擁護の立場から訴訟参加した。法廷には、20近いNGOの弁護士が弁論に立ち、このQPCは二つの陣営の決戦の様相を呈した。

買春禁止規定が違憲であると主張する側は、売春する人と客のプライバシー、自己決定権、営業の自由、契約の自由を同規定が侵害しており、これは公序の維持からは正当化されない過剰な侵害であると主張していた（Cons.5）。実際の口頭弁論では、買春禁止が、売春する人の孤立、地下潜行を助長し、客の暴力にさらされるリスクを高め、売春する人は悪質な衛生条件で売春することを強いられるという主張が大半を占めていた。

これに対し憲法院は、公序の維持という憲法的価値を持つ目的と憲法が保障する個人的自由の調和が立法者の任務であると述べた上で（cons.9）、立法者は、買売春あっせん者の収益源を奪うことで、強制と隷属に基づく犯罪的活動である買売春あっせんと性的搾取目的の人身売買と闘おうとし、かくしてこれらの形態の隷属に対する人間の尊厳の擁護を確実ならしめ、公序の擁護と犯罪の予防という憲法的価値を持つ目的を追求しようとしたと述べる（cons.11）。そして、立法者が、性行為が自由に合意されたようにみえる場合も含めてすべての買春を禁じたのは、売春を行う人は多くの場合、買売春あっせんと人身売買の被害者であり、これらの犯罪は金銭授受の介在する性関係の需要の存在によって可能になっていると考えたからであり、この需要自体を当該規定によって禁じたとしても、立法者は追求された政策目的に明らかに適合しない手段を用いたとはいえないと述べ、立法目的と達成手段との関連性を認めて合憲とした。

人権宣言4条が保障する営業の自由、契約の自由についても、憲法上の要請

---

57) Déc n° 2018-761 QPC du 1er février 2019. Laura Constantin et al. «Prostitution (sanction contre les clients): constitutionnalité du régime», D. 7 février 2019, n° 4, p. 202.

に基づいたあるいは公益によって正当化される制限をもたらすことは、追求された立法目的に比例しない侵害をもたらさない限りは、立法者の裁量の範囲であるとして、この観点からも憲法に反しないとした（cons.17）。

4 小括

以上のように本章では、ジェンダー平等や弱い立場にある者の保護を核として展開するフランスの性刑法が憲法との整合性を問われた例を概観した。罪刑法定主義という刑罰法規に課される基本的な要求に関しては厳しい態度を示した憲法院だが、買春禁止のようなパラダイムチェンジに関しては、立法者の選択を尊重している。

2018 年の法律で問題となった性交不同意年齢の設定は、まさに立法者が選択したパラダイムチェンジと受け止められる余地があり、同意を構成要件の核とする従来の性的攻撃罪とは別の罪として新設するならばこれを憲法院が尊重した可能性もあったのではないか。性差別的侮辱罪については今後 QPC が提起される可能性もあり、立法者が選択したパラダイムチェンジが尊重されるのか、刑罰の明確性等の憲法上の要請を満たさないものと判断されてしまうのか注目されるところである。

V 終わりに

フランスの性刑法には改革の風が吹いていると言われるが、本稿で扱った 2018 年の法律もまさにそうした流れを印象付ける。改革後の保護法益は、個人の性的自由や性的完全性では説明がつかなくなりつつある。これらの処罰を根拠づけているのは新しい性道徳であるとみるべきであろう[58]。セクハラ罪の構成要件がモラハラ罪の構成要件と近接していき、買春禁止によって他者のセクシュアリティの金銭支配の禁止が宣言され、ストリート・ハラスメントの処罰により公共空間でのジェンダー支配が問われている。性刑法は、個人の性的自由という保護法益を超えて展開しているのである。

---

58) その意味するところについては、Coralie Courtaigne-Deslandes, "A la recherche du fondement des infractions sexuelles contemporaines", *Droit pénal*, n° 2 février 2013, étude 5.

このような「新しい道徳」の登場が危険視されることは理解できるが、性犯罪が何らかの道徳的考慮と無関係に規定できると考えるのは、あまりにナイーブというべきである。ジェンダー平等や子どもの保護といった価値がそこに組み込まれていくことは、現代において必要なことであると筆者は考える。もちろん、これらの価値によって自由の制限が無限定に正当化されるわけではない。刑罰法規の明確性のような最低限の憲法上の要請が満たされ、立法事実の検証が適切に行われることが必要であろう。フランスにおける性刑法の展開とQPCの展開は、この観点からまたとない素材を提供していくことが予想できる。

（さいとう・えみこ　元茨城大学准教授）

ストーカーの法対策
——ハラスメント法制の視点から

小島妙子

I はじめに

　ストーカー規制法は、桶川市ストーカー殺人事件における警察の対応が厳しい批判を受けた 2000 年に制定された。2011 年 12 月には、長崎県西海市でストーカー殺人事件が発生した（西海事件）。ストーカー被害女性の家族が殺害され、警察官が慰安旅行に参加するため被害者の事情聴取を後らせたのではないかと批判を浴びた。これを受け、2012 年 8 月、警察庁は「国民のための警察の確立」などの「警察改革の精神」の徹底のために実現すべき施策をとりまとめ、発表している。ところが、同年 11 月には、脅迫罪により保護観察付執行猶予中の者が交際相手に慰藉料を請求する内容の電子メールを大量に送付した後、殺害した事件が発生した（逗子事件）。警察官が逮捕状を執行する際に被害女性の結婚後の姓や転居先を読み上げたことや、電子メール送信が規制対象に含まれていないことが問題となり、これを受けて、2013 年 6 月、ストーカー規制法の第 1 次改正が行われた。

　第 1 次改正では、①ストーカー規制法の規制範囲を拡大し、「電子メール」の送信を含むとし、②被害者に禁止命令の申立権を認めるなど、被害者の手続への関与を強化した。

　改正法の附則 5 条にストーカー行為等の規制のあり方について法改正を含む検討を行い、必要な措置を講ずるとされたことから、警察庁は「ストーカー行

為等の規制等の在り方に関する有識者検討会」を開催し、同会がとりまとめた報告書を受け、2016年12月、第2次改正法が可決、成立し、2017年6月、全面施行されている。

第2次改正の主な内容は、①規制対象行為の拡大、②禁止命令制度の抜本的改正、すなわち、事前聴聞手続を行うことなく命令を発することができる緊急禁止命令制度の創設と仮の命令制度の廃止、都道府県公安委員会の委任により都道府県警察本部長や警察署長等が禁止命令を発令できるとしたこと、③罰則の強化等である。

改正後の法施行状況をみると、2018年の禁止命令（緊急時禁止命令含む）の発令件数は1,157件となり、第1次改正時（2013年）103件と比べると、11.2倍と激増している。さらに注目すべきは、改正前、「仮の命令」は利用されていなかったが、緊急禁止命令は、2018年には483件発令されていることである。ストーカー規制法制定時に、禁止命令の発令主体を公安委員会としている点について、裁判所が発令するべきであるとの批判があり、第2次改正前は禁止命令制度自体があまり利用されていなかった。警察によるストーカー対策は大きく変化している。

本稿では、第2次改正の内容、とりわけ禁止命令制度を取り上げ、命令を受ける者の手続保障や警察の「適切な」介入を求める視点からこれを論じ、ストーカー規制法を他の「ハラスメント法制」と比較検討した上で、ストーカー対策のあり方について私見を述べる。

II　第2次抜本的改正の内容と法施行状況

1　第2次改正の概要

第2次改正は、警察庁が開催した「ストーカー行為等の在り方に関する有識者検討会」がとりまとめた報告書を踏まえ、議員立法として提出され、2016年12月6日、可決成立した（施行日：禁止命令制度の改正は2017年6月14日、その余の法改正は2017年1月3日）。

---

1) ストーカー行為等の規制等の在り方に関する有識者検討会「ストーカー行為等の規制等の在り方に関する報告書」（2014年8月5日）。

改正の概要は以下の 6 点である。

第 1 に、規制対象行為を拡大し、①特定の者の住居等の付近をみだりにうろつくこと、②拒まれたにもかかわらず、SNS によるメッセージやブログ等の個人情報発信ツールに対するコメント等を連続送信することを追加した（2 条 1 項、2 項）。

第 2 に、禁止命令制度の抜本的改正が行われた（5 条）。①警告を経ずに禁止命令を発令することができる。②緊急の必要があると認められるときは、事前の聴聞または弁明の機会の付与を行わないで禁止命令を発令できる。仮の命令制度は廃止する。③禁止命令の有効期間を設け、1 年ごとの更新制とする。④都道府県公安委員会の有する禁止命令の発令権限を都道府県警察本部長、警察署長等に委任することができる。

第 3 に、罰則が強化された（18 条～20 条）。①ストーカー行為罪を非親告罪とすること。②ストーカー行為罪について、懲役刑の上限を 1 年（改正前 6 月）に、罰金刑の上限を 100 万円（改正前 50 万円）に引き上げる。③禁止命令違反罪の罰則の懲役刑の上限を 2 年（改正前 1 年）、罰金刑の上限を 200 万円（改正前 100 万円）へ引き上げる。

第 4 に、ストーカー行為に関する情報提供を禁止する（6 条）。すなわち、何人も、ストーカー行為等をするおそれのある者であることを知りながら、その者に対し、被害者の氏名、住所等の情報を提供してはならない。

第 5 に、被害者に対する職務関係者による配慮、個人情報の管理の努力義務（9 条）、国、地方公共団体による被害者への支援（10 条）等被害者への措置について定めた。

第 6 に、加害者を更正させるための方法、被害者の回復の方法についての調査研究の推進（10 条）、国や地方自治体によるストーカー行為の実態把握、人材育成、資質の向上、教育活動、民間機関との連携協力について定めた（11 条）。

2　ストーカー規制法の施行状況

(1)　相談状況

警察で認知したストーカー事案の件数は、2018 年で 21,556 件であり、前年比で 1,523 件減少している。[2]

被害者の性別は、男性12.1%、女性87.9%であり、被害者と行為者の関係は、配偶者（内縁、元配偶者を含む）7.7%、交際相手（元交際相手を含む）43.3%であり、全体の約5割を占める一方で、友人・知人12.8%、勤務先同僚・職場関係者12.9%となっており、面識なしは7.5%であった。

(2)　行政措置

ストーカー規制法にもとづく行政措置では、警告が2,451件であり、前年より814件減少している。一方で、禁止命令が、緊急禁止命令と合算すると1,157件と第2次改正前である2016年の173件の実に約6.6倍、第1次改正時（2013年）の103件と比べると、11.2倍と激増している。なお、緊急禁止命令も2018年には483件発令されている。ストーカー規制法にもとづかない「指導警告」（行政指導）も行われており、2017年は11,210件であり、前年比で1,054件の減少となっている。

(3)　ストーカー事案の検挙件数

2018年、刑法犯その他の特別法犯による検挙件数は1,594件と前年比で105件減少する一方で、ストーカー行為罪による検挙件数は762件と前年比で122件減少している。刑法犯等による検挙件数は、2016年過去最高（1,919件）を記録し、その後大幅に減少に転じていること、ストーカー行為罪による検挙件数は、2017年過去最高（884件）を記録し、減少している点が注目される。

Ⅲ　禁止命令制度

禁止命令制度は、第2次改正により抜本的に改正され、発令が激増している。禁止命令制度とは、いかなる制度として導入され、ストーカー対策の中でいかなる機能を営んでいたのだろうか。第2次改正が行われた根拠は何か。どのように「改正」されたのだろうか。そこにはいかなる問題があるのだろうか。

---

2)　「平成30年におけるストーカー事案及び配偶者からの暴力事案への対応状況について」（警察庁2019年3月28日）。

1　禁止命令制度の意義

　ストーカー規制法は、個人の身体、自由および名誉に対する危害の発生を防止し、あわせて国民の生活の安全と平穏に資することを目的とし（1条）、「つきまとい等」および「ストーカー行為」を定義して、これを規制の対象行為とし（2条）、「何人も、つきまとい等をして、その相手方に身体の安全、住居等の平穏若しくは名誉が害され、又は行動の自由が著しく害される不安を覚えさせてはならない」（3条）として、私人に「つきまとい等」を禁止している。

　これに違反した者に対する行政措置として、①警告、②公安委員会による禁止命令、③警察本部長等による仮の命令を設けていた。禁止命令に違反した場合、刑罰を科すことにより命令の効力を担保することとしている。さらに、「つきまとい等」を反復して行うことをストーカー行為として、これを犯罪とした。

　ストーカー規制法について、制定当初、ある警察官僚は、この法律は「犯罪に至らない行為であっても、被害者保護のため必要であれば警察機関が処分を行い得るとした点、そして犯罪に該当する行為であっても、被害者保護のため行政措置を規定することにより捜査を補完することとした点」が「戦後の警察作用法制上画期的とも言える法律」であったと指摘している[3]。一般私人に対する規制は、司法機関（裁判所）の判断をもって行われるべきであるという批判に対しては、事前手続が整備され、「聴聞」を行うべき旨が定められていること、警告前置主義をとり、一般私人がいきなり「命令」を受けることが原則としてないように予測可能性を確保していること等が禁止命令制度を正当化する根拠として指摘されていた[4]。

2　第2次改正前の運用状況

　禁止命令制度は警察作用法制上「画期的」と評される制度であったが、第2次改正前はほとんど利用されなかった。改正前の警察のストーカー対策についてみると、緊急の必要ある場合は刑事事件化して加害者を逮捕し、身柄を押さ

---

3)　露木康治「戦後警察作用法制とストーカー行為規制法」「警察行政の新たなる展開」編『警察行政の新たなる展開（上巻）』（東京法令出版、2001年）361頁、365頁。
4)　露木・前掲注3）366頁。

えるという方法で被害者保護を図ってきたといえる。第2次改正前の警察のストーカー対策については、「恋愛感情等のもつれに起因する暴力的事案への迅速かつ的確な対応の徹底について（通達）」（2013年12月6日付警察庁丙生企発第133号等）によれば、「1　基本的考え方」として、「加害者が被害者等に危害を加えることが物理的に不可能な状況を速やかに作り上げ、被害者等の安全を確保することが最優先となる」「必要性が認められ、かつ、客観証拠及び逮捕の理由がある場合には、加害者の逮捕を始めとした強制捜査を行うことを積極的に検討する必要がある」としている。

　実際上も、改正前の法施行状況について、兵庫県警察本部ストーカー・DV対策室調査官岡本圭司は、「被害者保護のための警察として執り得る最も効果的な措置は事件化である」「被害届が出されないケースについても事件化を検討するなど瞬発力を持った初動対応を警察署に指示している」と指摘し、約1割が事件措置（刑法犯を含む）、6、7割の事案で口頭での警告が実施され（「指導警告」）、うち8、9割で効果があり、ストーカー規制法による書面にもとづく警告では、9割についてその後の行為が止まる、と報告している。[5]

3　第2次改正の内容

(1)　禁止命令の発令主体

　法5条は、公安委員会は、法3条（つきまとい等をして不安を覚えさせることの禁止）に違反する行為があった場合に、行為者が更に反復して当該行為をするおそれがあると認めるときは、申出または職権により、行為者に対し、更に反復して当該行為をしてはならないことを命ずることができると定めている。公安委員会が禁止命令を発令する要件として「警告」が行われていること、警察本部長等によることとされていた。

　改正前は、禁止命令の発令主体は都道府県公安委員会に限られていた。その趣旨は、「禁止命令等は相手方に対し一定の作為・不作為義務を課すものであり、違反した場合には罰則の適用があることから、その手続に慎重を期する必要があるため公安委員会が行うものとした」とされている。[6]

---

5)　2014年1月28日「第3回ストーカー行為等の規制等の在り方に関する有識者検討会」議事録11頁、14頁。

改正により、「公安委員会の権限に属する事務は、警察本部長等に行わせることができる」という条項が新設された（17条1項）。

「ストーカー行為等の規制等に関する法律等の解釈及び運用上の留意事項について（通達）」（2017年5月26日付警察庁丙生企第63号）によれば、都道府県公安委員会規則等の法形式による委任行為を行うことにしつつ、その「委任についての基本的考え方」として、①通常時の禁止命令については警察本部長が行い、②緊急時の禁止命令は警察本部長及び警察署長が行うこととする、③禁止命令の有効期間延長処分については、能率的な運用を図る必要があるため、警察本部長が行うとしている。

今回の改正は、ストーカー行為等の規制等の在り方に関する有識者検討会の報告書による提言を踏まえて行われたと指摘されている[7]。提言は、「ストーカー事案の中には事態が急展開して重大事件に発展するおそれが高いものが含まれているという特徴があり、警告や禁止命令等をより適時的確に発出でき、効果的に機能させるための制度的工夫が必要な状況となっている」。「警告を前置せず禁止命令等を発出できるようにするべきとの意見等が示された」。「このような意見を踏まえ、禁止命令等の発出主体の見直し、緊急時に迅速に命令が発出できる仕組み等、指導警告・警告も含め、各措置の実体要件及び手続要件の在り方全体について、必要な手続を確保しつつ現場においてより迅速かつ効果的な命令を発出できるよう総合的に検討すべきである」と指摘している。

禁止命令については、制定時、その発令主体について司法機関とすべきであるとの意見があった[8]。

藤田宙靖は、「警察機関は司法機関の本来の権限を侵すことは許されず、その活動はあくまで副次的なものに限られるという意味での制約は当然に残ることになるだろう」として、警察権限の限界について論じている[9]。

私は、禁止命令については司法機関（裁判所）が発令するべきであると考える。その理由は、禁止命令が一般私人に対して一定の義務を課すものであり命令違反には罰則が科せられていること、罰則付命令で一般私人の行動の自由を

---

6) 檜垣重臣『ストーカー規制法解説〔改訂版〕』（立花書房、2006年）45頁。

7) 高野磨央「ストーカー行為等の規制等に関する法律の一部を改正する法律の逐条解説等について」警察学論集70巻1号（2017年）37頁。

束縛するには、行政機関とは独立した中立的機関である裁判所の判断を仰ぐべきであると考えるからである。[10]

　仮に司法機関ではなく行政機関が行う場合であっても、公安委員会がこれを行うべきである。[11]かつて、警察庁は、長崎県西海市におけるストーカー殺人事件をめぐる警察の一連の不適切な対応への批判を受けて、「「警察改革の精神」の徹底のために実現すべき施策」をとりまとめ、「警察行政の透明性の確保と自浄機能の強化」策をすすめるとしていたが、公安委員会による管理強化を要請していた（警察庁「「警察改革の精神」の徹底のために実現すべき施策」（2012年8月））。

　警察本部長、警察署長などの警察組織に禁止命令の発令要件の判断を一任することは妥当ではない。公安委員会による都道府県警察の管理が要請される行政事務の分野であると考える。

(2)　禁止命令の方法

　禁止命令の方法は、改正前は、禁止命令書を交付することによって行うこととされており、口頭での実施は認められていなかった（改正前施行規則6条）。

---

8)　長谷部恭男は、「私人間の交際のような一般市民の行動の自由を裁判所の判断を前提とすることなく、罰則を背景とした行政機関の『命令』で束縛するという制度は、きわめて異様といわざるをえない」「一般私人の行動の自由を束縛するには、行政機関とは独立した裁判所の判断をまず仰ぐべきだ」と主張する（2000年5月16日付朝日新聞「論壇」）。岡田久美子も、禁止命令の発令機関は裁判機関であるべきだとする（「ストーカー行為等規制法」法学セミナー550号（2000年）63頁）。
　　また、国会における審議においても、「最終的には裁判所の権限とするのがよろしいのでしょうけれども、まだいきなりそこまではいけない。その過渡的形態として私は、実はこの警告、中止命令という措置というのはうまく機能してほしい」（大森参議院議員）という意見があった。提案者である松村龍二議員自身も、「西洋の法制におきまして裁判所、判事が指示を出すというふうな方法等もあると。しかし、これには司法機関が十分成熟したといいましょうか、市民の問題に即座に対応できるという社会的な準備、対応が必要でございますし…（以下略）」と述べている。
9)　藤田宙靖『行政法の基礎理論　上巻』（有斐閣、2005年）420頁（初出「民事不介入」ジュリスト増刊『行政法の争点〔新版〕』1990年）。
10)　太田達也は、禁止命令にカウンセリング等の受講命令等の付随命令を付加する仕組みを設ける場合には、禁止命令の発付を裁判所の権限とすることも検討する余地があるとする。太田達也「ストーカー行為に対する刑事法的規制の在り方」刑法雑誌55巻3号（2016年）107頁。
11)　白藤博行は、DV法、ストーカー法、暴対法など各法令間における裁判所、都道府県公安委員会、警察にかかる事務権限配分を貫く原理・原則の検討が重要な警察行政法学の課題であるとする。白藤博行「「安全の中の自由」論と警察行政法」公法研究69巻（2007年）59頁。

一方で、「仮の命令」については「緊急を要し、仮命令書を交付するいとまが
ない場合であって、当該命令の内容が複雑なものでないときは、口頭で行うこ
とができる」としていた（改正前規則8条）。

　法改正に伴い、施行規則も改正され、禁止命令の方法については緊急時の禁
止命令はもとより通常時の禁止命令であっても「緊急を要し、別紙様式5号の
禁止命令書を交付するいとまがないときは口頭で行うことができる」とされた
（規則5条2項）。

　藤田宙靖は、判例による行政手続法理の進展という見地から、注目されるの
は行政行為の理由付記の必要な程度についての一連の最高裁判例であるとし、
「最高裁判所において理由付記ということの意義について、相手方の不服申立
に便宜を与えるということと同時に行政行為自体の慎重と公正妥当を担保する、
という要素が重視されていることが注目される」と指摘し、理由付記それ自体
に固有の手続的な意義が承認されているとする。[12]

　禁止命令は、理由を付した「命令書」を交付する方法で行われるべきであろ
う。不利益処分は、文書によりその趣旨・内容を明確にし、理由を付して名宛
て人に告知するべきではあるまいか。

(3)　警告前置の廃止

　改正前は、つきまとい等の行為があった場合、まず行政指導である警告を行
うことによって行為者の自制を促し、警告に従わないでつきまとい等の行為を
した場合に禁止命令を発令することができることになっていた（改正前5条1
項）。改正により、警告前置が廃止された。

　また、警察署長は、警告の内容およびその日時等を公安委員会に報告しなけ
ればならないとされていたが、報告条項（4条5項）も削除された。

　ストーカー規制法にもとづく警告によって、9割についてはその後の行為が
止むと指摘されている。禁止命令を発令する場合には予測可能性を確保すると
いう観点からも、また行政の効率性という点からも、警告を前置するべきであ
ろう。[13]

---

12) 藤田宙靖『行政法総論』（青林書院、2013年）150頁。なお、最一判1974〈昭49〉. 4. 25民集28
　巻3号405頁参照。

報告条項の削除の理由としては、警告前置の廃止及び禁止命令の事務を警察本部長に委任することが可能となったことから、公安委員会がすべての警告を実施の都度把握すべき必要性がなくなったとされるが、警告が適正になされることが担保されるべきである。直近上級行政庁である公安委員会によるチェックの必要性がある。

(4) 禁止命令の有効期間

禁止命令制度については、有効期間が法定されていなかった。禁止命令は法第3条違反行為の反復のおそれがある場合にその再発を防止するために発出されるものであることから、そのおそれがない場合にも命令の効力が存続することは、加害者を法的に不安定な状態に置く。また、命令に違反した場合には罰則の適用があることから、終期を明らかにしておくことが構成要件の明確化の点で妥当であるとされ、法律上、禁止命令に有効期間を設け、1年ごとに効力の延長の要否を判断すると改正された（5条8項、9項）。

(5) 緊急禁止命令等の制度の創設、仮の命令制度の廃止

(a) 緊急禁止命令制度

禁止命令は特定の者を名宛て人としてこれに一定の作為・不作為義務を課すものであることから、行政手続法2条4号に規定する不利益処分に該当する。そこで、13条の規定により、命令をしようとする場合には、その名宛て人となるべき者について「意見陳述」のための手続を執らなければならない。同条によれば、意見陳述の手続として「弁明の機会の付与」を行えばよいが、ストーカー規制法は5条2項により特に「聴聞」を行うこととしている。これは、ストーカー規制法が規制の対象としているつきまとい等の内容の禁止命令等の対象者が一般私人であること等を勘案して、禁止命令等の対象者の権利保護の観点から、より手厚い手続による聴聞を行うこととしたものといわれている。[14]

改正により、公安委員会（都道府県警察本部長および警察署長に委任可）は、被

---

13) 太田達也は、効率という点でも謙抑性という点でも警告制度に意義があるとする。太田・前掲注10）107頁。

14) 檜垣・前掲注6）49頁。

害者の身体の安全、住居等の平穏もしくは名誉が害されまたは行動の自由が著しく害されるため緊急の必要があると認められるときは、聴聞または弁明の機会の付与を行わないで禁止命令が発令できることとなった（改正法5条3項。意見の聴取には行政手続法の「聴聞」の手続が準用される）。この場合、緊急時の禁止命令を発令した公安委員会（警察本部長、警察署長に委任可）は、意見の聴取を、禁止命令を発令した日から15日以内に行わなければならない。

通達によれば、「緊急時の禁止命令関係について、仮の命令と同様に、警察本部長及び警察署長が行うこととする」とし、「意見の聴取」については、「警察本部長が行うこととする」としている（2017年5月26日付警察庁丙生企第63号「ストーカー行為等の規制等に関する法律等の解釈及び運用上の留意事項について（通達）」）。

緊急時の禁止命令の有効期間は、通常の禁止命令と同様1年間とされ、緊急時禁止命令に違反してストーカー行為をした者に対しては、今回の改正により、法定刑が引き上げられた刑罰（2年以下の懲役または200万円以下の罰金）が科せられる。

(b) 「仮の命令」制度

改正前は緊急の必要のある場合については「仮の命令」制度が用意されていたが（改正前6条）、改正により廃止された。

廃止された「仮の命令」制度において、警察本部長等は、緊急の必要があると認められる場合には、聴聞または弁明の機会の付与を行わず仮の命令を発令することができるとされ、仮の命令の有効期間は15日間、仮の命令が発出された場合には直ちに公安委員会に報告しなければならず、公安委員会が15日以内に命令を受けた者の意見聴取を行うことになっていた。

仮の命令制度がその相手方の権利を不当に侵害することのないよう、仮の命令をした警察本部長等の上級機関である公安委員会が事後のチェック（意見の聴取）を行い、仮の命令が不当であると判断した場合にはその効力を失わせることとし（改正前6条9項）、一方で、意見の聴取を行った結果、仮の命令が不当でないときは聴聞の手続を行うことなく禁止命令を発令することができるとしていた（改正前6条7項）。

仮の命令の違反について罰則は設けられていない点が注目される。仮の命令

が事前手続なしに行われること、その効力が15日間に限定されており、仮の命令が不当でないときは、その間に罰則付禁止命令に移行することから、罰則を設ける必要がないと判断された。[15)]

　緊急禁止命令制度を仮の命令制度と対比すると別表のとおりである。

　緊急禁止命令は、命令の効力という点で「仮の命令」とはまったく異なる制度である。

　緊急禁止命令制度の新設と「仮の命令」制度の廃止の趣旨について、警察庁生活安全局生活安全企画課課長補佐高野磨央氏は、「被害者の身体の安全等が害されることを防止するために緊急の必要があるにもかかわらず、常に聴聞手続を踏まなければならないとすると事案に迅速に対応することができない場合がある」としている。[16)]

　(c)　問題点

　緊急禁止命令制度は、不利益処分を受ける私人に対する事前手続を執ることなく命令が発令される制度である。緊急禁止命令に関するストーカー規制法5条3項は、行政手続法13条1項の「聴聞」または「弁明の機会の付与」を行わないで不利益処分である禁止命令を発令できるとして、行政手続法による手続保障の「例外」を定める「特別の定め」をしている。この点について、「行政手続法は、現行憲法のもとにおける行政手続の標準的あり方を定めたものであるので、これと異なる定め、とりわけ、手続保障に薄い規定をおこうとするためには、十分論拠を示す必要がある」とされている。[17)]

　また、行政の事前手続のあり方についての基本的な考え方について、藤田宙靖は、法律による行政の原理に表現されていた近代法治主義の思想の意義が今なお放棄されてはならないものと前提するならば、事前手続もまた、法律と同様、行政活動に対する枠でありチェックのシステムであるという観点が重要であると指摘する。[18)]

　以上述べた点を踏まえると、緊急禁止命令の手続については以下の点が問題

---

15)　檜垣・前掲注6) 64頁。

16)　高野・前掲注7) 36頁。

17)　高木光＝常岡孝好＝須田守『条解行政手続法〔第2版〕』（弘文堂、2017年）9頁。

18)　藤田・前掲注12) 154頁。

対比表（緊急禁止命令制度／仮の命令制度）

	緊急禁止命令制度	仮の命令制度
主　体	公安委員会 →委任により「警察本部長等」 （法17条、通達）	警察本部長等
要　件	①3条に違反する行為があり、行為者が反復して当該行為をするおそれがある ②緊急の必要がある	①3条に違反する行為があり、行為者が反復して当該行為をするおそれがある ②緊急の必要がある
手　続	・事前の聴聞又は弁明の機会の付与なし ・発出後15日以内に公安委員会が「意見聴取」→委任により「警察本部長等」（法17条、通達）	・事前の聴聞又は弁明の機会の付与なし ・発出後「直ちに」「公安委員会」に報告 ・15日以内に公安委員会による「意見聴取」 　→ⓐ禁止命令発出 　　ⓑ禁止命令を発出しない場合は、仮の命令を失効させなければならない
効　力	通常の禁止命令と同じ（1年間）	15日間
命令違反の制裁	2年以下の懲役又は200万円以下の罰金	罰則なし

となろう。

　第1に、緊急禁止命令が特定の個人に対する不利益処分であり、とりわけ命令違反者に対し刑罰を科す命令であって刑事制裁に類似する性質を有する命令であること、第2に、不利益処分の理由が付記された「命令書」の交付が義務づけられておらず、口頭で行うことができること、第3に、警察本部長等、警察署長により発令されるという運用を予定しているところ、この場合、上級行政庁である公安委員会への報告義務がなく、公安委員会による速やかな事後のチェックが働かないこと、第4に、事後の手続には行政手続法による「聴聞」手続が準用されることになっているが、これを警察本部長が行うことになっており、「聴聞」の主催者についても当該都道府県警察職員の中から指名されることになっていること。「手続の公正」という見地からみると、事前の聴聞なく発令される緊急禁止命令については、聴聞手続の主催者の第三者性が確保されるべきである。

　禁止命令制度の「改正」は、命令を受ける私人の手続保障を縮減させ、公安

委員会により行われるべき都道府県警察の活動をチェックする仕組みを後退さ
せるものである。ストーカー規制法 21 条は、「この法律の適用に当たっては、
国民の権利を不当に侵害しないように留意し、その本来の目的を逸脱して他の
目的のためにこれを濫用するようなことがあってはならない」と定めている。

　ストーカー事案に対する警察の権限行使が「適切」に行われるためには、わ
れわれ市民による不断の検証が欠かせない。禁止命令制度の運用の状況につい
て、情報の開示を求め、その運用状況を注視する必要があるだろう。

Ⅳ　ストーカー事案に対する警察の「適切な」介入

　ストーカー事案への警察の「適切な介入」、一方でその権限の行使の「濫
用」を防止するための仕組みが求められている。[19]

　改正前のストーカー規制法については、つとに、「予防的で直截的、即時的
な行政警察活動」論の立場から、公権力の「最適執行」という観点からみて、
現行制度（改正前の制度）には問題があるとして、「聴聞をまって出される公安
委員会の禁止命令は、行政措置として重すぎ、仮命令、あるいはそれ以前の警
察署長等による警告ですら被害者の立場からみると、機能性と柔軟性を備えた
ものとはいえない」「予防的な被害者対策の実をあげるには、むしろ注意、接
触禁止の勧告、命令の発出が当該人物を現認した職員のレベルで第 1 次的に可
能であることが有益であるように思われる」と批判があった。[20]

　このような積極警察行政論については、「社会の治安を悪化させる反社会的
行為」該当性の判断がひとり警察機関に委ねられ、予防的、直截的、即時的行
政警察活動がなされることに対して、国民の権利・自由を守るという観点から、
慎重な法理論の検討を説く論者があった。[21]

　藤田宙靖は、「警察活動には個人との関係、そして他の国家機関との関係に

---

19) ストーカーを DV の一形態としてとらえ、警察の適切な介入について検討する論稿として、小島
　妙子「ドメスティック・バイオレンスの法的救済——警察の法的機能」刑法雑誌 50 巻 3 号（2011
　年）74 頁。
20) 櫻井敬史「行政警察に関する考察——予防的で直截的、即時的な行政警察活動の必要性及び有効
　性について」警察政策 6 巻（2004 年）179 頁以下。
21) 白藤・前掲注 11) 45 頁以下。

おいて『補充性の原則』ないし『副次性の原則』とでもいうべき限界が存在する」と指摘している。[22]

　一方で、広中俊雄は「生活安全警察の部門においても市民生活への警察の過大な関与（それは人々の間にふくれあがっている安全願望を汲み上げる形で進められるであろう）が市民の安全の保護ではなく、市民に対する不当なあるいは不法な干渉となる危険はある」と指摘しつつ、「警察組織全体が"市民のための警察"という方向に向かうことは可能であろう」とし、この方向を確実なものとするための課題として、都道府県警察に自治体警察としての実質を与える制度改革等が必要であることを指摘する。[23]

　ストーカー規制法の抜本的改正により、日本の警察を「市民のための警察」とするための取り組みの強化がなお一層求められているといえよう。

V　ストーカーとは？

1　ストーカーの性質決定

　わが国において、1990年代後半以降、「ストーカー」（stalker）という言葉が日常用語として用いられるようになったが、その契機となったのは、秋岡史が、当時アメリカで社会問題となっていたストーキング犯罪を紹介するため、リンデン・グロス著『ストーカー』を翻訳出版したことをあげることができる（1995年刊）。[24]

　同書は、アメリカで人気女優がファンであるストーカーに撃ち殺されるとい

22）藤田・前掲注9）431頁（初出「21世紀の社会の安全と警察活動」警察政策4巻1号（2002年））。なお、法治主義の理念の下で行政機関と警察の連携の最適な仕組みを現行警察法令の中に明確に位置づけようとする論稿として、米田雅宏「『警察権の限界』論の再定位——親密圏内における人身の安全確保を素材にして」自治研究93巻12号（2017年）27頁。

23）広中俊雄『警察の法社会学』（創文社、2004年）492頁。辻村みよ子は、「『国家による自由』（国家の積極的な介入による人権保障）を求める場合には、国家権力自体を民主的にコントロールでき、国民主権の原則が（真に民主的な形で）実現されていることが前提となる。さらに、国家権力・警察権力を民主的かつ男女共同参画の目標にそって統制するシステムを完備することを前提にしてはじめて、国家権力・警察権力の民主的でジェンダー平等な活用を論じることができる」と主張し、DV、ストーカーの救済を警察機構に委ねることに疑問を呈している（辻村みよ子『ジェンダーと法〔第2版〕』（不磨書房、2010年）226頁）。

24）リンデン・グロス（秋岡史訳）『ストーカー——ゆがんだ愛のかたち』（祥伝社、1995年）。

う事件をきっかけに、1990年、カリフォルニア州でストーキング禁止法が制定され、その後全米のほとんどの州でストーキング禁止法が制定されたこと、州法は、つきまとい、嫌がらせ、監視、不法侵入、立ちふさがる、接近、器物損壊、待ち伏せ、強迫等の行為をストーキングとして定義し、犯罪化する立法がなされたことを紹介した。

わが国においては、ストーカーという「言葉」こそなかったが、都道府県警察には「別れ話のもつれ」から、被害者（女性）に対し、つきまとい、尾行、住居への押しかけ、面会・交際強要等の「つきまとい事案」の相談が寄せられており、警察庁は1997年から「つきまとい事案」の相談件数についての統計を取り始め、1999年には8,000件余りの相談が寄せられていた。

総理府が2000年に発表した「男女間における暴力に関する調査」においても、「つきまとい」に関する事項が調査項目に取り上げられ、女性では実に13.6％が特定の異性にしつこくつきまとわれた経験が「ある」と回答するなど、ストーカー被害がとりわけ女性の間に広がっていることが明らかになった。

1999年10月、埼玉県桶川市においてストーカー被害に遭っていた女子大生が元交際相手の男性に刺殺される事件が発生し、被害者が事件前に男性からつきまとわれ、自宅に押しかけられる等の被害を受け警察に相談しており、中傷ビラをまかれたことについて名誉毀損で告訴していたにもかかわらず、警察は取り下げを求めたり、何らの対応をしなかったことが明らかになると、2000年3月、参議院予算委員会において警察の不適切な対応が問題となり、その責任が厳しく問われた。予算委員会での質問からわずか2か月余りの間に議員立法としてストーカー規制法が成立した。

ストーカー規制法は、恋愛感情等を充足する目的で行われる「つきまとい」等の行為を列挙し、これを法的規制の対象として警告・禁止命令等の行政措置を講ずること、「つきまとい等」を反復してすることを「ストーカー行為」と定義し、これに刑罰を科すことを内容としている。

このように、わが国で社会問題化しストーカー規制法制定の契機となったストーカー被害は、元交際相手である若年の男性から女性に対する重大事犯であるが、ストーカー行為はこのような例ばかりではない。

アメリカにおけるストーカー被害調査によれば（2006年）、女性の10％が被

害に遭っており、男性と比べて被害率が高いものの、男性も被害に遭っており、若年交際相手からの被害（デートDV）という典型例だけでなく、約1割程度はまったく見知らぬ他人からであった。[25]

2000年の内閣府の調査（前出）では、交際相手・元交際相手からの被害は32.2％であり、配偶者・元配偶者からの被害（7.5％）と合わせ、4割を占めているが、職場・アルバイトの関係者（22.5％）、学校・大学関係者（19.1％）、顧客などの関係者（12.7％）など、交際相手、配偶者以外の身近な人からの被害が約5割を占め、まったく知らない人からの被害は12.4％であった。被害者の年代をみると、30-39歳：14.8％、20-29歳：13.1％、40-49歳：11.9％となっている（職場や学校関係者からの行為は、組織内の「セクハラ」や「社外（学外）セクハラ」の被害が相当数含まれていると推測される）。

各種調査から、ストーカー被害はその大半が「身近な人」からの被害でありまったく無関係の者からの被害も1割程度は発生していることがうかがえる。

また、内閣府の調査では、被害者のうち、15.3％が仕事の休職・退職・配置換え、7.4％が転居、1.6％が学校・大学を休業・退学・転校しており、ストーキング被害が生活面に悪影響を及ぼしていることが明らかになっている。

「ストーカー」は、今日、社会の「各」場面で「ハラスメント」という言葉で問題とされ、法的規制が強化されつつある社会的逸脱行為の一類型と理解することができる。すなわち、今日、私たちが「ハラスメント」という言葉で問題としているものは、職場や学校、家庭、地域、社会等生活や活動の場を共有する人間の集団＝「身近な場面」＝「閉ざされた政治空間」の内で「力関係で優位にある者」が他者に対して精神的・身体的苦痛を与える行為であり、その結果、被害者はうつ病等のメンタル不全を起こす。

「ハラスメント」が問題となる「場面」は、同時に、「人間」関係に関わっている。私たちは様々な力関係が存在する「場面」で生活をしているが、その中でも今日問題とされている様々なハラスメントは、「力関係」を背景とする不当な言動により、正常な人間関係が崩壊する過程で発生する、いわば社会的にみると「病理現象」である。典型的には、①「関係形成途上」型と②「関係良

---

25) 小林寿一「米国のストーキング被害——対策の課題を考える」犯罪學雜誌75巻6号（2009年）181頁。

好破綻」型のタイプがある。[26]

　①は、新しい人間関係が形成される過程で発生する。たとえば、デートDV
や交際相手からの暴力、ストーカーはこの場面で起こる。たとえ当事者に性交
渉があったとしても、排他的性関係には至っていないにもかかわらず、離れて
いく相手を独占しようとして、デートDV、ストーカーが起きる。

　②は、当事者の関係が良好・親密になり安定した後に、ほかに恋人ができる
等を契機として、当事者間の人間関係が崩壊する過程において生じるハラスメ
ントである。

　いずれの「場面」も一旦崩壊した関係は多くの場合修復が不能となり、「被
害者」の多くはストレスからうつ病等の精神疾患を発症する。

　ある調査によれば、「ストーカー被害は、元交際相手や元配偶者など親密な
関係の破綻に起因している」と指摘する。[27]

　わが国におけるストーカーに対する法的規制は、桶川ストーカー事件を契機
として、警察の不適切な対応が社会問題化する中で始まったという沿革から、
ストーカー対策を考える際、ストーカーは重大な人身被害を招く行為であると
いう側面が強調され、その対策も犯罪化や警察による行政的規制が重視されて
いるが、ストーカーを「ハラスメント」の一類型とみる視点も必要である。

　この点について、蟻川恒正は、ストーカー行為等規制法合憲判決（最一判
2003〈平15〉. 12. 11（刑集57巻11号1147頁）において、ストーカー行為に刑罰
を科す同法が表現の自由の保障との関係で合憲とされた理由について以下のよ
うに述べている。蟻川の指摘は、ストーカー行為罪の対象となっているストー
カー行為が「ハラスメント」の本質を有する行為であることを見抜く卓見であ
る。

　「対面的関係においては、話しかけられると、人は、何らかの応答等をしな
いでは済まないと感じる状況にある上、たとえ無視することができるとしても、
無視することに一定の心理的負担がかかるので、そうした心理的負担を伴う無

---

26) 水谷英夫『予防・解決　職場のパワハラ セクハラ　メンタルヘルス〔第3版〕』（日本加除出版、
　2018年）22頁。
27) 公益財団法人日工組社会安全研究財団「ストーカー事案の被害実態等に関する調査研究報告書
　（2017年3月）15頁。

視という『応答』を余儀なくされることになる」。「『話しかけられる人』に固有の苦境を捉え、人をこの苦境から保護するという『論理』」を取り出し、「『話しかけられる人』の保護を以てストーカー行為等規制法の該当諸規定の正当化を模索することは表現の自由の世界を縮小させることにはならない」。「ストーカー行為としてなされる恋愛感情等の表明行為は、定義それ自体からほとんど必然的に、相手方の応答ないし反応等を要求する性質を有する表現行為ということができ、既に恋愛関係等が破綻するなどした関係性にある相手方にとっては、著しい心理的負担を強いられるものである。したがって、このような表現行為に対して、表現の自由が享受しうるいわゆる優越的地位の保障を付与することは、相手方を精神的ないし心理的苦境に陥らせ、自由なコミュニケーションの空間からその本来の豊かさを剥奪しさえするものといえる」[28]。

　また、ハラスメントは、言語・非言語、加害者の自覚・無自覚、さらに当事者・第三者の判断にかかわらず、「加害者」が「被害者」に対して一方的に苦痛を与えるものであることから、ハラスメントの有無・程度の判断要素としては「ハラスメント」の「被害者」がどのように受け止めたのかという「主観性」を前提としつつ、第三者の判断等の「客観性」を加味することによって判断がなされる必要がある。したがって、「ハラスメント」を判断する際には、被害者の主観性を基礎に置き、実際の行為が行われた経緯、態様等を組み込む必要がある[29]。

　ストーカー規制法2条は、処罰の対象となる「ストーカー行為」について、被害者をして「不安を覚えさせる方法」により行われることを要件としている（旧法2条2項、現2条3項）。

　大阪高判2004〈平16〉.8.5（判例集未登載、高刑速平成16年5号158頁）においては、原審は、「不安方法」について「通常人を基準とした社会通念上そういえるものに限定すべき」として「郵便という方法で意思を伝えたにすぎない場合、…（中略）…特段の事情がない限り、不安を覚えさせるような方法でなされたと認めるのは相当でない」と判断したが、大阪高裁は、「2条2項（現2条3項）にいう不安方法とは、ストーカー行為の相手方をして通常、その身体

28）蟻川恒正「行為『禁止』事案の起案　補論」法学教室416号（2015年）98-99頁。
29）水谷英夫『職場のいじめ・パワハラと法対策〔第4版〕』（民事法研究会、2014年）121頁。

の安全等が害されるという不安、言い換えると、身体の安全等に関していかなる危害を加えられるかもしれないという不安を覚えさせる方法一般をいうものと解しうるのであって、ある行為が、不安方法により行われたか否かを判断するに当たり、原判決のような限定的基準の下に、郵便による場合を特別視して、これを原則として不安方法から除外してとらえるのは相当ではない。当該行為が郵便によるか否かを問わず、行為者と被害者との人的関係、行為の具体的態様、それにより被害者に告げられた内容、同種の行為の回数や頻度、さらには警察による警告や禁止命令との先後関係等を統合的に勘案して決すべきものと考える」と判断している[30]。

　「不安方法」の該当性の解釈について「通常一般人」ではなく「被害者」の主観性を前提としつつ「客観性」を加味して判断している点は、「ハラスメント」の違法性判断基準としてこれを是認することができよう。

2　ハラスメント法制からみたストーカー規制法の特徴

　各種のハラスメントに対しては、近時、法的規制が強化されつつある。近年の傾向として、ハラスメントの概念・定義・構成要素を明確にさせること、すなわち、社会的概念から「法的」概念を切り出し、「有用性」を高める努力が重ねられている点が注目される。

　たとえば、政府は、2019年3月、職場におけるパワハラ対策を強化するため、パワハラを法的に定義した上で、事業主に対しパワハラ防止の措置義務を課す法律案（労働施策総合推進法改正案）を国会に上程した。

　労働政策審議会雇用環境・均等分科会における審議の過程では、パワハラ行為について既存の刑法犯に該当しないハラスメント行為について新たな刑事罰の対象とすることが検討されたが、構成要件や違法となる行為を明確化しようとすると対象行為が限定され、それ以外の本来的に職場で行われるべきでない行為に抑止効果が働かない可能性があることが問題となり、これを見送っている。刑事責任、民事責任（不法行為、懲戒、労災）の追及にとどまらず、広く事業主にパワハラ防止の措置義務を課し、予防に向けた取り組みを強化しようと

30）高野磨央「ストーカー規制法に係る裁判例の概観」警察学論集70巻3号（2017年）49頁。

していることが注目される。

このようなハラスメントに対する法的規制の近時の傾向からみると、ストーカー規制法が2000年制定当初から、ストーカー行為罪という特別の犯罪類型を設けている点、警察署長等による警告や公安委員会による罰則付禁止命令等の行政措置を講ずるとしている点は、他のハラスメント法制にはみられない著しい特徴を有しているといえよう。

3　ハラスメント対策の本質

ストーカーなどのハラスメントが発生した場合に本質的に問題とするべきは、それが発生した「空間」のあり方そのものである。なぜ、いかなる理由で、相手に対する具体的な言葉等による攻撃が行われ、その加速による暴力が振るわれるのかを考える必要がある。ハラスメントが生じる構造をえぐり出さなければ解決の途は開けない。具体的な言葉による攻撃や暴力行為に対して対処する必要があるのは当然であるが、加害者を追求するだけではハラスメント問題は解決しないのである。

Ⅵ　ストーカー対策のあり方

従来のストーカー対策については以下のような問題点が指摘されていた。

第1に、男女間の恋愛をめぐるトラブルはストーカー被害の一部であり、（元）配偶者、親子間のトラブルなどの家族間のトラブル、勤務先の関係者（ex. 顧客）など職場関係におけるトラブル、近隣関係などの生活上のトラブルなど様々な場面で起こっているにもかかわらず、ストーカー規制法が規制対象とする「つきまとい等」「ストーカー」については行為者の「目的要件」があり、定義が狭いため、法的規制の対象外となっていること。

第2に、ストーカー行為がエスカレートする事態を防止するためには、初期段階での被害者対応や加害者への対応の重要性が指摘されてきた。逗子事件遺族は、「警察からの警告前の段階において、今の日本で決定的に欠けているのが、初期の被害者支援、特にいまだ事態の深刻さを認識していない被害者に対する適切な情報提供だと思う」、「警察という組織は非常にハードルが高いので、

若い女性はなかなか行くことができないことがあると思う」と指摘して、警察以外の身近でアクセスしやすい相談機関の必要性を説いている（2013年12月4日「第2回ストーカー行為等の規制等の在り方に関する有識者検討会」議事録7頁）。

　実際、ストーカー対策にあたっている警察官も、警察が苦慮している点として、被害者本人に保護対策の必要性を説いても理解が得られず、相手とよりを戻すケースが多くみられると指摘している（2014年1月28日「第3回ストーカー行為等の規制等の在り方に関する有識者検討会」議事録12頁）。

　また、加害者対応について、逗子事件遺族は、ストーカー防止という点で「最も欠けているのが、加害者の治療や臨床、あるいは、加害者の社会的包摂という対策だと思う」と指摘している（2013年12月4日「第2回ストーカー行為等の規制等の在り方に関する有識者検討会」議事録9頁）。

　元警察庁生活安全局生活安全企画課犯罪抑止対策室長である青山彩子は、「ストーカー加害者についても恨みを募らせ爆発させる前に、いわばガス抜きのような、じっくり話を聴いてくれる相談先が設けられるだけで様相が変わるのではないか」と指摘する[31]。

　従来のストーカー対策は、警察組織が中核を担い、強制捜査による加害者の逮捕（事件化）による被害者保護対策、および行政措置としての「警告」が行われてきたが、「警告」に至る前段階での「軽微」な事案について、他の行政機関が相談にのる、情報提供をする等の介入が行われることが重要である。医療機関による加害者対応が有効である場合がある。

　また、ストーカー行為が犯罪とされたことから、法的規制の対象行為が限定せざるをえなかったと思われるが、他の行政機関等による介入であれば規制対象の拡大も可能であろう。

　ストーカーの防止、被害者保護対策は、警察組織のみが担うのではなく、他の国家機関である裁判所や行政機関との適正な役割分担が必要である。警察機関による犯罪対策、犯罪の未然防止という政策では限界がある。内閣府「ストーカー行為等の被害者支援実態等の調査研究事業」報告書（2015年3月）は、国に対し、ストーカー被害者支援に係る総合的な施策の枠組みの提示に向けて

31）青山彩子「警察におけるストーカー対策」刑法雑誌55巻3号（2016年）68頁。

協議を期待するとしている。

ストーカー対策については、総合的な立法が必要である。「ストーカー対策基本法」を制定し、「ハラスメント」防止という観点からストーカーの定義を拡大し、恋愛関係のトラブルに限らず、職場関係、学校関係、家族関係、近隣関係において生ずる「ストーカー」行為についてこれを規制の対象とし、国および地方公共団体にストーカー防止と被害者保護の責務を課す。国にストーカー防止の基本方針、都道府県に基本計画の策定を義務づける等の方策を導入し、各行政機関が総合的に施策を行うことができる枠組みを作る。禁止命令の発令権限は司法機関である裁判所が行う。

ストーカー対策は、警察機関にのみ委ねるべきではない。国全体で取り組むべき問題であり、他の行政機関や司法機関との間で適切な権限および責任の分配が行われるべきである。[32)]

（こじま・たえこ　弁護士）

---

32)　ストーカー、DV などの人権侵害に対するガバメント（統治機構）による介入については 2 つのモデルがある。一方は「警察（司法）モデル」であり、市民社会の治安の維持、安全確保を目的として行われる介入であり、他方は「福祉モデル」であり、市民社会の福祉の維持・増進を目的として行われる介入である。

「警察（司法）モデル」による場合、加害者に対する法的制裁を伴うことから、侵害行為の有無・程度の確認、検証作業が不可欠であり、簡易・迅速な即効性のある介入が難しい場合がある。「福祉モデル」は、生活保護、医療、一時保護など幅広い介入が可能であり、行政機関の果たす役割は大きいにもかかわらず、自治体職員など福祉の担い手自身が加害者の暴力・暴言の標的になり、十分にその機能を果たせないでいる現状がある。

個人やそれが属する組織が暴力や暴言・脅迫にさらされているときに、①国家機関から独立して、②法的知識を駆使して「加害者」と対峙し、③暴力にさらされた個人およびそれが属する組織を守ることによって、市民社会を自律的に成り立たせていく機能を果たすアクター（機関）が求められている。「警察（司法）モデル」vs「福祉モデル」を超えて、「代理人モデル」を模索したい。市民社会の「代理人」として、日本の弁護士（制度）を位置づけることを考えたい。今後の課題である。

ジェンダーの視点から見た刑務所[1]
——男性刑務官の執務環境とセクシャル・マイノリティ受刑者の処遇[2]

矢野恵美

はじめに

日本には 2018 年 4 月 1 日現在、刑務所が 62 庁（社会復帰促進センター 4 庁を含む）、少年刑務所が 6 庁、刑務支所が 8 庁あり、そのうち女性の施設は 11 庁（栃木、笠松、和歌山、岩国および麓の各刑務所、札幌、福島、豊橋および西条の各刑務支所、並びに男女両方の収容棟をもつ加古川刑務所および美祢社会復帰促進センターの女性棟）となっている。2017 年末の受刑者数は 4 万 6,702 人で、うち女性は 3,900 人である[3]。また、トランスジェンダー受刑者は、法務省が把握しているものとしては 38 名であった[4]。

日本では同性による処遇が基本であるため、例えば男性の施設では 9 割以上

---

1) 拙稿「ジェンダーの視点から見た刑事政策」法学セミナー 737 号（2016 年）30-37 頁、「スウェーデンにおけるジェンダーの視点から見た受刑者処遇」犯罪と非行 2013 年 9 月号 153-176 頁、女性刑務所・女性受刑者・女性刑務官の状況に関しては拙稿「日本の女性刑務所が抱える問題について考える」慶應法學 2017 年 2 月号 107-124 頁等も参照ください。本稿では刑務所、刑務支所、社会復帰促進センターを取り上げる。
2) 男性刑務官の執務環境については、科研費基盤(C)「ポジティヴ・アクション実効化のための理論的・比較政策的研究」（研究代表：辻村みよ子）、セクシャル・マイノリティ受刑者の処遇については、科研費基盤(B)「LGBTQ を含む性の多様性に関する法的問題の総合的研究」（研究代表：矢野恵美）の研究成果の一部である。
3) 既決のみ。
4) 性同一性障害の診断あり 1 名（男性施設）、なし 35 名（男性施設 22 名、女性施設 13 名）、戸籍の性別の変更あり 2 名（男女各 1 施設）。法務省から提供頂いた資料より。

は男性の刑務官となっている。2018 年の刑務官の数は、男性刑務官 1,5798 人、女性刑務官 1,682 人で[5]、受刑者全体に占める女性受刑者の割合よりは、刑務官全体に占める女性刑務官の方が多いが、女性刑務所の方が圧倒的に収容率が高いため、体感としては女性刑務所の方が負担感は大きいように思われるが、この点は別稿に譲りたい。刑務官に関しては戸籍上の性別に従って採用され、データも戸籍上の性別のもののみである。

　日本の刑務所研究は、受刑者の多くが男性であったため、男性受刑者に関するものがほとんどであった。実際には、男性と女性の受刑者では、抱える問題、ニーズ等について違いがあることは現場では知られてきたことであった。しかし、女性の受刑者の増加とそれに伴う激烈な過剰収容、とりわけ高齢受刑者の急増等もあり、現在は女性受刑者に関する研究も増えてきた[6]。また女性刑務官については過剰収容下の執務環境の過酷さもあり、退職者の増加、年齢分布の偏り等が大きな問題となり、法務省矯正局を中心に対策が進められている[7]。

　本稿を執筆するにあたり、強く申し上げたいのは、「刑務所は社会の鏡」、「刑務所は社会の縮図」ということである。社会における問題が、刑務所の中ではより凝縮された形で現れる。刑務所の中で起きているジェンダーに関する問題は、社会の中で起こっていることの凝縮版であり、その問題は刑務所の中だけでは解決できない。トランスジェンダー受刑者をめぐる問題は、社会の中におけるトランスジェンダーの方達に対する態度が凝縮したものだ。そして、刑務所のことを考える際には、ドイツの刑事法学者であるフランツ・フォン・リストの「最良の刑事政策は、良い社会政策である」という言葉を忘れてはならない。即ち刑務所の中の問題は刑務所の中だけでは解決せず、私達みなが、自分自身の問題として考える必要があるのである。

　筆者は、これまでジェンダーの視点から見た刑務所の問題の研究を行ってきたが、そもそも刑務所をジェンダーの視点から見直すこと自体がほとんどなされていない。これは、犯罪に関する代表的な統計を掲載する『犯罪白書』を見

---

5)　2018 年 10 月 1 日現在。法務省提供資料より。

6)　拙稿・前掲注 1) 等参照ください。

7)　名執雅子「女子受刑者等の処遇に関する施策の現状と課題——女性の特性に応じた処遇と女子矯正施設の運営」法律のひろば 2013 年 8 月号 4-9 頁に詳しい。

ればわかる。現在では、女性の数値を載せている項目も増えたが、掲載方法は総数と女性であり、男女比較をするのが非常に困難である。これまで、女性刑務所、女性受刑者、女性刑務官の問題、性犯罪やDVを犯した受刑者の処遇、北欧の法制度とトランスジェンダー受刑者の問題等を論じてきたが、本稿では、さらなる論点として、ジェンダーの視点に立った男性刑務官の執務環境の見直しとセクシャル・マイノリティ受刑者の処遇の二点を検討したい。

I 男性刑務官の執務環境[8]

1 総論

　女性の働き方に関係する法律は「雇用の分野における男女の均等な機会及び待遇の確保等に関する法律」（1972年法律第113号、以下「男女雇用機会均等法」）をはじめ、近年では、「女性の職業生活における活躍の推進に関する法律」（2015年法律第64号、以下「女活法」）等、様々な法制度が作られている。しかし、未だ日本の女性の地位は、世界的に見てもかなり低い状況にあると言える。2018年のジェンダー・ギャップ指数でも、149か国中110位となっており、経済分野、教育分野、健康分野、政治分野のうち、とりわけ経済（117位）、政治（125位）の二分野の順位が低く、「働き方」に大きな問題があることがわかる[9]。このような状態である以上、女性の執務環境の改善は引き続き取り組まれるべき問題である。しかし、問題の根本的な解決は、女性の執務環境改善のみでは決してなされえない。女性が「男性並み」に働かなければ平等にはならず、その「男性並み」が家庭を顧みない働き方で、ワークライフバランスが保てないようなものであるなら、男性の働き方こそを変えなければならない。今のまま、男性の働き方を変えることなく、女性も「男性並み」に働くことが実現すれば、家の中で家事をする時間のある人はいなくなり、少子化も進む一方である。もちろん、カップルごとに、どちらかが家事・育児・介護を引き受けることにしたり、それらを外注したりすることは、完全に各カップルの自由である。しか

---

8)　女性刑務官の執務環境については、拙稿・前掲注1）を参照ください。刑務官については「就労環境」よりも「執務環境」の語が使われることが多いため、本稿でもこちらの語を使用した。

9)　http://www3.weforum.org/docs/WEF_GGGR_2018.pdf

し、現在の日本では、個人の選択や、個人の能力にかかわりなく、男は仕事、女は家事といういわゆる「性別役割分担意識」が色濃く残っている。しかし、法制度上、教育は平等になっており、労働についても少なくとも法律上は平等のように見える。また経済的にも女性も働く必要がある場合も増えてきた。ライフの部分には「性別役割分担意識」が残り、それを下地に法律上はワークの部分に平等が導入された結果、女性だけが「仕事か家事か」の選択を迫られたり、「仕事も家事も」を強いられたりしている。ワークライフバランスをどのように取るかは、その人、そのカップルの自由であるが、選択の自由の前提には平等が必要だということである。

　2017 年の週間就業時間 60 時間以上の雇用者の割合を見ると、女性 2.6%、男性 11.6% である[10]。男性のうち、30 代男性は 14.7%、40 代男性は 14.9% で、いわゆる子育て世代の男性のワークライフバランスが保たれていないことがわかる。年次有給休暇取得率を見てみると、女性が 55.4%、男性が 46.8% で、若干女性の方が高い。しかし、男女ともに、半数前後の人は有休休暇すら取っていないことがわかる。勤続年数階級別一般労働者の構成割合では、勤続年数 10 年以上の者が、女性では 35.8%、男性では 51.3% である。6 歳未満の子どもをもつ夫婦の 1 日当たりの家事・育児関連従事時間では、女性が 7 時間 34 分で、無償でフルタイム勤務並みに働いているのに対して、男性は 1 時間 23 分に過ぎない。こういった現実を改善することなく、女性が男性並みに働こうとすれば、家事育児介護の時間と併せて、24 時間では処理できないことになる。かと言って、家事・育児・介護従事時間も男性並みにしてしまえば、家庭が崩壊する可能性がある。家事・育児・介護等を外注すると言う選択肢はもちろんありうるが、まず男性の働き方を変え、男女の従事時間を平等にすることこそが重要であることがわかる。ちなみに、ジェンダー平等が最も進んでいるといわれる北欧諸国を見ると、家事・育児・介護に充てる時間は、ノルウェーでは、女性 5 時間 26 分、男性 3 時間 12 分、スウェーデンでは女性 5 時間 26 分、男性 3 時間 12 分である。日本よりははるかに男女間格差が是正されているものの、完全なジェンダー平等が達成されているとは言えない。

10）本項の日本に関する数字は全て『平成 30 年版男女共同参画白書』より。

また、日本の男性の育児休業取得率は 2016 年度に民間企業 3.16％、地方公務員 3.6％、国家公務員 8.2％となっている。スウェーデンにおいては、育児休暇（慣例的に「休暇」と記されているので、それに従う。）は子ども 1 人当たりにつき 480 日（両親がいればこれを 2 人で分け、シングル親 1 人で使うことができる）で、480 日の分け方は自由だが、そのうちの 90 日は必ずどちらかが取らねばならず、取らない場合はその分は捨てることになる（「父親休暇・母親休暇制度」）。この制度を導入したことにより、現在は基本的に男性も育児休暇を取得しており、今となっては、男性の育児休暇取得率のデータを探すのは困難である。現在の問題点は、両親で 480 日の育児休暇がとれるにもかかわらず、2016 年のデータでは、その 75％を女性がとっており、男性は 25％にとどまっており、50％ずつ（240 日ずつ）にはなっていないことであるとされている。女性の平均育児休暇は 5.8 か月に対し、男性は 1.6 か月となっている。[11]

2　刑務官の仕事の特徴

上記では、一般的なデータを見たが、刑務官には、特殊な業務事情があり、刑務官のワークライフバランスを整えることを困難にしている。

(1)　異動[12]

刑務官は職階によって異動頻度、範囲が異なる。一般職員は従来は異動がなかったが、1997 年からは人事異動の対象となっている。しかし、実際には従来同様、ほとんど異動はない。後述するように、職階が上がれば、異動頻度が上がり、異動範囲も広がる。法務省としては、優秀な幹部職員の確保を図るため、各施設において昇任試験を受けるよう奨励していると言うが、近年では、異動を避けるために、若手が昇任試験を受けないという事象が起こっている。

係長等の初級幹部職員は、原則として、各刑務所等で採用され、試験による選抜を経て中等研修課程中等科を修了した者の中から登用される。概ね 8 年か

---

11) スウェーデンの数字に関しては 2016 年のもの。https://www.forsakringskassan.se/privatpers/
foralder/dela-lika/!ut/p/z0/04_Sj9CPykssy0xPLMnMz0vMAfIjo8ziTTxcnA3dnQ28DYKcnQ0cQyz9
go2d3YwNjIz0g1Pz9AuyHRUB4DA8kA!!/ より。婚姻に性別の制限がないので、父 2 人、母 2 人の
家庭等もある。

12) 以下、http://www.moj.go.jp/content/000002292.pdf「刑務官の人事管理等について」より。

ら10年ごとに同一矯正管区内において、矯正管区や刑務所に異動がある。これら係長等の初級幹部職員のうち、試験による選抜を経て、中級管理研修課程中級管理科を修了した者の中からも課長相当職等の幹部職員への登用が行われているとのことである。その者については、高等科修了の幹部職員に準じて、概ね2、3年ごとに他の刑務所等との間で人事異動が実施されているとのことである。

　課長職以上の上級・中級幹部職員も、原則として刑務所等で採用され、試験による選抜を経て高等研修課程高等科を修了した者の中から登用される。これらの職員については、概ね2年ごとに矯正局、矯正管区、刑務所等、全国転勤となる。

　転勤の頻度が上がり、範囲が広がれば、男性刑務官は、最初から無業の妻（専業主婦）をもつ、妻に仕事をやめてもらい転勤についてきてもらう、単身赴任をする等になる（配偶者が資格をもっており、転勤先でも働けるというケース、パートをするなどのケースもある）。配偶者が同業者の場合には、同一矯正管区内に配属するといった工夫もなされているが（同じ施設にはしない。一方、刑務官と検察官等でも同一管区内という配慮がなされるようになっている）、それも該当者が増えてきており、厳しくなっていると聞く。ちなみに、この転勤制度は、無業の夫が一般的ではない日本においては、女性幹部には結婚しにくさをもたらしている可能性がある。

　そもそも刑務官の転勤は、受刑者との癒着の予防、職場の淀みを防ぎ、また様々な職種を経験したり、色々な施設の処遇の特徴を学んだりする等、メリットもあったはずである。現在、法務省では転勤制度の問題として、①転勤の頻度の違いから、幹部職員と一般職員の意識が乖離している。②長年勤務する一般職員による特殊な施設風土を形成する要因となっているおそれがある。③一般職員が処遇現場を直接掌握していることから、2年程度で異動する統括・課長等の幹部職員による監督機能が十分に発揮できていないおそれがある。④初級幹部職員が同一施設内の同一ポストに長期にわたり在職するため、職務のマンネリ化を招いたり、ボス化する場合がある等を挙げている。現実には、既に述べたように、これにプラスして、転勤を避けるために昇任試験を受けないと言うことも起こっている。これでは優秀な幹部職員を養成することはできない。

ジェンダーの視点から見た刑務所　**363**

　国外に目を向けると、北欧、ヨーロッパ等では、法曹も含め、自身が希望しない限り異動がないのが一般的である。ワークライフバランスの観点からは、本人の希望しない異動の弊害がむしろ大きい。例えば、現在、各施設における実務研修も含めて7か月しかない初期の研修の期間をもっと長くし、人権や法律に関する知識をより厚く指導し、かつ、昇進試験、それに伴う研修を終えることと、転勤の範囲をひろげることを連動させない方法も考慮に値すると思われる。

　北欧の刑務所においては、矯正局の勤務も含め、ポストごとに公募を行っている。このため、異動を含め、自分の意思で人が動いており、同じ管区内で、自分で昇進にチャレンジすることもできる。異動のないことによる施設内での人の淀みを解決するためには、このような北欧型の人事も参考となるのではないだろうか。

　なお、日本では戸籍上の性別が異なるカップルでなければ婚姻ができず、戸籍上の性別が同じカップルはそもそも婚姻ができないため、配偶者であれば得られる社会保障さえ一切受けることができないし、転勤地に関する配慮も一切うけられないどころか、そもそもパートナーであることを職場に言えないことがほとんどであることも指摘しておく。

(2)　勤務形態

　刑務所は、医療施設等と同様、被収容者が365日、24時間施設内にいる。さらに、医療施設等と違って、年末年始等に、一部の被収容者に里帰りをさせることもできない。[13] そのため、刑務官の勤務においては夜勤が必須となり、多くの刑務官は夜勤を担当している。そもそも日本の刑務官は、刑事施設の職員一人当たりの被収容者負担率（刑事施設全体の一日平均収容人員を職員定員で除した数値）が高い。1998年には刑務官1人当たり受刑者の数が3人だったが、過剰収容となっていた2006年には4.48人まで達した。2016年は2.92人に戻っている。[14] しかし、例えば、スウェーデンやイギリスと比べると3倍近い。[15] 法務

13）刑事収容施設及び被収容者等の処遇に関する法律106条に「外出」があるが、これを多用することによって、施設側の負担が減少すると言う性質のものではない。

14）『平成29年版犯罪白書』より。

省矯正局が野村総研に委託して 2015 年末から 2016 年年始にかけて実施された
「女子刑事施設における執務環境改善に関する調査」では、退職者を減らすた
めに有効だと思う支援策として「欠員を減らして一人当たりの業務負担を軽減
すること」が、男女ともに最も多かったことが、現場の負担を物語っていると
言えよう。[16] 男女併せた保安職員の年次休暇取得日数は、1998 年に 6.6 日だった
が過剰収容下の 2002 年には 4.1 日に減っている。過剰収容下では 4 週 8 休の
確保がほとんどの施設で確保できていなかった。[17] 北欧やヨーロッパの刑務所を
見ていると、刑務官の増員も必要なように思われる。しかし、行革以降、公務
員を減らすことが国全体の施策となっており、男性施設を中心に過剰収容も解
消された今、それは難しいかもしれない。業務の効率化、IT の活用、外部の
人材の活用等の選択と集中の流れを進め、負担感を減らしていく必要があろう。
女性刑務官を中心に定着を図ることにも力が注がれている。定着率の増加のた
めには、現在実施されているマッチングの他、仕事のやりがいと、プライベー
トの時間も大切にできる働き方が求められるのではないだろうか。そのために
は、まず、仕事中心になりがちな男性の執務環境の変革が求められる。

(3) 職務内容

　ヨーロッパの刑務所では、例えば教育的指導は専門家に委託するなど、業務
の分担が多いのに対し、日本の刑務官は、保安、作業、教育、庶務、さらに高
齢受刑者等の介護等までもすべてこなす「マルチタスク方式」である。過剰収
容時に比べれば、かなり下がったとは言っても 1 人当たりの負担率が未だ高い
ので、負担感はより大きくなっている。今後もマルチタスクのままやっていく
のか、刑務官以外のスタッフを雇用し、役割分担をしていくのかは検討が必要
である。警備や事務等を外注したり、PFI 方式で民間を入れる方法も進んでき
てはいる。さらに、女性刑務官の負担軽減を一つの目的として導入された「女
子施設地域支援モデル事業」は、地域の医療・福祉等の各種団体の協力を得る

15）矢野恵美「海外における女子受刑者処遇の状況」法律のひろば 2013 年 8 月号 35 頁参照ください。
16）荒巻由衣「『女子刑事施設等における執務環境改善に関するアンケート』の結果について」刑政
　　127 巻 8 号（2016 年）66 頁。
17）前掲「刑務官の人事管理等について」より。

というもので、筆者も参加させて頂いている「女子刑務所のありかた研究委員会」の提言によるものである。これは現在は、男性刑務所にもひろがりつつある。

　特に日本は先進諸国の中で、高齢受刑者の割合が突出して高い。2017年の入所受刑者のうち、65歳以上の割合は、男性では10.9％、女性では19.7％にものぼっている[18]。高齢受刑者の処遇は、認知症や要介護状態等の健康上の問題が施設内での刑務官の負担を増加させるし、出所後の引受先の問題、就労の難しさの問題は、社会保障等の専門的な指導を要するし、受刑者の気持ちへの働きかけも要する。そもそも高齢者を刑務所に収容することの是非を議論することも刑務官の職務内容に大きくかかわってくる。日本は、人口10万人当たりの受刑者数が非常に少ない。アメリカ655人（2016年）、フランス100人（2018年）、ドイツ75人（2018年）、スウェーデン59人（2017年）であるのに対し、日本41人（2018年）である[19]。そのため、受刑者の問題は政治の大きな関心とはなってこなかった。しかし、日本の刑務所だけに高齢受刑者が多いと言う問題は、刑務所では解決できない。これは日本における高齢者のありかたと深いかかわりがあり、社会全体で解決を模索する必要がある。

(4)　年齢構成

　女性刑務官では大きな問題となっている年齢構成であるが、男性刑務官ではこの点は問題になっていない（男性刑務官の年齢構成を見ると、全体では20歳代が約2割、指導的立場である50歳代が約3割であるのに対し、女性刑務官では20歳代が約5割、50歳代はわずかに約1割しかいない[20]。これは女性職員の離職率が高いことが大きな原因であり、2009年度から2011年度の「3年離職率」は35.9％であった[21]）。女性刑務官だけに離職問題があるのは、男性刑務官の多くが、家事・育児・介護を負担することなく、仕事のみに携わってきたことと無関係ではないだろう。今後、男性刑務官のワークライフバランスを考慮し、女性と同じような働き方となっ

---

18)　『平成30年版犯罪白書』より算出。

19)　World Prison Brief, *World Prison Population List Twelfth Edition* より。

20)　名執・前掲注7）5頁。

21)　細川隆夫「女子刑事施設等における執務環境改善に関する実態調査について」刑政127巻8号（2016年）39頁。

た際に、同じ問題が生じるかもしれないことには留意が必要である。

3　法務省の対応

　男性刑務官の執務環境においては、女性刑務官のような問題は指摘されていない。これは裏を返せば、一般社会において、男性のワークライフバランスが大きな議論となっていないのと同様に、男性刑務官のワークライフバランスが議論になってこなかったことを意味する。男性には仕事と家事・育児・介護の両立という問題が突き付けられることがない。なぜ「女性だけ」が、仕事と家事・育児・介護の両立の問題を突き付けられ、苦労しなければならないのか。そもそもそこが差別であるという意識をもたなければ、いつまでたっても男女の不平等は解決しないであろう。

　男性刑務官の執務環境が問題にならない背景には、日本の刑務所が同性処遇であるということもある。女性の刑務所では刑務官の9割以上が女性であるため、そこでは、刑務官の執務環境は日本の女性の働きにくさとリンクしており、離職率の高さも問題となっている。男性の刑務所では、刑務官の9割が男性であるため、仕事と家事・育児・介護の両立の問題が表面化しない。しかも、大半が男性の職場では、女性の執務環境は例外的な物としか認識されない可能性がある。ちなみにヨーロッパでは、男性、女性しかいない社会は存在しないとして、刑務所の中にも異性のロールモデルとして異性の職員を配置している。6割から7割が同性、3割から4割が異性の刑務官であることが一般的である。このような配置にした場合、男性刑務官も、女性刑務官の執務環境を目の当たりにすることとなる。そもそも北欧のような国々では、男性刑務官であっても育児休暇（業）を取ることが一般的であるので、男女の刑務官の執務環境に日本のような分断がない。

　日本の法務省矯正局の対応を見てみると、政府全体で足並みを合わせていると言う側面はあるが、男性の執務環境の問題にもきちんと取り組んでいる。職員は男性が圧倒的に多く、多くの男性の矯正施設を抱えた省であることを考えると、その取り組みは先進的と言える。しかし、残念ながら、男性の働き方に対する社会全体の意識が低いため、理念は優れているにもかかわらず、実現されている水準は低い状態にとどまっている。これは、法務省（ここでは矯正局）

だけで実現することは難しく、社会全体で水準を上げていく必要がある。以下、矯正局を含む法務省の取組をみていく。

(1) スマイル子育て応援プラン

2004年には、次世代育成支援対策推進法（2003年法律第120号）に定める「特定事業主行動計画（愛称「スマイル子育て応援プラン」）」を策定している[22]。計画の目的は、「次世代育成支援対策推進法（平成15年法律第120号）7条1項の規定に基づく行動計画策定指針（平成15年国家公安委員会、文部科学省、厚生労働省、農林水産省、経済産業省、国土交通省、環境省告示第1号）に掲げられた基本的視点を踏まえつつ、職場及び家庭において子育ての意義についての理解が深められ、かつ、仕事と子育ての両立を図ることができるよう、職員のニーズに即した対策を計画的に推進すること」とされている。期間は2005年4月1日から2010年3月31日とされた。

具体的には①勤務環境の整備に関する事項、②その他の次世代育成支援対策に関する事項が挙げられている。男性職員に関する数値目標としては、㋐子どもの出生時における父親の5日以上の休暇の取得率を、計画期間の終期において50％以上とする。㋑計画期間の終期において、男性職員の育児休業（連続2週間以上の子育てのための長期休暇を含む）の取得率を10％以上とする（女性職員の育児休業の取得率については現状を下回らないこととする）。全職員に関しては、㋒年次休暇取得日数を計画期間の終期において20％増加させるとされた。転勤に関しては、「子育てをする職員に対する支援として、転勤や宿舎の貸与における配慮を求める声が多いことから、子育てをする職員の家庭の事情等に一層配慮した人事管理を促す」の記載がある。転勤が子育てに大きな影響を及ぼすことが理解されていたことがわかる。また、「育児休業等を取得した前例のない職場においては特に育児休業等をしやすい環境を整えるとともに、上司の影響が大きいことから、管理者に対する啓発を行う」の記載もあり、的を射ている。

最終年度である2009年度の実施状況について、㋐は27.4％（プラン開始時前

---

22) 平成16年12月22日法務大臣・公安審査委員会委員長・公安調査庁長官決定。

の 2004 年度は 0.4％）、(イ)は 2.2％（2004 年度 0.8％）、(ウ)は 1％減（9.8 日）にとどまった。(ア)が目標達成しなかったことは残念であるが、50％以上に設定したこと自体が評価できるように思われる。

　2010 年には、「法務省・公安審査委員会・公安調査庁特定事業主行動計画〜スマイル子育て応援プランⅡ〜[24]」が出されている。計画の目的は上記応援プランと同じである。期間は 2010 年 4 月 1 日から 2015 年 3 月 31 日までとされた。

　具体的には、①勤務環境の整備に関する事項、②冊子等の掲載事項、③その他の次世代育成支援対策に関する事項が挙げられている。男性刑務官に関わる目標は、(ア)配偶者出産休暇に加え、特に育児参加休暇取得を推進することにより、計画期間の終期までに子どもの出生時（妻の出産予定日の 6 週間前から出産日の 8 週間後までの期間）における男性職員の 5 日以上の休暇の取得率を 60％以上とする。(イ)計画期間の終期までに、男性職員の育児休業（連続 2 週間以上の子育てのための長期休暇を含む）、育児短時間勤務および育児時間の年間の延べ取得者数を 150 人以上とする（女性職員の育児休業の取得率については、おおむね 100％を維持するものとする）。全体としては、(ウ)計画期間の終期までに、職員の平均年次休暇取得日数を 2018 年の平均値 9.9 日から約 20％増加させ、12 日以上とする。とされた。今回も講義を実施することを定めていることも重要である。

　最終年度である 2014 年度の実施状況[25]は、(ア)31.6％、(イ)77 人、(ウ)10.4 日となった。今回も、達成できなかったものの、(ア)の目標値を 60％に設定している点は評価できる。しかし、(イ)の男性の育児休業に関して、前回のスマイルプランでは、「男性職員の育児休業（連続 2 週間以上の子育てのための長期休暇を含む。）取得率」を 10％と掲げたものの、最終年度に 2.2％にとどまったことから、スマイルプランⅡでは、「男性職員の育児休業（連続 2 週間以上の子育てのための長期休暇を含む。）、育児短時間勤務及び育児時間の年間の延べ取得者数」と要件を大きく譲歩した上に、割合ではなく人数設定に変更していること。それでも 150 人の目標が最終年度に 77 人と約半数にとどまったことが非常に残念で

---

23) 平成 22 年 11 月 29 日法務省・公安審査委員会・公安調査庁「平成 21 年度における『スマイル子育て応援プラン』に基づく措置の実施状況」。
24) 平成 22 年 3 月 5 日法務大臣・公安審査委員会委員長・公安調査庁長官決定。
25) 平成 27 年 12 月 25 日法務省・公安審査委員会・公安調査庁「平成 26 年度における『スマイル子育て応援プランⅡ』に基づく措置の実施状況」。

ある。男性の育児休業（休暇ではない）取得率こそが、ジェンダー平等につながる男性の執務環境改善の鍵を握っている。ただ、この点も、法務省や矯正局の問題ではなく、日本全体の問題である。

(2) 法務省における女性職員活躍とワークライフバランス推進等のための取組計画

上記行動計画の最終年に出されたのが、2015 年の「法務省における女性職員活躍とワークライフバランス推進等のための取組計画[26]」である。この計画の冒頭には、「法務省 5 万 2 千人の働き方改革宣言」が書かれている。この宣言は、当時の上川陽子法務大臣の下で作成された。この計画では、①年次休暇の取得日数の目標年間 15 日以上、②男性職員の育児休業取得率 13 パーセント以上、配偶者出産休暇および育児参加休暇の取得日数両休暇合計 5 日以上、③女性職員の採用目標法務省全体の国家公務員採用試験（男女別に実施する試験等を除く）からの採用者に占める女性の割合 30 パーセント以上、④女性職員の登用目標本省課室長相当職以上に占める女性職員の割合 6 パーセント程度、地方機関課長・本省課長補佐相当職以上に占める女性職員の割合 8 パーセント程度が具体的な目標数値として掲げられている。

男性刑務官に関わる部分は①②である（①は全体）。スマイルプランでは出生時休暇を想定し、男性の取得率 60％を掲げていたが、本計画ではこれに関する数値目標はなくなった。代わりに、育児休業取得率の目標が復活し、13％という目標が示された。女性の管理職の目標設定が 6％、8％というのはあまりに低すぎるが、ここも法務省や矯正局だけの問題ではないだろう。この計画でも、職員の性別の特定をすることなく、「人事担当部局は、育児休業や育児短時間勤務等の両立支援制度を利用したことのみにより昇任・昇格に不利益とならないようにするなど、能力・実績に基づく昇任・昇格の判断を行うとともに、その旨を職員に周知する」との記載がある点が優れている。

この計画は、2015 年 1 月 30 日から 2021 年 3 月 31 日までの予定であったが、2016 年 3 月 31 日までの 1 年強で終了し、下記のアット・ホウムプランに移行

---

26) 平成 27 年 1 月 30 日法務大臣・公安審査委員会委員長・公安調査庁長官決定。

している。2016 年度の実施状況は、① 11 日、②は育児休業取得率 5.2% であった。当初の計画案にはなかった「配偶者出産休暇及び育児参加休暇の合計 5 日以上の取得率を最終年度に 100%」という目標が加わり、これは 30.2% であった。本計画においては、育児休業取得率の目標値が復活し、また配偶者出産休暇および育児参加休暇の合計 5 日以上の取得率の目標を 100% に設定した点が非常に高く評価できる。

(3) **法務省・公安審査委員会・公安調査庁特定事業主行動計画（アット・ホウムプラン）——男女がともに活躍し、活力ある社会を実現するために**[28]

次いで、2016 年には「法務省・公安審査委員会・公安調査庁特定事業主行動計画（アット・ホウムプラン）〜男女がともに活躍し、活力ある社会を実現するために〜」が出された。ここでは、「法務省職員の行動宣言」が記載されている。この計画の意義は、①女性の職業生活における活躍、②男性の家庭生活における活躍、③全職員の働き方改革によるワークライフバランス実現、④幹部職員・管理職員によるリーダーシップ・マネジメントの重要性、⑤「隗より始めよ」となっている。②においては、「職業生活と家庭生活の両方を営むに当たって、一方の家庭生活において、男性の十分な役割分担が得られなければ、女性の負担は高まらざるを得ず、結果として女性が職場において活躍することが困難になる。そのため、男性が家事・育児・介護等の家庭生活における役割を果たすこと、つまり、男性の家庭生活における活躍は、女性の職業生活における活躍を推進する上で必要不可欠となる」との記載がある。また、④においては「女性の職業生活における活躍、男性の家庭生活における活躍、そして、全職員のワークライフバランスを各職場において実際に推進するためには、まずは、『男性＝仕事、女性＝家庭』という固定的な性別役割分担意識・価値観、長時間勤務や働き方に関するこれまでの慣行・職場風土を抜本的に変える必要があ」るとの記載がある。ただ、この計画は、「女性の職業生活における活躍の推進に関する法律（2015 年法律第 64 号。以下「女性活躍推進法」）15 条 1 項に基

---

27) 平成 28 年 11 月 7 日法務省・公安審査委員会・公安調査庁「平成 27 年度における『法務省における女性職員活躍とワークライフバランス推進等のための取組計画』の実施状況」。

28) 平成 28 年 3 月 31 日法務大臣・公安審査委員会委員長・公安調査庁長官決定。

づいているせいもあり、男性が家事・育児・介護に参画しなければ、女性が活躍できないという表現が各所に見られることは少し気にかかるところである。男性が家事・育児・介護に参画するのは、それが本来、女性だけが参画するものではなく、みなが参画することが真の平等だからである。女性活躍のために、男性の働きかたを変えるととられかねない表現は、男性の共感を得られないおそれがある。

　具体的数値目標としては、㋐2010年までに年次休暇の取得日数の目標年間15日以上となっている。これは、上記(2)の計画と同様である。㋑男性職員の育児休業取得率13パーセント（政府全体の目標値13パーセント）、配偶者出産休暇および育児参加休暇の合計5日以上の取得率100パーセント（政府全体の目標値100パーセント）、これも(2)を引き継いでいる。㋒2020年までに法務省全体の国家公務員採用試験（男女別に実施する試験等を除く）からの採用者に占める女性の割合毎年度30パーセント以上、国家公務員採用総合職採用試験からの採用者に占める女性の割合毎年度30パーセント以上（政府全体の目標：国家公務員採用試験および国家公務員採用総合職試験からの採用者に占める女性の割合毎年度30パーセント以上）、㋓指定職相当に占める女性の割合6パーセント、本省課室長相当職に占める女性の割合8パーセント、地方機関課長・本省課長補佐相当職に占める女性の割合12パーセント、本省係長相当職に占める女性の割合30パーセントとなっている。

　この中で、男性刑務官に関するのは㋐㋑である。この2つの達成状況を見ると、公表されているものとしては、2017年度の状況が最新版となる。㋐12.4%、㋑9.1%、79.8%である。[29]

4　矯正局の現状

　刑務官のみのデータではなく、全矯正職員のデータを見ると[30]、2017年には育児参加休暇の合計5日以上の取得率100パーセントは達成されたとのことで

---

29)　平成30年7月25日法務省・公安審査委員会・公安調査庁「平成29年度における「法務省・公安審査委員会・公安調査庁特定事業主行動計画（アット・ホウムプラン）」に基づく取組の実施状況」より。

30)　法務省から提供頂いた資料による。

ある。育児休業取得率（各年度中に新たに育児休業が可能となった職員数に対する各年度中に育児休業を取得した職員数。各年度以前に取得可能となった職員数を含む）は、2015年度は男性1.3％、女性97.1％、2016年度は男性1.6％、女性100％、2017年度は男性3.2％、女性100％で、やはり男性の水準が非常に低い。しかし、育児休業取得月数（各年度に新たに育児休業を取得した職員の休業期間の平均。月単位で計算）を見ると、2015年度には男性4.3月、女性17.9月、2016年度は男性3.0月、女性19.4月、2017年度は男性4.6月、女性17.5月であった。この数値を見る限り、取得している割合は非常に低いが、取得している者は、ある程度まとまった期間の休業を取っているように見える。

5　ロールモデルとしての男性刑務官とジェンダーに配慮した受刑者処遇

　刑務官には、受刑者にとってのロールモデルとしての役割もある。特に、男性刑務官は、男性受刑者にとっても、女性受刑者にとっても、「暴力で物事を解決しない男性もいる」ということを知らせると言う重要な役割がある。この点は、日本の刑務官は果たせているように思う。しかし、これまでの数値を見る限り、ジェンダー平等という点でもロールモデルとなっているかどうかには不安がある。とりわけ、ごく一部の施設でしか行われていない父親教育は、ジェンダー平等をベースに、DVや虐待の問題と併せて実施してもらいたい。また、親が他界している高齢受刑者も多い今、男性受刑者に対して日常生活のスキルを教える「日常生活プログラム」の導入も望まれる。現在、刑務所で行われる特別改善指導は罪種別のものが基本であり、実施施設も限定されているので、全員を対象とする一般改善指導への導入の検討を期待したい。刑務官が性別役割分担意識に縛られていれば、それは受刑者への教育にも必ず影響が出る。[31]上記2で見てきた様々な取り組みを刑務官の教育の中にしっかりと取り込み、受刑者の処遇、とりわけ男性受刑者の処遇をジェンダーの視点から見直すことを強く求めたい。

31）ジェンダーの視点から見た男性受刑者処遇については、拙稿・前掲注1）参照ください。

6 まとめ

3で見た数値や計画は、政府から降りてきているものであろう。2で見たように、矯正特有の執務環境があり、数値の達成は難しいかもしれない。ただ、この矯正特有の執務環境の影響もあって、女性刑務官の離職率が問題になっている。男性刑務官にもジェンダー平等の意識をしっかりともってもらい、家事・育児・介護への当事者としての参画（配偶者の「お手伝い」ではなく）が当然となる職場づくり、転勤制度や同性処遇という処遇方法を含めた刑務官全体の働き方の見直しは避けては通れないと思われる。そして、そのためには幹部職員・管理職員に意識改革が重要となる。これらの内容の多くは、アット・ホウムプランには記載されているので、まずはその内容を真に実現していくことを強く望む。

Ⅱ　セクシャル・マイノリティ受刑者の処遇[32)]

1　総論

本稿では、セクシャル・マイノリティ受刑者として、トランスジェンダー受刑者と、同性愛受刑者を取り上げる。割り当てられた性と自認する性が合致しないトランスジェンダーには、合致しない状態が「自分」であるとして医学的な措置は希望しない人、手術はせずホルモン療法等のみを行う人、自身の身体的状態に違和があり性別適合手術等の手術を希望する人、戸籍上の性別変更を求めて診断を受け（性同一性障害）、性同一性障害者の性別の取扱いの特例に関する法律（2003年法律第111号。以下「特例法」）が要求する手術等の要件をクリアしようとする人等、様々な状態の人がいる。また、手術を受けることを希望していても、健康上の理由や経済的な理由等、様々な理由から受けられない人もいる。これはそのままトランスジェンダー受刑者にも様々な状態の人がいることを意味している。トランスジェンダー受刑者の処遇に関しては、後述するように法務省矯正局から詳細な通知が出ている。

同性愛受刑者については、一般的な法律にも、刑務所に関する法律の中にも

32）北欧の刑務所との違い、トランスジェンダー受刑者の抱える様々な問題については拙稿「トランスジェンダー受刑者の処遇」ジェンダー法研究5号（2018年）155-172頁参照ください。

規定はなく、通知のようなものもない。トランスジェンダー受刑者は、ホルモン療法の問題や、外観の問題があるため、隠していることが困難であることが多いが、同性愛受刑者については、本人が性的指向を隠すことによって、問題が顕在化しないことも多い。そのため、数の把握も困難である。しかし、同性愛受刑者は確実に存在するし、困難も抱えている。存在する、課題もあることを前提として対応する必要がある。

　セクシャル・マイノリティ受刑者について考える際には、2つの側面からのアプローチが必要となる。1つは日本国内におけるセクシャル・マイノリティに関係する法制度の側面である。例えば、法的な性別（日本では戸籍上の性別）を変更することについての「特例法」の要件（3条）が変われば、トランスジェンダー受刑者の抱える問題も変わる。また、現在、日本では、戸籍上の性別が同じカップルは婚姻できない。同性愛受刑者は、異性愛者であれば配偶者とみなされ得るパートナーがいたとしても、養子縁組をしない限り、「親族」とはみなされない。トランスジェンダーで異性愛者の人は、パートナーとは戸籍上の性別が同じである場合もあり、この場合はやはり婚姻ができない。しかし、婚姻平等（婚姻するカップルの性別は問わない）が実現すれば、戸籍上の性別にかかわらず婚姻できるので、問題が解決することもある。

　もう1つは日本における刑務所の在り方と言う側面である。例えば、現在、入所時の剃髪を含む厳格な調髪は基本的に男性受刑者のみに行われている。この規定がなくなれば、性自認が女性で、男性刑務所に入っている受刑者の問題が1つ解決する可能性もある。雑居、大風呂等のありかたを変えるとトランスジェンダー受刑者で、性自認と違う施設に収容されている受刑者が特別扱いを求めなくてよくなる。そもそも性自認に合わせて収容できるように刑事収容施設及び被収容者等の処遇に関する法律（2005年法律第50号。以下「刑事収容施設法」）に明記することも考えられるし、その際にも、単独室でそこにトイレやシャワーがある居室が標準的であれば、問題は少なくなる。

　本稿では、2019年にセクシャル・マイノリティ受刑者に関して2つの判決（2019年4月10日東京高等裁判所の同性愛受刑者の外部交通に関する判決、4月18日東京地方裁判所のトランスジェンダー受刑者のホルモン療法に関する判決）が出ているので、両判決にかかわる論点に絞って論じていきたい。

2　トランスジェンダー受刑者とホルモン療法

(1)　2019 年 4 月 18 日東京地方裁判所判決

　本判決については、判決文が公表になっていないので、新聞報道をベースに要点をまとめる。[33] 本件原告は 2004 年頃、性同一性障害と診断され、女性ホルモン剤を服用していた。その後、性別適合手術を受け、2006 年に戸籍上の性別を男性から女性に変更している。2015 年に当時交際していた男性を殺害し逮捕された。警察署ではホルモン剤が処方されたが、勾留された東京拘置所や有罪判決後に収容された栃木刑務所（女性刑務所）ではホルモン投与が認められなかった（戸籍上の性別は変更されているため、刑事施設における収容区分についての問題はない）。そのことを違法として、原告は、国家賠償法 1 条 1 項によって国に 1,000 万円の損害賠償を求めた。

　原告側は「精神安定などのために投与は不可欠だ」と主張したが、裁判所は、「拘置所などでの医療措置は社会一般の医療水準を考慮し、施設側の裁量に委ねられている」と指摘。「原告には重大な症状は発生しておらず、施設側に裁量の逸脱はなかった」として、原告の請求を棄却した。

(2)　ホルモン療法について

　現在、日本ではホルモン療法は保険適用外となっている。2018 年 4 月からようやく性別適合手術が保険適用となったものの、ホルモン療法が自由診療のため、手術前にホルモン療法を受けていると「混合診療」とみなされ、手術でも保険は適用されない。保険適用から 1 年間で、手術に保険が適用されたのはわずか 4 件だった。この間、保険適用が認められる認定病院で実施された手術は約 40 件で、適用はわずか 1 割にとどまっている。[34] 2018 年 11 月 17 日には日本精神神経学会・日本形成外科学会・日本産科婦人科学会・日本泌尿器科学会が連名で、厚生労働省大臣・副大臣あてに、保険適用を求める要望書を出している（以下「要望書」）。[35] 1 の総論で述べたように、トランスジェンダーの中でも

---

33) 読売新聞 2019 年 4 月 19 日 https://www.yomiuri.co.jp/national/20190419-OYT1T50128/

34) 日本経済新聞 2019 年 6 月 24 日 https://www.nikkei.com/article/DGXMZO46478950U9A620C1CR 0000/

35) https://www.jspn.or.jp/uploads/uploads/files/activity/gid20181117.pdf

色々な状態の人がいる。要望書にも、「性同一性障害のうち、とりわけ自分自身の身体に強い違和感を持ち、身体的治療を望む患者は『性転換症 transsexualism』と呼称され」、「性転換症の治療に当たって、国際的に標準的な方策は、望む性別の性ホルモンの使用と性別適合手術の実施により、身体上の不快感を軽減し、望む性別での社会適応を容易にすることです。国際的にはこれらの治療効果についてコンセンサスは得られております」とある。自分の身体が自認する性と異なることに強い違和感がある人にとって、ホルモン療法がいかに重要であるかは想像に難くない。[36]日本社会全体において、ホルモン療法の重要性に関する認識が不足している状態のように思われる。

(3)「性同一性障害等を有する被収容者の処遇指針について（通知）」（以下「通知」）[37]

トランスジェンダー受刑者（本通知では「性同一性障害等を有する」とされている）に関しては、法務省からは2011年6月1日付で通知が出されている（2015年10月1日付けで改正）。本通知には、様々な場面が想定されており、現在、基本的に本通知に従った処遇がなされている。ホルモン療法（性別適合手術等も）については、規定2(2)に記載がある。まず、極めて専門的な領域に属するものであるとされ、「これらの治療を実施しなくても、収容生活上直ちに回復困難な損害が生じるものとは考えられないことから、特に必要な事情が認められない限り、第56条に基づき国の責務として行うべき医療上の措置の範囲外にあると認められる」とされている。つまり、基本的には医療上の措置ではなく、「特に必要な事情」が認められるかどうかが問題となってくる。

2016年3月19日には、当時の岩城光英法務大臣あてに、公益財団法人日本精神神経学会性同一性障害に関する委員会委員長太田順一郎氏の名前で「矯正施設等の被収容者である性同一性障害当事者への医療的対応に関する要望書」[38]が出されている。ここでは、(1)の受刑者に関して、「すでに10年余にわたり女

---

36) ホルモン療法の重要性については例えば、中塚幹也「性同一性障害当事者がホルモン治療を継続できないことの医学的問題」季刊刑事弁護89号（2017年）71-76頁。

37) 法務省矯正第3212号平成23年6月1日、改正平成27年10月1日付け法務省矯正第2631号。

38) https://www.jspn.or.jp/uploads/uploads/files/activity/iryoutekitaiou_youbousyo_rev.pdf

性ホルモンによる治療を行っていることから、それを中断することにより、ホルモン欠落症状が発生していると考えられます。ホルモン欠落症状としては、うつや焦燥感、不眠などの精神症状、不定愁訴と呼ばれる身体各所の異常が生じるとともに、ホルモン療法の中断が何か月かにわたる場合は、骨粗しょう症による骨折リスクの増大や動脈硬化の進行にもつながります」と述べ、ここでもホルモン療法の重要さが言われている。

(4) 刑務所における医療について

　日本の刑務所においては、原則、医療は受刑者にとっては無料である。これは、国がその費用を支払っているということである。

　刑務所医療に関して、ホルモン治療と関わる部分を抜き出す。まず、刑事収容施設法56条には「被収容者の健康及び刑事施設内の衛生を保持するため、社会一般の保健衛生及び医療の水準に照らし適切な保健衛生上及び医療上の措置を講ずるものとする」と書かれている。これは国の責務と考えられている。一定の範囲内で一般用医薬品の自弁は許されている（施行規則32条）。診療については62条に規定があるが、診療を受けられる者は「負傷し、若しくは疾病にかかっているとき、又はこれらの疑いがあるとき」と規定している。受けられるのは、診療（栄養補給の処置を含む）とその他必要な医療上の措置である。原則は内部医師によるものである。ただし、「傷病の種類又は程度等に応じ必要と認めるときは、刑事施設の職員でない医師等による診療を行うことができる」（2項）、また、「必要に応じ被収容者を刑事施設の外の病院又は診療所に通院させ、やむを得ないときは被収容者を刑事施設の外の病院又は診療所に入院させることができる」とされている（3項）。さらに、「指名医による診療」という規定もある（63条）。これは、「負傷し、又は疾病にかかっている被収容者が、刑事施設の職員でない医師等を指名して、その診療を受けることを申請した場合において、傷病の種類及び程度、刑事施設に収容される前にその医師等による診療を受けていたことその他の事情に照らして、その被収容者の医療上適当であると認めるときは、刑事施設内において」診療を受けることが「できる」とされており、自弁である。62条、63条とも判断権者は刑事施設長である。

各刑事施設において、戸籍の性別の変更があってもなくても、ホルモン療法を受けられたケースがあると聞いている。ホルモン療法は、通知によって原則そもそも56条の範囲外とされてしまっており、その重要性は全体では認められていない。ただ、通知に言う「特に必要な事情」があると認められれば、63条の指定医の診療も受けられる（通知2(3)）。現状では、個別判断となってしまっている。63条が適用されるのであれば「疾病」にあたるとはされているので、「社会一般の医療水準」を含め結局のところ、施設長判断にかかってしまっている。

(5)　課題

　WHO における国際疾病分類は 2018 年に全面改定され（ICD-11）、性同一性障害は「精神疾患」の分類からはずれ、「性の健康に関する状態」分類に移り、その中の「Gender incongruence（厚労省による仮訳は「性別不合」）」という項目になった。「個人の経験する性（an individual's experienced gender）と割り当てられた性別（the assigned sex）の顕著かつ持続的な不一致によって特徴づけられる」とされている。また、ジェンダーの多様な振る舞いや好みだけでは、このグループとして診断名を割り当てる根拠にはならないとされた。

　WHO は 1993 年の ICD-10 で同性愛を疾患からはずし、性的指向そのものは障害ではないとし、脱病理化がなされた。今回の動きは、性同一性障害の脱病理化と言える。そもそも、2006 年に発表された国連の「性的指向と性自認の問題に対する国際法の適用に関するジョグジャカルタ原則[39]」（以下「ジョグジャカルタ原則」）において、手術はもちろん、様々な治療も強制してはならないとされている。その後も国連は一貫してこの態度を貫いており、法的な性別変更から手術要件を外す国が増えているという現状がある。スウェーデンでは、法的な性別変更のための断種手術要件を 2013 年に外し、2018 年にはこの手術の強制は間違いだったとして補償を始めている[40]。そもそも、現在の日本の特例法 3 条の要件の多くはジョグジャカルタ原則に抵触する。

---

39)　http://yogyakartaprinciples.org/principles-en/
40)　拙稿「性の多様性と家族——スウェーデン、ノルウェーの法制度から」神奈川大学評論 88 号（2017 年）41-53 頁参照ください。

日本においては、戸籍上の性別を変更するには、「性同一性障害」という診断を受け、自身が希望しようとしまいと性別適合手術を受け、断種をしなければならない。しかも「障害」としていながら、2017 年まではこの手術に保険はきかず、現在も、ホルモン療法を先行すれば保険がきかないという理不尽な状態のままである。日本の場合は、経済的に安心して安全な医療を受けるためには、「障害」であることを強調し、保険適用を広げ、対応できる医療機関も増やしていく必要がある。しかし、「障害」であることを強調することを不本意だと思うトランスジェンダーの人も多く、また世界の情勢にも合致していない。

　この問題は刑務所の中の問題ではない。日本社会において、性的指向や性自認は「人権」であり、その確保のために、国は安全な医療を提供しなければならないというように概念の組み直しをする時期にきているのではないだろうか。[41]

2　同性愛者である受刑者同士の養子縁組

(1)　2019 年 4 月 10 日東京高等裁判所判決[42]

　本事案は、同性愛者である受刑者同士の養子縁組に関するものである。訴訟中に片方の受刑者が死亡したために、事案が複雑になっているが、同性愛受刑者の問題としての部分だけを取り出して要約する。控訴人Ａと同控訴人で裁判中に亡くなったＤは共に性犯罪によって有罪判決を受け、受刑していた。Ｄは府中刑務所で受刑しており、Ａは甲府刑務所で受刑していた。2014 年に、Ａが特別改善指導の性犯罪再犯防止指導を受けるために府中刑務所に移送され、そこで 2 人は知り合った。その後、6 か月間交際を続けた。Ａが性犯罪再犯防止指導除外となり、甲府刑務所に移送された。その後に 2 人は養子縁組を結んだ。ＡがＤに対して信書を発信しようとしたところ、甲府刑務所長がこの信書の発信を禁止する決定をした。その後、Ｄが死亡しているが、当初、2 人が原告となり、Ｄは控訴人Ａの親族に当たるから、甲府刑務所長の上記信書の発信を禁止する決定は違法であると主張した。

41）性的指向を人権と捉え直すことについて谷口洋幸「トランスジェンダーと人権──特例法と医療のあり方を問う」GID（性同一性障害）学会雑誌 11 巻（2018 年）97-105 頁参照。

42）東京高判 2019〈平 31〉. 4. 10LEX/DB 文献番号 25570294

甲府刑務所長は、両名の養子縁組は民法が本来想定している扶養・相続等の良好な親族関係を維持する目的で行われたものではなく、専ら刑事施設内で知り合った受刑者同士が、外部交通を確保する目的で養子縁組を締結したことが強く推認できるとして発信を禁止したと主張した。

　これに対し裁判所は、控訴人ＡとＤとは、同性愛関係にあり、互いに助け合って共に生活しようという意思を持って養子縁組を行ったものであって、養子縁組をすることにより受刑者同士であっても信書発受が自由になることを意識はしていたとしても、もっぱら信書発受の禁止を潜脱する目的で養子縁組を行ったとは認められない。とした。

　この判決には非常に大きな意義が３つある。一つ目は、本判決で、「同性愛関係にある者には、法律上、婚姻が認められていないことから、婚姻に準じた法律関係、社会的な関係を形成するために養子縁組を行うことがあるといわれており、本件においても、そのような側面は否定できない。しかしながら、成年である養親と養子が、同性愛関係を継続したいという動機・目的を持ちつつ、養子縁組の扶養や相続等に係る法的効果や、同居して生活するとか、精神的に支え合うとかなどといった社会的な効果の中核的な部分を享受しようとして養子縁組をする場合については、取りも直さず、養子縁組の法的効果や社会的な効果を享受しようとしているといえるのであるから」「縁組意思が認められるといえる。年齢差のない成年同士の養子縁組にあっては、典型的な親子関係から想定されるものとは異なる様々な動機や目的も想定され得るものであり、その中で、同性愛関係を継続したいという動機・目的が併存しているからといって、縁組意思を否定するのは相当ではないと考える。例えば、養子の氏の変更のみを得ようとする養子縁組は、養子縁組の法的・社会的な効果の中核的な部分を享受しようとするものではないし、重婚的内縁関係の継続を動機・目的とする養子縁組は、重婚的内縁関係の継続それ自体が不適法なものであって、養子縁組として是認できない効果を求めるものといえ、いずれも縁組意思を認めることはできないというべきであるが、これらと異なり、同性愛関係の継続は、それ自体が不適法なものではなく、養子縁組の法的・社会的な効果の中核的な部分を享受しようとしている以上、縁組意思を肯定することができるといえる」と述べたことである。ここでは、通常の婚姻ができない同性愛者が養子縁

組を利用することの正当性を再確認したと言える。これは、今後、同性愛者である受刑者同士の養子縁組の有効性の判断に大きな影響を及ぼすのではないだろうか。

　2つ目の意義は、愛情に基づく関係維持のために法的な関係性（ここでは養子縁組）をもつ際に、それに伴う何らかの利益（ここでは信書発受の権利）のことを考えていてもかまわないとした点である。これは通常の婚姻をする際に、愛情以外の利益を見込んでいたとしても、何らとがめられることはないことと比較すれば当然なのであるが、それが同性愛者の養子縁組の際にもあてはまることが再確認された意義は大きい。

　3つ目の意義は、今後、日本でも婚姻平等が達成され、戸籍上の性別が同じ2人でも婚姻できるようになった際に、本判決が援用できるであろうということである。養子縁組の有効性が、婚姻関係の有効性に置き換えられるだけではないだろうか。

⑵　戸籍上の性別が同じ2人の婚姻について

　2001年のオランダをはじめとして、法律上の性別が同じ2人の婚姻（同性パートナーシップ制度は1989年にデンマークが最初に導入した）を認める国が増えている。辻村みよ子教授は、憲法、人権の観点から、「憲法上・法律上の婚姻制度の導入等はまだほとんど議論が進んでいない。憲法論としても、13条（個人の尊重）、14条（差別の禁止）の問題として、十分な検討が必要である[43]」と、この問題に関して、日本ではまだ議論が十分でないことを指摘している。二宮周平教授は、家族法の観点から、他国で婚姻平等が進んでいる背景には「婚姻の意義の変化」（生殖・保育の確保から夫婦の個人的利益の保護へ）があり、日本にもそれはあてはまるとする。憲法24条1項は家制度下の戸主の同意を想定しているだけで、異性カップルのみに婚姻を保障する規定ではない。そのため、特別法でパートナー登録制度を設けることは憲法に違反しないとし、「人が自己の性的指向に基づいて、パートナーと親密な関係を形成し共同生活を営むことを、個人の尊厳として保障すべきだとすれば、そして婚姻の役割が人格的な結

43）辻村みよ子『憲法〔第6版〕』（日本評論社、2018年）111頁。

びつきの安定化にあるとすれば、同性カップルを異性カップルと区別する必要はない」とする。[44]

2019年2月14日には13組のカップルが、国が戸籍上の性別が同じカップルの婚姻を認めないのは立法不作為で違憲であるとして、国家賠償法に基づく訴訟を提起している。併せて、日本において、戸籍上の性別が同じ2人の婚姻は禁じられてはいない。ただ、民法の「夫婦」という文言等からしても、戸籍上の性別が同じ2人の婚姻は想定されておらず、できないと解釈されているとしている。また、憲法24条1項は結婚の自由を保障しており、また性別によってカップルの扱いが違うことは憲法14条の平等原則に違反する不当な差別的扱いであるとしている。[45]

婚姻は法律によるものなので、実際には法的効果はないものの、2019年7月現在、24自治体が同性パートナー制度を導入している。

(3) 刑務所における外部交通について

(1)の事案で争われたのは外部交通の中の信書の発受についてである。以前の監獄法（1907年法律第28号）から刑事収容施設法へ改正となった1番の理由は「受刑者の人権」への配慮の必要性であった。信書の発受についても、「表現の自由にかかわるものであること、他方で、検査により不適当な内容のものは差止めなどが可能であることを踏まえ、基本的に、相手方の範囲に制限なく、権利として保障」[46]されている。本事案で問題となったのは刑事収容施設法128条の信書の発受の禁止である。信書の自由は表現の自由の一環として権利として認められる一方、受刑者の拘禁は、社会での悪い関係を遮断するという意味ももつことから、本条では、「刑事施設の長は、犯罪性のある者その他受刑者が信書を発受することにより、刑事施設の規律及び秩序を害し、又は受刑者の矯正処遇の適切な実施に支障を生ずるおそれがある者」については、信書の内容の如何にかかわらず、「受刑者がその者との間で信書を発受することを禁止することができる」と規定している。このため、通常、受刑者同士の信書の発受

---

44) 二宮周平『家族法〔第5版〕』（新世社、2019年）34頁。
45) http://marriageforall.jp/ 参照。
46) 林眞琴＝北村篤＝名取俊也『逐条解説刑事収容施設法〔改訂版〕』（有斐閣、2013年）653頁。

は禁止することができることになる。しかし、この条文には「受刑者の親族は除く」の文言があるため、ＡとＤの養子縁組が有効であるならば、２人は親族となり、その信書の発受を刑事施設長が禁止する決定は違法だということになる。(1)ではこの点が争われた。

(1)の事案では、面会については争われていないが、戸籍上の性別が同じカップルに関して、同じような問題が生じると思われるため、面会についても論じておく。現在、面会の相手方については、刑事収容施設法 111 条に規定があり、１項１号で親族が挙げられている。これは「権利面会」と呼ばれる。[47] ２項の裁量面会では、「刑事施設の長は、受刑者に対し、前項各号に掲げる者以外の者から面会の申出があった場合において、その者との交友関係の維持その他面会することを必要とする事情があり、かつ、面会により、刑事施設の規律及び秩序を害する結果を生じ、又は受刑者の矯正処遇の適切な実施に支障を生ずるおそれがないと認めるときは、これを許すことができる」とされており、施設長が面会の可否を決めることになる。ここでも親族であるかどうかは非常に大きい。

面会については、刑事施設長がその裁量で比較的幅広く認めることができ、そもそも親族には内縁の配偶者も含まれるとされている[48]ので、同性のパートナーや、戸籍上の性別を変更していないトランスジェンダー受刑者のパートナー（戸籍上は同性）についても面会も可能になっているとは思われる。パートナーであることがわかる自治体の証明書（渋谷区だけは条例で双方に任意後見制度を利用させているので一定の法的効果がある）を面会者が持参した場合の統一的な対策等は取られていない。同性パートナーに配慮するようにしたとしても、現在の日本のようにカミングアウトの障壁が高い状態では、もしもパートナーに何らかの特別待遇が認められるようになっても、刑務官や他の受刑者に知られることを恐れて、あえてパートナーであることを申請せず、本来受けられる待遇を

---

47) 他に、婚姻関係の調整、訴訟の遂行、事業の維持その他の受刑者の身分上、法律上または業務上の重大な利害に係る用務の処理のため面会することが必要な者（2 号）、受刑者の更生保護に関係のある者、受刑者の釈放後にこれを雇用しようとする者その他の面会により受刑者の改善更生に資すると認められる者（3 号）。

48) 前掲注 46）林他 166-167 頁。

受けられない者が出てくることも考えられる。

　現在の日本の刑務所においては刑務所長（刑事施設長）の裁量で判断される部分が多く、所長の認識が大きく事態を左右しうる。自治体の動きは既に広がってきており、面会を通じて受刑者が同性愛者であることを知った刑務官がアウティングしてしまう危険性もある。研修などの実施が広く行われることを期待するところである。

(4) 課題

　例え受刑者同士であっても、互いに愛情をもったり、その関係の継続のために法的関係を結ぶことはありえるだろうし、認められてしかるべきだと思う。しかし、恋愛関係にある受刑者同士を同室にしてよいのかという問題は別途残る。刑務所内における性的接触は懲罰の対象にもなりうる。

　この問題は、そもそもなぜ、多くの国で刑務所を男女に分け、異性の受刑者との接触を厳しく絶ってきたのかという根源的な問題、また日本の刑務所のベースとなってきた大部屋制、大風呂制ともかかわってくる。例えば、北欧の刑務所のような、居室の個室化、[49]面会時における身体的接触を当然のものとする方法等からは参考になることも多いと思われる。タブー視し、潜在化させるのではなく、恋愛関係があれば肉体関係がありうることも当然とした上で、性感染症対策等も立てていく必要があろう。同性愛者である、カップルであることの可視化に伴って差別等が生じうることにも十分注意していく必要がある。

　受刑者同士の恋愛関係はずっと以前からあった。しかし、日本では、そもそも性関係を公にすることをタブー視する文化がある。また、同性愛者であることのカミングアウトのハードルも高い。このような背景から、また、日本の刑務所処遇の根幹にもかかわることから、本課題の解決にはかなりの時間がかかると思われる。既に婚姻平等が実現し、また、面会を中心として、一定の条件下における刑務所内での身体的接触を認めてきた諸外国における刑務所処遇は参考になるだろう。何よりもまず社会全体の問題として婚姻平等を議論する必要がある。

49）例えばノルウェーでは、ノーマライゼーションの一環として、「一居室一受刑者」の原則を徹底している。シャワー、トイレは各居室についている。前掲注32）拙稿参照。

3 残された課題

受刑者以上に触れられていないのがセクシャル・マイノリティの刑務官の問題である。トランスジェンダーである刑務官にとっては、通常の企業と違い、同性処遇が原則であるので、戸籍上の性別を変更していない場合は、そもそもの配置が、自認する性とは違う性別の施設になる可能性が高い。この場合は、本人にとって、同僚の多くは異性となる可能性がある。制服が男女で異なっていること、宿直があることも含めての更衣室、宿直室、トイレ等の問題も想定される。刑務官については、官舎に居住することが多いことから、同性パートナーの扱いも気になるところである。刑務官にとって刑務所は職場であり、刑務官は公務員であるので、人事院規則の対象となる。2016 年の改正により、人事院規則 10-10 第 2 条について、「この条の第 1 号の「性的な言動」とは、性的な関心や欲求に基づく言動をいい、性別により役割を分担すべきとする意識又は性的指向若しくは性自認に関する偏見に基づく言動も含まれる」とされている（SOGI ハラ）。この点が特に管理職研修等の際に、内容として盛り込まれる必要がある。

おわりに

今の日本においては、刑務所の問題を刑務所の中だけで解決しようとしているところに大きな問題がある。例えば、現在の日本の刑務所の最大の問題の 1 つは女性高齢受刑者の激増であるが、この問題は社会の中の女性の立場、高齢者への福祉政策が見直されなければ根本的な解決はできない。男性刑務官の執務環境の問題や、セクシャル・マイノリティ受刑者の直面する問題についても同じである。残念ながら、男女平等の状況も、セクシャリティの問題に対する議論や立法状況も、世界的に見て、遅れてしまっていることは否めない。社会全体でこれらの問題にきちんと向き合っていくことが、刑務所の中を変えていくことになる。今現在困っている刑務官や受刑者には、現場での対応が必要であり、それも非常に重要で、対策を進めていかなければならない。同時に、長期的に根本的な解決を考えていくことも重要である。その際には、他国の状況が参考になるだろう。

現在は、刑務官のジェンダーに関する知識や理解に個人差が大きいように思われる。「日本の矯正は人でもっている」と言われ、刑事施設の中での薬物汚染問題もなく、世界でもまれにみるほど事故が少ない。日本の刑務所とはそういう所である。アットホウムプラン等にもあるように、管理職に、研修を通じて、ジェンダーと刑務所に関する現状、法制度、何が課題かを理解してもらう、特に様々な場面で、裁量の非常に大きい施設長には、セクシャル・マイノリティ受刑者は「特別扱い」を求めているわけではなく、他の多くの性的多数者である受刑者に保障されている内容が自分にも保障されたいと思っているだけであるということを理解してもらえれば、それだけで、状況は変わってくるのではないだろうか。同時に、刑務官の負担感の軽減も併せて行い、刑務官の働きやすさも推し進めてほしい。

謝辞

2004年4月から2009年3月までの5年間（東北大学ジェンダー法政策研究センター研究員、東北大学国際高等融合領域研究所助教）を辻村みよ子先生の下で過ごさせて頂きました。それまで、DVや性犯罪のことを北欧の法制度の中で研究していましたが、日本でジェンダー研究の第一人者であるプロフェッショナルの先生の下で学ばせて頂くのは初めての経験でした。日本のジェンダー問題はもちろんですが、フランスのパリテ、オランプ・ド・グージュの生涯等、辻村先生の口から語られるジェンダー法学の知識はいつもキラキラと輝いていました。辻村先生の下で学び、働かせて頂いた日々が、今の私の研究の大きな礎となっています。この度、辻村先生の古稀祝賀論文集に寄稿させて頂けますことは光栄の極みです。辻村先生、古稀をお迎えになり、誠におめでとうございます。お身体もお大事になさって頂きながら、今後も益々ご活躍くださり、いつまでも素敵で、私達の憧れの先生でいてください。

（やの・えみ　琉球大学教授）

平等の領域における第二次内紛

——間接差別に関わる理論のゆくえ

安西文雄

I 平等論の展開

1 平等の領域における内紛

アメリカにおけるここ数十年の平等論の展開をみるとき、規範内部における矛盾・衝突が顕在化していることが指摘される。

ふり返れば、伝統的な人種差別に関してはこういった事情はなかった。差別に対して平等という規範によって批判し、是正を迫るという比較的単純な構図で語られてきた。Brown v. Board of Education [1] を例にとろう。人種による隔離教育の合憲性が問われた事案である。こういった教育のあり方が人種差別に該当するか否か議論がありえたが（separate but equal [2]）、差別に該当すると判断された以上、平等保護条項（equal protection clause）により是正することとなった。

ところがアファーマティヴ・アクション（affirmative action ＝積極的差別是正措置。なお、アファーマティヴ・アクションは、人種を考慮したものや性別を考慮したものなど多様であるが、本稿においては人種を考慮したものに限定して考察を進める）[3] が議論されるようになると、様相は異なってくる。差別を克服し平等を実現する

---

1) 347 U.S. 483 (1954).
2) かつて Plessy v. Ferguson, 163 U.S. 537 (1896) において、鉄道座席を人種によって隔離することにつき、この論理が用いられたことが想起される。

ための措置であるアファーマティヴ・アクションが、ほかならぬその平等とい
う規範によって批判され、是正を迫られることとなった。

　Regents of the University of California v. Bakke を例にとろう。医学校の入
学定員 100 名のうち 16 名分を特別入学プログラムによるものとし、その応募
資格をマイノリティ（minority= 社会における少数者。アフリカン・アメリカン（黒
人）、ヒスパニック、ネイティヴ・アメリカンなど）に限定した事案である。このプ
ログラムは応募資格を限定するがゆえに、残り 84 名分の入学枠（通常入学プロ
グラム）より低い評価点で入学可能であった。つまり、マイノリティがマイノ
リティであるがゆえに特別入学プログラムを排他的に利用し、マジョリティ
（majority =社会における多数者。白人など）よりも優遇されることとなった。マ
ジョリティからすれば、これは人種差別として許されないのではないか、問題
となる（いわゆる逆差別論争）。

　ここにおいて、平等という規範内部における矛盾・衝突が現出する。マイノ
リティの社会的進出を促進し、社会における平等構造を実現しようとするアフ
ァーマティヴ・アクションが、差別に該当するとして批判されるからである。
平等の領域における内紛といえよう。

　アファーマティヴ・アクションはパラドクシカルな性格を帯び内紛を抱える
がゆえに、そのとらえ方をめぐって人々は頭を悩ますこととなった。そもそも
アファーマティヴ・アクションは、「良性の差別」（benign discrimination）とい
われることがある。「悪性の差別」（malign discrimination）たる伝統的な人種差
別と対比される表現であるが、良性という道徳的にポジティヴな用語と、差別
というネガティヴな用語を重ね合わせたところにも、パラドックスは表れてい
るといえる。

　さて、アファーマティヴ・アクションの合憲性が争われたときの判断枠組み
は、いかなるものであるべきか。人種による区別扱いである点からすれば、厳
格審査基準が妥当となる。確かにそういう論理はあろうが、平等の実現を企図

---

3)　たとえば、Johnson v. Transportation Agency, 480 U.S. 616 (1987) などは、性別を考慮したアフ
　　ァーマティヴ・アクションの事例として有名である。ただしこの事件は、公民権法違反にならない
　　かが問題にされたのであって、憲法上の問題点を扱っていないことに注意すべきである。

4)　438 U.S. 265 (1978).

するもの、つまり良性だという性格に焦点をあてるならば、中間審査基準が妥当ともいえる。

アメリカ連邦最高裁判所（以下、最高裁）においても、議論の対立のなかで法廷意見を形成できない、つまり裁判官の多数派を形成できない時期が、1980年代終盤まで続いた。そして City of Richmond v. J. A. Croson Co.（以下、Croson 判決）[5]および Adarand Constructors, Inc. v. Pena（以下、Adarand 判決）[6]を経て、ようやく厳格審査基準によるとする立場が確定した。Adarand 判決のことばによるならば、一貫性（consistency）[7]である。差別の犠牲者がマイノリティであろうとマジョリティであろうと、一貫して厳格審査によるわけである。

ただしここでもう一歩、考察を進める必要がある。厳格審査基準の適用のあり方を具体的に示すものとして、Grutter v. Bollinger[8]を参照してみよう。大学入学におけるアファーマティヴ・アクションの合憲性が問われた事案であるが、最高裁は学生集団の多様性をやむにやまれぬ利益として位置づけ、かつそのように位置づけることにつき、大学側の判断を尊重するとしている[9]。これは、厳格審査基準の通常のあり方からすれば、やや異質といえる。

つまり、厳格審査基準といっても、その基準の枠内において厳格さの度合いにグラデーションの幅があり、非常に厳しいものから中間審査基準に近いものまである。アファーマティヴ・アクションに関する場合、確かに厳格審査基準の枠内にはあるだろうが、そのなかで比較的緩やかなものが用いられている、との印象を拭いきれない。そうだとすれば、このような基準を適用していると

---

5) 488 U.S. 469 (1989).

6) 515 U.S. 200 (1995).

7) *Id.* at 224. なお、Adarand 判決は、アファーマティヴ・アクションに関し基本的な三つの立場を示している。第一は懐疑主義（skepticism）ある。人種や民族にもとづく別異扱いは非常に厳しい審査に付されるべきである、ということである。第二がここで論じている一貫性である。優遇されたり劣遇されたりするのがいかなる人種であろうと、平等保護条項に関する司法審査基準は一貫していなければならない、ということである。そして第三に同一性（congruence）である。州に適用される場合であろうと連邦に適用される場合であろうと、司法審査基準は同一であるべきだ、ということである。*Id.* at 223-24.

8) 539 U.S. 306 (2003).

9) *Id.* at 328.

ころに、平等の領域における内紛を意識した工夫が凝らされているように思われる[10]。

2　もうひとつの内紛

ところがもうひとつ、平等の領域における内紛ではないか、と関心を寄せられている論点が近時、浮上している。まず、その前提理解からおさえておきたい。

1964年制定の公民権法7編は、雇用の分野における人種、性別等による差別を禁止し、平等を実現するための法律として重要である。この規定のもと、二つの法理が展開している[11]。差別的取扱い（disparate treatment）の法理と差別的インパクト（disparate impact）の法理である。

差別的インパクトの法理は、Griggs v. Duke Power Co.[12]（以下、Griggs判決）を端緒とする。Duke Power社の職場にいくつかの部署があり、アフリカン・アメリカン（黒人）は最も給与の低い「労働」の部署にのみ採用されていた。のち彼らは他の部署に移動することも可能とされたが、そのためには高校卒業あるいは適性試験合格が要件として求められたのである。

---

10) 厳格審査基準といっても、その枠内で厳格度のグラデーションがある、というとらえ方については、アファーマティヴ・アクションに関し、次のように論じたことがある。「ひとしく厳格審査といっても、実はたいへん厳しい基準、つまりG・ガンサーが事実上致命的といったものから、中間審査に近いものまで、いろいろのものがありうることが理解されよう。つまり厳格審査というより『厳格審査基準群』だというわけである。」安西文雄「法の下の平等について（四・完）」国家学会雑誌112巻3・4号（1999年）69頁、97頁。

　また、たとえば、Herman Schwartz などは、下記のような五段階の審査基準が認められると論じており、参照に値する。*See* Herman Schwartz, *The 1986 and 1987 Affirmative Action Cases: It's All Over But the Shouting*, 86 MICH. L. REV. 524, 550 (1987).

① 真の厳格審査——排除やスティグマを伴うような人種・エスニックによる差別について
② 厳格度が低められた厳格審査——アファーマティヴ・アクションについて
③ 中間審査——性差別や嫡出性の有無による差別について
④ 高められた合理性の基準——障がいのある人々に対する措置について
⑤ 伝統的な合理性の基準——経済規制、福祉措置について

11) 二つの法理を解説したものとして、藤本茂『米国雇用平等法の理念と法理』（かもがわ出版、2007年）、中窪裕也『アメリカ労働法〔第2版〕』（弘文堂、2010年）195-220頁、相澤美智子『雇用差別への法的挑戦』（創文社、2012年）など参照。

12) 401 U.S. 424 (1970).

この事件における会社側の措置は、確かに人種中立的である。高校卒業、適性試験合格といった要件は人種を区別事由とするものではないからである。しかしながら、その効果は人種差別的である。従前の差別の残存効果のため、マイノリティの人々の高校卒業率、適性試験合格率は低いからである。

最高裁は、公民権法7編によって連邦議会が求めたものは、「雇用における人為的、恣意的、かつ不必要な障壁の除去である[13]」とし、同規定は「あからさまな差別のみならず、形式上は公正であっても、適用上差別的である行為を禁じている[14]」と判示した。こうして差別的インパクトの法理が成立していく。

最高裁は、差別的インパクトの法理においては雇用者側に差別的意図は不要としたが、差別的意図を必要とする差別的取扱いの法理も認め、ここに二つの法理が併存することとなった[15]。

さて、憲法には平等保護条項があり、公民権法7編に関して以上の二つの法理が併存する。これらの平等関係諸規範はいったいいかなる関係にあるのだろうか。平等保護条項と差別的取扱いの法理とは、雇用という領域においてはオーヴァーラップするといえようが、差別的インパクトの法理はそうとはいえない。Griggs判決がいうように、差別的インパクトの法理は、雇用における人為的、恣意的、かつ不合理な障壁を除去しようとする。換言すれば、社会に根づいてしまった構造的差別を是正しようとするものである[16]。そうだとすれば、平等保護条項の趣旨を雇用の分野においてさらに促進・拡充するもの、ととらえることができる。このように理解することが伝統的なあり方である。

3 Ricci v. DeStefano 事件

ところが、差別的取扱いの法理および平等保護条項と、差別的インパクトの

---

13) *Id.* at 431.

14) *Ibid.*

15) 差別的取扱いの法理の形成に関して、相澤・前出注11）176～188頁参照。

16) 構造的差別というとらえ方は、差別的インパクトの法理ないし間接差別論を理解するうえで重要な鍵になる。教育上の差別のためマイノリティの能力開発状況が不利な状況となり、その結果、雇用、社会活動、政治参加など様々な側面での差別につながる。さらにそういった差別が、マイノリティの子どもたちに対する差別にもつながるというように、社会の構造に組み込まれてしまった差別のことを構造的差別という。これは個々的な差別行為にとどまらない深刻な問題であるといえるし、後述する反従属原理は、まさにこの点に焦点をあてるものである。

法理の関係につき、これまでと異なる視点から検討することが必要ではないか、と思わせる事件が生じた。Ricci v. DeStefano（以下、Ricci 判決）である。[17]

この事件はコネティカット州ニューヘヴン市における消防スタッフの昇進に関わる。キャプテンや副長に昇進するためには、筆記試験（60%配当）および口頭試験（40%配当）に合格することが前提とされ、しかるのちルール・オヴ・スリー（rule of three）、つまり試験の成績上位の3名のうちから1名を選抜して昇進させるルールによることとされていた。

さて、試験結果はマジョリティに有利、マイノリティに不利であった。たとえばキャプテンへの昇進に関しては、応募者41名、うち白人25名、アフリカン・アメリカン（黒人）8名、ヒスパニック8名であるが、試験合格者は21名、うち白人16名、アフリカン・アメリカン（黒人）3名、ヒスパニック3名であった。キャプテンの空きポストは7であり、ルール・オヴ・スリーによって昇進させるとすれば、試験の成績上位9名が昇進候補者となる。その内訳は白人7名、ヒスパニック2名となった。アフリカン・アメリカン（黒人）は候補者に含まれないのである。

このまま試験結果を承認して昇進手続を進めれば、ニューヘヴン市は差別的インパクトの法理上の責任を追及されるおそれがある。市としては検討の結果、試験結果の承認を拒否した。ところがこれにより、努力を積み重ねて試験にせっかく合格した者（本件の当事者 Ricci を含む。白人が多い）は、合格の結果を無に帰せしめられ不利益を被ることとなった。

そこで試験に合格した人々（白人17名、ヒスパニック1名）は、試験結果の承認を拒否した市の行為について、差別的取扱いの法理および平等保護条項に違反する、と主張して本件訴訟を提起した。差別的インパクトの責任を回避するための市の行為が、差別的取扱いの法理および平等保護条項に反するとして争われる事態である。従来、差別的インパクトの法理と差別的取扱いの法理（および平等保護条項）は相互補完的なものとみられてきたが、本件ではじめて相互に対立する構図が浮上し、学説上の関心をよぶこととなった。

Ricci 事件で現実化した論点をまとめてみよう。一方には、差別的インパク

---

17) 557 U.S. 557 (2009). なお、この判決に関する邦語の紹介として、相澤美智子「判批」アメリカ法 2010-1（2010年）211 頁以下参照。

トの法理がある。マイノリティは伝統的に社会的進出を阻害されてきた。そこでこの状況を克服し、社会における平等構造を実現しようとするのがこの法理である。ニューヘヴン市の主張はこの法理に依拠する。試験結果を承認すれば、マイノリティに不利なインパクトが及び、差別的インパクトの法理上の責任を追及されてしまう。そこでこの責任を回避すべく、試験結果の承認を拒否したのだ、という。

　他方には、差別的取扱いの法理および平等保護条項がある。本件訴訟を提起した人々はこれに依拠する。そもそも市は、試験合格者のなかにマジョリティが多く、マイノリティが少ないこと、つまり合格者の人種構成を考慮して試験結果の承認を拒否している。すなわち人種を考慮して差別的措置をとったのであって、それは差別的取扱いの法理および平等保護条項に反するものだ、と主張される。

　こうして、平等の領域における第二次内紛の可能性が顕在化したのである。

　敷衍してみよう。そもそも差別的インパクトの法理からすれば、マイノリティに不利なインパクトがあってはならないので、試験結果の承認を拒否すべきこととなる。が、差別的取扱いの法理および平等保護条項からは、マジョリティが多く合格したからといって試験結果の承認を拒否することは認められない。かくして平等に関わる諸規範が相矛盾する事態に陥っており、まさに“内紛”である。

　しかしこれは、“第二次”の内紛である。先に言及したアファーマティヴ・アクション論争は、平等の領域における内紛であった。これを第一次内紛とすれば、Ricci事件で顕在化した差別的インパクト法理に関わる論争は、第二次の内紛である。

　さらに付言するならば、これは第二次内紛の“可能性”にとどまる。Ricci事件において当事者は、市の行為について、差別的取扱いの法理および平等保護条項に反すると主張したが、最高裁の判決は後述するように、判断の範囲を限定した。差別的インパクトの法理と差別的取扱いの法理の関係だけで事件を処理したのであり[18]、あえて憲法上の問題（平等保護条項）に立ち入らなかった。

---

18) 557 U.S. at 593.

そういうわけで、平等の領域における第二次内紛は全面的に論じられるには至らず、いまだ内紛の可能性の域にとどまった。もっとも、この判決におけるScalia裁判官の補足意見は、差別的インパクトの法理と平等保護条項の関係がいずれ正面から問われることになるであろうと言及しており、注目される。

II Ricci v. DeStefano 判決およびそれをとり巻く理論状況

1 Ricci v. DeStefano 判決の内容

以上、Ricci事件の争点を浮き彫りにしたことをうけて、この判決の検討に入ろう。まず、法廷意見が前提としていることから考察をはじめたい。それは本件における市の行為が、ほんとうに差別的取扱いの法理に反するものか、という点に関わる。

この事件で試験合格という結果を市の行為により無にされ不利益を被ったのは、別段、白人に限られない。いかなる人種の者であろうと、合格者は合格という結果を無に帰せしめられて不利益を受けている。そうだとすると、そもそも人種にもとづく差別的取扱いといえるのだろうか、疑問点として浮上する。

この問題に関しては、R. Primusの論考が参考になる。彼によれば、差別的取扱いの法理が禁ずる行為には二種類のものがあるという。第一は、人種などを理由として現実に別異扱いをすることである。たとえば、特定の人種の者であることを理由として昇進を拒否するなどがこれに該当するが、本件はこのカテゴリーに属さない。第二は、人種的意図にもとづく行為である。本件は合格者にマイノリティが少ないという人種的考慮を働かせて市が行為しているのであり、こちらに該当する。ちなみに平等保護条項においても、人種差別的意図をもって行為した場合、人種差別と同等であるとするのが判例（Washington v. Davis）であるが、差別的取扱いの法理はこれと軌を一にする。

Ricci判決の法廷意見は、この事件において差別的インパクトの法理と差別的取扱いの法理の対立を認め、その調整にのり出す。法廷意見においては、市

---

19) *Id.* at 594-96 (Scalia, J., concurring).

20) Richard Primus, *The Future of Disparate Impact*, 108 MICH. L. LEV. 1341, 1350-51 (2010).

21) 426 U.S. 229 (1976).

が差別的インパクトの法理に反して違法となってしまうことにつき、証拠上の強固な根拠（strong basis in evidence[22]）があるときのみ、試験結果承認を拒否しうる、つまりそうしても差別的取扱いの法理上違法とはならない、という判断枠組みが示された。

　ちなみに、この証拠上の強固な根拠が必要という判断枠組みがいかなる背景をもつか、探ってみれば興味深いことが浮かびあがる。ふり返れば、これはアファーマティヴ・アクションの合憲性が問われた既述の Croson 判決において言及され[23]、それが Ricci 判決において引用されつつ用いられているのである。Croson 判決における相対多数意見は、この事件におけるアファーマティヴ・アクションにつき厳格審査に付されるとしつつ、その目的審査の側面に関し、特定の差別（identified discrimination）が存在し、それに対する救済が必要であ[24]ることにつき証拠上の強固な基礎がなければならない、と論じた。

　そうだとすれば、アファーマティヴ・アクション（第一次内紛）と、差別的インパクトの法理（第二次内紛）との間には、類似したとらえ方がなされていることになる。

　では、この枠組みのもと、Ricci 事件においてはどのように判断されたのであろうか。差別的インパクトの法理に反して違法となるのは、①差別的インパクトがあること、②当該行為について職務上の必要性（job necessity）がないこと、③より差別的でない他の選択肢がないこと、という三要件がすべて充足される場合である[25]。であるのに市は、①差別的インパクトがあること、にのみ着目しており、それ以外の要件を看過している。つまり、差別的インパクトの法理に反して違法になってしまうことにつき証拠上の強固な根拠があるといえな[26]い。こうして、本件において市が試験結果の承認を拒否したのは差別的取扱い

22）557 U.S. at 582.

23）488 U.S. at 500.

24）最高裁は、特定の差別と社会的差別（societal discrimination）を注意深く区分して論ずる。社会的差別とは、これまで社会において一般的に存在した差別のことである。もしこのような差別に対する救済としてアファーマティヴ・アクションをセットするとなれば、とめどもなく拡散してしまう。したがって、特定の差別行為（時期や行為主体などが特定される）に対する救済としてセットされるときのみ、アファーマティヴ・アクションは憲法上許容される、という立場がとられる。

25）*See* 557 U.S. at 587.

26）*Ibid.*

の法理に反するものである、と判断された。

　なお本判決には、Ginsburg 裁判官の興味深い反対意見が付されている[27]。法廷意見が差別的インパクトの法理と差別的取扱いの法理の対立という構図で事件をとらえたのに対し、反対意見は両法理が対立することはなく、あくまで相互補完的なものとしてとらえるべきだとした。つまり、ともに真の意味における平等な雇用の機会を実現することを企図するものだ、という[28]。

　こういったとらえ方のもとで、差別的インパクトの法理による責任を避けるため合理的な措置であれば、違法とされることはないとの立場をとったのである（現実に市の行為につき、違法ではないと判断した）。

2　判決の読みとり方

　以上が Ricci 判決の概要であるが、以下その検討に入ろう。そもそもこの判決に関わっては、差別的取扱いの法理および平等保護条項のとらえ方、より焦点を絞るならば差別的意図の把握の仕方をめぐって学説上の関心が寄せられている。

　問題点を整理してみたい。まず、人種を明示的な区別事由とする場合と、区別事由自体は人種中立的であるが差別的意図がある場合とは、同等なものと位置づけられる。Washington v. Davis 判決の論理である。

　人種を明示的な区別事由とする場合、それが悪性のもの（伝統的な人種差別など）であろうと、良性のもの（アファーマティヴ・アクション）であろうと、ともに厳格審査に付される。これは Adarand 判決における一貫性の論理である。

　そうだとすると、区別事由としては人種中立的であるが、人種的意図がある場合、その意図が悪性のものであろうと良性のものであろうと、ともに人種差別に該当する行為となるのだろうか。ここが Ricci 判決を理解する上での重要ポイントである。

　Primus の論考を参考にすれば、Ricci 判決の読みとり方に三つの選択肢がある[29]。第一は、一般的な読みとり方（general reading）である。Ricci 判決以前、

27）*Id.* at 608（Ginsburg, J.,dissenting）.

28）*Id.* at 624.

29）Primus, *supra* note 20 at 1344.

平等の領域における第二次内紛　　**397**

人種的意図に関しては悪性のもの、つまりマイノリティを害しようとする意図があるときのみ人種差別に該当する、とされてきた。ところが Ricci 判決は、この意図のとらえ方——それは差別取扱いの法理に関しても、平等保護条項に関しても妥当する——それ自体を一般的に変革した、と理解する。悪性であろうと良性であろうと——Ricci 事件では良性である——、どちらであっても差別的取扱いに該当する、とする立場がうち立てられたとみるのである。

　この読みとり方をとるならば、Ricci 判決の意義は非常に大きい。そもそも数多くの人権保護立法は人種的考慮を働かせている（もちろん良性の意図）。とすれば、これらについてまで合憲性の疑いが向けられてしまうのではないか、危惧される。

　第二は、制度的な読みとり方（institutional reading）である。[30] 当事者がいかなる存在か、つまり地方公共団体か裁判所かなどによって扱いを異にするのだ、という理解の仕方である。Ricci 事件では市がとった行為が問題にされた。市など地方公共団体はそもそも政治的プレッシャーに左右されやすい存在であり、その行為については警戒を要する。そういう事情を考慮したがゆえに、差別的意図の認定を緩和し、もって差別的取扱いの法理を発動させることにより市の行為にチェックを入れたのだ、ととらえる。現実にこの事件の場合、市長はその有力な政治的支持勢力たるマイノリティ・グループの意に応じようとした、とみる指摘がある。[31]

　このように Ricci 判決における意図の認定のあり方は、あくまで市など政治的プレッシャーに左右されがちな存在が当事者である場合に関するものだとみる。よってこれと異なり、公正な立場に立って行動する裁判所については、おのずから別異だ、と理解することになる。

　第三は、具体的な被害者に着目する読みとり方（visible-victims reading）である。[32] 差別的インパクトの法理による責任を回避するといっても、通常はそれに

---

30) *Ibid.*

31) Ricci 判決における Alito 裁判官の同調意見（557 U.S. at 596（Alito, J.,concurring, joined by Scalia, & Thomas, JJ.））は、この点を強調する。市がテスト結果の承認を拒否したことに関し、差別的効果の法理による責任を避けようとしたのだ、というのは口実であって、実は市長にとって重要な支持勢力の意向に応じようとしたのだ、と指摘する。

32) *Id.* at 1345.

よって現実的・具体的な被害者が生ずることはない。ところが Ricci 事件では、せっかく努力して試験に合格したのに、その合格という結果を無に帰せしめられる人々がいる。つまり、明白な利益剥奪被害者がいる点に特徴がある。このように、現実的・具体的な被害者が生じることを知りつつ市が行為した点で、差別的意図ありと認定した、と読みとるわけである。

以上、読みとり方の選択肢として三つのものを提示したが、そのうち一般的な読みとり方によるならば、Ricci 判決は意図のとらえ方に関し根本的変革を加えたもの、そして平等の領域における第二次内紛を正面から惹起したものと位置づけられよう。これに対し、制度的な読みとり方、あるいは具体的な被害者に着目する読みとり方をするのであれば、第二次内紛をある程度限定した局面において提起したものということになるであろう。

3　その後の展開

Ricci 判決以降の展開も気になる。参照に値するものとして、Texas Department of Housing and Community Affairs v. Inclusive Communities Project, Inc.[33] (以下、Inclusive Communities 判決) があげられる。

連邦法によるプログラムのもと、低所得者への住宅支援事業として、ディヴェロッパーに tax credit を与える措置がとられたが、その結果、市街地中心部のマイノリティ集住地域における住宅開発に tax credit を集中的に配分することとなった。これが居住における人種的偏りの拡大につながるとして、非営利法人たる Inclusive Communities Project が、公正住宅法 (Fair Housing Act) より導出される差別的インパクトを争う訴訟を提起したのが、本件である。

本件における争点は、そもそも公正住宅法が差別的インパクトの法理にもとづく訴えを認めているか (公正住宅法の条文上、明示的に差別的インパクトの法理に言及されているわけではない) である。法廷意見は、公正住宅法は差別的インパクトの法理にもとづく訴えを認めている、と解釈した。このこと自体は法律の解釈にとどまるが、つづけて、この法理の適用上人種的クォータ (racial

---

33) 135 S. Ct. 2507 (2015). なお、この判決に関する邦語の紹介として、板持研吾「判批」アメリカ法 2016-2 (2017) 279 頁以下参照。また、本文中「税額控除」と訳さずに tax credit と表記したことについても、板持・同 277 頁注 (1) を参照。

quota）に至ることとなれば、それは平等保護条項に反する[34]、と指摘した点が注目される。

このように、Inclusive Communities 判決自体は、差別的インパクトの法理の合憲性につき明示的な判断を示しているものではない。しかし、もともとこの合憲性に関わる問題については、Ricci 判決において（明示的ではないにせよ）黙示的に提起されており、かつ、Inclusive Communities 事件における amicus brief でも言及されていた。にもかかわらず、この判決において差別的インパクトの法理による訴えを認めていることは、黙示的にせよ差別的インパクトの法理そのものは平等保護条項に反しない、という前提が最高裁によってとられているのではないか、と指摘される[35]。そうだとすれば、この判決を加味してRicci 判決を読むとき、先にあげた一般的な読みとり方はとりがたい。もしこの読みとり方によるならば、差別的インパクトの法理は人種的意図にもとづくものとして、平等保護条項と基本的な対立関係に立つはずだからである。したがって、制度的な読みとり方あるいは具体的な被害者に着目する読みとり方、とりわけ後者によることが整合的だと思われてくる。

ただし、Inclusive Communities 判決が差別的インパクトの法理の適用上、人種的クォータに至れば平等保護条項に反するとしている点は注意を要する。これをも考慮に入れつつ、まとめてみれば次のようになるのではなかろうか。①人種的意図が良性のものであれば、差別的取扱いの法理あるいは平等保護条項に反するものとはとらえられない。よって差別的インパクトの法理それ自体は違憲となるものではない。しかし、②差別的インパクトの法理は、その適用上行きすぎとなることがある。たとえば、現実具体的な被害者が発生してしまう場合（Ricci 判決）、または人種的クォータを求めるに至る場合（Inclusive Communities 判決）などである。このとき、差別的取扱いの法理または平等保護条項により抑制がかけられる。このような形で、平等の領域における第二次内紛を解決していく方向性が判例上、示されているように思われる。

---

34) 135 S. Ct. at 2523.

35) *See* Samuel R. Bagenstos, *Disparate Impact and the Role of Classification and Motivation in Equal Protection Law after Inclusive Communities*, 101 Cornell L. Rev. 1115, 1127-28 (2016).

Ⅲ　平等の規範構造から内紛を読み解く

1　平等に関わる二つの原理

　平等保護条項や公民権法 7 編を理解する際に、アメリカの憲法学説上しばしば言及される二つの原理がある。ひとつは、反別異原理 (anticlassification principle) である。この原理は個人に対する処遇に焦点をあてる。人種などを事由として個人を別異に扱うことに対して批判する立場であり、その別異扱いが良性であろうと悪性であろうと、それは問うところではない。

　もうひとつは、反従属原理 (antisubjugation principle または antisubordination principle) である。こちらの原理は、個人が属する集団（アフリカン・アメリカン（黒人）集団、女性集団など）に焦点をあてる。これらの集団の社会における位置づけを格下げすることに対し強く警戒する立場といえる。

　そもそもこれら二つの原理は、相互排他的なものではない。平等という規範それ自体のうちに、ともに内在する。要は、規範の理解においてどちらの原理を主軸にすえるかの問題だといえる。ふり返って、伝統的な人種差別に対抗したときを考えてみれば、両原理は軌を一にしていた。アフリカン・アメリカン（黒人）個々人に対する差別行為がなされるとき、反別異原理に反する。そしてさらに、個々の差別行為が蓄積すれば、アフリカン・アメリカン（黒人）集

---

36) *See,e.g.*, Jack M. Balkin & Reva B. Siegel, *The American Civil Rights Tradition: Anticlassification or Antisubordination?*, U. Miami L. Rev. 9, 10 (2003); Reva B. Siegel, *Equality Talk:Antisubordination and Anticlassification Values in Constitutional Struggles over Brown*, 117 Harv. L. Rev. 1470, 1472 (2004) [hereinafter cited as Siegel, *Equality Talk*]; Helen Norton, *The Supreme Court's Post Racial Turn Towards a Zero-Sum Understanding of Equality*, 52 Wm.& Mary L. Rev. 197, 207 (2010); Reva B. Siegel, *From Colorblindness to Antibalkanization: An Emerging Ground of Decision in Race Equality Cases*, 120 Yale L. Rev. 1278, 1287-88 (2011) [hereinafter cited as Siegel, *From Colorblindness to Antibalkanization*]. なお、反別異原理と反従属原理の対比については、安西文雄「憲法 14 条 1 項後段の意義」論究ジュリスト 13 号（2015 年）71 頁、73-74 頁、同「間接差別と憲法」明治大学法科大学院論集 20 号（2017 年）1 頁、12-14 頁など参照。

37) *See,e.g.*, Balkin & Siegel, *supra* note 36, at 9; Siegel, *Equality Talk, supra* note 36, at 1472-73; Norton, *supra* note 36, at 206; Siegel, *From Colorblindness to Antibalkanization, supra* note 36, at 1288-89.

団の社会における地位の格下げにつながる。逆にいえば、そういった地位の格下げの一環として、個々的な人種差別行為をとらえるがゆえに、深刻な問題とされたのである。こういった状況に対処するのが反従属原理である。

ところがアファーマティヴ・アクション論争の段階になると、両原理は矛盾・衝突するようになる。そもそもアファーマティヴ・アクションは反従属原理を重要な支柱とする。歴史的にみれば差別は無数に行われてきた。社会には、その差別の害悪が蓄積している。雇用の側面でいうならば、有利な職はマジョリティに独占され、マイノリティは社会の周辺に追いやられ、不利な職にしか就けないことが多い。このように、社会に構造的に組み込まれてしまったマイノリティ劣位のあり方を是正したい、というのがアファーマティヴ・アクションの根源にある考え方である。

他方、アファーマティヴ・アクションは反別異原理の見地から反駁される。不利益を被るマジョリティの人々は、人種ゆえに差別処遇をされていると批判する。ただしマジョリティの人々は、アファーマティヴ・アクションによって劣位の位置づけを押しつけられているとまでいえない。つまり彼らは反従属原理の見地からは反駁できないのである。

まとめてみよう。アファーマティヴ・アクション論争は平等の領域における第一次内紛である、と述べた。それは、反従属原理を主軸にすえた平等を志向する措置が、反別異原理を軸にした平等の立場からの抵抗を受ける、という構図である。要はどちらの原理を主軸にすえるかをめぐる内紛である。

2 差別的インパクトの法理のとらえ方

Ricci 判決における差別的インパクトの法理をめぐる論争についても、近似した脈絡でとらえることができそうである。

差別的インパクトの法理をうち立てた Griggs 判決において、この法理は雇用における人為的、恣意的、かつ不合理な障壁を除去するものとされている。雇用においてマイノリティは劣位の位置づけを押しつけられてきたが、この法理はそれを改善しようとするもの、つまり反従属原理に立脚する面が大きい。そうだとすると、この点でアファーマティヴ・アクションに近似した性格を帯びる。これに対し、差別的取扱いの法理および平等保護条項については、どち

らの原理を主軸にすえて理解することも可能である。

そういった事情を前提として、場合を分けて検討を進めてみたい。

まず、差別的取扱いの法理および平等保護条項について、反従属原理を主軸に理解する場合、どうなるだろうか。このとき、差別的取扱いの法理、差別的インパクトの法理ともに、反従属原理に立脚するものとして同質的、相互補完的な関係となる。双方の原理の間に対立の契機は認められない。

さらにこの場合、差別的取扱いの法理および平等保護条項における差別的意図は悪性のもの、つまりマイノリティを害しようとする意図に限定されるだろう。そのような意図こそがマイノリティを格下げするものだからである。逆にいえば、良性の意図はマイノリティの苦しい状況を救済しようとするものであり、反従属原理に反しない。よって、差別的取扱いの原理および平等保護条項の要件とする意図には該当しないのである。

これに対し、差別的取扱いの法理および平等保護条項について反別異原理を主軸に理解する場合は、どうであろうか。このとき、これらの規範は差別的インパクトの法理と対立しうる。それは、反別異原理と反従属原理との相克のあらわれである。

またこの場合、差別的取扱いの法理および平等保護条項が前提とする差別的意図は、悪性のものに限定する理由に乏しい。良性であろうと悪性であろうと、区別しようとする意図があればよいことになる。日本語の語感を交えて表現すれば、"差別的意図"というより"区別意図"である。

以上の対比のなかで Ricci 判決をとらえ直してみよう。Ginsburg 裁判官の反対意見は前者のとらえ方（つまり、差別的取扱いの法理および平等保護条項について、反従属原理を主軸に理解する立場）に立っていると思われる。これに対し法廷意見はどうか。判決が下された直後、差別的取扱いの法理、特に差別的意図のとらえ方に根本的変革を加えたものとする評価が学説上、提示された。[38]つまり判決以前には意図は悪性のものであることが当然とされていたが、Ricci 判決において、悪性のものはいうに及ばず、良性のものでもよいとした、という理解である。Primus のいう一般的読みとり方もこれである。

---

38) *See.e.g.,* Michael J. Zimmer, *Ricci's "Color-Blind" Standard in a Race Conscious Society: A Case of Unintended Consequences?,* 2010 BYU L. REV. 1257,1264.

ところがのちになって、Inclusive Communities 判決が下された。この判決をも視野に入れ、整合的に読み解いていくならば、最高裁の多数意見がそれほど反別異原理にのみ傾斜したとはいえない。両原理の間で折衷的にバランスをとっているもの、と思われる。

Ⅳ 差別的インパクトの法理のゆくえ

1 第一次内紛と第二次内紛

これまでの議論をまとめてみよう。アファーマティヴ・アクションと差別的インパクトの法理は、類似した性質を帯びる。ともに反従属原理を基軸にすえた平等の価値実現をめざしている。換言すれば、構造的差別の克服を企図している。

ところが、最高裁のスタンスが次第に保守化してゆくにつれて、平等という規範の基軸が反別異原理の方に傾斜してきた。こうしてアファーマティヴ・アクションや差別的インパクトの法理は平等保護条項と緊張関係に立つものとなった。

アファーマティヴ・アクション論争は、平等の領域における第一次内紛である。人種を区別事由とするものだから厳格審査に付されるとされながら、その質（つまり良性）を考慮して、たとえ厳格審査であってもその枠内で厳格度を緩和している、との指摘がなされる。見方によれば、こういう形で、反別異原理と反従属原理を背景とする内紛を調整しようとしている、ともいえよう。

Ricci 判決が提示した差別的インパクトの法理に関する議論は、アファーマティヴ・アクションに次ぐ第二次内紛である。もともと判決以前から、差別的インパクトの法理と平等保護条項との対立可能性は学説上指摘されてきたことではあったが、[39] Ricci 判決により実務においても関心を寄せられるものとなった。もっともこの判決自体は差別的インパクトの法理について、差別的取扱い

---

39) Richard A. Primus, *Equal Protection and Disparate Impact: Round Three*, 117 Harv. L. Rev. 493 (2003) が、Ricci 判決に先立ってこの点につき指摘していたことが注目される。Ricci 判決の際にも、この論考はやはり参照されていたであろう。ちなみに Scalia 裁判官は、その同調意見においてこの論考を引用している。*See* Ricci, 557 U.S. at 594 (Scalia, J., concurring).

の法理との関係で、つまり法律論のレヴェルで議論するのみであり、平等保護条項との関係には論じ入っていない。そしてこれに続く Inclusive Communities 判決も、正面からこの点につき論じているわけではない。

そうではあるにしても、差別的インパクトの法理を適用することにより、具体的な被害者を生ずる場合（Ricci 判決）、あるいは人種的クォータに至ってしまう場合（Inclusive Communities 判決）であれば、差別的取扱いの法理あるいは平等保護条項により抑制がかけられる。こういう形態で第二次内紛が調整されていく方向性が示されているといえるだろう。

2 差別的インパクトの法理の多層構造と、今後の展望

さて、もう一歩ふみ込んで、差別的インパクトの法理の構造それ自体に分け入って考察を展開してみよう。思うにこの法理は、次のような多層構造——少なくとも以下に述べるような三層構造——によって形づくられているのではないか、と思われる。[40]

差別的インパクトの法理の、いわば"底層部分"には、差別的意図の証明の困難さに対応する部分がある。意図的に雇用上の差別を行い、その結果、マイノリティの雇用率または昇進率が低くなったという場合を考えてみよう。もちろんこの場合、差別的意図の証明をすることによって差別的取扱いの法理により対処することは可能である。ところが差別的意図の証明は困難であることがしばしばである。労働者が相手方使用者の主観を証明することは難しいことだ

---

40) Primus, *supra* note 39, at 520-36 において、差別的インパクトの法理を理解する三つのとらえ方が提示されている。この三つのとらえ方は相互排他的ではなく、重層的に併存するのではなかろうか。第一に Evidentiary Dragnet (*id.* at 520-23)、つまり差別的意図の証明は困難であるので、その推定として機能する部分、第二に Remedying Subconscious Discrimination (*id.* at 532-36)、つまり、潜在意識にある差別を矯正しようとする部分、そして第三に Integrating the Workplace (*id.* at 523-32)、つまり、職場における人種の階層性を解消しようとする部分、以上の三層から構成されるととらえるのである。

　このように整理してみると、Griggs 事件は、Evidentially Dragnet（本文では底層部分）に位置するであろうし、Ricci 事件は、Integrating the Workplace（本文では上層部分）に位置することになるのではなかろうか。

　ちなみに、Eang L. Ngov, *War and Peace Between Title VII's Disparate Impact Provision and the Equal Protection Clause: Battling for a Compelling Interest*, 42 LOY. U. CHI. L. J. 1, 34 (2010) が、本稿にいう底層部分に関し、smoking out theory と表現していることが注目される。

からである。そこで、意図の証明を要する差別的取扱いの法理のいわば代用と
して、差別的インパクトの法理が用いられることがある。これは、差別的イン
パクトの法理にとっては最も基底的なあり方であるので、本稿ではこれを底層
部分と表現しよう。

　次に、差別的インパクトの法理のいわば"中層部分"である。ここには使用
者の潜在意識における差別的傾向が作用し、その結果マイノリティに不利な結
果が及んでしまう場合が位置づけられる。現代において現実に生起する事案は、
差別的意図をもって行うというよりは、むしろこちら、つまり潜在意識が作用
している場合であろう。

　このような事案の場合、差別的意図はないので差別的取扱いの法理によって
対処することはできない。そこで差別的インパクトの法理が用いられることと
なるが、その実像は差別的取扱いの法理に近似する。あるいはそれをある程度
拡充し、より手厚い対応をしようとするものと把握することもできよう。

　差別的インパクトの法理の、いわば"上層部分"には、差別的意図や潜在意
識などの主観的要件を考慮することなく、社会に根づいてしまった雇用上の差
別構造を是正・打破しようとする場合が位置づけられよう。この部分は、もは
や差別的取扱いの法理とは連続的ではない。むしろ構造的差別に直接アタック
する点で、アファーマティヴ・アクションに近似する[41]。平等の領域における第
二次内紛が本稿のメイン・テーマであったが、それは実は差別的インパクトの
法理のうち、この上層部分に関わることなのだ、といえるわけである。

　差別的インパクトの法理を以上のような多層構造においてとらえることを前
提として、この法理と平等保護条項との関係につき、今後どのように理解され
ていくかに関して展望しておこう。その際、Primus の提示した Ricci 判決に
関する三つの読みとり方のうち、どれによるかが理解の鍵になる。

　Ricci 判決につき一般的な読みとり方をするならば、差別的インパクトの法
理は、人種的意図（もちろん良性だが）にもとづくものとして、平等保護条項と
一般的な対立関係に立つ。したがって厳格審査基準をパスしてのみ、この法理
は存続しうる。とすれば、多層構造により成り立っているこの法理のうち、上

41）*See* Primus, *supra* note 39, at 524-25. 差別的インパクトの法理につき Integrating the Workplace
　　としてとらえると、アファーマティヴ・アクションと同類となる旨、指摘する。

層部分の合憲性を認めることは難しい。特定的差別に対処するという性格が希薄だからである。したがって、底層部分および中層部分のみ存続しうることになるのではなかろうか。Ricci 判決における Scalia 裁判官の理解は[42]、この方向にある。

これに対し、制度的な読みとり方、あるいは具体的な被害者に着目する読みとり方をするならば、差別的インパクトの法理が平等保護条項との関係で合憲となる範囲は、より広くなる。

制度的な読みとり方をする場合、政治的プレッシャーに左右されがちな市が行動することが警戒されるのであり、これに対し公正な立場に立つ裁判所は別扱いとなる。つまり、裁判所であれば差別的インパクトの法理により救済を行うことは広く許容されよう。

具体的な被害者に着目する読みとり方をする場合どうか。Inclusive Communities 判決をも視野に入れるとき、これが最も適切な読みとり方であるが、差別的インパクトの法理それ自体が当然に具体的な被害者を生ずるわけではないことに注意すべきである。たとえマジョリティ側に負担を生ずるとしても、通常それは拡散したものとなっている。例をあげるならば Ricci 事件で、マイノリティに不利なインパクトが及ばないよう注意深く昇進のための試験を策定しただけであれば、そうなるだろう。このように負担が拡散しており具体的な被害者が生じないのであれば、差別的インパクトの法理はやはり広く（底層部分から上層部分に至るまで）許容されるであろう。

Ricci 事件の場合は、合格を無に帰せしめられる不利益負担者が生じてしまった。そういう事情があるがゆえに、差別的インパクトの法理は、差別的取扱いの法理により、あるいは平等保護条項により抑制を加えられるのだ、と理解されることとなろう。

(やすにし・ふみお　明治大学教授)

---

42) Ricci 判決における Scalia 裁判官の同調意見によれば、差別的インパクトの法理は、雇用者側に雇用行為が及ぼすであろう人種的結果を考慮し、それに基づいて雇用上の判断することを求める。したがって平等保護条項と対立することになる、と指摘される。*See* Ricci, 557 U.S. at 594-96 (Scalia, J., concurring).

厳格審査の変遷

――敬譲型の厳格審査と Affirmative Action

茂木洋平

I　はじめに

　辻村みよ子の数ある業績の中でも主要なものの1つとして、ポジティヴ・アクションとアファーマティヴ・アクションに関する業績があげられる[1]。これらの問題を考察した日本の業績は数多く存在し、その多くは平等論を切り口に考察を進めるが、辻村は平等論にとどまらず、長年にわたる主権論の研究をプラスしてこの問題を考察し、深い議論を展開してきた。

　辻村は、アファーマティヴ・アクションにどの審査基準を適用するのかが主要な問題の1つだと認識している[2]。アファーマティヴ・アクションの司法審査基準をめぐる議論は、アメリカ合衆国の議論を基にしている。厳格審査（strict scrutiny）あるいは中間審査のどちらを適用するのかによって、Affirmative Action（AA）の憲法適合性が大きく左右されるため、合衆国最高裁（最高裁）ではどちらの基準を適用するのかが主要な論点となった（Ⅱ2）。厳格審査はAAにとって「事実上致命的」だと学説と裁判官によって評価されてきたのであり、実際にどちらの基準を適用するのかによって合憲か違憲かが決まってきた（Ⅱ4）。しかし、最高裁では厳格審査の下でも合憲判断を下す判決が現れた

---

1)　辻村みよ子編『世界のポジティヴ・アクションと男女共同参画』（東北大学出版会、2004年）、辻村みよ子『ポジティヴ・アクション――「法による平等」の技法』等他多数。
2)　辻村みよ子『憲法〔第6版〕』（日本評論社、2018年）162-63頁参照。

（Ⅱ5）。これらの判決では、判断形成機関の判断が裁判所によって敬譲（deference）された。厳格審査は懐疑主義[3]（人種区分は疑わしく、推定的に違憲）に基づいて合憲性審査を厳密に行う基準だが、敬譲は裁判所に対して司法審査権の行使の一定の「後退」を求めるのであり[4]、厳格審査とは矛盾する概念である。相矛盾する概念（懐疑主義と敬譲）を同居させる敬譲型の厳格審査は、審査基準に新しい理論を展開している[5]。

　本稿では、日本のアファーマティヴ・アクションにどの審査基準を適用するのかに関する問題を直接検討しない。本稿はこの問題の解決の一助として、合衆国における敬譲型の厳格審査がいかなるものかについて概要を示す[6]。以下、厳格審査の理解がいかに変遷したのかを概観し（Ⅱ）、敬譲型の厳格審査が実際にいかなる合憲性審査を行ったのかを検討し（Ⅲ）、最後に議論をまとめる（Ⅳ）。

Ⅱ　厳格審査の理解の変遷

1　「事実上致命的」という評価の確立

　厳格審査が「事実上致命的」だという評価[7]には、1950年代から60年代にかけて、ウォーレンコートが人種区分を推定的に違憲とするルールを導入し[8]、人種差別的な法を厳密に審査し、次々と違憲判断を下したことが背景にある[9]。平等保護の文脈で、厳格審査は「事実上致命的」であり[10]、人種差別的な法を無効

---

3)　懐疑主義については、拙著『Affirmative Action 正当化の法理論──アメリカ合衆国の判例と学説の検討を中心に』（商事法務、2015年）第2章7節参照。

4)　城野一憲「修正1条の『制度主義』──ポール・ホーウィッツの動態的な"institution"観」早稲田法学会雑誌62巻1号（2011年）53頁、55頁。

5)　辻村もこの点について、認識している（辻村みよ子『比較憲法〔第3版〕』（岩波書店、2018年）108頁）。

6)　敬譲型の厳格審査の詳細な検討については、拙稿「アメリカ合衆国裁判所における厳格審査と敬譲(1)(2・完)──高等教育機関による人種区分と司法審査基準」桐蔭法学24巻2号（2018年）1頁、25巻1号（2018年）1頁参照。

7)　Gerald Gunther, *The Supreme Court, 1971 Term: Foreword: In Search of Evolving Doctrine on a Changing Court: A Model for a Newer Equal Protection*, 86 Harv. L. Rev. 1, 8 (1972).

8)　Michael Klarman, *An Interpretative History of Modern Equal Protection*, 90 Mich. L. Rev. 213, 255 (1991).

にするために用いられた。[12]

2 審査基準をめぐる争い

以上のように厳格審査を理解する場合、AA に如何なる審査基準を適用するのかが問題となる。AA に肯定的な裁判官は、AA への厳格審査の適用を否定するが、人種が差別的に用いられる危険から、あくまでも厳密な審査基準の適用を主張する。[13] このことから、合理性の審査[14]を適用せず、他方で「事実上致命的」に機能するおそれから厳格審査を適用しない。平等保護の分野では、2 つの審査との間に、中間審査がジェンダー区分の領域で確立していた。[15] 中間審査は厳密に審査をする態度を維持しながらも、合憲判断を下すことができ、2 つの審査の緩衝地帯として機能するため、肯定派は AA の合憲性審査には中間審査が適切だと考えた。[16] どちらの基準を適用するのかによって結論が大きく左右されるため、[17]判例では、AA に中間審査と厳格審査のどちらを適用するのかが主要な論点となった。[18]

---

9) Rachel C. Grunberger, *Note, Johnson v. California: Setting a Constitutional Trap for Prison Officials*, 65 Md. L. Rev. 271, 276 (2006) ; Joshua P. Thompson & Damien M. Schiff, *Divisive Diversity at the University of Texas: An Opportunity for the Supreme Court to Overturn Its Flawed Decision in Grutter*, 15 Tex. Rev. Law & Pol. 437, 441 (2011).

10) 当時は厳格審査の形成期であり、当時の厳密な審査は現在の厳格審査と全く同じ枠組を用いていない (*See* Stephen A. Siegel, *The Origin of the Compelling State Interest Test and Strict Scrutiny*, 48 Am. J. Legal Hist. 355, 392 (2006))。この点について考察した邦語文献として、金原宏明「厳格審査の基準の成立過程：「不法な動機のテスト」の妥当範囲について」法学ジャーナル 92 号（2016年）29 頁参照。

11) Leland Ware, Strict Scrutiny, *Affirmative Action, and Academic Freedom: The University of Michigan Cases*, 78 Tul. L. Rev. 2098 (2004).

12) Neil Gotanda, *A Critique of "Our Constitution is Color-Blind"*, 44 Stan L.Rev 1, 46 (1991).

13) Wygant v. Jackson Board of Education, 476 U.S. 267, 302 (Marshall J jointed by Brennan & Blackmun JJ., dissenting) (1986).

14) 合理性の基準の下では、判断形成機関の判断が敬譲され (Laurence H. Tribe, American Constitutional Law 1455, Foundation Press (2d ed. 1988))、その判断の合憲性が推定される (Kathleen M. Sullivan , *The Jurisprudence of the Rehnquist Court*, 22 Nova L. Rev. 743, 752 (1998))。

15) Craig v. Boren, 429 U.S. 190 (1976).

16) K.G. Jan Pillai , *Phantom of the Strict Scrutiny*, 31 New Eng. L. Rev. 397, 412 (1997).

17) 吉田仁美『平等権のパラドクス』（ナカニシヤ出版、2015 年）44 頁。

3 Affirmative Action 肯定派の裁判官の認識

　肯定派は AA が厳格審査を通過する可能性を示唆することはあったが、その意見は中間審査の適用を主張するもの[19]、あるいはどの審査基準を適用しても通過するため、適用する審査基準を明らかにする必要がないというものであり[20]、厳格審査の適用を支持しない。肯定派は、ウォーレンコートの平等保護分野での厳格審査の適用を考察し、厳格審査は「事実上致命的」だと理解していた[21]。AA に厳格審査を適用し合憲判断をした意見はあるが、法廷意見ではなく、相対多数意見であった[22]。この意見に対し、肯定派は結論に同意するが、AA には中間審査を適用すべきだとする[23]。

4 厳格審査適用の確立

(1) Croson 判決

　Croson 判決[24]で、法廷意見によって AA への厳格審査の適用がはじめて確立した。Croson 判決では、リッチモンド市との公共事業の第一次締結者が、契約総額のうち少なくとも 30％をマイノリティ系企業に下請けさせねばならないとするリッチモンド市条例の合憲性が問題となった。O'Connor 裁判官意見には法廷意見と相対多数意見の部分があり、法廷意見の部分で、懐疑主義に基づいて自治体の AA に厳格審査を適用し、自治体の判断への敬譲を否定した[26]。さらに、相対多数の部分では、AA の正当化理由として社会的差別による救済

---

18) 植木淳「アファーマティブアクションの再検討──『厳格審査』と『多様性』」北九州市立大学法政論業 32 巻 1 号（2004 年）1 頁、21 頁。

19) Wygant v. Jackson Board of Education, 476 U.S. 267, 302-03 (Marshall J., jointed by Brennan & Blackmun JJ., dissenting) (1986).

20) Sheet Metal Workers v. EEOC, 478 U.S. 421 (Brennan J., jointed by Marshall, Blackmun, Powell JJ., plurality) (1986)；United States v. Paradaise, 480 U.S. 149, 166-67 (Brennan J., jointed by Marshall, Blackmun, Powell JJ., plurality) (1987).

21) Bernal v. Fainter, 467 U.S. 216, 220 n.6 (Marshall, J., majority) (1984).

22) Fullilove v. Klutzunick, 448 U.S. 448, 491-92 (Burger J., jointed by White & Powell JJ., plurality) (1980).

23) Id. at 518-19 (Marshall, J., concurring).

24) City of Richmond v. J.A. Croson, Co., 488 U.S. 469 (1989).

25) Michelle Adams, Stifling the Potential of Grutter v. Bollinger: Parents Involved in Community Schools v. Seattle School District No. 1, 88 B.U.L. Rev. 937, 946-47 (2008).

26) 488 U.S. at 501 (O'Connor jointed by Rehnquist C.J, White, Stevens, Kennedy JJ., majority).

を否定し、特定された差別の救済だけを認めた。[27]

　相対多数の部分は、州および自治体は修正第14条1項の範囲内で、私人による差別を根絶する権限を持つ旨を示す。[28]すなわち、これは、自治体は、人種差別的な排除に直接係っていなくとも、それを肯定したのであれば、AAを実施できることを意味する。[29]

　しかし、法廷意見は差別の立証に厳しい基準を設定し[30]、AAに依拠する前に中立策を使い尽くさねばならないという厳しい手段審査によって違憲判断を下したと評価されている。[31]故に、当該判決を受けて、厳格審査の充足は不可能に近く、厳格審査を適用する場合にはほとんどの法が違憲になると評価された。[32]

(2)　Metrobroadcasting 判決

　翌年、Metro Broadcasting 判決[33]が下された。当該判決では、放送事業所有者の人種的多様性を確保するために、競合する新規免許申請者の選抜で、マイノリティが所有し経営に参加しているマイノリティ系企業を優遇する、連邦放送委員会（FCC）のAAの合憲性が問題となった。Brennan裁判官法廷意見は、FCCの施策はCroson判決の施策とは異なり、合衆国議会の立法であり、修正第14条5節の下で合衆国議会の有する広範な立法権限から、連邦の機関のAAには厳格審査よりも厳格度の低い審査基準の適用が妥当すると示し、合憲判断を下した。[34]

---

27) *Id.* at 496-98 (O'Connor jointed by Rehnquist C.J, White, Kennedy JJ., plurality).

28) *Id* at 490-93 (O'Connor jointed by Rehnquist C.J, White J., plurality).

29) Sullivan, *supra* note 14, at 746 n.25.

30) Evan Gerstmann & Christopher Shortell, *The Many Faces of Strict Scrutiny: How The Supreme Court Changes The Rules in Race Cases*, 72 U. Pitt. L. Rev. 1, 19-20 (2010).

31) Adams, *supra* note 25, at 946.

32) *See* William L. Taylor & Susan M. Liss, *Affirmative Action in the 1990s: Staying the Course*, 523 Annals Am. Acad. Pol. & Soc. Sci. 30, 35 (1992) ; John Galotto, Note, *Strict Scrutiny for Gender, via* Croson, 93 Colum. L. Rev. 508, 517 (1993). これに対し、Croson判決による厳格審査の適用の確立によってAAは終了しないとする見解も示された（*See Constitutional Scholars' Statement on Affirmative Action After* City of Richmond v. J.A. Croson Co., 98 Yale L.J. 1711 (1989) ; Neil Devins, *Adarand Constructors, Inc. v. Pena and the Continuing Irrelevance of Supreme Court Affirmative Action Decisions*, 37 Wm. & Mary L. Rev. 673, 685-91 (1996)）。

33) Metro Broadcasting Inc. v. FCC, 497 U.S. 547 (1990).

34) 497 U.S. at 565 (Brennan J., jointed by White, Marshall, Blackmun & Stevens JJ., majority).

(3) Adarand 判決

最高裁は、州と自治体が実施する AA には厳格審査を適用し、連邦が実施する AA にはそれよりも厳格度の低い基準を適用する先例を確立し、前者は違憲、後者は合憲判断を下した。後者は Adarand 判決で覆される。[35]

Adarand 判決では、公共事業における連邦政府の AA の合憲性が問題とされた。O'Connor 裁判官法廷意見は、最も厳密な司法審査からのいずれの後退は、将来的に、人種差別を肯定する危険を増やすだけだとして、懐疑主義に基づき、判断形成機関が州および自治体であっても、連邦であっても、その判断を敬譲せずに、すべての人種区分に厳格審査を適用した。[36]

同法廷意見は政府が人種差別を是正する資格がある旨を示し、[37] いくつかの形式の AA が許容されることを含意する。[38] また、同法廷意見は「事実上致命的」という厳格審査の理解を否定する。[39] 同法廷意見は、合憲性判断は「裁判所の仕事」であり、[40] 適用する審査基準によって結論は決まらないとした。

以上から、同法廷意見は合憲性判断の際に裁判官に裁量を与える基準として厳格審査を捉え、AA を擁護する余地を残している。[41] これにより、平等保護分野での「事実上致命的」という厳格審査の理解が崩れたとも評されたが、[42] 同法廷意見は実体的な審理をせずに事例を差し戻したため、公共事業の AA については、Croson 判決が先例となる。[43] Croson 判決では厳しい合憲性審査が実施され（Ⅱ4(1)）、この時点では O'Connor 裁判官自身が AA を合憲と判断したことがなかったため、Adarand 判決後も適用する基準が結果を決め、厳格審査[44] が事実上致命的に機能するという見解が示された。[45]

---

35) Adarand Constructor, Inc v. Pena, 515 U.S. 200 (1995).

36) 515 U.S. at 226-27 (O'Connor J., jointed by Rehnquist C.J., Scalia, Thomas & Kennedy JJ., majority).

37) 515 U.S. at 217.

38) Gail L. Heriot, *Strict Scrutiny, Public Opinion, and Affirmative Action on Campus: Should the Courts Find a Narrowly Tailored Solution to a Compelling Need in a Policy Most Americans Oppose?*, 40 Harv. J. on Legis. 217, 219 (2003).

39) 515 U.S. at 237.

40) Id. at 230.

41) Sullivan, *supra* note 14, at 754.

42) Ashutosh Bhagwat, *Purpose Scrutiny in Constitutional Law*, 85 Cal. L. Rev. 297, 323-24 (1997).

43) Gerstmann & Christopher, *supra* note 30, at 40.

5 厳格審査の下での合憲判決

(1) Grutter 判決

Grutter 判決[46]では、ミシガン大学ロー・スクールの入学者選抜の AA の合憲性が問題とされ、O'Connor 裁判官法廷意見は厳格審査の下で合憲判断を下した。同法廷意見は、入学者選抜の合憲性判断はロー・スクールではなく、「裁判所の仕事」だと強調した[47]。同法廷意見はロー・スクールの判断の中でも教育的任務にとって本質的なものを敬譲するが、その審査は「厳格」だとする[48]。厳格審査の目的は「関連する差異の考慮」にあり、それを適用する際には「文脈が重要」で、厳格審査の下であらゆる人種区分が違憲にはならないとする[49]。

同法廷意見は厳格審査の「事実上致命的」という概念を否定し、Adarand 判決では否定した敬譲の概念を大学の入学者選抜の文脈に組込んだ。同法廷意見の厳格審査は「文脈に応じた柔軟な型」をとり[50]、文脈に応じて人種区分の疑わしさは弱まり[51]、厳格度は文脈に応じて変わる[52]。厳格審査への敬譲の組込は、差別的な法への強力な違憲の推定という厳格審査の機能と矛盾することから、平等保護の法理に反するとされる[53]。他方で、文脈の綿密な検討が厳格審査の目的だと捉え、敬譲の組込は厳格審査に矛盾しないという見解も示される[54]。この

---

44) Jerry L. Mashaw, Greed, Chaos, And Governance: Using Public Choice to Improve Public Law 55, Yale University Press (1997) ; Richard Fallon, *The Supreme Court, 1996 Term - Foreword: Implementing the Constitution*, 111 Harv. L. Rev. 54, 76 (1997).

45) Peter J. Rubin, *Reconnecting Doctrine and Purpose: A Comprehensive Approach to Strict Scrutiny After Adarand and Shaw*, 149 U. Pa. L. Rev. 1, 4 (2000) ; Christina E. Wells, *Beyond Campaign Finance: The First Amendment Implications of Nixon v. Shrink Missouri Government PAC*, 66 Mo. L. Rev. 141, 160 (2001) ; R. Richard Banks, *Race-Based Suspect Selection and Colorblind Equal Protection Doctrine and Discourse*, 48 UCLA L. Rev. 1075, 1117 (2001).

46) Grutter v. Bollinger, 539 U.S. 306 (2003).

47) 539 U.S. at 326 (O'Connor J., jointed by Stevens, Breyer, Ginsburg & Souter JJ., majority).

48) *Id*. at 327.

49) *Id*. at 326-27.

50) Eric K. Yamamoto, Carly Minner & Karen Winter, *Contextual Strict Scrutiny*, 49 How. L.J. 241, 248 (2006).

51) Ozan O. Varol , *Strict in Theory, But Accommodating in Fact?*, 75 Mo. L. Rev. 1243, 1250 (2010).

52) Paul Brest, *Some Comments on Grutter v. Bollinger*, 51 Drake L. Rev. 683, 690-91 (2003).

53) Earl M. Maltz, *Ignoring The Real World: Justice O'Connor and Affirmative Action in Education*, 57 Cath. U.L. Rev. 1045, 1053 (2008).

見解では、各法領域は大きく異なり、各々に個別の歴史、文脈、一連の価値観があり、単一の「厳格審査」はないと考える。[55]

(2) Fisher 判決

テクサス大学オースティン校の人種を意識する入学者選抜策の合憲性が問題とされた Fisher I 判決で、Kennedy 裁判官法廷意見は O'Connor 裁判官の理解する厳格審査を否定し、大学の判断を目的審査では敬譲するが手段審査では敬譲しない厳格審査の下で合憲性を審査すべきとして、事例を差し戻した。その後、Fisher II 判決[57]で、Fisher I 判決で示した厳格審査の下で、Kennedy 裁判官法廷意見は合憲判断を下した。同法廷意見について、手段審査を厳密に行い、大学の AA に致命的なダメージを与えたとも評価される。[58]だが、同法廷意見は厳格審査を緩やかに運用しているという評価が大勢を占める。すなわち、同法廷意見では手段審査で敬譲がなされ緩やかな審査が行われており、[59]Grutter 判決 O'Connor 裁判官法廷意見と比べると厳密に手段審査をしているが、[60]既存の判例法（Grutter 判決 O'Connor 裁判官法廷意見の理解する厳格審査）をほとんど変えていないとも評される。[61]

6 審査基準の柔軟化と他の裁判官の理解

O'Connor 裁判官と Kennedy 裁判官は文脈の考慮により厳格審査を柔軟に理

---

54) Michael Poreda, *Perspectives on Fisher v. University of Texas and The Strict Scrutiny Standard in The University Admissions Context*, 2013 BYU Educ. & L. J. 319, 340.

55) *See* Angelo N. Ancheta, *Contextual Strict Scrutiny and Race-Conscious Policy Making*, 36 Loy. U. Chi. L.J. 21 (2004).

56) Fisher v. University of Texas at Austin, 133 S. Ct. 2411 (Kennedy J., jointed by Roberts C.J., Scalia, Thomas, Breyer, Alito & Sotomayor JJ., majority) (2013).

57) Fisher v. University of Texas, 136 S. Ct. 2198 (Kennedy J., jointed by Ginsburg, Breyer & Sotomayor JJ., majority) (2016).

58) Kimberly Jenkins Robinson, *Fisher's Cautionary Tale and the Urgent Need for Equal Access to an Excellent Education*, 130 Harv. L. Rev. 185, 200-03 (2016).

59) Peter N. Kirsanow, *Race Discrimination Rationalized Again*, 2016 Cato Sup. Ct. Rev. 59, 60.

60) Elise C. Boddie, *Response: The Future of Affirmative Action*, 130 Harv. L. Rev. F. 38, 45-46 (2016).

61) Kelly Lynn Claxton, *Fisher v. University of Texas at Austin 136 S. Ct. 2198 (2016)*. 43 Ohio N.U.L. Rev. 219, 239 (2017).

解し、厳格審査の下で実際に合憲判断を下した。審査基準は厳格審査、中間審査、合理性の審査に階層化されるが、中間派の裁判官は階層化された審査の「際」を柔軟化した[62]。これは「政府の目的を真に審査する新たな意思」だと評価される[63]。

最高裁の判例を分析すると、Grutter 判決 O'Connor 裁判官法廷意見に同調した4人の裁判官は、AA には厳格審査を適用すべきでないとしており[64]、法廷意見の結論に同意するにすぎない[65]。同判決 Rehnquist 首席裁判官反対意見（Scalia, Thomas, Kennedy 裁判官同調）は、目的と手段に敬譲を認める厳格審査は先例に反するとした[66]。同判決 Kennedy 裁判官反対意見は、厳格審査の下では手段審査に敬譲はされないとした[67]。O'Connor 裁判官の厳格審査は肯定派の妥協から法廷意見となっており、この偽りは続かないという考えから[68]、Grutter 判決後も厳格審査の通過は容易ではないともされる[69]。

Fisher II 判決で Kennedy 裁判官多数意見に同調する裁判官の中でも、Breyer 裁判官は過去に AA には厳格審査を適用すべきではないとし、Ginsburg 裁判官は Fisher I 判決で反対意見を述べており、多数意見の結論に同意したと言える。現在の最高裁では、厳格審査という名称の審査を AA に適用することについては一応決着しているが、その理解について裁判官ごとに幅がある。また、Kennedy 裁判官の厳格審査は、Fisher II 判決で Alito 裁判官反対意見から批判されている。Kennedy 裁判官の厳格審査も、最高裁の多

---

62) Cass R. Sunstein, *The Supreme Court, 1995 Term - Foreword: Leaving Things Undecided*, 110 Harv. L. Rev. 6, 77 (1996).

63) Bhagwat, *supra* note 42, at 299-304.

64) *See* Adarand, 515 U.S. 200, 243 n.1 (Stevens J., dissenting) (1995) ; Grutter, 539 U.S. 306, 346 (Ginsburg J jointed by Souter J., concurring) (2003) ; Gratz v. Bollinger, 539 U.S. 244 (Ginsburg J jointed by Souter & Breyer JJ., dissenting) (2003) ; Johnson v. California, 543 U.S. 499, 516 (Ginsburg J., dissenting) (2005).

65) Richard H Fallon Jr, *Strict Judicial Scrutiny*, 54 UCLA L. Rev. 1267, 1323 (2007).

66) 539 U.S. at 379-80 (Rehnquist C.J., jointed by Scalia, Thomas & Kennedy JJ., dissenting).

67) *Id*. at 388-94.

68) Calvin Massey, *The New Formalism: Requiem for Tiered Scrutiny?*, 6 U. Pa. J. Const. L. 945, 979-80 (2004).

69) James Nial Robinson II, *Trying to Push a Square Peg Through a Round Hole: Why the Higher Education Style of Strict Scrutiny Review Does Not Fit When Courts Consider K-12 Admissions Programs*, 2004 BYU Educ. & L. J. 51, 64.

数の裁判官の理解する厳格審査ではない。

7　Fisher 判決までの最高裁の現況と中間派の影響力

　裁判官の中には、AA を含めてある社会問題に強い信念があり、社会・政治的な力によってその適法性の判断を左右されない者がいるが[70]、全員がそうではない[71]。AA の適法性の判断には裁判官の政治的イデオロギーが強く影響しており[72]、最高裁には AA を常に肯定するグループと否定するグループがいる。最高裁はこれら 2 つのグループと事例によって適法か否かの判断を変える中間派から構成される[73]。中間派は裁判所の判断が社会に受け入れられず、政治的に悪い結果をもたらすことを危惧し、事例ごとに判断を変える[74]。最高裁では肯定派と否定派の拮抗が長く続き、中間派の O'Connor 裁判官と Kennedy 裁判官が AA の合憲性判断を左右した[75]。この状況にあって、他の裁判官は自身の望む結論に中間派が近づくように、見解を調整する[76]。肯定派の第 1 の選好は AA に中間審査を適用し合憲判断を下すことだが、それが望めない状況では、最悪のシナリオ（厳格審査の下で違憲判断）を避けるために、中間派の意見に同意する[77]。敬譲型の厳格審査は、肯定派による妥協の産物であり、最高裁の力の均衡の上に成立していた。

　O'Connor 裁判官による厳格審査の理解は最高裁の多数の裁判官により認められていないが、下級審は、高等教育機関の入学者選抜手続での人種の使用が

---

70) William Rehnquist, *Constitutional Law and Public Opinion*, 20 Suffolk U. L. Rev. 751, 768 (1986).

71) Michael J Klarman, *Rethinking the Civil Rights and Civil Liberties Revolution*, 82 Va. L. Rev. 1, 6 (1996).

72) Cass R. Sunstein, David Schkade, & Lisa Michelle Ellman, *Ideological Voting on Federal Courts of Appeals: A Preliminary Investigation*, 90 Va. L. Rev. 301, 319 (2004).

73) Sullivan, *supra* note 14, at 754 ; Sheldon Goldman, *Judicial Confirmation Wars: Ideology and The Battle for The Federal Courts*, 39 U. Rich. L. Rev. 871, 874 (2005).

74) Neal Devins , *Explaining Grutter v. Bollinger*, 152 U. Pa. L. Rev. 347, 351 n.18 (2003).

75) *See* Joseph O. Oluwole & Preston C. Green III, *Harrowing Through Narrow Tailoring: Voluntary Race-Conscious Student Assignment Plans, Parents Involved and Fisher*, 14 Wyo. L. Rev. 705, 739 (2014).

76) Thomas W. Merill, *The Making of The Second Rehnquist Court: A Preliminary Analysis*, 47 St. Louis L.J. 569, 572-73 (2003).

77) See *Id.* at 601-32.

問題とされた文脈で、そして他の文脈でも、O'Connor 裁判官が示す厳格審査の下で合憲判断を下してきた。多くの下級審は O'Connor 裁判官が示すように厳格審査を理解してきた。[80]

Kennedy 裁判官の厳格審査も、最高裁の多数の裁判官によって認められていない。だが、Kennedy 裁判官が AA の憲法適合性を左右する最高裁の状況にあって、Kennedy 裁判官の厳格審査が AA の憲法適合性の線引きをしていた。[82]

Ⅲ　中間派の敬譲型審査

1　O'Connor 裁判官の厳格審査

通常、政府の行為には合憲性が推定されるが、[83] 厳格審査は人種区分の違憲性を推定し、目的と手段の合憲性の証明を政府に課す。[84] Grutter 判決 O'Connor 裁判官法廷意見は厳格審査を適用するが、修正第 1 条に基づき教育的任務に係るロー・スクールの判断を敬譲し、[85] 反証がなければ、ロー・スクールの側に誠実さを推定すると示し、証明責任を移行させている。[86]

---

78) Smith v. University of Washington, 392 F. 3d 367, 392 (9th Cir.2004)；Fisher, 631 F. 3d 213, 231 (5th Cir.2011).

79) Cavalier ex rel. Cavalier v. Caddo Parish Sch. Bd., 403 F.3d 246, 267 n.20 (5th Cir. 2005)；Evans-Marshall v. Bd. of Educ., 624 F.3d 332, 344 (6th Cir. 2010).

80) *The Supreme Courts 2012 Term-Leading Case: I. Constitutional Law: F. Fourteenth Amendment - Equal Protection Clause - Public-University Affirmative Action -* Fisher v. University of Texas at Austin, 127 Harv. L. Rev. 258, 263-64 (2013).

81) *See* Liliana M. Garces, *Lessons From Social Science for Kennedy's Doctrinal Inquiry in Fisher v. University of Texas II*, 64 UCLA L. Rev. Disc. 18, 20 (2016)；Scott D. Gerber, *Clarence Thomas, Fisher v. University of Texas, and The Future of Affirmative Action in Higher Education*, 50 U. Rich. L. Rev. 1169, 1190 (2016)；Vinay Harpalni, *Victory is Defeat: The Ironic Consequence of Justice Scalia's Death for Fisher v. University of Texas*, 164 U. Pa. L. Rev. 155 (2016).

82) 平等保護の分野での Kennedy 裁判官の影響力の増加が指摘されている（溜箭将之「初等教育機関における人種統合のゆくえ——The Story of Parents Involved Community Schools v. Seattle School District, 551 U.S. 701 (2007)」大沢秀介＝大林啓吾編『アメリカ憲法判例の物語』47 頁、77 頁（成文堂、2014 年）、高橋正明「ケネディ裁判官の影響力の増加」大林啓吾＝溜箭将之編『ロバーツコートの立憲主義』（成文堂、2017 年）89 頁、127-29 頁）。

83) Croson, 488 U.S. at 500-01.

84) Siegel, *supra* note 10, at 359-60；Thompson & Schiff, *supra* note 9, at 479.

同法廷意見は、多様な学生構成から生じる教育的利益がやむにやまれぬ利益であるのかを論じたが、ロー・スクールの主張が単なる口実に過ぎないのかどうかを審査していない[87]。他の文脈では、中間審査の下でも、最高裁は判断形成機関の主張が実際の動機づけであるのかを審査している[89]。

多様な学生構成は過少代表のマイノリティの学生が相当数在籍することで達成されるが、相当数を判断する指針はなく、不明確な概念である[90]。定義できない概念をやむにやまれぬ利益として認めると、ロー・スクールの主張がそのまま裁判所の結論となり[91]、判断形成機関の主張のままに人種が使用される危険がある[92]。最高裁の結論がロー・スクールの結論と同じになるとしても、最高裁にはやむにやまれぬ利益を自身で結論づける義務がある[93]。このような目的審査は、司法審査を放棄しているとも批判される[94]。

Grutter 判決以前には、厳格審査の下では、AA が目的の達成に向けて密接に仕立てられているための要件として、人種による優先は最低限必要なものしか許されないことが示されてきた[95]。同法廷意見はこの基準を放棄し、以下の4つの基準にとって代わらせた[96]。第1に、いずれの人種グループのメンバーを不必要に害しないこと。第2に、有用な人種中立的な代替策の真剣で誠実な考慮。

---

85) 539 U.S. at 329.

86) Varol, *supra* note 51, at 1254.

87) 539 U.S. at 328-33.

88) Varol, *supra* note 51, at 1254 (2010).

89) United States v. Virinia, 518 U.S. 515, 535-36 (1996).

90) Carl L. Bankston III, *Grutter v. Bollinger Weak Foundations*, 67 Ohio St. L.J. 1, 12 (2006).

91) Paul J. Beard II, *The Legacy of Grutter: How the Meredith and PICS Courts Wrongly Extended the "Educational Benefits" Exception to the Equal Protection Clause in Public Higher Education*, 11 Tex. Rev. Law & Pol. 1, 26 (2006) ; Eboni S. Nelson, *In Defense of Deference: The Case for Respecting Educational Autonomy and Expect Judgements in Fisher v. Texas*, 47 U. Rich. L. Rev. 1133, 1153-54 (2013).

92) See Deborah C. Malamud, *Affirmative Action, Diversity, and the Black Middle Class*, 68 U. Colo. L. Rev. 939, 954 (1997); Ian Ayres & Sydney Foster, *Don't Tell Don't Ask: Narrow Tailoring After Grutter and Gratz*, 85 Tex. L. Rev 517 (2007).

93) Varol, *supra* note 51, at 1257.

94) 539 U.S. at 348-49 (Scalia, J., dissenting).

95) *See* Evan D. Carr, *By The Content of Their Character: Good-Faith Consideration of Race-Neutral Alternatives in Affirmative Action Under Fisher*, 49 Ind. L. Rev. 745, 747-48 (2016).

96) Ayres & Foster, *supra* note 92, at 543.

第3に、時間的に制約され、一時的であること。第4に、選抜に際して各志願者に「個別の考慮」がなされていること。

同法廷意見によれば、個別の考慮の要求の充足によって、不要な侵害を回避できる[97]。中立策の考慮については、同法廷意見は「『人種中立的な入学者選抜策を発見できなかった』とするロー・スクールの言葉を額面通りに受取る」と示し[98]、実質的な審査をしていない。肯定派の裁判官は、人種により人々が永続的に評価されるべきではなく、AAが一時的な手段だと示してきた[99][100]。しかし、同法廷意見は、実行可能になればAAを終了するとするロー・スクールの主張を「鵜呑み」にし[101]、ロー・スクールにAAの合憲性の定期的な審査を要求しておらず[102]、厳格審査を希薄化した[103]。個別の考慮は密接に仕立てられているために必要な唯一の要素であり[104]、O'Connor裁判官の厳格審査の本質である[105]。ほとんどの大学は個別の考慮を実施しているため、O'Connorの厳格審査の通過は容易であり[106]、合理性の審査に近くなるほどにロー・スクールの判断を敬譲している[107]。

2　Kennedy 裁判官の厳格審査

Fisher Ⅱ判決 Kennedy 裁判官多数意見は、固定観念の縮減、人種相互の理解の促進、労働市場と社会の他の部分における多様性に学生を対応させること、「市民の目線において正統性」を持つ指導者の育成という大学の目的を肯定的

97）539 U.S. at 341.

98）*Id*. at 342.

99）Adam Winkler, *Fatal in Theory and Strict in Fact: An Empirical Analysis of Strict Scrutiny in the Federal Courts*, 59 Vand. L. Rev. 793, 820（2006）.

100）Bakke, 438 U.S. at 360-61（Brennan J, jointed by White, Marshall, Blackmun JJ., dissenting）；Paradise, 480 U.S. at 178（Brennan J., jointed by Marshall, Blackmun, Powell JJ., plurality）.

101）539 U.S. at 343.

102）Gerstmann & Christopher, *supra* note 30, at 36-37.

103）Louis Lapidus, *Diversity's Divergence: A Post Grutter Examination of Racial Preference in Public Employment*, 28 W. New Eng. L. Rev. 199, 218（2006）.

104）Nelson, *supra* note 91, at 1143.

105）Massey, *supra* note 68, at 977-78.

106）Ware, *supra* note 11, at 2111.

107）Gerstmann & Christopher, *supra* note 30, at 28.

に参照した。大学には、入学者選抜判断で人種を考慮する必要性を継続的に再評価し、審査する義務がある。しかし、その再評価をするのは裁判所ではなく大学だとされるため、Fisher II 判決は Grutter 判決の法理をほとんど変えていない。多様性から生じる利益という一定の決まり文句を描くだけで、目的は合憲になると指摘される。

　同多数意見は、大学の任務の中核にある無形の質（多様性から生じる教育的利益）を定義する際に、大学の専門知識と経験から大学に裁量を認める。同法廷意見は大学による相当数の決定に特に異論を差し挟んでおらず、相当数の判断は UT に委ねられている。これに対し、Alito 裁判官反対意見は、単純に入学者選抜の担当者が多様性から生じる利益といった漠然不明確な目的を達成するために人種の使用が必要だと述べることで人種使用が正当化されるならば、手段審査は無意味になるとする。同反対意見の背景には、大学の主張がそのまま裁判所の結論になり、AA の合憲性判断の大学への白紙委任は厳格審査の趣旨に反するという認識がある。この白紙委任によって、人種中立策が達成するマイノリティの割合がどのようなものであっても、大学は常に捉えどころのない「相当数」を充足していないと主張して、人種中立的な代替策を否定できる。

　相当数は大学にしか特定できないという考えに基づき、同多数意見は相当数が未達成だという大学の主張を信頼する。大学によって示された数多くの研究

---

108) 136 S. Ct. at 2211.

109) Kevin R. Johnson, *From Brown to Bakke to Grutter: Constitutionalizing and Defining Racial Equality: The Last Twenty Five Years of Affirmative Action?*, 21 Const. Commentary 171, 187 (2004); Mark W. Cordes, *Affirmative Action After Grutter and Gratz*, 24 N. Ill. U. L. Rev. 691, 748-50 (2004).

110) 136 S.Ct. at 2214-15.

111) Claxton, *supra* note 61.

112) Elizabeth Slattery, *Fisher v. UT-Austin and the Future of Racial Preferences in College Admissions*, 17 Federalist Soc'y Rev. 22, 25 (2016).

113) 136 S. Ct. at 2214.

114) Id. at 2211-12.

115) Id. at 2221-23.

116) *See* Nelson, *supra* note 91, at 1153-54.

117) Carr, *supra* note 95, at 745.

118) Kirsanow, *supra* note 59, at 63.

119) Slattery, *supra* note 112, at 25.

を証拠として認める際に、大学には完全に近い敬譲がなされ、手段審査で敬譲[120)]
を否定する厳格審査は諦められたとされる[121)]。

多様性達成の代替手段があるのかについて、同多数意見は、大学がいくつか
の人種中立的な施策を行う試みがなされていればよく、人種使用が最終手段で
ある必要はないとの立場を採る[122)]。Grutter 判決ではロー・スクールが代替策を
誠実に考慮するだけでよかったが、Fisher II 判決は代替策の実践を要求して
おり、手段審査は厳格化した[123)]。中立策の要求は、代替策が行政的に許容される
コストで済むこと、およびそれが人種を意識する計画と同じように作用するこ
とであり、非常に軽度の負担であるとも指摘される[124)]。

3 評価

O'Connor 裁判官の厳格審査は、Grutter 判決で、実質的な審査をせずに判
断形成者の主張を鵜呑みにし[125)]、中間審査よりも厳格度が低い。まさに、敬譲が
厳格審査を骨抜きにしている[126)]。Kennedy 裁判官は Fisher I 判決で O'Connor
裁判官の厳格審査が最高裁の立場でないことを明確にし、厳格審査の下で、裁
判所は判断形成機関の判断を盲目的に敬譲しないとした[127)]。Fisher I 判決の厳

---

120) Claxton, *supra* note 61, at 238.

121) Kirsanow, *supra* note 59, at 60.

122) 136 S. Ct. at 2208.

123) *See* Jonathan W. Rash, *Affirmative Action On Life Support: Fisher v. University of Texas at Austin and The End Of Not-So-Strict Scrutiny*, 8 Duke J. Const. Law & PP Sidebar 25, 44-45 (2012) ; *The Supreme Courts 2012 Term-Leading Case: I. Constitutional Law: F. Fourteenth Amendment - Equal Protection Clause - Public-University Affirmative Action* - Fisher v. University of Texas at Austin, 127 Harv. L. Rev. 258, 265 (2013) ; Tomiko Brown-Nagin, *Rethinking Proxies for Disadvantage in Higher Education: A First Generation Students' Project*, 2014 U. Chi. Legal F. 433, 460; Oluwole & Green III, *supra* note 75, at 758-61 ; John A. Powell & Stephen Menendian, *The Limits of Exhaustion and the Future of Race-Conscious University Admissions*, 47 U. Mich. J.L. Reform 899, 909 (2014).

124) Oluwole & Green III, *supra* note 75, at 759.

125) Massey, *supra* note 68, at 972.

126) Gail Heriot, *Fisher v. University of Texas: The Court (Belatedly) Attempts to Invoke Reason and Principle*, 2012-13 Cato Sup. Ct. Rev. 63, 77 (2013).

127) Eang L. Ngov, *Following Fisher Narrowly Tailoring Affirmative Action*, 64 Cath. U.L. Rev. 1, 49 (2014).

格審査は手段審査の厳格化を示唆し、AA にとって事実上致命的にもなりうるとも評された。[128] Fisher II 判決は手段審査を厳格化したが、大学が中立策の機能不全を証明すべきことを明確にしただけであり、あくまでも Grutter 判決と比べて厳しいに過ぎない。[129]

O'Connor 裁判官の厳格審査の本質を変えるには、目的審査での敬譲を認めず、裁判所が「相当数」の判断に際して大学に多大な裁量を認めない必要がある。[130]「相当数」の定義を大学に許すと、大学は「相当数」を充足していないと主張して、その意思によって、人種中立的な代替策を否定でき、時間的制約なしに人種を考慮できる。[131] 目的審査での敬譲は、多様性の利益が抽象的で、証明や反証ができないため、厳格審査を掘り崩す。[132] Kennedy 裁判官の厳格審査は手段審査で大学に多大な裁量を認めており、[133] O'Connor 裁判官の厳格審査の本質を変えていない。

4 肯定派と否定派の裁判官の見解

AA 肯定派の裁判官は、AA と差別的な人種区分を性質が異なるとして区別し、AA への厳格審査の適用を否定する。[134] 肯定派は AA の厳格審査の通過可能性をたびたび示唆し、中間派の敬譲型の厳格審査は実際に合憲判断を下したが、肯定派はその結論に同意するだけである。肯定派は厳格審査が AA に「事実上致命的」に作用する危険があると認識していた（II 3）。敬譲型の厳格審査は AA の合憲性について実体的な審査をしていないため（III）、肯定派は人種差

---

128) Danielle Holley-Walker, *Defining Race-Conscious Programs in the Fisher Era*, 57 How. L.J. 545, 546 (2014).

129) Boddie, *supra* note 60, at 40 n.20.

130) *See* Bret D. Asbury, *The Fisher Oral Argument: Why Affirmative Action Might Endure*, 9 Stan. J.C.R. & C.L. 107, 118-19 (2013).

131) Carr, *supra* note 95 , at755-56.

132) Thompson & Adam R. Pomeroy, *Desperately Seeking Scrutiny: Why The Supreme Court Should Use Fisher V. University Of Texas To Restore Meaningful Review To Race-Based College Admission Programs*, 7 Charleston L. Rev. 139 (2012).

133) Dean Richlin & Sarah Burg, *Takeawys from Fiher II for University Admission Policies*, 60 B.B.J. 12 (2016).

134) *See* Wygant v. Jackson Board of Education, 476 U.S. 267, 316 (Stevens Jointed by Ginsburg J., dissenting) (1986); Adarand, 515 U.S. at 246 (Stevens Jointed by Ginsburg J., dissenting).

別を容易に正当化すると懸念していた[135]。彼らが人種区分への厳格審査の適用を支持するときには、判断形成機関への敬譲を明確に否定する[136]。

AA否定派の裁判官はすべての人種区分へ厳格審査を適用する点には中間派に同意するが[137]、厳格審査への敬譲の組込は先例に反すると批判する[138]。否定派の裁判官は、刑事施設の人種区分の合憲性が問題とされた事例では、刑事施設の運営には在監者の安全に係る難しい判断が含まれており、裁判所は職員の専門知識に基づく判断を敬譲すべきだとする[139]。そして、刑事施設での人種区分には緩やかな厳格度の基準が適用されるべきとする[140]。厳格審査に敬譲の概念を組み入れないことではGrutter判決での立場と一貫しているが、あらゆる人種区分には厳格審査が適用されるべきとする立場とは矛盾している。

中間派とそれ以外の裁判官との違いは、判断形成機関の権限や裁量といった具体的な文脈について、個々の事例で問題とされた人種区分にどの審査基準を適用するのかを決定した後、あるいはその前に考慮するのかにある。平等保護分野では、最高裁のすべての裁判官は判断形成機関への敬譲をするかしないかを意識している。

Ⅳ　おわりに

AAにどの審査基準を適用するのかは別にして、人種区分の合憲性審査に際

---

135) *See* Massey, *supra* note 68, at 973-74; Thompson & Schiff, *supra* note 9, at 478. 肯定派はAAへの厳格審査の適用を支持しないが、彼らが厳格審査を硬直的に捉え、彼ら自身がAAにとって厳格審査が事実上致命的だと理解しているのかは疑問である。肯定派はAAの厳格審査通過可能性を示してきた（注19、20）。否定派がAAを違憲にするために厳格審査の適用を主張していたため、支持派の裁判官はAAへの厳格審査の適用によって違憲判断が下されるのを危惧し（Ⅱ3）、常に中間審査の適用を主張してきたと考えられる。

136) Johnson v. California, 543 U.S. 499, 516 (Ginsburg J., jointed by Souter, Breyer JJ., dissenting) (2005).

137) Adarand, 515 U.S. at 226-27 (O'Connor J., jointed by Rehnquist C.J., Scalia, Thomas & Kennedy JJ., majority).

138) Grutter, 539 U.S. at 387 (Rehnquist C.J., jointed by Scalia, Kennedy, Thomas JJ., dissenting).

139) Johnson v. California, 543 U.S. 499, 528-31 (Thomas J., jointed by Scalia J., dissenting) (2005). 刑事施設による人種区分と敬譲の関係について考察した文献として以下参照（Grunberger, *supra* note 9）。

140) *Id*. at 524.

して、最高裁のすべての裁判官は文脈を考慮すべきことは認めている（Ⅲ4）。否定派であっても、文脈に関係なくすべての人種区分に厳格審査を適用しておらず、判断形成機関と敬譲の関係を考慮している。

　しかし、厳格審査への敬譲の組込の真の支持者は中間派だけである。矛盾する概念（敬譲と懐疑主義）を同居させた結果、大学の入学者選抜での人種使用の合憲性が問題とされた文脈では、敬譲型の厳格審査はほとんど実体的な合憲性審査をしなかった（Ⅲ1、2）。厳格審査という名称は用いるが、敬譲型の厳格審査は厳密な審査をしていない。厳格審査の目的を文脈の考慮と捉え、敬譲の組込を支持する学説でも、大学の入学者選抜の AA の文脈における O'Connor の厳格審査は基準を緩めすぎていると批判されている[141]。Kennedy 裁判官の厳格審査は O'Connor 裁判官の厳格審査の本質を変えていないため（Ⅲ3）、敬譲の組込を支持する立場から同じように批判されるだろう。厳格審査への敬譲の組込が是認される場合でも、行き過ぎた敬譲は厳格審査の意義を掘り崩す。少なくとも本稿で考察した中間派の敬譲型の厳格審査は、日本の論者が理解する厳格審査の範囲には入らないと考える。平等保護の分野では、裁判官ごとに厳格審査の理解が異なり、時代が変わればその理解も変遷する[142]。Kennedy 裁判官も最高裁を去った今、平等保護分野での敬譲と厳格審査の関係も変化していくのであり、絶えずその動向を注視する必要がある。

（もぎ・ようへい　桐蔭横浜大学准教授）

141）Nelson, *supra* note 91, at 1153-54.
142）青山武憲「厳格な審査（と基本権）(1)」日本法学 74 巻 2 号（2008 年）223 頁、224 頁。

差別法をめぐる研究序説
──ポジティヴ・アクションも視野に

新村とわ

I 大学入学という一大事

　2019 年 4 月、東京大学の入学式での祝辞はかつてないほどの注目を集めた。歴代二人目の女性プレゼンター[1]によってなされたその内容は、前年に国内外で話題になった東京医科大学で女性受験者に一律減点がなされていた事件の摘示からはじまった。日本社会における男女格差の問題が、いまなお過去のものではないこと、ましてやその再生産が、ほかでもない東京大学という場でも顕著に行われていることを辛辣に指摘するものだった。女性学（のちのジェンダー研究）という学問領域を開拓してきたこの上野千鶴子氏[2]は、数ヶ月後、この東大祝辞への質問も含めたメディアからのインタビューにおいて、彼女自身が長年主張してきただけの内容が、今回の祝辞でここまで社会の視線を浴びたのは、＃ MeToo 運動や東京医科大入試事件で世論が耕されていたからだと語っている[3]。

　東京医科大学事件発覚後や上野氏の東大祝辞についてテレビやネットの表現市場で散見された意見には「公正であるべき入試での女性差別は許されない」

---

1)　一人目のプレゼンターは緒方貞子元第 8 代国連難民高等弁務官であり、2010 年の入学式においてである。

2)　上野千鶴子東京大学名誉教授による同祝辞の全文は、東京大学 HPhttps://www.u-tokyo.ac.jp/ja/about/president/b_message31_03.html　で入学式翌日から閲覧可能だった。

というものが基本的に大勢のようにみえたが、それと対抗するかのような次の
ような意見も少なくなかった。「東大に女子学生が少ないのは、そもそも受験
しないからで、東京医科大とは事案が違う」「私大ならば、選別基準は多様で
あっても構わない」「選別基準を公開さえすればよかったのではないか」「女性
医師は、高い教育費用を投資しても、育児等で医師を辞めるケースが多く国費
の無駄」「産休や育児休暇を取られると、代わりの医師を見つけるのが難しく
て迷惑」「外科手術等の体力が必要な手術に女性は無理。結局、眼科や皮膚科
等の特定分野に女医が増加してバランスが悪い」「ペーパー試験の上位は女性
が多いので、成績順に選別すると男性医師がいずれ少なくなる」等々。

　ここからは、差別とは一体何なのか、果たして何が公正なのか、差別と公正
とを判断する根拠は何なのかとの疑問が生じる。それと同時に、この一連の騒
動をめぐる世論の反応[4]には、かくも「俗衆」の「差別」意識と「法専門家」の
「差別」意識の分離が大きいということが再確認され、その認識を埋め合わせ
ることが急務だと実感させられた。そして、この実感こそが、本稿でのちに考
察を加える書籍を著したイギリスにおけるインド人法学者である Tarunabh
Khaitan（タルーナブ・ケイタン）のそれと通底するものである。

　さて、女性学のパイオニアが上野千鶴子氏であれば、憲法学者の立場から女
性法学（ジェンダー法学）を牽引してきたのが辻村みよ子教授である。辻村教授
のジェンダー法研究の守備範囲は多岐に亘るが、特に政策・方針決定過程にお
ける女性参画のための研究とそれに基づく政策提言とが教授によって積極的に
行われている。また内閣府に設置されている男女共同参画推進会議の委員も務
められ、辻村教授は学理のみでなく、実務においても日本における女性の地位
向上のための基盤を法的側面から支えている。その辻村教授が特に男女共同参

3）　東洋経済オンライン 2019 年 5 月 30 日 https://toyokeizai.net/articles/-/283309?page=4。この記
　事にて、＃MeToo 運動が日本で盛り上がらない理由を問われた際、上野氏の「性暴力について異
　議申し立てをしている人は大勢いるし、支援する人もたくさんいる。＃MeToo についても、各地
　で集会や抗議の動きがあったのに、『メディアがきちんと報道しない』ことが問題ではないでしょう
　か」との返答に著者は特に共感を覚えた。伊藤詩織氏の事件について海外メディアから逆輸入され
　て初めて情報を得るというこの日本社会でのメディアの歪んだ現実を我々は再考せねばならない。
4）　メディアが偏向的に情報を流しているとの批判やネットで「炎上」とされても実際にネットでの
　意見は世論の数パーセントにすぎないとの統計を看過しているわけではないが、一般市民の「差
　別」意識をみるための一資料にはなるだろう。

画の加速、政策・方針決定過程における多様性の確保を推進する方策として支持しているのが、社会での女性参画を強化する即効薬となりうるクォータ制などに代表されるポジティヴ・アクション（以降PAと略記する）であろう。[5]

　PAに関連して、前記の東京医科大学入試事件での文脈には「女性差別」と[6]「大学入試差別」の問題が並存している。特に大学入試という文脈から東京医科大入試事件を契機にアファーマティヴ・アクション（以降AAと略記する）に言及する記事や意見も見受けられた。そこでは特に、大学入試におけるAA措置に対して「逆差別」との主張が展開されたアメリカの事案が想定されていたようである。さて、PAとAAの関係であるが、諸国におけるその手法はさまざまであり厳密にいえば同義とはいえないが、広義には名称の差異とも捉えられ基本的にAAはPAと同視してよいだろう。また、東京医科大入試事件はPAの問題とする事案ではないが、差別法のなかでのPAの位置付けを検討する際に、ひとつの思考枠組みを提起する機能を十分に有していると考える。

　本稿は、社会における差別と公正とは何かとの主題につき、差別法がどのような役割を果たしうるかについて私なりの答えを探すささやかな試みであり、今後の研究のための序説にすぎない。主題へのアプローチとしては、社会における俗衆と法専門家の（法）認識の差異の存在を基底に据えつつ、辻村教授のPAに対する研究業績等を参考に日本における主題への取り組みの可能性について、2015年に英国で出版された一冊の著作における差別に対する法理論が日本においても適用可能か否かを検討していく手段が採られる。

---

5)　辻村教授のジェンダー研究、ポジティヴ・アクション等に関する業績は枚挙に遑がないが、さしあたり、辻村みよ子『概説　ジェンダーと法〔第2版〕』（信山社、2016年）、辻村みよ子『ポジティヴ・アクション──「法による平等」の技法』（岩波新書、2011年）等を挙げておく。

6)　実際には、東京医科大学事件では多年浪人生にも一律減点がなされていた。女性多浪生は、この場合二重苦を強いられた形となろうか。しかし、この多浪生への減点処置は女性受験者に対するそれと比較して、さほど世論で取り沙汰されなかった感がある。因みに、高齢の医学部受験者が自身の入試不合格は年齢による差別の結果であると訴えた訴訟として、東京高判2007〈平19〉. 3. 29判時1979号70頁がある。同判決では、大学入試の合否判定に司法審査が及ぶかについて、憲法に反するような年齢による差別が行われた場合は、他事考慮による裁量権濫用の可能性があるとして司法審査が及ぶと判断した。しかし、当該事案には年齢による差別を裏付ける十分な証拠がないとして司法審査の対象外と判じた。

II 『差別法論』

凄い本が出版された。最初の数頁をみた際の印象は、章を読み進めるごとに確証となった。『差別法論』(*A Theory of Discrimination Law*) と題するその書は、法哲学的および法理論的観点から差別法の体系化を図り、英米法圏（あるいは判例法圏）のなかでの、カナダ、英国、米国、インド、南アフリカ共和国の五国という広範な制定法や判例を渉猟し、差別法の目的と手段を検討したうえで差別法が正当であることの理論的実証を試みている。

1 俗衆と法専門家

同書劈頭では、英国で物議を醸した第103代カンタベリー大司教のジョージ・ケアリーによる同性愛者の性的指向とパートナーシップカウンセラーの信教ないし信条の自由との抵触が問題となった事件での法廷での証言を素材に、法専門家と俗衆 (layperson) との間の「差別」意識の違いが提起される。そこでは同事件の判決文から「法は、行為者の意図に起因するようなものではなく、行為者の作為ないし不作為によって生じる結果に起因する（間接的な）差別的行いを禁じている。作為ないし不作為の意図が善意か悪意かにかかわらず、その行為が集団や階級に属する諸個人に対して明らかに差別的な効果ないし結果を引き起こすことがありうる。仮にある行為が差別的だと認識されたら、即ちその行為は非難され有責とされるべきとの考えは合理性を欠くが、しかし、こ

---

7) 新村仮訳。日本では、差別撤廃法や差別解消法との名称が馴染んでいよう。確かに、その英語名称として、anti-discrimination law との文言も広く通用しているが、差別に関連する法一般に対する考察という意義をもたせたであろう題名の直訳を付した。

8) Tarunabh Khaitan, *A Theory of Discrimination Law*, Oxford University Press, 2015

9) カンタベリー大司教は、英国国教会での最高位とされ、ジョージ・ケアリーは、その在位時に英国国教会で女性司祭の叙任を認めた一方で、同教会内における同性愛を厳しく批判した。

10) *MacFarlane v Relate* [2010] EWCA Civ 880.

11) lay の訳出は興味深い。古代ギリシア語の λαϊκός（人民）を語源としたラテン語の laicus（神聖ではない、平信徒、素人）から派生した英語の lay は、clergy, clerical（聖職者（の））に対して「世俗者」との用法もあれば、Non-professional（専門知識を有する人）に対する「一般人、素人、俗衆」を意味することもある。因みに、日本の「裁判員制度」の訳語としては (lay judge) が用いられている。

のような不合理がケアリー大司教の考えの前提となっている[12]」とのジョン・ローズ判事の言が引用される[13]。聖俗の区別を含意する lay という語の有する語源的意味において、皮肉にも「俗（lay）」と対峙されるべき「聖」職者の代表の示した「差別」に対する認識が俗衆（layperson）の認識そのものであり、法専門家である裁判官の判じた「差別」の意義とかけ離れていたとの事案を用いて、俗衆が「差別」という語を用いるときと、法学上の「差別」定義とに大きな懸隔があることの問題が読者に投げかけられる。つまり、俗衆にとっては、差別とは故意になされ直接的であり比較上のものであり、差別者による選別過程の非合理性に目が向けられる。それに対して、法の上では、差別とはおそらく無意識になされる間接的なものであり比較不能なものである。そこでは、被差別者（犠牲者）への影響にこそ焦点がおかれる。

　また、差別法の目的とその機能に関しては、法専門家の間でも見解の差異が広く存在しており、ことに差別法の実定規範としての不明瞭さは、その法や政策およびモラル上の解釈において裁判所に大きな裁量の余地を許している[14]。この懸隔と不明瞭による穴を埋めるために「聖杯（Holy Grail）[15]」を探す作業、つまり、「差別法」が依拠しうる首尾一貫した明瞭な実定規範の探索が急務だとする。それは机上での理屈のこね回しによってではなく、現実世界の実務に裏打ちされたものでなければならない。

　この「聖杯」探しの企画は大きく三つに分けられ、それが本書の三部構成に呼応する。第一部において、差別法に対する概念上の説明が施される。いかなる法律が差別法にあたりどの法律が差別法に該当しないか識別できるような、差別規範の持つ特徴とはどのようなものなのかが英米法圏の上記五カ国の諸法源をもとに検討される。引き続く第二部では、第一部で検討した差別法に関連する諸法源を規範的に正当化するために、差別法の目的を確定する作業がなさ

---

12) See, FN（10）, [18].

13) Khaitan, FN（8）p1.

14) 同様な指摘をするものに、Colm O'Cinneide, 'The Uncertain Foundation of Contemporary Anti-discrimination Law'（2011）11（2）International Journal of Discrimination and the Law 7.

15) 最後の晩餐でイエズス・キリストが使用し、キリストの受難の際にアリマタヤのヨゼフがキリストの血を入れたとされる伝説の杯。その聖杯を捜し求める騎士の物語から転じて、その探索が希求されるものを暗喩する。

れる。最後に第三部では、差別法がその目的を達成するために用いる手段を詳細にみることで、その正当性を確認し擁護する。その際にとられる検討手段は、差別法が誰に義務を要請し、その義務の履行によって誰が利益を得るのかという義務に焦点をあてることでなされる。

2 差別法の概念と定位

まず、広く社会一般で観察されうる「差別」に関連するとみられる事例（人種を理由とする賃貸拒否の禁止、公的事業者に女性の一定割合就労を促す措置、正当理由のない肥満な人に対する不利益措置の禁止、空港会社による目の色を理由とする採用差別の禁止、緊急医療をすべての人が受領できる体制整備の国への義務付け、最低賃金率を下回る賃金の禁止、故意・無謀・過失ある行為によって他者を侵害してはならないとの防御規定の遵守、移動が困難な障碍者への自治体からの月額交通費の支給等）を検討することで、帰納法的に、差別法を不法行為や刑法、社会保障法といった他の法領域から区別し、差別法としてカテゴライズされうる基準、つまり差別法たる規範を把握するための次の四条件が提示される。

① 個人的根拠条件（the personal grounds condition） 差別法規範に該当する義務付け規範は、「その義務付け規範によって義務付けあるいは禁止される作為ないし不作為とその規範との間に何らかの関係がある一方で、他方で「根拠」と呼びうる当該個人のもつある種の属性ないし特性とも関係していることが必要とされる[16]」。

② 同族集団条件（the cognate groups condition） その規範が依拠する根拠（あるいは、個人の特質）は、性別といった「普遍的秩序」であるとともに、男か女かというように個別の秩序でもなければならない[17]。

③ 比較的劣位条件（the relative disadvantage condition） 一定の普遍的性質で分類できる複数集団の中で少なくともひとつ以上の同じ分類条件による他の集団より劣勢な状況に置かれていることが必要とされる[18]。例えば、「性別」という分類で女性を男性より優遇するような措置はこの条件に該

---

16) Khaitan, FN（8）p29.
17) Khaitan, FN（8）p30.
18) Khaitan, FN（8）p31.

当するが、「目の色」の場合、青い目の人が他の黒や茶色の目の色よりも差別されるということが明らかにされない限りは、このような法規範は、この条件を満たさない。

④ 特異配分条件（the eccentric distribution condition） 義務付け規範は、便益が図られようとするグループに属する構成員全員ではなく、問題になっている何人かの構成員に対して特異に配分されるよう定められなければならない[19]。この最後の条件は、例えば「アフリカ系アメリカ人全員が賠償金を受ける」という規範の不合理性を想起すれば明らかになろう。この規範は、①から③までの条件すべてを満たすことになろうが、その集団のなかの一部のものだけでなく、全員をその対象にするものであることから、この四つ目の条件を満たしていない[20]。

これら①から④の条件をクリアしたものが、差別法の規範として正当化されることになる。先に記した事案でみてみれば、差別法として正当化されるのは最初の三事案、つまり、人種を理由とする賃貸拒否の禁止、公的事業者に女性の一定割合就労を促す措置、正当理由のない肥満な人に対する不利益措置の禁止ということになる[21]。

3 差別法の目的──「良き人生をあゆむ」

次には、差別法の目的が考察される。差別法が正当化されるその目的とは、各個人の豊かな人生を保障すること、とどのつまり、各個人が「良き人生をあゆむ」ことである。さらに、差別法が目的とする良い人生をあゆむために不可欠な前提条件として四つの基本財に対するアクセスが保障されていることが肝要だとされる。その四つの財とは、(i)ひとの生物学的要求を十分に充たすような種々の財、(ii)消極的自由：ひとの身体、計画、所有、人間関係ならびに関心事を阻害する不当な干渉からの自由、(iii)価値ある選択機会が適切に与えられること、(iv)自尊：適度な自己尊重、である。しかしながら、比較的劣位集団に属

---

19) Khaitan, FN（8）p39.
20) 最後の「特異配分条件」が若干理解しづらいが、本文に挙げた指摘で理解が促されるだろう。参照、Deborah Hellman, Ethics, Jan 2018, Vol. 128 Issue 2, pp473-478., p475.
21) Khaitan, FN（8）p42.

していることで、これらの財への自由かつ十全なアクセスが妨げられる[22]。ここが、ケイタンの差別法での重要ポイントであるが、したがって、「比較的劣位集団（relative group disadvantage）」の存在自体が「差別法」の核心であり、逆の視点からみれば比較的優位集団の優位性を減じることがその究極の価値となり、これが、つまりケイタンの「聖杯」なのである。

4　集団と個人

上記の観点からすれば、差別法の定位とその正当化には「集団」の存在が不可欠になる。かかるケイタンの議論で革新的なことは、「個人」と「集団」に対する見解である。近代法の大原則は「集団」から「個人」を析出することにあり、権利や義務は個人に帰属するという、個人ベースの法概念が出発点になっている。「集団」と「個人」の分断（あるいは前者の否定）という問題意識とその原則が現代法においても貫徹可能か否かは著者が常に関心を持ち続けてきた思考モデルである。ケイタンの視座においては、差別法を検討する過程において、集団に関する問題は不可欠のもので度外視することはできず、劣位な立場にある「集団」に属していることが「個人」に大きな影響を与えるとの事実が所与のものとされる。差別法において「集団」か「個人」のどちらを保護するべきかという困難な問いに対して、ケイタンは、どちらも保護されなければならないという対応をすることで、その論議で紛争することを回避している。その対処がなぜ肯定されるかといえば、差別法は全体的に蔓延っている特定集団に対する劣位状況を根絶するべく差別法が劣位集団を保護するという手法を用いるが、それは結局のところ、劣位集団に属しているということが個人の自律に大きな影響を与えているのは明白すぎるほどに明白だからである。

5　差別法の目的を支える原理（主義）

差別法の正当性を説明しうる根拠としては、先行業績での「平等主義者（egalitalian）」「自由主義者（liberal）」「尊厳主義者（dignitalian）」等の概念がとりあえずは提示される。しかし、そのどれもが差別法の目的を説明するに十分

---

22) Khaitan, FN（8）p122.

ではない。例えば、平等主義者は差別法の法制化において平等がもっとも重要な要素だと考える。「差別と平等」とは、理論的な法学文献上では同じとの共通認識は全く構築されていないにもかかわらず、多くの俗衆、哲学者さらには法実務家までもがこの両者は等質のものであるかの論調でことを進めている。それに対して、自由主義者は、差別禁止法の規範的根拠を提示するのは自由主義概念が最善と主張するが、その自由主義概念は非常に広範なものであり、自律や自由、果ては福祉国家主義や功利主義までをも含意しており、あるときは共和主義もこのカテゴリーに加えられうる場合さえある。尊厳主義者は、差別が発生することの過ちは、すべて人間のあるいは個人の尊厳が侵害されていることに起因していると考えるがそれは不十分である。結局のところ既存業績の一つの主義ないし原理だけで差別法の全てが依拠できるような規範つまり「聖杯」を探し出すことはできず、楽観的に「多元主義」に落ち着く論者もいれば、悲観的に主義原理での説明は不可能だと「聖杯」探しを諦める者とが出てくる。これに対して、ケイタンは、平等主義ではなく、やや自由主義寄りの考えを提示する。すなわち、良き人生をあゆむことこそが差別法が依拠すべき規範であり[23]、そのためには、差別法によって良き人生をあゆむための自由を各人に提供する四つの基本財に対するアクセスが十全に保障されていることが肝要だとする。加えて、そのアクセスに際する本人の自律性、自主性ならびに満足度が重要になる。四つの財への自由な接近が求められるとの主張からは、「平等主義者」の観点よりも自由を重んじる「自由主義者」の観点が差別法を機能させるには相応しいというケイタンの意識が窺われるようにもみえる。しかしながら、ケイタンは、従来の自由主義者の主張とは一線を画し、自由の質こそを問題にし、つまり、いかに自分の選択が満足するレベルでなされるかが問題であり、いわば「充足主義者（sufficientarian）」や「優先主義者（prioritarianism）」等の立場が差別法には有効であると主張する[24]。

---

23) 差別法の目的は「良き人生をあゆむ」ことだとのケイタンの主張には、その理論の厳密性に対して、疑問を投げかける論者も少なくない。例えば、Sophia Mareau, Discrimination Law and The Freedom to Live A Good Life, Law and Philosophy（2016）35: pp511-527, p518. Mareau は、自由主義的観点から差別法を理解する傾向にある。See, Sophia Mareau, 'What is Discrimination?'（2010）38 Philosophy and Public Affairs 143.

24) Khaitan, FN（8）p132.

6　手段──義務の配分──差別法の正当化

先にみた差別の概念に基づいて設定された「良き人生をあゆむ」という差別法の目的に沿う形で、差別法が正当化されるためには、具体的な差別法を実現するための義務を誰が負っているか、そして、その義務が果たされることで誰が益を得るかが考察される。すなわち、差別をしない義務に関して、直接・間接ともの差別および嫌がらせをしない義務等の規範的意味が問われる。そして、差別行為のもつ二つの誤りが指摘される。つまり、差別行為がその「集団」の劣位状況を悪化させるものであること。さらには、「集団」に属する者ということで「個人」が差別行為によって被害を被ってしまうということである[25]。次には、義務者に対する詳細な検討が加えられる。つまり、普遍的に誰に対してもその非差別義務を課すことがよいのか、あるいは、優位集団に属する人にのみ義務を課すのが相応しいか等が検討される。最終的には、公的性質を有するような人に対してのみ、劣位にある集団にそれなりの違いが見て取れるだけの最適な形態でのみ義務が課されることを差別法が要請していることが結論づけられる。

ところで、差別禁止法のコンセプトを実現するために種々の方策がいままでにも織り上げられてきており、例えば、直接差別と間接差別の概念の識別、AA、分別ある宿泊施設 (reasonable accommodation)、ハラスメント (harassment)、作為義務 (positive duties) などがある。本書の随所でこれらのツールを個別に検討することが行われてきたが、さらに、AA については、まるまる一章分が配分され最終的な総まとめ的観点からの考察がなされ、その是非について検討されていく。

Ⅲ　『差別法論』におけるポジティヴ・アクション

『差別法論』はその第8章を Affirmative Action と銘打ち、その実質的検討にあたっている[26]。同書は既述のように AA に限定されない差別法が講じる種々の措置をも検討対象としているが、AA にかくも一章分の紙幅をとるのは、

---

25) Khaitan, FN (8) p194.

AAこそが差別法の目的を実現する最も有効な手段とケイタンが考えるからであろう。[27]

　AA導入をした国としてよく知られている国のひとつがアメリカだが、ケイタンが検討する五カ国のうちで、もっとも古くからAAと分類されうる措置を導入したのは、1885年に制定法でカースト制度の下層階級に対する特別措置を規定したインドにおいてであるとの研究が明らかにされつつあり[28]、これはアメリカのAAに先行する。とはいえ、最初にAfirmative Actionとの文言が使用されたのはアメリカにおいてである。アメリカのブラウン判決（1954年）で黒人差別の「学校教育などの公機関で隔離するのは不平等」との判決がなされ、この判決を受けて、ときのケネディ大統領が連邦政府の契約企業に命じた1961年の大統領令がAAの端緒である。1964年成立の公民権法（Civil Rights Act of 1964）で法制化された。AAの政策の根拠となるのが合衆国憲法修正14条「法の下の平等」であり、社会的な平等を強く訴えたジョンソン大統領の「偉大な社会（The Great Society）」政策の象徴的存在になった。その後、AAは、人種、女性への差別に対する処方箋として活用される。

1　大学入試におけるAA

　アメリカでは1972年の雇用機会均等法が教育機会授与の重要性を強調したことなどから、大学の入学者選抜にもAAの採用が本格的に始まる。大学側は様々な形で少数派を優遇し、学生選抜に一定の少数派枠（クォータ）を設定したほか、少数派の共通テスト（学部ならSAT、大学院ならGREやGMATなど）の結果に加点するなどの措置をとった。その後の判例展開において、「逆差別」との訴訟が提起され、事案によってはAAが違憲との判断も出されるようになり[29]、AAの法的正当化を探す作業が昨今の課題ともなっている。[30]

---

26)　本稿著者は、この拙稿に先立ち同書の書評を行ったが、その書評では、この拙稿執筆を視野にいれて、この第8章の解説と記述を意図的に控えた。新村とわ「『差別』とは何か——差別法の哲学的考察」成蹊法学90号（2019年）333頁（近刊）。

27)　Khaitan, FN（8）p194.

28)　英国支配時に独立政権として存在したマドラスでのインド政権は、Grant-in-Aid Code in 1885にてカースト制度の「下級階層（backward class）」に対するAAに対応する措置を規定していたという。Khaitan, FN（8）p16.

2 AA の定義と性質上の分類

ケイタンの AA の定義は次のようになる。「AA とは、一つ（あるいは複数）の保護されている集団に属する誰をもその集団のメンバーという理由で便益を与える措置である[31]」。この設定自体が、日本における AA についての「社会的に差別を受け続けてきた集団に対し、その差別が解消するときにはその措置を停止することを意図した積極的改正措置」という定義を覆す。ケイタンの定義には、すでに過去の構造上・社会上の差別によって恒常的に劣位環境に置かれているという過去の差別を解消するという特徴は含められていない。

まず、当然かつ重要なこととして、「AA の対象となるのは、事実上の不利益を被っている集団に対して」ということが挙げられる。反対解釈をすれば、社会において先の四つの基本財に自由にアクセスできる比較的優位な立場にある集団に対してそのような AA を施すことは、すでにスタート地点の環境が充足されていることから許容されることではない。

AA は、その手法や強度に種々のものがありえるが、それらの性質を整理するために（その分類方法は相互排他的ではなく、オーバーラップする面もある）以下のような分類方法を記す。

1） 救済的 AA と非救済的 AA

救済的 AA とは、差別された特定の個人が差別した特定の者に対して訴え

---

29) *Regents of the University of California v. Bakke*, 438 U.S. 265 (1978) は、大学入試での AA に対するランドマークと評価されているが、カリフォルニア大学の医学部が 100 人中 16 人を人種枠として設けたことで入学できなかったとの白人男性の訴えに対して、合衆国最高裁判所は、教室内に多様な人々がいることは国家としてのやむにやまれぬ利益であるとして一般的に AA 自体は合憲と解釈しつつも、本件のクォータ制度は行き過ぎた措置として違憲とした。

30) アメリカのかかる判例群への詳細な検討をする余裕は本稿にはないが、著名な事例として、*Grutter v Bollinger* 539 US 306 (2003) では、ミシガン大学ロースクールでの人種に加えて種々のエスニシティに対する AA が問題となったが、多元主義を根拠に異種文化の全構成員が高度な教育を受けることの必要性からその措置が支持されたことが挙げられる。その一方で、ミシガン大学入試において少数派エスニックグループに一律 20 点の加点をしていた措置の合憲性が問われた *Gratz v Bollinger* 539 US 244 (2003) においては、人種と性に基づくクォータ制が違憲とされた。この Gratz 事件でギンズバーグ判事はその反対意見にて、アメリカ社会においてはまだ人種抑圧が認められることから、多元主義をカモフラージュに AA が撤廃されてしまうことの危険性を訴えている。邦語での同判例の検討として、安西文雄「ミシガン大学におけるアファーマティブ・アクション」ジュリスト 1260 号 (2004 年) 227 頁。

31) Khaitan, FN (8) p217.

る権利が与えられるようなものを意味し、権利者と義務者の関係に対称性があるものであり、古典的な権利義務関係に相当する。それに対して、非救済的AAとは、その措置による受益者は個人的に過去の差別によって被害を被っている必要がなく、またAAを講じなければならない義務を負う者や団体は、過去の差別に対する因果関係に基づく責任を負っている必要もなく、したがって、権利者と義務者の関係は非対称的なものとなる。これらのことより、非救済的措置のAAの方が、差別法としての本質をついており、以降の考察では、非救済的なAAが対象となる。

2) 促進的措置と配分的措置

促進的措置とは、保護される（べき）者の特定財へのアクセスを容易にするよう努める措置であり、配分的措置とは、保護される（べき）者へその財を直接に与える措置である。促進的措置としては、財へのアクセスが困難になっている事態に対する情報公開（雇用者に対して採用（／昇進）候補者の人種や宗教、性別などの公開や、男女の賃金差の公開）を求めることが挙げられるほか、保護される（べき）者への態度決定に影響を与えるような手段（例えば指導的地位にある女性の姿をロールモデルとして示すことや、奨学金の付与、研修制度等）がその代表的なものとして指摘できる。

他方で、配分的措置として典型的なのは、公私の性質を有しうる大学や雇用者の態度を規制して、保護対象者の数を増加するためのもので、弱めの手法としてのタイブレーク措置や強度の措置としてのクォータ制などが該当する。

3) 任意的措置と強制的措置

AAが任意か、契約に基づくものか、強制的かによる分類もありうる。ここでの興味深い点は、任意的AAが私人によって採用されたときには、通例それは悪意か善意かにかかわらずAAを採用したことで直接差別を行っているということが許容されるということである。つぎに契約によるAAであるが、これは公契約での入札や補助金という形が採られる。近年は、罰則によるよりもこのように公金を用いたAAを促進する効果が注目されている。さらに、稀ではあるが、このような任意的かつ契約的措置は義務として法律に規定され

32）とはいえ、措置受益者が過去の差別で被害を被っていた場合が排除されるわけではない。

るようにもなってきている。[33)]

3 AAの正当化

以上のように AA をカテゴライズした上で、いよいよ AA の具体的検討に
移り、最終的にケイタンは、AA を正当化し次のような結論に至る。[34)]

ⅰ) AA は、保護されている集団のメンバーらに純利益を生じさせるもの
でなければならない。

ⅱ) 例外的かつやむを得ない理由がない限りは、(公権力と無関係の) 私的団
体に AA を義務的に強制するべきではない。

ⅲ) AA による効果に疑問がもたれるときは、その利点が全体的に再検討
(評価) されなければならない。

ⅳ) AA は、党派主義者 (partisan) よりも優先主義者 (prioritarian) の立場
からその正当性が支持されるべきである。

ⅴ) AA による受益者の選別は、信頼できる実地の証拠によるべきである。

ⅵ) AA は、社会動勢の変化に照らして、その効果を査定しながら定期的
に見直しを図り、修正あるいは撤廃されなければならない。

ⅶ) AA は、可能であれば、保護される集団の中で最も貧困な者に適用さ
れるという内在的優先順序を備えているべきである。

ⅷ) 万人救済主義的 (universalist) 措置の方が、AA よりも望ましい。

ⅸ) 促進的措置 (報告義務等) の方が、配分的措置 (タイアップルールやクオ
ータ制等) よりも好ましい。

ⅹ) 配分的措置のなかでも、より強度の弱いものが強度が強いものよりも
望ましい。

ⅺ) 間接的措置は直接的措置より望ましい。

4 AAと差別法

差別法のなかで AA をどのように位置づければよいかが問題になりうる。
AA は、「逆差別」という疑念が投げかけられるように、差別法のなかでもも

---

33) Khaitan, FN (8) p86.
34) Khaitan, FN (8) p239.

っとも論争になりうる措置である。論者によっては AA を差別法にカテゴライズすること自体に異論を持つものもあるが、ケイタンは、AA と差別法の間には本質的かかわりあいが存在していると、法律専門家（弁護士、判事、訴訟当事者、立法者等）の誰もが推察するとして、歴史的に差別されていたグループに差別是正のための便宜を与える法律自体がすでに差別法の一部をなしていると主張する。しかしこの見解に対して、例えばアメリカにおいて、AA がまさに差別禁止法規に抵触しているということが問題になっており、AA を差別法としてカテゴライズすることの疑問が提起されているように、決して説得的とはいえないとの批判も向けられている。それに対してケイタンは、アメリカにおける AA も含めた差別法分野での展開は、俗衆の理解（lay understanding）に沿う形で行われており、それは総じて「過ち」と断じている。つまり、それは、差別（AA による措置も含む）をする側の（いわば差別意図の）発想を重視しており、被害者を保護するという立場を軽視あるいは敵視している。さらにアメリカの裁判所はこのような発想に立っており、ここに、アメリカ司法は俗衆の差別意識に阿り過ぎているとのケイタンの考えが伺われる。

Ⅳ　日本における差別

　以上で考察したケイタンの『差別法論』が日本社会における「差別」事象にも適用可能かについての検討を加えるにあたり、まずは日本における差別の現況からみてみよう。

35）その代表的な論者として、Morris Abram, 'Affirmative Action: Fair Shakers and Social Engineers'（1986）99 Harvard Law Review 1312.

36）Khaitan, FN（8）P81.

37）参照、Hellman, FN（20）p474.

38）Khaitan, FN（8）p2, p221.

39）本拙稿の企画と類似して、香港の差別法の視点をもとにケイタンの企画をその適用可能性を読み解くのが、Lo, P. Y., Book Review: A Theory of Discrimination Law by Tarunabh Khaitan（December 1, 2017）. Hong Kong Law Journal, Vol 47, Part 3, pp1023-1030（2017）.

1 差別法の現況

　日本においても性別、部落、障碍、人種、性的指向等に対する種々の差別を撤廃することをめぐり多くの実践がなされている。国際的には女性差別撤廃条約等の各種差別是正条約が批准されており、国内法では一般的な差別撤廃法の制定は 2003 年に見送られ[40]、労働法等の個別法によって分野ごとの差別を解消するという形になっている。また、自治体レベルでは自治体による差別関連条例が制定されてきている。近年の注目すべき動向としては、国法レベルではヘイトスピーチ解消法と部落差別解消法が 2016 年に制定されており[41]、また自治体レベルでも各人の性的指向を尊重するようなパートナーシップ条例を制定する自治体が増えてきたことに加え、共生社会の実現と多様性が尊重される都市をつくりあげ人権に対する不当な差別を許さないことを宣言する東京都人権条例（東京都オリンピック憲章にうたわれる人権尊重の理念の実現を目指す条例）が 2018 年 10 月に可決され、2019 年に全面施行される。

　法理論の面からも、性差別、雇用差別、障害者差別等の禁止をめぐって、多くの研究が蓄積されてきている。しかし、具体的かつ一般的に、なぜ差別が禁止されるかの根拠について、そしてなぜそれが正当化されるのかに関しての理論化を含めた徹底的な考究がなされているとはいいがたい状況にあると思われる。特に昨今の被差別対象者と主張される範囲は、性的指向、外国人、特定疾患、原発近辺居住者等、驚くほどの広がりをみせており、いかなる対象に対する「差別」が差別法の対象とされるべきかについて、そしてどのような措置がとられるべきかについて、法学上あるいは憲法学上の共通認識が醸成されているとはいえないように思われる。また、差別が禁じられる法的根拠として、一般的には、差別の対概念として「平等」が当然のように想起され、日本国憲法 14 条に反するとの指摘がなされることが多かったが、この意義もより探求されねばなるまい。それに加えて、近年、差別的表現に対する法規範に対しては、差別的表現をする側の表現の自由（憲法 21 条）が主張されることもあり、「差

40）2002 年に政府によって「人権擁護法案」が国会提出されたが、2003 年に廃案となった。しかし、現在でも、国法レベルでの差別法制定の動きは継続されている。例えば、差別禁止法の制定を求める市民活動委員会の活動については、http://www.sabekin.net/　を参照。

41）両者ともに罰則規定を持たないことから、理念法にすぎないとの批判がある。

別」に対する「表現の自由」という対立構造も近年注目されつつある[42]。かかる機運のなかで、差別法を理論的かつ体系的に検討する意義は大きい。

本稿では、紙幅の都合もあり、さしあたり、冒頭の事案に惹きつけるかたちで、考察対象を女性、医師、大学という観点に絞って以下で検討したい。

2　女性差別の現状

まず、女性差別に関連する法令群としては、1985年に女性差別撤廃条約が批准され、同年に男女雇用機会均等法が制定されている。その後1991年の育児休業法の制定を経て、男女共同参画審議会の答申「男女共同参画社会基本法について——男女共同参画社会を形成するための条件づくり」を受けて「男女共同参画社会基本法」が1999年6月に制定された。

次に、統計をもとに日本社会での女性の現況を俯瞰してみる。いわゆる「2020年30%」の標語があるが、これは、2003年6月の男女共同参画推進本部の決定を受けるかたちで、2010年12月の閣議決定による第三次男女共同参画基本計画で「社会のあらゆる分野において、2020年までに指導的地位に女性が占める割合を少なくとも30%程度とする」という目標が掲げられたこと[43]でよりその知名度ならびに具体性が高められた[44]。しかし2020年を目前にした2019年現在、この30%目標の達成はほぼ実現しておらず、かつ日本社会に占める指導的地位にある女性の割合は国際比較上もかなり低い水準にある[45]。例え

42）差別を撤廃することがこのような憲法21条の問題であるとの意識は、遡れば、人権擁護施策推進法に基づいて設置された人権擁護推進審議会の人権救済答申に基づいて、翌2002年に内閣より国会に提出されるも2003年に廃案となった人権擁護法案の法案審議過程においてメディア規制法案という非難がマスメディアから大きく報道されたことも関係していると思われる。また、憲法21条とヘイトスピーチとの関係について、Junko Kotani, 'A Comment on Hate Speech Regulation in Japan after the Enactment of the Hate Speech Elimination Act of 2016' 法政研究21巻3・4号（2017年）1（228）頁以下も参照のこと。

43）「指導的地位」の定義については、男女共同参画会議決定（平成19年2月14日）において、「①議会議員、②法人・団体等における課長相当職以上の者、③専門的・技術的な職業のうち特に専門性が高い職業に従事する者とするのが適当」とされている。ただし、当該決定で「指導的地位」の定義に該当する者として掲げられた分野・項目は、代表例・例示という位置づけであって、それに含まれないことをもって指導的地位ではないということを意味するものではないとされている。

44）もともとは、1985年の国連ナイロビ戦略での「1995年30%目標」がその起源といえる。その後の経緯等については、矢澤澄子「『2020年30%』と政治分野におけるクオータ制——ジェンダー平等戦略としての第3次男女共同参画基本計画の推進に向けて」国際女性No.27（2013）54頁が詳しい。

ば、国会議員の女性の比率は、衆議院 10.1 ％、参議院 20.7 ％であり、世界水準からみて非常に低い数値となっている（平成 30 年 2 月現在）[46]。平成 29 年 12 月末のデータによる地方公共団体の女性議員に関しては、特別区議会が最も高くて 27.1 ％である他は、市議会全体では 14.4 ％であり、すべての都道府県議会に女性議員がいる一方で、3 割以上の町村議会はいまだ女性議員ゼロの状態にある（平成 29 年 12 月末現在）。他の分野をみてみると、司法分野における女性の割合は、裁判官 21.3 ％（平成 28 年 12 月現在）、検察官（検事）23.5 ％、弁護士 18.4 ％（平成 29 年現在）として、着実に増加傾向にある。医療分野をみると、医療施設で働いている医師、歯科医師に占める女性の割合はそれぞれ 21.1 ％、23.0 ％と上昇傾向にある（平成 28 年）[47]。ただし、医師を取り巻く状況として、慢性的な長時間労働、夜勤や当直等の不規則な勤務形態等が指摘されており、女性医師の中には育児、介護等と仕事との両立が難しい者も多くいると推測される。次に、教育研究分野においては、初等高等教育機関の教頭以上が 16.7 ％、大学教授等（学長、副学長および教授）16.0 ％、研究者 15.7 ％となっており、統計上から、教育研究分野での女性の発言力が相対的に弱い可能性があることが危惧される。

V　日本におけるポジティヴ・アクション──『差別法論』の観点から

1　定義

日本では AA ないし PA の訳語としてかつては「積極的差別（／格差）是正

---

45) 以下、基本的には、男女共同参画白書平成 30 年版のデータによる。http://www.gender.go.jp/about_danjo/whitepaper/h30/zentai/html/zuhyo/zuhyo01-01-14.html

46) なお、2019 年 1 月 1 日現在のデータを下に、世界各国の議会で構成する「列国議会同盟（Inter-Parliamentary Union）」は女性の議会進出に関する「議会における女性：2019（Women in Politics）」を公表した。同資料では、国別の議会に占める女性の割合だけでなく、国家元首の地位にある女性や国のスポークスマン的地位にある女性等のデータも明らかにされている。日本の女性国会議員比率（衆院）は 10.2 ％で、193 カ国中 165 位。ランキングのトップはアフリカのルワンダ（61.3 ％）で、2 位キューバ、3 位ボリビア、4 位メキシコと中南米諸国が上位に名を連ねた。日本は先進 7 カ国（G7）でも 20 カ国・地域（G20）首脳会議構成国の中でもともに最下位だった。https://www.ipu.org/resources/publications/infographics/2019-03/women-in-politics-2019

47) 平成 51 年の 9.4 ％に比して女性医師の割合は着実に増加しているといえよう。

差別法をめぐる研究序説　　**443**

措置」の語が使用されていたが、1999 年の男女共同参画社会基本法がその第
2 条で「積極的改善措置」という文言を用いたことで、後者の語が普及してき
ている。しかし、男女共同参画における各種の政策・方針においては、「ポジ
ティブ・アクション」というカタカナ外来語が広く使われているようである。
海外諸国では、AA の語はアメリカやカナダで使用されることが多く、PA と
いう語は EU 諸国などでよく使用されている。それに対して、国連においては、
女子差別撤廃条約第 4 条 1 項「締約国が男女の事実上の平等を促進することを
目的とする暫定的な特別措置をとることは、この条約に定義する差別と解して
はならない。ただし、その結果としていかなる意味においても不平等な又は別
個の基準を維持し続けることとなってはならず、これらの措置は、機会及び待
遇の平等の目的が達成された時に廃止されなければならない」の前半部分にあ
る「暫定的な特別措置（temporary special measures）」として訳出されている。
これらの訳出ならびに語の使用方法は、AA ないし PA の意義を考えるうえで
も興味深い。

　かつて新村は拙稿にて PA について次のような説明を試みた。「通例 PA と
は、国や自治体といった公的領域ならびに企業等の私的領域において、過去の
政治的・構造的な差別により現在不利益を被っている集団に対して、実質的な

---

48) 同法第 2 条「第二条　この法律において、次の各号に掲げる用語の意義は、当該各号に定めると
　ころによる。
　一　男女共同参画社会の形成　男女が、社会の対等な構成員として、自らの意思によって社会のあ
　　らゆる分野における活動に参画する機会が確保され、もって男女が均等に政治的、経済的、社会
　　的及び文化的利益を享受することができ、かつ、共に責任を担うべき社会を形成することをいう。
　二　積極的改善措置　前号に規定する機会に係る男女間の格差を改善するため必要な範囲内におい
　　て、男女のいずれか一方に対し、当該機会を積極的に提供することをいう」。
49) 訳語の変遷とその評価については、辻村・前掲注 5) 576 頁。
50) Convention on the Elimination of all forms of Discrimination Against Women, CEDAW
51) 国連では、アラビア語、中国語、英語、フランス語、ロシア語、スペイン語を公用語とするが、
　その英語文は、次のようになる。"Adoption by States Parties of temporary special measures
　aimed at accelerating de facto equality between men and women shall not be considered
　discrimination as defined in the present Convention, but shall in no way entail as a consequence
　the maintenance of unequal or separate standards; these measures shall be discontinued when the
　objectives of equality of opportunity and treatment have been achieved."
52) 新村とわ「ドイツにおける政党内でのポジティヴ・アクション」辻村みよ子編『世界のポジティ
　ヴ・アクションと男女共同参画』（東北大学出版会、2004 年）239 頁。

機会均等を実現するための特別な機会を提供する措置をいい、その主な内容としては、対象となる集団に対して、人口の構成比に比例するポストを割当てる『クォータ（Quota）制（割当制）』が挙げられる。……アファーマティヴ・アクション（affirmative action）は、アメリカ合衆国で展開された差別是正措置であるが、アメリカにおいては、まず、黒人等の人種差別問題に焦点が当てられていた。その後、女性や、宗教的マイノリティ等にまで、同様の法的議論が適用されるようになってきた」。このPA（ないしはAA）に対する定義は、この執筆時から15年以上を経た現在、よりその説明を施すのが困難になっている感がある。[53]アメリカで早い段階で議論になった「逆差別」の主張にもあるように、強制的であるか推進的な措置であるかの区別も含めて法制度や政策によって、かかる措置を遂行・展開することに対して、そもそも法的に許容されるものなのかについての議論も紛糾している。それに伴い、国内外での同領域に関する研究はかなりの蓄積を見せている。[54]とくにアメリカでは、先にみたような判例法の展開にともない、「歴史的な社会的・構造的差別を解消するための特別暫定的措置」の要素が欠落し、より多元的な社会を構築するための方策としてAAの手法が解釈されつつあり、日本にも影響をあたえてきているようにも思われる。本稿はそのようなアメリカでのAAに対する判例展開を批判的に評価するケイタンの立場が日本での文脈でも維持されうるかもその検討の背後においていく。

53）日本ならびに諸外国、国際条約での用語の使い分け等に関しては、彼谷環「政策決定過程における女性の参加とポジティブ・アクション」富山国際大学子ども育成学部紀要第2巻（2011年）49頁 https://www.tuins.ac.jp/library/pdf/2011kodomo-PDF/2011-05kaya.pdf 等を参照。

54）日本における憲法学分野からの研究としては、例えば、愛敬浩二、大屋雄裕他『ポジティブ・アクションの可能性――男女共同社会の制度デザインのために』（ナカニシヤ出版、2007年）、糠塚康江『パリテの論理――男女共同参画の技法』（信山社、2005年）等が挙げられる。また海外での業績には、Abram, FN (35), Christopher McCrudden, 'A Comparative Taxonomy of "Positive Action" and "Affirmative Action"Policies'in Reiner Schulze (ed), *Non-Discrimination in European Private Law* (Mohr Siebeck 2011) 157., Daniel Sabbagh, 'The Rise of Indirect Affirmative Action: Converging Strategies for Promoting "Diversity"in Selective Institutions of Higher Education in United States and France' (2011) 63 World Politics 470 等を挙げておく。

差別法をめぐる研究序説　445

2　PA の実際と正当化の根拠

　日本における PA は、男女共同参画基本法 2 条の要請を受けるかたちで、政府の男女共同参画基本計画がその具体化を示しているように、法律上の義務的なかたちで行われているものはほとんど存在せず、数値目標を示すことや、政党や企業に女性登用を働きかけるなどのほぼ努力義務のようなかたちで行われている。2018 年 5 月に成立した政治分野における男女共同参画推進法（平成 30 年法律第 28 号）も、同様に罰則や義務規定のない努力義務を定めるのみである。これらはケイタンの分類でいえば促進的措置に該当する[55]。なぜ、AA 措置で実績を上げている諸外国での強制的措置を採用することに日本社会が及び腰であるかについては、その正当化根拠の位置付けと浅からぬ関係があると思われる。

(1)　平等？

　基本的に、差別は平等と対置され、憲法 14 条の平等原則違反の問題として捉えられることが多い。しかし、「平等」の意義は非常に多様かつ茫漠としており、差別法が拠って立つ根拠としてはあまりに脆弱ともいえる。例えば、「平等」に「形式的平等（機会の平等）」と「実質的平等（結果の平等）」といった切り口を施すことも差別法の解釈に用いられがちだが、そもそも「実質的平等」は社会権を基礎付ける根拠として使われていたものであり、差別法でのリーズニングに相応しいかの検討は十分に行われていない。さらに、PA とは、ケイタンの考察からも明らかなように、「個人」をベースに考える社会保障等の権利とは異なり、「集団」を「個人」の必須要素と捉えた上で、その「集団」の劣位性を緩和する措置である。個人がその個人的な特質に応じてどの集団に属しているか（集団属性）という個人的根拠条件（差別法該当性①）は要請されるが、その個人が実際に差別されたかは考慮されない。さらに、「逆差別」という問題が提起される際は、具体的な個人と個人の別異取扱い（例えば点数差等）が問題視され、平等取扱いが要求される場合が多い。しかし、ここでも、そもそも AA が具体的な「個人」ベースを要求しないという概念に反する主張がなされている。

---

55) 詳しくは、辻村・前掲注 5) 135 頁以下。

(2) 自由!?

それでは、「平等」を差別法の根拠原則とすることは避けるべきで、他の根拠が必要とならば、拠るべき次の原則は「自由」ということになるが、この自由主義的観点もその射程が広すぎて適切に差別法を支持できるとはいえない。しかし、どちらかといえば、劣位集団に属する個人が「良き人生をあゆむ」ために、基本財に十全に接近するためには、優位集団と劣位集団のギャップを埋めるとの差別法の実定規範の意義（=「聖杯」）に近いのは、それでもまだ「自由主義的」観点であろう。となれば、日本国憲法の「自由および幸福追求の権利」を定めた憲法13条が、個人の尊厳とも合わせた形で差別法（とりわけAA）の根拠条文となろうか。この点、憲法の原理ないし主義から、差別法を論理的に位置づけ、体系化するという観点において、日本では今後一層の議論の深化が求められよう。

Ⅵ　日本社会での『差別法論』──「大学」という社会も視野に

以上、日本における差別法の現況と PA の実際とその法理論の可能性について不十分ながらもみてみたが、それらに基づき、ケイタンの『差別法論』で取り上げられている差別法ならびに AA に対する理論化および体系化の論理構造に乗る形で、日本における「差別」撤廃の道筋のための思考実験を加えてみたい。その際、冒頭で触れた「医学部女性受験者に一律減点」をした東京医科大学の入試事件を『差別法論』の観点から評価を行うというかたちをとる。さらに付言すれば、この考察では、すでにみた東京医大入試事件等に応答する俗衆の意見（差別意識）も脳裏におく。

ケイタンの探しあてた「聖杯」によれば、差別禁止の目的は各個人が良き人生をあゆむことであり、そのためには四つの基本財へのアクセスが保障されていなければならない。さらに、その個人の属する集団が劣位な集団である場合には、その集団に属していることで四つの基本財に十全にアクセスすることが困難になるので、差別法は、その集団の劣位性を逓減する措置を採用することが正当化される。

この筋道に従えば、医学部女性受験生を差別法で救済するのが正当化される

のは、医学部を受験しようとする女性個人が良き人生をあゆむためである。女性受験生の医学部受験とその際になされる差別には、四つの財（(i)ひとの生物学的欲求を十分に満たすような種々の財、(ii)消極的自由：ひとの身体、計画、所有、人間関係ならびに関心事を阻害する不当な干渉からの自由、(iii)価値ある選択機会が適切に与えられること、(iv)自尊：適度な自己尊重）のうち、自分が医師になりたいという計画(ii)が阻害されていることになる。さらに、医学部生さらには医師になるという価値ある選択機会(iii)も奪われている。また、医師として得られる収入(i)や、医師として自己実現を図る(iv)という点からも、四つの基本財へのアクセスが多少なりとも阻害されていることになろう。その結果として、その女性受験生は良き人生をあゆめないことになる。したがって、この女性受験生は、差別法の適用を受けるに値する集団を形成している。

　約20％という男性医師よりも低い比率での医師集団のなかでの少数派の女性は、子供を産みたくても諦め、あるいは子供がいても育児のためには仕事や昇進を諦めるという選択を余儀なくされている蓋然性が高い。また、環境の厳しい仕事条件は、家庭のことを顧みない（家庭を持たないか、家庭を誰かに委ねられる）人間だけが医師として働くことができるという状況が維持されてしまう。おそらく、大学の医学部においても、教授や研究者等の指導的地位にある女性の比率が相対的に低いと予測されることからも、医学部入試での「常識」が「差別」意識といった悪意に基づかずに、事実上の「差別」が行われ続けるという現状が固化することになろう。

　かかる「差別」意識の存在状況は大学医学部内にとどまらない。東京医科大入試の事件に対して散見された俗衆の意見は、悪意での「差別」をする意図なく、むしろ女性保護等の善意の衣を着て、結局は「差別」を助長していないだろうか。医師を目指す女性が「良き人生をあゆむ」という自由を享受できてしかるべきという観点から事案を眺めたであろうか。医師の勤務現状が所与のものとして捉えられ、「男性医師集団が優越的地位にあること」をますます促進する状態を「よし」としてはいないだろうか。

　この状況を打開するには、差別法のPAの措置が一番の特効薬として働くという視点を、いま一度、再検討することも必要であろう。[56] そのためには差別法についての深い洞察が法専門家にも求められる。ここで、大きな役割を果たし

うるのが、「大学」における法専門家である。「大学」は、その専門性ゆえに、政策・方針決定過程に限定されない「社会」での指導的立場にたつ人材の育成と輩出に決定的な機能を通常は有している。いわば、「社会」の陰が忍び寄る「大学」という場において、「差別」についての法意識の構築がいかに重要であるかを、法専門家として大学で法について俗衆に教鞭をとる者は、しかと肝に銘じたい。

　東京医科大学の入試の事件によって、より大きなインパクトをもって差別と公正に関する議論が世間に喚起された。願わくば、これが、俗衆だけでなく、法専門家の「差別」意識への議論を耕す好機とならんことを。

（にいむら・とわ　成蹊大学教授）

---

56) 九州大学理学部の「女性枠」について「逆差別」という苦情が届き、大学側が「女性枠」措置を撤回したことについて、辻村みよ子『人権をめぐる十五講』（岩波書店、2013年）69頁。

第3部　自由・個人の尊重

第3部　白山・備人の歴史

表現の自由に関する「アメリカ・モデル」の意味再考

阪口正二郎

I　リベラル・デモクラシーにおける表現の自由の普遍性と特殊性

　今日、比較憲法学の世界において、「表現の自由は最も広範に保障された憲法上の権利に属する[1]」と言われるように、表現の自由は、大半の国家において憲法レヴェルの保障を受けている[2]。

　一般的なのは、日本のように、憲法典で明示的で表現の自由を保障するやり方である。しかし、実態的に見れば、憲法典というテクストのレヴェルで、表現の自由を保障しているかどうかは、さしたる意味を持つわけではない。「リベラル・デモクラシーの下での統治において、表現の自由を保障することの重要性は、オーストラリアにおいて表現の自由が占めている憲法上の地位を見れば、明らかである[3]」と評価されていることには注意を払っておく必要がある。オーストラリアの場合、日本とは異なって、憲法典に表現の自由を保障する旨

---

1)　Adrienne Stone, *The Comparative Constitutional Law of Freedom of Expression*, in Tom Ginsburg & Rosalind Dixon (eds.), Comparative Constitutional Law (Edward Elgar Pub., 2011), at. 406.

2)　表現の自由に関するまとまった最近の比較憲法研究としては、Ronald J. Krotoszynski, Jr., The First Amendment in Cross-Cultural Perspective: A Comparative Legal Analysis of the Freedom of Speech (NYU. Pr., 2006); Ian Cram, Contested Words: Legal Restrictions on Freedom of Speech in Liberal Democracies (Routledge, 2006); Péter Molnár (ed.), Free Speech and Censorship around the Globe (Central European U Pr., 2016) などがある。

3)　Eric Barendt, *Freedom of Expression*, in Michel Rosenfeld & András Sajó (eds.), The Oxford Handbook of Comparative Constitutional Law (Oxford U. Pr., 2012), at. 892.

の規定が置かれているわけでない。しかし、オーストラリアの裁判所は表現の自由を民主主義にとって不可欠な権利として憲法レヴェルでかなり強い保障を与えている[4]。

オーストラリアの例を含めて、今日、少なくとも、リベラル・デモクラシーを採用する国家において、表現の自由を憲法レヴェルで保障することは、自己がリベラル・デモクラシーを採用していることの最低限の証明であり、その意味で、表現の自由の保障はリベラル・デモクラシーにとって「標準装備」を構成していると言っても過言ではない。

とはいえ、同じようにリベラル・デモクラシーを採用している国家においても、当該国家をめぐる文脈——その歴史や伝統、文化だけでなく、その置かれた地位——の違いによって、表現の自由の保障のありようが異なっていることもまた事実である。

戦後日本の憲法学の表現の自由論は、伊藤正己、芦部信喜、奥平康弘らのリードの下でアメリカの表現の自由理論や法理をモデルとして、理論や法理を構築してきたように思われる。憲法訴訟論の分野と並んで——あるいはそれ以上に——表現の自由の分野でのアメリカの理論や法理の影響は大きく、ほとんど圧倒的であったと言ってもいいように思われる。

こうした状況の下で筆者は、今から20年ほど前に、「表現の自由をめぐる『普通の国家』と『特殊な国家』」という論稿を著し[5]、比較憲法という観点から見れば、アメリカにおける表現の自由の保障のありようが特殊であることを指摘したことがある。

筆者の指摘が日本の憲法学にどの程度の影響を与えたのかは、残念ながら筆者には知りようがない。おそらくさほどの影響は与えてはいないだろうと推測している。しかし、筆者の指摘から20年を経た現在、アメリカにおける表現の自由の保障のありようが特殊であること自体は、日本の憲法学においても

---

4)　オーストラリアの最高裁は、「自由な選挙が（民主的な——引用者）社会にとって必要不可欠である限り……それは最低限、政治的討議の自由を必要とする」としている。*See,* Australian Capital Television Party Ltd. & New South Wales v. Commonwealth [1992] 177 CLR 106.

5)　阪口正二郎「表現の自由をめぐる『普通の国家』と『特殊な国家』」東京大学社会科学研究所編『20世紀システム5 国家の多様性と市場』（東京大学出版会、1998年）13頁。

「常識」になりつつあるように思える。たとえば、曽我部真裕は、反論権の問題に焦点を当てつつも、表現の自由の「アメリカ型」と「大陸型」の区別の必要性を論じている[6]。比較憲法の標準的な教科書を自覚的に執筆している辻村みよ子も、「これまでの表現の自由に関する比較検討から、アメリカとドイツ、フランスとの間に、大まかな傾向の違いを認めることができる[7]」としている。

しかし、アメリカの表現の自由のありようが特殊であること自体はかなり認識されるようになったものの、依然として多くの課題が残されているのではないだろうか。

第一に、アメリカ・モデルの特殊性は、いったいどの点に関わるもので、どの程度のものなのかは——いわゆるヘイト・スピーチの問題を除けば——十分明らかにされていないように思われる。第二に、アメリカ・モデルが特殊だとしても、その特殊性をもたらした原因はどこにあるのか、何なのかはほとんど解明されていないように思われる。

II　アメリカ・モデルの実体的な特殊性——ヨーロッパの側からの指摘

筆者が見るところ、アメリカの表現の自由モデルの特殊性は、目につきやすい実体レヴェルの特殊性と、目につきにくい方法論レヴェルの特殊性に区分できるように思われる。

実体レヴェルの特殊性から見てみよう。いわゆるヘイ・スピーチ規制問題に関するヨーロッパとアメリカの対応の違い——前者における規制に対する肯定的な姿勢と後者における否定的な姿勢——は、よく知られている[8]。この点に関する違いは時として誇張されることもあるが[9]、「ヘイト・スピーチの法的な取

---

6)　曽我部真裕『反論権と表現の自由』（有斐閣、2013 年）9-14 頁。

7)　辻村みよ子『比較憲法（第 3 版）』（岩波書店、2018 年）100 頁。

8)　最近のまとまった比較研究として、Michel Rosenfeld, *Hate Speech in Constitutional Jurisprudence: A Comparative Analysis*, 24 CARDOZO L. REV. 1523 (200#); MICHAEL HERZ & PETER MOLNAR (eds.), THE CONTENT AND CONTEXT OF HATE SPEECH: RETHINKING REGULATION AND RESPONSES (Cambridge U. Pr., 2012); IVAN HARE & JAMES WEINSTEIN (eds.), EXTREME SPEECH AND DEMOCRACY (Oxford U. Pr., 2009) などがある。

9)　エドウィン・ベイカーやロバート・ポストは、この誇張に注意を促している。*See*, C. Edwin Baker, *Hate Speech* in HERZ & MALNAR (eds.), *id* at 59; *Interview with Robert Post, id* at 26.

り扱いにおいてアメリカ合衆国はほとんどすべての西洋諸国とは異なってい
る」[10]ことは事実である。逆に、比較憲法の観点から見た場合のアメリカ・モデ
ルの実体的な特殊性は、ヘイト・スピーチ規制の問題にばかり目が向きがちに
なっている可能性がある。

　しかし、アメリカ・モデルの実体レヴェルでの特殊性はヘイト・スピーチ規
制問題に限られるわけではない。そのことは、ヨーロッパとアメリカの両側で
も認識されている。ヨーロッパの側から見てみよう。

　Georg Nolte が編集して 2005 年に刊行された『ヨーロッパとアメリカの立
憲主義』という、比較憲法学の世界ではよく参照される書物[11]は、リベラル・デ
モクラシーという価値を共有しているヨーロッパとアメリカの立憲主義のあり
ようの違いを分析するために、①言論の自由、②人間の尊厳、③保護義務論、
④憲法訴訟という四つの分野を選び出したうえで、分野ごとにヨーロッパとア
メリカを代表する、著名な学者や実務家を、基調論文の執筆者とそれに対する
コメントの執筆者として配置する形で編集されている。同書における項目の選
び方自体が、比較憲法の観点からすれば、大変興味深いが、今はその点には触
れない。

　同書において、言論の自由の項目で基調論文[12]を執筆しているのはフランスの
著名な裁判官であった故ロジェ・エレラである。

　エレラは、コンセイユ・デタの裁判官を務めた後に、イギリスを中心に比較
憲法の研究者としても活躍した。先の筆者の論稿でも取り上げたように[13]、エレ
ラは、1990 年に出版されたアメリカ憲法が世界に及ぼした影響を分析する書
物[14]においても、表現の自由に関してヨーロッパとアメリカのありようを比較す
る論稿[15]を寄せている。

---

10) ANTHONY LEWIS, FREEDOM FOR THE THOUGHT THAT WE HATE: A BIOGRAPHY OF THE FIRST
　　AMENDMENT（Basic Books, 2007）, at 157.

11) GEORGE NOLTE（ed.）, EUROPEAN AND US CONSTITUTIONALISM（Cambridge U. Pr., 2005）.

12) Roger Errera, *Freedom of Speech in Europe, id.* at 23.

13) 阪口・前掲注 5) 22 頁。

14) LOUIS HENKIN & ALBERT ROSENTHAL（eds.）, CONSTITUTIONALISM AND RIGHTS: THE INFLUENCE OF THE
　　UNITED STATES CONSTITUTION ABROAD（Columbia U. Pr., 1990）.

15) Roger Errera, *The Freedom of the Press: The United States, France, and Other European
　　Countries, id.* at 63.

1990 年の論稿において、エレラが、ヨーロッパとアメリカの実体的なレヴェルにおける違いとして注目したのは、事前抑制の問題と差別的表現の問題であった。事前抑制の問題について、エレラは、「ヨーロッパ諸国の多くの法は、一定の状況の下で、裁判所による差止め命令または執行権による決定によって文書を事前に規制することを認めているが、アメリカにおいてはそうした措置は通常は修正 1 条の下で無効とされる[16]」と指摘している。しかし、この 1990 年の論稿においてエレラは事前抑制の問題については簡単に触れるにとどまっており、この論稿においてエレラがヨーロッパとアメリカにおける表現の自由の保障のありようの違いを示すものとして最も注目したのは、差別的表現の問題であった。エレラは、ホロコストの生存者が多く居住する村でのネオナチのデモ行進規制を違憲とした有名なスコーキー事件連邦高裁判決[17]は、「今日ではアメリカの、事実上あらゆる種類の政治的表現行為の自由なやり取りを許容する[18]」姿勢を示すものであり、それを支える哲学として思想の自由市場論を挙げている。エレラによれば、この点に関する「ヨーロッパの哲学と姿勢は、アメリカにおいて支配的なものとは全く異なっている。私は、私たちヨーロッパの社会は、究極的には本質的な道徳的価値に基づいていると思う。そうした本質的な道徳的価値の中でも、個人の尊厳と少数者の権利への配慮こそが尊重されねばならない。20 世紀を通じて、これらの価値を完全に破壊することを目的とする思想の潮流に対して、これらの価値が対置されてきた[19]」。

これに対して、2005 年の論稿においては、エレラはヨーロッパとアメリカにおける表現の自由の保障のありようの違いに関して、同じ問題意識に立ちながらも、もう少し射程を拡大して論じている。エレラは、ヨーロッパとアメリカの違いが現れる領域として、①名誉毀損、②差別的表現、③人格権およびプライヴァシーの 3 つが特に重要だと指摘している[20]。ここでも、エレラは、②の差別的表現の問題は、「アメリカとヨーロッパの社会的姿勢と政治的、法的対

---

16) *Id.* at 83-84.

17) Collin v. Smith, 578 F. 2d 1197 (7th Cir.1978), *cert. denied*, 439 U.S. 916 (1978).

18) Errera, *supra* note 15, at 84.

19) *Id.* at 85.

20) Errera, *supra* note 12, at 32.

応の違いが最も見えやすい領域の一つである[21]」としており、エレラの主張は一貫している。しかし、エレラは問題の射程を名誉毀損やプライヴァシーの領域に拡大している。

名誉毀損という領域は、1990年の論稿でも取り上げられている。しかし、そこでのエレラは、公共的な表現に関しては、名誉毀損に該当する場合であっても強く保護する、New York Times v. Sullivan事件判決[22]に示されるアメリカの姿勢に注目したうえで、「ヨーロッパの法と実務もそれほど違いはない[23]」として、「ある程度の一致[24]」を語ることができると評価していた。

このように、1990年の論稿においては、名誉毀損の領域におけるヨーロッパとアメリカの表現の自由のありようの同質性に注目が向けられていたのに対して、2005年の論稿ではむしろ異質性に注目が向けられている。もちろん、1990年の論稿においてエレラがヨーロッパのありようを示すものとして注目していたのは、ヨーロッパ諸国の裁判所や法律であったのに対して、その後のヨーロッパにおける展開を踏まえて、2005年の論稿でエレラがヨーロッパのありようを示すものとして注目しているのは、ヨーロッパ諸国の法のありようではなくヨーロッパ人権裁判所の判例のありようであることには注意しておく必要がある。そのうえで、2005年の論稿において、エレラは、アメリカの連邦最高裁が、New York Times v. Sullivan事件判決で示した「現実の悪意」の法理の適用を、あらゆる種類の公務員、最終的には私人であっても「公的存在（public figure）」と呼べる場合にまで拡大しているのに対して、ヨーロッパ人権裁判所の立場は異なっていると指摘している[25]。

人格権およびプライヴァシーの領域に関しては、「ヨーロッパのいくつかの諸国では、プライヴァシー権を含む人格権を革新的に肯定し、言論の自由と人格権の間で衡量する必要性は過去何十年かにおける最も重要な展開であった[26]」とし、ヨーロッパ諸国における人格権の保障が広範に及ぶものであることを示

---

21) *Id.* at 40.

22) 376 U.S. 254 (1964).

23) Errera, *supra* note 15 at 79.

24) *Id.* at 78.

25) Errera, *supra* note 12, at 32-36.

26) *Id.* at 41.

したうえで、それに対して「プレスに対抗して保障されるプライヴァシーやその他の人格権の保障は、修正1条の判例法ではもっと限定的なものである[27]」としている。

結論としてエレラは、「大西洋の両側で言論の自由は非常に強い保障を受け、民主主義を支える最も基本的な柱の一つだとみなされている[28]」が、「思想の自由市場という概念はヨーロッパにおいてはアメリカほどには、明示的に述べられることは少ないし、ましてや受け入れられてもいない[29]」としている。

Ⅲ　アメリカ・モデルの実体的な特殊性──アメリカの側からの指摘

アメリカにおける表現の自由の保障のありようが特殊であることは、最近ではアメリカの側においても広く認識されている。

たとえば、アメリカ憲法のありようの特殊性を包括的に検討する比較憲法学者のスティーブン・ガードバウムは、「アメリカ憲法の現在の例外性を示すパラダイム的な例の一つは、他のいかなる場合にもまして、言論の自由に高い価値が与えられる一方で、言論の自由と対立する権利、価値、利益には低い価値しか与えられないことである[30]」と指摘している。アメリカの連邦最高裁は、ドイツや南アフリカの憲法裁判所のように憲法上の権利や価値の間で序列があると公式に表明することはないが、ガードバウムによれば、連邦最高裁は、非公式にではあるものの、言論の自由を憲法の価値序列の頂点に置いている[31]。そうした表現の自由に関するアメリカの「例外性」を示す例として、ガードバウムは、①ヨーロッパ諸国とは異なってアメリカでは、いわゆる「ヘイト・スピーチ」の規制が合憲であるとは認められにくいこと、②カナダとオーストラリアでは名誉毀損に関する「現実の悪意」の法理が自覚的に拒否されていること、③アメリカでは放送に対する規制は非常に限定的なものしか認められないこと、

27）*Id.* at 44.

28）*Id.* at 46.

29）*Id.* at 47-48.

30）Stephen Gardbaum, *The Myth and the Reality of American Constitutional Exceptionalism*, 107 Mich. L. Rev. 391, 401（2008）.

31）*Id.* at 401-402.

④アメリカでは選挙キャンペーンに対する支出を規制することが非常に困難であること、⑤刑事裁判において報道の自由と公正な裁判という利益や犯罪被害者のプライヴァシーの利益が対立する場合に報道の自由が優先されがちであること、⑥出版物に対する事前抑制が認められにくいこと、といった点を挙げている。[32)]

　今やアメリカにおいて表現の自由理論の大御所的存在とも言えるフレデリック・シャウアーも、比較憲法的に見たアメリカの表現の自由法理の特殊性が特に顕著な形で現れる領域として二つの領域を挙げている。第一の領域は、やはりヘイト・スピーチである。シャウアーによれば、「表現される事柄が人種、民族、もしくは宗教的な敵意である場合には、表現の自由の諸原理は劣位に立たされるか、もしくは関係ないものとされるのが国際社会の強力なコンセンサスであるように思われる[33)]」が、アメリカは「これとは対立する見解[34)]」にコミットしている。アメリカと他の国家を分かつものは何か。シャウアーによれば、それはいわゆる見解に基づく規制の禁止原理へのコミットメントの強さにある。「公式の法理の問題としてだけでなく、世論としても、言論の自由の諸原理は表明される見解を根拠にして保護される言論と保護されない言論を政府が区別することは許されないというのがアメリカの理解[35)]」であり、この見解に基づく差別の禁止原理は差別的な見解にすら及ぶ。

　シャウアーが挙げる第二の領域は名誉毀損である。公共的な表現を萎縮的効果から保護するために名誉毀損の成立する余地を著しく限定する「現実の悪意」の法理を公務員だけでなく「公的存在」にまで適用するアメリカのやり方に対して、「アメリカ以外の国家は圧倒的に消極的な態度を示してきた[36)]」。「アメリカ・モデルは、利益衡量において出版の自由にあまりにも重きを置きすぎており、名誉の側の利益をあまりにも軽く扱っていると考えて、アメリカ以外の発展した民主主義国家であってすらが、アメリカでは修正１条の下で受け入

---

32) *Id.* at 402-404.

33) Frederick Schauer, *The Exceptional First Amendment* in MICHAEL IGNATIEFF (ed.), AMERICAN EXCEPTIONALISM AND HUMAN RIGHTS (Princeton U. Pr., 2005), at 33.

34) *Id* at 35.

35) *Id.*

36) *Id.* at 40.

れ難いような名誉毀損に関する救済と基準をそのままにしておくことに満足してきた」[37]。

　このように、シャウアーはヘイト・スピーチと名誉毀損の領域に注目している。しかし、このレヴェルでのシャウアーの議論は正確に理解しておく必要がある。それは、シャウアーにとって、この二つの領域は、実体的なレヴェルでのアメリカ・モデルの特殊性を例示的に示すものとして位置づけられているにすぎないことである。この点に関してシャウアーは自覚的である。シャウアーは、「アメリカの例外性を最も目立った形で示し、そうしたものとして十分に議論されてきたことを示すだけであり、実際にはアメリカの例外性は表現の自由の領域全体に存在している[38]」としており、他にも報道の自由と公正な裁判を受ける権利が対立する場合に、アメリカでは他国とは比べられないほど報道の自由が保障されていると評価している。

Ⅳ　実体レヴェルでの特殊性に関する注意点

　では、差別的表現や名誉毀損、プライヴァシー、放送規制などの分野に典型的な形で現れるアメリカ・モデルの実体的なレヴェルでの特殊性をどのように理解すればよいのであろうか。

　ここでは、二つのことに注意しておく必要があるように思われる。

　第一は、実体的なレヴェルの特殊性の意味に関わる。筆者は、先に掲げた論稿において、それを表現の自由との関係における国家の役割を考える場合の二つのレヴェルに関わるアメリカの特殊性と把握すべきだと指摘した[39]。表現の自由との関係で国家の役割を考えようとする場合、さしあたり二つのレヴェルを区分することができる。第一は、表現の自由を、もっぱら国家の不作為を求める「国家からの自由」にとどめるのか、それとも何らかの形で国家の積極的な役割を認めるのかどうか、というレヴェルである。このレヴェルで、アメリカは、表現の自由を「国家からの自由」として理解することに力点を置く傾向が

37）*Id.* at 41.

38）*Id.*

39）阪口・前掲注 5）17-23 頁。

ある。第二は、「国家からの自由」としての表現の自由を考える場合に、表現の自由を対立する利益との関係でどの程度の重さを持ったものとして取り扱うかというレヴェルである。このレヴェルで、アメリカは「絶対主義」とも形容できるほど表現の自由に重きを置く傾向にある。

　後者との関係で——1940 年代にはアメリカの憲法判例において盛んに論じられたが、最近の判例においてはあまり用いられることはないものの[40]——表現の自由ないしは修正 1 条の「優越的地位（preferred position）[41]」あるいは「優越的位置（preferred place）[42]」ということの理解の仕方が問題になるかもしれない。この表現の自由の「優越的地位」という表現ないし概念に違和感を覚える人が少なくないのかもしれない。ただし、この違和感は正確に捕まえる必要がある。そもそも表現の自由ないし修正 1 条の「優越的地位」は多義的な概念である[43]。もし、これが表現の自由、あるいは表現の自由を含めた精神的自由の経済的自由に対する優位性——いわゆる「二重の基準」論——を意味するのであれば、それに反対する者は少数であろう。また、これが表現の自由の重要性を意味するのであれば、それを否定する者はほとんどいないだろう。なぜなら、少なくともリベラル・デモクラシーを採用する国家において、表現の自由を強く保障する必要性があることについてはコンセサスがあり、そのことに異論を唱える余地はないと考えられるからである。

　そのことを前提に、表現の自由の「優越的地位」というものへの「違和感」を理解しようとする場合の手がかりとしては、「仮に平均的なヨーロッパの人々が、いかなる権利がヨーロッパ以上にアメリカで保障されているかと問われれば、おそらく大半の人々は、言論の自由だと答えるだろう[44]」との記述が参考になる。南アフリカの憲法裁判所の裁判官を務めたアルビー・ザックス

---

40) G. Edward White, *The First Amendment Comes of Age: The Emergence of Free Speech in Twentieth-Century America*, 95 MICH. L. REV. 299, 340（1996）.

41) Jones v. Opelika, 316 U.S. 584, 608（1942）(Stone, C.J., dissenting); Murdock v. Pennsylvania, 319 U.S. 105, 115（1942）: Kovacs v. Cooper, 336 U.S. 77, 88（1949）.

42) Thomas v. Collins, 323 U.S. 516, 530（1945）.

43) この点については、阪口正二郎「表現の自由の『優越的地位』と厳格審査の行方」駒村圭吾・鈴木秀美編『表現の自由Ⅰ　状況へ』（尚学社、2011 年）558 頁以下、阪口正二郎「表現の自由はなぜ大切か——表現の自由の『優越的地位』を考える」阪口正二郎＝毛利透＝愛敬浩二『なぜ表現の自由か——理論的視座と現況への問い』（法律文化社、2017 年）3 頁以下を参照されたい。

（Albie Sachs）も、アメリカ・モデルの特殊性を検討した論稿において、アメリカの特殊性は「修正１条が第一順位（firstness）にある」ことであるとし、南アフリカにおいても「言論の自由は民主主義を確保するために不可欠なものであり、それ自体人間の尊厳を肯定する一つの側面として重要なものである。しかし、言論の自由は権利のブロックから生じる第一順位のものではなかった[45]」と指摘している。この点に関してもっと分かりやすく、シャウアーは「アメリカ以外の国家においても表現の自由は公正、平等、尊厳、健康、プライヴァシー、安全、とりわけ尊重といった他の重要な諸価値と肩を並べる重要な価値だと理解されているように思えるが、アメリカにおいては表現の自由は自慢の地位を占めており、他の最も重要な価値と衝突する場合ですら、驚くほど首尾一貫した形で勝利する[46]」と指摘している。このように見れば、表現の自由の「優越的地位」に対する違和感があるとすれば、それは、アメリカにおいて、個人の尊厳や平等といったレヴェルの他の利益と対立し衡量される場合ですら、表現の自由に優先的な地位が与えられること、その意味での表現の自由の保障の極端な強さ——表現の自由の「第一順位」性——に向けられているのではないだろうか。

　第二に、アメリカ・モデルは単に特殊であるだけでなく、特殊であるがゆえにヨーロッパ諸国やその他の国家において自覚的に拒否されているように思われることである。表現の自由に限らずアメリカの自由のありよう一般は長らくモデルとして多くの国に輸入されてきた。アメリカの表現の自由理論や法理は他の国に大きな影響を与えてきた。しかし、表現の自由がリベラル・デモクラシーを採用する国家において標準装備となった状況の下で、アメリカ・モデルは自覚的に拒否されている。この点に関してシャウアーは、「表現の自由に関するアメリカの法理と理解は、極端で、バランスを欠いており、見習うに値しないものとして典型的に拒否されてきた。表現の自由のアメリカ・ヴァージョ

44）George Nolte, *European and US Constitutionalism: Comparing Essential Elements*, in NOLTE, *supra* note 11, at 7.

45）Albie Sachs, *Reflection on the Firstness of the First Amendment in the United Sates*, in LEE C. BOLLINGER & GEOFFREY R. STONE（eds.）, THE FREE SPEECH CENTURY（Oxford U. Pr., 2019）, at 179-180.

46）Schauer, *supra* note 33, at 42.

ンが世界中で法の発展に影響を与えてきたことを疑う余地はない。しかしながら、与えてきた影響の効果よりも影響の限界の方がはるかに注目に値する」と指摘している。[47]

V　アメリカ・モデルの方法論的特殊性

　実体的なアメリカ・モデルの特殊性は目につきやすい。しかしアメリカ・モデルの特殊性は実体的なレヴェルにとどまらず、方法論的なレヴェルに及んでいるかもしれない。この点を指摘するのがシャウアーである。

　シャウアーは、このレヴェルでの特殊性として、「アメリカの言論の自由に関する判例は範疇化と定義に極端にこだわる」ことを挙げている。[48]シャウアーによれば、アメリカ・モデルが「ルールに基づく範疇化」を強調するのに対して、カナダ、南アフリカ、ヨーロッパでは、表現の自由の問題は、「『比例性』の旗のもとに進められる、アメリカよりも柔軟で開かれた利益衡量」[49]が支配的なアプローチとなっている。

　ここでのシャウアーの指摘を、正確に理解する必要がある。憲法上の権利と政府の利益が対立する場合の憲法判断の方法の違いとして、アメリカ流の違憲審査基準とヨーロッパ流の比例原則の違いはよく知られている。たしかに、ここでのシャウアーの指摘はそのこととも密接に関係していることは事実である。しかし、ここでシャウアーが直接的に問題にしていることは、「範疇化（categorization）」という意味でのルール重視の方法論と「利益衡量（balancing）」という意味でのスタンダード重視の方法論の違いである。キャスリーン・サリヴァンが指摘しているように、「範疇化」と「利益衡量」には大きな違いがある。今では有名になったサリヴァンの比喩を用いた違いの指摘を紹介しておこう。サリヴァンによれば、「範疇化は分類学者のスタイルであり、分類したうえでそれぞれにラベルを貼る仕事である。範疇化という定式が用いられる場合、

---

47) *Id* at 43.

48) Frederic Schauer, *Freedom of Expression Adjudication in Europe and the United States: A Case Study in Comparative Constitutional Architecture* in NOLTE (ed.), *supra* note 11, at 50.

49) Schauer, *supra* note 33, at 31.

表現の自由に関する「アメリカ・モデル」の意味再考　　**463**

訴訟におけるすべての重要な作業は最初になされることになる。いったん関連する権利や権利の制約の仕方が記述されるならば、主張される権利を、その制約を正当化する政府の利益との間で衡量することなく、結果が導かれる。これに対して、利益衡量は食料品店の売り子（すなわち最高裁裁判官たち）の仕事に近い。裁判官の仕事は、対立する権利と利益を秤にのせて衡量することである。ここでは結果は最初に決まるわけではなく、多様な要素のそれぞれの強さによって決まる⁵⁰⁾」。このように、サリヴァンは「範疇化」という手法と「利益衡量」を区別し、前者を「分類学者」の仕事、後者を「食料品店の売り子」の仕事、という比喩を用いる形で、そこにおいて決定者が有する裁量の幅の違いから、「範疇化」をルールと、「利益衡量」をスタンダードと結び付けている⁵¹⁾。アメリカでは、このサリヴァンの区別を前提に、表現の自由に関する二つの方法論として「範疇化」アプローチと「利益衡量」アプローチを区別するのが一般的である⁵²⁾。「範疇化」は「定義づけ衡量」の別名である。「定義づけ衡量」という手法は、メルヴィル・ニマーが、1950 年代からから 1960 年代にかけて、当時のウォーレン・コートにおいて、ブラック裁判官やダグラス裁判官に示された「絶対主義」的なアプローチと、フランクファーター裁判官に示された「個別的衡量」的なアプローチという両極の間で、両者を折衷する形で提示した理論である⁵³⁾。

　このことを前提にすれば、先のシャウアーのアメリカの表現の自由に関する

---

50) Kathleen M. Sullivan, *Post-Liberal Judging: The Role of Categorization and Balancing*, 63 U. COLO. L. REV. 293, 293-294 (1992).

51) Kathleen M. Sullivan, *The Supreme Court 1991 Term-Foreword: The Justices of Rules and Standards*, 106 HARV. L. REV. 22, 58-59 (1992).

52) *See, e.g.*, John Hart Ely, Flag *Desecration: A Case Study in the Roles of Categorization and Balancing in First Amendment Analysis*, 88 HARV. L. REV. 1482 (1975); Daniel Farber *Categorical Approach to Protecting Speech in American Constitutional Law*, 84 IND. L.J. 917 (2009); Joseph Blocher, *Categoricalism and Balancing in First and Second Amendment Analysis*, 84 N.Y.U.L. REV. 375 (2009).

53) *See*, Melville Nimmer, *The Right to Speak from* Times *to* Time : *First Amendment Theory Applied to Libel and Misapplied to Privacy*, 56 CAL. L. REV. 935 (1968); Melville Nimmer, *The Meaning of Symbolic Speech under the First Amendment*, 21 UCLA L. REV. 29 (1973). その意味で「定義づけ衡量」論は、アメリカにおいては表現の自由固有の理論ではあるものの、より射程の広い審査基準論と関心を共有する。定義づけ衡量については、阪口正二郎「表現の自由──表現の内容に基づく規制と定義づけ衡量の関係を中心に」法学教室 357 号（2010 年）27 頁以下参照。

方法論のレヴェルでの特殊性に関する指摘は、さしあたり、利益衡量論という枠組みを共有した上での「定義づけ衡量」と「個別的衡量」の違いに関するものだと理解すべきである。実際、シャウアーはこの文脈で、1950 年代から 60 年代にかけての、絶対主義的なアプローチと利益衡量論的なアプローチの間の論争に言及している。[54]

　このシャウアーによる方法論のレヴェルでのアメリカの特殊性の指摘は、表現の自由を含めて自由の規制の合憲性を、「保護範囲」→「制約」→「正当化」の三段階に分けて審査する三段階審査という、より普遍的な論証構造との関係で読み直すことが可能である。この観点から見た場合、「定義づけ衡量」という手法は、①の保護範囲の問題と③の正当化の問題を区別せず、同時に処理する手法であり、そのために保護されるべき言論の範囲が限定されることになる。このように見れば、シャウアーの指摘は、表現の自由の規制の審査において、アメリカでは「保護範囲」の段階の判断に極めて大きな比重が置かれるのに対し、ヨーロッパにおいては「保護範囲」は広く理解されて、むしろ規制の憲法適合性問題は「正当化」の段階に比重を置いて判断される、という指摘として読むことが可能である。実際、こうしたことは、表現の自由に限られない、ヨーロッパとアメリカの「三段階審査」の運用のされ方の違いとしてしばしば指摘されている。[55]

　こうした方法論のレヴェルでのアメリカ・モデルの特殊性の原因として、シャウアーは、①アメリカにおいては司法審査の正統性がヨーロッパ以上に問題にされること、②アメリカにおいて個別的衡量という利益衡量は、冷戦期の経験などを踏まえると表現の自由の「第一順位」性を掘り崩すことにつながりやすいこと、という二つの事情を挙げているが、[56]①は表現の自由に限られた問題ではないし、②は結局のところ実体的なレヴェルの特殊性に還元されることになる。

---

54) Schauer, *supra* note 48, at 61-63.

55) この点については、阪口正二郎「比較のなかの三段階審査・比例原則」樋口陽一ほか編『国家と自由・再論』（日本評論社、2012 年）254-255 頁。

56) Schauer, *supra* note 48, at 61-67.

VI シャウアーによる実体的な特殊性の原因に関する説明

では、アメリカ・モデルの実体的なレヴェルの特殊性はいったい何に起因するのであろうか。シャウアーはいくつかの説明を与えている。

第一は、憲法典における表現の自由の保障の規定の仕方の違いである[57]。アメリカにおいて表現の自由の保障を規定する修正1条は、「連邦議会（——現在では州政府を含む——引用者）は、……言論または出版の自由を制限する法律……を制定してはならない」と定めるだけで、そこに表現の自由を固有に制約することを想定した文言は存在しない。またアメリカ憲法には、日本国憲法13条の「公共の福祉」規定のような、自由一般の制約を想定した規定も存在しない。したがって、憲法の規定だけを見ると、アメリカ憲法の場合、表現の自由を制約することは想定されていないかのように読むことも可能である。

これに対して、アメリカ以外の憲法においては事情が異なっている。表現の自由も含めて、憲法上保障される権利といえども、たとえば思想・良心の自由が真に内心にとどまっている場合には絶対的な保障を受けるものの、そうした例外を除けば、絶対的に保障されるということは考えにくい。その意味で、原則として、憲法上保障された権利といえども制約があることを予定している。この場合に、比較憲法的に見れば、そのことを憲法の条文で示す形としては、二つの形がありうる[58]。一つは、権利一般を制約することを想定した「一般的制限条項」を憲法で定める形である。その典型は、カナダの場合である。1982年に制定されたカナダの憲法法律は、第1条において「カナダの権利及び自由の憲章がその中で保障する権利及び自由は、法によって定められた、自由で民主的な社会において正当化されうるような合理的な制限にのみ服する」と規定している。もう一つは、個別の権利ごとに制約を想定した「個別的制限条項」を憲法で定める形である。こうした例としては、ドイツ連邦共和国基本法において、表現の自由を保障する第5条が、1項において広く表現の自由を保障す

---

57) Schauer, *supra* note 33, at 44-45; Schauer, *supra* note 48, at 51-54.
58) *See, e.g.*, Stephen Gardbaum, *Limiting Constitutional Rights*, 54 UCLA L. REV. 789, 798-800 (2000).

る旨規定すると同時に、2項において「これらの権利は、一般的法律の制定、少年保護のための法律上の規定、および個人的名誉権によって制限を受ける」と定めていることが挙げられる。

アメリカ憲法の場合、権利一般に関する「一般的制限条項」も、表現の自由に関する「個別的制限条項」も存在しない。この「修正1条の一見したところの絶対性」[59]が実体的なレヴェルでのアメリカ・モデルの特殊性の一つの原因だとシャウアーは説明している。

第二は、経験の差である[60]。シャウアーによれば、アメリカはさまざまな表現の自由の問題に取り組んできた長い歴史を有し、表現の自由はもはや「成熟した法的トピック」[61]となっている。これに対し、ヨーロッパやカナダの場合、表現の自由の問題に裁判所が取り組むようになったのは少なくとも違憲審査制が導入された第二次世界大戦以降のことである。シャウアーは、経験は長ければ長いほど良いという立場に与するわけではない。そうではなく、シャウアーの主張は、成熟した法システムであればあるほど複雑なものになるというものである。

第三は、自由を何よりも尊重すると同時に政府を信頼しないというアメリカ独自の文化である[62]。シャウアーによれば、「言論の自由に関するアメリカの特殊性は、アメリカという社会自体の強力な自由至上主義的で個人主義的な側面を具現したものと理解することも困難ではない」[63]。

こうしたシャウアーの説明をどのように評価すべきであろうか。私は、シャウアーの説明は、誤りとまでは言えないものの、極めて不十分なものではないかと考える。

私がそのように考える理由は、相互に関連するものの、二つある。

第一に、シャウアーの説明がどれだけアメリカ・モデルの実体的なレヴェルにおける特殊性に関する固有の説明になっているかは定かではない。シャウア

---

59) Schauer, *supra* note 48, at 52.
60) *Id.* at 57-61.
61) *Id.* at 57.
62) Schauer, *supra* note 33, at 45-47.
63) *Id.* at 45.

ーが挙げる三つの理由は、表現の自由に関係はするものの、いずれも表現の自由に固有のものではなく、むしろアメリカ憲法の特殊性一般にかかわる話であるように思われる。さすがに賢明なシャウアー自身も、このことをある程度は認めている節がある。たとえば、シャウアーが、自由を何よりも尊重し、政府を信頼しないという態度は、表現の自由に限られるものではなく、アメリカの「文化」と形容すべきことを認めている[64]。また政府に対する不信感、懐疑というものは確かにアメリカの重要な——アメリカを他国と区別する——特徴といえる可能性はあるものの、それは表現の自由に関わる可能性のある領域一般に及んでいるわけではない。そのことを、実はシャウアー自身も認めている。なぜならシャウアー自身が、「『政府に対する不信』という理論は、たとえば、なぜその不信が、SEC、FTC、TDA、司法省、または公判を指揮する裁判官による言論規制にまで及ばないのか——この何れもが言論に関して内容に基づく決定をなす公務員に関わるものだが、どれ一つとして修正1条によって保護される言論とは考えられていない——説明できていない[65]」と指摘しているからである。

　第二に、シャウアーの説明はいずれも非歴史的なものである。もしシャウアーの説明が正しいのであれば、アメリカの表現の自由の実体的なレヴェルでの特殊性は、最初から存在していたはずである。しかし、歴史的に見れば、アメリカ・モデルの実体的なレヴェルでの特殊性が顕在化するのはそれほど古い話ではない。そもそも歴史的には、仮に現在のアメリカ・モデルの特殊性の起源をホームズ裁判官の「思想の自由市場」論[66]にたどり得るという立場をとったとしても、それはたかだか100年の歴史を有するにすぎないし、その時点でホームズの議論は最高裁の多数意見が採用するところとはならなかった。表現の自由の「優越的地位」なるものがアメリカ憲法で問題にされるようになったのは、もっと後の1940年代であるし、いったんは確立したかに見える表現の自由の「優越的地位」は冷戦の中で大きく揺らいだ。そして何よりも、今日、実体的

64）Id.

65）Frederick Schauer, *The Boundaries of the First Amendment: A Preliminary Exploration of Constitutional Salience*, 117 HARV. L. REV. 1765, 1786 (2004).

66）Abrams v, United States, 250 U.S. 616, 630 (1919) (Holmes, J., dissenting).

なレヴェルでのアメリカ・モデルの特殊性として挙げられる特徴は、何れも1960年代のウォーレン・コート期以降の判例によって示されたものである。

このように、アメリカにおいて、表現の自由がきちんと保護されるようになったのはそれほど古いことではなし、ましてや「絶対主義」と形容されるような表現の自由の強力な保障のありようが確立されたのは、たかだか50年ほど前のことにすぎない。このように考えれば、シャウアーの説明は、非歴史的であると評価せざるを得ないように思える。

私は、先の論稿において、実体的なレヴェルでのアメリカ・モデルの特殊性は、アメリカがこれまで置かれてきた特殊な歴史的文脈が生み出したものであること、そしてその特殊な歴史的文脈を理解するためには、①これまでのアメリカの歴史において、表現の自由と平等がどのような関係にあったのか、②アメリカがこれまで世界システムにおいて占めてきた位置が、アメリカの表現の自由にどのような影響を与えていたのか、という二つの視座を設定する必要があることを指摘した[67]。この指摘をなしてから20年ほどの時が経過した。それでもなお、私は、先の指摘が基本的に誤っているとは考えていない。②について言えば、第一世界大戦、第二次世界大戦、冷戦と三度の世界戦争が表現の自由に関する判例や理論の形成に大きな影響を与え、それがアメリカ・モデルの実体的な特殊性を生み出してきたのではないかと考えている[68]。

Ⅶ　結びに代えて──リベラルの憂鬱

アメリカ・モデルの特殊性は──表現の自由に限らず憲法一般のありようについて──グローバル化が進行する現在の状況の中で、ますます目立つようになっている。同時に、アメリカ国内に目を移せば、アメリカ・モデルの特殊性は、現在では、それほど堅固たる地位を確保しえているわけではないことも事

---

67) 阪口・前掲注5) 23-24頁。
68) 表現の自由も含めてアメリカの憲法や自由のありように、全体主義と対抗するための自由というものが決定的な影響を与えてきたことを強調するものとして、*see, e.g.* ERIC FORNER, THE STORY OF AMERICAN FREEDOM (Norton, 1998); Richard Primus, *A Brooding Omnipresence of Totalitarianism in Postwar Constitutional Thought*, 106 YALE L.J. 423 (1996); RICHARD A. PRIMUS, THE AMERICAN LANGUAGE OF RIGHTS (Cambridge U. Pr., 1999).

実である。むしろ、アメリカ・モデルの地位はますます揺らぎつつあると考え
た方がいいかもしれない。

　これまで表現の自由を擁護してきたリベラル派は、絶対主義的な形で強力に
表現の自由を保障することが、黒人やエホバの証人のような少数者の立場やそ
れに伴う苦境を広く世の中に訴える役割を果たしてきたという認識の下に、表
現の自由のアメリカ・モデルを「価値のある伝統」だと評価してきた。しかし
ながら、リベラル派の認識は変わりつつある。現在では、もっぱら保守派が自
分たちの主張を通すために表現の自由を利用する傾向が目立っている。現在で
は、表現の自由はリベラル派の盾ではなく、保守派の剣と化している。こうし
た状況の中で、リベラル派の憲法学者の間で、修正1条は、「規制緩和的」な
もの、あるいは、「規制を免れる権利」、さらには「アダム・スミス的」で「新
たなロックナー」をもたらす役割を果たすものとして利用されているという危
機感がかなり広範に共有されている。

　従来の立場を見直すリベラル派の憲法学者も現れている。たとえば、従来、
異論の重要性を説き表現の自由の擁護論を展開してきたスティーブン・シフリ
ンは、最近著した書物において、「私は自身を言論の自由の強力な支持者だと
考えてきた」が、「私はもはや自身を『微妙な（nuanced）』絶対主義者だとは
考えない」とし、「修正1条の主たる問題は……それが言論を過剰に保護して
いることにあり」、「修正1条は、それがもたらす善きこと以上に弊害となって
いるのではないかと考えることができる時点に至っているのではないか」とし
ている。

---

69) *See*, HARRY KALVEN, JR., THE NEGRO & THE FIRST AMENDMENT（U. of Chicago Pr., 1965）.

70) HARRY KALVEN, JR., A WORTHY TRADITION: FREEDOM OF SPEECH IN AMERICA（Harper & Row, 1988）.

71) Charlotte Garden, *The Deregulatory First Amendment at Work*, 51 HARV. C.R.-C.L. L. REV. 323
　（2014）.

72) Tim Wu, *The Right to Evade Regulation: How Corporation Hijacked the First Amendment*, THE
　NEW REPUBLIC, June 3, 2013.

73) Robert Post & Amanda Shanor, *Adam Smith's First Amendment*, 128 HARV. L. REV. F. 165（2015）.

74) Amanda Shanor, *The New* Lochner, 2016 Wis. L. Rev. 133.

75) *See*, STEVEN H. SHIFFRIN, THE FIRST AMENDMENT. DEMOCRACY, AND ROMANCE（Harvard U. Pr, 1990）;
　STEVEN H.SHIFFRIN, DISSENT, INJUSTICE, AND THE MEANING OF AMERICA（Princeton U. Pr., 1999）.

76) STEVEN H. SHIFFRIN, WHAT'S WRONG WITH THE FIRST AMENDMENT ?（Cambridge U. Pr., 2016）, at ix.

77) *Id*. at 1.

シフリンの議論はある意味での「転向」宣言と読むことができる。これに対してルイス・マイケル・サイドマンの議論はもう一段ラディカルなもので、そもそもアメリカ・モデルがどれほどリベラル派にとって「価値ある伝統」なのかということを問い直すものである。サイドマンは、「そもそも言論の自由は革新的なものでありうるのか[78]」と問いかけ、この問いに否定で答える。サイドマンによれば、これまでの歴史を見る限り、革新的に社会の変革を進めようとする場合に、修正１条は「革新的な目標を促進するための剣でなく、権力を有する人々に大敗することを防ぐ散発的な盾[79]」としてしか機能しておらず、「言論の自由の保護が最も必要とされた時に、言論の自由は最も役に立ってこなかった[80]」。サイドマンは、「合衆国の歴史を通じて、言論の自由に関する法が社会を変革しようとする主張の助けになったのは時々のことであり、むしろ現代にあってはしばしば変革の重要な障害であり続けてきた[81]」としている。サイドマンの議論は、アメリカの表現の自由の伝統は「価値ある伝統」であるどころか、表現の自由は実は権力によって体よく飼い慣らされてきたのではないか、という最近のアメリカにおける表現の自由史研究と、その問題意識を共有している[82]。

サイドマンは問題の根は深いと考えている。問題は、単に現在の最高裁において保守派が主導権を握っていることにあるわけでもなければ、おそらくはアメリカの表現の自由の伝統にあるわけでもない。サイドマンによれば、問題は表現の自由の「背後にある状況[83]」にある。そうした「状況」として、サイドマンは、①表現の自由は社会の既存の資源配分に依存すること、②しかし従来の公私区分論はこれを隠蔽する形で既存の資源の配分を正当化する役割を果たしていること、③従来の表現の自由モデルの核心にある、観点や内容に関する中立性原理は社会を変革しようとする立場とは矛盾するにもかかわらず、そのこ

---

78) Louis Michael Seidman, *Can Free Speech Be Progressive ?*, 118 COLUM. L. Rev. 2219 (2018).

79) *Id.* at 2223.

80) *Id.* at 2229.

81) *Id.* at 2231.

82) *See, e.g.*, LAURA WEINRIB, THE TAMING OF FREE SPEECH: AMERICA'S CIVIL LIBERTIES COMPROMISE (Harvard U. Pr., 2016).

83) Seidman, *supra* note 78, at 2225.

84) *Id.* at 2232-2248.

とがきちんと認識されていないこと等を挙げる[84]。サイドマンは、表現の自由を
ラディカルなものにするためには、まずはこうした状況を変革する必要がある
と考える。しかし、それは極めて困難である。そこでサイドマンは、率直に
「言論の自由の革新主義性に対するペシミズム[85]」という診断を示す。こうした
サイドマンの主張には、「批判的法学研究（critical legal studies）」の主張を彷彿
とさせるものがある。

　したがって、こうしたアメリカの議論状況を踏まえるならば、低く見積もっ
ても、「アメリカ国内においてすら、……言論の自由に関する絶対主義は、可
能な選択肢が複数あるなかではたして最上のものだと言えるかどうかは、活発
に、継続的に、そして生き生きとした論争の対象となっている[86]」というのが、
現状に対する正しい評価だと思われる。このように、現在のアメリカでは、表
現の自由の絶対主義的な伝統を維持すべきか、それとも修正すべきが深刻に問
われている。アメリカ・モデルは、今、かつてない試練の時を迎えている可能
性がある。

（さかぐち・しょうじろう　一橋大学教授）

---

85) *Id.* at 2224.

86) Ronald J. Krotoszinski, Jr. *Free Speech Paternalism and Free Speech Exceptionalism: Pervasive Distrust of Government and Contemporary First Amendment*, 76 Ohio St. L.J. 659, 661 (2015).

パブリック・フォーラム論の限界？

中林暁生

はじめに

> 「道路や公園の権原の所在がどこであれ、それらは、記憶にないほど太古から
> 公衆の使用のために信託されてきたのであり、大昔から集会、市民間の思想伝達、
> 公的問題についての討議を目的として使用されてきたのである[1]。」

　1939 年の Hague 判決においてロバーツ（Owen J. Roberts）裁判官が述べたこ
の一節は、パブリック・フォーラム（public forum）論を語る際に必ずといって
よいほど言及される有名な一節である。
　パブリック・フォーラム論とは[2]、政府が所有・管理する土地等の財産におい
て言論活動を認めさせようとするものである。このパブリック・フォーラム論
は、一般に、政府の財産を、伝統的パブリック・フォーラム、指定的パブリッ
ク・フォーラムおよび非パブリック・フォーラムの 3 つに分類する[3]。
　伝統的パブリック・フォーラムとは、道路や公園のような「永きにわたる伝
統ないし政府の命令により集会および討論に捧げられてきた場所[4]」のことをい
う。伝統的パブリック・フォーラムにおいては、政府はすべてのコミュニケー

---

1) Hague v. Committee for Industrial Organization, 307 U.S. 496, 515-516 (1939). これは、道路や公
　共の場所において許可なく集会を行うことを禁止する条例が問題となった事件であり、合衆国最高
　裁は同条例を違憲と判断した。

ション活動を禁止することは許されないし、また、「言論主体がそのパブリック・フォーラムから排除されうるのは、その排除がやむにやまれぬ州の利益に仕えるのに必要であり、かつ、その排除がその利益を達成するために限定的になされている時のみである」[5]。さらに、政府は、重要な政府の目的と精密に適合する内容中立的な時、場所、方法の規制を、十分な代替的伝達手段が開設されていれば、行うことが許される。

指定的パブリック・フォーラムとは、公立劇場など「政府がある場所やコミュニケーション手段を意図的にパブリック・フォーラムに指定した」[6]ものをいい、ここでは「言論主体は、やむにやまれぬ政府の利益がなければ排除されえない」[7]。政府は特定の目的に限定されたパブリック・フォーラム、すなわち、特定の利用者、あるいは特定の主題に限定したパブリック・フォーラム（いわゆる限定的パブリック・フォーラム）を創設することもできる[8]。

非パブリック・フォーラムとは、「伝統」や政府による「指定」のいずれに

---

2) パブリック・フォーラム論については、藤田浩「公けの施設の利用と表現の自由——アメリカにおける public forum の法理の検討」広島経済大学研究論集5巻4号（1983年）1頁以下、長岡徹「アメリカ合衆国におけるパブリック・フォーラム論の展開」香川大学教育学部研究報告第I部64号（1985年）53頁以下、紙谷雅子「パブリック・フォーラム」公法研究50号（1988年）103頁以下、紙谷雅子「表現の自由（三・完）——合衆国最高裁判所に見る表現の時間、場所、方法および態様に対する規制と、表現の方法と場所の類型」国家学会雑誌102巻5・6号（1989年）1頁以下、紙谷雅子「パブリック・フォーラムの落日」樋口陽一＝高橋和之編『芦部信喜先生古稀祝賀 現代立憲主義の展開上』（有斐閣、1993年）643頁以下、若松園美「パブリック・フォーラム論の一考察(上)(下)——その生成、発展、および現代的理論を中心にして」愛知論叢55号（1993年）1頁以下、56号（1994年）1頁以下、市川正人『表現の自由の法理』（日本評論社、2003年）110-133頁、松田浩「『パブリック』『フォーラム』——ケネディー裁判官の2つの闘争」長谷部恭男編『講座人権論の再定位3 人権の射程』（法律文化社、2010年）181頁以下、中林暁生「パブリック・フォーラム」駒村圭吾＝鈴木秀美編著『表現の自由I——状況へ』（尚学社、2011年）197頁以下、城涼一「合衆国最高裁判所におけるパブリック・フォーラム法理——その問題点と最近の動向」比較法雑誌45巻4号（2012年）179頁以下、横大道聡『現代国家における表現の自由——言論市場への国家の積極的関与とその憲法的統制』（弘文堂、2013年）129-166頁等を参照。

3) 阪本昌成「修正一条とパブリック・フォーラム——*United States v. Grace, 103 S.Ct. 1702 (1983)*」判例タイムズ535号（1984年）28-29頁。

4) Perry Ed. Assn. v. Perry Local Educators' Assn., 460 U.S. 37, 45 (1983).

5) Cornelius v. NAACP Legal Defense & Ed. Fund, 473 U.S. 788, 800 (1985).

6) *Id.*

7) *Id.*

8) *Perry*, 460 U.S., at 46, n. 7.

よっても公的なコミュニケーションのためのフォーラムではない政府の財産を
いう。ここでは、時、場所、方法の規制に加えて――見解（viewpoint）に基づ
く差別は許されないものの――その他の規制も合理的である限り許容されるこ
とになる。

　日本の判例にも一定の影響を及ぼしているこのパブリック・フォーラム論の
「限界」を考えることの意義を検討することが、本稿の課題である。

I　Forbes 判決

1　公職選挙における政治討論

　冒頭で紹介した 1939 年のロバーツ裁判官の見解は、当時、自明の事柄とし
て語りえたわけではなかった。なぜならば、当時、道路や公園において言論活
動を行うことは「権利」（right）ではなくて単なる「特権」（priviledge）にすぎ
ないとする考え方の方が有力だったからである。この場合、政府は、私有地の
所有者に擬せられることになるので、政府の所有する土地の上での特定の者の
言論活動を排除しても、私有地の所有者が排除する場合と同様に言論の自由の
問題にはならないと考えられていたのである。言論の自由の保障は他者の財産
を利用して言論活動を行うことまでを含まないと考えられていたからである。
パブリック・フォーラム論とは、このような考え方を克服する形で展開してき
たのであり、そのきっかけともなったのが 1939 年の Hague 判決であった。

　この Hague 事件において、アメリカ法律家協会権利章典委員会（the
Committee on the Bill of Rights of the American Bar Association）が、アミカス・キ
ュリエ（Amicus Curiae; 裁判所の友）として合衆国最高裁に提出したブリーフ
（Brief）は、1858 年のリンカーン＝ダグラス論争が屋外の広場において行われ
ていたことに注意を促していた。

---

9)　*Id.* at 46.
10)　*Id.*
11)　中林暁生「パブリック・フォーラム論の可能性」憲法問題 25 号（2014 年）31 頁以下を参照。
12)　中林暁生「給付と人権」西原博史編『岩波講座憲法 2　人権論の新展開』（岩波書店、2007 年）
　　263 頁以下を参照。

リンカーン＝ダグラス論争とは、イリノイ州上院議員であったダグラス (Stephen Arnold Douglas) と後に合衆国大統領となるリンカーン (Abraham Lincoln) との間で、1858 年の合衆国議会上院議員選挙の際に行われた論争のことをいう。[14] このようなリンカーン＝ダグラス論争に言及したことが、冒頭のロバーツの見解にどのような影響を及ぼしたかは明らかではないが、このリンカーン＝ダグラス論争は、アメリカ人にとって、パブリック・フォーラムの原風景の一つを成しているということができるかもしれない。

リンカーン＝ダグラス論争から 130 年余りが過ぎた 1992 年に合衆国議会下院議員選挙立候補者によって行われた政治討論の「場」がパブリック・フォーラムにあたるか否かが問題となった事件がある。Forbes 事件である。連邦控訴裁判所がこのような「場」は限定的パブリック・フォーラムであると解した[15] のに対し、合衆国最高裁は、非パブリック・フォーラムであると判断した。[16] もちろん、リンカーン＝ダグラス論争と Forbes 事件とでは、事案において決定的な違いがある。すなわち、リンカーン＝ダグラス論争の「場」は屋外の広場であったのに対し、Forbes 事件で問題となった「場」は公営放送局が企画したテレビ討論会であった。

2 事件の概要

アーカンソー州教育テレビ委員会 (the Arkansas Educational Television

---

13) Brief of Committee on the Bill of Rights of the American Bar Association as Amicus Curiae, *in* 36 LANDMARK BRIEFES AND ARGUMENTS OF THE SUPREME COURT OF THE UNITED STATES: CONSTITUTIONAL LAW 867, 899 (Philip B. Kurland & Gerhard Casper eds., 1975).

14) 奴隷制度が主な論点となったこの討論は、1858 年 8 月から 10 月にかけて、イリノイ州の 7 つの都市で行われた。具体的には、1 人が 60 分間演説を行い、その後相手側が 90 分間演説を行い、さらに冒頭に演説を行った者が 30 分間演説を行うという方式で行われた。ダグラスが 4 回、リンカーンが 3 回冒頭の演説を行った。論争のテーマは奴隷制についてであり、リンカーンが奴隷制の廃止を主張し、ダグラスは州の住民主権に委ねるべきであると主張した。この時の上院議員選挙では、ダグラスが当選したが、1860 年の大統領選挙では、リンカーンはダグラスらを破って第 16 代合衆国大統領に就任した。リンカーン＝ダグラス論争については、K. C. ホイーア著／小原敬士＝本田創造訳『リンカン──その生涯と思想』(岩波書店、1957 年) 98-109 頁、山口房司「リンカーン＝ダグラス論争」文化史学 35 号 (1979 年) 290-312 頁、岡部朗一『政治コミュニケーション』(有斐閣、1992 年) 96-98 頁等を参照。

15) Forbes v. Arkansas Educatioal Television Com'n, 93 F.3d 497 (8th Cir. 1996).

Commission; AETC）は、5つの非営利的なテレビ局からなるアーカンソー州教育テレビネットワーク（the Arkansas Educational Television Network; AETN）を所有・運営する州の機関である。

　AETN は、1992 年に行われるアーカンソー州の上院議員選挙および 4 つの選挙区で行われる下院議員選挙の討論番組を企画した。同年 10 月 22 日に、アーカンソー州第 3 選挙区の立候補者による討論番組が行われることになり、共和党の候補者と民主党の候補者が討論番組に招待された。そうしたなか、ラルフ・フォーブス（Ralph Forbes）は、州法の求める 2,000 名の署名を集めたので、正式に同選挙区の候補者となった。そこで、フォーブスは AETC に討論番組への自らの参加を求めたが、AETC はその申出を拒否した。これが Forbes 事件の大まかな概要である。

3　控訴審判決

　すでに指摘したように、連邦控訴裁判所（第 8 巡回区合衆国控訴裁判所）は、この政治討論の場を限定的パブリック・フォーラムと捉えた。ここで、同裁判所は、公営テレビ局をパブリック・フォーラムと捉えたのではなく、あくまでも当該政治討論の場を限定的パブリック・フォーラムと捉えたにすぎない。同裁判所によれば、「AETN は、討論会を催すことで、その施設を特定の集団——第 3 区の議席を争っている立候補者達——に開放したのである[17]」。そして、

---

16) Arkansas Ed. Television Comm'n v. Forbes, 523 U.S. 666 (1998). この判決については、木下智史「Arkansas Educational Television Commission v. Forbes, 523 U.S.——, 118 S. Ct. 1633 (1998) ——公共放送における候補者討論会は、非パブリック・フォーラムであり、当選可能性の低い候補者を討論会から排除しても、第 1 修正に違反しない」アメリカ法［1999-2］308 頁以下、大日方信春「公共放送における選挙討論番組はノン－パブリック・フォーラムにあたるとされた事例　Arkansas Educational Television Commission v. Forbes, 118 S. Ct 1633 (1998)」広 島 法 学 23 巻 2 号（1999年）285 頁以下、横大道・前掲注 2)115-116 頁などを参照。ちなみに、1992 年 11 月 3 日に実施された投票の結果、共和党のハッチンソン（Y. Tim Hutchinson）が 125,295 票を獲得して当選した（得票率は 50.22％）。落選した民主党のヴァン・ウィンクル（John Van Winkle）の得票は 117,775 票（得票率は 47.20％）、フォーブスの得票は 6,329 票であった（得票率は 2.54％）（ほかに書き込み投票〔Write-in〕が 95 票〔得 票 率 は 0.04 ％〕あった）。See Clerk of the House of the Representatives, Statics of the Congressional Election of November 3, 1992, 5 (1993), http://clerk.house.gov/member_info/electionInfo/1992election.pdf (last visited June 23, 2019).

17) 93 F.3d at 504.

同裁判所は、AETN がフォーブスを政治討論から排除した理由、すなわち、フォーブスには当選の見込みがないという点については、そのような判断はそもそも主観的なものであるとしつつ、そのような判断を選挙人や民間のジャーナリストが行うのであればいざしらず、「政府に雇われているジャーナリストは、依然として政府の被用者なのである[18]」ことを指摘して、フォーブスを排除した理由はやむぬやまれぬものではないし、それを達成するためにそれと精密に適合してもいないと判断した[19]。

4 パブリック・フォーラムと政府の言論

この Forbes 判決に本稿が着目するのは、〝公営テレビ局の催した政治討論会は限定的パブリック・フォーラムか非パブリック・フォーラムか〟という論点に本稿が興味を抱いているからではない。本稿が興味を抱いているのは、Forbes 判決がいかなる磁場で下されたか、という点である。この点を考える上で興味深いのは、アミカス・キュリエとしてカリフォルニア州などの 19 の州が合同で提出したブリーフ（以下では「19 州のブリーフ」という[20]）の議論である。

この 19 州のブリーフは、本件をパブリック・フォーラムの問題ではなく、政府の言論（government speech）の問題として捉えようとしているのである。テレビ放送される討論会に招かれた候補者は、公衆から注目されるという便益を享受するが、それはあくまでも付随的なものであり、番組を編成する政府は、編集者として、編集上の裁量を有している、というのが、ここでの主張の要点である。その際に、19 州のブリーフは本件を政府の言論の問題として捉えようとして、次のような主張を行った。

---

18) *Id*. at 505.

19) *Id*.

20) Brief of the States of California, et al. as Amici Curiae in Support of Petitioner, Arkansas Ed. Television Comm'n v. Forbes, 523 U.S. 666（1998）（No. 96-779）. このブリーフに名を連ねたのは、カリフォルニア州、アラバマ州、アリゾナ州、コロラド州、フロリダ州、ジョージア州、アイダホ州、カンザス州、ルイジアナ州、ミシシッピー州、モンタナ州、ネヴァダ州、ニュー・ハンプシャー州、ノース・カロライナ州、オハイオ州、オクラホマ州、オレゴン州、ヴァーモント州およびワイオミング州である。

「……政府は、議会選挙というニュース価値のある主題と有力な候補者の考えや人格についての情報を視聴者に提供するために、積極的に特定の候補者を招き、討論会を主催したのである。放送局は、記者の1人に要約を準備させ、そしてその要約を示させることで、論題を提示することができたかもしれない。放送局は、そうしないで、『自らのメッセージを伝えさせるために、私人の力を借りる』ことを選んだのである。*Rosenberger*, 115 S.Ct. at 2518.」[21]。

　19州のブリーフが候補者（私人）たちは、「自分に投票を」というメッセージを伝えるべく討論番組に出演していることを認めつつも、政府≒放送局が、自身のメッセージを伝達させるべく、私人（候補者）を利用したという問題として本件を捉えたのであるが、その際に、1995年の Rosenberger 判決[22]に依拠しているという点に注目したい。

　政府の言論——すなわち、政府自身が言論主体となること——を、憲法論の中でいかに位置づけるべきかは、今なお重要な憲法問題でありつづけている[23]。政府広報や官房長官による記者会見の例を挙げるまでもなく、政府自身が言論主体となることは特段珍しいことではない。このような場合、政府は自らの見解をメッセージとして発することになる。こうした中で出てきた問題が、政府は、特定の私人に公金を支給する形で、その私人（公金の受給者）の力を借りて政府自身のメッセージを発することはありうるのか、という問題である。

　たとえば1991年の Rsut 判決[24]において、合衆国最高裁は、連邦政府の家族計画事業助成プログラムの下での補助金を受給しているクリニック等が家族計画の一方法として妊娠中絶を助言することを禁じた規則を合憲と判断したのであるが、Rosenberger 判決は、この Rust 判決に言及しつつ、政府のメッセージを私人に伝達させるために公金を支給するときには、受給者によりそのメッセージが改竄されたり歪められたりしないように、政府は正当かつ適当な手段

---

21) *Id.* at 7.
22) Rosenberger v. Rector and Visitors of Univ. of Va., 515 U.S. 819 (1995).
23) 蟻川恒正「思想の自由」樋口陽一編『講座・憲法学　第3巻　権利の保障』（日本評論社、1994年）111-136頁、横大道・前掲注2）221-300頁、蟻川恒正「政府の言論の法理——教科書検定を素材として」駒村＝鈴木・前掲注2）417頁以下などを参照。
24) Rust v. Sullivan, 500 U.S. 173 (1991).

を講ずることができることが判例で認められてきたことを指摘したのである[25]。19州のブリーフが Rosenberger 判決に依拠しているのは、この点においてである。

　ただし、Rosenberger 判決自身は、政府が私人に対して公金を支給する場合に、「政府の言論」として、私人の言論活動に対する政府の統制を広く認めようとしたわけではない。Rosenberger 判決において問題となったのは、学生による出版活動への州立大学による助成であるが、Rosenberger 判決は、政府の言論を理由とした内容統制は、私人の言論の多様性を奨励することを目的として政府がその資金を提供する場合にまで当然に及ぶわけではなく、そのような場合には見解にもとづく差別は許されないと判示したのである[26]。そして、このような判示を行う際に Rosenberger 判決が念頭に置いていたのが、パブリック・フォーラム論であった[27]。

　このように、パブリック・フォーラム論は、道路や公園、あるいは市立劇場のような物理的な「場所」だけではなく、公金による言論助成までもその射程を含みうる形で拡張してきたのである。そして、Rust 判決と Rosenberger 判決という系譜の中で、政府の裁量を広く認める政府の言論の法理と、政府の裁量を制限しようとするパブリック・フォーラム論とが対峙する枠組みが形成されてきたことになる[28]。このことを踏まえれば、Forbes 事件の問題状況を、公営放送局による当該討論会を限定的パブリック・フォーラムとして捉える控訴審判決に対し、それを政府の言論の問題として捉えようとする19州のブリーフの見解を対峙させる形で、整理することが可能になる。

　確かに、公営放送局による番組全般ではなく、あくまでも当該討論会に限定した上であれば、控訴審判決のように、それを限定的パブリック・フォーラムと捉えることも十分可能であろう。もともと、パブリック・フォーラム論は、政府の側の裁量が広く認められやすい領域（私有地の所有者に擬せられる政府が所

---

25) 515 U.S. at 833.

26) *Id.* at 834.

27) *Id.* at 830.

28) Randall P. Bezanson & William G. Buss, *Tha Many Faces of Government Speech*, 86 Iowa L. Rev. 1377, 1401-1402 (2001). 中林暁生「『政府の言論の法理』と『パブリック・フォーラムの法理』との関係についての覚書」季刊企業と法創造 7 巻 5 号（2011 年）88 頁以下も参照。

有・管理する財産）に、言論の自由を保障する合衆国憲法第1修正の制限を及ぼそうとする試みであったが、公営放送局をあくまでも政府の1機関であるとしてパブリック・フォーラム論の下に置くべきかは判断の分かれるところであろう[29]。それゆえ、本件は、パブリック・フォーラム論の周縁部分に位置づけられるべき事例であるといえる。

　これに対し、公営放送局（≒政府）が自らのメッセージを伝達させるために私人（有力候補者）を利用したと捉えようとする19州のブリーフは、Rust判決 ― Rosenberger判決の系譜を意識しすぎるあまり、技巧的になりすぎている感があることは否めないであろう。

5　合衆国最高裁判決

　このForbes判決において、合衆国最高裁は、合衆国政府が、そのアミカス・キュリエとして提出したブリーフ[30]において、本件ではそもそもパブリック・フォーラムに関する判例はほとんど無関係であるとの主張を行っていたことに言及した上で[31]、パブリック・フォーラムの諸原理が本件にそもそも適用されるべきか否かの検討から始めている[32]。

　Forbes判決は、まず、パブリック・フォーラムとされてきた道路や公園、あるいは学生による出版への大学の助成と公営放送との違いを指摘する。道路や公園の場合、パブリック・フォーラム論によって求められるオープン・アクセス――公衆が広くアクセスできること――と見解中立性は「その財産の意図された目的と両立可能」であり[33]、また、学生による出版への大学の助成も見解中立性と両立可能であるというのである[34]。ここで、道路や公園という財産の意図された目的（intended purpose）として具体的に何が想定されているのかは必

---

29) PAUL HORWITZ, FIRST AMENDMENT INSTITUTIONS at 58-60 (2013).
30) Brief for the Federal Communications Commission and the United States as Amici Curiae Supporting Petitioner, Arkansas Ed. Television Comm'n v. Forbes, 523 U.S. 666 (1998) (No.96-779).
31) 523 U.S. at 672.
32) *Id.*
33) *Id.* at 673 (quoting *Perry*, 460 U.S. at 49).
34) *Id.*

ずしも定かではないが、法廷意見を執筆したケネディ（Anthony M. Kennedy）が 1992 年の Lee 判決[35]の少数意見（結果同意意見）[36]の中で述べていたことを踏まえると、道路という財産の「意図された目的」とは〝輸送の促進〟であり、公園という財産の「意図された目的」とは〝美観と開放的な空間の確保〟と捉えることができるであろう。パブリック・フォーラム論とは、「当然には『表現活動』のための場所とは言えない『道路』や『公園』において、それらの施設の（唯一ではないにせよ）『本来』の『設置目的』（たとえば、『移動』や『休息』）のために集う人々の『本来』的な利用を一定程度害してでも表現活動を認めようとする『実践』の積み重ね[37]」であったのであり、ケネディのいう「両立可能」もかかる意味において理解するべきであろう。

それでは、道路や公園、あるいは、大学による助成と、公営放送とはいかなる点で異なるのであろうか。Forbes 判決によれば、「テレビ放送の場合、外部の話し手の広範なアクセス権というものは、一般原則としては、放送局とその編集スタッフが、自分たちのジャーナリストとしての目的と制定法上の義務を遂行するために必要な裁量と正反対のもの[38]」という点で区別されることになる。このように解する Forbes 判決は、一見すると、パブリック・フォーラム論からの離脱を図っているようであるが、それにもかかわらず、Forbes 判決は——少なくとも本件においては——パブリック・フォーラム論の枠組みになお踏みとどまろうとする。なぜならば、本件が政治討論——それも選挙における政治討論——に係る事案であったからである。すなわち、ここでの政治討論は——政治的なトーク・ショーとは異なり——候補者が自己の見解を述べる場であって、放送局自身の見解を述べる場ではないということ、そして、合衆国の伝統においては、候補者による討論は選挙の過程においてきわめて重要な意義

---

35) International Soc. for Krishna Consciousness, Inc. v. Lee, 505 U.S. 672 (1992).

36) Lee 判決において、ケネディ裁判官は、判例（法廷意見）のパブリック・フォーラム論の基本的な枠組みに対して根底的な批判を行っていたのである。この点については中林暁生「伝統的パブリック・フォーラム」法学 73 巻 6 号（2010 年）188 頁以下を参照。そのケネディが、Rosenberger 判決や Forbes 判決等において法廷意見に与し、かつ、法廷意見を執筆していることを分析したものとして、松田・前掲注 1) を参照。See also David S. Day, The Public Forum Doctrine's "Government Intent Standard": What Happened to Justice Kennedy?, 2000 L. Rev. M.S.U.-D.C.L. 173.

37) 中林・前掲注 36) 201 頁。

38) 523 U.S. at 673.

を有しているということの２点を指摘して[39]、Forbes 判決は、本件における討論会は「ある種のフォーラム[40]」であったとしたのである。

　本件における討論会が伝統的パブリック・フォーラムであるか否かは、両当事者も問題にしていないので、本件では、指定的パブリック・フォーラムであるのか、それとも非パブリック・フォーラムであるのかが問題となるが、「政府が一定の範囲の話し手に一般的なアクセスを認めるのではなく、個々の話し手への選択的なアクセスを認める場合には、指定的パブリック・フォーラムは創設されない[41]」ので、本件における討論会は指定的パブリック・フォーラムではなく非パブリック・フォーラムということになる[42]。

　ところで、本件における討論会が非パブリック・フォーラムであるとされても、このことは AETC に白紙委任を認めるものではない。合衆国憲法「第１修正と適合するためには、非パブリック・フォーラムからの話し手の排除は、その話し手の見解に基づくものであってはならないし、そうでなくても、その財産の目的に照らして合理的でなければならない[43]」からである。

　そして、Forbes 判決は、AETC がフォーブスを本件における討論会から排除した理由は、彼の見解ではなく、彼の当選可能性という見解中立的なものであったし、またその排除も合理的なものであったとした[44]。

II　パブリック・フォーラム論の限界？

　この Forbes 判決は、いくつかの点で不明な点を残しているが[45]、ここでは、公営放送局の場面で、Forbes 判決はパブリック・フォーラム論を何によって限界づけようとしたのか、という点にのみ着目することにする。

---

39)　*Id.* at 675-676.

40)　*Id.* at 676.

41)　*Id.* at 679.

42)　*Id.* at 680.

43)　*Id.* at 682.

44)　*Id.* at 682-683.

1 政府の言論

　一つの理解の仕方は、公営放送局を政府の言論の問題と捉えることにより、パブリック・フォーラム論を限界づけたというものであろう。この点で興味深い指摘をしたのがベザンソン（Randall P. Bezanson）である。

　ベザンソンは、言論を選定する場面の政府（〝編集者として政府（govenrment as editior）〟）をめぐる問題を主題化しようとする。[46] 政府が私人の言論の選定を行うという場面は決して少なくない。たとえば広報活動の広報誌に私人の論稿を掲載することもあるし、また、パレードの企画者としてパレードの参加者の選抜を行う場合もあるであろう。ベザンソンは、Forbes 判決が、同事件に言論主体としての政府の側面を認めつつも、フォーブスの排除を——パブリック・フォーラム論の枠組みの中で——見解中立的なものであったとした点に、議論の不徹底さを認めている。[47] 論じられるべき問題は、Forbes 事件における編集者としての「政府」をどのように位置づけるべきか、ということになるが、この点での Forbes 判決の判示は必ずしも分明ではない。たとえば、Forbes 判決は、「卒業式の講演者を選定する大学、連続講演会の講演者を選定する公共機関、あるいは自校のカリキュラムを定める公立学校[48]」と放送局とを同列に並べ、さらに、「公営放送局（a public broadcaster）が番組の選定・放映に際して編集上の裁量を行使するとき、公営放送局（it）は言論活動に従事している[49]」とも述べている。公営放送局（public broadcaster）を政府と捉えるのであれば、Forbes 判決は公営放送局を「政府の言論」の主体と捉えたことになるであろう。

45）本稿では、特に採り上げないが、Forbes 判決に対する疑問としてよく指摘されているものとして、Forbes 判決は「財産が伝統的パブリック・フォーラムではなく、また政府が指定的パブリック・フォーラムを創設することを選択してこなかった場合、その財産は非パブリックフォーラムであるか、あるいはそもそもフォーラムですらないかのいずれかである」と述べたこと（*Id.* at 678）の意図については、「そもそもフォーラムですらない」ものの存在を示唆した点を挙げることができるである。このことの意味は必ずしも明らかではない。市川・前掲注2）113頁（注9）、松田・前掲注2）192頁等を参照。

46）Randall P. Bezanson, *The Government Speech Forum*: Forbes *and* Finley *and Government Speech Selection Judgments*, 83 Iowa L. Rev. 953 (1998).

47）*Id.* at 959.

48）523 U.S. at 674.

49）*Id.* at 674.

2 制度理論

ところで、Forbes 判決が公営放送局の言論性を述べるくだりで言及している主な先例は、放送局に関する判例である。この点で興味深い指摘をしたのがシャウアー（Frederick Schauer）である。

シャウアーは、Forbes 判決が「州」（"the State"）ではなく「放送局」（"the broadcaster"）と表現し[50]、さらに、アーカンソー州教育テレビにおける「専門スタッフ」（a "professional staff"[51]）や「編集上の裁量」（"editorial discretion"[52]）に言及し、アーカンソー州教育テレビの判断を「ジャーナリストとしての判断」（"journalistic judgment"[53]）としている点、あるいは、公営放送と民間放送との類似性を強調している点[54]などに注意を向ける。そして、公営放送を「ジャーナリスト」として捉えたことが、Forbes 判決の結論の実質的な決め手になっているのではないかというのである[55]。このような Forbes 判決理解の下では、Forbes 判決は、〝大学〟、〝図書館〟、〝プレス〟などを言論の自由を保障している（合衆国憲法）第 1 修正の制度（First Amendment institutions）の一つとして位置づける制度理論と親和的なものとして理解されることになる[56]。

制度理論とは、大学などの制度と第 1 修正との密接な連関を主張しようとす

---

50) *Id.* at 669.

51) *Id.* at 670.

52) *Id.*

53) *Id.* at 673.

54) Frederick Schauer, *Principles, Institutions, and the First Amendment*, 112 HARV. L. REV. 84 (1998).

55) *Id.* at 91. *See also* HORWITZ, *supra* note 29 at 58-60. 中林暁生「憲法と大学との関係についての予備的考察」法学 79 巻 5 号（2015 年）4-7 頁も参照。ところで、Forbes 事件の控訴審判決も 19 州のブリーフも公営放送局を政府と同視していたが、実際の公営放送は、政府による内容統制から自由が確保されているという。*See* HORWITZ, *supra* note 29 at 165. *See also* Jonathan M. Phillips, Comment, *Freedom by Design: Objective Analysis and the Constitutional Status of Public Broadcasting*, 155 U. PA. L. REV. 991 (2007).

56) 制度理論については、松田浩「『修正一条制度』論と学問の自由」浦田一郎ほか編『山内敏弘先生古稀記念論文集 立憲平和主義と憲法理論』（法律文化社、2010 年）304 頁以下、城野一憲「修正 1 条の『制度主義』──ポール・ホーウィッツの動態的な "institution" 観」早稲田法学会誌 62 巻 1 号（2011 年）53 頁以下、小林伸一「プレスの自由と制度」小谷順子ほか編『現代アメリカの司法と憲法──理論的対話の試み』（尚学社、2013 年）38 頁以下、横大道聡「『修正一条制度論』について──アメリカ表現の自由論の一断面」公法研究 75 号（2013 年）244 頁以下等を参照。

るものであるが、たとえばホーウィッツ（Paul Horwitz）の議論においては、大学、図書館、プレスなどの institutions を第 1 修正上の理論が貫徹しないものとして位置づけようとする。これは、institutons の自律性を認めようとするものであるが、その自律性は、パブリック・フォーラム論を限界づけるものとしても機能しうるのである。[57]

Ⅲ　パブリック・フォーラム論の原点？

1　パブリック・フォーラム論の拡張

政府が所有・管理する財産のうちの一定の財産上において言論活動を認めようとするパブリック・フォーラム論は、多くの人々が実際に言論活動や集会を行うことを可能にするという点で、今日においてもその意義は失われていないというべきであろう。このパブリック・フォーラム論は、その射程を物理的な場所だけではなく、他の領域へと拡張させてきたということも、言論の自由の保障の射程を拡げていくという意味で、肯定的に捉えることも可能である。しかしながら、射程の拡大は、本来パブリック・フォーラム論が念頭に置いていたものとは異質なものをも取り込んでいく危険を多分に孕んでいることも否定できない。Forbes 判決をめぐる議論もまた、このような観点から捉えることが可能であろう。

2　パブリック・フォーラム論の原点？

パブリック・フォーラム論が、その射程を拡大させていくことに懸念を抱いているのがキャプラン（Aaron H Caplan）である。[58] キャプランは、「フォーラ

---

57) 言論の自由を保障する第 1 修正は、表現内容に基づく規制を厳格審査の基準に服せしめるなどの制限を規制者である政府に課してきた。パブリック・フォーラム論とは、規制者（統治者）としての政府と私人との関係を念頭においたこのような制限を、その制限がそのままには妥当しないと考えられていた場面（所有者・管理者としての政府と私人との関係）にまで及ぼそうとする試みであったと捉えることができる。*See generally* ROBERT C. POST, CONSTITUTIONAL DOMAINS: DEMOCRACY, COMMUNITY, MANAGEMENT 201-233 (1995). いわば、一般的な統治関係に類するものとしていこうとするパブリック・フォーラム論が、制度（institutions）の自律性でもって限界づけられることになるのである。

58) Aaron H. Caplan, *Invasion of the Public Forum Doctrine*, 46 WILLAMETTE L. REV. 647 (2010).

ム」というメタファーが公園や道路などを越えて、職場間の郵便ボックスやテレビ局などへと広がっていき、あたかもすべての政府の財産は何らかの「フォーラム」（この場合非パブリック・フォーラムも含まれる）に該当するかのようであるという[60]。このような傾向に対してキャプランが懸念を抱いているのは、そもそも公園や道路などの場所以外のものをパブリック・フォーラム論の枠の中に取り込んでいくことが言論の自由の保障に資するとは限らないからであり[61]、さらにいうと、より適切な別の理論を構築していくことを阻んでしまうことにもなるからである[62]。

そこで、キャプランは、伝統的パブリック・フォーラムがフォーラムである所以を探求する。そこで、彼は、ワシントン D.C. の——キング（Matrin Luther King）牧師が「私には夢がある（"I Have A Dream"）」と演説した場所としても有名な——ナショナル・モール（National Mall）[63]をいわば典型的なパブリック・フォーラム[64]とし、その特徴として次の5点を挙げる。これらの特徴が1つ以上欠けている場合、フォーラムのメタファーがどの程度十分に機能しているかを検討することが可能になる[65]。

まず第1に、屋外の不動産（Open-Air Real Property）であること。フォーラムの文字通りの開放性（壁や屋根がないということ）は、フォーラムでの出来事を多くの人々に対して可視化するが、ナショナル・モールはこのようなアクセスの容易さと透明性を備えている。

59）合衆国最高裁は、区域内の学校間を結ぶ学校間郵便制度は非パブリック・フォーラムにあたると判断している。*Perry*, 460 U.S. at 46.
60）Caplan, *supra* note 58, at 647-648. そもそも「フォーラム」とは何かが問題となるであろう。キャプランは、「フォーラム」の暗黙の定義は「その所有者以外の者が表現活動を行うための演壇（platform）」であろうとする。*Id*. at 655. これに対し、キャプランは、「フォーラム」とは「政府以外の者が言論活動を行うためのある種の演壇」であるべきと考えている。*Id*. at 657. そこでの含意は、そもそも「フォーラム」ではない「場所」が存在するという点にある。
61）*Id*. at 648.
62）*Id*. at 649.
63）ナショナル・モールは、合衆国議会議事堂（the Capitol）からリンカーン記念館（the Lincoln Memorial）まで広がる広大な公園であり、周囲に柵などは設けられていないので周辺から自由に出入りすることができる。
64）*See* ISKCON of Potomac, Inc. v. Kennedy, 61 F.3d 949, 959（D.C. Cir. 1995）（Ginsburg, J., concurring in part and dissenting in part）.
65）Caplan, *supra* note 58, at 655-660.

第2に、人々が集会すること。ナショナル・モールでは話し手と聴き手とが一堂に会し、同時的なコミュニケーションを行うことができる。

第3に、政府の統制または所有の存在。合衆国憲法が適用されるためには政府の行為（またはそれに匹敵するもの）が必要だからである。

第4にソース（source）の明白な指示があること。伝統的パブリック・フォーラムに立ち入り、そこで演説をしたとしても、それによって話し手は政府の行為者となるのではないし、特に説明がなくても、合理的な観察者は、政府はフォーラムを提供しているがそこで生じている表現を提供しているわけではないと信じるのである。

第5に、言論がフォーラムを変容させたりあるいは減じてしまったりしないこと。言論の内容はフォーラムの性格に影響を及ぼさないので、ある立場の言論が行われた同じフォーラムで、別の機会にまったく異なる立場の言論が行われたとしても、ナショナル・モールのフォーラムとしての性格などが変容するわけではない。

おわりに

合衆国において、パブリック・フォーラム論が拡張的な傾向を有する中で、その限界が論じられているということは、当然のこととのもいえるであろう。パブリック・フォーラム論を限界づけるものとしては、いかなる理論があり得るのか、という観点からの検討が必要であることはいうまでもないであろうが、同時に、パブリック・フォーラム論は適切に拡張してきているのかを不断に問い続けていくことも重要な意味を持つはずである。本稿が採り上げた制度理論は前者の試みとして、キャプランの議論は後者の試みとして、それぞれを位置づけることができるであろう。

それでは、このような試みから、日本の憲法学は、何らかの示唆を得ることができるであろうか。この点に関しては、まず、次の2点を確認しておきたい。

第1に、日本において、「パブリック・フォーラム論」なるものが確立しているわけではないが、たとえば伊藤正己裁判官が2つの事件[66]における補足意見の中でパブリック・フォーラム論を展開したこと、泉佐野市民会館事件最高裁

判決がパブリック・フォーラム論の影響を受けているとされることなどを踏まえるならば、日本においてもパブリック・フォーラム論的なるものが存在しているということができるという点である。ここからいかなる理論を構築していけるかは、日本の憲法学の今後の課題であろう[69]。

　第2に、日本においても、パブリック・フォーラムという概念が拡張されていく可能性があるという点である。たとえば、公立図書館の司書による収蔵図書の廃棄が問題となった船橋市西図書館事件において、最高裁は、「公立図書館は、住民に対して思想、意見その他の種々の情報を含む図書館資料を提供してその教養を高めること等を目的とする公的な場ということができる」とした上で、さらに、「公立図書館が……住民に図書館資料を提供するための公的な場であるということは、そこで閲覧に供された図書の著作者にとって、その思想、意見等を公衆に伝達する公的な場でもあるということができる」（傍点中林）としたのであるが、ここでいう「公的な場」を、同判決に裁判官として加わった泉徳治は、「パブリック・フォーラム」の意味であると解している[71]。泉がいかなる含意をもって公立図書館を「パブリック・フォーラム」と解しているのかは必ずしも明らかではないが、図書の選定（選書）が不可避である公立図書館を、とりわけ収蔵図書の著作者との関係でパブリック・フォーラムと捉えうるか否かは慎重に検討する必要があるといわざるをえない[72]。そして、表現者が自由に出入りできる道路や公園（伝統的パブリック・フォーラム）をパブリック・フォーラムの原点とするならば、泉は、パブリック・フォーラムという概

---

66) 最三判 1984〈昭 59〉. 12. 18 刑集 38 巻 12 号 3026 頁、最三判 1987〈昭 62〉. 3. 3 刑集 41 巻 2 号 15 頁。
67) 最三判 1995〈平 7〉. 3. 7 民集 49 巻 3 号 687 頁。
68) 近藤崇晴「判解」『最高裁判所判例解説 民事篇 平成 7 年度[上]』295 頁（註 1）。
69) この点では、とりあえず、中林暁生「憲法判例を読みなおす余地はあるか——最高裁と下級審」辻村みよ子＝長谷部恭男編『憲法理論の再創造』（日本評論社、2011 年）77 頁以下、中林・前掲注 11）を参照。
70) 最一判 2005〈平 17〉. 7. 14 民集 59 巻 6 号 1569 頁。
71) 泉徳治『私の最高裁判所論——憲法の求める司法の役割』（日本評論社、2013 年）253 頁、泉徳治ほか『一歩前へ出る司法 泉徳治元最高裁判事に聞く』（日本評論社、2017 年）223 頁［泉発言］を参照。
72) 中林暁生「憲法と公立図書館との関係についての予備的考察(1)(2)」法学 81 巻 6 号（2018 年）178 頁以下、82 巻 2 号（2018 年）1 頁以下を参照（未完）。

念を拡張しているといえるであろう。

　もちろん、公園や道路などの伝統的パブリック・フォーラムについては審査基準と結びつく形でパブリック・フォーラム論が確固たるものとして存在しているアメリカとは異なるので、日本においてパブリック・フォーラムという概念が拡張されているとしても、そのことの理論的実害を懸念する必要はないといえるかもしれない。しかしながら、日本におけるパブリック・フォーラム論の可能性を模索しようとするならば、同時にその理論的限界も見定めておく必要があるというべきであろう。

（なかばやし・あきお　東北大学教授）

---

73) 中林暁生「表現する場を提供する国家」ジュリスト1422号（2011年）94頁以下を参照。

74) アメリカのナショナル・モールに相当するものを日本において探すとすれば、日比谷公園や皇居前広場（皇居外苑）がそれに当たるであろう。政治学者の原武史は、占領期に「天皇や皇后が出席する憲法関連の式典に加えて、占領軍や日本の警察のパレード、あるいは宮城／皇居前広場を『人民広場』と呼んだ左翼勢力による集会などの多種多様な行事が頻繁に開催され」ていたこと、すなわち「天皇、占領軍、左翼、警察などの多様な勢力が、それぞれ同じ場所で儀礼や集会を行うという、今日から見れば奇妙な現象が見られた」ことを指摘している（原武史『増補　皇居前広場』（筑摩書房、2007年）14頁）。その上で、原は、日本が――沖縄などを除いて――独立を回復した1952年「4月28日から、広場でいわゆる血のメーデー事件（皇居前広場事件）が起こる5月1日を経て、天皇が広場で正式に退位を否定する5月3日」までの1週間の後、皇居前広場は政治空間としての役割を果たさなくなったことを指摘している（同12頁）。日本国との平和条約（いわゆるサンフランシスコ平和条約）が発効した4月28日、東京地裁は、厚生大臣がなした中央メーデー開催を目的とした皇居外苑の使用不許可処分を取消す判決を言い渡している（東京地判1952〈昭27〉.4.28行集3巻3号634頁）。この判決に対し、厚生大臣が控訴し、結局皇居前広場で中央メーデーは開催されなかったのである（このことが一つの理由となって血のメーデー事件が起きた）。日本は、ナショナル・モールのような典型的なパブリック・フォーラムを自らの裡に確保する機会を失ったといえる。この点については、中林暁生「1952年4月28日の21条論」法学セミナー692号（2012年）44頁以下を参照。

75) この点で、中林・前掲注11）と中林・前掲注72）を参照。

公務員の政治的行為の制限に関する一考察

——「憲法改正手続法」を素材として

稲葉　馨

I　はじめに

1　憲法改正手続法における国民投票運動の「解禁」

「日本国憲法の改正手続に関する法律」（平成19年法律第51号。以下、「憲法改正手続法」ともいう）は、「憲法改正案に対し賛成又は反対の投票をし又はしないよう勧誘する行為」を「国民投票運動」と呼び、このような勧誘と「憲法改正に関する意見の表明」について、「政治的行為」を禁止する「他の法令の規定」、すなわち「政治的行為禁止規定」にかかわらず、「国会が憲法改正を発議した日から国民投票の期日までの間」これを制限しないものと定めている（公務員の政治的行為の制限に関する特例）。ただし、「政治的行為禁止規定により禁止されている他の政治的行為を伴う場合は、この限りでない」（平成26年法律第75号による〔第1次〕改正〔以下、「平成26年改正」とする〕後の同法100条の2）。ここで、「政治的行為」とは、「公務員の政治的目的をもって行われる政治的行為又は積極的な政治運動若しくは政治活動その他の行為」を指すから（同条）、例えば、「公職の選挙の特定の候補者の名前を挙げること、あるいはそれに対して投票を依頼すること、それから特定の政党の支持を促すこと」などは、国家公務員法（以下、「国公法」とする）・人事院規則（以下、「人規」とする）14-7の関係規定によって禁じられている上記の「他の政治的行為」に当たり得るため、それらを伴う場合には、国民投票運動自体が制限の対象となり得る。これ

によって、「純粋な」国民投票運動に限って許されるという、一応の「切り分け」が行われたのである。[2]

2 「特定公務員」に係る国民投票運動の禁止

憲法改正手続法100条の2にいう「公務員」とは、「日本銀行の役員」を含み、「第102条各号に掲げる者を除く」とされている。ここでいう「日本銀行の役員」とは、「日本銀行法第26条第1項に規定する役員」を指すが、同項は、当該役員の「行為制限」として、公職の候補者となることなどのほか、「政党その他の政治的団体の役員となり、又は積極的に政治運動をすること」をあげており（同項2号）、当該役員は国公法にいう公務員の地位を有するものではないが、国民投票運動については、「公務員」と基本的に同様な扱いを受けることとなる。[3]

他方で、同条の適用対象から除かれている「第102条各号に掲げる者」とは、投票管理事務を担当する中央選挙管理会・選挙管理委員会の委員と関係（総務省）職員、国民に対し憲法改正案の広報・周知を担当する国民投票広報協議会（衆参両院議員各10名で構成）の事務局職員のほか、裁判官、検察官、国家・都道府県・方面の各公安委員会委員および警察官であり、同法はこれらを一括して「特定公務員」と呼んでいる。この「特定公務員」は「在職中、国民投票運動をすることができない」。立法趣旨としては、「その職務の性格や強制力によって、投票人の意思決定に対して、他の一般国民では成し得ない大きな影響を及ぼすおそれがある職種の者」だからとされている。ただし、憲法改正に関する意見の表明までが禁じられているわけではない。[4]

---

1)　第186回国会衆議院憲法審査会議録第2号（平成26年4月17日）3頁参照〔発議者である船田元議員発言〕。

2)　井口秀作「新法解説・日本国憲法の改正手続に関する法律の一部を改正する法律」法学教室411号（2014年）63頁参照。

3)　ちなみに、この日銀役員と同様に《積極的政治運動》を禁止されている例として、公正取引委員会の委員長・委員・特定の職員（私的独占の禁止及び公正取引の確保に関する法律37条1号）、裁判官（裁判所法52条1号）、国・都道府県・方面の各公安委員会委員（警察法10条3項・42条3項・46条2項）、中央保護更生委員会の委員長・委員（更生保護法8条2項）などがあるが、これらはいずれも公務員（特別職）たる地位を有するものである。Ⅱ5参照。

4)　選挙制度実務研究会編『完全解説・憲法改正国民投票法』（国政情報センター、2018年）188頁。

3 国家公務員と地方公務員の「アンバランス」の解消

先にも示唆しておいたところであるが、憲法改正手続法が最初に公布された段階（以下、「平成19年法」とする）では、同法100条の2の規定は存在しなかった。また、「特定公務員の国民投票運動の禁止」について定める102条も選管委員と職員および国民投票広報協議会事務局職員だけを対象とするものであった。後者は、禁止対象職種を拡大したものであるから、この面では、平成26年改正は、公務員の政治活動について、規制を強化したことになろう（違反に対しては、122条に罰則規定もある）。では、前者はどうであろうか。その条文見出しは、「公務員の政治的行為の制限に関する特例」となっており、他の法律のいかなる「政治的行為禁止規定」の「特例」であるのかが、まず以て問われることとなる。

この点について、人事院関係者の手になる定評あるコンメンタールは、次のように述べている[5]。「同条〔憲法改正手続法100条の2─稲葉〕によれば、専ら憲法改正案に対し賛成又は反対する目的をもって国民投票運動や憲法改正に関する意見表明を行うことは何ら制限されず、当該目的は現行の人規14-7第5項に規定する政治的目的のいずれにも該当しないため、このような行為はそもそも本条〔国家公務員法102条─稲葉〕による政治的行為の制限の対象とならない」。他方、地方公務員法（以下、「地公法」とする）36条2項においては、「『公の（中略）投票において特定の（中略）事件を支持し、又はこれに反対する目的をもって』『公の投票において投票するように、又はしないように勧誘運動をすること』が禁止されており、憲法改正に係る国民投票もその対象となる」。

平成26年改正（法案）の審議過程において、改正法案提出者のひとりである船田議員も同趣旨の説明を行っている。「現行の国家公務員法、人事院規則に照らしてみると、そもそも国民投票を現行の国家公務員法は想定していないために、国民投票運動は禁止の対象となっておりません」。「しかし一方で、現行の地方公務員法においては、専ら住民投票を念頭に置きました公の投票という文言があるために、形式的には、国民投票運動は地方公務員には禁止されているということになります」。したがって、本改正案については、「国家公務員

---

5) 森園幸男＝吉田耕三＝尾西雅博編『逐条国家公務員法〔全訂版〕』（学陽書房、2015年）900-901頁。

と地方公務員の現行法を当てはめたときのアンバランスを解消する、こういう
意味で、純粋な賛否の勧誘行為に限って解消することにしたということでござ
います」と[6]（本稿の下線は、特に断りがない限り、筆者＝稲葉が付したものである）。

これらによると、「公務員」であっても、国公法が適用される「公務員」と
地公法が適用される「公務員」とでは異なり、「特例」と称するに値するのは、
もっぱら後者との関係においてのみということになろう[7]。

4　国公法二事件最高裁判決の登場

ところで、公務員に係る政治的行為（表現の自由・政治活動の自由）の制限を
めぐっては、従前より刑事罰による一律規制方式をとる国公法 102 条・人規
14-7 の憲法適合性が問われ、「公法学説は、猿払事件最高裁判決があるにもか
かわらず、違憲説でほぼ一致している」とさえいわれてきた[8]。具体的には①国
公法 102 条 1 項による人規への委任の憲法 41 条違反、②刑事罰規定の憲法 31
条違反、③「すべての一般職公務員」に対する「一律」規制と「勤務時間の内
外や職場施設との関連」を問わない「あらゆる種類の政治的表現行為」の禁止
による憲法 21 条違反が指摘されてきた[9]。しかし、この間、「学説は総じて批判
的」と評されていた猿払事件最高裁判決[10]（最大判昭 49. 11. 6 刑集 28 巻 9 号 393
頁）の「論理を根本的に組み換え、その射程を実質的に限定した」との評価を
受けている[11]、いわゆる国公法二事件上告審判決、すなわち堀越事件にかかる最

---

6)　第 186 回国会衆議院憲法審査会議録第 4 号（平成 26 年 4 月 24 日）23 頁。

7)　なお、平成 26 年改正により、「地方公務員については（中略）政治的行為の制限の一環としてこ
　　れまでその一部が規制されていた賛否の勧誘行為と意見の表明が解禁になった」との説明もある
　　（東善博「公務員の政治的行為に係る法整備」地方公務員月報 615 号〔2014 年〕74 頁）が、意見表
　　明だけでは国公法・地公法上「政治的行為」に当たらないのではないかと思われる。

8)　例えば、塩野教授は、「現在のような、大雑把にして画一的な政治的行為の制限規定は違憲であ
　　る」と断じていた（塩野宏『行政法Ⅲ・行政組織法〔第 4 版〕』〔有斐閣、2012 年〕325 頁。

9)　以上、長岡徹「国家公務員の政治的行為禁止の違憲性」法と民主主義 453 号（2010 年）35 頁。岡
　　田教授も、「公務員の政治的行為の制限をめぐる学説の現状」について、次のように述べていた。
　　「国家公務員法 102 条と人事院規則 14-7 の制限内容は違憲の疑いが強く、同法 102 条の委任は白紙
　　委任であって違憲であり、とくに刑罰の構成要件を行政立法に委任することは憲法上許され」ない
　　とされている、と（岡田正則「国家公務員の政治的行為規制に関する人事院規則委任条項・罰則適
　　用条項挿入の経緯と趣旨(1)」早法 84 巻 1 号（2008 年）149-150 頁。

10)　渡辺康行＝宍戸常寿＝松本和彦＝工藤達郎『憲法Ⅰ（基本権）』（日本評論社、2016 年）46 頁。

11)　長谷部恭男『憲法〔第 7 版〕』（新世社、2018 年）138 頁。

判平 24. 12. 7 刑集 66 巻 12 号 1337 頁および世田谷事件にかかる最判平 24. 12. 7 刑集 66 巻 12 号 1722 頁が登場した（以下、両者を一括して「平成 24 年最判」とする）。この平成 24 年最判は、国公法 102 条 1 項にいう「政治的行為」の意味について、次のように判示していた。

「本法 102 条 1 項の文言、趣旨〔行政の中立的運営の確保・国民の信頼維持—稲葉〕、目的〔「公務員の職務の遂行の政治的中立性を保持する」ことによって趣旨を実現する—稲葉〕や規制される政治活動の自由の重要性に加え、同項の規定が刑罰法規の構成要件となることを考慮すると、同項にいう「政治的行為」とは、公務員の職務の遂行の政治的中立性を損なうおそれが、観念的なものにとどまらず、現実的に起こり得るものとして実質的に認められるものを指し、同項はそのような行為の類型の具体的な定めを人事院規則に委任したものと解するのが相当である。（中略）上記のような規制の目的やその対象となる政治的行為の内容等に鑑みると、公務員の職務の遂行の政治的中立性を損なうおそれが実質的に認められるかどうかは、当該公務員の地位、その職務の内容や権限等、当該公務員がした行為の性質、態様、目的、内容等の諸般の事情を総合して判断するのが相当である[12]」と。

5　本稿の課題

　一般職国家公務員（目黒社会保険事務所勤務の年金審査官および厚生労働省本省総括課長補佐）に関する事案であるため、直接触れるところはないが、平成 24 年最判の上記判示は、地公法 36 条 2 項の定めにある「政治的行為」にも当てはまるのであろうか。当てはまるとすれば[13]、同項 1 号にいう「投票」の「勧誘行

---

12) 判決はこれに続けて「具体的」考慮要素について、次のように述べる。「当該公務員につき、指揮命令や指導監督等を通じて他の職員の職務の遂行に一定の影響を及ぼし得る地位（管理職的地位）の有無、職務の内容や権限における裁量の有無、当該行為につき、勤務時間の内外、国ないし職場の施設の利用の有無、公務員の地位の利用の有無、公務員により組織される団体の活動としての性格の有無、公務員による行為と直接認識され得る態様の有無、行政の中立的運営と直接相反する目的や内容の有無等が考慮の対象となるものと解される」と。

13) この点につき、肯定的な見解を表明する者として、晴山一穂「公務員の政治的行為の制限——国公法違反事件最高裁二判決の考察」自治総研 416 号（2013 年）22 頁、晴山一穂＝西谷敏『新基本法コンメンタール・地方公務員法』（日本評論社、2016 年）172 頁〔本多滝夫執筆。以下、「本多・コメ」とする〕がある。

為」についても、平成 24 年最判と同様な限定的解釈の余地が開けよう。[14]もっとも、政治的行為制限違反が刑事罰を伴わない点を初めとして、国公法・人規 14-7 による規制と地公法 36 条の規制との間には、いくつかの点で明確な違いがあり、一般的には、後者の地公法 36 条による制限の方が前者よりも「緩和された内容」になっているとされている。[15]後に《地方公務員の国家公務員なみ規制》の議論に言及する際にあらためて検討するが、その際にはこの点をも加味した考察が求められよう。

　また、平成 24 年最判は、平成 19 年法とその平成 26 年改正との間に位置する。前述したように、平成 19 年法の段階では政治的行為制限の「特例」規定（憲法改正手続法 100 条の 2）は存在しなかった。では、平成 19 年法の制定およびその改正の過程では、憲法改正国民投票に際しての公務員の国民投票運動制限の問題はどのように扱われたのであろうか。以下、検討を試みることにしたい。

II　平成 19 年法の成立過程

1　法案の国会提出（与党案と民主党案）

　2000（平成 12）年 1 月 20 日、前年の 8 月に公布された「国会法の一部を改正する法律」により、衆議院・参議院の両院に「憲法調査会」が設置された。「日本国憲法について広範かつ総合的に調査を行う」ことを目的とし、設置期間は「概ね 5 年程度を目途」とするという申し合わせが、両院の議院運営委員会理事会で行われた。2005（平成 17）年 4 月 15 日衆院の調査会が、次いで同月 20 日参院の調査会がそれぞれ「報告書」を各議長に提出した。前者の報告書は、「憲法改正手続法の整備について」、これを「早急に整備すべきであるとする意見が多く述べられたが、整備を急ぐ必要はないとする意見もあった。」

14）平成 24 年最判が示した「国公法 102 条 1 項にかかる推論」を地公法 36 条の「解釈にも援用する」貴重な試みとして、本多・コメ 172 頁以下がある。

15）晴山一穂「再び大阪市政治活動制限条例の問題点を考える」労働法律旬報 1790 号（2013 年）24 頁、阿部泰隆＝中西又三＝乙部哲郎＝晴山一穂『地方公務員法入門』（有斐閣、1983 年）166-167 頁〔乙部執筆〕。

（468頁）としていた。[16]

　これを受けて、2005年9月、衆議院に国民投票制度に関する議案の審査・起草権限をもった「日本国憲法に関する調査特別委員会」が設置され、翌2006（平成18）年5月26日、①与党（自民・公明）案（「日本国憲法の改正手続に関する法律（案）」）および②民主党案（「日本国憲法の改正及び国政における重要な問題に係る案件の発議手続及び国民投票に関する法律（案）」）が、衆議院に提出された。[17]

2　与党案

　同年の6月1日、衆議院本会議において「趣旨説明」が行われた与党案の全文は、本会議から付託を受けた日本国憲法に関する調査特別委員会の会議録12号（平成18年6月1日）に掲載されている。その内容をみると、まず、第7節（101条～108条）が「国民投票運動」と題し、その前半（105条まで）では、一定の公務員等の「国民投票運動の禁止」について定めている。ちなみに、後半部（106条以下）は、広告放送の制限（106条）・政党等による放送・新聞広告（107条）・政治団体による国民投票運動の自由（108条）について定めるもので、特に公務員に向けた規定とはなっていない。

　(1)　101条は、「適用上の注意」という条文見出しが付されており、「この節及び次節の規定の適用に当たっては、表現の自由、学問の自由及び政治活動の自由その他の日本国憲法の保障する国民の自由と権利を不当に侵害しないように留意しなければならない。」とする。「次節の規定」とは、「第8節　罰則」の定めを指す（102条から105条までの「国民投票運動の規制」に違反した場合、122条の罰則の適用がある）。この注意規定は、そのまま平成19年法の100条となり、平成26年改正後も維持されている。

---

16)　ちなみに、参院の調査会報告書は、「今後の憲法調査会」のあり方という視点からこの問題に言及し、「憲法調査会において憲法改正手続の議論を続けるべきとする意見がすう勢であった。なお、日本共産党及び社会民主党から強い反対があった」（220-221頁）と述べるにとどまる。

17)　この与党案・民主党案ともに旧旧（与党・民主党）案まで遡るとされているが、その点もふくめ、憲法改正手続法の「成立経緯」と内容の概要については、南部義典『Q&A解説憲法改正国民投票』（現代人文社、2007年）161頁以下、170頁以下、橘幸信＝高森雅樹「憲法改正国民投票法」ジュリスト1341号（2007年）46頁以下、神崎一郎「憲法改正国民投票法を読む(1)」自治研究84巻11号（2008年）103頁以下を参照。

(2) 102条は、「投票事務関係者の国民投票運動の禁止」について定める。一連の「国民投票運動」禁止規定の嚆矢となるものであるため、「国民投票運動」の定義も行っている（同条1項）が、既述の現行法の定めと同一であるからここでは繰り返さない。本条で禁止対象となる投票事務関係者とは「投票管理者、開票管理者、国民投票分会長及び国民投票長[18]」並びに「不在者投票管理者」（同条2項）である。この規定も、平成19年法の101条1項・2項として明文化され、平成26年改正によっても維持されている。

(3) 103条は、「特定公務員の国民投票運動の禁止」に関する規定である。これが現行法の102条になっていること、およびその内容についてはすでに触れた（I 2）。ここで興味深いのは、与党案103条を受けて定められた平成19年法102条が、禁止の対象を、中央選挙管理会・選挙管理委員会の委員と関係（総務省）職員、および国民投票広報協議会の事務局職員に限定していたことである（したがって、条文見出しも「中央選挙管理会の委員等の国民投票運動の禁止」となっている）。つまり、裁判官・検察官・公安委員会委員・警察官についても国民投票運動を禁止するという与党案の方針は、平成19年法の段階では実現しなかったのであるが、その経緯については後述する。

(4) 104条は、「公務員等の地位利用による国民投票運動の禁止」について定める。ここで「公務員等」とは、国・地方公共団体の公務員、特定独立行政法人・特定地方独立行政法人・日本郵政公社の役職員（平成19年法制定時）および「公職選挙法第136条の2第1項第2号に規定する公庫の役職員」を指す。

(5) そして、105条は、「教育者」（公務員に限らない）が「教育上の地位を利用して」国民投票運動をすることを禁止している。平成19年法は、この104条と105条とを一本化して、前者を103条1項、後者を103条2項とした。しかも、「地位利用」について敷衍し、「その地位にあるために特に国民投票運動を効果的に行い得る影響力又は便益を利用して、国民投票運動」をすることを意味するものとしている。これは、1962（昭和37）年の公職選挙法改正で導入された公務員等・教育者の地位利用による選挙運動の禁止（公職選挙法136条の2）規定で用いられていた「その地位を利用して」という文言について、当時

---

18) 投票管理者は投票区ごとに置かれ、開票管理者は市区町村レベル、国民投票分会長は都道府県レベルに設置、そして国民投票長は、全国で1名選任される国民投票事務の担任機関である。

の自治省の局議決定によって示された解釈を法文化したものとされているが、[19] そもそも、適用上の注意規定を除き、与党案102条から105条の規定は、公職選挙法の選挙運動の規制に関する定め（135条〜137条）を基本的に踏襲している（ただし、136条の「特定公務員」には、会計検査官・収税官吏・徴税吏員も含まれる）。その限りでは新規性は見られないのであって、公務員一般の国民投票運動の規制をどのようにすべきか、なお不分明の域を出なかったと言えよう。

3 民主党案

（1） 与党案に比べると、民主党案は、シンプルなものであった。[20] 与党案の5箇条（101条〜105条）に相当する規定は、わずか3箇条に縮減しており、「適用上の注意」について与党案と実質上同様に定める101条、「投票事務関係者」の国民投票運動を禁止する102条、そして「中央選挙管理会の委員等」に限って国民投票運動を禁止する103条からなる。民主党案の側からみると、平成19年法の102条はこの民主党案を採用したことになる。このように国民投票運動の禁止対象となる公務員の職種を限定した（裁判官・検察官・公安委員会の委員・警察官〔以下、「裁判官等」とする〕を禁止対象からはずした）理由について、民主党案の提案者でもある枝野幸男議員は、次のような説明を行っている。[21]

「公職選挙が特定の人や政党を選ぶのに対して、国民投票は国民としての政治的意思そのものを選択するものであり、全く質が異な」る。「選挙においては、政党や候補者という運動主体が事実上限定的に存在」するが、「国民投票においては、賛成又は反対の意見を持つすべての国民が運動主体となり得」る。「選挙においては、候補者の氏名等を表示しなければ、原則として政治的意見表明とされ、運動規制の対象とならないのが普通」である。「しかし、国民投票では、改正に賛成または反対と言わなくても、具体的な政治的意見を表明すれば、それが改正賛成または反対の運動をするのとほぼ同じ効果が発生」する。「具体的に賛成または反対と言わなくても規制の対象になり得るならば、政治

---

19) 166回国会衆議院日本国憲法に関する調査特別委員会議録5号（平成19年4月12日）15頁〔共産党笠井議員発言〕。

20) 第164回国会衆議院日本国憲法に関する調査特別委員会議録12号（平成18年6月1日）44頁。

21) 第164回国会議院会議録第33号（平成18年6月1日）7頁。

的意見表明との区別がつかず、政治的意見表明そのものに強い萎縮効果が働」く。「運動と意見表明が明確に区別できない以上、これらの者に選挙法類似の規制をかければ、事実上、意見表明の自由すら奪われかねないことになり」また、「地位利用に限定するとしても、公職選挙法における地位利用の解釈は教員が授業で話すことなど、かなり広範に認められてい」るため「大学の憲法教官が授業で憲法に関する意見を述べることまで萎縮効果が働きかねないという、おかしなことが生じ」る。「このため、本法律案では、規制の対象を投票事務等に関与する公務員に限定」した。「これらの者については、萎縮効果のおそれを考慮しても、投票管理の公正さの観点から規制が必要であると考えたから」である[22]。

(2) これに対する与党側の説明は、次のとおりである[23]。

「国民投票運動は、主権者である国民の政治的意思の表明そのもの」であるから、「国民一人一人が萎縮することなく自由に国民投票運動を行い、自由闊達な意見を闘わせることが必要」であり、したがって「国民投票運動は原則自由とし、規制はあくまで投票が公正に行われるための必要最小限」とすべきというのが、立案にあたっての考え方である。裁判官等は「国民投票の取り締まりやその公判に関与する可能性のある人たちであり、投票人の意思決定に対し、他の一般国民ではなし得ない大きな影響を及ぼすおそれのある職種の方々」である。「このような人たちが、単なる意見表明を超えて他人に対する勧誘行為を積極的に行うこととした場合、国民投票の公正さに対する疑義が生ずるおそれ」なしとしないため、裁判官等の国民投票運動を禁止した。

(3) 以上の説明によれば、この問題は、《国民投票の公正》と《国民投票運動の原則自由》の要請とをいかに両立させるかという観点から、選挙事務管理・執行者に加えて、裁判官等をも禁止の対象にするかという問題として論じられている。もっとも、裁判官・公安委員は別途「積極的に政治運動」を行うことを禁止されており（裁判所法52条1号、警察法10条3項・42条3項）、これに

---

22) なお、そこでは与党案とのもうひとつの違いとして、買収罪を設けなかったことをあげているが、「萎縮効果が生じないよう、本当に悪質なケースだけが対象になる構成要件を設けることは困難」であったことをその理由としてあげている。

23) 国会会議録・前掲注21) 14頁〔公明党斉藤議員回答〕。

加えて国民投票運動の禁止規定を置くことに確認的意味以上の意義があるのか判然としない（いわゆる寺西裁判官事件に関する最大決平 10. 12. 1民集52巻9号1761頁は、「積極的に政治運動をすること」とは、「組織的、計画的又は継続的な政治上の活動を能動的に行う行為であって、裁判官の独立及び中立・公正を害するおそれがあるもの」を指すとするが、「裁判官に対する政治運動禁止の要請は、一般職の国家公務員に対する政治的行為禁止の要請より強い」という前提に立っている）。他方、そのような禁止規定をもたない検察官・警察官の国民投票運動の規律はどうあるべきかを考えるとすれば、これらを裁判官等と同様に扱ってよいか、むしろ「公務員」一般（ちなみに、検察官の大半は一般職国家公務員、警察官は一般職の国家公務員または地方公務員である）の政治活動の制限の問題として論じるべきではないか、と思われる。

4　併合修正案

　併合修正案とは、「与党提出の法律案と民主党提出の法律案の両案に対する修正案」を意味する。上述の与党案・民主党案に対する調査・審議の時間は100時間を超え、当初両案に見られた「違いは、もうほとんどなくなった」との認識に基づき、「委員会における議論の到達点を修正案という条文の形で確認」するために提出されたものである[24]。国民投票運動の規制に関する部分を見ると、①適用上の注意（100条）は変わらず、②投票事務関係者の国民投票運動の禁止の対象も同様（101条）、③国民投票運動が禁止される「特定公務員」の範囲については、選管職員等に限ることとして（102条）民主党案に従ったところであるが、「憲法改正国民投票における意見表明は、主権者国民が直接に国政に対して発言できる重要かつ貴重な機会であり、それは裁判官や検察官等の職種についている者でも同じように保障されるべき」との理由づけも、様変わりとの印象を強く抱かせるものと言えようか[25]。もっとも、④公務員等・教

---

24) 166回国会衆議院日本国憲法に関する調査特別委員会議録4号（その1）（平成19年3月29日）2-3頁〔法案提出者のひとりでもある保岡議員による説明〕。

25) 後に「特定公務員の4職種を禁止の対象から削除した理由」が問われた際に、別の説明を行っている（186回国会衆議院憲法審査会議録4号〔平成26年4月24日〕36-37頁）のも、説明者自身が違和感をもっている証左とみることもできよう。

育者の「地位利用」による国民投票運動の制限については、「地位利用の範囲を明確にした上で存置する」こととした（103条1項・2項）が、罰則は設けない点で民主党案に一定の配慮を行っている。

以上のように、併合修正案の国民投票運動に関する規定は平成19年法へと結実することになるが、公務員一般の国民投票運動の規制については、附則11条の定めるところに委ねられた。すなわち本法施行までの間に（公布から3年）「公務員が国民投票に際して行う憲法改正に関する賛否の勧誘その他意見の表明が制限されることにならないよう」公務員の「政治的行為」の制限について定める国公法・地公法「その他の法令の規定について検討を加え、必要な法制上の措置を講ずるものとする」という「宿題」が残されることとなった。

5 民主党修正案

2007（平成19）年4月12日、衆議院の日本国憲法に関する調査特別委員会において否決されたとはいえ、民主党・無所属クラブは、併合修正案に対抗して独自の修正案を提出した。眼を引くのは、①「公務員の政治的行為の制限等に関する適用除外」規定を新たに置いたこと（101条）、および、②「地位利用」による国民投票運動の禁止規定を存置したことである（104条）。

①については、「国民投票運動が禁止される特定公務員の範囲」は「民主党原案どおり選管職員等に限る」とした上で、「公務員が憲法改正の発議から投票期日までの間に行う国民投票運動及び憲法改正に関する意見の表明並びにこれらに必要な行為については、国家公務員法、地方公務員法等の公務員の政治的行為の制限規定は適用しないことと」したと述べている。この「政治的行為の制限規定」が民主党修正案101条1号から35号までに列挙されている適用除外規定である。この適用除外規定をタイプ分けすると、一般職公務員（国公法・地公法の政治的行為禁止規定の適用除外）と特別職公務員とに二分され、後者はさらに、合議制機関の長や委員（公正取引委員会委員長・委員に関する私的独占の禁止及び公正取引の確保に関する法律37条1号、地方自治法250条の9第14項〔国地方係争処理委員会〕、地価公示法18条2項〔土地鑑定委員会〕など）のタイプとそれ以外の特定職に関するもの（国会職員〔同法20条の2第1項・第3項〕、国立国会図書館長〔同法4条2項〕、自衛隊員〔自衛隊法61条1項・3項〕、特定地方独立行政

法人の役員〔同法 50 条 2 項〕など）に区分することができる。[26]

　この民主党修正案 101 条の立法趣旨について、提案者の枝野委員は、その理由を次のように述べている。第一に、現行の国公法や地公法は「憲法改正国民投票に際しての意見表明などを念頭に置くことなく、それ以外の政治的行為をもっぱら念頭に置いて服務上の問題として規制をしている」ため、「この現行公務員法制に何ら手当をしないまま放置」すると、「原則自由であるはずの国民投票運動も、公務員法制の観点から規制がかかってしまう」ということである。第二に、「そもそも公務員法制の政治的中立性は、与えられた憲法秩序の枠内における公務員の義務」であるのに対して、「国民投票運動は憲法秩序それ自体を形成する作用に直接関与」するもので、「主権者国民として最も重要な権利」であるから、その「制限は制約的でなければならない」というものである。[27]

　②なお、「地位利用の禁止規定」を置くことについては、民主党の「当初予定しなかった」ところであるが、国民投票運動を「原則自由にするかわりに」存置を認めることにしたとされている。[28]

Ⅲ　憲法改正手続法の平成 26 年改正

1　「3 つの宿題」

　平成 19 年法には、第 1 条から第 12 条までの「附則」が置かれ、一般的には公布から 3 年後（2010 年 5 月）の施行が予定されていたが、附則の①3 条 1 項、②11 条および③12 条の定めは公布の日（2007 年 5 月 14 日）から施行するものとされていた（附則 1 条）。①は、選挙権年齢の 18 歳への引き下げに関するものであり、本法施行までの間に、公選法の選挙権年齢・民法の成年年齢等について検討を加え、「法制上の措置を講ずる」こと、②は、既述のとおり、公務員の政治活動の制限に関する規定であり、「公務員が国民投票に際して行う憲法改正に関する賛否の勧誘その他意見の表明が制限されることとならない」よ

26）第 166 回国会衆議院日本国憲法に関する調査特別委員会議録 5 号（平成 19 年 4 月 12 日）32 頁参照。

27）国会会議録・前掲注 26）3-4 頁。

28）国会会議録・前掲注 26）4 頁。

う、（本法施行までの間に）「必要な法制上の措置を講ずる」こと、そして③は、憲法改正問題（改正が必要な問題・改正の対象となり得る問題）についての国民投票制度の意義と必要性を検討し、必要な措置を講ずることを定めていた。いわば、平成19年法で解決することができなかった「3つの宿題[29]」について、直ちに取り組むよう求められていたということができよう。

2　公務員の政治的行為の制限に関する法整備

本稿のテーマに直接かかわる②附則11条を含め、「3つの宿題」に関する議論は、いわゆる「ねじれ国会」を「背景とする政治的事情[30]」等から、暫時停滞をみたものの、2011年10月に衆参両院において各憲法審査会の委員が選任されて以降、審議が再開され、2014（平成26）年4月3日、自由民主党・公明党・民主党・日本維新の会など8会派により法案提出にあたっての「確認書」が交わされた[31]。合意事項5項目のうち、国民投票運動の規制に関連するものは、次の3項目である。①公務員等・教育者の地位利用による国民投票運動の禁止違反に「罰則を設けることの是非」については、今後の検討課題とすること、②地方公務員の政治的行為の規制を国家公務員と同様にすることについては、「各党の担当部局に引き継ぐ」こと、③改正法施行に当たり国民投票運動を行う公務員に「萎縮的効果を与えることとならないよう、政府に対して、配慮を行うことを求める[32]」ことである。

3　平成26年改正

(1)　提案理由

この確認書による合意を受けて、7会派（船田議員ほか7名）による「日本国

---

29) 佐藤哲夫「『3つの宿題』への対応——日本国憲法の改正手続に関する法律の一部改正」立法と調査355号（2014年）99頁以下、井口・前掲注2）58頁以下。
30) 橘幸信＝氏家正喜「憲法改正国民投票が実施可能な土俵の整備」時の法令1962号（2014年）7頁。
31) 佐藤・前掲注29）99-101頁。
32) 佐藤・前掲注29）100-101頁。ちなみに、この3点の合意事項は、2014年5月8日の衆議院憲法審査会で行われた「附帯決議」7項目のうち、第4項目から第6項目に相当するものであるが、この附帯決議については、第186回国会衆議院憲法審査会議録第5号（平成26年5月8日）36頁を参照。

憲法の改正手続に関する法律の一部を改正する法律案」が提出され、同年4月10日、衆議院憲法審査会に付託された。[33] この改正の内容については、すでに（本稿Ⅰ1～3において）言及したところであるが、念のため提案理由を簡単にまとめると、上記「3つの宿題」に関し「この法律の施行後4年を経過するまでの間（中略）投票年令を満20年以上とし、この法律の施行後速やかに年齢満18年以上の者が国政選挙に参加することができること等となるよう必要な法制上の措置を講ずるものとする」（附則2項・3項関係）とともに、「公務員の政治的行為の制限に関する特例を定め」（100条の2）、「あわせて裁判官等の国民投票運動を禁止する」（102条。なお、この禁止違反には刑事罰が定められている）ほか、「憲法改正国民投票以外の国民投票制度について更に検討を加え必要な措置を講ずるものとする必要がある」（附則5項関係）というものであった。[34] 法案は、2014（平成26）年5月9日衆議院本会議で可決、同月13日、参議院本会議において可決・成立し、同月20日に公布・施行となった。

(2) 国民投票運動に対する新たな規制？

しかし、本稿の主題から見て附則中で最も注目すべきは、附則4項である。それは以下のとおりである。「国はこの法律の施行後速やかに、公務員の政治的中立性及び公務の公正性を確保する等の観点から、国民投票運動に関し、<u>組織により行われる勧誘運動、署名運動及び示威運動の公務員による企画、主宰及び指導並びにこれらに類する行為に対する規制の在り方</u>について検討を加え、必要な法制上の措置を講ずるものとする」。[35]

このような《組織的国民投票運動》の規制が新たな課題として浮上してきた経緯については、船田議員による、次のような説明がある。

「公務員の政治的な活動」の規制について、「我々としては、純粋な勧誘行為に限って（中略）自由とする」との「切り分け」を行ったところであるが、「そ

---

33) なお、同年1月24日に同憲法審査会に付託されていた維新の会の馬場伸幸議員外3名による改正法案も、一本化を図るため、同日付で同「審査会の許可を得て撤回された」（第186回国会衆議院憲法審査会議録第1号〔平成26年4月10日〕1頁）。

34) 以上、国会会議録・前掲注33）2頁〔法案提出者を代表しての船田議員による趣旨・概要説明〕参照。

35) 国会会議録・前掲注33）3頁。

の切り分けた結果」について「組織的な勧誘運動」は「許されるのか」という「大変大きな議論」が自由民主党内で起きた。公明党との協議においても「基本的に規制をすべきである」ということになったが、野党との「交渉の中」で「検討課題」ということになり、「附則に盛り込まれた」[36]と。つまり、憲法改正国民投票における公務員の政治的行為の制限に関する特例規定の内容をつめる過程において、「組織により比較的大規模な形で行われることの多い勧誘運動、署名運動及び示威運動の３つの行為類型において、かつ、公務員が企画、主宰及び指導という主導的役割を果たすことについては、公務員も主権者の一人として一定の政治活動の自由があることを斟酌しても<u>これを全面的に許したままでよいのか</u>、との危惧が指摘され」[37]、次の段階における立法課題となったというわけである。

(3) 「組織」活動規制

　この問題を考えるとき、「『組織』にはどこまで含まれるのか」といった「緻密」な検討が不可欠である[38]ことは当然であるが、直ちに想起されるのは、「組織」によることのマイナスイメージの固定化である。

　平成24年（国公法二事件）最判は、国公法102条1項にいう「政治的行為」に該当するか否かを判定するに当たり、《諸般の事情の総合判断》の必要性を説き、その際の具体的考慮要素のひとつとして「公務員により組織される団体の活動としての性格の有無」（I 4参照）をあげているところ、この考慮要素自体は、同判決において、そのような「性格」を帯びていないことが無罪を導く一助となり（堀越事件）、または、無罪を導くまでには至らなかったものの有罪認定を制約する「考慮」事情とされている（世田谷事件）。その意とするところは、次のような調査官解説において伺うことができよう。

　「公務員により構成される団体の活動としての性格を有する政治的行為は、その団体における統制等を介して、当該団体に所属する他の公務員の職務の遂行にも影響が及び、それにより<u>公務員組織が党派性を持つに至り</u>、その結果当

---

36) 第186回国会参議院憲法審査会会議録第5号（平成26年5月28日）8-9頁。
37) 橘＝氏家・前掲注30) 13頁。
38) 橘＝氏家・前掲注30) 13頁。

該組織に所属する公務員の職務の遂行の政治的中立性が<u>全体的にみて</u>損なわれる可能性が高まる」。他方「このような性格のない政治的行為は、このような性格を有する政治的行為の場合に比べて、他の公務員の職務の遂行に影響が及ぶ可能性は低いといえるから、他の諸要素から、公務員の職務の遂行の政治的中立性が損なわれる可能性があるか、またそれがどの程度のものか検討することになろう[39]」。ここでは、「組織」（性）＝党派性との理解のもと、「公務員により組織される団体の活動としての性格」を有することに決定的意味が与えられている。

(4) 猿払事件判決と「組織」活動

　周知のように、堀越事件最判は、検察官の「判例」（猿払最判）違反の主張に対して、「猿払事件は本件とは事案を異にする」との論法によって、これを斥けている[40]。当該判例の「事案は、特定地区の労働組合協議会事務局長である郵便局職員〔現業職員―稲葉〕が、同労働組合協議会の決定に従って選挙用ポスターの掲示や配布をした」というもので、「上記労働組合協議会の構成員である職員団体の活動の一環として行われ、<u>公務員により組織される団体の活動としての性格を有する</u>ものであり、勤務時間外の行為であっても、その行為の態様からみて当該地区において公務員が特定の政党の候補者を<u>国政選挙において積極的に支援する行為であること</u>が一般人に容易に認識され得るようなものであった。これらの事情によれば、当該公務員が管理職的地位になく、その職務の内容や権限に裁量の余地がなく、当該行為が勤務時間外に、国ないし職場の施設を利用せず、公務員の地位を利用することなく行われたことなどの事情を考慮しても、公務員の職務の遂行の政治的中立性を損なうおそれが実質的に認められるものであったということができ、行政の中立的運営の確保とこれに対する国民の信頼に影響を及ぼすものであった」。したがって、「上記判例は、このような文書の掲示又は配布の事案についてのものであり、判例違反の主張は、<u>事案を異にする判例</u>を引用するものであって、本件に適切では」ない、と。しかし、そのような論法をとるためには、猿払判決自身の「正当化」を図る必要

---

39) 岩崎邦生「最高裁判所判例解説」法曹時報66巻2号（2014年）514頁。

40) 岩崎・前掲注39）543頁参照。

があり、そこで、同判決の事案が「労働組合活動の一環としての行為」に係る
ものであることを「ことさらに強調する」という「唐突で不自然な」正当化論[41]
を説かざるを得なかったのである。[42]

4 国家公務員と地方公務員のバランス？

(1) 平成 26 年改正法案の提出に先立って交わされた 8 会派による「確認
書」における「合意事項」の中に、「地方公務員の政治的行為について国家公
務員と同様の規制とすることについては、各党の担当部局に引き継ぐ」という
項目があり、これが、衆院憲法審査会の附帯決議第 4 項になっていることは、
すでに触れた（Ⅲ 2）。その後、全く同内容の附帯決議が参院憲法審査会でも行
われている（附帯決議第 13 項）。[43]

「各党の担当部局に引き継ぐ」との文言の意味ついては、「単に引き継ぐとい
うだけで後は関与しないということでは決して」なく、「可能であれば各党の
地方公務員法に関わる部局の担当者」が集まって「協議をする場を設ける」、
あるいは「その協議において今回の合意に加わったメンバーがフォローしてい
く」ことを考えているとの説明が見られる。[44]「組織」活動規制の次は、いよい
よ《地方公務員規制》かとの疑念を抱かせる発言である。

(2) これは、「公務員法制全体に関わる重要な問題」[45]であるが、そもそも、
政治的行為に関する地方公務員（地公法 36 条）と国家公務員（国公法 102 条）の
規制の在り方に、どのような相違点があるのだろうか。

佐藤功＝鶴海良一郎『公務員法』（日本評論新社、1954 年）は、両者の違いと
して、以下の 5 点をあげている。①地公法は、制限される具体的行為を、その
基本的事項につき、法律自身で規定」している。「これは本法がそれぞれ独立
の地方公共団体の職員に関するものであるから、大幅に地方公共団体に委ねる

---

41) 晴山・前掲注 13）15 頁。
42) 平成 24 年最判における「労働組合活動としての評価」が、「猿払事件一審判決と正反対」である
　　ことを指摘するものとして、大久保史朗「堀越・世田谷事件最高裁判決の意義と残された課題」労
　　働法律旬報 1790 号（2013 年）14 頁。
43) 第 186 回国会参議院憲法審査会会議録 8 号（平成 26 年 6 月 11 日）11 頁。
44) 第 186 回国会参議院憲法審査会会議録 5 号（平成 26 年 5 月 28 日）9 頁〔船田議員答弁〕。
45) 国会会議録・前掲注 44）9 頁。

ことは基本的事項に関する限りは適当ではなく」、少なくとも「基本的事項」については、すべての「地方公共団体にも共通のものとして規制すべき」だからである（同書・552頁）。②「基本的事項以外の事項の規定を地方公共団体に委任」しているが、その際、「人事委員会規則に委任するのではなく地方公共団体そのものの条例に委任」している（36条2項5号）。「これは人事委員会が置かれる地方公共団体は限定されていることによるとともに、職員の政治的行為の制限は、基本的事項については法律自身で定めたこととしたのに対応し、その同じ考え方から、それ以外の事項についてもいわば地方公共団体の法律たる条例の規定事項としたといえる」。③地公法36条3項・4項は、第三者が職員に対し政治的行為を行うように働きかけること、および当該職員がそれに応じなかった場合の不利益取扱を禁じている。「これは職員に働きかける例をも禁止しないでは職員の政治的行為禁止には不十分であるとしたと同時に、また職員にいわば安心感を与えるためのものである」。④「一定の政治的行為を行うについて一定の地域的限界を認めた」（2項柱書き中のただし書き）。これは、国会修正によるものであるが、「政治的行為の制限が過度のものとなることを防ぐと同時に、国家公務員とは異なり、地方公共団体の職員の勤務がその地域におけるものであるということに基づくものである」。⑤刑事罰がない。「この点は両法のきわめて重要な相違であるといわねばならない」とするが（以上、同書553頁）、それ以上に踏み込んだ言及は見られない。

　実は、政府提出の地方公務員法案には、同法36条違反に関連して罰則の定めがあった[46]。しかし、それは同条1項・2項に定める政治的行為を行うよう要求し・あおり・そそのかすなどした者を罰する規定であり（同法案61条4号）、当該政治的行為を行った公務員本人を罰するものではなかった。そして、この罰則規定の削除を含む緑風会・民主党提出の修正案が参議院地方行政委員会で可決されたことにより、地公法36条がらみの罰則規定自体が消滅したのである。「本法は公務員に関する各種の基準」を定めたものであり、「その規律の中心はすべて公務員自体であります。第36条も詰まるところは公務員自身の政治活動の制限をしようとするのが規定の眼目でありまして、同条の第3項はそ

46）本条の制定過程については、さし当たり、本多・コメ170頁以下を参照。

の趣旨を確保するための側面的補強規定にすぎない」。制限を受ける公務員自身は「本条の規定に違反した場合でも刑罰を科せられないので、懲戒等の行政処分による制限」を受けるにすぎないのに、「側面的な立場において制約を受けまする第三者、一般人」にまで「刑罰を以て臨むということは適当ではない」というのが提案理由であった[47]。そこにあるように、もともと、「職員の政治的行為の制限の違反に対しては、懲戒処分により、地方公務員たる地位から排除することをもって足るとの見地から罰則を付さないことといたしております[48]」という考え方をとって、「公務員自身の政治活動の制限」違反に罰則不要という原則から出発していたための論理的帰結であった、とも言えよう。

(3) 以上を踏まえ、地方公務員法と国公法・人事院規則14-7との比較対照を続けると[49]、⑥地公法には、政治的行為制限の趣旨・目的が明記されている（36条5項）点に特徴がある。しかも、「職員の政治的中立性」の保障により、行政・業務の公正な運営を確保するだけでなく、「職員の利益を保護」するとされていて、利益衡量を促すものなっている。⑦地公法の方が、規制対象となる《政治的目的》のメニューが限られており、「政治の方向に影響を与える意図」での特定政策の主張・反対（人規14-7第5項4号）、および公的機関が決定した政策の実施妨害（同項5号）の定めは地公法にはない。⑧そして、地公法の方が禁止対象行為が限られている。そのことは、次に掲げる地公法36条1項・2項の各規定と国公法102条・人規14-7の規定との対応関係の記述からも知ることができよう。

地公法36条1項＝国公法102条3項（政治団体の役員等）＋人規14-7第6項5号（政治団体等の結成に企画・参与、その役員等になること）＋同項6号（政治団体構成員となるよう勧誘運動をすること）。

地公法36条2項1号＝人規14-7第6項8号（投票勧誘運動）。

地公法36条2項2号＝人規14-7第6項9号（署名運動の企画など積極的関与）。

地公法36条2項3号＝人規14-7第6項3号（ただし、寄附金等の募集関与の

---

47) 第9回国会参議院地方行政委員会会議録14号（昭和25年12月9日）13頁〔岩木哲夫議員による提案理由説明〕。

48) 第9回国会参議院地方行政・人事・文部・労働連合委員会会議録1号（昭和25年11月30日）2頁〔岡野国務大臣説明〕。

49) 本多・コメ173頁以下、晴山・前掲注13）24頁をも参照。

みで、要求・受領は含まない）。

　　地公法 36 条 2 項 4 号 ＝ 人規 14-7 第 6 項 12 号（文書・図画の庁舎等への掲示、庁舎等の利用）。

　ちなみに、人規 14-7 第 6 項の「政治的行為」については、第 1 号から第 17 号まで列挙されているのに対し、これに匹敵する地公法の規定数は 6 項目に止まる。

　(4)　以上のような比較対照論の見地から見た場合、《地方公務員の政治的行為の制限を国家公務員なみにする》という事は、現行法制に具体的にどのような改変を加えることになるのであろうか。試みに、第 185 回臨時国会および第 186 回通常国会（2014 年 1 月～6 月）に日本維新の会より提出された「地方公務員の政治的中立性の確保のための地方公務員法等の一部を改正する法律案」（以下、「法案」とする）をとりあげて検討してみることにしたい。法案によれば、(a)地公法 36 条 2 項ただし書き（区域内制限原則）の削除、(b)同項 5 号（条例による「政治的行為」の追加）の削除、(c)刑事罰の新設（同法の罰則規定である 60 条に「3 号の 2」〔政治的行為の制限に違反した者〕を追加）が予定されている。これらは、上記②④⑤に関するもので、いずれも地公法による規制の独自性を示すものであるが、上記⑦⑧に関連して、国公法・人規 14-7 なみの規制強化をどのように実現するかが重要な（技術的）課題となる。この点につき法案は、地公法 36 条に新たな規定（3 項）を挿入し、「前 2 項に定めるもののほか、職員の政治的行為の制限については、国家公務員の例による」と定めると共に、刑事罰の要件規定に当たる前記「3 号の 2」において、36 条 1 項から 3 項の規定により「その例によることとされる国家公務員法第 102 条第 1 項に規定する政治的行為の制限に違反した者」と定めることとしている。一般に、法律用語としての「例による」という文言は、「ある事項について、他の法令の制度又は規定を包括的にあてはめて適用する」という意味で用いられる[50]。おそらく、国公法の関係規定のみならず人規 14-7 も適用（準用）されるとの含みから、このような文言が用いられたのではないかと思われるが、他面、《地方公務員制度の「特殊性」にも配慮しつつ》との意味も含むところから[51]、刑事罰の構成要件規定という面からは、不透明さが増大するのではないかという恐れを払拭しがたい。

---

50)　金子宏＝新堂幸司＝平井宜雄編『法律学小辞典〔第 4 版補訂版〕』（有斐閣、2008 年）1308 頁。

また、上記(a)(b)（②④⑤）も、一定の合理性を有し得る立法趣旨によるものであり、その改変については、慎重な検討を要するところであろう。

Ⅳ　結びにかえて

憲法改正のための国民投票に際して公務員にどの程度まで政治的行為の自由を認めるか、あるいは、従前のわが国における公務員の政治的行為規制に関する法制を（どの程度まで）見直す必要があるか。本稿は、「平成19年法」すなわち、「日本国憲法の改正手続に関する法律」（平成19年法律第51号。平成26年改正前）の成立過程を丹念に追い、同法の平成26年改正の経緯と内容の分析を行う中で、公務員の国民投票運動は「純粋な賛否の勧誘行為に限って」認められるとされ、原則「自由」とは言いがたい結果になると共に、他方では、立法府を中心に、附則や附帯決議を活用するなどして、公務員の「組織」的活動をことさらに規制しようとする圧力が高まり、さらには地方公務員に係る規制を国家公務員なみに（厳しく）するという企図が表面化している、ことを明らかにした。

この間登場した平成24年（国公法二事件）最判については、「組織」活動規制との関連で消極的にとりあげたにとどまるが、もとより一面的な見方であることは、筆者自身のよく認識しているところである。同最判の地方公務員への「応用」の在り方を含めて、今後の検討課題とし、筆を擱くことにしたい。

［2019年3月27日脱稿］

（いなば・かおる　立正大学教授・東北大学名誉教授）

51）行政事件訴訟法7条の「民事訴訟の例による」という文言について、塩野宏『行政法Ⅱ・行政救済法〔第5版〕』（有斐閣、2010年）78頁参照。

宗教法人でない「宗教団体」に対する
政教分離原則の適用

――久米孔子廟訴訟の問題を中心に

西山千絵

Ⅰ　はじめに

　辻村みよ子教授は、かつての東北大学グローバルCOEプログラム「グロー
バル時代の男女共同参画と多文化共生」における研究構想に関して、「本
GCOE拠点では、多文化共生を『性別・人種・民族・宗教・文化等の多様な
属性や要素を有する諸個人の共生』のように包括的に捉えており、このような
広範な視座からグローバリゼーション下のジェンダー問題と多文化共生問題を
総合的に研究しようとするものであることを再確認しておきたい」と強調され
ていた。政教分離原則の文脈においても、個人の宗教的自由に対する配慮と公
的機関の宗教的中立性とを同じ次元において対立させるような単純化された議
論ではなく、信教の自由をめぐる問題がしばしば伴う、多文化主義と統合主義、
さらにジェンダー平等、権利保護の論点なども踏まえた、複眼的な考察の必要
性を説かれたのである。先生が抑圧や支配（性支配）からの解放という視点か
ら、奥行きのある「信教の自由」を論じておられたことを、情熱的なご指導や
叱咤激励をいただいた学生時代の記憶とともに執筆にあたって思い起こしつつ、
グローバル化が進む社会における個々人の複雑多様なありようを、その信仰生
活・精神文化生活面も含めて保障する国家の役割について検討したいと考えた。

---

1)　辻村みよ子「多文化共生社会のジェンダー平等――イスラムのスカーフ論争をめぐって」GEMC
　ジャーナル第1号（2009年）10頁。

本稿は、宗教法人格をもたない、ただの任意の私的団体——しかし、ある一面において宗教的と考えられてもいる——と公的機関とのかかわり合いについて、国の政教分離原則はどこまで、信教の自由に配慮しながら規律をするのかという関心から、日本国憲法89条の公の財産の利用提供禁止の問題を手がかりに、若干の私見を述べるものである。

　日本国憲法は20条1項前段において、「信教の自由は、何人に対してもこれを保障する」と規定するが、同項はまた「いかなる宗教団体も、国から特権を受け、又は政治上の権力を行使してはならない」として、いわゆる政教分離原則を打ち出している。1つの条文のなかに、信教の自由を尊重すべきことが、他方では、公的機関と宗教との関わりを規制すべきことが導かれるのに対して、この方向性のずれた2つの問題を調和させることはそう容易ではない。[2]まして、グローバル化世界では、歴史的地域的に形成されてきた複雑多様な信仰、宗教、あるいは科学主義的無神論など、何を自己の思想の根本におくかについての国家的強制は否定される。しかし、宗教観の相違による緊張を潜在的にはらむ私的自治の世界に対しては、複雑多様な信教の自由を主張する個人の平和的共存を国として図る必要もある。信教の自由の保障は、公的機関が実在する宗教「活動」への規律の明確化を要請し、それによって政教分離原則の射程は、国の基本権保障の観点からも、さらに統治の観点からも、問われることになるのである。日本では、「信教自由ノ原則ヨリ生ズル論理上ノ結果トシテハ、國家ガ如何ナル宗教ニ對シテモ無關係ノ地位ニ立チ、唯公安ヲ保持シ臣民タル義務ヲ強行スル為ニノミ、總テノ宗教ニ對シ公平ナル取締ヲ為スニ止マルヲ當然ト為スベキガ如シ」[3]として、国が宗教に対して無関係な地位にあること、すべての宗教に対する取締が公平であるべきこと、これら2方向のルールは信教の自

---

2)　地方自治体が挙行した神道式地鎮祭の憲法適合性に関する昭和52年7月13日の大法廷判決（民集31巻4号533頁、以下「津地鎮祭最大判」という）では、「元来、わが国においては、キリスト教諸国や回教諸国等と異なり、各種の宗教が多元的、重層的に発達、併存してきているのであって、このような宗教事情のもとで信教の自由を確実に実現するためには、（中略）政教分離規定を設ける必要性が大であった」として、政教分離が日本で要請される社会的・歴史的背景の一つに、いわゆる支配的宗教を見出しがたい宗教的雑居性があるとの認識を示している。安念潤司「政教分離・信教の自由(1)」法学教室208号（1998年）59頁参照。

3)　美濃部達吉『改訂憲法撮要』（有斐閣、1946年）135頁。

由から導かれるのではないかと、早い段階で、国そのものの脱宗教化を是とした解釈が学説から示されてきた。そして、「分離原則は、宗教に対する肯定的観点に立っての、個人の信教の自由を全うさせるためのもの……である[4]」として、国が宗教に対してまったくの無関係を貫くような厳格な政教分離を採用することはなく、宗教とのかかわり合いは不可避とする趣旨もまた、判例を中心に説かれてきた。個々の信教の自由に配慮する立場と、様々な教派、宗派や教団などを公平に取扱うべき立場との折り合いの問題や、「たとえ完全分離が不可能でも、中立的であるか否かにかかわりなく、国家と宗教との間の距離になお憲法上超えてはいけない一線がありはしないか、という問題[5]」はもちろん重要であるが、今回取り上げたいのは、神社、寺院、教会などの宗教団体としての立場を標榜しない集団、組織体とのかかわり合いである。これらがどのような場合に（かかわり合いに規律を要する）「宗教団体」とされるべきか、伝統的習俗的な側面が関係する場合にそれをどう評価すべきことになるか、という一種の応用問題を考えるうえで示唆的な事件が、沖縄県において生じた。

　2018 年（平成 30 年）、儒教の祖である孔子を祀る孔子廟の敷地として、一般社団法人に対して、那覇市が都市公園の土地の一部を無償提供していることの憲法違反性を示した地裁判決（那覇地判 2018〈平 30〉. 4. 13 判決 LEX/DB 文献番号 25560133）が出され[6]、今年 4 月 18 日、福岡高裁那覇支部でも同様に違憲判決が出された（上告）。「日本史」とは異なる琉球沖縄の独自の歴史、文化や階層、因襲的な意識とも結びついたこの事件において、わが国の政教分離の適用範囲をめぐる問いは具体的な形で現れているものと考えられる。これを契機として、従来の学説、判例を整理し、試論的に以下検討することとしたい。

---

4) 佐藤幸治『日本国憲法論』（成文堂、2011 年）233 頁。政教分離原則をいう場合の宗教については、「何らかの固有の教義体系を備えた組織的背景をもつもの」（同・234 頁）と解される。長谷部恭男編『注釈日本国憲法(2)国民の権利及び義務(1)』（2018 年、有斐閣）336 頁〔駒村圭吾〕も参照。

5) 林知更「『国家教会法』と『宗教憲法』の間——政教分離に関する若干の整理」ジュリスト 1400 号（2010 年）86 頁。

6) 地裁判決の評釈として、江藤祥平「判解」平成 30 年度重判解説（2019 年）20 頁、武田芳樹「判批」法学セミナー 764 号（2018 年）108 頁、西山千絵「判批」新・判例解説 Watch（法学セミナー増刊）24 号（2019 年）9 頁、松本和彦「判批」法学教室 457 号（2018 年）131 頁を参照。

Ⅱ　久米孔子廟訴訟

　はじめに、久米孔子廟訴訟の地裁判決について、簡単に説明してみたい。この事件は、那覇市長が、一般社団法人久米崇聖会に対し、都市公園である松山公園の敷地内における久米至聖廟（久米孔子廟）の設置を許可し、その敷地の使用料を全額免除（以下、「本件免除」という）したことに端を発している。那覇市の住民たる原告は、本件免除を伴う松山公園の敷地の無償提供は、政教分離原則（憲法20条1項後段、3項、89条）に違反し、本件免除は無効であって、那覇市長が敷地使用料を徴収しないことは違法に財産の管理を怠るものであると主張して、(1)地方自治法242条の2第1項3号に基づき、那覇市長が、平成26年4月1日から同年7月24日までの間の松山公園の使用料181万7,063円を請求しないことの違法確認や、(2)上記使用料相当額の損害賠償請求等をすることを求めて、訴訟を提起した。

　この事件には、久米孔子廟──出入り口にあたる至聖門（3つある扉の中央は通常閉じられ、年に1度、釋奠祭禮（孔子祭）の日にのみ開かれる）、儒学の祖である孔子とその門弟（四配）を祀る大成殿、孔子の父らが祀られた啓聖祠、講堂や図書館がある明倫堂等によって構成される──と、当該孔子廟を所有、管理し、祭祀を運営する一般社団法人の久米崇聖会がかかわっている。久米崇聖会は、久米孔子廟の他に、道教の神等を祀る天尊廟、航海安全の神である媽祖を祀る天妃宮も所有する。参考のため、同会の定款の内容を次のとおり掲げる。

　　［参考］　一般社団法人久米崇聖会定款（抜粋）
　　第3条　この法人は、久米至聖廟（大成殿・啓聖祠）及び明倫堂並びに天尊廟・天妃宮を広く一般に公開し、かつての琉球王朝の発展に多大な功績を築いた久米三十六姓の歴史研究、論語を中心とする東洋文化の普及並びに人材の育成を図り、もって地域社会への貢献、世界平和に寄与することを目的とする。
　　第4条　この法人は、前条の目的を達成するため、次の事業を行う。
　　1）久米三十六姓の歴史研究・文化資源の収集保存・活用及び地域伝統文化の継承発展並びに情報発信に関する事業
　　2）久米至聖廟（大成殿・啓聖祠）及び明倫堂並びに天尊廟・天妃宮の維持管理と公開に関する事業

3) 琉球王朝時代から続く伝統文化の釋奠祭禮の挙行並びに論語等の東洋文化普及・交流に関する事業

（中略）

第6条　この法人に次の会員を置く

1) 正会員　この法人の目的に賛同する久米三十六姓の末裔で、個人又は、団体であって、次条の規定によりこの法人の会員となった者。

2) 賛助会員　この法人の目的に賛同する個人又は、団体であって次条の規定によりこの法人の会員となった者。

第7条　この法人の会員になろうとする者は、理事会において別に定める入会申込書を理事長に提出し、理事会の決議を経て理事長が承認する。

上記の定款にあらわれる「久米三十六姓」は、14世紀後半、主に現在の中国福建省から琉球に渡来し、対中国外交はもとより、琉球王国の学問・文化の発展に多大な貢献を行ったとされる人々を称していうものであり、1914年に「至聖廟、明倫堂の維持管理と釋奠を執行するため[7]」創設された久米崇聖会の会員は、この久米三十六姓の末裔で（定款6条1項）、かつ理事会の決議を経て理事長が承認した正会員に限られている（定款6条2項、7条[8]）。そして、渡来から19世紀にかけて、現在の那覇市久米周辺に久米三十六姓の子孫が形成してきた居住地を久米村（クニンダ）といい、久米崇聖会の会員は、この久米村のルーツを有する久米村人（クニンダンチュ）でもあるといえる。問題の久米孔子廟は、久米三十六姓がかつて建立した孔子廟が沖縄戦により消失したため、那覇市若狭（旧・若狭町村）にある天尊廟の敷地に再建していたところ（旧孔子廟）、それも老朽化したことから、「『かつて久米の地にあった孔子廟を久米の地に』は、……久米崇聖会、クニンダンチュの長年の願望だった。那覇市の理解と協力を得て、久米の松山公園（旧久米郵便局跡）に建設されることになった」という経緯を経て、同会の自己負担および寄付等によって建設資金が集められ、「久米回帰」が果たされたものである[9]。

久米崇聖会は、一般社団法人であって、宗教法人格を有しない。しかし、そ

---

7)　久米崇聖会「久米崇聖会100周年記念史」（2014年）23頁〔田名真之〕。

8)　2018年5月3日付の沖縄タイムズ（電子版）の報道「伝統理由に女性会員認めず　久米崇聖会で議論」によれば、久米崇聖会への入会を希望して入会申込書を提出した会員の姉や娘4人（うち2人は改姓）に対して、創立から一貫して男性血縁者で会を構成してきた伝統を理由に理事会が女性の入会を否決したこと、同年4月時点の会員は230人で全員男性であることが伝えられている。

れでも、原告住民は、都市公園（松山公園）の敷地を無償で、久米孔子廟の敷地としての用に供している那覇市の行為が、憲法20条1項後段、3項、89条に違反するとして、訴訟で争った。久米孔子廟の維持管理および公開や、釋奠祭禮（孔子祭）の挙行等は、久米崇聖会の法人としての事業にあたる（定款3条、4条3項）が、那覇市による敷地の無償提供は同会の宗教施設の設置や宗教儀式の実施を容易にする便宜供与であって、同会の本質は宗教団体である、というのである。「世の中には純粋な宗教目的の団体と純粋な世俗目的の団体の他に、事実上宗教的側面と世俗的側面を未分化のまま併有する組織・団体というものが存在する[10]」と、後掲の砂川空知太神社事件の「氏子集団」に関連してなされた指摘が再び想起されるところ、久米崇聖会についても当てはまりそうである。同会は、大きくは血縁団体とはいえるが、門中（父系親族集団）とは異なるし、構成員すべてがその信仰・宗教をまったく同一にするわけではない。同会の「久米村姓氏一覧表」によれば25の氏の系譜が現存しており、清明祭など定期的な子孫祭祀は、それぞれの始祖を同じくする門中の組織ごとに行われることもあって[11]、久米崇聖会に関する問題は、「儒教」の儀式でもある釋奠祭禮に絞られている。このように旧久米村地域、あるいは1954年の合併前でいう旧那覇市の伝統的・文化的行事としての性質を一面で有するが、宗教的な装いをもつと考えられる団体とその行事、その所有する施設にどこで線を引いて、政教分離原則違反を見いだすかは、難問である。儒教については、その宗教性に関しても争いがある。しかし、従来から判例は、憲法が前提とする「宗教」概念への該当性を正面から取り上げるのではなく、「宗教的な色彩」など幅のある観念を用いて、信仰、儀礼、礼拝、普及の対象たる宗教と特定のかかわり合いのある行為や、それを行っている組織体を取り上げ、「宗教的活動」

---

9) 「久米崇聖会レポート」no.9（2012年）1頁。旧孔子廟からの遷座式、完成した久米孔子廟の落成式の様子は、「久米崇聖会レポート」no.15（2013年）1-4頁からもうかがい知ることができ、参考となる。また、那覇市に対する要請活動から建設に至る過程に関しては、久米崇聖会・前掲注7）26-35頁に詳しい。

10) 林知更「［空知太神社差戻前控訴審判決］判解」平成19年度ジュリスト重判解（2008年）15頁。

11) このクニンダ門中のうち、蔡氏門中会、金氏門中会、久米國鼎会、久米梁氏呉江会、沖縄阮氏我華会は法人として登記され、さらに後三者は専用の事務所まで有するほどの規模であるという。久米崇聖会・前掲注7）266頁、276頁参照。

「宗教団体」と言うに足る「程度」の問題として規律を及ばせてきた。後でみるように、忠魂碑前で慰霊祭を挙行した地元の戦没者遺族会の宗教団体性が否定された箕面忠魂碑事件（最三判1993〈平5〉. 2. 16民集47巻3号1687頁）や、宗教法人でない氏子集団の宗教団体性が肯定された空知太神社事件（最大判2010〈平22〉. 1. 20民集64巻1号1頁）などを類例として挙げることができよう。

　話を戻すと、久米孔子廟訴訟の地裁判決は、那覇市による久米孔子廟の敷地の無償提供の憲法適合性に関する部分では、要旨次のように述べた。

　地方公共団体が、公園管理者たる当該地方公共団体以外の者に対し、都市公園法上の都市公園内に宗教的施設たる公園施設を設けることを許可するに際して、都市公園の占用に係る使用料の全額を免除（本件免除）する行為（都市公園の無償提供行為）は、一般的には、当該宗教的施設を設置する宗教団体等に対する便宜の供与として、憲法89条との抵触が問題となる。都市公園の無償提供が、信教の自由の保障の確保という制度の根本目的との関係で相当とされる限度を超えて憲法89条に違反するか否かを判断するに当たっては、当該公園施設の性格、都市公園の無償提供行為がされるに至った経緯、当該都市公園の無償提供行為の態様、これらに対する一般人の評価等、諸般の事情を考慮し、社会通念に照らして総合的に判断すべきものと解するのが相当である（最大判2010〈平22〉. 1. 20民集64巻1号1頁参照）。

　久米孔子廟の本殿である大成殿には孔子および四配の神位が置かれ、実際にも多数の参拝者が訪れて、受験合格、家族繁栄等を祈願する者もいるのであって、すべてが、単に観光や社会的儀礼として参拝を行っているとはいい難い。久米孔子廟は、他の物件と一体となって、釋奠祭禮を実施するための施設ということができるうえに、松山公園内の他の部分から仕切られ、当初の那覇市松山公園周辺土地利用計画案からの建設位置等の変更に至る経緯をみれば、閉じた空間であることが施設の性質上必要として設計・配置されたものであることがうかがえる。そして、久米孔子廟において本件法人が年1回開催している釋奠祭禮の内容や態様等を踏まえると、釋奠祭禮を宗教的な意義の希薄な、単なる世俗的行事にすぎないということはできない。本件施設は、宗教的性格を色濃く有する施設であるというほかない。久米孔子廟を所有し、維持管理し、釋奠祭禮を実施している久米崇聖会は、宗教法人ではないが、その定款上の目的

に掲げる東洋文化の普及とは、孔子の教えの実践を中心とする精神文化とされており、また、宗教的行事といえる釋奠祭禮の挙行を定款上の事業として挙げた上、理事長を祭主とする実行委員会を組織してこれを執り行っており、同施設の運営管理および釋奠祭禮の挙行を「事業の核」と位置付けている。天尊廟・天妃宮の維持管理と公開に関する事業も行っている。久米崇聖会は、久米孔子廟等において宗教的行事を行うことを主たる目的とする団体であると評価すべきであり、憲法89条の「宗教上の組織若しくは団体」および憲法20条1項後段の「宗教団体」に該当するというべきである。そして、那覇市の無償提供行為によって松山公園を占用することとなる面積は、1,335㎡と相応に広く、その直接の効果として、久米孔子廟を利用した宗教的活動を行うことを容易にしているといえる。かかる状態は、例えば社寺上知等により形成された場合等とは異なり、これを解消しても、信教の自由を不当に侵害するものとも言い難い。松山公園の無償提供状態は、儒教一般の宗教該当性についての結論いかんにかかわらず、一般人の目から見て、那覇市が補助参加人の活動に係る特定の宗教に対して特別の便益を提供し、援助していると評価されてもやむを得ないものである。以上のような諸般の事情を考慮し、社会通念に照らして総合的に判断すると、無償提供行為のうちの本件免除は、憲法89条の禁止する公の財産の利用提供に当たり、ひいては憲法20条1項後段の禁止する宗教団体に対する特権の付与にも該当すると解するのが相当である。また、以上の検討に照らせば、本件免除は、憲法20条3項の禁止する国の機関たる地方公共団体による宗教的活動にも該当すると解するのが相当である。

Ⅲ　一般社団法人の宗教団体性

久米孔子廟訴訟の地裁判決の概要は前記のとおりであるが、空知太神社事件の枠組みによって、憲法89条の（ひいては20条1項の）範疇に属する違憲違法な使用料免除（財政的支援）であることが先に判断され、さらに20条3項の規定でいう宗教的活動に該当していることにも言及が及んだ、という流れである。憲法89条違反があるためには、「宗教上の組織若しくは団体」（以下、単に「宗教団体」という）に該当する団体が存在していなければならない。ここで先に

取り上げられたのは、久米孔子廟の、宗教的な施設としての性格である。

宗教法人格をもたない団体が所有するこの施設に対して、「宗教的性格を色濃く有する」との判断をするにあたっては、複数の要素が総合的に考慮された。①家族繁栄等を祈願する参拝者らの存在、②久米孔子廟の非開放性、③久米孔子廟で行われる行事（釋奠祭禮）の宗教性の程度、④久米孔子廟の社寺に類する施設としての取扱いの歴史的経緯、⑤久米崇聖会における位置づけ、である。注目されるのは、政教分離原則違反は、「宗教」と過度のかかわり合いをもっていることが前提にある一方で、地裁判決は、儒教が宗教か否かを論じることなく、同会所有の施設が宗教的であると経験的・観察的に述べた点である。

上記③にある、久米崇聖会が久米孔子廟において行っている釋奠祭禮とは、孔子の生誕日とされる日に、孔子および四配、啓聖公を祀る行事である。この日にだけ、孔子の霊のための扉とされる至聖門の中央の扉が開扉され、孔子の霊が迎えられる（迎神）。扉を開くと孔子の霊は御路を進んで、本殿である大成殿の正面階段の中央部分に設けられた石龍陛を越えて、大成殿へ上ると考えられている。そして久米孔子廟は、至聖門、明倫堂およびフェンス等により松山公園内の他の部分から仕切られている（当初、開放的な孔子廟の歴史公園風イメージであった那覇市の利用計画を変更したこと[14]）ことも、地裁判決では認定されており、その意味では、久米孔子廟は釋奠空間として配置されたということができる施設構造であった。また、釋奠祭禮の祭官に当たる者は、祭主1名および当日の祭祀を行う執事であるところ、釋奠祭禮の実行委員全員が祭祀執事を務めるほか、釋奠祭禮の準備を行う理事長を筆頭とする釋奠祭禮運営委員会（実行委員会）が組織されることになっている。しかし、久米崇聖会では、

---

12) 空知太神社事件は、「20条1項後段自体の解釈問題にはほとんど立ち入ることなく、89条違反の認定から直ちに『ひいては憲法20条1項後段にも違反する』……との結論を導いているところから見て、本件は20条1項後段を、自立した1個の『ルール』としてよりも、一種の『原理』として理解しているものとも推測される」（林・前掲注4）84頁注8））。また、「『戦前の後始末』という側面が強い」空知太神社事件の判断枠組みを久米孔子廟訴訟の事案に「ストレートに…適用してよいものかは定かではない」と留保する、江藤・前掲注（6）21頁も参照。

13) 憲法89条において「宗教上の組織・団体とは、宗教団体より広く、非宗教団体でも宗教的行為を行う場合は、その限度で宗教上の組織・団体に該当する」（高橋和之『立憲主義と日本国憲法〔第4版〕』（有斐閣、2017年）203頁）。

14) 武田・前掲注6）108頁でも、この点に着目されている。

久米三十六姓の末裔以外の者が「釋奠祭禮の祭祀事業等を直接実施した場合、その事業の歴史的価値は格段に下がり、約400年間続いてきた伝統は失われる」という考えから、「事業の形骸化、観光ショー化、そして世俗化の恐れがある」として祭官である祭主や執事を務める実行委員を同会の会員に限定しており、その特殊な点も踏まえて地裁判決では、「釋奠祭禮を宗教的な意義の希薄な、単なる世俗的行事にすぎないということはできない」と評価されている。

　以上を要するに、久米孔子廟は、「儒教一般についての宗教該当性の結論いかんにかかわらず、宗教的性格を色濃く有する施設であるというほかない」と結論されたが、そこでは一般論として孔子廟が宗教的施設か、孔子祭りが宗教的行事か否かが問われているわけではない。久米孔子廟の場合は、戦前の廟については社寺に類する施設の扱いであったが、現在も「社会的儀礼にとどまらない参拝を受ける施設」として従前の性格を引き継いでいるとの評価に加えて、宗教的行事が現に行われている施設であるとの諸点から、それ自体としての宗教施設性が基礎づけられるということであろう。

　そして、かかる宗教施設を所有し、維持管理している久米崇聖会は、宗教的行事といえる釋奠祭禮の挙行を定款上の事業に挙げ、久米孔子廟の運営管理および釋奠祭禮の挙行を「事業の核」と位置付けていることなどから、地裁判決では「本件施設及び行事の宗教性の程度」、久米崇聖会の「定款の定め及び実際の事業の内容等に照らすと、……本件施設等において宗教的行事を行うことを主たる目的とする団体であると評価すべき」として、形式的には宗教法人ではないものの、憲法89条の「宗教上の組織若しくは団体」および憲法20条1項後段の「宗教団体」に該当する」と認めたのである。このとき、「信仰の対象が排他的でないとしても必ずしも宗教性が否定されるものではなく」と言い添えられたのには、空知太神社事件において、氏子集団の役員らはいずれも仏教徒であることが認定されており、神道を信仰しているものは皆無であったとされていたにもかかわらず、宗教団体と認められたことが想起される。

　憲法89条の解釈については、従来の最高裁は狭義説の立場を採用しており、学説の多数説とも言うべき広義説との対立がある。地裁判決がそのいずれに依拠するかについては、寺院、神社、教会に類する宗教的施設の所有から宗教団体性が導かれるに至っており、単に宗教的事業、活動を行う団体であることの

みを根拠とするわけではないため、狭義説に基づくものと考えられる。しかし、久米崇聖会は久米三十六姓の「家」に固執するかたちで引き継がれた、観光資源としての価値も有する施設を所有するものにすぎず、過去の行事を同会の解釈により再現してきたにすぎないといった見地からすれば、世俗的、現代的な要素には目をつぶり、従来より厳格に宗教的意義や目的を見い出したともいえそうである。この点、新しい傾向が生じているのか、従来の判例も踏まえて、さらに検討したい。

Ⅳ　従来の判例における「狭義説」

先にも述べたように、宗教法人でない団体に対する政教分離規定の適用を争った判決としては、市が氏子集団に対し市有地を無償で神社施設の敷地としての利用に供していた行為の憲法89条適合性の有無を判断した空知太神社事件がある。久米孔子廟訴訟の地裁判決は、空知太神社事件判決の枠組みによって89条等の違反の論旨を展開したが、その一方で、空知太神社事件の藤田裁判官補足意見では、多数意見について次のように補足的に説明されていたことを思い起こされたい。「目的効果基準が機能せしめられてきたのは、問題となる行為等においていわば『宗教性』と『世俗性』とが同居しておりその優劣が微妙であるときに、そのどちらを重視するかの決定に際してであって（例えば、津地鎮祭訴訟、箕面忠魂碑訴訟等は、少なくとも多数意見の判断によれば、正にこのようなケースであった）、明確に宗教性のみを持った行為につき、更に、それが如何なる目的をもって行われたかが問われる場面においてではなかったということができる。……本件における憲法問題は、本来、目的効果基準の適用の可否が問われる以前の問題であるというべきである」。しかし現在、「明らかな宗教的施設」たる神社、「宗教団体」たる氏子集団などと直ちに端的に認められる

---

15) 学説の89条理解における狭義説・広義説に関連して、赤坂正浩『憲法講義（人権）』（信山社、2011年）122頁、佐藤功『ポケット註釈全書憲法下〔新版〕』（有斐閣、1984年）1163-1165頁、木下智史＝只野雅人『新・コンメンタール憲法』（日本評論社、2015年）684-685頁〔只野雅人〕、渡辺康行『「内心の自由」の法理』（岩波書店、2019年）339-340頁、渡辺康行＝宍戸常寿＝松本和彦＝工藤達朗『憲法1　基本権』（日本評論社、2016年）184-185頁〔渡辺康行〕参照。

対象に限らず、宗教性・世俗性を併有するために一見して宗教的施設であると
まではされない久米孔子廟や、久米崇聖会のような一般社団法人にも、空知太
神社事件の射程はなお及ぶことを、地裁判決は明らかにしたといえる。この点
の展望は、今後いわゆる目的効果基準との関係でも、問題提起的といえる。

　そのほか類似の最高裁判例としては、忠魂碑の移設に際して市有地を無償で
利用させる行為が憲法 20 条 3 項、89 条に違反しないとされた箕面忠魂碑事件、
市有地を町会に各地蔵像の建立あるいは移設のため市有地の無償使用を承認す
るなどした行為が憲法 20 条 3 項、89 条に違反しないとされた最一判 1992〈平
4〉. 11. 16（集民 166 号 625 頁）等がある。宗教法人でない団体の憲法 89 条の
要件該当性に関しては、とりわけ箕面忠魂碑事件[16]と空知太神社事件とは重要で
あり、両者において統一的な理由づけが行われていたのか、それとも何らかの
変更が起きているのかを概観しておくこととする。[17]

　箕面忠魂碑事件では、箕面市が旧忠魂碑ないし新・忠魂碑に関してした次の
各行為の違憲性が争われていた。すなわち、箕面小学校用地に隣接した箕面村
役場の敷地内に建立されていた旧忠魂碑を、小学校の校舎拡張のため、他に移
転する必要が生じたところ、市が代替敷地を確保するため、箕面市土地開発公
社から土地を買い受け（売買行為）、その引渡しを受け、旧忠魂碑を公有地の一
部を敷地として移設、再建し（移設・再建行為）、市遺族会に新忠魂碑のための
敷地を無償貸与した行為（無償利用提供行為）であり、空知太神社事件に一部類
似した事案である。

　同事件では、空知太神社事件と異なり、箕面市の上記各行為の憲法 20 条 3
項適合性がまず判断されたが、その理由として、(1)移設再建前・後の忠魂碑は、
いずれも地元の人々が郷土出身の戦没者の慰霊、顕彰のために設けたものであ
ること（宗教施設性の否定）、(2)碑前で行われる戦没者慰霊祭は市遺族会の下部
組織である地区遺族会主催で神式、仏式隔年交替で行われ、宗教儀式ではある
が特定の宗教とのかかわりは希薄であること、(3)忠魂碑を所有・維持・管理し

---

16) 長谷部恭男「［箕面忠魂碑最判］判批」ジュリスト 1026 号（1993 年）48 頁を特に参照。
17) 定義に修正ないし変更があったと捉えるものとして、塩見佳也「［空知太神社事件］判批」法政研
　　究 78 巻 2 号（2011 年）228 頁、戸松秀典＝今井功『論点体系　判例憲法 3』（第一法規出版、2013
　　年）251 頁〔高畑英一郎〕参照。

ている市遺族会は、「箕面市内に居住する戦没者遺族を会員とし、戦没者遺族の相互扶助・福祉向上と英霊の顕彰を主たる目的として設立され活動している団体」であること（宗教団体性の否定）が挙げられた。箕面忠魂碑事件と空知太神社事件と、ともに本来は公有地であった土地を貸与し、それが小学校の敷地拡張として必要となって、その移転に協力したことに報いるかたちで別途公有地を無償で利用させた事案であったが、前者の箕面忠魂碑事件においては、憲法20条3項に関する判断が先行する。また、忠魂碑を所有し、これを維持管理していた遺族会は、「宗教的活動を行うことを本来の目的とする団体」に該当しない、すなわち憲法20条1項後段にいう「宗教団体」、89条にいう「宗教上の組織若しくは団体」のいずれにも該当しないと判断された。一方で、後者の空知太神社事件では、氏子集団は「宗教的行事等を行うことを主たる目的としている宗教団体」に該当すると判断されており、相違が見出される。この点、前者では公有地上にある忠魂碑に関して、その移設・再建の前後を通じて戦没者記念碑的性格であったとの評価が行われていたが、後者では、宗教的施設であることが明らかな神社物件との評価が先行しており、施設の性格が宗教団体と言うに足る程度か否かの判断に大きくかかわっている。これに対して、箕面忠魂碑事件の園部逸夫裁判官意見は、「このような追悼のための施設等の性格を……明らかにすることが、憲法上の政教分離原則違反の有無を判断するための不可欠の要件であるとまではいえないのではないかと思う」と指摘していた。しかし、問題となる「団体」が公有地上に所有する施設等の性格に対する判断は、空知太神社事件でも、久米孔子廟訴訟の地裁判決でも、一貫して合憲性審査に組み込まれている。

　宗教団体への財政的支援を規律する憲法89条の要件該当性の判断では、上にみたいずれの事件でも、宗教的行事を営んでいることをもって直ちに宗教団体と結論されるわけではない。ここで「狭義説」の前提となる宗教法人法をみると[18]、その第2条では「この法律において『宗教団体』とは、宗教の教義をひ

18）辻村みよ子＝山元一編『概説憲法コンメンタール』（信山社、2018年）401-402頁〔片桐直人〕参照。かかる前提を踏まえて、より広い憲法上の宗教団体について「厳格に制度化され、組織化されたものでなくとも、何らかの宗教上の事業ないし活動（運動）を目的とする団体を指す」とする広義説として、例えば、佐藤（功）・前掲注15）1163-64頁［1164頁］参照。

ろめ、儀式行事を行い、及び信者を教化育成することを主たる目的とする左に
掲げる団体をいう」とし、これを受けた同条1号では、「礼拝の施設を備える
神社、寺院、教会、修道院その他これらに類する団体」と定義されている。以
上からもうかがえるように、判例は、宗教法人法2条との関係を踏まえて、
「礼拝の施設を備える神社、寺院、教会」等に類する物的施設を備えた団体で
あることに十分な考慮を払いつつ、その維持管理する施設を使用してなされる
活動（行事）の一定以上の宗教性を宗教団体の要件としてきた。判例による定
義の範囲が問題となるのは、専ら「宗教団体であること」を標榜しない組織体
であるから、礼拝の用に供される物的施設を備えるところまでは明確に絞らず、
宗教法人法第2条本文に規定する目的を「主たる目的」とするような「宗教法
人でない団体」を包摂するような要件とし、一定以上の宗教的色彩をもった活
動（行事）の側面からの定義を用いてきたのではないかと解される。

　ここで、久米孔子廟訴訟の地裁判決が「宗教的行事を行うことを主たる目的
とする団体」と、空知太神社事件判決の簡素な判示を踏まえた定義を用いたこ
とに注目したい。宗教法人法所定の宗教法人ではない神社付近の住民らで構成
され、その維持管理する参拝施設で他神社の支援を受けて比較的簡素な祭事を
行っていた氏子集団が問題となった空知太神社事件では、氏子集団に組織につ
いての規約等もないなど、教団的な性格が認められなかった。箕面忠魂碑事件
で示された「特定の宗教の……普及等の宗教的活動を行うことを本来の目的と
する」（傍点、引用者）意味での宗教団体、組織であることを指摘するのに、会
の設立目的等を示す規約がない事例では、そもそもの目的が発見されづらい。
むしろ、設立の後、靖国神社国家護持の推進運動にも参画するようになった遺
族会を前にして箕面忠魂碑事件が与えていた定義が、宗教法人法の文言を明確
に用いて「主たる目的とする」と空知太神社事件で書き換えられたことは、組
織の展開、変遷を踏まえて現実の事業（行事）に即した判断を多少やりやすく
する可能性をもつ一方、基本的には、変更と形容するほどではなさそうである。
「特定の宗教の信仰、礼拝又は普及等の宗教的活動」（箕面忠魂碑事件）ではなく
「宗教的行事等」と簡潔にされていることについても、宗教法人法第2条本文
に規定する目的をもつ団体と同じような実質を有することを要求する「狭義
説」の範疇においては、宗教と特定のかかわり合いのある行為のすべてを意味

することはなく、特定の宗教の信仰、礼拝または普及等の活動が念頭に置かれていることは、引き続き同じであろう。久米孔子廟訴訟では、久米崇聖会の会報誌において孔子廟の建設や釋奠祭禮について大きく取り上げていること、事業計画においても釋奠祭禮の充実強化を謳っていることを挙げて、宗教団体性を「実際の事業の内容に照らし」て判断したことが示されている。また、同会は久米孔子廟を所有、維持管理し、定款上の事業として釋奠祭禮を行っており、設立目的のなかに宗教施設を利用して宗教的行事を行うことが位置づけられているから、「観光ショー」とは一線を画するかたちで独自に宗教的行事を行うことは同会の本来の目的であり、主たる目的であるといえる。こうしてみていくと、地裁判決が、空知太神社事件からの新たな傾向として、より厳格な判断に方向性を転じているわけではないと考えられる。

　別の裁判例にも目を転じてみたい。三田天満神社の正遷宮行事に奉納される「のぼりさし」行列の参加者の休憩場所および駐車場として市立学校施設を使用させ、使用料を免除したことは政教分離規定に反しないが、使用料免除が三田市立学校施設目的外使用条例には反すると判断した、神戸地判 2000 〈平 12〉. 2. 29 日（判例地方自治 207 号 72 頁、以下「三田天満神社事件」という[19]）である。この事件では、25 年に 1 度行われる三田天満神社正遷宮行事が、神事も執り行われる三田天満神社の宗教行事にほかならないと、また、三田天満神社正遷宮実行委員会は神社の氏子組織であって、当該委員会が正遷宮行事に奉納される「のぼりさし」に参加する地域住民のために行った使用申請に対して、市立三田小学校の施設の使用が許可され、使用料が免除されたことは違憲ではないかと、争われた。神戸地裁は、三田天満神社正遷宮実行委員会について、「今回の正遷宮に奉賛するために組織されたものであり、組織、運動に永続性はなく、一過的な組織である」側面と、「神社の氏子により組織された祭事の実行委員会であって宗教的色彩を帯びた組織」という側面の両方を認めていた。しかし、前者の面をより捉えて、正遷宮は 25 年に 1 度行われるものであること、三田天満神社正遷宮実行委員会は、直接に神事を行う主体ではなく正遷宮の主催者でもないこと、「のぼりさし」はもともと神社の改修を祝うための奉納行

---

19) 同事件の評釈として、山代義雄「判批」判例地方自治 222 号（2002 年）46 頁参照。

事であるが正遷宮祭の中の一行事にすぎず、その演技自体は伝統芸能的な行為であること等から、憲法89条にいう宗教団体に該当しないと解したものである。そうすると、上記実行委員会が宗教団体にあたるというためには、内容は重複するが、⑴その組織、運動に永続性があり一過的でないこと、⑵直接に神事を行う主体、あるいは祭事の主催者であること、⑶その組織が一定程度関係する行事、行為がそれ自体として宗教的であることが、要求されていたということになろう。

　なお、三田天満神社正遷宮実行委員会が宗教施設を維持管理していない点は措くとして、上の⑴〜⑶を上記の裁判例にも当てはめてみると、久米崇聖会と、空知太神社の氏子集団の場合にも当てはまるといえ、宗教団体としての立場を標榜しない集団の宗教団体性のメルクマールの一層の具体化として、参考になる。一方で、箕面忠魂碑事件の遺族会については、上記⑴、⑵は充たすものの、同会の主たる目的として行われる英霊顕彰事業は「特定の宗教の信仰、礼拝又は普及等の宗教的活動を行おうとするものではなく、その会員が戦没者の遺族であることにかんがみ、戦没者の慰霊、追悼、顕彰のための右行事を行うことが、会員の要望に沿うものであるとして行われている」とされ、少なくとも１つの祭式に限定されていたわけではない点から、上記⑶を充たすかどうかははっきりしない。遺族会は「靖国神社の参拝等の宗教的色彩を帯びた行事をも実施し……ている」旨が認定されていたが、やはり「主たる目的」や「本来の目的」といった絞り込みが、最高裁の憲法89条の宗教団体の定義において加えられていることが、戦没者遺族である人々が集まる団体に対して意味をもってくるといえる。

V　補論：歴史的・文化的価値や観光資源としての価値等に関する考慮

　三田天満神社事件において、「のぼりさし」は「地域の伝統的習俗的行事の性格をも有することなどから、地域活動の性格も有する」とされ、久米孔子廟訴訟においても、久米崇聖会が行う釋奠祭禮は「地域の歴史的・文化的行事や観光資源等としての側面を有する」、孔子廟は「歴史的・文化財的な価値を有し、また、観光資源……としての……意義を有する」と、認められている。政

教分離原則において、歴史的文化的重要性に基礎づけられた「観光振興」の要素にどこまでの「その他の考慮」があるべきか。その観点の限りでは、条文の系統を異にするが、白山ひめ神社の鎮座二一〇〇年を記念する大祭に係る諸事業の奉賛を目的した奉賛会の発会式への市長の出席に伴う公用車運転職員の手当等に係る公金支出の適否が争われた最一判2010〈平22〉. 7. 22（集民234号337頁、以下「白山ひめ神社事件」という）も、参考となりうる。

　白山ひめ神社事件では、加賀一の宮である白山ひめ神社に多数の参詣客等が訪れ、その所在する白山周辺地域について観光資源の保護開発および観光諸施設の整備を目的とする財団法人が設けられるなど、地元にとって「重要な観光資源としての側面を有していた」こと、その御鎮座二千百年式年大祭は「観光上重要な行事であった」ことが認められ、白山市長がこのような性質を有する行事としての本件大祭に係る諸事業の奉賛を目的とする団体の発会式に出席して祝辞を述べた行為は、「宗教とのかかわり合いを持つものであることは否定し難い」ものの、市長としての社会的儀礼を尽くす目的で行われたものであり、その態様からしても憲法20条3項に違反しないと判断された。このとき、特定のかかわり合いをもった奉賛会の事業自体が「観光振興的な意義を相応に有する」と指摘されている点は、久米孔子廟訴訟の地裁判決でも久米孔子廟について同様の評価がなされていたことに通じる面がある。しかし、上記の三田天満神社事件において、三田天満神社正遷宮実行委員会の宗教団体性が認められなかったように、白山ひめ神社事件における奉賛会も形式上は一過的な組織である。この点が、総合的な判断に影響している可能性があるのであれば、久米孔子廟訴訟における市と宗教とのかかわり合いの判断において、久米孔子廟にも相応の観光価値を認めつつも、久米崇聖会の活動の継続性への考慮がより働かざるを得ないということがあるのか、注目されよう[20]。

　一方で、観光観音像の設置のためにした村の公金支出が憲法20条3項に違反するとされた松山地判2001〈平13〉. 4. 27（判タ1058号290頁[21]）では、「観光客を誘致し、村の活性化を図るという意味合い」から、いわゆる宗教を伴わない観光施設として観音を設置したという村側の主張にもかかわらず、観音信仰を踏まえた「新宮村観音郷」構想の一環として、村が観音像そのものを作り出して設置することは、「行為態様等を客観的にみれば、本件観音像を見る者

に対し、観音信仰の世界を実感させて宗教的影響を与えることを目的とし、か
つ、宗教的効果もあげている」などとして、憲法20条3項の禁止する宗教的
活動に当たるとされた。すなわち、地方公共団体が「観音を感じさせる村づく
り」を推進し、自ら積極的に観音信仰を下敷きにして観音像そのものを作り出
して設置している場合には、観光振興の成果にかかわらず、違憲性を払拭する
ことはできないということであろう。これに比べれば、久米孔子廟訴訟に関連
して那覇市も、那覇西地域のまちづくりの基本方針として「歴史性を活かした
クニンダのまちづくり」を掲げていたが、そのこと自体は上記の「新宮村観音
郷」構想と同列には語り得ない。地裁判決は、久米孔子廟の大部分は無償で一
般に公開され、「地域の親睦や学習の場としての社会的な意義を有する施設」
として、地域活動に仕える性格も有することを肯認している。すなわち、宗教
施設であるから設置許可が直ちに違憲と判断しているわけではなく、当該孔子
廟がフェンス等により松山公園内の他の部分と仕切られた設計により設置され、
さらに宗教団体としての久米崇聖会に対して敷地使用料を免除して、無償でそ
の釋奠祭禮のために利用させていることを考慮したうえで違憲と判断している
ことに注意する必要がある。適正な使用料が徴収されれば違憲状態を解消でき、
設置許可についても違憲・違法の評価を受けない旨が示唆されているように、
その歴史的・文化財的な価値、観光資源としての価値は、久米孔子廟訴訟の地
裁判決でもある程度考慮に入れられている[22]。すなわち、観光振興が建前となっ
て、適正な使用料が対価として市に支払われることで、「宗教的性格とともに、
歴史・文化の保存や観光振興等の目的及び効果を有する面も併有している」施
設を公有地上に設置し、さらに「地域の歴史的・文化的行事や観光資源等とし

20) 久米孔子廟訴訟地裁判決は、「一般人の宗教的評価など主観的な要素に依拠した判断を行っていな
　い」（武田・前掲注6）108頁）とも評されるが、宗教施設の観光資源的な価値も主観的な要素から
　判断が左右されうる。この点、政教分離訴訟は住民訴訟による場合が多く、「その土地の人」という
　意味における一般人、すなわち地域住民における、習俗あるいは伝統に対する価値や意義等の承認
　をめぐる異論の存在——感情的対立——を投げかけるものといえよう。まして沖縄は広域の島嶼群
　からなり、文化的にも本来多様であるのに加えて、1972年の復帰後から人口の移動が一気に進み、
　グローバル化、経済発展による移住者の増加も相まって、地域の構造変化が大きい。広く住民とし
　ての意識がこれに追いついている現状にあるのかも、疑問である。
21) 同事件の評釈として、木内英仁「判批」法学教室258号（2002年）1009頁、齋藤小百合「判批」
　ジュリスト1205号（2001年）62頁参照。

ての側面を有することは認められる」釋奠祭禮をそこで挙行することの違憲性を解消する途は、一応開かれているといえる。しかし、そもそも「適正な」使用料を払って釋奠祭禮を従来どおりに挙行できるか、適性とされる金額の規模によっては、実質的に断念させる意味合いをもつことになろう。

「氏子（信者）の信教の自由を侵害するおそれはなく、適切な結果を得ることができる」（空知太神社事件近藤崇晴裁判官補足意見）か否かという視点と、観光振興の観点から問題の施設なり行事が維持されうるか否かという視点の有無とは異なる。久米孔子廟訴訟をみると、空知太神社事件の１つの応用ともいえる地裁判決では「本件施設の物理的全体的一体性」を指摘するため、占用面積１㎡につき１か月 360 円の使用料（那覇市公園条例 11 条１項）が発生し、しかも久米孔子廟の占用面積は 1,335㎡である[23]。その意味では、計算するまでもなく、相応に広い敷地の使用料が発生することになるが、この点、地裁判決では、宗教団体性を認めた久米崇聖会の宗教的行事（釋奠祭禮）の継続に与える影響等に関して、久米崇聖会等の「信教の自由を不当に侵害するものともいい難い」と述べる程度で、特に久米崇聖会による久米孔子廟や釋奠祭禮の維持可能性の問題に立ち入っていない。専ら地元住民が自らの手で維持・管理してきた、（無名の）空知太神社の氏子集団に比して、久米孔子廟は相対的にみれば地元以外にも知られる宗教的施設であるし、また一般社団法人格を取得する久米崇聖会の社団性は強い。その意味では、財政事情を大きく異にする、それぞれの団体の構成員の信教の自由を侵害するおそれに関する評価の差があり、空知太神社の氏子の方は判決により信教の自由が侵害されるおそれが認められることか

---

22) もっとも、無償提供の違憲性を否定する事情としては評価されていない点について、江藤・前掲注 (6) 21 頁参照。李鳳娟「現代沖縄における「久米系末裔」の人々のアイデンティティに関する一考察：久米崇聖会を中心として」慶應義塾大学大学院社会学研究科紀要 76 号（2013 年）75 頁では、釋奠祭禮の変遷が政治情勢を反映し、同会の対外交流の重点の変化に対応していることが指摘されており、その歴史的性格には留保がつく。久米崇聖会・前掲注7) 139-141 頁によれば、「祭主を務める理事長が燕尾服、執事が背広を着けて祭禮を行っていたのを、09（同 21）年から琉球王朝時代の琉装、黒朝礼服に切り替えた」（140-141 頁）とあり、歴史的な装いは比較的近年採用されたもので、2009 年に「外部に向けての PR 活動が不足していたとの反省から」（141 頁）広告費を出し、地元誌に特集を組んでもらったことから釋奠の認知度が高まったとわかる。最高裁が、下級審の各判断において「宗教的行事」と評価された同会の釋奠祭禮をどう評価するのか、注目される。

23) 松本・前掲注6) 131 頁は、「仮に許可自体に違法はないとしても、徴収される使用料の金額には留意する必要があろう」として、使用料が低額に抑えられるべきではない旨を示唆する。

ら、一定の配慮が図られたのであろうか。それとも、久米孔子廟訴訟地裁判決で指摘された社寺上知等の「やむなき理由や経緯」の存在とか、あるいは、空知太神社事件におけるような「小学校敷地の拡張に協力した用地提供者に報いるという世俗的、公共的な目的から始まった」経緯の存在が認められない事情（これらは多分に市側の事情である）の違いなのか、そのあたりは明らかではない。少なくとも、空知太神社事件では、観光資源としての側面をもちえなかった空知太神社の維持のため適正な対価による貸付けの方法が示唆され、実際に差戻審でもその選択が合憲と判断されたとはいえ、氏子集団は賃料の支払いを極力抑えるため、各神社物件について「地神宮」の文字を削って「開拓記念碑」に彫り直すとか、神社の表示を撤去して会館から祠も取り出さざるを得なくなるなど、結局は、およそ従前の神社の姿をとどめない事態が生じた。富平神社との対比からして、砂川市が空知太神社の氏子に支払わせた代償は大きい。しかし、地域において伝統的習俗的行事の性格を有すると認められる宗教的行事とか、歴史的文化的価値を有する施設であれば有形・無形の文化財の指定や保護措置を講じることも考えられているが、かかる価値をもたないものに対して、政教分離原則違反の判断に伴って特定の者の信教の自由に及ぶ影響を裁判所が考慮するといっても、礼拝が続けられる範囲（祭祀等の儀式行事ではない）にとどまるのはやむを得ないであろう。宗教法人の所有する社殿の修復工事に係る費用の一部を村が補助金として支出したことが憲法 89 条、20 条 1 項後段に反するとされた高知地判 1998〈平 10〉．7．17（判時 1699 号 67 頁）のように、「特に文化財保護の目的があったわけではなく、むしろ神社の修復等に公金を支出する手段として、右の各文化財指定を行ったものと認められる」場合にも、宗教団体に対する便宜供与とされてしかるべきである。もっとも、宗教団体であることを標榜しない団体の、その宗教的側面が否定できない施設（文化、教養施設、観光施設等）については、観光資源としての価値に引き寄せるかたちで、特定の宗教に対する援助と評価しない方途も考えられないではない。しかし、観光振興の観点から、宗教的行事や宗教的施設にも世俗的要素を見出していくのであれば、公衆の利用のため一般に公開される場所として当該財産の所有者

---

24)「これらは差戻し前下級審が認めた神社物件の収去と重なっていることに注意すべきである」山下竜一「[空知太神社事件] 判解」平成 22 年度重判（2010 年）68 頁。

によって表示される施設については、公衆（市民）との調和のための法的規制は可能である。アメリカ各州の公衆利用施設における差別を禁止する法律（public accomodation statutes）におけるような、公衆利用施設（public accomodation）の概念を適用することをもっと考える必要があろう。法的な関与は、選ばれた会員で構成される宗教団体の、宗教的側面を有する施設であるほど、「私的団体の自由との相克という問題を生じさせる[25]」のはもとよりであるが、観光、地域の親睦、学習、交流の社会的・世俗的意義を有する場所としての施設の位置づけは団体が任意で放棄できるから、閉ざされた宗教的施設として自ら再定義すればよいものと考える。

（にしやま・ちえ　琉球大学准教授）

---

25) 金澤誠「政府の言論と人権理論(4)」北大法学論集 64 巻 3 号（2013 年）433 頁。教義に反する婚姻にかかる結婚式や披露宴のための、その宗教団体等の所有する公衆利用施設（public accommodations）の利用が、拒否されるという場合への（適切な）規制に関連して、See, e. g., Nelson Tebbe, *Religion and Marriage Equality Statutes*, 9 HARV. L. & POL'Y REV. 25, 26 (2015).

暴力団排除条項とその運用をめぐる憲法的課題

新井 誠

I はじめに

1 人権享有主体をめぐる具体的検討の重要性

人権享有主体論をめぐって辻村みよ子は、「従来の憲法学では、憲法第 3 章が国民を権利・義務の主体とすることから、国民を本来の人権主体としつつ『一般国民のほかに、いかなる者が人権を享有するか』を問題とし、天皇・皇族、法人、外国人を中心に検討してきた」ものの、「国際条約との関係でも重要な論点になっている女性や子ども、少数民族（先住民族）、障害者等の人権について、具体的に検討してこなかった」とし、「現実の人権問題ではこれらの具体的な人権主体に即して検討することが必要となる[1]」との見解を示している。これらを前提に辻村は、女性、未成年者、高齢者、障害者、アイヌの人々、同和関係者、HIV・ハンセン病等の疾病感染者、性的マイノリティにつき具体的な記述・検討を加える[2]。

以上の視点で人権保障のあり方を再考するにあたって、日本において今なお検討の余地がある「人権主体の態様[3]」の一つとして、暴力団関係者を数えることも許されるのではなかろうか。暴力団関係者による反社会的行為から生じる

---

1) 辻村みよ子『憲法〔第 6 版〕』（日本評論社、2018 年）102 頁。
2) 辻村・前掲注 1) 107-111 頁。
3) 辻村・前掲注 1) 106 頁。

実害を踏まえるならば、本稿が、暴力団関係者の「反社会的行為を行う自由」を確保する理論提供に向かうわけではないことはまず述べておきたい。他方で、彼／彼女らが、日常生活を送る範囲において（反社会的行為との関連の薄い）一般的自由が確保されない場面が見られたとき、そこに何らかの憲法論が介在する余地はないだろうか。加えて、後述のように裁判所は、暴力団への所属は関係者自身の自由意思に基づくもので、そこから抜け出さない人々に関する権利・自由が制約されるのはやむを得ないという論理の下、緩やかな審査手法で日常生活の中での権利制限の正当化を図ろうとするものの、そうしたロジックの展開には見落とせない憲法的課題が残されているのではなかろうか。

2　近年の暴力団排除をめぐる法的状況

　暴力団排除をめぐる法的対応は、近年、「国家対暴力団」という二項対立の図式から、第三者の立場に置かれた一般市民や一般企業が、より積極的に暴力団排除に立ち向かうことが求められる状況へと変化している。[4]特にこの状況は、2000年代初頭から見られる。その転回点の一つが、暴力団排除のため、暴力団関係者に民間の会社等との間で一般的な商取引などの契約をさせないよう、契約前あるいは契約段階で、当事者が暴力団関係者でないことを確認し、暴力団関係者である場合には契約自体を行わないことを正当化する条項（いわゆる暴力団排除条項。以下「暴排条項」と略する場合もある。）を企業等に対して約款や契約書の中に記載することを求める動きである。

　2007年には、「犯罪対策閣僚会議幹事会申合せ」として「企業が反社会的勢

---

4)　特に注目されるものとしては、都道府県が条例を定め暴力団排除の新たな規定を設ける動きである（いわゆる暴排条例）。これは2009年に「総合的なものとしては全国初」のものとして「福岡県暴力団排除条例」が制定されたことを契機としている。これらは、従来の暴力団対策をさらに強力なものとするために、企業や一般市民への強力を強く求めるものとなっている。これについては、「暴力団に資金を提供する事業者の行為を法的に規制し、法的な非難の対象とすることとしたのが、暴力団排除条例である。それまでの対策は、暴力団を専ら対象とし、事業者は暴力団の支配が及んでいたり、暴力団と密接な関係にある場合に限って問題視してきた。暴力団の側にない一般の事業者を、被害者としてではなく、規制の対象とするのは、暴力団対策における新たな枠組みである」（田村正博「暴力団排除条例と今後の組織犯罪法制」産大法学48巻1・2号（2015年）97（296）頁）との評価が加えられている。こうした点について本稿筆者はかつて、「このような条例の世界に市民が耐え切れるのか」、あるいは「市民は暴力団と国との板挟みになる」（新井誠「暴力団対策を憲法から考える」警察政策研究14号（2010年）90-91頁）といった懸念を示していた。

力による被害を防止するための指針について」（同年 6 月 19 日付）という文書が示された[5]。同文書の前文には、「暴力団排除意識の高い企業であったとしても、暴力団関係企業等と知らずに結果的に経済取引を行ってしまう可能性があることから、反社会的勢力との関係遮断のための取組みをより一層推進する必要」があり、「反社会的勢力に対して屈することなく法律に則して対応することや、反社会的勢力に対して資金提供を行わないことは、コンプライアンスそのもの」とし、「従業員や株主を含めた企業自身に多大な被害を生じさせるものであることから、反社会的勢力との関係遮断は、企業防衛の観点からも必要不可欠な要請」であると記載される。そして、「反社会的勢力による被害を防止するための基本原則」（5 原則）として、「組織としての対応」、「外部専門機関との連携」、「取引を含めた一切の関係遮断」、「有事における民事と刑事の法的対応」、「裏取引や資金提供の禁止」を挙げている。こうした指針をめぐっては、「5 原則の実現にキーとなるのが 2 つ——暴力団排除条項…の導入と排除対象の明確化[6]」であるとの指摘があるように、本文書以降、各企業、業界団体による暴排条項を契約文書や約款等に入れる取組みが進展している。

　市民生活における実害を考慮した場合に、暴力団排除の施策としてこうした暴力団排除条項が有効に機能することが必要だとしても、一連の政策とそれによって引き起こされている法的争いを通じて、憲法学でも検討しておくべき視点が見られるように思われる[7]。もっとも従来の憲法学では、こうした問題を主題化して検討するものは数少ないように感じる[8]。本稿は、暴排条項をめぐるいくつかの具体的訴訟を取り上げながら、それらから見える同条項とその運用をめぐる憲法上の課題について検討していくものである[9]。

---

5)　法務省 HP 内（www.moj.go.jp/keiji1/keiji_keiji42.html〔2019.7.11. 最終確認〕）。

6)　松坂規生「暴力団排除の展開と課題」金融法務事情 1938 号（2012 年）21、23 頁。

7)　筆者はかつて、警察政策研究センターが開催した「〈警察政策フォーラム〉暴力団の資金源対策、振り込め詐欺対策と、健全な経済社会システムの維持〜『犯罪に強い社会の実現のための行動計画』の検証（その 2）」（2009 年 11 月 13 日）において、「暴力団対策を憲法から考える」（新井誠・前掲注 4）89 頁参照）とする報告を行った。同報告では見落としていたいくつかの視点について本稿で検討する。

Ⅱ　ホテル利用と暴力団排除条項

　日常生活を送るにあたり人々が、何等かの民間の施設利用をする場面は多々見られる。もっとも、暴力団関係者に対しては、施設運営側が利用自体を断る暴排条項を置く場合が見られるようになり、これによるトラブルも生じている。そうしたものの一つとして暴力団関係者によるホテル施設利用がある。

1　事例の概要

(1)　広島地裁 2010（平成 22）年 4 月 13 日判決（①事件）[10]

　これは、ホテル側が、利用希望者が暴力団員であることを知らずに結婚式の会場としてのホテル利用を受け付けたものの、後に警察からの情報でそのことが分かり契約解除の意思表示をしたところ、契約を解除された当人がホテルを相手取り慰謝料等を求めた事例である。この事例では、当事者同士の契約書には暴排条項はなかったが、「ご結婚披露宴規約」に暴排条項があった。

　以上につき広島地裁は、以下の理由から被告会社側の契約解除を正当であるとしている。まず裁判所は、「暴力団員がホテルで結婚式を挙げること自体が公序良俗に反するとか、暴力団員による不当な行為の防止等に関する法律が禁止する義理がけに当たるとの解釈をとるには躊躇される。」と示している[11]。し

---

8)　憲法研究者による近年の検討として、橋本基弘「《基調講演》暴力団と人権——暴力団規制は憲法上どこまで可能なのか」警察政策 13 巻（2011 年）1 頁、岡田健一郎「周辺化された人々と人権」佐々木弘通・宍戸常寿編『現代社会と憲法学』（弘文堂、2015 年）105 頁など参照。また、テレビ・ドキュメントを基に出版された、東海テレビ取材班『ヤクザと憲法——「暴排条例」は何を守るのか』（岩波書店、2016 年）も、憲法との関係で注目される文献としてここに挙げておきたい。他方で、憲法以外の研究者や実務家による暴力団排除条項を検討する諸論文は多岐にわたるが、本稿ではその提示につき、以下において必要な脚注を付す場合を除いて割愛する。

9)　本稿の内容は、2018 年 11 月 17 日（土）（慶應義塾大学）に開催された「市民生活の自由と安全」研究会における報告の一部に基づく。報告後、補足や修正を加えたうえで文章化している。

10)　判例時報 2145 号 58 頁（確定）。なお、以下の記述では、複数の裁判例を検討対象とする中で、各判決の年月日や掲載判例集について明示しながら、判決文の引用にあたっては「」（カッコ書き）でわかるようにしつつも、被引用頁等の引用部分毎の脚注での表示は省略することとしたい。

11)　この点に関連して、原告からは憲法上の主張も示されていたようであるが、裁判所はスルーしたかに見える。

かし、広島地裁は、「暴力団員がホテルで挙式をするとなると、通常人の挙式とは異なり、暴力団員が多数参加することによるトラブルも懸念され（本件では、暴力団関係者の参加予定はなかったとのことであるが、ホテル側からすると、その真偽を容易には確認できない）、トラブル防止のため警備態勢をとることを検討しなければならないが、万一の事態に備え厳重な警備態勢をとるとすれば相当なコストもかかり、他の客のキャンセルも予想され（同日の利用予定者には警備を要する挙式があることを告げない訳にはいかないであろう。）、暴力団との関わりを避けるべきであるという最近の社会情勢からすると、当該ホテルの信用失墜にもつながるところであり、当該ホテルにとって不利益が大きい。そうすると、当事者が暴力団員かどうかは、ホテル側にとって、挙式の契約をするかどうかを判断する上で重要な事項」だとする。さらに、「これを知らなかったとすれば、単なる動機の錯誤に止まらず、要素の錯誤に該当すると解される。このことは、民法 567 条ないし 570 条（対価関係の均衡を欠く場合に解除を認める。）の法意等に照らしても、是認されるべきである」とし、「このように解釈したとしても、本件契約当時の社会情勢からみて、あながちおかしなことではなく、被告の内部において規約があるだけでなく、例えば、社団法人日本ブライダル事業振興協会のモデル約款にも上記規約と同旨の規定があるなど、一般的にも予測可能といえる」としている。

　以上における広島地裁のロジックの特徴は、暴力団関係者であること自体を理由に契約解除の正当化を図るというよりも、具体的トラブルの予見可能性の観点から検討した点である。そこでは、しかし、具体的警備の問題を示しつつも、他方で「暴力団との関わり」から生じる会社の信用失墜という問題を挙げている。前者もさることながら、後者の防止も、民事上の当事者である会社としては重要な課題である。もっとも、会社自身がそのように考えない場合には、どのように評価すべきなのかという問題は残る。

(2)　大阪地裁 2011（平成 23）年 8 月 31 日判決[12]（②事件）

　次の事例は、破門された（元）暴力団員による結婚式会場としてのホテル利

---

12)　金融法務事情 1958 号 118 頁（棄却）。

用につき、後になって府警から同人が（元）暴力団員であると聞き、ホテルが契約を解除したところ、当人ら（X₁、X₂）がホテルを相手取り損害賠償請求等を求めたものである。本件の場合、契約自体の暴排条項に基づく解除であることを認めた点が、①事件の判決と異なる。

②事件で大阪地裁は、「原告 X₁ は本件契約の締結時及び解除時において暴力団員であったと推認できるから、被告が、原告らに対し、本件規約条項に基づいて契約解除の意思表示をし、本件契約上の債務を履行しなかったことに違法性はなく、債務不履行及び不法行為のいずれも成立しない」とする。さらに、「本件規約条項は、本件ホテルの宴会場の利用全般について適用されるものとして定められており、暴力団排除の趣旨は、利用者の属性に基づくものであって、宴会場の利用目的如何によるものではない」上、「原告 X₁ は暴力団員から襲撃を受けたことがあるということであり、宴会場利用者が暴力団員であることにより他の不特定多数の利用客が襲撃に巻き込まれる危険性は、利用目的が結婚披露宴であっても変わりはないといえるから、結婚式及び披露宴という目的で利用する場合に本件規約条項が無効になるとはいえない」とする。そして、「本件規約条項は、暴力団員への不当な利益供与を防止する趣旨も含むと解され、被告としては、原告 X₁ からの大幅な値引き要求に応じる訳にはいかない一方で、それまでの原告 X₁ からの要求の経緯からすると、そのまま推移すれば、被告は、後払いの代金の支払を原告らから拒絶されることが容易に予測されるのに、契約どおり当日（平成 21 年 11 月 1 日）に結婚式及び披露宴の履行をせざるを得ない状態に置かれることになること、さらには、交渉が遷延し、結婚式の直前になって解除をする方が、原告らにさらに負担を生じさせることになることなどに照らせば、被告が、本件規約条項に基づき、同年 9 月 19 日に契約解除の意思表示をしたことは、何ら信義則に反するものではない」とする。

本事例には次の特徴が見られる。まず、本件では、利用を拒否された原告について、暴力団員としての「推認」を受けている点である。すなわち、本件の場合、当事者は実は破門されており、形式的には「元」暴力団員となる。ただし、「被告が、原告 X₁ から不合理な値引き要求を受けたことから、警察に相談し、警察から原告 X₁ が暴力団員であることを告げられたため」とあるよう

に、警察が当事者を「現」暴力団との判断をしたようにも感じられる。この点をめぐっては、本件事例を離れたとしても、現在の暴力団員と元暴力団員との間の見極めと、また元暴力団である場合にはどの程度の時間を経て、いかなる態様を示せば、暴力団員ではない扱いがされるのかといった問題が生じる（暴排条項では一般的に元暴力団でも5年程度は暴力団と見なされる場合が多いようである[13]）。次に、本事例では、利用目的がどのような場合でも関係なく、属性が大きな判断材料となる点である。本件で大阪地裁は、暴力団関係者のホテル利用により他の不特定多数の利用客が襲撃に巻き込まれる可能性を踏まえるものではあるが、その前段階で、利用目的は関係なく属性が関係すると明示する。そうなると、（元を含む）暴力団関係者が関わるイベントについては、それ自体が暴力団の勢力拡大等を目的としていなくても、暴力団関係者が利用者であるだけで危険の発生の蓋然性があるといった理解が取られる可能性が残る。

2　若干の検討

　以上、ホテル利用と暴排条例との関係をめぐる裁判例を見てきた。この問題は集会の自由との関連に目を向けることができるが、そうした自由に関連する他の発生事例との間では論理展開に差が見られる。集会の自由に関しては、特に集会目的の「公の施設」（地方自治法244条）の利用をめぐり、上尾市福祉会館事件において最高裁が[14]、「主催者が集会を平穏に行おうとしているのに、その集会の目的や主催者の思想、信条等に反対する者らが、これを実力で阻止し、妨害しようとして紛争を起こすおそれがあることを理由に公の施設の利用を拒むことができるのは、前示のような公の施設の利用関係の性質に照らせば、警察の警備等によってもなお混乱を防止することができないなど特別な事情がある場合に限られるものというべきである」とし、「敵意ある聴衆」からの妨害から公権力が「集会」を守るべきであるという論理を見ることができる。こう

13）『平成24年版警察白書』（https://www.npa.go.jp/hakusyo/h24/honbun/〔2019.7.11最終確認〕）「第3章　組織犯罪対策」「第1節　暴力団対策」「4　暴力団排除活動の推進」に「銀行業界においては、23年6月、全国銀行協会が会員銀行に対し、当座勘定取引及び融資取引について、暴力団員でなくなった時から5年を経過しない者等を排除対象にすることを明確化した暴力団排除条項の導入を要請するなど、銀行取引からの暴力団等反社会的勢力の排除を推進」とある。

14）最判1996〈平8〉. 3. 15民集50巻3号549頁。

した理解では、何らかの危険の発生が具体的に認められる場合には、会を開く側ではなく、妨害をする側を特に公権力が制圧することで「集会」自体の開催を守る方法にたどり着く。もっとも、上尾市福祉会館の事例と本件の場合とでは次のような大きな違いがある。

　まず、上尾市福祉会館の場合、法律上の「公の施設」である点である。こうした公の施設については地方自治法244条の規定にもあるように、差別的な利用拒否があってはならない。そこで、以上で取り上げたホテルは民間施設であり上記「公の施設」には当然該当せず、同様の判断手法が採用されないといった論理的処理は可能である。

　他方で、本件ホテル施設は「公の施設」には該当しないとしても、民間ホテルの会合施設の公共的役割の観点からは、一般的には、客に関して差別的な扱いをしてはならないことが求められてきた。これを求める旅館業法の規定もある。例えば、民間のホテルの会合施設の利用をめぐっては、日教組が民間のホテルの会合施設を利用して教研集会を開こうとしてホテル利用契約をしたものの、この契約をホテル側が一方的に解約したことに対して、仮処分でそうした解約が問題視されながらもホテル側が利用拒否を続け、当事者から損害賠償請求を求められたプリンスホテル事件がある。このプリンスホテル事件で東京地裁は、「本件宴会場利用規約11項4号は、『法令または公序良俗に反する行為および他のお客様のご迷惑になる言動』と規定していることからすれば、『他のお客様のご迷惑になる言動』とは、法令又は公序良俗に違反する行為に準ずる程度の不利益をほかの利用客に与える行為であると解するのが相当であるところ、被告らの主張及び立証を勘案しても、本件各宴会場において本件各集会を開催したとしても、そのような程度の不利益が他の利用客に生じると認めるに足りる的確な証拠はない」として、ホテル側の主張を退けている。

　以上で検討した暴力団関係者による会合は結婚式であり、その政治性は少ない。しかし、暴力団関係者が主催する結婚式では、招待客には敵対しない暴力団関係者が招待される可能性があることに加えて、事情に疎い一般市民もいる可能性が大きい。他方で、式の情報を聞きつけた敵対する暴力団関係者が、秘

15）東京地判 2009〈平21〉. 7. 28 判例時報 2051 号 3 頁。控訴審として、東京高判 2010〈平22〉.
　11.25 判例時報 2107 号 116 頁（確定）。

密裡にこの会場に登場し、銃器等を用いて暴力団関係者を襲撃し、その流れ弾に無関係の人々が巻き込まれるといった状況が想定されるのかもしれない。そのように見た場合に、相当程度の不利益を他の利用客に与える可能性があることを理由に、会場を貸さない判断がなされるのには、一定の合理性もあろう。もっとも、利用しようとする関係者が、必ずしも派閥抗争等に巻き込まれてない場合にまで利用拒否が認められるべきかどうかは検討の余地もある。また、本件の場合、暴力団を離脱してから一定の時期を経ていることなどを考慮し、利用可能な状況を考える手法がとられることにより、異なる議論ができる可能性も考えられる。

III　預金口座開設と暴力団排除条項

　暴力団関係者の日常生活に関わる事例として次に確認したいのが、預金口座開設に関する暴排条項である。こうした暴排条項の設置は、2008年に金融庁監督指針が改正されたことで求められるようになった。

1　事例の概要
(1)　大阪高裁 2013（平成 25）年 7 月 2 日判決（③事件）[16)]

　これは、会社名義の普通預金口座の代表者名義変更と会社名義の普通口座の開設にあたって、暴力団関係者が反社会的勢力ではないことの表明・確約に同意したものの、後に暴力団関係者であったことが銀行係員らに分かり、暴力団員ではないと誤信させたことが詐欺罪にあたるとされた事件である。

　本件をめぐる大阪高裁の判断では、本件取引拒絶条項の憲法 22 条 1 項適合性審査が行われている点が注目される。これについて裁判所は、普通預金における本件のような新たな規定の導入は、行政指導に基づく公的性格を有するとする。そして、かつての判例を参照し[17)]、「憲法 22 条 1 項が保障する経済活動の自由を制約する公的な規制措置の憲法適合性は、規制の目的及び必要性と、規

---

16)　判例タイムズ 1407 号 221 頁（確定）。

17)　最大判 1975〈昭 50〉. 4. 30 民集 29 巻 4 号 572 頁や最大判 1987〈昭 62〉. 4. 22 民集 41 巻 3 号 408 頁等。

制によって制限される経済活動の性質、内容及び制限の程度等を比較衡量し、当該規制が必要かつ合理的なものといえるか否かにより判断すべきものとされているから」、「本件取引拒絶規定の憲法適合性に関しても、その目的の正当性、同規定の必要性及び目的達成手段としての合理性の観点から検討する」とする。

　以上をふまえて大阪高裁は、本件拒絶規定の目的として「信用金庫において、金融機関の一員としての社会的責任と公共的使命を果たす見地から、暴力団、暴力団員を始めとする反社会的勢力との間において、預金取引を含めた一切の関係遮断を図るために定められたもの」だとする。そして、「同規定は、預金口座がオレオレ詐欺、マネーロンダリング等の個々の違法行為に使用されることを防止するにとどまらず、反社会的勢力の介入による本件信用金庫の被害を防止し、更には、反社会的勢力の経済活動ないし資金獲得活動を制限し、これを社会から排除して、市民社会の安全と平穏の確保を図ること（暴力団員による不当な行為の防止等に関する法律1条参照）をも狙いとする」として、その「目的の正当性及び同規定の必要性が認められる」としている。

　もっとも取引拒絶を受けた当事者側は、こうした目的が正当化されるとしても、本件の取引拒絶規定は、預金口座を反社会的勢力の活動に使用する意図があるか否か等に関わらず関係者とされる者について取引拒絶ができることで、いくつかの視点からその目的達成の手段が不合理であることを主張する。特に、（判決によれば）当事者側からは、金融機関が「預金口座を反社会的勢力の活動に使用する意図があるか否か等について個別に調査・確認をすべき」といった主張がなされる。しかし、こうした主張に対して大阪高裁は、「金融機関にそのような調査・確認を求めることは、多大の負担をかけるだけではなく、その実効性も期し難く、反社会的勢力の排除という目的達成は著しく困難にな」り、「実際に預金口座が反社会的勢力の活動に使用されて、本件信用金庫や社会に被害が生じてしまえば、事後にその被害や信用を回復させるには、多大の時間と労力を要することになり、場合により同金庫自体が破綻や行政処分の対象となり得る」とする。そして、「本件取引拒絶規定の目的を達成するには、本件犯行時に行われたように、預金口座の開設申込みや既存の預金口座の届出事項変更届の際に、預金者をして、反社会的勢力との関係について申告させるという運用を採用することが必要やむを得ないものといえるのであり、他方、預金

者にとっては、自己が反社会的勢力に属するか否かを明らかにする以外に、特段の負担はない」として規定の運用が十分合理性を有するとした。

他方で、(判決によれば)当事者側は、「本件取引拒絶規定は、反社会的勢力に属する預金者について、その使用する預金口座又は新たに開設を申し込む預金口座の使用の目的や内容を問うことなく一律に預金口座の開設を拒絶し、既存の預金口座は解約できる旨を定めているから、暴力団等の反社会的勢力に属する者は、反社会的勢力の活動とは関わりのない経済活動に使用する場合であっても、本件信用金庫では預金口座を持つことができなくなるのであり、全国の金融機関が同様の取引拒絶規定を設けている現状にも照らせば、その者の経済活動の自由が大きく制約されることは否定でき」ず、「暴力団の活動と無関係な日常生活等のための預金口座の開設まで拒否することは、事実上、暴力団員の生存権まで奪う結果ともなりかねない」との主張もしている。これに対し大阪高裁は、「本件取引拒絶規定によって反社会的勢力に属する者の経済活動の自由が大きく制約されるとしても、この不利益は、その者が反社会的勢力との関係を断絶することによって容易に回避できるものであるから、生存権に影響を及ぼすような重大な不利益とはいえないし、あえて反社会的勢力にとどまろうとする者にとっては、反社会的勢力による企業の被害を防止し、市民生活の安全と平穏を確保するという高い公共性を有する本件取引拒絶規定の目的を達成する上で甘受せざるを得ない不利益ともいうべき」とする。以上を経て裁判所は、本件取引拒絶規定の手段もまた合理的であるとし、本件取引拒絶規定が憲法 22 条 1 項等の趣旨にも適合するとした。なお本件では、取引拒絶を受けた側が、法令の限定解釈により被告人が適用除外となるべきことを主張したものの、裁判所はこれを否定している。

(2) 東京地裁 2016（平成 28）年 5 月 18 日判決（④事件）[18]

この事件は、平成 22 年に銀行(Y)が設けた暴排条項に基づき、Y が平成 3 年に締結されていた暴力団関係者(X)との預金契約の解除を X 本人に求めたところ、X が同解約を無効であると主張した地位確認訴訟である。この事件では特に、

---

18) 金融法務事情 2050 号 77 頁（確定）。評釈として、マシャド・ダニエル・ジュリスト 1521 号（2018 年）134 頁。

XがYの暴排条項制定以前から使用してきた日常生活のための口座の継続的利用の可否が一つのポイントとなっているが、この事件で東京地裁は、結果的にX側の主張を認めなかった。

東京地裁は、特に生活口座の場合との区別可能性について、「預金口座が反社会的勢力の活動以外の目的で利用されていたとしても、反社会的勢力の活動の利用に容易に転用できることに照らすと、本件排除規定を追加した上記目的を達成するためには、預金口座の利用目的にかかわらず、反社会的勢力との取引を断絶する必要性が高いこと、また、反社会的勢力に属する者が、預金口座等を利用できなくなり、事実上不利益を被るとしても、その不利益は、電気や水道等のいわゆるライフラインが使用できなくなるような場合に比べて大きいとはいえない上、自己の意思に基づき、反社会的勢力から離脱することによって、その不利益を回避することができるため、その不利益は限定的であること等に照らすと、本件排除規定の目的を達するには、預金口座の利用目的がどのようなものであるかにかかわらず、反社会的勢力に属する者の預金契約に本件排除規定の適用があると解するのが相当であり、それによって反社会的勢力に属する者の生活に必要な預金口座の利用が制約されるとしてもやむを得ない」と述べた。そして、当該規定が（それがなかった時の）締結後の解約にも適用されるとした。

他方、本件では、本件排除条項の憲法14条1項違反についても議論されている。これについて東京地裁は、「本件排除規定の目的に正当性が認められ、また、反社会的勢力による資金獲得活動を抑止するため、金融機関である被告において、反社会的勢力との取引を断絶する必要性が高く、本件排除規定によって生じる不利益は、限定的であると認められることは前記説示のとおりであるから、本件排除規定による区別は、合理的な根拠に基づく」と判断している。

(3) 福岡地裁 2016（平成 28）年 3 月 4 日判決[19]〔福岡高裁 2016（平成 28）年 10 月 4 日判決[20]〕（⑤事件）

この事件は、1999 年と 2006 年に、指定暴力団の会長・幹部である X らが Y

---

19) 金融法務事情 2038 号 94 頁。評釈として、鈴木仁史・金融法務事情 2043 号（2016 年）6 頁、潮見佳男・金融法務事情 2049 号（2016 年）74 頁。

ら銀行の預金口座を開いたものの、2010年にYら銀行は、預金者が暴力団員等に該当した場合の預金取引の停止と口座の解約ができる旨の暴排条項を普通預金規定等に明記した。その後、YらがXらとの預金契約の解除を通知したので、Xらがこれらの無効確認を求めた事例である。

この事件では地裁判決を高裁がほぼ追認していることから、以下では地裁判決を中心に言及する。福岡地裁は、（憲法の趣旨を反映させた）公序良俗違反か否かという視点から、本件規定の有効性について審査している。すなわち福岡地裁は、「被告らがその普通預金規定等の取引約款に本件各条項を追加した目的は…不当な資金獲得活動の温床となりかねない取引を根絶するため、反社会的勢力との取引を拒絶し、預金口座の不正利用等による被告らの被害を防止するのみならず、反社会的勢力の経済活動ないし資金獲得活動を制限し、これを社会から排除して、市民社会の安全と平穏の確保を図ることにある」とし、本件各条項の目的の正当性及び同条項の必要性が認められるとする。そして、「現時点において、反社会的勢力に属する者の預金口座のすべてが不正利用されているとまではいえないものの」、「預金口座については、現在の利用状況にかかわらず、特段の手続を経ずに、それを違法行為に転用したり、反社会的勢力の活動資金の保管・管理先として利用することも可能であるから、反社会的勢力に属する者の預金口座については、それらの者の支配下にある時点で、違法行為に転用される危険性や、反社会的勢力の活動資金の保管・管理先として利用される危険性が常に存在する」とする。また、同地裁は、「原告らが代替手段として指摘する誓約書の徴求や預金口座のモニタリングによっては、反社会的勢力による預金口座の不正利用や資金獲得等を事前に確実に防ぐことができず、一度不正利用等がされれば被告らにとって看過し難い被害が生じ、事後的な対応によってその被害を回復したり、反社会的勢力が得た利益を取戻したりすることも困難であることからすれば、上記目的達成のため、反社会的勢力に属する預金契約者に対し、解約を求めることも合理的」であるとしている。

さらに本福岡地裁判決は、④事件の東京地裁判決と同様、ライフライン契約に言及している。いわく、「反社会的勢力に属する者に生じる不利益について

20）金融法務事情2052号90頁（上告棄却決定）。評釈として、大澤彩・私法判例リマークス55号（2017年、下）30頁。

みるに、同人が預金口座を使用できない場合、社会経済活動において種々の不都合が生じることは否定できないものの、各種支払について口座引落し以外の支払方法による支払が可能であることが多いことからしても、電気、ガス、水道等のいわゆるライフライン契約とは異なり、預金契約については、契約が締結されなくとも社会生活を送ることがおよそ不可能なものとはいえず、これによる不利益も限定的である」とのことである。そして本福岡地裁判決も、「そもそも、同不利益自体、反社会的勢力に属しなくなるという、自らの行動によって回避できるものであり、これを拒み、反社会的勢力に属し続ける者が、上記のような不利益を被るとしても、上記のとおり高い公益性を有する本件各条項の目的を達成する上で甘受せざるを得ない」とする。

他方で本福岡地裁判決は、解約条項が常に解約を要請するのではなく、限定的使用を認める可能性を示唆している。すなわち「本件各条項は、『解約することができる』という文言上も、本件各条項に該当する事由が生じた場合に当然に預金契約が解約される旨を定めたものとは解されない。給与の受領や家賃の支払のためにその銀行口座を利用せざるを得ないという、代替的手段のない場合にその利用ができなくなることは、かえって反社会的勢力からの離脱を阻害する要因になりかねず、反社会的勢力排除の趣旨に必ずしも合致しないといえなくもないし、現に、同種の条項の下において、子供の学校関係費用の引落口座については、代替性のない生活口座と認めて解約をしていない金融機関も少なくないことが認められる」とのことである。もっとも、そのことが理由となり、本件解約条項の不利益の程度が限定的であるとの評価がなされ、事業者による解約権・解除権付与の当不当、遡及適用等も特に問題はないとされる。

2 若干の検討

(1) 暴力団関係者自体との関係の拒絶

以上の③事件から⑤事件における諸判決の特徴を挙げると、特に③事件や④事件では、具体的危険よりも暴力団関係者との取引自体を理由に制限を加える点が注目される。特に③事件の大阪高裁判決では、「暴力団関係者」であることを包括的な取引拒絶の理由とする。この点、反社会的活動とは無関係な経済活動の場合の口座開設に関する評価が可能であるはずである。もっともこれに

ついて同裁判所は、経済活動が反社会的活動と関係があるか否かでの判断を行ってない。特に、仮に反社会的活動を理由とせずに開設された口座であっても結果的にそうしたことに利用された場合の、企業側の社会的ダメージが原因とされる点に注意したい。この点では本来的な具体的危害という意味での被害よりも、信頼回復といった企業イメージに重きが置かれているように感じられる。こうしたことは④事件の東京地裁判決でもいえる。そこで注目されるべきは、同判決が、「預金口座の利用目的にかかわらず、反社会的勢力との取引を断絶する必要性が高い」と示したことの評価である。つまり、そこでは預金口座の利用目的はもはや反社会的行為に関連するかどうかが重要ではなく、反社会的勢力に関わる人との取引の断絶に重点が置かれる。その場合、具体的危険があるか否かは審査とは無関係になる可能性が生じる。

(2) 日常生活における預金口座の役割

次に、④事件や⑤事件では、日常生活における預金口座の役割について検討されている。この点まず④事件では、口座の日常的使用形態としての公共料金引き落としのような場面が関わっていると思われるが、口座が利用できないことと「電気や水道等のいわゆるライフラインが使用できなくなるような場合」との不利益を比較する。

これについての重要な部分の一つとしては、電気や水道等自体の契約自体が暴力団関係者でも可能であることを認める点である。これは問題となるのがまさにライフラインといえることから生じる説明となろう。こうした認識は⑤判決でも見られ、⑤事件の福岡地裁判決では「電気、ガス、水道等のいわゆるライフライン契約とは異なり、預金契約については、契約が締結されなくとも社会生活を送ることがおよそ不可能なものとはいえ」ないとの評価がなされる。つまり、口座振替等は、ライフラインとまではいえず、他の代替があるという認識であろう。他方で検討されるのは、預金口座の利用目的にまつわる論点である。利用を求める当事者は、口座について反社会的行為に使われるのではないことを主張しているが、裁判所は、預金口座が多目的への転用されることがあることを考慮事項に挙げる。もっともこの辺りは、たしかに預金契約自体がライフライン契約に比べて社会生活を送るうえでの必須なものとの認識ができ

ないまでも、現在は多くの支払い手法が銀行口座などを通じて実施されていることを踏まえるならば、限定的用法や預金上限などの設定をすることで部分的利用を認めることが検討されてもよい。この点、⑤事件の福岡地裁判決では、「子供の学校関係費用の引落口座については、代替性のない生活口座と認めて解約をしていない金融機関も少なくないことが認められる」としているが、⑤事件では、「解約することができる」という条項の任意性をもって不利益の程度の限定化を弁証するのであり、これが一般論として用いられているのか論理的な問題は残る。そこで、金融機関を通じなければ支払いできない場合の口座開設については、暴力団関係者についても、本人の努力ではどうしようもない場合には解除をさらに限定化する条項を設けることによる解決方法はあるように思われる。

(3)　暴力団の離脱可能性

　以上の判決で最後に注目したいのが、裁判所の論理構成に見られる暴力団の離脱可能性の問題である。たとえば③事件で大阪高裁は、(口座開設ができない)「不利益は、その者が反社会的勢力との関係を断絶することによって容易に回避できる」とし、他方で「あえて反社会的勢力にとどまろうとする者にとっては…甘受せざるを得ない不利益」としている。また④事件の東京地裁判決でも、「自己の意思に基づく反社会的勢力からの離脱」による「その不利益の回避」という問題が登場しており、裁判所は、制約の正当化のための考慮事項の一つとして「自己の意思に基づき、反社会的勢力から離脱することによって、その不利益を回避することができるため、その不利益は限定的」だと述べている。この点、詳しく後述するが、不利益の限定性を確保するために暴力団を辞めればよいというロジックは、たしかにその面も否定できないものの、いささか暴力団関係者自身の状況認識として首肯しかねる部分がある。すなわち、暴力団関係者の場合、暴力団から離脱しようと場合には、一定の身体的、精神的制裁がある可能性が否定できず、本人が辞めたくても辞められない事情があるのではないか。それも踏まえるならば、不利益の発生による権利制限がやはり強く生じているのであって、それを正当化できるかどうかにつき、改めて別途審査する必要があるように思われる。

暴力団の離脱可能性をめぐって、⑤事件の福岡地裁判決は、「給与の受領や家賃の支払のためにその銀行口座を利用せざるを得ないという、代替的手段のない場合にその利用ができなくなることは、かえって反社会的勢力からの離脱を阻害する要因になりかねず、反社会的勢力排除の趣旨に必ずしも合致しないといえなくもない」としている。この指摘は重要に思える。というのも、同判決は、(ア)暴力団関係者が暴力団から離脱すること自体を推奨しつつも、(イ)他方で、銀行口座を利用させないという手法によって彼／彼女らが暴力団から足を洗えない状況を推進してしまう可能性があり、一定の口座利用については認める方向性を示しているからである。このように暴力団からの離脱推進のためにはハードな手法だけではなく、日常生活に関する取り込みを支える手法が考えられるべきかと思われる。

Ⅳ　公営住宅利用と暴力団排除条項

人々の生活の維持について重要な役割を持つのが住宅である。こうした住宅に関しても暴力団排除の動きが見られるが、以下で注目したいのは、公営住宅をめぐる諸規定における暴力団排除条項についてである。

1　事例の概要
(1)　広島高裁2009（平成21）年5月29日判決〔最高裁2009（平成21）年10月1日決定〕（⑥事件〔広島市市営住宅条例事件〕）[21]

条例内の暴排条項に基づいて暴力団の明渡しが求められたものとしては広島市市営住宅条例事件がある。広島市市営住宅条例7条1項6号は、居住要件の1つに「その者及び現に同居し、又は同居しようとする親族が暴力団員による不当な行為の防止等に関する法律（平成3年法律第77号）第2条第6号に規定する暴力団員（以下「暴力団員」という。）でないこと」との規定を設けている。このような「広島市市営住宅条例の暴排条項に基づき建物の明渡しが求められた事例で、憲法14条違反の主張が退けられた」広島高裁判決の判断について

21）ともに判例集未登載。

「最高裁も支持したが…立ち入った憲法判断は行わなかった[22]」とのことで、学問的にはあまり注目を浴びなかったようである。

(2) 最高裁 2015（平成 27）年 3 月 27 日判決（⑦事件〔西宮市営住宅条例事件〕）

これに対して、その後の西宮市営住宅条例事件最高裁判決をめぐっては、憲法上の論点が見られ、憲法研究者による評釈も多い[23]。この事件では Y_1（暴力団関係者）は、2006 年 8 月に西宮市（X）の市営住宅への入居決定を X から受けた。2007 年 12 月、X は、同市営住宅条例で、（同居者を含む）入居者が暴力団員であることが判明した場合には X が同住宅の明渡請求ができる旨を規定している。その後、2010 年 8 月に X は、Y_1 の両親（Y_2、Y_3）との同居を認めたものの、同年 10 月に警察から Y_1 が暴力団員である旨を知り、X が Y_1 に対して住居の明渡しを求めた。これに対して Y 側が、同条例の規定自体とその本件への適用について違憲であると抗弁したものの、一審、二審とも X の請求を認容したため、Y 側が上告した事件である。この事件で最高裁は、以下のような憲法判断をしつつ、X の請求を認めている。

まず、本件規定の合憲性について最高裁は、「地方公共団体は、住宅が国民の健康で文化的な生活にとって不可欠な基盤であることに鑑み、低額所得者、被災者その他住宅の確保に特に配慮を要する者の居住の安定の確保が図られることを旨として、住宅の供給その他の住生活の安定の確保及び向上の促進に関する施策を策定し、実施するものであって（住生活基本法 1 条、6 条、7 条 1 項、14 条）、地方公共団体が住宅を供給する場合において、当該住宅に入居させ又は入居を継続させる者をどのようなものとするのかについては、その性質上、地方公共団体に一定の裁量がある」ことを前提に、「暴力団員は…集団的に又は常習的に暴力的不法行為等を行うことを助長するおそれがある団体の構成員

---

22) 門田孝・新・判例解説 Watch18 号（2016 年）14 頁（後掲注 23）の西宮市住宅条例事件最高裁判決の解説である。その中に⑥事件への言及があり、参照した）。

23) 最判 2015〈平 27〉. 3. 27 民集 69 巻 2 号 419 頁。注 22）の他、憲法研究者による評釈として、門田・注 22）11 頁、斎藤一久・法学セミナー 727 号（2015 年）116 頁、大沢秀介・平成 27 年度重要判例解説（2016 年）20 頁、山本龍彦・判例セレクト〔法学教室 425 号別冊〕（2016 年）8 頁、佐々木雅寿・判例情報 2293 号（2016 年）148 頁、岡野誠樹・法学協会雑誌 134 巻 7 号（2017 年）1251 頁。

と定義されているところ、このような暴力団員が市営住宅に入居し続ける場合には、当該市営住宅の他の入居者等の生活の平穏が害されるおそれを否定することはできない。他方において、暴力団員は、自らの意思により暴力団を脱退し、そうすることで暴力団員でなくなることが可能であり、また、暴力団員が市営住宅の明渡しをせざるを得ないとしても、それは、当該市営住宅には居住することができなくなるというにすぎず、当該市営住宅以外における居住についてまで制限を受けるわけではない」とする。そして、「以上の諸点を考慮すると、本件規定は暴力団員について合理的な理由のない差別をするものということはできない」として、本件規定が憲法14条1項違反ではないとする。

　また、本件への適用の合憲性について最高裁は、「本件規定により制限される利益は、結局のところ、社会福祉的観点から供給される市営住宅に暴力団員が入居し又は入居し続ける利益にすぎず…本件規定による居住の制限は、公共の福祉による必要かつ合理的なものであることが明らかである。したがって、本件規定は、憲法22条1項に違反しない」とする。そして、最高裁は、Y₁については、「他に住宅を賃借して居住しているというのであり、これに、上記…記載の誓約書が提出されていることなども併せ考慮すると、その余の点について判断するまでもなく、本件において、本件住宅及び本件駐車場の使用の終了に本件規定を適用することが憲法14条1項又は22条1項に違反することになるものではない」としている。

2　若干の検討

　以上の⑦事件の最高裁判決を中心に分析すると次のことが考えられる。まずは、「他の入居者等の生活の平穏が害されるおそれ」に関する問題である。住居については、ホームレスの人々がいるとはいえ、基本的には生活に関する必需のものとして、ライフラインと同様の重要性がある。そうなるとホームレスという選択をしない限り、人としての一定の住居にいられるというのが前提となろう。そしてこうした借家を求めるのは、持ち家でない他は、公営住宅に限らず民間住宅の場合でも同様である。そうであるならば本判決は、ではどこに住めばよいのかという問題の解決をしていない。⑦事件で最高裁は、「暴力団員が市営住宅の明渡しをせざるを得ないとしても、それは、当該市営住宅には

居住することができなくなるというにすぎず、当該市営住宅以外における居住についてまで制限を受けるわけではない」との説示をするものの、民間住宅であれば契約ができるのかという根本的な問題に答えていない。さらに、他の民間住宅を借りる場合でも、「他の入居者等の生活の平穏が害されるおそれ」が生じるであろうが、それを考えれば民間住宅もまた借りることが不可能となる。その場合にどうしたらよいのかをめぐる議論がクリアされない（以上は、Y_1 が他にも住宅を借り住めているとしても残る問題である）。

実はこうしたロジックを支える背景には、先に見た口座利用の場合と同様、本判決が「暴力団員は、自らの意思により暴力団を脱退し、そうすることで暴力団員でなくなることが可能」であるという「主観的条件」による解決を迫るという問題が見えてくる。本判決のロジックを踏まえた場合、暴力団関係者に与えられる選択は、市営住宅には住めなくても民間住宅等に住めばよいということである。しかし、暴力団関係者に対しては民間住宅等の貸付においても暴排条項が設定されることになれば、住宅を借りることもできない。これは、最終的には暴力団関係者を辞めるか、そうでない場合には持ち家などがない限りホームレスになることを求めるロジックである。これをめぐっては、暴力団関係者が自らの意思によって暴力団関係者でなくなることが、平穏な手法をとって、どの程度実質的に可能なのかという問題は考える必要が、やはり口座開設の場面と同様、ここでも登場するであろう。しかし、本判決も、そうしたことは特に考えることなく、暴力団関係者に公共住宅を貸さないようにするにはいかなる審査が可能かということのみを課題とした手法がとられたに過ぎないように思われる。

V　憲法の視点から見た全体的課題

以上、いくつかの局面において制定される暴排条項とその運用につき、いくつかの具体的事件を紹介しながら、それぞれの事件で示された判決の特徴について分析し、簡潔な分析を試みた。以下では、以上の諸事件とその諸判決を見た場合に、全体として指摘しておきたい憲法に関わる議論について改めて確認しておきたい。

1 警察による暴力団情報の照会システムをめぐる課題

　以上で検討したケースでは、民間企業等が契約の途中段階で、利用者が暴力団関係者であることがわかる場合が多く見られる。そして、それらは警察による情報提供である場合が多い。警察による部外への暴力団関係者情報の提供をめぐっては、「暴力団排除等のための部外への情報提供について」（警察庁丙組企分発第35号、丙組暴発第13号、平成25年12月19日、警察庁刑事局組織犯罪対策部長）とする文書がある。そこでは各事業者との取り決め等の存在が前提となるものの、同文書内の第2「積極的な情報提供の推進」の3では、「第2の1又は2以外の場合には、条例上の義務履行の支援、暴力団に係る被害者対策、資金源対策の視点や社会経済の基本となるシステムに暴力団を介入させないという視点から、第3に示した基準に従いつつ、可能な範囲で積極的かつ適切な情報提供を行うものとする」と記載される。そして、ここにいう提供の必要性の基準としては、「ア．条例上の義務履行の支援に資する場合その他法令の規定に基づく場合」、「イ．暴力団による犯罪、暴力的要求行為等による被害の防止または回復に資する場合」、「ウ．暴力団の組織の維持または拡大への打撃に資する場合[24]」といったことが挙げられる。こうした情報提供については、具体的な実害が生じる可能性を考えた場合に必要性はあろう。

　ただ、本稿で見てきた事例において、全て、その提供の必要性があるのかどうかという問題は残る。特に、具体的な暴力団員の確定の場面では、同人が暴力団の組織の維持や拡大等にとっての重要な役割を果たす人物であるのかどうかといった点の他、すでに暴力団を脱退している元組員である場合も見られることからすれば、同人が、脱退しているのかどうか、あるいは実質的脱退なのかどうかといった見極めが必要である。特に具体的に法的留保を受けていない暴力団関係者に関する個人情報ということになれば、そこではプライバシーや自己情報コントロールに関わる問題が提示されることになり、適切な運用が求められることになろう。

24）嘉屋朋信「暴力団排除等のための部外への情報提供──『平成23年通達』の概要等」危機管理研究会編『実戦！　社会vs暴力団──暴対法20年の軌跡』（一般社団法人　金融財政事情研究会、2013年）379-380頁。

2 施設利用等の制限をめぐる課題

　暴力団への助長行為となる契約の拒否を正当化する規定となる暴排条項については、広い解釈がなされることで暴力団関係者があらゆる契約をできなくなる可能性も生じる。もちろん一般的には契約書等を交わさない普段使いの品物などを買うことは可能であろうが、社会生活を送っていくうえで必要となる様々な施設利用等の契約が叶わなくなる。もちろん、そうした施設利用の場合には、他の利用者がある関係上、暴力事件等の具体的害悪が生じる可能性があるような場面では一定の利用を拒否する必要も生じよう。しかし、上述のように暴力団関係者の利用により具体的な害悪が発生するか否かといった問題について、裁判所が必ずしも検討の中心課題としていない場合も見受けられる。すなわち暴力団関係者に貸すこと自体の会社の社会的責任が問われるという議論に転回され、助長行為の拡大解釈が事実上期待されている。こうしたことをめぐっては、暴力団関係者の施設利用について、いかなる場合にそれを許し、どのような場合に許さないのか、あるいは全く許さないとしてもいかなるロジックでそのことが正当化されるのかといった点について憲法学でも議論を深めてよい。しかし、検討対象がセンシティブなためか、必ずしも十分な理論を提供してこなかったように感じられる。

　他方、より生活に身近なもの、あるいは必須なものの利用には、一定の契約が認められることは想像が及ぶ。たとえば、水道供給契約について水道法15条1項は「水道事業者は、事業計画に定める給水区域内の需要者から給水契約の申込みを受けたときは、正当の理由がなければ、これを拒んではならない。」と定め、こうした契約は法令上の義務として供給が拒めないものと一般的には理解できる。もっとも、水道供給契約が暴力団の活動を助長するといったロジックが取られることで、法律の示す拒否理由としての「正当の理由」に該当するとの解釈がされることも考えられなくもない。（次に見る暴力団関係者の組織からの離脱可能性の議論を踏まえるならば）、水道供給契約もまた暴力団を脱退すれば締結することができることから、そこでの不利益は限定的であるとして、「正当の理由」にカウントされる可能性も消えてないのではないか。そうしたことを踏まえた場合には、次に見る暴力団関係者の組織からの離脱を理由として権利制限の緩和を導く議論との関係で、人として生きる場合に必要なライフ

ラインの利用を受けるベースラインとしての権利論について考えておかなければならない。

3 暴力団関係者の組織からの離脱をめぐる課題

上述したように、裁判所における口座開設や施設利用等の拒否については、暴力団関係者の組織からの離脱の自由を理由として、制限される不利益がそれほどまでに強くないといった議論が展開されてきた。たしかにこうした組織への所属は、形式的には自由意思によるものであり、その出入りは自由なのかもしれない。しかし、実質を考えてみると、離脱にあたっての精神的、肉体的苦痛などを伴うことが推察され、それらを理由として事実上離脱ができない事情が見て取れるのではないか（たとえば、恋人からのDVを受けている人が、自由恋愛であることから交際相手と別れるのは自由であると言われたとしても、現実的にはDVをさらに受けたり、精神的な苦痛を受けたりといったことを考えて、実質的には別れられないといった状況を想定してみるとよい）。その場合、結果的には離脱ができないが故に、再び組織を頼る構造になることが考えられないわけではない。こうしたことからも、上記の最高裁判決が「暴力団員は、自らの意思により暴力団を脱退し、そうすることで暴力団員でなくなることが可能」ということを鵜呑みにすることは難しく感じられる。これによって、公営住宅も借りられないならば、民間住宅も難しくなり、再度、暴力団を頼るという悪循環の発生が予見されるように思われるからである。

他方で、最高裁のこうしたロジックに全く意味がないとはいえない。つまり、「暴力団員は、自らの意思により暴力団を脱退し、そうすることで暴力団員でなくなることが可能」であるという議論について、より実質的に意義ある理解を施すことができるように思われる。それは、暴力団からの離脱は当人の判断に任された単に主観的要件であることから、権利の要保護性を低くして権利制約の正当化がしやすくなるといったことで終わるのではないロジックの形成である。これに代わり、上記のような住宅条例における暴力団排除条項の合憲の条件として、暴力団員が本当に脱退できることを実質的に確保することが必要であり、離脱したいと考えている人がその選択を自由行使できる環境にすることが重要であるように思われる。つまり、こうした条項を合憲とすることの前

提条件として、関係者が自由意志で離脱するアイディアを生み出し、制度を立法府や行政府が構築すべきというメッセージとして上記ロジックを再読し、そうした離脱システムの構築を国家に課せられた義務として捉える必要があるのではないか。こうした思考の回路を通じて、上記の最高裁の合憲判断のメッセージをより積極的に読み込むことこそ、暴力団対策と人権論の調和のなかで求められる作業であろうかと思われる。

まとめにかえて
──暴力団からの離脱システムの国家的構築とその取り組みの重要性

　本稿では契約や約款等に見られる暴力団排除条項に関するいくつかの訴訟を通じて、そこで生じる憲法上の課題について若干の検討を加えた。特に本稿では同条項の憲法適合的解釈の可能性等について検討したつもりであるが、その作業において本稿の後半部分で最も注目したのが、暴力団の離脱可能性をめぐる裁判所の論理とその理解方法の転回の必要性であった。すなわち本稿では、暴力団関係者の権利論もさることながら、暴力団関係組織からメンバーが抜けることについては判例ロジックが展開するような自由意思論では必ずしも対応できない現実があることを示唆した。そこで国が、そうした組織自体、あるいはその組織との関係性について（法的に見て）消極的な姿勢を取る以上、そこから離脱を求めるメンバーについては、その離脱を積極的に推進する手法を公的機関が取ることではじめて判例にいう「自らの意思」による離脱が可能になるという理解をすべきであり、国には、離脱をし、適切な権利・自由の行使ができるように状況を整える制度構築義務が発生するといった理解にまで議論を進めるべきであるとの主張を展開したつもりである。こうした理解をすることで、人権論との調和的のなかで実質的な暴力団追放の取組みが可能となっていくと考えている。

　実はこうした（元）暴力団関係者の社会復帰をめぐっては、警察などがすでに検討し、実際の取組みをしている。例として福岡県における暴力団からの離脱や離脱者の就労に関する対策は興味深い。福岡県の同施策に関するある文献は、福岡県暴力団排除条例を改正し、離脱就労支援対策に取り組むことを県の

義務とし、暴力団離脱者を雇用する企業に対する支援の実施や、広域連携協定の締結や運用を紹介する[25]。この紹介によれば、広域連携協定とは、「暴力団からの離脱を希望する者の中には、組織からの報告に対する不安等から、組織の影響力の少ない土地で就労したいという希望を持つ者も存在する[26]」として、「広域的な離脱・就労支援の枠組みの構築」につき都府県を超えて行おうとするものである。組織からの離脱希望者におけるこうした不安への視線を適切に拾うことで初めて、上記の最高裁判決などの論理の実質的意義が確保される。

他方で、こうした取り組みの遂行過程では、暴力団排除条項自体が、離脱希望者や離脱者の足かせになる部分もある。特に同条項は、元暴力団も5年間は排除する趣旨をもつ場合が多いことから、更生を求める側のみならず、支援企業にとっても、給料振込通帳が作れないといった支障が及ぶ事態がある[27]。この事態は、上記⑤事件で平成28年福岡高裁判決も述べたように、「給与の受領や家賃の支払のためにその銀行口座を利用せざるを得ないという、代替的手段のない場合にその利用ができなくなることは、かえって反社会的勢力からの離脱を阻害する要因になりかねず、反社会的勢力排除の趣旨に必ずしも合致しないといえなくもない」とする議論と状況を同じくする。そこでこうした事態を招かないため、離脱促進を図るさらなる施策が求められる。

もっとも、こうした施策を推進しようとする場合、他方面からの消極的評価も提示されることが考えられる。それはすなわち、元暴力団関係者に対して公的援助を認めること自体が「税金の無駄遣い」ではないかといった主張である。反社会的行為をしてきた者に対して、こうした感情が一般的に見られることも、仕方ないことではあるかもしれない。とはいえ、こうした施策を公的取り組みによって積極的に推進しない以上、結局のところ根本的な害悪を取り除くことができない可能性を考えた場合、同手法が持つ将来的意義に期待を寄せながら、人々を反社会的活動へと逆戻りしないようにすることこそ、暴力団関係者からの制裁の恐怖や一般社会からの差別の不安を取り除いて安心して離脱をできるという意味における（離脱を考える）暴力団関係者にとっての実質的人権論と

---

25) 持丸宗徳「福岡県における暴力団からの離脱・就労支援対策」警察政策研究21号（2017年）93頁。
26) 持丸・前掲注25）97頁。
27) 持丸・前掲注25）101頁。

して意義を持つものとして語られてよいのではないか。現在の暴力団排除条項をめぐる事件と裁判所等による従来の処理では、そうした視点がやや不足しているように思えることから、本稿で示すような視点が重要になる。

本稿の「はじめに」で言及した辻村は、「女性・子ども・高齢者・障害者・同和関係者・アイヌの人々・外国人・HIV 感染者等・刑を終えて出所した人・犯罪被害者その他」といった「主体の多くは、法的・社会的な差別の対象となってきたため、おもに憲法 14 条の平等権の問題として捉えられてきた。しかし、最近では、おのおのの人権の内容を明らかにして、人権を完全に保障するという方向で議論することが求められている[28]」と述べている。日本国憲法上の権利の享有主体について人々の具体的態様から検討することで、より実質的な人権保障が可能となるとする見解は、近代的人権保障の意味を十分踏まえながらも、その現代的人権保障への接合を考える辻村憲法学のポイントのひとつとなろう。本稿における暴力団排除条項とその運用をめぐっても、暴力団関係者の具体的態様とそこで懸案となる彼／彼女らの固有の状況を踏まえつつ、実質的人権保障へとつながる議論をしていくことが必要だと感じている。

〔付記〕本稿は、公益財団法人公共政策調査会、一般財団法人保安通信協会の研究助成および慶應義塾学事振興資金に基づく研究成果の一部である。

（あらい・まこと　広島大学教授）

---

28) 辻村・前掲注 1) 107 頁。

個人の尊重とゲノム（遺伝）情報保護

——フランスにおける個人情報保護制度を例に

建石真公子

はじめに

近年のゲノム（遺伝子）[1]医療[2]の開始は、その実施のための個人のゲノム情報の収集、また特定のゲノム変異等を理由とする疾患治療の創薬のための大量のゲノム情報の収集を基盤とし、そのため、既存のバイオバンクや新たな単一疾患のゲノム情報バンクの構築を必要とする[3]。しかし、人のゲノム情報は、後述のように、個人にとっては人格権の中核となる個人情報であり、その収集や利

---

1) ゲノム医療の定義として、厚生労働省ゲノム医療推進本部資料「ゲノム医療実現推進協議会中間とりまとめ」では「『ゲノム医療』とは、個人の『ゲノム情報』をはじめとした各種オミックス検査情報をもとにして、その人の体質や病状に適した『医療』を行うことを指す。具体的には、質と信頼性の担保されたゲノム検査結果等をはじめとした種々の医療情報を用いて診断を行い、最も有効な治療、予防及び発症予測を国民に提供することを言う」とする。またゲノム情報については、同とりまとめでは、「ここでいう『ゲノム情報』とは、生殖細胞系列由来 DNA 等に存在する多型情報・変異情報や、後天的に生じるゲノム変化（がん細胞に生じた体細胞異）、ゲノム修飾、健康に影響を与え得る微生物群（感染病原体など）のゲノム情報を指す」とする。また Tompson & Tompson の『遺伝医学』では「広い意味での患者中心の医療の一要素にすぎない」とし、「腫瘍に存在する変異や多型の検出や、RNA の発現パターンのプロファイル作成のようなゲノム技術」による情報は、「個々の癌患者の管理や治療のためにその有益性を増しており、ゲノム医療（genomic medicine）と呼ばれるものの一つの応用となっている」と説明している。トンプソン＆トンプソン／監訳・福島義光『遺伝医学』（メディカル・サイエンス・インターナショナル、2009 年）517 頁。
2) がんゲノム医療に関しては、2018 年、厚生労働省は全国で 11 箇所の中核拠点病院、および 100 箇所の連携病院を公表した。また、2019 年 6 月からがん患者の複数の遺伝子変異を検出できる「遺伝子パネル検査」が保険適用となった。

用、保存等に関しては、憲法13条の保護する個人の尊重との関係での検討が必要となる。さらに、従来の「個人情報」と同質の情報なのか、あるいは特別な情報なのかも、その保護の形態のあり方を考える上で問われることになる。というのは、人のゲノムは、染色体に含まれるすべての遺伝子と遺伝情報を指し、他の医療・臨床情報とはかなり異なる特殊性を有しているからである。

一般的に遺伝子検査とは、①体細胞遺伝子検査として、がん細胞などの疾患病変部・組織などについて行われるもの、②遺伝学的検査（生殖細胞系列遺伝子検査）、すなわち単一遺伝子、多因子疾患、薬物などの効果、副作用、代謝、個人識別に関わる遺伝学的検査など、ゲノムおよびミトコンドリア内の原則的に生涯変化しない、その個体が生来的に保有する遺伝学的情報を明らかにする検査の双方を意味するが、ゲノム医療で問題となるのは②の生殖細胞系列遺伝子である。個人情報の観点からは、第1に、遺伝情報は個人にとって生涯不変であり個人を決定的に特定する情報であること、第2に、個人およびその血縁者の遺伝的素因を明らかにすること、の二つの理由から、場合によっては優生学的な意味で社会的な差別や排除を血縁者全体にもたらす危険性がある点が問題となる。さらに、遺伝子解析によって得られるゲノム情報は高度に専門的であり、その結果の判断、また結果が本人のものであるか否かについても、研究者でない限り本人でも判別が不可能であり、実際に本人の情報か否かの確認やその管理が難しいこと、等も課題となろう。

このような、個人を科学的に絶対的に特定し、その特徴を遺伝情報から判断する事が可能であり、すなわち血族に関する遺伝情報も含むゲノム情報の収集、およびゲノム情報データバンクの構築は、これまでの憲法13条に基づくプライバシー権としての自己情報コントロール権、および改正個人情報保護法によって十分に保護されるのかが明確にされなければならない。

個人情報保護法は、2015年、EUの個人データ規則との関係で改正され、そ

---

3) 日本では、内閣総理大臣の直下に健康医療戦略推進会議が設立され、ゲノム医療実現推進協議会の中に「ゲノム医療実用化推進タスクフォース」が2015年11月17日に始動した。このタスクフォースでは、医療における遺伝学的検査の品質・精度の確保とともに、日本人ゲノムデータベースの整備、遺伝カウンセリング体制の整備、またそれらに関わる人材育成等を提言している。「ゲノム医療渡欧の実現・発展のための具体的方策について（意見とりまとめ）」2016年10月）。

4) 福島義光編集『遺伝子カウンセリングハンドブック』（メディカルドゥ、2011年）142頁。

れをうけて「ヒトゲノム・遺伝子解析研究に関する倫理指針」も改正された。この指針では基本方針を7項目列挙しており、その冒頭に「人間の尊厳」を定めている。しかし、医科学の分野における「人間の尊厳」規定の抽象性や不明確性は、かねてより指摘されており[5]、同指針を実効的な規定とするためには、人間の尊厳の定義が必要となる。ゲノム情報の特異性は、個人を生物学的な遺伝子解析情報により特徴づけ、個人の意思によっては変えられず、個人を身体的に、場合によっては精神的にも、表象してしまう情報という点にある。また、個人のプライバシーとしてのゲノム情報は、医療情報としてだけでなく、刑事手続における個人の特定を目的とした情報の収集や利用、保存、管理等も問題となる。

憲法13条の個人の尊重の解釈は、そのような情報について憲法上の権利としていまだ明確とはいえないが、近年、ゲノム情報に関する法制度を改正したフランスの例を、法によるルール形成の一つの参考として、憲法上のゲノム情報保護のあり方を考えたい。

I　日本国憲法13条における「個人の尊重」と「人間の尊厳」
——第2次世界大戦後の新たな身体の保護

憲法13条は、従来から学説上、多様な解釈が提唱されてきた。辻村教授は、かねてより「人権論の上での個人の尊重」解釈の重要性を主張し[6]、近年でも個人の尊重と家族をめぐって「『個人の尊重』の現状を、憲法13条、14条・24条の原則を総合する視座から再検討する必要性が増している」と指摘している[7]。そこには、具体的な人間の生活や人間関係および身体や生殖について、ジェンダーや平等を総合して、個人の尊重を考えようという方向性が見てとれる。ゲノム情報の保護も、こうした文脈で考える必要がある。

---

5)　町野朔「日本の生命倫理と研究倫理指針」青木潔＝町野朔編『医科学研究の自由と規制』（上智大学出版、2011年）8-10頁。

6)　辻村みよ子「『女性の人権』の法的構造——差別撤廃から個人の尊重へ」成城法学48号（矢崎光圀先生古稀祝賀記念号、1995年）338頁以下参照。

7)　辻村みよ子「特集　個人の尊重と家族　企画趣旨」憲法研究4号（2019年）1頁。

13条は、後段で、「生命、自由及び幸福追求の権利」を保障しているが、生命や身体、生殖に関する権利や自己決定権は、前段を受けたうえでの後段の解釈として、佐藤幸治教授は幸福追求権を詳細に分類し、プライバシーの権利としてリプロダクティブ・ライツ、および自己情報コントロール権を含ませている[8]。すなわち、佐藤教授は、個人の尊重の権利を基盤とし、そのうえに身体的および精神的な権利の保護として細分化し、具体化している。ゲノム情報も、身体に関わる根源的な情報としてこうした分類になじむと考えられる。

そもそも個人の尊重の概念は、「尊厳」概念と同旨であると解釈され[9]、第2次世界大戦以前には「尊厳」を定める憲法はほとんど存在していなかった。法的な文書に登場するのは、まずは国際的な人権文書として1944年の国際労働機関（ILO）のフィラデルフィア宣言が「(a)すべての人間は、人種、信条又は性にかかわりなく、自由および尊厳、並びに経済的保障および機会均等という条件において、物質的福祉および精神的発展を追求する権利をもつ」と定めている[10]。また1945年に採択された国連憲章前文は戦争の惨害から将来の世代を救うために「基本的人権と人間の尊厳及び価値と男女及び大小各国の同権とに関する信念をあらためて確認し」としている。憲法としては、第2次世界大戦後に政体が転換し新たに制定された1946年フランス第4共和制憲法前文「すべての人間が……ゆずり渡すことのできない神聖な権利を持つ」、1947年イタリア共和国憲法2条「人間の不可侵性」、1949年ドイツ基本法1条「人間の尊厳は不可侵」、および1946年制定の日本国憲法13条も、歴史的な経緯から同趣旨の規定と解釈されている[11]。

---

8) 佐藤幸治『日本国憲法論』（成文堂、2011年）175頁。

9) 佐藤・同上121頁。

10) 1944年、国際労働機関「フィラデルフィア宣言」Ⅱ(a)。アラン・シュピオは、フィラルデルフィア宣言における「尊厳」は、全体主義の経験から「人間のモノ化という経験以来、もはや人間は、精神においてのみならず、肉体においても考慮されねばならなかった。人体や、人体が必要とするモノは、人間に動物的生の性質を帯びさせるが、かといってそれらを動物と同じように扱うことは、人間の尊厳により禁じられる」と指摘している。アラン・シュピオ／橋本一径（訳）／嵩さやか（監修）『フィラデルフィアの精神　グローバル市場に立ち向かう社会主義』（勁草書房、2019年）14頁。

11) 佐藤幸治／土井真一（聞き手）「インタビュー　憲法13条と人格的自律権」憲法研究4号（2019年）14頁（佐藤教授発言部分）。

個人の尊重とゲノム（遺伝）情報保護　565

　こうした人間の不可侵、人間の尊厳、個人の尊重には、人権文書への登場の由来から、それ以前の憲法には明確でなかった「身体の完全性」に対する不可侵性という意味が含まれていると考えられる。ホロコーストやナチス医師による人体実験などの非人道的行為に対して、人間であることのみを根拠として生命、身体、人格を全体として保護する概念であり、そもそも医学との関わりにおける生命や身体の扱いが主要な内容であった。国際的には、1947年ニュルンベルグ医師裁判に由来するニュルンベルグ綱領、ヘルシンキ宣言などには、医師の行為に対して患者の同意を必須とする内容の、医療における倫理綱領が定められている。ドイツ基本法の解釈としても、第1に、人間の間の差別の禁止、第2に、刑事法分野における身体及び精神に対する侵襲の禁止、医学分野における生命科学技術に対する制約、のように解釈されている[12]。実際、1980年代以降の生命科学技術の進展に伴い、生命の選択や生命に対する操作を法的にどのように考えるかという生命倫理分野の課題が提起されているが、その重要な基準として「尊厳」に関する憲法解釈がフランスでも積み重ねられてきている[13]。

　日本国憲法13条の個人の尊重についても、上述のように、身体に関わる権利が含まれていると解釈されてきた。近年の最高裁判所の性同一性障がい者の性別変更を強制する「性同一性障害者の性別の取扱いの特例に関する法律」3条1項4号に対する違憲審査の決定でも、「その意思に反して身体への侵襲を受けない自由を制約する面もあることは否定できない」[14]と「身体への侵襲を受けない自由」の権利性を認めつつ、親子関係や性別二元的な社会への影響を理由として13条、14条1項に違反するものとは言えない、と合憲としている。

---

12) M-L. Pavia, La découverte de la dignité de la personne humaine, in sous la direction de M-L. Pavia et T. Revet, *La dignité de la personne humaine*,Economica,1999,p.8.

13) B. Mathieu, La dignité, principe fondateur du droit, *Journal international de bioéthique*, 2010/3-vol. 21, p.77-83, ESKA.

14)「性別の取扱いの変更申立て却下審判に対する抗告棄却決定に対する特別抗告事件」最二決2019〈平7〉. 1. 23裁判所時報1716号4頁。

II 「ゲノム情報」の性質と「身体」および「個人情報」の保護

(1) ゲノム情報の性質

　13条の保護する「身体の保護」と「自己情報コントロール権」の双方に関わる課題として、近年、日本で実施され始めたゲノム解析を医療に導入するゲノム医療があげられる。ゲノムとはDNAの遺伝情報であり、ゲノム医療は、患者のゲノム情報から治療薬を選択するものである。これまでの臓器ごとの治療から、ゲノムに基づいた個別的な治療が加味される事を意味している。

　現在、がんのゲノム医療が大学医学部附属病院を中心に実施され始めており、[15]またがん患者に行ったゲノム医療を蓄積するデータベース「がんゲノム情報リポジトリ」および国内外のがんゲノム医療に関する研究成果のデータベースである「がん知識データベース」の構築が、国立がんセンター「がんゲノム情報管理センター」が設置されている。さらに2019年6月1日から「がん遺伝子パネル検査」を公的医療保険の適用対象とすることが決定された。この検査は、どの遺伝子が変異したことでがんが発症しているのかを確定するものであり、その変異に効果があると期待される薬剤の情報を患者に提供することができる。つまり、患者一人一人について本人にとって効果的と思われる治療が行える可能性があり、標準治療では効果のでなかった患者にとっての新たな治療となることが期待されている。

　しかし、こうしたゲノム治療の推進の前提には、個人のゲノム情報をできるだけ大量に集約し解析すること——データバンクの構築——が必要となる。しかし、ゲノムとは、前述のように、個人の遺伝情報であるから、本人の意思によっては変えることはできず、また生涯変わらず、未来をも示唆しうる、絶対的な性格の身体的情報である。さらに、遺伝情報であるから、本人のみならず

---

15) 厚生省は、2018年4月、癌ゲノム医療中核拠点病院として、北海道大学病院、東北大学病院、国立がん研究センター東病院、慶應義塾大学病院、東京大学医学部附属病院、国立がん研究センター中央病院、名古屋大学医学部附属病院、京都大学医学部附属病院、大阪大学医学部附属病院、岡山大学病院、九州大学病院の11施設を指定し、さらに連携拠点として、2019年4月1日時点で156箇所を公表している。厚生労働省ホームページ。https://www.mhlw.go.jp/content/000506314.pdf.（2019nnen　5月1日閲覧）

血縁全体にわたり影響を及ぼす情報でもある。修正や取消という局面でも、情報の高度の専門性から、情報解析の誤りやそもそも本人の情報かも、本人には確認することが困難である。

　こうした、個人の資質や第三者から見た価値を決定づける個人のゲノム情報の収集およびバンク化は、個人情報保護の観点からは法的な手続に従って収集されること、保管や情報の正確性、また情報の有無の開示、訂正権、停止権など、一般的な個人情報保護のルールが適用されることを前提としたうえで、医学研究や医療という特殊性に基づく例外を具体的に定める事が求められる。実際、これまでにも、自治体が住民の健康診断の結果から、住民に無断で血液について遺伝子研究に提供していたり[16]、国立の医療センターが健康診断で採血した約 5,000 人の血液を無断で遺伝子解析していたこと[17]、また重度障害の保険金の受け取りを、遺伝子解析を元に拒否した事例[18]等が報道されている。これらは、日本においてゲノム解析に関する行政的な指針が定められる以前の事件が多く、ゲノム情報の収集と一般的な疫学研究との区別がされず、またゲノム情報に基づく差別の禁止が、国際的にも国内的にも法的に確立していない時期であったことも問題の原因の一つであろう。このような事件から伺えるのは、ゲノム情報は、身体の情報であるが、個人の人格を決定づけるという面を併せ持ち、医療における健康情報であるが、しかしその絶対性や普遍性から個人を確実に特定し社会的な差別に繋がるような価値付与が可能であり、またその影響も本人以外の血縁に広がるという意味で、単なる医療上の個人情報とは異なる扱いが必要ということである。

　ゲノム情報（遺伝情報）が特別な情報で、特別な保護が必要か、という問題[19]に関して、まず遺伝情報の類型化が必要であり、その類型に従って保護を考察する、という提案がなされている[20]。山本教授は遺伝情報（ゲノム情報）を、

---

16)「住民遺伝子無断で解析」朝日新聞 1999 年 11 月 26 日。

17)「国立 B センターが遺伝子無断解析」毎日新聞 1999 年 2 月 3 日。

18) 朝日新聞 1999 年 7 月 30 日。

19) 遺伝子解析研究・ゲノム研究に関する全体像および「ヒトゲノム・遺伝子解析研究に関する倫理指針」に関しては、米村滋人『医事法講義』（日本評論社、2016 年）347 頁以下参照。なお「ヒトゲノム・遺伝子解析研究に関する倫理指針」は、2017 年に一部改正されている。倫理指針の検討については今後の課題としたい。

DNA サンプル、ゲノム情報（遺伝子情報、遺伝子外領域）、狭義の遺伝情報（DNA 獲得領域）、DNA 型情報、外見的遺伝特性との分類し、このうち遺伝子プライバシーという議論領域で論ずるべき情報として、① DNA 情報領域、② DNA 獲得領域（狭義の遺伝情報）、③ DNA 型情報に限定される、とする。そして、狭義の遺伝情報が、「高度にコンフィデンシャルな性質の情報」に位置づけられるとしても、一般的医療情報と区別できるほど特殊なものかについてはなお議論の余地があるとし、「医療情報保護全体の底上げ」や見合った「アーキテクチャーの構築」の模索が必要とする。DNA 情報領域に関しては、4 つの塩基の羅列であるが、その「情報」の性格から、①余剰縮減による訂正不可能性、②身体との関連性、③コントロール不可能性、④血縁者間共有性、から、従来の個人情報と「本質的に異なる」とする。そして DNA 情報が以上のように「身体」と密接に関わると認識し、その保護も、本人の同意のない限り、いかなる場合でも他者によって当該領域に介入・侵入されることのない絶対的自由が保障されるべきであり、他方、血縁者共有性から、自ら DNA 情報を開示することができない、とする。

　遺伝情報をどのような性質の情報として位置づけるかは、その保護方法と密接に関わってくる。すなわち、遺伝情報の特徴としては、絶対的な個人識別性、身体および精神に関する解析性、未来予見性、血縁者共同性があげられる。このことは結果として、優生学的な観点からの差別やスティグマなどがもたらされる危険性があること、またそうした危険性は、ビッグデータ化、バンク化されることにより、さらに増幅することも考えられる。すなわち、これまでの日本の個人情報保護法においては、個人情報についての区別が成されていないため、ゲノム情報が医療として活用されることを目的とする「ゲノム医療」の推進にあたっては、よりきめ細かな内容と方法による保護が必要となると思われる。

(2)　ゲノム情報と改正個人情報保護

　日本においては、個人のゲノム情報に関しては、行政機関個人情報保護法、

---

20) 山本龍彦「日本における遺伝情報の扱いをめぐるルール作り——アメリカ法との比較憲法的観点から」甲斐克則編『ポストゲノム社会と医事法』（信山社、2009 年）168-174 頁参照。

独立行政法人個人情報保護法、私人・民間機関を対象とした個人情報保護法によって規制されている[21]。

　また、近年、EU の個人データ規則の改正を踏まえ、2015 年 9 月、個人情報の保護に関する法律が改正された。それに伴い、医学研究やゲノム情報の取り扱いに関しても関連する法律が改正や制定がなされている。

　今回の法改正で新たに導入され、定義が変わった項目としては、個人情報の定義、個人識別符号、要配慮個人情報、匿名加工情報という新たな法概念である。このなかで、ゲノム情報は、政令において、個人識別符号として DNA を構成する塩基配列が列挙されている。したがって、ゲノム情報は個人情報にあたり、法の保護対象となる。

　そうした背景から、遺伝情報の定義も類型化されてきている。前述のタスクフォースでは、「ゲノムデータ」：塩基配列を文字列で示したもの、「ゲノム情報」：塩基配列に解釈を加え意味を有する者、「遺伝情報」：ゲノム情報の中で子孫へ受け継がれるもの、として整理されている。また、別の論稿では、①塩基配列情報：特定の人の DNA（ミトコンドリア DNA を含む）の全部または一部の塩基配列を A、T、G、C の 4 つの記号によって直接表示した情報、②遺伝子保有情報：特定の人が特定の遺伝子（または特定の塩基配列）を保有している（または保有していない）旨の記述情報、③形質情報：特定の人が、特定の遺伝形質を保有している（または保有していない）旨の記述情報、としている[22]。そして、①、②のみを「遺伝情報」としている。

　さらに、新たに規定された要配慮情報は、その情報が知られることによって差別や社会的排除をもたらす可能性のある情報を指す。この場合は、取得や第三者提供には、本人の同意が必要で、オプトアウトによる第三者提供は認められない。このような情報は、1980 年の OECD 勧告におけるセンシティブ情報にあたり、差別をもたらす懸念のある、特に重要な保護が必要な情報と言える。

---

21) 改正個人情報保護法およびその影響で制定された次世代基盤法などについての憲法学からの検討として、曽我部真裕「個人情報保護と医療・医学研究」論究ジュリスト 24 号（2018 年）109 頁以下参照。

22) 藤田卓仙＝山本奈津子＝米村重人「遺伝／ゲノム情報の改正個人情報保護法上の位置づけとその影響」情報ネットワーク・ロー・レビュー 15 巻（商事法務、2017 年）61 頁。

ゲノム情報は、この要配慮個人情報に該当するが、こうした場合、個人を識別出来る情報については、その収集や取り扱いについて、匿名加工をする必要がある。ただ、学術研究は適用除外とされており、同意等の原則に留意するなら、ゲノム情報を研究の対象とすることは可能である。

　以上のように、個人情報保護法は、ゲノム情報を要配慮個人情報と位置づけ、その収集や保存、利用について、まずは同意を必須とする。例外としての科学研究も、ゲノム医療との関係での研究の場合は、第三者への提供や委譲、またバンクの構築による国際的な利用などの可能性があり、その都度、研究の目的を開示したうえでの本人の同意が必要であろう。このように、日本の法制度はEU 規則の改正に伴い改正されたが、個人情報保護の観点からは、国際的なゲノム情報保護に関する法文書の遵守が必要となる。

Ⅲ　ゲノム情報に基づく差別禁止に関する国際的な法規範

　ヒトのゲノム解析がほぼ終了するのは 2003 年であるが、その前後に、ゲノム情報の扱いに関して国際的な人権文書が次々と採択されている。まず、国連諸機関では WHO が 1997 年に「遺伝医学と遺伝サービスにおける倫理に関する国際ガイドライン[23]」を定め、同じく 1997 年にユネスコが「ヒトゲノムと人権に関する世界宣言[24]」を採択し、「何人も遺伝的特徴に基づいて、人権、基本的自由及び人間の尊厳を侵害する意図又は効果をもつ差別を受けることがあってはならない」（6条）と定めた。さらにゲノム情報に特化した 2003 年「ヒト遺伝情報に関する国際宣言[25]」では「ヒト遺伝情報等は、差別する目的または烙印を押すことにつながる目的のために用いないことを保証するあらゆる努力がなされるべきである」（7条）としている。さらに経済社会理事会の 2004 年決議「遺伝プライバシーと差別禁止[26]」では、特に保険、雇用、教育の分野におけ

---

23) Proposed International Guidelines on Ethical Issues in *Medical Genetics and Genetic Services.* World Health Organisation, Human Genetics Programme. 1997.

24) La Déclaration universelle sur le génome humain et les droits de l'homme, Unesco, 1997. 同宣言の日本における適用について、位田隆一「ユネスコ『ヒトゲノム宣言』の国内的実施——人クローン個体の産生禁止」法学論叢 146 巻 5＝6 号（2000 年）45 頁参照。

25) International Declaration on Human Genetic Data, The General Conference of UNESCO, 2003.

個人の尊重とゲノム（遺伝）情報保護　**571**

る、遺伝情報に基づく差別禁止のための取り組みを要請している。

　他方、ヨーロッパでは、まずヨーロッパ評議会がこの分野に関する初めての条約として、1996年「人権と生物医学に関する条約（オビエド条約）[27]」を採択し、11条で遺伝学的地位に基づく差別の禁止を定めた。さらに同条約の第4議定書として2008年に「医療目的の遺伝学的検査[28]」を採択し、4条で遺伝学的特徴に基づく差別の禁止、遺伝学的特徴に基づくスティグマ防止のための適切な措置の要請を定めている。

　他方、EUでは、まず2000年のEU基本権憲章[29]は、21条で差別禁止の列挙事由として「遺伝的特徴に基づく差別禁止」を定め、さらに2004年「遺伝学的検査の倫理的・法的・社会的意義に関する25の勧告[30]」を採択し、専門家による勧告として遺伝情報による差別からの保護の必要性を指摘し、遺伝子のみでなく、すべての医学的データを対象とする包括的な規制が望ましいとしている。

　以上のような先駆的な国際的法文書は、文書の性質によって各国に対する拘束力や影響力は異なるが、ヨーロッパではEUおよびヨーロッパ評議会は、それぞれ法文書の遵守を統制する裁判所を備えているため、各国に対する法規範としての実効性は高いと考えられる。ゲノム医療を開始するためには、日本もこうした国際的な法規範を遵守するための国内法制度の整備が必要となる。

　日本の将来的なゲノム医療における個人情報保護を考える上で、ゲノム検査に関する規定を含む生命倫理法をいち早く1994年に定め、さらに近年、EUの個人データ保護規則の改正に伴う法整備を行っているフランスは、行政指針ではない個人情報やゲノム情報の保護の状況を検討するうえで参考になろう。

---

26) Résolution 2004/09 sur la confidentialité des données génétiques et non-discrimination du Conseil économique et social des Nations Unies（ONU, 2004）. ECOSOC Resolution 2004 / 9 Genetic privacy and non-discrimination. I,（2004）.

27) Convention pour la protection des droits de l'Homme et de la dignité de l'être humain à l'égard des applications de la biologie et de la médecine, 1997, Conseil del'Europe.

28) Protocole additionnel à la Convention sur les Droits de l'Homme et la biomédecine relatif aux tests génétiques à des fins médicales, 2004, Conseil e l'Europe.

29) La Charte des droits fondamentaux, 2000, Union Européenne.

30) Tests génétiques humains: implications et recommandations, 2004, IP/04/603.

Ⅳ フランスにおける個人情報保護法制度

　フランスにおける憲法上の個人情報保護は、近年、ヨーロッパ人権条約、とりわけヨーロッパ人権裁判所の判例に影響を受け進展しつつあると言える。ヨーロッパ人権裁判所は、個人情報の保護を、私生活の尊重の基盤として重要視しており、個人情報の射程を広く「個人を識別しうる情報の全て[31]」とし、加盟国に対して、「明確で詳細」に、恣意的な扱いや漏洩の危険に対して十分な保護が存在することを要請している。情報の質によっても、個人の人格に密接に関係するセンシティブ情報には厳格な審査を行うが、財産権に関する情報についてはそこまで厳格な審査は行っていないなどの区別をしている[32]。

　1990 年代以降、憲法院は、個人情報を私生活の尊重の権利として、憲法 66 条、ついで 1789 年人と市民権利宣言 2 条にもとづく私的自由として保護を強めてきた[33]。2012 年の判決では、私的な性格の情報の収集、記録、保存、利用、伝達に関しては、「一般的利益によって正当化され、適切な方法及び目的に適合する範囲で行うべき[34]」と述べている。

　個人情報保護において、近年、憲法院とヨーロッパ人権裁判所との関係が問われたテーマがある。それは、警察捜査において利用される DNA データベース（fichier national automatisé des génétiquesFNAEG）の構築である。フランスでは、1998 年から、刑事訴訟法 706-54 条、および 706-55 条に基づいて、犯罪捜査のための DNA の収集を開始している。内容は、犯罪現場に残された人体由来の試料、また加害者の DNA 試料の採取等である。当初は、性犯罪に対する対処であったが、次第にテロリスト、武器売買、麻薬取引、暴力などに拡大している。現在では、300 万人の DNA 情報および 48 万人の試料が蓄積されているという。また、保存期間も有罪の確定判決を受けた者には 40 年、執行

31）CEDH, Arrêt（GC）, S.et marper c. Royaume-Uni du 4 décembre 2008, §103, Arrêt（GC）Amann c.Suisse du 16 février 2000, §65.

32）F. Sudre, L. Milano, H. Surrel, *Droit européen et international des droits de l'homme*, 14ᵉ éd., p.721.

33）建石真公子「フランスにおける『私生活の尊重の権利』の憲法規範化」憲法研究 4 号（2019 年）79 頁。

34）Décision n° 2012-652 DC du 22 mars 2012, cons.8.

猶予中は 25 年、また近親者は 25 年の保存が定められている。

憲法院は、これまでも FNAEG の構築が人間の尊厳の侵害に当たるか、また私生活の尊重の侵害に当たるかについて、当該刑事訴訟法の違憲審査を行っている。まず、2010 年 9 月 16 日判決[35]において、憲法院は、第 1 に、未成年者の犯罪者の情報の保存期間について、行政立法権が犯罪の重大性に比例する形で期間を定めること、第 2 に、重罪または軽罪という犯罪類型の選択について、706-55 条に列挙された犯罪に限定する、という留保のもとで合憲とした。合憲の判断とした部分は、身体への侵襲的な採取ではないこと、性別識別マーカーを除いて非コード化領域であり遺伝的特性の検査を許容するものではないことをあげている。

他方、ヨーロッパ人権裁判所は、2013 年の M.K 対フランス判決[36]で、FNAEG に関して、重罪と軽罪が明確に列挙されていないこと、裁判所の承認によって実施されることが明確でないこと、結果として収集の範囲が広がり、刑事事件における無罪推定原則が保障されないようなスティグマを与えることを懸念し、フランスの法制度を条約違反とした。

こうした指摘を背景に憲法院は、その後の FNAEG に対する判決において、2018 年の EU 個人データ保護規則の国内転換法に関して立法不作為が問われた[37]違憲審査[38]において、個人情報を収集する担当者の資格についても、収集の目的についても定められていない点を違憲と判断した。

FNAEG によって収集された情報の保存に関してヨーロッパ人権裁判所が再度判断したのは、2017 年 6 月 22 日の Aycague 対フランス判決[39]においてである。ヨーロッパ人権裁判所は、40 年という長期間の保存は私生活の尊重を十分に保護しているとは言えず、また犯罪には多様性があるにも関わらず一律に決められている点についても指摘し、さらに情報の保存を停止する手続も定められていないことから、私生活の尊重に違反するとした。

---

35) Décision n° 2010-25 QPC du 16 septembre 2010.
36) CEDH, Arrêt M. K c. France du 18 avril 2013.
37) LOI n° 2018-493 du 20 juin 2018 relative à la protection des données personnelles.
38) Décision n° 2018-765 DC du 12 juin 2018.
39) CEDH, Arrêt Aycaguel c. France du 22 juin 2017.

2018 年秋から、国会では「2018-2022 方針と司法改革法」案の審議が開始されたが、この法案には、FNAEG の改革も含まれていた。当初の法案では、FNAEG の収集した情報を消去する権利と共に、収集の内容を、コード化した（遺伝情報がたどれる）情報への拡大、そして現状では直系の血統関係のみの情報の収集、保存となっている点を、親族一般に拡大するという案も含まれていた。それに対しては、CNIL（Commission national de l'information et des libertés）が反対の声明を発表するなど反対が多かったために法律には盛りこまれず、最終的には、情報の消去権を導入するのみの改正となった。

V　フランスにおけるゲノム検査に関する法制度と「ゲノム医療推進行動計画」の決定

ゲノム情報は、医学的情報であり、フランスでは、従来は医師の職業倫理上の原則として秘匿されるものとされていたが、今日では、公衆衛生、医学上の利益、本人の利益などを根拠としており、すなわち、人格権としての個人の私生活の保護という要素に基づくと考えられている。[40]正確には、医療上の秘密は、今日では、患者の権利なのであり、[41]公衆衛生法 L1104-1 条によって保護されている。そして、患者の私生活の権利は、憲法上は 1789 年人と市民の権利宣言 4 条に基づく私的自由であり、ヨーロッパ人権条約 8 条に基づく私生活の尊重の権利と位置づけられ、民法上は民法 9 条に基づく権利であることを意味する。つまり、人間にとって、健康情報は、私生活の中核に位置する重要なものであり、疾病や入院情報等はより保護の必要な情報であるとされている。

他方、フランスは、生命倫理法を 1994 年にいち早く制定したことで知られ、また同法は、「人間の尊厳」を原則とし、人体の不可侵、非財産性などを公共の秩序として定め、クローンや代理懐胎を禁止するなど、生命科学医療や研究等に対して、アメリカ、イギリスと比べ規制的な内容といえる。ゲノムに関する法制度も、まず、生命倫理法にもとづいて民法に挿入された民法 16-10 条、および 16-11 条によって、ゲノム検査を、医療および科学研究目的にのみ認め

40）A.Laude,A.Mathieu et D.Tabuteau,*Droit de la santé*,3e édition,p.323.

41）Ibid., p.324.

個人の尊重とゲノム（遺伝）情報保護　　**575**

られている。が、その場合、ゲノム提供者の明確な同意が必要となる。また、司法手続を目的とするゲノム（試料）収集は例外的に認められている。ここでいう医療目的とは具体的には、遺伝的性格の疾病の診断を依頼、確認あるいは異義を唱えること、一人またはその家族の一員における疾病の発症の淵源となり得る一つまたは複数の遺伝子の特徴を検索すること、本人の遺伝的特徴に従って患者の医療を適応させることを指す。

　すなわち、こうした遺伝学的検査は、重篤な疾患が子孫に伝達するリスクがある場合に、親となる計画の過程で、情報に基づいた選択をするために、医学的または予防的な阻止を行うために実施される。

　このような遺伝学的な検査が差別に繋がることを防ぐため、刑法で「遺伝的な特性を理由として差別することは禁止される」（L225-1）と定め、同じく遺伝的統制を理由とする雇用上の差別も禁止し（労働法 L1132-1）、および保険会社も同様であり（公衆衛生法 L1141-1）、そうした差別を行った人は、刑事上の処罰を受ける。遺伝子検査の結果は、本人のみならず家族にも関与することから、家族および親戚には情報を伝達することができる。重大な遺伝病の場合、患者は家族に直接に情報を伝達することもでき、あるいは医師に依頼することもできる（生命倫理法 2011 年 7 月 7 日改正）。しかし、本人の意思に反して医学上の秘密が開示されることはない。

　遺伝学とゲノム検査に関してはこのような法制度の中で、フランス政府は、2015 年ゲノム医療開発に向けての行動計画「France Médecine Génomique 2025」[42]を首相の提案に基づき決定し、実施中である。この計画では、ゲノムシークエンスの充実、大学および医療機関における指導者の育成および施設の充実等によりゲノム医療を発展させるとしている。ゲノム情報の蓄積が前提となるが、フランスにおける患者の健康情報は、患者の権利として保護されており、明確な同意を必要とする。また、個人情報保護としては、フランスは、多様な公的機関を備えており、倫理諮問国家委員会（CCNE - Comité consultatif national d'éthique)、生命科学局（ABM - Agence de Biomédecine)、下院に設置されている科学的技術的選択に関する議員評価部局を駆使し、明確な同意に基づいたゲノ

_____
42) France Médecine Génomique 2015. https://csins2i.irisa.fr/files/2018/03/PFMG2025.pdf

ムバンクの構築、匿名化技術の推進等、国際的な患者保護のモデルとなること
を宣言している。[43] すなわち、ゲノム医療における個人のゲノム情報も、まずは
一般的な個人情報保護の枠内で保護され、さらに医学的な情報として秘密保持
が保護されるという構図となっている。

このように、倫理国家諮問委員会による法や規則実施の管理、および生命医
学局による審査制度のもと、全てのゲノム情報は、本人の同意によって収集さ
れることが原則であり、さらに、長期間にわたる情報の保存が予想されること
から、匿名化の徹底と、匿名化に関する繰り返しの確認に基づき、取り扱われ
なければならないとされる。

フランスのゲノム医療の推進計画は、ゲノム情報という人権の中核となる内
容を扱うことに留意し、まずは多様な法律によるルール形成を主軸として、内
容的には個人の権利保護を柱としつつ、国民の理解を得ながら、国家機関の管
理の下に進めていくという形を取っているといえる。

終わりに――個人の尊重としてのゲノム情報保護の必要性

以上のように、ゲノム医療も、バイオバンクも、ゲノム情報の大量の収集を
基盤としているが、ゲノム情報は、一般的な医療における個人の健康情報とは
質的に異なる、単なる情報ではない精神および身体に関わる重要な内容をもつ
ものであると考えられる。大量収集制度の構築は、一端開始したら今後の医療
や個人情報の方向性を決めてしまう重要な変化である。新たな医療によって治
療の可能性が増すことは人類にとって有益であるが、持続的な進展を目指すた
めにも、個人情報の保護に留意し過ぎると言うことはない。個人の権利保護・
医学研究の実施の双方に十分に配慮したルールを形成のために、フランスのよ
うに多様な側面からの法によるルール形成は、ゲノム医療への信頼と安全性の
確保に役立つのではないか。

科学と法の関係において、例えば生命倫理と法的な人権保護を基盤とする法
制度を構築することは、困難であることを否定し難いが、しかし必要なことで

---

43) France Médecine Génomique 2015,p.31.

ある。伝統的に、法律家と医師は、尊重しつつも密接な関係を持つことはなかったといえる。医師は、医師の職業倫理に基づく規則と患者との対話に従って医療を行っており、法律家はそれらに介入することは、例外的な医療過誤や公衆の安全に関わる等の場合を除いてはめったにない。しかし、1980年代以降の生殖補助医療の進展、特に体外受精児の誕生以降は、科学的知識や実践により生命の誕生に人工的な介入が可能と言うことが明らかにされるにつれ、法的なルール形成の必要性が問題となってきた。しかし、法律は、容易には、こうした問題について解決することはできない。人間の社会において生命はどのようであるべきか、将来の社会や科学はどのようであるべきか、という生命倫理の問題は、法律にのみ属するものではなく、またこうした価値や世界観に関わる等については伝統的な法律は明確な答えを出しにくい性格を有しているからである。

「個人の権利保護」と「ゲノム情報の利用」に関しては、科学技術や科学研究の成果が、社会や人間に与える影響について、既存の法制度や人権保護から見て、新たな法的な監督が必要か否か、また必要であればどのような内容なのかを具体的な態様に即して考察することが求められる。現代の科学者は、人権保護や社会に対して種々の責任を負っており、そうした科学者が担う責任を法制度によって確保することが法律の役割だからである。人類の歴史からは、科学は可能性や選択を提示するが、しかし、社会への影響や個々人、また将来を含めた人の権利を保護しなければならないのは法律である事は明らかである。

こうした法律の脆弱性は、特に憲法においてより明確であると言える。国民主権に基づき、基本的な人権を保障する憲法であるが、ゲノム医療のような錯綜した権利保護の必要な新しい分野における判断に関しては、未だ不明確な部分を残している。また、憲法上の人権という性格上、原則として例外を認めない厳格なものである。したがって、新しい科学の進展によって提起される人権課題に関して迅速に対応する事が難しく、専門家集団である学会や行政的な指導による制裁等が先行する時期がある。しかし、こうした実践やほかの法分野による対応、また裁判所による問題解決が求められるに従い、それらの基盤となる憲法上の原則、すなわち、一定の社会で、所与の時期において、それらの医療的実践に関する価値システムを確定する原則が必要とされるようになるの

である。法律以下の公権力の行為を制約しうる憲法上の原則は、医学研究や実践の諸法規の基盤となる原則となる。個人の尊重は、抽象的な概念ではあるが、世界の憲法史を踏まえつつ、個人のゲノム情報保護などの具体的な場面で将来の人類をも見据えた権利保護としての解釈を受け入れる可能性を秘め、また使命を負っている。

（たていし・ひろこ　法政大学教授）

「働き方改革」と「勤労の権利」の再検討
―― 「働く権利」を国民の側に

清野幾久子

はじめに――過労死自殺と働き方

　本稿は、働き方改革が提起する問題―現在の社会における人間らしい働き方―をきっかけとして、日本国憲法 27 条 1 項前段の「勤労の権利[1]」について再検討を試み、もって働き方改革関連法について考察するものである。

　2015 年 12 月に、電通の新入社員の女性が入社 1 年も経たないうちに過労自殺をするという事件が起きた。高橋まつりさん事件である。高橋さんには、4 月の入社以来、連日長時間におよぶ残業命令が出されていたことが伝えられている。自殺直前の 1 ヶ月の残業時間は、過労死ラインといわれる 80 時間を優に越え、107 時間に及んでいたことが労働基準監督署によって認定されている。

　働くことは、日々の生活のための賃金を得るためのものであるだけでなく、社会とのつながりを得て人格を発展させる契機となることであり、人間としての自己実現を追求するための、誰にでもできる一つの方法でもある。自殺にいたるほどの強いられた長時間労働が続く毎日は、人間らしい生き方、生活とはとうてい言い得ない。この事件で、違法残業として労働基準法違反を問われた電通に対し、東京簡裁は、2017 年 10 月 6 日に、求刑通り罰金 50 万円の有罪判決を言い渡した。[2]

---

1) 本稿では、27 条 1 項前段の権利を、憲法の条文の文言に沿った言い回しで「勤労の権利」としているが、筆者はこれを、教科書などで使われる「勤労権」「労働権」と同義なものとして使っている。

過労死裁判については、これまでも弁護士会の労働相談ホットラインや過労死弁護団などが継続的な取組みを行ってきたが、高橋さんの遺族が顕名でマスコミを通じて訴え、電通という大企業が有罪判決を受け、「関係者の方々に心よりお詫び」し、「社会の一員として企業のあるべき責任を果たせなかった」ことを詫びるにいたったという[4]、この事件の社会に与えたインパクトは大きかった。この痛ましい事件が一つのきっかけとなり、ライフ・ワークバランスなど、「人間としての働き方」が広く社会の関心を引き起こしたのである。

一方、「働き方改革」の必要は、この事件よりずっと早くから、経済界からも強く主張されるようになってきていた。社会経済的背景をなすのは、低成長下の日本における少子高齢化社会の進行による、いわゆる労働力不足問題である。こうした背景の下、2018 年 1 月、安倍晋三内閣は、「働き方改革関連法」を最重要法案と位置づけ、国会に提出した。国会審議では基礎とされたデータの正確性への疑問をはじめとする様々な議論の噴出があったが、法案について十分な議論や検討を経ることなしに、数において圧倒的な与党側による審議打切り、強行採決が行われ、6 月 29 日に、労働基準法改正を含む一連の「働き方改革関連法」（以下、「働き方改革法」という）が成立した。同法は 2019 年 4 月から、まず大企業を対象に順次施行されるにいたっている。

I　憲法と働き方改革

このような中で、現在、多くの企業が「働き方改革」を掲げ、職場では議論や実践が積重ねられている。学会に目を転じると、労働法の領域では、「働き方改革」について一定の議論の蓄積が行なわれてきたが[5]、憲法の領域では、社会権や、「公」の議論の少なさもあり、過労死や労働の場における人権の問題について、あらためて憲法論として議論に上がってくるという状況にはない。

---

2)　NBL1116 号 19 頁。
3)　例えば、1988 年から「過労死 110 番全国ネットワーク」が電話による一斉相談を開始している。
4)　共同通信 2017 年 10 月 6 日の報道による。
5)　例えば、労働法律旬報 1903 ＋ 04 号（2018 年）の特集、同 1909 号（2018 年）のシンポジウムなど参照。

これらの議論の不在状況に対する反省も含め、本稿では憲法の問題として、働き方改革、その提起する問題を扱う。まず、働き方改革は、憲法とどのようにかかわるのか、かかわるべきなのかを順を追って述べておきたい。

1　私人間効力

日本国憲法が 27 条 1 項で、「勤労の権利を有し義務を負う」、と規定している以上、勤労の権利は、憲法問題である。しかしながら、憲法の教科書では、この勤労の権利について、ほとんど頁を割いていない[6]。憲法における勤労者の権利の保障は、27 条と 28 条にわたるが、憲法学で主に問題とされてきたのは、28 条の勤労者の団結権、団体交渉権、その他の団体行動をする権利、いわゆる労働基本権の保障、それも公務員におけるその制限問題に集中してきた。

しかしながら、国や地方公共団体に雇われている公務員は別として、今日多くの人は、民間企業という私人に雇われ、賃金を得ることにより生活している。憲法とは国家と個人との間を規律する法であることは自明であるが、そもそも、このような私人間における雇用問題、勤労の権利に憲法が適用されるのか、つまり、民間企業（私人）とそこに雇用されている個人（私人）の間に、憲法の人権規定が適用されるのかどうかは根本問題である。

ところで、憲法学の通説は、たとえ私人間であろうと、間接的に憲法が適用される場合がありうると、これを肯定的にとらえてきた[7]。この間接適用説には、ドイツの、ハンス・ケルゼンに端を発する「法段階説」についての議論が多分に影響していると考えられるが[8]、日本の憲法学会全体としても、20 世紀以降の福祉国家の下では、憲法は、社会のあらゆる領域に妥当すべき法であるという認識であることを示しているものと考えることができるであろう。

ドイツの国家の保護義務の議論からすると、この憲法の私人間効力については、いつ、いかなる形で、どのように（どの程度）、憲法が私人間に適用される

---

6)　例えば、芦部信喜＝高橋和之補訂『憲法〔第 7 版〕』（岩波書店、2019 年）では、286 頁に「勤労の権利」が 1 回出てくるだけである。

7)　芦部＝高橋補訂・前掲注 6) 113 頁以下など多数。

8)　この議論につき、さしあたり高田倫子「ドイツにおける法段階説の受容と展開──『裁判官による法形成』を巡る議論の一断面」中京法学 51 巻 4 号（2017 年）109 頁以下など参照。

のか、という問題が提起されるのであるが、この、私人間効力論の「各論」とⁱ⁹⁾
もいうべき議論は、日本では十分具体的に展開されることはなく、今日に至っ
ている。

この問題についてのリーディングケースたる三菱樹脂事件判決においては、
憲法の私人間への直接適用を否定し、私的自治を原則とすることを確認した上
で、私人の行為であろうと、それが、社会的許容限度を超える場合には、権利
濫用、信義誠実の原則などの私法の一般規定の解釈を通じて、憲法規定が間接
的に私人間に適用されうるとした。最高裁は、いわゆる間接適用説の立場に立⁹⁽¹⁰⁾
ちつつ、社会的許容限度論を展開したとされる。しかし、この判例の特徴は、⁽¹¹⁾
憲法が適用される時点（いつ）および私法の一般原則の解釈を通じて（いかなる
形で）を示しつつも、社会的許容限度の中身（どのように、どの程度）を示して
いない点にあり、その後の判例でもこの点についての指針が深められることは
なかった。

2 企業の自由はどこまで許されるか

企業における雇用関係、勤労の権利について憲法が適用されうるとして、未
だ深められていない、社会的許容限度の内容＝「どのように、どの程度」憲法
が適用されるのかを探るためにも、一方の企業にはどのような権利が認められ、
どのような場合にそれが制約されることになるとされてきたのか、ということ
の確認が必要である。

歴史的に見ると、19世紀半ばのヨーロッパにおいて、資本主義のいきすぎ
や弊害が広く認識されるようになり、やがてそれは、人を雇う企業の自由は無
制限なものではなく、社会に生きる人々の「人間に値する生活の保障」と適合
する形で行使されなければならないこと、「いきすぎ」は許されず、保障され
ないということが認められるようになっていくことが認められる。

---

9) ドイツにおける国家の保護義務の議論については、さしあたり、小山剛『基本権保護の法理』（名城大学法学会選書、1998年）参照。

10) 最大判 1973〈昭48〉. 12. 12民集27巻11号1536頁。

11) この判決が間接適用説の立場に立っているといえるかどうかは疑問であり、むしろ非適用説の立場である、とする説もある。例えば、前掲注6）113頁〔高橋和之補訂部分〕。

1919年のドイツのヴァイマール憲法は、このことを、「経済生活」の原則として明文化したものである。「経済生活の秩序はすべての者に人間に値する生活を保障することを目的とする正義の原則に適合しなければならない」（151条）という規定と、「所有権は義務を伴う。公共の福祉の為に用いる義務を伴う」（153条）という規定である。

　20世紀に制定された日本国憲法は世界の憲法の歴史や成果を受継いでいる（憲法97条参照）。憲法29条2項の「財産権の内容は、公共の福祉に適合するやうに、法律でこれを定める」という規定には、これらのヴァイマール憲法の規定の影響が明らかに認められる。

　一方で、日本国憲法では、企業には、財産権の保障（憲法29条1項）や職業選択の自由（憲法22条1項）、そしてこれらの条文から導かれる営業の自由が認められていることから、雇用の自由があり、これは、いつ、誰を、どのような勤労条件で雇うかについての自由とされる。もちろん、働く者にも選ぶ自由、拒否する自由があり、これが契約の自由ということであり、近代資本主義社会はこの原則の下に出発したのであるが、働く者の実際としては、この自由が有名無実であることは想像に難くない。

　前出の三菱樹脂判決は、「企業者は、かような経済活動の一環としてする契約締結の自由を有し、自己の営業のために労働者を雇傭するにあたり、いかなる者を雇い入れるか、いかなる条件でこれを雇うかについて、法律その他による特別の制限がない限り、原則として自由にこれを決定することができるのであつて、企業者が特定の思想、信条を有する者をそのゆえをもつて雇い入れることを拒んでも、それを当然に違法とすることはできないのである」としている。

　同判決は、さらに、憲法上の人権が民法上の原則となって不法行為を構成するかについても、「思想、信条を理由とする雇入れの拒否を直ちに民法上の不法行為とすることができないことは明らかであり、その他これを公序良俗違反と解すべき根拠も見出すことはできない」としている。このことからすると、三菱樹脂判決は、「どのように、どの程度」憲法が適用されるのか、という観点からすると、無効力説に近いと言わざるをえない。

　三菱樹脂事件判決は1973年の判決である。今、仮に同様な事例が最高裁に

係属したとして、その後の法整備もあり、思想・信条を理由として雇い入れを拒否することについて、公序良俗違反とならない、という考えはとうてい維持しえないであろう。しかし、憲法における人権の私人相互間における保障という観点からすると、この事実上の無効力説についての、「絶対的に保障される思想・信条の自由について判決のように考えるのは疑問であり、学説上も批判的な立場が有力である[12]」という批判的な叙述は現在でも意味があろう。その後も、最高裁は、被雇用者の思想の自由の制約について、企業の自由に対する緩い審査を行っている[13]。

3　福祉国家にはどのような義務があるか

憲法はさらに、25条1項で、「すべて国民は健康で文化的な最低限度の生活を営む権利を有する」と定め、この経済秩序の内容を、国民の側から「生存権」という権利として保障している。そして、憲法25条2項は、「国は、すべての生活部面について、社会福祉、社会保障及び公衆衛生の向上及び増進に努めなければならない」と国の生存権への配慮義務について定めている。憲法は、福祉国家を目指しており、国にはそこに向けた責務があることが示されているといえよう。

最高裁も、憲法と福祉国家との関係についてその判決中で論じている。小売市場判決である。そこで最高裁は、「憲法は、全体として、福祉国家的理念のもとに、社会経済の均衡のとれた調和的発展を企図しており」、「国の責務としての積極的な社会経済政策の実施を予定している」と述べている[14]。この国の責務に基づいて、経済政策、社会政策、労働政策などの国民生活に係わる政策が立てられ、強制力ある規定で企業を規制する法律なども制定されることになる。労働基準法の改正を含む今回の働き方改革法も、このような福祉国家を実現するための法律の一つである。

---

12)　芦部信義『憲法学　人権総論』（有斐閣、1978年）35頁。

13)　最二判 1988〈昭 63〉.2.5 労判 512 号 12 頁〔山梨東電事件〕。

14)　最大判 1972〈昭 47〉. 11. 22 刑集 26 巻 9 号 586 頁〔小売市場事件〕。

II 勤労の権利（憲法 27 条 1 項）と「良い労働環境で働き続けられる権利」

1 アントン・メンガーの『労働全収権史論』とヴァイマール憲法

　日本国憲法における勤労の権利について述べる前に、勤労の権利の思想的系譜を、アントン・メンガーの労働権の思想を元に確認しておきたい。

　資本主義の発達の過程においては、契約自由の原則の下、労働者は、長時間労働や低賃金、不衛生な職場などの過酷な労働条件を押しつけられ、失業の恐怖にさらされ、生命、健康、生活という生存の基礎を脅かされ続けた。世界史的にみると、このような状況に対して、19 世紀後半のマルクス主義思想の登場や社会主義思想の普及にも後押しされ、ヨーロッパ各国では、社会運動や労働運動がおこったこと、労働運動に対する多くの弾圧にもかかわらず労働者たちは連帯して団結し、20 世紀初頭にかけて、企業や使用者に自分たちの生存への要求を認めさせる力を獲得するにいたったことが特筆される。

　この段階になると、イギリスでは労働時間の制限や最低賃金の制度がはじまり、ドイツでは、ビスマルクによる社会保険制度などが成立する[15]。[16]

　勤労の権利の考え方は、このような動きの中で思想として編み出されてきたものである。「権」としてのそれは、130 年あまり前のオーストリアの法曹社会主義思想家アントン・メンガーによって叙述された労働全収権、生存権、労働権の主張を始めとする[17]。メンガーのいう労働権が、本稿でいう「勤労の権利」にあたる。それは、資本主義経済の発達の下で窮乏する労働者の状態を改善するという、いわゆる資本主義経済の仕組みからくる弊害を避け、労働者の貧困化を防ぐための考えであり、経済体制自体の変革を求めない、改良主義の政策からくる失業の発生という資本主義の宿命に対する延命策でもあった。

---

15) 例えば、イギリスの最低賃金を審議する賃金審議会は 1909 年設立である。

16) ドイツにおけるこれらの施策は、体制擁護的な社会政策という形で社会主義思想への弾圧と並列して行われたところに特徴があった。

17) Menger, Das Recht auf den vollen Arbeitsertrag in geschichtlicher Darstellung. 3. Aufl., Cotta, Stuttgart 1904. なお、初版は 1886 年である。

メンガーは、労働権を、「私企業のもとで、いかなる労働も見つけられない
すべての労働能力ある国民は、労働権によって、国または公共団体（県市町村）
にたいして、ふつうの日当が支払われる、通常の日傭労働があてがわれること
を要求できる」[18]権利であるとしている。そして、労働全収権とは、「労働の全
収益が彼にあてがわれることを要求する権利」[19]であるとされ、労働権の本質や
沿革、労働全収権の思想的例示や意義、その生産理論、流通理論との関係、労
働の成果と収得との関係などが述べられている。[20]

　ここで注目したいのは、メンガーは、労働権、労働全収権と生存権との相互
関係などにつき、広汎な思想的、理論的な裏付けや史的な検証を行う一方、[21]
「経済生活の本質的な内容は、人間はその欲望の充足のために労働すること、
すべての欲望は充足を志向しているということ」[22]としており、「労働するこ
と」を基本にすえて、欲望の充足や労働の収益を説明していることである。

　ところで、労働権（勤労の権利）といっても、そこには２つの捉え方がある
ことを指摘しておきたい。労働権と労働全収権との関係をいかにとらえるか、
ということに係わるのであるが、１つは、体制変革を求めてすべての労働の成
果を労働者が得ることまでを求める権利とする考え（完全な労働権）であり、
他の１つは、経済体制はそのままに、現状を少しでもよくするとする考え方
（限定的な労働権）である。[23]

　改良主義的なメンガーの考え方はいうまでもなく後者であり、この考えを、
ロシア革命の影響を受け、資本主義経済・社会の危機に直面していたヴァイマ
ール憲法も受け継いだ。具体的に、ヴァイマール憲法には、労働者の権利とし
て、労働者の団結権（159条）に加え、163条２項で、勤労の権利、失業への国
家の配慮が規定された。163条２項では、「各ドイツ人には、経済的労働によ
ってその生活の糧を得る可能性が与えられるべきである。適当な労働の機会が

---

18) Menger, a. a. O., アントン・メンガー（森田勉訳）『労働全収権史論』（未来社、1971 年）29 頁。

19) 同上 23 頁。

20) 同上 28-37 頁。

21) 同上 30-37 頁。

22) 同上 17 頁。

23) この二つの労働権の区別につき、馬渡淳一郎「『労働権』論序説のための試論」山口経済学雑誌
　　22 巻 1・2 号（1973 年）118 頁以下。

与えられない者に対しては、その限度において、その者に必要な生計のための配慮がなされる。[24]」と規定された。

2　日本国憲法の成立と勤労の権利の解釈

大日本帝国憲法にはなかった勤労の権利について、日本国憲法は27条1項前段で規定した。

日本国憲法制定過程を追うと、早くも総司令部第二次試案に、「すべての成人は、生産的な勤労により生計を立てる権利を有する。その人間に適切な職業が見つけられないときには、その生活の維持に欠くことのできぬものの給付がなされるべき[25]」であるとの規定を見いだすことができる。27条は、その後GHQ案、日本政府の案および衆議院の審議などの議論を経て現在の条文の文言になったが、1項と3項については、ベアテ・シロタの作成した案の25条と26条に対応する規定がみられることが指摘されている[26]。

ベアテ・シロタは、後に、憲法草案を作成するようマッカーサーに命じられたとき、「図書館に行って各国の憲法を網羅的に集め、参考にした。他の委員も大いにそれを活用した[27]」旨を述べていることからして、この規定の制定には、上述したヴァイマール憲法163条2項の労働権の規定が一定の影響力を有したことは想像に難くない。

このような制定過程や、日本国憲法も資本主義経済を基礎とする憲法であることからして、27条1項の保障する「勤労の権利」も、ヴァイマール憲法163条2項のような脈絡で、すなわち、前述した限定的労働権として解釈されていくことになる[28]。

具体的な解釈としても、勤労の権利について、憲法学説は一致して、「労働の意思と能力を有するものが、私企業のもとで労働の機会を得ることができな

24）訳文につき、高田敏＝初宿正典編訳『ドイツ憲法集〔第2版〕』（信山社、1997年）146頁参照。

25）高柳賢三ほか『日本国憲法制定の過程Ⅰ：原文と翻訳』（有斐閣、1972年）225頁以下。

26）27条の制定過程についてのこれらの叙述につき、木下智史＝只野雅人編『新・コンメンタール憲法』（日本評論社、2015年）313-5頁〔倉田原志執筆〕参照。

27）ベアテ・シロタ・ゴードン（平岡磨紀子構成・文）『1945年のクリスマス』（柏書房、1995年）149頁など参照。

28）宮沢俊義『全訂日本国憲法』278頁など参照。

い場合には、国に対して労働の機会の提供を要求し、それが不可解な場合には
それに代わる保護を要求しうる権利」と解してきた。[29]

この憲法学説の内容を一層明確に表現したのは、「すべての国民が自主的に
私企業などにおいて労働の機会をうることを理想とし、これが得られない場合
には国に対して労働の機会の提供を要求しうべく、それが不可能なときには、
相当の生活費を要求しうる権利」とする労働法学者の定義であると思われる。[30]

ところで、勤労の権利の内容について憲法学説は、勤労の自由を侵害されな
いという自由権としての意味を承認しつつも、勤労の権利は社会権（生存的基
本権）に属し、[31]その積極的意義は「社会権的な側面の方」[32]にあるとしてきた。

つまり、勤労の権利の法的解釈論は、まず、国家に対して労働の機会を要求
しうる権利ということから出発しており、生存権同様、国家には権利に対応す
る義務があるのか、あるとすると、それはどのような「義務」か、という点に
注目が集まった。確かにこの国家の義務の性質や国家がどのような場面でどの
程度拘束されるのかについて、議論が残る。しかし、この権利が具体的請求権
といえるかは別として、少なくとも政治を義務づけ、[33]経済秩序に対する指導原
理とされるということに関しては、共通認識があるといってよいであろう。

3　勤労の権利の解釈の進展

戦後すぐの食糧難、大量失業の時代を超え、その後の高度経済成長時代を経
て、1980年代以降、日本では完全雇用政策の下、諸外国に比しても、職業安
定法、雇用保険法、雇用対策法などの立法や失業対策などの事業について、一
定程度制度整備が整った状況となった。このことを受け、労働法学では、労働
権の具体化としての雇用保障法の研究の進展が見られた。[34]

27条1項前段の勤労の権利について、長らく社会権であることに重点がお

---

29) 芹澤斉編『コンメンタール憲法〔第5版〕』（日本評論社、2006年）「第27条」204頁〔武田万里
　　子執筆〕。
30) 石井照久『労働法総論』（有斐閣、1957年）296頁。
31) 佐藤功『注釈日本国憲法・上』460頁。
32) 野中俊彦＝高橋和之＝高見勝利＝中村睦男『憲法Ⅰ〔第4版〕』（有斐閣）523頁〔野中俊彦執筆〕。
33) 木下＝只野編・前掲注26)〔倉田執筆〕316頁。
34) このことにつき、例えば、松林和夫『労働権と雇用保障法』（日本評論社、1991年）など参照。

かれてきた憲法学でも、あらためて、憲法の他の条項、25条の生存権や、個人の尊重、幸福追求への権利を規定した憲法13条との関係を問い直す学説の登場をみることになった。

それはまず、27条1項の勤労の権利について、労働の自由の観点からする他の条文とのつながりとして示された。すなわち、勤労の権利は、苦役からの自由（18条）および職業選択の自由（22条1項）を前提にし、さらに、生存権（25条）と教育権（26条）と密接な関係を有する権利であることが論じられた[35]。さらに、この職業選択の自由との関係から、勤労の権利に、「労働者の希望、能力、適性にふさわしい」という要素を付け加えた憲法学説も登場した[36]。後者の学説には、憲法13条の個人の尊重の意味合いも含まれると解される。

このように、勤労の権利の内容を豊富化する構想が蓄積されてきているが、これは労働法学に顕著で、「労働権を失業の防止と職業能力の向上のための職業訓練を中心とする国の法的義務にも対応した適職請求権[37]」とする見解や、これを発展させ、憲法26条に職業教育を受ける権利が含まれることを手がかりに、労働権が保障すべき就労の機会を問題とし、それは「単に量的な意味での労働を考えるだけでなく、質的な意味での労働にも対応」し、「労働者の能力、適性、意欲を考慮した質的要素を含む」ものでなければならないとする、労働権の中にキャリア権を読み込む見解などが出されている[38]。

そして、現在の憲法学における勤労の権利の内容は、それが生存権を保障することからして、単なる労働の自由ではなく、「適切な労働条件のもとに労働する機会の保障」であるとされている[39]。このことにつき、さらに、労働法学からは、「労働」の内容について、「働きがいのある、人間らしい労働」＝ディーセント・ライトでなければならないとする見解もだされている[40]。

---

35)『注解日本国憲法Ⅱ』192頁以下〔中村睦男〕執筆。

36) 浦部法穂『憲法学教室〔第3版〕』（日本評論社、2016年）244頁。

37) 松林・前掲注34) 36頁。

38) これらにつき、日本労働法学会編『講座21世紀の労働法②労働市場の機構とルール』（有斐閣、2000年）16頁以下〔諏訪康雄〕執筆。

39) 芹澤斉編・前掲注29)「第27条」203頁〔武田執筆〕。

40) 西谷敏『労働法〔第2版〕』（日本評論社、2013年）25頁。

4 勤労の権利の現代的解釈＝「よい労働環境で働き続けられる権利」

　日本国憲法の権利の解釈においては、条文の文言に加え、権利の歴史や思想的背景を踏まえ、かつ、日本に導入されたいきさつや立法者意思を問いつつ行うべきことはもちろんであるが、制定後の社会経済の変化に対応した、「現実」に対応する新しい解釈が求められ、許容されうることは、1960 年代半ばからの 13 条などを根拠とする「新しい権利」の主張、およびそれらの一部を認容するにいたる判例の流れから当然のことでもある。

　では、これを日本国憲法の 27 条 1 項の勤労の権利の場合に当てはめ、「現在」における解釈の可能性を探ってみるとどうなるであろうか。このような解釈が必要な理由は、次の 3 つの現実から基礎づけられると考える。

　1 つは、日本国憲法制定から 70 余年を経て人権や平等が確実に定着する一方、日本の経済社会が、1960 年代からの高度経済成長期を経て、その後のドルショックなどの対外的関係からの危機を何とか乗りこえ、資本主義国家としてそれなりに発達・安定し、長期的停滞期ともいえる状況にいたったことである。このことを筆者は後ろ向きには捉えていない。むしろ、資本主義社会としての成熟期を迎え、今後社会をどう構成していくかの岐路にあり、公正な社会実現へのチャンスが到来しているととらえている。

　2 つは、総務省の調査によると、2017 年の女性の労働力率は 49.2% であるが、労働の中断を示す M 字カーブが浅くなってきていることである。女性の高学歴化、そして「労働不足」という現状も踏まえると、この傾向は今後も続くことが予測できるが、そこには、公正な社会実現の壁となる男女の賃金差が歴然と残ることである。

　3 つは、同じく総務省の調査によると、正規雇用の状態にないもの、いわゆる「非正規雇用者」が 2012 年にはじめて 2,000 万人を超え、4 割にせまる段階に達したことである。ここにも公正な社会実現への壁が存する。

　これらの現実は、日本は今、性別を問わず、自ら働くことを生存の基本に据える社会になりつつあり、しかも、そこには、社会的な格差が存在し、その問題を解決することが課題となっていることを示している。

　加えて労働環境の激変がある。21 世紀の働く現場では、経済規模の拡大や労働力不足による労働強化のみならず、それを補う一手段とされる外国人労働

者導入や、労働の効率を求めるために導入された、細分化された多様な雇用形態がもたらす不平等、不断に技術革新される OA への適応の必要性、IT 化、AI 化の進展による、場合によっては、「ロボットに使われている」ともいえる事態の発生など、労働の質や内容の変化のみならず、平等問題や人間の尊厳にかかわるような問題まで存在するにいたっている。

　冒頭にも書いたように、働くもののみならず、経済界からも、働き方改革が求められているのである。このような働く現場の変化は、不可逆的な世界的流れでもあることを踏まえると、今日における憲法 27 条 1 項の勤労の権利の対象は、「社会権としての失業保障」という問題から、「キャリア権」の形成の主張を経て、「職場における働き方の問題」へと焦点が移ってきているといえるのではないだろうか。

　後者が筆者の主張の主眼であるが、それは、失業という、労働における例外的、緊急的な事態への対応ではなく、平常の、平時における問題であり、しかもそこにおいては、ロボットではない、人間が働き続けるという持続可能性の問題が含まれる。その意味において、働き方改革が提起する問題は、憲法 27 条 1 項の解釈の変更をうながし、再検討を迫るものとなると思われる。

　権利や自由が脅かされるおそれがあるとき、人は新しい権利や従来の権利の再解釈を求める。では、今日、「勤労の権利」は、いかに再解釈され、その内容としてどのようなものが考えられるのか。

　私の結論を先にいえば、現代における働く場の状態変化を考慮すると、後手後手に回る国家の失業対策やキャリア形成の権利の主張のみでは現実世界における勤労の権利の保障には不十分であることからして、勤労の権利の再構成が必要であるということになる。そのとき、手がかりとなるのは、従来の勤労の権利の定義である「適切な労働条件のもとに労働する機会の保障」のうちの前半部分、「適切な労働条件の下で」という部分に何を読み込むかである。私は、これを、「良い労働環境の下で働き続けられる権利」と捉えたいと思う。

　このような考えにいたったのは、環境権についての学説の生成・展開への考[41]察からきている。環境権は、当初、国家による権利保護という側面やその具体

---

41) 日本における環境権論の生成・展開につき、論考は多いが、ここでは中山充『環境共同利用権──環境権の一形態』（成文堂、2006 年）21 頁以下をあげる。

的権利性が強調され、そこにおける裁判規範性、訴訟の場における環境権に基づく救済やその方法が模索されたが、その後、環境問題のさらなる悪化も踏まえ、「良い環境を享受する権利」という、自由権と社会権を含む、複合的で、環境維持や状態改善につながる、持続可能な捉え方が通説的見解となっている[42]。通説はこの権利を、25条と同時に「個人の尊重」や「幸福追求への権利」を定める13条に基礎をおく権利としている[43]。そこには、環境保護という問題に対し、個人の尊重という視点からの再構成があったといえよう。

　現代における27条1項の勤労の権利の解釈についても、働く者の失業時や、適職やキャリアの保障に加え、「人間として、今、この場所において働いていくことの維持や改善」につながるという、持続可能な捉え方をして、「良い労働環境の下で働き続けられる権利」という考えを取り入れ、勤労の権利を個人の側、国民の側から再構成していくことが必要ではないかと考える。

　このように考える私見からすると、勤労の権利は、国家を縛る客観的法規範であり[44]、それは、国の積極的な「政策義務に明白に反する国の立法、行政行為を違憲無効にするという効果[45]」をもち、その脈絡で個人の主観的権利である。

　また、環境権の議論でも問題となった、「良い」という、権利の内容であるが、勤労の権利の場合、その労働環境につき、個人として尊重され、人間の尊厳を侵害されないという内容とレベルを設定できるように思う。このような27条1項解釈についての私見は、環境権にヒントを得ていると同時に、セクハラからの保護を27条1項2項・13条前段に結びつけ、セクハラを、27条1項2項・13条前段から導かれる「適正な労働条件もしくは（人間の尊厳を侵害しない）良好な労働環境の下で働き続ける権利」の侵害と把握する解釈にも大いに触発されている[46]。

　このように、憲法27条1項の勤労の権利に、私見のように「良い労働環境

---

42) 同上、22頁。
43) 芦部・前掲注6) 281-2頁、辻村みよ子『憲法〔第6版〕』（日本評論社、2018年）308頁など参照。
44) 勤労の権利を客観的法規範としてとらえるものとして、例えば、渋谷秀樹『憲法〔第3版〕』（有斐閣、2017年）299頁。
45) 菅野和夫『労働法〔第11版補正版〕』（弘文堂、2017年）27頁。
46) この解釈につき、樋口陽一編『ホーンブック憲法〔改訂版〕』（北樹出版、2000年）212頁〔内野正幸〕、このことの指摘につき、芹澤斉・前掲注29)「第27条」204頁〔武田執筆〕。

の下で働き続けられる権利」という解釈を加えていくことで、27条1項に、雇用や労働に対する様々な国の政策や法律を憲法的に評価する際の指針の役割を持たせることもできよう。次では、今回の働き方改革法について、この「良い労働環境の下で働き続けられる権利」に照らして、その内容の検討や批判、建設的な捉え方の可否を検討したい。

Ⅲ　働き方改革法と「良い労働環境の下で働き続けられる権利」

1　残業時間罰則付き上限規制

　働き方改革法は、働く人が「それぞれの事情に応じた多様な働き方を選択できる社会を実現」するという国の働き方改革の一環をなす複数の法律からなっている。提案者である厚生労働省によれば、その柱は、(1)長時間労働の是正、(2)多様で柔軟な働き方の実現、(3)雇用形態にかかわらない公正な待遇の確保におかれていた。[47]

　ここでは、このうち、同法の重要な目玉とされている(1)長時間労働の是正と、(2)多様で柔軟な働き方の実現との関係を取り上げ、残業時間規制が、「人間らしい働き方」に資するものになるのか、はたして過労死は防げるのかについて、「良い労働環境の下で働き続けられる権利」に照らし、みていきたい。

　残業時間への上限規制導入は、厚生労働省によれば「長時間労働をなくし、年次有給休暇を取得しやすくする等によって、個々の事情にあった多様なワーク・ライフ・バランスの実現を目指」すためとされている。[48]これにより、労働基準法が改正された。実は、今まで労働基準法は、残業時間の上限につき規定していなかったので、企業は労働組合との間で合意すれば（労働協定）、事実上無制限の残業をさせることが可能であった（労働基準法旧36条）。この意味で、労働基準法は「ザル法」だったといえよう。

　これに対し、今回の労働基準法改正では、残業時間の上限が「法」にはじめて明記された点で「大改正」に匹敵する。残業時間に初めて法的な強制力ある

47）厚生労働省「働き方改革〜一億総活躍社会の実現に向けて」https://www.mhlw.go.jp/content/000335765.pdf.
48）厚生労働省・前掲注47）。

上限が設けられた事を評価したい。具体的な残業の上限は、原則として月残業45時間、年360時間未満とされ、繁忙月など臨時的な特別の事情がある場合などでも、最大限で月100時間、年720時間未満と規定された。

　もっとも、この規定の運用には例外が多く、何よりも、この上限が「過労死ライン」を超えていることは、日本における「現実的な選択」の限界を露呈しているのであるが、何はともあれ、企業は、たとえ労使が合意したとしても、この上限を越えて残業させることはできないことが規定され、違反した企業には罰則が科される点で画期的なことなのである。[49]

2　裁量労働制対象拡大、高度プロフェッショナル制度との関係

　「残業時間上限規制」により、労働時間が短縮され、働く者の生命、健康と生活が守られるということであれば、それは憲法27条1項の「勤労の権利」に資することである。ただし、すでに導入済である「裁量労働制」や、今回の改革法で新たに導入された「高度プロフェッショナル制度」が、この制度の抜け穴として使われないか、常に注意が必要とあろう。

　裁量労働制は、実際に働いた時間にかかわらず、一定時間働いたものとして、残業代込みの賃金を支払うという制度で、導入にあたって、経済界からの要望がとても強かった制度である。この制度においては、建前からすると、能力次第で短時間で高賃金を得ることも可能ということになるが、働く立場からすると、このような人は例外的で少数派であることを忘れてはならない。

　というのは、この制度には「残業」という概念が入る余地がないので、適用のされ方によっては、体の良い「残業代不払い合法化」の結果をもたらすことになるからである。また、仮に能力、気力が漲っているとしても、人間であることを基本にすえなくてはならない。長期にわたり、常に全身全霊をあげて仕事に打ち込み続けることが可能であるという保障はないのである。どこかでバーン・アウトしてしまう可能性は否定できない。

　持続的に働き続けられる、という「勤労の権利」の再解釈からすると、このような労働の形をとって働くことは、不安定で、明日の労働へ向けての持続可

49）ただし、罰則の適用は最大年間960時間を超える時間外労働＋休日労働からとされている。

能な働き方とはいえず、また、人間であることを過小に捉えている点で、個人
として尊重されている労働条件とは言い難いところがある。裁量労働制は、ひ
ときわ有能で健康、という特別な人の、一時的働き方としてはよい制度かもし
れないが、ごく普通の能力をもつ一般の人には、憲法27条1項の勤労の権利
に適わない働き方を導く危険性が大きいといえる。

　働き方改革関連法の審議過程では、主に経済界からの要請を受ける形で、多
様で柔軟な働き方の実現としてこの裁量労働制の対象拡大の動きがあったが、
同制度をめぐる労働時間の不適切データ問題が発覚して国会が紛糾し、結局こ
の制度の対象拡大は立ち消えになった。その直後に、野村不動産でこの制度が
過去に違法適用され、男性社員が過労自殺した事件[50]が発覚したところからする
と、裁量労働制の拡大への懸念は、決して杞憂ではないということが分かる。

　同様なことは、2019年4月に施行される「高度プロフェッショナル制度」
にもいえると思われる。この制度は、年収1,075万円以上の専門職5業務の人
を、本人の同意を条件として、労働時間規制から外す制度である。企業には
「働き過ぎ防止措置」が課されるが、その実効性には疑問が呈されており、し
かも、対象業務である5業務を規定するのは省令なので、国会の議論なしに対
象業務の拡大を行うことができる仕組みである。「なし崩し拡大」が可能で、
そこに国民の代表である国会が関与できないことが問題として残っている。

　多様な働き方の実現という施策の推進に関しては、国民各層や働く者どうし
の分断をもたらす結果となる制度の導入になりかねず、働く者の団結にマイナ
スの要因を及ぼすおそれがある。職場での雇用上の問題共有、解決の道すじに
困難をもたらさないかということにも留意すべきである。

3　雇用形態にかかわらない公正な待遇の確保

　働き方改革法の3つめの柱は、雇用形態にかかわらない公正な待遇の確保の
促進で、企業側にとっては負担がもっとも大きい規制となる。これは、同一企
業内における正規雇用と非正規雇用の間にある不合理な待遇の差をなくし、ど
のような雇用形態を選択しても『納得』できるようにする」ことを目的とする

---

50)　2017年3月4日朝日新聞朝刊。

ものであるとされている。[51]

　ここにいう、「非正規雇用」による非正規労働者は、法律上の概念ではなく、実際社会では幅広い使い方もされている。例えば、講談社『日本大百科全書』（インターネット版）［編集部執筆］によれば、「正社員以外の非正規雇用の形態で働く労働者。アルバイト、パートタイマー、契約社員、派遣社員などとよばれる労働者の総称」であり、「通常は、時間当り賃金が正規労働者よりも低く、福利厚生面などでの待遇も悪い。半年、1年などの短期契約が多く、キャリアアップのための制度や正社員へ登用する仕組みも設けられていないことが多い」と説明されている。[52]

　働き方改革法で、正社員と非正規社員の間の不合理な差別をもたらす雇用上の仕組みが改善され、賃金や待遇、安定した労働契約や正社員への途が確保されることにつながれば、「良い労働環境の下で働き続けられる権利」の内容をなす、公正な職場環境の創出に資するものといえるであろう。その意味では、これらは早急に進められなければならない「改革」である。

　というのは、さきにあげた総務省の調査によれば、非正規労働者は対人口比で4割に迫りつつあり、総数は、2019年1月―3月の速報値では、2,162万人と増加しているからである。このように、もはや非正規労働者抜きには企業は成り立たない。この4割に迫る人々を抜きに労働問題を論じることは議論の過小である。「格差社会」の解消は、まず、企業における非正規労働者の待遇改善から始まるといってよいであろう。

　また、伝統的な性別役割分担論が支配する社会では、非正規社員に占める女性の割合が多いことが指摘されてきた。本人の意思や仕事への意欲以外の要因から生ずる男女比率の不均衡問題は、「良い労働環境の下で働き続けられる権利」の前提問題として、そもそも、働く場で、さまざまな事情をもつ一人一人の人間が、平等な権利をもつ個人として尊重されているか、という観点からの再検討が必要なことは言うをまたないであろう。

51）厚生労働省・前掲注47）。

52）非正規労働者の定義および問題性につき、前出菅野45）292頁以下。

Ⅳ　介護問題と働き方改革

　「少子高齢化時代」における介護の問題、そこにおける人材不足の問題も「働き方改革」が要請される重要なきっかけとなっている。介護には、「まった」は効かない。医療・福祉分野において、高齢化と人不足という双方の理由からなる介護分野における「切羽詰まった」パートタイム雇用が拡大することになれば、これもまた非正規雇用比率の上昇につながる。

　ところで、高齢や病気、障碍などで自立生活が難しくなってきた場合に、その状況、程度に応じた「介護サービスを受ける権利」があることは、憲法25条の生存権や13条の個人の尊重、幸福追求権から導きだせることである。その上で強調したいのは、この介護サービスを受ける者の権利の質は、それを支える人々─介護労働に携わる人々（以下、「介護従事者」という）の勤労の権利の問題と不可分の関係にあることである。介護従事者の「良い労働環境の下で働き続ける権利」の実現なくしては、高齢者や障碍を持つ人々の介護の権利実現はおぼつかない、ということになる。

　「良い労働環境の下で働き続けられる権利」は、個人の尊重を前提とする。様々な事情をかかえつつ働く人々の、その時々の様々な働き方を、個人の生き方として尊重し、それに対応した良い労働環境を維持し続けることが要請される。働き方改革法の3つめの柱である、雇用形態にかかわらない公正な待遇の確保においては、パートタイム労働における待遇改善も大きなテーマとされており、介護を受ける権利の充実のためにも、公正、という観点からの改革の実現が強く望まれるところである。

最後に──結びに変えて

　以上、憲法27条1項の勤労の権利の現代的解釈として、「良い労働環境で働き続けられる権利」を導きだし、憲法学から「働き方改革」について批判的に検討した。私見の基礎にあるのは、アントン・メンガーの『労働全収権』において、人間はその欲望の充足のために労働する、とされていることであった。

日本国憲法における社会権の冒頭には生存権を規定する25条が置かれていることもあり、勤労の権利や教育権は生存権の実現のためにあるという思考も見受けられる。そこでは、資本主義社会においては大部分の人が、労働して生活を維持していくことが基本にあるということが見えづらい。また、高度経済成長期以降の社会の労働状況も、性別役割分担論による一方の性のみによる労働市場の事実上の独占に加え、「一億総中流論」における失業や雇用差別問題、格差問題の見えづらさなどが重なって、「労働が個人の生活の基礎であり、労働によって自己の生活や人生を形成していく各人による社会の形成」という発想は全面に出てきづらかった。

　これに対し、現在の日本社会は、男女を問わず労働して生きていく、ということが普遍化しつつある段階にさしかかっていると思える。本稿で論じた、「人間が、良い労働環境で働き続けられる権利」、という勤労の権利が、主観的権利＝個人の権利として国民にあることの再確認が必要であろう。労働の場における公平の問題は、性差の問題を超え、正規、非正規という働く形態への再検討にいたる。私見による勤労の権利は、27条2項とあいまって国を拘束する客観的法規範でもある。そこでは国は、法令の制定を通じて、社会権としての勤労の権利という、新しい「公」の形を示すことになる。

　個人の権利として勤労の権利を再検討して再構築することは、勤労の権利実現を国民の手にゆだねることでもある。このことは、民間企業でいうと、職場という私的領域で、個人が、他者と連携しつつ、いかにして個々人の勤労の権利を充足させていくかという議論につながる。この局面では、良い労働環境で働き続けられること、という勤労の権利の主張は、「公」を実現するプロセスに奉仕することになるであろう。

（せいの・きくこ　明治大学教授）

第4部　政治・選挙権・司法

第Ⅰ部 政治・経済学・市民

政治制度と代表性

――近時のフランスでの制度改革論をめぐって

只野雅人

はじめに――代表性・責任・実効性の強化

　2018 年 5 月、フランスの下院・国民議会に政府が提出した 3 つの法案――憲法法律案、組織法律案、通常法律案――には、いずれも、「代表性、責任、実効性を強化した民主主義にむけて（«pour une démocratie plus représentative, responsable et efficace»）」という表題が付されている[1]。代表性（représentativité）、責任（responsabilité）、実効性（efficacité）は、マクロン（Emanuel Macron）が大統領就任後の 2017 年 7 月 3 日、両院合同会議における教書演説[2]の中で、憲法改正・政治制度の改正の提案を基礎づけるために用いた言葉である。

　2017 年の大統領選挙で当選したマクロンは、続く国民議会選挙では新興勢力の共和国・前進を立ち上げ、過半数を超える議席を獲得した。右派の中心で

---

1)　Projet de loi constitutionnelle pour une démocratie plus représentative, responsable et efficace, n° 911, Projet de loi pour une démocratie plus représentative, responsable et efficace, n° 976 et Projet de loi organique pour une démocratie plus représentative, responsable et efficace, n° 977. 以下で引用する政府提出法律案（趣旨説明と政府による影響評価書を含む）、コンセイユ・デタによる意見はいずれも、国民議会ウエップ・サイト（http://www.assemblee-nationale.fr/dyn/15/dossiers#lettre_P）より参照した（最終閲覧 2019 年 6 月 27 日）。

2)　*Discours du Président de la République devant le Parlement réuni en congrès.* 大統領府ウエップ・サイト（http://www.elysee.fr/declarations/article/discours-du-president-de-la-republique-devant-le-parlement-reuni-en-congres/）より参照した（最終閲覧 2019 年 6 月 27 日）。以下での教書演説の引用についても同様である。

あった共和党は4割以上議席を減らし、与党・第一党の社会党は30議席ほどにとどまる歴史的大敗であった。第2回目の投票の棄権は57％にも達した。[3] 既存の政治勢力に対する有権者の拒否に加え、「市民が制度に置く信任の危機」[4]もまた深刻である。こうした強い不信を背景に誕生したマクロン政権にとって、政治制度における代表性、責任、実効性の強化は重要な改革であった。しかしそのマクロン政権が、2018年秋以降、「黄色いベスト（gilets jaunes）運動」の台頭の中、強い政治不信に晒されている。エリートや政治制度に対する不信はいっそう高まっている。[5]

　憲法改正案は2018年5月下旬に第1読会で報告が行われ、また2つの法律案については政府が急速審理手続を宣言したが、大統領警護担当者による暴力事件（ベナラ事件）で審議の中断を余儀なくされた。いずれについても本稿執筆の時点では審議は進んでおらず、制度改正が実現する目処は立っていない。改革自体が挫折する可能性も否定できない。しかし、憲法改正案・法律案は全体として一貫した制度改革案として提案されており、また、趣旨説明のほか政府による影響評価書やコンセイユ・デタの意見が付されるなど議論の素材は豊富である。改革の帰趨にかかわらず、興味深い検討の素材となっており、その背景を考える意味は、決して小さくないと思われる。

　本稿では、以上のような視点に基づき提案されている一連の改革のうち、政治代表と関わる比例代表制の「加味」（通常法律）、議員定数の削減と連続当選の制限（「時間的兼職の禁止」、組織法律）、そして広範な憲法改正提案の1つである社会経済環境評議会の改組という4つを取り上げる。また、改革の3つの視点のうち、とくに近時のフランスでよく用いられる「代表性」——本稿ではreprésentativité をこのように訳出する——に焦点を合わせ、フランスにおける今般の制度改革の背景にあるものを探ってみたい。

　4つの改革に限っても、その狙いは必ずしも代表性の改善にのみ収斂するわ

---

3)　2017年の国民議会選挙につき詳しくは、拙稿「2017年フランス国民議会選挙と憲法・選挙制度」憲法研究2号（2018年5月）59頁を参照されたい。

4)　P. Klimt, «L'amélioration de la représentativité institutionnelle», *Revue française de droit constitutionnel*, n° 166, 2018, p.767.

5)　*Le Figaro*, le 11janvier 2019.

けではない。また、近時のフランスで論じられる代表性と改革の内容の間にも位相のずれがある。にもかかわらず代表性に焦点を合わせるのは、それが今日とくに先鋭化している、政治代表をめぐる「代表の危機」と呼ばれる事象と深く関わり用いられる表現だからである。マクロンの提案については、旧稿で簡単に紹介しているが[6]、法案提出前の執筆であったことから簡単な紹介にとどめざるを得なかった。本稿ではあらためて、代表性という視点から同じ素材をいま少し掘り下げてみたい。

まずは「代表性」という言葉の含意を整理しておきたい。

I　代表性の含意

1　類似としての代表性

「代表性という主題系の台頭は、『代表の危機』と呼び習わされてきたものに由来する」——代表性ということばが、とりわけ政治代表との関わりで頻繁に用いられるようになった背景について、ブイ・スアン（Olivia Bui-Xuan）は、このように述べている。ここでの代表の危機とは、「とくに政治領域において、代表される者（représenté）が抱く、彼らと彼らを代表する者（représentant）との間に存在するズレを前にした不満[7]」を指している。

もとより代表（représentation）は、多義的な概念である。法学の領域に限っても、憲法あるいは公法だけでなく、私法、社会法の領域でも代表の概念が用いられる。そもそもフランス語や英語における「代表」は、絵画による表現・描写や作品、演劇の上演など、日本語の「代表」以上に幅広い意味をもつ。代表概念研究の古典ともいえる著作の中で、ピトキン（Hanna Fenichel Pitkin）は、英語における代表（representation）の語源学的意味は当初、「もう一度目に前に出現［存在］させること」（re-present、再・現前）を意味したが、やがてより広義に用いられるようになり、「現実に、または文字通りに存在しないものを、それにもかかわらず何らかの意味で存在させることを意味する」と指摘してい

---

6)　只野・前掲注3) 68-71 頁。

7)　引用はいずれも、O. Bui-Xuan, «Propos introductifs», *Représentation et représentativité dans les institutions*, L.G.D.J., 2016, p.16.

る。ピトキンは、権威を付与する（authorizing）、描写する（standing for）、象徴する（standing for）、そして誰かのために行動する（acting for）、といった諸側面から、代表について論じ、いずれか1つの視角のみから代表を捉えつくすことはできないとしている。

　存在しないものを存在させることに代表の本質があるとすれば、代表する者とされる者との間に常にある種のズレ、あるいは位相差があることは避け難い。代表は、常にその正統性を問われざるを得ず、構造的に危機を内在させているともいいうる[9]。代表性（représentativité）とは、そうした代表の正統性と関わる概念である。今日、西欧民主主義諸国で広く観察されるように、代表する者が代表される者を満足させることが難しい状況の中では、代表の正統性の不十分さや欠如が強く意識されざるを得なくなる。

　では、どの様な条件が整えば代表性が満たされることになるのか。ブイ・スアンは、近時のフランスで代表性の語が用いられる場合、それは「代表する者とされる者との間の類似性（ressemblance）」を意味しており、この意味での代表性が、政治代表以外にも様々な法制度の中で求められるようになっているという。

　ブイ・スアンによれば、かかる意味の代表性（類似としての代表）は、一方では、代表する者が代表される者の思想や利益を擁護することを含意し、代表する者が代表される者の「思想や利益の多元性を可能なかぎり忠実に反映すべき」ことを求める。他方では、代表する者が代表される者の社会学的な似姿（image sociologique）であることを含意し、「人々の中に現存する集団（少数派、女性、障害者…）やカテゴリー（社会階級、若者…）を可能なかぎり忠実に反映すべき」ことを要請する[10]。類似性という言葉から通常連想されるのは後者であろうが、社会学的に似通った属性をもつ者が自分たちの利益を擁護してくれると考えることもまた、自然であろう。利益の代表は、共通の利益をもつと想定される特定の人間集団を通じて考えられるのが通例である[11]。2つの側面は、不可

---

8)　ハンナ・ピトキン／早川誠訳『代表の概念』（名古屋大学出版会、2017年）11頁。

9)　B. Daugeron, *La notion d'élection en droit constitutionnel*, Dalloz, 2011, p.658.

10)　O. Bui-Xuan, *supra* note 7, p.15.

11)　ピトキン・前掲注8）249-250頁。

分に結びつく。

とはいえ現実には、利益の擁護という点でも、社会学的相似という点でも、厳密な類似は存在しない。それぞれが均質な「思想や利益」を有する、十分に特定可能な「現存する集団やカテゴリー」を想定することは困難である。せいぜい、大まかな近似が問題となるにすぎず、類似は常に仮象のものにすぎない。

今日問題となるように、代表される者が代表する者によって自らの思想や利益が擁護されていないと強く感じるとき、両者の間の類似性の欠如が強く意識されることになり、代表の仮象性が強く顕在化することになる。今日のフランスでは、一連の制度改革を通じ、そうした代表性の修復——より正確には仮象性の顕在化の縮減——が試みられているといえよう。そうした修復作業は、もとより容易なものではない。類似としての代表の具体化の手法について、さらにいま少し整理をこころみておくことにしたい。

2　描写と意匠

よく知られるフランス革命期の代表概念は、類似としての代表とは大きく隔たったものであった。憲法が付与した国民を代表する者の職務は、「国民のために意欲する（vouloir pour la nation）」こと——一般意思の表明としての法律を制定すること——であった。「国民の意思」は、あらかじめ代表されるべきものとして存在するのではなく、代表する者により形成されるものとして観念されていた。選挙は、そうした職務を担った代表する者を選出する手続にすぎなかった。文字どおりの、仮象の代表である。[12]

しかしながら選挙が定着し、その重みを増すとともに、とりわけ普通選挙の導入以降、次第に、選挙はあらかじめ存在する選挙人の意思を代表するための手続であるとの考え方が定着して行くことになる。こうした変化についてドジェロン（Bruno Daugeron）は、「代表すること、それはもはや、立法すること、換言すれば一般意思の表明を通じ政治的一体性を構成することには存せず、選挙において、また選挙によって表明される、あらかじめ存在する選挙人団としての人民の意思を伝達することに存する」と述べる。[13]

---

12) P. Gueniffey, *Le nombre et la raison. La Révolution française et les élections,* Édition de l'École des hautes études en sciences sociales, 1993, p.157.

あらかじめ存在する選挙人団の意思を伝達することが代表の本質であると位置づけられるようになるにつれ、まずもって重視されて行くのが、「選挙人団の意思を忠実に再現した模写」を実現することである[14]。こうした観点から、選挙の結果構成される議会は、選挙人団の肖像画や縮図、あるいは選挙人団の姿を映し出す鏡にも譬えられる。ピトキンのいう、「描写的（descriptive）代表」である[15]。

そこで問題となるのは、どの様にして類似を、モデルの「忠実な模写」を実現するのかという点である。代表性は、たとえば典型性とも訳出しうる[16]。しかし、ピトキンが指摘するように、「典型性」から代表の質を論じることには明らかに無理がある。典型的な有権者——「平均的」な有権者——の特徴を備えた議員こそが当然に最善の代表者であると考えることはできない[17]であろう。

英語やフランス語の代表は、絵画による表現をも意味する言葉であり、「忠実な模写」という代表のイメージはそうした用語法に合致する。しかし、絵画による具象の程度は描写の「正確さの度合いによっては決まらない」のであり、represent することには、描こうとする対象との「ある程度の距離や違い」も必要であるとピトキンは述べる[18]。対象を忠実に再現しているかにみえる具象画にあっても、常にどの様に描くのかという意匠が問われるのである。地図あるいは縮図の比喩についても同様である。一定の領域についての地理的な特徴のうち、どれを選択し地図上に表記するかによって、地図にもさまざまな種別が生じる[19]。

結局のところ、類似のあり方は常に、「何が政治的に意義ある特徴として代表されるべきか[20]」の選択に依存する。類似を捉える指標の選択の問題と言い換

---

13) B. Daugeron, *supra* note 9, p.633.

14) *Ibid.*, p.635.

15) ピトキン・前掲注 8) 81 頁以下。「記述的」ではなく「描写的」という訳語を用いる含意につき、同書ｖ頁の訳者による解説を参照。

16) 代表性は、社会調査と政治代表双方で問題となり得る。その異同につき、P. Rosanvallon, *Peuple introuvable. Histoire de la représentation démocratique en France*, Gallimard, 1998, pp.128-129.

17) ピトキン・前掲注 8) 101-102 頁。

18) 同書 90 頁・91 頁。

19) 同書 116 頁。

20) 同書 116 頁。

えることもできよう。類似としての代表をめぐっては、しばしば鏡や写真の比喩——選挙人団を映す鏡、あるいは写真——が用いられるが、「何が政治的に意義ある特徴か」が常に選択の対象となることからすれば、絵画や縮図といった比喩がより適切といえよう。

　考慮すべき特徴は様々に考えられる。先に引いた意味での代表性は、思想・利益の反映と社会学的類似を志向する。しかし、「特定化（spécification）の要素（宗教、民族、地方性、性別等）を帯びているがゆえに代表性があり、職務の行使においてそれらに忠実でなければならない」といった前提を徹底しようとすれば、無理が生じることも自明である。通例相互に重なり合うすべての特定化の要素を代表することは不可能であり、「その具象の多様性において社会を翻訳する」作業は、「終わりなき競争」にもつながりかねない。また、特定化の要素とされるもの自体も、一定の人為性を帯びる。代表性の指標となりうる社会学的カテゴリーは、自然に存在するものというよりは、一定の視角から構成されたものである。代表性を追求しようとすれば、いかに適切な指標を見出すのかが問われることとなる。

　西欧民主主義において、とりわけフランスで、類似を実現するための指標の問題が主題化され、正面から問われるようになるのは、普通選挙が定着した19世紀後半から20世紀初頭のことである。当時、二大潮流をなしたのが、比例代表、そして利益代表（représentation des intérêts）の主張であった。

　比例代表は、代表性の議論をめぐる1つの「頂点」をなすものであった。普通選挙の定着とともに叢生した政党を指標に、「社会の諸特徴を議会の中に移調する」手法といえよう。そこでの政党の位置づけは、単なる世論の分類の指標にはとどまらない。政党は、さまざまな社会内部の多元性を合理化し、「比較的安定した政治的アイデンティティーの定式化」を可能にする役割をも果た

---

21) L. Jaume, «Représentation», D. Alland et S. Rials（dir.）, *Dictionnaire de la culture juridique*, P.U.F., 2003, p.1339.
22) *Ibid.*, p.1338.
23) B. Daugeron, *supra* note 9, p.703.
24) P. Rosanvallon, *supra* note 16, p.128.
25) B. Daugeron, *supra* note 9, p.661.
26) P. Rosanvallon, *supra* note 16, p.17.

したと、ロザンヴァロン（P.Rosanvallon）は指摘する。

　比例代表は20世紀に入るとヨーロッパ大陸諸国に広く普及する。フランスでも第2次大戦後の第4共和制下で、下院選挙に導入された。しかし周知のように、この仕組みのもとで、多党分立と内閣の極度の不安定がもたらされたことから、現行の第5共和制下の下院・国民議会選挙では、1986年に一度導入されたのみで、ほぼ一貫して回避されてきた。

　一方、様々な利益（intérêts）を手がかりとして、社会の諸特徴の「移調」を試みるいまひとつのヴァリエーションが、利益代表であった。日本では職能代表の呼称も広く用いられるが[28]、ここでは類似を捉える指標を明確にするために、原語に忠実に「利益」の語を用いる。利益代表がめざしたのは、比例代表を含む政治代表を通じては十分に捕捉が難しい諸利益の代表を実現すること——「社会をその多様性において権力行使と共通の規範の生成に参加させること」[29]——であった。とはいえ、利益の概念はもとより多義的であり、利益代表を通じ「移調」がめざされる社会の諸特徴も様々であった。利益代表を政治制度として具体化することには大きな困難が伴う。利益代表は、フランスでは、後述のように諮問機関（評議会、Conseil）として具体化されてゆく。

　近時のフランスにおける制度改革をめぐる議論では、代表性の強化を掲げた改革のもとで、一方では比例代表制の部分的導入が、他方では利益代表機関の手直し——「市民社会」の代表——が、それぞれ議論の対象となっている。さらに、代表性の改善をめぐり考慮すべき指標は、「政党」や「利益」に限られるわけではない。次に代表性の修復をめぐる近時の制度改革論に目を転じ、それらと代表性との関わりについて考えてゆくことにしたい。

---

27) *Ibid.*, p.167.

28) この点について詳しくは、拙著『代表における等質性と多様性』（信山社、2017年）132頁以下をも参照されたい。

29) A. Chatriot, *La démocratie sociale à la française. L'expérience du Conseil national économique 1924-1940*, Édition La Découverte, 2002, p.3.

Ⅱ　フランスにおける政治制度改革の諸相

1　政治代表と代表性

(1)　比例代表制の「加味」

　マクロンは、冒頭で引いた教書演説の中で、代表性はフランスでは依然として「未完の闘い」であるとし、「すべての傾向（sensibilité）が公正に代表されるよう」、比例代表制の「加味」を提案している。この提案を受けて、通常法律案が「改革の核心」に位置づけるのが、国民議会議員選挙への比例代表制の部分的導入である。第5共和制下では1986年を除き一貫してとられてきた小選挙区2回投票制を基本的に維持しつつも、総定数（後述のように現行の577から404に削減を予定）の15％（定数61名）を非拘束名簿式・全国1選挙区の比例代表制に充てるという内容である。

　議席は、最大平均法（ドント方式）によって、有効投票の5％以上を獲得した名簿にのみ配分される。2008年の憲法改正で新たに設けられた国外に居住するフランス人の選挙区でも、選挙区を統合して比例代表制が導入される（法案1条）。日本の衆議院議員選挙制度と同様に、小選挙区制と比例代表制を並立する仕組みであるが、重複立候補は認められない（法案2条）。比例代表制の導入に併せて、立候補、選挙手続、選挙資金規正、選挙運動など、関連規定の見直しもなされることになる。

　政府提出法律案は、憲法（39条1項）の規定により、閣議での審議前にコンセイユ・デタの意見を徴することとされている。また、コンセイユ・デタへの送付に先立ち、政府の影響評価書（étude d'impact）が付される（2009年4月15日組織法律8条）。通常法律案に付された政府による影響評価書は、まず憲法上の問題を検討している。評価書は、2つの異なる制度を並立させた仕組みは、元老院議員選挙、さらには国民議会選挙でも採用例があるのでそれ自体憲法上の問題はないとする。また、すべての選挙人が多数代表制と比例代表制で代議士を選出できるので、投票の前の平等にも反しないとしている。[30]

---

30)　*Etude d'impact. Projet de loi pour une démocratie plus représentative, responsable et efficace*, NOR : INTA1809393L/Bleue-1, p.8.

影響評価書は、立法の目的については、小選挙区制のもとでは相当な得票をしても議席を得られない政党や政治団体の議席獲得を可能にするものであり、「選挙人団の意見の多様性のよりよい代表を確保し、憲法〔4条3項〕が承認する、国民の民主主義的な生活に対する政党及び政治団体の公平な参加を保証する」ものである指摘している[31]。しかし法案では、少数勢力の代表の改善という目的のみが貫かれているわけではない。安定した多数派の確保という実効性への配慮は、代表性の改善という目的以上に顕著である。影響評価書は、あくまで多数代表単記投票制が「標準でなければならない」とする。そうすることで「国民議会内部で明確でまとまりある多数派を引き出すことが可能になる」のであり、その見直しは「第5共和制の諸制度の安定性と実効性を損なう」と指摘する。大政党に有利に働く最大平均法（ドント方式）や5％の阻止条項の採用も、同様の視点から説明されている。阻止条項については、同様の規定が比例代表で行われる人口1,000人以上のコミューン議会選挙、州議会選挙、欧州議会選挙でもすでに採用されていることが指摘され、かかる措置には「多元性を損なう効果はない」とされている[32]。

コンセイユ・デタの意見も、憲法上の問題はないと結論づけている。意見は、制度全体については同種の仕組みがすでに採用されていることから特段の検討は不要であるとする。また、5％の阻止条項によりすべての組織が代表されるわけではなく、さらに「一方は個人として選挙区の有権者の多数の信任を得るのに対し、他方の選挙は全国名簿に占める地位による」と述べ、2種類の議員が並存する問題をも指摘する。しかし、これらはいずれも、憲法上の障害にはらないとされる[33]。

今回の法案が内容とする比例代表制の部分的導入は、決して新しい提案ではない。フランスでは大統領が替わるたびに諮問委員会が設けられ、憲法改正を含む大がかりな制度改正が提案されるのが半ば慣例化し、その項目の1つとして、比例代表制の部分的導入があげられてきた[34]。ただし、それはあくまで「加

---

31) *Ibid.*, p.9.

32) *Ibid.*, pp.10-11.

33) Conseil d'Etat, *Avis sur le projet de loi pour une démocratie plus représentative, responsable et efficace*, NOR：INTA1809393L/Verte2, p.2.

味」にとどまる。フランスでは先述のように、比例代表制のもとで内閣の極度の不安定を生じた第4共和制の経験から、比例代表制については統治を不安定化するとして、否定的な評価が強かった。今回の法案の影響評価書でも、「諸制度の安定性と実効性」が重視され、第5共和制下で安定した下院多数派を生み出してきた小選挙区2回投票制を「標準」と位置づけている。

比例代表制の部分的導入の主張が繰り返される背景には、政治的な配慮もある。比例代表の導入をかねてより主張してきたのは、現行制度下では議席獲得を見込みにくい、右派・左派の主要政党以外の政治組織であった。2017年の国民議会選挙で新興組織の共和国・前進を母体に新たに誕生したマクロン政権は、とくに中道会派 MoDem との協力関係を不可欠としている。比例代表制の「加味」は、MoDem のかねてよりの主張に配慮した対応という側面も強い。

しかし近時のフランスでは、政治的配慮を超えて、「すべての傾向の公正な代表」(マクロン)に一定の配慮をせざるを得ない深刻な状況がある。ロザンヴァロンは、1980年代以降、投票行動の不安性 (volatilité) の増大とともに、政治の「脱社会学化 (désociologisation)」とでもいう状況が進行してきたと論じている。[35]政党をはじめ、政治代表の類似性を支えてきた指標がその機能を弱める中で、「社会的差異化」が「不明瞭に、あるいはいずれにせよより感知しにくくなった」[36]というのである。

近年のフランスの選挙結果の分析からは、「社会職業的特徴の紛れもない減退」[37]も指摘されている。ルバン (Luc Rouban) は、2012年と2017年の国民議会選挙結果の分析から、2017年については、新興勢力・共和国前進の台頭によって議員の「女性化・若年化」が進んだ一方で、フランスの社会調査で上層に分類される職業出身の代議士が増えていると分析している。その傾向は、典型的なフランスのエリートとしての出自をもつマクロンが率いる与党・共和国

---

34) 拙稿「代表民主政と選挙制度の展開──統治・代表とその限界」辻村みよ子編集代表、山元一＝只野雅人＝新井誠編『講座・政治・社会の変動と憲法──フランス憲法からの展望　第1巻・政治変動と立憲主義の展開』(信山社、2017年) 302-303頁。

35) P. Rosanvallon, *supra* note 16, p.326.

36) *Ibid.*, p.327.

37) L. Rouban, «De la présidentielle aux législatives, les mirages du renouvellement», P. Perrineau (dir.), *Le vote disruptif*, Presses de Science Po, 2017, p.294.

前進でとくに強い。ルバンは、「国民議会の女性化と若年化は、多様化の兆候を示しているが、それらは反面、社会面での政治的リクルートの歴史的閉塞と政治の『管理職化』のプロセスへと新たに道を開いている」と指摘している[38]。

　小選挙区制という仕組みゆえにさしたる議席は獲得していないものの、2017年国民議会選挙（第1回目の投票）における極右・国民戦線（現・国民連合）と極左・不服従のフランスの得票率は、合計で25%近くにも上っている。こうした組織が、既存の主要政党との間に距離感をいだく有権者を惹きつけている。かかる状況下では、たしかに、比例代表制の導入は、多数派形成を難しくする可能性がある。しかし他方では、「選挙制度だけによってある政党を押しとどめ排除すること」が、かえって「制度全体に対する市民の不信」を助長するのではないかという懸念もまた否定し得ない[39]。代表性の修復の提案が繰り返される理由があるのである。

(2) 議員定数削減

「より人数の少ない、しかしその手段において強化された議会、それは作業がより円滑になり、議員がよりよい訓練を受けたより多くの協力者を配された議会、よりよく働く議会である[40]」。マクロンはこう述べて、両院議員定数の削減を提案した。代表性ではなしに、むしろ議会活動の実効性の強化と関わる措置である。

　議員定数の決定は、憲法上（25条1項）組織法律事項とされており、組織法律案1条が、国民議会については定数を404名（現在577名）、元老院については244名（現在348名）と定めている。議員定数を両院ともに30%削減する提案である。

　政府の影響評価書によると、フランス（人口6,563万人）の代議士（現行577名）1人あたりの人口は11万3,745人で、人口規模が比較的近いドイツの11万4,453人、イギリスの9万5,921人、イタリアの9万7,591人、スペインの13万4,345人などと比較して平均的位置にある。上院については選挙によらな

---

38) *Ibid.*, p.296.

39) Groupe de travail sur l'avenir des institutions, *Refaire la démocratie*, octobre 2015, p.54.

40) *Discours du Président de la République devant le Parlement réuni en congrès, supra* note 2.

い国もあり比較が難しいが、この水準からさらに議員定数を削減する理由について、影響評価書は、議会活動の実効性強化をあげている。影響評価書は、他にも実効性強化と関わる要素はあるものの、議員定数が「この目標を意味ある形で達成することを可能にする主要なパラメーターの１つ」であるとする。[41]

2008年の憲法改正により、国民議会の定数は577名、元老院の定数は348名を上限とすることが定められた（24条２項・３項）。この上限の範囲内の措置であるから、削減それ自体は別段憲法上の問題を生じない。しかし大幅な削減は、各県への議員定数の再配分（両院）や選挙区の全面的な再画定（国民議会）という作業を伴わざるを得ない。配分可能な議席の減少は、投票価値の平等の要請との調整という、代表性とも関わる憲法問題を惹起することになる。

フランス憲法院は、1986年の判決において、「普通直接選挙で指名される国民議会は本質的に人口の基礎にもとづき選挙されなければならない。立法府はこの根本的準則を緩和し得る一般利益の諸要請を考慮し得るとしても、限られた限度でそうし得るにすぎない。」という規範を提示し[42]、以来、投票価値の平等をめぐる憲法適合性の統制を強化してきた。2009年の判決では、1986年には合憲とされた、人口にかかわらず各県に２議席を配分する措置について、議員定数に憲法上上限が設けられたことと人口の増加という「法的な及び事実上の状況の重要な変化」を根拠に、違憲と判断している[43]。地方公共団体の代表という役割を憲法上付与され、各県を選挙区として間接選挙で選ばれる元老院についても、国民議会選挙ほどに厳格ではないにせよ、定数配分における人口の考慮が求められている[44]。

こうした憲法院の判断からすると、制度設計のうえで政治的に一番の焦点となるのが、これまで通り各県に最低１名の議員を配分できるのかという点である。組織法律をめぐるコンセイユ・デタの意見は、今回の議員数削減提案（さらに比例代表制の加味）は、「国民議会は本質的人口の基礎にもとづき選挙され

---

41) *Etude d'impact. Projet de loi organique pour une démocratie plus représentative, responsable et efficace*, NOR : INTA1809391L/Bleue-1, pp.13-14.

42) Décision n° 86-208 DC des 1ᵉʳet 2 juillet 1986, cons 22.

43) Décisions n° 2008-573 DC du 8 janvier 2009, cons 23.

44) Décisions n° 2011-636 DC du 21 juillet 2011, cons 6.

る」という憲法院が求める準則の障害とはならないと評価している。元老院についても、「この準則は国民議会ほど厳格には適用されない」と指摘し、投票価値の平等とは両立可能であるとしている。[45)]

　議員定数は組織法律事項であるが、定数配分や選挙区画定は通常法律による。1986年と2009年の国民議会選挙区の全面的な再画定にあたっては、法律が定数配分の準則を規定したうえで、実際の作業を政府のオルドナンスに授権した。今回の法案でも同様の対応が予定されている。憲法38条に基づき、通常法律案6条は、法律の公布から18ヶ月以内に、オルドナンスにより、本来は立法事項に属する措置を定めるものとしている。同条はまず、各県や各海外公共団体等の代議士数・元老議員数は1名を下回ってはならないとする（1項1号・7号）。政府による影響評価書は、この措置について、国民議会については、「代議士と選挙の区画との間の絆を保持するであろう」と評している。また元老院については、この措置によって、従来通り県の枠組で選挙が実施されるとする。[46)]

　さらに2項は、国民議会選挙の選挙区画定について以下のような準則を提示している。いずれもが、1986年・2009年にもとられ、憲法院によって是認された準則と同趣旨である。

①一般利益を理由として正当化される調整を留保したうえで本質的に人口の基礎にもとづきなされる。

②地理上・人口上の理由から正当化される場合を除き、選挙区は地続きでなければならない。地続きで人口6万人を下回るカントンは同じ選挙区に含まれ、また、かかるカントンに含まれるコミューンの境界は尊重されなければならない。

③選挙区の人口は当該県の選挙区の平均人口から20%以上乖離してはならない。

　議員定数の削減の提案をめぐっては、従来とられてきた、県を単位とする選挙区画定（国民議会）、県選挙区（元老院）への影響について、とくに元老院から深刻な懸念が表明されていた。マクロンによる憲法改正提案を受けて、上院議長がとりまとめた報告書では、「元老院議員と代議士の領域への定着と領域の公正な代表（juste représentation des territoires）への配慮」が必要であるとの指摘がなされている。[47)] 今回の法案では、こうした要請に対する配慮と憲法上の

---

45) Conseil d'Etat, *supra* note 33, pp.2-3.

46) *Etude d'impact, supra* note 30, p.37.

要請との調整が図られている。とはいえ、本質的な人口の基礎にもとづく選挙という要請を憲法院が強めてきたこともあり、あくまで投票価値の平等と両立可能な制度の選択が提案されている。本質的な人口の基礎の要請が、代表の正統性の基盤として無視し得ない重みを持っているように思われる。

　定数削減それ自体をめぐっては、もっぱらコストの観点から削減が論じられる日本とは異なり、議会活動の実効性の強化が理由として掲げられている点も興味深い。しかし、議員定数の削減には、議会における代表の多様性を損なう面がある。それだけに、比例代表制の加味が、削減とバランスをとるためにも必要とされている面があろう。

(3)　時間的兼職の制限

　時間的兼職の制限は、憲法上、組織法律事項とされる国会議員の被選挙資格（éligibilité）と関わるため、組織法律案 11 条が規定している。地方の執行職についても、同様の措置が通常法律案に規定されているが、ここでは国会議員職に絞り検討をおこなう。組織法律案は、3 期（任期を満了しない場合も、残任期間が 1 年を超えない任期を含む）を超えて連続して代議士職・元老院議員職をつとめた者は次期の選挙に立候補できないとしている。

　フランスでは、国会議員職と地方公選職との間の、あるいは公選職間の兼職が広く根付き、問題となってきた。1985 年、さらには 2014 年の法律によって、[48] 現在ではかなり広範な制限が行われるようになっている。こうした異なる公選職間の「同時兼職」のみならず、「連続的兼職」（時間的兼職）にまで規制を拡げようというのが、今回の提案の趣旨である。かかる立法の必要性について政府の影響評価書は、大統領の公約に沿い、「政治的多様性と多元性を促進し、政治階層を刷新し、当選者と市民を近づける」ためのものであるとしている。より具体的には、政治の過剰な職業化を回避することで議員の刷新を促進すること、議員の経歴の多様化を促すこと、代表の紐帯を再活性化すること、議会

---

47) Groupe de travail de Sénat sur la révision constitutionnelle, *40 propositions pour une révision de la Constitution utile à la France*, le 24 janvier 2018, p.33

48) 徳永貴志「国会議員および欧州議会議員の兼職規制強化」日仏法学 28 号（2015 年）135 頁などを参照。

におけるパリテ（男女同数）を促進すること、利益相反への対策をとること、制度の近代化への期待に応えること、などが目的としてあげられている[49]。

被選挙権（droit d'éligibilité）の制限をめぐっては、憲法院が2011年判決で、被選挙資格の条件をめぐる立法府の権限を認めつつも、地位・公職への就任についての市民の平等を定めた1789年人権宣言6条を根拠に、「投票の前の平等の原則の尊重と選挙人の自由の保持に必要な限度でなければ、市民から被選挙権を奪うことはできない」と判示している[50]。これを受け影響評価書は、立法者は「かかる立候補の自由の制限を導入することで、一般利益の要請を追求し、また追求される目的に比例した措置を準備する義務を負う」と述べる。

評価書は、政治人材（personnel politique）の刷新という目的は、「投票の前の平等の原則の尊重と選挙人の自由の保持」に適うものであるとし、今般の措置は、「はじめて選挙人の投票の前に立つ者に比して構造的優位性を享受する、長期にわたり公職にある候補者を排除することで選挙人の自由を促進し」、また「経歴、経験、世代の多様化」に貢献するものであるとする。また被選挙権に対する制約は、時間的兼職の禁止が同じ議員職に限られること、3期連続の就任のみが対象となること、法律適用時の任期から規制の対象となることをあげ、「かなり限定的」であると評している[51]。

コンセイユ・デタの意見も、時間的兼職の制限の憲法適合性について、立ち入った検討を加えている。コンセイユ・デタがこの措置をめぐりまず指摘するのは、「性質上憲法的であるような事項は存在しない」という点である[52]。フランスの場合、大統領については、憲法上連続就任は2期に制限されているが、コンセイユ・デタによれば、大統領の地位の重要性に加え、かかる規定を立法にゆだねると「権力分立を損なう」ことから、とくに設けられた規定であるとされる。それゆえ、議員の連続就任の制限は憲法改正による必要はなく、組織法律でも対応可能だというになる。組織法律による被選挙資格の欠格事由（inéligibilité）は、上述の憲法院の判決を受け、「一般利益を理由として正当化

49）*Etude d'impact, supra* note 41, pp.55-56.
50）Décisions nº 2011-628 DC du 12 avril 2011, cons 5.
51）*Etude d'impact, supra* note 41, pp.54-55.
52）Conseil d'Etat, *supra* note 33, p.15.

されねばならず、投票の前の平等の原則の尊重と選挙人の自由の保持に必要な限度で規定されることにより、追求される目的に比例したものでなければならない」とされる。[53]

コンセイユ・デタは、経験ある議員の立候補は議会活動をより実効的なものとすることに資するし、また選挙人が新たに議員を信任する機会を奪うと「市民と当選者の間に確立された紐帯を断つ」ことにもなりかねないため、議員の再選には意義があるとする。しかし、「当選者の刷新と政治の非職業化」という目的は一般利益に適うとし、今回の措置は、新人候補と多選候補の間の「実質的平等」への配慮から出た措置であって、必要でもあるとする。さらにコンセイユ・デタは、連続就任の制限は議員職以外の領域ですでに様々に立法化されていることをも指摘している。[54]

時間的兼職の制限には、コンセイユ・デタも指摘するように、代表の紐帯（あるいは代表性）を強化する面と脆弱化する面の双方がある。今回の提案は、両者のバランスをとり、またできるだけ制約の度合いを弱めた措置という位置づけとなっている。日本でも、地方公共団体の首長をめぐり、多選制限が検討されたことがある。[55]国会議員の多選制限をめぐるフランスの議論は、「両院議員の資格」の定めを一定の条件のもと法律に委ねる日本国憲法との対比でも興味深い。ただし、日本国憲法では国会議員の任期について明文の規定が置かれている。さらに、同時兼職と連続的兼職が一体となり根付いてきた歴史をもつフランス独有の文脈もある。日本では、かかる措置をフランスと同様に正当化することは容易ではないように思われる。

2　政治代表の補完と代表性

(1)　利益代表と評議会

最後に、「第5共和制の諸制度の中で、その独自性にもかかわらず、最も無

---

53) *Ibid.*, p.16.

54) *Ibid.*, p.17.

55) 「【特集1】首長多選制限をめぐって」ジュリスト1340号（2007年）所収の諸論攷を参照。違憲論として、渋谷秀樹「地方自治」ジュリスト1334号（2007年）140-142頁も参照。任期制限の可否それ自体について判断するものではないが、アメリカの事例につき、高見勝利「57議員の任期制限」憲法訴訟研究会・芦部信喜編『アメリカ憲法判例』（有斐閣、1998年）431頁をも参照。

視されてきた[56]」とも評される経済社会環境評議会をめぐる憲法改正案については、検討しておくこととしたい。フランスにおける利益代表の機関は1925年に創設された国民経済評議会に起源をもち、第4共和制（経済評議会）、第5共和制（当初は経済社会評議会）を通じ維持されてきた。「評議会（Conseil）」という名称が示すように、政治代表（議会）を補完する諮問機関という位置づけが与えられてきた。政治代表の組織にあたり、社会職業的利益といった把握が容易ではない指標を正面から組み込むことは難しい。またそもそも、集合的な「利益」を代表するという着想は、「個人化された普通選挙の平等的側面[57]」——フランス憲法の基調をなしてきた個人主義的代表観——と両立しない。それゆえ諮問機関という迂回路がとられてきた。

　国民経済評議会は、政治代表の機能不全が問われ反議会主義が台頭した戦間期に、「議会から独立し組織化された市民社会と行政〔公権力〕との対話の形態[58]」として設けられた。それゆえ、代表される者と代表する者との間の距離が問題となる今日、その改組が論じられることには相応の理由がある。マクロンも教書演説で、改組の理由について、あらためて当初の理念に立ち返り「市民社会と政治機関との間に連結符（trait d'union）を設ける」ことだとしている。評議会が現実に対話の場として機能してきたとは言い難いが、社会と代表との距離をいかに縮めるかという議論の位相を知るうえでは、興味深い検討素材である。

　1958年、現行憲法下で設置された経済社会評議会は、政府の付託を受け、政府提出法律案、オルドナンス案、デクレ案、議員提出法律案、さらには経済社会問題について意見を述べる諮問機関としてスタートした。設置後、権限について大きな修正はなかったが、2008年の憲法改正により役割・権限の拡大がはかられ、名称も経済社会環境評議会にあらためられた。現在の評議会（定数233）は、①経済生活と社会的対話（140名、被用者、私企業、農業、手工業、自

---

56) J. Frayssinet, *Le Conseil économique et social*, Les études de la documentation française, 2ᵉéd, 1996, p.5. 前身の経済社会評議会をめぐり詳しくは、福岡英明『現代フランス議会制の研究』（信山社、2001年）182頁以下をも参照。

57) A. Chatriot, «Les apories de la représentation de la société civile», *Revue française de Droit constitutionnel*, nᵒ 71, 2007, p.549.

58) A. Chatriot, *supra* note 29, p.2.

由業それぞれの代表等)、②社会・国土の統一と結社（60名）、③自然・環境保護（33名）の各領域から構成されている（経済社会評議会に関する1958年12月29日オルドナンス）。

2008年の憲法改正は、かなり踏み込んだ改革であった。まず、新たに「環境」が諮問対象となり、また「経済的、社会的、環境的性格をもつすべての計画または計画策定政府法律案」については付託が義務づけられるようになった。議会からの付託も可能となった。さらに新たに、市民からの請願の付託も認められるようになった。「議会と市民に対する評議会への付託の開放」が図られ[59]たのである。

しかし、諮問の利用は低調のままであった。市民からの請願も、50万人以上の署名が要件となっていることもあり、付託されたのは大きな議論を呼んだ同性婚に関する1件のみにとどまっている。しかもこの請願は、政府提出法律案が対象となっているとして不受理となった。改革の成果は決して芳しいものではない[60]。

加えて、その代表性をめぐる批判もある。上述のオルドナンス（組織法律）は、評議会の性格について、「国の主要な活動を代表することで、それらの協働を促進し、国民の経済、社会、環境政策への参加を保証する」と定めている（1条）。こうした規定を受け評議会は、上記の3領域における組織の代表（représentants）を中心に構成されている。しかし、それぞれの領域で、政府が指名する「高い見識をもった者（personnalité qualifiée）」も構成員に含まれている。こうした専門家（expert）枠は当初より存在していたが、改組により拡張されている。そこには、「厳密に利益を代表する会議」に、利益代表とは異なる新たな正統性（専門性）が挿入されているのではないかという問題がある[61]。

さらに2008年の憲法改正で付加された「環境」については、いっそう大きな問題がある。評議会の本質は、利益というカテゴリーを通じて——各職域・領域の組織の代表者によって——社会を代表することにある。環境はそうした

---

59) L. Touzeau, «Le Conseil économique, social et environnemental après la loi organique du 28 juin 2010 : une assemblée constitutionnelle mal identifiée», *Revue du droit public*, n° 3, 2011, p.653.

60) P. Klimt, *supra* note 4, pp.782-783.

61) L. Touzeau, *supra* note 59, p.647.

意味での利益といえるのか。たしかに環境もまた、公益あるいは社会共通の関心（préoccupation）といった意味では「利益」の1つとして観念できないわけではない。[62] しかし「環境」は、少なくとも評議会の本質である上述のような形態の「利益代表」——特定の利益と関わる人的集団の代表——とは、かなり位相を異にしている。「環境」が付加されることで、「その代表性が脆弱化することになる」[63] と指摘する論者もある。環境のようにそれ自体としては考慮が不可欠なものであっても、口あたりのよい要素が付加されることで、社会・経済諸領域の利益代表としての組織の正統性が曖昧になったということである。

(2) 市民社会の代表？

これまでの評議会を、「市民社会を代表し、市民社会と我々の制度との対話を可能とする、しかしまた公衆への諮問と市民参加の交差点をなす」組織とすることが、政府の憲法改正案（14条）の目的である。[64] 評議会は「市民社会院（Chambre de la société civile）」と改称される。改革の眼目のひとつは、経済、社会、環境問題について公衆の意見を徴し、長期的な観点から公権力による決定の帰結についての評価を提供することである。そのために公衆への諮問（consultation du public）が組織される。いまひとつの眼目は、市民からの請願をより広く受け入れることである。さらに3点目として、法律案の付託の拡大（経済、社会、環境を対象とする政府提出法案の付託の義務づけ）が図られる。市民社会への開放性や対話の強化を意識した提案であるが、いずれにも問題がある。

まず問題となるのが、フランスの憲法で初めて用いられる「市民社会」という表現である。憲法改正法律案に付されたコンセイユ・デタの意見は、「市民社会」が通常の用法では、「国家と制度でないすべて」を意味するような広範な概念であることを指摘する。[65] そのうえで、この言葉の定義を行っている欧州連合の『ガバナンス白書』[66] に依拠し、「労働組合と使用者の組織、並びに宗教

---

62) 特定の人間集団に関わらない利益の観念につき、ピトキン・前掲注8）222頁以下を参照。

63) L. Touzeau, *supra* note 59, p.652.

64) Projet de loi constitutionnelle, *supra* note 1, pp.12-13.

65) Conseil d'Etat, *Avis sur un projet de loi constitutionnelle, pour une démocratie plus représentative, responsable et efficace*, NOR : PRMX1809671LVerte3, p.13.

を含む市民生活の全領域で構成員の利益や価値を擁護する団体」を含むものと
して理解すべきであるとする。そして市民社会院は、「もっぱら市民社会の代
表者から構成され、経済社会環境評議会とは異なり、その個人的能力あるいは
経験のみに応じて指名される者を含み得ない」との重要な指摘を行っている。
先にみた問題もふまえ、代表性を明確にせよという指摘である。

　さらにコンセイユ・デタは、付託の義務づけをめぐっても、見直しを求めて
いる。義務づけは、経済、社会、環境を主たる対象とする政府提出法律案に限
られてはいる。しかし、そうした性格の法案は、政府提出法律案全体の30%
～ 40%にも及ぶため、立法の遅延が懸念されるというのである。それは立法
手続の実効化という、今回の憲法改正提案の別の狙いに背馳する。

　憲法改正案の付託を受けた国民議会の憲法・立法・共和国一般行政委員会は、
2018 年 7 月、報告をとりまとめている。報告は、コンセイユ・デタの指摘も
受け、評議会の名称を「共和国フォーラム（Forum de la République）」とし、ま
た政府提出法律案の義務的な付託を廃止するという、修正提案を行っている。
「院（Chambre）」の名称を用いないのは、この言葉が議会の「議院」を連想さ
せるからである。[67]

　報告はさらに、市民への意見聴取（consultation du public）をめぐっても、他
の機関による同種の手続との重複の問題を指摘している。国民議会では、ドリ
ュジ議長（François de Rugy）のイニシアチヴにより立ち上げられたプロジェク
ト（Rendez-vous des réformes 2017-2022）の一環として、政府提出法案について
市民から意見聴取を行う取り組みが開始されている。また、1995 年に設置され、
2002 年に独立行政機関の位置づけを与えられている全国公論委員会（Commission
nationale du débat public）にも同種の手続がある。「共和国フォーラム」におけ
る意見聴取手続の具体化は組織法律に委ねられており、報告はこれら既存の手
続との分節化（articulation）が必要だと指摘している。[68]

66）Commission européenne, *Livre blanc sur la gouvernance européenne*, 25 juillet 2001. ガバナンス
　白書をめぐっては、只野・前掲注 28）323 頁以下をも参照。

67）*Rapport fait au nom de la commission des lois constitutionnelles, de l'administration générale de
　la République sur le projet de loi constitutionnelle, pour une démocratie plus représentative,
　responsable et efficace*, A.N., n° 1137, p.81.

68）*Ibid.*, pp.182-183.

「議会にはなり得ず、またなってはならない」ことが、フランスにおける利益代表機関の一貫した特徴をなしてきた。諮問機関（評議会）と位置づけられることで、「国民の経済的・社会的諸力の可能な限り正確な似姿[69]」を描き出す意匠の自由度は大きくなる。しかしその分、代表性を適切に定礎し適切な役割を明確化することは難しくなる。また、決定権限をもたないがゆえに、プレゼンスの脆弱性という問題をも抱え込むことになる。もっとも、こうした性格の機関であるからこそ、様々な代表性の修復の実験が可能になるという面もあろう。必ずしも一貫性のないようにみえる改革提案の積み重ねからは、類似としての代表を具体化することの困難が浮かび上がる。

むすび

本稿では、代表性という切り口から、近時のフランスにおける制度改革提案を概観してきた。もとより代表性は多義的な言葉であり、少なくとも今回論じた政治代表を中心とした政治制度の組織をめぐっては、それらを方向づける規範的概念とはなりにくいように思われる。憲法が許容する制度設計の余地の中で、代表の危機に応接するための一連の制度改革の提案を定礎するものとして、様々に援用されているという感が強い。代表性というプリズムを通して垣間見える代表をめぐる危機の構造が単純なものでないとすれば、代表性として論じられる問題の位相も、また代表性の修復の試みも、多面的にならざるを得ない。

改革の試みは、興味深いものではあるが、いずれも簡単に成果を上げうるとはとは思われない。とはいえ、一連の改革の背後には、代表の本質にも関わる重要な契機を見出すことができるように思われる。一見すると弥縫策の積み重ねにも見える一連の改革提案は何より、2017 年の選挙に限らず、代表する者や政治制度に対する各方面からの激しい異議申し立ての表出に突き動かされてのものである。そうした要求を通じて、擁護されるべき意見や利益が認識され、考慮されるべき指標が明確化してゆくことにもなろうし、また従来十分に可視化していなかった代表されるべき要求が認識される契機も生じよう。そうした

---

69) 引用箇所はいずれも、国民経済評議会の初代議長パンルヴェ（Paul Painlevé）の言葉である（Cité par A. Chatriot, *supra* note 29, p.343）。

要求は、「黄色いベスト運動」にみられるように、しばしば制御が困難であり、制度の枠組みの中で受け止めてゆくことは容易ではないが、フランス民主主義の活力となり、代表をめぐるダイナミズムを生み出している。「要求」が代表をつくるという契機に着目してみる意味は、そうした要求が現れにくい日本にとっても、決して小さくないように思われる。[70]

〔付記〕
　本稿脱稿後、黄色いベスト（gilets jaunes）運動への対応策としてなされた市民との対話や欧州議会選挙の結果を受けて、憲法改正法律案等の手直しが行われ、7月にも閣議にかけられる見通しであるとの報道に接した。憲法改正をめぐっては、議会改革が削除される一方、「エコロジー」の明記や市民参加の拡大などが検討されている。本稿で取り上げた4つの改革はいずれも大筋で維持されるが、議員定数の削減と時間的兼職制限の規模の縮小、社会環境評議会の改組として当初提案されていた「市民社会院」に代わる「市民参加評議会（Conseil de la participation citoyenne, CPC）」の創設などの修正が検討されている（*Le Monde*, 1er juin 2019）。
　憲法改正法律案と元老院に関わる組織法律案の可決には元老院の同意が必要であるが、とくに議員定数の削減をめぐっては合意が得られていない。フィリップ首相（Édouard Philippe）は6月12日の国民議会での一般政策の表明の中で、元老院の合意が見通しにくい事項については、2020年の元老院選挙後に先送りすることも示唆している（https://www.gouvernement.fr/partage/11045-declaration-de-politique-generale-a-l-assemblee-nationale 最終閲覧2019年6月27日）。

　フランスの制度改革について、フランス政府事務総局のThierry-Xavier GIRARDOT氏、コンセイユ・デタのVincent VILLETTE氏にインタビューに応じていただいた（2019年1月10日）。その成果の一部は本稿にも反映されている。ここに記し、感謝申し上げる。

（ただの・まさひと　一橋大学教授）

---

70) M. Saward, *The representative claim*, Oxford University Press, 2010, p.138 et s.

レファレンダムにおける「問い」について

井口秀作

はじめに

　新潟県巻町（当時）と沖縄県の二つの住民投票の実施を踏まえて、「90年代を特徴づける西欧の『レファレンダム旋風』が、ようやくに日本でも吹き始めたらしい」[1]と辻村みよ子が指摘したのは、1996年のことである。それから20年以上が経過したが、西欧における「レファレンダム旋風」は止まる気配がない。スペインからの独立の是非を問うカタルーニャ州の住民投票（2014年）や、イギリスのBrexitに関する国民投票（2016年）は記憶に新しい。後者においてEUからの離脱をイギリスが選択したことは世界を驚愕させ、「想定外」の結果とそれに続くイギリス政治の混迷は、レファレンダムの機能に対する懐疑の念をもたらすことになった。もっとも、その混迷から抜け出すためにレファレンダムの再度の実施が主張されていることからしても、「レファレンダム旋風」が完全に止まってしまったという状況にはない。

　日本においても、前世紀末から今世紀にかけて、条例に基づく住民投票は、法的拘束力の欠如や低投票率の場合の不成立などの限界を伴いながらも、着実に実績を積み上げてきた。また、常設型の住民投票条例を設ける地方自治体も登場している。最近でも、沖縄県の「辺野古米軍基地建設のための埋立ての賛

---

1)　辻村みよ子「『住民投票』の憲法的意義と課題」ジュリスト1103号（1996年）34頁。

否を問う県民投票」（2019年2月）が注目を浴びた。条例に基づく住民投票以外にも、「大都市地域における特別区設置に関する法律」に基づいて、いわゆる大阪都構想関する住民投票が大阪市で実施されている（2015年）。住民投票それ自体は、地方自治にいて一定の存在感を示しているといえる。

　他方で、日本では国民投票は一度も実施されたことがない。もっとも、日本国憲法においては、憲法を改正するためには国民投票は必須の手続とされている。「レファレンダム旋風」とは異なる文脈であるが、憲法改正をめぐる情勢が国民投票への関心を呼び起こしている。

　ところで、辻村は、「市民主権」論を提唱し[2]、それは「具体的存在としての主権者市民がレファレンダムなどの方法で積極的に主権行使を実現することを要請する」と主張している。「市民主権」論における「市民」は「政治的意思決定能力をもつ主権行使者」という具体的な存在として把握されるとはいえ、レファレンダムを含めて、そのような「市民」による主権行使は、「市民」の「組織化」、主権行使手段の「制度化」という要請から免れることはできない。それゆえ、どのような制度のあり方であれば、主権行使と見なされるのかという制度的な要請の検討が求められることになる。

　本稿では、レファレンダムにおける「問い」のあり方を検討してみることにする。レファレンダムにおいては、有権者に対して一定の「問題」と「選択肢」が示され、あらかじめ示された選択肢の中から一つを選ぶことで、有権者は「問題」に対する「回答」を示すことになる。「問題」と「選択肢」は不可分であり、両者を合わせてレファレンダムにおける「問い」が構成されることになる。この「問い」のあり方が、レファレンダムにおいて重要な意味をもつことはいうまでもない。

　以下では、レファレンダムにおける「問い」の一部を違憲と判断したフランス憲法院1987年6月2日判決を手がかりとして、レファレンダムにおける「問い」に対する憲法上の要請について検討してみたい。そして、そこから、日本国憲法の憲法改正国民投票に対する示唆を探ってみることにする。

---

2)　辻村の市民主権論については、辻村『市民主権の可能性』（有信堂、2002年）50頁以下を参照。

I　フランス憲法院 1987 年 6 月 2 日判決

レファレンダムは、国家内の一定の領土に属する住民が、それまで帰属していた国家から独立し新たな国家を形成していくという意思を示すために用いられることがある。このようなレファレンダムは、フランスで「民族自決レファレンダム」(référendum d'autodétermination) よばれているものである。ここで取り上げる憲法院判決で問題となるレファレンダムも、フランスの海外領土 (territoires d'outre-mer) であったニューカレドニアおよび周辺諸島の住民に本国からの独立の是非を問うものであった。

フランス第 5 共和制憲法下において「民族自決レファレンダム」はしばしば実施されてきたが、憲法上に一般的な根拠規定が存在するわけではない。もっとも、憲法院が、1975 年 12 月 30 日判決において、「領土のいかなる割譲も、いかなる交換も、いかなる併合も、関係する住民の同意がなければ有効ではない」という第 5 共和制憲法 53 条 3 項の規定が、「独立国家を形成するために、ある領土がフランス共和国に帰属すること終える場合」にも適用されるとして、同条項が民族自決レファレンダムに根拠となりうることを認めている。

1986 年 7 月 17 日法律は、上記のニューカレドニアに関する民族自決レファレンダムを組織するものである。これによれば、レファレンダムにおいて有権者に向けられる「問い」は、「あなたは、ニューカレドニアが独立に至ることを望みますか、あるいは、その本質的要素が皆さんに周知される地位を伴ってフランス共和国に留まることを望みますか」というものであった。この「問い」の中の「その本質的要素が皆さんに周知されている地位を伴って」(avec un statut dont les éléments essentiels ont été portés à votre connaisance) の文言は、政府が提出した原案にはなく議会審議の中で付加されたものである。そしてこの「問い」が憲法に反するとして、議会で可決後、1986 年 7 月 17 日法律は、憲法 61 条 2 項に基づき、大統領による審署前の憲法院による憲法適合性審査

---

3) フランスにおける「民族自決レファレンダム」については、J.-F.Dobelle, Référundum et droit à l'autodétermination, *Pouvoirs*, n° 77, 1996, pp.54-60.

4) Décision n° 75-59 DC du 30 décembre 1975.

に付託されることになった。

上記の「問い」で問題とされたのは主として次の2点である。一つは、この「問い」には、ニューカレドニアがフランスから独立するか否かという事柄に加えて、フランスに留まる場合のニューカレドニアの地位に関わる事柄が含まれており、「問い」が一つでありながら、その中に、「独立」と「地位」という二つの異なる事項が混在しているということである。もう一つは、フランスに留まる場合のニューカレドニアの地位は、憲法74条2項に従って、地域議会へ諮問の後、組織法律で定められることになっていたにもかかわらず、「問い」の中では「その本質的要素が皆さんに周知されている地位」とされ、レフェレンダム実施時点で確定しているかのような書きぶりになっていたことである。

これに対して憲法院は次のような判断を示す。[5]

(1) 憲法53条3項の「領土のいかなる割譲も、いかなる交換も、いかなる併合も、関係する住民の同意がなければ有効ではない」という規定は、「憲法前文第2段により、とりわけ海外領土について認められている、諸人民の自由な決定とその意思の自由な表明の原則を憲法第6章の標題にある条約及び国際協定に適用したも」のであり、「この原則を実施するために、憲法の枠内で、共和国の権限を有する機関によって諮問された関係住民には、その意思を表明することが認められなければならない。」(Considérant n° 5,6)。

(2) 「関係住民に提示される『問い』は、『諮問の公正と明確性という二重の要請』(double exigence de loyauté et de clarté de la cosulutation) を満たさなければならず、諸機関はその権限の範囲内で関係住民に考えられる方向性 (orientations envisagées) を示すことが許されるとしても、投票権者に対する『問い』は曖昧さ、とりわけその方向性の指示の射程について、曖昧さを含んではならない。」(Considérant n° 7)。

(3) 1986年7月17日法律において、「ニューカレドニアの関係住民が意思を表明することが求められている『問い』は、独立に至ることに賛成かフランス共和国に留まることに賛成かの選択だけではなく、後者の場合には、本質的要素が関係住民に周知されている地位を伴う、ということをも対象としている」が、「このような『問い』の起草の仕方は曖昧である。このような『問い』は、地位の本質的要素が、憲法74条に従って地域議会への諮問の後に法律によって定め

---

5) Décision n° 87-226 DC du 2 juin 1987.

られる事項であるにもかかわらず、既に確定しているかのような誤った考えを有権者に生じさせるおそれがある。したがって、本法第1条中、本質的要素に関わる条項は、諮問の明確性という憲法上の要請を満たさない」。したがって、「本法第1条に示される『その本質的要素が皆さんに周知されている地位を伴って』という文言の規定は憲法に反する。」(Considérant n° 8,9,10)。

　(4)　「上記の規定が憲法院の審査に付された法律の条文全体と不可分であるとの帰結は、問題となっている条文や、その起草のされ方、議会で行われた法案審議での議論からは導かれない」ので、「審査に付された本法の他の条項に関する憲法適合性については憲法院が職権で取り上げる理由はない。」(Considérant n° 11,12)。

　判決を整理すると、まず(1)は、民族自決レファレンダムの憲法上の位置付けについての判断である。憲法53条3項の規定の実質的根拠として憲法前文第2段の「諸人民の自由な決定とその意思の自由な表明」の原則を位置付け、そこから、民族自決レファレンダムが憲法上認められることを示している。

　(2)では、レファレンダムの「問い」に対する「諮問の公正と明確性という二重の要請」という規範的要請が導かれている。この導出はやや唐突な感があるが、(1)が前提として置かれていることからすると、「諸人民の自由な決定とその意思の自由な表明」という内実を確保するためには、レファレンダムにおける「問い」が「諮問の公正と明確性という二重の要請」を満たす必要がある、と捉えられているのであろう。したがって、「諮問の公正と明確性という二重の要請」の実質的根拠は、憲法前文第2段の示す「諸人民の自由な決定とその意思の自由な表明」の原則ということになる。

　(3)は、この規範的要請を本件レファレンダムの「問い」について適用した部分である。「問い」の中の「その本質的要素が皆さんに周知されている地位を伴って」という部分が、ニューカレドニアがフランスに残留した場合の地位は事後に決定されることになっているにもかかわらず、既に決まっているかのように有権者を誤った理解に導く可能性があることが、曖昧であるとされ、明確性の要請を満たさないものと判断されている。

　提訴権者は本法全体が違憲であると主張していたが、これに対して(4)は、違憲と判断された部分が本法の他の規定と可分であることから、他の諸規定の憲法適合性の判断は不要である旨を示したものである。したがって、本判決は一

部違憲判決ということになる。

このような一部違憲判決について、憲法院の権限に関する 1958 年 11 月 7 日オルドナンス 23 条 1 項は、「憲法院が、付託された法律に憲法に反する規定が含まれていると宣言し、かつ、当該規定が法律全体と不可分であると確認しない場合には、共和国大統領は当該規定を除いて当該法律を審署し、又は、議会に新たな審議を求めることができる」と規定している。本判決を踏まえて、大統領は前者を選択し、当該規定を除いて審署した。したがって、実際のレファレンダムは、「ニューカレドニアが独立に至ること」か「フランス共和国に留まること」か、いずれに賛成するか、という「問い」で実施されることになった。

憲法院は、憲法前文第 2 段の「諸人民の自由な決定とその意思の自由な表明」の原則から、レファレンダムの「問い」について「公正と明確性」という「二重の要請」を導いている。「公正」と「明確性」とが並べられているが、「諮問の明確性という憲法上の要請を満たさない」と判断されているのみで、「公正」に関わる判断はなされていない。

これと関連して、憲法院は、一つの「問い」に二つの異なる事柄が混在しているという点についても、何らの判断もしていない。これは、明確性の要請を満たさないと判断された部分が除去されれば、レファレンダムの「問い」の意味が、フランスからの独立かフランスへの残留か、という一つに事項に収斂され、二つの異なる事柄が混在するという問題も解消されると判断したものであろう。その結果、フランスに残留した場合のニューカレドニアの地位は、レファレンダムにおいては何も決定されず、議会の決定に委ねられることになる。その意味では、憲法院判決によって、ニューカレドニアの今後の地位の問題はレファレンダムの射程から切り離されたことになる。ニューカレドニアとフランス本国の関係をめぐる真の論点が、フランスに残留したうえで、本国とどのような関係を切り結ぶか、どのような自治権が確保されるか、という点にこそあったとすれば、このようなレファレンダムの政治的有効性は別途問題となろうが、そこには、民族自決レファレンダムというものに対する、憲法院の割り切りがあるように思える。

Ⅱ　レファレンダムにおける「真正」としての「公正と明確性」

　レファレンダムにおける「問い」に対する要請が憲法上に明記されることがある。例えば、ポルトガル憲法115条6項は、レファレンダムにおける「問い」が「客観的、明確かつ的確に、かつ、賛否の回答形式で作成されなければなら」いことを規定している。このような明文の規定がないにもかかわらず、憲法院は「諮問の公正と明確性という二重の要請」を導いた。その根拠とされたのは、第5共和制憲法前文第2段において示される海外領土を想定した「諸人民の自由な決定とその意思の自由な表明」の原則であった。その点からすると、「諮問の公正と明確性という二重の要請」は「民族自決レファレンダム」のみに当てはまるようにもみえる。しかしながら、学説では、当初から、あらゆるレファレンダムに同様の要請が及ぶという理解が有力であった。憲法院自身も、後に特に理由を示さず、憲法11条や89条に基づくレファレンダムにも、「公正と明確性」の要請が及ぶことを認めるようになる[6]。したがって、「公正と明確性」という要請はレファレンダム一般に当てはまるものと考えられている。

　フランス第5共和制憲法11条や89条に基づく国政レベルのレファレンダムの場合、問題となるのは憲法院の権限である。1987年6月2日判決にように、法律に基づいてレファレンダムが実施される場合は、憲法61条2項により当該法律の審署前に憲法適合性審査の中で、法律において定められている「問い」が「公正と明確性」の要請を満たすかの審査が可能となる。しかし、憲法11条や89条に基づくレファレンダムは、大統領がその都度発するデクレによって実施されている。したがって、レファレンダムにおける「問い」に関して、法律に対する憲法適合性審査は登場する余地がない。

　しかしながら、憲法60条は憲法院に「レファレンダムの施行の適法性を監視し、結果を公表する」権限を与えている。憲法院は当初この権限を極めて限定的に解していたが、2000年の判決[7]をきっかけとし、レファレンダム関して

6）　この点については、M.F.-R.Stéfanini, «L'exigence constitutionnelle de clarté et de loyauté des consultations» in *Mélanges en l'honneur de Louis Favoreu, Renouveau du droit constitutionnel*, Dalloz, 2007, pp.1532-1535.

投票に先行する諸行為に関するデクレに対して、憲法院の権限が及ぶことを認めるようになる。[8]

　ところで、1987年6月2日判決に関する評釈が、「公正と明確性」の要請について、「そこで示されている原理は、諮問の真正（sincérité）である[9]」と指摘しているように、フランス憲法学では、「公正と明確性」の要請はフランス裁判機関独特の「真正」の概念と同じ範疇のものと理解されている[10]。フランスでは、この「真正」とは、「裁判機関が緩やかに政治的決定を枠づけ、あるいは方向づけるために用いられてきた」ものであり、とりわけ、選挙の領域においては、「投票の真正」（sincérité du scrutin）という概念が、裁判機関が選挙の適法性を審査する際に用いられている[11]。

　「投票の真正」とは、「公表された結果と自由に表明された多数者の意思の間に一致が存在すること[12]」と定義されるが、これは、「有権者による意思表明の正確性の確保[13]」と言い換えることができるとされている。「有権者による意思表明の正確性の確保」が求められるのは選挙の場合に限られず、レファレンダムの場合においても同様である。「市民の直接の意思表明、時として国民主権の直接の表明でさえあるレファレンダムは、市民によって表明された意思が歪められ、欺かれ、または不正確あるいは偽った解釈を招かないように、その手続が真正の保障によって支えられていることが不可欠である[14]」といわれるゆえんである。この点からすれば、レファレンダムの「真正」は、「問い」のみに要求されることではなく、レファレンダムの手続全体に関わることになるはず

---

7)　Décision n° 2000-21 REF du 25 juillet 2000.

8)　以上の点については、J.-P.Camby, *Le Conseil Constitutionnel, juge électoral,* 7ᵉéd., Dalloz, 2017, p.263.

9)　F.Luchaire, *D.* 1988, p.291.

10)　M.F.-R.Stéfanini, *supra* note 6, pp.1525-1526.

11)　「投票の真正」の概念と憲法院およびコンセイユデタによるその適用については、只野雅人「普通選挙と選挙裁判所：フランスにおける投票の真正（sincérité）の概念をめぐって」一橋法学17巻2号（2018年）24頁以下を参照。

12)　S.Lamouroux, «Sincérité et juge electoral» in S.Cacqueray et al. (dir.), *Sincérité et démocratie,* Presses universitaires d'Aix-Marseille, 2011, p.143.

13)　只野・前掲注11）25頁。

14)　M.F.-R.Stéfanini, «La sincérité de l'expression referendaire», in S.Cacqueray et al, *supra* note 12, p.329.

である。憲法院も、レファレンダムにおいては、「諮問の公正と明確性」の要請が、「問い」以外の場面においても適用されうること自体は認めている[15]。

　フランスの憲法学者ステファニーニ（M.F.-R.Stéfanini）は、フランス独特の概念であるレファレンダムの「真正」としての「諮問の公正と明確性」の要請が、人民主権から直接導かれるもので[16]、必ずしもフランス固有のものではなく、諸外国でも「混同（confusion）あるいは曖昧さ（équivoques）を避けることを目指す同じ目的をもった別の用語」によって実定法上あるいは判例上表現されているのだとしている[17]。その上で、ステファニーニは、レファレンダムにおける「問い」に対する「真正」の要請を、「投票での争点が十分に意識されるように、有権者に示される選択の結果が明確なものでなければならない」という「明確性（clarté）」の要請と、一つの「問い」は「複数の事柄を対象とすべきでない」という「単一性（homogénéité）」の要請[18]にまとめている。「明確性」と「単一性」と二つの言葉に集約させることは、「曖昧さがもたらす柔軟性」という[19]「真正」の利点を損なうおそれがあるが、「問い」の「明確性」と「問い」の「単一性」とが、レファレンダムにおいて「有権者による意思表明の正確性の確保」にとって最小限度の要請と理解することは許されるであろう。

　1987年6月2日憲法院判決は、フランスに残留した場合のニューカレドニアの地位が事後に議会によって決定されることになっているにもかかわらず、「既に確定しているかのような誤った考えを有権者に生じさせるおそれがある」ことを捉えて、「問い」が明確性の要請に反するとしたものである。

　レファレンダムにおいては、有権者は妥協や修正というプロセスなしに、「問い」に対して賛成または反対といった二者択一の投票で意思を表明する。「問い」の中に複数の事項が含まれている場合には、一方には賛成、他方には反対という場合に、選択の自由が制限されることは明らかである。この点に関わるのが単一性の要請である。

15）M.F.-R.Stéfanini, *supra* note 6, pp.1533-1535.

16）*Ibid.*, p.1529.

17）*Ibid.*, p.1530.

18）M.F.-R.Stefanini, *Le contrôle du référendum par la justice constitutionnelle*, Presses universitaires d'Aix-Marseille, 2004, p168.

19）只野・前掲注11）24頁。

ステファニーニは、レファレンダムにおける「問い」に対する回答は二者択一であることを前提にしている。レファレンダムにおいては、選択肢が3つ以上設定されると、「票割れ」や「漁夫の利」といった現象が起きる可能性があるから、レファレンダムにおける「問い」の選択肢が二者択一であることが求められることは当然であろう。欧州評議会ベニス委員会が2007年に策定した「レファレンダムに関する実践のための規範」(Code of good practice on referendums) においても、レファレンダムでは「有権者は設問に対して、賛成、反対又は白票のいずれかのみで答えられるようにしなければならない」とされている。レファレンダムは「多様な」民意をそのまま反映させる制度ではないのである。

Ⅲ　レファレンダムの類型と「問い」の「明確性」・「単一性」

　レファレンダムにおける「問い」を考える場合、フランスの憲法学者アモン (F.Hamon) による次の分類が有益である。アモンは、レファレンダムを「提起される『問い』の対象」によって分類する場合、「法規範を修正する条文（法律、憲法改正、条約）の採択に関する」「規範的レファレンダム」(référendums normatifs) と「多かれ少なかれ明確な意思の宣言に関して人民が意思表示をする」「政策的レファレンダム」(référendums orientatifs) が区別されるとする。

　「規範的レファレンダム」の例としては、フランス第5共和制憲法11条のレファレンダムがあげられる。これは、「公権力の組織に関する法律案、国の経済・社会、または環境政策およびそれにかかわる公役務をめぐる諸改革に関する法律案あるいは憲法に違反しないが諸制度の運営に影響を及ぼすであろう条約の批准の承認を目的とする法律案」の採択を求めるものである。したがって、「問い」の対象は「法律案」という規範である。法律案がレファレンダムで承

---

20)　坂井豊貴『多数決を疑う』（岩波書店、2015年）6頁以下を参照。
21)　https://www.venice.coe.int/webforms/documents/default.aspx?pdffile=CDL-AD(2007)008rev-cor-e（最終閲覧2019年1月25日）.
22)　F.Hamon, Actualité du référendum, le débat, n° 96, 1997, p.51. 訳は村田尚紀（訳）「フランシス＝アモン『レフェランダムの今日性』」関西大学法学論集48巻2号（1998年）182頁を参照。

認されると、それは法律となる。

　他方で、規範として具体化されていない政策的方向性を「問い」の対象とするのが、「政策的レファレンダム」である。例えば、イギリスの Brexit に関するレファレンダムは、EU からの離脱か EU への残留かという政策の基本的な方向性の選択が「問い」に対象となっている。「辺野古米軍基地建設のための埋立ての賛否を問う県民投票」（以下では、単に「沖縄県民投票」という）は、「辺野古に米軍基地を建設するために埋め立てをする」という政策に関する賛否を問うている。特定の政策的方向性がレフェレンダムにおいて承認されても、そこから直ちに当該政策が実現されるわけではなく、レファレンダムの結果を踏まえて、議会なり政府なりが、当該政策を実現していくことになる。

　もちろん「規範的レファレンダム」と「政策的レファレンダム」との区別は相対的である。特定の政策的方向性が法規範の承認によって問われる場合があり得るし、規範的レファレンダムにおいても、多かれ少なかれ政策的方向性を問うという要素がある。重要なことは、「問い」の「明確性」と「単一性」の要請が、「問い」の対象によって異なった様相を示すということである。以下では、それぞれを「規範型」、「政策型」とよんで整理してみることにする。

　規範型の場合、特定の法規範についての賛否が問われるから、「問い」は「当該規範について賛成か反対か（あるいは「賛成か賛成でないか」）」と定式化される。その点での「問い」の意味は明確である。フランス憲法院は、「問い」そのものとは別に、「問い」の対象となる法規範にも「公正と明確性」の要請が及ぶことを示唆している[23]。しかし、法規範の条文の意味内容が、一般の有権者に一見して明確であるということはそれほど多くはない。また、そのような条文の起草を厳格に求めることは不可能を強いるに等しい。ステファニーニは、このような場合に、市民に対して問われているのは、個々の条文の細かな意味についてなのでなく、「条文総体の中に現れる一般的な考え方（idée générale）」であると考えるべきであり、明確性はそのような「一般的な考え方」について求められ、そのために「問い」に関する公的な説明やレファレンダム運動が重要であることを強調している[24]。

---

23) Décision n° 2000-428 DC 4 du 4 mai 2000.

規範型においては、「問い」の単一性の要請は、「問い」の対象となる法規範のレベルで問題となる。単一性の要請との関係で問題となるのは、複数の別個の法規範を一括して「問い」の対象とするときと、一つの法規範の中に複数の事項が含まれる場合とがある。後者を問題とするのが、住民投票の対象となる法案の内容が「一つの主題に限定されなければならない」というアメリカの「シングル・サブジェクト・ルール[25]」や、スイス憲法の部分改正について要求される、「内的関連性のない複数の問題を一個の提案にして投票にかけることが禁止[26]」されるという「内容の同一性」（スイス憲法138条3項）といったルールである。

　もっとも、ステファニーニは、「諸外国の例では、原則的には、議会で事前に審議、可決された法規範に関するレファレンダムは一般的に単一性の要請の下におかれない[27]」と指摘している。確かに、「シングル・サブジェクト・ルール」や「内容の同一性」は、主としてあるいは専らイニシアティブについて要求されている。イニシアティブの場合、有権者の直接投票に持ち込むためには一定の署名数が必要であり、署名をできるだけ多く集めるために複数のテーマを法案に盛り込むというインセンティブが働きやすい。その意味で、「問い」の単一性の要請はイニシアティブに固有の意味を有する。もっとも、レファレンダムの「真正」という観点からすれば、同様の要請は、議会が審議、可決した法規範について行われるレファレンダムの場合も当てはまり、要請の程度に相違があるだけと考えることもできる。

　さらに、ステファニーニは、単一性の原則は過度に厳格であるべきではないとしている。レファレンダムの「問い」の対象となる法規範については、「一つの原則に基づく内的関連性」あれば、単一性の要請を満たすと考えてよいのだとし、例えば、刑法典を一括してレファレンダムに付す場合であっても、「社会に対して害悪を及ぼす行為の確定と禁圧」という共通目的で構成されて

24）M.F.-R.Stéfanini, *supra*, note 6, pp.1549-1550.

25）シングル・サブジェクト・ルールについては、福井康佐『国民投票制』（信山社、2007年）31頁を参照。

26）小林武『スイス憲法』（法律文化社、1989年）80頁。

27）M.F.-R.Stefanini, *supra*, note 18, pp.193-194.

いるのだから、単一性の要請は維持されている判断できるのだとしている。[28]

　次に、政策型について考えてみると、規範型の場合と異なり、レファレンダムの「問い」の対象となる政策をどのように記述するかということが、「明確性」との関わりで、重要となる。上記のフランス憲法院 1987 年 6 月 2 日判決は、「問い」の中の「その本質的要素が皆さんに周知される地位を伴ってフランス共和国に留まること」という政策的選択肢が「明確性」に反する判断したものである。また、提訴者は、「独立か残留か」の問題に加えて、残留した場合の地位の問題を含めているという点が、「単一性」に反することも主張していた。

　政策型の場合、選択肢の設定の仕方について、1 つの特定の政策を示して、それについての賛否を問う場合がある。この場合、「問い」は、当該政策について「賛成か反対か」という形式で設定される。これを賛否型とよんでおく。沖縄県民投票は、賛否型であるが、最終局面で、「どちらでもない」という選択肢が加えられ三択となった。賛否型の場合、どちらでもないと判断する有権者は白票を投ずるか棄権するのが通常であろう。「どちらでもない」という選択肢は、そのような投票行動を有効投票へと誘導することによって、無効票と有効票の相違を曖昧化することになる。さらに、沖縄県民投票の根拠である「辺野古米軍基地建設のための埋立ての賛否を問う県民投票条例」の 10 条 2 項は、「県民投票において、本件埋立てに対する賛成の投票の数、反対の投票の数又はどちらでもないの投票の数のいずれか多い数が投票資格者の総数の 4 分の 1 に達したときは、知事はその結果を尊重しなければならない」と定めている。「どちらでもない」という投票が多数であった場合に、知事が「その結果を尊重する」というは意味不明といわざるをえない。その意味で、この選択肢の設定は、明確性の要請に反するということが可能である。[29]

　政策型の場合、賛否型以外に、二つの選択肢を示して「いずれに賛成か」という形でレファレンダムの「問い」が設定される場合がある。これを選択型とよんでおく。「政策(A)に賛成か反対か」という「問い」と「政策(A)と政策(B)の

---

28) *Ibid.*, p.194.
29) もっとも、投票結果を見る限り、そのような曖昧さを払拭する程の明確な結果が出たということになる。

いずれに賛成か」という「問い」とには、微妙な、場合によっては大きな、相違が産み出される場合がある。

イギリスの Brexit に関するレファレンダムでは、このことが問題となった。当初の「問い」は、「連合王国は EU 加盟国であり続けるべきか」に Yes また No で投票するものであった。これが、選挙委員会（Electoral Commission）の勧告を受けて、「連合王国は EU 加盟国であり続けるべきか、それとも EU を離脱すべきか」について、投票用紙でいずれにチェックマークを付けるという「問い」に変更された。すなわち、賛否型から選択型に変更されたのである。

この変更は、レファレンダムの意味を、キャメロン政府が考えていた「EU の制度改革を前提として EU に残留する」という政策についての賛否を問うという趣旨から、「EU 残留か離脱かの選択を問う」ものに変えることになった。「残留」・「離脱」のいずれの内部にも様々なバリエーションがあることから、「残留」か「離脱」かという二者択一が、有権者の中に存在するより複雑で多様な選択肢と齟齬を来したという側面は否定できない。離脱となった場合に、どのような選択肢がありうるのかということが、レファレンダムの局面においては不可視とされたことが、有権者の選択を不明確にした可能性がある。[30]

政策型のレファレンダムにおいて選択型がとられる場合、一つの政策が選択されたことを前提として、その先に存在する選択肢をどのようの位置付けるかは困難な問題である。フランス憲法院 1987 年 6 月 2 日判決は、独立の是非を問うレフェレンダムにおいてフランスに残留した場合に生じるニーカレドニアの地位のという問題をレファレンダムにおける射程から切り離した。

他方で、一つの選択を前提として、レファレンダムに別の設問を設けるという場合がありうる。その例として、占領からの解放後フランス臨時政府によって 1945 年 10 月 21 日に行われたレファレンダムがあげられる。このレフェレンダムにおいて、第 1 の「問い」は、「あなたは、本日選挙される議会が憲法制定議会となることを望みますか」というものである。これは第 3 共和制憲法を有効と見なすかどうかを有権者に問いかけるものである。そして、有権者の多数が、第 3 共和制憲法の失効、すなわち「選挙される議会が憲法制定議会と

---

30) 以上の点については、江島晶子「イギリスにおける 2016 年国民投票および 2017 年総選挙」憲法研究第 2 号（2018 年）29 頁を参照。

なることを望」むを選択した場合を前提にして設定されたのが第2の「問い」
である。「もし、有権者団が第1問に対して《賛成》と答えた場合、あなたは、
新憲法が施行されるまで公権力が［投票用紙］裏面の法案の規定に従って組織
されることを承認しますか」というものである。この「問い」の意味は、「《無
制約の制憲議会か制約された制憲議会か》という判断を人民に委ねた」[31]という
ことになる。すなわち、同日のレフェレンダムは、第3共和制憲法の存続、制
約された制憲議会、無制約な制憲議会という3つの選択肢を、二つの「問い」
に分けて問うたものであり、第1の「問い」に対する選択の結果が、第2の
「問い」の前提となっているのである。これによって、第3共和制の効力と制
憲議会の権限という二つの事項が、切り分けられているのである。

Ⅳ　日本国憲法における憲法改正国民投票

　以上の考察を踏まえて、日本国憲法の憲法改正国民投票における「問い」に
ついて、考えてみることにする。
　日本国憲法96条の定める憲法改正国民投票は、国会が確定した憲法改正案
を国民が承認する手続である。国民に憲法改正案という規範が示され、国民投
票において「その過半数の賛成」があると憲法改正案が承認されたことになる。
典型的な「規範型」のレファレンダムである。したがって、「問い」は、国会
が発議した憲法改正案に賛成か否かを問うものになる。
　憲法96条を具体化する「日本国憲法の改正手続に関する法律」（以下では、
「憲法改正手続法」という）は、その57条1項で「投票人は、投票所において、
憲法改正案に対し賛成するときは投票用紙に印刷された賛成の文字を囲んで○
の記号を自書し、憲法改正案に対し反対するときは投票用紙に印刷された反対
の文字を囲んで○の記号を自書し、これを投票箱に入れなければならない」と
定めている。「国会が発議した憲法改正案に対して、賛成か反対か」という
「問い」があらかじめ法律で設定されていることになる。その「問い」は明確
である[32]。

31）村田尚紀『委任立法の研究』（日本評論社、1990年）243頁。

「問い」の対象である憲法改正案については、ステファニーニの主張に従えば、有権者は、条文の個々の意味内容ではなく、「一般的な考え方」が問われていることになる。これに関わって、国民投票運動のあり方や国民投票広報協議会による広報の制度設計が重要な意味をもつこととなろう。

　憲法改正案の明確性と関連して、「法律の定めるところにより」などの文言がある場合に、「当該立法（憲法附属法）の内容が不明確なままでは、憲法改正案に賛成すべきか反対すべきか、有権者は正確な判断を行うことができない」から、「憲法改正案に係る附属法の内容は、国会の発議までに少なくとも、その骨子、概要が示される必要がある[33]」とする指摘がある。興味深い主張であるが、このことが、フランス憲法院判決が示唆するよう「法律によって定められる事項であるにもかかわらず、既に確定しているかのような誤った考えを有権者に生じさせるおそれ」がないか、また、憲法で規律すべき事項を法律に委ねているという憲法改正案の問題点を不可視化することにならないか、また、憲法改正案の賛否という「問い」に憲法附属法の賛否という別の「問い」が混在することにならないか、等慎重に検討する必要があろう。

　複数の憲法改正案が発議された場合について、憲法改正手続法47条は「投票は、国民投票に係る憲法改正案ごとに、一人一票に限る」と定めている。したがって、複数の憲法改正案を一括して投票に付すことはできないことになる。そして、一つの憲法改正案の内部に着目するものとして、憲法改正手続法によって改正された国会法68条の3がある。同条は、「前条の憲法改正原案の発議に当たつては、内容において関連する事項ごとに区分して行うものとする」と定めている。

　国会法68条の3は、直接的には憲法改正案の原案である憲法改正原案（国会法68条の2）を対象とするものであるが、「『個別投票の原則』」という投票の場面に位置付けられていた論点が、国会における憲法改正原案の発議方式へと遡及されて、『個別発議・個別投票の原則』として一体的に論じられるように

32）もっとも、日本国憲法96条1項が「国民の承認」を求めていることからすれば、「賛成か反対か」ではなく、「賛成か賛成でないか」という選択肢の方が憲法に忠実であるという評価はありえよう。

33）南部義典「内容関連事項ごとの憲法改正原案の発議」法学セミナー747号（2017年）73頁。

なった[34]」という制定の経緯からも明らかなように、憲法改正国民投票における「問い」の対象である憲法改正案に求められる要請を、憲法改正原案の提出の[35]場面で設定したものと理解することができる。すなわち、憲法改正原案が「内容において関連する事項ごとに区分」されて国会に提出され、それが両院で憲法審査会での審査を経て、憲法改正案として国会が発議すれば、国民投票も「内容において関連する事項ごと」に行われることになる。「原案が衆参憲法審査会の審査を経て、国会から改正案として発議、国民投票に付される際、国民にとってその賛否を判断すべき対象が一見して明白な内容のものでなくてはならず、国政選挙の選挙公約に見られるような国民を当惑させるものではあってはならない、とする要請に由来するものである[36]」といえる。その点で、「問い」の単一性の要請に配慮するものと評価することができる。もっとも、その射程は慎重に判断する必要がある。

　国会法68条の3は憲法改正原案の提出について「内容において関連する事項ごとに区分して行うものとする」と定めているが、この「区分」というのは実は奇妙な定式である。

　「区分する」ということは、区分される前のものが存在することが前提とされているはずである。すなわち、区分される前の憲法改正原案の存在を前提として、それを「内容において関連する事項ごとに区分」して、個別の憲法改正原案にとして国会に提出することが求められていることになる。

　この区分される前の憲法改正原案とは何か。「区分」された後の憲法改正原案が「内容において関連する事項ごとに区分」されているのであるから、区分される前の憲法改正原案とは「内容において関連しない事項」が混在している憲法改正原案ということになるはずである。すなわち、それは、区分された後の個別の憲法改正原案を結合したものである。「問い」の単一性の要請は、このような結合を禁ずるものである。しかし、国会法68条の3は、そのような結合した憲法改正原案を想定したうえで、区分することを要請していることに

34）同70頁。

35）規定上は、「議員による原案の提出」という意味での「発議」とされているが、憲法96条の憲法改正の「発議」と区別するために、以下では、「提出」という表現を用いる。

36）高見勝利『憲法改正とは何だろう』（岩波書店、2017年）177頁。

なる。区分が必要となるのは、「内容において関連しない事項」が混在している場合であり、憲法改正原案が最初から「内容において関連する事項」としてまとまっているのであれば、区分は不要となるはずである。

　以上のことからすると、国会法68条の3は、「区分」という表現を用いてはいるが、国会に提出される憲法改正原案について、「内容において関連する事項」としての「まとまり」を求めている、すなわち、一つの憲法改正原案について、「内容において関連しない事項」が混在しないことを求めているものと解される。その点で、「問い」の単一性の要請と同様のもと理解することができる。

　したがって、国会法68条の3の要件を満たす憲法改正原案かどうかは、「内容において関連する事項」の判断に関わってくる。これは実は難問である。アメリカのシングル・サブジェクト・ルールについて、「投票提案は『単一の主題』に限定れなければならないことを述べているだけであり、いかにして、一つの主題を他の別の主題から区別するかを詳述するものではない」とする指摘がある。同様のことは、「内容において関連する事項」についても当てはまる。

　自由民主党が2012年に公表した「日本国憲法改正草案」のいわゆる緊急事態条項である95条の2および95条の3について、そのままでは、憲法改正原案として提出することはできず、「区分」して提出されなければならないという主張がある。このような主張は、「日本国憲法改正草案」95条の2および95条の3を上述の区分される前の憲法改正原案として想定し、これを「内容において関連する事項ごとに区分」して提出すべきとしているのである。このような見解が妥当かは、「日本国憲法改正草案」95条の2および95条の3が、「区分」できるかどうかではなく、「内容において関連する事項」で形成されているかどうかによるはずである。そして、それは、同条項を複数の憲法政策の集積と見るか、一つの体系だった憲法政策の帰結とみるかによって結論が分かれ

37）このような規定の仕方の背景には、まず憲法改正するかどうかを問い、次に、どこを改正するかを考えるという、日本的な憲法改正論議の影響があるように思える。

38）R.D.Cooter & M.D.Gilbert, «A theory of direct democracy and the single subject rule», *Columbia Law Review*, n° 110, 2010, p.690.

39）高見「大震災と憲法」世界883号（2016年）151頁、南部・前掲注33）72頁。

るであろうが、それは結局のところ、「憲法改正案の発議権を有する国会が自ら判断する[40]」ことになる。国会法68条の3を「可能なかぎり区分」を要請するものとして捉え、包括的な緊急事態条項を憲法改正原案として国会に提出することは認められないと考えることは、過剰な要求のように思える。

　もっとも、憲法改正の発議のための合意形成と国民投票での承認の可能性を考慮して、例えば、自然災害時の国会議員の任期延長の規定だけを憲法改正原案として提出するということは、当然、あり得ることである。しかし、これは、包括的な緊急事態条項を「区分」した結果なのではなく、憲法改正によって目指す憲法政策自体が変化したことの帰結に過ぎない。

　国会法68条の3は、「内容において関連する事項ごとに区分」することについて、あえて、「しなければならない」と定めず、「行うものとする」と定めている[41]。法令上の用語として、「ものとする」は、「一定の義務付け」を『しなければならない』よりも弱いニュアンスを持たせて規定しようとするとき[42]」に用いられる。その意味でも、国会法68条の3の要請は、緩やかなものである。

おわりに

　日本国憲法の憲法改正国民投票における「問い」の設定に関する、憲法改正手続法の制度設計ははレファレンダムの「真正」の要請を満たす標準的なものと評価できる。もっとも、レファレンダム運動や広報の制度設計が、十分なものであるかは別途検討する必要がある。

　しかしながら、日本の憲法改正論議が、国民投票において国民に明確な「問い」を設定できる内実を有するものであるかが、根本的な問題であろう。おわりに「憲法9条をそのままに自衛隊を憲法に書き込む」という憲法改正案で考えてみよう。

　「自衛隊を書き込む」ときの条文の書き方には、様々なものがあり得る。条

---

40) 高見・前掲注36) 177頁。
41) この点に関しては、憲法改正手続法案の提出直前においては「行うよう努めなければならない」とされていたことに注意を要する。
42) 法制執務用語研究会『条文の読み方』（有斐閣、2012年）68-69頁。

文の書きぶりが、その後の解釈や運用に影響を与えることは否定できないが、一般有権者に個々の条文の詳細な意味について正確な理解を求めることは不可能である。だからこそ、「自衛隊を憲法に書き込む」という場合、ステファニーニのいう「一般的な考え方」こそが問題となるのである。

　そして、「一般的な考え方」が、「このような憲法改正案が承認されても、現状の自衛隊が憲法に書き込まれるだけなので何の変化もなく、不承認の場合でも、自衛隊の合憲性は変わりがない」というのであれば、国民投票における「問い」の意味は、「一体何のための改憲提案なのかさっぱりわからない[43]」ということになるはずである。また、仮に、「自衛隊明記案が否決されたということは、法理上、その存在が将来的に否定されたと考える[44]」と、一つの「問い」の中に、発議された憲法改正案という規範に対する賛否という「問い」に加えて、自衛隊という組織の存続という政策レベルの賛否の「問い」が混在することになり、単一性の要請に反することになる。「憲法9条をそのままに自衛隊を憲法に書き込む」という憲法改正案を国民投票に付託することは、条文をどのように起草するかということ以前に、「一般的な考え方」からして、適切な「問い」を設定することができないものであるといえる。

　　　　　　　　　　　　　　（いぐち・しゅうさく　愛媛大学教授）

43）長谷部恭男『憲法の良識』（朝日新聞出版、2018年）116頁。
44）南部「国民投票法制からみた9条改正論の『非現実性』」法学セミナー編集部編『9条改正論でいま考えておくべきこと』（日本評論社、2018年）135頁。

自治体国際協力に対する適法性統制の日仏比較

大津　浩

はじめに

　日本を含む東アジアの自治体国際協力やその他の国際活動は、それを明文で規定するような明確な法的根拠もないままに、事実上の黙認により、あるいは逆に地方自治制度が未熟な国家や独裁国家の場合には国家の強力な管理の下で、いずれにせよ地方自治の法的規律問題とはほぼ無関係な形で展開されてきた。これに対して法治主義が発達したヨーロッパ諸国の場合には、連邦国家における州を別にすれば、地方自治体は立法権を独占する国家、より正確には国の立法府から授権された権限の範囲内という建前の下で、したがって国の立法と国際条約が設けた枠組みの中で、地方自治制度の一環として自治体国際協力を展開し、かつこれらによって法的に規律されている。

　このような対比だけから見れば、なるほど、東アジアにおける自治体国際協力の法制度に関する研究など、ほとんど無意味なものに思えるかもしれない。しかし東アジアでも将来的には自治体国際協力がいっそうの進展を見せるなら、その結果として、これらに対し地方自治の憲法的保障のあり方に留意しつつなされる法的規律を考えなければならない時代が訪れる可能性は否定できない。そのような場合に、一つの参考事例としてヨーロッパ、とりわけ国家による立法権の一元的管理の下、地方自治に関する緻密な法制度を用意しているフランスの自治体国際協力の経験を参照することは無意味ではない。とりわけ従来、

「欠缺のある法治主義」のおかげで、「自治体外交」に否定的な立場からはその適法性に問題があるとの指摘を受けつつも、なお裁判的規律が不十分であるがゆえにそのような自治体国際協力が事実上黙認されてきた日本でも、次節で見るように、自治体の活動全般に対する適法性統制の法制化が進みつつあることに鑑みるとき、フランスの経験を参照することには一定の意味があるだろう。[1]

　本稿ではこのような問題関心から、日本の自治体の国際活動の適法性統制に関わる論点を示したのちに、2005年7月7日にフランス国務院（コンセイユ・デタ）の評定官全体会議が採択した報告書『地方自治体の対外活動の法的枠組み』[2]を中心にして、フランスにおける自治体国際協力の法的規律をめぐる議論のあり方を、日仏比較の観点から分析することを目的とする。すでにこの報告書の公表から10年以上が経過しているが、この報告書自体、地方自治を拡充しフランスを「分権国家（État décentralisé）」化した2003年の憲法改正後に出されたものである以上、基本的な状況は変わっていないものと考える。もちろん、いずれさらなる調査・研究を進める用意があることを、予め断っておきたい。

I　日本における自治体適法性統制の進展に潜む問題点

1　立法権分有制と「欠缺のある法治主義」

　自治体国際協力を含むあらゆる自治体の活動に対する国からの統制について

---

1)　本論文は、『東アジアにおけるサブリージョン・ガバナンスの研究：拡大メコン圏形成過程を事例に』（平成25年〜27年科学研究費補助金〔基盤研究B〕研究代表：早稲田大学・多賀秀敏）の研究成果報告書（2016年3月31日）の143-154頁に掲載した拙稿「自治体国際協力と適法性統制——統合欧州における自治体活動の国際的規律に関する一断面」に加除修正を加えたものである。本論文は自治体国際活動について法的分析を行ったものであり、いずれ法学分野の紀要あるいは研究書への収録の形で法学者の目に触れさせたいと思っていた。そこで今回、辻村みよ子先生古稀記念論集の場をお借りして、本論文を公刊させていただいた。辻村先生は、筆者の大学の学部、大学院時代からの先輩であり、常にその類い稀なる才能と精力的なお仕事に敬服してきた。今後ともお元気で研究を発展なされることを心より願っている。

2)　Conseil d'État, Section du rapport et des études, *Le cadre juridique de l'action extérieure des collectivités locales*, Études adoptée par l'Assemblée générale du Conseil d'État, le 7 juillet 2005, La Documentation française, 2006. フランス国務院は最高行政裁判所と政府諮問機関から構成される。政府諮問機関は日本の内閣法制局のような役割を果たすが、政府からの独立性はより強い。政府諮問機関が重要問題について決定を下すときに開かれるのが評定官全体会議である。

は、もしその国が民主主義国家であり、近代・現代立憲主義の流れに沿った豊かな地方自治の保障を志向する国の場合には、司法権等の裁判権力（憲法裁判所や行政裁判所がある国の場合にはこれを含む）を通じた国による自治体の適法性統制のあり方こそが決定的に重要である。とりわけ日本のように、憲法92条の「地方自治の本旨」という一般的概括的な規定により立法権を含む統治権全般にわたる一定の分有制が保障されている国の場合には[3]、たとえ連邦国家のように具体的な立法事項が憲法上で分割されていなくても、憲法により「全権限性」を有する立法権が国のみならず自治体にも直接授権されているとの解釈（条例制定権憲法直接授権説）が通説化しているならば[4]、国と自治体の両立法権が常に競合する可能性が生ずる。

　そうである以上、国の行政府単独の発意による自治体統制は本来許されず、国と自治体との間の公的事項規律権をめぐる紛争は、国の立法により、さらには司法裁判所等の裁判権力による判決を通じて解決されることが基本となる。とりわけ独特の地方自治保障の憲法原理を有する日本国憲法の場合には、国の立法であっても、これが国と自治体との間の立法事項の分有のあり方を一方的に確定することは許されない。なぜなら、「地方自治の本旨」に反するような権限配分立法を国会が定めること自体、憲法92条違反となるからである。したがって国と自治体との間の立法権限をめぐる紛争は、憲法41条により「国の法律優位の原則」の下でまず国の立法を通じて仕分けがなされることを基本としつつ、自治体の側に独自の規律を加えることの必要性と合理性とが十分に認められる場合には、例外的に自治体立法（条例）が部分的・暫定的に国の法律に優越する（すなわち法律に抵触したり上書き・補正したりする）ことも認められなければならない。こうした紛争とその裁判による決着は、国の立法権と自治体立法権との協働を通じて、「国と自治体の全体を包括する日本という統治体にふさわしいより良い立法」を実現するために不可欠な過程ですらある。そ

---

3) ただし司法権は除くとするのが通説的な見解である。参照、高橋和之『立憲主義と日本国憲法〔第4版〕』（有斐閣、2017年）390頁。

4) この場合、憲法92条が主要な根拠となる。憲法94条の条例制定権の定めは「地方自治の本旨」による立法権分有制の確認規定と見なされる。参照、辻村みよ子『憲法〔第6版〕』（日本評論社、2018年）502頁。

してこの過程にこそ、「深化」した国民主権と地方自治とをその基本原理とする日本国憲法の特質が見出されることになる。そのためには、国と自治体との間の公的事項規律権をめぐる紛争時に両者の実質的な「対話」がなされる制度が必要である。筆者はこれを「対話型立法権分有」制と呼んでいる。[6]

　自治体の立法意思と国の立法意思との対等性に鑑みれば、そして日本が採用する裁判システムが個別性・特定性を有する主体（主として私人や法人）の具体的な権利利益をめぐる事件を意味する具体的争訟の法的解決を本質とする司法一元型の裁判制度を採用していることに鑑みれば、両立法権の抵触・紛争問題は、それが私人や法人の具体的な権利利益に関わらない限り、むしろ政治レベルで決着が図られるべきという考え方もある。1999年の地方自治法大改正（2000年施行）以降も、自治事務に関する限り、自治体によるその執行ないし不履行（法定自治事務の場合）があったときに、国がこれを「違法」または「著しく適正を欠き、かつ、明らかに公益を害している」（以下、「違法等」と略す）と判断したとしても、是正要求という最も緩やかな国の関与がなされる制度しか[7]設けられていなかった。是正要求を出された自治体がこの問題を国地方係争処理委員会の審査にかけず、したがってその後の高等裁判所における国の関与の適法性に関する司法審査にかけない場合には、国はそれ以上、当該自治体に「違法等」の状態の是正のために裁判所に訴える手段がなかった。こうした「欠缺のある法治主義」状態は、むしろ司法権を介して国の立法意思が自治体立法意思を支配するシステムからの一種の解放手段となる可能性があった。とりわけ私人の権利利益への制限が起きにくい自治体国際活動の分野では、一定の積極的な評価をすることも可能だった。[8]

---

5)　詳しくは拙著『分権国家の憲法理論』（有信堂、2015年）を参照のこと。

6)　日本国憲法における国と自治体の立法権の実質的な分有制は「対話型」のものとして把握される。参照、Hiroshi Otsu, «Le Droit, produit du "dialogue" entre le pouvoir législatif national et local au Japon», in Cécile Guérin-Bargues et Hajime Yamamoto (sous la dir.), *Aux sources nouvelles du droit, Regards comparés franco-japonais*, mare & martin, 2018, pp.297-316.

7)　市町村の場合は是正要求を出すよう都道府県知事に国から指示が出されるのが原則であり、国が直接是正要求するのは「緊急を要するときその他特に必要があると認めるとき」に限られる。

2 2012年法改正と自治体国際活動の適法性統制

しかしこのような「欠缺のある法治主義」状態は、2012年の地方自治法改正によりほぼ消滅した。同改正の結果、「違法等」状態を理由とする国等からの自治事務に関する是正要求、または法定受託事務に関する是正の指示に対し、なお当該自治体が不作為を続ける場合には、国等の側からこの自治体に対し違法確認請求訴訟を提起できる制度が設けられたからである（地方自治法251条7、252条）。今後は自治体が、国側から見て法的根拠が欠落しているとされる自治体国際協力を行い、あるいは国の外交や国家間条約に実質的に抵触しかねない自治体国際活動をあえて行う場合には、国からの是正要求や是正指示の後に、こうした国の関与にもかかわらずなお不作為を続ける自治体に対して違法確認請求訴訟が提起され、司法の手を通じて国による法的規律がなされる可能性が生まれたのである。

この自治体の不作為違法確認請求訴訟が発動された事例は現時点では1件にとどまる。しかしそれは地方自治にとって極めて重大な事例であった。すなわち、沖縄県において法定受託事務に係る、前々知事による辺野古沖海面埋立許可に対する前知事による取消処分のさらなる取消を求める国側の是正要求に対して、前知事が不作為の「違法」をしているか否かを巡ってこの違法確認請求訴訟が提起され、沖縄県敗訴の判決が下されたのである。この事例こそ、まさに国際的側面を有する国と自治体との紛争における適法性統制が、地方自治権を制約する方向で機能する可能性があることを如実に示したものといえよう。

3 なおも残る自治体国際活動における「法治主義の欠缺」

このように日本でも自治体に対する法治主義の「進展」が見られるところであるが、それでもなお論点は残されている。それは国から見て「違法」な条例

---

8) 拙稿「国民主権と『対話』する地方自治」杉田敦編『岩波講座　憲法3・ネーションと市民』（岩波書店、2007年）272-274頁。同「国際人権保障における自治体の権能と義務」芹田健次郎他編『講座国際人権法3・国際人権法の国内的実施』（信山社、2011年）5-26頁。Hiroshi OTSU, «État de droit', contrôle juridictionnel de légalité et pouvoir normatif autonome locale au Japon», *RFDC*, n° 65, janvier 2006, LGDJ, pp.48-54.

9) 辺野古埋立承認取消に関する県知事の不作為違法確認請求訴訟（第一審）福岡高裁那覇支判2016〈平28〉. 9. 16判時2317号43頁。（上告審）最二判2016〈平28〉. 12. 20民集70巻9号2281頁。

を単に制定しただけ、あるいは「違法」な内容の自治体宣言を地方議会で議決しただけで、それに対して国が是正要求を出し、不作為の場合に違法確認請求訴訟まで提起できるかという問題である。私人や法人の権利利益の侵害が発生していない状況で、しかも自治体が当該条例や宣言に基づく活動を実際には何も行っておらず、単に自治体側の立法意思が示されただけの段階で、即座にその「違法」性を司法に判断させるのは、対等な立法権どうしの「対話」の実質的可能性をすべて奪い去る。したがって自治体立法権を国の立法権と並ぶ憲法から直接授権された権力と見て両者の対等性を認める場合には、条例や自治体宣言そのものに対する国からの是正要求や是正の指示を介した違法確認請求訴訟は、純粋に抽象的な規範統制訴訟となってしまう点で憲法 92 条違反と見るべきであろう[11]。つまり自治体国際活動のうちで、国の防衛政策や外交政策、あるいは国が締結した国際条約に抵触しかねない内容を持つ地方議会宣言や条例を採択したとしても、そのような自治体（立法）意思の表明そのものに対して国側から違法確認請求訴訟は提起できないはずなのである。

　この点で、自治体が国の防衛政策や外交政策、国が締結した国際条約に介入しかねない内容を持つ宣言を採択し、あるいは条例を制定するだけで、直ちに国ないしその代理人（県知事等）がこれを行政裁判所に提訴でき、違法判決に

---

10) 本件紛争では、沖縄県が国（＝沖縄防衛局）に対して司法的解決手段を駆使しようとした場面もあった。しかし岩礁破砕差止請求訴訟第一審（那覇地判 2018〈平 30 年〉．3．13 判例集未登載。沖縄県ホームページ「辺野古問題最新情報」に掲載）は、行政主体としての沖縄県による事業主体としての沖縄防衛局に対する行政上の義務履行請求は「法律上の争訟」に該当しないとして却下判決を下している。沖縄県への関与＝統制主体としての国と沖縄県からの行政義務履行対象としての沖縄防衛局という国の立場の使い分けは、もし現行行政法体系がこれを許すものだとするならば、きわめて国側に有利な適法性統制の体系が作られており、その結果、適法性の名の下に地方自治が抑圧されていると言わざるを得ない。いくつも提起されている辺野古埋立関連訴訟については、とりあえず亘理格「辺野古埋立訴訟の全体像」国際人権 29 号（2018 年）50-55 頁を参照。また、エスニシティ自治体としての沖縄の「情念」が、形式的な適法性を中心とする訴訟手続の中で見えなくなっていくことの問題性については、拙稿「エスニシティ地域自治体としての沖縄の自治」同上・国際人権 29 号 34-38 頁も参照されたい。

11) 拙稿「『対話型立法権分有』の事務配分論と『分権型法治主義』」拙編『地方自治の憲法理論の新展開』（敬文堂、2011 年）139-147 頁。なお松本英昭「自治体政策法務をサポートする自治法制のあり方について」ジュリスト 1385 号（2009 年）94 頁は、法令に対する条例の「上書き」権を一般法で認める代わりに、地方議会で条例が可決されただけで、国から見てそれが「違法」な内容を持つ場合は国側の提訴による司法審査を可能にする制度の創設を提案している。

よってこれを取り消すことのできる裁判制度を有するフランスやドイツのような大陸型法治主義をとる国々と日本とでは、なお司法（裁判権力）による自治体活動の適法性統制の範囲に大きな違いがあることは確認しておかなければならない。それは結局のところ、憲法が国の立法権と同格・同質の立法権を自治体に直接授権していると観念する日本と[12)]、国の立法とは異質でこれに従属すべき「行政立法」ないし「二次的立法」、すなわち学問的な意味では「命令」として自治体の条例を観念するヨーロッパ大陸諸国との条例制定権をめぐる理解の違い、並びに具体的争訟を専門とする司法裁判所に全ての裁判権を一元化するアメリカ型裁判制度を採用する日本と、司法裁判所のみならず、抽象的規範統制をも扱う行政裁判所や憲法裁判所などに多元的に担わせようとする大陸型裁判制度との制度設計の違いに行き着くことになるであろう。それでも日本でも、自治体国際活動の適法性統制が次第に自治体の活動全体に広く及びつつあり、その結果、従来は放任・黙認されてきた国から見て「違法」な自治体国際活動に対する裁判的適法性統制が強まりつつあることは確認できるであろう。

4　住民訴訟を通じた自治体国際活動の適法性統制

　違法確認請求訴訟とは別に、日本においても自治体の違法な公金支出に対する住民訴訟の形で自治体国際活動に適法性統制を加えることは可能である。実際、「下関市日韓高速船補助金支出住民訴訟事件」では、一応は下関市の国際政策の一環と言いうる日韓高速連絡船事業を維持存続させようという目的から、第三セクターである日韓連絡船運営会社の巨額赤字を補てんするための補助金の支出を市議会の議決に基づき行った市長の行為につき、住民訴訟が提起された。同事件では、採算が取れる見込みの薄い第三セクターの事業に、それでもあえて補助金を支出する自治体の決定に裁量の逸脱・濫用があったか否かが争点となった。とりわけ2度目の補助金支出については、もはや当該路線が存続不可能であることが明白であり、無意味な損失補てんを継続するという無謀な試みであったとの批判を浴びていた。第一審では全面的に住民側が勝訴し[13)]、第

---

12)　ただし官僚法学やその支配下にある実務はこの観念がいまだに曖昧なため、次に述べる大陸型法治主義に引き寄せられる傾向があることには留意したい。

13)　山口地判1998〈平10〉. 6. 9判時1648号28頁。

二審でも2度目の補助金支出については地方自治法232条の2の「公益上の必要性」がないとして違法な公金支出であるとした[14]。しかし同事件最高裁判決は、市議会の審議と議決に基づく補助金の支出であることを主たる理由として、すべての補助金支出に適法性を認めた[15]。これはフランスであれば、自治体の国際政策につき公金支出がなされている案件である以上、より厳しく国の法令上の明確な根拠と「地方的有用性」の証明とを求められる事案である。しかし日本では、裁判所自身が柔軟な解釈を行うことにより、自治体国際政策の裁量の幅を広げているように思われる。

　他方で、自治体国際活動の事例ではないが、自治体独自の景観保護の観点から、従来の慣行を超える高さの高層マンションへの建築規制をめぐる紛争が注目される。ここでは、反対派の住民運動と連携しつつ、その着工後に（着工着手時期も争点だったが）、当該建築の高さ規制をする「地区計画条例」を市議会で議決させ規制した市の行為が、建築を不当に遅延させたとして開発業者への損害賠償責任が認められただけでなく、不法行為と認定された当該市の規制行為を主導した市長の個人責任についても、当時市長だった者に対する市からの求償請求が住民訴訟を介して提起され、それが認容された（「国立景観求償訴訟」）[16]。判決では住民運動との過度な連携に違法性を認める内容となっており、この理由付けが、政治性のある自治体国際活動の公金支出を争う住民訴訟にも適用された場合には、かなりの制約が発生することが予想される。したがってこの点でも、フランスの事例は反面教師としての意味を含めて、大いに参考になるものと考える。

---

14) 広島高判2001〈平13〉. 10. 26判時1756号66頁。

15) 最一判2005〈平17〉. 3. 10判時1921号36頁。

16) 上原公子他編『国立景観裁判・ドキュメント17年』（自治体研究社、2017年）。安藤高行「首長であった者に対する国家賠償法1条2項に基づく求償権の行使をめぐる2つの事件(1)・(2)」自治研究91巻12号（2015年）30-60頁、92巻2号（2016年）52-74頁。同「国立市事件控訴審判決について」自治研究92巻12号（2016年）47-77頁等。

II　フランスの自治体活動に対する適法性統制

1　フランスの自治体国際協力活動の進展と適法性統制

　フランスでは、「分権改革第1幕」を象徴するミッテラン政権下の1982年3月2日法の65条2項により、隣接する外国自治体と定期協議する権限がレジオン（régions）に認められた。これは、レジオンに留まらず市町村（communes）であれ県（départements）であれ、あらゆる自治体が、隣接する外国自治体のみならず遠隔地の外国自治体との間でも、様々な行政協力や国際援助を行っていた現実に比べると極めて狭い範囲の部分的な権限を認めたにすぎず、しかも政府の事前許可を要するものであった。他方で実際には、これら多様な自治体国際活動のほとんどは、政府に情報が伝えられることもなく、事実上の放任状態となっていた[17]。

　その後、自治体の国際活動は自治体国際協力（coopétration décentralisée）と呼ばれるようになる。そして、こうした自治体国際協力を含む自治体国際活動の活発化と共に、自治体国際協力法制の整備も進むことになる。まず、自治体国際活動に関し情報収集することと、知事や関係省庁と共同で自治体に対し助言を行うことを任務とする「自治体対外活動監視官」が設けられた（1983年5月26日通達）。それから約9年後には、自治体の権限内の活動である限り政府の事前の許可を不要としたうえで、レジオンから市町村までの全ての自治体に、隣接する外国の自治体に留まらず遠隔地の自治体を含む多様な外国の自治体とあらゆる分野で自治体国際協力することを認め、それに関して協定を締結する権能まで認めた1992年2月6日法が制定されることとなった。さらに1995年2月4日法は、近隣の外国自治体との越境協力手段を増加させた。しかし他方で同法は、それまで曖昧な扱いを受けてきた外国政府そのものとフランスの自治体とが協定を結ぶことを明示的に禁止してしまった[18]。

　フランスにおける自治体国際活動の適法性の基準は、フランス憲法の根本原

17）Bernard Dolez, «Le régime juridique de la coopération décentralisée après l'adoption de la loi d'orientation pour l'aménagement et le développement du territoire», *RFDA*, 11 (5), septembre-octobre 1995, pp.936-937.

理である国家の単一不可分性から演繹されてきた。フランスの通説によれば、この根本原理は立法権を含む統治権の分権化の禁止、並びに国家の外交政策に対する自治体の関与の禁止を含む概念とされている。そこから３つの適法性の基準が導き出された。それは第１に、自治体国際協力の相手方は自治体ないし非主権国家に限定されるという基準である。第２にそれは、政府が締結した国際的取り決めを尊重したものでなければならないという基準である。そして第３に、自治体の国際活動は国の法律が自治体に与えている通常の権限に根拠を持ち、この通常の権限の範囲内でなされるべきという基準であった。

なお政府の国際的取り決めの尊重義務は、政府の外交政策の尊重義務を含むものとされる。したがって「フランスが外交関係を断った国や経済制裁措置を実施している国の自治体と協定を結ぶことはできない」。もっともフランス政府自体が、天安門事件後の中仏関係の凍結決定の翌日に、中国の省と友好関係を持っているフランスのレジオンに対してその協定を維持するよう密かに促していたという事実もある。ここから分かることは、結局、フランス政府の外交方針に明確に逆らう行動だけが禁止されるということである。[19]

2　自治体の自主的活動の法的根拠としての「一般権限条項」

自治体の通常権限の範囲内という基準は、従来のフランス地方自治法制では「一般権限条項」の考え方が採られていたため、事実上、自治体国際活動の適法性の範囲を制約していなかった。「一般権限条項」とは、「市町村会（conseils municipaux）はその議決により市町村の事務（affaires communales）を規律する」（地方公共団体法典 L.2121-29 条１項）、「県会はその議決により県の事務（affaires départementales）を規律する。県会は、……一般に、県会に審議を付託された

---

18)　Loi n°92-125 du 6 février 1992 relative à l'administration territoriale de la République, *JORF* n°33 du 8 février 1992, p.2064 ; Loi n°95-115 du 4 février 1995 d'orientation pour l'aménagement et le développement du territoire, *JORF* n°31 du 5 février 1995, p.1973（Art. 83). 1983 年の通達を含めて、その出典や解説につきより詳しくは、拙稿「国際人権保障の観点から見た自治体国際活動」国際人権 8 号（1997 年）12 頁および 17-18 頁。

19)　Yves LUCHAIRE, «Le cadre juridique français de l'action extérieure des collectivités territoriales», in Georges DUPUIS et Michel BOUVIER（sous la dir.）, *Le droit appliqué à la coopération interrégionale en Europe*, L.G.D.J., 1995, pp.175-176.

県の利益（intérêts départementaux）に属するすべての事項について決定を下す」（同 L.3211-1 条）、「レジオン会はその議決によりレジオンの事務（affaires régionales）を規律する。レジオン会は、県と市町村の完結性と自治と諸権限を尊重しつつ、レジオンの経済、社会、衛生、文化、科学の発展とその地域の国土整備〔＝国土開発〕を促進し、その独自性の保存を確保するための権限を有する」（同 L.4221-1 条）という定めなどを指す。[20]

　前述したように、フランスは日本と異なり、自治体の条例を国会の立法から派生した二次的立法と考えている。したがって自治体議会が条例を制定する対象については、常に国の法律上の根拠を必要とする。それは、憲法に自治体の条例制定権が明文で規定されていなかったときの観念だったはずであるが、憲法の基本原理を規定する 1 条でフランスが「分権国家」となったことを宣言するとともに、憲法 72 条 3 項で自治体に条例制定権が帰属することを定めたはずの 2003 年憲法改正後も、この観念は変わっていない。それは、改正後の憲法 1 条でもフランス共和国は単一不可分であるとの規定が残されている以上、フランスは相変わらず「単一国家」を本質としており、この 1 条末尾にいくら「分権国家」の要素を付け加えたとしても、なおも伝統的な法治主義概念は変わっておらず、したがって立法権は単一不可分であって国会の国民代表に独占されていなければならないとの観念が根強く残り続けているからである。そしてそのような観念の下で、フランス公法学の通説でも、また憲法の文言上も、憲法の定める地方自治原則はあくまでも「自由に自己の行政を行う（s'administrer librement）」ことの保障（＝「自由行政」原理）に留まり、また条例も、二次的立法たる命令（règlements）にすぎない国の政省令と同質でこれに劣位する「地方命令（règlements locaux）」と観念されているせいでもある。[21]

　このような二次的立法権としての条例制定権に、それでも事実上広範な規律対象の自主選択権を保障する根拠こそ、地方公共団体法典上の「一般権限条

---

20) 条文数は後述する 2010 年法改正前のもの。条文は、*Code général des collectivités territoriales*, 8ᵉ éd., Dalloz, 2005 参照。

21) 参照、Géraldine CHAVRIER, *Le pouvoir normatif local : enjeux et débats*, L.G.D.J., 2011. 同じく参照、拙稿「『分権国家』における『対話型』法治国家の可能性」辻村みよ子編集代表『社会変動と人権の現代的保障』（信山社、2017 年）297-326 頁。

項」であった。なぜなら、当該自治体が地域的利益があると判断した事項は、これらの「一般権限条項」により法律上の根拠が与えられるからである。もちろんフランスでは、この観念の下に留まる限り、国会の法律に抵触する条例には適法性が一切認められない。しかしそれは、条例制定権を直接憲法が自治体に与えたものと観念し、法律の根拠がなくても地域的理由がある限り自由に条例制定ができると観念するにもかかわらず、同じく「単一国家」の限界を認める日本の（旧）通説と同じである。日本では、このように国の法令に違反・抵触しない限り、法令の根拠なく自由に自らが公的地域事項と考える対象に介入・規律できるという原則を「全権限性」と呼び、日本国憲法92条の地方自治の本旨は、この意味での「全権限性」を保障するというのが（旧）通説であった。[22]

3 「一般権限条項」の廃止問題

このフランス地方公共団体法典上の「一般権限条項」は、もしこの条項の廃止が憲法違反だと考えるなら、実質的に憲法自身が自治体に「全権限性」を保障したことと同じになる。そのような憲法学説もあったものの、[23]2010年11月17日にサルコジ政権は、上記の法典の県とレジオンの権限規定の中に「法律がそれ〔＝県やレジオン〕に割り当てた権限分野において」という文言を付加し、他方で法律が自治体に配分した権限は排他的であり、他の自治体はこの分野にいかなる介入もできないという規定を追加することで、県とレジオンの「一般権限条項」を廃止する改正法案をフランス国会で可決させた。[24]これを違憲だと主張する少数派国会議員が憲法院に抽象的規範統制としての合憲性審査を付託した。これに対し憲法院は2010年12月9日に、フランス憲法72条の

---

22) 成田頼明「法律と条例」清宮四郎＝佐藤功編『憲法講座4』（有斐閣、1959年）213-216頁。同「『地方の時代』における地方自治の法理と改革」公法研究43号（1981年）156頁。

23) Cf. Michel VERPEAUX, «Observations personnelles de M. Michel Verpeaux» in Edouard BALLADUR et Comité pour la réforme des collectivités locales, *Il est temps de décider, Rapport au Président de la République*, Foyard, La documentation Française, 2009, pp.250-251. *Id.,* «Quelle répartition des compétences entre les différentes collectivités ?», *Cahier français*, n° 362, (*Les collectivités territoriales : trente ans de décentralisation*), 2011, p.42.

24) Loi n° 2010-1563 du 16 décembre 2010 de réforme des collectivités territoriales, *JORF* n°0292 du 17 décembre 2010, p.22154.

地方自治保障原理（72 条 3 項の「自由行政の原理」や 72 条 2 項のフランス版「補完性原理」等）、あるいは第 3 共和制以来の重要法律の一部に憲法規範性を認めたものである PFRLR（「共和国の諸法律によって承認された基本原理」）が、少なくとも県とレジオンに対しては、「一般権限条項」を保障していないと読めるような判決を下したのであった[25]。

もっとも、この法改正が施行される前にサルコジは二期目の大統領選挙に敗れ、次のオランド政権は「一般権限条項」廃止のための改正法をさらに廃止するための新法（MAPTAM 法[26]）を 2014 年 1 月 27 日に成立させている[27]。そして今回の改正以前にも、学説の中には、「一般権限条項」を単なる憲法規範というよりも、むしろ地方自治を保障する国である限り決して否定しえない事柄の本質ないし条理上の規範とみなす者もいた[28]。だが間もなくオランド政権も、「一般権限条項」が不可避的に生み出す県とレジオンの間の権限紛争の増大を理由に、2015 年 8 月 7 日法（NOTRe 法[29]）で再び県とレジオンの「一般権限条項」を廃止してしまった[30]。しかも 2010 年憲法院判決では、提訴対象となった 2010 年法が法律上他の自治体に帰属していない分野については、地方議会の「特別な理由を付した議決により」、県やレジオンの利益に属するあらゆる対象を扱う可能性を認めていることも合憲理由だったのに対して、2015 年法にはそのような例外規定がない。にもかかわらず 2016 年の憲法院 QPC 判決は[31]、こうした例外規定の不在すら全く問題にせず、県議会とレジオン議会の「一般権限条項」の憲法保障にはいかなる根拠もないとして合憲判決を下したのだっ

---

25) Décision n° 2010-618 DC du 9 décembre 2010, *Rec.*367.

26) Loi n° 2014-58 du 27 janvier 2014 de modernisation de l'action publique territoriale et d'affirmation des métropoles, *JORF* n° 0023 du 28 janvier 2014, p.1562.

27) 以上の経緯と法的論点につき、拙稿『「一般権限条項」と地方自治の憲法原理」日仏法学 27 号（2013 年）49-72 頁。拙著・前掲注 5）309-323 頁。

28) Jean-Marie PONTIER, «Semper manet. Sur une clause générale de compétence», *RDP*, 1984, pp.1443-1472 ; *ibid.,«Requiem* pour une clause générale de compétence ?», *La Semaine juridique, Administrations et collectivités territoriales*, 2011, n° 2 (10 janvier 2011), pp.47-55.

29) Loi n° 2015-991 du 7 août 2015 portant nouvelle organisation territoriale de la République, *JORF* n° 0182 du 8 août 2015, p.13705.

30) レジオンに関しては地方公共団体法典新 L.4221-1、県に関しては同法典新 L.3211-1。

31) Décision n° 2016-565 QPC du 16 septembre 2016, Assemblée des départements de la France, *JORF* n° 0224 du 25 septembre 2016, texte n° 27.

32)
た。

　それでもコミューンの「一般権限条項」は地方公共団体法典に残されている。これこそが本来の意味でのPFRLRに該当するという見方もあることから、「一般権限条項」の憲法規範性の有無の問題はなお残されている。そしてフランスの自治体国際協力活動の中心を担っているのがコミューンであることに鑑みれば、今日でも自治体国際協力活動における「一般権限条項」の意義は失われてはいない。

Ⅲ　フランス自治体国際協力活動に対する従来の適法性統制

1　フランスの自治体国際活動の進展

　以上のような自治体権限の法的根拠をできるだけ広く見出そうという流れの中で、従来の行政裁判所判例は、自治体国際活動の適法性審査の基準についても、それが具体的な法律による個別具体的な授権の有無ではなく、当該活動の「地方的有用性」の有無という一般的な基準を用いるのが常だった。実は、「地方的有用性」の基準から自治体国際活動の適法性を審査する試みは、現在の第5共和政制憲法の時代からはるかに隔たった第3共和制時代の第2次世界大戦直前の時期にまで遡る。すなわち、スペイン内戦時の1938年にスペイン共和派を支援するため、グサンヴィル（Goussainville）市議会が救急車1台と薬品購入のために300フラン（当時）の支出を議決した事件にまで遡るのである。この議決が県知事（当時は県行政権を持ちつつ市町村の監督を行う任務をも併せ持つ県常駐の国家役人）の決定により取り消されたため、市が県知事を相手取って越権訴訟を起こしたのである。この事件につきフランス国務院（＝この場合は最高行政裁判所）が下した1941年7月16日判決では、当該支出を「市にとって、

---

32) NOTRe法による「一般権限条項」の完全廃止とこれを合憲とした憲法院判決についてはArnaud DURANTHON, «À propos d'un cheval de Troie : Le Conseil constitutionnel et la suppression de la clause de compétence générale», *Constitutions*, octobre-décembre 2016, n° 2016-4, pp.677-686. デュラントンは、本判決がフランス憲法学で通説であった「実質的権限」の憲法保障の意味までも失わせたことを指摘し、「実質的権限」保障とは、地方自治権保障の形を取りながら、その実質は立法者が自由に自治体の権限を失わせることを許すものであり、自治権保障のふりをした「トロイの木馬」に過ぎなかったことについて論じる。

いかなる有用性（utilité）もない」と判断し、市議会の権限逸脱と判断したのだった。[33]

しかしこの基準は、自治体国際協力の活動をあまりにも制約しすぎるものだった。戦後になると、世界的な市民間の国際協力の進展や自治体国際活動の発展を背景にして、このような厳格な基準は緩和されることになる。フランス政府自体、例えば1994年度に自治体国際協力のために4,500万フラン（当時）の資金援助をしている。アフリカ諸国や旧東欧諸国への援助の広がりは、伝統的な「人道援助」の枠を超えて、経済構造の変化や民主化、地方分権化への支援にまで及んでいる。例えば、中国のチベット政策を批判する目的で、反体制派の僧侶への支援活動を行う市民団体に補助金を支給する自治体がある。[34] 前述の報告書『地方自治体の対外活動の法的枠組み』によれば、2003年の時点ですべてのレジオン、4分の3の県、大都市すべて、中規模の都市の5分の4が「国際的次元を有する活動」に参加しており、さらに市町村間広域協力体（institutions intercommunales）や小規模の町村でもこのような活動が次第に増えていることが確認されている。そこに引用されているデータによれば、3,250近くの自治体や自治体広域協力体が115か国において6,000以上の協力関係を結んでおり、2億3,000万ユーロ（当時）が支出され、その半数は途上国が対象となっているとのことである。[35]

筆者が1999年11月2日にシャンベリィ（Chambéry）市で行ったヒアリング調査では、同市は、アフリカの発展途上国であるブルキナ・ファソの第3の大都市ウアヒグイヤ（Ouahigouiya）に1991年以来、地方自治支援に関する自治体国際協力を行っていた。聞き取り調査や収集した資料によると、この自治体国際協力事業は、1989年に市政が社会党政権に変わったことに伴い、この政権が従来の単なる国際交流事業をより持続的で地域主体の草の根的な開発援助を目指す方向に方針転換させた結果、提携相手を探していたウアヒグイヤ市に関する情報を得て、開始されたものである。1999年11月には市議会が全会一

33）C.E. 16 juillet 1941, *Syndicat de défense des contribuables de Goussainville, Lebon.*, 2ᵉᵐᵉ série, t.110 (1941), p.132.

34）«Heureus locales», *Le Monde*, 11-12 septembre 1994（自治体国際協力の特集記事）より。

35）Conseil d'État, *op.cit.*, 前掲注2）pp.9-10.

致で住民主体の国際協力のNPOである「シャンベリィ・ウアヒグイヤ協会」を設立した。この協会は、市議会議員、市職員、市内の民間団体、そして個人から構成され、市から補助金や市職員の派遣を得て活動を行っている。両市の国際協力活動の特徴は、第1に援助を受ける相手方に決定権があるということである。そのために、事業の選定はウアヒグイヤ市側に委ねられ、また財政支援を予算の半分にとどめることで、相手方の主体性と責任を確保することにしている。第2の特徴は、市内の住民生活の基礎単位である地区や街区を対象とし、市民生活の改善に重点を置いた協力を行っていることである。その対象は主として病院支援や教育分野の支援であり、事業の実施にあたってはウアヒグイヤ市の各地区と市役所の代表者からなる地区開発委員会が、調査員兼開発指導員の支援を受けつつ、持続的で合理的な事業を行っている。第3の特徴は、自治体行政組織の確立に対する直接支援がなされていることである。ウアヒグイヤ市の地方自治が未熟であることに鑑みて、若干のウアヒグイヤ市職員に対して、シャンベリィ市がその給与支払いに補助金を支給して援助している。さらに1995年10月以降は、シャンベリィ市の自治体国際協力のパートナーであるヴァンス（Vence）市やラーンシュタイン（Lahnstein）市にも呼び掛けて、これらの市と共同でウアヒグイヤの開発部局の職員1人に財政支援を行っている。加えて1998年からは、シャンベリィ市の財政支援に基づき、行政知識と会計知識を持つ技術系職員のうちの1人が雇用されるようになった。もっともこのようなウアヒグイヤ市職員に対する財政支援は段階的に減らされ、5年後には廃止される約束となっており、こうすることでウアヒグイヤ市自身が段階的に市職員の整備の義務を果たすことができるようにしている。

　このような外国の自治体職員の雇用のための財政支援まで行うのは驚くべきことであるが、聞き取り調査によれば、市民の間でこうした事業への反発はほとんど起きていないという。その理由として市の担当者が述べていたのは、シャンベリィ市では南北問題や旧フランス植民地への支援に対する意識の高い市民が多いこと、国際交流・国際協力に携わる市民団体が相対的に多いこと（70の民間団体が存在）、市の保守層を形成する実業家たちも、自らの企業の海外立地やインフラ整備に加わることによる利益などを求める状況になく、この分野で市政に批判的な意識を持っていないこと、そしてシャンベリィ市にはアフリ

カからの移民が少なく、その結果シャンベリィ市民の間に排外主義がはびこらなかったことなどであった。[36)]

2 判例における自治体国際活動の適法性に関する従来の基準

以上のようなフランスの自治体国際協力活動の進展を前にして、行政裁判所の判決はその適法性の基準を緩くすることで、この現象を事実上公認してきたといえる。その端緒となったものが「ニカラグア支援の船」事件である。この事件は、1985 年頃、左翼政権を嫌うアメリカの制裁措置に苦しんでいたニカラグアを救うために、フランスの市民団体が「支援の船」を出すことを計画した際に、フランスの３つの市町村がこれらの市民団体に補助金を支給する議決を行ったことが発端となっている。この議決に対して県知事[37)]が違法としてこの取り消しを行政裁判所に求めて争った事件である。[38)]最高行政裁判所である国務院は、1989 年 10 月 23 日に、この補助金支出を違法と判断して支出の議決を取り消した。しかし国務院がこれを違法とした理由は、この補助金支出に「市町村の利益（有用性)」が欠けているからではなく、その議決の持つ政治性にあった。すなわち国務院によれば、「補助金を与えることで……市議会は政治的性格を持つ紛争に加担しようとした」からだというのである。[39)]この判決は、本件に関しては国際協力・援助を目的とする市民の活動に自治体が補助金を出す

---

36) シャンベリィとウアヒグイヤの国際協力については、科学研究費補助金〔基盤研究 A（2)〕（研究代表：法政大学〔当時〕・江橋崇）報告書「自治体国際協力活動の世界的展開に関する研究」2002年 3 月、法政大学法学部研究室発行 57-58 頁（筆者執筆部分）参照。

37) この当時は「共和国委員」と名前を変えていた。1982 年分権改革以降はもはや県行政権を持ってはおらず、純粋に県内の自治体に対する国の利益と適法性の確保並びに行政統制の任務のみを担当する地方常駐の国家役人となっている。なお「共和国委員」の名称は、1988 年に「知事」に戻された。

38)「分権第 1 幕」と呼ばれる 1982 年 3 月 2 日法による地方公共団体法典改正の結果、県知事の自治体に対する適法性統制は、それまでの知事による直接的な取消し決定の制度（自治体側が知事の取消し決定に対して事後的に違法性を行政裁判所に申し立てて初めて、自治体議決に対する国行政権による適法性統制が裁判所によるそれに変わる）から、自治体の議決は県知事への情報伝達さえあれば即時執行力を有する制度に変わり（したがってフランス憲法が定める知事の行政統制権は、1982 年以降は、情報伝達前に限り執行力がない点と情報伝達後に知事が行政裁判所に当該議決の違法性を主張し、裁判による決着までその執行停止の仮処分を求める手続をとることができる点に縮減された）、その結果、自治体議決の適法性統制は、知事の行政裁判所への提訴で初めて開始されることとなった。

ことを認めなかったのであるが、にもかかわらず、こうした国際協力・援助活動が市町村の住民全体の利益と直接結びつくものではなくても、その活動に「政治的性格」さえなければ、自治体が人道的観点などから援助・財政支出することは許されることを示したものと解釈されている。

その後になると、「地方的有用性」が欠落していても、自治体の国際協力・援助活動に適法性を認める判決が現れてくる。その代表例が、1995年7月28日に出された「ヴィルヌーヴ・ダスク（Villeneuve-d'Asqu）市事件」判決であった。この事件では国務院は、姉妹都市提携の一環としての大学間交流として、ルーマニアとポーランドの学生にフランス留学のための奨学金を支給する市議会の議決を適法と判断した。判決では、この「国際連帯活動」のための支出が「直接的には住民の必要性に応じるものではない」としつつも、それが「政治的性格を持った紛争への介入」を目的としていないことを主な根拠とし、これに加えて姉妹都市関係が背景にあること、人道援助に熱心な住民団体が存在すること、留学生の研究が将来、援助する側の市の住民にも役立つ可能性があることなどの「諸事情」を勘案して、「訴えられた議決の対象に市町村の利益の性格が付与されたと考えられる」と述べて、住民の利益との直接的な関連性の乏しい自治体国際協力に適法性を認めたのだった。[40]

実際の自治体国際協力活動のうちでも連帯・援助の趣旨が強いものについては、多くの場合、援助すべき問題が生じた背景に政治的な紛争を抱えており、連帯・援助活動が「政治的性格」を帯びることは避けがたい。「あらゆる政治的干渉（ingérence）を禁ずることは、結局のところ、介入の前にジェノサイドが起こることを待つことになる」（フランス市長会付き特命委員ギィ・ロワ）、「人道的な関心が良心の高揚につながるなら、それは自治体の権限に含まれる」（ラシャペル・サン・チュルザン市長イヴ・ブション）といった現場の声は、[41]「干渉」の対象となる国において被害住民の人権保障につながる自治体の「国際連帯活動」は、たとえ「政治的性格」があろうとも適法という主張につながりうるも

---

39) C.E. 23 octobre 1989, *Commune de Pierrefitte-sur-Seine, commune de Saint-Ouen et commune de Romainville*, AJDA, 1990, p.119.

40) C.E. 28 juillet 1995, *Commune de Villeneuve-d'Asqu*, AJDA, 1995, pp.834-838.

41) «Heureus locales», *op.cit.*, 前掲注34）p.5.

のである。フランスの行政裁判所判例はそこまで認めるものではないが、係争
事件の夫々につき、その「政治的性格」をできるだけ低く見ることで、「地域
的有用性」のない自治体国際協力活動の多くに適法性を認める傾向が見て取れ
たのである。

Ⅳ　ポワティエ地方行政裁判所判決とその影響

1　判決の内容

　本事件は、ドゥー・セーヴル（Deux-Sèvres）県議会が行った以下の２つの議
決に対して、同県の納税者の資格でシャルボノー（Charbonneau）氏が提起した
住民訴訟である。県知事による適法性統制訴訟とは異なる点には注意しなけれ
ばならない。シャルボノー氏が違法としたのは、第１に、県議会がブルキナ・
ファソのダブラ（Daboura）村に普通教育課程の中学校を建設するプロジェク
トに充てられる３年間継続の財政支出案を承認し、この支出を 2004 年の県予
算に計上したことである。そして第２に、マダガスカルのマジュンガ
（Majunga）都市自治体（commune urbaine）とドゥー・セーヴル県との間の自治
体国際協力活動のために、ドゥー・セーヴルの県火災救助局に補助金を支給す
る議決を行ったことであった。

　2004 年 11 月 18 日にポワティエ地方行政裁判所が下した判決は、まず地方
公共団体法典 L.3211-1 条が、「県議会はその議決により県の事務（les affairs du
département）を 規 律 す る」と 規 定 し、「自 治 体 国 際 協 力（coopération
décentralisée）」という表題を持つ同法典 l.1112-1 条（2003 年 8 月 1 日の第 2003-
705 組織法律の適用により同法典の L.1114-1 に条項変更）が、「地方公共団体とその
集合体は、自らの権限の範囲内で、かつフランスの国際取り決めを尊重するこ
とを条件として、外国の地方公共団体やその集合体と協定を締結することがで
きる」と規定していることを確認する。

　その上で、第１の案件について同判決は、上記目的のために本プロジェクト
の主幹団体である全面的発展連帯協会のために 43,000 ユーロの補助金を与え
るとの県議会の決定が、この県の権限に属するものではなく、いかなる県の利
益をも示していないというシャルボノー氏の主張を検討する。その過程では、

同判決は、「本活動が〔フランス政府〕外務省の支持を得て、自治体国際協力の枠組みの中に組み入れられたものであり、諸々の現場のパートナーたちがその進め方に協力することを可能にし、かつ地方住民のための統合化プロジェクトをめぐる動員をも可能にする」こと、あるいは単なる中学校の開校という効果を超えて、「ブルキナ・ファソの生徒たちとドゥー・セーヴルの生徒たちとの交流が進むはずである」こと等の県側の抗弁も確認する。ただし同判決によれば、後者の利点については「その内容は明確にされていないけれども」という留保が付されている。以上のような両者の主張を確認したうえで、同判決は最後に、「以上の条件と提出された証拠のみに基づくなら、この活動をドゥー・セーヴルの住民の需要に応えるものと見なすことはできない」と判示し、県の利益の欠如を述べるシャルボノー氏側の主張を認めたのであった。

　第2の案件についても、同判決は、まず2001年12月18日にドゥー・セーヴル県とその県火災救助局とが、マダガスカルのマジュンガ都市自治体が企画したプロジェクトを支援する目的で、自治体国際協力の一環として、この地域の火災への対応力と人命救助の能力を強化し向上させる協定に署名したという事実を確認する。そして2002年3月13日には、ドゥー・セーヴル県とマジュンガ都市自治体との間でも、この活動の実現に同意する目的で協定が締結されたことも確認する。他方で、本件についても、シャルボノー氏からは、「本決定は県火災救助局の権限に属するものではなく、いかなる県の利益も示すものではない」との主張がなされていることも確認する。さらに県側から出された補強的な根拠として、マダガスカルの内務大臣がドゥー・セーヴル県を訪問したことがマスメディアで放映された結果、反響を呼んだことも地方的利益が存在することの証明になるという主張、あるいはこうした反響がこの活動に参加したドゥー・セーヴルの消防士たちに補充的な動機を与えているという主張についても確認する。その上で同判決は、「しかしながら、提出された証拠のみを見る限り、ドゥー・セーヴルの『フランス＝マダガスカル連帯・相互扶助・友愛』協会によっても同時並行的に本活動が遂行されているにせよ、この活動は本質的に人道的な利益を示すものであり、ドゥー・セーヴルの住民の需要に応えるものとは見なされえない」と判示したのだった。その結果、2つの案件について補助金支出を決定した県議会の議決は取り消されることになったので

ある。[42]

2 本判決の意味

本判決は、従来は争いのある自治体国際協力の案件でも、それが人道援助を目的としていること、自治体内の民間団体が支援活動を行っており市民の関心が高いこと、あるいは提携相手の自治体との間で正式の協定が結ばれており、自治体議会がこれに賛同する議決を行っていることなどの諸要素を理由に、当該自治体国際協力に明確な「政治的性格」が見出されない限り、「地方的利益」や「地方的有用性」との関係を厳しく問うことのなかったフランス行政裁判所判例の転換を意味するものと見なされている。実際、本判決の1週間後、セルジィ゠ポントワーズ（Cergy-Pontoise）の地方行政裁判所も、ステン（Stains）市議会がパレスチナ難民キャンプで活動するNGOに補助金を支給する旨の議決を行ったことにつき、今度はセーヌ・サン・ドニ（Seine-Saint-Denis）県知事による適法性統制の提訴を受けた結果として、これが「政治的性格」を示したことや、「中立性の原則」を満たしていないことを理由とするのではなく、「より根本的に、それが地方的利益に応じていないことを理由にして」、同じく違法・取消しの判決を下している。[43]

こうした最近の判例の変化を踏まえて、上述の報告書『地方自治体の対外活動の法的枠組み』は、「地方的利益」の充足の有無の基準を重視する判例への回帰が見られること、「ヴィルヌーヴ・ダスク市事件」判決の意義は自治体間協定の締結さえあれば自治体国際協力に適法性を容易に認められることを示したところにあるとする従来の通説的解釈がもはや採れないこと、自治体国際協力の「地方的利益」充足性の基準は、それが法令により当該自治体に配分されている権限を根拠とする関与であるか否かに応じて判断されるべきであること、などの留意点を示す。そしてこの視点からすると、自治体国際協力の分野では未だにフランスの自治体に十分に明確な権限を配分する法律がなく、またその

---

42) TA Poitier,18 novembre 2004, *M. Charbonneau*, *AJDA*, 9/2005, p.486 ; cit., in Conseil d'État, *op.cit.*, 前掲注2）pp.89-91（Annexe V）.

43) TA de Cergy-Pntoise, *Préfet de la Seine-Saint-Denis*, 25 novembre 2004, cit., in Conseil d'État, *op.cit.*, 前掲注2）p.89（Annexe V）. このような評価についても、*ibid.*, pp.51-52.

ような活動の根拠となる法制度が整備されていないことを問題視している。こうして同報告書は、「安全性のある法的枠組み（un cadre juridique sécurisé）」の整備の必要性を主張することになるのである。[44]

　なお同報告書は、発展途上国の自治体に対する開発援助のための自治体国際協力法制の整備に留まらず、ヨーロッパ域内の自治体国際協力、とりわけ自治体間の越境協力についても「安全性のある法的枠組み」の整備の必要性を強調している。その具体的な制度としては、欧州委員会が提案する「統合欧州の利益」の た め の「ヨ ー ロ ッ パ 地 域 協 力 事 業 体（groupements européens de coopération territoriale, GECT）」制度の導入や国家と自治体との間の共同事業契約の締結などが提案されているが、本稿ではこれ以上論じる余裕はない。[45]

おわりに

　既に述べたように、日本の地方自治の憲法原理とフランス等のヨーロッパ大陸諸国のそれとの間には大きな相違がある。したがってフランスにおける自治体国際協力をめぐる議論がその適法性をより厳格に審査する方向に動いていたとしても、日本でもそのまま無批判にこれに追従する必要はないであろう。しかし日本でも、憲法学説上や実際の政治論の上では「対話型」の立法権分有まで認められつつあるにせよ、現実に日本の地方自治を嚮導している官僚法学やそれに追従しがちな裁判実務においては、むしろフランスの議論に近い適法性統制の感覚が残っている。私たちは、フランス等のヨーロッパ諸国における適法性統制の考え方やより安定的な関係を目指す法律・条約の整備について、その有益な部分は取り入れる必要があるにせよ、とりわけ未だに手繰り状態が続く東アジアの自治体国際協力の分野では、「欠缺のある法治主義」のメリットも考慮に入れる必要があるだろう。

　ヨーロッパの自治体は、ヨーロッパ統合そのものが進展しているからこそ、一方では自治体の活動領域、とりわけ国際的な活動領域が拡大しつつあると同時に、他方ではかえって独自の自治領域の縮小も招いている。後者の例として

44）*Ibid*, pp.52-57.

45）*Ibid.*, pp.58-69.

は、各国自治体が自国の法律のみならずヨーロッパ法の規律にも服さなければならない事態が増えていることが挙げられる。とりわけ自治体の経済活動に対してはヨーロッパ法が各国に共通の基準を用いて規制を加えつつあることが指摘されている。超国家的ないし国際的な制度が整備されれば、それだけますます自治体は自らの地方自治権を守るためにその活動を脱国家化、国際化させていかざるをえない。だからこそ制定法主義の伝統が根強いヨーロッパ大陸諸国では、適法な自治体国際活動のために、国家法や条約による法制度の整備が欠かせないのである[46]。

　これに対して、柔軟な法解釈によって法制度を発展させていく傾向の強い日本の場合には[47]、とりわけ法制度の整備が避けられる傾向の強い東アジアの自治体国際協力の場合には、必ずしもヨーロッパ大陸諸国と同じ道を歩む必要はないであろう。特に「対話型立法権分有」制の視点から地方自治の憲法原理を発展させる日本の試みは、世界の地方自治の憲法論に対して日本が果たしうる理論的貢献の一つである。日本の場合には、地方的利益の有無は自治体議会の議決があれば容易に認められ、実質的な内容は問われない傾向が強いが、これも「全権限性」を自治体に認め、立法権分有までも認めつつある日本の地方自治の当然の帰結なのかもしれない。このように自治体国際協力の適法性をめぐる論点は、日本の地方自治の特性とその先進性（あるいは後進性？）を浮き彫りにする有益なフィールドの１つなのである。

（おおつ・ひろし　明治大学教授）

---

46) Cf. Pierre-Yves MONJAL, *Droit européen des collectivités locales*, L.G.D.J., 2010.
47) 英米法はこれを判例法主義として定式化し、大陸法の制定法主義に対置している。日本の場合、学説や判例は制定法主義と判例法主義（もしくは柔軟な解釈による実質的な法律修正）の折衷が特徴となる。

インターカルチュラリズムとしての多文化共生

近藤　敦

I　多文化主義・統合・多文化共生

　多文化共生の基本理念は何であり、多文化主義や統合の理念とはどのような関係にあるのだろうか。多文化共生と類似の概念として、多文化主義がある。しかし、多文化共生と多文化主義は、いくつもの点で異なる。むしろ、多文化共生は、多文化主義的な統合（近年のインターカルチュラリズム）との理念上の共通点が多い。もっとも、日本の実務は、同化主義的な統合政策と類似の自治体が多いのが現状である。統合は、多文化主義的なものから同化主義的なものまでを含む幅広い概念である。多文化主義の定義もまた、多様になされており、コンセンサスが形成されている状況にはない。進歩的な多文化主義は、インターカルチュラリズムとも重なる部分も多い。

　本章は、まず、多文化主義、統合、多文化共生の理念を概観する。ついで、移民、ナショナル・マイノリティおよび先住民に対する各国の多文化主義政策指数を考察する。さらに、多文化主義と多文化共生の違いを整理し、多文化主義とインターカルチュラリズムの異同を分析する。加えて、インターカルチュラリズム・シティ指数にみられる浜松市の課題を指摘する。最後に、日本の法令の課題と展望を検討する。

1 多文化主義

多文化主義を国の政策として最初に掲げたカナダでは、多文化主義の明確な定義はない。公式な定義に近いものとして、議会調査局は、カナダの多文化主義をつぎの4通りに定義している。1) 事実としては、自己を異なるものとみなし、異なるものであり続けようとする多様な人種的・民族的少数者の存在と存続の表明である。2) イデオロギーとしては、カナダの文化的多様性の賛美に関する比較的首尾一貫した一連の理念や理想からなる。3) 政策レベルでは、連邦、州、市町村の領域での公式な取り組みにより、多様性のマネージメントを体系化するものである。4) プロセスとしては、一定の目的や目標を達成するために中央政府からの支援を獲得すべく、複数の人種的・民族的少数者が競争する過程である[1]。

また、オーストラリアでも、正式な定義はない。ただし、全国多文化諮問評議会は、同化（1960年代半ばまで）から、統合（1973年まで）を経て、多文化主義（1973年以後）に至る政策の展開過程を整理した[2]。同化は、「マイノリティの文化が支配的文化に完全に取って代わられること」を意味する。統合は、マイノリティの文化が「支配的文化に影響を与え、ある程度の変容をもたらすが、文化の多様性を奨励するのではなく、誰もが統合された文化に適応すること」が期待されている。これらに対し、多文化主義は、「文化的な多様性の成果を個人と社会全体の利益においてマネージメントする政策」である[3]。

2 統合

ヨーロッパ諸国の統合政策は、フランスのように同化主義的なものから、ドイツのように中間的なもの、さらにはフィンランドやスウェーデンのように多文化主義的なものまでを含む幅広い概念である。

フランスでは、政府の諮問機関である統合高等評議会の定義によれば、「統

---

1) M. Dewing, *Canadian Multiculturalism* (Parliamentary Information and Research Service, Library of Parliament, 2009).

2) National Multicultural Advisory Council, Australian Multiculturalism for a New Century: Towards Inclusiveness (1999).

3) Department of Immigration and Multicultural Affairs, *National Agenda for a Multicultural Australia* (1989).

合」は、国民共同体の単一性を強調する「同化」と外国人の元の特質保持を歓迎する「編入」の中間に位置する。統合とは、「多様かつ異なる要素が、積極的に国民社会への参加を奨励する特別な過程」である[4]。かつての植民地時代の同化とは違う、「統合」という理念を掲げながらも、フランスの統合政策が同化主義的と評される。その理由は、第1に、移民とその子孫の側だけが社会に適応する1方向の過程が想定されるからである。第2に、共和制ないし普遍性の理念から、民族や人種に着目することを拒み、公私の区別、国と宗教との厳格な分離を求めるため、移民の文化・宗教・民族性に配慮した公的な政策がなく、もっぱら私的な領域の問題として扱われるからである[5]。

　一方、ドイツでは、「移住」独立委員会の報告書では、次のように言う。「長いこと、移民に対し、一面的な民族的・文化的な同化が期待されていた。しかし、今日の『統合』という言葉は、受入れ社会と移民社会の相互に寄与することが成功する過程をさす。統合の反対概念は、一方が他方と無関係であるとする『分離』である。政治課題としての統合の目標は、文化的な多様性を尊重しながら、移民が社会・経済・文化・政治的生活に同権的に参加することにある[6]」。移民が受入れ社会に一方的に適応する「同化」や、移民と受入れ社会がともに没交渉である「分離」とも違う。移民も受入れ社会も双方向的に変化するのが「統合」である。

　他方、フィンランドの統合推進法3条において、「統合」は、「移民と一般社会の相互発展を意味する。その目的は、社会と労働生活において必要な知識と技術を移民に提供し、移民に支援を提供することで、移民が自己の文化と言語を保持することができる点にある」と定義される[7]。「自己の言語や文化の保持」は、多文化主義的である[8]。後述するスウェーデンも、「適切な統合とは、

---

4)　Haut Conseil a l'Integration, *Pour un modèle français d'intégration: premier rapport annuel au Premier ministre du Haut conseil à l'intégration* (La Documentation française, 1991) 18.

5)　A. Murov, Immigration and Integration Policy in France: Relationship between policy research and political decision-making, 2014, 17-18, Available at: http://dspace.ut.ee/bitstream/handle/10062/42250/murov_annika_ma_2014.pdf.

6)　Bericht der Unabhängigen Kommission „Zuwanderung", *Zuwanderung gestalten. Integration fördern*, Berlin: Bundesministerium des Innern (2001) 199-200.

7)　旧法2条では、「1. 統合は、労働生活や社会への参加をめざしつつ、自己の言語や文化を保持しようとする、移民の人格的発展を意味する」とある。

自己の文化を保持しながら、同時にとりわけ労働市場において社会・経済的な
同化を達成すること」と言う多文化主義的な統合政策である[9]。

EU諸国では、一般に、統合とは、人が社会の経済的・社会的・文化的・政
治的生活に完全に参加することができる一方で、自己のアイデンティティを保
持することもできる状態にすることと理解されている[10]。移民の言語や文化の保
持は、もっぱら私的な領域で追求されるべきであり、公的な政策としては多数
派の言語や文化を移民が習得することにのみ力点を置くとフランスのように同
化主義的といわれる。他方、移民の言語や文化の保持のための公的な政策にも
取り組むフィンランドやスウェーデンは、多文化主義的と評される。

3　多文化共生

日本の多文化共生は、カナダなどの多文化主義よりもヨーロッパの統合の概
念に近い。総務省の「地域における多文化共生推進プラン」では、「国籍や民
族などの異なる人々が、互いの文化的差異を認め合い、対等な関係を築こうと
しながら、地域社会の構成員として共に生きていく」地域づくりの推進を掲げ
ている。この「多文化共生」の理念は、スウェーデンの多文化主義的な統合政
策の3つの目標（文化の「選択の自由」、「平等」、「共生」）と共通する要素がある[11]
（また、以下に括弧書きするインターカルチュラリズムと共通する要素もある。バルセロ
ナ市の掲げる3つの原理は、〈平等〉、〈多様性の承認〉、〈積極的交流〉である[12]。その内容
は「平等」、文化の「選択の自由」、「共生」に対応する）。

第1に、総務省の推進プランの「互いの文化的差異を認め合い」の部分は、

---

8)　T. Martikainen, et. al., The Social Integration of Immigrants in Finland. In J. Frideres and J.
Biles eds. *International Perspectives: Integration and Inclusion*（Montreal: McGill-Queen's
University Press, 2012）No. 2956-2986.

9)　L. Åkeson, Multicultural ideology and transnational family ties among descendants of Cape
Verdeans in Sweden. In K. F. Olwig, et al., eds., *Migration, Family and the Welfare State:
Integrating Migrants and Refugees in Scandinavia*（Milton Park: Routledge, 2012）38.

10)　K. Valtonen, *Social Work and Migration: Immigrant and Refugee Settlement and Integration*
（Aldershot: Ashgate, 2009）218.

11)　Prop. 1975: 26. *Riktlinjer för invandrar- och minoritetspolitiken*, 15.

12)　Barcelona Interculturality Plan. Available at: http://www.bcn.cat/novaciutadania/pdf/en/PlaBC
NInterculturalitatAng170510_en.pdf.

文化の「選択の自由」に対応する。選択の自由とは、個々の移民がスウェーデン文化に同化することなく、自己の文化を維持しうることを意味する[13]。この目標は個人の同化の強要を拒否する[14]。選択の自由の理念は、民族集団や組織といった集団ではなく、個人が自己の文化的所属とアイデンティティを決定することができるという点にある。出身文化との接触を維持するこの政策は、スウェーデンに滞在するか、出身国に戻り再適応するかの選択をも容易にする[15]。(また、〈多様性の承認〉は、単なる静観や消極的な寛容にとどまらず、文化的な豊かさを経済的・社会的分野の豊かさにも及ぼす機会を利用する必要を重視する)。

第2に、「対等な関係を築こうとしながら」の部分は、「平等」に対応する。平等の目標は、移民に他の住民と同じ生活水準を与える継続的な努力をさす[16]。移民が他の住民と同じ機会・権利・義務を持ち、移民に他の住民と同じ条件で労働・住宅・福祉・教育を提供する目標を表す。一般的な福祉政策は、住民であるかぎり、国籍にかかわらず適用される。この目標は、ドイツが採用したゲストワーカー制度をスウェーデンは拒否することを意味する[17]。(また、〈平等〉の政策は、市民の出自や文化的な違いによる排除や差別に対抗する)。

第3に、「地域社会の構成員として共に生きていく」の部分は、「共生」に対応する。マイノリティ集団と多数派住民との間の協同の実現を意味する。この目標は、移民とその他の住民相互の寛容と連帯を含む。社会の発展のパートナーとして、移民が政治生活に積極的に参加する十分な機会が与えられ、独自の文化活動の機会が拡大され、外国人排斥や民族差別に抗して、協調的な民族関係を促進することも含みうる[18]。(また、〈積極的交流〉は、違いの承認からはじまり、

---

13) C. Westin and E. Dingu-Kyrklund, *Reducing immigration, reviewing integration* (CEIFO at Stockholm University, 1997) 8.

14) C. Westin, Equality, freedom of choice and partnership: Multicultural policy in Sweden. In R. Bauböck, et al., eds., *The Challenge of Diversity: Integration and Pluralism in Societies of Immigration* (Aldershot: Avebury, 1996) 214.

15) SOU 1984: 11, Justitiedepartementet, *Rösträtt och medborgarskap, Invandrares och utlandssvenskars rösträtt*. 60.

16) T. Hammar, *European Immigration Policy: A Comparative Study* (Cambridge: Cambridge University Press, 1985) 33.

17) Westin, *op. cit.,* 214.

18) E. Lithman, *Immigration and Immigrant Policy in Sweden* (Stockholm: The Swedish Institute, 1987) 20.

市民として我々を1つに結びつける共通の共有面を重視する)。

Ⅱ 多文化主義政策指数

カナダの代表的な多文化主義の理論家であるキムリッカらの「多文化主義政策指数 (MCP Index)」によれば、多文化主義政策の内容は、移民、ナショナル・マイノリティ、先住民の対象に応じて3通りに区別される。[19]

1 移民に対する8つの政策

第1に、移民に対する多文化主義は、以下の8つの政策を含んでいる。[20]これらの政策は、オーストラリア (8.0)、カナダ (7.5)、スウェーデン (7.0)、フィンランド (6.0)、ニュージーランド (6.0) では、よく認められる。イギリス (5.5)、アメリカ (3.0) などが、これらに続く。ドイツ (2.5)、フランス (2.0) などでは、あまり認められない。日本は、0である。カナダなどの「多文化主義」政策と、日本の「多文化共生」政策とは、似て非なるものであることがよくわかる。

(1) 「多文化主義」の憲法、法律または議会による、国、州・県、市町村での承認

カナダでは、1982年の人権憲章27条がカナダ人の「多文化的伝統」の保持を憲法上かかげ、1988年に「多文化主義法」を制定した。オーストラリア政府の諮問機関は、1977年に「多文化社会としてのオーストラリア」という報告書を提出し、[21]1989年に政府は「多文化オーストラリアのための国家目標」を議会に提案している。[22]また、スウェーデンの1974年の憲法 (統治法) 1章2条は「民族的・言語的・宗教的少数派が、自らの文化的・共同体的生活を維持し、発展させる機会を促進しなければならない」と定め、1975年に文化の選

---

19) Multiculturalism Policy Index. Available at: https://www.queensu.ca/mcp/about.

20) W. Kymlicka, *Multicultural Odysseys* (Oxford: Oxford University Press, 2007) 71-73.

21) Australian Ethnic Affairs Council, *Australia* as a. *Multicultural Society* (Canberra: Australian Government Publishing Service, 1977).

22) Department of Immigration and Multicultural Affairs, *National Agenda for a Multicultural Australia* (1989).

択の自由・平等・共生の3つの理念のもと移民・マイノリティ政策を策定した。

日本でも宮城県、静岡県、湖南市は多文化共生推進条例を定め、多くの自治体が多文化共生推進プランを策定している。しかし、その内容は、日本語教育と情報の多言語化が中心であり、キムリッカらには「多文化主義」政策とは評価されていない。

(2) 学校のカリキュラムにおける多文化主義の採用

カナダの各州では、文化の多様性を教えることは不可欠な要素となっている[23]。スウェーデンのカリキュラムでは「スウェーデン社会の国際化と人の国際移動の増大は、人々の共生の能力と文化の多様性に内在する価値を承認する能力の必要性を高めている。自己の文化的出自を知り、共通の文化的伝統を共有することは、他者の価値と状況を理解し共感する能力とともに、発展させるべき重要な安定的アイデンティティを提供する」とある[24]。

(3) 公的メディアの委託・メディアの許可におけるエスニック代表・感性の導入

フィンランドの放送会社法7条2項5号は、寛容と多文化主義を支援し、マイノリティと特別な集団に対する番組の提供を規定し、テレビ・ラジオ運営法10条は、放送免許に際し、番組供給の多様性の保障、公衆の中の特別な集団のニーズを促進することを考慮しなければならないと定めている。

(4) 服装指定の免除、日曜休日規制など(制定法または判例法上による)

当初、ドイツ連邦憲法裁判所は、イスラーム教徒の生徒のスカーフ着用は認める一方、公立学校における教師のスカーフ着用禁止を州法で定めることを可能とした[25]。しかし、その後、判例を変更し、その種の州法を信教の自由違反と

---

23) The Council of Ministers of Education of Canada, The Development of Education: Reports for Canada (2008); J. Jedwab, Diversity and Inclusion in Canada's Provincial History Curriculums (2016).
24) Skolverket, *Curriculum for the compulsory school, preschool class and the leisure-time centre* (2011) 9.
25) BVerfGE 108, 282 (2003).

する。カナダの最高裁は、安息日法4条が日曜日の商品販売に刑事罰を科すことは、信教の自由違反とした。[27]

(5) 複数国籍の承認

カナダは1977年から、スウェーデンは2001年から、オーストラリアは2002年から、フィンランドは2003年から、複数国籍を全面的に認めている。アメリカでは、国籍を放棄する自発的な意思が証明されないかぎり、複数国籍を容認する判例が確立している。[28]

(6) 文化活動支援のためのエスニック集団組織への助成

ニュージーランドのコミュニティ団体助成スキームでは、国と37の地方機関がさまざまなコミュニティ団体活動に助成をしている。助成団体の優先順位として、マオリ、太平洋共同体、その他のエスニック・コミュニティは、高く設定されている。

この点、日本の多くの外国人団体の事業も、自治体の助成を受けたり、委託事業を運営していたりするが、恒常的な助成制度とはいえない点で消極的に評価される。

(7) バイリンガル教育または母語教育への助成

スウェーデンの学校令5章10条により、校長は、5人以上の希望する生徒がいて、適切な教師がいる場合には、母語教育を提供する義務がある。また、フィンランド基礎教育法12条も類似の規定を持つ。

(8) 不利な状況にある移民集団への積極的差別是正措置

カナダの雇用衡平法2条は、「女性、先住民、障碍者、およびヴィジブル・マイノリティーのメンバー」の雇用経験上の不利な条件を改善するための積極的差別是正措置や差異の合理的配慮を同一取扱いの例外として認めることを目

---

26) BVerfGE 138, 296 (2015).

27) R. v. Big M Drug Mart Ltd. [1985] 1 S.C.R. 295.

28) Vance v. Terrazas, 444 U.S. 252 (1980).

的に掲げている。visible minorities のメンバーとは、先住民を除く、人種上の非コーカソイドないしは皮膚の色の上での非白人をさす（同3条）。

2　ナショナル・マイノリティに対する6つの政策

　第2に、ナショナル・マイノリティに対する多文化主義は、以下の6つの政策を含む。[29] これらの政策は、カナダ（6.0）、イギリス（5.0）などではよく認められる。フィンランド（4.5）などが続く。フランス（2.0）ではほとんど認められず、日本は0である。

　　①連邦・準連邦における領域自治[30]
　　②地域・全国における公用語の地位[31]
　　③中央政府・憲法裁判所における代表の保障[32]
　　④少数言語の大学・学校・メディアへの公的助成[33]
　　⑤「多文化主義」の憲法または議会による承認
　　⑥国際的な人格の容認（国際機関・条約署名・オリンピックの独自チームにおける下位国家機関の承認）[34]

　キムリッカらは、日本におけるナショナル・マイノリティを琉球人とみる。沖縄県に集住しているが、連邦制でない日本では、①領域自治権を沖縄県は持っていない。琉球語は、日本語の方言として高齢者の間では話されているものの、②公用語は、日本語だけである。③内閣府特命担当大臣（沖縄及び北方対策担当）は、琉球人から選ぶ制度ではない。④琉球語入門の授業は、多くの大学で行われているものの、初等・中等教育における琉球語への政府の財政支援はない。マイノリティメディアへの政府の支援も明らかではない。⑤憲法も法律も、多文化主義を承認してはいない。⑥のような国際的な承認はない。

---

29) Kymlicka, *op. cit.,* 71.
30) カナダでは、フランス語圏のケベック州、イギリスでは、スコットランド、ウェールズ、北アイルランドが文化的な自治権を認められている。
31) カナダでは英語とフランス語が公用語である。イギリスでは英語が事実上の公用語であるが、スコットランド語、ウェールズ語、アイルランド語が各地域の公用語でもある。
32) カナダでは国会両院の一定の議席は、ケベック州に割り当てられ、9人の最高裁判事の少なくとも3人はケベックの判事から任命される。
33) カナダ人権憲章23条は、英語またはフランス語の少数言語教育権を保障する。
34) イギリスではEUの地域委員会などの国際機関、サッカーやラグビーの国際大会にスコットランド、ウェールズ、北アイルランドの代表を派遣する。

3 先住民族に対する9つの政策

第3に、先住民族に対する多文化主義は、以下の9つの政策を含む[35]。これらの政策は、カナダ（8.5）、アメリカ（8.0）、ニュージーランド（7.5）、オーストラリア（6.0）などではよく認められる。フィンランド（4.0）などがこれらに続く。スウェーデン（3.0）および日本（3.0）では一定のものしか認められない。

①土地の権利の承認[36]
②自治権の承認[37]
③過去の条約または新たな条約の是認[38]
④文化的権利（言語・狩猟・漁労・宗教）の承認[39]
⑤慣習法の承認[40]
⑥中央政府での代表・協議の保障[41]
⑦先住民族の明確な地位の憲法上または法律上の確認
⑧先住権に関する国際法規の承認・批准
⑨先住民族の成員への積極的差別是正措置

④日本は1997年にアイヌ文化振興法を制定したが、そこには、文化的権利を保障する規定が定められていないので、0.5と評価されている。

⑥二風谷ダム判決[42]が、引用文献を評価の証拠として[43]、少数民族の文化活動に

---

35) Kymlicka, *op. cit.*, 67.

36) カナダ最高裁は、イギリスに征服される以前の先住民の土地の権利の存在を承認し（Calder v British Columbia [1973] S.C.R. 313）、先住民の権利は、日常、狩猟や漁業といった資源の活用を行い、実質的な支配権を有していた土地全体に及ぶと判示した（Tsilhqot'in Nation v British Columbia [2014] SCC 44）。

37) デンマークでは、グリーンランド自治法1条により、自治政府が立法権と行政権を行使し、グリーンランドの裁判所が司法権を行使することを定めている。

38) マオリ族とイギリスとの間で結ばれた1840年のワイタンギ条約は、マオリの言語権や土地所有権の根拠として今日でも一定の効力を有する。

39) カナダ最高裁は、先住民であるヒューロン族の宗教活動の自由をインディアン法88条の権利として認めた（R. v. Sioui, [1990] 1 S.C.R. 1025）。

40) アメリカのインディアン部族裁判法2条7項が「伝統的な部族裁判の実務は、インディアン部族の文化とアイデンティティの保持と本法の目的に不可欠」と定める。

41) カナダ最高裁は、先住民の権利に関し、連邦政府も州政府も先住民と「協議する義務」があるという（Haida Nation v. British Columbia (Minister of Forests), [2004] 3 S.C.R. 511）。

42) 札幌地判1997（平9）3・27判時1598号33頁では、洪水調整などのダム建設の公共の利益が、先住民族としての「アイヌ民族固有の文化を享有する権利」（自由権規約27条・憲法13条）などの価値に優越するかどうかの必要な調査を怠った点で違法なものの、ダムが完成した以上、事情判決の法理により、土地収用裁決を取り消さなかった。

影響を及ぼす決定過程に少数民族を参加させる政府の必要を認めたので、0.5
と評価される。しかし、同判決は、先住民の文化に影響を及ぼすおそれのある
政策決定にあたって大臣が十分な配慮をすべき責務を負っており、「影響調
査」の必要を指摘するにすぎず、アイヌ住民の決定への参加の必要については
語っていない。

　他方、⑦二風谷ダム判決が、憲法13条から少数民族の文化享有権を導き、
それをアイヌ民族に認めている。また、判決後、アイヌ文化振興法を制定した。
さらに、2008年に、国会がアイヌを先住民族と承認する決議を行っているので、
評価は最高の1となっている。

　⑧1989年のILO169号条約（先住民および種族民条約）があるが、日本はこの
条約を批准していない。2007年に国連総会が、先住民族の権利に関する宣言
を採択し、日本もこの宣言の採択に賛成したので、0.5と評価されている。

　⑨先住民に対する積極的差別是正措置を定める法規定はない。しかし、内閣
官房アイヌ総合政策室は、北海道が実施する「アイヌの人たちの生活向上に関
する推進方策」を支援する文科省や厚労省などの施策をまとめ、就学支援、就
職支援、住宅新築資金等の貸付支援などの一定のアイヌ政策に取り組んでいる
ので、0.5と評価されている。

　以上みてきたように、各国の多文化主義の政策状況において、移民について
の点数は、移民統合政策指数[44]の結果とは、かなり違った内容になっている。こ
のことは、カナダやオーストラリアやニュージーランドの多文化主義政策の内
容と、ヨーロッパ諸国の統合政策および日本の多文化共生策の内容の違いに起
因する。

Ⅲ　多文化主義・多文化共生・インターカルチュラリズム

　多文化主義と多文化共生は、3つの点で異なっている。第1に、理念上の違

---

43) G. Stevens, The Ainu and Human Rights: Domestic and. International Legal Protections.
　　Japanese Studies 21: 2 (2001) 125, 129.
44) 近藤敦「移民統合政策指数（MIPEX）における欧米韓日の比較」法律時報89巻4号（2017年）
　　73-78頁。

いがある。理念上の多文化主義は、多数派の文化の存在を否定し、すべての文化を対等なものと考える。これに対して、ヨーロッパの統合政策は、多数派の文化の存在を前提としつつ、少数派の文化の保持にも配慮し、少数派は多数派の言語や法制度を習得する一方で、多数派社会の側も少数派の文化に寛容な法制度へと一定の変容をみせる双方向の過程ととらえている。日本の多文化共生政策も、多数派の文化の存在を前提とし、双方向の取組を理念上は問題とする。

第2に、実務上の違いがある。多文化主義は、母語教育にも熱心である。しかし、日本の多くの自治体の多文化共生政策は、実務上は、多文化の要素はもっぱら情報の多言語化であって、日本語教育に重点が置かれ、一部の自治体を除き、一般には母語教育に消極的である。

第3に、主要な対象の違いがある。今日、この差は相対化されつつあるとはいえ、伝統的な移民国家においては、移民は国民となることが奨励され、多文化主義政策の対象は、国民である（民族的）少数者の完全に平等な社会参加が指向された。これに対し、日本の多文化共生政策の対象は、民族的少数者を含みつつも、外国人の社会参加が中心課題である。ヨーロッパの統合政策も、外国人としての社会参加という問題関心が強かった。

したがって、日本の多文化共生政策は、ヨーロッパ諸国の統合政策と比較することが有用である。今日、ヨーロッパの自治体では、同化主義的でない統合政策を、インターカルチュラリズム（interculturalism）として、同化主義とも、多文化主義とも区別する傾向にある。過去の無政策やゲストワーカー政策の時代を除けば、以下の3通りに区別される。[45]

①同化政策

移住者や少数者は、永住者として受け入れられるが、できるだけ早く同化することが想定される。受入れコミュニティの文化規範との違いは、奨励されず、国の一体性に対する脅威とみなされる場合には抑圧されることすらありうる。

②多文化政策

移住者や少数者は、永住者として受け入れられる。受入れコミュニティの文化規範との違いは、反人種主義活動によって裏付けられる法や制度によって奨励され、保障される。ただし、場合によっては分離や隔離さえ助長されるリス

---

45) P. Wood, ed., *Intercultural cities: Towards a model for intercultural integration* (Strasbourg: Council of Europe Publishing, 2010) 22-23.

クを負う。

③インターカルチュラル政策

　移住者や少数者は、永住者として受け入れられる。受入れコミュニティの文化規範との違いは、法や制度において認識される一方、共通の立場・相互理解・共感を生み出す政策・制度・活動が高く評価される。

　多文化主義（以下、MC）も、インターカルチュラリズム（以下、IC）も、同化主義に反対し、文化の多様性を尊重し、移民の文化やアイデンティティの保持に配慮しつつ、移民の社会参加、差別の撤廃をめざす点は、共通している。

　しかし、IC は、主につぎの4点で、MC とは異なる要素を持っている[46]。第1に、IC は、文化が伝わり、交流し、変容し、発展しうる点に着目する。これに対し、MC は、文化の伝統を保持する傾向にある[47]。IC は、民族集団等が流動的であり、（複数国籍者などアイデンティティは多層的であり）集団のアイデンティティも人によって違うと考える。他方、MC は、生得的な違いは固定的であり、集団のアイデンティティも同質的とみる傾向がある[48]。したがって、IC は、MC よりも、文化の相互作用や対話を重視し[49]、社会の結束や共通の価値を重視し[50]、平行社会や隔離状況の回避を政策課題とする。

　第2に、IC は、多数派の文化の存在を前提とし、多数派と少数派の二元性を意識する。しかし、MC は、多数派の文化の存在を前提としない[51]。社会構造をたとえていえば、IC は「共生」（我々と彼らの二元論にあって我々意識の醸成）であり、MC は「モザイク」（さまざまな少数派の寄せ集め）となる[52]。

46）IC の主唱者からの批判的な分析に基づいており、進歩的な MC は、IC とあまり違わない。MC は、時代とともに変化している。他方、MC の立場から、異文化間の対話だけでは、マイノリティが直面している構造的差別は解消しない点などの IC への批判が指摘されている。M. Barrett, Introduction - Interculturalism and multiculturalism: concepts and controversies. In M. Barrett ed., *Interculturalism and multiculturalism: similarities and differences*（Strasbourg: C ouncil of Europe, 2013）30-32.

47）N. Meer and T. Modood, Multiculturalism, Interculturalism and Citizenship. In N. Meer et al. eds. *Multiculturalism and Interculturalism: Debating the Dividing Lines*（Edinburgh: Edinburgh University Press, 2016）39.

48）T. Cantle, The Case for Interculturalism, Plural Identities and Cohesion. In Meer et al. eds., *op. cit.*, 144.

49）N. Meer and T. Modood, *op. cit.*, 28.

50）*Ibid.*, 39; G. Bouchard, Quebec Interculturalism and Canadian Multiculturalism. In Meeret al. eds., *op. cit.*, 90.

第3に、IC は、個人の権利を基本に考える。しかし、MC は、集団の規範的な重要性を強く意識する。教育について、両者ともに母語・母文化の教育を支援する。IC は、すべての生徒に異文化対応力を身に着けることを重視し[53]、宗派・世界観を問わない学校や学級での多様な宗教を組み込んだ宗教教育を求める。これに対し、MC では、公立の学校での宗派ごとの宗教教育の授業か、多様性を持った学校を特に支援し、宗教団体の設立する宗教教育を助成する傾向がある[54]。

　第4に、IC は、市民社会のレベルで主に適用されるが、MC は、国のレベルで適用される。IC では、政府は市民社会における社会的・文化的な交流を支援する。しかし、MC は、民族的・文化的な団体を助成する[55]。IC では、国は少数派集団組織を統合機関として支援し、労働市場において異文化対応力と言語能力を重視し、住宅市場や都市政策において民族混淆住宅・地域を奨励する。MC では、国は少数派集団組織をエンパワーメントの機関として支援し、労働市場や住宅市場において積極的差別是正措置を、都市政策においてミナレットなどのシンボルの利用も承認する[56]。

　日本の多文化共生政策は、理念上は、MC よりも IC の方が近い。もっとも、具体的なインターカルチュラル政策は、自治体や時期によって異なる。日本の多文化共生政策も、同様である。近年の多文化共生政策は、文化の多様性を都市の活力に生かす点など、インターカルチュラル・シティの政策内容を取り入れる動きがみられ、IC との親和性を高めている。

　ただし、外国にルーツを持つ人の人口比率が低く、多文化共生政策の歴史が

51）MC を採用するカナダ連邦におけるイギリスの子孫の人口は 30％ほどであるのに対し、IC を採用するケベック州のフランス語系の人口は 70％ほどである。ジェラール・ブシャール「ケベックを規定する枠組み——共通の価値規範」ジェラール・ブシャール・チャールズ・テイラー編（竹中豊ほか訳）『多文化社会ケベックの挑戦』（明石書店、2011 年）181 頁。

52）A.-G. Gagnon and R. Iacovino, Interculturalism and Multiculturalism: Similarities and Differences. In Meer et al. eds., *op. cit.*, 123.

53）Wood ed., *op. cit.*, 24.

54）P. Loobuyck, The Politics of Interculturalism: Reflections on the Importance and Particularity of Intercultural Policies. In Meer et al. eds., *op. cit.*, 239.

55）*Ibid.*, 237-38.

56）Wood ed., *op. cit.*, 23-24.

浅い。国としての法制度の整備に手がついていないことなどもあって、移民受け入れの伝統が長い欧米諸国とは、多くの点で異なっている。

Ⅳ　インターカルチュラル・シティ指数

インターカルチュラル・シティ（ICC）とは、2008 年に欧州評議会が欧州委員会とともに始めたプログラムである。移民や（ロマや先住民を含む）少数者によってもたされる文化的多様性を、都市の活力・革新、創造、成長の源泉とする都市のネットワークを形成している。インターカルチュラル・シティ指数（ICC Index）[57]は、73 の質問項目により、15 分野において、各都市の政策を評価している。浜松市の 2017 年の（差別禁止の分野を除く）評価は、教育、公共サービス、就労、公共空間、調停、政治参加が弱い。

第 1 の「市の関与」は、1）ICC の公式宣言、2）IC 統合施策または多様性・包摂施策の採用、3）IC 行動計画の採用、4）同統合施策と行動計画の実施のための予算計上、5）すべての民族・文化背景を持つ人々を含む政策協議と共同計画の手続の採用、6）同施策・行動計画の評価と更新手続、7）IC への関与を明確にした公式声明と報道、8）同声明・施策・行動計画を伝える公式ウェブページ、9）同施策・統合をになう専用の部門横断的・調整組織、10）IC を促進する住民・組織の承認・顕彰手段の提供の有無を評価する。浜松市は 85%（平均は 71%）であり、2018 年に「第 2 次浜松市多文化共生都市ビジョン」を策定し、IC 政策を明示しているものの、10）が課題である。

第 2 の「教育」は、1）小学校のほぼすべての児童の同じ民族背景、2）教師の民族背景における市の住民構成の反映、3）学校で民族的少数者・移民の背景を有する親の関与を強める努力、4）学校の IC プロジェクトの実施、5）学校で民族・文化的混淆を高める政策の有無を評価する。浜松市は 56%（平均は 66%）であり、3）や 4）には取り組むものの、2）が課題である。

第 3 の「地区」は、1）住民の大多数（80%以上）が同じ民族背景である地区の割合、2）住民の多数を構成する少数民族集団からなる地区の割合、3）1 つ

---

57) Council of Europe, About the Intercultural Cities Index. Available at: https://www.coe.int/en/web/interculturalcities/about-the-index（2018）.

の地区の住民が他の地区の異なる民族・文化背景をもつ住民と出会い・交流する活動促進、4）地区住民の多様性を高める政策、5）異なる民族背景を持つ人々の地区での出会いと交流を促進する政策の有無を評価する。浜松市は100％（平均は63％）であり、民族的な隔離が生じていないので、3）などは不要なものの、4）が課題である。

第4の「公共サービス」は、1）公務員の民族背景における市の住民構成の反映、2）労働力の多様性を確保する募集計画、3）民間企業における多様な労働力、IC混淆・能力を促進する活動、4）すべての市民の民族・文化背景に適合するサービス提供の有無を評価する。浜松市は30％（平均は42％）であり、1）や3）や4）の課題を抱えている。

第5の「ビジネス・労働市場」は、1）多様性や無差別雇用を促進するビジネス・傘下グループ、2）行政・サービスにおいて民族差別を禁ずる独自の憲章その他の拘束力のある文書、3）民族的少数者が一般経済および高付加価値部門に参入するビジネス促進活動、4）十分な割合の移民・マイノリティ企業家を含む企業創出支援の促進と、多数派の企業家の新たな製品・サービス共同開発促進活動、5）物とサービスの調達において多様性戦略を持つ会社の優先の有無を評価する。浜松市は0％（平均は42％）である。

第6の「文化・市民生活」は、1）団体や取組への助成金配分において市議会のICの基準使用、2）その割合、3）異なる民族集団の混淆を促進する芸術・文化・スポーツイベントや活動組織、4）文化組織が作品において多様性と異文化関係を扱うことの促進、5）文化の多様性と共生をテーマとする討論やキャンペーン組織の有無を評価する。浜松市は88％（平均は74％）であり、3）は時々である。

第7の「公共空間」は、1）公共部門における有意なIC混淆・統合促進活動、2）デザイン、公共のビル・空間の管理における人口の多様性の考慮、3）地域再建の際に異なる民族・文化背景を持った人々が有意な関与を確保する協議のための異なる方法や場所の提案、4）1つの民族集団が支配的と思われ、他の人々が歓迎されていないと感じる空間や地域、5）「怖い」と評判の地域の有無を評価する。浜松市は58％（平均は65％）であり、2）や3）の課題がある。

第8の「調停」は、1）市と公共サービス機関におけるICコミュニケーシ

ョンと紛争の調停のための専門的サービスの提供、2）市組織の宗教間関係についての特別担当、3）IC調停の提供の有無を評価する。浜松市は民族間の争いがないので、調停の仕組みが発達しておらず、24％（平均は63％）であり、1）や2）や3）の課題がある。

第9の「言語」は、1）（専業主婦、失業者、退職者などの）アクセスしにくい集団に対する公用語の特別な言語訓練の提供、2）学校の通常カリキュラムの一部として移民・マイノリティ言語の学習、3）移民・マイノリティの子どもに限定した母語学習、4）誰に対しても通常授業として移民・マイノリティ言語学習の選択が開かれているか、5）移民・マイノリティの言語教育を提供する私立・公立機関への支援、6）マイノリティ新聞・雑誌の財政支援、7）マイノリティのラジオ番組への財政支援、8）マイノリティの言語でのテレビ番組の財政支援、9）（移民の言語の日、多言語の文化イベントなどの）移民・マイノリティ言語のイメージアップのプロジェクト支援の有無を評価している。浜松市は39％（平均は48％）であり、1）、6）、7）、8）などが課題である。

第10の「メディア」は、1）移民・マイノリティを可視化するメディア施策、2）市広報部の通常および多様なコミュニケーションにおける多様性を長所として強調する指示、3）マイノリティの背景を持ったジャーナリストのための宣伝・メディア訓練・指導・オンラインメディア開設などの支援の提供、4）メディアがマイノリティを描く方法のモニターの有無を評価している。浜松市は50％（平均は46％）であり、3）と4）が課題である。

第11の「国際協力」は、1）単に科学的・経済的・文化的・その他のプロジェクトを結びつけるだけでなく、維持する国際協力を促進する市の明示の政策、2）同政策の特別財政条項、3）国際協力への公開性の評価・開発担当の市の特別な機関、4）大学の外国人留学生受け入れ支援・促進、5）外国人留学生の市民生活参加と卒業後の残留促進策、6）台頭する経済の潜在的成長から利益を得るため、ディアスポラグループの出身国・市とのビジネス関係促進の有無を評価する。浜松市は87％（平均は71％）であり、大学の管理が国や県のため、4）は当てはまらない。

第12の「異文化対応力」は、1）市政・市議会の政策形成過程を伝える中での多様性とIC関係についての量的・質的情報の組み込み、2）移民・マイノ

リティの一般認識についての質問を含む調査、3）職員・スタッフの異文化対応力の促進を評価する。浜松市は78％（平均は61％）であり、3）はJIAMやCLAIRなどの外部専門機関が実施する研修に参加し、新規採用者への多文化共生研修を行っている。

　第13の「ニューカマーの歓迎」は、1）その担当部署、2）外国から新たに来た住民への情報パッケージと支援の提供、3）異なる市の部署でのニューカマー支援提供、4）市職員の前でニューカマーに挨拶する特別な儀式の有無を評価する。浜松市は70％（平均は54％）であり、2）は英語とポルトガル語版で情報提供しており、4）は課題である。

　第14の「政治参加」は、1）外国人の地方選挙権、2）選ばれた政治家の民族背景における市の人口構成の反映、3）多様性と統合の問題を扱う民族・マイノリティを代表し、自治体とは独立で助言機能を有する政治体、4）学校や公共サービスを監督する必置の委員会で移民・マイノリティを代表する基準、5）政治に携わる移民・マイノリティを促進する取組の有無を評価する。浜松市は0％（平均は33％）である。

　第15の「差別禁止」は、1）市における差別の範囲と性格の恒常的な評価・調査、2）差別の被害者への助言、支援特別サービス、こうした役割を果たす市民社会組織への助成、3）差別禁止キャンペーンその他の方法での意識啓発の有無を評価する。浜松市は、2）多文化共生センターで多言語の生活相談をしており、3）ポスターでの啓発活動を時々していると報告したものの、指数評価の対象とされていない。

V　今後の日本の課題と展望

　日本で唯一インターカルチュラル・シティに参加している浜松市の全体評価は、88都市中の20位と健闘している。外国人集住都市の代表格として、自治体ができる範囲での多文化共生政策に積極的に取り組んできたこともあって、8分野（市の関与、地域社会、文化生活、言語、メディア、国際協力、異文化対応力、ニューカマーの歓迎）は平均以上の好評価を受けている。しかし、教育、公共サービス、公共空間、調停は平均以下であり、就労、政治参加は最下位、差別禁

止の分野は評価対象外とされている。国の法整備がなされていない政治参加と差別禁止はいうまでもなく、ビジネス・労働市場の分野において多様性を促進し、雇用差別防止の自治体の取り組みは今後の課題である。また、教育と公共サービスでは、外国にルーツを持つ教員や公務員の比率を住民の比率に合わせ、公共施設などの公共空間において人口の多様性を考慮し、外国にルーツを持つ人の関与を確保する協議の場を設けることも、調停のための担当部署の整備とともに課題である。

2018年12月に「出入国管理及び難民認定法及び法務省設置法の一部を改正する法律案」が、国会を通過した。

建設、農業などの人材確保が困難な14分野において「相当程度」の技能水準といった半熟練労働のための「特定技能1号」と、さらに限定した分野において「熟練した技能」水準の熟練労働のための「特定技能2号」の在留資格が新設され、法務省の外局として「出入国在留管理庁」がつくられ、外国人材の受入れ・共生のための総合的対応策が示された。法務省の総合調整機能の下、たとえば、「多文化共生総合相談ワンストップセンター」を全国に100カ所設置し、災害時外国人支援情報コーディネーターの養成研修、情報の多言語化、日本語教育の充実、自治体向けの多文化共生アドバイザー制度の創設、医療機関における外国語対応の推進、高度外国人材活躍推進プラットフォームの創設などの126の施策が盛り込まれた。

自治体独自でできる多文化共生政策には、限界がある。浜松市は、2001年に外国人集住都市会議の創設を呼びかけ、国の政策対応を求めてきた。外国人登録法を廃止し、住民登録に一元化するなどの一定の成果も見た。今後は、包括的な差別禁止法を制定し、自治体が差別禁止法令を定めることが焦眉の課題である。また、自治体の多文化共生推進条例やプランは整備されつつあるが、[58]今後は、多文化共生社会基本法を制定し、基本理念を示すとともに、担当部局[59]

---

58) 多文化共生の推進に係る指針・計画の策定状況（平成30年4月総務省自治行政局国際室調査）によれば、2018年4月現在、都道府県の96％、指定都市の100％、指定都市を除く市の67％、区の78％、町の26％、村の13％が、計画や指針を策定している。

59) 参照、外国人との共生に関する基本法制研究会「『多文化共生社会基本法』の内容（案）」近藤敦編『多文化共生政策へのアプローチ』（明石書店、2011年）255-57頁。

を設置することも喫緊の課題である。この点、男女共同参画基本法が参考となり、2018 年の「世田谷区多様性を認め合い男女共同参画と多文化共生を推進する条例」が、今後のダイバーシティ社会における両者の共通の問題領域を示している。また、すでに永住者等に住民投票を認める自治体はあるが、2018 年に人種差別撤廃員会は、「日本に数世代に渡り居住する在日コリアンが、地方選挙権を行使できるよう確保すること、および、公権力の行使または公の意思形成の参画にたずさわる公務員に就任できるよう確保すること」を勧告している。[60] 民族的出自を示す朝鮮戸籍を理由として 1952 年に日本国籍を剥奪された特別永住者に対する不利益取扱いは、人種差別撤廃条約 1 条などの定めるナショナル・オリジンによる差別にあたる。[61] 特別永住者に限らず、その 2 倍をはるかに超えている永住者がすでに日本にはいる。加えて、少子高齢化の下、生産年齢人口の減少と各地の人手不足は深刻であり、新設される「特定技能 2 号」の在留資格は、永住にも道を開かれる可能性を有する。多文化共生社会の実現のためには、永住市民の参政権のための法改正も課題であり、日本に特有な永住許可や国籍制度の見直しとともに、政治参加の前提としても、外国人住民への日本語講習や社会講習の整備は不可欠である。

　最後に、多文化共生の理念の憲法上の根拠規定の解明も今後の課題である。自由、平等、友愛は、1789 年のフランス革命以後、人権のスローガンとして定着した。1975 年以後のスウェーデンでは、これに触発された移民・マイノリティの人権保障の基本目標として、文化の選択の自由、平等、共生が提唱された。日本の多文化共生の基本理念も、文化の選択の自由、平等、共生である。

　第 1 に、「文化の選択の自由」ないし「自己の文化を享有する権利」は、日本国憲法 13 条が根拠となる。憲法 13 条の定める「個人の尊重」は、〈多様性

---

60) 人種差別撤廃委員会・日本政府の報告書に対する総括所見（2018 年 8 月 30 日）22 段落。2016 年の共同通信によるアンケート調査では、1,659 自治体中、一般事務職に国籍要件がないと回答したのは、530 自治体（31.9％）であり、そのうち 278 自治体（16.8％）が、管理職等への任用制限なしに門戸を開放しており、任用制限ありは 227 自治体（13.7％）である。一方、一般事務職でも国籍要件を課す自治体が 680（41.0％）もある。他方、449（27.1％）は、無回答である。鈴木江理子「共同通信外国人住民に関する全国自治体アンケートの結果分析」外国人人権法連絡会編『日本における外国人・民族的マイノリティ人権白書 2017』（外国人人権法連絡会、2017 年）94 頁。

61) 近藤敦『人権法』（日本評論社、2016 年）46 頁、127-28 頁。

の承認〉を導くとともに、「自己の文化を享有する権利」については、「憲法
13 条により、その属する少数民族たるアイヌ民族固有の文化を享有する権利
を保障されている」と、二風谷事件判決は判示している。[62]

　第 2 に、憲法 14 条が「平等」の根拠規定であり、今日、ここでの「人種」
差別の禁止は「民族」差別の禁止も含むと一般に解される。[63]

　第 3 に、「共生」の理念について、日本国憲法前文は「諸国民との協和」や
国際協調主義を謳っており、「現在及び将来の国民」に「基本的人権」を保障
する憲法 11 条・97 条が、国民と外国人の〈積極的交流〉を通じた社会参加の
理念に根差した憲法解釈を導く。日本に居住する外国人は、将来の国民となる
可能性をもっており、とりわけ永住者はその蓋然性をもっているというのが、
移民国家での一般的な理解である。

　今後は、多文化共生社会の形成に向けた日本国憲法の開かれた憲法規定に目
を向ける必要があり、人権条約と憲法との整合性に配慮すべきである。[64]

〔付記〕　本稿は、科研費 15K03125 および 17H02593 の助成を受けている。

（こんどう・あつし　名城大学教授）

62）二風谷事件判決・札幌地判 1997. 3. 27 判時 1598 号 33 頁。

63）近藤、前掲書、128 頁。

64）詳しくは、近藤敦『多文化共生と人権』（明石書店、2019 年）。

「1票の較差」訴訟としての「公選法 204 条の憲法訴訟」・考

佐々木弘通

I　はじめに──問題の所在と本稿の課題

　2013 年 7 月 21 日施行の参議院議員通常選挙の選挙人は、この選挙のうち比例代表選出議員の選挙の無効を求める、公職選挙法（以下「公選法」という）204 条の選挙無効訴訟を提起したが、その無効原因として主張した事由の中には、以下の 2 つの、公選法規定の違憲主張を含んでいた。すなわち、(1)公選法 9 条 1 項が 18 歳および 19 歳の国民に選挙権を与えないのは憲法 15 条 3 項に反する、(2)公選法 11 条 1 項 2 号および 3 号が受刑者の選挙権を一律に制限するのは憲法 15 条 1 項および 3 項、43 条 1 項、44 条但書に反する、の 2 点である。これに対して、最二決 2014〈平 26〉. 7. 9 判時 2241 号 20 頁[1]は、これら 2 点の違憲主張は、公選法 204 条の訴訟における無効原因として主張しうる事由には当たらないとした。つまり、裁判所はこの公選法 204 条の訴訟で、この 2 点の主張を取り上げてそれに関する実体判断に立ち入ることそれ自体が、できないのだとした。それを、次のように説示している。「公職選挙法 204 条の

---

1)　本決定の評釈・解説として、拙稿・重判解平 26 年度 10 頁（2015 年）に先立つものに、福嶋敏明・新判例解説 Watch16 号 23 頁、田近肇・セレクト 2014 [I]（法学教室 413 号別冊付録）12 頁（2015 年）、匿名コメント・判時 2241 号 20 頁、拙稿の後に出たものに、山岸敬子・民商 150 巻 6 号 753 頁（2015 年）、がある。なお、拙稿の「解説」の「2」の標題中に「違法訴訟」とあるのは「憲法訴訟」の誤植である。

選挙無効訴訟について、……同法205条1項は上記訴訟において主張し得る選挙無効の原因を『選挙の規定に違反することがあるとき』と定めており、これは、主として選挙管理の任にある機関が選挙の管理執行の手続に関する明文の規定に違反することがあるとき又は直接そのような明文の規定は存在しないが選挙の基本理念である選挙の自由公正の原則が著しく阻害されるときを指すものと解される……。このように、公職選挙法204条の選挙無効訴訟は、同法において選挙権を有するものとされている選挙人らによる候補者に対する投票の結果としての選挙の効力を選挙人又は候補者が上記のような無効原因の存在を主張して争う争訟方法であり、同法の規定において一定の者につき選挙権を制限していることの憲法適合性については、当該者が自己の選挙権の侵害を理由にその救済を求めて提起する訴訟においてこれを争うことの可否はおくとしても、同条の選挙無効訴訟において選挙人らが他者の選挙権の制限に係る当該規定の違憲を主張してこれを争うことは法律上予定されていない」、と。

　2014年決定によるこのような説示が、公選法204条の訴訟における違憲主張の範囲に関するそれまでの判例法理とはたして整合性を持つのかどうかが、当然、問題となる。ところがこの問題を検討し始めると、そもそもその判例法理それ自体を憲法上どのように理解し評価すべきかが、これまで十分に検討されてこなかったことに突き当たる。

　「元来、〔公選法204条の〕訴訟は、公選法の規定に違反して執行された選挙の効果を失わせ、改めて同法に基づく適法な再選挙を行わせること（同法109条4号）を目的とし、同法の下における適法な選挙の再実施の可能性を予定するものであるから、同法自体を改正しなければ適法に選挙を行うことができないような場合を予期するものではな〔い〕」（後記1976年判決。〔　〕内は引用者、以下同じ）。このような基本的な出発点を踏まえて、本稿はまず、公選法規定が合憲・有効であるという前提の下で「選挙の管理執行上の過誤を是正することを目的とする」（後記1964年判決の斎藤裁判官の意見）公選法204条の訴訟を、（元々の公選法204条の訴訟、という意味を込めて）「公選法204条の訴訟プロパー」と呼ぶ。それに対して、公選法規定の合憲性に関する争点を取り上げてその実体判断を行う公選法204条の訴訟を、「公選法204条の憲法訴訟」と呼ぶことにする。後に論じるように、「公選法204条の憲法訴訟」は、公選法204条の

通常の法解釈としては認めることができないものであり、理論的には、憲法による何らかの働きを受けて最高裁が法創造を行ったと理解すべきものである。

最高裁の判例に着目して「公選法204条の憲法訴訟」に関する歴史を辿ると、こうなる。この訴訟はまず、「1票の較差」訴訟として1964年判決で初登場し[2]、1976年判決を経てやがて確立した（第1段階）。次にこの訴訟は、1999年判決[3]で、「1票の較差」に限らない様々な憲法上の争点を取り上げる「公選法204条の憲法訴訟」一般へと展開した（第2段階）[4]。だがこの訴訟は、2014年決定以降、ある種の憲法上の争点は取り上げないものとなった（第3段階）[5]。

再言することになるが、この第3段階を画した2014年決定については、その判旨が、第2段階までの判例法理と、はたして、またどのように、整合するのかが問われる[6]。しかしその前に、そもそも「公選法204条の憲法訴訟」の判例法理自体を、憲法上どのように理解・把握し、また評価すべきかという、考究すべき課題が存在する。それは、次のような問いに取り組む課題である。まずは、「公選法204条の憲法訴訟」の第1段階・第2段階それぞれは、判例法

---

2) 「1票の較差」訴訟とは、選挙人が所属する選挙区が異なることにより、「各選挙人の投票の価値、すなわち各投票が選挙の結果に及ぼす影響力」（後出の1976年判決の法廷意見「二1」第1段落）に較差が生じていることが、違憲である（憲法上の平等原則に違反する、または憲法上の平等権を侵害する、または憲法上の選挙権を侵害する）、との主張（ないし憲法上の争点）を伴って提起される訴訟のことである。

3) 最大判1999〈平11〉. 11. 10民集53巻8号1577頁、最大判1999〈平11〉. 11. 10民集53巻8号1704頁。

4) 重複立候補制の合憲性、重複立候補できる者が候補者届出政党に所属する者に限られていることの合憲性、比例代表選挙においてそれが同時に候補者届出政党であるか否かにより衆議院名簿届出政党等の間に生じる選挙運動上の差異の合憲性、重複立候補制を組み込んだ比例代表制の合憲性、小選挙区制の合憲性、小選挙区選挙において候補者届出政党に所属するか否かにより候補者間に生じる選挙運動上の差異の合憲性。

5) その後、最三判2017〈平29〉. 10. 31判時2357＝2358号1頁は、2016年7月10日施行の参議院議員通常選挙の東京都選挙区の選挙人が提起した公選法204条の訴訟において、参議院議員の被選挙権を有する日本国民の年齢を「満30年以上の者」と定める公選法10条1項2号の規定の違憲主張は、できないと判示した。本判決の評釈・解説として、野口貴公美・法学教室450号139頁（2018年）、櫻井智章・民商154巻2号363頁（2018年）、匿名コメント・判時2357＝2358号1頁、君塚正臣・判評716号9頁（判時2377号155頁）（2018年）。

さらにその後、最一決2019〈平31〉. 2. 28判例集未登載（LEX/DB25570067）、は、2017年10月22日施行の衆議院議員総選挙のうち小選挙区選挙の長崎県第4区の選挙人が提起した公選法204条の訴訟で、公選法9条1項の規定の違憲を主張できないことを、再び判示した。

の現実として、どういう訴訟であると把握されるか。それを踏まえて次に、それぞれは憲法上、どういう性格の訴訟だと理解されるか。すなわち、憲法上要請されたものか、それとも、憲法上許容された枠の中で裁判所が裁量的に権限行使を行って創造したものか、あるいはその枠を超えた違憲な権限行使と見るほかないものか。憲法上許容された枠の中での権限行使だと理解された場合、さらにその行使の仕方に何か憲法上のルールはないのか。こうした問いである。以上のような課題の究明を経た上ではじめて、最高裁が2014年決定によって「公選法204条の憲法訴訟」をさらに第3段階へと変化させたことの意義と問題点を明らかにできるのだと考えられる。

　本稿は、以上のような問題意識をもって、その第1段階に当たる「1票の較差」訴訟としての「公選法204条の憲法訴訟」を対象にした検討を行う。

II 「1票の較差」訴訟としての「公選法204条の憲法訴訟」の確立 （第1段階）

　国政選挙における「1票の較差」訴訟[7]について、参議院議員通常選挙に関する最大判1964〈昭39〉. 2. 5民集18巻2号270頁の法廷意見は、公選法204条の訴訟で、同法の議員定数配分規定の合憲性について争うことを、そうすることの可否について何の議論も行わないで、認めた[8]。つまり、この判決で最高裁は、公選法204条の訴訟においては同法の議員定数配分規定の合憲性を争う

---

6)　一方で、福嶋・前掲注1)、田近・前掲注1)、は、第1段階の「公選法204条の憲法訴訟」を主観訴訟と捉えつつ、2014年決定が「自己の選挙権の侵害を理由にその救済を求めて提起する訴訟」の可能性を留保していることを指摘して本決定に理解を示す。だが、第2段階の「公選法204条の憲法訴訟」との関係で本決定を論じていない点は不十分だと思われる。他方で、拙稿・前掲注1)、は、第2段階までの「公選法204条の憲法訴訟」は「裁判所の法創造により特別に定められた民衆訴訟」であり、この訴訟において「最高裁は基本的には……公選法に関するあらゆる違憲主張を判断する構えにある」と捉えた上で、2014年決定は、最高裁が「自己の法創造作用による定め方として」、「『選挙権』制限の事案についてだけは、……公選法204条の憲法訴訟で争う途を閉ざした」ものと理解した（山岸・前掲注1)、は同趣旨と思われる）が、それを憲法的観点からどう評価すべきかには踏み込まなかった。この点、渋谷秀樹「統治構造において司法権が果たすべき役割(3)：司法権と違憲審査権——客観訴訟の審査対象」判時2375＝2376号（2018年）3頁以下、10頁、は、第2段階までの「公選法204条の憲法訴訟」を客観訴訟だと捉えた上で、2014年決定が違憲主張を制限したことを不適切だと評価している。

7) 国政選挙における「1票の較差」訴訟としては、衆議院議員総選挙に関わるものと、参議院議員通常選挙に関わるものがある。

第1に、衆議院議員の選挙制度は、1994年の公選法改正により、従来の中選挙区単記投票制から、小選挙区比例代表並立制に改められた。

94年改正以前の公選法は、全国を複数（1950年の公選法制定時には117。その後130にまで増えた）の選挙区に分けた上で各選挙区に3人から5人の議員を配分する定数配分規定（同法13条1項、別表第1〔当時〕）を定めていた。この中選挙区制においては、「1票の較差」の違憲主張は、定数配分規定の違憲主張と結びついた。後者の違憲主張は、一般に、その「1票の較差」を是正するために立法部は、各選挙区への議員定数配分を改めるという手段を採るだろうという想定に立つものと考えられる。

一方、94年改正以後の公選法は、衆議院議員を小選挙区選出議員と比例代表選出議員に二分した上で、各別にその選挙制度の仕組みを定め、衆議院議員の総選挙においては、投票は小選挙区選出議員と比例代表選出議員ごとに一人一票とし、同時に選挙を行うという、小選挙区比例代表並立制を採用した。このうち、まず、小選挙区選出議員の選挙（以下「小選挙区選挙」という）については、全国を複数（94年の改正時には300）の選挙区に分けた上で各選挙区に1人の議員を配分する区割規定（同法13条1項、別表第1）を定めている。この小選挙区選挙については、「1票の較差」の違憲主張は、区割規定の違憲主張と結びつく。後者の違憲主張は、一般に、どの選挙区も議員定数は1だから、その「1票の較差」を是正するために立法部は、選挙区の区割りを改めるという手段を採るだろうという想定に立つものと考えられる。次に、比例代表選出議員の選挙（以下「比例代表選挙」という）については、全国を11の選挙区に分けた上で各選挙区に人口数に比例した数の議員を配分する定数配分規定（同法13条2項、別表第2）を定めている。この比例代表選挙の選挙区間の「1票の較差」は、小選挙区選挙の選挙区間のそれほど大きくないため、この定数配分規定それ自体の違憲主張は、これまで行われていないようである（ただし、最大判1999〈平11〉.11.10民集53巻8号1577頁（前出・注3））においては、上告人は、比例代表選挙の11の各選挙区について、その定数に、各選挙区内の小選挙区選挙の選挙区の定数を加算して合計定数を算出した上で、比例代表選挙の南関東選挙区と東海選挙区の間では、人口の多い前者に対して人口の少ない後者よりも少ない定数が配分されるという逆転現象が生じていることが違憲であると主張したが、最高裁は、そのような比較の仕方には「合理性がない」と述べて、この主張を斥けた〔法廷意見「三3」〕。その後、最三判2004〈平16〉.12.7判時1881号51頁は、同趣旨の違憲主張を、99年判決の引用により簡単に斥けた。なお、最大判2007〈平19〉.6.13民集61巻4号1617頁の那須弘平裁判官の補足意見は、「小選挙区選挙と比例代表選挙を一体のものとして総合的に観察」した上で、「一人の選挙人が投票する価値の最大較差が『二以上』となっていないかどうかを第一の基準として判断すべき」だと説くことで、むしろ小選挙区選挙についてそれ「を単独で見た場合よりも相当程度較差が中和される結果」を導こうとし、津野修裁判官の補足意見がこれに同調する。この両裁判官は、既に前年の最大判2006〈平18〉.10.4民集60巻8号2696頁において、それぞれの補足意見の中で、参議院議員通常選挙についての選挙区選出議員の選挙と比例代表議員の選挙の「一体」論として、同趣旨の議論を行っていた）。

第2に、参議院議員の選挙制度については、1982年改正以前の公選法は、参議院議員を、都道府県を単位とする選挙区において選挙される地方選出議員と、全都道府県の区域を通じて選挙される全国選出議員に二分し、いずれも単記投票で選出する仕組みだった。それに対して、82年の公選法改正は、全国選出議員を（単記投票から）比例代表制で選出する方法に改め、それに伴い同議員の名称も比例代表選出議員と改め、またそれに合わせて地方選出議員も、その選出方法は従来のもの

ことはできないとしてその訴えそのものを不適法却下すべきものとしたり、訴えそれ自体は適法だが原告の主張が本来の違法事由に当たらないことが明白であるとして直ちにその請求を棄却すべきものとしたり[9]しないで、裁判所として、公選法 204 条の訴訟の土俵において、同法の議員定数配分規定が合憲か違憲かの実体判断に立ち入ることを認めたのである。それ以来今日に至るまで、最高裁は一貫して、このこと——公選法 204 条の訴訟で、同法の議員定数配分規定および区割り規定[10]の合憲性について争うこと——を認めてきた。

が維持されたが、その名称を選挙区選出議員と改めた。1982 年の改正前後を通じて、一方で、全国選出議員・比例代表選出議員の選挙においては、全都道府県の区域を通じて選挙されるのだから、「1 票の較差」が生じる余地がない。他方で、地方選出議員・選挙区選出議員の選挙については、憲法 46 条が参議院議員の半数を 3 年ごとに改選する旨を規定することに応じて、都道府県を単位とする各選挙区を通じてその選出議員の半数が改選されるようにするために、各選挙区に偶数の議員定数（最小 2 人・最大 8 人で出発したが、初の合区を含んだ 2015 年公選法改正では最大が 12 人となった）を配分する定数配分規定（同法 14 条 1 項、別表第 3〔現行〕）を定めてきた。この地方選出議員・選挙区選出議員の選挙における「1 票の較差」の違憲主張は、定数配分規定の違憲主張と結びついてきた。後者の違憲主張は、近年までは一般に、中選挙区制下の衆議院議員総選挙に関する定数配分規定の違憲主張と同様に、その「1 票の較差」を是正するために立法部は、各選挙区への議員定数配分を改めるという手段を採るだろうという想定に立っていたと考えられる。だが、最大判 2009〈平 21〉. 9. 30 民集 63 巻 7 号 1520 頁の法廷意見「5」が、「各選挙区の定数を振り替える措置によるだけでは、最大較差の大幅な縮小を図ることは困難であり、これを行おうとすれば、現行の選挙制度の仕組み自体の見直しが必要となる」と述べて以降は、その想定を維持するのが困難になっている。しかし現在までのところ、選挙区選出議員の選挙について、選挙区の基本的単位を都道府県とするという基本的構えは、変更されていない（既述の 2015 年公選法改正は、鳥取県と島根県、徳島県と高知県をそれぞれ合区して定数 2 人の選挙区とする趣旨の改正を含んだものの）。

8) 一方、地方選挙における「1 票の較差」訴訟については、公選法 203 条の定める選挙無効訴訟で、地方議会の議員定数配分を定めた条例上の規定の合憲性・適法性を争うことが、最一判 1984〈昭 59〉. 5. 17 民集 38 巻 7 号 721 頁以来、認められてきている。地方議会選挙における「1 票の較差」訴訟については、宍戸常寿「地方議会における一票の較差に関する覚書」岡田信弘＝笹田栄司＝長谷部恭男編『憲法の基底と憲法論 高見勝利先生古稀記念』（信山社、2015 年）413 頁以下、を参照。本稿の関心対象である「公選法 204 条の憲法訴訟」に関する判例法理は、公選法 203 条の訴訟にとっても先例としての意味を持つ、と一般に理解されている。

9) 以上の不適法説と主張自体失当説について参照、安念潤司「いわゆる定数訴訟について(一)」成蹊法学 24 号（1986 年）181 頁以下、188-191 頁。

10) 1994 年改正以前の公選法下での衆議院議員総選挙、82 年改正以前の公選法下での参議院（地方選出）議員の通常選挙、および 82 年改正以後の公選法下での参議院（選挙区選出）議員の通常選挙においては、「1 票の較差」の違憲主張は、定数配分規定の違憲主張と結びつき、94 年改正以後の公選法下での衆議院（小選挙区選出）議員総選挙においては、「1 票の較差」の違憲主張は、区割規定の違憲主張と結びつく。本稿注 7) を参照。

もっともこのことに対しては、最高裁の内部においても当初は、ごく少数にとどまったものの、この 1964 年判決の斎藤朔郎裁判官の意見に始まって、疑義が提起され続けてきた[11]。それは要するに、公選法 204 条の訴訟は「本来は、選挙の管理執行上の過誤を是正することを目的とする制度」（上記の斎藤意見、第 7 段落）であるから、公選法の規定自体を改正しなければ是正できないような過誤（＝公選法の定数配分の違憲性）をこの訴訟で争うことはできないはずだ、という趣旨の疑義である。

しかし、衆議院議員総選挙に関する最大判 1976〈昭 51〉. 4. 14 民集 30 巻 3 号 223 頁の法廷意見は、この時点になってようやく最高裁として初めて、ごく簡潔にではあるがこうした疑義を斥ける説示を行った。そしてその後、衆議院議員総選挙に関する最大判 1983〈昭 58〉. 11. 7 民集 37 巻 9 号 1243 頁の藤﨑萬里裁判官の反対意見を最後に、最高裁の個別意見においてもこの趣旨の疑義が提起されることがなくなった。そこから、もう長い間、公選法 204 条の訴訟で同法の議員定数配分規定および区割規定の合憲性について争いうる点については、「判例法が確立して[12]」いるとみなされている。

こうして本稿は、ここまでの叙述で、「公選法 204 条の憲法訴訟」が、まずは「1 票の較差」訴訟として、判例法上確立した消息を跡付けたことになる。つまり、公選法 204 条の訴訟で「1 票の較差」の合憲性という憲法上の争点が提起された場合には、裁判所は、この訴訟において、公選法上の定数配分規定または区割規定の合憲性に関する実体判断に立ち入ることができる、ということが、最高裁大法廷の 1964 年判決に始まり 1976 年判決の明示の対応を経て、（藤﨑反対意見を伴った前記 1983 年判決に続く）衆議院議員総選挙に関する 1985 年判決（最大判 1985〈昭 60〉. 7. 17 民集 39 巻 5 号 1100 頁）までには、判例法上確立したのである。これは、「公選法 204 条の憲法訴訟」に関する判例史において、第 1 段階に当たる。

---

11) 前記 1964 年判決の斎藤朔郎裁判官の意見、参議院議員通常選挙に関する最三判 1966〈昭 41〉. 5. 31 集民 83 号 623 頁の田中二郎裁判官の意見、後記 1976 年判決の天野武一裁判官の反対意見、参議院議員通常選挙に関する最大判 1983〈昭 58〉. 4. 27 集民 37 巻 3 号 345 頁の藤﨑萬里裁判官の反対意見、後記 1983 年 11 月判決の藤﨑萬里裁判官の反対意見。
12) 戸松秀典『憲法訴訟・第 2 版』（有斐閣、2008 年）141 頁。

Ⅲ 「1票の較差」訴訟としての「公選法204条の憲法訴訟」の性格

1 「公選法204条の訴訟プロパー」との距離

少なくとも憲法をひとまず脇に置いた純粋に法律次元の解釈論の問題としては、公選法204条の、素直な解釈はおろかその拡張解釈によっても、「1票の較差」訴訟としての「公選法204条の憲法訴訟」を認めることは、できない。——このような理解は、1976年判決において、それゆえに原判決を破棄し訴えを却下すべきだという趣旨の反対意見を書いた天野武一裁判官だけでなく、この判決に関与したそれ以外の14名の裁判官全てが共有していた理解である。つまり、このような理解に立ちつつも、何らかの憲法次元での力の働きを受けて、「1票の較差」訴訟としての「公選法204条の憲法訴訟」を、この判決に関与した裁判官の多数派は、認めたのである。そこで本稿でも、主に天野裁判官の反対意見に拠りながら、前記理解の内容を確認しておこう（公選法の規定は同判決の対象となった1972年総選挙当時のもの）。

天野反対意見は次のように論じた（その第1段落の第2文以下。各文に②～⑥の番号を付す）。「②もともと、同条〔公選法204条〕による訴訟は、具体的権利義務に関するいわゆる法律上の争訟ではなく、選挙の管理執行機関の公選法規に適合しない行為の是正を目的として、法律により特に裁判所の権限に属せしめられた民衆訴訟（裁判所法3条、行政事件訴訟法5条、42条参照）の性質を有するものであって、当該選挙が『選挙の規定に違反』し、しかも『選挙の結果に異動を及ぼす虞がある場合に限り、』選挙の全部又は一部の無効を判決しなければならない（公選法205条1項）ものとされていることにより、その限度で許容されるにすぎない訴えである。③また、この訴訟は、現行法上、選挙法規及びこれに基づく選挙の当然無効を確定する趣旨のものではなく、選挙管理委員会が法規に適合しない行為をした場合にその是正のため当該選挙の効力を失わせ改めて再選挙を義務づけるところにその本旨があることについても、疑う余地がない。④そこで、右訴訟で争いうる『選挙の規定』違反ということも、当該選挙区の選挙管理委員会が、選挙法規を正当に適用することにより、その違法を是正し適法な再選挙を行いうるようなものに限られるのであり、したがっ

て、同委員会においてこれを是正し適法な再選挙を実施することができないような違法を主張して選挙の効力を争うことは許されず、裁判所の審査権もこれに及ばないのである。⑤そして、もし公選法の議員定数の配分規定が違憲であるとすれば、国会の立法による是正をまたなければ選挙管理委員会が適法な再選挙を実施することはできないのであるから、公選法の議員定数配分規定の違憲無効を唯一の理由として、その法の下で行われた選挙の効力を争うことは、現行の公選法が定める前記訴訟の予想するところではない。⑥それゆえ、本件の訴えは、公選法の前記規定の許容する範囲外のものというべきであり、かつ、そのような訴えのために道を開いた実定法規が制定されていない以上は、結局、不適法の訴えとして却下されるほかないことになるのである」。

　ポイントは2点ある。第1に、公選法204条の訴訟が民衆訴訟であり、「およそ民衆訴訟であるならば、行訴法42条が『法律の定める場合において』のみ提起できるものとすることに照し、公選法所定の訴訟以外に訴訟提起の道はないと解せざるをえないはずであ〔る〕」（天野反対意見、第3段落）ことである（②）。要は、民衆訴訟については拡張解釈を行わないことが解釈方法上の基本ルールだ、ということである。第2に、それでは公選法204条の訴訟が法律上どのような構造のものとして設定されているかというと（③・④）、この訴訟は、当該選挙の日から30日以内に、選挙人または公職の候補者が自己の選挙区を担当する都道府県選挙管理委員会（以下「担当選管」という）を被告に提起し（同法204条）、そして、その選挙の全部または一部の無効が判決されたときには、担当選管は、その判決が確定しこの訴訟が係属しなくなった旨の通知を裁判所の長から受けた日から40日以内に、かつ、衆議院議員選挙であれば少なくとも20日前に、参議院議員選挙であれば少なくとも23日前にその期日を告示した上で、再選挙を行う（同法109条4号、34条1項・4項〔現行法の33条の2第1項〕、220条1項後段、34条6項〔現行法の33条の2第8項〕）、という仕組みのものである。立法政策的に、このような仕組みにより、違法を是正し法規の客観的適正を回復することを期したのである。そうだとすると、国会が法改正を行わなければ是正されないような違法は、確かにこの仕組みにおいては、首尾よく是正されない（⑤・⑥）。まず、40日以内に、法改正を行った後に適法な再選挙をその期日の告知の上で実施する、ということが、「事実上不可能」（1966年

判決の田中意見）である（1964年判決の斎藤意見もこの点を強調する）。具体的数字の入ったこの「40日以内」という規定を、「訓示規定」（1976年判決の岡原昌男裁判官ら5名の裁判官の反対意見）と解するのは、制定法の通常の解釈方法の実践としては、無理だと言わざるをえない。また次に、仮に法改正がされたとしても、この場合の違法は、当該選挙区についてだけではなく他の多くの選挙区（または、場合ないし考え方によっては全ての選挙区）について再選挙を行うのでなければ、完全には是正されない性質のものである。このように、選挙無効判決の後に担当選管が40日以内の再選挙を実施する、という、公選法204条の訴訟の用意した仕組みは、「1票の較差」の客観的違法を是正するという目的を実現するための仕組みとしては、うまく合っていないのである。したがって、憲法を脇に置いた純粋に法律次元の解釈では、「1票の較差」を理由とする公選法規定の違憲主張は、公選法204条の訴訟の無効原因（「選挙の規定に違反」）の事由には当たらず、ゆえに、「1票の較差」訴訟としての「公選法204条の憲法訴訟」を認めることはできない。

2　判例法上の「1票の較差」訴訟としての「公選法204条の憲法訴訟」

(1)　問題の所在と、1976年判決の構成・論旨

　以上のように、「1票の較差」訴訟としての「公選法204条の憲法訴訟」が、公選法204条の純粋に法律次元の解釈としては、その拡張解釈としても解釈の限界を超えたものだとすると、第1に、それでは憲法次元のどのような力の働きを受けて、最高裁はこの訴訟を認めたのか、また第2に、最高裁はこの訴訟が、その構造・仕組みの面で、「公選法204条の訴訟プロパー」と異なる特徴を、（公選法規定の合憲性判断を行うという点の他に）持つものとしたかどうか、が問題となる。この点を、1976年判決の法廷意見を中心にして、確認しよう。

　以上2点の確認に先立ち、そのための前提作業として、1976年判決の法廷意見の構成とその論旨の概要を見ておく。

　1976年判決の法廷意見は、「一」から「四」の4部構成で論じた。それぞれに自ら見出しを付けており、「一　選挙権の平等と選挙制度」、「二　本件議員定数配分規定の合憲性」、「三　本件選挙の効力」、「四　結論」、である。

　1976年判決の法廷意見は、8対7で、次のような判断を示した。すなわち、

「本件議員定数配分規定は、本件選挙当時、憲法の選挙権の平等の要求に違反し、違憲」であり、「右配分規定は、単に憲法に違反する不平等を招来している部分のみでなく、全体として違憲の瑕疵を帯びる」（「二㈡」第3段落第2・3文）。しかし、「前記行政事件訴訟法の規定〔＝31条1項前段〕に含まれる法の基本原則〔＝いわゆる事情判決的法理〕の適用により、選挙を無効とすることによる不当な結果を回避する裁判をする余地」があり、「本件においては、前記の法理にしたがい、本件選挙は憲法に違反する議員定数配分規定に基づいて行われた点において違法である旨を判示するにとどめ、選挙自体はこれを無効としない」こととし、「このような場合においては、選挙を無効とする旨の判決を求める請求を棄却するとともに、当該選挙が違法である旨を主文で宣言する」ものとしたのである（「三」第6段落第4文、第7段落第2文[13]）。

(2) この訴訟の独自の特徴——出口のありよう

そこで、まず、上記「第2」の問題について。

この点、「〔公選法204条の訴訟で同法の定数配分規定の合憲性を争うことの可否という〕訴えの適法・違法ないし憲法判断の適否を本格的に論じようとすれば、『仮に違憲判決が下された場合の後始末をどうするか』という視点を欠落させることができ〔ない〕」反面、「出口をはっきりさせれば入場を拒む大きな理由の一つを崩すことにな〔る〕[14]」、という重要な指摘がある。つまり、「選挙訴訟において〔議員定数配分規定の違憲〕主張をすることができるか」とい

---

13) これに対して、第1に、岡原裁判官ら5名の裁判官の反対意見は、「本件議員定数配分規定は、千葉県第一区に関する限り違憲無効であって、これに基づく同選挙区の本件選挙もまた、無効」であり、「本件選挙の無効を求める上告人の本訴請求を認容すべき」だとした（なお、本件原告は千葉県第一区の選挙人であった）。第2に、岸盛一裁判官の反対意見は、「本件配分規定のうち、千葉県第一区に関する部分は、その定数配分が過少に限定されている点において、かつ、その限度で違憲なのであるから、……同区の選挙は右の違憲な配分規定に基づく選挙として違法であり、無効とされるべきものであるが、当選人4名の選挙に関する限りは、その結果としての当選の効力を維持すべきであり、したがって、本件千葉県第一区の選挙を無効とするとともに、右選挙によって当選した当選人らは当選を失わない旨の判決をすべき」であり、「原判決を変更して右趣旨の判決をすべき」だとした。最後に、天野裁判官の反対意見は、本稿本文で既述のように、「原判決を破棄し訴えを却下することをもって、本件上告に対する結論」とすべきものとした。

14) 野中俊彦「憲法訴訟における『事情判決』の法理」同『憲法訴訟の原理と技術』（有斐閣、1995年）308頁以下〔初出1978年〕、321頁。

う入り口の論点と、「違憲判決を下すとすると、その後始末をどうするか」という出口の論点——「2つの訴訟法上の論点」——は、密接に連関している[15]。

そこでまず、公選法204条の訴訟において、この訴訟の無効原因（「選挙の規定に違反」）の主張の範囲に、無理をしてあえて公選法規定の違憲主張をも包摂した上で、公選法規定の合憲性判断に立ち入り、その結果として同規定が違憲だと判断された場合に、もしもそれに続くプロセスを、可能な最大限、公選法204条の訴訟の仕組みのまま進行させるならば、どうなるかを、考えておこう。

それは次のようになろう。すなわち、違憲・違法な公選法の定数配分規定に従った選挙は、「選挙の規定に違反」しており、かつ、「選挙の結果に異動を及ぼす虞がある」から、選挙無効の判決がされる。その後「40日以内」に適法な再選挙が行われることで、選挙無効判決の結果としていなくなっていた当該選挙区の選出議員が、改めて選出される、というのが法の設けた仕組みなのだが、公選法規定の違憲の場合には、この違法の是正には国会による法改正が必要だから、その実現を待ってから再選挙を行うほかあるまい（法改正が間に合わないからといって、従前の違憲な規定に従って再選挙を行っても、再び無効とされるだけである）。この点で、再選挙を「40日以内」に行うべしとの規定が「訓示規定」化するのはやむをえないし、それに応じて、当該選挙区からの選出議員がいない状態も長期化する。再選挙がはたして、またいつ、行われるかは、結局、最高裁が選挙無効判決で示した定数配分規定の違憲判断を受けて、国会がはたして、またどれほど速やかに、憲法適合的な法改正を行うかにかかる（法改正が未実現のまま、次の総選挙または通常選挙を迎えることもありうる）。

しかし1976年判決の法廷意見は、できるだけそのまま公選法204条の仕組みを用いる、そのような途を選ばなかった。法廷意見は、選挙無効判決を出しても「これによって直ちに違憲状態が是正されるわけではなく、かえって憲法の所期するところに必ずしも適合しない結果を生ずる」（「三」第7段落）、と考えた[16]。そこで、そうでなく、いわゆる事情判決的法理によって、主文で本件選挙の違法を宣言するものの、上告人による本件選挙の無効請求は棄却する、という判決を出したのである。この点、公選法219条は、事情判決ができる旨を

---

15) 阿部泰隆「議員定数配分規定違憲判決における訴訟法上の論点」ジュリスト617号（1976年）55頁以下、55頁。

定める行訴法31条1項の規定を、公選法204条の訴訟に準用しないと明文で定めている。だが法廷意見はそのことにも言及した上で、なお「高次の法的見地から」、行訴法31条1項の規定に含まれる、「行政処分の取消の場合に限られない一般的な法の基本原則」の適用により、上記のような判決を出すものとしたのである。ここで最高裁は、公選法204条の本来の仕組みに、公選法規定の合憲性問題を載せたことからくる必要最小限の修正にとどまらない、大胆な改変を施したと言ってよい。

　最高裁が、「1票の較差」訴訟としての「公選法204条の憲法訴訟」において、定数配分規定（ないし区割規定）を違憲だと判断したのは、2019年現在、前記の1976年判決と前記の1985年判決の2件にとどまっており、そのいずれもこの事情判決的手法に拠った。「1票の較差」訴訟としての「公選法204条の憲法訴訟」においては、公選法規定の違憲判断に至った場合には、必ずこの事情判決的手法によらねばならないのか[17]、それとも場合によっては当該選挙の無効判決を出したり、さらには将来無効判決を出したりすることもできるのかについては[18]、現在までの多数の最高裁判決における個別意見において、様々な見解が示されてきてはいるが、最高裁による判例法の現状の観察としては、全て事情判決的手法に拠っている。つまり現状の「1票の較差」訴訟としての「公選

---

16) より具体的にはこう述べた。「①……選挙無効の判決によって得られる結果は、当該選挙区の選出議員がいなくなるというだけであって、真に憲法に適合する選挙が実現するためには、公選法自体の改正にまたなければならないことに変わりはな〔い〕……。②また、仮に一部の選挙区の選挙のみが無効とされるにとどまった場合でも、(a)もともと同じ憲法違反の瑕疵を有する選挙について、そのあるものは無効とされ、他のものはそのまま有効として残り、(b)しかも、右公選法の改正を含むその後の衆議院の活動が選挙を無効とされた選挙区からの選出議員を得ることができないままの異常な状態の下で行われざるをえないこととなる」（「三」第5段落の第1文と第2文。それぞれに記号①②を付し、また内容に応じて記号(a)(b)を付した）、と。さらに①の省略部分では、「全国の選挙について同様の訴訟が提起」された場合の「不当な結果」に言及した。

17) 前記1983年11月判決の横井大三裁判官の反対意見が、この考え方を示した。学説でこの説をとるものに、野中・前掲注14)（ただし、同「議員定数不均衡と選挙の効力」前掲注14)書366頁以下〔初出1986年〕382-383頁は、「『事情判決』を無視した総選挙についてはあえて選挙無効判決を下すべきだ」と論じている）、雄川一郎「国会議員定数配分規定違憲訴訟における事情判決の法理」市原昌三郎＝杉原泰雄編『公法の基本問題（田上穣治先生喜寿記念）』（有斐閣、1984年）281頁以下、高橋和之「定数不均衡違憲判決の問題点と今後の課題」ジュリスト844号（1985年）21頁以下。

18) 前記1985年判決の寺田治郎裁判官ら4名の裁判官の補足意見（木戸口久治裁判官も賛成）が、この考え方を示した。

法204条の憲法訴訟」は、その訴訟としての性質が、元々の「公選法204条の訴訟プロパー」が「選挙を将来に向かって形成的に無効とする訴訟」（1976年判決の法廷意見「三」第4段落第1文）であったのに対して、そこから、「定数配分規定ないしそれに基づく選挙の違憲確認訴訟[19]」ないし「違法宣言訴訟[20]」へと、変容しているのである。

　以上により、「第2」の問題については、「1票の較差」訴訟としての「公選法204条の憲法訴訟」は、公選法204条の規定を「借用適用」するものの、「公選法204条の訴訟プロパー」とは別の、「最高裁が判例法理により創造した訴訟類型[21]」だと見るべきものであることを明らかにした。

(3)　この訴訟の創造を促した「憲法上の要請」

　次に、上記「第1」の問題について。

　公選法204条の訴訟で同法の議員定数配分規定の合憲性をはたして争うことができるかどうかという論点を、法廷意見はその全体構成のどこで論じたか。この点が、この法廷意見の一つの特徴を成している。すなわち、法廷意見は、本来ならば最初に論じられるべきこの論点を、論じることなく即座に「一」・「二」で、同規定の合憲性に関する実体判断に入り、違憲であるとの結論に到達した。その後「三」で、それならば公選法205条の規定の通りに本件千葉県第一区の選挙を無効とすべきかどうかを検討する部分で、はじめて上記論点に言及し、争えることの説明を行っている。しかしそれは、括弧書きの中での、ごく簡単な説明にとどまるものだったのである。

　法廷意見による、この論点のこのような扱いは、次のような事情に由来すると推測される。まず、本件選挙を違法としながらもその無効請求を棄却するという処理に対しては、そういう変則的処理を行うならそもそも公選法204条の

---

19)　安念・前掲注9) 200頁。

20)　今村成和「議員定数配分規定の違憲問題と最高裁」雄川一郎ほか編『田中二郎先生追悼論文集　公法の課題』（有斐閣、1985年）51頁以下、71頁。

21)　2つの引用句はいずれも、千葉勝美『違憲審査』（有斐閣、2017年）5頁より。事情判決的手法について参照、川端和治「事情判決の法理」芦部信喜編『講座憲法訴訟（第3巻）』（有斐閣、1987年）69頁以下、君塚正臣「事情判決の法理」『司法権・憲法訴訟論　上』（法律文化社、2018年）434頁以下〔初出2016年〕。

訴訟で憲法上の争点を採り上げるべきでなかったという批判（天野反対意見第4段落）が当然に生じるため、これに関する叙述部分で一言この批判に応じざるをえなかったことである。次に、「従来の当裁判所の判例が十余年もの長きにわたり、この種訴訟を公選法204条の手続によることを是認してきたことを思えば、本件の処理にあたって、今更、本案前の問題で上告人の訴を却下することは、従来の判例に対する国民の信頼にそむくことになる」（岸反対意見「一」第6段落）ので、争うのを認めることは既定路線であったのであり、ゆえにこの論点はむしろ大きく取り上げないのが得策だと考えたことである。

　そうだとしても、この説明は、上記論点に対して是と答えることの、判例法上の主たる説明である。本判決以後の最高裁の判例は全て、この論点に答えるのに、本判決の引用のみによって済ませてきたからである[22]。ゆえに以下、括弧書きの中の全文を引用の上、検討する。

　「①元来、右訴訟は、公選法の規定に違反して執行された選挙の効果を失わせ、改めて同法に基づく適法な再選挙を行わせること（同法109条4号）を目的とし、同法の下における適法な選挙の再実施の可能性を予定するものであるから、同法自体を改正しなければ適法に選挙を行うことができないような場合を予期するものではなく、したがって、右訴訟において議員定数配分規定そのものの違憲を理由として選挙の効力を争うことはできないのではないか、との疑いがないではない。②しかし、右の訴訟は、現行法上選挙人が選挙の適否を争うことのできる唯一の訴訟であり、これを措いては他に訴訟上公選法の違憲を主張してその是正を求める機会はないのである。③およそ国民の基本的権利を侵害する国権行為に対しては、できるだけその是正、救済の途が開かれるべきであるという憲法上の要請に照らして考えるときは、前記公選法の規定が、その定める訴訟において、同法の議員定数配分規定が選挙権の平等に違反することを選挙無効の原因として主張することを殊更に排除する趣旨であるとすることは、決して当を得た解釈ということはできない。」（記号①②③は引用者）

　①は、この論点の所在を述べるものであり、それに対する答えを述べるのが

---

22) 衆議院議員総選挙に関する前記1983年11月判決（「二3」）、衆議院議員総選挙に関する前記1985年判決（「一4・5」）、衆議院議員総選挙に関する最大判1993〈平5〉. 1. 20民集47巻1号67頁（「一」頭書きと「一4」）。

②・③である。まず②について、一方で、理論的観点からは、公選法204条の訴訟が本当に「現行法上選挙人が選挙の適否を争うことのできる唯一の訴訟」と言えるかどうか疑問である、との正当な指摘がされている。[23] この点、現にこの判決の岸反対意見が「この種訴訟の民衆訴訟的な性質を考慮しながらも、その抗告訴訟的性質を重視し、権利救済についての一般的な手続法である行訴法を手がかりとして、この種訴訟の性格にふさわしい手続を案出するのが適当」だという見地から、「この種訴訟を抗告訴訟として構成する」試論を行っていたところでもあった（「一」第3～5段落）。だが他方で、実際的観点からは、本判決以前には、「1票の較差」の違憲性を義務づけ訴訟や差止請求訴訟や国家賠償請求訴訟などの別の訴訟形態で争う試みはされていなかったのであり、[24] 少なくとも本判決時の実務のありように鑑みると、そうした別の訴訟形態によって「公選法の違憲を主張してその是正を求める機会」とすることを裁判所が認めるという見通しは、かなり小さかったと言ってよい。[25] ②の記述は、その趣旨を、「従来の当裁判所の判例が十余年もの長きにわたり、この種訴訟を公選法204条の手続によることを是認してきた」（岸反対意見）ことを踏まえながら言うものと受け止められる。[26]

次に③について、その記述の中ほど「前記公選法の規定が」以下の後段部分において、公選法規定の違憲主張を「殊更に排除」すべきでないとの趣旨を述べているのは、そうでなく本当は、既述のようにむしろ殊更に包摂（ないし「借

---

23) 芦部信喜「議員定数不均衡の違憲審査の基準と方法」同『憲法訴訟の現代的展開』（有斐閣、1981年）305頁以下〔初出1976年〕、310頁、安念・前掲注9）199頁。

24) 野中・前掲注14）、310頁。

25) 1980年時点での下級審の裁判例を記述・分析する、戸松秀典「議員定数不均衡訴訟判決の検討」法律時報52巻6号（1980年）20頁以下、を参照。義務づけ訴訟・差止請求訴訟は、法律の定めのない民衆訴訟の性格をもつとして不適法却下されたが、国賠訴訟では本案判断に入ることには成功した。なお、最一決2012〈平24〉.11.30判時2176号27頁は、最高裁として初めて、衆議院議員の選挙に関する差止めおよび義務付けを求める訴えを不適法とする判断を、その訴えを本案とする仮の救済の申立てに関する特別抗告審において示した（同日、本案の訴訟の中でも同様の判断を示した。最一判2012〈平24〉.11.30訟月60巻1号79頁）が、この訴えは自らを選挙に関する民衆訴訟であると明言した上で提起されたという特徴を持っている。松本哲治「投票価値の平等と事前の救済」松井茂記ほか編『自由の法理　阪本昌成先生古稀記念論文集』（成文堂、2015年）393頁以下、が、この決定を主たる対象として標題に関する考察を行う。

26) 同趣旨、野中俊彦＝江橋崇＝浦部法穂＝戸波江二『〔ゼミナール〕憲法裁判』（日本評論社、1986年）114頁〔野中発言〕。

用適用」）しようとする解釈論を、あえてこのように表現する、一種の修辞なのであり、ミスリードされないよう注意しなければならない。[27]

そうすると結局、上記引用でいちばん肝心なのは、③の前段部分の、「およそ国民の基本的権利を侵害する国権行為に対しては、できるだけその是正、救済の途が開かれるべきであるという憲法上の要請」、という点に尽きることになる。この「憲法上の要請に照らして考え」た結果として、最高裁は、「1票の較差」訴訟としての「公選法204条の憲法訴訟」を創造したことになる。

だが、それは正確には一体どういう憲法的な力であるのか。そして、その憲法的な力を受けて創造された、「1票の較差」訴訟としての「公選法204条の憲法訴訟」は、主観訴訟・客観訴訟（ないし抗告訴訟・民衆訴訟）いずれの性格の訴訟だと理解されるのか。こうした点を更に解明する必要がある。

3　基本権訴訟か否か

「1票の較差」訴訟としての「公選法204条の憲法訴訟」の、訴訟としての性格については、2つの理解が現に存在している。

一つは、これをいわゆる「基本権訴訟」[28]ないし主観訴訟として捉える理解である。[29]「〔憲法〕32条は、自由権・社会権・参政権などの実体的基本権を守るための出訴・訴訟追行を保障した手続的基本権である」。「憲法32条は実体的基本権全体にかかり、個別の実体的基本権に訴権性を付与することによって実体的請求権たらしめるところの手続的基本権規定である」。「実体的基本権を侵害された者に対して、出訴適格（訴訟要件・訴訟類型）および適切な判決形式を含めて裁判的救済が保障されねばならない」。そのため「裁判所は、実定訴訟法に抵触する訴でも、違憲……と判断される実定訴訟法の規定にとらわれるこ

---

27) その点で、樋口陽一「違憲審査における積極主義と消極主義」同『司法の積極性と消極性』（勁草書房、1978年）92頁以下〔初出1976年〕、98-100頁、の分析には同意できない。

28) 棟居快行「『基本権訴訟』の可否」同『人権論の新構成』（信山社、1992年）285頁以下〔初出1985年〕。引用は順に、291頁、292頁、294頁、292頁、294-295頁、295頁。下線は原文の傍点。

29) 佐藤幸治『日本国憲法論』（成文堂、2011年）588頁が、「法律上客観訴訟とされるものでも、実質的には主観訴訟とみるべきものがありうる……。例えば、議員定数不均衡問題は公職選挙法204条の訴訟として扱われているが、その実質は主観訴訟とみることができる」、と述べる部分がよく引かれる。

となく出訴を認めることが出来、また実定訴訟法に規定のない訴でも許容しう
る」。「憲法が実体的基本権を実効的なものとして保障しているとすれば、個別
実体的基本権および『裁判を受ける権利』の<u>憲法解釈</u>を通じて、出訴適格およ
び判決形式のあり方が得られるはずである」。かかる「基本権の裁判的自己実
現のプロセス」を、基本権訴訟と呼ぶ。

　この理解によれば、1976 年判決が「1 票の較差」訴訟としての「公選法 204
条の憲法訴訟」を創造することは、正に「憲法上の要請」であった。本件でそ
の侵害の有無が問題となる「国民の基本的権利」は、本判決によれば「選挙権
の内容の平等、換言すれば、各選挙人の投票の価値、すなわち各投票が選挙の
結果に及ぼす影響力において……平等であること〔の〕要求」（法廷意見「一
㈠」第 3 段落第 2 文）であり、これは「憲法の要求」（同第 4 段落第 2 文）である。
ゆえに裁判所は、この憲法上の権利の侵害に対して実効的な裁判的救済を何ら
かの訴訟で与えねばならないが、1976 年の最高裁は、「これ〔公選法 204 条の
訴訟〕を措いては他に訴訟上公選法の違憲を主張してその是正を求める機会は
ない」との判断に立って、公選法 204 条の規定を「借用適用」してこの訴訟を
創造した、と理解されることになる。

　なお、公選法 204 条は、原告を「選挙人又は公職の候補者」と規定する。民
衆訴訟である「公選法 204 条の訴訟プロパー」においては、原告は、この「選
挙人又は公職の候補者」たる資格において訴訟を遂行するのだが、この資格は、
「自己の法律上の利益に関わらない資格」（行訴法 5 条）であって一向に構わない。
それに対して、基本権訴訟と理解された「1 票の較差」訴訟としての「公選法
204 条の憲法訴訟」においては、原告は、「選挙人」たる資格において訴訟を
遂行するが、この資格は、自己の「選挙権の内容の平等」を侵害された者とし
ての資格なのであり、その意味で「自己の法律上の利益」に関わる資格である³⁰⁾。
確かに、任意の過少代表選挙区を取り上げるならば、当該選挙区の選挙人の投
票価値は皆同じであるが、そのことは、自己の投票価値が過少である点で、そ
の選挙人個人が「選挙権の内容の平等」という「自己の法律上の利益」を侵害

---

30) 一方、当該選挙区の「公職の候補者」ではあるが住所その他の理由からその「選挙人」でない者
　　には、基本権訴訟と理解された「1 票の較差」訴訟としての「公選法 204 条の憲法訴訟」の原告適
　　格がない。

されていると捉えることの妨げにはならないのである。

　もう一つは、「1票の較差」訴訟としての「公選法204条の憲法訴訟」を、民衆訴訟として捉える理解である。これは、元々の「公選法204条の訴訟プロパー」が民衆訴訟であることから、この訴訟もまたそうだ、と捉えるものである。しかし繰り返しになるが、公選法204条の通常の法律解釈としてこの訴訟を認めるのは無理だから、ここに上記の「憲法上の要請」が働いて初めて、この訴訟が創造された、という理解となる。ただしそれは、基本権訴訟ないし主観訴訟として創造されたのではなく、あくまで民衆訴訟として創造された。それはどういうことか。憲法32条が裁判所に要請することは、裁判所が、自己の「選挙権の内容の平等」を侵害されたという「選挙人」による違憲主張を実体的に判断し裁定する場を確保し、違憲だと判断する場合にはそれに対する適切な救済を付与することである。この要請を受けた最高裁は、しかしそのような基本権訴訟として厳密に仕立てられた訴訟を創造するのでなく、そのような基本権訴訟としての要点は全て満たした上でさらにそれよりも広い受け皿となる訴訟を、民衆訴訟として創造した。この「1票の較差」訴訟としての「公選法204条の憲法訴訟」は、そういう民衆訴訟である、というのがこの理解である。この理解に立つ場合、憲法32条の要請を超えて独自の訴訟を自らの裁量によって創造する権限を、裁判所は憲法上はたして持つのかどうか、という論点が浮上する。

　2つの理解が以上に述べたようなものだとすると、判例法上の「1票の較差」訴訟としての「公選法204条の憲法訴訟」を憲法的に評価するにあたっては、この訴訟が、基本権訴訟の枠内に収まり、従って裁判所により「憲法上の要請」を受けた義務の遂行として創造されたものか、それとも、裁判所により基本権訴訟の枠を超えて創造されたものか、を見極めることが重要になる。後者である場合、既述のように、はたして裁判所は「憲法上の要請」を超えた独自の訴訟を創造する権限を憲法上持つのかどうかが、次に問題となり、持つ場合には、憲法上裁判所に許された権限の範囲内にこの訴訟が収まるものかどうかが吟味されることになる。ゆえに以下では、この訴訟を基本権訴訟だと説明できるかどうかという最初の問いに、取り組むことにしよう。

　第1に、出訴適格という点について、この訴訟の原告たる「選挙人」個々人

は、自らの「選挙権の内容の平等」という実体的基本権の侵害を主張している。「選挙人」でない「公職の候補者」に、「1票の較差」の違憲主張を認めるという実例がない限り、この訴訟は基本権訴訟だと捉えて差し支えない。

　第2に、判断過程という点について、検討しよう。それは、民衆訴訟だと捉える理解が、最高裁の「判断過程から推測[31]」してそう捉えているからである。1976年判決の法廷意見（「二㊀」第1段落）は、「本件衆議院議員選挙当時においては、①各選挙区の議員1人あたりの選挙人数と全国平均のそれとの偏差は、下限において47.30％、上限において162.87％となり、②その開きは、約5対1の割合に達していた」（記号①②は引用者）という事実に着目して、「本件議員定数配分規定の下における各選挙区の議員定数と人口数との比率の偏差は、右選挙当時には、憲法の選挙権の平等の要求に反する程度になっていた」、と判断した。ここでは、選挙人の投票価値の平等違反の有無が、①と②の2つの指標によって判断されている。すなわち、①全国平均の議員1人あたりの選挙人数と比べたときの、各選挙区の議員1人あたりの選挙人数の、下限の偏差と上限の偏差、という指標と、②議員1人あたりの選挙人数が最小の選挙区と、それが最大の選挙区との間の、各選挙人数の間の較差、という指標との2つである。この2つの指標を用いて、定数配分規定の「文面上」憲法判断を行い、違憲と判断したのである。ところが、本件において、議員1人あたりの選挙人数が最小の選挙区は兵庫県第5区、最大の選挙区は大阪府第3区であり（上告理由「一㊀」）、本判決の原告の選挙区である千葉県第1区（同選挙区の議員1人あたりの選挙人数と、全国平均のそれとの間の偏差は、153.7％。岡原裁判官らの反対意見「三」第1段落第4文を参照）は、比較の対象とされていない。つまり、「本件訴訟を提起した千葉1区の選挙人個人の具体的権利侵害の有無を直接問うていない[32]」。このように最高裁は、原告の「法律上の利益」を顧慮することなく、定数配分規定の客観的適正（＝合憲性）の保障を目的とした審査を行ったのであり、それはすなわち、最高裁がこの訴訟を民衆訴訟だと捉えたことを意味する、と言うのである[33]。

　そして、「1票の較差」訴訟としての「公選法204条の憲法訴訟」における

31）野坂泰司『憲法基本判例を読み直す』（有斐閣、2011年）103頁以下、114頁。

32）野坂・同前。

最高裁のこのような判断過程は、1976年判決以降、早くも次のそうした訴訟である参議院議員通常選挙に関する最大判1983〈昭58〉. 4. 27民集37巻3号345頁において、②の指標に一本化されたが、その上で、この判決を含めてその後のそうした訴訟において、一貫して継続されている。

　この点をどう考えるか。確かに、最高裁が「1票の較差」訴訟としての「公選法204条の憲法訴訟」の創造へと踏み出したときに、自らが携わっているのは厳密に基本権訴訟の創造なのであり、ゆえに細心の注意をもって、その新たな訴訟類型が「選挙人個人の具体的権利」侵害の認定とその救済という枠を踏み外さないようにせねばならない、との強い自覚を持っていたとは言えない。それは、その後「公選法204条の憲法訴訟」が第2段階へと展開する仕方に鑑みて、明らかである。けれども最高裁は、この1976年当時はむろん今に至るまで、そもそも人権侵害が主張される典型的な訴訟においても、当該事案に即して、そこで制約された具体的な「憲法上保護された行為」ないし「憲法上の権利」に焦点を当てて、それに対する制約が違憲か合憲かの憲法的評価を行う、という判断過程をほとんど経たことがない。そうでなく、当該事案に適用された法規定の文面に専ら焦点を当てて、その憲法的評価を行い、大多数の場合にはその法規定を「文面上」合憲であると判断した後は、合憲だと判断済みのその法規定の一適用事例としてのみ当該事案の具体的行為・権利を扱い、その具体的行為・権利に即した憲法的評価を、その「文面上」憲法判断とは独立して行わないで済ましてきたのである。だとすると、この「1票の較差」訴訟としての「公選法204条の憲法訴訟」においても、最高裁が、訴訟の入口においては確かに個人の実体的基本権が制約されている状況を認めたとしても、その判断過程としては、当該事案に適用された法規定（＝定数配分規定）の文面に専ら

---

33) 管見では高橋和之「定数不均衡訴訟に関する判例理論」法学教室42号（1984年）95頁以下、97頁、が最初にこの見方を示した。笹田栄司「警察予備隊違憲訴訟」論究ジュリスト1号（2012年）10頁以下、14頁、も同様の理由から「主観訴訟ではない」と述べる。

34) 拙稿「『表現の自由』訴訟における『憲法上保護された行為』への着目」長谷部恭男＝中島徹編『憲法の理論を求めて　奥平憲法学の継承と展開』（日本評論社、2009年）93頁以下、で、これを「最高裁の『文面上合憲』優先傾向」（106頁）と呼び、批判的に検討した。併せて参照、この拙稿の続編である、拙稿「表現行為の自由・表現場所の理論・憲法判断回避準則」戸松秀典＝野坂泰司編『憲法訴訟の現状分析』（有斐閣、2012年）246頁以下。

焦点を当てて、訴訟当事者の具体的な実体的基本権には目もくれない、という道筋を辿ることは、大いにありうるのであり、そのゆえのみをもって、この訴訟は主観訴訟＝基本権訴訟でない（民衆訴訟だ）、ということにはなるまい。[35][36]

　第3に、判決形式という点について、この訴訟の創造した事情判決的処理は、基本権訴訟の本義であるべき、何はおいても目の前の原告個人の具体的権利の救済だけは確実に果たそうという迫力を、確かに欠いてはいる（請求棄却の判決）。むしろ、違憲判断と選挙無効を切断し、選挙無効がもたらしうる国政への影響・混乱の可能性を回避した上で、違憲判断を明示することで国会に対し

35）高橋和之「定数不均衡違憲判決に関する若干の考察」法学志林74巻4号（1977年）79頁以下、は、1976年判決の法廷意見について、これは主観訴訟であるが、「配分規定の不可分性を前提にし、第三者の権利侵害の援用を認めるという理論」（82頁）により、①・②の指標で平等違反を認定したのだと論じた。

36）では、「選挙人個人の具体的権利」に密着した判断過程はどういうものになるだろうか。

　この点、高橋・前掲注33）97頁は、「1票の較差」問題を具体的権利の問題と考える場合、それを平等権と選挙権のいずれの権利の問題と見るかによって、判断過程が違ってくるという重要な指摘を行っている。「平等権の問題であるならば、原告と他の選挙区の有権者との間の差別の問題ということになり、そこで比較されるのは、原告の選挙区と他の任意の選挙区（通常は最も投票価値の高い選挙区）との間の投票価値の差である」。一方、選挙権の問題と捉える立場は、「投票価値の平等は、日本国憲法の採用した個人主義を前提とする民主政（国民主権）の原理からの当然の要請であり、その原理の具体的現れとしての選挙権そのものの内包をなすと考える」。「この立場においては、原告は、選挙権侵害の理由として、全国平均値からの偏差を主張しうる。個々の選挙権のあるべき価値は、全国平均と相関的だからである」。（なお、後者の選挙権説は、高橋・前掲注35）が提起した。辻村みよ子『「権利」としての選挙権』（勁草書房、1989年）195頁、同『選挙権と国民主権』（日本評論社、2015年）84頁・87頁は、高橋説との違いを指摘することを通じて自己の選挙権説を明らかにしている）。

　ただ私見によれば、「1票の較差」問題において、平等権と選挙権の問題は、二者択一なのではなく、常に同時に存在する。そこで、平等権の観点から違憲だと判断された場合に、裁判所が原告にどんな救済を与えるべきかを考えると、比較対象とした投票価値最高の選挙区と同じ投票価値を、原告の選挙区の選挙人に対して付与すべし、ということにはなるまい。そうでなく、この場合にも、選挙権の観点から違憲だと判断された場合に裁判所が原告に与えるべきものとされる救済、すなわち、全国平均値たる投票価値を、原告の選挙区の選挙人に対して付与すべし、ということになると思われる。立法者が制定した選挙制度の骨格を尊重した上で具体的権利侵害に救済を与えるのが裁判所の役目だ（参照、田中英夫「定数配分不平等に対する司法的救済」同『英米法研究1　法形成過程』（東京大学出版会、1987年）203頁以下〔初出1985年〕215-216頁）とするならば、最大の投票価値に合わせて救済を与えるのでは、全体の議員定数の大幅増を含意するので司法的解決として不適切であり、平均値たる投票価値に合わせて救済を与えるべきだと考えられる。その意味で、「1票の較差」問題は、具体的権利の問題としては、（一旦は平等権侵害の問題と把握されうるとしても）最終的には選挙権侵害の問題である。

て立法上の是正を促す途を確保する、という統治機構（国会と裁判所の関係）上の考慮が、この処理の基調をなしている。だがそのことは、（当該選挙の違法性是正を目的とするのが公選法204条の訴訟であるにもかかわらず）次の選挙を適正な投票価値で行えるように国会が立法措置を行うことが自己の真の権利救済であると訴訟当事者も考えているという[37]、1976年当時から今日まで続く一般的な環境においては、この訴訟を、（未だ不十分な側面を持つもののなお）基本権訴訟だと捉ええなくするわけではないと思われる[38]。

　以上３点より、最高裁の主観はさておき客観的には、判例法上の「１票の較差」訴訟としての「公選法204条の憲法訴訟」を、基本権訴訟として捉えることは十分に可能であろう。

---

37) 参照、今村・前掲注20) 73頁（注20の記述）、阿部・前掲注15) 55頁。
38) では、「選挙人個人の具体的権利」の救済を果たす判決形式はどういうものになるだろうか。
　　田中・前掲注36)、は、事情判決的処理が、「判決の中で選挙法の違憲を高らかに宣言はするが、判決の趣旨が議会によって無視されても、歯のない口に指をくわえてみているほかない」（205頁）のを鋭く批判し、司法部が自ら定数再配分や選挙区割りを行うなど（215-216頁）独自の「司法的救済措置を講ずる」（203頁）べきことを主張したが、これがもっとも本質を突く批判である。
　　一方、真の救済には国会による立法措置が必要であり、そこには裁判所が踏み込めない、という、1976年判決時点の通念的前提の下で、裁判所に可能な最大限の、選挙人個人の具体的権利の救済を図ろうとするとき、〈法改正実現後に選挙無効とする趣旨の、将来的な選挙無効判決〉という方式は、事情判決的処理よりも、また1976年判決の岡原裁判官ら５名の反対意見・岸反対意見のいずれよりも、よりよい救済方法になりうると思われる。1985年判決の寺田裁判官ら４名の補足意見は、最初の事情判決的処理の後なお国会が是正措置を行わないまま実施された選挙について、「選挙を無効とするがその効果は一定期間経過後に始めて発生するという内容の判決をすること」（「三」）を示唆した。このいわゆる将来無効判決は、第１に、最初に事情判決的処理を行った後の次の機会に関して提言されたものであり、第２に、期限を切ってさらに強く国会に法改正を促す効果を狙ったものである。それに対して本稿による上記方式は、第１に、事情判決的処理に代わるものとしての提案であり、第２に、再選挙が可能になるまでの間、当該選挙区の選出議員の地位を有効なものとして維持することを目的とするものである。
　　すなわち、公選法は、衆議院議員の選挙制度として中選挙区単記投票制を採用し、定数を定め、全国を一定数の選挙区に分けた上で、各選挙区に定数を配分した。こうして、個々の選挙区の選挙人の選挙権の内容（＝投票価値）が法律により具体化される。その具体化が、過少代表選挙区の選挙人については、その投票価値が平均値に届かず過少である点で「憲法上の選挙権」侵害である、と認定されることになる。そうすると、それに対する救済は、当該選挙人の投票価値の過少分を平均値に届くまで上げる、という形でなされなければならない。
　　「１票の較差」訴訟としての「公選法204条の憲法訴訟」において、原告が自己の選挙区の選挙無効を請求するのは、それ自体が目的なのではなくて、選挙無効判決に続く再選挙が、本来あるべき投票価値を備えた選挙権行使の機会として実施されることを目的としている。ゆえに、再選挙が速

Ⅳ　おわりに

　本稿で、「公選法204条の憲法訴訟」の第1段階を、基本権訴訟であると十分に捉えうるものだと論じたのは、その第2段階については、もはやそれを基本権訴訟であると捉ええなくなるからである。続稿で、第2段階・第3段階についての検討へと進んでいきたい。

（ささき・ひろみち　東北大学教授）

やかに実施される見込みがないのに選挙無効判決を出すことは、その本来の目的に反している。「もともと原告らが千葉1区の選挙訴訟を提起したねらいは、千葉1区に配分されている議員定数が過小であるから、それを適正数へと改正せよというのであり、……それなのに、右訴訟の結果、千葉1区から過小どころか、代表者を――公選法改正までの暫定的なものとはいえ――全然出せないという、かえってヤブヘビな結果を招来することは、本件選挙訴訟の趣旨に全く反することである」（阿部・前掲注15）60頁。なお、この点こそが、1976年判決の法廷意見にとって、「憲法の所期しない結果」の中で最大のものだったという理解が有力である。野中・前掲注14）354頁、高橋・前掲注35）109頁）。

　そうだとすると、選挙無効判決の後、国会による法改正が実現してからでないと憲法適合的な再選挙を行えず、その法改正にはそれなりの時間を要すると見込まれる、「1票の較差」訴訟としての「公選法204条の憲法訴訟」においては、請求認容判決は、単純な選挙無効判決ではなく、法改正実現後に選挙無効とする趣旨の、将来無効判決であるべきだと考えられる。

　このような請求認容判決は、「公選法204条の訴訟プロパー」ではありえず、裁判所による法創造によらざるをえないものである。だが、事情判決的処理と比べて、公選法204条の仕組みにより近いという点で、裁判所による法創造の度合いが小さい。そして、事情判決的処理のメリットとされる点は、ほぼ全てこの判決にも備わっている（定数配分規定の違憲性が確認される点、過小ではあるが引き続き原告の選挙区の議員はその身分を保持し必要な法改正に携わることができる点）。唯一、現実に訴訟を提起した選挙区についてのみ再選挙が行われる点（前掲注16）内の引用部分の②-(a)）は、具体的権利の裁判的救済という観点からは当然起きうることで、やむをえまい（国会が不都合と考えれば法改正時にこの点の対処方法も立法しうる）。さらに、事情判決的処理では、請求それ自体は棄却され、過去の選挙の違憲性は制度上不問に付されるのに対して、この判決の方式では、請求が認容され、制度の建前としては、過去の選挙について再選挙が要請される。

　以上の案を本稿が提示するのは、実務に受け入れられることを期待してのことではない。公選法204条の訴訟を「借用適用」しながら選挙人個人の具体的救済を図る判決形式として理論的にどのようなものがありうるかを、改めて一から考え直した拙い結果の報告である。第1に、将来の選挙を適正な投票価値で行うことはむろん大切だが、具体的権利救済の観点からは、公選法204条の訴訟の本来の目的である過去の選挙のやり直しという点も、依然として重要である。第2に、選挙無効判決を出すことは、いわば怠慢な国会に対する制裁のように捉えられがちだが、本来はその判決に続く再選挙にこそポイントがある。以上2点に再度注意を促すための理論的な提案である。

選挙権年齢の引き下げの意味と課題

関沢修子

I　はじめに

　日本国憲法は、15条3項において「公務員の選挙については、成年者による普通選挙を保障する」としていたが、「成年」年齢については具体的に定めておらず、憲法学では長らく公職選挙法9条1項の定める「年齢満二十年以上」が選挙権年齢であり憲法上の「成年」年齢はそれに同じであることを前提として議論をおこなってきた。しかし、憲法改正における国民投票の投票権年齢が「満十八年以上」（国民投票法3条）とされ、次いで公職選挙法改正により選挙権年齢が「満十八年以上」に引き下げられたことにより、既存の議論が前提としていた憲法上の「成年」者は今までと範囲を異にすることとなった。今日、日本国憲法が規定する「成年者」による普通選挙は、満18歳以上による普通選挙として実施されている。ただ、選挙権年齢引き下げは、それまでの議論のなかで選挙権年齢の引き下げが将来的な可能性として言及され、かつこれを許容する意見が多かったことから、憲法学における選挙権にかんする従来の議論を根底から覆すようなものとしては作用せず、制度の変更として大きな動揺なく受容されたように思われる。対して、憲法学以外の領域においては、民法上の成年年齢引き下げへの影響、少年法との関係などが問われたほか、教育法学などにおいては実際の選挙権行使の影響や学校内外での生徒の政治活動の在り様ついての議論が活発にみられた。

選挙権については、「選挙は、議会制民主主義を実現するために不可欠の手段であり、選挙権はそのための『国民の最も重要な基本的権利』（最大判1955〈昭30〉. 2. 9刑集9巻2号217頁）である[1]」とされながら、これを行使するには一定の年齢に達していることが求められている。それは、一定の年齢に満たない者は、選挙権行使に必要な一定の能力——例えば「政治的意思決定能力」と称されるような能力——を欠くと認識されているからである。未成年者は選挙権行使に必要な能力を備えていないため、選挙権行使の主体としては認められない。かくして、選挙権に年齢要件が設けられることは当然視されてきた。日本国憲法自身が「成年者」による選挙を規定していたことから、年齢要件の存在そのものが問題にされることはなく、その設定された具体的年齢の当・不当も含め、あまり議論の対象となってこなかったように思われる。

今回の選挙権年齢の引き下げにより、日本国籍を有する18歳-19歳の若者が新たに有権者として選挙権を行使することになったが、これが意味するのは、単なる有権者数の増加にとどまるものではなく、選挙を通じて国の政治に参加する主体の範囲が変更されたということでもある。このことは、我が国の民主政治の過程において、重要な意味をもつ。かかる意識のもとに、本稿では、今回の選挙権年齢の引き下げの経緯を振り返り、年齢要件の内容と変更の意義を検討する。その上で、新たに選挙権者となった者のうち高等学校等の生徒の政治活動の制限の問題についての考察を行う。

なお、公職選挙法は、現在、選挙権を有する年齢を18歳以上とし、被選挙権を有する年齢を、衆議院議員、市町村長および市町村議会議員については25歳以上、参議院議員および都道府県知事については30歳以上としている。本稿においては、選挙権年齢という語を用いる場合は、今回18歳に引き下げられた〈選挙権を有する年齢〉を指すこととする。また、関連して、「日本国憲法の改正手続に関する法律」（以下「国民投票法」）が18歳以上の者が憲法改正の国民投票の投票権を有するとしているが、この国民投票の投票権を有する年齢を指す場合には、投票権年齢という語を用いて選挙権年齢と区別する。

---

1)　辻村みよ子『憲法〔第6版〕』（日本評論社、2018年）311頁。

II 日本における選挙権年齢の引き下げ

1 選挙権年齢引き下げに至る経緯

日本国における選挙権年齢は、まず、1889年に衆議院議員選挙法が公布され、制限選挙のもと、25歳以上と定められた。その後、1945年に同法が改正されて年齢要件は20歳以上に引き下げられ、新たに制定された日本国憲法において15条3項ならびに44条で普通選挙が保障されると、1950年には衆議院議員選挙法と参議院議員選挙法が一本化され公職選挙法が制定された。公職選挙法は同法9条1項で選挙権の要件を「日本国民で年齢満二十年以上の者」と定め、この規定が長きにわたり続くこととなった。なお、当時の選挙権年齢の引き下げの理由としては、近時の青年の知識能力が著しく向上したこと、20歳に達した青年が民法上の行為能力を十分に有しているのみならず、国政参与の能力と責任観念においても欠くところがないと考えられること、むしろ、青年有権者の選挙への参加が新しい日本を建設する新しい政治力を形成する重要な要素となることがあげられている[2]。

その後、1960年代後半から1970年代にかけて欧米諸国で選挙権年齢が18歳に引き下げられたことの影響もあり、日本においても選挙権年齢を引き下げることが検討されることはあったが、大きな動きとはならず選挙権年齢を20歳とする規定は維持され続けた。この時期に日本において選挙権年齢の引き下げが実現しなかったのは、「それは、本音のところでは、長期政権を担ってきた自民党が、革新的な政治指向をもつ若年層に選挙権を与えると、自党候補者にとって不利になると考えてきたからである」といわれている[3]。

ところが、2000年代に入ると、選挙権年齢の引き下げが政治においても主張されはじめるようになる。2000年には小渕恵三首相（当時）のもとに設けられた「21世紀日本の構想」懇談会（座長：河合隼雄・国際日本文化研究センター所長）が提出した最終報告書「日本のフロンティアは日本の中になる——自立と

---

2) 第89回帝国議会貴族院衆議院議員選挙法中改正法律案特別委員会議事速記録第1号（昭和20年12月12日）1頁。国務大臣堀切善次郎発言。

3) 戸波江二「憲法と選挙権、そして18歳選挙権」自治実務セミナー2015年10月号（2015年）5頁。

協治で築く新世紀——」のなかに、「選挙権を18歳に」という提言がみられる。そこでは、世界の多くの国々で選挙権年齢が18歳かそれ以下に設定されていること、「国内でも、高卒者の2割が就労しており、自衛隊の入隊資格も18歳以上である」こと、少子高齢化により高齢有権者の比率が若年有権者の比率を上回っていくこと、世代間で利害対立がある問題があることなどを考慮して、「若い人たちの声をこれまで以上に謙虚に聞かなければならないし、彼らの声を政治に反映させるべく、さらに努力しなければならない」と述べられており、18歳以上に選挙民の層を広げることが主張されていた[4]。これ以降、民主党をはじめ各政党においても選挙権年齢の18歳への引き下げの主張が次第にみられるようになったが[5]、公職選挙法上の選挙権年齢の規定改正が実現されるには至らなかった。

しかし、2007年5月国民投票法が制定され[6]、憲法改正国民投票の投票権年齢が「満十八年以上」と設定される。投票権年齢が18歳以上とされた理由は、「新しい憲法規範が将来の国民を長きにわたって拘束することになるため、可能な限り多くの国民が主権者として憲法改正行為に参加する資格を有すべきであるという考えに基づ[7]」き、国家の根幹をなす国民主権の行使としての憲法改正国民投票については、「より多くの国民が参加できるようにすることが望ましい」との観点から、諸外国の例を参考にしつつ検討した結果であるとされている[8]。同法は、当初、附則3条において、同法の施行日（2010年5月18日）までの間に、18歳以上20歳未満の者が国政選挙に参加することができるよう、公職選挙法、民法その他の法令の規定について検討を加え、必要な法制上の措

---

4) 最終報告書は、首相官邸ホームページにて公開されている。報告書内では、この引き下げに伴い、被選挙権年齢の引下げや、民法や少年法などとの整合性も考慮されねばならないことも言及されている。〈https://www.kantei.go.jp/jp/21century/〉（2019年6月1日アクセス）

5) 宮下茂「選挙権年齢及び民法の成年年齢等の引下げ問題——国民投票の投票権年齢を18歳以上とすることに伴う引下げ」立法と調査294号（2009年）64頁。

6) 憲法改正国民投票法成立までの経緯について、橘幸信＝高森雅樹「憲法改正国民投票法の制定」時の法令1799号（2007年）6頁以下参照。

7) 神崎一郎「憲法改正国民投票法を読む㈠——住民投票条例の設計の視点から」自治研究84巻11号（2008年）117頁。

8) 鈴木康之「公職選挙法等の一部を改正する法律（選挙権年齢等の引下げ）について」選挙時報64巻8号（2015年）2頁。

置を講ずるものとし、当該法制上の措置が講じられるまでの間は、投票権年齢は「満二十年以上」とするとしていた。しかし、これら法制上の措置は、同法施行日までには講じられず、その後2014年6月に国民投票法は改正され、附則3条を削除したうえで、あらためて施行後4年を経過するまで（2018年6月20日）の間は、投票権年齢は「満二十年以上」にするとした。選挙権年齢については、与野党8党が改正法案を共同で提出することに合意した際に、各党間で選挙権年齢引き下げに関するプロジェクトチームを設置するとしていたほか、各党衆議院・参議院それぞれの憲法審査会における採択の際には、選挙権年齢については改正法施行後2年以内を目途に必要な法制上の措置を講ずる旨の附帯決議がなされるといった動きがみられた。

　これらを受けて、選挙権年齢を18歳に引き下げる公職選挙法の改正案が、第189国会に提出され、2015年6月4日に衆議院本会議で全会一致で可決、同月17日に参議院本会議で全会一致で可決ののち、成立した。改正公職選挙法は2016年6月より施行され、地方自治体における選挙では同年7月3日福岡県うきは市市長選挙から、国政選挙では同年7月10日第24回参議院議員通常選挙から、年齢18歳以上20歳未満の者があらたに選挙権を行使することとなった。

　以上のような経緯をたどり、選挙権年齢は「満十八年以上」に引き下げられた。なお、民法上の成年年齢については、2018年6月13日、民法上の成年年齢の引き下げを主な内容とする「民法の一部を改正する法律」が成立し、選挙権年齢と民法上の成年年齢は再び一致することになった（施行日2022年4月1日）。

2　憲法学における選挙権年齢に関する議論

　日本国憲法が15条3項において「成年者による普通選挙」を保障していることから、従来の憲法学は、年齢を選挙権の要件（積極的要件）とすることについてはこれを当然のものとしてきた。もっとも、先に述べたように憲法自身には「成年」年齢に関する規定はなく、公職選挙法の規定した「満二十年以上」が憲法上の「成年」であると捉えた上で、この20歳以上を選挙権者とする選挙が「成年者」による選挙と考えられてきた。ただ、公職選挙法の規定に

は「成年」という言葉はでてきておらず、「成年」に関する規定を持っていたのは民法であったことから、憲法上の「成年」が、民法上の「成年」といかなる関係にあるのかということが問われた。これについては、憲法学は両者を区別し、前者は政治参加の判断能力にかかわるものであり、後者は民事上の判断能力に関わるものであって、常に一致すべきものとする理論的根拠は何もない[9]と考えられていた。両者が求めている能力が異なっているという前提に立つため、実際にその能力が備わる年齢が異なる可能性がありそれぞれの年齢の不一致を許容しうるものではあったが、憲法上の「成年」と民法上の「成年」とが当時20歳で一致していたことを否定していたわけではなく、政策論上あるいは法制度上一致しているメリットが存することが認められていた。

　選挙権年齢の「20歳」という設定の妥当性については、公職選挙法制定時には海外の多くの国がこれを20ないし21歳に定めていたこともあり、当初あまり問題にはされていなかったようである。その後、1970年前後に海外での選挙権年齢の引き下げが起こったのちは、選挙権年齢を変更可能なものとらえ、日本の選挙権年齢すなわち憲法上の「成年」年齢の維持ないし変更が意識されるようになった[10]。ただ、「選挙資格の決定については、立法府の広い裁量が認められている（よほど不合理な裁量でないかぎり原則的には憲法違反の問題は生じない）ため、立法裁量の当・不当が問題とされるにとどま[11]」る、「選挙権の年齢資格が、明確に、X歳以上に限定すれば違憲、X歳マイナス一歳以上にすれば合憲とすることができないというように、当・不当の拡大が合法・違法を帰結するという性格の問題である[12]」と捉えられていたため、20歳という規定の憲法適合性を問うような積極的な議論にはつながりにくかった[13]。

　その後、2007年投票権年齢を18歳とする国民投票法が制定され、これを受

---

9)　野中俊彦＝中村睦男＝高橋和之＝高見勝利『憲法II〔第5版〕』（有斐閣、2012年）18頁。

10)　年齢変更の場合、選挙権年齢を現在から引き上げる変更と、引き下げる変更とがありうるが、前者の変更については否定的な評価が、後者の変更については肯定的な評価がみられていた。二本柳高信「18歳選挙権——選挙権年齢を法律で決めることの意味」法学教室430号（2016年）46-47頁。

11)　辻村みよ子「なぜ未成年者は選挙権をもっていないのか」法学セミナー424号（1990年）31頁。

12)　清水睦「選挙権と年齢」『基本的人権の指標』（勁草書房、1979年）185頁。

13)　当時の各国の動向につき、清水・前掲書187-190頁。諸外国と異なり日本には兵役年齢を考慮する必要が無いことは、当時日本が海外の引き下げの動きに同調しなかった一因であろう。

けて公職選挙法が改正され、選挙権年齢が18歳に引き下げられたのは上述の
とおりである。[14]選挙権が18歳に引き下げられたことについては憲法学全体で
は肯定的に捉えられており、むしろ「日本もようやく国際的な水準に達した」[15]
と評価されている。なお、さらなる選挙権年齢の引き下げについては可能性と
して言及されることはあるものの、現在のところ強く主張されてはいない。[16]

3　選挙権の年齢要件と「能力」

　日本において、選挙権における年齢要件の設定は、「国民の代表者である議
員を選挙によって選定する国民の権利は、国民の国政への参加の機会を保障す
る基本的権利として、議会制民主主義の根幹を成すものであり、民主国家にお
いては、一定の年齢に達した国民のすべてに平等に与えられるべきものであ
る」[17]とあるように、当然のこととされてきた。選挙権行使は一定の能力を必要
とし、その能力は一定年齢に達した国民に備わるものであると考えられ、選挙
権の年齢要件の設置は、一定年齢以下の者に選挙権を認める／一定年齢以下の
者には選挙権を認めないという線引きを果たしてきた。[18]この考えに従えば、今
回の選挙権年齢引き下げは、対象となった年齢層の若者がその能力を具備して
いると評価されていると考えるのが自然である（少なくとも能力が無ければ引き
下げの根拠が存しないことになる）。

---

14) 国民投票法の発議者は、同じ参政権であるので選挙権年齢も国民投票権年齢も同一であることが
　　望ましい旨発言をしているが、国民投票権年齢と選挙権年齢の一致の必要性は十分に論議されるべ
　　きであったと思われる。第166回国会衆議院日本国憲法に関する調査特別委員会議録第5号（平成
　　19年4月12日）12頁。保岡興治衆議院議員の発言。審議の過程においては、憲法上の機関である
　　国会を構成する議員を選出する選挙権と、憲法典の正文を憲法典自体にあらかじめ定められた方法
　　によって意識的に変更する憲法改正権とでは質が異なることが指摘されている。第163回国会衆議
　　院日本国憲法に関する調査特別委員会議録第3号（平成17年10月13日）2頁。高見勝利上智大学
　　大学院法学研究科教授の発言。ただ、この高見発言の本意は、「可能な限り多くの国民が主権者とし
　　てその決定に参加する資格を有すると解すべきであり」、国民投票権年齢は選挙権年齢（当時20
　　歳）と異なる18歳までさげられてしかるべき、ということであって、投票権年齢と選挙権年齢の不
　　一致を主張するものではない点に留意すべきである。
15) 辻村・前掲注1）319頁。
16) 世界各国の選挙権年齢をみると、これを18歳とする国が多数であるが、2007年オーストリアが
　　選挙権年齢を18歳から16歳に引き下げている。那須俊貴「諸外国の選挙権年齢及び被選挙権年
　　齢」レファレンス平成27年12月号（2015年）147頁。
17) 最大判2005〈平17〉. 9. 14民集59巻7号2087頁。

では、その選挙に必要とされる能力とは、具体的にどのような能力であると考えられてきたのか。これについては「憲法一五条三項は、「成年による普通選挙」を保障するが、その「成年」に想定している能力とは何かということは必ずしも明らかではない。」ことが指摘されている[19]。年齢要件の根拠である「能力」については、「選挙の意味や政治のことを十分理解し、政治に参加できるだけの能力[20]」「政治的意思決定能力[21]」「選挙という政治参加の判断能力[22]」といった一般的な説明がなされるにとどまっている。実際に選挙権がどのように行使されるかといえば、一般的には、所定日に選挙権者が投票所に赴き規定の用紙に候補者名や政党名を記入することによるのであり、これにより投票行為は完遂される。しかし、年齢要件の根拠とされる「能力」が、一連の行為をただ行う単純な能力を指しているとは考えにくい。従来の説明のなかにみられる「理解」「意思決定」「判断」という語からは、選挙権の行使を、政治に関する知識の理解を前提に自身の政治的な意思を決定し、その表明として適切な投票の対象を選定しこれを示す所為と捉え、これを行いえることを「能力」として要求しているように捉えられなくもない。だが、それが「能力」の内容であり、成年がこれを具備するというような直截的な説明を、従来の選挙権の年齢要件に関する議論のなかに中に見つけることはできない。

　選挙権行使において成年に想定されている能力をめぐりひとつ手掛かりとなりうるのは、成年被後見人の選挙権に関する訴訟である。これは、成年被後見人が「成年」者でありながら選挙権を剥奪されてきたことを問題とするものである。公職選挙法11条1項1号を違憲と判断し、成年被後見人に選挙権を行

18）選挙権の本質との関係においては、「公務説や二元説から選挙権の公務性を根拠に一定の能力を要求する場合だけでなく、選挙権の本質を権利と解する選挙権権利説でも、年齢要件を付する理由が政治的意思決定能力の推定にあることから、一定の政治的意思決定能力を権利行使要件と解することが認められる」。辻村みよ子『選挙権と国民主権——政治を市民の手に取り戻すために』（日本評論社、2015年）170頁。

19）葛西まゆこ「選挙権と能力——成年被後見人の選挙権訴訟を手がかりに」大東法学23巻1号（2013年）18頁。

20）辻村・前掲注11）30頁。

21）辻村みよ子『市民主権の可能性——21世紀の憲法・デモクラシー・ジェンダー』（有信堂高文社、2002年）179頁。

22）野中ほか前掲注9）18頁。

使しうる地位を確認した東京地裁 2013 年 3 月 14 日判決[23]は、選挙権およびその行使のための能力について、以下のように述べている。

（ⅰ）選挙権は「国民の政治への参加の機会を保障する基本的権利として、議会制民主主義の根幹をなすもの」であり、「自ら選挙の公正を害する行為をした者等の選挙権について一定の制限をすることは別として、国民の選挙権又はその行使を制限することは原則として許されず、国民の選挙権又はその行使を制限するためには、そのような制限をすることが『やむを得ない』と認められる事由がなければならないというべきである」。「そのような制限をすることなしに選挙の公正を確保しつつ選挙権の行使を認めることが事実上不能ないし著しく困難であると認められる場合でない限り、上記の『やむを得ない事由』があるとはいえず、このような事由なしに国民の選挙権の行使を制限することは、憲法 15 条 1 項及び 3 項、43 条 1 項並びに 44 条ただし書に違反するというべきである」。

（ⅱ）たしかに選挙権が単なる権利ではなく、公務員を選定するという一種の公務としての性格をも併せ持つものであることからすれば、選挙権を行使する者は、選挙権を行使するに足る能力を具備していることが必要であるとし、そのような能力を具備していないと考えられる、事理を弁識する能力を欠く者に選挙権を付与しないとすることは、立法目的として合理性を欠くものとはいえない。

（ⅲ）「そもそも憲法は、主権者たる国民には能力や精神的肉体的状況等に様々な相違があることを当然の前提とした上で、原則として成年に達した国民全てに選挙権を保障し、それらの国民に自己統治をさせることで我が国の議会制民主主義の適正な遂行を確保しようとしたものであると解される」。成年後見制度は、精神上の障害により法律行為における意思決定が困難な者についてその能力を補うことによりその者の財産等の権利を擁護することを目的とする制度であることから、後見開始がされるための「事理を弁識する能力」の有無や程度については、主として「自己の財産を管理・処分する能力」について、その有無や程度の審理判断が行われることが予定されている。そのようないわゆる財産管理能力の有無や程度についての家庭裁判所の判断が、前述のような、主権者であり自己統治をすべき国民として選挙権を行使するに足る能力があるか否かという判断とは、性質上異なるものであることは明らかである。したがって、そもそも後見開始の審判がされたからといって、成年被後見人となった者は、

23）判例時報 2178 号 3 頁、判例タイムス 1388 号 62 頁。

主権者であり自己統治をすべき国民として選挙権を行使するに足る能力を欠くと断ずることはできない。

この東京地裁判決においては、「選挙権を行使する者は、選挙権を行使するに足る能力を具備していることが必要である」としたうえで、事理弁識能力を欠く者はそうした能力を具備してないと考えられている。そこには、後見開始の審判で判断される能力と、「主権者であり自己統治をすべき国民として選挙権を行使するに足る能力」とは性質上異なるという前提が存在している。財産管理の能力と選挙権行使の能力とでは、その対象となる事項が異なる以上、両者は同一のものではないということだが、このこともなお「選挙権を行使するに足る能力」の具体的内容を画するには不足である。

成年被後見人の選挙権の制限については、成年被後見人とかつての禁治産者に対する行為能力の範囲の差異にもかかわらず、成年被後見人の選挙権剥奪の問題に憲法学が必ずしも敏感でなかったことの理由として、「成年者」による普通選挙権の保障（憲法 15 条 3 項）を、「代表」たる議員に相応しい者を適切に選択する判断能力をもつとみなされる者によるものへと読み替えがあったのではないか、[24] それゆえかかる能力を欠く者を選挙人団から排除することが正当な立法目的であると考えてきたのではないかとの興味深い指摘がなされている。小泉教授は「こうした考えは、選挙権に関する、いわゆる公務説・権利説どちらの説による場合でも嗅ぎ取ることができる。熟議する能力をもった市民による責任ある政治参加を民主主義の理想とする共和主義的民主主義観が、多かれ少なかれ、前提とされてきた」のではないかとのべるが、この疑義が年齢要件における能力の要求の場合にも当てはまるとすれば、既存の議論が年齢要件の根拠について語っていたのは、特定の年齢の者がある具体的能力を備えるか否かではなく、特定の年齢の者が理想的な政治参画を期待できる存在か、あるいはそれを期待して選挙権の主体に組み入れるべき存在かどうか、これが実質的な問題であったと考えられるのではないだろうか。

---

24) 小泉良幸・新・判例解説 Watch vol.14（2014 年）14 頁。なお、本判決については、「選挙権を「様々な境遇にある国民が、高邁な政治理念に基づくことはなくとも」、「この国がどんなふうになったらいいか、あるいはどんな施策がされたら自分たちは幸せかなどについての意見を持ち」、「それを国政に届けること」と捉える……のは、選挙権保障の意義を共和主義的読みから切り離し、多元化社会における議会政にとってより適合的なものへと読み替えるものだ」と評している。

今回の選挙権年齢引き下げを内容とする公職選挙法改正に関する審議の過程をみると、公職選挙法の改正については、国民投票法の投票権年齢を一つのきっかけとして認めつつ、「民主主義を更に深めていく、充実するためには、もっと選挙権年齢の引下げによって選挙できる、投票できる人を増やしていくということが大事であると、こういうことで各党の皆様と御相談をしてこの推進をさせていただくということになった次第[25]」であり、また、選挙権年齢を18歳にしたことの理由については「世界の趨勢」があげられている。審議では、年齢要件の前提とされる「能力」とこれを具備する年齢の関係に焦点をあてる発言は特に見られない[26]。考慮されていたのは、若年層の政治参加の能力如何ではなく、若年層への選挙権の付与が民主政治の確立強化にとって有意義であるということであり、その際、諸外国の状況はあらたに設定される年齢のもとでの選挙が問題なく実施されているという年齢の妥当性の消極的な根拠として用いられていた。今回の選挙権の引き下げは、それらを考慮した結果、立法府の合理的な裁量にもとづくものとしておこなわれた、と捉えることができよう[27]。

Ⅲ　選挙権年齢引き下げの憲法学的考察——意味と課題

1　憲法学における選挙権年齢引き下げの意味

選挙権年齢の引き下げにより、若年層の政治的意思は、現実の選挙制度において意味をもつこととなった。年代別投票率および年代別有権者数をみると、10代のそれは国政選挙全体の中で決して高い数値を示すわけではないが、そ

---

25) 第189回国会参議院政治倫理の確立及び選挙制度に関する特別委員会会議録第四号（平成27年6月15日）2頁。船田元発言。

26) なお、国民投票法の審議においては、国民投票法附則3条に規定されている法制上の措置が必要となる理由として、国民投票法発議者は、「第一に、投票権、選挙権はいずれも参政権であるので、投票権年齢と選挙権年齢は一致すべきであること、第二に、投票権年齢と選挙権年齢は一致しているのが世界の大勢であり、いずれも18歳以上であること、第三に、選挙権の判断能力と民法上の判断能力とは同一であるので、選挙権年齢と民法上の成年年齢も一致すべきであること、第四に、投票権年齢、成年年齢はいずれも18歳以上とするのが世界の大勢であること」が挙げられていた。宮下・前掲注5) 61頁。

27) 政治参加その他一定の権利・資格における年齢区分の根拠や問題を分析・検討するものとして、米沢広一「子どもの年齢と法(1)」大阪市立大学法学雑誌60巻3・4号（2014年）1頁参照。

れでも、その政治的意思が現実の政治に影響を与える力を得たということは大きな変化である。

　今までの憲法学が、一定年齢以下の者を——ここでは旧来多用されてきた用法に従い満 20 歳未満の者「未成年」を指して「子ども」と称する——をどのように扱ってきたかといえば、これを当然に人権享有の主体であるとしながらも、その心身が発達途上にあり、成人に比して判断力が未熟であることを理由に、大人とは異なる扱いをすることを認めてきた。子どもに対する人権制約については、「保障される人権の性質に従って、未成年者の心身の健全な発達をはかるための必要最小限度の制約が憲法上許されるものと一般に解され[28]」ており、基本権が人格的自律に由来すると解する立場からは、「基本権の制約は未成年者の発達段階に応じ、かつ、自律の助長促進にとってやむをえない範囲内にとどめられなければならない」ことが主張されてきた[29]。日本国憲法の規定上では選挙権が制約されるのみであったが、地方自治体が制定する青少年保護育成条例などによる「有害図書」の購入制限が子どもの表現の自由を制約するものではないか、髪形などについての校則が子どもの自己決定権を制約するものではないか、といったことが問題とされてきた。

　子どもは人権の享有主体でありながら大人と異なる制約に服するとされてきたなかで、政治参画の主体としてはどのように考えられてきたか。子どもも人間であり、人間として何かしらの意思を持つ存在であることから、政治に関しても子どもが年齢相応の何らかの意思を持つことは当然に想定できる。しかしながら、憲法の「成年」選挙の規定もあり、子どもを政治参画の主体として積極的に位置づけることはされてこなかった[30]。むしろ、「日本の若者は、校則や内申書との関係で政治活動を禁止・抑制されてきたためか、デモの経験もほと

---

28) 野中俊彦＝中村睦男＝高橋和之＝高見勝利『憲法 I〔第 5 版〕』（有斐閣、2012 年）219-221 頁。
29) 佐藤幸治『憲法〔第三版〕』（青林書院、1995 年）411-412 頁。
30) 子どもの権利条約批准後、地方自治体レベルでは、子どもに関する施策において子どもの意見表明・意見の尊重を推進する動きがみられていた。2000 年に制定された「川崎市子どもの権利に関する条例」（川崎市条例第 72 号）は、29 条で「子どもが市政等について市民として意見を表明する機会」等の保障が大切であることを考慮して、市は子どもの参加を促進・方策の普及に努めるものとすると規定している。一部自治体における子ども政策推進の法的仕組みや課題について、喜多明人「子どもの参加・自己決定関与権の保障と自治立法」法律時報 75 巻 9 号（2003 年）57 頁以下参照。

んどない。成人した大学生についてみても、主権者市民（政治的市民）としての自覚も乏しく、社会的市民にもなり得ていないのが実情であろう」と評されてきたところがある。

しかし公職選挙法改正により18歳以上20歳未満の者があらたに選挙権者に加わることとなった。選挙権年齢の引き下げは、選挙権者の範囲の拡大、換言すると、選挙権の行使を通じて政治に参加する主体の範囲が拡大したことを意味する。したがって、選挙において、18歳以上20歳未満の者の政治的意思は既存の選挙権者であるところの20歳以上の者の政治的意思と同等に尊重されることが求められる。

選挙権者の範囲の変更は、選挙権の法的性格との関係からはどうとらえられるのか。選挙権の法的性格についての従来の学説は、公務性と権利性を認める二元説と権利性を強調する権利説とが対立してきたが、選挙資格に年齢要件を設けること自体は両説ともこれを認める立場で一致していた。権利説は、権利の主体を、政治的意思決定能力をもつ「市民」と捉えているため、意思決定能力を持たない子どもを権利主体から排除することは内在的制約として認められる。二元説も年齢要件を認めるが、内在的制約のほかに選挙の公正保持の必要性等選挙権の公務性に基づく諸理由による外在的制約も認めている点で、権利説とは異なっている。そして、今回の年齢要件の変更であるが、二元説にとっては、立法府の合理的裁量による選挙権資格の変更としての意味合いをもつものの、権利説にとっては主権者を構成する意思決定能力をもつ市民の全員が当然に選挙権の主体となるとのことなので、選挙権者の範囲の変更はすなわち主権者の範囲の変更という面をもつと考えられる。ここにおいて、選挙権年齢の引き下げは、主権論とのかかわりを余儀なくされる。

2 市民主権論からみた選挙権年齢引き下げの意味

国民主権原理において、十分な政治的意思決定能力をもたない子どもをどのように位置づけるかは、主権の観念、主権主体の定義の違い等により当然に異なってくるものであるが、本稿では選挙権年齢の引き下げを早い時期から主張

31）辻村みよ子「カウンター・デモクラシーと選挙の効果的共同へ──『市民主権』の両輪として」世界2012年10月号（2012年）205頁。

していた辻村みよ子教授の「市民主権」論に着目したい。[32] 市民主権論全体に対する有意義かつ詳細な検討を行う先行研究は枚挙にいとまがなく、本稿では、当該理論における子どもの位置づけに焦点を絞ることとするが、市民主権論は、主権行使者として日本国憲法 15 条で参政権を認められた国民、すなわち政治的意思決定能力をもつものを主権主体としての「市民」として想定してきた。かかる前提のもと、主権主体の拡大という観点から選挙資格年齢の問題を捉えていたことは、市民主権論のひとつの特徴である。[33]

　日本国憲法の国民主権をフランスの「国民（ナシオン）主権」のように理解した場合には、主権主体は抽象的・観念的な国民の全体であり、主権保持者には政治的意思形成能力をもたない子どもなども含まれる。そのため主権保持者と主権行使者とは異なり、選挙という全国民のためにする公務を執行する資格を国法で定めるに際して広い裁量が認められる。これに対し、「市民主権」論では、主権保持者は人民を構成する具体的存在としての「市民」であり、すべての「市民」がみずから主権行使しうるために主権保持者と主権行使者は分離されず、選挙権は主権行使の権利となり、選挙権者は政治的意思決定権者といての「市民」の資格に一致するとされる。この市民主権論のもとでは、今回の選挙権年齢引き下げは、あらたに 18 歳以上 20 歳未満の若年層を選挙権者と認めるだけでなく、これを主権保持者かつ主権行使者としてあらたに主権者に加える所為となる。

　市民主権論は、主権原理を「国家権力の帰属に関する法原理」として捉えることを前提として、政治的権利の主体（主権者）として狭義の市民概念を掲げると同時に、これと区別して、現実社会における市民運動・市民活動の担い手として広義の市民概念を認めている。そして、主権行使者としての市民による政治的意思形成の実現（「第一の道」）と、私的場面での広義の市民の政治・社会参画の実現を重視する選択（「第二の道」）は必ずしも排他的な関係にはなく、「『第二の道』すなわち広義の市民の社会参画の活性化にとっても、『第一の

32）市民主権論に関して、辻村・前掲注 18) 21) 等参照。市民主権論の内在的検討をしたうえでフランスの主権理論との比較検討を行うものとして、山元一「現代憲法理論における主権——『市民主権』論をめぐる一考察」法学 77 巻 6 号（2014 年）235 頁。

33）辻村・前掲注 21) 179 頁。

道』すなわち主権者としての狭義の市民による政治的意思形成＝『市民主権』の実現が不可欠であると思われる」と主張する。この市民概念の区別のもと、公職選挙法が選挙権年齢を 20 歳に設定していた当時において、若年層の政治的意思あるいは政治・社会参画に関してはどのような言及がなされていたかに着目すると、①政治的権利の主体の拡大として公職選挙法の 18 歳程度までの引下げの要請、②選挙権年齢を被選挙権年齢と同一とすることの要請、③選挙権・被選挙権をもたない子どもも一定の政治・社会参画が可能、といった主張をみることができる。市民主権論の立場からは、政治的意思決定能力が認められる（と考えられる）18 歳以上の若者は、政治的意思決定能力をもった市民＝選挙権者＝主権者であり、当時の公選法の規定は本来主権行使者であるべき存在をそこから排除するものでとして、「現行公職選挙法の二〇歳成年制の合理性は疑わし」いとされていたのである。これを踏まえれば、今回の選挙権年齢引き下げは、市民主権論が求めていた市民概念の拡張として評価されることになる。ただ、広義の社会的な市民としては、この範囲が狭義の市民よりも広く考えることができるとするものの、子どもも一定の政治・社会参画が可能としながら、「市民活動の主体としての（広義の）市民と捉えるためには、少なくとも問題を認識・判断して意思決定し責任をとりうる能力が求められる」とする。この点、選挙権の法的性質に関する権利説の立場が、権利主体を政治的意思決定能力をもった者と捉え基本的人権の主体（すべての人間）とは異なると考えていること、政治的・主権的権利である選挙権は憲法上の実定的権利であり自然権と捉えていないことに鑑みれば、狭義の市民に一定の能力を求めることは意義があるが、広義の市民においても一定の能力を求めることの根拠は問われるべきであるように思われる。

　主権主体の拡大は、もともと市民主権論が望ましいと考えていた方向であり、選挙権年齢引き下げ自体は既存の市民主権論の大きな変容をもたらすものはない。そうではあるが、しかし、主権主体の拡大という観点は、政治的未熟を指摘される若者の政治的意思の尊重に関わる問題を検討する際に、ひとつの有用な視座となり得るのではないか。そこで、選挙権年齢引き下げに伴い新たに選挙権者となった生徒の政治活動の規制にかんする問題を検討したい。

3 生徒の政治的活動の規制の問題

　今回、公職選挙法改正による選挙権年齢の引き下げで 18 歳の者が選挙権者に含まれたことにより、高等学校、中等教育学校および高等部を置く特別支援学校（以下「高等学校等」という）のなかに、国民投票の投票権と選挙権を有する生徒が在籍することになった。これに関し、文部科学省は、高等学校等における政治的教養の教育と高等学校等の生徒による政治的活動等についての留意事項等についてとりまとめた、「高等学校等における政治的教養の教育と高等学校等の生徒による政治的活動等について（通知）」（以下、新通知）を出した（2015 年 10 月 29 日）。なお、これに伴い、生徒の政治活動に関して 1969 年に出されていた「高等学校における政治的教養と政治的活動について」という通知（以下、旧通知）は廃止されることとなった。

　新通知は、高等学校等における政治的教養の教育を行うに当たっては、教育基本法 14 条 2 項にある政治的中立性に留意することが必要であるとする。そして、高等学校等における生徒の「政治的活動」について、これを「特定の政治上の主義若しくは施策又は特定の政党や政治的団体等を支持し、又はこれに反対することを目的として行われる行為であって、その効果が特定の政治上の主義等の実現又は特定の政党等の活動に対する援助、助長、促進又は圧迫、干渉になるような行為をすること」と定義したうえで、高等学校等の生徒による政治的活動等は、「無制限に認められるものではなく、必要かつ合理的な範囲内で制約を受ける」とする。この新通知のもと、選挙権を有する生徒がおこなう政治的な活動が規制されることになるが、これに関しては多くの問題が指摘されている。

　新通知による生徒の政治的活動の統制については、まず、その「政治的活動」の定義が問題としてあげられる。この定義が、特定の政党等への支持・反対だけでなく政治上の主義や施策に対するものも対象に含めること、「目的」のみならず「効果」をも問題にすることにより、「事実上ほとんどの政治活動を網羅するものとなっている」ことが指摘されている[34]。そもそも、この定義との類似が指摘される「目的効果基準」は、国の行為が政教分離原則に違反する

---

34) 成嶋隆「『18 歳選挙権』と主権者教育」『憲法の思想と発展——浦田一郎先生古稀記念』（信山社、2017 年）571 頁。

か否かを判定するものであり、これを生徒の行為のうち政治性を有するものを画する定義に援用する理由はあきらかでない。

　また、新通知によれば、生徒による選挙活動・政治的活動は、①授業および授業以外の教育活動の場を利用して行われるもの、②放課後や休日等の学校構内で行われるもの、③放課後や休日等の学校の構外で行われるもの、これらすべてが規制の対象となる。そして、個別的な対応として、①については、「政治的中立性が確保されるよう」これを禁止することが必要であるとされ、②については「学校施設の物的管理の上での支障、他の生徒の日常の学習活動等への支障、その他学校の政治的中立性の確保等の観点から教育を円滑に実施する上での支障が生じないよう」制限または禁止することが必要であるとされる。③については、「違法なもの、暴力的なもの、違法若しくは暴力的な政治的活動等になるおそれが高いものと認められる場合には」制限または禁止することが必要であり、また、「生徒が政治的活動等に熱中する余り、学業や生活などに支障があると認められる場合、他の生徒の学業や生活などに支障があると認められる場合、又は生徒間における政治的対立が生じるなどして学校教育の円滑な実施に支障があると認められる場合には」「当該生徒や他の生徒の学業等への支障の状況に応じ、必要かつ合理的な範囲内で制限又は禁止することを含め、適切に指導を行うことが求められる」とされる。①〜③をあわせると、その実施時間や場所を問わずおよそすべての活動が規制対象となるのであり、選挙権を有する生徒の活動は現実的にかなり不自由なものとなる。

　これら規制の根拠と内容も問題である。大島佳代子は、新旧の通知はともに生徒の政治的活動に対する規制を認めるものであるが、その正当化事由については、旧通知が「政治的中立性」「パターナリズム」、新通知が「政治的中立性」の要請をあげており、こうした抽象的な根拠により生徒の政治的活動を全面的に規制しようとすることについては、抽象的理由で一律禁止することが違憲となりうることを指摘する。³⁵⁾また、成嶋隆は、基本的人権の制約原理として、「内在的制約」の核心に位置する「他者加害禁止原理」（侵害原理）、パターナリ

35）大島佳代子「学校内外における生徒の政治活動の自由」日本教育法学会年報45号（有斐閣、2017年）110頁、同「学校内外における生徒の政治活動の自由──学校・通達（通知）・政治活動の自由」法学セミナー744号（2017年）32頁以下参照。

ズムにもとづく制約原理、「教育目的原理[36]」をあげ、「新旧両通知における根拠論を概括的に比較すると、双方とも侵害原理・パターナリズム原理・教育目的原理を混在させているが、旧通知においてはパターナリズム原理に重点がおかれ、新通知では侵害原理と教育目的原理が全面に出ている、と一応は指摘することができる」としたうえで、新旧通知における根拠論が対応する制約原理では合理的に説明できないと述べる[37]。

　従来の生徒の政治活動の制約については、これに関する判例おいて、「特定の政治的思想のみに深入りすること」の防止、「生徒の安全の確保」、「学校内の教育環境を乱し、他の生徒に対する教育の実施を損なう」ことの防止、学習の専念等を理由にその制限の必要性が肯定され、懲戒権者である校長の裁量を広範に認めたうえで、制限を合憲・合法と結論つける傾向があったことが指摘されている[38]。しかも、「多くの判決は、生徒にとっての政治活動の意義については十分な考慮を払わず、生徒が憲法上の権利として政治活動の自由を有しているとの前提から出発していない」。生徒といえども人間であり、当然に人権享有主体であること、選挙運動を含む政治活動が憲法 21 条の表現の自由によって保障されると解されていることに鑑みれば、生徒に対する政治活動の制約は学校という特別の環境下にある個人に対する人権の制約の事例であるはずだが、従来そうした視点からの考慮が不十分であったとの指摘は、興味深いものである。新通知のもとでも、生徒の政治活動に対する制約は継続することになるが、しかし、従前と異なるのは、規制対象とされる生徒に選挙権という法的な権利が存するという事実である。

　選挙権が一定の政治的判断能力を要すると考えるのであれば、選挙権年齢引き下げにより新たに選挙権の主体と認められた生徒は能力を具備しているという前提にたっているはずであり、パターナリズムに基づく規制は否定される。侵害原理に関しては、選挙権に内在的に存する制約であるのならば、従来の

---

36) これは、内野正幸がとくに学校による子どもの人権の規制において提唱するものである。成嶋は、「教育『目的』自体の吟味は必要だが、分析の道具概念の 1 つとして有効であろう」と述べる。成嶋・前掲注 34) 572-573 頁。

37) 成嶋・前掲注 34) 573-575 頁。

38) 米沢広一『憲法と教育 15 講〔第 4 版〕』(北樹出版、2016 年) 81 頁。

20歳以上の選挙権者に対する規制と、新規の18・19歳の選挙権者に対する規制は同等のものとなるはずである。異なる規制が許されるというのであれば、生徒に対する諸規制は、対象の個人が「学校」という場にいること、すなわち生徒しての地位に基づいてなされていると考えられるのであり、規制の主たる根拠は学校に要求される政治的中立性、あるいは教育目的原理と称されるものにあるのではないかと考えられる。では、これら根拠のもとでの生徒の政治活動に対する制約は許されるべきか。これについては、従来と異なり生徒に選挙権が存するようになったことに鑑みれば、安易な制約の継続を許すべきではないと考える。選挙権の性質、保障の意味を考慮したうえで、その学校という場であることの事情が、選挙権行使に伴う活動の制約を可とするだけの強い根拠が存するか慎重に判断されなければならない。例えば、先の市民主権論に従えば、選挙権者は主権行使者ということであるので、生徒に対する政治活動への制限は、主権者の主権行使に伴う活動の制約という新たな要素を加味して再検討すべきであろう。[39] その場合、少なくとも、学校から離れた場で「個人的な表現」[40]を行うようなときには、一主権者の主権行使に伴う活動として、当該選挙的活動は個人的な活動として「学校の運営における適正な規律を具体的かつ実質的に妨害せず」「他の生徒の権利を侵害しない限り」学校当局の規制は許されないというように、必要最小限の制約のみが許されると解すのが相当ではないか。いずれにせよ、選挙権を有するようなった生徒に対して、従来の生徒の政治活動に対する広範な制約を容認する判断枠組みを単純に維持継続すべきではないだろう。[41]

---

39) 市民主権論を主張する辻村は、戸別訪問を含む選挙運動が一定のルールに従って行わなければならないとしても、そのルールが選挙権者の選挙権行使の制約となりうることを認めている。辻村・前掲注18) 207-210頁。選挙権を有する生徒に対する政治活動への制限もまた、選挙権者の選挙権行使の制約の面を有するものと捉えられるであろう。

40) 生徒の表現の自由の保障に関し、アメリカのTinker判決とそれ以降の判例は、生徒の表現を「個人的な表現」と「学校が後援する表現」とに分け、前者にはいわゆるTinkerテストが適用され、後者には合理性のテストが適用されるとし、教育者のカリキュラムに対する統制権と生徒の表現の自由の調整を試みた。Tinker v. Des Moines Independent Community School. District, 393 U.S. 503 (1969). 後続の判例として、Betel School No403 v Fraser, 478 U.S. 675 (1986) およびHazelwood School District v. Kuhlmeier, 484 U.S. 260 (1988) 参照。

Ⅳ　おわりに

公職選挙法改正による選挙権年齢引き下げは、日本国憲法 15 条 3 項の「公務員の選挙については、成年者による普通選挙を保障する」という規定にある「成年」年齢を引き下げることであり、これにより 18・19 歳はあらたに選挙権を行使する主体として、あるいは論者によっては主権を行使する主体としての地位を認められることとなった。このことは、未来を担う若者の政治的意思が国政に実際に影響を及ぼすことができるようになったということであり、日本における民主政治にとって大きな意味をもつものである。なぜ彼らに選挙権が付与されたかをみれば、そこには従来選挙権行使に必要とされる政治的意思決定能力の獲得を評価され政治参画を果たす機会を得たというよりは、日本の民主主義の深化という一定の期待のもと政治参画の資格を与えられたのだと評すべき事態があるように思われる。そうであるのならば、なおのこと彼らの政治的な意思は十分に尊重されなければならない。私見としては、選挙権の行使に伴う活動も可能な限り自由に行われるべきであり、これに対する安易な制約は許されるべきではないと考える。選挙権年齢引き下げは新たな政治参画の主体を創出したのであり、その者たち高等学校等の「生徒」という地位にある場合の制約は、彼らが政治参画の主体であるという点からの再検討が必要となるであろう。日本における民主政治のあり方として、新たな政治の担い手たちに対してどのような対応を選択すべきか、これを考えることが今後の課題である。

（せきざわ・しゅうこ　二松学舎大学専任講師）

41）18 歳未満の選挙運動の全面的な禁止、インターネット上の表現活動に対いる規制の妥当性の問題を含め、選挙権年齢の引き下げにともなう問題を憲法学の立場から広く検討するものとして、斎藤一久「憲法からの検討——18 歳選挙権をめぐる憲法上の諸問題」法学セミナー 744 号（2017 年）10 頁。

「裁判官の市民的自由」と
「司法に対する国民の信頼」の間
──三件の分限事件から

渡辺康行

Ⅰ　はじめに

　2018 年 10 月に、東京高裁の岡口基一判事（当時）に対する分限事件に関して、最高裁大法廷決定が出された。岡口判事は要件事実に関する多数の著作によって、法曹の間ではかねてより広く知られた裁判官である。またツイッターへの投稿でも著名であったが、そのことをきっかけとする分限裁判という新しい事例であるため、この決定は社会的にも注目を集めた。本稿は、これを機会に、裁判官の分限裁判、およびそれと関連して弾劾裁判について簡単に確認する。そのうえでこれまでの主要な分限裁判案である寺西判事補事件と古川判事事件とを現時点で再考しながら、岡口判事に関する分限事件をどのように考えるか、さらには裁判官の市民的自由とその限界などに論及したい。

Ⅱ　裁判官の弾劾と分限

1　司法権の独立

　全体としての裁判所（司法府）がその職責を果たすためには、何よりも個々の裁判官が外部からの圧力や干渉を受けないことが必要である。この裁判官の職権行使の独立が司法権の独立の核心である。それを確保するために、裁判官の身分保障が定められる。さらにそれらの前提として、司法権が政治部門から独立しているという司法府の独立が保障される。司法権の独立は、このような

重層的な保障により構成されている。これは近代立憲主義のいわば通則であり、日本国憲法も第6章の各規定により採用するものである。[1]

2 裁判官の罷免

(1) 執行不能の裁判（分限裁判）

憲法は裁判官の罷免事由を、①「裁判により、心身の故障のために職務を執ることができないと決定された場合」、および②「公の弾劾によ」る場合に限定している（78条前段）。①の場合について、裁判所法48条は「別に法律で定めるところにより」と規定し、それを受けた裁判官分限法（以下では、分限法という）1条は、「回復の困難な心身の故障のため」と要件を厳格化ないし明確化している。[2]免官するためには、さらに任免権者による免官が必要である。

(2) 弾劾裁判

上記②の「公の弾劾」について、憲法64条は、「国会は、罷免の訴追を受けた裁判官を裁判するため、両議院の議員で組織する弾劾裁判所を設ける」（1項）、「弾劾に関する事項は、法律でこれを定める」（2項）、と規定する。国民がもつ公務員の選定・罷免権（15条1項）の具体化である。他方では、この手続によらなければ裁判官は罷免されないという身分保障の性格をもつ。国会が有するのは弾劾裁判所設置権のみであり、弾劾裁判を行うのは国会から独立した機関である弾劾裁判所である。憲法は特別裁判所の設置を禁止しているが（76条2項）、弾劾裁判所は憲法が自ら定めた例外である。64条2項を受けて国会法および裁判官弾劾法（以下では、弾劾法という）が、当該裁判所の構成や手続を定めている。裁判員の員数は、衆議院議員および参議院議員各7人である（弾劾法16条）。弾劾による罷免事由は、①「職務上の義務に著しく違反し、又は職務を甚だしく怠ったとき」、および②「その他職務の内外を問わず、裁判官と

---

1) 新正幸『憲法訴訟論〔第2版〕』（信山社、2010年）89頁以下、辻村みよ子『憲法〔第6版〕』（日本評論社、2018年）437頁以下など。

2) 最高裁判所事務総局総務局編『裁判所法逐条解説　中巻』（法曹会、1969年）135頁は、「『回復の困難な』という点でさらに限定されているように見えないでもないが、むしろその要件を明確にした趣旨に解すべき」、という。

しての威信を著しく失うべき非行があったとき」（2条）、に限定される。罷免の訴追を行うのが裁判官訴追委員会である。訴追委員会は、衆議院議員および参議院議員各10人で構成される（5条、国会法126条）。訴追委員会は、罷免の事由があると思慮するときは、調査をすることができる（11条1項）。罷免の訴追または訴追の猶予をするには、出席委員の3分の2以上の同意が必要である（10条2項）。何人も訴追委員会に対し、「罷免の訴追をすべきことを求めることができる」（15条）。国民による訴追請求は多数あるようだが、これまでに訴追決定例は9件、罷免例が7件あるにすぎない。しかし、訴追委員会が調査を行った事例はより多く、そのなかには司法権の独立を侵害し、調査権限の濫用ではないかとされた例もあった。[3] ただし、訴追委員会がもつ調査権限を法的に規制することは難しく、基本的には自制に委ねられている。[4]

3　懲戒処分（分限裁判）

　憲法は、「裁判官の懲戒処分は、行政機関がこれを行ふことはできない」（78条後段）、と規定する。そこで裁判所法は、懲戒は「裁判によって」行われることを規定すると共に、懲戒事由を、①「職務上の義務に違反し、若しくは職務を怠り」、②「又は品位を辱める行状があったとき」、としている（49条）。上記した弾劾事由と懲戒事由との関係について、裁判所は「著しく」という文言の有無という量的な違いにとどまる、と解している。[5] ただし、一方は国民の代表者が裁判官を罷免するものであり、他方は裁判所の内部的処分であるため、制度の趣旨は全く異なる。分限に関する細目的事項を定めるのが、分限法である。懲戒の種類は、戒告と一万円以下の過料のみである（2条）。地裁、家裁、簡裁の裁判官の分限事件は、高裁が管轄権をもつ（3条1項）。最高裁は、一審

---

3)　例えば、1953年の吹田黙祷事件に関して裁判官の訴訟指揮に関する調査が行われたこと、1969年の平賀書簡事件に関連して、訴追請求がなされていた213名の裁判官に対して、青年法律家協会への加入の有無を調べる照会状を発送したことなどが、従来の著名な事例であった。さしあたり、萩屋昌志編著『日本の裁判所』（晃洋書房、2004年）94頁以下、122頁以下（萩屋）、君塚正臣「裁判官の独立」横浜国際社会科学研究23巻1号（2018年）23頁以下など。

4)　土屋孝次『アメリカ連邦議会と裁判官規律制度の展開』（有信堂高文社、2008年）186頁以下は、弾劾裁判所の活動を実体的・手続的に司法審査することは困難だが、訴追委員会の活動は司法的統制を行う余地がある、との趣旨を述べる。例えば、国家賠償請求訴訟の提起である。

5)　森英明＝三宅知三郎「判解」ジュリスト1527号（2019年）104頁など。

かつ終審として、最高裁および高裁の裁判官に関する分限事件の裁判権をもち、3条1項に関する抗告事件を終審として管轄する（3条2項）。なお裁判官の分限事件手続規則7条は、分限事件に関しては、その性質に反しない限り、非訟事件手続法第2編などの規定を準用する、と定める。非訟事件手続法30条は、「非訟事件の手続は、公開しない。ただし、裁判所は、相当と認める者の傍聴を許すことができる」と定めているため、分限事件は非公開で行われている。

従来の分限事案は、記録紛失や万引行為など明白な非違行為があった場合、および監督不行届きとされた場合がほとんどである。[6]分限裁判のなかで法的な問題が争われた事件として著名なのは、寺西判事補事件と古川判事事件である。

Ⅲ　寺西判事補事件決定[7]

1　懲戒の原因となる事実の概要

仙台地裁の寺西和史判事補（以下では、Y_1 という）（当時）は、法制審議会が1997年に組織的犯罪対策法要綱骨子を法務大臣に答申したことに関連して、朝日新聞に、裁判官であることを明らかにして、「裁判官による令状審査が人権擁護のとりでになるとは、とても思えない。令状に関しては、ほとんど、検察官、警察官の言うなりに発付されているというのが現実だ」という趣旨の投書をし、同年10月の朝刊に掲載された。そのことにより Y_1 は、投書当時所属していた旭川地裁の所長から、裁判官の令状実務の実態に反してこれを誹謗、中傷するものであり、裁判官としてふさわしくない行為であるとして、書面による厳重注意を受けた（下級裁判所事務処理規則21条参照）。その後、内閣は上記答申に基づいて法案を作成し国会に提出した。この法案に反対するための諸活動を行っていた三つの団体は、1998年4月に、刑事法学者や弁護士とともに、Y_1 も登壇するシンポジウムなどを開くことを企画し、ビラを配布するなどした。

---

6) 最高裁初期の異質な例として、刑訴規則施行規則3条3号が、開廷後引き続き15日以上開廷しなかった場合においても、必要と認める場合に限り公判手続を更新すれば足りると規定しているのに、この規定を看過し原審が上記更新をしなかったのは違法であって上告に理由があるものとして、原判決を破棄し事件を原審裁判所に差戻す判決を言い渡した4名の最高裁判事（霜山精一、栗山茂、小谷勝重、藤田八郎）を過料に処した事件があった。参照、最大決1950〈昭25〉. 6. 24判例集未登載。

7) 最大決1998〈平10〉. 12. 1民集52巻9号1761頁。

この情報に接した仙台地裁所長は、Y_1 に対し、出席を見合わせるよう警告した。上記集会は、東京都内の社会文化会館で約 500 人が参加して行われた。Y_1 は、パネルディスカッションの始まる直前、数分間にわたり、会場の一般参加者席から、裁判官であることを明らかにしたうえで、当初、この集会において、パネリストとして参加する予定であったが、事前に所長から集会に参加すれば懲戒処分もあり得るとの警告を受けたことから、パネリストとしての参加は取りやめた、自分としては、仮に法案に反対の立場で発言しても、裁判所法に定める積極的な政治活動に当たるとは考えないが、パネリストとしての発言は辞退する、との趣旨の発言をした（以下では、本件言動という）。

仙台地裁による分限裁判の申立てを受けて、仙台高裁特別部は、Y_1 に対して戒告処分を決定した[8]。これに対して Y_1 は、最高裁に即時抗告を行った。

2 判断の要旨

(1) 「司法に対する国民の信頼」、「積極的に政治運動をすること」（裁判所法52条1号）の意義、およびその禁止の合憲性

(a) 「裁判官は、独立して中立・公正な立場に立ってその職務を行わなければならないのであるが、外見上も中立・公正を害さないように自律、自制すべきことが要請される。司法に対する国民の信頼は、具体的な裁判の内容の公正、裁判運営の適正はもとより当然のこととして、外見的にも中立・公正な裁判官の態度によって支えられるからである」。「職務を離れた私人としての行為であっても、裁判官が政治的な勢力にくみする行動に及ぶときは、当該裁判官に中立・公正な裁判を期待することはできないと国民から見られるのは、避けられない」。「裁判官が政治の方向に影響を与えるような行動に及ぶことは」、それだけではなく「立法権や行政権に対する不当な干渉、侵害にもつながる」。

(b) 「『積極的に政治運動をすること』とは、組織的、計画的又は継続的な政治上の活動を能動的に行う行為であって、裁判官の独立及び中立・公正を害するおそれがあるものが、これに該当すると解され、具体的行為の該当性を判断するに当たっては、その行為の内容、その行為の行われるに至った経緯、行わ

---

8) 仙台高決 1988〈平 10〉. 7. 24〔参〕民集 52 巻 9 号 1810 頁。

れた場所等の客観的な事情のほか、その行為をした裁判官の意図等の主観的な事情をも総合的に考慮して決するのが相当である」。

(c) 「裁判官に対し『積極的に政治運動をすること』を禁止することは、必然的に裁判官の表現の自由を一定範囲で制約することにはなるが、右制約が合理的で必要やむを得ない限度にとどまるものである限り、憲法の許容するところであるといわなければならず、右の禁止の目的が正当であって、その目的と禁止との間に合理的関連性があり、禁止により得られる利益と失われる利益との均衡を失するものでないなら、憲法21条1項に反しない」。

(2) 本件言動の裁判所法52条1号該当性

「本件言動は、本件法案を廃案に追い込むことを目的として共同して行動している諸団体の組織的、計画的、継続的な反対運動を拡大、発展させ、右目的を達成することを積極的に支援しこれを推進するものであり、裁判官の職にある者として厳に避けなければならない行為というべきであって、裁判所法52条1号が禁止している『積極的に政治運動をすること』に該当する」。

(3) 懲戒事由該当性および懲戒の選択

「裁判所法49条にいう『職務上の義務』は、裁判官が職務を遂行するに当たって遵守すべき義務に限られるものではなく、純然たる私的行為においても裁判官の職にあることに伴って負っている義務をも含むものと解され、積極的に政治運動をしてはならないという義務は、職務遂行中と否とを問わず裁判官の職にある限り遵守すべき義務であるから、右の『職務上の義務』に当たる。したがって、抗告人には同条所定の懲戒事由である職務上の義務違反があった」。

「本件言動の内容、その後の抗告人の態度その他記録上認められる一切の事情にかんがみれば、抗告人を戒告することが相当である」。

(4) 原審が審問を公開しなかったことの適否

「裁判官に対する懲戒は、裁判所が裁判という形式をもってすることとされているが、一般の公務員に対する懲戒と同様、その実質においては裁判官に対する行政処分の性質を有するものである。したがって、裁判官に懲戒を課する

作用は、固有の意味における司法権の作用ではなく、懲戒の裁判は、純然たる訴訟事件についての裁判には当たらない」。「分限事件は、訴訟とは全く構造を異にするというほかない。したがって、分限事件については憲法82条1項の適用はない」。なお、5人の裁判官による反対意見がある。

3　寺西判事補事件決定の検討

(1)　裁判所法52条1号の合憲性審査

この決定が、後述する他の二つの決定と異なっている点は、合憲性審査が正面から行われていることである。その一つとして、この事件で裁判所法制定後初めて52条1号該当性が問題とされたことを契機に、同号の合憲性が審査された。国家公務員の政治的行為を規制する法令の合憲性審査であるため、2(1)(c)で紹介したように、猿払判決による判断基準に依拠したのは当時としては自然だった。しかし現在の視点では、この決定が同号の合憲性審査に先行して、同号の「積極的に政治運動をすること」という文言を、「組織的、計画的又は継続的な政治上の活動を能動的に行う行為であって、裁判官の独立及び中立・公正を害するおそれがあるもの」、と限定的に解釈したという手順が注目される（2(2)を参照）。この限定的な解釈は、法令のなかに違憲的に適用される部分があると考えられたため、法令の適用部分を限定する解釈を採用するという趣旨ではないことから、合憲限定解釈ではない。法令について限定的な解釈をしたうえで、合憲性審査を行うという審査の順序は猿払判決とは異なるものであり、後年の堀越判決の先駆である。堀越判決が国家公務員の政治的行為を禁止する国公法102条1項の合憲性審査に猿払基準を用いず、比較較量の手法を採用した現段階で、裁判所法52条1号の合憲性を改めて審査するならば、比較較量の手法が採用される可能性はある。もちろん、その手法が使われたとしても、同号が合憲という結論は変わらないだろう。また実際には、今後同種の事例が起こった場合には同号の合憲性を改めて審査することはせず、この決定が

---

9)　最大判1974〈昭49〉.11.6刑集28巻9号393頁。

10)　渡辺康行「憲法訴訟の現状」法政研究76巻1・2号（2009年）45頁。

11)　渡辺康行「第81条」辻村みよ子＝山元一編『概説　憲法コンメンタール』（信山社、2018年）359頁。

12)　最二判2012〈平24〉.12.7刑集66巻12号1337頁。同判決の千葉勝美裁判官の補足意見が、本文の趣旨を述べている（1351頁）。

参照されるにとどまることが予想される。

(2) 「司法に対する国民の信頼」と「外見的にも中立・公正な裁判官の態度」

「裁判は、その内容自体において公正でなければならぬばかりでなく、国民一般から公正であると信頼される姿勢が必要」だと述べたのは、「司法の危機」の時代における岸盛一最高裁事務総長談話（1970 年）だった[13]。このような見解には、当時から、「『公正』だけでなく『公正らしさ』まで要求するということになると、それは、まったく情緒的な、いかようにも操作可能のシンボルなのである。これは、往々にして、自分は『公正』で自分の気に入らぬものは『偏向』だということになってしまう[14]」、市民的自由が保障されていない裁判官が国民の市民的自由を守れるはずはない、といった批判が向けられていた[15]。

このように「公正らしさ」「外見的にも中立・公正」を要求するという定式化は、元々は、裁判官であっても「職務を離れた私人としての行為」は自由だと主張する側が、批判的なニュアンスを込めて使用してきた表現法である。これを寺西判事補事件決定は、正面から多数意見に取り込んだのである[16]。しかも、岸談話の時期には「政治的中立性」や「公正らしさ」はモラルのレベルのものだったが、それが本決定では懲戒事由になるという形で法的義務へ転化している[17]。そのため、なおさらこの決定には批判も多かった。前記とは異なる視点としては、「裁判官の中立性の要請」は、「裁判官が当事者主義的構造の適正な手続のなかで、憲法・法律の純粋な解釈作業を行っていれば、それで自動的に満足され」るのであり、裁判官に「フルタイムの『中立性』」を要請する必要は

---

13) 「最高裁事務総長談話」法の支配 20 号（1971 年）48 頁から引用した。

14) 樋口陽一『司法の積極性と消極性』（勁草書房、1978 年）196 頁。なお、本文は事務総長談話に直接向けられたものではない。

15) 家永三郎「裁判官の政治的中立」法律時報 42 巻 7 号（1970 年）98 頁、高柳信一「司法権の独立と裁判官の市民的自由」池田政章＝守屋克彦編『裁判官の身分保障』（勁草書房、1972 年）48 頁、小田中聰樹『現代司法の構造と思想』（日本評論社、1973 年）250 頁など。

16) 萩屋編著・前掲注3）141 頁（萩屋）は、「このような『公正らしさ論』が、最高裁判所を頂点とした裁判所が念頭におく基本的な裁判官像として今日まで定着しており、個々の裁判官の行動にも大きな影響を及ぼしていった」として、寺西判事補事件決定を例に挙げている。さらに同書 218 頁以下（萩屋）も参照。

17) 川崎英明「市民的自由論の到達点と寺西裁判官懲戒問題」法と民主主義 329 号（1988 年）33 頁。

ない[18]、という指摘がある。寺西判事補事件決定と、先に 1970 年代の代表的学説として紹介した見解との間には、「公正らしさ」という概念の要否に関する結論は正反対でありながら、共通に「法解釈は純粋な論理操作ではなく、実は政治的決断である、という法学的リアリズムの過剰な思い入れ」があるのかもしれない[19]。「純粋な解釈作業」を行っていれば「裁判官の中立性の要請」は「自動的に満足され」る、という上述した見解は、その「過剰な思い入れ」を克服しようとしたものである。しかし、この試みにも行き過ぎがあった[20]。

なおこの決定は、裁判所法 52 条 1 号が定める裁判官の積極的な政治運動禁止の目的として、「裁判官の独立及び中立・公正を確保し、裁判に対する国民の信頼を維持する」ことと共に、「三権分立主義の下における司法と立法、行政とのあるべき関係を規律すること」を挙げている（1774-1775 頁）。しかし、裁判官による私人としての行動がなぜ「立法権や行政権に対する不当な干渉、侵害にもつながる」（Ⅲ2(1)(a)）のかは、現時点においても理解が難しい[21]。

またこの決定は、「（上記の―引用者）目的の重要性及び裁判官は単独で又は合議体の一員として司法権を行使する主体であることにかんがみれば、裁判官に対する政治運動禁止の要請は、一般職の国家公務員に対する政治的行為禁止の要請より強い」（1775 頁）、という。この比較についても異論は多いが[22]、ここでは立ち入れない。

(3)　裁判所法 52 条 1 号該当性

本決定は、裁判所法 52 条 1 号に限定的解釈を施したうえで、同号該当性判

---

18) 棟居快行『憲法学再論』（信山社、2001 年）475 頁。その他、高見澤昭治「判批」法学セミナー 531 号（1999 年）108 頁、矢島基美「積極的な政治活動」法学教室 224 号（1999 年）37 頁など。Y₁ 自身も、「公正らしさ論」には憲法上の根拠がない、といった批判を行っている。寺西和史『愉快な裁判官』（河出書房新社、2000 年）246 頁以下。

19) 棟居・前掲注 15) 476 頁。棟居によると、「純粋に法解釈を貫くことこそが、裁判官の中立性の要請にかなった態度」であり、「裁判官が個人的に政治的に無為の人間であることは、『国民の信頼』につながらない」（475 頁）。

20) 山元一「公務員の政治的表現の自由」LS 憲法研究会編『プロセス演習　憲法〔第 4 版〕』（信山社、2011 年）563 頁は、「司法権の行うさまざまな法的実践に対して、『純粋な解釈作業』を念頭に置き、法創造性や政策志向性を否定する議論を展開することは、法理論としてリアリティーを欠」く、という。解釈だけではなく、事実認定についても評価的側面があることは否定できないだろう。さらに、後述注 52) も参照。

断について、前述したように（Ⅲ2(1)(b)を参照）、「客観的な事情」と「主観的な事情」を「総合的に考慮して決する」という見地を示した。さらにこの決定は、禁止される行為を一般論の次元で、「裁判官が政治的な勢力にくみする行動に及ぶとき」、「裁判官が政治の方向に影響を与えるような行動に及ぶこと」（1774頁）、と言い換えている。また本件言動への当てはめに際しては、「国会に対し立法行為を断念するよう圧力を掛ける行為であって、単なる個人の意見の表明の域を超える」（1778頁）もの、とされている。また、決定自身が明確に述べているわけではないが、事案からすると、裁判官であることが国民からわかるような形での言動だということが前提となっている、と解し得るだろう。[23]

　まず問題となるのは、本決定による限定的解釈についてである。後年の堀越判決は、国公法102条1項の「政治的行為」を「公務員の職務の遂行の政治的

21）小林武「裁判官の市民的自由と政治運動の意義」法と民主主義337号（1999年）5頁は、「禁止目的については、中立・公正とならんで『裁判官の独立』の確保が挙げられているが、奇異の念を覚える」、という。また奥平康弘「判批」判例評論488号（判例時報1682号、1999年）180頁は、「なぜ『市民の自由』が問題になる領域に『三権分立主義』がシャシャリ出なければならないのだろうか」、と疑問を呈していた。さらに寺西判事補自身も、次のようにいう。「そもそも行政や立法に比べてそれほど強いとは思えない裁判官の言動が不当な干渉、侵害になるのかというのが、問題だと思います」。「立法権や行政権に圧力をかけられるぐらいの裁判官だったらむしろ独立していていいのじゃないかと思います」〈座談会〉「寺西裁判官懲戒事件をどう闘ったか、これからどうするか」法と民主主義337号（1999年）28頁（発言）。なお、この座談会のなかでは、「寺西裁判官の令状実務の報告がこの法案の帰趨を決定しかねないという危機感を法務省が持って、それに対して最高裁が非常に気兼ねした。そこがこの事件の一番の底流ではないかと思います。『国民の信頼』というのは、後からつけた論理」ではないか、という発言（小野寺信一）もあった（15頁）。この発言は傾聴に値するものではあるが、法規定の目的と、本件事案へのあてはめの目的とを混同しているように思われる。

22）遠藤光男裁判官による反対意見が代表的である。「行政府に属する一般職の国家公務員は、一たび決定された政策を団体的組織の中で一体となって忠実に執行しなければならない立場に置かれているのに対し、裁判官は、憲法と法律のみに制約されることを前提として独立してその職権を行うことが求められていること……など、その職務の執行面において大きな違いがみられる」。そのため、「裁判官の政治的行為に対する制約については、法的強制力を伴った制約をできるだけ最小限度にとどめた上、裁判官一人一人の自制的判断と自律的行動にその多くを期待したとみることもできる」。「裁判所法52条1号所定の政治運動につき、その行為の修飾語として『積極的に』という言葉が付与されていることの意味は、極めて重く受け止められなければならない」。民集52巻9号1761頁（1803-1804頁）。また、喜多村洋一「制定過程・類例から見た『裁判官の政治運動』」ジュリスト1150号（1999年）31頁以下は、裁判所法の制定過程において、「『政治活動』から『政治運動』とされたことにより、禁止される対象はさらに狭められた」、と論ずる。

23）佐々木くみ「判批」法学65巻6号（2002年）136頁。

中立性を損なうおそれが、観念的なものにとどまらず、現実的に起こり得るものとして実質的に認められるもの」を指す、と限定的に解釈した[24]。本決定による「……裁判官の独立及び中立を害するおそれがあるもの」という解釈と比較すると、おそれが「観念的なものにとどまらず、現実的に起こり得るものとして実質的に認められるもの」とされることによって、限定が強くかけられている。直接的な比較はできないとしても、現在では裁判所法52条1号の解釈に際しても、この趣旨が参照されるべきであろう。

次に問題となるのは、52条1号該当性判断についてである。「総合的に考慮して決する」という一般論は、当然であろう。そのうえで、多数意見が本件言動の52条1号該当性を認めたことには異論が多い。最も著名な批判は、次のような元原利文裁判官の反対意見である。「行為の積極性は、行為者自身の意思とこれを表現する具体的行為の態様に即してこれを見るべきであって、行為の対象となった第三者自体が主体的に決定し、行動した内容について見るべきものではない」。本件言動は「抗告人が、本件集会の出席者に対し、盗聴法の制定に対する反対運動に参加し、これを廃案に追い込むべきことを、明確かつ積極的に訴えかけていると認めるには程遠い」[25]。同旨の指摘は、学説上もしばしばなされてきた[26]。ここが「多数意見の弱点だ」[27]、という評価もある[28]。

特にY$_1$の言動を全体としてみると、裁判官の市民的自由で保障されるものであるだけではなく、令状実務に通じた裁判官による専門的知見の提供として、

---

24) 刑集66巻12号1337頁（1342頁）。

25) 民集52巻9号1761頁（1808頁）。

26) 例えば、奥平康弘「寺西判事補分限裁判決定をめぐって」法律時報71巻2号（1999年）3頁は、本決定には「『定義』の巧みなすり替え」があるという。つまり、決定の52条1号の「定義」は、「行為主体との関係で語られている」が、当てはめに際しては、集会の「主催者団体のおこなう行為の性格づけにのみ用いられているのであって、寺西氏が『組織的、計画的又は継続的な政治上の活動を能動的に行う行為』をしたかどうかの検討のほうは、どこかへ消えてしまっている」。同・前掲注21) 182-183頁も同旨。その他、楼居・前掲注18) 471頁、佐々木・前掲注23) 137頁、本秀紀「判批」長谷部恭男ほか編『憲法判例百選II〔第6版〕』（有斐閣、2013年）393頁など。

27) 前掲・〈座談会〉注21) 22頁（中西一裕発言、渡海雄一発言）。また、寺西・前掲注18) 239-240頁。

28) ちなみに、集会の主催者団体の一つにかかわっていた弁護士の立場からは、「少なくともわれわれの意識の中で、これを政治運動だと思ってやったことはまったくない」、との証言がある。「〔座談会〕寺西懲戒仙台高裁決定をめぐって」法と民主主義332号（1998年）17頁（渡海雄一発言）。これに対して、判旨に賛成する見解として、宮原均「判批」法学新報106巻5・6号（2000年）239頁。

公共的な議論の過程において重要な意味をもつものだった[29]、ということは軽視されえない。本件における「主観的な事情」には、このような側面が含まれていたのではないか。これに対して本決定は、Y_1 がパネリストとして参加を依頼されたのは、「単に令状実務に明るい専門家の意見を参考に聴くということ」ではなく、「運動を前進させる効果を有すると考えられたから」だ、という評価をしている（1771-1772頁）。また「主観的な事情」についても、「本件法案を廃案に追い込む」という諸団体の目的を「積極的に支援し、これを推進するもの」と認定している（1779頁）。しかし、「どのような場でなされたものであれ、一回の発言が『政治運動』となることはあり得ない[30]」。しかも本件言動は、「パネリストとしての発言は辞退する」というにすぎないのであるから、それだけでは同条1号に該当するとは考えるのは困難であろう。

(4) 裁判所法49条の懲戒事由該当性

裁判所法では、仮に52条1号の政治運動の禁止に該当したとしても、そのことが49条の懲戒事由になるとは明記されていない。最高裁判所事務総局が編集した逐条解説の52条の箇所も、「裁判官がその在任中、本条の規定に違反して、後述の各種の行為をした場合には、事情によって、『裁判官としての威信を著しく失うべき非行があった』ものとして、……懲戒の対象となろう」、と両条を直接的には結びつけない説明をしている[31]。これに対して本決定は、先に紹介したように（Ⅲ2(3)）、裁判所法49条にいう「職務上の義務」は、「純然たる私的行為においても裁判官の職にあることに伴って負っている義務をも含む」、と判示した。この理解は、今後扱う他の決定の先駆であり、現在では確立した最高裁の立場となっている。ちなみに園部逸夫裁判官の反対意見は、逐条解説と同じく、両条の間には「明確な対応関係がない」ため、「裁判官が在任中積極的に政治運動をしたことが認められる場合でも、そのことのみを理由として、当該裁判官を懲戒処分に付すことはできない」、と述べている[32]。

---

29) 同趣旨の見解は極めて多い。川岸令和「裁判官と表現の自由」ジュリスト1150号（1999年）20頁以下、西原博史「判批」法学教室227号（1999年）99頁、山元・前掲注20）565頁など。

30) 喜多村・前掲注22）34頁。本決定は触れていないが、仙台からわざわざ東京に来て本件言動に及んだという点は、能動性が認められる事情ではある。

31) 最高裁判所事務総局総務局編『裁判所法逐条解説　中巻』（法曹会、1969年）176-177頁。

法律の構造からすれば、逐条解説や園部裁判官の反対意見に分があるように思えるし、多数意見のような理解をとっても、本件言動は懲戒事由に該当しないのではないかと思われる。さらに仮にそれに該当するとしても、「裁判官の政治について見解等を表明する自由と、外見上中立・公正を保つことを要請されるという制約」とを調整し、調和させるのは、「まず裁判官自身」であり、「先輩や同僚の意見」や「助言」を得ながら「熟慮を重ねることによって……右判断を適切に行い得る域に達することができる」、という河合伸一裁判官の反対意見に理があるように見える[33]。にもかかわらずあえて懲戒処分を行った多数意見の背後には、「司法の危機」の時代の経験を踏まえた最高裁の政治アレルギー、ないしは政府の進める政策に反対することに関する過剰反応があったのかもしれない。

本決定による戒告相当性判断はきわめて簡単だった（Ⅲ 2(3)を参照）。これは本決定が抗告審であるためであるが、原決定にも戒告相当性について理由づけが欠けていた（1815 頁参照）。

(5) 裁判の公開

この事件では手続上の問題も多々争われたが、最大の争点は裁判の公開だった[34]。分限裁判は、前述したように（Ⅱ 3を参照）、公開されない。本件原審も審問を公開しなかった。これが憲法 82 条 1 項に反しないかという疑問に答えたのが、先に紹介した要旨（Ⅲ 2(4)）である。「懲戒の裁判は、純然たる訴訟事件についての裁判には当たらない」ため「分限事件については憲法 82 条 1 項の適用はない」、というこの決定の立場は、訴訟と非訟を峻別する従来からの判例法理に従ったものである[35]。Y₁ 側は、「一般の公務員に対する懲戒については、これに不服がある場合には抗告訴訟を提起して裁判所の公開審理を受けること

---

32) 民集 52 巻 9 号 1761 頁（1789-1791 頁）。園部裁判官の反対意見には、「実定法の規定相互の間に生じた隙き間を何ものによっても充填せず、裁判官の政治的行為の問題を、どこまでも裁判官個人の『倫理』（辞職の自由は、その窮極の形態である）に放置する……乾いた実証主義」が指摘されることがある。蟻川恒正「裁判官の責任とは何か」法の支配 157 号（2010 年）44 頁。

33) 民集 52 巻 9 号 1761 頁（1795-1799 頁）。

34) 大橋寛明「判解」最判解民平成 10 年度（下）（2001 年）969 頁。

35) 渡辺康行ほか『憲法Ⅰ　基本権』（日本評論社、2016 年）438-440 頁（渡辺）。

ができるのに、裁判官の懲戒については公開審理を受けられないのは不合理であるから、分限事件には憲法82条1項の適用があると解するべき」だ（1784頁）、という主張を行っていた[36]。これに対して多数意見は、「分限事件については、一般の非訟事件はもとより抗告訴訟との比較においても適正さに十分に配慮した特別の立法的手当がなされているのであり、これに更に公開審理が保障された訴訟の形式による不服申立ての機会が与えられていなくても、手続保障に欠けるということはできない」、と述べている（1784-1785頁）。

　しかし、ここでは尾崎行信裁判官の反対意見が重要である。①「非訟事件に分類されている事件の中にも、その性質や内容に応じて、今日では、手続的保障を加味し公開・対審の原則の適用を考慮すべき場合がある」。「従来の訴訟事件・非訟事件の二分類説によって画一的・形式的に審理方法を区別するときは、分類基準のあいまいさから、事件の実質にそぐわない場合が生ずる」。②「裁判所は、懲戒権の行使すなわち行政処分の実質を有する行為を裁判という形式で行うのであり、行政機関としての役割と司法機関としての役割を一つの行為によって果たしている」。「このことにかんがみれば、裁判所は、司法審査機能を適正に行使したことを内外に示すため、……最も公正な手続を採り、司法過程を最大限透明に」すべきであり、「公正・中立な、公開・対審の手続を経ることによって保障の実が上げられる」[37]。またY₁自身も、「本気で『裁判の内容及び裁判運営の公正さ』を求めているのなら、最高裁が模範を示し、私の分限裁判でも、公開の法廷で私の陳述を」聴くべきだ、と述べている[38]。現在の学説でも、このような意見が広く支持されている[39]。

---

36) 同旨の学説は多い。奥平・前掲注21) 184頁、宍戸常寿『憲法　解釈論の応用と展開〔第2版〕』（日本評論社、2014年）202頁、渡辺康行「裁判官の身分保障」木下智史ほか編『事例研究　憲法〔第2版〕』（日本評論社、2013年）270-271頁など。

37) 民集52巻9号1761頁（1791-1795頁）。河合伸一、遠藤光男、元原利文各裁判官も同調している。

38) 寺西・前掲注18) 252頁。

39) 奥平・前掲注21) 184頁、宍戸・前掲注36)202-203頁、渡辺・前掲注36)270-271頁、渡辺ほか・前掲注35) 438-440頁（渡辺）など。なお、長谷部恭男『憲法の境界』（羽鳥書店、2009年）148頁は、「手続を公開することも制度設計としては十分考えられる」と、立法政策の次元で論じている。

「裁判官の市民的自由」と「司法に対する国民の信頼」の間　749

Ⅳ　古川判事事件決定[40]

1　懲戒の原因となる事実の概要

　福岡高裁の古川龍一判事（以下では、Y_2という）（当時）は、福岡地検の次席検事Aから、妻Pがいたずら電話や無言電話をかけたとして被害者から告訴されていること、警察の捜査の結果いつでも逮捕できる状態にあることなどを告げられ、事実関係を確認してPが事実を認めた場合には早急に示談等の措置をとることを求められた。また、その際、Aから弁護士Qを紹介された。Y_2は何度もQの事務所を訪ね、Qからの指示や自らの判断で、捜査状況の分析、疑問点等を記載した書面等をPやQに交付するなどした。この行為が裁判所法49条所定の懲戒事由に該当するとして、分限法6条に基づき、福岡高裁により最高裁に分限裁判が申し立てられた。

2　判断の要旨

(1)　「裁判の公正、中立」と「裁判ないしは裁判所に対する国民の信頼」

　「裁判の公正、中立は、裁判ないしは裁判所に対する国民の信頼の基礎を成すものであり、裁判官は、公正、中立な審判者として裁判を行うことを職責とする者である。したがって、裁判官は、職務を遂行するに際してはもとより、職務を離れた私人としての生活においても、その職責と相いれないような行為をしてはならず、また、裁判所や裁判官に対する国民の信頼を傷つけることのないように、慎重に行動すべき義務を負っている」。

(2)　本件行為の裁判所法49条の懲戒事由該当性

　「裁判官は、一般に、捜査が相当程度進展している具体的被疑事件について、その一方当事者である被疑者に加担するような実質的に弁護活動に当たる行為をすることは、これを差し控えるべき」である。「しかし、裁判官も、一人の人間として社会生活、家庭生活を営む者であるから、その親族、とりわけ配偶

---

40) 最大決 2001〈平 13〉. 3. 30 判例時報 1760 号 68 頁。

者が犯罪の嫌疑を受けた場合に、これを支援、擁護する何らの行為もすること
ができないというのは、人間としての自然の情からみて厳格にすぎる」。「しか
しながら、裁判官が前記の義務を負っていることにかんがみるならば、それに
もおのずから限界があるといわなければならず、その限界を超え、裁判官の公
正、中立に対する国民の信頼を傷つける行為にまで及ぶことは、許されない」。

　「被申立人の行為は、その主観的意図はともかく、客観的にこれをみれば」、
「被申立人は、先に述べたような実質的に弁護活動に当たる行為をしたといわ
なければならず、その結果、裁判官の公正、中立に対する国民の信頼を傷つけ、
ひいては裁判所に対する国民の信頼を傷つけた」。被申立人の行為は、「裁判官
の職責と相いれず、慎重さを欠いた行為であり、裁判所法49条に該当する」。
よって、被申立人を戒告する。なお、3人の裁判官による反対意見がある。

3　古川判事事件決定の検討

(1)　裁判所法 49 条の懲戒事由

　裁判所法49条は、懲戒事由として、①「職務上の義務に違反し、若しくは
職務を怠」ること、および②「品位を辱める行状があった」ことを規定してい
る。ところが本決定は、戒告処分を課すに際して、本件行為がいずれの懲戒事
由に該当するかを明言していない。この点を補充するのが、担当調査官が執筆
していると推測される、決定掲載誌の解説である。裁判官の「職務上の義務」
の一つに品位保持義務がある。他方、裁判所法49条は、裁判官が高度の品位
保持義務を負っていることを前提として、「品位を辱める行状があったとき」
を懲戒事由の一つに定めたものであり、「品位を辱める行状」とは、「職務の内
外を問わず、裁判官として国民の信頼を失墜するような醜行を演じたり、裁判
の公正を疑わせるような行動をすることをいう」。寺西判事補事件決定によれ
ば、「裁判所法49条にいう『職務上の義務』」は、「純然たる私的行為において
も裁判官の職にあることに伴って負っている義務も含む」。そのため、「裁判官
が純然たる私的行為において品位を辱める行為をした場合であっても、同条所
定の懲戒事由である『職務上の義務』違反に当たる」。そうすると、「裁判官の
ある行為が、同条所定の懲戒事由の一つである『品位を辱める行状』に当たる
場合には、同時に『職務上の義務』の一つである『品位保持義務』にも違反す

るものとして、もう一つの懲戒事由である『職務上の義務』違反にも該当する」。そのため、これらの二つの懲戒事由を厳密に区別することには、さほどの意味がない。[41]

　なおこの決定は、寺西判事補事件決定とは異なり、「裁判官の外見上の中立・公正」という用語は使っていない。「外見上の」という言葉は使わない方が最高裁の伝統であり、本決定が本流である。しかし、「職務を離れた私人としての生活においても、その職責と相いれないような行為をしてはなら」ないとしていることからすると（Ⅳ2(1)を参照）、趣旨に大きな違いはないだろう。なお本決定では「中立・公正」ではなく、「公正、中立」という順になっているのは、本件事案が「公正」にかかわっているためである。

(2)　本件行為の懲戒事由該当性

　本決定は、本件行為を懲戒事由に該当すると判断したが、どこまでが「犯罪の嫌疑を受けた配偶者の支援ないし擁護」として許容され、どこからが「実質的に弁護活動に当たる行為」であり、「裁判官の公正、中立に対する国民の信頼を傷つけ、ひいては裁判所に対する国民の信頼を傷つけ」る行為なのかは、明らかではない。[42]この点で、寺西判事補事件決定が「具体的行為の該当性を判断するに当たっては、その行為の内容、その行為の行われるに至った経緯、行われた場所等の客観的な事情のほか、その行為をした裁判官の意図等の主観的な事情をも総合的に考慮して決するのが相当である」（Ⅲ2(1)(b)を参照）、と「慎重な評価をしたことと対照的」と評する学説がある。[43]寺西判事補事件決定の判示は裁判所法52条1号該当性に関するものであるため、49条に関する本決定の判示と直接的な比較はできないものの、そこで標榜された「客観的な事情」と「主観的な事情」とを「総合的に考慮して決する」ことは、通常の判断の仕方だと思われる。これに対して本決定は、「被申立人の行為は、その主観的意図はともかく、客観的にこれをみれば」、実質的な弁護活動に当たるという判断をしている（70-71頁）。しかし本決定も、「妻の無実を晴らしたいという夫

---

41)「匿名解説」判例時報 1760 号 68 頁。
42)　市川正人「判批」法学教室 251 号（2001 年）83 頁。
43)　澤登文治「判批」平成 13 年度重判解（ジュリスト 1224 号、2002 年）7 頁。

としての心情から出たものとみられる点を考慮しても」としているため、「主観的な事情」が全く無視されているわけではなく、「総合的に考慮して決する」判断手法は維持されているのではないか。

なおこの決定は、懲戒事由該当性については判断しているものの、戒告相当性についての理由づけが欠けている（Ⅳ 2 (2)を参照）。この点は寺西判事補事件決定と同様であり、後述する岡口判事事件決定とは対照的となっている。

この決定には、3名の裁判官が反対意見を書いている。そのなかで最も詳細に論じたのが、金谷利廣裁判官である。金谷反対意見は、まず「本件書面の作成・交付行為の事実面に関して」、「妻に対する書面による助言とその弁護人である弁護士に対する参考資料・参考意見の提供を目的としたもの」だ、という。次に「法律面に」関して、この反対意見は、多数意見が行っている記述のうち、どの点を否定的に評価したのか、「ほとんど明らかではない」、と指摘する。そのうえで、「民事、刑事を問わず、裁判官は、親や配偶者等が当事者となっている事件を担当することができないとする除斥の制度が法律で定められていること等も考慮すれば、紛争の相手方等の第三者に対する対外的行動を伴わず、……いわば対内的なものにとどまる裁判官の助言・援助行為は、それがたとい具体的事件の中味にわたるものであっても、これによってその裁判官の他の事件に関する職務の執行の公正・中立さについて国民の疑惑を招くおそれがあるとは言い得ない」、という[44]。この反対意見も、「客観的な事情」と「主観的な事情」とを「総合的に考慮して決する」ものである。結論の違いは、多数意見の「客観的評価」を「一面的評価にすぎない」と見たり、「対内的なものにとどまる」という事情を重視したり、49条の「品位を辱める行状」の許されない拡大解釈を警戒したりすることなどに因っている。

確かに、「犯罪の嫌疑のある妻への裁判官の法的助言が、裁判官であるがゆえに検察官から開示された捜査情報に基づいているならば、裁判官と検察官との癒着を疑わせ、裁判官の公平性の外観を損なう」、と言えそうである[45]。しか

---

44) 判例時報1760号68頁（71-76頁）。なお同裁判官は、最高裁事務総局総務局長、事務総長、東京高裁長官などを経て最高裁判事になっているため、分限事件についても精通していた可能性がある。同裁判官は、「安易に反対意見などを書きたがるのは邪道だ」と日ごろ考えており、本決定で初めて反対意見を書いた、とのことである。読売新聞社会部『ドキュメント　裁判官』（中公新書、2002年）175頁。

し、多数意見はこの見解ではない。しかも、本件では「検察官から情報を提供されたこと自体について、被申立人が責められるべき立場にはない」[46]。そうであれば、Y_2 の行為が懲戒処分に値するかのみが問題となる。Y_2 に証拠隠滅行為があったわけではなく、これまで類似の行動をとったことがあるわけでもないことを考慮すると、金谷反対意見が示唆するように、厳重注意など司法行政監督上の措置を行えば足りたように思われる。

(3) 憲法論の不在

　この決定では、寺西判事補事件決定とは異なり、憲法論はなされていない。Y_2 の行為は、憲法 13 条後段で保障されている幸福追求権の一内容として保障されるものであろう。これに対して懲戒処分を課することは処分違憲だという主張はあり得ないわけではない。しかし、そもそもこの事件で被申立人が何を述べたのか不明であるが、少なくとも上記の主張は、本件では大きすぎる道具立てであろう。他方で、分限裁判の非公開が 82 条 1 項に反するという論点は、依然重要だった。これらの点は、岡口判事事件を検討する際に触れたい。

　寺西判事補事件決定と本決定は、2 年 4 か月ほどしか離れていない。両決定は共に山口繁長官の下でなされ、9 名の裁判官が共通に関与していた。寺西判事補事件決定では反対意見を述べていた河合、元原両裁判官が本決定では多数意見に加わり、同決定では多数意見の側であった福田、金谷両裁判官が本決定では反対意見を述べていた。寺西判事補事件決定では裁判官、検察官、官僚出身裁判官が多数意見に与し、弁護士、大学教員出身の裁判官が反対意見という対比が描けたが、本決定では弁護士出身裁判官はすべて多数意見の側に立った。当時の弁護士出身裁判官には、裁判官による表現行為には寛容だが、検察から情報提供を受けて裁判官が実質的な弁護活動をすることには懐疑的だ、という傾向があったのだろうか。

　寺西判事補事件決定において、河合裁判官の反対意見は、当該言動が仮に裁判所法 52 条 1 号に該当するとしても、それを理由にすぐ懲戒処分を課すのではなく、「各裁判官の自律と自制に期待すべき」と述べていた（Ⅲ 3 (4)を参照）。

---

45) 市川・前掲注 42) 84 頁。
46) 福田博裁判官の反対意見。判例時報 1760 号 68 頁（71 頁）。

この見解の背後には、憲法的思考があった。憲法 76 条 3 項は、裁判官の職権行使の独立を規定している。「自主、独立して、積極的な気概を持つ裁判官を一つの理想像とするならば、司法行政上の監督権の行使、殊に懲戒権の発動はできる限り差し控え、だれの目にも当然と見えるほどの場合に限るとすることが、そのような裁判官を育て、あるいは守ることに資する」、というものである[47]。この共感できる見解をなぜ河合裁判官は、本決定でも示さなかったのだろうか。この事件における戒告処分は、3 名の裁判官が反対意見を書いているように、「だれの目にも当然と見えるほどの場合」ではなかった[48]。寺西判事補とは異なり、古川判事は「若年の裁判官[49]」ではなかったという要因はあるものの、通常の裁判官は直面しない本件のような事情の場合、それはさほど重視すべき事柄ではない。河合裁判官を含む多数意見の背景には、本件事件全体に関する考慮があったのかもしれない[50]。

---

47) 民集 52 巻 9 号 1761 頁（1796-1798 頁）。

48) 古川判事事件決定においては、福田裁判官の反対意見が、「裁判官が常に自らの姿勢を正し、司法
への信頼の確保に努めるという心掛けは極めて重要であるが、親族わけても最も身近な配偶者につ
いての行動に関しては、十分に慎重な検討を行い、妥当な結論を得ることが必要かつ不可欠である。
このことは量刑の決定に当たり人間性のある刑事裁判を行う裁判官を育成していくためにも重要で
ある」、と述べている。判例時報 1760 号 68 頁（71 頁）。これは、河合裁判官によるかつての反対意
見と、ある程度類似する趣旨であろう。参照、渡辺・前掲注 36）269 頁。

49) 民集 52 巻 9 号 1761 号（1798 頁）。

50) この事件では、福岡地検の次席検事 A が捜査情報を Y_2 に漏洩したことの方に大きな問題があり、
しかも Y_2 との接触は地検の検事正、高検の次席検事、検事長にも報告されていた。また裁判所も
早い段階で捜査情報をつかんでおり、書記官が関係書類をコピーして地裁事務局長、高裁事務局長
に渡し、最高裁にも報告されていた。A には国公法上の守秘義務違反として、停職 6 か月の懲戒処
分が課され、地検の検事正などもそれぞれ厳重注意処分となった。また最高裁の調査報告も出され、
高裁長官、高裁事務局長、地裁所長などが分限裁判により戒告となった。こうした事件の大きな構
図のなかでは、Y_2 だけが何らの責めも負わないではすまなかった、という事情があったのかもしれ
ない。参照、馬場健一「福岡捜査情報漏洩事件と官僚司法の病理」月刊司法改革 18 号（2001 年）8
頁以下、大出良知「福岡地検捜査情報漏えい事件の経過と問題点」月刊司法改革 20 号（2001 年）
42 頁以下、井上裕之「取材現場からみた捜査情報漏えい問題の実相」前掲誌 46 頁以下、萩屋編著・
前掲注 3）326 頁以下（萩屋）、渡辺・前掲注 36）272 頁、君塚・前掲注 3）30 頁など。

V　岡口判事事件決定[51]

1　懲戒の原因となる事実の概要

　岡口基一判事（以下では、Y_3という）は、これまでにもツイッターへの投稿により、東京高裁長官から口頭による厳重注意と、書面による厳重注意とを受けていた。Y_3は、2018年5月、ツイッター上の実名が付された自己のアカウントで、自己の担当外の事件である犬の返還請求等に関する民事訴訟についての報道記事のリンクとともに、「公園に放置されていた犬を保護し育てていたら、3か月くらい経って、／もとの飼い主が名乗り出てきて、『返して下さい』／え？あなた？この犬を捨てたんでしょ？　3か月も放置しておきながら‥／裁判の結果は‥」との文言を記載した投稿をした。これに対して東京高裁は、犬の返還請求訴訟を提起したもとの飼い主の感情を傷つけ、裁判所法49条所定の懲戒事由に当たるとして、懲戒を申し立てた。

2　判断の要旨

(1)　「裁判ないしは裁判所に対する国民の信頼」と「品位を辱める行状」

　(a)　「裁判の公正、中立は、裁判ないしは裁判所に対する国民の信頼の基礎を成すものであり、裁判官は、公正、中立な審判者として裁判を行うことを職責とする者である。したがって、裁判官は、職務を遂行するに際してはもとより、職務を離れた私人としての生活においても、その職責と相いれないような行為をしてはならず、また、裁判所や裁判官に対する国民の信頼を傷つけることのないように、慎重に行動すべき義務を負っている」（古川判事事件決定参照）。

　(b)　「裁判所法49条も、裁判官が上記の義務を負っていることを踏まえて、『品位を辱める行状』を懲戒事由として定めたものと解されるから、同条にいう『品位を辱める行状』とは、職務上の行為であると、純然たる私的行為であるとを問わず、およそ裁判官に対する国民の信頼を損ね、又は裁判の公正を疑わせるような言動をいうものと解するのが相当である」。

51）最大決2018〈平30〉. 10. 17民集72巻5号890頁。

(2) 本件行為の「品位を辱める行状」への該当性

　Y_3 は、(ア)「裁判官の職にあることが広く知られている状況の下で」、(イ)「判決が確定した担当外の民事訴訟事件に関し、その内容を十分に検討した形跡を示さず、表面的な情報のみを掲げて」、(ウ)「私人である当該訴訟の原告が訴えを提起したことが不当であるとする一方的な評価を不特定多数の閲覧者に公然と伝えたもの」である。(エ)「被申立人のこのような行為は、裁判官が、その職務を行うについて、表面的かつ一方的な情報や理解のみに基づき予断をもって判断をするのではないかという疑念を国民に与えるとともに、上記原告が訴訟を提起したことを揶揄するものともとれるその表現振りとあいまって、裁判を受ける権利を保障された私人である上記原告の訴訟提起行為を一方的に不当とする認識ないし評価を示すことで、当該原告の感情を傷つけるものであり、裁判官に対する国民の信頼を損ね、また裁判の公正を疑わせるものでもある」。「したがって、被申立人の上記行為は、裁判所法49条にいう『品位を辱める行状』に当たる」。

(3) 戒告処分の相当性

　Y_3 はこれまで2度にわたり厳重注意を受けており、とりわけ2度目の厳重注意は「訴訟に関係した私人の感情を傷つけるものである点で本件と類似する行為に対するものであった上、本件ツイートの僅か2か月前であったこと」、その際「深く反省しているなどと述べていたことにも照らすと」、「そのような経緯があるにもかかわらず、本件ツイートに及んだ被申立人の行為は、強く非難されるべき」であるため、戒告する。全員一致の意見。

3　岡口判事事件決定の検討

(1)　「裁判の公正、中立」と「裁判ないしは裁判所に対する国民の信頼」

　本決定は判断の冒頭で、「裁判の公正、中立」と、「裁判ないしは裁判所に対する国民の信頼」について述べている（Ⅲ 2(1)(b)を参照）。そこで援用されているのは、古川判事事件決定であり、寺西判事補事件決定ではない。その理由は、古川判事事件の方が（同決定自身は明言していないが）「品位を辱める行状」への該当性が問題となり、中立よりも公正にかかわっているため本件と事案が近い、

ということが考え得る。しかし寺西判事補事件決定も、「司法に対する国民の信頼は、具体的な裁判の内容の公正、裁判運営の適正はもとより当然のこととして、外見的にも中立・公正な裁判官の態度によって支えられる」、と判示していた（Ⅲ 2(1)(a)を参照）。これは本決定とほぼ同じ趣旨であるため、この判旨も援用してよかったはずである。そうしなかったのは、「外見的にも中立・公正な裁判官」という寺西判事補事件決定の用語法から距離を置きたかったからであろうか。

「中立らしさ（外見的な中立性）」という概念は避けるとしても、現在の日本社会において、裁判官について「職務を離れた私人としての行為」はまったく自由でよい、とはいいにくい。[52]従来から議論が多いところではあるが、[53]「裁判ないしは裁判所に対する国民の信頼」を損なうような行為はすべきではない、[54]というモラルはあるだろう。

「司法に対する信頼」については、「①司法制度に対する信頼、②その運用者に対する信頼、③これまでの活動状況に基づく信頼」からなっており、日本においては②が中心となってきたが、「漠然としたイメージ」に基づくものだった、と指摘されている。[55]「漠然としたイメージ」ではあったとしても、国民の信頼を失墜するような行為はすべきでないという要請がモラルである限り、司法行政の責任者によってあえて説かれたことがあるという文脈を離れれば（Ⅲ

---

52) 山元一「判批」平成 30 年度重判解（ジュリスト 1531 号、2019 年）11 頁は、「一般市民は、その目に映ずる裁判官の中立性や公正性から感じ取られる担当裁判官の人格に対する信頼感に依拠して、……法的決定を受け入れざるを得ない。そうだとすれば、裁判官には、一般の市民とは異なり、裁判に対する信頼を維持するために勤務時間外も含めた『フルタイム』の中立性と公正性が求められる」、という。なお担当調査官は、「裁判官に対する国民の信頼を損ねる言動と、裁判の公正を疑わせるような言動は、多くの場合一致するものと解されるが、事実認定及び法令の解釈適用を中心とする裁判についての公正を疑わせるには至らないものの、裁判官に対する国民の信頼を損ねるといえる言動は観念し得るところであり、これも『品位を辱める行状』に当たると解されるところであるから、両者が一致しない場合もある」、と解説する。森＝三宅・前掲注 5) 104-105 頁。

53) 木谷明「『裁判官の品位』とは何か」判例時報 2392 号（2019 年）103 頁は、「裁判官が受けている手厚い身分上の保障」と引き換えに、「オフの時間帯における行動（表現行動）の自由」の制約は甘受すべきだ、との趣旨を述べる。これに対しては、裁判官の身分保障は裁判官の職権行使の独立のために与えられているのであり、その反対給付として憲法上の権利の制限がより大きく課せられるという筋合いのものではない、といった反論がかねてよりあった。大須賀明「裁判官の再任と身分保障」池田＝守屋編・前掲注 15) 47-48 頁。ただしこの反論も、裁判官の私的行為に一定の制約があることは前提としている。

3(2)を参照）、問題は少ない。その要請違反が懲戒処分の根拠となるといった形で法的義務に上昇している現在では、どの程度厳格に要求するのか、が争点となる。

(2) 裁判所法49条の解釈

本決定が、上述の点では依拠していた古川判事事件決定は、被申立人の行為は「裁判所法49条に該当する」とのみ判示し、同条所定の懲戒事由のいずれに該当するかは明言しなかった。これは、「これらの二つの懲戒事由を厳密に区別することには」、さほど意味がないと理解されたためである（Ⅳ3(1)を参照）。本件の懲戒申立てに際しては、おそらくそうした見解に依拠して、被申立人の行為が裁判所法49条の定める懲戒事由のいずれに該当するかが明記されなかったようである[56]。これに対して本決定は、懲戒事由を「品位を辱める行状」だと明言している。申立てや決定に際しては、できる限り懲戒事由を明示した方がよいであろう。また最高裁による分限裁判の理解を前提としたとしても[57]、分限裁判の申立てに際しては、懲戒の理由もなるべく詳しく記されることが望ましい。

54）なお「裁判の公正・中立」を「国民の信頼」と結びつける論法は、猿払判決（最大判昭49. 11. 6刑集28巻9号393頁）によって、「行政の中立的運営とこれに対する国民の信頼を確保するため」という形に変容されて、一般職国家公務員の政治的行為禁止の正当化に際しても用いられた。参照、蟻川恒正「裁判官と行政官」駒村圭吾編『テクストとしての判決』（有斐閣、2016年）137頁以下。国家公務員を政治的行為の全面的禁止から解放した、堀越判決（最二判平24. 12. 7刑集66巻12号1337頁）でも、そのような論理は存続している。しかし、同判決の調査官解説は、「『国民の信頼』とは、『行政の中立的運営』という実体に対する信頼であって、行政の中立的運営と客観的には関係しない信頼、つまり『中立らしさ（外見的な中立性）』をいうものではない」、「『国民の信頼の維持』は、その信頼の対象となる『行政の中立的運営』と離れて本法〔国公法─引用者〕102条1項の目的（保護法益）となるものではなく、『行政の中立的運営の確保』といわば表裏一体をなすものとして、同項の目的（保護法益）となる」、という。岩崎郁生「判解」最判解刑平成24年度（2015年）475頁。本決定が「外見的にも中立・公正な裁判官」という表現を避けているのは、一般職の国家公務員に関する判例の思考が裁判官に関する判例法理に逆輸入されたものだ、とも言える。ただし、堀越判決では上記の理解が罰則規定の限定的解釈を導いたのに対し、（古川判事事件決定や）岡口判事事件決定ではそうならなかった。

55）見平典「判批」論究ジュリスト29号（2019年）118-119頁。

56）毛利透「意見書」判例時報2392号（2019年）107頁は、「適正手続保障の観点から問題」という。岡口基一『最高裁に告ぐ』（岩波書店、2019年）51-52頁も同旨。

手続上の問題とは別に、最高裁事務総局が編集した解説書自身が認めるように、「具体的にいかなる行状が品位を辱める行状にあたるかということは、一概にいうことは、困難」、という問題がある。そこで学説上は、裁判所法49条ではなく、「別途、具体的な法令等を定めることにより規制対象とすることを検討すべき」だ、という立法論上の提案もなされている。しかし他方では、不確定性を緩和する方法として「例示を施すことや下位規範に委ねることが考えられるものの、立法作業に関与した経験からすると、困難」だ、という見解もある。そうであれば、ガイドラインは示されてもよいだろう。

(3)　本件行為の「品位を辱める行状」該当性

　本決定で問題とされているのは、本件ツイートの「え？あなた？この犬を捨てたんでしょ？　3か月も放置しておきながら‥」、という部分である。この発言を当該訴訟の被告の主張の要約とみれば、そもそも懲戒事由とはなり得ない。これに対して本決定は、この発言を被申立人による評価だとみている（V2(2)を参照）。短文である性質上、この発言に特定の意義づけだけを与えるのは

---

57) 寺西判事補事件決定は、分限裁判とは、申立てを端緒として、職権で事実を探知し、必要な証拠調べを行って、当該裁判官に対する処分を自ら行うものだ、という見解を示していた。民集52巻9号1761頁（1783頁）。この見解からすれば、「裁判所が、申立人（東京高裁）が申立書に記載しなかったことを理由として懲戒事由があると判断すること自体は違法ではない」。とはいえ、「裁判所が、申立書に記載のない理由によって懲戒事由があると判断するのであれば、審理の過程で、それを被申立人に明らかにし、その理由について被申立人が防御する機会を与えなければならない」。岡口・前掲注56) 74頁。

58) 最高裁判所事務総局総務局編・前掲注2) 148頁。ただし本文で引用した文章に続けて、「世人の裁判官に対する信頼、ひいては裁判制度そのものに対する信頼の念を危くするかどうかにより決すべき」、とする見解を示している。また、兼子一＝竹下守夫『裁判法〔第4版〕』（有斐閣、1999年）265頁は、「国民の信頼を失墜するような醜行を演じたり、裁判の公正を疑わせるような行動をすること」、とより限定した解釈を行っている。古川判事事件決定の解説はこの見解を援用するのであるが（Ⅳ3(1)を参照）、実際には広く解している。

59) 木下昌彦「意見書」判例時報2392号（2019年）114頁、山元・前掲注52) 11頁。

60) 門口正人「判批」判例時報2392号（2019年）98頁。なお国家公務員には、総務省が「国家公務員のソーシャルメディアの私的利用についての留意点」という資料を出している（2013年6月）。

61) 大賀浩一「判批」判例時報2392号（2019年）101頁、木下・前掲注59) 116頁、木村草太「意見書」判例時報2392号（2019年）122頁、宮崎真「判批」法学セミナー770号（2019年）41頁などが、本文のような読み方をしている。また岡口・前掲注56) 81頁以下。

62) 門口・前掲注60) 98頁、木谷・前掲注53) 103頁などは、最高裁決定と同様な読み方をしている。

難しいだろう。少なくとも、後者のような受け取り方が全く不可能だとは言い難い。むしろ問題はそのうえで、既に多くの評釈が説いているように、本決定が、本件ツイートを当該訴訟の原告による訴訟提起行為の批判と読んだこと（Ⅴ2(2)(ウ)）には、やや無理があった[63]、ということにある。本決定は、さらにそれを、ツイートが「当該原告の感情を傷つけるもの」だという認定に接続している（Ⅴ2(2)(エ)）。これに対しては、「自分として十分配慮したつもりの表現であっても、後から『傷ついた』という者が出てきたら、それで裁判官の品位を辱めていると言われるのでは、もはや論争を呼びそうな、すなわち論じる価値のあるテーマについては、何も安心して表現することができない」、という批判がある[64]。もちろん、本決定はそれだけを根拠として懲戒処分を行ったわけではない。とりわけ、本件ツイートが裁判官は「表面的かつ一方的な情報や理解のみに基づき予断をもって判断をするのではないかという疑念を国民に与える」のであれば、それは最も懸念されるべきことであるように思われる[65]。ただし、それを「品位を辱める行状」ということは、その意義が従来の判例でも本来の語感より広く解釈されてきたとはいえ[66]、やや大袈裟ではなかろうか[67]。

　本決定の背景には、岡口判事が過去にもツイートの内容を理由として、二度にわたり厳重注意を受けていたという事情がある。これに対して、過去の行状等を考慮できるのは、懲戒処分該当性ではなく、懲戒処分相当性の判断だ、という趣旨の指摘がなされることもある。しかし、Ⅴ2(3)で紹介したように、本

---

63) 堀口悟郎「判批」法学セミナー768号（2019年）124頁、曽我部真裕「判批」速判解（別冊法学セミナー）24号（2019年）27頁、山元・前掲注52）11頁など。

64) 毛利・前掲注56）109頁。これに対して、担当調査官は、「客観的にみて訴訟関係者の感情を不当に傷つけ得る行為であれば、苦情の有無や実際に感情を傷つけた事実の有無にかかわらず、『品位を辱める行状』に該当し得ることとなるものと考えられ、本決定は、本件ツイートが客観的にみてそのような行為であることを裏付けるものとして、当該当事者が苦情を述べたこと等の事実に言及した」、と解説している。森＝三宅・前掲注5）106頁。

65) 門口・前掲注60）99頁、木谷・前掲注53）103頁。これに対し、見平・前掲注55）123頁は、「本件ツイートに問題があるとすれば、それは訴訟当事者を『揶揄するものともとれる』表現が、司法・裁判の中核的価値である『個人の尊重』の理念と相容れない可能性がある点にある」、という。

66) 森＝三宅・前掲注5）103頁。

67) 本件決定を支持する木谷でさえ、「ややオーバーだという感想は禁じ得ない」、と述べている。しかし、岡口判事が「許される」という自説を譲らない以上、「処分はやむを得なかった」。木谷・前掲注53）104-105頁。もっともこの事情は、本文ですぐ後に述べるように、懲戒事由該当性ではなく戒告相当性の判断に際して考慮されることではないか。

決定は正当に、過去の経緯は戒告処分相当性の判断に際して考慮している。

(4) 憲法論の不在

本決定には、表立った憲法論はない。これは古川判事事件決定と同様である。これに対して寺西判事補事件決定は、裁判所法52条1号が禁止する「積極的に政治運動をすること」への該当性が争われた事案だったため、その前提として当該条項が憲法21条1項に適合するかについて判断した。他方で裁判所法49条の憲法適合性は、これまでの決定でも当然とされている。仮に法文が漠然としているため違憲だ、といった主張を行ったとしても、採用される可能性はないだろう。これとは別に、懲戒処分を課すことが当該裁判官の表現の自由に反して違憲だ、という論理はあり得る。しかし、判例は懲戒処分の憲法判断は行わない傾向にある。[68] そうなると、裁判官の表現の自由は、「品位を辱める行状」該当性判断に際して考慮される、ということになる。[69] 憲法的思考が作用する場面はここであるが、どのように働くかについては可視化されていない。本決定は、「品位を辱める行状」該当性判断について、一般的な判示をするにとどまっている（V 2(1)(b)を参照）。[70] 基準を示さなくても結論に合意と理解が得られる、ということであろうか。前述したように、寺西判事補事件決定は、裁判所法52条1号該当性判断に際してではあるが、「客観的な事情」と「主観的な事情」を「総合的に考慮して決する」という立場を示していた（Ⅲ 2(1)(b)を参照）。その程度のことならば、この決定でも示すことはできたように思われる。しかし実際にこの決定で考慮されている事情は、専ら「客観的な事情」である。本件ツイートを行った意図という「主観的な事情」は何かについても判断し、懲戒事由該当性審査に際して考慮に入れてよかったのではないか。

寺西判事補事件決定では、分限事件の審問を公開しないこととしていること

---

68) 渡辺康行『「内心の自由」の法理』（岩波書店、2019年）296-298頁。

69) なお本決定は、「被申立人の上記行為は、表現の自由として裁判官に許容される限度を逸脱した」と述べる。この文章を表現の自由の保護領域外だと判断したものと解する評釈も多いが、最高裁がそのような常識に反する判示をすることは考えにくい。懲戒処分を課しても表現の自由の保障に反しない、という趣旨だと思われる。

70) 例えば、大賀・前掲注61）101頁は、「本件ツイートが『品位を辱める行状』に該当するかどうかの具体的な判断基準すら示していない」、と批判する。

が憲法82条1項に反しないかについても争われ、合憲という判断がなされた。これについては尾崎裁判官による反対意見があり、それが学説上はほぼ一致して支持されている（Ⅲ3(5)を参照）。しかしこの論点は、古川判事事件決定でも本決定でも扱われずに終わった[71]。本件では、各メディアが傍聴を申し込んでいたが、これも認められなかったようである[72]。なお、裁判の公開は「一般に公開」することの保障であるため[73]、仮にメディアの傍聴が許可されたとしても、違憲の問題は残る。

(5) 反対意見の不在

　寺西判事補事件決定では5名の裁判官による反対意見があり、古川判事事件決定でも3名の裁判官が反対意見だった。これに対して本決定は3名の補足意見はあるものの、関与した14名の全員一致の結論である。従来の反対意見のなかで、ここでも寺西判事補事件決定における河合伸一裁判官の反対意見に注目したい（Ⅳ3(3)を参照）。「必要以上に言動を自制する者が現れはしないか」という観点から、「裁判官自身の良識に基づく自律と自制」を重視するこの反対意見には、同調できる。本件でも、この説示は妥当するのではないか。しかし、同趣旨の個別意見は出されなかった。その要因をあえて推測すると、この反対意見が推奨する「先輩や同僚の意見に接し、助言を得ることができる環境」が東京高裁のような大規模な裁判所には無いのか、それともY₃は助言などを行っても到底受け入れないという判断が共有されていたのか[74]。

---

71) 後者の二つの決定で憲法82条1項適合性の論点が取り上げられなかったのは、被申立人の主張の仕方もあるのだろうが、寺西判事補事件決定で決着済みと考えられたのであろう。しかし、この決定には5名の裁判官からなる有力な反対意見が付され、憲法・民事訴訟法学でも違憲論が通説であるだけに、現時点で再考してもよかった。なお、寺西判事補事件の場合は、被申立人が地裁判事補だったため、仙台高裁における審問が非公開だったことの憲法適合性が最高裁で争われた。後二者の場合は被申立人が高裁判事であるためそのような主張の仕方はできないが、最高裁における審問が非公開で行われたあと、その非公開措置の違憲性を追加的に主張できるはずである。

72) 岡口・前掲注56) 112頁。

73) 最大判1989〈平元〉. 3. 8民集43巻2号89頁。

74) Y₁も戒告事由と類似する事情により過去に厳重注意を受けていたことなどからすると、助言などが受け入れられる見込みが少ない点で、Y₃とそれほどの違いはなかったように思われる。

VI　結びに代えて

　本稿で考察の対象とした三つの分限事件においては、裁判官による私人としての行為が懲戒事由に該当するかが共通する主要な争点だった。前二者に関する最高裁の判断の仕方は、基本的には「客観的な事情」と「主観的な事情」とを「総合的に考慮して決する」、というものだった。寺西判事補事件決定で「客観的な事情」のなかで考慮されたのが、積極的な政治運動に関して示されたものではあるが、「行為の内容」「その行為の行われるに至った経緯」などである（Ⅲ 2⑴⒝を参照）。ところで、Y_1による言動全体をみると、それは個人的な表現の自由の行使というにとどまらず、法案に関する熟議の過程に令状実務に実際に携わっている立場からの専門的知見の提供として、高い価値があるものだった。この事件における「主観的な事情」は、本来はそうしたものだったのではないか。古川判事事件における行動の「主観的な事情」は、その憲法上の根拠は確固としているとはいえないものの、「夫としての心情」からなされた行為であり、「人間としての自然の情」（Ⅳ 2⑵を参照）として理解できることは、多数意見であっても否定されていない。これに対して岡口判事事件決定は、「客観的な事情」だけを考慮し、「主観的な事情」を認定していない。そのためY_3の行為のもっている意義が、評価の対象とならなかった。この決定にだけ反対意見が付されていなかったことには、「主観的な事情」や「行為の内容」が低く見積もられていたことも一因となっているのであろう。

　Y_1とY_3は、懲戒事由とされた行為を裁判官であることが知られた状態で行っていた。これに対してY_2の懲戒事由とされた行為は対内的であり、第三者に知られる態様のものではない。この事情は、当該行為が「裁判ないしは裁判所に対する国民の信頼」を傷つけるものか否かを判断する際の、一つの要素ではある。しかし対内的な行為ではあっても、それが明るみに出た場合に、「国民の信頼」を傷つける行為であれば懲戒事由となるであろうから、そこに決定的な重要性があるわけではない。

　寺西判事補事件決定と古川判事事件決定では、懲戒事由該当性については理由づけがなされているが、戒告相当性についてはそうではない。寺西判事補事

件決定は抗告審として原決定を正当としたものであり、即時抗告に理由がない
とするだけでよかった。ただし、原決定にも戒告相当性に関する理由づけがな
かった。古川判事事件決定は、最高裁が一審かつ終審として管轄権をもってい
るのであるから、戒告相当性について判断する必要があったはずである。おそ
らく、懲戒事由に該当する以上懲戒はすべきであり、戒告か過料かの選択は大
した問題ではない、と考えられていたのであろう。これに対して岡口判事事件
決定は、戒告相当性についての理由づけを行っている。

　分限裁判は多くの場合、弾劾手続における裁判官訴追委員会（Ⅱ2を参照）
の活動を意識せざるを得ない状況の下にある。古川判事事件では、2001年3
月30日に最高裁が戒告処分を課したことを受けて、裁判官訴追委員会は4月
20日に不訴追の決定を行った[75)]。少なくとも懲戒処分を課すことには、そうし
た効果はあるのだろう。岡口判事事件決定がやや無理と思われる懲戒処分をあ
えて行った背景にも、裁判官訴追委員会の動きがあると推測されている[76)]。Y_3
のツイートに対しては、訴追委員会がかねてより調査を行っていた。過去に訴
追され、罷免にまでいたった非違行為の事案とは全く異質の場面で訴追委員会
が調査を行ったことは、調査権限の濫用ではないかという懸念がある。分限裁
判自体が他の裁判官に対する萎縮効果をもつものであるが、それに加えて訴追
委員会の調査も加わると、なおさら萎縮効果は大きい。最高裁としては、懲戒
処分を課すことによって、訴追委員会による司法権の独立に対するような不当
な干渉を避けたいという潜在的な意図があったのかもしれない。ところが、本
決定により戒告処分が課されたにもかかわらず、2019年3月4日にY_3は訴追
委員会に招致された。戦後初期ならいざ知らず、表現の自由や司法権の独立の
意味を学んできたはずの議員によるそうした行動は、本件戒告処分より以上に
疑問である。

　　付記　本稿は、渡辺康行「裁判官の身分保障と分限裁判」法学教室465号（2019年）61頁以下に、
　大幅な加筆と再構成を施したものである。なお、Y_3に関する訴追委員会の議決は今秋以降に先送りさ
　れている。

（わたなべ・やすゆき　一橋大学教授）

75）市川・前掲注42）82頁。
76）岡口・前掲注56）35頁以下、見平・前掲注55）120頁。

行政機関による「前審」的裁判

佐藤寛稔

I　はじめに

　本稿の課題は憲法学ではほとんど論じられていない行政機関による「前審」としての裁判が何処まで可能かという問いを検討することである。憲法学からほとんど関心を向けられてこなかったこのテーマを論じることには以下の二つの動機がある。

　一つ目は「前審」とは何かという素朴な疑問である。行政機関による「前審」としての裁判で、現行法上、認められる最も一般的な制度としては行政不服審査制度、それに加え、2013 年改正前の独占禁止法上の公正取引員会の審決、国家公務員法上の人事院による裁定、海難審判法に基づく海難審判、特許法に基づく特許審判、電波管理法に基づく電波監理審議会の議決等のいわゆる「行政審判」がこれにあたる。このように「前審」として認められた諸制度が、憲法学、行政法学の代表的な教科書等でも具体的に紹介されているものの[1]、そもそも憲法が認める「前審」としての行政機関の裁判の範囲について、あまり憲法学の中で議論の蓄積がないように思われ、行政機関による裁判によってなされた裁断行為に対して不服がある場合に裁判所への出訴が認められていなければならないということ以外に憲法上の制約があるのかどうかを知りたいという

---

1)　野中俊彦＝中村睦男＝高橋和之＝高見勝利『憲法 II〔第 5 版〕』（有斐閣、2012 年）237 頁、藤田宙靖『行政法総論』（青林書店、2013 年）515 頁。

ことである。

　もう一つは、「前審」として行われる行政機関による裁判おいて、行政機関が憲法上、何処まで審査することが可能かということである。とりわけ「前審」において行政機関が違憲審査をすることが憲法上可能かということについて論じたい。代表的な行政法学の教科書に以下のような記述がある。「一般に行政機関には違憲立法審査権はないと解されているため」、「行政上の不服申立てにおいては、審査庁は法令の合憲性を前提として審査することになる[2]」。このような行政法学の代表的な教科書の記述にもかかわらず、行政機関が違憲審査の主体になれるか否かという憲法学が無視しえない論点について、行政法学の見解に対して憲法学に携わる者からの応答が全くないというのも奇妙な話である。

　また、行政機関による「前審」としての裁判が制度として具体化された行政不服審査制度と行政審判制度において憲法上、行政機関が「前審」としての裁判を行うことが認められているのにもかかわらず、「終審」たる最高裁判所がもつ違憲審査権が認められないということへの直観的な違和感である。行政不服審査機関の違憲立法審査権を否定する現行制度が妥当なものかどうかは一先ず置くにしても、それを否定する行政法学の理論を憲法学的視点から再検討することには十分な価値があると思われる。そして、このことは行政官が違憲の疑いの高い法律の執行を自ら差し止めることが全くできないのかという行政官の憲法尊重擁護義務の内容、ひいては権力分立論などグランドセオリーにもかかわってくる問題である。

　憲法学がこれまであまり論じて来なかった行政機関による「前審」としての裁判の性質について、ささやかな問題提起を行うことが本稿の目的である。

II　特別裁判所の禁止と行政裁判所

　日本国憲法は、76条1項で、「すべて司法権は、最高裁判所及び」「下級裁判所に属する」と規定し、司法権を司法裁判所に帰属させた。更に、同条2項

---

2)　宇賀克也『行政法概説II行政救済法〔第6版〕』（有斐閣、2018年）66頁。

前段で「特別裁判所」の設置を禁止し、その制度の徹底を図っている。そのような日本国憲法の制度設計の中で同条2項後段では、「行政機関は、終審として裁判を行うことができない。」と定めている。このことから一般に行政機関が、「前審」として裁判を行うことの可能性を排除していないものと解されている。

　この行政機関が「前審」として裁判を行うことが、憲法が想定する裁判所との権力分立の観点から何処までが可能なのであろうか。この問いを検討する上で、そもそも何故、憲法は行政裁判所をはじめとする「特別裁判所」を禁止したのか。そして、その上で行政機関による「前審」としての裁判を行うことを何故、認めたのかを考える必要がある。以下、「特別裁判所」の禁止理由を整理し、行政機関による「前審」としての裁判として位置づけられる行政不服審査と行政審判の審査権の射程について検討する。

　比較法的に見ても、歴史的に見ても日本国憲法下では設置が禁止されている特別裁判所の設置は必ずしも例が見られないわけではない。フランスのコンセイユ・デタやドイツの行政裁判所を例にとっても、大陸法系の裁判制度において、行政裁判所を設置する国々は多々存在しており、こうした行政裁判所の存在そのものが、近代憲法の本質的な価値を損ねるものとは言えない。このように多様な近代裁判制度が存在する中で、何故、日本国憲法は、行政裁判所を含む特別裁判所の設置を否定したのであろうか。行政裁判所を設置せず、行政事件を含めた、すべての事件を司法裁判所に属せしめる制度は英米法系で発達したものであり、日本国憲法はそれに倣ったという説明[3]が一般的である。このような説明は憲法史の認識として至極正当なものと思われるが、いわゆる平野事件を契機に、行政事件特例法を経て、行政事件訴訟法が制定された背景には、行政事件の特殊性に応じた特有の行政訴訟制度の必要性が認識されたことがあり、「行政事件に特有の手続きを設ける大陸型モデル[4]」が維持されることとなったことも併せ考えたときに、行政裁判所を含む特別裁判所設置の禁止の実質的な理由を単に大陸法系の制度から英米法系の制度への転換として説明することは難しい。また、比較法的に見ても、コンセイユ・デタがフランス憲法史に

---

3)　芦部信喜著・高橋和之補訂『憲法〔第7版〕』（岩波書店、2019年）348頁。
4)　中原茂樹著『基本行政法〔第3版〕』（日本評論社、2018年）260頁。

おいて果たした役割は必ずしも近代的価値の促進と相容れるものばかりではな
かったことなどを考えると、日本の行政裁判所の「黒歴史」だけで説明するこ
とも難しい。行政裁判所を含む特別裁判所は何故、日本国憲法で否定されるべ
きであったのであろうか。憲法の条文中にその設置根拠がないのにもかかわら
ず、憲法 bloc に依拠して、「共和国の諸法律によって承認された基本原理」で
あるとして、あっさりとその存在を肯定されたコンセイユ・デタの例などと比
較するとこのことは非常に興味深い[5]。この点、日本国憲法が特別裁判所を禁止
する理由について宮澤俊義博士は大要以下のように説明される。

① 「特別な身分を有する人間にのみ管轄権を有する特別裁判所を設けることは、
　法の下の平等の原理に反する」。
② 「一定の公職にある人に対してのみ管轄権を有する特別裁判所を設けることは、
　それが身分的差別を設けるものではない点において、必ずしも法の下の平等の
　原則に反しないこともあり得るが、裁判に関してそういう特別扱いをすることは、
　どうしても人権の保障において、不合理な差別をみとめる結果になりやすい」。
③ 「最高裁判所を頂点とする組織体系から独立な特別裁判を設けることは、裁判
　所による法の解釈の目的からいって、きわめて不便であり」、「裁判所に法律審
　査権を認める以上は少なくとも憲法の解釈は、最高裁判所によって統一される
　べきである」。

　以上の見解を整理すると特別裁判所の禁止は、平等原則や裁判を受ける権利
の充足、法解釈の統一という要請に応える趣旨であるといえよう。ただこのよ
うに見てみると皇室裁判所や軍法会議等の設置については、上記①〜③の全て
を満たしそうであるが、行政裁判所について当てはまるのは③のみであろう。
日本国憲法が特別裁判所の設置を禁止しつつ、行政機関による裁判については
最終的に有権的な憲法解釈権を最高裁判所に残すことを不可能にならしめる
「終審として」裁判をする場合のみを禁止することにとどめたのは、行政裁判
所の設置それ自体を否定したとして、行政機関による「裁判」をそもそも否定
的に捉えていないと見ることもできよう。それどころか、複雑化した行政国家
の下では、「専門的知識や経験に富んだ行政官によって構成される行政機関が、

---

5)　Décision n°86-224DC du 23 janvier 1987 Journal Officiel,Lois te Décrets du 25 janvier 1987. p925
　フランス憲法研究会編・編集代表　辻村みよ子『フランスの憲法判例』（信山社、2002 年）318 頁
　〔永山茂樹執筆〕。

法的紛争に対して準司法的手続きに基づいて公権的裁定を下すことのできる仕組みを設けることには一定の積極的意義を見出すことができる[6]」というように、むしろ行政機関による裁判の一定の役割を期待する見解が憲法学では一般的であろう。

　果たして、日本国憲法によって設置を禁止された戦前の行政裁判所とはどのようなものであったのであろうか。戦前の行政裁判所はプロイセンの制度に倣い設置された。明治憲法61条が「行政官庁ノ違法処分ニ由リ権利ヲ傷害セラレタリトスルノ訴訟ニシテ別ニ法律ヲ以テ定メタル行政裁判所ニ属スベキモノハ司法裁判所ニ於イテ受理スル限ニ在ラズ」と定め、それを受けた「行政裁判法」により、行政事件を司法裁判所に係属する民事刑事の事件から切り離し、行政権から権利侵害から国民を救済する制度として設けられたものである。行政裁判所は、裁判所という名を冠してはいるものの組織法上は行政に属し、また行政裁判を担当する評定官の人事権等についても、司法裁判所の権限が及ばず、また一般の司法行政権にも服さない機関であった[7]。但し、行政裁判所はその建前上、内閣に従属する組織ではなく、行政各部に属しながらも、内閣から独立した機関となるための工夫もなされている。例えば、上記の明治憲法61条が「別ニ法律ヲ以テ定メタル行政裁判所」として行政裁判所の設置を政府の発する命令ではなく帝国議会の議決による法律にかからしめたのは行政裁判所の「裁判官」である評定官の身分および職務に関して、司法裁判所の裁判官同様の独立性を保たせるためである。また、評定官の身分保障についても身体または精神の衰弱により執務不能となった場合を除けば、刑法の宣告または、懲戒処分によらなければ辞めさせることはできなかったし、職務上も裁判権の行使についても「裁判官と同様な」完全な独立を有して上官の指揮監督に服するものではなかった[8]。

　このように見てみると、戦前の行政裁判所は内閣からの独立を保たれた機関であり、また、そのために評定官の身分保障も確保され、法律上、内閣に従属

---

6)　辻村みよ子＝山元一編『概説憲法コンメンタール』（信山社、2018年）322頁、引用箇所については山元一執筆。

7)　行政裁判所の概要については藤田・前掲注1) 374頁以下参照。

8)　美濃部達吉『日本行政法上巻』（有斐閣、1936年）876頁以下参照。

するような中立性を著しく欠いた機関であったと一概には言えないものであったと言えよう。しかしながら、このような日本の戦前の行政裁判所については、少なくとも戦後の学説の評価は非常に悪い。例えば、田中二郎博士が「行政訴訟を提起しうべき事項」が狭く限定されていたこと、行政裁判所による「行政訴訟」が「一審かつ終審であり、その手続きの定めも頗る不備で、十分にその制度の目的を達成できなかった[9]」と批判するのをはじめ多くの行政法学の教科書では戦前の行政裁判所に対して否定的な考え方が表明されている。そしてまた、この否定的な考え方が、行政裁判所を含む特別裁判所の設置を禁止する日本国憲法の正当化のプロローグとなっているような書き方も多くの戦後行政法学の教科書のスタイルともなっている。ところでこのような行政裁判所に対する否定的な考え方が、直ちに日本国憲法が行政裁判所を含む特別裁判所の設置を禁止する根拠とはなりうるのだろうか。このような考え方はとりわけ行政裁判所の設置禁止の根拠としてはやや弱いのではないかと思われる。何故ならば、上記の田中博士の批判は、単に行政裁判法を改正すれば済む話であり、明治憲法61条自体が戦前の行政裁判所の弊害を生んだとは言い切れないからである。実際に1932年に従来の制度を改正する行政裁判所法案、行政訴訟法案が作成され、行政裁判制度を二審制にする、訴訟を提起しうべき列記事項を拡大する、審理手続、判決の効力ついての詳細な規定を置くことなどが提案されていた。[10]また、現行の行政事件訴訟法には処分の取消し、変更の訴えの設置、出訴期間の設定、執行不停止原則など戦前の行政裁判所における法制度を受け継いだものも見られ、これらの法制度が憲法違反である、あるいは憲法の趣旨にそぐわないといった見解は妥当していない。[11]このように見てくると戦前の制度が必ずしも全て否定されるべきものであったわけではなく、結局のところ、特別裁判所を日本国憲法が禁止した最も本質的な理由として妥当しうるのは、長谷部恭男教授が説明されるように「司法裁判所が行政事件を処理する場合には、行政

---

9) 田中二郎著『新版行政法上巻〔全訂第2版〕』（弘文堂、1974年）279頁。

10) 塩野宏『行政法II行政救済法〔第5版補訂版〕』（有斐閣、2013年）62頁。

11) なお、違憲論が根強く主張されている行政事件訴訟法27条の執行停止に対する内閣総理大臣の異議は戦前の行政裁判制度には存在しない制度であり、戦前制度との連続性の中に位置づけることはできない。

権が国民を代表する国会の意思を忠実に執行しているか否かを行政権から独立した司法裁判所が監督しうることになる」からということに尽きるのではないだろうか。要するに行政機関が行政の諸活動についての最終的な統制が最高裁判所を頂点とする司法裁判所によってなされるという司法国家の原理の表明と捉えるべきことができよう。

Ⅲ 「前審」的裁判の射程

　ここまで、見てきたところを整理すると、①憲法76条2項で設置を禁止する特別裁判所のうち、行政機関が裁判をすることの弊害は司法裁判所との法解釈、とりわけ憲法解釈の統一についてであり、②過去の行政裁判所については、今日的視点から見た場合の制度的不備が認められるものの、内閣からの独立と評定官の身分保障が一応整った裁判所であって、③行政裁判所の手続の中には、現行の行政事件訴訟法上の中に受け継がれたものもあり、また行政官の専門的能力には高い期待がある。したがって、行政機関による「裁判」には、④最終的に最高裁判所の系統に属する司法裁判所システムの統制を受けることが求められるというものである。

　このような理解のもと、憲法が許容する行政機関による「前審」的裁判とはどのようなものであろうか。この点について南博方教授の見解に注目したい。南教授は「司法権が、前審である限り、行政機関によっても行使されることを許容する」とされる。さらに続けて「司法権には、裁判所によって行使されるものと、行政機関によって行使されるものとの二種類があり」、それぞれ裁判所によって行使される司法権を「終審的司法権」、行政機関によって行使される司法権を「前審的司法権」と呼ぶ。そして「憲法は、行政事件については、このような司法権の重畳構造を容認している、むしろ予定している」と解している。教授のこのような理解は形式的には、マッカーサー草案および日本国憲法の以下の英訳文によっている。

---

12) 長谷部恭男『憲法〔第7版〕』(新生社、2018年) 408頁。
13) 南博方『紛争の行政解決手法』(有斐閣、1993年) 28頁以下。

article 76.

The whole judicial power is vested in a supreme court and in such inferior courts as are established by law.

No extraordinary tribunal shall be established, nor shall any organ or agency of the executive be given final judicial power.

南教授は憲法76条1項の「司法権」と同条2項「終審としての裁判」にともに "judicial power" を用いていることに注目し、憲法制定時にそもそもここで言うところの「司法権」と「裁判」を区別していないという理解にたっている。このような南教授の考え方については、「憲法が」「司法権の重畳構造を予定している」という部分を除けば、賛同できるものである。筆者は少なくとも観念的には、行政機関は「前審」にとどまる限り、司法裁判所と同等の手続と行政機関による裁判を担当する「裁判官」の独立が保障されるのであれば、行政事件に関して司法裁判所と全く同様の権限を持つことが憲法上、許されると考える。兼子仁教授が言われるように、「執行部門にたいして制度的に独立第三者性をもつ行政機関である『第三者機関』によって審理・裁決される」裁判であることが真の前審的裁判には求められよう。ただし、観念的にという留保を付けざるを得ないのは、現行制度上の行政機関による裁判にはそのような機能が十全に整っているものではなく、またそれを実現するのも難しい。したがって、現行の制度の中で、どこまで「前審的司法権」に迫る「行政機関による裁判」が可能かを問うことになる。以下では、実質的証拠法則と行政機関による違憲審査の可能性について論じたい。

1　実質的証拠法則

行政機関による「前審」としての裁判が何処まで可能かということについて、多くの主要な憲法学の教科書等で言及される「実質的証拠法則」の問題がある。特に2013年改正前の独占禁止法80条1項が、公正取引委員会の審決に対する取消訴訟の際に公正取引委員会の認定した事実が、「裁判所を拘束する」旨の

---

14) 兼子仁「司法国家における行政争訟の原理」杉村敏正＝兼子仁『行政手続・行政争訟法』（筑摩書房、1973年）171頁。

15) 例えば、辻村みよ子『憲法〔第6版〕』（日本評論社、2018年）446頁など参照。

規定をおいていたが、これについては、同条の「これをする実質的な証拠がある」ときにという留保をつけて、その証拠の有無については、裁判所が判断し（同80条2項）「実質的な証拠がない」場合には裁判所が審決を取消す制度（同法82条2項）であったため合憲であるとされている。

このように事実認定について行政審判を行う機関が大きな権限を持つことの背景としては、佐藤幸治教授が指摘するような「裁判」に関する次のような性質を挙げて説明することができる。佐藤教授は、裁判は「①証拠に基づく事実認定」と、②認定された事実に対する法の適用という2つの過程」からなるが、「司法のより核心的部分を形成するのは②の部分[16]」であるとしている。このような「司法」に対する考え方が前提にあれば、事実認定の部分については行政機関がそれを行ったとしても合憲の結論が導かれやすい理論状況にあるといえよう。

ただ、あまり憲法学の教科書等では見られないが、この実質的証拠法則を認めると「審決」の取消訴訟の段階では新証拠の提出が制限されることがある。この点につき判例は「審決」の取消訴訟において、裁判所が自ら自由に事実を確定し、それに照らした法的判断をすることは「事実については専門的の知識経験を有する行政機関の認定を尊重し、裁判所はこれを立証する実質的な証拠の有無についてのみ審査し得るに止めようとする規定の趣旨を没却」するものとし、裁判所の証拠調べを否定している[17]。すなわち、取消訴訟において原告が違反行為の有無を争うことが事実上できないということを認めているということである。裁判において事実認定はその趨勢を決する上で極めて重要なものであるが、事実認定におけるこのような強大な権限を審判機関に与え、かつ、裁判所の権限を制限していることからすれば、この実質的証拠法則については合憲であるとしても、相当ギリギリの判断であると言わざるを得ない。

2　行政機関による「違憲審査」

それでは上記②にかかわる場面ではどのように考えるべきであろうか。実際に「前審」として裁判を行う機関の法の適用、もっと踏み込んで裁判を行う行

16）佐藤幸治『日本国憲法論』（成文堂、2011年）598頁。

17）最判1968〈昭43〉. 12. 24民集22巻13号3254頁。

政機関が、当該処分や処分の前提となっている法律・命令に対する違憲審査をすることは「憲法上」可能かということを検討したい。[18] この点については、杉原泰雄教授が、「今日のように行政が生活の各分野に介入している状況下においては、行政機関による前審としての裁判は不可欠のもの」と位置づけ、「行政機関による前審としての裁判を認めることにより、権力分立について例外を許容し、人権についての迅速・安価な救済を確保しようとしている」と述べているように行政機関による裁判を通じた人権保障にかかる憲法学の期待はけして小さくないものと思われる。[19] そこで以下では「前審」として行われる「裁判」を行う行政機関が違憲審査の主体となりえないような憲法上の制約があるかどうかを論じ、その上で現行法上「行政機関による裁判」の例として理解されている行政不服審査と各種の行政審判についてそれぞれ当該処分および処分の前提となっている法律および命令に対する違憲審査が可能かどうかを検討したい。

Ⅳ　違憲審査の主体

　憲法81条が「最高裁判所は、一切の法律、命令、規則又は処分が憲法に適合するかしないかを決定する権限を有する終審裁判所である。」と規定するように憲法判断が許された国家機関として、憲法が明確に違憲審査の主体として認めているのは最高裁判所のみである。下級裁判所の違憲立法審査権を行使できるかどうかということについては憲法81条のみならず、裁判所法も沈黙している。同法10条1号が最高裁判所大法廷でなすべき審理について「法律、命令、規則又は処分が憲法に適合するかしないかを判断する」ことを明記して、かつ最高裁判所事務処理規則12条では「8人以上の裁判官の意見の一致」を違憲判決の要件を具体的に規定しているのに対して、高等裁判所および下級裁判所の裁判権について規定した裁判所法16条および24条に同様の規定がおかれていないことなど、下級裁判所の違憲立法審査権について周到にその規定化

---

18) 行政不服審査に限定した違憲審査の可能性については拙稿「行政不服審査における"憲法判断"の可能性」秋田法学 59 号（2018 年）27 頁。

19) 杉原泰雄『憲法Ⅱ統治の機構』（有斐閣、1989 年）363 頁。

を避けている。

　しかしながら、このような憲法や裁判所法の規定の仕方にもかかわらず、判例・学説の理解では、違憲審査の主体を最高裁判所に限定しているわけではない。違憲審査の「終審」裁判所として最高裁判所を位置づけていることの反対解釈として、下級裁判所が「終審」としてでなければ、すなわち最終的に最高裁判所の判断を求められる制度のもとでは、下級裁判所が違憲審査制を行使することは禁じられていないと解することはできる[20]。

　このことから憲法の条文に明示されていない機関であっても、そのことのみによって違憲審査権の行使が認められるということはできない。それでも下級裁判所の場合には、最高裁判所を頂点とし、そして最終的に最高裁の判断に服さなければならない裁判をする司法裁判所システムの系統に属する裁判所であること、そして、憲法81条が「司法」の章に規定されていることなどを考慮すると違憲審査の主体の中に含められると考えることはそれほど難しいことではないかもしれない。それでは、それ以外に明文の根拠規定がない国家機関に違憲審査権を付与すべきであるかどうかはどのように考えられるべきであろうか。

　一つは権力分立の歴史を辿ることがありえるだろう[21]。周知のとおり、近代ヨーロッパにおいては、議会の権威が非常に強い議会中心主義の統治機構が主流であったので、違憲審査制の導入には否定的な見解が支配的であった。戦前では、議会主権の国、イギリスから独立し、それゆえに立法府不審の根強いアメリカが、1803年の連邦最高裁判決マーベリー対マジソン[22]を通じて、判例法上確立した違憲審査制をほとんど例外的に定着させていた。戦後の「違憲審査革命」と言われるほどの違憲審査制の全ヨーロッパ的普及はファシズムが台頭した時代の立法による人権侵害への反省から起こった。それ以前は、近代立憲主義を掲げる西欧諸国では統治機構の中心的地位を占めていたのが議会であった所以が、議会が市民革命期に行政権を担う国王の権力に対抗して、国民の人権

---

20) 最大判 1950〈昭 25〉. 2. 1 刑集 4 巻 2 号 73 頁。
21) 違憲審査の歴史について、樋口陽一『比較憲法』（青林書院、1992 年）、辻村みよ子『比較憲法〔第 3 版〕』（岩波書店、2018 年）、初宿正典編『レクチャー比較憲法』（法律文化社、2014 年）参照。
22) Marbury v. Madison,5u.s.137（1803）.

を擁護する役割を期待されてきたことからすれば、違憲審査権の主体を行政権ではなく、司法権の担い手である裁判所に委ねがちなのは歴史的には自然の流れである。しかしながら、行政機関による裁判において、審査をする行政機関が、憲法判断を行えないということは、近代国家の行政争訟制度において、果たして歴史的・比較法的に見たときに普遍性を帯びるものであろうか。憲法学説は違憲審査の主体を「裁判所」と狭く理解しているわけではない。憲法学説の中には「広い意味での違憲審査制は、立法に対して他の機関による違憲審査を認める制度を指すが、その中には特別の政治機関に違憲審査権を認める制度と何らかの裁判機関にこれを認める制度の2つ」[23]（下線は筆者による）があるという見解がある。したがって定義上は、「裁判所」だけに違憲審査権の主体を限定しているわけではない。現にドイツの憲法裁判所は、裁判所の名を冠してはいるものの、司法裁判所とは系統の異なる「特別裁判所」であり、また、フランスの憲法院も、同国の最高司法裁判所である破毀院とは別の系統の機関である。立法機関以外であれば、どの国家機関であっても法令の憲法適合性審査権限が付与されておれば、その機関を違憲審査の主体と呼ぶことは定義上可能であり、当然そこには行政不服審査や行政審判を行う機関も含まれることになる。したがって、これらの機関が違憲審査機関になりうるかどうかは、その国の憲法がこれらの機関を違憲審査機関として否定していないか、憲法上明確に認められていなくても、それが立法政策上許容されているかどうかということに尽きる。

　この点、わが国の憲法および行政不服審査法や改正前の独占禁止法など行政審判に関連する法律には、審査機関による違憲審査権を明確に付与していると思われる条文も、またそれを禁止している条文も存在しない。憲法の授権規範としての性格や行政法における法律による行政の原理からすれば、権限を付与する憲法および法律上の根拠を欠いている場合にはその権限を否定する方向で思考することはそれとして成り立つ。しかし、一方で、判例・通説は必ずしも憲法上一義的に違憲審査権が認められているとは言えない機関にもその権限を認めている例もある。上述のとおり、憲法上明示の規程が無いのにもかかわら

---

23) 野中他・前掲注1) 236頁。

ず、下級裁判所を、違憲審査権を有する機関であるとすることは認められている。また、司法裁判所の系統に属しない内閣法制局や衆参の議院法制局も国家行為の憲法適合性の判断について答申をすることが認められている。これらの機関には、仮にある法律（案）が憲法に違反するという答申をしたとしても、そのことによって、当該法律（案）の効力を否定する効果がない以上、これらの機関に違憲審査権を付与しているということにはならない。しかし、憲法に関する解釈権を認めているということは必ずしも行政機関が全体として、統一的・画一的な憲法解釈に服しなければならないということはないということを意味している。さらに本稿にとって重要なのは憲法81条から違憲審査権を裁判所が独占していると読む行政法学説も、処分の違憲審査を行政機関が行うことについては肯定的な見解もあるということである。憲法81条は、違憲審査の客体を「一切の法律、命令、規則又は処分」としている。この条文から違憲審査権を裁判所が独占していると読むのであれば、「処分」に対する行政機関の違憲審査を肯定することについても認められるべきではないはずである。したがって、憲法81条から行政機関による違憲立法審査権を否定する議論はそれほど説得的なものではないということができよう。このような理解の下、現行の行政不服審査制度と行政審判制度における違憲審査の可能性について概観する。

1　行政不服審査制度

　行政機関による「前審」としての裁判のうちの1つに行政不服審査制度をあげることができる。行政機関への不服申し立ての制度はもともとドイツなど大陸法で発展し、明治憲法の下、訴願法を基本法として、1890年に日本にも導入された。日本の場合には、訴願や異議の申し立てに加えて、行政裁判所において行政事件は審査されることとされ、一応、近代国家としての行政救済制度が整った。しかし、訴願法に関しては、訴願事項について原則として個別的列記主義を採ったこと、訴願を提起できる期間の規定がまちまちであり、しかも、極度に短期の期間制限を設けるものもあったこと、訴願手続が処分庁を経由して行われる書面審査主義を採用し、公平な審理が期待できない制度であったこと、訴願と行政訴訟の関係についても規定がまちまちで不統一であったことな

ど不備不統一な制度であったことが指摘されている[24]。戦後、1962 年に行政事件訴訟法の制定とともに、行政不服審査法が成立し、簡易迅速な国民の権利救済制度としての役割を担ってきた。2014 年改正前の行政不服審査法の下では、行政法学の立場から審査請求の際に審査庁が処分の前提となっている法律の憲法適合性を審査することについては否定的な見解が出されている。例えば、原田尚彦教授は、「行政不服申し立ては客観的な法の宣言作用というよりも、行政の内部的監督ないし自省作用であるから、その権限は行政組織内部に起因する行政処分または不作為の瑕疵の是正にとどまると解すべき」であり、「国権の最高機関である国会の制定した法律、地方議会の制定する条例や審査庁の監督権限の及ばない上級の行政機関の発した命令の違憲性・違法性の審査には及ばない[25]」と言及されている。また、久保茂樹教授は「法律に対する違憲審査は憲法上司法権に独占されているので」、「行政機関である審査機関が法律の違憲審査をすることは許されない」。「条例については、憲法上の問題は生じないが、不服審査が行政内部の自己統制であることに鑑みると、議会制定法である条例に対して、行政機関たる審査機関が審査権を及ぼすことにはやはり限界があるのではなかろうか[26]」と述べられているように行政法学においては、行政不服審査制度における審査庁の違憲審査権には否定的な見解がほとんどである。行政不服審査においては、審査庁は処分の根拠法律に対する憲法適合性審査をする権限を有していないと考えられている。そしてこのことは、おそらく行政法学においては常識に属することであった。このような議論の背景には、行政不服審査制度には後述する行政審判のような審判機関の独立性や審判機関が有する準司法手続を有しない制度であったことが挙げられる。例えば、2014 年改正前の行政不服審査法では処分の違法性を審査するのは処分庁自身（異議申立て）や処分庁の直近上級行政機関（審査請求）であった。そして、このような制度は必ずしも肯定的に捉えられていたとはいえず、旧制度についてはかねてから批判的な見解が示されていた。特に南博方教授が「行政不服審査の欠点」とし

24）戦前の訴願法の欠点については、田中・前掲注 9）226 頁以下参照。

25）原田尚彦『行政法要論〔全訂第 7 版〕』（学陽書房、2010 年）333 頁。

26）久保茂樹「行政不服審査法」磯部力＝小早川光郎＝芝池義一編『行政法の新構想Ⅲ行政救済法』（有斐閣、2008 年）181 頁。

て、審査庁の独立性の希薄さ、不服申立ての除外事項が広範囲であることに加え、「ある法令が違憲であるとして、処分の違法を判断することはできず、不服申立人も、法令の違憲を処分の不服の事由とすることができない[27]」ことを指摘していたことは注目されるべきである。南教授はこのような当時の行政不服審査法の構造全般を批判し、行政内部において執行行政から独立した「前審的司法権（行政審判法廷）」を構想されていた。このような行政法学者からの批判があったものの、行政不服審査法の改正は次のような前提で進められた。総務省行政不服審査制度検討会では「行政と司法の違いでいえば、行政には違憲審査権はないといったように、行政内部ではなく、司法機関だからこそ判断できるという面もある。また、行政には権限配分の問題や、行政不服審査制度の内在的制約という面もあり、必ずしも行政事件訴訟法でできることを行政不服審査法でもできるようにしなければならないということではないのではないか[28]」という見解のもと、新しい行政不服審査制度においても審査庁が違憲審査権を行使することについては消極的な考え方が土台にあったといってよい。2014年改正の新しい行政不服審査法の大きな特徴として、従来、異議申立てと審査請求の二本立てだったものを審査請求に一元化し、審査請求に比べ略式の手続であった異議申し立てを廃止したことでより慎重な審理が期待されるようになったこと、審理員制度、行政不服審査会制度の導入により、従来の簡易・迅速さを犠牲にして、公平性を担保するようになったことからしても、旧行審法に比較して、より司法判断に近い要素が取り込まれてきたと言ってよい。しかし、議論の前提が、そもそも審査庁が違憲審査権を行使することについては消極的であったことから、この改正では、行政不服審査における違憲審査制度は実現しなかった。

　以上のように見れば、行政不服審査制度を通じた違憲立法審査権が認められていないことには、積極的な理由は認められないことになるのではなかろうか。結局は、藤田宙靖教授が行政不服審査制度について「行政不服審査法に基づく通常の不服審査は、私人に対して権利救済の途を開くという目的を持つもので

27）南・前掲注13）107頁。

28）総務省行政不服審査制度検討会（第5回）議事要旨 http://www.soumu.go.jp/main_sosiki/gyoukan/kanri/gyouseifufuku/pdf/070130_2.pdf.

あっても、その救済は、行政庁自らによる自己反省を通じて行うものであるから、公正かつ確実な救済という見地から見る限り、不十分なものであることは争い得ない」と総括されるように、行政不服審査制度がそもそも不完全性を許容したところに成り立っていることに根拠を求めざるを得ない。

2 行政審判制度

一般に、行政審判とは、「行政委員会ないしそれに類似した行政機関が、いわゆる準司法手続」によって行われる裁判のことを指す。特色としては審判機関が、他の行政機関から職権行使の上で独立性を有していることと審判機関が「準司法手続」を行うということである。「準司法手続」という用語に明確な定義はないが、塩野宏教授の整理された見解に従うと、以下のような内容を含んでいる。①公開の口頭審理の機会が法律上保障されている。②事実認定は、手続に現れた証拠によってのみなされる。③審判機関の職務を軽減するために行政委員会とは別の職員によって行われることがある。④手続構造上、糾問的手続をとっている場合には、訴追機能と審判機能が同一の機関によって行われることである。

上記の①②が司法裁判所と類似した手続を保障している部分であり、③④が司法裁判所の審理とは異なる行政審判の特色である。そして、またこの③④が、行政審判が裁判の過程ではなく、行政過程にあることを示しており、「準」にとどまる司法手続といわれる所以であろう。このような特徴を持つ行政審判制度において、審判機関による違憲審査を行うことは可能であろうか。判例はそのような前提には立っておらず、違憲審査権は司法権に専属するという考え方を採用しているように見える。例えば、下級審の判決ではあるが、県立高校の非常勤講師対する免職処分につき、県の人事委員会における不利益審査の際に地方公務員法が違憲であるとの主張に対する判断を回避したことの適否が問われた事案について、裁判所は、行政機関は「立法府即ち国会の判断に」従わなければならず、県の人事委員会は「準司法的機能を有するとはいえ、行政機関

---

29) 藤田・前掲注1) 514頁。
30) 田中・前掲注9) 270頁、藤田・前掲注1) 513頁。
31) 塩野宏『行政法Ⅱ行政救済法〔第5版補訂版〕』(有斐閣、2013年) 47頁以下参照。

であるから、具体的な法律を違憲と判断することは許されない」とした。その理由として、「憲法81条が違憲審査権を司法権のみに専属させていることは、一般に国民から直接選挙される国会の立法を否認することは、民主々義の原理上重大な問題であるから、その行使に当たっては慎重熟慮の上なされるべきであり、したがってこれは人権保障を担当する裁判所に属させることを示したものであることからも明らかである」と述べている。この判決では違憲審査権は司法機関に「専属」すると明示しており、このような論理の元では、たとえ憲法が認める行政機関による「前審」としての裁判においてさえも、行政機関が当該処分やその前提となっている法律・命令の憲法適合性を判断できる余地は無いといえる。

　このような判例の考え方がある一方で、行政法学には行政不服審査制度と異なり、この準司法手続を含んだ行政審判について審判機関に違憲審査権を認めることを肯定する見解も見られる。例えば、上記のとおり、行政不服審査制度における審査庁の違憲審査権について否定的な見解をもたれる原田教授が一方では行政審判における違憲審査の可能性を示唆していることは注目すべき指摘といえよう。原田教授は「国家機関はすべて違憲違法の法令を執行すべきでないこと、特に行政委員会が準司法手続で審査する場合には裁判手続と実質的差異がないことを理由に、行政機関なかでも行政委員会には法令の違憲審査権が肯定される」という見解を有力説として認めている。

　このように行政不服審査制度には認められない違憲審査が、同じく「行政機関による裁判」として位置づけられる行政審判制度においては認められるという見解が成り立ちうるのであろうか。少なくともこのような見解が成り立ちうるためには、憲法上、「裁判」を実施する行政機関が憲法判断をすることが禁じられていないということが、すなわち違憲審査権は司法権に独占されるものではないという前提が必要となる。

　また行政審判の中には、審判に対する取消訴訟が高等裁判所の専属管轄になり、地方裁判所の審理が省略されるものもある。このように考えると、行政審

32）水戸地判1963〈昭38〉. 5. 25行集14巻5号1099頁。

33）原田・前掲注25）333頁。

34）例えば電波法97条など参照。

判において憲法判断が否定された場合には、通常ならば3つの審級の裁判所で違憲審査の機会を得られるはずのところ、1回分できなくなることになり、裁判を受ける権利の観点やその他、個別人権保障の観点からも問題が残る。

V　行政官の憲法尊重擁護義務

次に公務員の憲法尊重擁護義務の観点から「前審」的裁判を行う裁判における行政機関の違憲審査権の可能性について考えたい。日本国憲法99条は「天皇又は摂政及び国務大臣、国会議員、裁判官その他の公務員」に対して憲法尊重擁護義務を課している。このように公務に携わることを通じ憲法の運用にかかわる全ての「公務員」に憲法を尊重し、擁護する義務を課すことによって憲法の最高法規性を確保している。ただし、この規定を受けて、「公務員」等は他の国家機関による違憲の行為（もしくはその疑いが極めて高い行為）に対してどのような姿勢を示すべきかについては、その公務員が憲法によって期待される役割に応じて異なっており、99条に規定された「公務員」等はそれぞれの立場で憲法を尊重擁護するために求められる行為は異なってくる。憲法上明確な憲法尊重擁護のためのツールを与えられたのは裁判官（とりわけ最高裁判所裁判官）であるといえよう。「一切の法律、命令、規則、または処分」の憲法適合性を審査する権限を与えられた裁判官は「憲法の番人」として、この武器を行使して、付随的審査制の制約を伴いつつも、他の国家機関による違憲の行為に立ち向かうことが求められている。国会議員はどうであろうか。国会には裁判所のように違憲立法審査権は認められていないと解されている。「前述のとおり、国会は違憲審査制の定義上、違憲審査の主体にはなれない。しかし、法律の制定改廃を通じて憲法の有権解釈を行うことは可能であり、そこに国会議員の憲法尊重擁護義務の本質があるといえよう。すなわち、法律の制定等の際に憲法解釈を放棄したかのような審議は認められず、また国会に認められた憲法改正についても、憲法改正の限界を超えた発議をすることは認められないと解すべきであろう。他方で、憲法上、自らの国家の判断で有権的憲法解釈を行うことが禁じられている機関もある。天皇である。天皇の国事に関する行為は内閣の「助言と承認」に基づいて行われる。法律の公布を行うこともその一つで

ある。内閣の「助言と承認」の趣旨が、天皇が「その単独の意思によって行動することを禁じ、天皇の行動がすべて内閣の意思に基づくべきことを要求する[35]」ものであるので、この際、仮にその法律が、憲法違反の疑いが誰の目から見ても明らかな場合であったとしても、天皇は、内閣の「助言と承認」に拘束され、その法律の公布を行わないということは許されない。内閣の「助言と承認」に絶対的に拘束されることが天皇にとって憲法を尊重し、擁護するということになる。

　以上のように国家機関の位置づけによって、憲法尊重擁護義務の内容や違憲の疑いの高い法律との接し方は異なっている。この点について行政機関はどのようにされるべきであろうか。伝統的な学説の理解では行政機関は立法府が制定した法律の執行者として位置づけられており、このように捉えると行政機関は自らの行動の指針になる法律の合憲性を判断することは認められないとしている。佐藤幸治教授が、内閣が「法律を誠実に執行」することを定めた憲法73条1号の「法律を誠実に執行する」ことの趣旨を「法律内容に批判的な内閣がその執行を誠実に行わないことを排除しようとする」こととし、内閣の憲法尊重擁護義務があったとしても「最高裁が違憲と判断しない限り、ある法律についての憲法上の疑義を理由にその執行を拒否することはできない[36]」とされているのはまさにこのような理解によるものであろう。

　しかしながら、行政機関が単なる法律の執行者であるということは、それ程当たり前のことでもなく、またあらゆる場面に貫徹しているわけではない。

　例えば、刑事訴訟法475条1項は「死刑の執行は、法務大臣の命令による。」と規定し、同2項には「前項の命令は、判決確定の日から6箇月以内にこれを実施しなければならない」としている。このような規定にもかかわらず、法務大臣による死刑執行命令が、判決確定の日から6箇月以内になされることはほとんどない。このことについて法務大臣が法律の執行者としての役割を果たしていないというようには一般には考えられていない。そこには「6箇月」という数字で示された明確な基準が示され、一見すると裁量を認める余地がないような条項についても、法律に書かれたとおりに執行するか否かが行政機関に委

35）宮澤俊義著・芦部信喜補訂『全訂日本国憲法』（有斐閣、1978頁）62頁。

36）佐藤・前掲注16）497頁。

ねられているものも見られる。

憲法判断についても然りで、行政権は法律の憲法適合性を主体的に判断することはありうることである。上述した佐藤幸治教授が「最高裁が違憲と判断しない限り」という留保付で認めた内閣や行政各部の法律の執行拒否も、違憲判決の効果を当該事件限り無効とする個別的効力説のもとでは、当該事件を離れた局面では、違憲判決の効果は及ばないことになる。行政官が違憲判決を受け、当該法律の執行を一般的に控えるような裁判所への配慮は、法的義務だとする見解も存在するものの[37]、実際上は、行政機関による判断と責任によってなされるものである。例えば、1973年4月4日に最高裁判所が下した尊属殺人重罰規定違憲判決[38]について、同年4月15日に判決が確定するのにもかかわらず、最高検察庁が、判決翌日である同年4月5日に尊属殺人を規定した刑法200条で起訴している事件すべてについて適用条文を、普通殺人を規定した刑法199条に変更する旨の通達を出していることからも判決自体の効果とは別に、行政機関が自らの判断と責任で行動しうることが伺える[39]。このように行政権は単に立法府の制定した法律を粛々と執行するに留まるものではなく、行政権に責任と判断を委ねられた事項があるとするのが今日の実態といえる。そしてこのような責任と判断は、法を執行する行政機関よりも前審としての裁判を行う機関に、より強く求められるべきものである。審査請求やその他の行政審判で素通りした憲法問題が取消訴訟で当該法律が違憲であると評価されることは行政機関による違憲審査権を否定している今日の制度のもとでは理論上ありうる。このような場合に審査を担当した行政機関が憲法尊重擁護義務を果たしたということはできないであろう。

VI　まとめ

以上のように、本稿では「前審」としての裁判を行う行政機関による違憲審

---

37) 佐藤幸治『憲法訴訟と司法権』(日本評論社、1984年) 202頁以下。

38) 最大判 1973〈昭48〉. 4. 4 刑集 27 巻 3 号 265 頁。

39) この経緯については第 071 回国会法務委員会刑法改正に関する小委員会第 3 号 (1973 年 7 月 17 日) 会議録参照 http://kokkai.ndl.go.jp/SENTAKU/syugiin/071/0081/07107170081003c.html.

査の可能性を示してきた。現行制度の下では行政機関による違憲審査には限界があることを認めざるをえない。しかし、少なくとも憲法上、「前審」的裁判において行政機関が憲法判断をすることが禁止されているとは言えず、国民の行政事件における権利救済の機会を充実させるためにも、より積極的に認めるべきものと思われる。このように考えるのは明治憲法61条に対する『憲法義解』による解説中に「行政官の措置は其の職務に依り、憲法上の責任を有し従って其の措置に抗拒するの障害を除去し及其の措置に由り、起る所の訴訟を裁定するの権を有すべきは固より當然」と述べられていることに拠るところが大きい。このような行政官にかけられた明治憲法上の責任は、日本国憲法76条2項の制定によって設置が禁止された特別裁判所とともに洗い流されたのとして捉えるべきものであろうか。そうではなく日本国憲法は、単に裁判を行う行政機関の司法権からの独立を禁じた効果として、その責任の表明方法が「前審」的裁判へ移っただけのことであり、行政官の積極的な憲法上の責任は変わっていないと考えるべきであろう。

（さとう・ひろとし　ノースアジア大学教授）

---

40) 伊藤博文著・宮澤俊義校註『憲法義解』（岩波書店、1940年）96頁。

カナダにおける照会制度と司法

河北洋介

I　はじめに

　カナダが「憲法上の独立」を果たしたのは 1982 年であり[1]、また、1982 年カナダ憲法によって、カナダは憲章で人権規定を設けることになった[2]。さらに、「多文化主義」という文脈におけるカナダ憲法の実態についてのユニークさもひとつの特徴といえるかもしれない。そのため、憲法の歴史性あるいは普遍性を考えるうえで、カナダを対象として検討することは難しいとも考えられる[3]。

　もっとも、カナダにおいて、1982 年以前に憲法問題が生じていなかったか

---

1)　1982 年憲法ができる以前に問題であったことに、patriation（移管）の問題がある。これは「憲法を自国へもってくるという目的（the objective of bringing home the constitution）を表現するために発明され」た用語である（ケネス・M・リシック「カナダ憲法」森島昭夫＝ケネス・M・リシック編『カナダ法概説』（有斐閣、1984 年）6 頁）。「1867 年の原憲法およびその後のいくつかの憲法上の法制定は英国の制定法であったため、多くの重要な規定（たとえば、連邦政府と州政府との間の立法権限の分配に関する規定）は正式には英国国会によってのみ修正されることができた。すなわち、1982 年まで、カナダ憲法のきわめて重要な部分が、法的には英国において変更されることができたにすぎなかったのである」（同書 6 頁）。この意味で、カナダは、実質的には完全な独立国ではありながらも、法的な形式の面では「独立」を果たしてはいなかった。そのため、1982 年カナダ憲法の意義の一つとして、「憲法がイギリス議会からカナダ連邦議会に移管（「カナダ化」）された結果、カナダは『憲法上の独立』をとげた」（木村和男編『カナダ史』（山川出版社、1999 年）344 頁〔吉田健正〕）ことが挙げられる。

2)　もっとも、それ以前から、人権に関する様々な考え方や法律は存在していた。この点、佐々木雅寿「カナダにおける違憲審査制度の特徴(上)」北大法学論集 39 巻 2 号（1988 年）347-375 頁、松井茂記『カナダの憲法』（岩波書店、2012 年）145-151 など参照。

といえば、そうではない。現在の 1867 年カナダ憲法である英領北アメリカ法
(British North America Act) は、当時のカナダにおいて重要な憲法的意義を有
していた[4]。そして、そこから生じる憲法問題の解決方法として重要な役割を果
たしていたのが、現在も続く照会制度（Reference）である[5]。照会制度とは、「政
府が裁判所に対して勧告的意見を求めるための手段[6]」であり、そして、この制
度ができてから現在まで、「裁判所は、そのような照会事件において、多くの
重要な法的および憲法的諸問題を検討しており、そして、これらの諸問題にお
ける裁判所の意見は、裁判所の最も重要で影響力のあるものと考えられてい
る[7]」のである。

　しかし、そもそも照会制度自体は憲法上の正当性があるのか。カナダ最高裁
判所（以下、「カナダ最高裁」という）の照会事件である 1910 年の In Re
References by the Governor-General in Council（以下、「1910 年カナダ最高裁照
会」という[8]）と、その上訴であるイギリス枢密院司法委員会（以下、「司法委員
会」という）の照会事件である 1912 年の A.G. Ontario v. A.G. Canada（以下、

---

3) 大津浩『分権国家の憲法理論　フランス憲法の歴史と理論から見た現代日本の地方自治論』（有信
　堂、2015 年）16 頁において、「近・現代立憲主義の視点から憲法原理を追究する日本の憲法学は、
　多くの場合、準拠国を設けて自らの憲法理論を精緻化し、かつ正当化してきた。立憲民主主義の先
　進国としてのイギリス、フランス、アメリカ、ドイツが準拠国となる場合が多く、それは歴史的に
　見ても、また憲法理論的に見てもおそらく正当である」とされ、その脚注において、「もちろん多文
　化主義原理についてはカナダを、『多極共存型民主主義』についてはスイスやベルギーを準拠国とす
　ることが可能である。しかしより根本的・始原的な憲法原理である国民主権や権力分立については、
　上記 4 か国を超える準拠国はない」（同書 16 頁脚注 36）としている。
4) 小森義峰『連邦制度の研究』（三晃社、1965 年）239-240 頁は、「連邦制度に関する限りは、1867
　年の英領北アメリカ法は、恰も 1787 年の合衆国憲法がそうであるように、成文憲法としての意義を
　有するものといえよう」としている。
5) 照会制度の研究として、野上修市「カナダ法の照会事件（Reference Case）について」法律論叢
　40 巻 4・5 号（1967 年）35 頁、Ｈ・Ｎ・ジャニッシュ（佐々木雅寿訳）「カナダ憲法上の照会権限
　（Reference Power）」北大法学論集 39 巻 3 号（1988 年）497 頁、佐々木雅寿「カナダにおける違憲
　審査制度の特徴(中)」北大法学論集 39 巻 3 号（1988 年）613 頁（特に、631-658頁）、佐々木雅寿『現
　代における違憲審査権の性格』（有斐閣、1995 年）27-42 頁などがある。
6) 佐々木雅寿『現代における違憲審査権の性格』（有斐閣、1995 年）27 頁。
7) Charles Feldman, "Parliament and Supreme Court of Canada Reference Cases" Background
　Paper Publication No. 2015-44-E（Ottawa; Liberty of Parliament, 2015）at 1. https://lop.parl.ca/
　staticfiles/PublicWebsite/Home/ResearchPublications/BackgroundPapers/PDF/2015-44-e.pdf（最
　終アクセス：2019 年 2 月 23 日）
8) [1910] 43 S.C.R. 536.

「1912年司法委員会照会」という[9]）の2事件では、まさにこれが問題となった。そこで、本稿では、まず簡単にカナダ最高裁の設置と初期の照会制度について概観した後（Ⅱ）、1910年カナダ最高裁照会と1912年司法委員会照会を見ていくことにする（Ⅲ）。その後、1982年以後の照会制度の合憲性を確認したうえで、照会制度についての若干の検討を行う（Ⅳ）[10]。

Ⅱ　カナダ最高裁の設置と照会制度の誕生

1　カナダ最高裁の設置

　イギリス本国との協議のうえ、英領北アメリカ法が1867年7月1日に発効したことで、オンタリオ、ケベック、ノヴァスコシア、ニューブランズウィックの4州で構成される連邦体であるカナダ自治領（Dominion of Canada）が発足した（「連邦結成（confederation）[11]・[12]」）。そして、この英領北アメリカ法は、その101条において、連邦議会が「カナダのための一つの一般的上訴裁判所（a General Court of Appeal for Canada）」を設置することを認めていた。ただ、「1867年にカナダの創設へと導いた憲法会議（constitutional conferences）において、最高裁判所については殆ど議論がなかった。実際、連邦結成の父祖たちは、そのような裁判所を創設するという可能性を単に提示し、後々議会にその考えを検討させることで満足していた[13]」とされる。実際、John A. Macdonald 首相のもとで、カナダ政府は1869年と1870年に最高裁判所の創設への提案を行ったが、コンセンサスが得られることはなかった。議員のなかには、最高裁判所の必要性を疑問視し、ある者は司法委員会への上訴が同時に廃止されるべきかへの疑

---

9)　[1912] AC 571.

10)　なお、カナダ憲法の条文については、高橋和之編『新版世界憲法集』（岩波書店、2007年）の佐々木雅寿訳と初宿正典＝辻村みよ子編『新解説世界憲法集〔第4版〕』（三省堂、2017年）の松井茂記訳に多く依拠している。

11)　カナダ憲法の歴史について、松井・前掲注2）1-21頁参照。

12)　連邦結成について、木村和男『連邦結成——カナダの試練』（NHKブックス、1991年）、細川道久「連邦結成——カナダ自治領の誕生」細川道久編著『カナダの歴史を知るための50章』（明石書店、2017年）94-100頁など参照。

13)　Supreme Court of Canada, The Supreme Court of Canada and Its Justice（Ontario; Dundurn, 2000）at 11.

問もあり、また多くの者の関心は、ケベックの特別な地位とシヴィル・ローというケベックの異なるシステムをどのように保護するかに向いていた。[14]

1875年、Alexander Mackenzie 政権下で、連邦議会により最高裁判所及び財務裁判所法（Supreme and Exchequer Courts Act、後に「最高裁判所法」と名称変更）が制定され、カナダの最終的な上訴裁判所であるカナダ最高裁が設置され、同時に、照会制度も設けられることになった。なお、この際に、司法委員会への上訴が廃止されたわけではなかった。[15]司法委員会への上訴が廃止され、カナダ最高裁が実質的に最終的な上訴裁判所になるのは、1949年である。[16]そのため、「カナダ最高裁の判断それ自体を司法委員会に上訴することができただけでなく、両当事者が同意した場合には、カナダ最高裁を完全に迂回して、上訴のために、ある州の最上級裁判所から［司法委員会のある］ロンドンへ直接行くことが度々できた。そして、これらの跳躍的上訴はかなり頻繁に生じた」[17]のである。

2 初期の照会制度

Barry L. Strayer によれば、「制定法による照会制度は、イギリスのコモン・ローに起源を求めることができる」[18]とされる。Strayer は、イギリスの司法委員会法4条が枢密院に照会を提起するための権限を Crown に与えていたことから、「見たところ、1875年にカナダへの照会制度の導入を呼び起こしたのは、

14）*Ibid* at 12. また、Barry L. Strayer によれば「最高裁判所問題は、司法審査というセンシティブな主題と深く関係していた」とされ、「自治領すべてのための最終的な上訴裁判所が、言語や宗教問題が関係している場合に、シヴィル・ローを理解せず公平ではない、プロテスタントの英語系コモン・ロー法律家で圧倒的に構成されることをフランス語系カナダ人は恐れた」とされる（Barry L. Strayer, The Canadian Constitution and the Courts [Third Edition]（Toronto and Vancouver; Butterworths, 1988）at 22）。

15）イギリス枢密院司法委員会への上訴の廃止は、Mackenzie 政権下においても検討されてはいた。しかし、それに至ることはなかった（Supreme Court of Canada, *supra* note 13 at 12 参照）。

16）1949年12月23日にその効力が発生したが、Peter W. Hogg によれば、「その日以前に『提起された』事件は、まだ枢密院へ持ち込まれることがあり、最後のカナダからの上訴は1959年まで決定されなかった」とされる（Peter W. Hogg, Constitutional Law of Canada Volume 1 [Fifth Edition]（Toronto; Carswell, 2007）at 242）。

17）Peter McCormick, Canada's Courts（Toronto; James Lorimer & Company, 1994）at 74.

18）Strayer, *supra* note 14 at 311.

司法委員会法の規定であった[19)]」とする[20)]。

　連邦の照会制度を定めた最高裁判所及び財務裁判所法 52 条は、「枢密院における総督（Governor in Council）が適当と判断するすべての事項に関し、審理のため（for hearing and consideration）、最高裁判所に対し照会すること」を認め、カナダ最高裁に照会する権限を枢密院における総督（Governor in Council）つまり連邦政府に与えた[21)・22)]。ただ、最高裁判所および財務裁判所法 52 条のこの規定にもかかわらず、「照会事件の主要な利用は連邦法または州法、あるいは審議中のそれらの法案の憲法上の効力の有無を照会することにあった[23)]」とされる。また、初期の照会制度には、理由を付した意見を要請する規定を欠いていたことなど、様々な問題点があり、それらの問題点を改善するために、1891 年に最高裁判所及び財務裁判所法が改正された[24)]。その際に、カナダ最高裁に対して照会事件において理由を付した意見を出さなければならないことなどが定められた。なお、州においても、各州の制定法により照会制度を設け、1890 年にはいくつかの州がこの制度を採用した[25)]。

　ここで重要なことは、John McEvoy が「連邦の勧告的意見立法への初期の司法の反応は黙認（quiet acquiescence）として一番よく描写される[26)]」と指摘す

---

19) *Ibid.*

20) またこの点、Feldman, *supra* note 7 at 2-3、James L. Huffman and MardiLyn Saathoff, "Advisory opinions and Canadian Constitutional Development: The Supreme Court's Reference Jurisdiction" 74 Minn. L. Rev. 1251 (1990) at 1256-1257 参照。

21) 規定について、佐々木雅寿「カナダにおける違憲審査制度の特徴(中)」北大法学論集 39 巻 3 号 (1988 年) 632 頁を参照。また、英文は Strayer, *supra* note 14 at 312 を参照。

22) また、最高裁判所及び財務裁判所法 53 条で、連邦の上院（Senate）または下院（House of Commons）が個別法律案（private bill）についてカナダ最高裁に照会する権限を認めたが、佐々木・前掲注 21) 631 頁でも指摘されるように、連邦の上院および下院における個別法律案についての「この種の照会は過去にほとんど用いられていない」。

23) 野上修市「カナダ法の照会事件（Reference Case）について」法律論叢 40 巻 4・5 号 (1967 年) 37 頁。

24) この点、佐々木・前掲注 21) 632 頁参照。なお、初期の照会制度を受けて、1891 年と 1906 年に改正が行われている（Feldman, *supra* note 7 at 3)。

25) John McEvoy, "Separation of Powers and the Reference Power: Is there a right to refuse ?" 10 Supreme Court L. Rev. 429 (1988) at 431. また、州の照会制度について、佐々木・前掲注 21) 641-642 頁参照。

26) McEvoy, *ibid.* at 431.

るように、最高裁判所及び財務裁判所法の下での最初の 15 年間、裁判官から照会事件おいて照会手続についての反対や疑問などが提起されることはなかったが、「1890 年代の州裁判所への照会メカニズムの拡張にしたがって、照会手続の正当性について反対や疑問が表明され始めた[27]」ことである[28]。そして、照会制度自体が正面から争われる事件が生じた。それが、前述した 1910 年カナダ最高裁照会と 1912 年司法委員会照会である。以下では、これらについて概観する。

Ⅲ　照会制度の合憲性

　Strayer は、「連邦照会制度は、1891 年までに技術的な受容（technical acceptability）を達成したが、しかし、まだ連邦照会制度の憲法上の正当性（constitutional legitimacy）を確立してはいなかった[29]」とし、①連邦裁判所にあらゆる州立法を照会するのは、その州の立法管轄権の侵害ではないのか、②照会制度は適切な司法機能ではなく、また、英領北アメリカ法 101 条の下で「カナダのための一つの一般的上訴裁判所」を創設するために権限を行使する連邦議会が、非司法機能を「裁判所」に付与することはできないのではないか、という点で連邦照会制度に対する州からの異論があったことを指摘する[30]。そして、これらの異論に対して、一定の解決を示した照会事件が、1910 年カナダ最高裁照会と 1912 年司法委員会照会であった。

1　1910 年カナダ最高裁照会

　1910 年カナダ最高裁照会で問題になったのは、照会制度の創設が連邦議会の権限踰越であることと州の専属的立法権限を定めた英領北アメリカ法 92 条に対する干渉に当たるということであった。結論から言えば、これらの主張は

---

27) *Ibid.* at 431-432.

28) McEvoy によれば、最初の司法による明確な異議は、1891 年の最初のオンタリオ州の照会である IN re Local Option Act における Osler 裁判官の意見とされる（*Ibid.* at 432）。

29) Strayer, *supra* note 14 at 314.

30) *Ibid.*

退けられた。多数意見は、照会された質問に与えられる回答には拘束性がないこと、勧告のみであることを強調しつつ、照会制度を正当なものと認めた。しかし、多数意見による正当性の決定は、実際には、憲法上の権限を積極的に見つけ出したためというよりむしろ明確に憲法上禁止していないためであると思われる[31]。

　また、照会制度の憲法上の正当性を語る際に、多数意見を形成する裁判官（Fitzpatrick 首席裁判官、Davies 裁判官、Duff 裁判官、Anglin 裁判官）のなかにも、若干の違いがある。

　Fitzpatrick 首席裁判官は、まず照会が今まで様々に行われ、それに答えてきたこと、それが司法委員会に上訴されてきたことを述べ、「当裁判所のまさに始まりに遡ったこれらの諸先例によって私たちのために打ち立てられたその規範に縛られていると私は感じる。それらは、私にとって、法的効力を持つひとつの行為規範（a rule of conduct）を確立している[32]」とした。また、Fitzpatrick 首席裁判官は、「『英領北アメリカ法』と『最高裁判所法』のなかにこれらの特別な規定がない場合でさえ、わが国の憲法は『連合王国の憲法と原理において同様』（『英領北アメリカ法』の前文）であるのだから、イングランドの裁判官が法の諸問題における国王の法律顧問あるいは助言者（the counsel or advisers of the King）であるのと同様に、当裁判所の成員たちは行政府の公的な助言者（official advisers of the executive）である[33]」とし、英領北アメリカ法の前文にある「連合王国の憲法と原理において同様」という文言を指摘したうえで、イギリスにおいて法律上の論点について裁判官が Crown に助言する実践がなされているのと同様に、行政府に助言をすることはカナダ最高裁の裁判官の職務（duty）であったとする。さらに、Fitzpatrick 首席裁判官は、英領北アメリカ法 101 条の「カナダのための一つの一般的上訴裁判所」および「カナダの法のより良き運用のためのさらなる裁判所（an additional court for the better administration of the laws of Canada）」としてカナダ最高裁が創設されたことも根拠にして、「私たちは、『英領北アメリカ法』であるカナダ憲法という基本法

31）McEvoy, *supra* note 25 at 436.

32）*Supra* note 8 at 546.

33）*Ibid*. at 547.

の運用において助けとなる情報を得るという明確な目的のために、行政府によって私たちに提起されたいくつかの質問に答えることを求められている」としたうえで、「いま私たちの前にあるような、そのような照会を取り扱う資格がある裁判所を定めるための権能をカナダ議会に憲法的に授けることを帝国議会ができないということを意味しないだろうと私は推察する。もしそうでないと、その権能を授けるための彼らの意思を表明するために、より適切な言葉をどのようにみつけることができるだろうか。『カナダの法のより良き運用』という全てを包含する事項について立法への最も広い裁量を伝えるためにより良い言葉が使われ得たか[34]」とし、英領北アメリカ法 101 条の「カナダの法のより良き運用」という文言から、照会制度の正当性を示唆している。加えて、「その根拠において、議会の立法管轄権についてあらゆる疑念が残るのなら、州の立法に排他的に割り当てられた事項に該当しないすべての問題についてカナダの平和、秩序および良き統治のために法律をカナダ議会が随時制定することができることを規定する、『英領北アメリカ法』91 条の参照がその疑念を一掃する[35]」として、英領北アメリカ法 91 条の「平和、秩序および良き統治（peace, order and good government：以下、「POGG」という）」権限にも言及した[36]。

Davies 裁判官は、まず、英領北アメリカ法の前文と POGG 権限、州の専属的立法権限を定めた同法 92 条 14 号の州内における司法の運用（The Administration of Justice in the Province）に関する規定に言及し、「立法権限のこの分配に加えて、［英領北アメリカ法］101 条は、『本法律の別段の規定にかかわらず（notwithstanding anything in this Act)』カナダのための一つの一般的上訴裁判所およびカナダの法のより良き運用のためのさらなる裁判所の議会による設立を規定している」と説明する[37]。そのうえで、Davies 裁判官は、照会にお

34）*Ibid.* at 552.

35）*Ibid.* at 553.

36）カナダでは、残余的な立法権を州にではなく、連邦議会に与えており、POGG 権限もそれを示している。ただ、条文とは異なり、「実際には、州の権限がより強く認められ、カナダは世界の中でも地方分権の強い国」（松井・前掲注 2) 90 頁）であるといわれる。POGG 権限について、松井・前掲注 2) 121-127 頁。また、POGG 権限は、国家緊急権の憲法上の根拠とされる。この点について、富井幸雄『憲法と緊急事態法制　カナダの緊急権』（日本評論社、2006 年）参照。

37）*Supra* note 8 at 559-560.

ける回答が、勧告であるのみで、回答が与えられた機関と回答を与えた裁判官たちを拘束しないため、照会の回答は、あらゆる方法で、あらゆる州の裁判所の裁判官たちを拘束し得ないとし、照会を行うことも連邦議会がそのような法を創設することもでき、英領北アメリカ法92条14号と照会制度との間に衝突はないとした。[38]そして、英領北アメリカ法101条の文言が「要求され想定された権限を与えるのに十分な、かなり広くかつ広範なもの」[39]であるとしたうえで、まず、英領北アメリカ法101条の「本法律の別段の規定にかかわらず」という文言から、同法101条により連邦議会に与えられた権限は、州立法府に付与されたあらゆる立法権限によって制限されないとした。また、Davies裁判官も、Fitzpatrick首席裁判官と同様に、英領北アメリカ法101条の「カナダの法のより良き運用のためのさらなる裁判所」を根拠として、照会制度の正当性を示唆している。[40]さらに、英領北アメリカ法91条のPOGG権限について、Davies裁判官は、「まさに最も広い解釈が『平和、秩序および良き統治』という文言に置かれている」とし、この文言が「わが国の憲法が連合王国の憲法と原理において同様であるという前文の語の観点から解釈される」としたうえで、「カナダの平和、秩序および良き統治のために立法する議会にわが国の憲法において割り当てられた権限の意味を決定することを私たちが求められる際、枢密院における総督により裁判官に提起された質問に答えるようわが国の上訴裁判所の裁判官に要求する立法が、わが国の憲法の精神や原理に一致しないあるいは議会の権限内にないと私たちは解することはできない」[41]とし、イギリスの先例と実践に一致するように解釈をして、州立法府の排他的に割り当てられたあらゆる権限と衝突しない以上、英領北アメリカ法91条のPOGG権限内であるとした。

Duff裁判官は、「議会があらゆる付与された事項に関して自治領あるいは州の立法権限に課された制限に触れる質問について純粋に諮問的な管轄権（a purely consultative jurisdiction）を行使する権限を与えられた機関（裁判所と称し

---

38) *Ibid.* at 561.
39) *Ibid.* at 562.
40) *Ibid.* at 564.
41) *Ibid.* at 565-566.

ようと称しないと）を設置してもよいことは疑いようがないと私は考える。この権能は、実際は地方の立法府に与えられた権限を参照することにより（カナダの境界内で）制限されるが、議会が授けられた立法権能の必要な付属物（a necessary adjunct）であると思われる。いくつかの制限された例外に依拠して、カナダ内での数多くの立法権能は、議会と州立法府の間で分担される。州立法府に与えられていないそのような権能のすべては、議会に授与される[42]」とした。

さらに、Duff 裁判官は、英領北アメリカ法 101 条の「カナダのための一つの一般的上訴裁判所」が照会制度を禁じているかについて、「この条項のもとで、カナダのための一つの一般的上訴裁判所の解釈は、必ずしもそのような管轄権の排除と関係するという結論に私は達することができない」とし、「『カナダのための一つの一般的上訴裁判所』という文言の含意が、当該機関によるそのような司法以上の機能（extra-judicial functions）の行使のあらゆる禁止を含むと私は考えない」とした[43]。その理由として、Duff 裁判官が、Fitzpatrick 首席裁判官や Davies 裁判官と同様に、英領北アメリカ法の前文の「連合王国の憲法と原理において同様」という文言に着目して、イギリス憲法の下では、「司法業務（the business of judicature）は、立法的、行政的、諮問的な、他の権限を与えられた機関や人々によって執り行われ、現に執り行われている」とし、イギリスにおける最上位の上訴裁判所が立法機関であることや高等法院（High Court of Justice）の権限のいくつかが実際に以前は大法官（Lord Chancellor）によって行使された行政権限であること、大法官が内閣の一員であり、常に広い行政権限を行使していること、少なくとも一例では高等法院が純粋な勧告的管轄権を行使することなどのイギリスの状況を説明したうえで、「その事実において、当裁判所が、伝統的なイギリスの諸概念に照らして、そのような職務の行使と必ずしも整合しない裁判所であるというものは何もない」としたことに加え、イギリスの大法官と貴族院について述べたことやイギリスの高等法院が上訴管轄権を行使していることなどを指摘したうえで、「これらのどの事例においても、立法的、行政的あるいは勧告的機能の行使が、それらの機能を行使する機関のその司法的特徴（judicial character）に抵触するとみなされていない」と考

---

42) *Ibid.* at 586-587.

43) *Ibid.* at 588.

えたことにある[44]。なお、Duff 裁判官は、他の多数意見を述べた裁判官とは異なり、明確には英領北アメリカ法 91 条の POGG 権限に触れていない[45]。

　Anglin 裁判官は、Fitzpatrick 首席裁判官や Davies 裁判官とは若干異なった理解を示す。Fitzpatrick 首席裁判官と Davies 裁判官は英領北アメリカ法 101 条によって照会制度を正当化できると考え、同法 91 条の POGG 権限はどちらかと言えば補充的なものであったと言える。しかし、Anglin 裁判官は、英領北アメリカ法 101 条やその前文から導くことは不十分であると考え、むしろ同法 91 条の POGG 権限に根拠を求める。まず、Anglin 裁判官は、法文上にも勧告のみと書かれていること、自治領内のあらゆる裁判所が照会の意見については無視して良いことなどから、英領北アメリカ法 92 条 14 号の「州内における司法の運用」には抵触しないとし、他の理由として、同法 91 条の POGG 権限を挙げる[46]。Anglin 裁判官は、「立法する責任がある議会は、平和、秩序および良き統治を促進するために予測される措置が何かを決定することが許される。その立法が、一方で州の排他的立法管轄権の領域に触れず、他方で最上位にある帝国立法との衝突あるいは従属国（a dependency）という本来的な条件から必然的に生じる制限を超えない場合、裁判所はその正当性を問題としない[47]」とし、照会制度についても、その制限を超えないとした。

　一方、反対意見を述べた裁判官は、Girouard 裁判官と Idington 裁判官である。

　Girouard 裁判官は、連邦政府が連邦の制定法あるいは他の連邦での諸問題の合憲性や解釈をカナダ最高裁に照会することは合憲であるが、照会の対象が単に州である場合に連邦政府がカナダ最高裁に照会することはできないとした。その際、Girouard 裁判官は、「このような事案において、当裁判所はカナダのための一つの一般的上訴裁判所として存在するのではなく、『1867 年英領北アメリカ法』101 条の『カナダの法の運用のためのさらなる裁判所』として存在する[48]」とし、「このさらなる裁判所は、カナダにおけるカナダのためのコモ

---

44) *Ibid.* at 588-589.
45) ただ、1912 年司法委員会照会において、「Duff、Anglin 両裁判官の意見は実質的に同趣旨であった」としている（*supra* note 9 at 574)。
46) *Supra* not 8 at 592.
47) *Ibid.* at 593.
48) *Ibid.* at 558.

ン・ローとエクイティの裁判所であり、この裁判所はただ勧告的であるだけである。その決定はだれも拘束しない[49]」とした。

Idington 裁判官は、まず、連邦政府による照会の提案に州政府が同意した照会事件はカナダ最高裁の管轄権内であることを認める[50]。しかし、多数意見が述べてきた英領北アメリカ法 101 条や同法 91 条の POGG 権限については、異なる考えを示す。Idington 裁判官は、英領北アメリカ法 101 条の「カナダの法のより良き運用のためのさらなる裁判所」について、「それは、カナダの法を運用するための裁判所に明確に制限されている。カナダの法とは何か。それがカナダ議会によって制定された法であることは明らかではないか。州の法を運用するようなことは、その文言の文字通りの意味を超えたことであることは明らかではないか、まさにその目的のために裁判所を構成するという州に割り当てられた排他的権限と矛盾することであるのは明らかではないか[51]」とし、同法 101 条と同法 92 条 14 号との関係をみて、同法 101 条の「カナダの法の運用」には州の法が含まれないことと、同法 92 条 14 条の「州内における司法の運用」と矛盾することを指摘した。また、英領北アメリカ法 91 条の POGG 権限について、Idington 裁判官は、英領北アメリカ法は POGG 権限から同法 101 条と 92 条 14 号に関する事項を黙示的に排除し、司法的特徴のあらゆるものを同法 101 条および 92 条 14 号に含めたとし、また、POGG 権限は同法 92 条によって州立法府に排他的に割り当てられた事項を明確に除外するとした[52]。それ以外に、アメリカ憲法との関係を指摘したうえで、Idington 裁判官は、「私たちが享受するそして私たちが享受することを意図された統治原理を維持するのなら、統治に関する立法機能、行政機能、司法機能は、分離したままでなければならない[53]」とし、非司法的職務（non-judicial duties）を正当に裁判所に課すことはできないことを示唆した。

---

49) *Ibid.*

50) *Ibid.* at 567.

51) *Ibid.* at 575.

52) *Ibid.* at 576–577.

53) *Ibid.* at 582.

カナダにおける照会制度と司法　**799**

2　1912年司法委員会照会

　前述したように、1910年代においては、カナダ最高裁の回答が得られた後でも、司法委員会に上訴することができた。1912年司法委員会照会もそれにあたる[54]。

　1912年司法委員会照会で、Loreburn伯爵（Earl Loreburn）は、「この最も重要な事案において生じた本質的な論点は、最高裁に課された法あるいは事実に関する質問を認め、枢密院における総督の要求に基づき質問に答えることをその裁判所の裁判官たちに要求する自治領議会のある法律が議会の権限内の正当な制定法であるかどうかである[55]」とし、1910年カナダ最高裁照会よりも明確に、照会制度を連邦議会が創設しうるのかという点を争点化している。しかし、Loreburn伯爵は、「この権限は、明確にも、曖昧な文言においても、英領北アメリカ法において言及されていない」とした。そこで、Loreburn伯爵は、主に3つの理由から州の主張を否認した[56]。

　一つ目の理由は、照会はイギリスにおいても行われていたことである[57]。Loreburn伯爵はカナダの照会制度がイギリスのものを採用したことに言及し、「全体的に見ると、裁判所が三四半世紀の間Crownによって投げかけられた質問に答える責任があることおよび裁判所が少なくとも不都合さと不穏当さが提示されることなくそれを行ったことが、もしカナダで試みられたときに同じことがその司法機能の破壊として非難されるのなら、奇妙だと思われる」とした[58]。

　二つ目の理由は、照会についてカナダ最高裁と司法委員会によって回答されていることである。Loreburn伯爵は、1875年から現在までの間に、カナダ最高裁が質問に答えてきたこと、そして、1875年から1912年の間、カナダ最高裁によって与えられた回答が司法委員会の上訴対象であり、カナダの法律がそ

---

54) 1912年司法委員会照会について、野上・前掲注23) 69-71頁、佐々木・前掲注21) 618頁、639頁参照。

55) *Supra* note 9 at 581.

56) これについては、野上・前掲注23) 70頁、佐々木・前掲注21) 618頁を参考にした。

57) *Supra* note 9 at 585-586.

58) *Ibid.* at 585. また、この点、McEvoyは、「その委員会（The Board）が連邦国家の管轄という懸案事項を避け、『司法的特徴』についてのDuff裁判官の論拠を決定的に重要なもの（decisive importance）に引き上げた」と指摘する（McEvoy, *supra* note 25 at 438)。

のような上訴を検討する権能を司法委員会に与えてきたこと、司法委員会が司法裁判所の独立性や特徴によるものから逸脱したものであるとも考えていなかったことなどから[59]、「その状況は、訴訟でなく質問に答えることを裁判所に要求することが、英領北アメリカ法と矛盾し、正義を破壊するという見方にとても強く不利にはたらく[60]」とした。

　三つ目の理由は、ほとんどの州が連邦と同様の照会制度を設ける法律を制定していたという事実である。そして、Loreburn 伯爵は、州における照会制度が有効で連邦における照会制度が正当ではないというのは奇妙なことであると考え、また、司法裁判所に照会への回答義務を課すとき、実際には司法裁判所が司法裁判所であることをやめるという、一般的な理由に基づき、連邦法と州法のどちらも権限踰越であるということになるが、この結論は採れないと考えた[61]。そのうえで、Loreburn 伯爵は照会における「その回答は、勧告のみであり、その法務官（law officers）の意見以上の効果を持たない」とし、照会制度の是非は、カナダ議会の政策について意見を述べることであり、それはカナダの人々の問題であり、司法委員会には関係がないとした[62]。

3　小括

　1910 年カナダ最高裁照会では、イギリスの憲法原理との類似性（英領北アメリカ法の前文）やイギリスとカナダの照会の実践、英領北アメリカ法 101 条の「カナダのための一つの一般的上訴裁判所」および「カナダの法のより良き運用のためのさらなる裁判所」という規定、POGG 権限などを基に、照会で出された回答への拘束性がないこと、勧告のみであることを強調したうえで、照会制度が合憲であることが確認された。

　また、1912 年司法委員会照会は、照会がイギリスでも行われていたこと、照会について司法委員会とカナダ最高裁で繰り返し質問に答えてきたこと、連邦と同様に照会制度を州も設けていることから、照会制度が合憲であることが

59）*Supra* note 9 at 587-588.

60）*Ibid.* at 588.

61）*Ibid.*

62）*Ibid.* at 589.

確認された。その際、前述したように、1912年司法委員会照会が、「その回答
は、勧告のみであり、その法務官の意見以上の効果を持たない」としているこ
とが照会制度を正当化するには重要であった。

Ⅳ 1982年カナダ憲法制定後

1 1982年カナダ憲法下における照会制度の合憲性

前述のように、1982年に人権規定を含む1982年カナダ憲法が制定され、英
領北アメリカ法は1867年カナダ憲法となった。そして、1998年、ケベック州
の分離について問題になった照会事件であるReference re Secession of
Quebec（以下、「ケベック分離照会」という）[63]において、カナダ最高裁で、再び、
照会制度の合憲性が問われた[64]。現在、照会制度を定めた規定は最高裁判所法
53条であるが、この合憲性について、カナダ最高裁は、1910年カナダ最高裁
照会と1912年司法委員会照会の「2度、当裁判所の特定的管轄権（special
jurisdiction）の合憲性が維持された」ことを確認したうえで、「1912年以後、当
裁判所の役割における重要な変化、そして本件照会において生じた重要な争点
の観点から、当裁判所の照会裁判権の憲法上の正当性を簡潔に再検討すること
は相応しい」として、その再検討を行った[65]。

カナダ最高裁は、最高裁判所法3条からカナダ最高裁がカナダのための「一
つの一般的上訴裁判所」および「カナダの法のより良き運用のためのさらなる
裁判所」として設置されたことを指摘し、この2つの役割が1867年カナダ憲
法101条において列挙された権限の2つの項目に対応するとし、その101条に
いう「カナダの法」は連邦の法および制定法のみからなることを指摘し[66]、「結
果として、101条に含まれた『さらなる裁判所』という文言は、最高裁判所法

---

63) ［1998］2 S. C. R. 217.

64) 本照会の他の論点については、佐々木雅寿「カナダにおける憲法変動とカナダ裁判所の役割」憲
　法問題28号（2017年）82-85頁に詳しい検討がなされている。また、髙木康一「憲法解釈とデモク
　ラシー」専修大学法学研究所紀要42号（2017年）31頁（特に、44-50頁）参照。

65) *Supra* note 63 at para 6.

66) その際、カナダ最高裁は、Quebec North Shore Paper v. C.P. Ltd.（［1977］2 SCR 1054 at 1064-
　1065）を参照する。

53条において創設されたその特定的管轄権の根拠とするには不十分なもの」であるとし、最高裁判所法「53条は、それゆえに、カナダのための『一つの一般的上訴裁判所』を創設するための議会権限に従って制定されたものとして理解されなければならない」とした[67]。そして、最高裁判所法53条は、カナダ連邦議会の権限内のものであり、「一つの一般的上訴裁判所」の構成と組織に関する立法であるとし、「53条は、2つの主要な特徴によって定義される。それは、当裁判所における第一審管轄権（original jurisdiction）を確立することと勧告的意見を言い渡すよう当裁判所に義務を課すことである。それゆえ、53条は、⑴一つの『一般的上訴裁判所』が第一審管轄権を適切に行使し、⑵一つの『一般的上訴裁判所』が、勧告的意見の言い渡しというような、他の法的機能を適切に引き受ける場合のみ、憲法上正当なものである」とした[68]。そして、カナダ最高裁は、上訴裁判所が第一審管轄権を行使することについておよび勧告的機能（advisory functions）について検討する。

　まず、第一審管轄権について、1867年カナダ憲法101条の「『一般的上訴裁判所（general court of appeal)』」という文言は、国家の裁判機構内で、当裁判所の地位を示すものであり、当裁判所の諸機能の制限的な定義としてとられるべきではない」[69]とし、イギリスの上訴裁判所やアメリカ最高裁、カナダの若干の上訴裁判所が第一審管轄権を行使していること、一般的上訴裁判所を設置する議会の権限は十分なもの（plenary）であり、同法92条14号における司法の運用を統制する州の権限に優先することを理由に、第一審管轄権を正当なものとしている[70]。

　また、勧告的機能について、カナダ最高裁は「アメリカ最高裁は、そのような明確な権限（express power）がアメリカ合衆国憲法に含まれていないために勧告的意見を言い渡すことができないと結論付けたわけではなかった。全く逆で、この結論は、現実の『事件』あるいは『争訟』（actual "cases" or "controversies"）に連邦裁判所の管轄権を制限しているアメリカ合衆国憲法3条2節におけるそ

---

67)　*Supra* note 63 at para 7.
68)　*Ibid*. at para 8.
69)　*Ibid*. at para 9.
70)　*Ibid*. at paras10-11.

の明確な制限（express limitation）に基づいていた」とし、「この条項［アメリカ合衆国憲法3条2節］は、アメリカの連邦憲法制定における厳格な権力分立を反映している」とした[71]。次に、ドイツやフランスなどにおける抽象的違憲審査について述べるとともに、欧州司法裁判所、欧州人権裁判所、米州人権裁判所でも勧告的意見を言い渡す管轄権を享受していることなどを挙げ、「裁判所が、その性質によって、その司法的職務と協調して、もう一つの法的機能を引き受けることから本来的に排除されるということを結論付けるもっともらしい根拠はない」とした[72]。加えて、カナダ最高裁は、「カナダ憲法は、厳格な権力分立を要求していない。議会と州立法府は裁判所に他の法的機能を適切に与えることができ、裁判所ではない機関に一定の司法機能を与えることができる」とし、「たとえ勧告的意見を言い渡すことが当事者主義的訴訟（adversarial litigation）の枠組みの外でかなり明らかになされ、そして、行政部がそのような意見をその内閣（Crown）の法務官から伝統的に得ているとしても、そのような勧告的役割を引き受けるための管轄権の当裁判所による受け入れへの憲法上の妨げはない。それゆえ、最高裁判所法53条に創設された照会裁判権の立法による付与は、憲法上、正当である」とした[73]。

　ケベック分離照会において確認すべきことは、権力分立との関係であろう。1867年カナダ憲法には、一般的な「権力分立」がないと言われている[74]。Peter W. Hoggによれば、1867年カナダ憲法は「立法機能、行政機能、司法機能を分離しておらず、統治の各部門が『その固有の』機能だけを行使することを要求していない[75]」とされる。権力分立について明示的に意見を述べたのが1910年カナダ最高裁照会のIdington裁判官の反対意見くらいであり、例えば1910年カナダ最高裁照会におけるDuff裁判官の意見を見ると、確かに権力分立についての意識は希薄に感じられる。そのことからすれば、ケベック分離照会でカナダにおける権力分立の要請はアメリカのそれに比して強くないことが示さ

---

71) *Ibid.* at para 13. カナダ最高裁は、Muskrat v. United States（219 U.S. 346（1911））を参照している。

72) *Ibid.* at para 14.

73) *Ibid.* at para 15.

74) Hogg, *supra* note 16 at 219.

75) *Ibid.*

れたことは、注目すべき点といえる。

　また、ケベック分離照会では、イギリス法の伝統という見方から照会制度を正当化する論理はとっていない。むしろ、諸外国の状況などに言及し、より広い視野から照会制度の合憲性を論じるように変化している。

　ただ、一貫しているのは、憲法上明確な禁止がないから照会制度が認められるということと、照会における「その回答は、勧告のみであり、その法務官の意見以上の効果を持たない」（1912年司法委員会照会）ということであろう。

2　検討

　ここまで、カナダ最高裁の誕生および初期の照会制度と照会制度の合憲性についてみてきた。イギリスの植民地であったことからイギリス法を継受して発展してきたカナダは、1910年カナダ最高裁照会や1912年司法委員会照会を見[76]てもその影響が大きくあらわれている。そして、そのような歴史を辿り、照会制度は現在もなお生き続けている。その際、消極的な理由づけではあるものの、憲法上禁止されていないことと勧告のみであることは、照会制度の合憲性を承認する方向へと働いた。

　また、権力分立について、1910年カナダ最高裁照会の多数意見と1912年司法委員会照会では、それほど意識されていなかった。それは、前述したように、1867年カナダ憲法には一般的な「権力分立」がないと考えられていることや議会主権の伝統というものも影響を与えていると思われる。そして、ケベック[77]分離照会では、アメリカのような厳格な権力分立を採らないことを示すことで、照会制度の合憲性を導いた。この点、確かに、照会制度をとる場合に、権力分立をどのように理解するかというのは重要な論点の一つにはなり得るし、司法権の行使とはいえない照会を権力分立の観点からどのように捉えるべきかは難しい問題である。ただ、ケベック分離照会で問題となっているのは、あくまで[78]も「司法」との関係であることには留意すべきである。つまり、アメリカにお

---

76) この点、鈴木敏和「カナダ法の形成とカナダ最高裁判所」立正法学7巻1～4号（1974年）7-28頁、同「カナダ法における先例拘束」立正法学8巻3・4号（1975年）1-22頁、同「カナダ法における英国枢密院先例の展開と後退」立正法学9巻3・4号（1976年）1-21頁参照。

77) 佐々木・前掲注21）639頁。

ける「厳格な権力分立」をカナダ最高裁が述べているのは、アメリカ合衆国憲法における司法権の行使として「明確な制限」があることを示すものであり、またカナダ最高裁が「厳格な権力分立」をとらないことから導いたのは、「議会と州立法府は裁判所に他の法的機能を適切に与えることができ、裁判所ではない機関に一定の司法機能を与えることができる」という司法との関係であった。そのように考えれば、むしろ、憲法による「明確な制限」が存在しないことが重要な点であったとみることができる。そのことは、ケベック分離照会の判決文中において「明確な権限」と「明確な制限」という部分について下線で強調し、さらに、カナダ最高裁が、アメリカ合衆国憲法における厳格な権力分立を述べた後に、「『事件あるいは争訟』という制限がアメリカ合衆国の各州憲法から除かれる場合には、アメリカの州の裁判所のいくつかは実際に勧告的機能を引き受けている（do undertake）[79]」としている点にもあらわれているように思われる。なお、1982 年カナダ憲法が制定されたことの影響もあり、現在では、議会主権の伝統は後退している。この点、議会主権の伝統と違憲審査という 2 つの側面を考えなければならないながらも、議会主権の伝統の後退は司法積極主義という形でも現れていると思われる[80]。そして「確かに照会事件の件数自体少ないものの、こうした照会制度の存在も、最高裁による憲法判断傾向を増加させる要因として機能してきた[81]」ものと考えられる。

　最後に、照会の拘束性について若干述べる。照会制度は勧告のみで法的に拘束はしない。しかし、「今日では、照会事件は通常の争訟事件と同様の方法で審理され、その意見は十分な理由に基づき、争訟事件の判決と同等の質を有し

---

78) また、日本との関係で考える場合に、佐々木雅寿「勧告的意見の可能性」高見勝利＝岡田信弘＝常本照樹編『日本国憲法の再検討』（有斐閣、2004 年）323-341 頁、山元一＝蟻川恒正「司法権」辻村みよ子編著『ニューアングル憲法』（法律文化社、2012 年）355 頁〔山元一〕など参照。さらに、世界の司法制度と違憲審査について、辻村みよ子『比較憲法〔第 3 版〕』（岩波書店、2018 年）183-208 頁参照。

79) *Supra* note 63 at para 13. なお、do の下線は、フランス語版では effectivement の部分にある。

80) カナダにおける司法積極主義について、河北洋介「カナダにおける司法積極主義──性的指向関連判例を素材にして」GEMC journal 第 3 号（2010 年）94-109 頁、手塚崇聡「カナダにおける違憲審査制度の特徴と司法積極主義」比較憲法学研究 28 号（2016 年）77-101 頁など参照。

81) 手塚崇聡『司法権の国際化と憲法解釈：「参照」を支える理論とその限界』（法律文化社、2018 年）129 頁。

ていると解され、先例として扱われている[82]」とされる。ただ、現在でも「その回答は、勧告のみであり、その法務官の意見以上の効果を持たない」（1912年司法委員会照会）という理解は、政治的な局面では有益であるようにも思われる。

　例えば、同性婚を承認することは政治的に対立する問題の一つであった。そして、カナダでは、同性婚を承認するため、照会を行った[83]。ここで勧告との関係を考えたときに、興味深いことは、「照会による決定は、専門的には違うが、一般に、司法判決として取り扱われるけれども、政府は、裁判所の拘束しない『勧告』を求めていることを強調した[84]」ということである。確かに照会は先例として裁判所を拘束するものであるとしても、また政府にも実際には事実上の拘束がはたらくとしても、政府からすれば、あくまで勧告であるということが、政策的な選択肢を排除しないまま法的な相談ができるという点で、困難で対立が大きい問題であればこそ重要な要素にはなる。さらに、政策についての憲法上の正当性を確認できる点でも、有益な手段であるといえる。もっとも、照会は政治的局面で問題になることを裁判所に聞くという政治的特徴から、政府が裁判所に責任を押し付ける面や政治的に困難な問題を扱うための裁判所の能力と正当性についてなど[85]、疑義が出される。それでも、政治的争点のうち、法的な部分について一定の回答を提示することで、政治的争点の法的な部分に関する憲法上の問題点が明らかになるのは、あくまで裁判所としての役割を果たすものといえよう[87]。

---

82) 佐々木・前掲注6) 32頁。

83) Reference re Same-Sex Marriage（[2004] 3 SCR 698）. またこの照会について、榎澤幸広「同性婚容認判決——婚姻法照会」谷口洋幸＝齊藤笑美子＝大島梨沙編著『性的マイノリティ判例解説』（信山社、2011年）186頁、河北洋介「カナダにおける同性婚の承認(1)」名城ロースクール・レビュー32号（2015年）1頁参照。

84) Matthew Hennigar, "Reference re Same-Sex Marriage: Making Sense of Government's Litigation Strategy" in James B. Kelly and Christopher P. Manfredi eds., Contested Constitutionalism: Reflections on the Canadian Charter of Rights and Freedoms（Vancouver; UBC Press, 2009）at 222.

85) Kate Glover Berger, "The Impact of Constitutional Reference on Institutional Reform" Emmett Macfarlane ed., Policy Change, Courts, and Canadian Constitution（Toronto, Buffalo and London; University of Toronto Press, 2018）at 127. また、照会制度の利点および欠点について、佐々木・前掲注6) 32-35頁。

86) *Ibid.* at 132-135.

V　おわりに

　カナダはその始まりのときから、ケベックの問題など現代のカナダと繋がる問題をもって誕生した。「連邦結成の歴史的意義は、今日の連邦国家カナダを構成する内政面での制度的枠組みがほぼ確立して独立への最も重要な一歩を画すと同時に、現代の『カナダ問題』すべての原点を抱え込んだ点にあると理解されるべきであろう[88]」という指摘は、かなりの説得力をもっているように感じられる。

　連邦結成からまもなくカナダ最高裁が創設され、同時に照会制度が設けられた。そして、歴史的に蓄積されたものを時には時代に順応させつつ、カナダにおける様々な憲法上の争点の解決に、また、憲法解釈の発展に、大きな役割を照会制度は果たしてきた。そうした営みのなかで、今のカナダ憲法の輪郭が作り出されていった面も大きい。そして、現在、「カナダ憲法のグローバルな重要性[89]」を考えるようになったことは、カナダが憲法の「普遍性」を語る意味においても、重要性が増しつつあることを示しているのかも知れない。

　本稿では、照会制度の合憲性に関する照会事例のみで他の重要な照会事件などについて扱うことがほとんどできなかった。それらについては、今後の課題としたい。

（かわきた・ようすけ　名城大学准教授）

87）照会制度の下で、裁判所が質問に答えないための裁量を行使することがある。この点、McEvoy, *supra* note 25、Hogg, *supra* note 16 at 256-259 参照。また、佐々木・前掲注78）327 頁は、「照会制度の司法化の歴史は、抽象的違憲審査の要素を多く含んだ照会制度を司法裁判所の判断になじみやすい形態のものへと変化させ、司法裁判所が抽象的で独立的な違憲審査を行う場合の問題点を克服するための歴史として理解できる」とする。

88）木村・前掲注12）211 頁。

89）Richard Albert, "The Values of Canadian Constitutionalism" in Richard Albert and David R. Cameron eds., Canada in the World: Comparative Perspectives on the Canadian Constitution (Cambridge: Cambridge University Press, 2018) at 1.

第5部　比較憲法・グローバル憲法

EU 離脱問題後のイギリス憲法学における
政治的憲法論

——その意義と課題、そしてその行方を注視する意味

愛敬浩二

I　民主主義憲法学の日英比較という問題意識

　EU 離脱国民投票（2016 年 6 月 23 日）でイギリス国民は、大方の予想を覆して離脱を選択し（離脱 51.9％、残留 48.1％）、世界に衝撃を与えた。[1] 若手憲法学者のロバート・ブレット・テイラーは、EU 離脱問題（Brexit）後のイギリスの憲法状況について、次のように論じている。

　　EU 離脱と最高裁が最近出した Miller 判決によって、イギリス憲法は前例のないかたちで公の吟味の対象とされることとなった。その結果として、イギリス憲法とその教義についてより深く理解したいとの切望が広がっている。しかし、その漸進的性格ゆえに法典化も特別保障もされていないので、イギリス憲法は高度に論争的なものになっている。そのため、イギリス憲法の意義をめぐる論争状況を完全に把握するためには、イギリス立憲主義の競合するモデル——法的立憲主義、コモン・ロー立憲主義、政治的立憲主義——をまず理解することが不可欠である。[2]

　テイラーによれば、①法的立憲主義とは、イギリスの立法主権のシステムに対抗するものとして発展してきた立憲主義であり、硬性の憲法典と何らかの違憲審査制の採用を提唱する。②コモン・ロー立憲主義とは、コモン・ローの再

---

1)　菅野幹雄『英 EU 離脱の衝撃』（日本経済新聞出版社、2016 年）15-29 頁。国民投票の政治的背景については、今井貴子「分断された社会は乗り越えられるのか」世界 2016 年 9 月号 156 頁以下が参考になる。

解釈によって硬性憲法の制定等を経ることなく、法的立憲主義の基底的目的を達成しようとする立場である。①と②は国会主権の原則に固執する従来のイギリス憲法理解を批判するが、③政治的立憲主義は国会主権の原則をイギリス憲法の強みとして評価する。ちなみに、私もこれまで、トニー・ブレア首相の下で始動した「憲法改革」以降のイギリス憲法理論の動向を鳥瞰するため、国会主権を擁護する議論を「政治的憲法論＝民主主義派」、国会主権を批判し、司法審査の活性化や違憲審査制の導入を支持する議論を「法的憲法論＝立憲主義派」と呼んで、有力な学説を整理してきた。なお、テイラーの分類における①と②の差異を意識しつつも、それらを法的憲法論の細分類としてきたのは、イギリスにおける憲法学説の分岐を、日本憲法学でも広く受け入れられている「立憲主義と民主主義の相剋」という問題と関連させて分析・評価することが、比較憲法学の観点から有意義であると考えているからである。

　ところで、私はある小論において、イギリス憲法学における政治的憲法論の動向との関係で、日本憲法学における人民主権論の意義と課題を展望したことがある。本秀紀も指摘するとおり、「グローバル資本主義が猛威をふるい、世界大の著しい格差と国内の格差社会化が二重写しになった現在」、民主主義憲法学の「鍛え直し」は日本においても真剣に取り組むべき課題となっており、イギリス憲法学における政治的憲法論の「苦闘」から、人民主権論の意義と課題を検証することにも一定の意味があるのではないか、というのがそこでの問

---

2)　Robert Brett Taylor, "The Contested Constitution" [2018] *Public Law*, p. 500. イギリス公法の教科書の中にも、法的立憲主義と政治的立憲主義の対抗関係について概説しているものがある。Andrew Le Sueur *et. al., Public Law: Text, Cases and Materials* (2nd edition, Oxford University Press, 2013) pp. 40-50. 同書は本稿で検討するキース・ユーイングを、政治的憲法論の代表的論者として位置付けている。*Ibid.*, p. 41.

3)　Taylor, *supra* note 2, pp. 501-517.

4)　愛敬浩二『立憲主義の復権と憲法理論』（日本評論社、2012 年）55-65 頁。なお、イギリスにおける法的憲法論と政治的憲法論の対抗関係を「立憲主義と民主主義の相剋」という問題と関連させて分析する拙論に対しては、戒能通厚からの厳しい批判がある。同著『イギリス憲法』（信山社、2017年）447-448 頁の注（107）、467 頁。戒能の批判に対する当面の応答として参照、愛敬浩二「イギリス憲法研究の課題とコモン・ロー」水林彪＝吉田克己編『市民社会と市民法』（日本評論社、2018年）359 頁以下。

5)　愛敬浩二「イギリス憲法学における政治的憲法論の行方」全国憲法研究会編『日本国憲法の継承と発展』（三省堂、2015 年）158 頁以下。

6)　本秀紀『政治的公共圏の憲法理論』（日本評論社、2012 年）1-2 頁。

題意識であった。その際、検討の対象として取り上げたのが、杉原泰雄の人民主権論を主に憲法解釈論のレベルで「継承・再生」しようとする辻村みよ子の「市民主権論」である。小論の結論は、「人民主権論を憲法解釈論のレベルで洗練させていくこと」は、民主主義憲法学の「鍛え直し」との関係での人民主権論の「学問的遺産」を相対化することになりはしないかという疑問の提示であった[7]。

本稿では、小論での問題意識の延長線上で、EU 離脱というイギリス憲法の根幹に関わる政治変動を踏まえて、国会主権をめぐる議論状況にも配慮しつつ、イギリス憲法学における政治的憲法論の意義と課題に関して若干の考察を行う。ただし、紙幅の都合もあり、様々な論者の議論を取り上げて政治的憲法論の意義・課題・行方を総体として検討することはできない[8]。本稿が主にキース・ユーイングの憲法学説を検討するのは、「民主主義憲法学の日英比較」という問題意識との関係で、特に興味深い研究対象であるとの判断に基づく。以上の問題意識と関連して、辻村が1990年代以降の欧米における「主権論の再登場」と日本における「主権不要論」を対照させた上で、比較憲法学の見地から日本の議論状況を問題視する議論をしていたことに注目したい[9]。とりわけ、本稿が注目するのは、辻村がこの問題を論ずる際の、イギリス憲法（学）の状況の評価である。

II 欧米における「主権論の再登場」とイギリスの国会主権論

辻村みよ子によれば、「欧州統合にゆれるヨーロッパでは、欧州連合条約による国家主権の制限が政治課題となり、主権論の再検討が緊急課題となった」。「イギリスやドイツに比して、たしかにフランスの議論は主権に拘泥する傾向

---

7) 愛敬・前掲注5）165-167 頁。
8) 当初の計画では、国会主権の原則を規範的な民主主義論によって再定位しようとするマイケル・ゴードンの国会主権論も検討の対象とする予定であったが、今回は断念せざるをえなかった。今後の課題としたい。Michael Gordon, *Parliamentary Sovereignty in the UK Constitution* (paperback edition, Hart Publishing, 2017). ちなみに、ゴードンの国会主権論は早くも、政治的憲法論の重要な研究成果として評価されている。Taylor, *supra* note 2, pp. 516-517.
9) 辻村みよ子『市民主権の可能性』（日本評論社、2002 年）72-75 頁。

が強く」、「フランスにおける主権論の再燃は、ヨーロッパ諸国のなかでも突出している」ことを辻村は認めつつも、ドイツ、イギリス、アメリカにおいても「主権論の再登場」として評価すべき理論動向が確認できるので、「ドイツの主権論がネガティヴな傾向にあり、イギリスでは国会主権原則が凋落し、アメリカでは主権論が存在しない、等の理由から、日本の憲法学界において主権論の意義を否定するような議論」をするのは妥当でないと論じている[10]。

辻村が「イギリスの国会主権論凋落に依拠する議論」として言及したのは、中村民雄の著作『イギリス憲法と EC 法』である[11]。中村は同書において、①国会主権の原則と②EC 法の優位性の対立という問題構成の下でイギリスの判例・学説を詳細に検討し、①の凋落を確認した上で、②の憲法原則からイギリス憲法を体系的に理解・評価するべきとの問題提起を行った[12]。一方、辻村は、「1990 年代後半に、主権を直接のテーマにする文献が数多く出版されている」ことに注目し、何人かの論者の議論を紹介・検討する[13]。辻村が最後に取り上げたのが、ジェフリー・ゴールズワージーの著作である[14]。辻村はゴールズワージーの議論を、「国会主権原則の今日的意義を問う検討にとどまらず、立憲主義のあり方を問う視座の広い検討」を行う「イギリスの議論の主流」に位置付けた上で、「立憲主義と民主主義の相剋について新たな問題提起がなされているアメリカ」の検討へと橋渡しをするのである[15]。

イギリス憲法学界では 2000 年代以降も、（国会）主権を「直接のテーマ」にする重要な研究成果が公刊されているし[16]、後述するとおり、EU 離脱問題の下

---

10) 同上書 72、75、105 頁。

11) 同上書 73 頁。

12) 中村民雄『イギリス憲法と EC 法』（東京大学出版会、1993 年）257-265 頁。

13) 辻村・前掲注 9) 94 頁。

14) Jeffrey Goldsworthy, *The Sovereignty of Parliament* (Oxford University Press, 1999).

15) 辻村・前掲注 9) 97 頁。

16) 単著のみ挙げても、Gordon, *supra* note 8 の他に、Alison L. Young, *Parliamentary Sovereignty and the Human Rights* (Hart Publishing, 2009); Jeffrey Goldsworthy, *Parliamentary Sovereignty* (Cambridge University Press, 2010) 等がある。大陸ヨーロッパ諸国の Public Law 論をイギリス憲法学に導入しようと試みる Martin Loughlin, *Foundations of Public Law* (Oxford University Press, 2010) も「主権論の再登場」との関係で注目すべき研究成果といえよう。ラフリンの Public Law 論の概要と特徴については、愛敬浩二「通常法と根本法」長谷部恭男編『岩波講座・現代法の動態 1 法の生成／創設』（岩波書店、2014 年）47 頁以下を参照。

でも国会主権は重要な政治的争点となっている。ただし、中村の「凋落論」と辻村の「再登場論」は、議論の局面を異にしていることに注意が必要である。というのも、中村が問題にしているのは、イギリス憲法論議に特有なものとしての国会主権の原則の凋落であり、中村は判例・学説におけるその動向を肯定的に評価する一方、従来の議論枠組みに固執すると、EU 統合の下で変容するイギリス憲法の実像を捉えられなくなるとの問題提起を行ったのである。では、中村が問題にした国会主権の原則とはいかなるものか。中村自身による簡潔な説明を引用しておこう（①～③は論述の便宜上、引用者が付したもの）。

　　ダイシーが説き、イギリスの裁判所もそれをコモン・ロー憲法の適切な叙述と認めてきた「国会主権の原則」によれば、①国王・貴族院・庶民院の三者からなる国会だけが、つねにどの会期においても法的に無制限の立法権をもち、また国会以外の何人も（ゆえに裁判所も）、国会の立法を無効としたり適用を拒否したりできない。したがって、②国会の通常の制定法よりも上位の法は想定されず、国会の制定法は同位である。③どの会期の国会も法的に無制限の立法権をもつので、前の国会は後の国会を拘束できない。そこで、制定法間に抵触があるときは、後の国会の立法（後法）が前の国会の立法（前法）を、明示的にも黙示的にも抵触する範囲で改廃するものとされてきた。（とくに後法が前法を黙示的に覆せる点が、EU 法の受容において問題となっていく。[17]）

　中村によるこの説明は、国会主権の原則に関する「伝統理論」の主張内容をまとめたものである。そこで、考察の便宜上、伝統理論に対抗する「新理論」の主張内容も確認しておこう。[18] 国会主権の原則は、④国王・貴族院・庶民院の三者で構成された国会が、⑤単純多数決によってあらゆる内容の法律を制定できるという原則である。しかし、ある国会が④と⑤を変更した場合（たとえば、④について王制や貴族院の廃止、⑤について特別多数決の導入）、後の国会は変更後の国会の構成・手続に従って立法をすることになる（裁判所も変更後の構成・手続に従って国会制定法か否かを判定する）。この場合、後の国会の立法は前の国会の立法に拘束されることになり、前述した伝統理論の主張③は、国会構成と立法手続（立法の態様と方式）については修正されるべきことになる。新理論が、

---

17) 中村民雄「EU の中のイギリス憲法」早稲田法学 87 巻 2 号（2012 年）326-327 頁。

18) 伝統理論と新理論のそれぞれの論者の主張内容と対立点については、伊藤正己『イギリス法研究』（東京大学出版会、1978 年）206-241 頁、中村・前掲注 12) 33-74 頁を参照。

「態様・方式理論 manner and form theory」と呼ばれるのもそのためである。

中村の説明にある国会主権の原則の①〜③のすべてについて、1990年前後の一連のFactortame判決において見直しが行われたと一般に理解されている[19]。伝統理論の重鎮であったH. W. R. ウェイドが、Factortame判決によって「法的革命が生じた」と論じたのも、そのためである[20]。また、N. W. バーバーが「死後の国会主権」と題する論稿の中で、「国会主権は1991年にイギリス憲法の特徴であることを止めた」と断じているのも、同様の理由からである。バーバーは、「イギリスの憲法学者が出会うと、国会主権の問題を論じ始めることが多い」けれども、「私たちがこれからも国会主権に関心を集中し続けることは有害である。なぜなら、国会主権は、私たちが憲法改革の問題について出すべき解答を捻じ曲げ、現在のイギリス憲法の重要な特徴から私たちの関心を逸らすからである」と述べている[21]。バーバーのこの主張は、中村の「凋落論」の問題意識と同様のものであろう。

では、Factortame事件の後で、国会主権の原則を議論し続けることに意味があるのか。バーバーの回答は「否」である。「国会主権は国会や選挙民に対する保護を与えない。それは憲法学者を楽しませるパズルを提供する[22]」。バーバーの発言と比べて、マーク・エリオットの論評は穏当ではあるが、的を射ているように思われる。彼はこう論ずる。「国会は主権的か？」という問いに対して明確な答えを出すことはできない。この状況は知的にはいらいらさせられるものかもしれないが、実際上の問題としては重要ではない。重要なのは、専ら法的レンズを通して国会の権限を見ると、不完全で誤解を招くイギリス憲法像を不可避的に導き出すことである[23]。イギリスの憲法学者による国会主権の原

---

19) Factortame事件に関する一連の判決の概要とその意義については、中村・前掲注17) 331-334頁の簡潔な説明を参照。

20) H. W. R. Wade, "Sovereignty: Revolution or Evolution ?" *Law Quarterly Review*, vol. 112, pp. 568-575 (1996).

21) N. W. Barbar, "The Afterlife of Parliamentary Sovereignty" *International Journal of Constitutional Law*, vol. 9, p. 144 (2011).

22) *Ibid.*, p. 148.

23) Mark Elliott, "The Principle of Parliamentary Sovereignty in Legal, Constitutional, and Political Perspective" in *The Changing Constitution*, eds. by Jeffrey Jowell *et al.* (8th edition, Oxford University Press, 2015) p. 65.

則に関する精緻で難解な法解釈論に興味が持てなかった私としては、エリオットの指摘を心から歓迎するが、従来の国会主権論に対する論評として私が最も共感しているのは、ポール・クレイグによる次の指摘である。クレイグによれば、ウェイドの国会主権論は、国会の全能性を規範的に正当化するべく企図された原理に基づく議論（ダイシーまでのイギリスの国会主権論議はそのような性格のものであったことをクレイグは強調する）を無視している点に問題がある。国会主権は規範的正当化論を必要とするが、だからといって、国会の全能性（立法主権）の否定を帰結するとは限らない。なぜなら、国会主権の原則を規範論のレベルで正当化する刺激的な議論が存在するからである。その際、クレイグが挙げる論者が、ジェレミー・ウォルドロン、リチャード・ベラミー、そして、辻村も注目したゴールズワージーである[24]。

　以上の考察をまとめておこう。イギリス憲法の現状を法的に把握する上で、中村の「凋落論」の視点は重要であり、たとえイギリスにおいて主権論議が盛況であるとしても、その意義が失われるものではない。一方、ゴールズワージーの国会主権論は政治的憲法論の有力説として位置付けられているし[25]、ゴールズワージー自身、コモン・ロー立憲主義の考え方を厳しく批判している[26]。よって、冒頭で引用したテイラーの指摘が妥当であるならば、辻村の「再登場論」は、EU 離脱国民投票後の憲法政治・憲法論議の動向を分析する上でも一定の意義があることになろう。ともあれ、ここで確認しておきたいのは、イギリス憲法は客観的（学問的）な認識の対象であるだけではなく、政治的な解釈（再構築）の対象であり、実践的な働きかけの対象でもある、ということである。

Ⅲ　EU 離脱国民投票後の憲法政治と憲法論議

　本節では、EU 離脱問題後の政治的憲法論の意義と課題を考えるための準備

---

24) Paul Craig, "Public Law, Political Theory and Legal Theory" [2000] *Public Law*, pp. 211-224, 228-230.

25) Jo Eric Khushal Murkens, "Democracy as the Legitimating Condition in the UK Constitution" *Legal Studies*, vol. 38, p. 49 (2018);

26) Goldsworthy, *supra* note 16, pp. 79-105.

作業として、EU 離脱国民投票後の憲法政治と憲法論議を概観する。EU 離脱国民投票において離脱派が勝利したことについては、様々な要因について分析する必要があろうが、イギリス憲法（学）との関係では、（国会）主権の観念が離脱派の主要なイデオロギーであったことに注目せざるをえない。国会主権の原則を規範的に正当化する論客として注目されているマイケル・ゴードンは、EU 離脱国民投票のキャンペーンの間に国会主権は「使い捨てのレトリック」にまで落とされたと批判しながらも、国会主権がイギリス憲法の最も重要な原理であるとの理解が、離脱派による国会主権の「誤用・濫用」を容易にした原因であることは認めている。

　EU 離脱国民投票での敗北の責任をとって首相を辞任したデヴィッド・キャメロンの後を受けて、テリーザ・メイ内務大臣が首相に就任した（2016 年 7 月 13 日）。メイ首相は、2017 年 3 月末までに EU に「離脱通知」を行うと表明してきた。EU の基本条約であるリスボン条約によると、この通知をもって離脱協議が正式に始まることになるが、イギリスの高等法院は 2016 年 11 月 3 日、政府が離脱通知をする際には、新たな立法のかたちでの国会の承認が必要との判決を出した。政府は最高裁に上訴し、「条約への加入と条約からの脱退は国王大権の対象である」から国会承認は不要であると主張したが、最高裁の多数意見はこれを斥け、離脱通知によって EU 離脱のプロセスが開始するのであり、EU 離脱によってイギリス国民の制定法上の権利が影響を受ける以上、離脱通知をする際には新たな立法による国会の承認が必要であると判示した（2017 年 1 月 24 日）。この判決が、冒頭で引用したテイラーも言及する Miller 判決である（以下では、この最高裁判決を「Miller 判決」と呼ぶ）。

　柳井健一は、Miller 判決を「イギリス憲法の本質にも関わりうる重要な最高裁判所判決」と評価し、「後の時代になってから、この判決の意義は、イギリ

---

27) Geoffrey Evans & Anand Menon, *Brexit and British Politics*（Polity Press, 2017）pp. 54-57.

28) Gordon, *supra* note 8, p. vii.

29) Michael Gordon, "Brexit: a Challenge *for* the UK Constitution, *of* the UK Constitution?" *European Constitutional Law Review*, vol. 12, pp. 440-441（2016）.

30) R（Miller）v Secretary of State for Exiting the EU [2016] EWHC 2768（Admin）. 高等法院の判決を含めて事件の概要と背景については、佐藤憲「英最高裁ミラー判決の法理」早稲田法学 93 巻 3 号（2018 年）77-83 頁を参照。

ス憲法の生成と展開にとっての一大画期であったという位置付けがなされることになるかもしれない」と述べている[32]。しかし、同判決はEU離脱問題後の憲法政治という観点からみれば、ささやかなエピソードに過ぎないものだった[33]。最高裁判決の2日後、メイ首相はEU離脱通知法案を庶民院に提出。同法案は2月8日、庶民院で494票対122票の大差で可決された。貴族院はEU離脱後もイギリス在住のEU加盟国民に離脱前と同等の権利を保障する方策を速やかに示すことを政府に求める修正案等を可決したが、庶民院が貴族院の修正案を否決したため、貴族院は庶民院の原案を274票対118票の差で可決した（3月13日）。女王の裁可を受けて、EU離脱通知法は3月16日に成立し、政府はいつでも離脱通知を行うことが可能になった。メイ首相は3月29日、EUに対して離脱を正式に通知した。その結果、イギリスのEU離脱の期限は2年後の2019年3月29日に設定されたのである[34]。

　EU離脱交渉を円滑に進めるため、メイ首相は2017年4月、政権基盤の強化を目指して総選挙に打って出たが（4月初めの支持率は保守党が労働党を20ポイントもリードしていた）、6月8日に実施された総選挙で保守党は議席を減らして過半数割れとなり（318議席）、北アイルランドの地域政党である民主統一党（Democratic Unionist Party）の閣外協力によって何とか政権を維持する状況に陥った。一方、「急進的社会主義者でありながら労働党の党首になった初めての人物[35]」と評されるジェレミー・コービンの下で総選挙を戦った労働党は、前回総選挙（2015年）から30議席も増加させた（262議席）。この「歴史的番狂わ

31）R（Miller）v Secretary of State for Exiting the EU［2017］USKC 5. 同判決の概要とその意義については、佐藤・前掲注30）83頁以下、柳井健一「国会主権のリインカネーション」法と政治（関西学院大学）69巻1号（2018年）171頁以下、加藤紘捷「Brexitとイギリス憲法」日本法学83巻2号（2017年）9頁以下を参照。

32）柳井・前掲注31）165頁。

33）エリオットは、EU離脱の物語を叙述しようとする将来の歴史家にとって、Miller判決はほんの短い言及にしか値しない事件かもしれないと述べている。EU離脱問題に最高裁を巻き込んだところで、EU離脱を政治的に止められるわけではないし、国会の側も政府の交渉の自由を統制するための立法をする気などなかったからである。Mark Elliott, "The Supreme Court's Judgment in *Miller*" *Cambridge Law Journal*, vol. 76, p. 258（2017）. もちろん、法律家にとってMiller判決が重要であることは、エリオットも認めている。

34）EU離脱国民投票からEU離脱通知法の成立までの政治過程を手際よくまとめた論稿として参照、田村祐子「【イギリス】EU離脱をめぐる立法動向」外国の立法2017年4月号。

せ」によって³⁶⁾、メイ首相の離脱計画の前に暗雲が立ち込めた。2018 年 11 月 25 日に EU 加盟国との間で離脱条件に関する正式合意に達したメイ首相は当初、12 月 11 日に庶民院での採決を予定していたが、与党保守党内にも離脱協定案に対する反発が強く、採決を延期した。しかし、2019 年 1 月 15 日、庶民院は 202 票対 432 票という歴史的な大差で政府の離脱協定案を否決した。この結果を日本経済新聞は、「英議会、機能不全鮮明に」と報じている（2019 年 1 月 17 日付朝刊）。

Ⅳ　EU 離脱問題後の政治的憲法論の意義・課題・行方

EU 離脱問題後の政治的憲法論の意義・課題・行方について考察するに当たり、私が興味深く思うのは、今世紀の始めには政治的憲法の熱心な擁護論者が「政治的憲法は今や称賛と弁護を必要としている」と論じるところまで追い込まれていた（？）にもかかわらず³⁷⁾、近年は、イギリス憲法学界の（特に若手の）論客の間で、「政治的憲法論の復興」が議論されている点である³⁸⁾。

「復興」はともあれ、政治的憲法論が「生存」している第一の理由は、1998 年人権法（Human Rights Act 1998. 以下、「人権法」と略す）の制度設計にあると考えられる。人権法の下でイギリスの裁判官は法律を可能なかぎりヨーロッパ人権条約の権利と適合的に解釈することを要求され、それができない場合は不適合宣言を出すことができるが、国会制定法を違憲無効とする権限は与えられ

---

35) Richard Seymour, *Corbyn: The Strange Rebirth of Radical Politics*, (new and updated edition, Verso, 2017) p. 2. コービンが党首に選ばれた経緯を知る上で有益な邦語文献として参照、藤澤みどり「チーム・コービンはイギリスを変える」世界 2019 年 2 月号 118-119 頁。

36) 長谷川貴彦「コービン労働党の歴史的位置」世界 2019 年 2 月号 111 頁。たとえば、あるイギリス政治の専門家は総選挙の前、労働党が「二大政党の地位を維持できる範囲内の状態でありうるかどうかは、全く不透明である」と論じていた。近藤康史『分解するイギリス』（ちくま新書、2017 年）226 頁。ただし、「後知恵」なしにこの予測を批判することはできない。この点については、Philip Cowley & Dennis Kavanagh, *The British General Election of 2017* (Palgrave Macmillan, 2018) pp. 1-21 を参照。

37) Adam Tomkins, "The Defence of the Political Constitution" *Oxford Journal of Legal Studies*, vol. 22, p. 157 (2002).

38) Marco Goldoni & Christopher McCorkindale, "A Note from the Editors: The State of the Political Constitution" *German Law Journal*, vol. 14, p. 2103 (2013).

ていない。その意味で、国会主権の原則は形式上維持されたことになる。従来
は「裁判所による人権保障」という考え方に批判的であった論者がその擁護論
者に転身できたのも[39]、政治的憲法の熱心な擁護論者が政治的憲法と法的憲法の
対抗関係を解消する「混合憲法論」へと立場を変えることができたのも[40]、人権
法の制度設計のおかげであったといえる。関連して、民主過程の保守化・中道
化と裁判官の「リベラル化」の結果として、急進的左翼の側に「裁判所による
人権保障」を恐れる必要性が乏しくなったという事情もある[41]。ユーイングでさ
え、グローバル経済の進展の下で、特に英米では社会民主主義が後退したため、
裁判所が進歩的政策を妨害するという議論を維持するのは難しいことを認めて
いる[42]。ただし、ユーイングは、人権法に期待する（元）政治的憲法論者を「ソ
フトな都会型左翼」と呼んで、彼らの論拠は薄弱であると批判している[43]。

　政治的憲法論が「復興」した第二の理由として、法哲学・政治哲学における
魅力的で有用な民主主義論の出現を挙げることができる[44]。政治的憲法論者の多
くが好んで参照するのが、ウォルドロンの違憲審査批判論やベラミーの公民的
共和主義論であり、国会主権原則の規範的正当化論としてクレイグが注目した
論者と重複していることに注意を促したい（本稿の注24）に対応する本文を参照）[45]。
関連して指摘しておきたいのは、政治的憲法論者が規範的な民主主義論に注目
した背景には、イギリスの民主主義が抱える問題の深刻さへの実践的関心があ

39）Conor Gearty, *Can Human Rights Survive ?* (Cambridge University Press, 2006).

40）Adam Tomkins, "What's Left of the Political Constitution ?" *German Law Journal*, vol. 14, pp. 2275-2292 (2013). トムキンスの「混合憲法論」の概要と問題点については、愛敬・前掲注5）159-162頁を参照。

41）Gearty, *supra* note 39, pp. 79-80.

42）Keith Ewing, "Judiciary" in *The Oxford Handbook of British Politics*, eds. by Mathew Flinders *et al.* (Oxford University Press, 2009) p. 268.

43）K. D. Ewing, "The Resilience of the Political Constitution" *German Law Journal*, vol. 14, p. 2124 (2013).

44）Godoni & McCorkindale, *supra* note 38, p. 2104.

45）Taylor, *supra* note 2, pp. 512-514; Gordon, *supra* note 8, pp. 35-41, 297; Goldoni & McCorkindale, *supra* note 38, pp. 2103-2104; Tomkins, *supra* note 37, pp. 172-175. フィリップ・ペティトの公民的共和主義論も有力な論拠の一つである。念のため、これらの論者の代表的著作を挙げておく。Jeremy Waldron, *Law and Disagreement* (Clarendon Press, 1999); Richard Bellamy, *Political Constitutionalism* (Cambridge University Press, 2007); Philip Pettit, *Republicanism* (Oxford University Press, 1997).

ったのではないか、という点である。これが第三の理由である。

　ジェフリー・エバンスとアナンド・メノンによれば、労働党がイデオロギー的に中道に移動することにより、保守党と労働党の間の政治プログラムの間のギャップが縮小した。イギリスの政党政治は二つの中道的でリベラルなミドル・クラスのための政党によって支配されるようになったため、左右を問わず、労働者階級・貧困層・低学歴層はますます、主要政党は自分たちの意見を代表していないと感じるようになった[46]。今井貴子の言葉を借りれば、イギリス政府は「富裕で特権的なグローバル・エリートにすっかり掌握され、一般有権者のコントロールの届かぬところで」動いていた。EU 離脱国民投票は、「デモクラシーを求める民衆の反逆であったといえよう[47]」。一方、政府の緊縮政策は、イギリス社会の分断を深刻化させた。太田瑞希子の分析によれば、イギリスはEU 主要 5 カ国の中でジニ係数が高く、貧困率・持続的貧困率も EU 平均を下回る。特に興味深いのは、「所得税制の変化が低所得者層の税負担を増加させた」との指摘である。「新自由主義的政策のグローバルな拡大の下、英国の富裕層は低い所得税率の恩恵を享受する一方、低所得者層は低賃金・低学歴・負担増というサイクルから抜け出せずにきたこと」が、国民投票で離脱派が勝利する決定的要因になったと太田は分析している[48]。

　「イギリスの民主主義が抱える問題の深刻さ」との関係で注目したいのが、民主主義憲法学の意義と課題に関する本秀紀の主張である。本によれば、「複雑に錯綜する国民内部の利害分岐」とグローバル化の下での政府の政策選択の幅の縮小とのギャップにより、「『国民代表』が往々にして民意から乖離してしまう」現在、「もはや選挙結果を前提とする単純な多数決民主主義はその機能前提を失った[49]」。このような認識を示した上で、本はこう論ずる（①〜③および下線は引用者のもの）。

---

46) Evans & Menon, *supra* note 27, pp. 25-35. 同書によれば、1987 年には有権者の 47%が労働党は労働者階級の利益を代表していると感じていたが、2001 年にはその数字は 10%まで下がった。

47) 今井・前掲注 1) 157、163 頁。

48) 太田瑞希子「Brexit の背景としての英国労働市場の変化と国内政策の影響」亜細亜大学国際関係紀要 28 巻 1 号（2018 年）47-49、62-66 頁。

49) 本秀紀「民主主義の現在的危機と憲法学の課題」同編『グローバル化時代における民主主義の変容と憲法学』（日本評論社、2016 年）19-20 頁。

グローバル化時代の現在世界を「1%による99％の搾取」と捉えれば、①「民主主義」とは自ずから、そうした構造を変革することと軌を一にしてしか構想されえない。民主主義は、政治的共同体を構成する全員が参加し、その意思が統治権力の決定に反映される「全員による自己統治」として把握され、②権力に対するコントロールとしての民主主義にとどまらない「権力を構成する民主主義」が重要となる。民主主義をより民主主義的なものとするためには、③「制度的民主主義」たる代表民主制と「非制度的民主主義」たる公論形成とを——「権力」と「カウンター」として対置するだけでなく——総合的に考察する必要がある。[50]

　本の議論との関係で、ユーイングの政治的憲法論の特徴を確認しておきたい。J. A. G. グリフィスがサッチャー政権の成立直前に公表した論稿は、現在のイギリス憲法学において政治的憲法論の「古典」として扱われることが多いが、[51]ユーイングは、グリフィスにとっての憲法は政府に対する抑制の根拠であり、被治者をエンパワーメントするための根拠ではないことを問題視する。そして、政治的憲法は責任政府の価値だけでなく、「政治闘争の究極の場としての代表的で主権的な立法府」への選好を含むべきと主張する。[52]すなわち、グリフィスの議論は本の議論の下線部②に当たる内容を含んでいないが、ユーイングはその議論を意識的に行っていると評価できる。

　本の議論の下線部①との関係で、ユーイングがかつて、イギリス憲法の価値はその相対的な中立性にあり、法的主権者たる立法府と政治的主権者たる選挙民に対する制度的抑制がないという点において、イギリス憲法は社会改革を望む者にとって最良の手段を提供すると論じていたことに注目しておこう。[53]しかし、ユーイングも労働党の中道化を前にして、政治的憲法を通じた民主主義的社会主義の実現という展望を語ることが難しくなったためか、ある時期から、ヨーロッパ社会憲章の国内法化を提案するようになった。[54]ユーイングは、ヨー

---

50) 同上論文22頁。

51) J. A. G. Griffith, "The Political Constitution" *Modern Law Review*, vol. 42, pp. 1-21 (1979). 本文中で示した評価の例として参照、Taylor, *supra* note 2, pp. 511-512; Gordon, *supra* note 8, p. 294; Goldoni & McCorkindale, *supra* note 38, p. 2103.

52) Ewing, *supra* note 43, pp. 2115-2116, 2120.

53) K. D. Ewing, "The Unbalance Constitution" in *Sceptical Essays on Human Rights*, eds. by Tom Campbell, *et al.* (Oxford University Press, 2001) p. 104.

ロッパ人権裁判所ではなく、イギリスの裁判所に任せておくと、労働者の権利を含む社会経済的権利の保障のレベルが下がると主張する。[55] ユーイングによれば、社会民主主義のヨーロッパではイギリスの裁判官とは血統を異にする裁判官が生み出されており、ヨーロッパ人権裁判所は人権問題に対するヨーロッパ的解決を特徴付ける上で顕著な役割を果たしてきた。[56] 国会主権の原則を堅持する政治的憲法論者の中でも、政治的に急進的であると評価できるユーイングは——意外なほど?——ヨーロッパ派である。現在もユーイングは「裁判所による人権保障」一般に対して消極的ではあるが（民主的正統性の欠如を問題視する）、彼が特に否定的なのは「イギリスの裁判官による人権保障」である。

ところで、日本でも著名な政治学者のシャンタル・ムフは、EU 離脱国民投票の結果は「新自由主義の諸勢力への打撃」になりうるものであり、「ヨーロッパにとって有益なショックになってくれることを希望」すると論じているが、[57] このような論調と比較する場合、ヨーロッパに対するユーイングの立場は、「不熱心な残留派」として国民投票に関わったコービンの立場に近いように思われる。[58] コービンはある論説において、イギリスが EU に残留すべき理由は、その一員であることにより、投資や仕事だけではなく、労働者・消費者・環境の保護を得るからであると主張する一方、民主的アカウンタビリティ、労働者の権利保障の強化、緊縮政策の終了、公的サービスの民営化の強制の停止等、真に必要な EU 改革を要求しないキャメロンの交渉には賛成できないと論じていた。[59] そこで、民主主義憲法学の意義と課題に関する本の議論を意識しつつ、

---

54) K. D. Ewing, "The Case for Social Rights" in *Protecting Human Rights*, eds. by T. Campbell *et al.* (Oxford University Press, 2003) pp. 334–337.

55) Keith Ewing, "Doughty Defenders of the Human Rights Act" in *Confronting the Human Rights Act*, eds. by Nicolas Kang-Riou *et al.* (Routledge, 2011) pp. 130–133; Ewing, *supra* note 54, p. 334.

56) Ewing, *supra* note 55, p. 131.

57) シャンタル・ムフ（片岡大右訳）「ブレグジットは有益なショックになりうる」世界 2016 年 9 月号 195 頁以下。

58) 「不熱心な残留派」という評価については、今井・前掲注 1) 162 頁、近藤・前掲注 36) 214 頁を参照。ただし、コービンに好意的な論者は、「不熱心」との評価は事実に反しており、労働党エスタブリッシュメントを中心にした反コービン派による政治的攻撃の一部であると論じている。Seymour, *supra* note 35, pp. 193-197.

59) Jeremy Corbyn "Cameron's Deal is the Wrong One: But Britain Must Stay in Europe" The Guardian, 20 Feb 2016.

コービン労働党の政治スタイルとユーイングの政治的憲法論の関係について試論的な考察をしてみたい。

長谷川貴彦によれば、「個人主義化と平等化を基調とする戦後史の底流のなかから、新たなかたちでボトムアップ型の政治スタイルを追求する」のが、「コービン主義」である。「個人主義化」とは、戦後における社会的階層秩序に基づく恭順関係の長期的衰退の結果として生じた「民衆的個人主義」のことである。「平等化」とは、「反エスタブリッシュメント志向の平等化」のことであり、労働組合との関係では組合幹部に対する草の根的な職場委員会の権力増大として現れる。コービンは、労働党の党首選出手続の「個人化と平等化」（党員による直接投票がメインとなった）の恩恵を受けて 2015 年党首選挙で勝利を収め、議会労働党レベルでの抵抗・造反を、「一般党員の政治的エネルギーを動員することで跳ね返していった」[60]。そして、2017 年総選挙における「歴史的な番狂わせ」の原動力となったのは、コービンを支持する草の根の政治団体モメンタム（Momentum）を中心とした SNS を駆使し、戸別訪問を徹底的に行う「進歩的なドブ板選挙」であった[61]。長谷川は、「最近の労働党は反緊縮というレベルを超えて、新自由主義そのものを乗り越えてゆくいくつかの構想を提出しつつある」と評価している[62]。EU 離脱問題との関係でも労働党内には深刻な路線対立があり、コービンがこれからも「勝ち続ける」ことができるのかは予想できないが、少なくとも、コービン主義は政治的主張と政治手法の両面において、本の議論③との関係で注目すべき政治現象であるといえよう。

---

60) 長谷川・前掲注 36) 108-111 頁。武田宏子「『政党』は『運動』として機能するのか？」立教法学 98 号（2018 年）も併せて参照。労働党の党首選の制度改革とコービンの党首選出の経緯については、近藤・前掲注 36) 221-223 頁を参照。

61) 長谷川・前掲注 36) 111-112 頁、武田・前掲注 60) 209-204 頁、ブレイディみかこ「イギリス総選挙で見せた左派の底力」世界 2017 年 8 月号 193 頁以下。モメンタムが SNS 上で公開した選挙広報を 1200 万人が視聴した。モメンタムは激戦区（marginal seats）のデジタル・マップを作成し、ボランティアが最も重要な選挙区でイベントを開催するように促した。そして、投票日には 1 万人のボランティアを動員して 120 万戸のドアを叩き、投票に行くように呼びかけた。Eunice Goes, "'Jez We Can!' Labour's Campaign" in *Britain Votes 2017*, eds. by Jonathan Tonge *et al.*（Oxford University Press, 2018）p. 64.

62) 長谷川・前掲注 36) 113 頁。保守党と労働党の間に「大きな差がある」と考える投票者の割合は 2015 年総選挙時の 27％から、2017 年総選挙時には 45％に上昇した。Cowley & Kavanagh, *supra* note 36, p. 415.

ところで、私はかつて、梅川正美のいう「戦後体制」が、グリフィスの政治的憲法論の「歴史的条件」だったのではないかとの問題提起をしたことがある[63]。梅川によれば、「戦後体制」の下、市民は保守党と労働党の二つの政党に服従し、二党はその頂上で相互のコンセンサスを形成していた。「戦後体制」の要素は、エリートのコンセンサス（混合経済、完全雇用、労働組合の懐柔策）、二党制（二党の幹部に従わない政治勢力を周縁化する制度）、階級的党派的投票行動、および、異端（労働組合の指導に従わない労働大衆とイングランドの支配に抵抗する各地域のナショナリスト）の周縁化である[64]。梅川のいう「戦後体制」との関係で、「個人主義化と平等化」を基調とするボトムアップ型のコービン主義は、そのアンチテーゼとさえいえよう[65]。私見では、ユーイングの憲法学説もある時期までは「戦後体制」を前提にしてきたが、サッチャー政権による「戦後体制」の徹底的な破壊を経て、現在では「戦後体制」に頼らずに政治的憲法を正当化するための「苦闘」を続けている[66]。ここで改めて確認しておきたいのは、前述したとおり、現在のユーイングがグリフィスの議論との区別を強調した上で、政治的憲法論は「政治闘争の究極の場としての代表的で主権的な立法府」への選好を含むべきと主張している点である。加えて、ユーイングがグリフィス説との差異を意識しつつ、法的原理としての国会主権の基底には、国会とは区別される人民の政治的主権があることを強調している点に注目しておきたい。

　ユーイングによれば、国会主権の原則はイギリス革命の成果であり、たとえそれがブルジョア革命ではなかったとしても、何らかの人民主権を確立する上で必要不可欠な前提条件であった。そのため、法的原則である国会主権は人民の政治的主権によって拘束される。すなわち、人民の代表機関は、法律の定めた「態様・方式」に従ってのみ人民の意思を表明することができる。注目したいのは、ユーイングがここで、グリフィスがこの法的原則にほとんど言及しな

---

63) 愛敬浩二「政治的憲法論の歴史的条件」樋口陽一ほか編『国家と自由・再論』（日本評論社、2012年）75-78頁。

64) 梅川正美「戦後体制の崩壊と現代の政治構造」松井幸夫編『変化するイギリス憲法』（敬文堂、2005年）25-30頁。

65) コービンは彼の側近から、「たまたま国会議員の地位にある政治運動家」と評されている。Cowley & Kavanagh, *supra* note 36, p. 68.

66) 愛敬・前掲注63) 79-82頁、愛敬・前掲注5) 162-165頁。

いことに「失望させられる」と述べている点と、ここでのユーイングの国会主権論が、アイヴァー・ジェニングスの「態様・方式理論」に依拠している点である。ジェニングスの著書を「革新政党のマニフェスト」と呼んだ論稿の中でユーイングは、ジェニングスが「国会は法的に至上ではあるが主権者ではない」理由として、庶民院議員は５年に１回は選挙の洗礼を受けなければならないから、国会は人民の相当部分が憎悪する立法をすることはできないと論じていたことを肯定的に引用した上で、法的原則としての国会主権に対する実際上の制約はイギリス憲法の民主的目的を反映したものであると主張する。グリフィスやアダム・トムキンスの政治的憲法論は基本的に統治機構内部の権限配分の問題に止まっているとの評価があり、私も同感であるが、ユーイングの政治的憲法論は、本が重視する「非制度的民主主義」を取り込む融通性を有しており、その融通性のおかげで、コービン現象を憲法理論のレベルで取り込むことを可能とする議論の構造を有している。「民主主義憲法学の日英比較」という問題意識との関係で、ユーイングの政治的憲法論が重要であるのは、そのためである。

V　国会主権の「復活」を批判する政治的憲法論

Ⅲで言及した Miller 判決について柳井健一は、「EU 法がまったく新しい国内法源であったことおよびその喪失が根本的な法の変動を意味するがゆえに、それをなしうるのは国会のみであるとの説明」は、同判決が打ち出した新機軸

67）Ewing, *supra* note 43, p. 2118.

68）K. D. Ewing, "*The Law and the Constitution*: Manifesto of the Progressive Party" *Modern Law Review*, vol. 67, pp. 740–741 (2004). ジェニングス自身の議論は、W. Ivor Jennings, *The Law and the Constitution* (5th edition, University of London Press, 1959) p. 148; W. I. ジェニングス（中山健男ほか訳）『イギリス憲法』（白桃書房、1970 年）132-133 頁を参照。

69）Marco Goldoni & Christopher McCokorkindale, "Why We (Still) Need a Revolution" *German Law Journal*, vol. 14, p. 2226 (2013).

70）Keith Ewing, "Jeremy Corbyn and the Law of Democracy" *King's Law Journal*, vol. 28, pp. 343–362 (2017) は、コービン現象を労働党が社会民主主義政党へと「回帰」する絶好の機会として捉え、社会民主主義の政治を機能させるためのイギリス憲法のあり方について全般的なスケッチをしている。そこでもユーイングは、権力の制約だけでなくその構築も憲法の役割であることを強調する。

であり、EU 法の優位性を認めているのは国会制定法であり、主権的な国会はいつでも EU から離脱できるという「抽象的理屈を振り回す」従来の典型的な国会主権の原則に基づく説明と比べて、Miller 判決は「EU 法についての新たな分析をそれに積み重ねることによって、最高裁判所は国会主権の原理に新たな要素を加味したと言えるのではないだろうか」と評価している[71]。柳井がMiller 判決に国会主権の「復活 reincarnation」を見出したのも、そのためであろう。しかし、私にとって興味深いのは、国会主権の原則に固執する政治的憲法論者の間で、Miller 判決の評価が——意外にも？——低いことである。たとえば、ゴードンはそもそも訴訟の提起自体に批判的であり[72]、Miller 判決の多数意見の制定法解釈の方法は、裁判所が案出する立法形式の要件が主権的な国会に強制されるとの印象を与えるので、リード裁判官の反対意見と比べて、国会主権の原則に対する敬意が足りないと批判している[73]。ユーイングも Miller判決を批判しているので、少し詳しく彼の議論を読んでみることにしたい。

　中村民雄は高等法院判決の前に脱稿された論稿において、①政府による離脱通知の前に国会の脱退決定が必要とする「国会決定説」と、②条約交渉締結大権により政府の一存で脱退通知をすることができるとする「国王大権説」の両説を取り上げて検討し、どちらの説にも一理あるが、「EU 構成国イギリスの現代憲法が、もはやイギリス法単独で確定できるものではなく、現代ヨーロッパ法（EU 法・欧州人権条約）との融合法と理解して初めて確定できるものだという視点が足りない」として、両説を批判している[74]。ただし、ユーイングの立場は①と②のいずれでもなく、政府の一存で離脱通知を行うことを容認する法律が既に存在するので、国会の追加的承認は不要というものである。ユーイングによれば、国会がリスボン条約の締結に際して 2008 年 EU 法（The European Union（Amendment）Act 2008）を制定して、リスボン条約 50 条の定める「各国の憲法上の要件」に従って離脱のプロセスを始動させる権限を政府に付与し、

71）柳井・前掲注 31）188-189 頁。

72）Gordon, *supra* note 29, pp. 421-422.

73）Gordon, *supra* note 8, p. ix.

74）中村民雄「イギリスの EU 脱退（Brexit）の法的諸問題」比較法学 50 巻 3 号（2016 年）28-34 頁。最高裁自身、中村と同様の二項対立のかたちで争点を設定している。Miller, *supra* note 31 at [5].

国会が 2015 年 EU 国民投票法（The European Union Referendum Act 2015）を制
定して、政府がその権限を行使するか否かの決定は国民投票の結果に委ねられ
ると定めたのだから、離脱通知に関する国会の追加的承認は不要な憲法的形式
主義以外のなにものでもない[75]。Miller 訴訟の原告は国会に期待し、最高裁は国
会にそのための法的権限を割り振ったけれども、実際問題として国会が、国民
投票に示された政治的主権者の意思に逆らう法的決定をできるはずはなかった。
ユーイングによれば、Miller 判決が暴露したのは、国会が「脅迫された主権的
機関 cowed sovereign body」に過ぎないことである[76]。最高裁が離脱通知の制
定法上の根拠が既に存在することを認めれば、このような事態は回避できたで
あろう。以上のとおり、ユーイングは国会の権威を重視するからこそ、Miller
判決を批判するのである。ただし、Miller 判決に対するユーイングの批判の核
心は、この点にはない。

　①「離脱通知をする前に国会の承認が必要か」という法的論点に対して裁判
所が「然り」と答えたら、各地域への権限移譲が進んだ現在のイギリス憲法の
下では当然、②「国会（＝ウェストミンスター議会）の承認だけではなく、各地
域の議会（スコットランド議会やウェールズ議会）の承認も必要か」という法的問
題が問われることになる[77]。Miller 判決は、北アイルランドからの付託に答える
かたちで、現実の憲法政治との関係では①の問題よりも重要で厄介かもしれな
い②の問題について、明快な——明快過ぎる？——法的判断を下した[78]。ここで
は、ユーイングの議論との関係で、シーウェルの習律（the Sewel Convention）
に関する判示の部分のみ取り上げる。シーウェルの習律とは、スコットランド
議会の同意がなければ、ウェストミンスター議会は、権限移譲された事項に対
して立法することや、スコットランドの議会や政府に対して移譲した権限を修

---

75) Keith Ewing, "Brexit and Parliamentary Sovereignty" *Modern Law Review*, vol. 80, pp. 718-721
　　（2017). 別の論稿でユーイングは、EU 離脱国民投票のプロセスは「国会の指紋まみれ」だと評して
　　いる。キース・ユーイング（元山健＝柳井健一訳）「ブレグジッドの憲法理論」法律時報 89 巻 3 号
　　（2017 年）90 頁。

76) Ewing, *supra* note 75, p. 724.

77) 柳井・前掲注 31）はこの論点を割愛している（165 頁の注(2)を参照）。加藤・前掲注 31）と佐藤・
　　前掲注 30）は判決の該当部分の要約を載せているが、特段のコメントはしていない。

78)「現実の憲法政治との関係で……重要で厄介」というのは、2014 年に独立国民投票を実施したス
　　コットランドでは EU 残留派が圧勝したからである（残留 62％、離脱 38％）。

正することができないという憲法習律である[79]。最高裁の多数意見は、裁判所は政治的習律を執行できないというのが確立した判例法理であること、シーウェルの習律も政治的習律であることを確認した上で[80]、こう論じた。「裁判官はそれゆえ、政治的習律の生みの親（parents）でもなければ、守護者（guardians）でもない。彼らは単に立会人（observers）である。裁判官はそのようなものとして、法的問題を決定する文脈において政治的習律の機能を認定することはできるが……、政治的習律の機能や範囲について法的決定をすることはできない。なぜなら、それらの問題は政治の世界で決められるものだからである[81]」。

　最高裁の議論はダイシー以来の「法律と習律の区別」の再演であるが、問題は、2016年スコットランド法（Scotland Act 2016）により、シーウェルの習律が1998年スコットランド法（Scotland Act 1998）に明文で取り込まれた事実をどう評価するのか、である[82]。スコットランド法28条7項が、同法が規定するスコットランド議会の立法権はスコットランドに対するウェストミンスター議会の権限に対して何ら影響を与えるものではないと定めているのに対して、2016年法によって追加された同条8項は、「ただし、連合王国の国会は通常、スコットランド議会の同意がなければ、権限移譲された事項について立法しないものとすることが承認される」と定めている。しかし、最高裁によれば、同規定はシーウェルの習律が政治的習律として存在することを国会が認めたことを定めているに過ぎず、同習律を裁判所で適用可能な法準則へと転換しようとしたものとは認められない。もし国会の側にそのような意図があれば、「承認される it is recognized」や「通常……しないものとする will not normally」

79）シーウェルの習律については、A. W. Bradley, K. D. Ewing & C. J. S. Knight, *Constitutional & Administrative Law* (16th edition, Pearson, 2015) p. 20 の簡潔な説明と併せて、Le Sueur, *supra* note 2, pp. 439-440 を参照。

80）Miller, *supra* note 31 at [141-144].

81）*Ibid.* at [146].

82）この法改正は、スコットランド独立レファレンダムの投票運動の最終段階で世論調査では独立派と残留派が拮抗している中、残留を訴える立場からイギリスの主要三党のリーダー（保守党の David Cameron、労働党の Ed Miliband、自由民主党の Nick Clegg）が署名した合意文書『誓約 Vow』の内容を具体化したものであり、ある意味では、残留を選択したスコットランド国民（nation）に対する政治的約束の履行という性格を有している。詳しくは、クリス・ヒムズワース（愛敬浩二＝本庄未佳訳）「イギリス憲法の諸相——スコットランドの観点から」名古屋大学法政論集 271号（2017年）228-238、245-248頁。同上論文 251 頁の訳注（*8）も併せて参照。

とは別の文言を用いたはずであると最高裁は判示した。[83]

　ユーイングは、回避可能であったこの法的論点について、最高裁は見苦しい司法的妙技（unsightly judicial gymnastics）を披露することにより、権限移譲された事項についてのウェストミンスター議会に対するスコットランド議会の従属性を必要以上に明確化させたと批判する。[84]ユーイングの憤りには理由がある。完全雇用政策とコーポラティズムを特徴とする戦後イギリス福祉国家の政治体制をユーイングは「社会的憲法（the Social constitution）」と呼ぶが、[85]ユーイングによれば、この社会的憲法がサッチャー政権によって破壊された後で、政治的急進派が取り組むべき課題は、①代表的性格と説明責任を改善した政治制度の枠内での政治的平等の拡張と、②スコットランドやウェールズへの権限移譲と大ロンドン市の設置による政治権力の脱中央集権化である。[86]ユーイングがMiller 判決を厳しく批判したのは、同判決が国会の権威を政治的に貶める一方、②の課題に対する政治的障害となりうるものだからであると解される。以上のとおり、Miller 判決を評釈するユーイングにとって国会主権の原則は決して、「憲法学者を楽しませるパズル」ではない。

VI　結びに代えて

　ユーイングの憲法学説の「バランスの悪さ」や「議論の変遷」を指摘することは容易である。彼の議論の政治性・党派性を批判することも容易であろう。[87]しかし、小論でも述べたとおり、「私にとってのユーイング学説の魅力は、彼

---

83) Miller, *supra* note 31 at [148].

84) Ewing, *supra* note 75, pp. 721-723.

85) K.D. Ewing, "The Politics of the British Constitution" [2000] *Public Law*, pp. 417-428. 同論文に示されたユーイングのイギリス憲法史観（①財産秩序に基づくヴィクトリア憲法→②男子普通選挙制度の導入（1918 年）により市民権と財産の関係が切断された「リベラル憲法」→③戦後福祉国家の政治体制を表す「社会的憲法」→サッチャー政権による③の破壊）は、彼の憲法学説を理解する上で有益である。ユーイングの憲法史観に関する簡単な説明として、愛敬・前掲注 63）75-77 頁を参照。「国家からの自由」という観点からは、①と②の差異が相対化されるところ、市民の政治的平等の確立や責任政府の原理の受容を②のメルクマールとしているため、ユーイングの憲法史の枠組みでは、①と②の差異が強調される一方、②と③の差異が相対化されることになる。

86) Ewing, *supra* note 85, p. 430.

87) 愛敬・前掲注 5）164-165 頁、愛敬・前掲注 63）79-82 頁。

の学識の豊かさや思考の柔軟性ではなく、彼のメッセージの明快さと頑なさにある」。そして、私が理解するところのユーイングのメッセージとは、「労働者を中心とする社会的多数者の自由・権利の保障を、政治的に平等な市民の自己統治を通じて実現すべき」というものである[88]。ユーイングのメッセージに示された課題は、EU 離脱問題後のイギリスの憲法政治・憲法論議において——議会政治レベルでのコービン労働党の浮沈にかかわらず——ますます重要性を増すことになるであろう[89]。私はこれからも、「民主主義憲法学の日英比較」という問題意識の下で、イギリスの政治的憲法論の行方を注視していきたいと思う。一方、日本の人民主権論について、憲法解釈論のレベルで洗練していくことの必要性を否定するつもりはないが、現在の立憲主義のあり方を問う基本的問題として、その意義と課題が問われ続けることを期待したい[90]。なぜなら、「民主主義憲法学を再構築する上で、人民主権論とそれをめぐる論争は貴重な学問的遺産だからである[91]」。

（あいきょう・こうじ　名古屋大学教授）

---

88) 愛敬・前掲注5) 165 頁。

89) 収入と所得の格差の拡大が現在の最も重大な社会的脅威であると認識されるようになり、「超富裕層の社会的コスト」の問題が真剣に議論されるようになったとの指摘がある。Danny Dorling, *Inequality & the 1%* (Verso, 2014) p. 1.

90) この観点からみて、小島慎司「国民主権」宍戸常寿＝林知更編『総点検　日本国憲法 70 年』（岩波書店、2018 年) 40 頁以下は重要な問題提起となっている。なお、本稿が辻村の「主権論の再登場」論に注目したのは、少なくともイギリス憲法（学）の状況と関わって辻村が論じていたのは、この問題であると考えたからである。

91) 愛敬・前掲注5) 166-167 頁。2018 年 9 月 6 日にリバプール大学で開催された日英比較憲法セミナーにおいて、"Who's Afraid of 'We the People?': Referendums, Popular Constitutionalism, and the Japanese Constitutional Theory" と題する報告をする機会を得た私は、その中で「70 年代主権論争」を紹介し、55 年体制の下での革新自治体の広がりという歴史的文脈との関係で杉原人民主権論の意義を論じたところ、ユーイング教授とゴードン教授の二人から、杉原学説についてもっと詳しく知りたいと話しかけられた。杉原学説に対する私の理解不足と語学力の欠如のため、十分な説明ができなかったのは残念である。

ヴィシー政権下の法的効力とフランス国家の責任

——オフマン＝グレマヌ事件におけるコンセイユ・デタの意見を中心に

伊藤純子

I　はじめに

　フランス・ヴィシー政権下では、ユダヤ人の地位に関する 1940 年 10 月 3 日法律[1]が制定され、それに基づくユダヤ人の公職からの追放、ユダヤ人登録カードの導入、ユダヤ人の逮捕といった数多くの迫害が行われたことは周知のとおりである。コンセイユ・デタの調査官であるソフィー・ボワサールは、戦後、ヴィシー政権とフランス共和国（République française）の間の法的な連続性について 2 つの相対立する論理が存在し続けてきたことを指摘する。すなわち、一方は占領下のドイツによる様々な人権侵害にはフランス共和国は全く関与しておらず、また関与し得なかったという論理であり、他方は、ヴィシー政権下であってもフランス共和国とは法的な連続性があり、反ユダヤ主義の法に基づく人権侵害に対し、共和国の責任を認めるという論理である。これは、1940 年 6 月 16 日から 4 年に及ぶドイツ占領下の期間の主権がどこに存在していたのかという解釈の相違に基づくものである。前者はヴィシー政権が「フランス共和国」ではなく、フランスの「合法的な（légal）」政府はロンドン（後にアルジェ）にあったため、ヴィシー政権は共和国の政府ではなく、共和国とヴィシー政権は断絶していたという解釈に基づいている。それに対して、後者の論理は

---

1)　loi du 3 octobre 1940 portant le statut des juifs.

ヴィシー政権下の法もまた連続性があり、したがって、ヴィシー政権下でのユダヤ人迫害の法によってなされた人権侵害はフランス共和国も責任を負うとする[2]。

　戦後、フランス政府はヴィシー政権と共和国の歴史的断絶を理由として長らく国家の責任を認めなかったのであるが、その転換点となったのはジャック・シラク（当時）大統領による演説であろう[3]。シラク大統領は着任直後の1995年7月16日、1942年に発生したユダヤ人大量検挙事件のヴェロドローム・ディヴェール事件（Rafle du Vélodrome d'Hiver、ヴェル・ディヴ事件［Rafle du Vél' d' Hiv］と略）の記念式典において、フランス国家が関与したことを「他の全ての国々と同じように、フランスはヴィシーのフランス国（État française）に責任があり、フランス人がユダヤ人の移送を実行した」ことを公に認めた[4]。ここで留意しなければならない点は、この宣言が単なる政治的なものに留まらないということである。すなわち、フランス当局がヴェル・ディヴ事件や他のユダヤ人への侵害行為の関与を認めたことにより、国家の政治的責任だけでなく、必然的に法的責任の扉も開いたのである[5]。しかし、この演説には与党であった国民運動連合（Union pour un Mouvement Populaire, UMP）はもとより社会党、共産党内からも批判の声が上がり、左右両陣営から大きな賛否を引き起こした[6]。ともあれ、この演説がヴィシー政権下でのフランス国家の責任を容認する方向に大きく舵を切ることとなり、さらに、ショアを記憶するための公益財団

---

2) Sophie Boissard, *Revue française de droit administratif*, 2002, p.582 et les obs.

3) この演説の内容については、ジャック・シラク著／松岡智子監訳『フランスの正義、そしてホロコーストの記憶のために――差別とたたかい平和を願う演説集』（明石書店、2017年）32頁以下参照。フランスでは保守とされるUMP出身のシラクがヴィシー政権下の国家の責任を認めたのに対し、社会党出身の大統領であったミッテランはその責任を否定し続け、1994年には記念碑に「私はフランスという名では謝罪しないであろう。……共和国はヴィシー政権とは何の関係もない。フランスには責任がないと考えている。（ヴィシー政権は）共和国ではなく、フランスではない！（括弧内筆者）」と刻んだことは興味深い。*Voir*, Michel Verpeax, L'affaire Papon, la République et l'État, *Revue française de droit constitutionnel*, 2003, n° 55, p. 519.

4) シラク大統領は、この演説でヴィシー政権と共和国を明確に区別し、「占領期間中に国家によってなされた過ち」を非難したという点には留意が必要である。

5) Velpeau, *ibid*.

6) 渡辺和行は、1960年代までドゴール派と共産党が各々レジスタンス神話を流布させていたことを指摘する。渡辺和行『ナチ占領下のフランス――沈黙・抵抗・協力』（講談社、1994年）15-16頁。

（Fondation pour la mémoire de la Shoah）の設立が 2000 年 12 月 26 日のデクレ[7]に
よって宣言された。このような政治の動向を踏まえた上で、コンセイユ・デタ
は、後述するオフマン＝グレマヌ事件[8]において、ヴィシー政権下で行われたユ
ダヤ人迫害に対するフランス国家の責任を認める判断を行うに至ったのである。
しかし、このコンセイユ・デタがこのような判断に辿り着くまでにはいくつか
の段階があったことを指摘しなければならない。したがって本稿では、ヴィシ
ー政権下における国家の責任をめぐるコンセイユ・デタの意見の推移を概観し
た上で、ヴィシー政権下の法的効力について考察することとしたい。

II　Epoux Giraud 事件からパポン事件におけるコンセイユ・デタの意見

　ヴィシー政権下のユダヤ人迫害におけるフランス国家の責任を巡る最初の事
例として 1952 年の Epoux Giraud 事件[9]が挙げられる。この事件は、ヴィシー
政権下でフランス国鉄（Socieété Nationale des Chemins de Fer Francçais、以下、
SNCF と略）によって強制連行されたユダヤ人の原告が、フランス国家および
連行されたユダヤ人を国外に移送した SNCF に対して賠償を求めた事件である。
コンセイユ・デタは 1944 年 8 月 9 日オルドナンス 1 条の「フランス政府の形
態は共和国であり、依然として共和国である。法的には、共和国は存在し続け
た」[10]という規定を厳格に適用した。ヴィシー政権下のフランスの正式名称は、
「フランス共和国」ではなく、「フランス国」であったため、本意見は当時の
「事実上の権威」はヴィシー政権に存在し、フランス政府はそれらの法に基づ
いて行われた国家の過ちに対するいかなる責任を負うものではないとする判断
を行い、原告の訴えを退けたのである[11]。このコンセイユ・デタの解釈は当時、
国際的な正統性（legalité）を持っていたのはヴィシー政権ではなく、イギリス

---

7)　Décret n° 2000-1277 du 26 décembre 2000 portant simplification de formalités administratives et
　　suppression de la fiche d'état civil.
8)　16 février 2009, n° 315499, Mme Hoffman-Glemane, Lebon; AJDA 2009, pp. 284 et les obs.
9)　Epoux Giraud, C.E., Sect., 4 janvier 1952; Lebon p. 14; Revue du Droit Public, 1952, n° 1, p.187.
10)　Ordonnance du 9 août 1944 relative au rétablissement de la légalité républicaine sur le territoire
　　continental.
11)　Verpeax, ibid.

のロンドンを拠点としていたド・ゴールが率いる「自由フランス（France libre)」であったという判断に基づくものであった。コンセイユ・デタは、この論拠に基づいてヴィシー政権の行政行為に対する国家の責任がないとする判断を導出するものとなり、原告らを救済すべき法が存在しなかったことを理由として訴えを退けたのであった。しかし、この解釈は当時多くの国が正統な政府として認めていたのは「自由フランス」ではなく、ヴィシー政府であったという事実を顧みないものであった。[12]Epoux Giraud 事件におけるコンセイユ・デタの意見は、ヴィシー政権下でのフランス共和国の無答責を宣言し、その後の類似の裁判にも大きな影響を及ぼした。1952 年 7 月 25 日の意見でも、コンセイユ・デタはフランス警察の補充部隊だと見なされていた親独義勇隊の放火による負傷者への賠償をやはり同じ論理に基づいて認めなかった。[13]コンセイユ・デタによれば、これらの被害者たちを救済するためには特別な立法がなければならず、そのような法が存在しなかったことを理由として賠償を認めなかったのである。

　2000 年 7 月 13 日、ヴィシー政権下の反ユダヤ政策によって孤児となった人々への賠償措置がデクレ[14]によって実現した。しかし、その保障の対象外となったペルティエ氏（M. Pelletier)がこのデクレの廃止を求めた事件では、2001 年、コンセイユ・デタは「（ドイツによる）フランス占領の間、反ユダヤ主義の組織的な殲滅政策の下に置かれた人々は、子どもにまで及んでいた（括弧内筆者)」という被害の事実を認めるに至った。Epoux Giraud 事件においてはコンセイユ・デタがドイツ占領下でのユダヤ人迫害という事実すら言及しなかったことと比較すると、被害の事実について言及したという点では大きな進歩であったといえる。しかしながら、本意見でもやはりフランス国家の責任について

12）「自由フランス」の政府としての承認は、長らくイギリスとアメリカの首脳が強く反対しており、実現にはパリ解放後の 1944 年 10 月 23 日にイギリス・アメリカ・カナダ・ソ連政府による臨時政府の承認まで待たなければならなかった。渡辺和行『ド・ゴールと自由フランス──主権回復のレジスタンス』（昭和堂、2017 年) 261 頁以下参照。

13）Conseil d'État, 25 juillet 1952, Demoiselle Remise, Lebon, p.401.

14）Décret n° 2000-657 du 13 juillet 2000 instituant une mesure de réparation pour les orphelins dont les parents ont été victimes de persécutions antisémites.

15）6 avril 2001, Pelletier et autre; *AJDA*, p. 173 et les obs.

言及されることはなかった[15]。

　その翌年、コンセイユ・デタがさらに漸進的な判断を行った。1997 年、ジ
スカールデスタン政権で予算担当相も務めたモーリス・パポン氏（Maurice
Papon）がヴィシー政権下で 1,560 人ものユダヤ人を強制収容所に連行したとし
て「人道に対する罪（crime contre l'humanité）」で起訴されたのである。ボルド
ーの重罪院での有罪判決を経て、コンセイユ・デタは 1940 年 6 月 16 日から共
和政が合法性を回復する期間のフランス国家の責任を認める可能性について言
及した[16]。すなわち、「それらの実行は占領者（ドイツ）から直接強制されたもの
ではなく、強制連行の前段階となる活動を許可し、推進したこともまた国家の
責任を負う任務における過失があった。パポン氏が職務の遂行において（フラ
ンス国家との）分かち難い罪を犯し、弁解の余地のない行為を行った（括弧内筆
者）」ことを認め、パポン氏に 72 万ユーロ（そのうち、国家に 20 万ユーロ）の支
払いを命じた。これは、前述したコンセイユ・デタによる Epoux Giraud 事件
での判断を覆し、1944 年 8 月 9 日オルドナンスを適用してもヴィシー政権下
の国家機関および公務員の行為の責任を問い得る可能性を示唆したことによる
ものである。本意見は損害の一部はパポン氏の責任に帰するとしつつも、ヴィ
シー政府によって制定されたユダヤを迫害する法の無効性を宣言することによ
ってヴィシー政権下で行われた行為の違法性を認め、国家機関の責任を問う道
を切り開いたのである。しかし、実際にはこの賠償命令は公務員であったパポ
ン氏によってなされた行為に関するものでしかなく、20 万ユーロという国家
の賠償金は、公務員に対する賠償金の一部をカバーするために国家に対して命
じられたものに過ぎなかった[17]。

Ⅲ　オフマン＝グレマヌ事件

　ユダヤ人であるオフマン＝グレマヌ夫人（Mme Hoffman-Glemane）は第 2 次
大戦中、父親（M. Josephe Kaplon）がアウシュヴィッツ強制収容所に送られ、

16）12 avril 2002; *AJDA*, p. 582 et les obs.

17）Frédéric Lenica, La reponsabilité de l' État du fait de la déportation de personnes victimes de
　　persécutions antiséemites, *RFDA*, n° 2, 2009, p.326.

その収容中およびその後死亡したことによる損害と原告自身がフランスにおけるドイツ占領中およびその後に個人的に物質的および道徳的偏見によって被った損害を賠償するよう、パリ地方行政裁判所に出訴した。原告は、フランス政府とSNCFに対し、第2次大戦中のユダヤ人の逮捕、抑留、強制連行についての被害者個人に対する賠償および被害を受けたユダヤ人たちの集団訴訟を求める国家賠償訴訟を起こしたのである。

パリ地方行政裁判所は、国家とSNCFの双方に責任を認め、オフマン゠グレマヌ夫人の父親の逮捕、収容および強制連行に対する賠償として20万ユーロ、オフマン゠グレマヌ夫人への賠償として8万ユーロの支払いを命じた。さらに、裁判所は本件がフランス国家の責任に関する法的問題を包含していたため、行政裁判所法113条の1条の規定に基づいてコンセイユ・デタに意見を求めた。[18]

コンセイユ・デタは、ヴィシー政権下での国家の責任について1964年の人道に対する罪[19]と1995年7月16日のシラク大統領によるヴェル・ヴィヴ事件の演説から判断を行った。その上で、まず第2次大戦中に、ヴィシー政権がユダヤ人を強制連行した国家行為は不正行為であってその責任を負うものであるとし、パリ地方行政裁判所はコンセイユ・デタに対して、第2次世界大戦中のユダヤ人の収容によって受けた損害の賠償について、フランス国家が責任を負うかどうか意見を述べるよう求めた。

それを受けて、コンセイユ・デタは次のように判断した。すなわち、「2002年のパポン意見が出されるまで、フランス国家は、共和国の合法性の回復（rétablissement de la légalité republicaine）のための1944年8月9日オルドナンスによって無効を宣言した法を適用し、ヴィシー政権の援助の下でフランスの行政機関が関与した誤った任務の結果によって補償の支払いができなかったと解されていた」が、この状態は「両親が被害を受けた孤児のための2000年7月13日のデクレの交布によって終了したと考えられる」。

コンセイユ・デタは、1944年8月9日のオルドナンス3条が「フランス国

---

18) article L.113-1 du code de justice administrative.

19) Loi nº 64-1326 du 26 décembre 1964 tendant à constater l'imprescriptibilité des crimes contre l' humanité.

政府」という非合法の権威のあらゆる法令の無効性を宣言したと述べた。本意見は、これらの法は「ユダヤ人規定に基づくあらゆる差別」によるものであり、「フランス公法で認められている基本的人権に反し、そのような差別を規定または適用した法の明白な違法性」を認めた。そして、同オルドナンスは、それらの法の無効性を認めたが、それによってフランス国家の責任を負わないという結論は導出できないとする。すなわち、コンセイユ・デタは、ヴィシー政権は決して共和国ではなかったと強調しつつも、共和国の主権の回復について規定した同オルドナンスが公権力の無答責を意味するものではないと初めて明言した。そして、その理由としては、「この責任が占領者（ドイツ）から直接生じたものではなく、ユダヤ人のフランスからの強制連行（déportation）を許可または促進した不正行為によって引き起こされた損害のために発生（括弧内筆者）」したことによるものだからである。

　そして、コンセイユ・デタは、この例外的な苦しみの代償は金銭的な賠償に限定することはできないとし、さらに「(ユダヤ人の) 人々が受けた集団的被害や国家が強制連行に果たした役割および被害者とその家族の苦しみを国家の記憶（mémoire de la nation）に留めておくべき厳粛な再認（reconnaissance）が必要である」と述べ、集団訴訟を可能とする判断を行ったのである。そして、この判決を行う際に、以下のように指摘することにより、被害の範囲の検討を行っている。すなわち、「人および市民の権利の宣言、共和国の伝統（tradition républicaine）によって認められた価値と原則、とりわけ、人間の尊厳を完全に欠いており、これらの反ユダヤ主義の迫害は、桁外れの被害と極度の深刻さを生ぜしめた」。さらに、「11,000 人の子どもを含む 76,000 人が、ユダヤ人という理由のみによってフランスから強制連行され、収容所から帰還したのは 3,000 人にも満たなかった」という事実を認めた。その上で、フランス国家による反ユダヤ政策について国家の記録の必要性およびショアを記憶するための財団の公益性を認定したのである。本意見は、ヴィシー政権下でのユダヤ人を迫害する法は「フランス公法で認められている基本的人権を無視」していると解した

---

20) フランス人権宣言の代表的な研究として、辻村みよ子『フランス革命の憲法原理――近代憲法とジャコバン主義』（日本評論社、1989 年）、同『人権の普遍性と歴史性――フランス人権宣言と現代憲法』（創文社、1992 年）参照。

点で、パポン判決よりもさらに進んだ解釈を行ったといえる。したがって、本意見は人道に対する罪に関する 1964 年 12 月 26 日法律と 1995 年 7 月 16 日のヴェル・ヴィヴ事件の記念式典での大統領演説、ショア記憶記念財団の公益性、この 3 つの認識に基づいて、「記憶の法律（loi mémorielle）[21]」の必要性を述べたのである。

Ⅳ　1944 年 8 月 9 日オルドナンスと国家の責任

ボワサールは、フランス近代史においては第三共和政、第四共和政、ヴィシー政権の 3 つが存在しており、ヴィシー政権をも「我々の国家（notre pays）」と呼ぶことによってヴィシー政権下で存在した反ユダヤ主義的な法令に基づく国家の責任を認めている。それに対して、ミシェル・ヴェルポーはこのような解釈は誤っており、あくまで国家の連続性という観点から解されなければならないとする。そのような解釈に基づいて「共和国はヴィシー政権の負の遺産から逃れることはできない」と主張するのである。ヴェルポーによれば、共和国がロンドンの「自由フランス」にあったという解釈に固執した「ゴーリスムの神話（mythologie gaullienne）」によって、共和国の合法性の回復に関する 1944

---

21)「［記憶の法律］は、人種的、宗教的または文化的な迫害の犠牲者であった個人のコミュニティが耐える集団の苦しみを公式に承認するというフランス国民の意思を示すことを目的としている」。とりわけ、1915 年のアルメニア人虐殺の認識に関するゲソー法（Loi Gayssot）とフランスが「人道に対する罪」として認めている奴隷貿易と奴隷制度に関して植民地支配の回復を目的としたトビラ法（loi Taubira）が有名である。*Voir*, Gérard Noiriel, De l'histoire-mémoire aux "lois mémorielles" — Note sur les usages publics de l'histoire en France —, *Études arméniennes contemporaines*, 2012 (n° 15) pp.35-49. しかし、これらの法律は表現の自由を侵害するとして、歴史学者と法学者たちから強い批判を受けたことでも知られている。*Voir*, Robert Badinter, Fin des lois mémorielles ?, *Le Débat*, 2012 (n° 171), pp. 96 et suiv., Badinter, Le Parlement n'est pas un tribunal, *le monde*, le 14 janvier 2012. 国内における「記憶の法律」に関する代表的な研究として、曽我部真裕「フランスにおける表現の自由の現在：「記憶の法律」をめぐる最近の状況を題材に」憲法問題 25 号（2014 年）75 頁以下、丸岡高弘「戦争の記憶と記憶の戦争——フランスにおける植民地主義の評価をめぐる論争」南山大学ヨーロッパ研究センター報 13 号（2007 年）79-97 頁以下参照。

22) ヴェルポーによれば、この論理は 1944 年以前からドゴールの法律顧問であったルネ・カッサン（René Cassin）によって創出された理論であったという。同様の主張として、Fabrice Melleray, Après les arrêts Pelletier et Papon : brèves réflexions sur une repentance, *AJDA*, 30 septembre 2002, p.837.

年8月9日オルドナンスが規定されたという[22]。その論理に基づけば、ヴィシー政権下の法令の無効性が宣言されたため、フランス共和国は、とりわけ国家の責任において政治的にも法的にも関与することができなかったのである。ヴェルポーは、ヴィシー政権が成立していても、共和国の存続を可能にする政治的な連続性に留意しなければならないという[23]。すなわち、「法的には、共和国は存在し続けた」と規定している1944年8月9日オルドナンス1条とヴィシー政権下でのユダヤ人迫害に対する国家の責任を理論上両立させなければならないということになる。「ゴーリスムの神話」に依拠せずにオルドナンス1条との整合性を持たせるために、ヴェルポーは以下のように説示している。1944年8月オルドナンスまで共和国の宣言が禁止されたため、パリなどの大都市圏には「共和国」は無くなったが、地方や「別の場所」には存在し、消滅したことはなかった。法的な観点からも、オルドナンス1条には「法的には、共和国は存在し続けた」と規定されており、ヴィシー政権の成立後も共和国は存続していたと解することが可能であるとする。

　また、オルドナンス2条は「1940年6月16日以降に大陸領域で公布されたすべての憲法上、立法上または規制上の法令は「存在せず、無効である」と宣言している。同条は、フランス国民解放庁またはフランス共和国臨時政府の将軍であったアンリ・ジロー（Henri Honoré Giraud）によって採択された1943年4月6日以降に制定され、国民解放委員会によって署名された条文とも関連しており、2条は過去および現在のヴィシー政権下の法令すべての失効を意味している。しかし、同条の目的は、ヴィシー政権下の法令からの法的な移行を確実化することにあった。ヴェルポーは、8月9日オルドナンスは1940年6月16日以降に大陸領域で公布されたすべての法令は無効であると規定しておきながら、その後に宣言した法ということになるため、8月9日オルドナンス自体が無効とも解され得るが、「その矛盾は、可能な限り法的安定性を確保しながらも、ヴィシー政権を消滅させるという政治的な思惑を包摂した解釈であった」と述べている[24]。

　1944年8月9日オルドナンス1条、2条および3条のユダヤ人差別を規定す

---

23) Verpeax, *ibid.*

24) Velpeaux, *ibid.*

るあらゆる行為の無効性、さらに5条でリストⅢ（tableau Ⅲ）の規定の有効性を認めているように、無効の法令と廃止された法令だけでなく、注目すべきなのは維持された法令もまた厳密に区別・規定しているという点である。ヴェルポーは8月9日オルドナンスの目的は、ヴィシー政権下の法令をも確実に法的に移行させることであったと論じている。さらに、1940年7月10日の憲法的法律が République française という表現の代わりに la France に主権国家としての権限を与えていたという矛盾を指摘し、ヴィシー政権下の負の遺産はフランス共和国には法的責任がないとする説は神話に過ぎないと批判する。[25]

　8月9日オルドナンス3条の「ユダヤ人に対する差別を規定または適用するあらゆる法令」の無効性の規定は、法的レベルではヴィシー政権の反ユダヤ政策を正当化する法令の無効性を宣言したが、ヴェルポーによればこの無効性は完全なものではないという。共和国政府に否定されなかった法令が残存しており、同オルドナンス7条は「フランス国政府と呼ばれる実際の権威の法令は無効であり、無効性は現在のオルドナンス……において明示的に確認されることはない」と規定されている。したがって、ヴェルポーは7条は事実上の権威が「フランス国政府（gouvernement de l'Etat français）」であり、フランス共和国政府（gouvernement de l'Etat République française）とは規定されていない点に着目し、それによってヴィシー政権下の法と共和国の主権回復を宣言した8月9日オルドナンスとの法的な連続性を主張するのである。では、その解釈は、「共和国が法律上存在しないにもかかわらず、共和国がヴィシー政権を廃止したために共和国は法的領域において責任を負うことはできない」という結論を導くことになるのであろうか。確かに、フランスの行政裁判官たちの論理は、ドイツの占領軍の直接命令の下で行われた過失がフランス国家の責任を引き受けることができなかったというものであったし、パポン氏自身も自身は一公務員に過ぎず、占領軍の命令を遂行するに過ぎなかったと弁明している。しかし、ドイツ占領軍のユダヤ人迫害計画も、フランスの行政府の積極的な協力によって遂

---

25) Velpeaux, *ibid.*

26) Robert O. Paxton, *Vichy France: Old Guard and New Order 1940-1944*, Knopf; distributed by Random House; 1st edition, 1972, ロバート・O.パクストン著／渡辺和行＝剣持久木訳『ヴィシー時代のフランス 対米協力と国民革命 1940-1944』（柏書房、2004年）参照。

行が可能であったことが、歴史家たちの研究によって明らかになっている。[26]

　前述のボワサールが指摘したように、2つの立場が存在する。すなわち、少数説はヴィシーが共和国ではなく、したがってフランスではないと主張している。その論拠は1944年8月9日オルドナンスであり、反ユダヤ主義の法令はヴィシー政権の責任であって、フランス共和国は責任を負うことがないという考えに立脚している。しかしながら、この説は8月9日オルドナンスは、自由フランスがヴィシー政権下でも存続していたという前提に立つ以上、無効の法令と有効の法令、その他を整理し、受容せざるを得ない。それに対して、多数説は法治国家とは政権と共和国を超越しており、それがいかなる政治体制であれ、連続性があるとみなしている。ヴェルポーは「公権力の一部の人々によって引き起こされたあらゆる法令または事実は、いかなる状況においても、いかなるときでも国家のモラルをもつ実体（entité）という責任を引き受けることを認めなければならない」とする。したがって、「たとえヴィシーがフランスではなかったとしても、国家は集団の過ちに対する責任がある」のである。ヴェルポーは、この概念がコンセイユ・デタによっても共有されていると考えている。すなわち、ヴィシーがフランスではないならば、パポン事件やオフマン＝グレマヌ事件でコンセイユ・デタが賠償金の支払いを結論づけることはないからである。[27]

　パポン意見以降、コンセイユ・デタは1944年8月9日オルドナンスについて、新たな解釈を行ったと解されるだろう。すなわち、「オルドナンス3条のユダヤ人差別に基づくあらゆる法令の無効性は、必然的にヴィシー政権下の反ユダヤ主義の法令の性質が誤っているという認識を表すものである。そして、それは公権力の責任を導く」[28]からである。

V　おわりに

　ファブリス・メルレーは、Epoux Giraud 事件のように「ゴーリスムの神

27）Velpeaux, *ibid.*

28）Velpeaux, *ibid.*

29）Melleray, *ibid.*

話」に基づく判断を下した行政裁判官たちの意見は「支配的世論（opinion publique dominante）」の犠牲によるものだと指摘している[29]。実際、フランスでは戦後、ナチス・ドイツに対するレジスタンス活動については数多く語られていた一方で、ヴィシー政権下でのユダヤ人の迫害という事実自体は長い間、歴史の闇に埋もれていた。1970年代に入り、アメリカ人歴史家ロバート・パクストンの著書『ヴィシー時代のフランス』が仏訳され、フランス国内においても戦時下のフランスでのユダヤ人迫害が注目され始めたが、とりわけ広く認知されるようになるのは、パポン事件が明るみになった1980年代に入ってからであるという[30]。

　ヴェルポーが指摘するように、「1944年8月9日オルドナンスは、共和国の永続性という名の下に国家の連続性を断つというフィクションを創出した」。実際、コンセイユ・デタはEpoux Giraud事件以降、ヴィシー政権自体に法的な正統性を認めなかったためにヴィシー政権下の法令もまた無効であると判断し、フランス共和国は責任を認めてこなかった。しかし、シラク（当時）大統領の演説が嚆矢となり、コンセイユ・デタはヴィシー政権下でのフランス政府の責任を段階的に認め、オフマン＝グレマヌ事件ではヴィシー政権下で行われた国家行為の責任を明確に認めたのである。オフマン＝グレマヌ意見は、パポン事件までのコンセイユ・デタの意見とは異なり、ヴィシー政権下の反ユダヤ主義の法令は「共和国の伝統」に反するものであり、それを「記憶の法律」に規定する必要性とショアのための記念財団の公益性を明らかにしている。これは、パポン判決まで認めなかった国家の責任を正面から認めたものであるという点では画期的であるが、シラク大統領の演説と同じく「ヴィシー政権は決して共和国ではなかった」という立場に変更はないという点には留意しなければならない。パポン意見以降のコンセイユ・デタは、フランス国は共和国ではなかったものの、フランス公法で認められている基本的人権を無視していたとして、国家の責任を認めているのである。

　コンセイユ・デタの調査官であるフレデリック・レニカは、オフマン＝グレマヌ意見を以下のように解説する。すなわち、1944年8月9日オルドナンス

30）ジャック・シラク・前掲注3）〔渡辺和行執筆〕17頁。

は主権の回復を宣言しているが、ヴィシー政権下でのあらゆる法令とそれに基づいて下された決定は存在せず、無効であるとされていた。その文言は、遡及範囲を必然的にカバーすると長い間見なされてきたのである。しかし、オフマン＝グレマヌ意見においては、共和国と連続性のないヴィシー政権という「事実上の権威」は少なくとも法的側面においては消滅したが、ヴィシー政権下の法令から生まれた負の遺産を共和国元首に再統合することによって、1944年8月9日オルドナンスの遡及効が無効となったと解しているのである[31]。したがって、コンセイユ・テダはヴィシー政権と共和国の連続性は明確に否定しつつも、ヴィシー政権下での国家の責任を認めたのである。

　また、コンセイユ・デタは、オフマン＝グレマヌ事件で国家の責任を認める根拠として、ヴィシー政権によるユダヤ人迫害行為が「共和国の伝統」に反することを挙げている。この「共和国の伝統」という文言を用いることには批判もある。ヴィルジニー・サン＝ジャムスはこの文言自体、その意味が不明確であって規範性を有するものではあり得ず、裁判所やコンセイユ・デタはこの文言を用いるべきではないという[32]。しかし、コンセイユ・テダがヴィシー政権下の国家の責任を認めている以上、「共和国の伝統」という概念に依拠せずにそれを説明することはできないのではないか。ヴェルポーが指摘する通り、ヴィシー政権下における国家の責任は国家の連続性という観点から解されるべきである。それによって、ヴィシー政権下の法令が「共和国の伝統」に反するため、国家はヴィシー政権下の法令と国家行為に対する責任をもつと解するべきであろう。

（いとう・じゅんこ　茨城大学講師）

31）Lenica, *ibid.*

32）Virginie Saint-James, La «tradition *républicaine*» dans la jurisprudence de droit public, *Revue de Droit Public*, N° 5, 2015, p.1309 et suiv. 他方で、規範性を持ち得るとする論文として、Christophe Vimbert, La jurisprudence francais et la tradition républicaine, *Editions L'Harmattan*, 2014, p.2 参照。

憲法院構成員任命手続への
事前聴聞制導入について

江藤英樹

I はじめに

　2017 年 5 月、5 年に一度の共和国大統領選挙が実施され、エマニュエル・マクロン候補が第 5 共和制第 8 代共和国大統領に就任した。就任後の組閣では、マクロン陣営で多大な貢献をしたフランソワ・バイルー（François BAYROU 民主運動党 MoDem 党首）氏が司法大臣に任命された。しかし、バイルー氏の率いる政党における不正資金疑惑騒動が持ち上がり、同年 6 月 21 日、同氏はその責任を取り第 2 次内閣に参加しないことを表明した[1]。政治家の不正資金を巡る問題は、今回の大統領選挙において国民にとり重要な関心事の一つとなっていた。

　今回の共和国大統領選挙に先立ち、保守陣営における予備選に勝利し同陣営の統一候補となった元首相フランソワ・フィヨン（François FILLON）候補は、同氏の妻の不正雇用報道により国民からの支持を大きく落とすことになった[2]。このことに表れているように、「政治家とお金の問題」はマクロン政権にとっても重大な関心事であった。バイルー氏の後任として司法大臣に指名されたの

---

1) Cf. Le Monde, 22 juin 2017, p.8 et 9. バイルー氏の他、マリエル・ドサルネーズ欧州相、シルヴィ・グラール国防相も第 2 次内閣に加わらないことを表明している。3 氏の所属する民主運動党（MoDem）が、秘書らに欧州議会の仕事よりパリの党本部の仕事をさせ、彼らの給与を欧州議会の給付金で賄っていたという疑惑である。

は、現職の憲法院判事であるニコル・ベルベ（Niole BELLOUBET）氏であった。憲法院判事は兼職禁止（57条）ゆえ、同氏の後任選出が進められた。同氏は元老院議長指名であったので、後任選出は同議長に委ねられた。

　フランスでは、2008年憲法改正により憲法院構成員の任命手続は従前のものと異なり、国会によるコントロール制が取入れられ、各議院の常任委員会において5分の3以上の反対があった場合には任命できないという制度に改められた。

　この手続の導入については、その効果を疑問視する意見もある[3]。しかしながら、任命前に候補者名が公開されることは、慎重な人選が行われることになるであろうし、国民代表機関である議会の審査を経なければならないということは、恣意的な任命を避ける効果をもたらすことにつながる。本稿では憲法院構成員の任命について、2008年憲法改正時の議論、さらに事前審査制の導入の効果を検討することにより、憲法院構成員の任命に関する議論を検討してみたい。

Ⅱ　憲法院構成員任命手続の改正

　第5共和制憲法第7章に定める憲法院は、9名の構成員からなり、その任期は9年で再任されることはない。構成員は3年ごとに3名ずつ改選される。構成員は、共和国大統領、元老院議長および国民議会議長が3年ごとに1名ずつ任命する（第56条第1項）。任命に基づく構成員に加え、憲法院には元共和国大統領が職権により終身の構成員となることができるが（同条第2項）、兼職禁止のため、大臣または国会議員の職を兼職することはできない（第57条）。構成員は、自らの意思で辞職したり、兼職または身体的な故障により罷免されう

---

2)　2016年11月27日に実施された中道・右派の予備選挙に勝利し、同陣営の統一候補となった元首相フランソワ・フィヨンについて、2017年1月25日発行のカナール・アンシェネ紙が報じた疑惑。同紙によると、フィヨン氏が下院議員時代に、勤務実態のないペネロプ夫人をスタッフとして8年間に約50万ユーロを支払ったというもの。

3)　D. ROUSSEAU, «Article 56 Une procédure de nomination toujours discutable», in J.-P. CAMBY, P. FRAISSEIX et J. GICQUEL, *La révision de 2008: une nouvelle Constitution ?*, LGDJ, Lextanso éditions, 2011, p.320.

る。院長は共和国大統領が任命し、可否同数の場合の裁決権を有している（第56条3項）。

憲法院構成員の任命方法は上記のとおりであるが、3名の任命権者をコントロールする規範がなく、それぞれが全く自由に任命権を行使することから、任命権者の「政治的嗜好による任命（politisation）」だという批判を受け続けていた。

それゆえ、2008年7月の憲法改正[4]は、批判のあった憲法院構成員の任命手続を定める憲法第56条を改正した。改正後の第56条第1項は、大統領の任命権に対して議会が対抗しうることを定める憲法第13条最終項（第5項）[6]を憲法院構成員の任命にも適用することを定めるものとなった。したがって、3名の任命権者による憲法院構成員の任命は、場合によっては議会によって拒絶される。

憲法改正によって導入された第56条第1項のこの部分の規定は、その起源を次に検討するバラデュール委員会報告書に求めることができ、さらに政府提出原案に反映されている。以下、両者を順に検討する。

共和国大統領による任命は両院の常任委員会へそれぞれ諮らねばならないが、元老院議長および国民議会議長による任命はそれぞれの議院の常任委員会に諮[7]

---

4) Loi constitutionnelle no.2008-724 du 23 juillet 2008 de modernisation des institutions de la Ve République による改正。
5) 第56条第1項は「憲法院は、9名の構成員から成る。その任期は9年で、再任されない。憲法院は、3年ごとに3分の1ずつ改選される。構成員のうち3名は共和国大統領により、3名は国民議会議長により、3名は元老院議長により任命される。第13条最終項の手続はこれらの任命にも適用される。各議院の議長による任命には、当該議院の権限を有する常任委員会の意見のみが付される。」と定める。
6) 第13条第5項は「第3項に掲げるもの以外の官職または職務で、権利と自由の保障あるいは国民の経済・社会生活にとっての重要性から、共和国大統領の任命権が、各議院の権限を有する常任委員会の公開意見後に行使されるものについては、組織法律がこれを定める。各委員会の否定票の合計が、両院の2つの委員会における有効投票の5分の3以上であるとき、大統領は任命を行うことができない。権限を有する常任委員会については、官職または職務に応じて、法律によって定める。」とする。
7) 常設委員会とは、国民議会・元老院ともに法律委員会（Commission des lois）である。国民議会の法律委員会の正式名称はCommission des lois constitutionnelles, de la législation et de l'administration générale de la République であり、元老院の法律委員会の正式名称はCommission des lois constitutionnelles, de législation, du suffrage universel, du Règlement et d'administration générale である。

らなければならない。

1 バラデュール委員会報告書

2007 年 5 月に共和国大統領に就任したサルコジ（Nicolas SARKOZY）は、大統領選挙時の公約として大統領の行う一定の官職の任命を、議会による事前審査に服させることを掲げていた。大統領就任後、同氏は同年 7 月 12 日にエピナル（Epinal）で行った演説の中でその必要性を強調した。その後、「第五共和制の諸制度および憲法を進歩させる」ことを目的とした憲法委員会（Comité constitutionnel）」を発足させた。この委員会は元首相バラデュール（Edouard BALLADUR）を委員長とし、正式名称を「第五共和制の諸制度の現代化および均衡の回復に関する検討および提案委員会」という。同年 10 月 29 日、同委員会は「より民主的な第五共和制（Une Vè République plus démocratique）」と題する報告書を大統領宛に提出した（以下、報告書という）。報告書は、三部構成で、第一章は「よりコントロールされた執行権」、第二章は「強化された議会」、第三章は「市民のための新たな権利」であり、全体として 77 項目に及ぶ提案を含む総頁数 181 頁の大部のものになった。

報告書は、第五共和制憲法が 3 回のコアビタシオンを経験したことがその柔軟性と連帯を示しているというが、大統領と首相との権限配分の調整が必要であると述べている。また、1958 年以降 28 回の憲法改正がなされているものの、民主主義の現代的要求に応え切れていないことに懸念を示す内容となっていた。

執行権の統制に言及する第一章では、1962 年に大統領直接公選制が導入され、さらに 2000 年に大統領任期の 5 年制が導入され、大統領中心主義化（présidentialisation）が進展したことを受け、大統領権限と議会権限との均衡を保つために、議会権限の拡大による均衡回復の必要性を唱えている。

上記の目的を達成する第一の手段が(1)共和国大統領の任命権限の統制であり、

---

8) 同委員会は Comité de réflexion et de proposition sur la modernisation et le rééquilibrage des institutions de la Vè République という。

9) Comité de réflexion et de proposition sur la modernisation et le rééquilibrage des institutions de la Vè République, rapport «Une Vè République plus démocratique», La Documentation française, Paris, 2007.; 辻村みよ子『フランス憲法と現代立憲主義の挑戦』（有信堂、2010 年）15 頁以下参照。

第二の手段が(2)憲法院構成員任命のコントロールである、と報告書は指摘する。

(1) 共和国大統領の任命権限の統制

　この目的を達成するための委員会の提案は、具体的には①共和国大統領と首相それぞれの任命権を明確化にし（clarifier）、②君主の専断を避けるため、任命可能な範囲を限定し（circonscrire）、③効果的かつ透明な手続を策定すること（définir）を通じた大統領の任命権限の統制の３点である[10]。

　①明確化

　委員会提案は、明確化について軍事関係職の任命権限は共和国大統領にあるものとするが、法律の定める一定条件による委任がある場合には首相に委任されるとする。民間職の任命については、閣議で協議されるものとその他のものに分け、前者については憲法または法律によって定めることとし、このリストに掲載された職については、共和国大統領が容易に変更できないこととした。その他のものについては首相が任命を行う。

　②限定

　委員会は、議会の聴聞手続を経て任命を行うことにすることで、任命権限を限定できるとその意義を強調する。任命の対象となる職には、第13条第３項および第20条により政府に委任されたものは含まれない。しかしながら、多元性の保障、公的自由の保障、経済活動の規制において、独立した行政機関の行う役割が、その機関の長または構成員の任命にあたりこの手続を適用することが正当であるとしている。したがって、これらを憲法の条文に明記し、その適用を組織法律に委ねる提案をしている[11]。その上で報告書は、対象となる職を２つのグループに分類している。この手続の適用対象とはならないが、聴聞手続を経て任命すべきものとして司法官職高等評議会の委員、経済及び社会評議会の委員を挙げ、最後に憲法院院長およびその構成員の任命を挙げている。

　③手続の策定

　手続の策定に関する委員会の提案は次のとおりである。すなわち、政党の比

10）Ibid., p.16 et s.

11）報告書17頁に記載。2008年憲法改正については、辻村みよ子＝糠塚康江『フランス憲法入門』（三省堂、2012年）102頁以下参照。

率に応じて国民議会議員および元老院議員から構成される特別な混合委員会が聴聞を行う目的のためだけに組織される。聴聞は公開で行われる。聴聞会では、任命対象者が所信表明をし、次いで委員たちが任命対象者との間で質疑応答を行う。委員会は、単純多数で得られた結果を公表する。この手続は、憲法が任命権者に与えている任命権を尊重することにつながると同時に、国民の将来に関わる基本的選択に関する情報について意見を述べる権利およびをこの権利を保障することにおける議会の役割を尊重することにつながる。また、委員会は、共和国大統領が行う任命ばかりでなく、国民議会議長および元老院議長が行う任命についてもこの手続を適用することを提案している。

　以上の検討を踏まえた委員会案は、第13条に第5項を加えるものであり、次のように定めている。すなわち、「第3項に掲げるもの以外の官職または職務で、権利と自由の保障あるいは国民の経済・社会生活、あるいは公役務の役割にとっての重要性から、この目的のために設置される議会の委員会の意見の後でなければ任命を行うことはできない。委員会の意見の様式については、組織法律が定める。」という内容である（第13条第5項）。

　報告書は、第13条第5項をこのように定めることにより、大統領の権限を議会がコントロールする制度を導入することを通じ、現代的要請に応えることを目的とする。

(2)　憲法院構成員任命のコントロール

　第二の手段として、委員会は「裁判当事者への新たな権利の付与：違憲の抗弁」についての検討の中で、法治国家の進展に着目している。すなわち違憲の抗弁という形での事後審査制の導入は法治国家の強化につながる。さらに、憲法院の裁判機関的性格が増すのであれば、その構成員の資格についても検討の必要があると指摘している[12]。そこで委員会は、第56条第2項の定める「前項に定める9名の構成員のほか、元共和国大統領は、当然に終身の憲法院構成員である。」という規定の削除を提案する。委員会によれば、共和国大統領経験者は、退任後も公的生活（vie publique）との関わりを保持し続けている場合が

---

12) Op. cit., rapport, p.87 et s.

多く、そのことが時として憲法院構成員に課せられている守秘義務（obligations de discrétion）および慎重義務（obligations de réserve）に相反すると判断したためである。さらに、元共和国大統領に対しては、あえて憲法院構成員の職務を行使せずとも、その担ってきた職責に値する生活条件が保障される特権がある点を考慮したとしている。[13]

　以上のような検討結果を踏まえ、委員会は第56条を次のように定めることを提案した。

　　「第56条第1項　憲法院は、9名の構成員から成る。その任期は9年で、再任されない。憲法院は、3年ごとに3分の1ずつ改選される。構成員のうち3名は共和国大統領により、3名は国民議会議長により3名は元老院議長により任命される。第13条最終項に定める手続は、これらの任命に適用される。」（下線部が追加箇所である）

　さらに、第56条第2項は次のように定めているが、これを全面的に削除するのが委員会提案の内容である。

　　「第56条第2項　前項に定める9名の構成員のほか、元共和国大統領は、当然に終身の憲法院構成員である。」（全文削除）

　なお、バラデュール委員会報告書については、ルソー教授による批判的なコメントがある。同教授は、本報告書そのものが1993年のヴデル委員会報告書と同一のテーマを扱っている点で想像力を欠いているとする。本稿のテーマとする議会による憲法院構成員の任命の統制について、ルソー教授は、条件付で議会によるコントロール制度が有効に機能することを認めている。条件付きでというのは、今日、執行権と立法権との均衡と抑制について、これが十分に機能することが困難な状況になっていることを前提としている。すなわち、選挙で勝利した者が執行権と立法権を掌握する現実を踏まえるならば、報告書が提案するような立法権が執行権をコントロールするという図式が成立するのは困難なのではないかと指摘する。したがって、形骸化した制度なのではないかという。以上の考察に基づき、ルソーは、バラデュール委員会が「非常に19世紀的 «très XIXe siècle»」な憲法理論に囚われているとして、否定的評価をしている。[14]

---

13) Op. cit., rapport, p.90

2 政府提出改正案

バラデュール委員会は、3ヶ月半に及ぶ検討の末、2007年10月29日に最終報告書を提出した。これを受け取った首相は、共和国大統領の求めに応じ、本報告書の提案する事項について関係各所の意見を聴取し、広く合意を得られる形で作成したのが政府提出憲法改正案であるとしている。この改正案はバラデュール委員会案をベースに、第1部「よりよく統制された執行権」、第2部「根本的に強化された議会」、そして第3部「市民の新しい権利」の三部構成となっている。

執行権の統制に関わる項目（第1部）は、共和国大統領が大統領選挙期間中に公約として掲げたものである。それらは、大統領の三選禁止（憲法第6条第2項）、大統領の任命権に対する議会の監督権限（同第13条第5項）、大統領の非常事態措置の制限（同第16条第6項）、大統領の恩赦権の制限（同第17条）、および両院合同会議で大統領が所信表明する機会の保障（同第18条第2項）である。

政府の提案理由では、共和国大統領の行う任命は、両院議員からなる委員会による聴聞後にしかできないと定めている。その理由は、第1に同第13条に掲げられている職が官僚機構の職位と関連していないこと、第2に任命を規律する規定がないこと、第3に市民の権利・自由の保障、市民の経済・社会生活にとって重要であるので議会の監督権に服することとする。委員会の構成、聴聞に関する手続、対象となる職のリストを明確にすることは組織法律でこれを定める。そしてこの規定を憲法院構成員の任命に適用するとしている[15]。

政府は、以上の説明を付した上で政府案を提示している。第一は、オルドナンスおよびデクレの署名、文・武官の任命手続の改正に関わる憲法第13条（改正案第4条）であり、第二は、憲法第13条の定める手続の憲法院構成員任命への適用について定める第56条第1項（改正案第25条）である。

---

14) Dominique ROUSSEAU, Le rapport Balladur: un défaut d'ambition pour une Ve république toujours en déséquilibre, Revue administrative, no. 361, 2008, p.39 et s. ルソー教授は、同委員会のこの部分の提案については消極的な評価をしているが、同報告書の提案が元となり事後的違憲審査制度が導入されている。

15) Projet de loi constitutionnelle de modernisation des institutions de la Ve République, no.820, déposé le 23 avril 2008, p.3 et s.

①オルドナンスおよびデクレの署名、文・武官の任命手続の改正に関わる憲法第13条（改正案第4条）[16)]

「憲法第13条は、以下に定める項により補完される。

第3項に掲げるもの以外の官職で、権利と自由の保障あるいは国民の経済・社会生活にとっての重要性から、共和国大統領の任命権が両議院の構成員から成る委員会の意見を聴いた後に行使されるものについては、組織法律がこれを定める。この組織法律が、委員会の構成、並びに意見のあり方を定める。」（改正案第4条）

②憲法第13条の定める手続の憲法院構成員任命への適用について定める第56条第1項（改正案第25条）[17)]

「第56条第1項は、〈第13条最終項に定める手続は、これらの任命に適用される。〉と定める文言により補完される。」（改正案第25条）

　政府案は、上記の内容となっているが、既にこの段階でバラデュール委員会が提案をした元共和国大統領を終身の憲法院構成員と定める第56条第2項の削除提案をしていないことには注意が必要である。

　ところで、2008年の憲法改正前において、第5共和制憲法は、共和国大統領による文・武官の任命については憲法第13条第2項から第4項が定め、首相による任命については同第21条第1項が定めている。さらに、文・武官の任命に関する組織法律を目的とする1958年11月28日のデクレ第58-1136号は、憲法第13条の規定の留保の下で、閣議の後に共和国大統領がデクレで任命する官職を別途列挙している。この憲法は、共和国大統領と首相の2人に広汎な文・武官の任命権限を付与しているが、これは、両者による任命の対象となる職を憲法典に列挙することなく増やしたいという制憲者の意図を示すものとなっている。[18)]この方法による任命のメリットは、共和国大統領にとっては自らの意思で任命対象となる職のリストを作成できることにある。しかしながら、これは共和国大統領および首相による上級官職の任命権独占を意味し、さらに

---

16) Op. cit., p.17.

17) Op. cit., p.23.

18) Débats en assemblée générale du Conseil d'État, le 27 août 1958, sur le projet d'article 11 (Documents pour servir à l'histoire de l'élaboration de la constitution du 4 octobre 1958, volume III, 1991, pages 319-322).; Rapport no.892 déposé le 15 mai 2008 par M. Jean-Luc Warsmann, p.136 et s.

は対象者の適格性を審査するいかなる手続も存しないことを意味する。ヴデル委員会もこのような任命方法では、無秩序な任命が行われる危険性を指摘していた。それゆえ、「憲法に記載する官職および閣議で定める官職以外の官職については組織法律で定めること、さらに、この方式によらずして共和国大統領が任命する官職の定義を普通法律で定めるべきこと」を提案していた。[19]

3　改正案の審議過程
(1)　国民議会第一読会
　政府案は、まず国民議会法律委員会において審議され、修正を施したのち、それを国民議会第一読会修正案として、以下の内容で採択した。[20]

　①文・武官の任命手続の改正に関わる憲法第13条（改正案第4条）
　第13条第4項については、「第3項に掲げるもの以外の官職あるいは職務で、権利と自由の保障あるいは国民の経済・社会生活にとっての重要性から、各議院の権限を有する二つの常設委員会の公の意見を聴いた後でなければ、共和国大統領は、任命権限を行使することはできない。共和国大統領は、権限を有する常設委員会が有効投票の5分の3で否定的意見を述べたときは、共和国大統領は、任命を行うことができない。権限を有する常設委員会については、官職または職務に応じて、さらに意見のあり方に応じて法律がこれを定める。」としている。（改正案第4条）

　②第13条の定める手続の憲法院構成員任命への適用に関わる第56条（改正案第25条）
　第56条第1項については、「憲法第56条第1項は、以下に定める2文により補完される。第13条最終項に定める手続は、これらの任命に適用される。各議院の議長による任命は、関連する議院の権限を有する常設委員会の意見のみにしたがってなされる。（改正案第25条）[21]

　バラデュール委員会は、憲法院院長およびその構成員とを同等なものとして

---

19) «Comité Vedel», Rapport remis au Président de la République le 15 février 1993 par le comité consultative pour la révision de la Constitution, Paris, La documentation française, 1993, p.13.; Rapport no.892 déposé le 15 mai 2008 par M. Jean-Luc Warsmann, p.137 et s.

20) Projet de loi constitutionnelle de modernisation des institutions de la Ve République, adopté en 1ère lecture par l'Assemblée nationale le 3 juin 2008, TA no.150, p.3 et s.

21) Op. cit. p.11 et s.

捉えていたが、憲法院構成員の任命条件は 56 条において規定されているので、これに 13 条の手続を適用するために第 56 条の改正の必要性を主張していた。憲法院構成員の任命に関わる条件は前述のとおりである。このように三名の任命権者が全く自由に任命を行うことについては、「優遇（faveur）、友情（amitié）および好意（complaisance）といった意思は、修正すべき憲法的歪みよりも破壊することが困難なものである」といった批判的なアイゼンマンの指摘がある[22]。他方、その創設以来憲法院構成員の 80％を法に関わる職に従事する者が占めている点を捉え、好意的な評価をする指摘もある[23]。さらに、兼職禁止と再任禁止の制度は、憲法院の独立性を保障するものと理解されている。そして、憲法院の職務の独立性および尊厳は、憲法院構成員に課されている留保義務によっても保障されていると考えられる、との指摘がある[24]。すなわち、憲法院構成員には、「憲法院構成員の職務の独立と尊厳を保障するために課される憲法院構成員の義務は、憲法院の提案に基づき、閣議を経たデクレで定める。これらの義務には特に、憲法院構成員が、その任期中憲法院の決定の対象になった又は対象となりうる問題に関して公的な立場を表明すること、もしくは同問題に関して意見を求めることの禁止が含まれなければならない」という義務が課されているからである[25]。

　さらに、憲法院構成員の任命方法は、フランス以外の国の憲法裁判所判事任命方法の大半とも異なっているが、それらの国でとられている方法は満足のできるものであるということはないと、ヴデル教授は指摘する。すなわち、「憲法裁判官の任命手続に議会が介入する方法は、任命について微妙な政治的問題を生じさせかねない。さらに、裁判所が選任する方法では、策略がないということはないであろうし、コーポラティズム的な効果がないということにはならないであろう」と指摘する[26]。したがって、スペインの憲法裁判所のように、下院、上院それぞれの議員の 5 分の 3 以上の多数の決議により指名が行われる方

22）Charles Eisenmann, «Palindromes ou stupeur ?», Le Monde, 5 mars 1959.

23）M. Fabrice Hourquebie, «Les nominations au Conseil constitutionnel», Les petites affiches, 31 mai 2001, pp.9-15. ここに示されている 80％という数字は、1959 年から 2001 年までの任命を検討した数字である。

24）Rapport no.892 déposé le 15 mai 2008 par M. Jean-Luc Warsmann, p.419.

25）Article 7 de l'ordonnance du 7 novembre 1958.

式の下では、指名が政治的になされる懸念はないとする。[27]

(2) 元老院第一読会

　国民議会第一読会の修正案を受理した元老院第一読会では、同院での議論の後、「第3項に掲げるもの以外の官職あるいは職務で、権利と自由の保障あるいは国民の経済・社会生活にとっての重要性から、<u>各議院の権限を有する常設委員会に由来する両院同数合同委員会の公の意見を聴いた後でなければ、共和国大統領は、任命権限を行使することはできない。この委員会が有効投票の5分の3の過半数で否定的意見を述べたときは、共和国大統領は、任命を行うことができない。」（改正案第4条）とする案を採択した。[28]

　元老院の修正案は、同院の権限を強化する方向の内容となっている。

　元老院の法律委員会は、国民議会および元老院の権限を有する各委員会がそれぞれ意見を述べる案を検討していた。その目的は、各院が慎重に検討すること、および各院が検討できる場を設けることであった。さらに、委員会数を2つに限定する文言を削除することにより、各院において複数の委員会がそれぞれ意見を述べることを可能とする提案であった。なお、国民議会案に示されていた常設委員会設置に関わる規定は削除されている。

　元老院第一読会法律委員会修正案にはいくつかの疑問がある。まず、任命に迅速さが欠けることになろう。第2に、実際に、候補者全員を全委員会において聴聞することは不可能なのではないかという指摘である。第3に、先に聴聞を行った委員会の意見が後続の委員会の意思形成に影響を及ぼすことも懸念された。しかし、任命を拒絶するために有効投票の5分の3を確保しなければならないとする国民議会案を前提としているので、両院において同数の拒否数を確保することには困難が伴うことが想定される。以上の点を踏まえ、元老院法律委員会は、各院の権限を有する委員会から選出された委員から成る両院同数

---

26) Georges VEDEL, «Réflexions sur les singularités de la procédure devant le Conseil constitutionnel», in Nouveaux juges, nouveaux pouvoirs ? Mélanges en l'honneur de Roger Perrot, 1996, p.540.

27) Rapport no.892, p.420

28) Projet de loi constitutionnelle de modernisation des institutions de la Ve République, adopté en 1ère lecture par le Sénat le 24 juin 2008, TA no.116

合同委員会が１つの意見を述べることを提案する上記の案を採択したのである。[29]

(3) 国民議会第二読会

　元老院第一読会修正案に対する国民議会第二読会の評価は以下のとおりである。[30]元老院案の目的は、任命について国民議会と同等の権限を与えることであるが、それは正しいことではないとしている。そもそも国民議会と元老院は権限の面において同一のものとは想定されていない。たとえば、政府不信任手続の１つである問責決議を行えるのは国民議会のみであり、臨時会期を求める権限は元老院にはない。さらに、憲法改正のための両院合同会議は大統領の決定により招集され、有効投票の５分の３の多数決により議決されるが、ここでも両院の権限が対等であることが前提とはなっていない。したがって、元老院の考え方は適切ではない。また、元老院は国民議会案において各議院が１つの権限を有する常設委員会において審査するとしていたが、１つという限定を外すことになれば、両院合同委員会を構成する委員会を決定することには困難が付きまとうように考えられる。以上の検討を踏まえ、国民議会第二読会は、次の修正案を採択している。

　　「憲法第13条は、以下に定める項により補完される。

　　第３項に掲げるもの以外の官職で、権利と自由の保障あるいは国民の経済・社会生活にとっての重要性から、共和国大統領の任命権は各議院の権限を有する常設委員会の公の意見を聴いた後でなければ行使できない。各委員会の反対票の合計が少なくとも両議院の２つの委員会における有効投票の５分の３であるとき、共和国大統領は任命を行うことができない。権限を有する常設委員会については、官職あるいは職務に応じて法律がこれを定める。[31]」

(4) 元老院第二読会

　元老院第二読会では、検討の結果、国民議会第二読会修正案を変更すること

---

29) Cf. Rapport no. 387 déposé le 11 juin 2008 par M. Jean-Jacques Hyset, pp.71-77.

30) Cf. Rapport no. 1009 déposé le 2 juillet 2008 par M. Jean-Luc Warsmann, pp.74 et s.

31) Projet de loi constitutionnelle de modernisation des institutions de la Ve République, adopté avec modifications en 2ᵉ lecture par l'Assemblée nationale le 9 juillet 2008, TA no. 172, p.3.

なくこれを採択している。

　国民議会および元老院での審議の過程は上記のとおりである。これを順に辿りつつ整理をすると次のようになろう。政府原案は、権利と自由の保障あるいは国民の経済・社会生活に関わる官職（emploi）の任命を、両院議員からなる一つの委員会の聴聞に付すとし、さらに、組織法律が委員会構成および手続を定めるとしていた。まず国民議会は、この部分について各院の権限を有する二つの常設委員会の会合において意見を述べるとした。第二に、これらの常設委員会からなる会合において有効投票の5分の3で反対意見が表明されたときは任命を行うことができないとした。第三に、権限を有する常設委員会が対象となる官職ならびに意見を表明する方法を法律で決定することに改めた。この段階では、依然として聴聞を行う委員会のあり方について国民議会と元老院との間で意見対立がみられた。

　元老院は、合同委員会について規定する憲法第45条を参考にしつつ、各議院の権限を有する常設委員会からなる両院同数合同委員会が有効投票の5分の3の多数で反対の意見を述べたときには、任命を拒否できるものとした。さらに、この方法を実施するための諸条件が議会規則によって定められるのであれば、組織法律または普通法律で手続を定める必要はないとした。国民議会は、第二読会において、各委員会の反対票の合計が少なくとも両議院の2つの委員会における有効投票の5分の3であるとき、共和国大統領は、任命を行うことができないとする案を採択している。

　国民議会第二読会案を検討した元老院第二読会においても多くの修正案が提示されたが、最終的に否決され、元老院第二読会において改正案（憲法的法律案）が採択された。

　その後、2008年7月21日にヴェルサイユにおいて開催された憲法改正のための両院合同会に上程された改正案は、採決に付された。投票総数905票のうち、有効票数896票、採択に必要な票数538票、賛成539票、反対357票、棄権9票という1票差の僅差で採択された。[32]

---

32) Projet de loi constitutionnelle de modernization des institutions de la Ve République, adopté par le Congrès du Parlement le 21 juillet 2008, TA no.14, p.3.; 辻村みよ子『フランス憲法と現代立憲主義の挑戦』（有信堂、2010年）21頁以下参照。

Ⅲ　憲法改正後の任命

1　Mercier 事件

「はじめに」において述べた経緯の結果、ベルベ氏の後任としてジェラール・ラルシェ（Gérard LARCHER）元老院議長が指名したのは、司法大臣職の経験もある重鎮のミシェル・メルシエ（Michel MERCIER）元老院議員であった（2017 年 7 月 25 日）。元老院法律委員会は同年 8 月 2 日にメルシエ議員に対する聴聞を行い、同氏の憲法院構成員就任を全 29 名の委員のうち、承認 22 票、反対 7 票で承認するに至った。元老院議長はこの結論を受け、同氏を憲法院構成員に任命した。ところが同日発行のカナール・アンシェネ紙が、同氏に関わる疑惑を報道した[33]。それによると、2003 〜 12 年に長女を、12 〜 14 年に次女を上院議員秘書として雇用したことに関する疑惑である。特に次女については、3 点について指摘があった。第 1 は、議員秘書として毎月 2,000 ユーロの報酬を得ていたが、当時次女はロンドンに在住していたとするもの。第 2 は、元老院に提出された書類には無職と記載されていたが、他の履歴書には University College London の民族誌学コレクションの責任者との記載があったとするもの。第 3 は、メルシエ氏は、次女の専門家としての知識が、文化委員会のメンバーであった自分に必要だったことから雇用したと弁明したが、同氏が文化委員会のメンバーであったのは 2008 年と 2009 年のみであり、次女を秘書として雇用していた 2012-14 年には同委員会の委員ではなかったことである。

メルシエ議員は、娘の雇用について問題がないことを主張し、元老院法律委員会も最終的に承認するという結論を出した。ところが、2017 年 8 月 8 日、メルシエ氏は憲法院構成員に就任することを辞退した。

2　事前聴聞制の効果

メルシエ議員による不正雇用の真偽は不明であるものの、本件については、不適切であったかもしれない任命がなされなかったという結論に辿り着いてい

---

33) Canard Enchaîné, le 2 août 2017, p.3; Le Monde du 5 août 2017, p.11.

る。それが、単なる報道による効果であるのか、それとも議会による事前聴聞制の導入の効果であるのかは判然としない。しかし、委員会による聴聞前に候補者指名が公にされることに加え（2017年7月25日公表）、議院の法律委員会における事前聴聞（同年8月2日）という手続が加えられたことは、従前の任命権者のみによってなされる任命と比較した場合、より慎重な任命が行われることになったことを意味しているであろう。憲法院が憲法第61条に基づいて違憲と宣した規定は審署も施行もされず（第61条第1項）、第61条の1に基づいて違憲とされた規定は、判決公表後、あるいは判決の定める期日以降廃止され（同条第2項）、さらにはその判決がいかなる不服申立てにもなじまず、公権力およびすべての行政・司法機関を拘束することを考慮すれば（同条第3項）、憲法院構成員としての能力ばかりでなく、人物的にも倫理的にも高い評価が求められて然るべきではないか。

Ⅳ　終わりに

　2008年の憲法改正では、永らく課題であった事後審査制（Question prioritaire de la constitutionnalité）が導入され、それを補完する事前聴聞制が併せて導入されたとみるべきであろう。すわなち、より透明性が高く、社会に開かれた機関としての改革の一環を示すものとみることができるのではないか。Mercier氏の件に対する評価は微妙であるが、事前聴聞制による聴聞の結果、任命を承認されなかった憲法院構成員はいない。憲法院構成員に足る人物が任命されたとみることも可能ではなかろうか。

　本制度導入後、2010年2月の任命から2017年10月の任命まで、計12名の憲法院構成員がこの手続を経て任命されている。各議院の法律委員会における聴聞の様子は、両院それぞれのインターネットサイトにおいて視聴可能となっている[34]。同時に、聴聞のやり取りも文章として記録され公開されている。いずれも、事後審査制の導入と併せた市民に開かれた透明性の高い憲法院作りに寄与するものなのではないか。しかし、課題も残されている。バラデュール委員

---

34) 国民議会の場合、1年以上前に行われた任命については、E-mailにて請求可能。

会の報告書では、事後審査制の導入に併せ第56条第2項の「前項に定める9名の構成員のほか、元共和国大統領は、当然に終身の憲法院構成員である。」という規定の削除を提案していたが、政府提出の憲法改正案にこの削除提案は存在しないなど、不十分な点がある。稿を改め検討することにしたい。

（えとう・ひでき　明治大学准教授）

ポスト国民国家における「市民」

大藤紀子

はじめに——EU 市民の位置づけ

1992 年に起草されたマーストリヒト条約（1993 年 11 月 1 日施行）によって創設された、欧州連合（以下、「EU」とする）の市民権をめぐっては、これまで、多くの EU 立法や EU 司法裁判所の判例が、その内容や射程に関する判断を展開してきた。その EU 市民の地位は、EU 加盟国のいずれかの国籍を保有する者すべてに与えられるものであり、それは、加盟国の国籍と連結した地位である。

しかし、国籍は、EU においては、共通の「法的絆」[1] としては機能しない。そのような絆を可能にするような一つの確たる国籍というものは、EU には存在しない。したがって、EU は全体として、さまざまな国籍を有する市民で構成されていることになる[2]。

一般に、一つの国家においては、国籍保持者相互の文化や言語の共有こそが、あるいは、そうした文化を擁する当該国家との結びつきこそが、当該国家やその国民にとって重要であると考えられている。しかし、EU においては、各加

---

1) 「国家は、……当該国家への個人の実効的な結びつき（真正な結合）に国籍の法的絆を合致させるという一般的目的にしたがって規則を制定している場合にのみ、その規則を他国により承認されなければならないものとして主張できる。」（国際司法裁判所ノッテボーム事件第二段階判決（1955）*Nottebohm* Case (Second Phase), 6 April 1955, ICJ Reports, 1955, p. 20, p. 23.）。

盟国の民族・文化・言語の差異は所与のものである。また、民族・文化・言語の違いを超えて一つになる、という想定ないし目的が用意されているわけでもない。

代わりに、EU においては、域内市場という、加盟国相互間に国境のない、物・人・サービス・資本が自由に往来しうる領域の達成こそが最大の目標とされてきた。言い換えると、EU は、そうした物・人・サービス・資本が国境によって遮られることなく自由に行き交う（移動する）なかで構築される領域（アリーナ）である。

このことを「人」に関して言えば、自国に生まれ、育ち、そこで一生を終えるのではなく、自国を離れ、他の加盟国に移住し、労働する、そうした生活様式を送ることが、一 EU 市民として、加盟国間の「繋がり」を実効化し「統合」を現実的に展開する「人」のあり方である。EU のモットーである「多元的統合（*unitas multiplex*）」または「多様性の中の統合（united in diversity）」という発想の根底には、このような想定があると考えられる。それが、ヨーロッパにおける「文化と伝統の多様性」が尊重され、各加盟国の「国家アイデンティティ」も維持されるための必要条件なのである。

このように各加盟国の多様性のうえに成り立つ EU においては、異なる加盟国相互の関係化のなかでこそ、その統合が深化されてきたといえる。逆に言うと、EU 市民という地位およびそこでの EU 市民権の保障は、そうした関係化を展開する媒介項となる。

加盟国と EU 市民とのこのような布置ゆえに、国家の権限が及ぶ人的範囲に関する、通常は主権的行為とみなされる国籍に関する事項であっても、何らかのかたちで、EU 法によるコントロールを受けることになる。なぜなら、それ

---

2) ジョゼフ・ワイラー（Joseph Weiler）は、EU が定義上、同じ国籍を共有しない市民で構成されていることを強調している（Joseph H. H. Weiler, *The Constitution of Europe*, Cambridge University Press, Cambridge, 1999, p. 344.）。また、後述するロットマン事件の法務官（Miguel Poiares Maduro）も、EU においては、人々を一つの国籍や人民（民族）に収れんさせることなく、複数の国籍と人民（民族）の間に多元的な統合を成り立たせているところに、EU 市民権の「根本的に革新的な性質」があるとし、それが「国家を跨がる市民権（interstate citizenship）」であるとしている（Opinion of Advocate General, Miguel Poiares Maduro, 30 September 2009, Case C-135/08, *Janko Rottmann v. Freistaat Bayern*, [2009] ECR I-1452, paras. 16, 23.）。

ぞれの EU 市民権の内容が、国籍をめぐる加盟国の具体的な措置によって（た
とえば国籍の得喪に関わる立法や決定によって）不均等に制限され、あるいは保障
されてはならないからである。

I　EU 市民権の概要

　欧州連合（以下、「EU」とする）において、1992 年に起草されたマーストリヒ
ト条約（1993 年 11 月 1 日発効）まで、加盟国間の国境を越えた移動の自由は、
基本的には加盟国に国籍をもつ労働者に限定して保障されていた。言い換える
と、移動主体は、加盟国の国籍を保有するという条件に加え、経済活動に従事
する労働者であるという属性を条件にしていた。その労働者には、自国を離れ、
国境を越え、他の加盟国に移動する自由の保障と、移動先での活動やそこで享
受する諸権利に対する「国籍差別禁止原則」の適用が、徹底して確保されてき
た。また 1968 年に定められた規則 1612/68 をはじめとするさまざまな派生法
を通じて、労働者の家族に対しても、その国籍を問わず（EU 加盟国の国民でな
くとも、すなわち第三国国民であっても構わない）、入国、移動・居住、教育の享受

---

3)　そもそも、今日の EU の発端となった石炭鉄鋼共同体構想は、独仏間の戦争の回避を、「平和」の
　　約束を交わすことによってではなく、戦争と経済の主要資源の共同管理を通じた、両国間の新たな
　　関係を構築することによって、相互に戦争を起こしえない状態を作り出すものであった。なお、一
　　つの普遍的価値を志向する「普遍的統合（unitas universalis）」は、EU が向かっている方向とは異
　　なる。さらに、「普遍的統合」を完遂した上での頂点が考えられているのでもない。この点について
　　は、以下の拙稿を参照されたい。「EU における基本権の機能的な基礎づけについて」EU 法研究 2
　　号（2016 年）6-28 頁、「ヨーロッパ統合と『国家主権』──その機能的側面について」辻村みよ子
　　編集代表『政治変動と立憲主義の展開』（講座政治・社会の変動と憲法──フランス憲法からの展望
　　第 I 巻）（信山社、2017 年）95-116 頁。
4)　現行の条文では、EU 運営条約 18 条。以下、便宜上現行の条文のみを記す。
5)　例えば、ボスマン事件参照。Case C-415/93, *Union royale belge des sociétés de football association
　　ASBL/Jean-Marc Bosman, Royal club liégeois SA/Jean-Marc Bosman a. O. and Union des
　　associations européennes de football（UEFA）/Jean-Marc Bosman*, ECLI:EU:C:1995:463, paras. 92-
　　104. 中村民雄「労働者の自由移動」中村民雄＝須網隆夫編著『EU 法基本判例集〔第 3 版〕』（日本
　　評論社、2019 年）185-193 頁。
6)　Regulation（EEC）No.1612/68 of the Council of 15 October 1968 on freedom of movement for
　　workers within the Community, OJ L 257, 19.10.1968, p. 2-12.
7)　基幹条約に基づいて EU 諸機関によって独自に作られた立法のこと。法的拘束力があるものとし
　　ては、規則、指令、決定がある（EU 運営条約 288 条）。

などの一定の権利が保障された[8]。

EU 加盟諸国は、移動して、就労する他の加盟国出身の労働者を、自国籍の労働者と差別して扱ってはならない。国籍が異なることによる差別があると、加盟国間の自由な移動が事実上行われなくなる。その意味で、国籍差別禁止原則の徹底は、移動の自由を行使する主体に、他の加盟国への移動を促す実質的要因ともなる。つまり、移動の自由は、この原則の徹底によって初めて実効的に保障される。そして、それを通じてこそ、「域内国境のない領域」である域内市場としての EU が実現するのである。

マーストリヒト条約（当時の EC 条約）において、この労働者の移動の自由[9]とは別に、「EU 市民権をここに創設する。加盟国の国籍を有する者は、何人も EU の市民となる」（現行の EU 運営条約（以下、「TFEU」とする）20 条 1 項）と定められ、以来、EU の基幹条約には、EU 市民の権利の筆頭に、移動・居住の自由（TFEU20 条 2 項 a、21 条）が挙げられた。これにより、それまでは労働の提供者を対象に限定されていた移動の自由の保障は、いずれかの加盟国の国籍をもつことのみを条件に、EU 市民全般に及ぶと理解されるようになった。すなわち、マーストリヒト条約によって「EU 市民権」という概念が創設されたことにより、移動の自由の人的範囲は格段に拡がったのである。そして、この移動する EU 市民は、移動先にて国籍による差別を受けないことが保障される。また、労働者の場合同様、移動する EU 市民の家族にも、派生的に一定の権利が認められていった。なお、EU 司法裁判所は、2001 年のグルゼルチク事件先決裁定以来、この地位を「加盟諸国の国民の基本的地位となるべき定めにある (is destined to be the fundamental status of nationals of the Member States)」としている[10]。

マーストリヒト条約以降の基幹条約に定められた EU 市民の地位は、移動・

---

8) 須網隆夫『ヨーロッパ経済法』（新世社、1997 年）178 頁以下参照。

9) 現行の条文で言えば、EU 運営条約 45 条。

10) Case C-184/99, *Grzelczyk v. Centre public d'aide sociale d'Ottignies-Louvain-la-Neuve*, 20 September 2001, [2001] ECR I-6193. 中村民雄「EU 市民権の基本的地位と国籍差別禁止原則」中村＝須網・前掲注 5) 194-201 頁。EU 市民とその家族の移動・居住の自由に関する 2004 年の指令 2004/38/EC の前文第 3 段でも、「EU 市民権は、加盟諸国の国民が移動・居住の自由を行使する際、EU 市民権は彼らの基本的地位となるはずのものである」とされている。

居住の自由のほかにも、さまざまな実体的諸権利を保障している。すなわち、

　・その居住する加盟国における欧州議会議員選挙の選挙権・被選挙権および地方選挙の選挙権・被選挙権の保障（TFEU20条2項b、22条）、

　・欧州議会に対する請願権、欧州オンブズマンへの申請権（TFEU20条2項d、24条）

　・その「国籍を有する加盟国が代表を置いていない第三国の領域において、いずれかの他の加盟国の国民と同一の条件で、当該他の加盟国の外交上および領事上の保護を受ける権利」（TFEU20条2項c、23条）、

　・「EUの諸機関または諮問機関に対して、条約の諸言語のいずれかで問い合わせを行い、かつ同一の言語で返答を得ることができる権利」（TFEU20条2項d、24条）である。[11]

　また、現行のリスボン条約（2009年12月1日発効）において、EUは、「そのすべての活動において、EU市民の平等の原則を遵守」しなければならないとも定められた（現行のEU条約（以下、「TEU」とする）9条）。さらには、「少なくとも100万人以上」で「相当数の加盟国の国民により構成される」EU市民に、欧州委員会に派生法の発案を要求する発議権が認められた（TEU11条3項）。また、2000年に政治宣言として署名され、リスボン条約によって法的拘束力が与えられたEU基本権憲章においては、上記諸権利以外に、適正な行政に対する権利（41条）、文書閲覧権（42条）が「市民の権利」として明示的に定められている。

II　「国籍」との連結

　こうした諸権利が、各加盟国の国籍と連結した「EU市民権」として保障されていることには、どのような意味があるのだろうか。

　この点に関連して、1992年6月、マーストリヒト条約批准の手続において、デンマークの国民投票で批准拒否という結論が出された事件（いわゆるハムレット・ショック）を受け、マーストリヒト条約の最終議定書には、国籍に関する

---

11) TFEU20条2項には、EU市民は、「条約に定められた権利を共有し、かつ、義務を負う」とされ、「とくに……次の権利を有する」として、これらの権利が列挙されている。

加盟国の宣言（第2宣言）が付された。マーストリヒト条約によって創設された EU 市民権が、加盟国の国籍の保持を要件としていることについて、「個人が加盟国の国籍を保持するか否かの問題は、当該加盟国の国内法を参照することのみによって処理される」（傍点筆者。以下同様）と定められた。[12]

また、同年 12 月の欧州理事会では、次のような決定が採択されている。

「EC 設立条約の……EU 市民権に関連する諸規定は、そこに明記されているように、加盟国の国籍保持者に付加的な権利と保護を与えるものである。それらは、いかなる形でも国家の市民権に代替するものではない。個人が加盟国の国籍を保持するか否かの問題は、唯一、関係加盟国の国内法の参照によって決定される」。

各加盟国にとっては、国籍や市民権は自国の主権（管轄権）が及ぶ人的範囲を意味するのであり、EU 市民権概念そのものの規定とその国籍との連結は、国家主権を脅かす要因にもなりかねない。これらの宣言や決定は、そのような加盟国の懸念を反映しているといえよう。

また、マーストリヒト条約の改正条約であるアムステルダム条約（1999 年 5 月 1 日発効）においては、先に引用した条文（TFEU20 条 1 項）に、「EU 市民権は、国家の市民権に付加されるものであって、それに代替するものではない」という一文が明記された。つまり、EU 市民の地位は、一国における市民の地位に代えて保障されるものではないことが確認されたのである。

しかし、その一方で、EU 市民の地位は、加盟国の国籍があることをもって、何人にも保障される（傍点筆者。以下同じ）。すなわち、「加盟国の国籍を有する」ことが、条約上定められた EU 市民の地位を得るための唯一の条件となったのである。要するに、いずれかの加盟国の国籍を取得すれば、自動的に EU 市民の地位を獲得し、逆にそれを失えば、同時に EU 市民の地位や権利も失われる。その意味で、加盟国の国籍に関する権限と市民権との間には、相互の連関が存しており、加盟国による国籍の得喪をめぐる判断も、EU 法によるコントロールを受けざるを得ない。

---

12) Declaration No. 2 on nationality of a Member State, OJ 1992 C 191, 29/07/1992, p. 98.

Ⅲ　判例の動向

1　EU法への適切な配慮義務

　EU司法裁判所[13]は、1992年のミケレッティ事件[14]以来、「国際法上」、「国籍の取得や喪失に関する条件を定める権限を有するのは、各加盟国である」と宣言しつつ、同時に、その権限を行使するにあたって、各加盟国は「共同体法への適切な配慮を行う（having due regard）」ことが義務づけられるとの立場を維持している（ミケレッティ事件先決裁定理由10段）。

　ミケレッティ事件は、イタリア国籍とアルゼンチン（第三国）国籍をもつ重国籍者（以下、「X」とする）がスペインで歯科医として開業することをスペイン政府が認めなかったために提起されたものである。Xは、EU（当時はEC）法上加盟国国民に認められた開業の自由（TFEU49条）を前提に、本人およびその家族に、EU加盟国国民としての永住許可証の発行をスペインに申請した。Xは、有効なイタリアの旅券を提示した上で、すでにEU加盟国国民として6ヶ月の暫定滞在許可証を取得しており、永住許可証の申請はその期限経過前に行っていた。

　ところが、スペイン民法典9条は、スペイン国籍を有しない重国籍者の場合、その「通常の居住地の国籍」が優先されると定めていたため、スペイン政府は、それを理由にXの「通常の居住地の国籍」はアルゼンチンである（したがって、イタリア国籍保持者とはみなさない）として、申請を却下した。そこでXがスペイン政府の決定の取消しと加盟国国民としての開業の自由の承認を求めてスペインの裁判所に訴えを提起し、スペインの裁判所が、EU法の解釈問題として、EU司法裁判所に先決裁定を付託したのが本件である。なお、この事件は、マーストリヒト条約発効前のものであるため、EU市民権に関する言及はないが、EU加盟国の国籍保持者としての地位が争われたものであるため、同種の事件とみなされる。

　EU司法裁判所は、本件において「条約に定められた基本的自由の行使に関

---

13)　当時は欧州司法裁判所という名称であったが、便宜上EU司法裁判所に統一する。

14)　Case C-369/90, *Micheletti and Others*, 7 July 1992, [1992] ECR I-4239.

連して、ある加盟国の立法が、他の加盟国による国籍付与の効果を制限する目的で当該国籍の承認に付加的条件を課すことは許されない」と判断した（同）。すなわち、EU法上の権利を行使して移動・居住のために入国した加盟国国民の「受入れ（ホスト）加盟国は、その立法上、当該人物が非加盟国の国籍保持者であることを理由に、他の加盟国の国籍保持者の自由を拒んではならない」のである（同15段）。「そのような可能性を認めれば、……自由に関する共同体のルールが適用される人的集合が、加盟国ごとに異なってしまう結果」になるからであるという（同12段）。

　国際法上は、各国が重国籍者を法令上どのように扱おうと、基本的に国家の主権の問題とみなされるのであるが、このミケレッティ事件で、EU司法裁判所は、加盟国がその独自のルールによって一方的に、他の加盟国の国籍保持者から当該国籍のEU法上の効果（この場合は、開業の自由の保障）を奪うことは、EU法の適切な配慮義務を欠く行為であって違法となることを示したものである。

2　比例原則（principle of proportionality）遵守義務

　加盟国の帰化決定の撤回によってEU市民が無国籍となり、その結果EU市民権を喪失する場合に、当該撤回行為は、EU法との関係でどのように判断されるのか。帰化申請の前に原国籍国（加盟国）において犯罪の嫌疑がかけられていることを隠したまま帰化申請が行われた場合、その帰化を認めた加盟国は、そうした事実が判明した場合にその決定を撤回できるのか否か。またそうした撤回が、結果として当該申請者を無国籍にし、EU市民の地位を喪失させる場合、加盟国はその撤回措置を差し控える義務を負うのであろうか。

　こうしたことが争点となったのが、2010年に先決裁定が下されたロットマン事件である。[15]出生により取得したオーストリア国籍の保持者（以下、「Y」とする）は、1995年、職務上重大な詐欺行為の嫌疑でオーストリアのグラーツ刑事裁判所での審問を経た後、ドイツのミュンヘンに移住した。その2年後にグラーツ刑事裁判所はYに逮捕令状を発行したが、その翌年、Yはオーストリ

15）Case C-135/08, *Janko Rottman v. Freistaat Bayern*, 2 March 2010, [2010] ECR I-1449.

アで刑事手続に服していることを開示しないままドイツに帰化を申請し、一年後に帰化が認められた。オーストリアの国籍法によれば、「自己の申請または自己が作成した宣言によって、もしくは自己の明示的な同意によって外国籍を取得した者は、それを保持する権利を明示的に与えられない限り、オーストリア国籍を喪失する」。こうして、Yは、ドイツ国籍の取得と同時にオーストリア国籍を喪失した。その後、同氏の刑事手続についての情報が、グラーツの司法官憲によってミュンヘン市に伝えられ、帰化承認の1年5ヶ月後に、バイエルン自由州は、Yに対する聴聞手続を経た後に帰化決定を遡及的に撤回した。申請の際にオーストリアで司法手続に服している事実が開示されなかったこと、すなわちドイツ国籍が偽計によって取得されたことが、撤回の理由である。Yは、帰化撤回の取消しを求めて訴えを提起した。ドイツでの帰化撤回の効力が最終的に確定すれば、Yはオーストリアとドイツの両国籍を失うことで無国籍者になり、いずれかの加盟国の国籍の保持を要件とするEU市民権をも喪失することになる。

　ドイツ政府およびオーストリア政府は、ドイツによる帰化の撤回が行われた時点で、Yはドイツ国籍保持者であったため、それはドイツにおける「純粋に国内的な状況」であり自国から他の加盟国への移動の問題とはみなされないため、EU法の関与するところではないと主張した。

　これに対して、EU司法裁判所は、上記ミケレッティ事件先決裁定を引用しつつ、国籍の得喪に関する決定が基本的に加盟国の権限であるとしながらも、加盟国による帰化決定の撤回が、原告を、「加盟諸国の国民の基本的地位となるべき」EU市民としての地位を喪失する立場に追いやる状況は、EU法の管轄領域に入ることが明らかであるとした。そして、「国籍の領域における権限を行使する際に、加盟諸国は、EU法に対する適切な配慮を行わなければならない」としたのである（先決裁定理由42-45段）。

　EU司法裁判所は、「加盟国とその国民との間に、連帯と信義による特別な関係」があることを認め、「国籍の絆の基盤」として、「権利と義務の相互作用」が存在し、加盟国がその「保護を望むのは正当である（legitimate）」（同51段）とした。その上で、国内の裁判所は、「撤回の決定が当事者にもたらす帰結（consequences）」に着目し、「国内法との関係」だけでなく、「EU法との関

係でも、比例原則に適うか否かを確認しなければならない」(同55段)と判断
した。

すなわち、Yが無国籍になることで、EU市民としてY本人とその家族が享
受する諸権利が失われることとの関係で、撤回措置の正当性 (legitimacy) を
「犯罪の重大性[16]、帰化決定と撤回の決定との間に経過した時間、そして原国籍
回復の可能性の有無」に照らして判断しなければならないという。

EU司法裁判所は、国籍の絆を通じ、当該加盟国と国民との間に特別の結合
関係があることを容認し、ゆえに、EU市民権について定めるTFEU20条も、
偽計によってその国籍が取得された場合にも、Yが原国籍を回復していないと
いう事実のみによって、当該加盟国が帰化の撤回を差し控えることを加盟国に
義務づけるわけではないとする。国内裁判所に求められるのは、「原国籍の回
復を試みるため、Yに合理的な期間が与えられる必要があるか否か」を、比例
原則との関係で決定することであるとする。換言すれば、帰化の撤回は、国内
裁判所がこのような形で「比例原則を遵守する限りにおいて」、EU法、とり
わけTFEU20条違反とはみなされない、と判断されたのである (同55-59段)。

また、EU司法裁判所は、「EU法に適切に配慮しながら国籍に関する権限を
行使する義務は、帰化を認めた加盟国と原国籍の加盟国の双方に適用される」
とし、Yの原国籍国であるオーストリアの関係機関に対しても、原告が原国籍
を回復すべきか否かという問題について、決定を下さなければならないとし、
その決定の有効性について、同国の国内裁判所は、やはり比例原則に照らして
判断しなければならないとした (同63段)。

要するに、偽計を理由に帰化決定の撤回を決めた加盟国 (ドイツ) も、法令
の規定に基づいて原国籍を喪失させた加盟国 (オーストリア) も、国内の裁判
において、EU法に対する適切な配慮を行いながら、比例原則に適う判断を実

---

16) 外国でテロ活動に従事した人物の加盟国による国籍剥奪が問題となっている。EU加盟国のうち、
　15カ国が、帰化によって国籍を取得した者からの国籍の剥奪について、法的に定めている (ベルギ
　ー、ブルガリア、キプロス、デンマーク、エストニア、フランス、ギリシャ、アイルランド、リト
　アニア、マルタ、オランダ、ルーマニア、スロヴェニア、英国)。また、重国籍者からの剥奪も認め
　ているのが、英国、ベルギー、オランダである。なお、ロットマン事件が比例原則について挙げる
　「犯罪の重大性」の基準の解釈によっては、当該人物が無国籍者となっても、加盟国が国籍を剥奪す
　ることが可能となりうる。

施することが要求されている。そして、その判断で用いられるべき視点や基準を、EU司法裁判所は、この事件を通じて、国内裁判所に向けて具体的に提示したのである。

3　個別審査の要求

EU司法裁判所は、2019年のチェッベス事件[17]においても、ロットマン事件の立場を踏襲している。この事件で争われたのは、オランダの国籍法が定める重国籍者の国籍喪失事由のEU法との適合性である。

オランダ国籍法は、重国籍者について、「成年に達した後に両国籍を保持したまま、10年間継続して」オランダを含むEU域外の領域をその主要な居住地とした場合には、国籍を喪失するという規定を定めている（15条1項(c)）[18]。さらに、未成年の子については、「父または母」がオランダ国籍を喪失した場合には、同時にその子もオランダ国籍を喪失するとしている[19]。

チェッベスほか4名の原告は、10年以上継続してオランダ国外でありEU域外でもある領域をその主要な居住地とした後に（チェッベスを含む2名はカナダ、他はスイスおよびイラン）、その居住地のオランダ大使館または領事館で旅券を

---

17) Case C-221/17, *M.G. Tjebbes, G.J.M. Koopman, E. Saleh Abady, L. Duboux v. Minister van Buitenlandse Zaken*, 12 March 2019.

18) 10年の期間の算定は、「オランダ国籍保持の宣言」を行うか、旅券法が定める「渡航文書」または「オランダの身分証明書」の発行によって中断され、それを起点に新たな10年の期間の算定が開始される（同4項）。他方で、オランダ国内またはEU域内を主要な居住地としたとしても、それが「1年に満たない期間」である場合には、上記期間の算定は中断されない（15条3項）。またオランダ国籍を喪失しても、過去にオランダ国籍を保持していたことがあり、「1年以上の期間永住許可証を保有し、オランダをその主要な居住地としていた」場合には、「文書による申告」およびその確認を経た後に、オランダ国籍を回復する（6条1項(f)）。なお、外国での居住が一定期間経過した場合に、その意思にかかわらず国籍を喪失する制度を設けているEU加盟国は、オランダを含む10カ国存在する。オランダのほか、スペイン、アイルランド、フランス、キプルス、マルタ、デンマーク、ベルギー、フィンランド、スウェーデンである。GLOBALCIT（2017）. *Global Database on Modes of Loss of Citizenship, version 1.0.* San Domenico di Fiesole: Global Citizenship Observatory, Robert Schuman Centre for Advanced Studies, European University Institute. Available at: http://globalcit.eu/loss-of-citizenship.

19) ただし、「(a)両親のうちの一人がオランダ国籍を保持するとき、……(e)当該未成年の子が、その国籍国で出生し、当該国籍の取得時に、その国内を主要な居住地とする場合、(f)当該未成年の子が、継続して5年間、その国籍国内を主要な居住地とする場合、または居住地としていた場合」には、オランダ国籍を喪失しない（16条2項）。

申請したが、上記国籍法の規定によってオランダ国籍を喪失したとの理由で申請を却下された。そこで4名はそれぞれハーグ地方裁判所に訴えを提起したが訴えに理由なしとして再び却下されたため[20)]、国家評議会（Council of State）に控訴した。EU司法裁判所への本件先決裁定は、同評議会が付託したものである。

　オランダの国家評議会・立法府・政府の見解によれば、10年という長期にわたる外国での居住は、当該人物とオランダおよびEUとの関係の欠如ないしは希薄性をもの語るものであるとする。そしてこのような、「オランダ王国といかなる関係もない、あるいは関係を失った人物が、オランダ国籍を取得しまたは保持することが禁止すること」、そして、「複数の国籍を有することによる望ましくない帰結を回避すること」、また「家族内における国籍の統一を回復すること」が、当該国籍法の定める制度の目的の一つであるとした（先決裁定理由34段参照）。

　これに対して、EU司法裁判所は、オランダ国籍の喪失は、「加盟諸国の国民の基本的地位となるべき」EU市民権の喪失をももたらすため、EU法の管轄領域に入るとし、ロットマン事件先決裁定を引用しつつ、国籍に関する加盟国のルールは、「EU法に対する適切な配慮を行わなければならない」とした（同30-32段）。

　またその一方で、EU司法裁判所は、同じくロットマン事件先決裁定を引用して、「加盟国が、加盟国とその国民との間における連帯と信義による特別な関係と、国籍の絆の基盤となる権利と義務の相互作用を保護したいと望む」のは「正当」であるとし、加盟国が「国籍を加盟国と国民との間の真正な結合関係の表現であるという視点をもち、そうした真正な関係の不在または喪失が、ひいては国籍の喪失をもたらすと定めること」も「正当」であるとしている。さらに、「加盟国が同一の家族内での国籍の統一の保全を望むこと」の正当性も認め、未成年の子の両親とオランダ王国との間の真正な結合関係の欠如は、原則として、その子と当該加盟国との間の真正な結合関係の欠如として理解しうる」とも述べている（同33-36段[21)]）。

---

20) このうち、スイス居住のデュブー（Duboux）の訴えについては認められ、大臣の決定は取り消されたものの、決定の効果は維持されたという。

また、EU 司法裁判所は、このようなオランダ国籍法の規定が、無国籍の削減に関する条約やヨーロッパ国籍条約違反となりかねない点についても触れ、両条約が同様の趣旨の条文を定めていることから（それぞれ、7条3項〜6項、7条1項・2項）、逆に、同法の正当性を根拠づけている（同37段）。

EU 司法裁判所によれば、こうした加盟国の国籍にまつわる措置の正当性は、「EU 市民の地位の喪失に伴う帰結（consequences）」との関連で「比例原則に対する適切な配慮があったかどうか」という観点から判断されなければならない。そしてとくに、本件オランダの場合のように国籍の喪失が「法の作用（operation of law）」による場合には、「当事者とその家族」にもたらす「国籍喪失の帰結に関する個別の審査」を実施するルールを定めない限りは、「EU 法の観点からは、比例原則に適合したことにはならない」とする。すなわち、国内の関係機関や裁判所は、「付随的な事項」として、国籍喪失の帰結について、個別的な審査を実施しなければならず、また、「その国籍を示す渡航文書またはその他の文書の申請を通じて、適宜、当事者の国籍を遡って回復しなければならない」のだという。要するに、比例原則は、「当該加盟国の国籍の喪失の帰結が、EU 市民権の喪失を伴う場合に、国内の立法府が追求する目的との関係で、当該家族の正常な発展や職業生活に対して、EU 法の観点から、不均衡な影響を及ぼさないかを決定するため、当事者およびその家族の状況の個別的な審査を要求する」とする（同40-44段）。

このような「法の作用」に伴うオランダ国籍と EU 市民権の喪失によって、当該 EU 市民は、EU 域内の移動・居住の権利が失われることになり、家族との関係を維持し、職業生活を遂行する上で、「格別の困難を含む制限」にさらされかねない。さらに、(i)当事者がオランダ国籍を失う結果となったのは、何らかの理由で「第三国の国籍を放棄し得なかった」ためである可能性もあるこ

21）メンゴッツィ（Mengozzi）法務官意見は、親の国籍喪失に連動して、重国籍の未成年の子から自動的に国籍喪失を定めるオランダ国籍法16条1項(d)および2項の規定については、批判的である。家族内の国籍の統一が常に子どもの最善の利益（EU 基本権憲章24条2項）に適うとは限らないこと、子どもの EU 市民権は、親の市民権から派生するのではなく自律的に享受されるものであることなどがその理由である。Opinion of Advocate General P. Mengozzi, 12 July 2018, Case C-221/17, *M.G. Tjebbes, G.J.M. Koopman, E. Saleh Abady, L. Duboux v. Minister van Buitenlandse Zaken*, ECLI:EU:C:2018:572, paras. 128-149.

と、そして(ii)国籍の喪失によって、「当事者が居住する第三国の領土で
TFEU20条2項(c)の定める領事的保護を享受することが不可能になり、それ
ゆえに、その安全や往来の自由が実質的に損なわれ」かねないことなど、「当
事者がさらされうる深刻な危険」をも考慮しなければならないとされる（同46
段）。

　なお、チェッベス事件とロットマン事件の違いは、前者によるEU市民の国
籍の喪失が、後者と異なり、立法を通じた一般的な制度として規定されている
点である。EU司法裁判所は、国内の裁判所、その他の国内機関が、そうした
制度に「付随的な事項として、国籍喪失の帰結」を個別に審査することで「EU
法の観点から」、「比例原則に適切な配慮を行う」ことが必要であるとする。

　要するに、EU市民は、「法」が定める一定の形式的な要件をもって、その
国籍を喪失しうる。しかし国籍の喪失は、それぞれの事例に応じて、さまざま
な固有のリスクを生じさせうる。したがって、そこに看過しえない特別のリス
クが予見される場合、「適宜、その国籍を示す渡航文書またはその他の文書の
申請によって、遡って国籍を回復する用意」を怠ってはならないとされるので
ある（同48段）。

4　漸次的統合

　先に引用したTFEU20条2項には、EU市民の諸権利が、TEUおよび
TFEUの二つの条約と、「その下で採択される措置」すなわち派生法が定める
「条件と制限に従って行使される」と記されている。条約上定められたEU市
民権のうち、とくに移動・居住の自由は、第一次規範の勅命（fiat）を受けて
個人に直接付与され、上述のようにTFEU20条の最初に挙げられた最も重要
な権利（primary right）であるとみなされてきた。[22]

　関連する派生法のうち、EU市民とその家族の移動・居住の自由については、
2004年の指令2004/38[23]が定めている。その人的適用範囲について、3条1項は、

---

22) Opinion of Advocate General La Pergola, 1 July 1997, Case C-85/96, *Martinez Sala v. Freistaat Bayern*, [1998] ECR I-2691, para. 18.

23) Directive 2004/38/EC of the European Parliament and of the Council of 29 April 2004, OJEU [2004] L 158/77.

「この指令は、その国籍を保持する加盟国以外の加盟国に移動しまたは居住するすべてのEU市民」と、それに随伴しまたは合流する、同指令2条2号の定めるその家族[24]に適用されると定めている。つまり、この指令は、その国籍国以外の加盟国に移動しまたは居住する権利を現に行使したEU市民に適用される。言い換えれば、同指令の定める権利を享受できるのは「移動するEU市民」であって、移動しないEU市民には、その国籍国の法がそのまま適用されるだけである[25]。

さらに、EU市民と並んで同指令の適用対象となるその家族は、「移動するEU市民」の家族に限られることになる。その家族が享受する権利は、EU市民の随伴者として、指令に基づきEU市民の権利から派生した権利である。また、その家族の国籍は問われず、EU加盟国の国籍を保持しない、EU域外の第三国の国籍保持者であっても構わない（3条2項(a)）。

2017年にEU司法裁判所が先決裁定を下したルーンズ（Lounes）事件[26]は、スペイン国籍を保持しつつ英国に帰化したEU市民（以下、「O」とする）の家族（夫）（以下、「Z」とする）の派生的権利の有無についての事例である。1996年以来英国に居住し、2004年以来英国で就労していたOは、2009年、スペイン国籍を保持しつつ、英国に移動・居住した後に英国に帰化して重国籍者となった。Oは、2013年、2010年来不法滞在していたアルジェリア国籍保持者Zと知り合い、2014年に結婚して英国に居住を続けた。2014年、Zは、英国内務大臣にEU市民（英国では「欧州経済領域（EEA）の国民」という）の家族として滞在許可証を申請したが、不法滞在による国外追放の連絡を受けた。その理由は、2009年にOが英国国籍を取得し、英国市民となったため、EEA国民とみなされなくなったからであるという。2006年のEEA規則は、2004年の指令2004/38の国内法化のために定められたものである。同規則は、当初「EEA国民」を、英国国民を除く「EEA諸国の国民」と定義していたが、その定義

---

24)　(a)配偶者、(b)加盟国の法令上のパートナー、(c)EU市民またはその配偶者・パートナーの21歳未満の、または扶養の対象となっている直系卑属、(d)EU市民またはその配偶者・パートナーの扶養の対象となっている直系尊属。

25)　Case C-434/09, *McCarthy*, 5 May 2011, [2011] ECR I-3375.

26)　Case C-165/16, *Toufik Lounes v. Secretary of State for the Home Department*, 14 November 2017, [2017]

は、2012 年の改正（2012/1547 および 2012/2560）で、「同時に英国市民ではない EEA 国の国民」と改められた。この改正以前には、本件 O のような英国国籍以外の EEA 国の国籍をもつ重国籍者も EEA 国の国民として扱われ、同規則の定める諸権利を享受できたのであるが、改正後は、英国の国籍をもつ者はすべて、EU 市民の諸権利を享受できないことになったのである。

　英国政府によれば、こうした改正は、2011 年 5 月 5 日の EU 司法裁判所マッカーシー事件先決裁定[27]を受けたものであったという。同事件は、出生後、常に英国に居住し続けてきた英国とアイルランドの重国籍者である原告とその家族が、指令 2004/38 の定める諸権利を享受できるか否かをめぐって提起されたものであった。この先決裁定で EU 司法裁判所は、自由移動の権利を一度も行使したことがない原告には、指令 2004/38 の適用はない（したがって、そこに定められた権利の享受はない）と結論づけた。

　すでに見たように、指令 2004/38 の 3 条 1 項は、同指令の定める権利の享有主体について、「その国籍を保持する加盟国以外の加盟国に移動しまたは居住するすべての EU 市民」と定めている。「その国籍を保持する加盟国」に居住する EU 市民が除かれているのは、国籍国での居住は、その国籍保持者にとっては「本来的に無条件」だからであり、指令の適用を受ける必要がないからである。「国際法の諸原則の下で、加盟国は、その国民が領土に入り、そこに居住続けることを拒否できず、それらの国民は、そこで無条件の権利を享受する」（先決裁定理由 37 段）。したがって、指令 2004/38 は、その国籍を保持する加盟国における EU 市民の居住について定めることをそもそも意図していないのである。

　また指令が定める家族の権利は、「自律的な権利」ではなく、「EU 市民がその移動の自由を行使した結果として享受する権利から派生するものである」（同 32 段）。本件について言えば、O に指令が適用されないため、その夫である Z にも派生的な権利が認められない、という結論が、ここから導かれることになる。

　EU 司法裁判所は、以上のように、本件について指令 2004/38 の適用は認め

27）前掲注 25）。

られないとしつつも、続いて、OのEU市民としての権利とその家族であるZの派生的な権利を、TFEU21条1項の解釈から直接導き出す論理を展開する。

第一に、EU司法裁判所は、本件の原告とマッカーシー事件の原告との違いに着目する。すなわち、本件のOは、英国国籍を取得する以前に、スペイン国籍保持者として指令2004/38に基づく移動・居住の自由を行使していた。このことからOは、「少なくとも、帰化により英国市民権を取得するまでは、3条1項の意味における指令2004/38の権利の享有主体の地位を有し、指令7条1項または16条1項に基づく英国での滞在者であった」ことになる（同38段）。したがって、「受入れ加盟国居住中に、原国籍に加え、その滞在国の国籍を取得したという理由だけで、そのような人物を、純粋に国内的な状況〔の下にある人物〕と同じように取り扱うことはできない」はずであるとする（同49段）。また、「他の加盟国に移動し居住する一加盟国の国民は、その後原国籍に加え、2つ目の加盟国の国籍を取得したという理由だけで、その権利が否定されることはない」とする。そうした権利の否定は、Oが、「受入れ加盟国に移り住むことによってその移動の自由を行使し、原国籍を保有し続けたという事実」を考慮に入れず、Oと、「受入れ加盟国を離れたことのない、その国の市民を、同じように扱うことを意味する」という。要するに、他の国に移り住んだことのない加盟国国民（EU市民）と、他の加盟国から移動し居住した後に受入れ加盟国で第二の国籍を取得した国民（EU市民）を、同じように扱ってはならないというのである。EU司法裁判所は、そのように解釈するのでなければ「TFEU21条1項の実効性が損なわれる」としている（同53-54段）。

第二に、EU司法裁判所は、（先例に基づき）ある加盟国の国民（重国籍者）が、その国籍を保持する別の加盟国に合法的に滞在する場合にも、EU法の射程に入ると指摘する。本件のOも「二つの加盟国の国民であり、EU市民として、その原国籍国である加盟国とは別の加盟国に移動し居住する自由を行使したのであって、EU市民の地位に付随する諸権利、とりわけTFEU21条1項の定める諸権利を二つの加盟国のうちの一つに対して主張できる」とする。また、他の先例[29]において、「EU市民がその国籍を保持する加盟国で居住する派生的

---

28) Case C-541/15, *Freitag*, 8 June 2017, [2017] EU:C:2017:432.

権利を、当該市民の家族が指令 2004/38 に基づいて享受できない場合に、TFEU21 条 1 項に基づいて承認されたことがあった」ことが指摘されている。「第三国国民である EU 市民の家族の派生的な居住権は、原則として、当該 EU 市民がその移動の自由を実効的に行使しうることを確保するためにある」のであって、そうした「加盟国の国民が享受できる権利には、その家族とともに、受入れ加盟国で通常の家族生活を営む権利が含まれる」とする。さらに、こうした「派生的な居住権の目的とその正当性は、そのような権利を拒否することが、TFEU21 条 1 項が当該 EU 市民に与える諸権利の〔当該市民による〕行使とその実効性を妨げるという事実に基づいている」とする（同 48-52 段）。

第三に、EU 司法裁判所は、「TFEU21 条 1 項により EU 市民に与えられた諸権利は、その家族によって享受される派生的な権利も含め、当該 EU 市民の受入れ加盟国の社会への漸次的な統合を促進することを意図」するものであると指摘する。そのような「漸次的統合の基底にある論理」からすれば、「移動の自由の行使の結果として、TFEU21 条 1 項に基づく諸権利を獲得した」当該市民の帰化は、それによって、「当該受入れ加盟国の社会に、より深く統合されることを望んだ」結果であることを意味するという。にもかかわらず、「受入れ加盟国での家族生活に対する権利を手放さなければならないとすること」は、同論理に反することになるという。

そのような論理に反する解釈を取れば、「移動の自由を行使し、原国籍に加えて、〔帰化により〕受入れ加盟国の国籍をも取得した EU 市民は、その家族生活に関する限り、移動の自由を行使したものの〔帰化せずに〕原加盟国の国籍のみを有する EU 市民よりも、不利に扱われてしまう」ことが指摘される。つまり、そのような解釈によって「受入れ加盟国で EU 市民に与えられる諸権利、とりわけ第三国国民との家族生活に対する権利は、当該加盟国の社会における統合の度合いが増大すればするほど、そしてその有する国籍の数に応じて、〔かえって〕縮減されることになってしまう」（同 56-59 段）。

以上のような考察の結果、EU 司法裁判所は、「TFEU21 条 1 項によって EU 市民に与えられた諸権利」の実効性確保の観点から、本件原告のような状況に

---

29) Case C-40/11, *Iida*, 8 November 2012, EU:C:2012:691, paragraphs 66, 67; Case C-456/12 *O. and B.*, 12 March 2014, EU:C:2014:135.

あるEU市民は、「原国籍に加え、その受入れ加盟国の国籍を取得した後に、〔上記〕規定から生ずる諸権利を享受し続けられなければならず、また、とりわけ第三国国民の配偶者に派生的な居住権が与えられることにより、当該配偶者との家族生活を築くことができなければならない」と結論づけている（同60段）。その場合、先に見たように、指令2004/38は、本件原告のような状況に直接的には適用されないが、同指令は、「類推的に適用されなければならない」とされる（同61段）。そして、こうした状況において当該配偶者に「派生的な居住権が与えられる条件は、指令2004/38が定める条件よりも、厳しいものであってはならない」というのである。

Ⅳ　おわりに

先に述べたように、2001年のEU司法裁判所の先決裁定[30]は「EU市民権」を、「加盟諸国の国民の基本的地位となるべき定めにある（is destined to be the fundamental status of nationals of the Member States）」としている。そこには、いかなる含意があるのだろうか。

EUは、「多元的統合（*unitas multiplex*）」と表わされるように、差異から成る統合体であり、その差異を所与としながら、統合を可能にするために、さまざま仕組みを有しており、加盟国間の（法の）調整のうえに成り立つ、動態的・可変的構造を呈する組織である。上述した「配慮義務」、「比例原則」は、このような加盟国間の差異の調整を導く。それらは、この差異を無視した、EUとしての統一的な基準を押しつけるものではない。

そこにおいてEU市民なるものは、本来的に存在しているわけではない。あくまで、加盟を選択した主権国家の国民が、加盟国国民として域内の自由移動の権利を行使することに、その原初的形態が生起する。すなわちEU市民は、その移動性（モビリティ）を通じてEU市民であろうとする、動態的な存在といえる。この自由移動が、EUの存立、維持、展開を現実化する。

このように、EU市民は、二重の動態性に基礎づけられていることがわかる。

30）前掲注10）、グルゼルチク事件。

すなわち、①加盟国間の法がその都度調整されるなかで、その（法的）アイデンティティが与えられ、②また、その権利は、自らの移動性（モビリティ）によって獲得されるのである。したがって、「なるべき定め」という文言のもとで想定されている「市民」は、EU域内で行為するよう方向づけられた動的な市民であるといえよう。それは、主権国家の国民（市民）が、自国への帰属とアイデンティティに基礎づけられた、確固たる存在として位置づけられていることとは対照的である。

こうした二重の動態性を存続させること、すなわち、EU市民の地位が、加盟諸国の国民の基本的地位として常に方向づけられる（「定めにある」）ことによって「多元的な統合（*unitas multiplex*）」、すなわち統合の多元的な展開が（常に）実現されていく。それが、EUのモットーの意味するところであろう。

逆に、仮にEU市民権が特定の固定的な地位とみなされるならば、EU市民は各加盟国の多様性を止揚した存在となり、そこに諸加盟国の差異は、限りなく解消されてしまう。EUは、そのような「普遍的統合（*unitas universalis*）」を目指してはいない。

その意味で、EUのアイデンティティは、実体的なものではなく、動態的、機能的なものである。各加盟国の国籍保持者は、それぞれの国のアイデンティティを担いつつ、同時にEU市民として、多元的統合を漸次的に実現すべく、国家間を「移動」する。本稿で扱った事例から、こうした動態性の確保とその連続によってその存立を可能にする、ポスト国民国家における市民のかたちとして、「EU市民」を見ることができるのではなかろうか。

（おおふじ・のりこ　獨協大学教授）

「グローバル人権法」の可能性

――2019 年 1 月 23 日最高裁決定補足意見を契機として

江島晶子

I　はじめに

　「世界的に見ても、性同一性障害者の法的な性別の取扱いの変更については、特例法の制定当時は、いわゆる生殖能力喪失を要件とする国が数多く見られたが、2014 年（平成 26 年）、世界保健機関等がこれを要件とすることに反対する旨の声明を発し、2017 年（平成 29 年）、欧州人権裁判所がこれを要件とすることが欧州人権条約に違反する旨の判決をするなどし、現在は、その要件を不要とする国も増えている」（傍点筆者）。

　これは、2019 年 1 月 23 日に最高裁判所（以下、「最高裁」）第二小法廷の合憲決定（以下、「2019 年決定」）に付された補足意見の（裁判官鬼丸かおるおよび同三浦守）の一節である。「性同一性障害者の性別の特例に関する法律」（以下、「特例法」）3 条 1 項 4 号の規定（以下、「本件規定」）が、性同一性障害者の性別の取扱いの変更の審判が認められるための要件として「生殖腺がないこと又は生殖腺の機能を永続的に欠く状態があること」を求める点で、憲法 13 条および 14 条 1 項に反するという訴えに対して、法廷意見は合憲判断を下したが、補足意見（以下、「2019 年補足意見」）は、「現時点では、憲法 13 条に違反するとまでは

＊　以下のウェブサイトのアクセス日は、2019 年 3 月 1 日である。

1)　最小二判 2019〈平 31〉. 1. 23 補足意見〈http://www.courts.go.jp/app/files/hanrei_jp/274/088274_hanrei.pdf〉。同判決の第一審判決に対する判例評釈として、栗田佳泰「性同一性障がい者特例法上の性別取扱変更要件と憲法 13 条・14 条」『平成 29 年度重要判例解説』12 頁以下参照。

いえないものの、その疑いが生じていることは否定できない」と一歩踏み込んだ。

　これまでも、最高裁は外国法および国際機関の見解に言及してきた。とりわけ、「諸外国」の立法状況については、違憲判断を行う際に言及することが多い。問題となる立法の合理性の検討に入る前に、制定時はそれが他国の法状況と歩調が合っていることを指摘した上、現時点では諸外国の法状況が変化していることを指摘し日本法の合理性に疑問を提起し（とりわけ最高裁の先例（合憲判断）がある場合、改めて検討する必要がある根拠として援用）、憲法判断に踏み出すという論法である[2]。2019年補足意見も同じ形式をとっている。他方、法令違憲という判断を基礎づける文脈で、法廷意見が国際人権条約に初めて言及したのは2008年国籍法違憲判決（以下、「2008年判決」）である[3]。そして、法廷意見が初めて国際機関の見解に言及したのは2013年民法900条4号但書き違憲決定（以下、「2013年決定」）である[4]。なお、補足意見、反対意見のレベルではこれ以前から国際人権条約に言及する例は存在する。

　今回、注目されるのは、2019年補足意見が「欧州人権裁判所の判決」に言及した点である。これは*A.P., Garçon and Nicot v. France*判決（以下、「2017年ECtHR判決」）のことだが、この判決では、不妊手術を出生証明書上の性別およびファーストネームの変更を認める条件とすることは条約違反であると判示しており、事件の類似性が高い[5]。この「欧州人権裁判所」（以下、「ヨーロッパ人権裁判所」または「人権裁判所」）とは、ヨーロッパ人権条約（以下、「人権条約」）に基づき設置された地域的人権裁判所である。同人権条約は、ヨーロッパ評議会（1949年設立）が策定した地域的人権条約で、同条約への署名は同評議会加盟国に対して開かれ、1953年に発効した[6]。現在、ヨーロッパ評議会全加盟国

---

2)　初の法令違憲判決である最大判1973〈昭48〉. 4. 4刑集27巻3号265頁が典型例。

3)　最大判2008〈平20〉. 6. 4民集62巻6号1367頁。

4)　最大決2013〈平25〉. 9. 4民集67巻6号1320頁。2013年決定の画期的意義について、江島晶子「憲法の未来像（開放型と閉鎖型）——比較憲法と国際人権法の接点」全国憲法研究会（編）『日本国憲法の継承と発展』（三省堂、2015年）403頁以下参照。

5)　本補足意見の言及する判決が*A.P., Garçon and Nicot v. France*, Judgement of 6 April 2017であることを、法政大学建石真公子教授からご教示いただいた。2019年補足意見は判決名を具体的に明示していないが、今後の議論のために判決中における正式な引用が望ましい。

6)　日本はヨーロッパ評議会のオブザーヴァー国である。

47 カ国が締約国として名を連ね、ほぼ最広義のヨーロッパ（ベラルーシを除く）をカバーする。1 年間で約 8 千件の申立が提起され、約千件の判決が下されるという規模の裁判所であり、質量ともに世界でも有数の豊富な人権判例を誇る[7]。しかし、日本は同条約の締約国ではない[8]。日本が法的に拘束されていない条約に言及する意義は何だろうか。狭義の法的拘束力にこだわらない「トランスナショナル人権法源」論が成立しうるエヴィデンスとして評価できるだろうか[9]。それとも、「一つの重要な参考資料」[10]として言及しているだけだと理解すべきだろうか。だが、たとえそうだとしても、あえて言及した以上（日本がヨーロッパ人権条約の締約国ではないという批判を受けるのは容易に想像がつく）、そこに何らかの積極的評価があったことに着目し、その意義を探求することには意味がある。たとえば、「裁判官対話」という観点からとらえれば、グローバルに通用する人権法を梃子として、裁判官が国境を越えて対話するという可能性を、日本の文脈でも指摘できるといってよいだろうか[11]。

　筆者は、国内および国際機関における人権規範の生成において、国境を越える現象に着目し、それをグローバル人権法と積極的に評価すると同時に、それは立憲主義を多元的・非階層的・循環的なものとして把握することによって可能となることを論証しようとしている[12]。外国法・外国判例法の参照については一定の研究が存在するが、概して国内法学者は比較法に重点があり、それを国際人権法と総合的に把握する視点が弱い[13]。他方、日本の国内法において法的拘束力を有するはずの国際人権法について、国内法学者も裁判所も従来、この国

---

7)　詳細は、戸波江二ほか（編）『ヨーロッパ人権裁判所の判例』（信山社、2008 年）および小畑郁ほか（編）『ヨーロッパ人権裁判所の判例 II』（信山社、2019 年）参照。

8)　ヨーロッパ評議会の条約の中には、日本が批准したサイバー犯罪条約（Convention on Cybercrime, ETS No.185）のように非加盟国にも開かれた条約がある。

9)　山元一「『立憲的思惟』vs『トランスナショナル人権法源論』」山元一ほか編『グローバル化と法の変容』（日本評論社、2018 年）3 頁以下参照。

10)　最大判 1974〈平 49〉. 11. 6 刑集 28 巻 9 号 393 頁。

11)　「小特集裁判官対話の臨界」法律時報 90 巻 12 号（2018 年）53 頁以下参照。

12)　多層的人権保障システムおよびグローバル人権法については、江島晶子「グローバル社会と『国際人権』」山元一ほか編・『グローバル化と法の変容』（日本評論社、2018 年）69 頁以下、同「多層的人権保障システムの resilience──『自国第一主義』台頭の中で」法律時報 89 巻 6 号（2017 年）90 頁以下および同「権利の多元的・多層的実現プロセス──憲法と国際人権条約の関係からグローバル人権法の可能性を模索する」公法研究 78 号（2016 年）47 頁以下参照。

際人権法を国内法の解釈・適用において取り込む作業を十分に行ってこなかった。

　本稿では、国際法と憲法の関係について新たな対話が学際的に開始されていること[14]、特定の国民国家を前提とする立憲主義にしばられずにグローバルな次元で立憲主義を語ろうとする議論動向（グローバル立憲主義）が存在すること[15]、そして、最高裁においても、国際人権法の参照という点で、2000 年代以降に興味深い動向が観察されること（後掲Ⅱ）を背景として、国際人権法が憲法秩序においてどのような法的効力を持つのかという問題を、2019 年補足意見がヨーロッパ人権裁判所の判決に言及したことに注目して、多元的・非階層的・循環的立憲主義（多層的人権保障システム）という視点から評価する。

　最初に、国際人権法の参照をめぐって最高裁の判決の中に見られる変化を観察する（後掲Ⅱ）。ここでは、憲法学が判例の分析をする際に重点をおく違憲審査基準の分析ではなく、判断をする際にどのような材料を参考にしているかという側面に注目する[16]。そして、2019 年補足意見を素材にして、ヨーロッパ人権裁判所判決のグローバルな意義を明らかにすることによって、グローバルな人権法の可能性を検討する（後掲Ⅲ）。その際に、筆者が主張する多層的人権保

---

13) 比較憲法学の再検討も必要である。君塚正臣「大学における『比較憲法』の存在意義」関西大学法学論集 52 巻 2 号（2002 年）1 頁以下、山元一「憲法解釈と比較法」公法研究 66 号（2004 年）105 頁以下、112 頁参照、新井誠「憲法解釈における比較憲法の意義」憲法理論研究会編『憲法学の未来』（敬文堂、2010 年）31 頁以下、阪口正二郎「比較憲法研究としてのアメリカ憲法研究の意味と課題について考える――『ローバツコートの立憲主義』を読んで」憲法研究 3 号（2018 年）215 頁以下。

14) 宍戸常寿「イントロダクション」法律時報 87 巻 8 号（2015 年）72 頁以下、森肇志「憲法学と国際法学の対話に向けて」法律時報 87 巻 8 号（2015 年）76 頁以下、「［座談会］憲法学と国際法学との対話に向けて（前篇）・（後篇）」法律時報 87 巻 9 号（2015 年）89 頁以下（以下、前篇）および同 87 巻 10 号（2015 年）65 頁以下（以下、後篇）参照。

15) グローバル立憲主義の著作は枚挙にいとまがないが、アジアに関連するものとして以下を参照。マティアス・クム（翻訳：根岸陽太）「グローバル立憲主義の歴史と理論について」憲法研究 3 号（2018 年）177 頁以下、Mattias Kumm et al, "Editorial: the end of 'the West' and the future of global constitutionalism" 6(1) *Global Constitutionalism* 1 (2017)、Takao Suami et al (eds), *Global Constitutionalism from European and East Asian Perspectives* (CUP, 2018).

16) 違憲審査基準は何のためにあるかも再考すべきである。審査基準の設定と審査基準の忠実な適用は、裁判官の恣意性を排除して人権保障につながるが、既定の審査基準を用いてさえすれば人権が保障されるわけではない。違憲審査基準を見出し、当該基準にあてはめようとする憲法学者の視線がときに本来の目的である人権を見失っていないか自戒したい。

障システムの利点の一つとして、少数者の問題がグローバルなネットワーキングを通じて実効的な問題提起を行い、問題解決への糸口をつけられること（民主制の欠陥の補完）を挙げているが、その具体例として本件を取り上げ、多層的人権保障システムの利点を具体的に検証したい。

Ⅱ　最高裁判所における国際人権法

1　沈黙期

　日本が最初に批准した条約は自由権規約および社会権規約（いずれも 1966 年採択、1976 年発効）で、1979 年のことである。続いて女性差別撤廃条約を 1985 年に、子どもの権利条約（別名「児童の権利に関する条約」）を 1994 年に、人種差別撤廃条約を 1995 年に、拷問等禁止条約を 1999 年に、強制失踪条約を 2009 年に、障がい者権利条約を 2014 年に批准し、現在、国連の主要な人権条約 9 つのうち 8 つの人権条約を批准するに至っている（ただし各条約の個人通報制度は受け入れていない）。そして、日本政府はそれぞれの条約機関に対して定期的に国家報告書を提出し、審査を受け、勧告を受けてきた。また、上告人は頻繁に国際人権法を最高裁において援用してきた。だが、最高裁法廷意見が法令違憲の結論を根拠づけるまたは補強するという文脈で国際人権条約自体に言及したのは 2008 年国籍法違憲判決（以下、「2008 年判決」という）が最初であるから、自由権規約が法廷意見に登場するまでに 30 年近い年数を要している[17]。なにゆえこれほどまで時間を要したのか（逆にいえば、2008 年になって最高裁が言及したのはなぜか）。その理由として挙げられてきたのは、①裁判官が国際人権法について関心がないまたは熟知していない、②国際人権法に言及しなければ対処できない事件がなかった（憲法で足りる）、③国際人権法が具体的事件の解決に適当ではないなどである[18]。

　①については、40 年前と現在では一定の発展が認められる。たとえば、本

17）外国判例・国際人権規約等についての個別意見による積極的援用について、泉徳治「グローバル社会の中の日本の最高裁判所とその課題」国際人権 25 号（2014 年）13 頁以下、15 頁の別表参照。

18）園部逸夫「日本の最高裁判所における国際人権法の最近の適用状況」国際人権 11 号（2000 年）2頁。

稿でとりあげる 2019 年決定との関係でヨーロッパ人権裁判所に限っても、日本の最高裁判所とヨーロッパ人権裁判所との間には「裁判官対話」が存在する。日本の最高裁の裁判官がヨーロッパ人権裁判所を、ヨーロッパ人権裁判所の裁判官が日本の最高裁を訪問し、相互交流を続けている。たとえば、ヴィルトハーバー所長（当時）が 2003 年、コスタ元所長が 2013 年に、フセイノフ裁判官が 2018 年に最高裁を訪問する一方、泉最高裁裁判官（当時）が 2009 年にストラスブールを訪問し、コスタ所長、トゥルケン裁判官と婚外子差別や死刑の問題について意見交換を行っている[19]。さらに、日本の裁判官が在ストラスブール総領事館に領事として派遣されており、ストラスブールで展開される人権裁判所の活動を観察する機会を有すると同時に、ヴェニス委員会のオブザーヴァー・メンバーとしても活動している。また、最高裁は日本の主要な最高裁判例をヨーロッパ側に継続的に提供している。

　②については、2008 年判決は国際人権法に言及しなければ対処できなかったとまではいえないにしても、言及した方が判決の結論を補強するのに効果的である。そして、それは 2013 年決定についても同様である。そして、2019 年決定の場合には、より一層そうだといえる（これについては後述Ⅲ参照のこと）。性同一性障がいについては、『性同一性障害に関する診断と治療のガイドライン（第 4 版改）』（以下、「ガイドライン」）も認めているように、「性同一性障害者の示す症状は多様であり症例による差異が大きいことがすでに記述されており、この多様性は、「生をどのように生きるのか」、そして「性をどのように生きるのか」という価値観ないし人生観の違いに由来する部分が大きい[20]」。このような問題を取り扱う際には、できるだけ多くの例を検討対象にすること、そして多様な例に対してどのような対応が可能であるのか、すでに実践例があればそれをいちはやく考察に入れることが、より適切な対応のために望ましい。

　③についても、国際人権法を国内法のアナロジーでとらえて、裁判所による国際人権法の「直接適用」によって解決すると考えれば、憲法と国際法の関係

---

19) 泉・前掲注 17) 13 頁参照。

20) 日本精神神経学会性同一性障害に関する委員会『性同一性障害に関する診断と治療のガイドライン（第 4 版改）』（2018 年）（以下、ガイドライン）〈https://www.jspn.or.jp/modules/advocacy/index.php?content_id=33〉9 頁。

（とくに序列問題）という難問に加えて、国際人権法が具体的問題の解決にただちに向かない場合もある。ましては、日本が批准していない条約や外国法を直接適用しうると考えることは、現時点では受け入れがたいだろう。だが、国際機関の見解を含め国際人権法を「説得的根拠（persuasive authority[21]）」または「影響的権威[22]」ととらえれば、その活用領域は格段に広がる。

さらに、もう一つ考慮に入れるべき点は、1987年4月以降、2002年9月まで、そもそも違憲判決自体が出されていないことである。最高裁法廷意見は、最高裁の揺籃期には、最高裁が有する違憲審査権の性格づけという重要な論点をめぐって、Madison v. Marbury判決に言及しているが、その後、外国法・外国判例の明示的言及を行わなくなった。そして、前述したように、1973年に刑法200条を違憲と判示するにあたって、「諸外国の立法状況」という一般的言及が登場した。だが、判決文を精査すると、そこには外国法の一般的参照にとどまらず、特定国の特定判例を考慮に入れている状況が浮かび上がる[23]。最高裁は、けっして外国法に無関心なのではなく、注意深く関心を払っていて、ただ、具体的参照を回避してきただけである。実際的に考えても、裁判官として、先例のないところで新たな問題に取り組もうとするとき、類似の事件について外国の裁判所が判断を下していれば参考にするのは当然であるし、かつ、それらの裁判所が依拠する法律が日本にとって馴染みのある国（とりわけ日本が法制度を継受した国）であればなおさらである。そして、こうしたことは、国

21）松田浩道は、憲法秩序における国際規範の法的効力を、従来の「直接適用」・「間接適用」の二分論ではなく、(1)狭義の直接適用の根拠としての効力、(2)司法審査の根拠たる裁判規範としての効力、(3)説得的根拠（persuasive authority）としての効力という3種類に整理すべきことを提唱する。この主張は、憲法秩序における国際規範につき、実施権限の配分原理という観点からアプローチしようとする点で、人権規範の中身というよりも、人権規範を実施する機関の権限分配という点から規範のグローバル性を追求する筆者のアプローチと共通する。松田浩道「憲法秩序における国際規範：実施権限の比較法的考察(1)～(5)」国家学会雑誌129巻5・6号、同7・8号、同11・12号（2016年）、130巻1・2号および同7・8号（2017年）参照。

22）山元・前掲注9）13頁。山元の「影響的権威」と松田の「説得的権威」との異同について検討が必要だが、次稿の課題とし、本稿では、両者のフォーカスが異なること（前者は法源、後者は実施権限の配分原理）のみを指摘する（よって、場合によっては両者は重なりうる）。

23）詳細について、Akiko Ejima, A Gap between the Apparent and Hidden Attitudes of the Supreme Court of Japan towards Foreign Precedents, Tania Goppi and Marie-Claire Ponthoreau, *The Use of Foreign Precedents by Constitutional Judges* (Hart, 2013).

際人権法についても同様の状況が生じうる（一部の調査官解説からは「生じている」ことが読み取れる）。

2 2008年判決

最高裁の法廷意見が、違憲判断を基礎づける材料として国際人権法に言及したのは2008年国籍法違憲判決（以下、「2008年判決」）が最初である。そこでは、自由権規約および子どもの権利条約に言及した。[24]とはいえ、この判決における国際人権条約の言及とは、「我が国が批准した市民的及び政治的権利に関する国際規約及び児童の権利に関する条約にも、児童が出生によっていかなる差別も受けないとする趣旨の規定が存する。」というものである。具体的にどの条文かも明示せず、国内法が条約違反となるという判示でもない。

では、2008年判決が違憲という結論を導き出す上で、国際人権条約の存在がどのような役割を果たしているのだろうか。2008年判決は、国籍法3条1項が、「日本国民である父の非嫡出子について、父母の婚姻により嫡出子たる身分を取得した者に限り日本国籍の取得を認めていることによって、同じく日本国民である父から認知された子でありながら父母が法律上の婚姻をしていない非嫡出子は、その余の同項所定の要件を満たしても日本国籍を取得することができないという区別」が、憲法14条1項違反かどうかを判断する。その際の判断枠組は、14条1項は「事柄の性質に即応した合理的な根拠に基づくものでない限り、法的な差別的取扱いを禁止する趣旨」という先例で、他の事案と変わらない。よって、2008年判決が違憲の結論に到達する上で、二つのポイント（工夫）が必要であった。

第一に、立法裁量の限定である。憲法10条は、「国籍…をどのように定めるかについて、立法府の裁量判断にゆだねる趣旨」だとしながら、法律による区別が合理的理由のない差別的取扱いならば憲法14条1項違反の問題となり、その場合に、①立法目的に合理的な根拠が認められない場合、または②その具体的区別と上記立法目的との間に合理的根拠が認められない場合、合理的理由のない差別として、憲14条1項違反となるとする。

24）最大判2008〈平20〉. 6. 4民集62巻6号1367頁。

第二に、日本国籍の意義を人権保障と関連づけることである。日本国籍が、日本国の構成員としての資格であるとともに、日本において基本的人権の保障、公的資格の付与、公的給付等を受ける上で意味を持つ重要な法的地位であると位置づける一方（後に、これを「日本国籍の取得が、前記のとおり、我が国において基本的人権の保障等を受ける上で重大な意味をもつものであることにかんがみれば」と言い換えており、人権保障に眼目があることは明らか）、父母の婚姻によって嫡出子たる身分を取得するか否かは子の意思や努力では変えらない事柄であることを指摘し、そのような事柄をもって区別を生じさせことに合理的な理由があるか否かについては慎重な検討が必要であるとする。

そして、二つの事情（判決文中のウおよびエ）を合わせ考慮すると、立法裁量を考慮しても、「立法目的との合理的関連性の認められる範囲を著しく超える手段を採用して」おり、不合理な差別であるとする。二つの事情のうちの1番目のウでは、①社会通念および社会的状況の変化（家族生活や親子関係の多様化）という一般的事情と国際化を背景として日本国民である父と日本国民でない母と間に出生する子が増加し、その親子関係の在り方が複雑多面なためその子と日本との結び付きの強弱を両親が法律上の婚姻をしているか否かをもって直ちに測ることはできないという具体的事情、②「諸外国においては、非嫡出子に対する法的な差別的取扱いを解消する方向にあること」という諸外国の立法状況、③「我が国が批准した市民的及び政治的権利に関する国際規約及び児童の権利に関する条約にも、児童が出生によっていかなる差別も受けないとする趣旨の規定が存する」という国際人権条約の存在、④「国籍法3条1項の規定が設けられた後、自国民である父の非嫡出子について準正を国籍取得の要件としていた多くの国において、今日までに、認知等により自国民との父子関係の成立が認められた場合にはそれだけで自国籍の取得を認める旨の法改正が行われている」という諸外国の立法状況である。これを、「以上のような我が国を取り巻く国内的、国際的な社会的環境等の変化に照らしてみると、準正を出生後における届け出による日本国籍取得の要件としておくことについて、前記の立法目的との間に合理的関連性を見いだすことがもはや難し」いとする。そして、ここに登場した諸外国の立法状況と国際人権法は、2013年決定ではさらなる深化を遂げる。

3 2013 年決定

2013 年決定が 2008 年判決と異なるのは、第一に、諸外国の立法状況という一般的記述に加えて具体的外国法への言及があること、第二に、国際人権条約の規定だけでなく、それに基づいて条約機関が出した具体的勧告に言及している点である。そして、これらは「事柄の変遷」における事柄（または事柄を判断する要素）の一つとして位置付けられている（2008 年判決ではその点も明確ではない）。

これらの「事柄」が、違憲という結論を出す上で、どのように登場するかを確認しながら（以下、事柄に関係する箇所に下線を付す）、2008 年判決のポイント（工夫）と比較する。まず、法廷意見は、憲法 14 条 1 項は、「事柄の性質に応じた合理的な根拠に基づくものでない限り、法的な差別的取扱いを禁止する趣旨」だと最高裁の先例を確認する。そして、本件で問題となる事柄、すなわち、相続制度は、「国の伝統、社会事情、国民感情」、「その国における婚姻ないし親子関係に対する規律、国民の意識等」（これらの事柄に関する重要な事実がア～クとして指摘される）を「総合的に考慮した上で、相続制度をどのように定めるかは、立法府の合理的な裁量判断に委ねられ」るが、立法府の裁量権を考慮しても、区別に合理的な根拠が認められない場合、当該区別は憲法 14 条 1 項に違反するとした。ここで、2008 年判決と同様に立法裁量に限定をかけたことになる。しかし、2008 年判決の場合と異なるのは、①国籍と人権保障を直接関連づけ（日本国籍は日本において基本的人権の保障を受ける上で重要な法的地位）たようには、相続制度と人権保障を関連づけることはできないこと、そして、②最高裁自身が 1995 年に民法 900 条 4 号但書きが立法府の合理的裁量を超えていないとすでに判示していることである。[25]

そこで、2013 年決定では、「法律婚主義の下においても、嫡出子と嫡出でない子の法定相続分をどのように定めるか」は、「前記 2 で説示した事柄[26]を総合的に考慮して決せられるべきものであり、また、これらの事柄は時代と共に変遷するものでもあるから、その定めの合理性については、個人の尊厳と法の下

---

25) 最大判 1995〈平 7〉. 7. 5 民集 49 巻 7 号 1789 頁。

26) その前の「国の伝統、社会事情、国民感情」、「その国における婚姻ないし親子関係に対する規律、国民の意識等」を指す。

の平等を定める憲法に照らして不断に検討され、吟味されなければならない」
とした。よって、「個人の尊厳と法の下の平等」を持ち出すことによって①を
乗り越え、事柄は変遷するので不断の検討が必要とすることによって②を乗り
越えたといえよう。

　そして、「前記2で説示した事柄のうち重要と思われる事実について、昭和
22年民法改正以降の変遷等の概要をみる」として、ア～クの事柄を検討し、
「本件規定の合理性に関連する以上のような種々の事柄の変遷等は、その中の
いずれか一つを捉えて、本件規定による法定相続分の区別を不合理とすべき決
定的な理由とし得るものではない。しかし、」ア～クを「総合的に考察すれば、
家族という共同体の中における個人の尊重がより明確に認識されていることは
明らか」とし、「以上のような認識の変化に伴い、…子にとっては自ら選択な
いし修正する余地のない事柄を理由としてその子に不利益を及ぼすことは許さ
れず、子を個人として尊重し、その権利を保護すべきであるという考えが確立
されている」。「以上を総合すれば、…立法府の裁量権を考慮しても、…区別す
る合理的な根拠は失われ」、違憲との結論に到達した。

　このア～クのうち、アが社会および国民の意識の変化、イが諸外国の立法状
況、ウが国際人権法である。そのうちのウについてさらに検討する[27]。2013年
決定は人権条約機関の具体的勧告に以下のように言及する。「我が国の嫡出で
ない子に関する上記各条約の履行状況等については、平成5年に自由権規約委
員会が、包括的に嫡出でない子に関する差別的規定の削除を勧告し、その後、
上記各委員会が、具体的に本件規定を含む国籍、戸籍及び相続における差別的
規定を問題にして、懸念の表明、法改正の勧告等を繰り返してきた。最近でも、
平成22年に、児童の権利委員会が、本件規定の存在を懸念する旨の見解を改
めて示している」。

　これらの勧告は実際に何を示唆したのか。1993年の自由権規約委員会の勧
告（第3回報告への総括所見）[28]は、「婚外子に関する差別的な法規定に対して、特
に懸念を有するものである。特に、出生届及び戸籍に関する法規定と実務慣行
は、規約第17条及び第24条に違反するものである。婚外子の相続権上の差別

27）イは江島・前掲注4）参照のこと。なお、ウについては同論文との重複がある。

28）CCPR/C/79/Add.28.

は、規約第 26 条と矛盾するものである」と懸念を表明し、「規約第 2 条、第 24 条及び第 26 条の規定に一致するように、婚外子に関する日本の法律が改正され、そこに規定されている差別的な条項が削除されるよう勧告」した。その後、第 4 回および第 5 回報告に対する総括所見においても同旨の勧告が繰り返された上、勧告の多くが未履行であること自体への懸念も表明した。[29] なお、2013 年決定後、法改正による差別的部分を削除したことを自由権規約委員会は第 6 回報告に対する総括所見の中で、「肯定的側面」として評価した。[30]

2010 (平成 22) 年の子どもの権利委員会 (別名「児童の権利委員会」) の勧告 (第 3 回報告に対する総括所見[31]) では、「今なお、婚外子が、相続に関する法律において嫡出子と同様の権利を享受していないことを懸念する」とした上、包括的な差別禁止法を制定し、根拠にかかわらず子どもを差別する法律を廃止することを勧告している。よって、勧告の内容は非常に明確である。

他方、2013 年決定は、2009 年の女性差別撤廃委員会 (女性差別撤廃条約が設置する条約機関) の勧告に言及していない。調査官解説は、900 条 4 号但書き「に係る問題が嫡出子と嫡出でない子との平等の問題であり、上記二つの条約がこの問題との関連性が強いことなどが考慮されたものと考えられる[32]」とその理由を説明するが説得的だろうか。同委員会の 2009 年の勧告 (第 6 回報告に対する総括所見) は、「男女共に婚姻適齢を 18 歳に設定すること、女性のみに課せられている 6 カ月の再婚禁止期間を廃止すること、及び選択的夫婦別氏制度を採用することを内容とする民法改正のために早急な対策を講じるよう締約国に要請する。さらに、婚外子とその母親に対する民法及び戸籍法の差別的規定を撤廃するよう締約国に要請」するもので、かつフォローアップ項目 (2 年以内に勧告の実施に関する書面での詳細な情報の提出が要請) である。[33] フォローアップ項目は、勧告の中でもただちに実効的実現が要請される重要項目である。最高裁の不言及は、他の民法改正の指摘が勧告中に含まれているので敬遠したから

---

29) 2014 年の総括所見でも勧告の同じ懸念が表明された。CCPR/C/JPN/CO/6, CCPR/C/JPN/CO/5 and CCPR/C/79/Add.102.

30) CCPR/C/JPN/CO/6.

31) CRC/C/JPN/CO/3.

32) 最高裁判所判例解説 68 巻 1 号 292 頁 (伊藤正晴)、308 頁。

33) CEDAW/C/JPN/CO/6.

であろうか。現に、第7回および8回報告に対してまとめて応答した女性差別撤廃委員会の総括所見（2016年）では、以下のように懸念と勧告が表明され（日本の民事法に相当数の懸念が示されていることに注目されたい）、そのうちの13(a)を再びフォローアップ項目にして「勧告を実施するために取った措置について書面による情報を2年以内に提出するよう締約国に要請」している。[34]

12. 委員会は、既存の差別的な規定に関する委員会のこれまでの勧告への対応がなかったことを遺憾に思う。委員会は特に以下について懸念する。

(a)女性と男性にそれぞれ16歳と18歳の異なった婚姻適齢を定めているように民法が差別的な規定を保持していること、(b)期間を6か月から100日に短縮すべきとする最高裁判所の判決にもかかわらず、民法が依然として女性のみに離婚後の再婚を一定期間禁止していること、(c)2015年12月16日に最高裁判所は夫婦同氏を求めている民法第750条を合憲と判断したが、この規定は実際には多くの場合、女性に夫の姓を選択せざるを得なくしていること、(d)2013年12月に嫡出でない子を相続において差別していた規定が廃止されたにもかかわらず、出生届時に差別的記載を求める戸籍法の規定を含め、様々な差別的規定が残っていること、並びに(e)（以下略）。

13. 委員会は、これまでの勧告（CEDAW/C/JPN/CO/5）及び（CEDAW/C/JPN/CO/6）を改めて表明するとともに、以下について遅滞なきよう要請する。

(a)民法を改正し、女性の婚姻適齢を男性と同じ18歳に引き上げること、女性が婚姻前の姓を保持できるよう夫婦の氏の選択に関する法規定を改正すること、および女性に対する離婚後の再婚禁止期間を全て廃止すること、(b)嫡出でない子の地位に関するすべての差別的規定を撤廃し、子とその母親が社会的な烙印と差別を受けないよう法による保護を確保すること、並びに(c)（以下略）。

本決定の違憲の結論の導き出し方については、憲法学者の間では非常に評判が悪い。「実体的憲法論を事実上回避」した「前代未聞」の事態で、「一国の法秩序の廉潔性…にもかかわる深刻な事態」と厳しく批判をした上、対案まで提示するものもある。[35]この対案の中では、ア〜オおよびキは、憲法適合性判断に再び立ち入るべき状況の有無を検討する中で登場するだけで、適合性判断の判

---

34) CEDAW/C/JPN/CO/7-8.
35) 蟻川恒正「婚外子法定相続分最高裁違憲決定を読む」法学教室397号（2013年）102頁、同「婚外子法定相続分最高裁違憲決定を書く(1)・(2)」同399号（2013年）132頁および同400号（2014年）132頁。

断枠組み構築および具体的検討の対象ではない。筆者は、これは日本が批准した国際人権条約ならびに当該条約の設置する条約機関の見解を背景的「事実」に格下げする点で問題だと考える。条約機関は条約によって設置された条約履行監視機関であり、個人通報および国家報告の検討という任務を果たす際に、人権条約を解釈適用する権限を締約国によって与えられていると考えられることから、条約機関が総括所見等を通じて示す条約の解釈は有権解釈である[36]。よって、締約国はこれに従うか、従わないのであれば説得的な理由を提示する責任がある。そうだとすれば、最高裁による条約機関の勧告への言及は、まさにその応答責任を果たしたものと解することができる[37]。また、現に条約機関の側も最高裁の下した判決に対して一定の応答を行っている（自由権規約は 2013 年決定の成果である法改正に対して肯定的評価、女性差別撤廃委員会は 2015 年判決に対して否定的評価）。

4　2015 年判決

　2015 年 12 月 16 日に下された二つの判決は、比較法および国際機関の見解について以下のような展開を示した。

　第一に、民法 733 条（再婚禁止期間）に関する判決は、100 日を超える部分については違憲とし、その際に外国の法状況に言及したのに対して（2013 年決定と同じくドイツとフランスの具体的法改正に言及）、自由権規約委員会および女性差別撤廃委員会による再婚禁止期間廃止の勧告には言及しなかった（以下、本判決を「2015 年判決①[38]」）。他方、山浦裁判官反対意見は同勧告に言及する（民法 733 条 1 項の全部が違憲で、かつ、それを廃止する立法措置をとらなかった立法不作為

36）岩沢雄司「自由権規約委員会の規約解釈の法的意義」世界法年報 29 号（2010 年）50 頁。

37）この点が、比較法と国際人権法の違いである。これは、山元・前掲注 9）が江島（2018 年）・前掲注 12）の「トランスナショナル人権法源論」に対する疑問点に応答してくださった 2 点目（②）に対する再応答である（それ以外の点は稿を改めて応答する予定）。筆者は、国家が国際人権条約上負う法的義務を梃子にして、条約機関の見解について一定の拘束力（ゆるやかなものにせよ）を認めることによってグローバルな建設的対話を行えるフォーラムが存在しうると把握する。また、このフォーラムにおいては、比較法が重要な働きをすると考えているが（よって結果的には山元の同じゴールに到達する）、現在の実定法の枠組みをあくまでも前提とすれば、法的拘束力についてこだわる意味があると考える。

38）最大判 2015〈平 27〉. 12. 16 民集 69 巻 8 号 2427 頁。

が国家賠償法上違法）。諸外国の立法動向という点でも、法廷意見はドイツとフランスの法改正に言及したのに対して、山浦裁判官反対意見は、日本と「よく似た法制をとっていた大韓民国」において、韓国の憲法裁判所の違憲判断を契機として法改正が行われ再婚禁止制度が廃止されたことに言及した点は興味深い。

　第二に、民法750条（夫婦同氏制度）に関する判決は、合憲判断ということもあり法廷意見には外国法も国際機関の見解も登場しない（以下、本判決を「2015年判決②」）。寺田裁判官の補足意見は、「諸外国の立法でも柔軟化を図っていく傾向があるとの指摘があるが、どこまで柔軟化することが相当かは、その社会の受け止め方の評価に関わることが大きい」として、諸外国の立法動向の関連性を弱めている。他方、民法750条は違憲であるとする岡部裁判官意見（櫻井裁判官および鬼丸裁判官はこれに同調）は、女性差別撤廃委員会の度重なる勧告に言及する。山浦裁判官反対意見も女性差別撤廃委員会の勧告および諸外国の立法動向に言及し、現時点において、例外を許さない夫婦同氏制をとっているのは日本以外にほとんど見当たらないとする。

　以上からすると、2015年判決①および②は、外国法および国際人権条約の参照において、2008年判決から2013年決定の流れをそのまま踏襲するものではない。第一に、2015年判決①では、違憲判断を導き出す際の根拠として、外国法のみ言及し、自由権規約委員会および女性差別撤廃委員会のいずれの勧告にも言及しなかった。両条約は日本が批准していることから、日本は当該条約の遵守義務を条約上のみならず憲法上も負っている（憲法98条2項）。また、前述したように条約機関の見解は、有権解釈として国内機関は尊重すべき存在であり、応答責任がある。ところが、2015年判決①は、外国法にだけ言及した。そして、その際に、「かつては再婚禁止期間を定めていた諸外国が徐々にこれを廃止する立法をする傾向にあり」と諸外国の立法状況を一般的に記述するだけでなく、ドイツが1998年に、フランスが2005年にそれぞれ再婚禁止期間の制度を法改正によって廃止したことを具体的法律名とともに言及している。この点では2013年決定と全く同じであるだけに、条約機関の勧告については全

39）最大判 2015〈平 27〉. 12. 16民集 69 巻 8 号 2586 頁。

く言及しなかったことが余計目立つ。法廷意見は「諸外国の立法の動向は、わが国における再婚禁止期間の制度の評価に直ちに影響を及ぼすものとはいえないが、再婚をすることについての制約をできる限り少なくするという要請が高まっていることを示す事情の一つとなり得る[40]」といっているが、それは条約機関の勧告についても同じだからである。2015年判決①の最高裁判所判例解説はこの点について、「それらの勧告等が本件規定の短縮ではなく廃止を前提とするものであり、諸外国の状況自体は社会状況および経済状況の変化等の一つとして考慮していることから、違憲判断の根拠として説示しなかったものと推測される[41]」とする。しかし、諸外国の法状況も最高禁止期間の短縮ではなく廃止の傾向にあることからすると、諸外国の法状況にのみ言及して、条約機関の勧告に言及しない理由にはならないのではないだろうか。説明責任を十分果たしたとはいえない。

さらに、2015年判決②に至っては、法廷意見においては、外国法への言及も条約機関の勧告への言及も存在しない。合憲判断を行う際には、そもそも言及がないのが普通であることからすると驚くべきことではないのかもしれないが、2015年判決①と同日に2015年判決②が出されているがゆえに、2015年判決①の外国法への饒舌な言及との対比で、2015年判決②の「沈黙」は、最高裁による外国法への言及がご都合主義的なものではないかという疑いを招来する。先に引用した「諸外国の立法の動向は、…再婚をすることについての制約をできる限り少なくするという要請が高まっていることを示す事情の一つとなり得る[42]」という部分は、そのまま夫婦の氏に関する制度についても同様に当てはまるからである。さらには、女性差別撤廃委員会がたびたび勧告を繰り返してきたにもかかわらず何ら応答をしないのは、説明責任を十分に果たしているとはいえない。そして、2015年判決②の最高裁判所判例解説もこの沈黙状況について説明を加えていない[43]。これに対して女性差別撤廃委員会は、前述した

---

40) 2015年判決①・前掲注38)。
41) 最高裁判所判例解説69巻5号1438頁（加元牧子）、1480頁。
42) 2015年判決①・前掲注38)。
43) 最高裁判所判例解説68巻12号3193頁（畑佳秀）。なお、本解説自体は、女性差別撤廃条約の勧告内容を紹介している。

ように、「2015 年 12 月 16 日に最高裁判所は夫婦同氏を求めている民法第 750 条を合憲と判断したが、この規定は実際には多くの場合、女性に夫の姓を選択せざるを得なくしていること」に懸念を表明し、「女性が婚姻前の姓を保持できるよう夫婦の氏の選択に関する法規定を改正すること、及び女性に対する離婚後の再婚禁止期間を全て廃止すること」の勧告という形で応答している。[44]

Ⅲ　多層的人権保障システムの利点──2019 年補足意見を契機として

　前述したような最高裁における国際人権法の活用状況を前提としつつ、2019 年補足意見のヨーロッパ人権裁判所判決への言及を素材として、多層的人権保障システムの利点を検討する。

　第一に、いままでなぜ問題が提起されなかったのかである。特例法は、戸籍の変更を望むものには、「生殖腺せんがないこと又は生殖腺の機能を永続的に欠く状態にあること。」（特例法 3 条 1 項 4 号）や、「その身体について他の性別に係る身体の性器に係る部分に近似する外観を備えていること」（同 5 号）という条件を要求する。この要件は現時点では、性別適合手術によってしか実現できないので、結果として、戸籍の変更を望む場合、手術自体を望んでいなくても手術を受けなければならないという状況に個人を置くことになる。手術自体が「身体への強度の侵襲」（2019 年補足意見）であることは、起草時も現在も変わらない。他方、戸籍上の性別と当人が望む性別とが一致しない状態は、社会生活を送る上でさまざまな困難（たんなる社会的不利益だけでなく、2019 年補足意見も言及するように「人格と個性の尊重」に直結する問題）をもたらすことも容易に想像できる。

　では、なぜ立法時に問題にならなかったのか。それは問題が一国（日本）の中にとどまっていたからではないだろうか。特例法制定前の状況は、そもそも性別適合手術の合法性自体が問題である。1969（昭和 44）年、東京地裁は、医師が行った性別適合手術を優生保護法（当時）28 条違反で有罪とする判決を下した。[45]「ガイドライン」は、この判決によって「性転換手術は優生保護法違反

44）女性差別撤廃委員会「日本の第 7 回及び第 8 回合同定期報告に関する最終見解」CEDAW/C/JPN/CO/7-8.

である」との結論の一部だけが一人歩きし、「この呪縛」に支配されて、その後長い「暗黒の時代」を迎えたという[46]。この「暗黒の時代」の闇を打ち破るために、日本精神神経学会・性同一性障害に関する特別委員会が、1997（平成9）年5月28日付『性同一性障害に関する答申と提言』のなかで「性同一性障害の診断と治療のガイドライン」（初版ガイドライン）を公表し、性同一性障害を医療の対象とし、性別適合手術（sex reassignment surgery）を性同一性障害の治療として正当な医療行為であると位置づけた。そして、この初版ガイドラインに従って、1998（平成10）年、埼玉医科大学において、日本で初めて公に性同一性障害の治療として性別適合手術が施行された。こうした経緯からすると、違法とされるかもしれない性別適合手術（保険の対象にもならず、手術に伴うリスクもある）により生殖腺を喪失したとしても戸籍の訂正が認められる可能性のない状況から手術を受ければ戸籍の訂正が可能になったという点で肯定的評価が与えられるのは当然であろう[47]。

　しかし、特例法は、結果として、戸籍の訂正を望むならば性別適合手術をしなければならないという状況を生み出した。特例法以前は、性別適合手術を受けても戸籍の変更をもたらしえなかったから、手術を受けるかどうかは本人が手術によってもたらされる変化を望むかどうかにもっぱらまかされる。しかし、性別適合手術が戸籍変更の条件となることによって、2019年決定法廷意見自身も認めているように、「性同一性障害者によっては、上記手術まで望まないのに当該審判を受けるためやむなく上記手術を受けることもあり得るところであって、その意思に反して身体への侵襲を受けない自由を制約する面もあることは否定できない[48]」。

　では、どうすれば特例法の起草過程において問題提起ができただろうか。より広いパースペクティヴで問題を見るとどうなるか。ここに、多層的人権保障

45）東京地判 1969〈昭 44〉. 2. 15 判時 551 号 26 頁、33 頁。

46）ガイドライン・前掲注 20）。

47）大島俊之「性同一性障害と戸籍の訂正」別冊ジュリスト 183 号（2006 年）232 頁。東京高判 2000〈平 12〉. 2. 9 判時 1718 号 62 頁。

48）本件規定は、性別違和に伴う苦悩の軽減や社会適応を改善する「治療」のためというよりも、戸籍上の性別を変更するために性別適合手術を選択させる契機となっているという指摘は医師からもある。難波祐三郎「身体的治療——性別適合手術」医学のあゆみ 256 巻 4 号 299 頁参照。

システムにおけるグローバル人権法の役割がある。「特例法の制定当時は、い
わゆる生殖能力喪失を要件とする国が数多く見られたが」と 2019 年補足意見
は言うが、実は、当時、ヨーロッパでは次の転換期を迎えている。たとえば、
日本が特例法を制定するのとほぼ同じ頃にイギリスは 2004 年ジェンダー認定
法（Gender Recognition Act 2004）が制定し、ジェンダー再指定後の性転換者に
新たな性別に対して法的承認を認める制度を導入しているが、これは性別適合
手術を要求しないし、「子なし要件」も存在しない。そして、この 2004 年ジェ
ンダー認定法は、人権裁判所の *Christine Goodwin v. UK* 判決（以下、「2002 年
ECtHR 判決」）によってもたらされた。[49] 2002 年 ECtHR 判決の注目すべき点は、
人権裁判所が従来の先例を変更して性転換者の法的承認の不存在は人権条約違
反であると判示したことである。従来は性転換者の性転換後の性別の法的承認
について締約国の広い裁量（評価の余地）を認めてきたが、[50] 締約国における新
しい動向（相当数の締約国が法的承認をすでに認めている）を考慮に入れて、国家
の裁量を狭め条約違反の結論に到達した。[51] その結果、イギリス政府は同判決を
履行するべく 2004 年ジェンダー認定法を制定した。なお、2002 年 ECtHR 判
決は、*Bellinger v Bellinger* 貴族院判決（2003 年）が不適合宣言を下すことに
もつながった。[52]

　ここで強調しておきたいのは、2002 年 ECtHR 判決の時点で、人権裁判所が
率先して「新天地」を切り開いたのではなく、法的承認を認める国が増えはじ
めた結果、法的承認を認めない状態を続けるのであれば一定の説得的理由が求
められるという状態に至っていて、人権裁判所はもはや締約国の裁量を広く認
めることはできないとして、従来の先例を変更して条約違反という判決を出し
たという展開である。条約違反としうる状況は各国法の蓄積（比較法）および
それに共鳴する国際法によって支えられている。そして、ひとたび人権条約裁

---

49) *Goodwin v UK*, judgment of 11 July 2002. 建石真公子「私生活の尊重と性転換者」戸波江二他編
　　『ヨーロッパ人権裁判所の判例』（信山社、2008 年）305 頁以下参照。

50) *Rees v UK*, judgment of 17 October 1986; *Cossey v UK*, judgment of 27 September 1990; and
　　Sheffield and Horsham v UK, judgment of 30 July 1998. Cf, B v France, judgment of 25 March
　　1992.

51) *Goodwin v UK*, supra note 50, para. 103.

52) *Bellinger v Bellinger* [2003] UKHL 21.

判所の判例（ヨーロッパ社会のコンセンサス）となると、個々の判決は被告国以外を法的に拘束するものではないにもかかわらず、被告国以外の締約国も人権裁判所で将来敗訴したくなければ国内法の改正をしておくという流れになる。また、2002年の時点では性別適合手術を条件に入れても人権条約違反とはされなかったかもしれないが、イギリスは条件としない方を選択した（人権条約適合性を十分に確保するという観点から起草されたからである）。これは後述するように手術を要件としない新たな潮流を形成する一翼となる。よって国際人権法と比較法は、国内法制定および国内判例形成の過程の中で相互還流を繰り返しながら、コンセンサスを作り上げてきたといえよう。

　2019年補足意見が言及した2017年ECtHR判決にもこのプロセスが観察できる。人権裁判所は、具体的事案の検討に入る前に必ず、当該国の関連法を列挙するだけでなく、比較法と国際法に言及する。2017年ECtHR判決では、比較法として、Transgender Europeという人権NGOの作成した資料に基づき、本件の時点、そもそも法的承認を与えない国が7カ国、法的承認を与えるが不妊手術を法的要件とする国が24か国、法的要件とはしない国が16カ国であったこと、その後、さらに2か国の法改正によって、現在、法的要件とする国が22カ国、法的要件としない国が18カ国という状態になっている上、現在、多くの国で法改正が検討されていることを指摘している[53]。なお、2018年現在では、手術を法的要件として要請しない国の数が増えて、法的要件とする国は14カ国に減少し、逆転している[54]。

　国際法・国際機関の見解としては、以下のような言及がある[55]。まず、ヨーロッパ評議会レベルでは、2009年に人権コミッショナーが「人権とジェンダー・アイデンティティ」という文書を発表し、不可逆的な不妊手術をジェンダー・アイデンティティの法的承認の要件とすることに反対している。閣僚委員会は、2010年に、法的承認の要件については恣意的な要件を除去するべく定期的見直しを勧告した。議員会議も、2010年に、不妊手術、性別適合手術、ホルモ

---

53) Transgender Europe, "Trans Rights Europe Map 2016"〈https://tgeu.org/trans-rights_europe_map_2016〉.

54)〈https://tgeu.org/trans-rights-map-2018〉.

55) *A.P., Garçon and Nicot v. France*, supra note 5, para 73-81.

ン治療を要件としないことを要請する決議や強制的不妊手術の廃止を要請する決議を、2015 年には、不妊手術の廃止や精神科医の診断書を法的要件として強制することを廃止すべきとする決議を出した。国連レベルでは、国連人権コミッショナーが、2011 年に人権理事会に提出した報告書で、性別の変更を認めるに際して、不妊手術を受けることが暗黙にまたは明示的に要請されることがあることを指摘し、「他の人権を侵害することなく」希望する性別が法的に承認されるようにすることを勧告している。また、拷問等に関する特別報告者は、人権理事会に提出した 2013 年の報告書において、各国の状況を紹介した上、強制的手術の廃止を勧告している。そして、2014 年、WHO、UNICEF、国連人権高等弁務官事務所、UN ウーマン、UNAIDS、UNDP および UN 人口基金が共同で、強制的、威圧的、またはそれ以外の非自発的な不妊手術の撤廃に関する声明を発表した（2019 年補足意見が参照したものこれである）。これだけの素材を並べれば、締約国にいまだ裁量を認めることに躊躇を感じるのは当然であろう（日本の最高裁はそうは考えなかったのかを問いたい）。

　第二に、他国の経験は、2019 年決定において、日本の最高裁が結論として「身体の侵襲」よりも上回る利益として認定した「親子関係等に係る問題が生じ社会に混乱を生じさせかねないこと」が、実際にどれだけ具体的危険があるかを示す材料となる。現在、手術を要件とせずに法的承認を与える国において混乱が生じた話は特に聞かない。廃止する国が加速度的に増えていることも制度さえきちんと作れば混乱を招くことにはならないことの傍証となろう。また、2019 年決定法廷意見は、本件規定は「長きにわたって生物学的な性別に基づき男女の区別がされてきた中で急激な形での変化を避ける等の配慮に基づくもの」として正当化しているが、そもそも生物学的には人間を男・女というカテゴリーだけでは分類できないこと（インターセックスの存在）が明らかになった一方、人間には男女しか存在しないという前提で制度が作られているがゆえにそこに当てはまらない場合に社会的不利益と社会的偏見を被らざるをえない人々が存在することも明らかである。抽象的危険としての社会的混乱だけで、一部の人々に一生に渡って継続する生きづらい人生を押し付けることが妥当だろうか。さほど重要なことでなければ「急激な形での変化」を要請するのは釣り合わないかもしれないが、一部の人々が一生、生きづらい人生を続けなけれ

ばならないことを考えれば、「急激な形での変化」として敬遠されるべきではなく「迅速な法改正」が必要な状態と言うべきだろう。そして、改正のための前例はすでに世界中に豊富に存在するのだから困難な作業とはいえない。前述のガイドラインが、「法的な問題のために諸外国に比較すると特有の歴史を辿ってきた[56]」と吐露しているが、21世紀においては、人権保障メカニズムを外に「開放」することによって、辿らなくてもいい隘路に入る必要はなくなっている。[57]

　今回の2019年決定では、第二小法廷の4人の裁判官のうち2人が疑いを提起しているので、あともう1人がこれに賛成すれば、大法廷回付の可能性もあった。今後、新たに裁判が提起されれば、今回の補足意見が提起した疑問を楔子として将来的には救済の可能性が開けるのかもしれない。しかし、この間、最高裁で最終的に違憲が認められた立法事例の中には、婚外子に対する差別的取扱い、再婚禁止期間など、世界的動向からすると「周回遅れ」となっているものが多々見受けられることを真剣に受け止めるべき時がきている。というのもジェンダーをめぐって次々と新たな問題提起が世界的になされているからである。たとえば、同性婚を認める国が増加しつつある（同性婚を認めないことが違憲であるという訴訟が日本でも2019年2月14日に提起された）。ヨーロッパでは、性同一性障がい者の法的承認の要件の中に精神科医の診断を含めない国（ベルギー、デンマーク、フランス、ギリシャ、アイルランド、マルタ、ノルウェー）も登場していることから、精神科医の判断を要件とすべきかどうかもすでに論点化されている。[58]オーストリア憲法裁判所は、2018年6月15日、登録や身分証明書上の性別欄は個人の自己決定に基づく性自認を反映したものとなることを命じる判決を下した。[59]これは、男性でも女性でもないインターセックスの人が、出生登録上の性別について、男性から「inter」、「other」または「x」に変更するか、性別欄を削除してほしいと民事局（civil status office）に申し出たことに

56）ガイドライン・前掲注20）4頁。

57）国連人権高等弁務官事務所は2013年にLGBTIの人々の平等な権利と公正な取り扱いを奨励するキャンペーンUN Free & Equalをスタートさせている。

58）〈https://tgeu.org/trans-rights-map-2018〉.

59）〈https://www.vfgh.gv.at/medien/Civil_register_-_Intersex_persons.en.php〉.

よる。この判示は、ヨーロッパでは初だが、世界では 3 番目で、世界初はネパール（2007 年）、それにインド（2014 年）が続く[60]。よって、ヨーロッパだけの動向ではない。こうした動向はグローバル人権法の可能性を示唆していると筆者は考える。また急速に進む科学技術の発達やライフスタイルの変化は、人間というカテゴリー自体を多角的に問い直している[61]。こうした急激な変化が生じている状況において、従来のような法解釈のアプローチでは変化のスピードに追い付けない。その点でも多層的人権保障システムは有用だと考える。

Ⅳ おわりに

2013 年決定は、最高裁がそこまで意図して言及したのかどうかは別にして、国際機関の勧告に言及することによって、「対話」のルート（ないしは外形）を作り出した。そのために、2013 年決定後は、最高裁が勧告に言及しなければそれはなぜなのかを「問う機会」を創出したことになる。そこに一定の説得的な説明ができれば問題がないが、「諸外国」ではすでに立法的対応がされていて、国際機関の見解が存在するところで、それとは違う回答を選択することは、少なくとも困惑的なことである。しかし、これはグローバル化する社会において半ば必然的である。それをすでに自覚している諸外国の裁判所は、「対話」という水平的な関係において説得力を高め合う関係に入っている[62]。そして、国際社会において国際法は固定的なものではなく生成されていくものであること、書き換えられる可能性を残したものであることを念頭に置くと、国内裁判官が国際的視野を持つことの重要性は、グローバル社会において軽視できない。現に、アジアという地域においても、憲法裁判所のネットワークが出現し[63]、他方

60）〈https://tgeu.org/austria-intersex-genital-mutilation-not-constitutional-immediate-third-gender-recognition-ordered/〉.

61）「特集現代法における『人間』の相対化」法律時報 90 巻 12 号（2018 年）の各論稿参照。

62）114 の憲法裁判所・最高裁判所の裁判官が集合する World Conference on Constitutional Justice（〈https://www.venice.coe.int/WebForms/pages/?p=02_WCCJ&lang=EN〉）や 72 カ国の裁判所（人権裁判所含む）が相互に各国の判例法を共有する Superior Courts Network（〈https://www.echr.coe.int/Pages/home.aspx?p=court/network&c〉）は好例。

63）Fabian Duessel, 'Getting to know AACC members' IACL-AIDC Blog (1 February 2019)〈https://blog.iacl-aidc.org/2019-posts/2019/1/31/getting-to-know-aacc-members〉.

でASEAN限定とはいえASEAN人権憲章が登場している。日本の裁判所がこうしたネットワーク型の規範生成プロセスにどのように参加するかが問われている。

これまで検討してきた事例からもわかるように、一国内においては少数者であっても、グローバルなネットワーキングを通じて実効的な問題提起を行い、問題の解決への糸口をつけることができる。そして問題提起が国内法と国際法、国内機関と国際機関が接合された多層的人権保障システムの中でなされればより実効的な解決になりうる（前述した日本とイギリスの性同一性障がい者の取扱いの違いを参照）。また、多数決による決定に基づくゆえに少数者の問題を提起しにくい民主制の過程の欠陥を補完する役割は、憲法レベルでは違憲審査制に期待されていることになるのかもしれないが、その役割は限定的である（とりわけ日本の最高裁の解決はいずれも「周回おくれ」）。たとえば国内の違憲審査制と国際機関の条約審査が接合されると、より一層民主制の過程の欠陥を埋めることができよう。よって、これも筆者が主張する多層的人権保障システムの利点の一つとして主張しうると考える。

（えじま・あきこ　明治大学教授）

グローバル化に向き合うフランス公法学

山元 一

はじめに

辻村みよ子の学問的サーチライトが、驚異的なまでに広角的であることについて、何人も異論はないであろう。憲法学を自らの学術活動の中心に置きつつ、ジェンダー法研究の分野でも大きな足跡を残している。そして辻村憲法学のサーチライトによって照らされた関心対象とそこから生み出された質量とも卓越した業績は、日仏憲法史の歴史研究から現代憲法理論研究までの基礎的発展的研究、体系書における今日的に標準的な憲法解釈論の提示、フランス憲法や比較憲法についてのスタンダードな教科書の刊行、一般市民を対象とする講演や著作におよんでいる。この仕事量は絶対に常人にはこなすことができないレベルに達している。したがって、辻村にふさわしい称号は、超人的憲法研究者にほかならない。

* *

さて、このような幅広い学術的関心の中で辻村が特に注目してきた現代的憲法状況の一つが、従来の主権国家の枠組みを超えるヨーロッパ統合が劇的な仕方で進行させた「グローバリゼーションと国民国家の相対化」[1]のもたらす憲法学的意義についてであった[2]。そこで、本稿は、辻村みよ子の古稀を祝賀するた

---
1) 辻村みよ子『市民主権の可能性』（有信堂、2002 年）1 頁。

めに、このような辻村の関心を引き継いで、現代憲法理論の現状把握という学術的関心に基づいて、進行を続けるグローバル化に対して現在のフランス公法学[3]がどのように向き合っているか、その一端を瞥見することにしたい。ところで今日、グローバル化という言葉は著しく茫漠としており、contemporaryという以外には、ほとんど無内容化しているという批判もありうるところである。この点本稿は、以下の基本的な認識に立脚している[4]。

　　17世紀にいわゆるウェストファリア体制が成立し、国際公法が領域主権を享受する国民国家間の関係を規律し、それ以外の関係は国内法に委ねられる構造が定着した。18世紀末に国際法の基本的役割が国家間関係の調整に限定されることにより、国内法秩序が相互に排他的かつ独立の単位として通用するものとされた。こうして、国際的次元では水平的な法秩序観が普遍化し、法的正統性がまずもって主権国家の同意を通して調達されることになった。このような規範的枠組の下、それぞれの国内法秩序において、憲法を頂点とする各国別のピラミッド型ないし階層型の一元的法秩序観が支配的となり、定着する。グローバル化において、国際的・超国家的・地域的レベルへの国家権限の委譲、および非国家主体による国家機能の補完がすすみ、主権国家の基本構造そのものが強く揺さぶられている。また国内法の立場から主権国家の存立と諸活動を法的に規律する役割を担う憲法もまた、このような問題状況に直面し動揺している。というのも、憲法の想定する規範的秩序を根本で支えてきた、領域主権を前提とするピラミッド型ないし階層型の一元的法秩序観、それこそがグローバル化が進行していく中で再考を迫られているからである。

　　種々様々な非国家的実体が法的アクターとして積極的に活動するようになる

---

2)　この点に関連して、かつて、筆者は、辻村の「市民主権」論について、批判的に検討したことがある。参照、山元一「現代憲法理論における主権──『市民主権』論をめぐる一考察」法学77巻6号（2014年）235頁以下。

3)　ここでは、フランス公法学というタームを用いているが、それは、グローバル立憲主義論はその性質上、国際法・国内法の境界を越境するものであって、「グローバル立憲主義」をめぐる議論の担い手が必ずしも憲法学者として自称しあるいはそれとして認知されているとは限らないからである。筆者の中心的関心は憲法学にあり、本稿では国際公法も一定の視野に収めるが、他方「公法学」といいながら行政法については全く視野の外においている。

4)　以下の叙述は、筆者を研究代表者とする科研費研究「（基盤研究（B）グローバル化時代における憲法秩序の再構築」（2019-2021）（https://kaken.nii.ac.jp/grant/KAKENHI-PROJECT-19H01412/）の研究計画調書に基づいている。

に至った「グローバルな公共空間」[5]において、主権国家という枠組の下で一定
の自律的安定性を享受してきた階層型法秩序は社会のグローバル化に伴って大
きな裂け目を露見させている。また主権国家は、その歴史的実態から見れば、
必ずしも国内の諸利益に対して超然と公益を追求してきたわけではない。さら
に今日では、人権的諸価値を前提とする政策形成・実現過程は、従来の公私区
分を超越して政策領域ごとに機能分立してきており（政策レジームの重層化）、
一元的階層的な思考に基づく規範的議論の有効性の限界が露呈している。確かに、
主権国家は今日なお形式的には「権限 = 権限（Kompetenz-Kompetenz）」を維持
し続けているが、かかる形式性を確認してみても、現実的で文脈に適した憲法
上の規範的議論を導出することが困難となるに至っている。このような状況の
中で、一国単位での自律的個人 = 市民による自己統治を基本的フレームワーク
としてきた憲法理論の基本構造は強い衝撃を被っている。もちろん、このこと
は主権国家や憲法秩序の存在意義の消失を全く意味しない。グローバル化時代
において主権国家によってこそ担うことのできる役割や機能を説得力をもって
明らかにし、その遂行を憲法の名の下に規範的に要求するためにこそ、一見逆
説的に映るが、主権国家もひとまず人間社会における団体の一つとして相対化
した上で、国境を超える立憲主義の発展も注視しつつ、分野横断的文脈的アプ
ローチに基く憲法秩序の再構築が求められる[6]。

　本稿は、以上のような認識に立脚しつつ、具体的には、フランス公法学にお
けるグローバル立憲主義論に関する現在の議論状況を照射する。ただ一口にグ
ローバル立憲主義論といっても、そもそもその名の下に提出されている議論も
多種多様であって極めて混沌としている。またそれに対応して、それを受けと
めるフランス公法学の方も、グローバル立憲主義論における何に注目するかに
よって、極めて多様なリアクションがあり得ることはあらかじめ予想しうると
ころである[7]。したがって概観といっても、本稿ではそれらを網羅的に取り上げ
ることは到底不可能なので、本稿では筆者が興味深く感じた、いくつかの管見
に属する議論を紹介・検討することで満足せざるを得ない。

---

5)　参照、酒井啓亘＝濱本正太郎＝森肇志「『グローバルな公共空間』における法の役割」論究ジュリ
　　スト23号（2017年）4頁以下。

6)　この点に関わる刊行予定の筆者の論文として、山元一「グローバル化と憲法秩序」法学セミナー
　　774号（2019年）12頁以下、がある。

さて、以下ではまず、もっぱら学説史的関心から国境を越える立憲主義の問題について、戦間期にどのような議論が提出されていたのか、を確認する（→Ⅰ）。次に、雑誌『政治法』における「グローバル立憲主義」特集に注目し、現在のフランス公法学において、グローバル立憲主義論がどのような問題提起として受けとめられているか、を見る（→Ⅱ）。そして、グローバル立憲主義論に対するそれ以外のいくつかの注目すべき反応（→Ⅲ）を、見ていくことにしたい。

Ⅰ　国境を超える立憲主義と戦間期フランス公法学

1　戦間期フランス公法学の課題

　実は、今日のグローバル立憲主義論が提起している国境を越える立憲主義は、

---

7)　この点に関連して、「グローバル立憲主義」についての筆者の図式的整理は、以下の通りである。もともとは中世世界に由来する立憲主義の近代立憲主義への発展の中で、「既得権の総体としての法」観に基づく具体的身分制的人間像から、抽象的人間（＝市民）像を前提とする近代立憲主義的憲法観へ展開したことが、史的前提となる。このような形で遂行された近代主権国家の成立に連動した立憲主義そのものの〈領域・近代主権国家〉への包摂プロセス（＝近代立憲主義の成立）は、やがて20世紀後半に至り、地域統合の進展に基づく立憲主義の〈近代主権国家〉からの解放が進行した。そこから生み出されたのが「ヨーロッパ（EU）立憲主義」にほかならない。そして、そして現在の議論状況においては、時系列的にはそれとほぼ平行的に展開しながら、ヨーロッパ統合に強い知的刺激を受けつつ、そこからさらに一歩進み、立憲主義の〈領域〉そのものからの解放が企図され、グローバルな次元での立憲主義論が語られる状況が到来した、といえる。「ヨーロッパ立憲主義」論から多くの知的養分を摂取する形で発展したグローバル立憲主義論は、後に見るように、「ヨーロッパ立憲主義」論に見られる機能的アプローチ（「社会的立憲主義」）、規範的アプローチ、多元的アプローチなど多様なものが存在しているが、それがそのままグローバル立憲主義論に継承されつつ、議論が展開しているといえよう。

　「ヨーロッパ立憲主義」論において最も興味深いことは、統合現象を事実認識する標識として用いられていた「立憲主義」観念が次第に「規範論的転回」を遂げ、個々具体的なpolicyとは峻別されるべきpolity ＝ res publica についての構想をめぐらし、そうすることを通じて、従来にはない新たな立憲主義──「ヨーロッパ立憲主義」──を規範論的にイメージしようとする見方が生じてきたことである。よく知られているように、このような見方は、近代主権国家の枠組に執着し、現在のヨーロッパにおいて憲法の前提に必要なdemos不在を指摘する議論（No demos thesis）と激しく対立してきた。この点についても後に見るように、グローバル立憲主義論をめぐる議論においても、同様の議論の対立状況が再演されることになる。参照、山元一「世界のグローバル化と立憲主義の変容」憲法理論研究会編『憲法理論叢書24 対話的憲法理論の展開』（敬文堂、2016年）57頁以下、須網隆夫「国境を越える立憲主義──グローバル立憲主義とその成立可能性」憲法研究3号（2018年）153頁以下。

フランス公法学にとって全く新奇な問題提起ではない。それどころか、国家総力戦化によって著しい損害をもたらした第一次世界大戦を経験した戦間期フランス公法学にとって、国際公法と国内公法を結合させることを通じて、平和構築のための組織と法的ルールを創出することは切実な課題であった。この点、August Comte 以来のフランス実証主義社会学の蓄積の上に形成された連帯主義思想こそが、政治的なるものを社会的なるものに従属させようとする基本思想の戦間期の国際組織化のイニシアチブとそれと連携する公法学を生み出したのであった[8]。フランス革命期のキーコンセプトの一つであった「友愛の閉鎖性と文脈依存性を超えようとする」連帯主義思想は、「人々が異なるからこそ結びつくという側面を維持し、差異を保ったままで相互性の関係を築こうとする」（重田園江[9]）ものであるから、そのまま平和的な国際関係の構築のために活用しうる性質を備えていた。その代表的論者である Léon Bourgeois は、「準契約（quasi-contrat）」なる観念を一つの手がかりにして、思想的レベルにおいて、「政治的なるものの社会化」と「社会的なるものの政治化」を志向し[10]、政治の世界では、かかる連帯主義思想に基き、フランスの首相（1895-1896 年）や国際連盟初代総会議長（1920 年）を務め、さらにノーベル平和賞を受賞したことで知られる（1920 年）。Bourgeois の諸活動を公法原理の観点から理論的にサポートしたのが、Léon Duguit であった。そしてまた、Duguit の公法学を国際法の分野で応用・発展させたのがパリ大学で国際法を講じた Georges Scelle であったことは、よく知られている。

Duguit と Scelle は立憲主義というタームこそ用いてはいないが、第一次世界大戦後の激変した国際的な法的変化の中で、「国際的法意識（conscience juridique internationale）」の存在を確信し、その存在を根拠として法に拘束され

---

8) 参照、山元一「覚書：グローバル化時代における『市民社会』志向の憲法学の構築に向けて」法律時報 90 巻 10 号（2018 年）79 頁。

9) 重田園江『連帯の哲学 I』（勁草書房、2010 年）12 頁。本書は、Léon Bourgeois を含めたフランス社会連帯主義思想を取り上げた最近の重要な研究成果である。

10) cf. Michel Borgetto, La doctrine solidariste de Léon Bourgeois : Une nouvelle definition des rapports entre le politique, le social et le droit, in Carlos-Miguel Herrera (sous la dir.), *Les juristes face au politique : le droit, la guache, la doctrine sous la IIIe République*, Éditions Kimé 2003, p. 35 et s.

る国家・国際社会の理論化を行った。また、同じく戦間期に憲法と国際法の統合を説いたロシアからの亡命学者 Boris Mirkine-Guetzévitch も重要である。まず、Duguit と Scelle の主張を瞥見しよう。

2　連帯主義に基礎をおく「国際的法意識[11)]」——Duguit と Scelle

　Duguit にとって、なによりもまず、国家現象に法的分析を加えることが憲法学の営みにほかならなかった[12)]。このように理解された公法学（＝憲法学）の目的は、彼独自に観念された「客観法（droit objectif）」による国家制限を実現する「法治国家（État de droit）」を構築することであった[13)]。「客観法」に合致する国家行為のみが法的妥当性を有することができる、とされた。実証的に観察すれば、国家は、通常の法学説が主張するような法人のような法的構築物ではなく、統治者によって構成される人間集団にほかならない。国家主権観念は、単なる虚偽表象にすぎない。国際社会に目を向けると、法を主権者によって制定されたものとする法実証主義法観を峻拒して「社会あるところに法あり」を基本的な着想として社会的事実と法の統一性を主張する Duguit からすれば、国内社会＝国内法と国際社会＝国際法の差異は本質的には存在しない。国際社会に存在するのは、類似性に基づく連帯と分業に基づく連帯とによって構成される社会連帯に基礎づけられて生成している「国際的法意識」と、それを遵守すべき各個人のみである。国家は、公役務の作用を恒常的に確保するための諸個人の集団に過ぎない。国際法上の条約や慣習法は、客観的に存在する法を認識するための手段に過ぎない。後者は前者を後追いする仕方で社会の発展につれて複雑化が進行するから、将来的に向かって国際協力を推進する国際的組織の発展が見込まれるのである。Duguit によれば、「国際公役務の創造と作用は、

---

11) Olivier Dupéré, Présentation, in O. Dupéré (sous la dir.), *Constitution et droit international : Regards sur un siècle de pensée juridique française*, Institut Universitaire Varenne, 2016, p. 8 et s.

12) Olivier Beaud, Duguit, l'État et la reconstruction du droit constitutionnel français, in Fabrice Melleray (sous la dir.), *Autour de Léon Duguit*, Bruylant, 2011, p. 29 et s.

13) cf. Éric Wyler, La «conscience juridique internationale» au fondement de la conception du droit international de Léon Duguit, in Olivier Dupéré, *supra* note (11), p. 19 et s. さらに本稿のこの部分の叙述は、山元一「《法》《社会像》《民主主義》——フランス憲法思想史研究への一視角(3)」国家学会雑誌 106 巻 9・10 号（1993 年）1 頁以下、「同(4)」107 巻 3・4 号（1994 年）74 頁以下、「同（5・完）」107 巻 9・10 号（1994 年）147 頁以下、を基礎としている。

近代国際法のこの上ない目的となる」のであり、国際連盟の創設はその徴表に
ほかならなかったのである。

　Duguit の法理論は、法哲学・憲法・行政法そして政治学という広範な分野
に多大な影響を与えたが、国際法の領域において圧倒的に大きな影響を受けた
のは Georges Scelle であった[14]。Fabrice Melleray によれば、両者の共通点は、
法規範を法規範たらしめる究極的な根拠（fondement）を形式的法源に求めるこ
とに満足しなかったところにある。したがって、法に法の資格を与える実質的
法源を探求することが課題となった。そしてこのような思考を踏襲した Scelle
は Duguit の主張を受容して「実定法」と「客観法」を峻別し、後者を「各社
会における自然的ないし動態的法」であって、その源には、一定の社会的事実
すなわち社会連帯が見い出される、とし、社会連帯思想へのコミットメントを
明確にする[15]。しかしながら、Duguit が国家現象に関心を傾注したのに対して、
Scelle は、国家は最も統合された団体であるといえども、国内法秩序ないし国
家法秩序は、本質的に他にも存在するローカルな法秩序の一類型に過ぎないと
の立場を明確にする。そして、そのような法秩序は、国際法秩序によって支配
されているとする一元論的国際法論の立場に立つ。しかし、Scelle の考え方は、
単純な国際法一元論ではなく、多元的な自律的法秩序の統合を指向する「規範
的連邦主義（fédéralisme normatif）[16]」であった[17]。Scelle の国際法学においては、
「国際憲法学」がその主要な内容とされたが、そこでは、国際法が国家間関係

14）この部分は叙述は、主に、Fabrice Melleray, Léon Duguit et Georges Scelle, in *Revue d'histoire des Facultés de droit et de la science juridique*, 2000, n° 21, p. 45 et s. に基礎をおいている。Scelle
の国際法論は、とりわけその「国家の二重機能（dédoublement fonctionnel de l'État）」論が注目を集
めてきた。これについては、Thibaut Bouchoudjian, Le dédoublement de la fonction juridictionnelle
à l'heure de la justice pénale internationale, in Charalambos Apostolidis et Hélène Tourard（sous
la dir.）, *Actualité de Georges Scelle*, Éditions Universitaires de Dijon, 2013, p. 73 et s, 西海真樹「『国
家の二重機能』と現代国際法」世界法年報 20 号（2000 年）77 頁以下、興津征雄「行政法から見た
国際行政法」社会科学研究 69 巻 1 号（2018 年）5 頁以下、参照。

15）cf. Georges Scelle, *Précis de Droit des gens : Principes et systématique*, Première partie, Recueil
Sirey, 1932, p. 3 et.

16）Georges Scelle, Essai sur les sources formelles du droit constitutionnel, in *Mélanges François
Gény*, tome III, 1934, p. 408-409.

17）Olivier Dupéré, Georges Scelle : le dédoublement d'un internationaliste constitutionnaliste, in O.
Dupéré, *supra* note（11）, p. 133 et s.

法とする見方が清算されており、「個人と集団の自由（強調点筆者）」と「実定
国際法の形成」が具体的な考察対象とされていたのであった。[18]

　国際社会に連帯社会論を適用する Scelle は、国際社会において、「平和」や
「一般的な繁栄」や「諸公役務の調和的管理」という利益として現れる「人類
公共の利益」を目指して諸国民間に生まれる連帯関係は、「交換的ないし有機
的連帯」として「相違による連帯」を基調とするものだとする[19]。国際社会にお
いて生成される法秩序は、国内法秩序と比べて規律密度が低く内容が明確では
ないとはいえ、その下にある法秩序とともに「重層的な法秩序（ordre juridique
de superposition)」を構成している。国際社会に存在する「包括的連帯」は、そ
の性質上「ローカルな連帯」に優越するが故に、国家法秩序に優位するものな
のである（Scelle の法観は、「社会性（sociabilité)」=「連帯性（solidarité)」=「法的
妥当性（juridicité)」にほかならない[20]）。このような思考に立脚する Scelle にとっ
て憲法ないし憲法規範とは、およそ「社会的諸関係にとっての本質的な必要性
を表現するための規範的ルール」であった。したがって、国家観念と憲法観念
は切り離されなければならない。Scelle によれば[21]、むしろ、「憲法観念が切り
離せないのは政治社会観念」の方であり、「すべての政治社会には憲法体制が
存在」する。「単一国家の憲法が普遍的憲法現象の限界事例にすぎないように、
国家社会は、社会現象の一つ限界事例にすぎない」とされるのである。このよ
うな見方に立つとき、国際社会における主体としての個人（ただし、あくまでも
社会において〈法主体としての個人〉と認定されるべきだ、と認定された個人[22]）が立ち
現れてくる。すなわち、国際社会とは単一の国際社会ではなく、また諸国家か
らなる国家でもなく、すべての人間社会と同様に、諸個人からなる社会の総体

---

18) cf. Georges Scelle, *Précis de Droit des gens : Principes et systématique*, Deuxième partie, Recueil Sirey, 1934.

19) Georges Scelle, Le droit public et la théorie de l'État, in *Introduction à l'étude du droit*, tome I, Édition Rousseau, 1951, p. 97-98.

20) Fabrice Melleray, Georges Scelle était-il positiviste ? in Ch. Apostolidis et H. Tourand, *supra* note (14), p. 32.

21) Georges Scelle, Le droit constitutionnel international, in *Mélanges Raymond Carré de Malberg*, Recueil Sirey, 1933, p. 505 et s.

22) cf. Pierre Bodeau-Livinec, Le sujet de droit, in Ch. Apostolidis et H. Tourand, *supra* note (14), p. 64.

としての国際社会にほかならない。こうして、国際社会は、現に社会的事実として、それ自体憲法を有する優越的な法秩序（「国際憲法（droit constitutionnel international)」）を内包している、というのが、Scelle の主張となる。Duguit の法理論におけると同様に、Scelle の国際法論には、国家法人説や国家主権観念の居場所はない。Scelle から見れば、そもそも主権観念は「客観法」観念と両立不可能なのであり、また国家法人説という誤った観念が導入されているおかげで、国際法の進歩が遅滞し、その逸脱が生じているのである。

3 「憲法の国際化」による「公法の統一」——Mirkine-Guetzévitch

Boris Mirkine-Guezécitch は、1892 年にユダヤ系ロシア人としてウクライナの首都キエフで生を享け、1917 年にペトログラード大学国際法担当教授に就任した。ところが、政治的理由により 1920 年にボルシェビキから死刑宣告を受けたためフランスに亡命し、フランス国籍を取得した。その後ドイツのフランス占領に伴い、1941 年にフランスからアメリカへの亡命を余儀なくされた。戦後は、パリとニューヨークを拠点に精力的な活動を行った。彼を厳密な意味で戦間期フランス公法学の業績として数えることが妥当であるかは、疑問がないではない。しかし、フランス語で書かれた彼の「憲法の国際化」をめぐる議論が戦間期フランス公法学において「東欧憲法の進展とフランス憲法思想の再生の必要との間の接点の役割」を果たしたと指摘されている。また日本でも大きな注目を集めることになることはよく知られているとおりである。

1920 年代からドイツにナチス政権が登場するまでの Mirkine-Guezévitch は、

---

23) cf. G. Scelle, *supra* note（18）, p. 4. したがって、憲法学が一般に政治共同体が存在しなければ、憲法は存在しない、と考える傾向にあるが、Scelle は、そのようには考えない。cf. Olivier de Frouville、Une théorie non constitutionnaliste de la Constitution internationale, in *Jus Politicum*, Volume IX, 2018, p. 113.

24) G. Scelle, *supra* note（15）, p. 12 et s.

25) cf. Georges Langrod, In memoriam : Boris Mirkine-Guetzévitch（1892-1955）, in *Revue Politique et Parlementaire*, 1955, p. 169 et s. 彼を取り上げた最近の邦語文献として参照、石川健治「『国際憲法』再論」ジュリスト 1387 号（2009 年）24 頁以下。

26) Stéphane Pinon, Boris Mirkine-Guetzévitch et la diffusion du droit constitutionnel, in *Droits*, n° 46, 2007, p. 186. しかし、Pinon は、Mirkine-Guetzévitch のフランス憲法学に与えた影響は限定的なものであって、やがて忘れ去られてしまった、と指摘する。*ibid.*, p. 187.

東中欧の憲法の発展についての観察も踏まえて、政治制度論の分野で、「議会主義の合理化（rationalisation du parlementarisme）」や「法治国家」の名の下に、政治制度の運用に対する法的ルールによる枠付けの導入の重要性を説いた[28]。それと並んで、「自由の技術」たる憲法と「平和の技術」たる国際法の交錯というトポス[29]に関して彼は、Scelle と同じく「国際憲法（droit constitutionnel international）」というタームを用いて、「公法の統一原理の構築（construction du principe de l'unité du droit public）」を目指した。しかしながら、「公法の統一原理の構築」といっても、国際法と憲法を等しく考察しようというのではなく、そこで考察されるべきは、Scelle の視角とは根本的に異なり、あくまでも「諸国家の憲法的ルール」のみであった。すなわち、考察対象は、「国際的射程を有する国内的ルールたる憲法的ルール」に限定されるべきであり、したがってScelle が必須の検討対象と考えた「国際法の根拠」「国際的憲法（constitution internationale）」「国際的共同体の構成的ルール（règles constitutives de la communauté internationale）」等は考察の外に放逐されるべきだ、とされたのである。

「諸国家の憲法的ルール」を専ら考察するといっても、国際法と憲法の相互依存関係の存在は、彼にとって注目すべき重要な現象であった。すなわち国際社会における平和の進展が憲法規範の進歩を通じて国際法に、また国際法規範の進歩を通じて憲法に影響を与える現象を生み出す（国際条約によって、ある国家において制定されるべき憲法の統治構造や権利保障の内容が規定されているケースがそれに当たる[30]）。このような憲法と国際法の相互依存の関係の進展が「公法の統一原理の構築」を実現していく、と考えられた。Mirkine-Guezévitch は、歴史的に見て国際法優位の一元論が次第に定着してきている現実を指摘するが、

27）参照、ミルキヌ＝ゲツェヴィチ（宮沢俊義＝小田滋訳）『国際憲法：憲法の国際化』（岩波書店、1952 年）、その改訳版として、同（小田滋＝樋口陽一訳）『憲法の国際化』（有信堂、1964 年）。なお、訳出の際、強調のために斜字体が用いられた部分は、無視した。

28）S. Pinon, *supra* note (26), p. 188 et s.

29）Boris Mirkine-Guetzévitch, *Droit constitutionnel international*, Recueil Sirey, 1933, p. 7-8. ミルキヌ＝ゲツェヴィチ・前掲注 27)『憲法の国際化』1-2 頁。ただし、同訳書の訳文にはしたがっていない。

30）e. g. B. Mirkine-Guetzévitch, *supra* note (29), p. 46 et s. et p. 180 et s.

「公法の統一原理」へと導くこのような傾向は、究極的には、「自由な諸人民の法意識」によって支えられている、という[31]。法の発展は「法意識」という一つの存在によって支えられているからこそ、国境の外側と内側という差し向ける視線の違いにもかかわらず、国際法と憲法は同一の方向に向かって発展し、「公法の統一原理」が実現されるのである[32]。

著書『国際憲法』の序言は、ドイツでナチスが権力を奪取し全権委任法（Gesetz zur Behebung der Not von Volk und Reich）が可決された直後の 1933 年 4 月 5 日に記されているが、そこでは、面前で展開される歴史の悲劇的転回にもかかわらず、「実践的理想主義者[33]」Mirkine-Guezévitch は、民主主義は「諸人民の理性と歴史的進歩」に適合しているが故に、やがて必ず勝利を収めるはずだ、との確信を吐露していた[34]。

これまで見てきた戦間期フランスにおける Duguit, Scelle, Mirkine-Guezévitch らの公法学は、当時の協調的国際関係の成立という特有の歴史的状況の中で、それぞれ国境を超える立憲主義をめぐる萌芽的な議論として、今日振り返る価値を有する大胆な問題提起を行ったのであった。しかしながら、ヨーロッパにおける協調的国際関係の瓦解による国際連盟体制の失速という政治的要因に加えて、Duguit や Scelle の議論は、その法学方法論上のラディカリズム故に、そして Mirkine-Guezévitch の議論は、その楽観性や先行学説たる古典的フランス公法学説への「不敬」（Pinon）の故に[35]、第二次世界大戦後のフランス公法学の発展に大きな影響を残すことができなかった。

以下では、これまで見てきた戦間期フランス公法学の登場した歴史的与件が歴史の舞台から消え去り、国連による戦後国際レジームの登場、冷戦体制の確

---

31) B. Mirkine-Guetzévitch, *supra* note（29）, p. 30.

32) B. Mirkine-Guetzévitch, *supra* note（29）, p. 27-28. Hugo Flavier は、Mirkine-Guetzévitch のこのような叙述と、憲法における民主主義の進展が一方通行的に国際法の民主主義化をもたらすという考え方の間に齟齬があると指摘する。Hugo Flavier, Boris Mirkine-Guetzévitch : la conscience juridique des peoples, moteur de l'évolution des rapports entre droit international et droit constitutionnel, in Olivier Dupéré（sous la dir.）, *supra* note（11）, p. 46.

33) Hugo Flavier, *supra* note（32）, p. 39.

34) B. Mirkine-Guetzévitch, *supra* note（29）, p. 9.

35) Stéphane Pinon, Les idées constitutionnelles de Boris Mirkine-Guetzévitch, in Carlos Miguel Errera, *Les juristes face au politique*, tome II, Édition Kimé, 2005, p. 69.

立とその崩壊、前世紀末からのグローバル化の進展という新たな状況の下で、現在のフランス公法学がグローバル立憲主義をめぐる議論にどのように向き合っているのかについて、見ることとしたい。

II　政治法プロジェクトから見たグローバル立憲主義論

1　政治法プロジェクトの問題意識とグローバル立憲主義論

　本稿が取り上げるのは、雑誌『政治法 (*Jus Politicum*)』19 号 (2018 年) の特集「グローバル立憲主義」に寄せられたいくつかの論稿である[36]。そもそも、パリ第II大学ミシェル・ヴィレー研究所 (Institut Michel Villey) が 2008 年に創刊した『政治法』の基盤となる政治法プロジェクト[37]は、今は亡き Louis Favoreu を総帥とするエクサンプロヴァンス学派が 1980 年代以降のフランス憲法学を席巻し、その結果憲法研究を単なる憲法裁判研究・法令分析に還元してしまったことを厳しく批判することを直接の契機として生み出された。Olivier Beaud と Denis Baranger (ともにパリ第II大学) をリーダーとするこのプロジェクトは、エクサンプロヴァンス学派が長年の伝統であった憲法学の政治学的傾向を打破して憲法学の隣接諸学からの独立を指向していたのとは全く対照的に、憲法が法と政治の交錯する地点に位置することの再認識を迫り、法学・政治学・歴史学・哲学の幅広い学際的諸領野に支えられた憲法学を再構築しようとするプロジェクトにほかならない。したがって、このような指向性を有する政治法プロジェクトが、2017 年 5 月にグローバル立憲主義論をテーマとするシンポジウムを企画し、それを翌年同誌の特集テーマとして収録したのは、もちろん全く驚くに当たらない。同シンポジウムの企画趣旨は、学際的関心 (思想史、法理論、憲法・国際法・ヨーロッパ法の多様な分野の法学) の下でグローバル

---

36) http://juspoliticum.com/numero/Constitutionnalisme-global-72.html ［2019 年 4 月 23 日最終確認］本号は、他の号と同様に紙媒体でも刊行されており (*Jus Politicum*, Volume IX, Dalloz, 2018)、以下での引用は紙媒体の方で行う。

37) cf. http://juspoliticum.com/presentation-de-la-revue ［2019 年 4 月 23 日最終確認］　政治法プロジェクトについては、参照、山元一『現代フランス憲法理論』(信山社、2014 年) 649 頁以下。政治法プロジェクトから生み出されたいくつかの興味深い論文を訳出したものとして、山元一＝只野雅人編訳『フランス憲政学の動向』(慶應義塾大学出版会、2013 年) がある。

立憲主義論に関する議論を最良の仕方で理解し、それを批判的視座から検討することであった。[38]

　本稿でこの特集を取り上げる理由は、フランスでグローバル立憲主義論をいかなる問題提起として受け止めているか、を観測するために好適な素材だと考えられるからである。この点に関する従来の状況としては、フランス憲法学者はグローバル立憲主義に対してほとんど興味を有していないとする、Marie-Claire Ponthoreau（ボルドー大学・憲法）の次のような指摘が参考になる。[39]彼女によれば、グローバル立憲主義論については英米圏の議論が圧倒的であるが、その理由としては、ヨーロッパ大陸においては憲法上の観念や制度が国家と結びついているのに対して、①英米の憲法学においてはほとんど国家観念が欠如していること、②第二次世界大戦後の国際法は個人の人権保障に次第に関心を深め、その結果として多くの問題を生じさせてきたが、ちょうどこの時期にフランス憲法学は憲法裁判研究に没頭するようになってしまった（「裁判ターン（tournant contentieux)」）ため「グローバルターン」を認識することができなかった、という。さらに、グローバル立憲主義をめぐる議論の使用言語が英語であることが学問外的の決定的な要因であり、ドイツ（主に国際法学者）やイタリア（主に行政法学者）の学者が積極的に英語での議論に参加しているのに対して、フランスの学者はそもそも英語による議論に参加していない。[40]①については、Ⅰで見たように戦間期フランス公法学においては、従来の国家観念を真正面から問題化することを通じて、当時の国際法論に革新をもたらすポテンシャルを持った潮流（Duguit - Scelle のライン）は存在していたものの、そのような議論を支える戦間期に特有な外部環境の消失により、その後の影響力を完全に喪失

---

38) Manon Altwegg-Boussac et Denis Baranger, Avant-propos, in *Jus Politicum*, Volume IX, p. 7.

39) Marie-Claire Ponthoreau, «Global Constitutionalism», un discours doctrinal homogénéisant : L'apport du comparatiste critique, in *Jus Politicum*, Volume IX, p. 121. 2012 年にグローバル立憲主義を手際よく概観した Guillaume Tusseau（シアンスポ（パリ政治学院）・憲法）は、「意味をもたらす概念的カオス──グローバル立憲主義のレトリック」とタイトルをつけ、「現在の立憲主義のいくつもの点でのカオス的な性質の故に、一方で、現にある権力のための立憲主義による正統化の力と、他方で、市民精神の覚醒の力の間で、すべての一方的な選択は、ある種の信仰的跳躍によってしか動機づけられ得ない」、と辛辣に評した。Guillaume Tusseau, Un chaos conceptuel qui fait sens : La rhétorique du constitutionnalisme global, in Jean-Yves Chérot et Benoît Frydman, *La science du droit dans la globalisation*, Bruylant, 2012, p. 182 et s., et p. 228.

してしまった。[41]

　さて、本特集には、Manon Altwegg-Boussac と Denis Braranger による短い序言に続いて、9本の論説が収録されている。この中には、グローバル立憲主義の代表的論客というべき Sabino Cassese[42]（元イタリア憲法裁判所判事・グローバル行政法の泰斗）、Anne Peters[43]（マックス・プランク比較公法国際法研究所所長・国際法）、Gunther Teubner[44]（フランクフルト大学を拠点とする法社会学者）が稿を寄せている。しかし本稿は、フランス側の対応を見ることが課題なので、以下では、Altwegg-Boussac、Marie-Claire Ponthoreau、Mikhaïl Xifaras の三人の論者の所説を瞥見することとしたい。[45]

---

40)「グローバル化に対する憲法的反応」と題する書籍の編集を担当した、Alexis Le Quinio は、フランスの法学者がグローバル化に関心を持たない理由として、①フランスでは法のグローバル化についての教育が行われていないこと、②フランスでは大学に法のグローバル化に関する講座がないこと、③法のグローバル化に関する講座や学会がないこと、④グローバルな思考は、アメリカ産であること、を指摘する。本書の内容は本稿にとって興味深いが、時間的制約故に、紹介分析の対象とすることができなかった。Alexis, Le Quinio, Propos introductif, in *Les réactions constitutionnelles à la globalisation*, Bruylant, 2016, p. 10. これに加えて、グローバル立憲主義に関連する論稿の所収されたフランス語の書籍（後者は英語論文も含む）として、Hélène Ruiz Fabri et Michel Rosenfeld (sous la dir.), *Repenser le constitutionnalisme à l'âge de la mondialisation et de la privatisation*, Société de Législation Comparée, 2011, Anne Peters, Manuel Devers, Anne-Marie Thévot-Werner et Patrizia Zbinden (sous la dir.), *Les acteurs à l'ère du constitutionalisme global / Actors in the age of global constitutionalism*, Société de Législation Comparée, 2014 がある。

41)「各々の国家は、国際社会の一構成員であるに過ぎず、その国内法は、そのような社会の法と一致ししなければならない」との原則を示して、「国際法の憲法への優越」を語り、戦間期フランス公法学の人道的正義の理想を共有した一人である Joseph Barthélemy (Joseph Barthélemy et Paul Duez, *Traité de droit constitutionnel*, 9ᵉ édition, Dalloz, 1933, Éditions Panthéon-Assas, 2004, p. 817) は、国際連盟体制の瓦解の中で、やがて政治的リアリズムに大きく舵を切り、ヴィシー政権に参画することになる（1941-1943年司法大臣）。こうして、彼は、戦後対独協力者として責任を問われる立場におかれた。cf. Joseph Barthélemy ou les limites de la conscience juridique internationale, in O. Dupéré, *supra* note (11), p. 83 et s.

42) e. g. Sabino Cassese, *Au-delà de l'État*, traduit par Philippe Cossalter, Bruylant, 2011.

43) e. g. Anne Peters, *Beyond Human Rights: The Legal Status of the Individual in International Law*, Cambridge University Press, 2016.

44) e. g. Gunter Teubner, *Constitutional Fragments*, Oxford University Press, 2012, グンター・トイプナー「グローバル化時代における法の役割変化」ハンス＝ペーター・マルチュケ編『グローバル化と法』（信山社、2006年）3頁以下、グンター・トイプナー〔瀬川信久編〕『システム複合時代の法』（信山社、2012年）。

2 Altwegg-Boussac による議論状況の分析

　Altwegg-Boussac（同誌編集委員、リトラル・コート・ドパール大学・憲法）の論稿「グローバル立憲主義、議論のためのどのような空間？[46]」は、現在のグローバル立憲主義論が混沌とした議論状況にあることを再確認した上で、〈国家を超えた憲法や立憲主義を語ることができるか〉、を問おうとするプロジェクトとしてのグローバル立憲主義を真剣に受けとめる必要がある、との見地から検討を行う。Altwegg-Boussac は、「憲法＝国家＝人民」の一体性を切り崩そうとするグローバル立憲主義論の今日性を二つに整理する。一つは、戦間期に萌芽を有し、冷戦以後この方現在進行している歴史的政治的なグローバル化状況である。それによってグローバル化状況は学際的に検討すべき課題となり、グローバル立憲主義論を議論することが求められるようなってきた、という。もう一つは、現在の議論のあり方として、現在面前で展開されているグローバル法現象そのものの分析よりも、それをどのように解釈するかをめぐっての哲学的・理論的・教義学（dogmatique）上の論争がテーマとなっていることである。Altwegg-Boussac の見るところ、種々様々のグローバル立憲主義論の共通点としては、国家の内外に存在する法的関係を描き出すために、憲法ないし立憲主義という概念装置（registre conceptuel）を導入しようとするところにある。確かにある観念の概念構成は論理的には自由ではあるとはいえ、そこで問われるべきは、反直感的で、混乱を引き起こすように見える国家と憲法の間の概念的切断行為は一体何のためになるか、ということである。

　現在行われている議論においては、そもそも憲法の定義に関して、①形式的定義（他の規範の妥当性を基礎づけ、通常の法律よりも厳格な条件でのみ改正しうる規範）、と、②実質的定義（特定の内容を有する規範とする見解、権力制限規範とする

45）本号には、Hans Kelsen とグローバル立憲主義論の連関を取り上げる Thomas Hochmann, Hans Kelsen et le constitutionnalisme global : Théorie pure du droit et projet politique, *Jus Politicum*, Volume IX, p. 31 et s. および Jürgen Habermas とグローバル立憲主義論の連関を取り上げる Pierre Auriel, La démocratie au-delà de l'État : la nécessité d'une constitution international et européenne dans l'œuvre de Jürgen Habermas, *ibid.*, p. 49 et s. が掲載されているが、テーマがグローバル立憲主義論を対象とするものではないので、本稿では言及しない。また、Georges Scelle の議論を検討する Olivier de Frouville の論稿は、既に注 23）で取り上げた。

46）Manon Altwegg-Boussac, Le constitutionnalisme global, quels espaces pour la discussion? in *Jus Politicum*, Volume IX, p. 9 et s.

見解）が存在する。また立憲主義の定義としては、(a)権力分立と権利保障を促進する哲学的思想運動とする見方と、(b)もっぱら事態叙述的な観点からすべての有効な法システムは憲法を有する、とする見方がある。これらに加えて、(c)憲法は裁判権が保障すべき客観的価値を含んでいる、とする「ネオ立憲主義」論や、(d)一定の原則に向けて方向づけられた法的社会的構造を憲法と観念する制度論的な見方もある。

Altwegg-Boussac は、グローバル立憲主義論についての議論の次元として、国際社会で国内社会と同様な立憲主義が行われていると捉える「国内法的」見方は少数派であり、立憲主義について緩やかな理解の下に、国内法システムと超国家的ないしトランスナショナル法システムの複雑な連動状況を念頭におく見方が有力である、とする。このような見方は、国際空間の立憲主義は不完全なもの認識するが、このような見方の中には、立憲主義の名の下に当為的な議論を行い、そこにおける権力制限と権利保障を実現することを目指す立場もある。第三の見方として、それぞれ独自の憲法観念を提出する、法的・政治的・社会学的「憲法理論」がある（Jürgen Habermas, Hans Kelsen, Georges Scelle 等）。

Altwegg-Boussac は、以上のように議論状況を俯瞰した上で、憲法学にとっての重要な問題として、憲法と憲法制定権力の切断可能性を指摘する。より具体的に、アメリカ憲法史における非形式的な憲法制定権力の発動を論じた Bruce Ackerman をグローバル立憲主義状況に適用する議論や、グローバル法空間の公私区分を超えて多様なアクターを念頭におきつつ、「公共性」を再考し、ガヴァナンスの「断片化（fragmentation）」に対抗するために、「憲法的国家主義」論に代えて「社会的立憲主義（constitutionnalisme sociétal）」論が提起されている。かかる議論は状況に適合的である点では魅力的であるが、権利保障の弱体化が懸念される。グローバル立憲主義論には、「一元論」「秩序づけられた多元主義」論[47]「ネオ立憲主義」論など、同質性を志向する議論が主張されるが、それが過剰となれば、現存する社会的文化的差異を考慮していない、と

---

47) Mireille Delmas-Marty, *Les forces imaginantes du droit (II) : Le pluralisme ordonné*, Seuil, 2006. なお、「秩序づけられた多元主義」に関連する M. Delmas-Marty の講演の邦訳として、ミレイユ・デルマス゠マルティ〔金塚彩乃訳〕「西洋中心主義的世界の将来——21 世紀における法と政治、人権と文化に関する考察」日仏文化 88 号（2019 年）3 頁以下、がある。

批判が可能である。Altwegg-Boussac は、グローバル立憲主義論についての価値判断を留保し、それぞれの学問領域の内実と境界についての問題提起として重要な意義を有する、と結論づける。

3 批判的比較法論にとってのグローバル立憲主義論——Ponthoreau

次に取り上げたいのは、Marie-Claire Ponthoreau がグローバル立憲主義論に触発されて提起した「批判的比較法学（comparatisme critique）」である。比較憲法学者を標榜する Ponthoreau[48] は、「『グローバル立憲主義』、同質化的学説——批判的比較法学の貢献」[49]をテーマに論じ、比較憲法学がグローバル立憲主義論に対してどのように向き合うべきかを検討する。

Ponthoreau は、憲法学者だけでなく法学者一般がグローバル立憲主義論を理解・説明する準備がなく、そのための想像性を欠いているのは、彼らが「方法論的ナショナリズム（nationalisme méthodologique[50]）」によって視野が狭隘化してしまっているからだ、とする。すなわち、国民国家というあり方がこの世界についての私たちの社会的空間的把握の仕方の多くを構造的に規定し続けてきたのであり、立憲主義についての理解も、それぞれの国民国家の伝統に結びつけて理解されてきた。これに対してグローバル立憲主義論においては、立憲主義システムの合一化傾向を指摘する論者がいる（Mark Tushnet）一方で、立憲主義モデルの多様性を強調する論者（ラテンアメリカ立憲主義の意義を強調する動向）も存在する。彼女は、このような状況の中で比較憲法学はどのような役割を演ずるべきなのか、を改めて問う。

従来の比較法学は、立法者に対してもっぱらプラグマテックな利益や正当化理由を与えるために行われてきた。フランスの比較法学はこの点に関して最も典型的であった。すなわち、その作業の目的は、諸国の成文法の現状について単に形式的に叙述することを通じて、その法を統一させる目的で比較立法を行

---

48) cf. Marie-Claire Ponthoreau, *Droit (s) constitutionnel (s) comparé (s)*, Economica, 2010.

49) M.-C. Ponthoreau, *supra note* (39), p. 121 et s.

50) cf. Marie-Claire Ponthoreau, Cultures constitutionnelles et comparaison en droit constitutionnel : Contribution à une science du droit constitutionnel, in *Mélanges Slobodan Milacic*, Bruylant, 2007, p. 217 et s.

うことであった。そしてその前提には、規範の階層性と一定領域に関する主権の存在があった。しかし、グローバル化時代の比較法学は、法と成文法および法と国家の同一視を克服しなければならない。こうして、比較法学は考察対象を全世界に拡大するとともに、例えば憲法観念の拡大に応じて基本権保護に関して憲法と国際法の融合していることが示すように、学際化しなければならない。これからの比較法学は、グローバル立憲主義論に内在する同質化志向を批判するともに、憲法上のグローバル化現象についての混沌とした議論状況に惑わされて「方法論的印象主義（impressionnisme méthodologique）」に陥ることを回避しなければならない。[51]

Ponthoreau は、より具体的に、①批判的比較（憲）法学は、確固たる「経験的基礎」に裏打ちされた議論を提供しなければならない、②批判的比較（憲）法学は、グローバル立憲主義論の有する同質化志向に対抗して、「経験的基礎」に立脚しつつ法現象の多面性についての理解を促進しなければならない、③批判的比較（憲）法学は、「差異的文化的アプローチ（approche différentielle et culturelle）」に基づいて、諸国家の憲法の合一化から「諸国家の憲法の差異的グローバル化（globalisation différenciée des droits constitutionnels）」に方向転換しなければならない、とする。[52]

①に関しては、憲法裁判や国際人権の発展が語られ、合一化に関してとりわけ「裁判官対話」の比喩を用いた「裁判的グローバリゼーション」モデルが引

51）Ponthoreau は、エクサンプロヴァンス学派の総帥 Louis Favoreu の比較憲法裁判研究が、認識論的・方法論的省察に基づいたものではなく、もっぱらフランスモデルの外国への輸出と国内法改革を目的とする技術的関心に基づくものであった、と指摘する。Marie-Claire Ponthoreau, Les études constitutionnelles comparatives en France après Louis Favoreu, in *Revue Française de Droit Constitutionnel*, n° 100, 2014, p. 1037 et s. この点については、さらに参照、Xavier Magnon, Orientation théorique et choix méthodologique de l'École aixoise de droit constitutionnel : Réflexions et tentative de reconstruction, *Mélanges Louis Favoreu*, Dalloz, 2007, p. 234 et s.

52）cf. Marie-Claire Ponthoreau, La fin du nationalisme méthodologique, in *Mélanges François Hervouët*, Presses Universitaires de Poitiers, 2015, p. 387 et s., du même, La métaphore géographique : Les frontières du droit constitutionnel dans le monde global, in *Revue Internationale de Droit Comparé*, 2016, n° 3, p. 1 et s., du même, Trois interprétations de la globalisation juridique : Approche critique des mutations du droit public, in *Actualité Juridique. Droit Administratif*, 2006, n° 1, p. 20 et s., du même, La globalisation du droit constitutionnel en question (s) in *Mélanges Jean du Bois de Gaudusson*, Presses Universitaires de Bordeaux, 2013, p. 545 et s.

き合いに出されてきた。このような事情がヨーロッパに当てはまるとしても、ヨーロッパ外でも同様に合一化しているか、ヨーロッパモデルを他の地域に適用することは可能なのか、という疑問が生じる。また、ヨーロッパ内における合一化傾向も様々な問題をもたらしている。そうだとすれば、問題は合一化テーゼ自体というよりは、憲法システム間の文化的差異を過小評価していることに問題がある。したがって、②に関連して、合一化テーゼの方法論的基礎を問う必要がある。合一化テーゼは、「法についての形式的アプローチ（approche juridique formelle）」と計量的アプローチを用いているところに問題性がある。前者は、「方法論的ナショナリズム」と結びつくことによって、自らの理解が価値・信仰・多様な文化的実践によって前もって基礎づけられていることに対して無自覚的であることに問題がある（具体的には、アメリカの論者が、「自由主義的憲法」と「国家介入主義的憲法」に二分して、ルクセンブルク憲法と北朝鮮憲法を同じカテゴリーに分類したことを指摘する[54]）。③に関連して、文化的差異を重視することは、法システム間の違いを説明したり、グローバリゼーションの枠内において、憲法学者にとっての課題を構造的に明確に理解する上で重要である。立憲主義には西洋型自由主義型の立憲主義以外にも、社会的条件の異なる環境の下で多様な形態の立憲主義が生み出されてきたことをはっきりと認識する必要がある（Ponthoreau は、その例として、南アフリカで生み出され、ラテンアメリカ諸国でも語られる transformative constitutionalism を引き合いに出す）。

　以上のように、Ponthoreau は、グローバル立憲主義論の無視することのできない問題性を、現に存在する種々様々な文化的差異を軽視して世界全体を立憲主義の名の下に同質化させようとするところにある、とする。そして彼女はこのような問題意識の下で、グローバル化に適合した批判的比較（憲）法学の

---

53) cf. David S. Law and Mila Versteeg, The Evolution and Ideology of Global Constitutionalism, 99 *Calif. L. Rev.* 1163（2011).

54) したがって、ここで Ponthoreau がここで行う「方法論的ナショナリズム」は、国家単位で事象を捉えようとすることではなく、自国の法文化から導出された一定のモノサシを批判的検証を経ずしてそのまま諸外国の法現象に適用して、分類作業を行うことを指している。筆者が批判してきた「方法論的ナショナリズム」については、参照、山元一「覚書：グローバル化時代における『市民社会』志向の憲法学の構築に向けて」法律時報 90 巻 10 号（2018 年）77 頁以下。なお関連して参照、同「グローバル化時代における『市民社会』志向の憲法学の構築に向けての一考察」藤野美都子他編『植野妙実子古稀・憲法理論の再構築』（敬文堂、2019 年）155 頁以下。

あり方を模索している。

4 「グローバルターン」からみたグローバル立憲主義論──Xifaras

特集「グローバル立憲主義」の結論を担当し、総括的リマークというよりも、彼なりのスタンスで、現在展開されているグローバル立憲主義論について一定のコメントをしたのが、Mikhaïl Xifaras（シアンスポ（パリ政治学院）・法哲学）である。フランスのグローバル法研究をリードする Xifaras は、グローバル法研究についての彼なりのスタンスを雑誌『政治法』上ですでに明らかにしているので、それにも言及しつつ、彼のコメントを紹介しよう。

彼は現在の法学に対して「グローバルターン」を呼びかける。そこでなによりも強調されるのは、ウェストファリア・近代国民国家体制成立によって生み出された「国家の一般理論」とそこから生み出された法的思考様式からの転換である。Xifaras によれば、「国家の一般理論」は、「国家を基礎づけ、法的に国家を構成し、その力の行使を法により制限することを目的としていた。こうした試みは、自らの国家の合理化を目指す法学者と、国内の法学者たちを組織的に用いることにより、政治的、実質的、法的に合理的な（強調原文）単位として自らを構成しようとする国家双方が不可分に目指すところのものであった」、という。そこでは、各国別に成立している「ナショナルな学者共同体（communautés savantes nationales）」に属する者が、法的認識や法的主張を行う主体となる。また、繁茂した超国家的・国家横断的な法的ネットワークからなる「グローバル法」の発展に伴い、「国家主権は、もはや国際的次元における自然状態の下での野蛮な自由ではなくなり、今や国家がその中に存在する複雑な法的関係の錯綜の中で（国家であれそれ以外の団体であれ）他の団体と相互作用しあう、相対的で制限された自由となる」、とされる。こうして、法学は、

---

55) Mikhaïl Xifaras, Après les Théories Générales de l'État : le Droit Global ? http://juspoliticum. com/article/Apres-les-Theories-Generales-de-l-Etat-le-Droit-Global-622.html［最終確認 2019 年 5 月 3 日］（その英語版として、du même, The *global turn* in legal theory, in *Canadian Journal of Law &Jurisprudence*, Vol. XXIX, n° 1, 2016, 215-243. 邦訳として、ミカイル・クシファラス（金塚彩乃訳）「国家の一般理論の後──グローバル・ロー」慶應法学 30 号（2014 年）333 頁以下）。

56) ミカイル・クシファラス・前掲注 55) 335 頁。なお、以下の引用では、金塚訳に忠実にしたがっていない場合がある。

「国家の一般理論」に代わり、「グローバル法のグローバル理論」に法的思考様式を転換せざるを得ない。認識論的視点においてグローバル化した法学は、「グローバルプロフェッサー」を指導的な担い手として、「世界的規模のメトロポリス」で活動することになる。これまで支配的であった「国家の一般理論」は、「法規範システムとしての国家と社会学的あるいは心理学的現象あるいは政治的権力として捉えられる国家との境界線をできる限り明確に画することを目指」すものであった。[58] これに対して、実定法と社会法の混合体こそが法として認識され、「規範的多元主義（pluralisme normatif）」の名の下に法的規範と非法的規範の有機的関係を探究することが課題となる。グローバルなフォーラムにおける、具体的に解決の求められているグローバルな課題ごとに出動の要請される法的思考様式は、相互に異質的な知識を大胆に混ぜあわせたものとならざるをえない。

　以上のように、従来のナショナルな問題設定をめぐって構造化された従来の法学のあり方および法的思考様式の清算を提案する Xifaras は、グローバル立憲主義論に対して次のようなコメントを加える。[59]

　Xifaras は、グローバル立憲主義論の主張を、①法的道具の貯蔵庫の活用可能性、②法的道具が「『憲法的』素材（matériau «constitutionnel»）」とのアナロジーで用いられること、③そのような主張が、自由主義的ないし民主主義的あるいはその双方の着想の下でのコスモポリタンなプロジェクトに奉仕すること、の三点に要約する。「未確認法的物体（Objets Juridiques Non Identifiés）」たるグローバル法、そして「グローバル憲法（Droit Constitutionnel Global）」を認識するかどうか自体が「グローバルターン」を認めるかということに帰着し、認識論的であると同時に政治的選択に属する。それだけでなく、グローバル立憲主義論が、法学者が「グローバルターン」を行うか否かにかかわらず、現にプロジェクトとはいえないまでも「学術的会話（conversation savante）」としての性質を帯びており、国際法と憲法理論の交錯する地点において「グローバル立憲主義」をめぐる議論が蓄積されつつあることを直視しなければならない。また

---

57) ミカイル・クシファラス・前掲注 55) 351 頁。

58) ミカイル・クシファラス・前掲注 55) 386 頁。

59) Mikhaïl Xifaras, Conclusions, in *Jus Politicum*, Volume IX, p. 155 et s.

一口に「グローバルターン」といっても、各国の法学者の置かれている状況は違うために、「グローバルターン」の持つ意義も異なる。その結果複数の「グローバルな学問共同体」群が成立することになる。そもそも、「グローバル法」は一つの「領域」ではなく、「生成途上の、細分化され断片化された議論空間」に過ぎないのである。

Xifaras の見るところ現在のグローバル立憲主義論において欠けているのは、「間・規範性 (inter-normativité)」に関する議論である。つまり、グローバル立憲主義論は、法規範と非法規範の関係をどのように考えるかについて十分に検討していない。具体的には、例えばグローバル化が「西洋的法律主義 (juridisme occidental)」化という性質を有しており、トルコ・日本・タイ等では、西洋法と既に存在しているそれとは異質的な規範秩序との間の「個性的な歴史的遭遇」が生じたことを認識しなければならない。さらにここからいえることは、グローバル立憲主義論の前提は、「法的多元主義 (pluralisme juridique)」に基づいて、法を通じて「世界の人類共同体 (communauté humaine universelle)」が構築される、と考えているところにある。これは、法は普遍的なるものをもたらすのに対して、文化・社会・伝統は、それらがローカルなものであれナショナルなものであれ、特殊的なるものの表明であると考える、ウエストファリア的な様相を伴った「洗練された形態の法中心主義」「エスノセントリズム」を導く危険がある。したがって、「グローバルターン」を真剣に受けとめるためには、もしグローバル立憲主義論が、「地球規模での憲法的諸要素の法的貯蔵物の伝播プロジェクト」であるとしたなら、「伝播者」（具体的には、国内政治家、国際公務員、NGO のメンバー、憲法・国際法の専門家等々）の観点だけではなく、その「近代化戦線の反対側」（Bruno Latour の表現）に位置する「受容者」（市井の人々）の観点も採用した上で、その歴史的政治的意義を検討しなければならない。これに関連して、日本法に明るい Xifaras は、戦力不保持を規定する日本国憲法 9 条の下での再軍備に言及し、西洋近代の最良の輸入者である日本が明文規定にもかかわらず有数の軍事組織を有するに至っていることに鑑みると、グローバル立憲主義論の大義を実現するためには、その貯蔵庫にあるものだけでは不十分であることが明らかになる、という。[60] 最後に、Xifaras は、「アラブの春」後のエジプトを例に挙げつつ、憲法制定および憲法裁判機関の設置ない

し人権保障機構の制度化が自由主義的プロジェクトだけではなく権威主義的プロジェクトにも奉仕しうることに注意を促す。

以上見てきたように、Xifaras は、グローバル立憲主義論の含意する規範的契機について根本的に懐疑的な視座（「遠近法の美学（perspectivist aesthetic）」および「分裂の美学（dissociative aesthetics）」）を選び取り[61]、何か固定的な観点から世界を法学的に把握しようとするアプローチそのものを拒絶する。

Ⅲ　グローバル立憲主義論に対する様々な反応

Ⅱにおいて、『政治法』プロジェクトから見たグローバル立憲主義論を瞥見した。そこで見られたフランス公法学の側からの反応としては、かかる議論の問題提起の意義は認めつつも、必ずしも積極的評価を受けているとはいいがたいものであった。以下では、それ以外の注目に値する見解を紹介することにしたい。

1　グローバル立憲主義論に対する消極的反応

フランス憲法学説史を専門とする Stéphane Pinon（ラロシェル大学・憲法）は、「グローバル立憲主義の隠された顔」というタイトルの論文において、「グローバル立憲主義」に極めて消極的な見解を示す[62]。Pinon は、国際法に開かれた憲法という考え方は、そもそも Mirkine-Guezévitch をもって嚆矢とし、ドイツ憲法学においては、Peter Häberle によって強く主張された議論であることを確認する。その上で、非国家的な立憲主義の生成を論じる現在の議論の主要な特徴として、①国家と憲法の間の原初的相互依存関係の放棄、②人民の憲法制定権力と立憲主義の間の紐帯を放棄することになることを示唆する「政治」と

---

60) この点に関して、Xifaras はこれ以上詳述していないが、ここで彼がいわんとすることは、憲法の明文規定に反する再軍備の進行は、日本に特有の（法）文化的要因が関与しているのであって、それを度外視して明文規定の貫徹を迫ろうとしてもうまくいかないのではないか、という趣旨であるように思われる。

61) ミカイル・クシファラス・前掲注 55) 378 頁以下。

62) Stéphane Pinon, Les visages cachés du constitutionnalisme global, in *Revue Française de Droit Constitutionnel*, n° 108, 2016, p. 927 et s.

立憲主義の間の紐帯の放棄、③憲法の定義における形式的基準の排除、の三点を摘示する。その上で、グローバル立憲主義論は、国家の政治生活をより厳格に枠づけるとともに、超国家的権力によって人権保障を実現しようとしている。そこでは、国家を超える新たな決定主体が人間の尊厳を尊重するように義務づけられている。

　Pinon は、以上の整理を前提として、その「隠された顔」として、(a)裁判官の寡頭制によって支配される新たな権力関係、(b)個人中心的な見方（centralité de l'individu）によって支配される社会についての新たなビジョン、の二つを指摘する。(a)は、複数の法秩序が開放的なることであるが、国家法空間とヨーロッパ法ないしグローバル法空間の関係を確保する裁判官の役割が増大することを意味する。巷間いわれる「裁判官対話」は裁判官たちの利益のためになされ、裁判作用を神聖なものにしてしまう効果がある。(b)は、グローバル立憲主義論は、人民主権に代えて個人の主権をもたらす。すなわち、グローバル立憲主義論に含意されている過剰な個人主義によって、「連帯性」や「分かち合うべき集団的運命の感情」が弱体化され、社会国家的配慮を行いうる国家権力の弱体化、すなわち新自由主義国家化を招く。またグローバル立憲主義論は、「政治的市民」の価値低下を招く。さらに、それは、「ある種の人権文化の植民地主義の勝利」をもたらす。もしグローバル立憲主義論を救い出そうとするなら、ナショナルな立憲主義に取って代わろうとするものではなく、「重層性の論理」に基礎づけられた法的な「多元主義」に基づく「多層的立憲主義」として理解されるものでなければならない、と結論づける。

　Pinon の「グローバル立憲主義」批判論は、戦間期の Georges Scelle の学説に対する再読の過程でなされる批判と内容的に重なるものである点が興味を引く。[63] そして批判の内容自体は、グローバル立憲主義論に対してなされる極めて一般的な批判論である、といえる。また、彼が「多層的立憲主義」であれば受容可能だと考える点においては、「グローバル立憲主義」に対する根本的な懐

---

63) Yves Nouvel, Le droit interindividuel total, in Ch. Apostolidis et H. Tourand, *supra* note（14）, p. 121 et s. は、Scelle と Friedrich Hayek の議論の共通性を論ずる。また、Hamza Cherief, Le droit des peuples à disposer d'eux-mêmes dans la pensée de Georges Scelle, in *ibid.*, p. 161 et s. は、Scelle の所説を植民地主義イデオロギーの観点から分析する。

疑論といえない。次に、「グローバル立憲主義」に対する積極的評価を見てみよう。

2 グローバル立憲主義論に対する積極的反応

ここではまず、憲法と法理論の二つの領域に数多くの研究業績を発表してきた Véronique Champeil-Desplats（ナンテール大学・憲法および法理論）の議論を紹介したい。[64] 彼女は「国家の外側における立憲主義化——ある憲法学者の見解」と題する英文論稿において、「国家の外側における立憲主義化」を、(a)「構造史的アプローチ」（ドイツの歴史家 Reinhart Koselleck の見解）、(b)制度的アプローチ（Santi Romano や Maurice Hauriou の思想）、(c)「契約主義的アプローチ」（Jürgen Habermas の影響化下でなされたヨーロッパレベルの社会契約の主張）、(d)「価値論的（axiological）アプローチ」（価値の化体として観念される憲法を裁判によって実現しようとするネオ立憲主義論）の４つに簡潔に整理した上で、国家の外側における立憲主義化については、多層的自律的法秩序が共存する「憲法的多元主義」として理解することが妥当である、とする。次に、立憲主義化をもたらすアクターとしては、裁判官だけではなく、NGO など多様なアクターを念頭に置かなければならない、という。私的アクターを立憲主義の観点からどのように把握するかについては、公化と私化をめぐるアンビバレントなプロセスが必要となる、とする。そして、現在生じている現象を理解するためには、数世紀にわたって国家中心主義的フレームワークで形成されてきた諸観念では不十分である。新しい形態の権力を確立しつつある新たな状況は、学問的チャレンジなので、いまや熱意を持って来たるべき法思考を打ち立てるべきだ、という。彼女は、自ら具体的提案を行っているわけではないが、従来の国家中心主義的観念の時代的制約性を指摘している。[65]

---

64) Véronique Champeil-Desplats, Constitutionalization outside of the State, in Jean-Philippe Robe, Antoine Lyon-Caen, Stéphane Vernac (edited by), *Multinationals and the Constitutionalization of the World Power System*, Routledge, 2016, p. 157 ff. なお、法と国家のグローバル化現象一般とそれをめぐる議論を好意的に概観する Jean-Bernard Auby（シアンスポ（パリ政治学院）・行政法）の『グローバル化・法・国家』がある。Jean-Bernard Auby, La globalisation, le droit et l'État, 2ᵉ édition, L. G. D. J., 2010. 同書の英訳版として、du même, *Globalisation, law and the state*, Translated by Rachael Singh, Bloomsbury, 2017 がある。

「憲法の国際化」というタイトルの博士論文を 2015 年に刊行した若手憲法研究者 Hanan Qazbir[66]（グルノーブル＝アルプス大学）は、現在の国際社会において複数の法システムが動態的にコミュニケートすることを通じて、相互に絡み合っていく様相を示す法的プロセスを法の「国際化」として把握する。「憲法の国際化」としては、国際的人権保障の普遍化と国際機関による各国の政治制度のスタンダード化による国家主権の相対化が二つの軸をなす。彼女は、グローバル化というタームを、現在の国際社会が直面している、それぞれのアクターが活動する環境だと捉え、グローバル化自体は固有の意思を持つことはできないと捉えるので、「憲法のグローバル化」を著書のタイトルとはしなかった、[67]というが、彼女の「憲法の国際化」は、実質的にはグローバル立憲主義論が念頭に置いている諸現象と一致している。彼女は、ヨーロッパレベルにおける多層的立憲主義を視野に収めつつ、国際的レベルの国際法の立憲主義化、それと憲法の国際化の相互作用が行われてきており、そのような動態的プロセスは、「国際化された憲法」の実現を目的として、複数の法システム間に緊張や対立もはらみながら調和的な関係を生み出してきた、と描き出す。こうして、現在の国際社会では、「グローバルレベルの憲法（droit constitutionnel global）」、「地域レベルの憲法（droits constitutionnels régionaux）」、「国際化された各国憲法（droits constitutionnel nationaux internationalisés）」が重層的に併存している、という[68]。このような現実を踏まえれば、「規範の階層性の論理、憲法制定権力によって保持される唯一の正統性根拠、それぞれ隔離された法システムという見方」に代えて、「重層化の論理、分有された主権、憲法的正統性および規範性についての多中心的な根拠」に基づいて憲法観念を再構築しなければならない、[69]

---

65) Evelyne Lagrange（パリ第 I 大学・国際法）は、『政治法』の電子版のグローバル立憲主義論に寄せた論稿で、Champeil-Desplats のこの結論を出発点として、グローバル立憲主義論を生産的な議論とするために、国家主権観念を、私人や私的団体の権利・利益保護を目的とする組織の保持する諸権限の束だとしてとらえることを提案する。Evelyne Lagrange, Constitution, constitutionalisation, constitutionnalisme globaux - et la compétence dans tout cela?, http://juspoliticum.com/article/Constitution-constitutionnalisation-constitutionnalisme-globaux-et-la-competence-dans-tout-cela-1246.html［2019 年 5 月 4 日最終確認］

66) Hanan Qazbir, *L'internationalisation du droit constitutionnel*, Dalloz, 2015.

67) H. Qazbir, *supra* note（66）, p. 23.

68) H. Qazbir, *supra* note（66）, p. 452.

とする。

まとめにかえて

　以上これまで駆け足で、現在のフランス公法学がどのようにグローバル立憲主義論に向き合っているか、について見てきた。全体的な印象としては、各論者によってかなり異なった視点に立っているものの、ヨーロッパ統合の進展や法のグローバル化現象を目の当たりにして、現状認識として、「憲法多元主義」的に理解された「多層的な立憲主義」が現に形成されている、と捉えることについては、かなり共通した認識が成立しているように思われる。これは現在のフランスがEU・EU加盟諸国と不可分な仕方で結合しつつ統治活動を営んでいることの反映であるといえよう。一定の価値の伝達を主張のうちに内包するタイプのグローバル立憲主義論については、21世紀版の知的植民地支配の道具になりかねないとする批判的な立場（Xifaras）と、むしろグローバル立憲主義論を「グローバル立憲的基準（standards constitutionnels mondiaux）」[70]という形でブレイクダウンして、世界的に広げていくことにこれからのフランス公法学の使命を見いだす立場を両極としつつ、種々様々な議論がこれからも提出されてくるであろう。そして、このような状況の中で、グローバル立憲主義論に対して受け身の立場に立つ日本公法学が、日本近代史・日本公法学説史の経験や蓄積をグローバルなフォーラムにおける共有財産となるように努力しつつ、宗教的文化的民族的バラエティーに富んだ世界の様々な地域で生じる立憲主義

69）H. Qazbir, *supra* note (66), p. 454.

70）『グローバル立憲的基準』という書籍に序文を寄せた Dominique Rousseau（パリ第Ⅰ大学・憲法）は、「グローバル法秩序があるとしたら、グローバル憲法ないし憲法的一元論がある。そしてグローバル立憲的基準はその要素の一つである」、と断言している。Dominique Rousseau, Préface, Mathieu Disant, Gregory Lewkowicz et Pauline Türk (sous la dir.), *Les standards constitutionnels mondiaux*, Bruylant, p. 3. 紙幅的制約故に本書を検討することができなかったが、「グローバル立憲的基準——認識論と方法論」を寄稿した Maxime Saint-Hilaire（シャーブルック大学（カナダ）・憲法および法哲学）が、「グローバル立憲的基準」をどのように形成するかに関して、Jeremy Waldron の *jus gentium* 論を参照しつつ論じていることが興味深い。Maxime Saint-Hilaire, Standard constitutionnels mondiaux : épistémologie et méthodologie, in *ibid.*, p. 11 et s. 本書の検討は他日を期したい。

的諸価値をめぐるコンフリクトを的確に認識しつつ、グローバル立憲主義論から生じる様々な主張や問題提起に対してどのような議論を発信していくか、が問われることになる。[71] このような課題は、辻村憲法学が後続世代にバトンを託して真剣に委ねていることである、と筆者は確信している。

（やまもと・はじめ　慶應義塾大学教授・放送大学客員教授）

---

71) その第一歩は、Takao Suami, Anne Peters, Dimitri Vanoverbeke and Mattias Kumm (edited by), *Global constitutionalism from European and East Asian perspective*, Cambridge University Press, 2018 によってすでに踏み出されている。『政治法』に寄稿した論稿において Anne Peters は、大沼保昭の文際的人権観（Yasuaki Onuma, *International law in a transcivilizational world*, Cambridge University Press, 2017）を紹介しつつ、グローバル立憲主義論が帝国主義的押し付けではないか、という議論に対して、①ヨーロッパ外（ミャンマー・韓国・コロンビア）で立憲主義を求める動きがみられること、②すでに条約・国際機構・実践において立憲主義的アキ（acqui）が蓄積されてきていること、③立憲主義に代わる魅力的な他の選択肢がないこと、を指摘している。Anne Peters, Le constitutionnalisme global : Crise ou consolidation? in *Jus Politicum*, Volume IX, p. 80-81.

辻村みよ子先生略歴

辻村（つじむら）みよ子〔旧姓・通称〕〔戸籍名　横山みよ子〕
生年月日　1949（昭和24）年7月13日
出生地　東京都新宿区
現住所　東京都国立市

学歴

1962（昭和37）年3月　広島大学教育学部附属小学校卒業

1965（昭和40）年3月　広島大学教育学部附属中学校卒業

1968（昭和43）年3月　広島大学教育学部附属高等学校卒業

1968（昭和43）年4月　一橋大学法学部法律学科入学

1972（昭和47）年3月　一橋大学法学部法律学科卒業

1972（昭和47）年4月　一橋大学大学院法学研究科修士課程入学

1973（昭和48）年8〜10月　フランスで短期研修

1975（昭和50）年3月　一橋大学大学院法学研究科修士課程修了

1975（昭和50）年4月　一橋大学大学院法学研究科博士課程進学

1978（昭和53）年3月　一橋大学大学院法学研究科博士課程単位取得満期退学

職歴・公職等

1978（昭和53）年4月　一橋大学法学部助手（特別研究員）（〜1980年3月）

1980（昭和55）年4月　東京女子大学、津田塾大学、成城大学文芸学部非常勤講師

1982（昭和57）年4月　成城大学法学部専任講師

1985（昭和60）年4月　成城大学法学部助教授

1990（平成2）年8月　パリ第2大学在外研究（〜1991年9月）

1992（平成4）年4月　成城大学法学部教授（〜1999年3月）

1993（平成5）年5月　憲法理論研究会事務局長（〜1995年5月）

1997（平成 9）年 9 月　東京都女性問題協議会専門委員（〜 2000 年 3 月）

法務省人権擁護審議会委員（〜 1999 年 9 月）

1999（平成 11）年 1 月　パリ第 2 大学比較法研究所招聘教授（日本法［憲法］集中講義、2002 年 3 月、2003 年 3 月、2004 年 3 月）

1999（平成 11）年 4 月　東北大学法学部教授（〜 2000 年 3 月）

2000（平成 12）年 4 月　東北大学大学院法学研究科教授（〜 2013 年 3 月）

2000（平成 12）年 11 月　法務省司法試験考査委員［憲法］（〜 2006 年 11 月）

2001（平成 13）年 4 月　東北大学男女共同参画委員会副委員長（〜 2013 年 3 月）

2003（平成 15）年 6 月　内閣府男女共同参画局ポジティブ・アクション研究会委員（〜 2005 年 10 月）

2003（平成 15）年 10 月　日本学術会議会員［第 19・20・21・22 期］（〜 2014 年 9 月）

2003（平成 15）年 12 月　東北大学 21 世紀 COE「男女共同参画社会の法と政策」拠点リーダー、「ジェンダー法・政策研究センター」長（〜 2008 年 3 月）

2005（平成 17）年 10 月　内閣府男女共同参画会議基本問題専門調査会委員（〜 2008 年 12 月）

2006（平成 18）年 11 月　法務省新司法試験考査委員［憲法］（〜 2007 年 11 月）

2008（平成 20）年 4 月　東北大学ディスティングイッシュト・プロフェッサー（〜 2013 年 3 月）

2008（平成 20）年 6 月　東北大学グローバル COE「グローバル時代の男女共同参画と多文化共生」拠点リーダー、法学研究科「ジェンダー平等と多文化共生研究センター」長（〜 2013 年 3 月）

2009（平成 21）年 4 月　東北大学法学研究科法政実務教育研究センター長（〜 2011 年 3 月）

2009（平成 21）年 4 月　内閣府男女共同参画会議基本問題・基本計画専門調査会委員（〜 2011 年 1 月）

2009（平成 21）年 12 月　ジェンダー法学会理事長（〜 2011 年 12 月）

2011（平成 23）年 1 月　内閣府男女共同参画会議議員（〜現在）、同女性に対する暴力に関する専門調査会会長（〜 2019 年 3 月）

2011（平成 23）年 10 月　全国憲法研究会代表（〜 2013 年 10 月）

2013（平成 25）年 4 月　明治大学法科大学院（法務研究科）教授（〜 2020 年 3 月）

2013（平成 25）年 6 月　日本女性法律家協会幹事（〜 2015 年 6 月）

2014（平成 26）年 6 月　国際憲法学会（IACL/AIDC）理事（〜 2018 年 6 月）

2014（平成 26）年 10 月　日本学術会議連携会員（〜 2020 年 9 月）

2014（平成 26）年 10 月　文部科学省女性研究者支援事業明治大学推進本部代表（〜 2017 年 3 月）

2015（平成 27）年 4 月　東北大学名誉教授（〜現在）

2018（平成 30）年 4 月　公益財団法人世界人権問題研究センター理事（〜現在）

2018（平成 30）年 7 月　弁護士登録（東京弁護士会所属）（〜現在）

学位

1990 年 7 月　法学博士（一橋大学）　学位論文『フランス革命の憲法原理——近代憲法とジャコバン主義』日本評論社、1989 年

受賞

1　第 7 回渋沢・クローデル賞〔1990 年度〕〈日仏会館主催、フランス大使館・毎日新聞社共催〉『フランス革命の憲法原理——近代憲法とジャコバン主義』日本評論社、1989 年

2　第 2 回昭和女子大学女性文化研究賞（坂東眞理子基金）〔2010 年度〕〈昭和女子大学女性文化研究所主催〉『憲法とジェンダー——男女共同参画と多文化共生への展望』有斐閣、2009 年

3　第 1 回澤柳政太郎記念東北大学男女共同参画賞〔2014 年度〕〈東北大学男女共同参画委員会主催〉

学会の役職等

日本公法学会理事（理事 1995 年〜現在、企画委員 1992 〜 1995 年、査読委員長 2016 〜 2017 年）

国際憲法学会日本支部副代表（2008 年〜現在）

国際憲法学会理事（2014 年〜 2018 年）

全国憲法研究会運営委員・代表（運営委員 1989 年〜 2017 年、代表 2012 年〜 2014 年）

ジェンダー法学会理事（理事 2003 年〜現在、理事長 2009 年〜 2011 年）

憲法理論研究会運営委員（運営委員 1985 年〜 2015 年、事務局長 1993 〜 1995 年）

日仏法学会理事（1999 年〜現在）

その他、国際人権法学会理事、日本法社会学会理事、民主主義科学者協会法律部会理事、日本法哲学会会員、国際女性の地位協会会員、日仏女性学会会員等を歴任

外部機関

日本学術会議第 19・20・21・22 期会員（2003 年 10 月〜 2014 年 9 月）（科学者委員
　会副委員長、同広報委員会委員長、「学術の動向」編集委員長、同男女共同参画分
　科会元委員長）

日本学術会議第 23・24 期連携会員（2014 年 10 月〜 2020 年 9 月）

法務省司法試験考査委員（旧試験 2000 年〜 2006 年、新試験 2006 年〜 2007 年）

法務省人権擁護委員会委員（1997 年〜 1999 年）

大学評価・学位授与機構法学系専門委員（2001 年〜 2003 年）

東京都女性問題協議会専門委員（1997 年〜 2000 年）

内閣府男女共同参画局ポジティブ・アクション研究会委員（2003 年〜 2005 年）

内閣府男女共同参画会議基本問題専門調査会委員（2005 年〜 2011 年）

内閣府男女共同参画会議議員（2011 年 3 月〜現在）

内閣府男女共同参画会議「女性に対する暴力に関する専門調査会」会長（2011 年 3
　月〜 2019 年 3 月）

内閣府男女共同参画会議「重点方針専門調査会」委員（2016 年 3 月〜現在）

その他、国立女性教育会館査読専門委員、仙台市資産等公開審査会委員、日本学術振
　興会特別研究員等審査会専門委員・同科学研究費補助金審査委員等を歴任

大学内役職

東北大学ディスティングイッシュト・プロフェッサー（2008 年 4 月〜 2011 年 3 月、
　2011 年 10 月〜 2013 年 3 月）

東北大学 21 世紀 COE「男女共同参画社会の法と政策——ジェンダー法・政策研究セ
　ンター」拠点リーダー（2003 年 7 月〜 2008 年 3 月）

東北大学グローバル COE「グローバル時代の男女共同参画と多文化共生」拠点リー
　ダー（2008 年 6 月〜 2013 年 3 月）

東北大学男女共同参画委員会副委員長（2001 年 4 月〜 2013 年 3 月）

東北大学法学研究科ジェンダー平等と多文化共生研究センター長（2008 年 6 月〜
　2013 年 3 月）

東北大学法学研究科法政実務教育研究センター長（2009 年 4 月〜 2011 年 3 月）

明治大学法科大学院ジェンダー法センター長（2013 年 4 月〜現在）

明治大学男女共同参画推進センター女性研究者支援事業推進本部代表（2014 年 10 月
　〜 2017 年 3 月）・同男女共同参画推進センター副センター長（2017 年 4 月〜 2018
　年 3 月）

講義担当

［本務校］

1982（昭和57）年度〜1998（平成10）年度　成城大学法学部「フランス法」「憲法」
　「憲法演習」、大学院「憲法演習」等

1999（平成11）年度〜2012（平成24）年度　東北大学法学部「憲法Ⅰ」「憲法演習
　Ⅰ」、法学研究科「比較憲法演習Ⅰ」、法科大学院「ジェンダーと法演習」「応用憲
　法」等

2013年（平成25）年度〜現在　明治大学法科大学院（法務研究科）「ジェンダーと法
　Ⅰ〜Ⅳ」「憲法（人権）」「憲法（統治）」「憲法演習」「憲法展開演習」「公法系総合
　指導（憲法）」「展開・先端系総合指導（ジェンダー法）」

［非常勤講師等］

1980（昭和55）年度〜1981（昭和56）年度　東京女子大学、津田塾大学、成城大学
　文芸学部・同法学部「憲法」「法学」

1988（昭和63）年度〜1989（平成元）年度　一橋大学法学部「憲法」

1992（平成4）年度　名古屋大学大学院「憲法演習」（集中講義）

1995（平成7）年度　立教大学法学部「フランス法」

1996（平成8）年度　郵政研修所、世田谷市民大学「憲法」

1997（平成9）年度〜1999年（平成11）年度　明治大学法学部・同大学院「憲法演
　習」

1999（平成11）年、2002（平成14）年〜2004（平成16）年　パリ第2大学比較法研
　究　所（Institut de Droit Comparé [IDC], Université de Paris 2 — Panthéon
　Assas）「日本法・憲法（Droit Japonais）」

2013（平成25）年度〜現在　一橋大学全学教育「ジェンダーと人権」

その他、NHK教育テレビ「ワールド・ナウ（日本国憲法）」（1989年）ほか

2019年7月13日現在

辻村みよ子先生著作目録

I　著書（単著）

1989（平成元）年

1　『フランス革命の憲法原理——近代憲法とジャコバン主義』日本評論社
　　［学位論文・第7回渋沢クローデル賞受賞］

2　『「権利」としての選挙権——選挙権の本質と日本の選挙問題』勁草書房

1992（平成4）年

3　『人権の普遍性と歴史性——フランス人権宣言と現代憲法』創文社

1995（平成7）年

4　『女の人権宣言——フランス革命とオランプ・ドゥ・グージュの生涯』岩波書店〔オリ
　　ヴィエ・ブラン著／辻村みよ子訳・解説〕

1997（平成9）年

5　『女性と人権——歴史と理論から学ぶ』日本評論社

2000（平成12）年

6　『憲法』日本評論社

2002（平成14）年

7　『市民主権の可能性——21世紀の憲法・デモクラシー・ジェンダー』有信堂

2003（平成15）年

8　『比較憲法』岩波書店

2004（平成16）年

9　『憲法〔第2版〕』日本評論社

2005（平成17）年

10　『ジェンダーと法』不磨書房

11　『自治体と男女共同参画——政策と課題』イマジン出版

2008（平成20）年

12　『ジェンダーと人権』日本評論社

13　『憲法〔第3版〕』日本評論社

2009（平成21）年

14　『憲法とジェンダー』有斐閣［第2回昭和女子大学女性文化研究賞受賞］

2010（平成 22）年

15 『フランス憲法と現代立憲主義の挑戦』有信堂

16 『ジェンダーと法〔第 2 版〕』不磨書房

2011（平成 23）年

17 『憲法から世界を診る――人権・平和・ジェンダー＜講演録＞』法律文化社

18 『比較憲法〔新版〕』岩波書店

19 『ポジティヴ・アクション――「法による平等」の技法』（岩波新書）岩波書店

2012（平成 24）年

20 『代理母問題を考える』（岩波ジュニア新書、知の航海シリーズ）岩波書店

21 『憲法〔第 4 版〕』日本評論社

2013（平成 25）年

22 『人権をめぐる十五講――現代の難問に挑む』岩波書店

23 『概説　ジェンダーと法――人権論の視点から学ぶ』信山社

2014（平成 26）年

24 『比較のなかの改憲論』（岩波新書）岩波書店

2015（平成 27）年

25 『選挙権と国民主権――政治を市民の手に取り戻すために』日本評論社

2016（平成 28）年

26 『憲法〔第 5 版〕』日本評論社

27 『憲法と家族』日本加除出版

28 『概説　ジェンダーと法〔第 2 版〕』信山社

2018（平成 30）年

29 『比較憲法〔第 3 版〕』岩波書店

30 『憲法〔第 6 版〕』日本評論社

31 『憲法改正論の焦点――平和・人権・家族を考える』法律文化社

II　共著書（共著／編著書／監修等）

1982（昭和 57）年

1 『市民のための憲法読本』〔杉原泰雄編〕筑摩書房［第 4 章執筆］

1987（昭和 62）年

2 『参政権の研究』〔憲法理論研究会編〕有斐閣［第 1 編執筆］

1988（昭和 63）年

3 『講座・憲法学の基礎（第 5 巻）市民憲法史』〔杉原泰雄編〕勁草書房［第 1 章執筆］

4 『解説・世界憲法集』〔樋口陽一・吉田善明編〕三省堂［フランス憲法解説・訳］

1989（平成元）年

5 『いま女の権利は――女権先進国フランスとの比較から』〔林瑞枝編〕学陽書房［第 1 章執筆］

辻村みよ子先生著作目録　*945*

1990（平成2）年

6　『憲法判例を通してみた戦後日本』〔篠原一・樋口陽一・山内敏弘・辻村みよ子著〕新地書房

7　『現代の憲法理論』〔憲法理論研究会編〕敬文堂［第4章9節執筆］

8　『人権宣言と日本』（フランス革命200年記念日仏シンポジウム）〔深瀬忠一・樋口陽一・吉田克己編〕勁草書房

1991（平成3）年

9　『解説・世界憲法集〔改訂版〕』〔樋口陽一・吉田善明編〕三省堂［フランス憲法解説・訳］

1992（平成4）年

10　『女性の権利の歴史』（岩波市民大学『人間の歴史を考える』第8巻）〔辻村みよ子・金城清子著〕岩波書店

1993（平成5）年

11　『憲法概論・改訂版』（放送大学教材）〔樋口陽一編〕放送大学教育新興会［第6・9・10・11章執筆］

1994（平成6）年

12　『憲法判例を読みなおす――下級審判決からのアプローチ』〔樋口陽一・山内敏弘・辻村みよ子著〕日本評論社

13『解説・世界憲法集〔第3版〕』〔樋口陽一・吉田善明編〕三省堂〔フランス憲法解説・訳〕

1996（平成8）年

14　『憲法理論の50年』〔樋口陽一・森英樹・高見勝利・辻村みよ子編〕日本評論社

15　『戦後政治と日本国憲法』〔永井憲一編〕三省堂［第3章2節執筆］

16　『憲法』（現代法講義シリーズ）〔大須賀明編〕青林書院［第4・7章執筆］

17　『憲法を学ぶ〔第3版〕』〔奥平康弘・杉原泰雄編〕有斐閣［第5章執筆］（第4版、2001年）

1997（平成9）年

18　『ジェンダーと法』（岩波講座『現代の法』第11巻）〔高橋和之ほか編、浅倉むつ子・紙谷雅子・辻村みよ子集編協力〕岩波書店

19　『アジア女性史』〔アジア女性史国際シンポジウム実行委員会編〕明石書店

20　『女性史の視座（日本女性史論集第1巻）』〔総合女性史研究会編〕吉川弘文館

1998（平成10）年

21　『日本国憲法年表』〔杉原泰雄・山内敏弘・浦田一郎・渡辺治・辻村みよ子編〕勁草書房

22　『憲法の歴史と比較』〔比較憲法史研究会編／杉原泰雄・清水睦編集代表〕日本評論社［あとがき・第1部第3章執筆］

23　『恒久世界平和のために』〔深瀬忠一・杉原泰雄・樋口陽一・浦田賢治編〕勁草書房

1999（平成11）年

24　『人権は「普遍」なのか』〔小林善彦・樋口陽一編〕岩波書店

25 『憲法判例を読みなおす——下級審判決からのアプローチ〔改訂版〕』〔樋口陽一・山内敏弘・辻村みよ子著〕日本評論社

26 『人権は「普遍」なのか』〔小林善彦・樋口陽一編〕岩波書店

2001（平成 13）年

27 『解説・世界憲法集〔第 4 版〕』〔樋口陽一・吉田善明編〕三省堂［フランス憲法訳・解説］

28 『いま　憲法学を問う』〔浦部法穂ほか編〕日本評論社

29 *Five decades of Constitutionalism in Japanese Society*, Y. Higuchi（ed.), University of Tokyo Press（Miyoko Tsujimura, Women'rights in Law and Praxis）

2002（平成 14）年

30 『フランスの憲法判例』〔フランス憲法判例研究会編・辻村みよ子編集代表〕信山社

31 『有事法制と憲法』〔小森陽一・辻村みよ子著〕岩波書店

32 *La famille au Japon et en France*, Société de Législation comparée（Miyoko Tsujimura, Le statut constitutionnel de la famille contre rapport japonais）

2003（平成 15）年

33 『欧州統合とフランス憲法の変容』〔中村睦男・高橋和之・辻村みよ子編〕有斐閣

34 『国・自治体等の政策・方針決定過程への男女平等参画』〔辻村みよ子編著〕福島県男女共生センター

35 『日本とフランスの家族観』〔日仏法学会編〕有斐閣

2004（平成 16）年

36 『世界のポジティヴ・アクションと男女共同参画』〔辻村みよ子編著〕（21 世紀 COE ジェンダー法・政策研究叢書〈辻村監修〉第 1 巻）東北大学出版会

37 『国家と自由——憲法学の可能性』〔樋口陽一・森英樹・高見勝利・辻村みよ子編著〕日本評論社

38 『憲法学説に聞く』〔井上典之・小山剛・山元一編〕日本評論社

39 『日本国憲法解釈の再検討』〔高見勝利・岡田信弘・常本照樹編〕有斐閣

2005（平成 17）年

40 『日本の男女共同参画政策』〔辻村みよ子・稲葉馨編〕（21 世紀 COE ジェンダー法・政策研究叢書〈辻村監修〉第 2 巻）東北大学出版会

41 『ジェンダー法学・政治学の可能性——東北大学 COE 国際シンポジウム・日本学術会議シンポジウム』〔辻村みよ子・山元一編〕（21 世紀 COE ジェンダー法・政策研究叢書〈辻村監修〉第 3 巻）東北大学出版会

42 『ジェンダーと教育』〔生田久美子編〕（21 世紀 COE ジェンダー法・政策研究叢書〈辻村監修〉第 4 巻）東北大学出版会

43 『キャリアを拓く——女性研究者の歩み』〔柏木惠子・国立女性教育会館刊女性研究者ネットワーク支援プロジェクト編〕ドメス出版

2006（平成 18）年

44 *Egalité des Sexes : La Discrimination Positive en Qestion*,（M. Tsujimura et D. Lochak,

dir.) Société de Législation Comparée

45 『セクシュアリティと法』〔齊藤豊治・青井秀夫編〕(21 世紀 COE ジェンダー法・政策研究叢書〈辻村監修〉第 5 巻) 東北大学出版会

46 『家族—ジェンダーと自由と法』〔水野紀子編〕(21 世紀 COE ジェンダー法・政策研究叢書〈辻村監修〉第 6 巻) 東北大学出版会

47 『新解説　世界憲法集』〔初宿正典・辻村みよ子編〕三省堂

48 『どこまで進んだ男女共同参画』〔日本学術会議事務局編〕日本学術協力財団

2007（平成 19）年

49 『国際法・国際関係とジェンダー』〔植木俊哉・土佐弘之編〕(21 世紀 COE ジェンダー法・政策研究叢書〈辻村監修〉第 7 巻) 東北大学出版会

50 『政治参画とジェンダー』〔川人貞史・山元一編〕(21 世紀 COE ジェンダー法・政策研究叢書〈辻村監修〉第 8 巻) 東北大学出版会

51 『雇用・社会保障とジェンダー』〔嵩さやか・田中重人編〕(21 世紀 COE ジェンダー法・政策研究叢書〈辻村監修〉第 9 巻) 東北大学出版会

52 *Gender and Law in Japan* (Miyoko TSUJIMURA and Emi YANO, eds.), Tohoku University Press

53 『ジェンダーの基礎理論と法』〔辻村みよ子編〕(ジェンダー法・政策研究叢書〈辻村監修〉第 10 巻) 東北大学出版会

54 『ポジティブ・アクションの可能性』〔田村哲樹・金井篤子編〕ナカニシヤ出版

2008（平成 20）年

55 『世界のジェンダー平等——理論と政策の架橋をめざして』〔辻村みよ子・戸澤英典・西谷祐子編〕(ジェンダー法・政策研究叢書〈辻村監修〉第 11 巻) 東北大学出版会

56 『男女共同参画のために——政策提言』〔辻村みよ子・河上正二・水野紀子編〕(ジェンダー法・政策研究叢書〈辻村監修〉第 12 巻) 東北大学出版会

57 *International Perspectives on Gender Equality & Social Diversity*, Miyoko TSUJIMURA (ed.), Tohoku University Press

58 『新版体系憲法事典』〔杉原泰雄編集代表・山内敏弘・浦田一郎・辻村みよ子・阪口正二郎・只野雅人編集〕青林書院

59 『性差とは何か——ジェンダー研究と生物学の対話』〔日本学術会議事務局編〕日本学術協力財団

60 L'intérêt général en droit constitutionnel français. Contre rapport japonais, *L'intérêt général au Japon et en France*, Société de Législation Comparée（ed.）

2009（平成 21）年

61 『基本憲法』〔辻村みよ子編著〕悠々社

2010（平成 22）年

62 『オランプ・ドゥ・グージュ——フランス革命と女性の権利宣言』〔オリヴィエ・ブラン著／辻村みよ子監訳・解説〕信山社

63 『ジェンダー平等と多文化共生——複合差別を超えて』〔辻村みよ子・大沢真理編〕東北

大学出版会

64 *Gender Equality in Multicultural Societies*, Miyoko TSUJIMURA and Mari OSAWA (eds.) Tohoku University Press

65 『コンメンタール　女性差別撤廃条約』〔国際女性の地位協会編、編集委員山下泰子・辻村みよ子・浅倉むつ子・戒能民江〕尚学社

66 『新解説　世界憲法集〔第2版〕』〔初宿正典・辻村みよ子編〕三省堂

2011（平成23）年

67 『憲法理論の再創造』〔辻村みよ子・長谷部恭男編〕日本評論社

68 A Gendering Strategy for Peace as a Human Right: Toward the Construction of an Anti-Military Theory, Mikako Iwatake (ed.), *New Perspectives from Japan and China*, Renvall Institute Publications 27, University of Helsinki

69 『ジェンダー六法』〔山下泰子・辻村みよ子・浅倉むつ子・二宮周平・戒能民江編〕信山社

70 *Gender Equality in Asia: Policies And Pokitical Participation*, Miyoko Tsujimura & Jackie F. Steele (eds.), Tohoku University Press

71 『新版　憲法判例を読みなおす――下級審判決からのアプローチ』〔樋口陽一・山内敏弘・辻村みよ子・蟻川恒正著〕日本評論社

72 『壁を超える――政治と行政のジェンダー主流化』〔辻村みよ子編〕（大沢真理・辻村編「ジェンダー社会科学の可能性」シリーズ第3巻）岩波書店

73 『かけがえのない個から』〔辻村みよ子編〕（大沢真理・辻村編「ジェンダー社会科学の可能性」シリーズ第1巻）岩波書店

2012（平成24）年

74 『アジアにおけるジェンダー平等――政策と政治参画』〔辻村みよ子・スティール若希編著〕東北大学出版会

75 『国家と自由・再論』〔樋口陽一・森英樹・高見勝利・辻村みよ子・長谷部恭男編〕日本評論社

76 『フランス憲法入門』〔辻村みよ子・糠塚康江著〕三省堂

77 『ニューアングル憲法――憲法判例×事例研究』〔辻村みよ子編〕法律文化社

78 『生殖補助医療と法』〔櫻田嘉章・町野朔・辻村みよ子ほか共著〕日本学術財団

79 『講座ジェンダーと法　第4巻　ジェンダー法学が切り拓く展望』〔ジェンダー法学会編／辻村みよ子・吉田克己・安藤ヨイ子・松本克美編集委員〕日本加除出版

2013（平成25）年

80 『フランスの憲法判例II』フランス憲法判例研究会〔辻村みよ子編集代表〕信山社

81 『クオータ制の実現を目指す』〔WINWIN編著・赤松良子監修〕パド・ウィメンズ・オフィス

2014（平成26）年

82 『新解説世界憲法集〔第3版〕』〔初宿正典・辻村みよ子編〕三省堂

2015（平成 27）年

83 『憲法基本判例——最新判決から読み解く』〔辻村みよ子・佐々木弘通・山元一編〕尚学社

84 『日本国憲法の継承と発展』〔全国憲法研究会編／編集委員会委員長　辻村みよ子〕三省堂

2017（平成 29）年

85 『新解説世界憲法集〔第 4 版〕』〔初宿正典・辻村みよ子編〕三省堂

86 『政治変動と立憲主義の課題』〔辻村みよ子編集代表／山元一・只野雅人・新井誠編〕（『政治・社会の変動と憲法——フランス憲法からの展望（全 2 巻）』第 1 巻）信山社

87 『社会変動と人権の現代的保障』〔辻村みよ子編集代表／糠塚康江・建石真公子・大津浩・曽我部真裕編〕（『政治・社会の変動と憲法——フランス憲法からの展望（全 2 巻）』第 2 巻）信山社

88 『憲法研究・創刊号　憲法 70 年と国民主権・象徴天皇制』〔辻村みよ子責任編集〕2017年 11 月 3 日号、信山社

2018（平成 30）年

89 『「国家と法」の主要問題』〔辻村みよ子・長谷部恭男・石川健治・愛敬浩二編〕日本評論社［座談会、あとがき］

90 『最新　憲法資料集——年表・史料・判例解説』〔辻村みよ子編著〕信山社

91 『憲法研究・第 2 号　世界の憲法変動と民主主義』〔辻村みよ子責任編集〕信山社

92 『概説　コンメンタール憲法』〔辻村みよ子・山元一編著〕信山社

93 『憲法研究・第 3 号　現代憲法とグローバル民主主義の課題』〔辻村みよ子責任編集〕信山社

2019（令和元）年

94 『憲法研究・第 4 号　「個人の尊重」と家族』〔辻村みよ子責任編集〕信山社

Ⅲ　論文（単著）

1975（昭和 50）年

1 「フランス一七九三年の憲法原理（上・下）」修士論文（一橋大学大学院）〔未公刊〕

1976（昭和 51）年

2 「フランス革命と『女権宣言』」法律時報 48 巻 1 号

3 「フランス革命期における 1793 年憲法の研究・序説 1・2 完」一橋研究 1 巻 3 号・2 巻 1 号

1977（昭和 52）年

4 「『命令的委任』法理に関する覚え書き——フランス革命期の議論を中心に」一橋研究 2 巻 3 号

5 「フランス革命期の選挙権論——主権理論との交錯」一橋論叢 78 巻 6 号

1978（昭和 53）年

6 「フランス一七九三年憲法の研究」博士課程単位修得論文（一橋大学大学院）〔未公刊〕

7 「国政調査と犯罪調査」〔杉原泰雄・辻村みよ子共同執筆〕ジュリスト臨増『現代の汚職』

1979（昭和 54）年

8 「フランスにおける選挙権論の展開 1 ～ 3 完」法律時報 52 巻 4 ～ 6 号

1981（昭和 56）年

9 「選挙権の本質と選挙原則」一橋論叢 86 巻 2 号

1982（昭和 57）年

10 「衆議院議員定数訴訟——最高裁昭和 51 年 5 月 14 日判決」大須賀明ほか編『憲法判例の研究』敬文堂

1984（昭和 59）年

11 「フランス 1793 年憲法とジャコバン主義 1・2」成城法学 16 号・18 号

12 「フランス革命期における女性の権利——フランス女権史研究・序説」成城法学 17 号

1985（昭和 60）年

13 「女性の権利と男女平等論の展開」法学セミナー増刊『女性そして男性』

14 「フランス 1793 年憲法とジャコバン主義 3」成城法学 20 号

1986（昭和 61）年

15 「参議院の『独自性』と『特殊性』——参議院の役割と選挙制度・再考」ジュリスト 868 号

16 「フランス 1793 年憲法とジャコバン主義 4」成城法学 22 号

1987（昭和 62）年

17 「議会制の『危機』と参政権」法律時報 59 巻 6 号

18 「フランス革命二〇〇年と憲法学」ジュリスト臨時増刊『憲法と憲法原理——現況と展望』884 号

19 「選挙権の『権利性』と『公務性』」法律時報 59 巻 7 号

1988（昭和 63）年

20 "Evolution de la démocraie participative et ses limites——La problématique japonaise de la participation des citoyens" 成城法学 27 号

21 「選挙活動の自由と立法裁量」法律時報 60 巻 10 号

22 「フランス 1793 年憲法とジャコバン主義 5」成城法学 29 号

1989（平成元）年

23 「フランス 1793 年憲法とジャコバン主義 6・7 完」成城法学 31 号・32 号

24 「人＝男性の権利から女性の権利へ——3 つの『なぜ』と 1 つの『いかに』」ジュリスト 937 号

25 「フランス革命と『民衆憲法』——"93 年"の意味をめぐって」法律時報 61 巻 8 号

26 「フランス人権宣言と日本の憲法」自由と正義 40 巻 7 号

27 「『投票価値の平等』原則の適用」法学教室 111 号

辻村みよ子先生著作目録　*951*

1990（平成 2 ）年

28　「近代憲法の伝統とフランス革命——1793 年憲法は dérapage か？」思想 789 号

29　「未成年者の選挙権」法学セミナー 424 号

30　「フランス革命二〇〇周年を顧みて——『講座・革命と法』を中心に」法律時報 62 巻 4 号〔杉原泰雄・樋口陽一編『論争憲法学』日本評論社、1995 年所収〕

31　「女性の政治参加——理論と歴史」ジュリスト 955 号〔総合女性史研究会編『女性史の視座』（日本女性史論集第 1 巻）吉川弘文館、1997 年所収〕

32　「『政治責任』の論理と態様」法律時報 62 巻 6 号

33　"La Révolution française dans la tradition constitutionnelle moderne - La Constitution de 1793 représente-t-elle un dérapage ?" 成城法学 35 号

34　「選挙権論の原点と争点・再論」法律時報 62 巻 11 号〔杉原・樋口編『論争憲法学』日本評論社、1995 年所収〕

35　「一七八九年人権宣言のなかの『人（homme)』と『女性（femme)』」〔杉原泰雄・浦田一郎・樋口陽一ほか編『深瀬忠一教授退官記念論集　平和と国際協調の憲法学』勁草書房、1990 年所収〕

36　「フランス革命の憲法原理〔博士論文要旨〕」〔横山（辻村）みよ子〕一橋論争 104 巻 5 号

1991（平成 3 ）年

37　「政治・主権者そして女性」憲法問題（全国憲法研究会編）2 号（三省堂）

1992（平成 4 ）年

38　「『人権』と女性の権利——人権の普遍性論への一視角」一橋論叢 108 号 4 号

1993（平成 5 ）年

39　「女性の権利と『平等』——男女平等権をめぐる論争と現行法上の諸問題」法律時報 63 巻 3 号〔杉原・樋口編『論争憲法学』日本評論社、1995 年所収〕

40　「レファレンダムと議会の役割」ジュリスト 1022 号

41　「国政調査権の本質・再論」法律時報 65 巻 10 号

42　「憲法 24 条と夫婦の同権」法律時報 65 巻 12 号

1994（平成 6 ）年

43　「主権論の今日的意義と課題」杉原泰雄教授退官記念論集『主権と自由の現代的課題』勁草書房

44　「人権論の 50 年」法律時報 66 巻 6 号〔樋口陽一ほか編『憲法理論の 50 年』日本評論社、1996 年所収〕

45　「人権の観念」樋口陽一編『講座憲法学（第 3 巻）権利の保障』日本評論社

46　「女性の人権の歴史」国際人権 5 号

1995（平成 7 ）年

47　「女性の権利と政治・家庭・労働—— 3 つの数字の意味するもの」平野武・沢野義一・井端正幸編『上田勝美先生還暦記念論集　日本社会と憲法の現在』晃洋書房

48　「『女性の人権』の法的構造」成城法学 48 号

49 「ミッテラン時代の憲法構想——フランスの改憲動向をめぐって」日仏法学 19 号

50 「国際化・地域化のなかの国家主権・国民主権——フランスからの考察」法律時報 67 巻 6 号

51 「人権史のなかの女性の権利——比較女性人権史は可能か」法律時報 67 巻 8 号

1996（平成 8 ）年

52 「憲法学の『法律学化』と憲法院の課題——政治と法・人権をめぐるフランスの理論動向」ジュリスト 1089 号

53 「現代家族と自己決定権——リプロダクティヴ・ライツをめぐって」法律時報 68 巻 6 号

54 「住民投票の憲法学的意義と課題」ジュリスト 1103 号

1997（平成 9 ）年

55 「憲法 24 条からみた戦後の家族」法社会学（日本法社会学会）49 号

56 「国際社会と日本国憲法 1 ——人間の尊厳と自己決定権」〔ホセ＝ヨンパルト・姜尚中・辻村みよ子共著〕法律時報 69 巻 9 号

57 「国際社会と日本国憲法 2 ——沖縄・外国人問題からみた国民主権」〔ホセ＝ヨンパルト・姜尚中・辻村みよ子共著〕法律時報 69 巻 10 号

58 「国際社会と日本国憲法 3 ——安保・アジアからみた平和憲法」〔ホセ＝ヨンパルト・姜尚中・辻村みよ子共著〕法律時報 69 巻 11 号

59 「選挙と『市民の意思形成』」（日本公法学会）公法研究第 59 号

1998（平成 10）年

60 「国家主権の制限と『人権の展開——外国人参政権を中心に」越路正巳編『21 世紀の主権・人権および民族自決権』未来社

61 「『市民』の政治参画」ジュリスト 1133 号

62 「『市民』と『市民主権』の可能性」法律時報 70 巻 8 号

63 「人権の観念」高橋和之・大石真編 ジュリスト臨時増刊『憲法の争点〔第三版〕』

1999（平成 11）年

64 "Les droits des femmes japonaises dans la loi et dans la pratique" 成城大学法学会編『二一世紀を展望する法学と政治学』信山社

2000（平成 12）年

65 「統合と分権のなかの主権問題——最近のフランス憲法改正を素材として」法律時報 72 巻 2 号

66 「国民主権と国家主権——近代国民国家の主権原理・再考」杉原泰雄先生古稀記念論文集刊行会編『21 世紀の立憲主義』勁草書房

67 「女性と人権——『人権の世紀』を拓く課題」国立婦人教育会館紀要 4 号

2001（平成 13）年

68 「男女共同参画社会と『女性の人権』」ジュリスト 1192 号

69 「国家の相対化と憲法学」法律時報 73 巻 1 号

70 「憲法学を問う——国民主権」法学セミナー 553 号

71 「男女共同参画とポジティブ・アクション」学術の動向（日本学術会議編）2001 年 6 月

号

72 「主権論の新地平」法学（東北大学法学会編）65 巻 3 号

73 「ジェンダーとシティズンシップ」法律時報 73 巻 12 号

74 「男女共同参画社会の法と制度」ジュリスト 1213 号

2002（平成 14）年

75 「近代人権論批判と憲法学」憲法問題 13 号

76 「平和とジェンダー」法律時報増刊『憲法と有事法制』日本評論社

2003（平成 15）年

77 「男女共同参画社会基本法後の動向と課題」ジュリスト 1237 号

78 「近代憲法理論の再編と憲法学の課題」公法研究 65 号

2004（平成 16）年

79 「ポジティヴ・アクションの手法と課題」法学 67 巻 5 号

80 「イギリス政治における男女共同参画」辻村みよ子編『世界のポジティヴ・アクション
と男女共同参画』（21 世紀 COE ジェンダー法・政策研究叢書第 1 巻）東北大学出版会

81 「学術分野の男女共同参画」ジュリスト 1266 号

82 「ヨーロッパの科学研究におけるジェンダー平等の促進」（ニコル・ドゥワンドル／辻村
訳・解説）学術の動向 2004 年 4 月号

83 「ジェンダー法学教育の構想」ジェンダーと法（ジェンダー法学会編）1 号（日本加除
出版）

84 「ジェンダーと憲法学」藤田宙靖・高橋和之編『樋口陽一古稀記念　憲法論集』創文社

85 「『市民』と『市民主権』の可能性・再論」樋口陽一・森英樹・高見勝利・辻村みよ子編
著『国家と自由』日本評論社

86 「学術分野のポジティヴ・アクション」日本の科学者（日本科学者会議編）2004 年 9 月
号

87 「政策・方針決定過程の男女共同参画」内閣府編『共同参画 21』ぎょうせい

88 「ジェンダーと国家権力」日本法哲学会編『法哲学年報 2003』有斐閣

89 「世界のポジティヴ・アクション」国際女性（国際女性の地位協会編）18 号（尚学社）

90 "Le Jacobinisme a-t-il un avenir? – Perspective et problématique de la théorie
constitutionnelle moderne", Association de droit constitutionnel de Serbie, *Constitution :
Lex Superior, Mélange Pavle Nikolić*, Belgrade

2005（平成 17）年

91 「ジャコバン憲法と citoyenneté（市民権）——人民主権から市民主権へ」日仏文化（日
仏会館編）2005 年 3 月

92 「学術分野における男女共同参画政策の課題」辻村みよ子・稲葉馨編『日本の男女共同
参画政策』東北大学出版会

93 「地方公共団体の男女共同参画政策」辻村・稲葉編前掲『日本の男女共同参画政策』

94 「憲法学とジェンダー」辻村みよ子・山元一編『ジェンダー法学・政治学の可能性』東
北大学出版会

95 "Présentation introductive: <Gender> et droit constitutionnel", The Tohoku University 21st Century COE Program, *Gender Law and Policy Annual Review*, no. 2

96 「政治分野におけるポジティブ・アクションの具体的措置と留意点」内閣府男女共同参画局『ポジティブ・アクション研究会報告書（別冊・第2部）』

97 「ジェンダー法学教育の意義と課題」生田久美子編『ジェンダーと教育』（21世紀COE ジェンダー法・政策研究叢書第4巻）東北大学出版会

2006（平成18）年

98 「ジェンダーと人権」法学69巻5号

99 「学術分野の男女共同参画のために」学術の動向2006年3月号

100 「ジェンダーと人権——ウイメンズ・ライツとヒューマン・ライツの間」齊藤豊治・青井秀夫編『セクシュアリティと法』（21世紀COE ジェンダー法・政策研究叢書第5巻）東北大学出版会

101 「ポジティヴ・アクションの功罪」東北大学21世紀COE「男女共同参画社会の法と政策」研究年報第3号

102 「ジェンダーと人権——『ジェンダー人権論』の課題をめぐって」日仏女性資料センター（日仏女性学会）編『女性空間』23号

103 "Les paradoxes de la «discrimination positive»: notion et measures de «positive action» en droit comparé" in M. Tsujimura et D. Lochak（Dir.）, *Egalité des Sexes: La Discrimination Positive en Qestion*, Société de Législation Comparée

104 「政策課題のなかのジェンダー法学」ジェンダーと法3号

105 「現代家族と国家・ジェンダー」法律時報78巻11号

106 「公開講演会の成果と今後の展望」学術の動向2006年11月号

107 「家族・国家・ジェンダーをめぐる比較憲法的考察」水野紀子編『家族——ジェンダーと自由と法』（21世紀COE ジェンダー法・政策研究叢書第6巻）東北大学出版会

2007（平成19）年

108 「平和・人権・ジェンダー」植木俊哉・土佐弘之編『国際法・国際関係とジェンダー』（21世紀COE ジェンダー法・政策研究叢書第7巻）東北大学出版会

109 「政治参画とジェンダー」川人貞史・山元一編『政治参画とジェンダー』（21世紀COE ジェンダー法・政策研究叢書第8巻）東北大学出版会

110 「人権論・フェミニズム論から見たオランプ・ドゥ・グージュ」21世紀COE「男女共同参画社会の法と政策」研究年報4号

111 "Women's Political Participation in Japan", The Tohoku University 21st Century COE Program, *Gender Law and Policy Annual Review*, no. 4

112 "Les transformations du rôle des femmes au Japon", The Tohoku University 21st Century COE Program, *Gender Law and Policy Annual Review*, no. 4

113 "L'Egalité du Genre et la constitutionnalité de la Discrimination Positive", The Tohoku University 21st Century COE Program, *Gender Law and Policy Annual Review*, no. 4

114 「改憲動向の中の人権と家族」世界 2007 年 4 月号

115 「男女共同参画——憲法学的意義と課題」ジュリスト 1334 号

116 「選挙制度とクオータ制」法律論叢（明治大学法学会編）79 巻 4・5 合併号（吉田善明先生古稀記念論集）

117 「雇用・社会保障とジェンダー平等」嵩さやか・田中重人編『雇用・社会保障とジェンダー』（ジェンダー法・政策研究叢書第 9 巻）東北大学出版会

118 「オランプ・ドゥ・グージュと女性の人権」辻村みよ子編『ジェンダーの基礎理論と法』（ジェンダー法・政策研究叢書第 10 巻）東北大学出版会

119 「ジェンダー法学の意義と課題」前掲『ジェンダーの基礎理論と法』

120 「間接差別禁止とポジティブ・アクション——男女平等実現方策の比較法的分析」ジェンダーと法 4 号

2008（平成 20）年

121 「男女共同参画の実現にむけて」辻村みよ子・河上正二・水野紀子編『男女共同参画のために——政策提言』（ジェンダー法・政策研究叢書第 12 巻）東北大学出版会

122 「国民主権——国民主権論の『停滞』は必然か」法律時報 80 巻 7 号

123 「憲法学のアヴァンギャルドとして—— 3 つの憲法研究会の軌跡と成果」法律時報 80 巻 10 号

124 「人権と憲法上の権利」大石眞・石川健治編『ジュリスト増刊　憲法の争点』

125 "L'intérêt général en droit constitutionnel français" Contre rapport japonais, Société de Législation Comparée（ed.）, *L'intérêt général au Japon et en France*

2009（平成 21）年

126 「多文化共生社会のジェンダー平等——イスラムのスカーフ問題を中心に」東北大学 GCOE「GCMC Journal」1 号

127 「二つの憲法観——21 世紀の人権・家族・ジェンダー」憲法問題 20 号

2010（平成 22）年

128 「フランス 2008 年憲法改正の意義と展望」法学 73 巻 6 号

129 「主権論・代表制論」（特集　つまずきのもと・憲法）」法学教室 357 号

130 「長谷川憲法学と比較憲法史研究」法律時報 82 巻 9 号〔杉原泰雄・樋口陽一・森英樹編『長谷川正安先生追悼論集　戦後憲法学と憲法』日本評論社、2012 年所収〕

131 「『人権としての平和』論の再構築——平和主義の『ジェンダー化戦略』を契機として」浦田一郎・加藤一彦・阪口正二郎・只野雅人・松田浩編『山内敏弘先生古稀記念論文集　立憲平和主義と憲法理論』法律文化社

132 "Gendering Strategy for «Peace as Human Rights»: Toward the Construction of an Anti-Military Theory" *The Tohoku University Global COE, GEMC Journal* no. 2

133 「フランス憲法研究の軌跡と展望」ジュリスト 1396 号

134 「政治的・公的分野における女性の参画——現状と課題」国際女性の地位協会編／編集委員山下泰子・辻村みよ子・浅倉むつ子・戒能民江『コンメンタール　女性差別撤廃条約』尚学社

135 「宗教・文化とジェンダー——スカーフ問題にみる複合差別」辻村みよ子・大沢真理編『ジェンダー平等と多文化共生——複合差別を超えて』東北大学出版会

2011（平成 23）年

136 「『男女共同参画と多文化共生』への法学的アプローチ——憲法とジェンダーの課題をめぐって」昭和女子大学女性文化研究所紀要 38 号

137 「国民主権」辻村みよ子・長谷部恭男編『憲法理論の再創造』日本評論社

138 「序論：男女共同参画型の多元的ガヴァナンスへ」辻村みよ子編『壁を超える——政治と行政のジェンダー主流化』岩波書店

139 「政治参画と代表制論の再構築——ポジティヴ・アクション導入の課題」前掲『壁を超える』

140 「オランプ・ドゥ・グージュと女性の権利の展開」日仏女性資料センター編『女性空間 28 号』

141 「序論：個人・家族・国家と法」辻村みよ子編『かけがえのない個から——人権と家族をめぐる法と制度』岩波書店

142 「オランプ・ドゥ・グージュと女性の権利の展開」日仏女性資料センター編『女性空間 28 号』

2012（平成 24）年

143 「リプロダクティヴ・ライツと国家の関与」樋口・森・高見・辻村・長谷部編『国家と自由・再論』日本評論社

144 「『人権としての平和』と生存権——憲法の先駆性から震災復興を考える」GEMC Journal 7 号

145 「参政権・政党」辻村編著『ニューアングル憲法』法律文化社

146 「ポジティヴ・アクションの合憲性」憲法理論叢書 20 号『危機的状況と憲法』敬文堂

147 「カウンター・デモクラシーと選挙の効果的協同へ」世界 835 号

148 「リプロダクティヴ・ライツと生殖補助医療」櫻田嘉章・町野朔ほか共著『生殖補助医療と法』日本学術協力財団

149 「人権主体と性差——リプロダクティヴ・ライツを中心に」ジェンダー法学会編『講座ジェンダーと法第 4 巻　ジェンダー法学が切り拓く展望』日本加除出版

2013（平成 25）年

150 「フランス型違憲審査制の諸課題——2008 年憲法改正後の QPC を中心に」『高橋和之先生古稀記念論集　現代立憲主義の諸相（上巻）』有斐閣

2014（平成 26）年

151 「『権利』としての選挙権と『投票価値平等』」明治大学法科大学院論集 14 号

152 「戦後憲法史における主権・代表制・選挙権論——憲法学は民主主義の定着／発展に寄与しえたか」憲法理論叢書 22 号『憲法と時代』敬文堂

2015（平成 27）年

153 「選挙権の法的性格と選挙人資格」岡田信弘・長谷部恭男ほか編『高見勝利先生古稀記念論文集　憲法の基底と憲法論』信山社

154 「『投票価値平等』と選挙制度」全国憲法研究会編『日本国憲法の継承と発展』三省堂

155 "Le Pacifisme et «le droit de vivre en Paix» de la Constitution japonaise" J. Mekhantar, R. Porteilla（dir.）, *Paix et Constitutions*, éd. Eska, France

156 「フランス憲法史と日本——革命 200 年、戦後 70 年の『読み直し』」法律時報 87 巻 8 号

2016（平成 28）年

157 「フランス人権宣言とオランプ・ドゥ・グージュ——辻村みよ子著『人権の普遍性と歴史性』（創文社、1992 年）をめぐって」東海ジェンダー研究所編『ジェンダー研究 18 号』

158 「『個人の尊重』と家族」法律時報増刊『戦後日本憲法学 70 年の軌跡』日本評論社

2017（平成 29）年

159 「『憲法と家族』をめぐる理論的課題——2015（平成 25）年 12 月 16 日最高裁判決後の動向」浦田一郎先生古稀記念論集『憲法の思想と発展』信山社

160 「憲法からみた家族の動向と課題（特集　憲法と家族）」司法書士連合会『月報司法書士』543 号

161 「国民主権下の象徴天皇制（企画趣旨）」憲法研究創刊号（辻村みよ子責任編集）信山社

2018（平成 30）年

162 「憲法変動に対峙する憲法理論のために（企画趣旨）」憲法研究 2 号

163 「フランス憲法史と日本——革命 200 年、戦後 70 年の『読み直し』」辻村みよ子・長谷部恭男・石川健治・愛敬浩二編『「国家と法」の主要問題』日本評論社

164 「現代の平和主義とグローバル立憲主義の展望（企画趣旨）」憲法研究 3 号

2019（令和元）年

165 「『個人の尊重』の現在——憲法 13・14・24 条の関係を問う（企画趣旨）」憲法研究 4 号

Ⅳ　判例評釈・翻訳・解説・書評・参考書等

1985（昭和 60）年

1 「選挙権および被選挙権の性格——最高裁昭和 30 年 2 月 9 日判決」別冊法学教室『憲法の基本判例』（第 2 版、1996 年）

1986（昭和 61）年

2 「投票価値の平等と選挙制度——参議院定数不均衡最高裁合憲判決」法学教室 71 号

3 「書評・藤田晴子著『議会制の諸問題』」法律時報 58 巻 5 号

1987（昭和 62）年

4 「参議院定数不均衡と司法審査——昭和 58 年参議院選挙東京高裁判決」ジュリスト臨時増刊昭和 61 年度重要判例解説

1988（昭和 63）年

5 『逐条判例・憲法』〔小林孝輔・山下健次編〕法学書院〔憲法 10 〜 16・24 条〕

1989（平成元）年

6 『判例マニュアル（人権2）』〔杉原泰雄編〕三省堂

1991（平成3）年

7 「政治・主権者・そして女性」憲法問題2号

8 『要説コメンタール日本国憲法』〔佐藤幸治編著〕三省堂［憲法51〜64条］

1992（平成4）年

9 「1990年衆議院選挙定数訴訟」ジュリスト臨時増刊平成3年度重要判例解説

10 「再婚禁止期間規定の憲法適合性——民法733条違憲訴訟控訴審判決」法学教室146号

1993（平成5）年

11 「フランス1992年6月25日の憲法的法律」日仏法学18号

12 「議員定数不均衡の違憲状態と是正のための合理的期間」民商法雑誌109巻3号

1994（平成6）年

13 ジェラール・コナック／辻村訳・解説「マーストリヒト条約とフランス憲法(上)(下)」ジュリスト1045号・1047号

14 「議員定数不均衡と参議院の特殊性」別冊ジュリスト憲法判例百選〔第3版〕（〜2013年〔第6版〕）

15 『憲法・統治機構（司法試験シリーズ）』〔岩間昭道・戸波江二編〕別冊法学セミナー〔第3版〕

16 『新・判例コンメンタール日本国憲法2』〔浦田賢治・大須賀明編〕三省堂［憲法39条］

1996（平成8）年

17 ジャック・ロベール／辻村訳・解説「フランス憲法院と人権保障」法学教室185号

1997（平成9）年

18 「参議院定数訴訟最高裁判決」ジュリスト臨時増刊平成8年度重要判例解説

19 『基本法コンメンタール憲法〔第四版〕』〔小林孝輔・芹沢斉編〕日本評論社［憲法12条・13条］

20 「書評・近藤敦著『外国人の参政権』」国際人権8号

21 「書評・杉原泰雄著『憲法の歴史』」法学教室204号

22 ビデオ教材『わたしたちの日本国憲法』〔杉原泰雄監修〕ビデオチャンプ ［6巻（参政権）・13〜16巻（国会・内閣・裁判所）・24巻（フランス憲法）編集］

1998（平成10）年

23 「基本的人権の擁護者としてのフランス憲法院（ジャック・ロベール著／辻村訳・解説）」日仏法学21号

2000（平成12）年

24 「小選挙区比例代表並立制選挙の合憲性」ジュリスト1176号

25 「国民主権」アエラ・ムック『憲法がわかる』岩波書店

2002（平成14）年

26 日仏法学交流集会座談会「日本とフランスの家族観」ジュリスト1257号

辻村みよ子先生著作目録　959

2004（平成16）年

27　「第6回国際憲法学会世界大会に参加して」ジュリスト1263号

28　「男女共同参画推進のための東北大学の取組み」文部科学省高等教育局学生課編『大学と学生』473号

29　書評「司法におけるジェンダー・バイアス」自由と正義55巻9号

30　対談（中島道子・辻村みよ子）　女性展望（市川房枝記念会編）2004年10月号

2005（平成17）年

31　対談（中島道子・辻村みよ子）　女性展望2005年7月号

32　「憲法学・ジェンダー法学研究者として」柏木惠子・国立女性教育会館刊女性研究者ネットワーク支援プロジェクト編『キャリアを拓く──女性研究者の歩み』ドメス出版

2006（平成18）年

33　『人権・家族と改憲問題〜男女共同参画の視点から〜』いきいきフォーラム2010編、いきいきブックレット

34　『日本学術会議対外報告：ジェンダー視点が拓く学術と社会の未来』日本学術会議「学術とジェンダー」委員会

2007（平成19）年

35　『日本学術会議対外報告：学術分野における男女共同参画の取組と課題』日本学術会議、科学者委員会男女共同参画分科会

36　「第7回国際憲法学会世界大会に参加して」ジュリスト1339号

37　「ジェンダー平等をめぐる理論と政策──国際シンポジウム『ジェンダー平等と社会的多様性──理論と政策の架橋をめざして（International Perspectives on Gender Equality and Social Diversity）』を終えて」法学セミナー634号

38　「ジェンダー平等をめぐる理論と政策」国際女性21号

2008（平成20）年

39　「衆議院小選挙区選挙の選挙区割りと選挙運動に関する公職選挙法等の合憲性」判例セレクト2007

40　「ジェンダー平等をめぐる理論と政策」辻村みよ子・戸沢英典・西谷祐子編『世界のジェンダー平等』（ジェンダー法・政策研究叢書第11巻）東北大学出版会

41　「21世紀COE活動の成果について」「ニューズレター1-18号　はしがき」東北大学21世紀COE「男女共同参画社会の法と政策」研究年報第5号

42　『諸外国における政策・方針決定過程への女性の参画に関する調査──ドイツ共和国・フランス共和国・大韓民国・フィリピン共和国』内閣府男女共同参画局

43　『日本学術会議対外報告：代理懐胎を中心とする生殖補助医療の課題──社会的合意にむけて』日本学術会議生殖補助医療の在り方検討委員会

44　日仏法学共同研究集会（第7回）座談会「一般利益」（樋口陽一・星野英一・大村敦・辻村みよ子・山元一ほか）ジュリスト1353号

45　座談会「憲法理論の新たな創造」（辻村みよ子・長谷部恭男・西原博・中島徹）法律時報80巻6号

46 日本学術会議『提言：学術分野の男女共同参画促進のために』日本学術会議科学者委員会男女共同参画分科会、2008 年 7 月

47 「パネルディスカッション：生殖補助医療はどうあるべきか」学術の動向　2008 年 7 月号

2009（平成 21）年

48 『諸外国における政策・方針決定過程への女性の参画に関する調査——オランダ王国・ノルウェー王国・シンガポール共和国・アメリカ合衆国』内閣府男女共同参画局

49 「学術分野における男女共同参画促進のために」学術の動向　2009 年 9 月号

50 「ジェンダー法・政策研究叢書の刊行をおえて」ジェンダーと法 6 号

51 「公開講演会の趣旨——学術分野の男女共同参画を一層推進するために」学術の動向 2009 年 7 月号

2010（平成 22）年

52 「憲法問題としてのジェンダー平等と多文化共生——『憲法とジェンダー』刊行によせて」書斎の窓 5 月号（有斐閣）

53 「男女共同参画社会基本法 10 周年の課題」ジェンダーと法 7 号

54 「『男女共同参画と多文化共生』への法学的アプローチ——『憲法とジェンダー』の課題をめぐって」昭和女子大学女性文化研究所紀要 38 号

55 「衆議院小選挙区選挙の選挙区割り・選挙運動に関する公職選挙法規定の合憲性」法学教室編集室編『判例セレクト 2001-2008』

2011（平成 23）年

56 「学術分野の男女共同参画『加速』の課題」学術の動向 2011 年 8 月号

2012（平成 24）年

57 「ジェンダー社会科学」の確立を目指して——21 世紀 COE からグローバル COE へ」国際女性 26 号

2013（平成 25）年

58 「参議院における議員定数不均衡」長谷部恭男・石川健治・宍戸常寿編『憲法判例百選 II〔第 6 版〕』有斐閣

59 対談「ベアテ・シロタ・ゴードンさんを偲んで」（辻村みよ子・古関彰一）世界 842 号

2014（平成 26）年

60 「憲法からみた家族——現代家族・男女共同参画社会と国家」（連続講座「憲法と家族」第 1 回）女性法律家協会会報 52 号

2015（平成 27）年

61 「投票価値の平等」「自衛隊と平和的生存権」辻村みよ子・佐々木弘通・山元一編『憲法基本判例——最新判決から読み解く』尚学社

2018（平成 30）年

62 明治大学 Meiji.net 連載コラム（https://www.meiji.net/topics）

#1　そもそも、憲法と法律はどう違うのか？（1 月 19 日）

#2　日本の憲法改正手続は特に厳しすぎるのか？（1 月 23 日）

辻村みよ子先生著作目録　*961*

#3　日本国憲法は「押しつけられた憲法」か？（1月30日）

#4　いまの憲法は「実態」に合わない？（2月2日）

#5　改憲を問う国民投票のまえに知っておくべきことは？（2月9日）

63　「序論」「憲法1条〜8条」「15条」「100条〜103条」辻村みよ子・山元一『概説　憲法コンメンタール』信山社

2019（平成31）年

64　「医学部女性差別入試と「働き方改革」」静岡県労働者福祉基金協会機関誌（WORK LIFE SHIZUOKA）2019冬号 vol. 30

65　「選挙こそ『好機』——女性の政治参画拡大と人権・平和のために」女性展望2019年3月号（巻頭言）

V　学会報告・国際シンポジウム報告・主な講演等

1987（昭和62）年

1　第2回国際憲法学会（L'Association Internationale de Droit Constitutionnel）世界大会分科会報告（9月、Paris/ Aix-en-Provence）"Evolution de la démocratie participative et ses limites : La problématique japonaise de la participation des citoyens"

1988（昭和63）年

2　全国憲法研究会・研究総会報告（5月13日、神戸学院大学）「フランスの憲法伝統と理論動向——『自由』論と『デモクラシー』論の交錯」

3　国際法律家協会日本支部報告（5月23日、東京）「1789年宣言と日本」

1989（平成元）年

4　日仏女性資料センター・フランス革命200周年記念シンポジウム報告（3月4日、東京）「オランプ・ドゥ・グージュ『女性および女性市民の権利宣言』について」

5　フランス革命・人権宣言200年記念日仏国際シンポジウム報告「人権宣言と女性の権利」（9月、北海道大学）

6　フランス革命200周年記念国際シンポジウム報告（10月、京都大学）「近代憲法の伝統とフランス革命——1793年憲法は 'dérapage' か」〔"La Révolution française dans la tradition constitutionnelle moderne"〕

1990（平成2）年

7　第13回国際比較法アカデミー世界大会、ナショナル・リポート（8月、Montréal）"La Déclaration française de 1789 et son influence sur la vie constitutionnelle japonaise" 報告集〔International Center for Comparative Law and Politics, Japanese section of the International Academy of Comparative Law, Japanese reports for the XIIth International Congress of Comparative Law, 1991, pp. 191-202〕

8　全国憲法研究会主催1990年憲法記念講演会（5月、杉並公会堂）「政治、主権者そして女性」

1993（平成5）年

9　日仏法学会1993年度総会報告（11月、東京大学）「ミッテラン時代の憲法構想——フランスの改憲動向をめぐって」

10　国際人権法学会1993年度（第5回）大会報告（11月、成城大学）「女性の人権の歴史」

1996（平成8）年

11　アジア女性史国際シンポジウム報告（3月、中央大学駿河台記念館）「日本の戦後政治と女性」

12　日本法社会学会1996年度学術大会第6分科会報告（5月、京都大学）「憲法24条からみた戦後の家族」

13　日本公法学会第61回総会第2分科会報告（10月、東京大学）「選挙と『市民の意思形成』」

2001（平成13）年

14　全国憲法研究会総会報告（5月、東京経済大学）「近代人権論批判と憲法学」

15　日仏法学会・日仏法学交流集会報告（9月、東京大学）「日本における憲法上の家族（Le Statut Constitutionnel de la famille au Japon）」

2002（平成14）年

16　日本公法学会総会報告（10月、東北大学）「近代憲法理論の再編と憲法学の課題」

2003（平成15）年

17　日本法哲学会総会報告（11月、法政大学）「ジェンダーと国家権力」

18　ジェンダー法学会総会報告（12月、早稲田大学）「ジェンダー法学教育の構想」

2004（平成16）年

19　国立女性教育会館主催シンポジウム報告（8月23日、国立女性教育会館）「法学とジェンダー」

20　日仏公法セミナー主催シンポジウム報告（9月2日、東北大学）

21　日本学術会議「21世紀の社会とジェンダー」研究連絡委員会主催シンポジウム報告「憲法学とジェンダー」（9月27日、日本学術会議）

22　東北大学21世紀COEプログラム主催国際シンポジウム主催（11月2～4日、仙台国際センター）

23　日本学術会議主催講演会「どこまで進んだ男女共同参画」報告（11月24日、日本学術会議）

24　内閣府男女共同参画局主催「平成16年度男女共同参画グローバル政策対話」パネリスト報告（12月3日、女性と仕事の未来館）

2005（平成17）年

25　東北大学ジェンダー法・政策センター、フランス比較協会共催シンポジウム報告 "Les paradoxes de la discrimination positive——notion et measures de «positive action? en droit comparé»"（9月16日、フランス・パリ市）

2006（平成18）年

26　東北大学100周年セミナー「生き方、老い方、死に方を科学する」講演（2月10日、

日経ホール）

27　ミラノ大学主催国際講演会講演 "Pacifisme dans la Constitution japonaise（3月23日、イタリア・ミラノ市）

28　東北大学 21 世紀 COE プログラム主催国際セミナー報告（7月4日、東北大学）"Women's Political Participation in Japan"

29　オタワ大学主催国際セミナー報告（9月6日、カナダ・オタワ市）"L'Egalité du Genre et la constitutionnalité de la Discrimination Positive"

30　国際憲法学会ラウンドテーブル会議（9月16日、フィンランド・ヘルシンキ市）"Gender equality and the constitutionality of "Positive Discrimination"

31　日本学術会議「学術とジェンダー」委員会主催シンポジウム報告「法学・政治学とジェンダー」（10月30日、日本学術会議）

32　日仏女性資料センター・東北大学 COE 共催シンポジウム「オランプ・ドゥ・グージュ研究の新地平」（11月13日、日本学術会議）

2007（平成 19）年

33　憲法問題研究会報告「改憲動向のなかの家族問題——家族・国家・ジェンダーの視点から」（2月3日、早稲田大学）

34　東北大学 21 世紀 COE プログラム主催国際シンポジウム主催（7月29〜31日、仙台国際センター）

35　第7回日仏法学交流集会（7e Journées juridiques franco-japonaises）対照報告（9月17-19日、パリ）"L'INTERET GENERAL EN DROIT CONSTITUTIONNEL FRANÇAIS"

36　国際憲法学会（IACL）横浜会議・総括講演（11月24日、横浜シンポジア）"Le Constitutionnalisme Japonais et son Pacifisme"

37　日本学術会議生殖補助医療の在り方検討委員会主催シンポジウム・パネリスト（1月30日、日本学術会議）

2008（平成 20）年

38　東北大学・カリフォルニア大学リバーサイド校交流講演会（3月25日、カリフォルニア大学・リバーサイド校）"Gender Equality and the constitutionality of the «positive discrimination»"

39　東北大学米国代表事務所主催講演会（3月27日、カリフォルニア州パロアルト市）"Paradox of Law and Reality in Gender Equality"

40　全国憲法研究会主催 2008 年憲法記念講演会（5月3日、一橋大学）「二つの憲法観——21 世紀の人権・家族・ジェンダー」

41　中国社会科学院主催国際シンポジウム基調講演（5月18日、北京市）"Gender Equality and the constitutionality of the «positive discrimination»"

42　オタワ大学法学研究科主催講演会（9月3日、オタワ大学）"Égalité du genre et rapports multiculturels de convivialité à l'époque de la globalisation"

2009（平成 21）年

43　ヘルシンキ大学主催国際シンポジウム基調講演（ジェンダーリングアジア会議 The 3rd

Gendering Asia Network Conference: Gender, Mobility and Citizenship）（5月28〜30日、フィンランド、ヘルシンキ大学）"Gendering Strategy for 'Peace as Human Rights'-Toward the Construction of an Anti-Military Theory"

44　東北大学グローバル COE「グローバル時代の男女共同参画と多文化共生」プログラム主催国際セミナー主催「多文化共生社会のジェンダー平等」（8月3〜4日、東京大学、東北大学）

45　ヒルデスハイム大学主催国際シンポジウム　Women and Politics in Asia（WPA2009）（9月30日〜10月3日、ドイツ、ヒルデスハイム大学）

46　東北大学グローバル COE プログラム主催国際セミナー主催「アジアのジェンダー平等政策」（10月18日、東北大学）

47　梨花女子大学講演会「Peace and Gender」（11月23日、韓国ソウル市）

2010（平成22）年

48　「オランプ・ドゥ・グージュと「女性の権利の展開」東北大学 GCOE シンポジウム　コーディネーター（3月14日、日仏会館大ホール）

49　昭和女子大学女性文化記念賞受賞講演「ジェンダー平等と多文化共生——憲法からみた男女共同参画の課題」2010年5月25日（昭和女子大学）

50　Law and Praxis for a Gender-Equal Society in Japan——Focused on the Constitutionality of Quota System for Women's Political Participation、東京外語大・東北大学 GCOE 共催国際シンポジウム　基調講演（6月5〜6日、東京外国語大学）

2011（平成23）年

51　広島市立大学平和研究所主催講演会「人権としての平和と日本国憲法」（1月21日、広島市）

52　東北大学関西交流会主催講演会「『新しい人権』とリプロダクティヴ・ライツ——『代理母問題』を考える」（2月19日、大阪市）

2012（平成24）年

53　ブルゴーニュ大学法政研究所等主催国際シンポジウム（コメント）Paix et Constitutions（9月21日、フランス、ディジョン）

2013（平成25）年

54　女性法律家協会主催連続講座基調講演「憲法と家族」（11月22日、2014年1月17日・3月28日、弁護士会館）

2014（平成26）年

55　憲法理論研究会春季総会報告「戦後憲法史における主権・代表制・選挙権論——憲法学は民主主義の定着／発展に寄与しえたか」（5月、広島大学）

56　「国家と法」の主要問題研究会報告「フランスにおける1793年憲法研究の現代的意義」（10月17日、明治大学）

2015（平成27）年

57　日仏会館講演会「憲法を考える——日本の立憲主義は危機にあるのか」（フランス文化講演シリーズ）（4月23日、日仏会館ホール）

辻村みよ子先生著作目録　*965*

2016（平成 28）年

58　女性科学研究者の環境改善に関する懇談会（JAICOWS）主催公開講演会「家族と憲法
　　──2015 年 12 月 16 日最高裁判決をめぐって」（1 月 9 日、青山学院大学）

59　市川房枝記念会連続講演「戦後 70 年を考える」「女性と人権──政治参加の現状と夫婦
　　別姓訴訟最高裁判決から考える」（3 月 12 日、婦選会館）

60　日本弁護士連合会両性の平等委員会主催講演会「家族と憲法」（11 月 14 日、弁護士会
　　館）

2017（平成 28）年

61　大阪弁護士会主催講演会「家族の多様性と憲法」（5 月 13 日、大阪弁護士会館）

62　インタビュー「キャリアを拓く」大阪弁護士会 OMB Monthly Journal 2017.7　https://
　　www.osakaben.or.jp/matter/db/pdf/2017/oba_newsletter-191.pdf（インタビュアー、宮
　　地光子弁護士、5 月 13 日）

63　沖縄弁護士会主催講演会「家族と国家と憲法〜過去・現在そしてこれから」（11 月 24 日、
　　沖縄弁護士会館）

2018（平成 29）年

64　国 際 憲 法 学 会 第 10 回 世 界 大 会 第 8 分 科 会 座 長　International Association of
　　Constitutional Law, the 10th World Congress, Workshop No. 8, 'Freedom of Speech
　　under Stress: Speech and Press Freedoms in times of Conflict, Violence and Rising
　　Authorianism, Co-president, Soeul

2019（平成 30）年

65　市川房枝記念会「憲法を考える」連続講演「いま、人権と平和の視点から憲法を読み直
　　す」（1 月 26 日、婦選会館）

66　国立市公民館主催憲法連続講義「憲法と家族──個人の尊重は根付いたのか」（3 月 10
　　日、国立市公民館）

67　京都司法書士会研修会講演「憲法と家族」（3 月 14 日、京都司法書士会館）

68　日本学術会議法学委員会ジェンダー法分科会主催、明治大学法科大学院ジェンダー法セ
　　ンター等共催公開シンポジウム「男女がともにつくる民主政治を展望する──政治分野に
　　おける男女共同参画推進法の意義」企画趣旨（4 月 6 日、日本学術会議講堂）

2019 年（令和元）年

69　医学部入試における女性差別対策弁護団主催シンポジウム「ジェンダー平等こそ私たち
　　の未来──医学部入試差別から考える」パネリスト講演「医学部入試差別と憲法」（6 月
　　22 日、東京ウイメンズプラザ）

（2019 年 7 月 13 日現在）

あとがき

　1949年7月13日東京で誕生され、広島で成長された辻村みよ子先生（東北大学名誉教授、明治大学教授）は、本日2019年7月13日に、めでたく70歳の誕生日をお迎えになる。本書は、辻村先生の古稀のお祝いのために編まれた論文集である。本書の執筆者は、大学・大学院で指導教員として論文指導を受けた者、開講された授業や演習で指導を受けた者、大学の同僚として親しくしていただいた者、学会活動を通じて親しくしていただきご教示を受けた者など、様々な機会に様々な形で辻村先生の学問や人格に接し、強い敬愛の情を抱く者たちからなっている。辻村先生は、学問的情熱に満ちあふれ、常に自らの厳しい学問的態度を模範として示されながら研究者の道を歩んでこられたが、そのような辻村先生の厳しさの奥にある優しさ、思いやり、きめ細かな気配りを、身近で接した者であれば誰しも感じてきた。計41人もの者が本企画に馳せ参じたことは、その一つの表れである。

　フランス憲法の歴史的研究を出発点とし、日本を代表する憲法学者・ジェンダー法学者として現在まで長きにわたって活躍されてきた辻村先生の学問的業績は、まさに質量ともに抜きんでている。本書に掲載されている著作目録にあるように、単独著書だけでも31冊に及ぶ膨大な業績である。内容的にも、研究書、概説書、入門書などバラエティーに富んでいる。辻村先生は、それらを通じて、これまではかりしれない学問的貢献をされてきた。辻村憲法学の真髄は、本書のタイトルにあるように、憲法・立憲主義を普遍的かつ歴史的観点から理解し、それを現代憲法学の直面する理論的および実践的問題の解決に発展的に活用するところにある。辻村先生の膨大な業績のなかからここで具体的に一点だけ挙げるとすれば、『憲法』（日本評論社、初版2000年刊行）がある。同書は、市民主権論に基礎づけられた立憲主義を基軸としつつ、ジェンダー平等論

を踏まえた人権論、徹底的に民主化された統治機構論、そしてラディカルな平和主義によって構成される辻村憲法学の魅力を余すところなく示している。広範な読者を獲得した同書は現在第6版（2018年）まで版を重ね、この時代を代表する日本憲法学の概説書としてこれからも末永く参照されることであろう。

辻村先生は、一橋大学法学部・同大学院に学び、成城大学、東北大学、明治大学で専任教員として教鞭を執られてきた。学界においては、全国憲法研究会代表、ジェンダー法学会理事長、日本学術会議会員、司法試験委員等を歴任された。国際的にも、国際憲法学会日本支部副代表、パリ第2大学比較法研究所招聘教授として活躍されてきた。社会貢献としては、内閣府における男女共同参画社会の実現のための政策形成に尽力された。さらに東北大学在職中、21世紀COEプログラム「男女共同参画社会の法と政策」およびグローバルCOEプログラム「グローバル時代の男女共同参画と多文化共生」の拠点リーダーを務められたことも特筆に値しよう。このような辻村先生の大活躍ぶりが、後に続く女性研究者をどれほど励まし勇気づけてきたかは、改めて述べるまでもない。

辻村先生が、これからも変わることなく、私たちのみならず学界そして日本社会を導く光として末永くご活躍されることが、執筆者一同の願いである。

最後になるが、本書の刊行に当たっては、日本評論社の中野芳明氏の熟練編集者としての強力なサポートがなければこのような形で本書を刊行することはできなかった。心から感謝の意を表する次第である。また、辻村先生の門下生である田代亜紀氏にも大変お世話になったことに、感謝を申し上げたい。

2019年7月13日

編　者
山元　一
只野　雅人
蟻川　恒正
中林　暁生

執筆者紹介（執筆順）

長谷部恭男（はせべ・やすお）	早稲田大学教授
蟻川　恒正（ありかわ・つねまさ）	日本大学教授
松田　　浩（まつだ・ひろし）	成城大学教授
毛利　　透（もうり・とおる）	京都大学教授
早川のぞみ（はやかわ・のぞみ）	桃山学院大学准教授
田村　　理（たむら・おさむ）	明治大学准教授
水野　紀子（みずの・のりこ）	東北大学教授
佐々木くみ（ささき・くみ）	東北学院大学教授
糠塚　康江（ぬかつか・やすえ）	東北大学教授
田代　亜紀（たしろ・あき）	専修大学教授
佐藤雄一郎（さとう・ゆういちろう）	熊本県立大学准教授
若尾　典子（わかお・のりこ）	元佛教大学教授
中里見　博（なかさとみ・ひろし）	大阪電気通信大学教授
齊藤笑美子（さいとう・えみこ）	元茨城大学准教授
小島　妙子（こじま・たえこ）	弁護士
矢野　恵美（やの・えみ）	琉球大学教授
安西　文雄（やすにし・ふみお）	明治大学教授
茂木　洋平（もぎ・ようへい）	桐蔭横浜大学准教授
新村　とわ（にいむら・とわ）	成蹊大学教授
阪口正二郎（さかぐち・しょうじろう）	一橋大学教授
中林　暁生（なかばやし・あきお）	東北大学教授
稲葉　　馨（いなば・かおる）	立正大学教授・東北大学名誉教授
西山　千絵（にしやま・ちえ）	琉球大学准教授
新井　　誠（あらい・まこと）	広島大学教授
建石真公子（たていし・ひろこ）	法政大学教授
清野幾久子（せいの・きくこ）	明治大学教授
只野　雅人（ただの・まさひと）	一橋大学教授
井口　秀作（いぐち・しゅうさく）	愛媛大学教授
大津　　浩（おおつ・ひろし）	明治大学教授
近藤　　敦（こんどう・あつし）	名城大学教授
佐々木弘通（ささき・ひろみち）	東北大学教授
関沢　修子（せきざわ・しゅうこ）	二松学舎大学専任講師

渡辺　康行（わたなべ・やすゆき）　一橋大学教授

佐藤　寛稔（さとう・ひろとし）　ノースアジア大学教授

河北　洋介（かわきた・ようすけ）　名城大学准教授

愛敬　浩二（あいきょう・こうじ）　名古屋大学教授

伊藤　純子（いとう・じゅんこ）　茨城大学講師

江藤　英樹（えとう・ひでき）　明治大学准教授

大藤　紀子（おおふじ・のりこ）　獨協大学教授

江島　晶子（えじま・あきこ）　明治大学教授

山元　一（やまもと・はじめ）　慶應義塾大学教授・放送大学客員教授

憲法の普遍性と歴史性
辻村みよ子先生古稀記念論集

2019年8月27日　第1版第1刷発行

編　者——山元　　一（やまもと・はじめ）
　　　　　只野　雅人（ただの・まさひと）
　　　　　蟻川　恒正（ありかわ・つねまさ）
　　　　　中林　暁生（なかばやし・あきお）

発行所——株式会社日本評論社
　　　　　〒170-8474　東京都豊島区南大塚3-12-4
　　　　　電話 03-3987-8621　FAX 03-3987-8590　振替 00100-3-16
印　刷——株式会社平文社
製　本——牧製本印刷株式会社

Printed in Japan
© YAMAMOTO Hajime, TADANO Masahito, ARIKAWA Tsunemasa, NAKABAYASHI Akio 2019
装幀／レフ・デザイン工房
ISBN 978-4-535-52310-4

JCOPY 〈（社）出版者著作権管理機構　委託出版物〉
本書の無断複写は著作権法上での例外を除き禁じられています。複写される場合はそのつど事前に（社）出版者著作権管理機構（電話 03-5244-5088、FAX 03-5244-5089、e-mail: info@jcopy.or.jp）の許諾を得てください。また、本書を代行業者等の第三者に依頼してスキャニング等の行為によりデジタル化することは、個人の家庭内の利用であっても、一切認められておりません。